U0941102

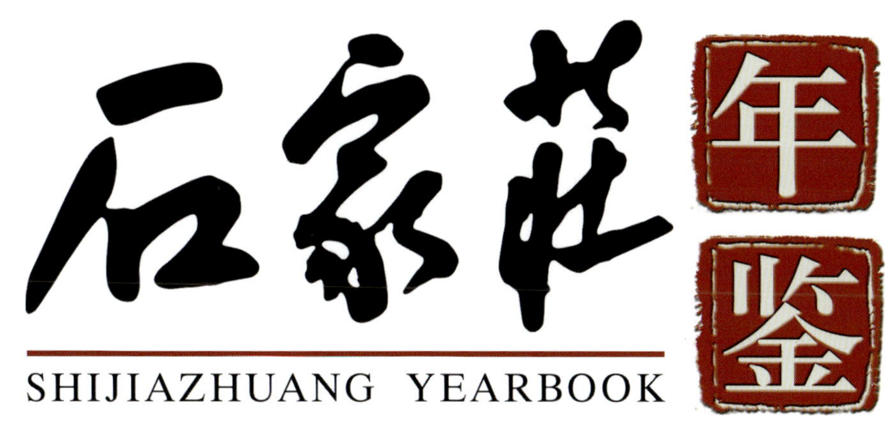

2018

石家庄市地方志编纂委员会　编

河北出版传媒集团
河北人民出版社
·石家庄·

图书在版编目（CIP）数据

石家庄年鉴．2018/石家庄市地方志编纂委员会编．—石家庄：河北人民出版社，2020.6
ISBN 978-7-202-14917-1

Ⅰ．①石… Ⅱ．①石… Ⅲ．①石家庄市—2018—年鉴
Ⅳ．①Z522.21

中国版本图书馆 CIP 数据核字（2020）第 108045 号

书　　名　石家庄年鉴 2018
　　　　　SHIJIAZHUANG NIANJIAN 2018
编　　者　石家庄市地方志编纂委员会

责任编辑　杨永林
美术编辑　于艳红
策划总监　薛鹏飞
版式设计　速诺传媒
封面设计　王　鹏
彩页设计　王文红
翻　　译　杨永林

出版发行　河北出版传媒集团　河北人民出版社（石家庄市友谊北大街 330 号）
印　　刷　山东黄氏印务有限公司
开　　本　889 毫米 ×1194 毫米　1/16
印　　张　36
字　　数　1 041 000
印　　数　1—3 000
版　　次　2020 年 6 月第 1 版　2020 年 6 月第 1 次印刷
书　　号　ISBN 978-7-202-14917-1
定　　价　500.00 元

石家庄市地方志编纂委员会

主　　任：李雪荣　市委常委、常务副市长
副 主 任：赵文锋　市委常委、市委秘书长
楚行宇　市人大常委会副主任
葛瑞芳　市政协副主席
李　清　市委原副书记
郭广生　市政府原副市长
梁立柱　市委常务副秘书长、市委办公室主任
郎金国　市政府秘书长、市政府办公室主任
委　　员：高际永　市委副秘书长、研究室主任、改革办主任
郭纯阳　市委宣传部常务副部长、市新闻出版局局长
刘　力　市委组织部副部长
祁军英　市档案馆馆长
李　霞　市委党史研究室主任
闫国文　市社会科学院院长
王东华　市财政局局长
苏志超　市发展和改革委员会主任
张少华　市教育局局长
王雁南　市科学技术局局长
刘生彦　市工业和信息化局局长
左力鸥　市民政局局长
王德庆　市人力资源和社会保障局局长

《石家庄年鉴》特邀编委

《石家庄年鉴》编纂

主　编：祁军英

副主编：曹立波　薛鹏飞

《石家庄年鉴》编辑部

主　　任：薛鹏飞

副 主 任：肖海军

责任编辑：（以承编顺序为序）

薛鹏飞：图照、特载、大事记、索引

肖海军：市情概览、党政机关、工业、城乡建设、生态环境、交通运输·邮政、信息产业

崔海萍：农业农村、商业·旅游、金融、综合经济管理

王建峰：开发区·园区·保税区、群众团体、法治、军事·外事侨务·台港澳事务、卫生·体育

孙梁元：科学技术、教育、文化、社会生活、区县（市）、人物、附录

数字石家庄

土地面积 13504 平方千米

常住人口 1024.33 万人

户籍人口 973.29 万人

地区生产总值 5486.0 亿元，同比增长 7.2%

第一产业增加值 349.1 亿元

第二产业增加值 2215.2 亿元

第三产业增加值 2921.7 亿元

财政收入 920.5 亿元，同比增长 11.8%

公共财政预算收入 446.3 亿元

财政支出 766 亿元

固定资产投资 6055.97 亿元

社会消费品零售总额 2983.34 亿元

实际利用外资 13.8 亿美元

粮食播种面积 77.67 万公顷，总产量 511.22 万吨

小麦总产量 198.51 万吨，平均亩产 456.3 千克

玉米总产量 238.26 万吨，平均亩产 434.8 千克

规模以上工业企业 2404 个

规模以上工业企业主营业务收入 8003.72 亿元

规模以上工业企业增加值 2122.6 亿元

规模以上工业企业利润 818.76 亿元

石家庄机场通航城市 86 个

石家庄机场旅客吞吐量 958.29 万人次

石家庄机场货邮吞吐量 4.1 万吨

普通铁路营业里程 328.72 千米

高速铁路营业里程 468.36 千米

铁路客运量 4192.2 万人次

铁路货运量 5888.2 万吨

地铁运营里程 30.3 千米

地铁客运量 4036.6 万人次

公路通车总里程 1.83 万千米

公路客运量 0.38 亿人次

公路货运量 4.58 亿吨

公交车辆 5730 辆

公交营运总里程 1.83 亿千米

公交客运总量 4.2 亿人次

商品住房上市面积 754.11 万平方米

商品住房成交面积 543.69 万平方米

商品住房库存面积 508.01 万平方米

商品住房成交均价 10247 元 / 平方米

住房公积金年度归集 89.94 亿元

住房公积金年度提取 42.08 亿元

建筑业总产值 1251.96 亿元

建筑业利润总额 28.51 亿元

建筑业施工企业 2153 家

接待海内外游客 8939.5 万人次
旅游业总收入 962.55 亿元

对外贸易进出口总值 797.3 亿元
出口总值 479.7 亿元
进口总值 317.6 亿元

金融机构年末人民币存款余额 11307 亿元
金融机构年末人民币贷款余额 8731.1 亿元

建成区绿地面积 9366.32 公顷
建成区绿化覆盖率 45%
市区空气质量优良天数 151 天，一级天数 6 天

专利申请量 12966 件，专利授权量 7501 件
发明专利申请量 3468 件，发明专利授权量 1351 件
学校（含幼儿园）3447 所，在校生 1814284 人
幼儿园 1561 所，在园幼儿 299015 人
小学 1346 所，在校学生 800253 人
初中 187 所，在校学生 313663 人
高级中学 58 所，在校学生 170386 人
市属高校 5 所，在校学生 54984 人
卫生医疗机构 7317 个，卫生医疗床位 57589 张

执业（助理）医师 34487 人，注册护士 30293 人

城镇居民年人均可支配收入 32929 元
城镇居民年人均消费支出 20339 元
农村居民年人均可支配收入 13345 元
农村居民年人均消费支出 8417 元

城乡居民养老保险参保人数 372.3 万人
城镇职工养老保险参保人数 229.8 万人
城镇职工医疗保险参保人数 868.6 万人
城镇职工失业保险参保人数 92.17 万人
城镇职工工伤保险参保人数 147.2 万人
城镇职工生育保险参保人数 142.3 万人
享受居民最低生活保障 12.96 万人
城镇新增就业 18.26 万人
城镇登记失业率 3.35%
农村劳动力转移就业 5.86 万人

户籍登记家庭 2817172 户
户籍登记出生人口 156437 人
户籍登记死亡人口 159995 人
户籍登记男性 4891947 人、女性 4840955 人
户籍登记 60 岁以上老人 1750037 人
结婚登记 77343 对，离婚登记 26802 对

编辑说明

一、《石家庄年鉴》是全面记述石家庄市情的权威性地方综合年鉴。1993 年开始编纂，1993 ～ 1994 年、1995 ～ 1996 年为两年合刊，1997 年起逐年出版，面向国内外公开发行。2019 年起，《石家庄年鉴》由石家庄市档案馆负责编纂。

二、本年鉴以马克思列宁主义、毛泽东思想、邓小平理论、“三个代表”重要思想、科学发展观、习近平新时代中国特色社会主义思想为指导，如实记录上一年度石家庄市的自然、政治、经济、军事、文化、科技、教育等方面情况，充分反映各行各业取得的成就，客观记述改革和建设中的经验与教训，是各级领导和机构实施决策的重要依据，也是国内外了解石家庄市最准确、最权威的资料性文献。

三、《石家庄年鉴 2018》是《石家庄年鉴》总第 23 卷，主要记述 2017 年度石家庄市的经济社会等发展情况。本卷采用分类编纂法，由类目、分目、条目三个部分组成，共设特载、大事记、市情概览、开发区·园区·保税区、党政机关、群众团体、法治、军事·外事侨务·台港澳事务、农业农村、工业、城乡建设、生态环境、交通运输·邮政、信息产业、商业·旅游、金融、综合经济管理、科学技术、教育、文化、卫生·体育、社会生活、区县（市）、人物、附录 25 个类目。条目统一用黑体字加【】表示。记述时间“月”“日”未标注年份均为 2017 年。货币单位“元”无专门标注均指人民币。为帮助读者理解内文，探索设立“链接”注释。记述土地用地、占地、耕地面积有的使用“亩”，其余均采用国家规定的法定计量单位。

四、年鉴组稿采取部门供稿与国家工作人员采编相结合的方式。市直各部门，各县（市、区）及有关单位均指定专人撰写，并经主管领导审核。

五、本年鉴数据一般截至 2017 年 12 月 31 日，个别事情记述上限适当追溯，下限稍有延长，以供读者了解发展脉络。全局性数据以石家庄市统计局提供的数据为准。统计资料由石家庄市统计局和政府部门提供。2013 年 6 月原石家庄辛集市划归河北省直接管辖，如无标注说明，本年鉴数据一般不包括辛集市。“特载”全文引用，数据未作改动，其他内文数据均为准确数据。因统计口径等原因，有关部门提供的个别数据与统计数据不尽一致，采用时请予注意。

◆ 2017年10月13日，省委常委、市委书记邢国辉接见和看望中国少年先锋队石家庄市第五次代表大会代表

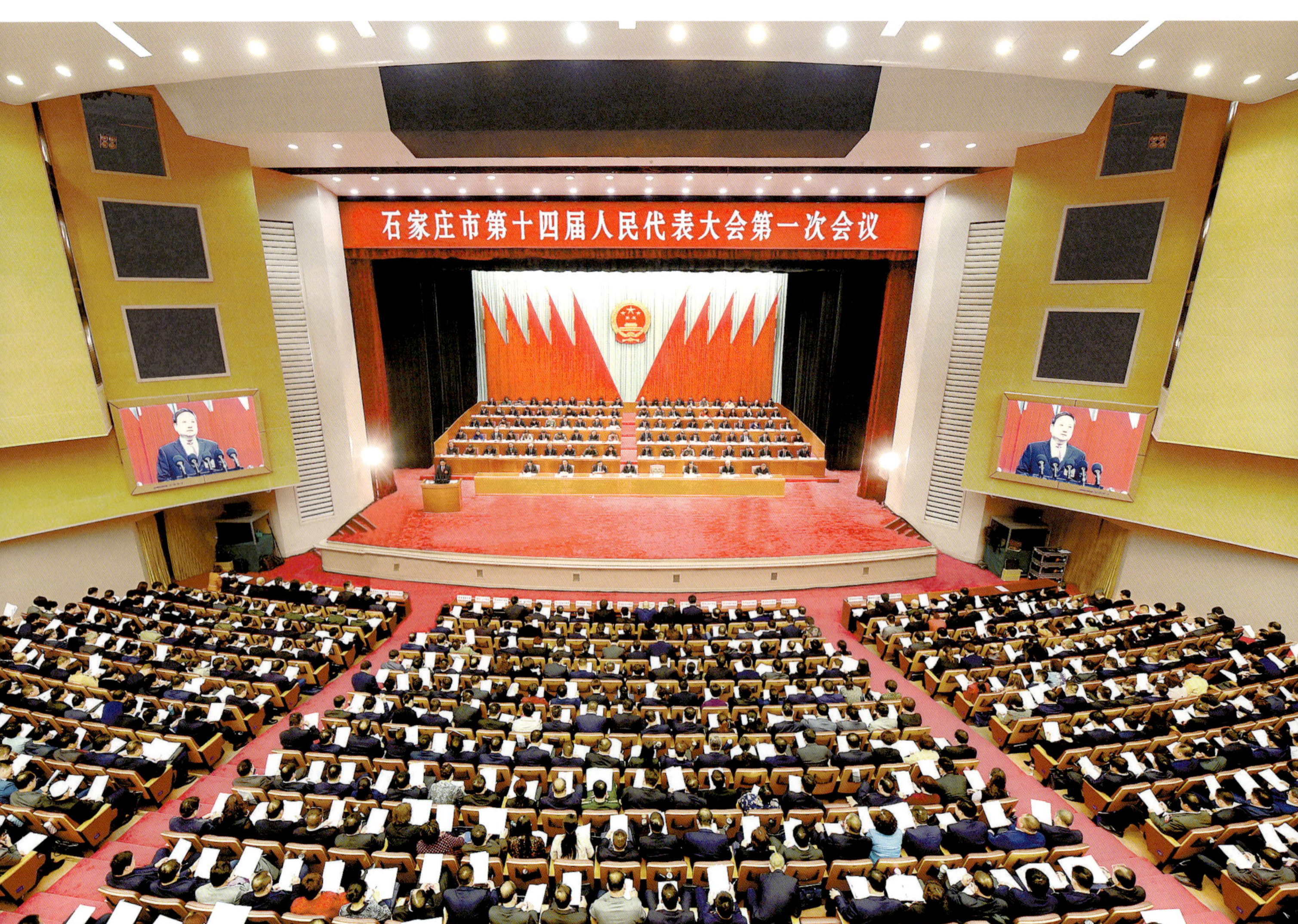

◆ 2017年4月12～16日，石家庄市第十四届人民代表大会第一次会议召开

◆ 2017年11月12日，举办《奋进——纪念石家庄解放70周年诗歌音乐会》

◆ 2017年2月27日，“2017石家庄第七届鼓王争霸赛”在省会解放广场举行

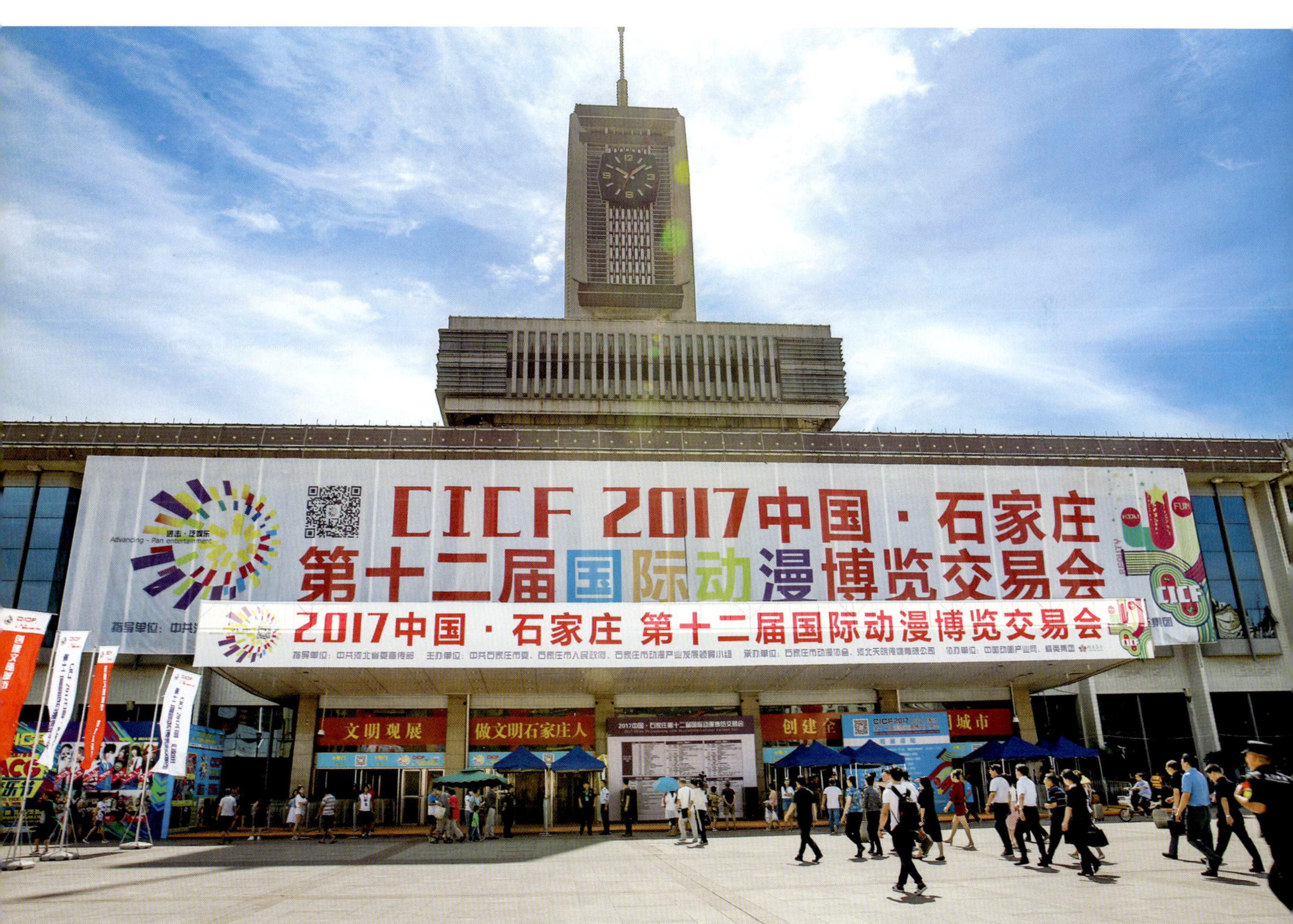

◆ 2017年8月4～8日，“2017中国·石家庄第十二届国际动漫博览交易会”举行

◆ 2017年9月2～4日，“首届石家庄市旅游产业发展大会”举行

◆ 2017年9月2日，“石家庄市首届旅游产业发展大会”开幕式演出大型实景剧《正定·记忆》

石家庄市轨道交通有限责任公司

石家庄市轨道交通有限责任公司于2011年4月14日注册成立，主要承担石家庄市轨道交通项目建设及运营筹划工作。2012年6月29日，《石家庄市城市轨道交通建设规划（2012—2020）》获得国务院批准，7月12日得到国家发展改革委批复。石家庄市轨道交通线网规划6条，其中，骨干线3条，辅助线3条，线网总长241.7千米。2013年6月20日，石家庄市城市轨道交通建设开始工程施工。2017年6月26日，石家庄地铁1号线、3号线首开段开通运营，从此，石家庄市进入地铁时代。2017年石家庄地铁1号线、3号线共计开行列次7.97万列，安全运行119.61万列千米，日均客流量21.4万人次，最大日客流量30.7万人次，列车运行图兑现率达到100%。

◆ 2017年4月30日，省委常委、市委书记邢国辉（左二）试乘石家庄地铁

◆ 2017年3月20日，市长邓沛然（右一）试乘石家庄地铁

◆ 2017年5月6日，市人大常委会主任司存喜（前排左一）到石家庄地铁站调研

◆ 2017年10月24日，市委常委、副市长，市轨道交通建设办公室主任张学勤（前排右三）到市轨道交通建设工地调研

◇ 西兆通停车场灯火通明的车库（拍摄时间 2017年4月29日5时5分）

◆ 2017年6月13日，市委常委、市委政法委书记郭运兴到石家庄地铁站调研运营筹备工作

◆ 2017年4月28日，公司董事长付庆文荣获河北省五一劳动奖章

◆ 2017年6月26日，石家庄市轨道交通1号线、3号线首开工程举行试运营启动仪式

◆ 2017年6月16日，石家庄地铁3号线塔冢站两边段首台盾构机始发

石家庄市交通运输局

◆ 石家庄市交通运输局党组书记、局长　米志奇

2017年，石家庄市交通运输局贯彻落实市委十届四次全会和全省交通运输工作会议的安排部署，紧紧围绕“现代省会、经济强市”的发展目标，坚持“事争一流、埋头苦干、率先突破、跨越发展”的工作理念，牢牢抓住新时期石家庄交通基础设施建设发展的历史机遇，加快追赶京津步伐。2017年全市公路建设完成投资133.6亿元，同比增长13.2%。其中，高速公路建设完成投资64.53亿元；干线公路及城市出口道路建设完成投资20.3亿元：农村公路建设完成投资4.59亿元。至2017年末，全市建成高速公路8条、国道9条、省道30条、县道43条，公路通车总里程1.83万千米，路网密度122.76千米/百平方千米。

◆ 2017年12月29日，南绕城高速跨南水北调主桥合龙

◆ 2017年12月，南二环东延跨新元高速桥通车

◆ 西阜高速张家庄大桥工程

◆ 平赞高速槐河特大桥工程

◆ 2017年5月22日，南二环西延道路工程通车

◆ 2017年6月22日，省委常委、市委书记邢国辉（前排中）视察指导和平路西延工程

◆ 2017年5月4日，河北省副省长张古江（前排右二）视察指导平赞高速项目建设

◆ 2017年5月7日，市委副书记、市长邓沛然（前排中）视察指导和平路西延工程

◆ 2017年10月2日，副市长姜阳督导检查西阜高速两界峰隧道工程

◆ 2017年7月5日，市交通运输局局长米志奇（前排左一）检查督导西阜高速工程

◆ 2017年12月14日，省道S334灾后重建段通车

石家庄中级人民法院

2017年，市法院系统紧紧围绕全市经济社会发展大局，牢牢把握司法为民、公正司法主线，忠实履行宪法法律赋予的职责。全年受理各类案件170009件，同比上升11.69%；审执结159115件，同比上升13.26%；结案率93.6%，同比提高1.3%。其中，市中级人民法院（简称市法院）受理24738件，审执结23102件，结案率93.4%。2017年晋州市法院获授“全国优秀法院”，桥西区法院获评“全国法院信息化工作先进集体”“全国法院案件繁简分流机制改革示范法院”；4名个人获授“全国法院先进个人”“全国法院办案标兵”“全国法院信息化工作先进个人”荣誉；8个法院、30个集体、193名个人获得最高人民法院和河北省、石家庄市记功及表彰奖励。

◆ 2017年6月7日，最高人民法院政治部主任徐家新到市法院调研

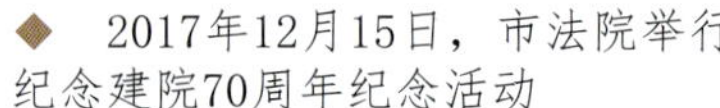

◆ 2017年12月15日，市法院举行纪念建院70周年纪念活动

①　②
③　④

① 2017年9月27日，石家庄市中级人民法院知识产权巡回法庭在石家庄高新区法院举行揭牌仪式

② 2017年11月23日，市法院拍摄微电影《前行》获得第三届善美石家庄微电影大赛最佳影片奖

③ 2017年8月25日，市法院举行河北联邦伟业房地产开发集团有限公司破产重整案第二次债权人会议

④ 2017年9月25日，市法院公开宣判中共天津市委原代理书记、天津市原市长黄兴国受贿案

正 定 县

◆ 正定城全景

正定县位于石家庄市北侧，与石家庄市主城区相接，距离石家庄市主城区13千米。境内多寺庙，拥有隆兴寺、广惠寺、天宁寺、临济寺、开元寺、文庙、正定古城墙、国家乒乓球训练基地等历史古迹及旅游地。正定小商品博览会、板材、书法闻名周边，元曲杂剧作家白朴曾在正定生活和创作。正定是国家历史文化名城、全国中小城市综合改革试点、国家智慧城市试点和中国最具投资潜力中小城市百强县，历史上正定与保定、北京并称“北方三雄镇”。总面积468平方千米，辖3个镇、5个乡、2个街道办事处，1个省级高新技术产业开发区，34个居委会、154个村委会，常住人口49.5万人，人口自然增长率10.74‰。2017年正定县完成地区生产总值297亿元，同比增长6.8%。全部财政收入34.5亿元，同比增长37.4%，其中，公共财政预算收入22.2亿元，增长38.8%。社会消费品零售总额142亿元，同比增长9.8%。城镇居民人均可支配收入29506元，同比增长8.6%；农村居民人均可支配收入17001元，同比增长8.5%。2017年11月14日，正定县获评全国文明县城。

◆ 4月26日，2017中国·石家庄（正定）国际小商品博览会开幕式

2017年正定县委、县政府贯彻落实习近平总书记“真正把精神文明建设当作战略方针来抓”的重要指示，以人民为中心，以改革为动力，把人民群众对美好生活的向往作为出发点和落脚点。坚持问题导向，补齐民生短板，着力解决停车难等突出问题，拆除机关围墙，开放停车位、卫生间、开水间，新建16个停车场，免费车位达到2.2万个；建设提升公园游园10个，新增绿化面积19万平方米；新建改建菜市场5个；提升改造主干道12条、小街巷609条、老旧社区223个；设置便民椅520把，城区线缆入地338千米。突出古城特色，打造自在正定。2017年正定县完成古城保护重点工程19项，亮化古城单体建筑130个，改造征收片区14个，动迁居民926户、建筑面积16万平方米，拆除与古城风貌不符的违章建筑7万余平方米。打造智慧旅游，城区WiFi实现全覆盖，7个景点、直饮水、观光车提供免费服务。

◆ 复建后的阳和楼

◆ 南门俯瞰

◆ 广惠寺

◆ 云居湖公园

◆ 常山公园

◆ 北门遗址公园

石家庄国家高新技术产业开发区

石家庄国家高新技术产业开发区（简称石家庄高新区）是1991年3月经国务院批准设立的首批国家级高新区。1995年经国务院批准，将市区东部原石家庄经济技术开发区并入高新区，形成“一区两园”模式。2009年10月，市委、市政府决定高新区托管裕华区宋营镇和原栾城县郄马镇。至2017年底，高新区下辖2个镇、2个街道办事处和科技创业园区，7个居委会、28个行政村，实际管辖面积78.75平方千米，常住人口23.5万人，户籍人口14.5万人。2017年高新区发展成为全市高新技术产业的聚集区、对外开放的主导区和创新试验的先导区。

◆ 2017年8月7日，中共河北省委常委、省委宣传部部长田向利（右一）到高新区观摩考察以岭健康文化园项目

◆ 2017年8月3日，省委常委、市委书记邢国辉（左一）到高新区调研考察装备制造产业发展

◆ 国际医药产业园

◆ 2017年6月16日，河北省副省长徐建培（前排右一）到高新区石药集团、大唐云高众创空间、科技大市场调研考察科技创新

◆ 2017年6月9日，河北省首个诺贝尔奖工作站——“乔治·斯穆特诺贝尔奖工作站”揭牌

◆ 以岭健康城

◆ 方亿科技园

◆ 天山科技工业园

鹿 泉 区

鹿泉区原名获鹿县，1994年5月撤县设市，2014年9月撤市设区，是石家庄市3个组团新区之一。鹿泉西倚太行山，北临滹沱河，真山真水、上风上水、依山傍水，全域呈月牙型环抱石家庄市中心区，总面积603平方千米，辖9个镇3个乡1个省级经济开发区、208个行政村，常住人口46万人。2017年鹿泉区以五大发展理念为统领，以推进供给侧结构性改革为主线，以山前大道改造提升为支点，全面实施省会西山生态发展战略，着力打造生态之城、富裕之城、智慧之城、活力之城、幸福之城“五大城市名片”，奋力谱写经济强区、大美新城、幸福鹿泉新篇章。

坚持绿水青山就是金山银山的理念，建成全长50千米、双向六车道、局部八车道的风景大道。实施太行山绿化和总投资28亿元60项绿化工程，绿化面积6.5万余亩，森林覆盖率达到48.5%，重点构建山花烂漫、层林尽染、赏心悦目、鸟语花香的省会后花园。

至2017年底，鹿泉区完成地区生产总值384.5亿元，同比增长8.3%；全部财政收入41.4亿元，同比增长16.0%。规模以上工业增加值195.6亿元，同比增长7.6%；规模以上工业利润54.7亿元，同比增长12.0%；规模以上工业高新技术产业增加值60.6亿元，同比增长16.9%。城镇居民人均可支配收入31674元，同比增长8.2%；农村居民人均可支配收入17636元，同比增长8.1%。

◆ 2017年8月30日，首届军民融合中国（鹿泉）高峰论坛在翠屏山迎宾馆举行

◆ 2017年4月14日，科林电气在上海证券交易所主板上市

◆ 2017年3月1日，鹿泉区第一中学与北京市八一学校举行合作办学签约仪式

◆ 山前大道

◆ 十里花廊

◆ 省级美丽乡村谷家峪村

◆ 土门关·驿道小镇

◆ 西部长青·德明古镇

◆ 鹿泉智慧城市中心

高 邑 县

◆ 中共高邑县委书记　彭敬捷

◆ 县长　陈宏锋

2017年高邑县委、县政府以习近平新时代中国特色社会主义思想为指导，积极贯彻新发展理念，主动适应经济发展新常态，突出围绕“再造一个新高邑”目标，全力推进经济建设和社会事业全面发展。全年高邑县完成地区生产总值86.6亿元，同比增长6.1%。全部财政收入6.2亿元，同比增长14.5%，其中，公共财政预算收入4.8亿元，同比增长12.2%。规模以上工业增加值40.1亿元，同比增长5.5%；规模以上工业利润11.8亿元，同比增长4.0%。城镇居民人均可支配收入25444元，同比增长8.7%；农村居民人均可支配收入12842元，同比增长8.1%。2017年高邑县县城建设等7个方面12项工作走在全省乃至全国前列，获得国家级荣誉8项、省级荣誉18项，获评省级洁净城市、文明城和卫生城。全年10个省市现场会在高邑县召开，18位省级以上领导到高邑县视察指导，对高邑县县城建设、生态治理、招商引资、干部精神状态给予肯定评价。

◆ 中兴公园

◆ 县政府机关

◆ 群众文化活动

◆ 刘秀公园

无 极 县

无极县位于石家庄市东北部，地处滹沱河北岸，东及东南与深泽县、晋州市，西及西南与藁城区，北及西北与保定市、新乐市相邻，距离石家庄市主城区52千米。总面积524平方千米，辖6个镇、5个乡，1个省级经济开发区，4个居委会、213个村委会，常住人口52.1万人。2017年无极县完成地区生产总值203.2亿元，同比增长7.6%。全部财政收入10.0亿元，同比增长14.2%，其中，公共财政预算收入6.0亿元，同比增长15.1%。规模以上工业增加值88.8亿元，同比增长7.4%；规模以上工业利润30.8亿元，同比增长10.6%。规模以上工业高新技术产业增加值5.9亿元，同比增长14.9%。城镇居民人均可支配收入26975元，同比增长8.4%；农村居民人均可支配收入13984元，同比增长8.2%。2017年无极县获评省级园林县城。

◆ 2017年8月23日，国家技术监督局副局长李元平、副省长王晓东到润成物流园视察指导

◆ 2017年10月23日，无极县四大班子领导视察指导城镇建设

◆ 2017年9月9日，县委书记吕智临督导检查城市建设

◆ 2017年10月2日，县长王勇军督导检查创园工作

石家庄学院

石家庄学院是经教育部批准建立的国有全日制普通本科院校。地处河北省石家庄市高新技术产业开发区，占地面积 81.4 万平方米，建筑面积 40.5 万平方米，由南北两个校区组成。2017 年学院共有全日制在校生 18127 人，教职工 1136 人，其中，教授 112 人、博士 144 人、副教授 338 人，硕士学位以上人员 912 人，“双师双能型”教师 173 人。设有 17 个学院、77 个本专科专业（其中本科专业 60 个）。拥有国家级特色专业建设点 2 个、省级重点发展学科 4 个、省级品牌特色专业 4 个、省级本科教育创新高地 2 个、省级专业综合改革试点 2 个、河北省高等学校教学团队 1 个。建有 14 个实验实训中心、330 个实验实训室，教学科研仪器设备总价值 1.82 亿元。

石家庄学院是中国教育国际交流协会应用型高校国际交流分会理事单位、河北省唯一入选全国新建本科院校联盟副理事长单位、河北省首批 10 所转型发展试点高校和河北省硕士学位授予立项建设单位。2017 年石家庄学院普通高考录取 5026 人，其中，本科 3700 人、专科 1326 人；本专科报到 4854 人，报到率 96.58%。

◆ 教育部遴选学院为“互联网+中国制造 2025”产教融合促进计划试点院校

◆ 学院转型发展工作通过河北省教育厅中期评估并获得通报表扬

◆ 学院党委理论中心学习组赴西柏坡重温入党誓词

◆ 工业机器人示教编程实验室

石家庄市疾病预防控制中心

石家庄市疾病预防控制中心是经市政府批准成立的实施疾病预防控制与公共卫生技术管理和服务的公益事业单位，是全市疾病预防控制的技术指导中心。

该中心拥有国际先进的仪器设备，2017 年固定资产总值达 1.25 亿元。内设 26 个科所，共有职工 197 人，其中，专业技术人员 150 人，博士研究生 6 人，博士后 4 人，硕士研究生 36 人，市管专业技术拔尖人才 3 人，市管突出贡献专家 4 人，“三三三人才工程”人才 4 人，高中级职称占专业技术人员 88.7%。。

市疾病预防控制中心具备省检验检测机构资质认定、省食品检验机构资质认定等重要资质，是河北医科大学、河北大学、河北师范大学的教学基地和博士、硕士导师课题实验基地，也是省博士后创新实践基地，建有徐建国院士工作站。

市疾病预防控制中心秉承“开放、合作”理念，先后与澳大利亚、加拿大、日本等国家专业机构建立合作关系，是国家自然科学基金依托单位，中心多项科研成果获得省市级科技奖励。

◆ 承办全市卫生系统重大自然灾害和突发急性传染病卫生应急实战拉练行动，提升队伍实战能力

◆ 举办H7N9应急实战演练，坚决做到来之能战、战之能胜

◆ 举办全市卫生应急技能竞赛，全市各县（市、区）参赛医护人员200余人

◆ 首推预防接种门诊6S管理，全市建成6S管理门诊达272家

◆ 进高校，宣传艾滋病防控知识

◆ 进幼儿园，宣传预防接种知识

◆ 进场所，宣传结核病防控知识

◆ 进家庭，宣传碘缺乏病防治知识

◆ 进社区，宣传健康营养知识

河钢集团石钢公司

河北钢铁集团石家庄钢铁有限责任公司（简称河钢集团石钢公司）是一家具备年产260万吨钢生产能力的特钢企业，是中国重点大中型钢铁联合企业。石钢公司成立于1957年12月13日，前身为石家庄钢铁厂。1994年石家庄钢铁厂改制为石家庄钢铁股份有限公司，1996年改制为石家庄钢铁有限责任公司。2006年6月，中信泰富集团收购石钢公司80%股权，石钢公司改制为中外合资企业；2010年3月，河北钢铁集团回购石钢公司股权，石钢公司成为河北钢铁集团全资子公司。主要产品有：优质碳钢、合金结构钢、轴承钢。2008年12月，“石钢”牌圆钢获评河北省名牌产品。2017年石钢公司在石家庄市纳税百强企业中排名第38位，产品销往30余个国家和地区。12月15日，石钢公司获得2017年度中国汽车用钢优秀品牌企业称号。

◆ 具有国际先进水平的棒材生产线

◆ 信息化生产调度指挥大厅

◆ 棒材产品

◆ 现代化厂房

◆ 炼铁厂一角

◆ 职工服务区

◆ 厂区内利用工业循环水系建成荷花池景观

◆ 文化雕塑

◆ 花园式企业

◆ 整洁的厂区

石家庄市住建集团

石家庄市住房开发建设集团有限责任公司（简称石家庄市住建集团）是经市政府批准于2011年7月27日成立的国有独资企业，主要业务涵盖房地产开发、建筑施工、建筑设计、材料检测、房屋测绘、房产经营、物业服务、装配式及低能耗建筑产品生产等20余项，是石家庄市房地产领域唯一一家全产业链国有企业。集团下设全资子公司14个，与央企合资成立参股公司2个，共有职工4000余人。近年来，市住建集团围绕“项目引领、改革提速、根基夯实、动力激活、业态创新、上市扩张”24字发展思路，坚持与城市建设同发展、共繁荣，先后开发商品房项目20余个，总承包大型施工项目40余个，投资并建设市本级保障房小区项目10余个，石家庄市青少年宫、城市馆、图书馆、市委党校迁建工程等大型重点公建项目均由市住建集团承建。

◆ 市住建集团与中建钢构有限公司、河钢中建钢结构有限公司签署战略合作协议

◆ 市住建集团建设经营的昆仑盛阳门商城

◆ 2017年3月，中华全国总工会授予市住建集团“全国五一劳动奖状”

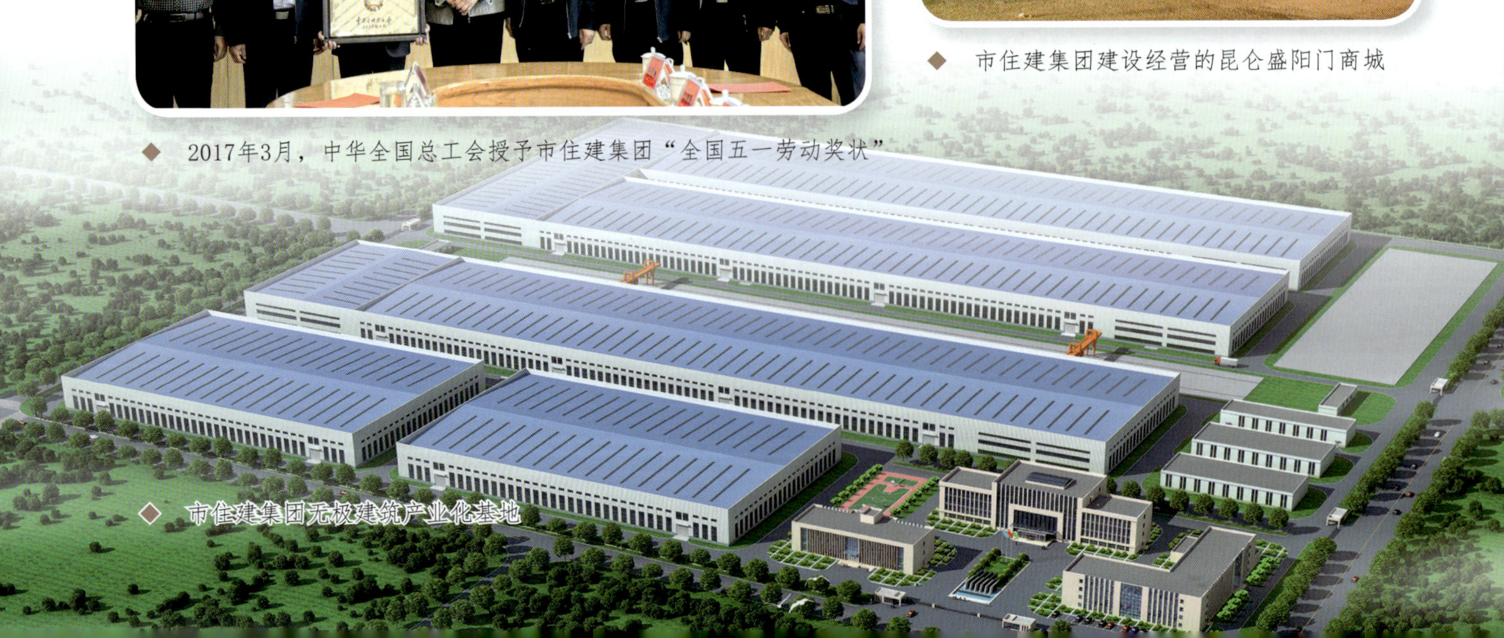

◆ 市住建集团无极建筑产业化基地

◆ 承建石家庄市图书馆项目

◆ 承建市委党校迁建项目

◆ 承建石家庄市城市馆项目

◆ 承建石家庄国际会展中心游客服务中心项目

◆ 承建石家庄市青少年宫项目

河北仁爱医养服务集团

◆ 河北仁爱医养服务集团董事长、总经理 武卫东

河北仁爱医养服务集团由创始人兼董事长、总经理武卫东于2005年创建，累计投资6800万元，共有员工1000余人，是一家集“机构养老”“居家养老”“社区养老”“旅居养老”“医疗康复”“技能培训”“老年营养餐配送”“适老化产品销售”于一体的综合性、多元化大型医养产业联合体。拥有各类养老机构（公寓养老院、养护院、护理院、养老中心）12所，其中，公建民营机构5个，医院4所，培训学校1所，社区照护中心2个，独资或控股子公司4个。

◆ 2016年12月1日，民政部部长黄树贤到河北调研，考察仁爱集团公建民营项目及医养结合工作

◆ 2017年3月30日，国家卫生计生委副主任王培安到河北省调研，对仁爱集团计生家庭暖心续航活动及医养工作给予肯定

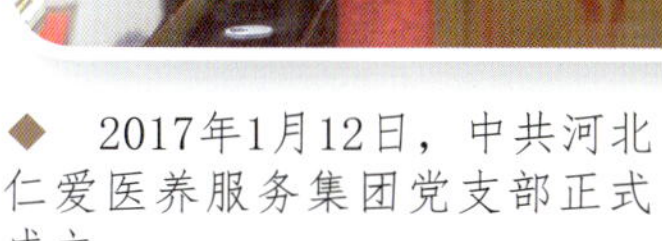

◆ 2017年1月12日，中共河北仁爱医养服务集团党支部正式成立

◆ 2017年8月10日，中国疾病预防控制中心组织部分省市疾控中心负责人到河北仁爱医养服务集团考察调研

◆ 2016年9月12日，石家庄市卫生计生委授予河北仁爱医养服务集团计生特殊家庭“亲情关爱 暖心续航”活动基地称号

集团企业文化：

企业使命：仁达天下，承载生命重托；爱传世界，共铸完美人生

经营理念：德于先行，勇于创新，执着追求，合作共赢

服务宗旨：养老到仁爱，满满都是爱

品牌价值观：仁爱，慈善，盛德，奉献，爱岗，敬业，诚信，友善

员工文化：工作在仁爱，暖暖都是情

企业荣誉：仁爱集团获评河北省首批全国“医养结合”试点单位、河北省服务业标准化试点单位、河北省规模最大的计生特殊家庭活动基地、河北省“中国荷兰失智症康复与照护示范基地”和河北省“中国台湾康复与长期照护示范基地”

◆ 2017年4月8日，河北仁爱医养服务集团与河北恒瑞职业培训学校在仁爱集团总部举行校企一体化人才服务合作签约仪式。

◆ 2017年7月28日，由河北仁爱医养服务集团与民政部职业技能鉴定指导中心共同举办的“第七届全国民政行业职业技能竞赛暨全国第四届养老护理员职业技能竞赛实施方案”研讨会在石家庄市举行

上海浦东发展银行股份有限公司石家庄分行

2017 年，浦发银行石家庄分行紧紧围绕“数字化、集约化”战略任务，突出“保收入、调结构、重管理、控风险”主线，坚持稳中求进策略，完善经营机制，创新工作举措，实现各项业务持续稳健发展。全年实现利润 8.42 亿元，同比增加 3.07 亿元，其中账面利润 5.97 亿元；一般性存款日均余额 341.07 亿元，同比增加 4.67 亿元，增长 1.39%；本外币各项贷款余额 396.91 亿元，较年初增加 12.68 亿元，增长 3.3%；实现中间业务净收入 8.97 亿元，同比增加 2.52 亿元，计划完成率 105.54%；不良贷款余额 2.23 亿元，不良率 0.56%，低于股份制银行平均水平 1.67 个百分点，分别较年初下降 0.08 亿元和 0.04 个百分点。拥有营业机构 36 家，同比增加 2 家。2017 年 9 月，浦发银行石家庄分行被河北省政府授予 2016 年度“文明单位”称号。

◆ 2017年9月8日，浦发银行石家庄分行与太平洋人寿保险河北分公司、太平洋财产保险河北分公司举行战略合作协议签署仪式

◆ 11月5日，浦发银行石家庄分行成功举办以“不忘初心、砥砺前行”为主题的2017年职工运动会

◆ 2017年9月14日，浦发银行石家庄分行工作人员走进石家庄中基礼域尚城小区，开展“金融知识进社区”活动

◆ 2017年1月13日，浦发银行石家庄分行20多名志愿者到市社会福利院走访慰问

目　录

CONTENTS

特　载
Special Reports

大事记
Chronicles of Events

市情概览
City Overview

开发区·园区·保税区

Development Zone & Park & Bonded Zone

党政机关

Party and Government Organs

群众团体
Mass Organizations

法 治

Governed by Law

军事·外事侨务·台港澳事务

Military & Foreign Affairs & Overseas Chinese Affairs & Taiwan and Hong Kong and Macao Affairs

城乡建设
Urban and Rural Construction

信息产业
Information Industry

商业·旅游
Business & Tourism

金 融
Finance

综合经济管理
Comprehensive Economic Management

科学技术
Science & Technology

教　育
Education

文 化
Culture

卫生·体育
Public Health & Sports

社会生活
Social Life

人　物
Figures

附　录

Appendix

市委全会报告

以优异发展成绩迎接党的十九大
以优良社会环境保障党的十九大

——2017 年 7 月 26 日在中共石家庄市委第十届第二次全会上

中共河北省委常委、市委书记 邢国辉

在全年时间已经过半的重要节点，市委决定召开这次全会，主要目的就是，坚持以习近平总书记系列重要讲话精神和对河北的重要指示要求为引领，认真贯彻落实全省领导干部会议精神，对上半年工作进行总结，对当前形势进行深入分析，对下半年重点工作进行安排部署，动员全市上下解放思想，振奋精神，奋力推动经济社会又好又快发展，确保圆满完成全年目标任务，以优异成绩迎接党的十九大胜利召开。

刚才，雪荣同志传达了全省领导干部会议精神特别是克志书记、许勤省长的重要讲话精神，我们要认真学习贯彻；9 个单位的典型发言，蕴含了许多鲜活的经验和管用的举措，各级各部门要深刻体会、认真借鉴；会议对全市经济发展、项目建设、招商引资、县城建设等工作的排名情况进行了书面通报，大家要认真对照、查找不足；明利同志就 6 起项目落地难问题和基层微腐败典型案件进行了通报，希望大家从中受到警示、更加警醒。沛然同志还将就下半年经济工作作出安排部署，各级各部门要抓好落实。下面，我就下半年工作需要把握的重点问题，讲几点意见。

一、进一步坚定完成全年目标任务的信心和决心

今年以来，全市各级各部门坚持以习近平总书记系列重要讲话精神为引领，坚决贯彻党中央、国务院的重大决策，深入落实省委、省政府的安排部署，按照市第十次党代会的要求，主动适应经济发展新常态，深入推进供给侧结构性改革，聚焦转型发展、绿色发展、创新发展、率先发展，采取了一系列措施，上项目、抓招商、保运行、促改革、惠民生，推动各项工作发生了积极向上、鼓舞人心、影响深远、人民期盼的变化。一是经济发展正在平稳回升，上半年主要指标好于预期，GDP 增长 7.3%，比去年全年和今年一季度均有较大幅度提升；一般公共预算收入增长 11.6%、排全省第二，为 2015 年以来排名新高；服务业增加值增长 11.3%、排全省第三；创新主体的培育全省第一，稳的格局更加稳固，好的态势更加明显，呈现出稳中有进、稳中向好的发展态势。二是重点工作正在实现突破，轨道交通等多年来推进的事已经成为现实，房地产市场整治等突出问题开始逐步解决，一些制约发展的体制机制障碍正在加快破

解，一批打基础利长远的工作正在扎实推进，为我们实现又好又快发展创造了有利条件。三是全市上下更加奋发有为，特别是通过市县乡领导班子换届，干部队伍整体精神面貌焕然一新，不仅经受住了上半年急难险重工作的考验，更锤炼和展现出了干事创业、奋发作为的干劲作风，为我们不断开拓前进营造了浓厚氛围，提供了重要保证。

面对严峻复杂的经济形势和下行压力，面对产业结构调整、大气污染治理艰巨繁重的任务，取得这样的成绩来之不易。成绩的取得，是深入学习贯彻习近平总书记系列重要讲话精神和治国理政新理念新思想新战略的结果，实践使我们更加深切地体会到，总书记系列重要讲话是当代中国鲜活的马克思主义，蕴含着丰富的工作方法和破解发展难题的金钥匙。只要以习近平总书记系列重要讲话精神引航定向，就一定能应对挑战、经受考验，始终沿着正确道路阔步前行。成绩的取得，是省委、省政府关心支持的结果，克志书记、许勤省长多次亲临我市调研指导，并对省会工作提出明确指导意见。这些都增强了我们做好省会工作的紧迫感和责任感，坚定了我们推动省会又好又快发展的信心和决心，激励着我们再接再厉、奋发作为，努力做出新的更大成绩。成绩的取得，是我们深入调查研究、进一步深化对石家庄发展规律性认识的结果，特别是市第十次党代会，确定了加快建设现代省会、经济强市的奋斗目标，明确了“四个发展”的实践路径，厘清了省会未来五年发展的工作思路。半年来的工作充分证明，我们的思路举措、工作抓手是符合中央和省委要求，符合省会发展阶段性特征的，只要我们一以贯之地坚持下去，就一定能开创省会发展新局面。成绩的取得，也是全市上下勠力同心、共同奋斗的结果，各级领导干部以身作则、以上率下，团结干事、攻坚克难，带领广大人民群众奋发进取、勇于争先，撸起袖子、甩开膀子干，干出了省会发展的新成绩新变化，干出了省会发展的新面貌新态势。

回顾上半年工作，我们也清醒地认识到，省会发展面临的困难还很多、挑战也不少：一是结构性问题仍然突出，产业结构偏重，“三高一低”传统行业占全市工业的40%以上；新兴产业发展不足，高新技术产业增加值仅占规上工业的19.5%。二是经济发展不平衡，有的县（市、区）增长很快，有的增长较慢，个别地方呈负增长，在全省处于落后状态。三是污染治理形势严峻，空气质量综合指数9.86，同比上升23.9%，PM2.5上升33.3%，实现年度目标难度较大。四是有的领导干部工作状态与形势任务还不完全适应，不扎实、不深入的问题还不同程度地存在，谋发展、抓发展的意识还不够强烈，勇于担当、攻坚克难的劲头还有欠缺，党风廉政建设和反腐败斗争形势依然严峻，顶风违纪现象时有发生。这些问题的存在，严重影响了我们抓发展、抓落实的效果，必须认真对待、认真解决。

总的看，我们半年工作可圈可点，存在问题可防可控，全年愿景可期可待。下半年，我们必须进一步保持清醒头脑和战略定力，知难而进、乘势而上，全面做好稳增长、促改革、调结构、惠民生、防风险各项工作，推动现代省会、经济强市建设实现新突破，确保圆满完成全年目标任务，以优异发展成绩迎接党的十九大胜利召开，以优良社会环境保障党的十九大胜利召开。

二、更加注重以思想的突围带动发展的突破

解放思想是发展的永恒主题。我们要加快发展，就必须大力解放思想，更新观念、改革创新，破解发展瓶颈、激发发展活力。

一要把解放思想体现在扩大开放上。作为省会城市，理应成为全省对外开放的窗口，各项工作都要向国际水准对标、与国际惯例接轨。我们要充分发挥好省会的政治优势、区位优势、产业优势，大打“开放牌”，推动省会高层次、全方位的开放发展。要坚持请进来、走出去并重。既要大力招商引资、招才引智，抓好石洽会、动博会、旅发大会等交流活动以及“人才绿卡”等制度的落实；又要紧紧抓住“一带一路”国家战略等重大机遇，引导我市水泥、钢铁、建材等企业到东盟、非洲等地投资建厂，实现压减过剩产能、做大做强企业、推动当地发展的多赢局面。要注重学习先进经验、搞好吸收借鉴。对外开放不仅仅是简单地引进资金、技术、人才等生产要素的过程，更重要的是一个解放思想、更新观念的过程。要统筹作出安排，有计划、有步骤地到先进城市对标学习，既要学习工作层面的经验，更要学习解放思想的“真经”，真正打开解放思想的总阀门，大力度更新观念，培树创新性思维，并切实运用在实际工作中。

二要把解放思想体现在深化改革

上。破解发展的瓶颈制约，出路在改革。我们一定要紧紧牵住全面深化改革的“牛鼻子”，大力发扬敢为天下先的精神，坚决破除思想观念束缚和体制机制障碍，锐意进取推进各项改革。要着力优环境，以营商环境为重点，深入推进“放管服”改革，充分发挥好各级行政审批局的作用，进一步精简审批事项、优化审批流程，大力提高运行效率和服务水平，让所有人感到在石家庄创业经商“办事快、很方便，不折腾、不刁难”。要下力破瓶颈，坚持问题导向、需求导向、目标导向相结合，积极谋划和推进一批自选动作，实实在在地解决一批矛盾和难题，为省会又好又快发展清除障碍、增添动力。要全力造氛围，进一步加大改革创新在干部考核和选拔任用中的权重，执行好容错纠错办法，引导各级领导干部亲自抓改革、带头抓改革，进而带动全市上下形成崇尚改革、勇于创新的新风尚。

三要把解放思想体现在抢抓机遇上。当前，省会发展面临着京津冀协同发展、雄安新区规划建设、军民融合深度发展等重大机遇，用足用好这些机遇，关键是解放思想。在推进京津冀协同发展上，要盯紧各个合作项目，高效进行对接，推进互联互通建设、承接京津产业转移等实现突破。同时，要做精做优服务这篇大文章，瞄准京津广阔市场，大力提高劳务输出、职业培训、养老休闲、农产品供应等服务保障的层次和水平。在服务雄安新区规划建设上，要坚持错位发展、融合发展，结合雄安新区的功能定位，调整完善我市的发展方向和发展重点，主动作为、抢占先机，争取把雄安新区高端高新产业链条更多延伸到我市，着力打造高端产品的生产和集散基地。在落实军民融合发展战略上，要发挥我市驻军多、军工企业多这一得天独厚的优势，充分依托省军民两用技术交易中心、石家庄军民融合创新科技园、军鼎科技园、通用航空产业基地，以及54所、13所等平台载体，培育更多军民融合特色产业集群，争创国家级军民融合产业示范基地。

三、努力在重点经济工作上实现新突破

下半年，我们要把握好经济发展特点，处理好稳和进的关系，按照“确保经济平稳健康发展，确保供给侧结构性改革得到深化，确保守住不发生系统性金融风险的底线”的要求，进一步聚焦“项目、产业、开发区、城建”等重点工作，精准发力、强力攻坚，以此来支撑全局、带动全局、活跃全局。

一要把项目牢牢抓在手上。项目是发展的底气，也是转型升级的支撑。上半年的实践证明，项目建设抓与不抓大不一样，抓的力度大小也大不一样。全市要把项目建设作为经济工作的重中之重，持续开展“重大项目建设转型升级年”活动，以优质项目建设来扩大有效投资、拉动经济增长。引进项目力度要大。各级各有关部门要定期研究推进项目建设工作，继续坚持领导干部外出招商引资的鼓励政策，把签约落地作为唯一标准，努力引进一批大项目、好项目。下半年，我们还要继续开展“招商引资活动月”和“项目建设落实月”活动，并组织进行项目观摩，以引进项目的质量、新开工项目的数量论英雄、定奖惩。要安排市直经济部门分包项目建设落后的县（市、区），在信息、资源、人才等方面给予支持，年底市里要进行捆绑考核。项目建设速度要快。各县（市、区）主要负责同志要带头深入一线抓项目，把投产达效作为最终目标，实施“项目履约责任制”，抢抓黄金施工期，加强各类要素保障和供应，确保建设进度。要深入开展“项目落地难”专项清理，坚决打通项目落地“最后一公里”。对长期闲置或停滞项目要按规定收回土地指标。谋划项目标准要高。要按照绿色发展的要求，实行最严格的准入条件，制定项目“负面清单”和鼓励目录，切实通过优化投资结构来调整经济结构。对一些在增加财政收入、拉动就业方面不明显的项目，要通过设立就业基金、捆绑生态建设或社会事业的方式，推动项目建设的经济效益、社会效益、生态效益相统一。

二要持续推进产业转型升级。产业是经济发展的核心和基础。要坚定不移地实施产业提升战略，在产业结构调整中厚植省会发展新优势。一是以提升为方向，推动传统产业迈向中高端。大力开展工业经济质量效益年活动，积极推行“制造业＋互联网”新模式，大力发展制造环节整体设计和工业产品设计。对纺织、化工、食品、建材等传统产业，要一业一策制定转型升级的路线图，提高企业运行质量和产品质量。年内技改投资要增长7%以上，力争中国驰名商标达到50件。二是以特色为目标，发展壮大新兴产业。要把以大数据、智能化、移动互联网、云计算为重点的“大智移云”等高端产业发展，放在突出位置来抓，加强规划和政策引

导，加快制定产业发展措施，推动其快速发展。依托生物医药、光电与导航、通用航空等省级战略性新兴产业示范基地建设，加快推动优势特色产业集聚化的发展。以全国现代商贸物流基地试点城市建设为契机，发展壮大商贸物流业；精心筹备首届旅发大会，大力发展会展服务，使服务业对经济增长的贡献率稳步提升。三是以帮扶为抓手，振兴实体经济。深化入企帮扶活动，对工业50强、主营业务收入有潜力超50亿元的市级企业，主营业务收入有潜力超10亿元的县级企业，要建立实时监测机制，进行动态管理，随时掌握企业运营情况，一企一策、一事一策，千方百计帮助解决遇到的困难和问题，切实增强企业克服困难的信心。特别是各县（市、区）党政“一把手”要关心关怀企业和企业家，经常性与重点企业沟通交流，了解发展情况，听取意见建议，助推企业加快发展。四是以创新为核心，提升产业档次和水平。要加大石保廊全面创新改革试验区建设力度，全面推进重点改革试点方案落实。以省里实施大型科研仪器设备资源共享计划为契机，加强与国家科技重大专项及重大项目对接，组建一批“产学研资用”紧密结合的产业技术联盟。大力实施高新技术企业后备培育工程，力争今年全市高新技术企业总数达到800家，科技型中小企业突破1万家，规上高新技术产业增加值占规上工业比重达到20%以上。特别是高新区要再接再厉，发挥好龙头作用，更好地带动全市发展。

三要切实增强开发区实力。要加大改革创新力度，推动开发区上规模、上档次、上水平，打造全市经济发展重要增长极。一是统筹施策。要对全市开发区进行一次系统摸排，在摸清底数的基础上，编制《石家庄市开发区（园区）发展规划》，促进开发区发展。要编制《石家庄市开发区建设导则》，推动开发区在硬件“九通一平”的基础上，实现园区服务“新九通一平”。二是市场运作。要着眼于大建设、大发展，加强与国内外战略投资者、专业化园区运营商的合作，加快建设一批国别园、园中园，年内每个开发区要有2-3个特色园区投入建设。市内各区也要着力打造金融开发区、中央商务区等城市经济和新业态经济，力争年内有实质性突破。三是加强考核。要发挥考核指挥棒的作用，通过下指标、定任务、压担子、明责任，确保开发区主要经济指标增幅明显高于全省平均水平，在全省起到引领作用，力争2个以上开发区进入省级新型工业化产业示范基地。要加强考核结果运用，严格兑现奖惩，对干出实绩的表彰奖励，对排位连续倒数的严肃问责。

四要全力推进城市建设。城市建设是拉动投资、稳定增长的有力抓手，也是建设现代省会、经济强市的题中之义。下半年，要在城市建设上再发力，大力提升省会城市的形象和品位。要突出抓好重大基础设施建设。加快会展中心等大型场馆和市职教园区建设，启动实施中华大街南延等断头路打通工程，年底力争打通5条以上；畅通市区道路微循环，提高市区道路通行能力；以推进地下综合管廊试点城市建设为契机，加强地下管网的建设和改造，进一步完善城市功能、提高承载能力。特别是轨道交通，通过1号线、3号线首开工程的建设，我们已经积累了经验、磨合了队伍，要以此为契机，在确保工程质量安全的前提下，加快地铁2号线一期及3号线一期两边段工程建设进度，加快1、3号线二期的手续跑办，力争提前完成工程建设任务。要突出抓好全国文明城市创建工作。市文明办及市直有关部门要把各项迎考工作做扎实，全力以赴、背水一战，坚决拿下全国文明城市荣誉称号。要以创城为契机，聚焦城市建设管理中的薄弱环节和群众反映强烈的突出问题，加强对城区主次干道、支路及小街巷的管理，大力整治市容市貌、公共秩序、环境卫生，加强老旧小区规范管理和服务，进一步提高城市精细化管理水平，着力提升市民文明素质，打造干净整洁、文明有序的省会城市。要突出抓好县城建设攻坚。今天市两办印发了《集中整治违法用地违法建设专项行动实施方案》，成立了由我任政委、沛然同志任指挥长的指挥部；下午，我们还要组织各县（市、区）到辛集市参观学习县城建设。各县（市、区）党委政府主要领导是专项行动第一责任人，要学习借鉴正定、辛集“拆两违”经验做法，按照“统一领导、属地管理、部门联动、综合整治”的原则，综合运用法律、经济和行政手段，坚决打好“拆两违”这场硬仗。各分包市领导不但要加强督导考评，还要参与到县城建设具体活动中来，推动全市县城建设上档升级。今年全部县城要创建成省级园林县城，力争县城建设排全省后30名的4个县摘帽出列，争取更多的县城创建成省级文明县城。

四、坚定不移地贯彻以人民为中心的发展思想

“人民对美好生活的向往，就是我们的奋斗目标”。我们一定要牢记习近平总书记的谆谆教诲，在保障民生、维护稳定上再发力，综合施策、补齐短板，让老百姓有更多的获得感。

一要用心用力打好脱贫攻坚战。要深入贯彻习近平总书记在山西座谈会上的重要讲话精神，全面落实全省深度贫困县脱贫攻坚座谈会的决策部署，着力在“实”字上下功夫，做到领导工作实、任务责任实、资金保障实、督查验收实。要采取“绣花式”“滴灌式”的办法，加快推进“七个一批”工程和贫困村提升工程，突出产业扶贫，稳妥推进易地搬迁，加大对43个深度贫困村的帮扶力度，确保一个贫困群众都不掉队，实现平稳脱贫。特别是各贫困县要真正担当起脱贫攻坚的主体责任，加强贫困村基层组织建设，激发干部群众的内生动力。要从严做好扶贫领域监督执纪问责工作，大力推广“检察＋扶贫”模式，确保脱贫攻坚各项任务高效、廉洁推进。

二要狠抓环境污染治理不放松。要以中央和省开展多轮环保督察为契机，进一步加大污染治理力度，落细落实各项既定工作部署，稳扎稳打，久久为功。要突出抓好大气污染综合治理，按照科学治霾、协同治霾、铁腕治霾的要求，扎实推进“六项规划”和“1+19”专项行动，特别是要把燃煤污染治理作为重中之重，今年10月底前，1+4区县要确保完成煤改气、煤改电任务，其他县市也要自我加压、加快推进。要提前做好冬季采暖期大气污染治理应对，进一步完善应急响应、错峰管理、限停产等各项预案。同时，要统筹抓好淘汰燃煤锅炉、“散乱污”企业整治、企业搬迁、机动车尾气治理、露天矿山关闭复绿等重点任务，加快推进滹沱河综合整治，精心谋划组织秋冬季植树造林，推进省会生态环境持续改善。

三要更大力度保障和改善民生。要继续做好社保、教育、医疗、住房、供暖等民生工作，不断丰富群众精神文化生活，对在市两会上确定的十件民生实事，各责任部门要抓紧抓实，确保如期兑现承诺。特别是要紧紧抓住就业这个民生之本，着力抓好去产能企业职工安置、高校毕业生就业、困难家庭就业、农村劳动力转移就业等，以就业稳定促进社会大局稳定。人社部门要深入了解全市职工最低工资标准执行情况，坚决按照国家政策落实，保障职工合法权益。要着眼于提高公共服务均等化水平，积极学习借鉴北京的改革经验，大胆闯、大胆试，让老百姓得到更多的实惠。

四要全力以赴维护社会稳定。要认真贯彻落实习近平总书记对信访稳定工作的重要指示精神，始终绷紧稳定这根弦，紧紧围绕为党的十九大胜利召开营造良好社会环境，抓好矛盾化解和风险防控，各县（市、区）也要主动作为，坚决实现“六个确保”的目标。要突出抓好三件事：一是下大力解决房地产遗留问题，坚持每周一调度、每月一通报，分类指导、精准施策，力争早日完成省委、省政府要求的年度任务，并加快形成促进房地产市场健康平稳发展的长效机制。二是做好军队退役人员稳定工作，全面落实相关政策，大力解决政策“悬空”等问题，抓好教育引导和源头稳控，确保不发生进京上访问题。三是着力防范化解金融风险，全面清理非法集资、融资、担保等风险点，坚决守住不发生系统性、区域性金融风险的底线。同时，要统筹抓好防汛防灾、反恐防暴、社会治安、安全生产和食品药品安全等工作，切实保障人民群众的生命财产安全。

五、切实以过硬作风抓好各项工作落实

推进省会发展，关键在人，关键在作风。各级党组织和广大党员干部要始终保持“作风建设永远在路上”的战略定力，锲而不舍抓作风、转作风，切实干出样子、抓出成效。

一要以更加强烈的责任担当抓工作。要把抓好下半年工作作为践行“四个意识”的现实检验，认真落实全省领导干部会议精神，集中精力抓发展、心无旁骛干事业。特别是各县（市、区）和市直部门主要负责同志，要负总责、亲自抓，结合所分管工作在全省、全市的排位，加强分析研究，差的要剖析根源，找准突破点和增长点，知耻后勇、迎头赶上；好的要巩固成果、好上加好，争取更大的增比进位。

二要以更加全面的能力素质抓工作。各级领导干部要切实强化本领恐慌、能力危机意识，进一步加强对经济、金融、财税、城建、环保以及政策法律、哲学历史等方面的学习，准确把握经济社会发展规律，不断提高处理复杂问题的能力和水平。因此，要坚持问题导向，深入调查研究，虚心听取企业家、基层干部群众的意见建议，力争使各项工作更加符合实

际、取得更好成效。另外，要学会“弹钢琴”，统筹重点与全面、当前与长远以及改革发展稳定各项关系，确保工作良性互动、相得益彰。

三要以更加完善的推进机制抓工作。各级各部门要根据这次全会作出的决策部署，进一步完善工作推进机制、督导机制、奖惩机制，梳理任务清单，明确阶段目标，定期通报情况。要在全市进一步唱响狠抓落实的工作主旋律，各级领导干部特别是“一把手”要带头真抓实干、攻坚克难，对认准的事情、议定的工作，无论是项目建设、财税征管，还是环境治理、民生改善，都要紧紧扭住不放、一抓到底，不达目的不罢休。另外，要深化“双问计”活动，在丰富内涵、拓宽渠道、务求实效上下功夫，真正使“双问计”成为我们推进工作的有力抓手。

四要以更加过硬的班子和队伍抓工作。习近平总书记30多年前在正定主持制定的关于改进领导作风的六项规定，至今对于我们加强领导班子建设、改进工作作风，仍有很强的现实指导意义。各级领导干部一定要心系大局、勇于担当，主动为全市发展大局担担子、做贡献，尽心竭力地把自己分管部门和领域的工作做到位、做精致，为省会增光添彩。要大力发扬求真务实作风，干工作决不能浮在上面、做在表面，当“甩手掌柜”，以会议落实会议、以文件落实文件，而是要做改革发展的推动者和实干家，一级带着一级干，实实在在地把各项工作落实到位。要自觉维护班子团结，班子成员之间要多沟通、多商量，决不能各唱各的调、各干各的事，要心往一处想、拧成一股绳，凝聚推动工作的强大合力。

六、坚持以良好的政治生态保障省会事业发展

刚才通报的典型案件警示我们，“总开关”把得不严必然导致违纪违法行为发生，宗旨观念淡薄必然损害群众利益，缺少敬畏之心必然滋生不正之风，滥用手中权力必然导致腐化堕落。前车之覆，后车之鉴。我们一定要从发生在身边的这些案件中深刻汲取教训，引以为戒、举一反三，时刻保持清醒头脑，切实规范从政行为。

一要筑牢忠诚党和人民事业的思想根基。坚定理想信念，坚守共产党员的精神追求，始终是共产党人安身立命之本。全市各级党组织要严格按照推进“两学一做”学习教育常态化制度化要求，组织广大党员干部持续兴起学习贯彻习近平总书记系列重要讲话精神热潮。要通过举办中心组学习会、理论培训班等形式，教育引导党员干部切实带着感情、带着责任、带着问题，认真学、深入学、反复学，特别是要抓好《习近平总书记关于河北工作重要指示摘编》《知之深 爱之切》等著作的学习，分专题进行研讨，真正做到学思践悟、真懂真信，内化于心、外化于行。要切实强化“四个意识”，旗帜鲜明讲政治，坚决维护习近平总书记的核心地位，坚决维护党中央的权威，不折不扣地落实好中央和省委各项决策部署。要严格落实意识形态工作责任制，进一步强化阵地意识，坚决反对各种错误思想，严密防范敌对势力捣乱破坏，切实维护好政治安全和意识形态安全。要着力营造良好舆论氛围，对党的十九大精神的学习、宣传、贯彻，要提前安排、预热升温，确保十九大精神在省会落地落实。

二要始终把纪律和规矩挺在前面。从今天通报的几起典型案件可以看出，凡是出现问题，都是出在不守规矩上，乱了章法、乱了法度。我们每一名党员干部都要对纪律和规矩常怀敬畏之心，在项目审批、工程招标等方面严格按程序、按规矩办事，公正用权、依法用权、为民用权、廉洁用权，任何时候都要谨记“当官就不要发财、发财就不要当官”的训诫，始终保持亲清的政商关系，决不能以权谋私、目无法纪、为所欲为。需要强调的是，“乱作为”是不守纪律规矩的表现，“不作为、慢作为”也是党和人民不能容忍的。下一步要加大这方面的整治力度，再抓一批反面典型。要把严肃党内政治生活作为增强规矩意识的重要途径，认真执行《准则》和《条例》，经常接受党内政治生活的淬火和锻炼，经常拿起批评和自我批评的有力武器，对照党章党纪不断自我完善和提高，做到自警自省、自律自励。市委常委会要严格落实《市纪委对市委常委会及其成员进行党内监督的实施办法（试行）》，带头接受监督。7月底前，市委要听取市纪委对市委常委会监督情况的汇报。各级各部门也要结合实际，研究制定加强党内监督的有关措施，引导党员干部强化组织观念，严格落实重大问题和个人有关事项报告制度，主动接受党内监督。

三要深入推进党风廉政建设。要严格执行中央八项规定精神，持之以恒反对“四风”，从小事小节抓起，从重要节点抓起，对吃拿卡要、办

事拖拉、公车私用、公款吃喝等问题，要紧抓不放、快查严处。要认真贯彻新修改的《中国共产党巡视工作条例》，深入推进巡察工作，本届党委实现巡察全覆盖，切实发挥巡察利剑的作用，推动全面从严治党向基层延伸。要始终保持惩治腐败的高压态势，进一步加大“一问责八清理”专项行动和基层“微腐败”专项整治力度，大力整治发生在群众身边的不正之风和腐败问题，并着力构建用制度管权、管事、管人的长效机制。

四要认真履行管党治党的政治责任。党要管党，首先是党委要管、党委书记要管。各级党组织要认真履行全面从严治党的主体责任，各级党组织书记要落实好第一责任人的责任，严格教育管理干部，注重日常、抓在经常，对干部身上的问题，该提醒的提醒、该批评的批评、该处理的处理，真正管出好作风、管出好导向、管出正能量，营造积极向上的党内政治文化。各级纪检监察机关要严格落实监督责任，敢于向违纪违规行为“亮剑”，强化监督执纪问责。对连续发生严重违纪和腐败案件的地方、部门和单位，要坚决实行“一案双查”，进行责任追究，推动全面从严治党向纵深发展。

做好下半年工作，任务艰巨、责任重大。让我们更加紧密地团结在以习近平同志为核心的党中央周围，继续解放思想、开拓进取，真抓实干、攻坚克难，加快建设现代省会、经济强市步伐，以优异发展成绩迎接党的十九大胜利召开。

高举习近平新时代中国特色社会主义思想伟大旗帜 奋力谱写中华民族伟大复兴中国梦石家庄新篇章

——2017年11月6日在中共石家庄市委第十届第三次全会上

中共河北省委常委、市委书记 邢国辉

这次全会的主要任务是：深入学习宣传贯彻党的十九大精神，认真落实省委九届五次全会精神和省委书记王东峰对石家庄工作的重要指示要求，审议通过《中共石家庄市委关于深入学习宣传贯彻党的十九大精神加快建设现代省会经济强市 奋力开创新时代石家庄各项事业新局面的决定》，进一步动员全市上下高举习近平新时代中国特色社会主义思想伟大旗帜，增强“四个意识”、树牢“四个自信”，为决胜全面建成小康社会、开启全面建设社会主义现代化国家新征程、谱写中华民族伟大复兴中国梦的石家庄新篇章不懈奋斗。下面，我代表市委常委会讲四点意见。

一、学习宣传贯彻党的十九大精神是当前和今后一个时期的首要政治任务，必须在全市全面兴起热潮、持续深入推进

党的十九大是在全面建成小康社会决胜阶段、中国特色社会主义进入新时代的关键时期召开的一次十分重要的大会，是一次不忘初心、牢记使命、高举旗帜、团结奋进的大会，在党和国家发展史上具有划时代和里程碑意义。省委九届五次全会，对全省学习宣传贯彻十九大精神进行了全面动员部署，省委书记王东峰还就我市的工作专门作出了重要指示。学习贯彻好十九大精神，认真落实省委九届五次全会精神特别是东峰书记重要指示，真正使中央精神和省委部署在全市1.58万平方公里土地上落地生根、开花结果，要求全市上下必须来一个大学习、大宣传、大培训、大调研、大落实。

（一）在充分认识党的十九大重大意义上统一思想。党的十九大在政治上、理论上、实践上取得了一系列重大成果，是我们党在新时代开启新征程、续写新篇章的政治宣言和行动纲领。习近平总书记所作的十九大报告，就新时代坚持和发展中国特色社会主义的一系列重大理论和实践问题阐明了大政方针，就推进党和国家各方面工作制定了战略部署，是一篇闪耀真理性光辉、彰显旗帜性力量、蕴含历史性飞跃、明确基本性方略、作出科学性部署的马克思主义纲领性文献。大会通过的《中国共产党章程（修正案）》，充分体现了党的十八大以来党的理论创新、实践创新、制度创新的成果，体现了党的十九大报告确立的重大理论观点和重大战略思想，特别是将习近平新时代中国特色社会主义思想确立为党的指导思想，对推进党的事业和党的建设必将更好发挥规范和指导作用。大会通过的中央纪委工作报告，全面反映了过去五年推进全面从严治党的实践探索、重要成效和宝贵经验，提出了重要建议，宣示了我们党深入开展党风廉政建设和反腐败斗争的坚强决心和坚定意志。大会和十九届一中全会选举产生的以习近平同志为核心的新一届中央领导集体，是一个政治坚定、团结统一、坚强有力、奋发有为的领导集体，充分显示出中国特色社会主义事业薪火相传、继往开来的强大生机与活力。全市各级党组织和广大党

员干部要充分认识党的十九大的重大意义，切实增强“四个意识”，树牢“四个自信”，自觉把思想统一到党的十九大精神上来，把力量凝聚到实现党的十九大确定的各项任务上来。

（二）在深刻领会党的十九大精神实质上凝聚共识。党的十九大精神内涵丰富、博大精深，我们要在全面系统的基础上突出重点、抓住关键，按照“五个聚焦”“三个贯通”要求，深入学习领会、全面准确把握。一是深刻领会党的十九大的鲜明主题，准确把握当前和今后一个时期党和国家工作的根本遵循，始终牢记为中国人民谋幸福、为中华民族谋复兴的初心和使命。二是深刻领会习近平新时代中国特色社会主义思想的历史地位和丰富内涵，准确把握核心要义，自觉用以武装头脑、引航定向。三是深刻领会党的十八大以来党和国家事业发生的历史性变革，准确把握这些历史性变革重大而深远的影响，更加坚定地维护习近平总书记的核心地位。四是深刻领会中国特色社会主义进入新时代的重大政治论断，准确把握我国发展所处的新的历史方位，更加科学地立足这个大背景、大逻辑谋划推动工作。五是深刻领会我国社会矛盾发生深刻变化的新特点，准确把握人民对党和国家工作的新要求，更加奋发有为地干工作，让人民的生活更美好。六是深刻领会新时代中国共产党人的历史使命，准确把握“四个伟大”的丰富内涵，以永不懈怠的精神状态和一往无前的奋斗姿态干事创业。七是深刻领会“两步走”的战略安排，准确把握决胜全面建成小康社会、开启全面建设社会主义现代化国家新征程的总体目标，为实现“两个一百年”奋斗目标贡献石家庄力量。八是深刻领会经济建设、政治建设、文化建设、社会建设、生态文明建设等方面的重大部署，准确把握各领域的目标任务，不折不扣地将党中央的决策部署落实到位。九是深刻领会全面从严治党的总体要求和主要任务，准确把握新时代全面加强党的领导、党的建设的前进方向。以上九个方面，我们要紧密联系工作实际，深化思想认识，努力提高政治素养和理论水平，更好地担负起党和人民赋予的职责使命。

（三）在学习宣传贯彻党的十九大精神上付诸行动。认真学习宣传贯彻十九大精神，事关党和国家工作全局，事关中国特色社会主义事业长远发展，事关最广大人民根本利益，也事关我们建设现代省会、经济强市的历史进程，是我们的首要政治任务和长期战略任务。全市各级党组织和广大党员干部要把学习十九大精神作为第一堂党课、第一堂政治必修课，紧紧围绕习近平新时代中国特色社会主义思想这个主线，切实在学懂、弄通、做实上下功夫。总体要求是做到“十个有”，即：集中学习有方案计划、有研讨交流，个人自学有笔记、有体会，宣传有规范、有标准，贯彻有举措、有成效，定期有检查、有考核，确保学习时间、内容、人员、效果的“四落实”，确保宣传贯彻不走形式、不走过场。重点抓好四方面工作：一是全方位营造浓厚氛围。充分利用各级各类宣传文化阵地和资源，设计内容生动、感染力强的公益广告，规范宣传标语内容，提高悬挂设置标准，要有视觉冲击力，同时加大电子屏幕滚动播放频次，切实在全市大街小巷、公路沿线、机场车站、机关企事业单位、商场批发市场等醒目位置，直观形象地宣传十九大精神。二是精心组织学习培训。各级党委（党组）理论学习中心组，要把学习十九大精神作为重中之重，制定计划、列出专题，集中学习、深入研讨。各级党校要把十九大精神作为主课，分期、分批对党员干部进行培训轮训。我们也将参照省委理论学习中心组做法，组织市委理论学习中心组成员到西柏坡，回顾党的历史，重温入党誓词，开展集中学习，传承红船精神，弘扬赶考精神。三是层层开展宣讲活动。各级领导干部要从市级领导特别是市委常委做起，带头深入基层一线，开展面对面、互动式的宣讲，做到有知识性、有历史性、有故事性；市县两级宣讲团要注重运用接地气的语言，深入浅出地把十九大精神讲清楚、讲明白，让老百姓听得懂、能领会、可落实；党的十九大代表要结合自己的亲身经历、切身感受，像“播种机”一样，把十九大精神传播到党员群众心中，推动十九大精神进企业、进农村、进机关、进校园、进社区、进网站。四是创新宣传方式方法。坚持网上网下宣传一起抓，用好用活新媒体，精心开设专栏和专题，进行全方位、多角度、立体式宣传报道，同时，充分发挥燕赵讲坛、燕赵社区大讲堂等载体，以及老干部老党员、基层宣传员、文艺宣传队等群体作用，真正使十九大精神家喻户晓、深入人心。

二、习近平新时代中国特色社会主义思想是我们推动工作的强大思想武器，必须自觉用以武装头脑、指导

实践

党的十九大重要的历史性决策和历史性贡献，就是把习近平新时代中国特色社会主义思想，确立为我们党必须长期坚持的指导思想，这是指引我们实现夺取新时代中国特色社会主义伟大胜利、实现人民对美好生活向往的领航灯塔。我们要坚定不移地以习近平新时代中国特色社会主义思想为引领，推动全市各项事业始终沿着正确方向前进。

一要坚决维护习近平总书记在党中央和全党的核心地位。核心凝聚力量，旗帜引领方向。过去的五年，党和国家事业取得了全方位、开创性的辉煌成就，实现了深层次、根本性的伟大变革，这一切都源于习近平总书记举旗定向、运筹帷幄，源于总书记率先垂范、以上率下，源于总书记革故鼎新、励精图治。历史和实践充分证明，习近平总书记是在浓郁革命氛围中成长起来的我们党的领袖，是在苦难历史和曲折经历中成长起来的我们党的领袖，是在长期革命实践中成长起来的我们党的领袖，是在新的伟大斗争中确立起来的我们党的领袖，是在重大国际斗争中成长起来的我们党的领袖，是在人民群众中成长起来的我们党的领袖。在十九届一中全会上，习近平同志再次当选为中央委员会总书记、中央军委主席，这是全党8900多万党员的共同意志，是13亿多中国人民的共同心声，是党之幸、国之运、民之福。石家庄作为离首都最近的省会城市，作为习近平总书记曾经工作过的地方，我们必须带头旗帜鲜明讲政治，坚决维护和捍卫习近平总书记在党中央和全党的核心地位，真正把对总书记的衷心拥戴、对党的绝对忠诚，体现在坚定理想信念、执行党的路线上，体现在贯彻中央决策、落实省委部署上，体现在全市事业发展的方方面面，始终在政治立场、政治方向、政治原则、政治道路上同以习近平同志为核心的党中央保持高度一致。

二要深入领会习近平新时代中国特色社会主义思想的核心要义。时代是思想之母，实践是理论之源。习近平新时代中国特色社会主义思想，深化了我们党对共产党执政规律、社会主义建设规律、人类社会发展规律的认识，是被实践证明了的科学真理，是解决人类问题的“中国方案”。“八个明确”引航定向、统揽全局，是基本内涵，深刻回答了在新时代坚持和发展中国特色社会主义的总目标、总任务、总体布局、战略布局和发展方向、发展方式、发展动力、战略步骤、外部条件、政治保证等基本问题。“十四个坚持”谋篇布局、擘画未来，是基本方略，对经济、政治、法治、科技、文化、教育、民生、民族、宗教、社会、生态文明、国家安全、国防和军队、“一国两制”和祖国统一、统一战线、外交、党的建设等作出了理论分析和政策指导。我们要认真学习领会习近平新时代中国特色社会主义思想的精神实质和深刻内涵，切实作为事业发展的强大思想武器和动力源泉。

三要坚持以习近平新时代中国特色社会主义思想指导实践。伟大理论指导伟大实践。习近平新时代中国特色社会主义思想，实现了马克思主义基本原理同中国具体实际相结合的又一次历史性飞跃。我们要认真贯彻落实习近平新时代中国特色社会主义思想，与落实“四个加快”“六个扎实”“三个扎扎实实”要求结合起来，与学习领会《知之深 爱之切》重要著作结合起来，与加快建设现代省会、经济强市结合起来，事事对表对标，项项梳理分解，件件抓好落实。要找准突破口、着力点和主抓手，明确时间表、路线图和责任人，一步一个脚印地向前推进，确保中央的重大决策和省委的部署要求在石家庄顺利实施、取得实效。

三、党的十九大作出的一系列重大决策部署为我们指明了前进方向，必须全面贯彻落实、开创工作新局面

学习贯彻党的十九大精神，关键靠干、关键靠结合实际的干。东峰书记在省委九届五次全会上提出了六项具体任务，特别是参加第一组讨论时，明确要求石家庄要争当“经济强省的排头兵、美丽安全河北的急先锋、科技创新的示范区”。市委、市政府要制定贯彻落实意见，并逐条细化措施、制定专项方案。当前和今后一个时期，我们就是要以党的十九大精神为引领，按照省委九届五次全会特别是东峰书记提出的要求，进一步调整发展思路、狠抓工作落实，努力开创全市经济社会发展新局面。

（一）在深度融入京津冀协同发展上开创新局面。京津冀协同发展和规划建设雄安新区，是石家庄面临的最直接、最现实的重大发展机遇。要在与京津协同发展、与雄安新区互动发展的深度和广度上下功夫，借势借力提升我市发展水平。要在服务上抓提升。东峰书记明确提出，全力支持服务北京和天津协同发展。要瞄准京津市场需求，充分挖掘我市农产

品、人力、养老、红色旅游等方面的资源优势，扩大对京津的农产品和劳务输出，打造高端养老服务机构和特色旅游品牌，在服务京津中提升产业档次、提高百姓收入。要在对接上下功夫。打造优质承接平台，积极承接北京转移项目；突出抓好京石城际等铁路跑办，加快推进太行山高速、津石高速建设，加强与京津的互联互通。需要强调的是，在大力推进京石协同的同时，要加大与天津对接的力度，着力吸引天津的企业向我市延伸产业链条，来我市建立专业性“飞地园区”，推动一批天津的创新成果、高端项目到我市转化落地。要在融合上促深化。加强与雄安新区的沟通联系，紧盯雄安新区的产业布局和政策导向，提前谋划和调整完善我市发展思路和重点，着力打造与雄安新区产业相配套的高端产品生产和集散基地，更好地实现与雄安新区的上下衔接、错位发展。

（二）在推动产业转型升级上开创新局面。争当建设经济强省的排头兵，既是石家庄的政治任务，也是经济发展的目标。做全省的排头兵，不仅仅是总量，对质量和效益的要求更高。省会就要有省会的气魄、胆识和担当，要坚持质量第一、效益优先、速度保障，把着力点放在实体经济上，以供给侧结构性改革为主线，加快新旧动能转化、推动产业转型升级，建设现代化经济体系，不断增强经济创新力和竞争力。要坚定不移把项目建设作为重中之重。我市固定资产投资全省第一，但并没有体现到项目上，这个问题市政府主管领导和部门要下定决心抓起来。同在一片蓝天下，兄弟市的项目建设热火朝天，我们也能干好。要持续加大招商引资力度，围绕重点产业发展的各个环节，深入挖掘产业链条中的上下左右关系，大力开展以商招商、产业链招商。四季度我们还要搞项目拉练。各县（市、区）党政主要领导外出招商情况，要坚持一月一通报，主管招商引资和项目建设的领导外出招商情况，也要按季度上报。强力推进项目建设，实行倒排工期、挂图作战、清单管理、逐项销号，努力破解影响项目开工的瓶颈制约，推动项目早落实、真落地、快见效，决不能出现招商引资热热闹闹、敲锣打鼓，过后冷冷清清、没人搭理的现象。要坚定不移淘汰落后产能。按照压、限、转的思路，对一些高投入、高消耗、高污染、低效益、没税收的落后产能，特别是对破坏生态环境、改造无望的产业，要列出目录、排出时间表、定出任务单，坚决予以淘汰，为新兴产业腾出空间和容量。尽快开展水泥、钢铁等过剩产能特别是“散乱污”企业大普查，分类施策、优化组合、关小上大，加大技改投入，推动传统产业提质增效。同时，要紧紧抓住国家实施“一带一路”战略契机，鼓励钢铁、水泥等过剩产能走出去，在国际产能合作中提升发展活力。要坚定不移加快发展新兴产业。通过政策引领、龙头拉动、帮扶推动，突出发展装备制造业，重点培育发展生物医药、电子信息等战略性新兴产业，量身定做扶持政策措施，加快实现新兴产业规模翻番。要推进军民深度融合发展，加大军地双向对接和成果转化力度，力促一批优势产业加速崛起。要大力发展现代服务业，推进云计算、大数据、互联网等信息技术与现代制造业相结合，加快发展现代物流、电子商务、工业研发设计、服务外包、金融服务、科技服务、文化创意等新兴业态，提升全市现代服务业的档次和水平。要谋划设立石家庄铁路口岸，推动开通中欧（石家庄）班列，打通国际物流通道，为建设商贸物流中心奠定基础。要以实施乡村振兴战略为契机，大力推进农业供给侧结构性改革，调整农业结构，发展现代农业，推动一二三产业融合发展。要坚定不移推进开发区建设。加强管理、提高要求、压实责任，一季度一考核，不断提升开发区建设水平和层级。对全市各产业分类别、分行业进行梳理，瞄准世界高端、国内先进，围绕推动光电产业、通用航空等高科技产业集群延伸产业链条、形成产业配套，促进产业集中集约集群发展，努力打造一批有影响、有特色的全产业链集群。

（三）在推进改革创新上开创新局面。全面创新改革试验是国家的一项重要决策，也是石家庄深化科技体制改革、强化区域创新的一次重大机遇。要以建设全省科技创新示范区为目标，以石保廊全面创新改革试验区为契机，加强组织推动，积极主动对接，敢闯敢试、敢想敢干，以改革创新为全市发展注入活力和不竭动力。要强力推进一批重点改革事项。坚持“向中央看齐、向省委对标、向问题聚焦、向落实发力”，强力推进重点领域和关键环节的改革。继续深化“放管服”改革，充分发挥市县行政审批局的作用，为企业降低资源要素成本，保护企业家精神，努力创造良好投资氛围和发展环境。特别是对试验区 24 项改革任务进行回头看，查漏补缺、强力推进，确保按时保质完成。要着力出台一批创新政策。在抓好市委、市政府新制定的11项创新举措落地实施的基础上，针对市场主体和创业创新主体的政策需求，再研究制定一批重大举措，更好地促进创新型企业发展，力争五年内高新技术企业超千家，科技型中小企业达到2万家。要大力建设一批创新平台。整合科研院所、研发机构等创新资源，着力打造一流创新平台，建立以企业为主体、市场为导向、产学研深度融合的技术创新体系。要全力招引一批创新人才。抓好人才绿卡等政策的落实，继续研究出台有竞争力、吸引力的政策措施，构建起全方位、立体式、系统化的人才政策体系，通过政策来招引人才，通过人才来发展产业，通过产业引领省会发展。要努力转化一批创新成果。与京津创新链、产业链高效衔接，加快科技成果转化和产业化进程，大力提升科技创新对经济增长的贡献率，力争2020年达到60%以上，率先进入国家创新型城市行列。在这方面，要尽快研究提出工作方案，争取上级支持。

（四）在提升城市形象品位上开创新局面。城市品位高是现代省会的重要标志。要对标天津等先进城市，主动查找差距、加快补齐短板，形成长效机制，努力建设与京津冀世界级城市群相匹配的现代化省会城市。要下好拓展城市空间的“先手棋”，对标雄安新区先进的规划设计理念，按照“多规合一”要求，进一步完善城市发展规划，围绕把滹沱河打造成“生态河、产业河、文化河、民心河”，统筹推进滹沱河两岸协调互动发展，加快正定县（正定新区）建设，推进3个组团新区与中心城区的一体化发展。要做好完善城市功能的“大文章”，加速推进轨道交通建设，扎实有序推进断头路打通工程，加快中央商务区、职教园区和图书馆、规划馆等大型功能性场馆的建设，大力度实施地下综合管廊试点项目建设，推进海绵城市建设，进一步完善城市的载体功能。要打好城市综合管理的“组合拳”，巩固创建全国文明城市成果，深入实施城市容貌综合治理，积极开展“亮化、美化、绿化、净化”攻坚行动，大力推进国家卫生城市创建，形成常态长效机制，努力打造特色鲜明、生态优美、规范有序、文明和谐的城市环境，全面提升城市的形象和品位。要打赢县城建设的“翻身仗”，坚定不移拆“两违”，高标准、高水平、大手笔推进县城建设管理。要破除小富即安、小进即满的思想，杜绝修修补补、小打小闹，着力拉开框架、拓展发展空间、提升建设水平，推动一批县城建设进入全省前列，明年全省后30名的县要全部出列。要强化督导考核，不仅要对各县考核，也要对包县的市级领导考评。坚持因地制宜规划建设一批工业强镇、商贸重镇、旅游名镇等特色小镇，着力抓好13个特色小城镇建设，扎实推进美丽乡村建设。

（五）在改善生态环境上开创新局面。坚持节约优先、保护优先、自然恢复为主的方针，弘扬塞罕坝精神，形成节约资源和保护环境的空间格局、产业结构、生产方式、生活方式，还自然以宁静、和谐、美丽。要坚决打赢蓝天保卫战。推进全民共治、源头防治，把加大能源结构调整作为重中之重，突出抓好燃煤污染治理，按照近日印发实施的《京津冀能源协同发展行动计划（2017-2020年）》要求，推动县城集中供暖、清洁供暖，加强燃煤锅炉治理、稳妥压减电煤、严格管控煤炭市场，坚决按照时间节点完成任务。市政府要组织专门力量，针对我市实际开展煤改气、煤改电的摸底、调研和论证工作，提出下一步工作意见。同时，加快污染企业搬迁升级，加强工地、道路扬尘的监测监控，不断加大治理力度，持续减少大气污染物排放总量。要统筹抓好生态修复。统筹山水林田湖草系统治理，大规模开展植树造林，开展国土绿化行动，实施太行山绿化攻坚，完善天然林保护制度，扩大退耕还林还草，搞好露天矿山治理，强力推进滹沱河生态修复工程，加强饮用水水源地保护和地下水超采治理，全面开展湿地恢复建设，促进全市水生态总体改善。要形成绿色生产生活方式。推进资源全面节约和循环利用，实施节水行动，深入推进建筑节能，尽快研究制定垃圾处理相关规划，提高生活垃圾无害化处理能力，实现生产系统和生活系统循环链接。倡导简约适度、绿色低碳的生活方式，开展创建节约型机关、绿色家庭、绿色学校、绿色社区和绿色出行等行动。坚持依法铁腕治污，实行最严格的生态保护制度，坚决查处违法违规行为。

（六）在保障改善民生上开创新局面。带领人民创造美好生活，是我们党始终不渝的奋斗目标。要认真贯彻以人民为中心的发展思想，主动回应群众关切，滚动实施重点民生实事，努力使人民群众获得感、幸福感、安全感更加充实、更有保障、更可持续。要坚决打赢脱贫攻坚战，以43个深度贫困村为重点，摸清底数、建档立卡，把产业扶贫作为根本之策，千方百计增加农民收入，实现稳定脱贫和可持续发展。深入开展扶贫领域监督执纪问责，坚决查处和惩治扶贫领域违规违纪行为。要大力提高公共服务能力和水平，统筹抓好教育、就业、医疗卫生、社会保障等方面工作，让人民群众享受到更多的改革发展成果。要维护社会大局和谐稳定，坚持“党政同责、一岗双责”、属地负责，加强和创新社会治理，统筹做好信访稳定、反恐防暴、打击黑恶势力、打击犯罪、安全生产和食品药品安全、防灾减灾等工作。会上我们印发了关于开展信访积案大化解“双百日攻坚”清仓行动的实施方案，要切实引起高度重视，新官要理旧案，各县（市、区）党政主要负责同志要牵头解决最难办的信访积案，在全市掀起解决信访问题的高潮，突出解决老百姓反映强烈的热点问题、焦点问题，坚决把进京赴省访的数量降下来。

（七）在推进民主政治建设上开创新局面。认真落实人大、政协在全市重点工作中更好发挥作用的指导意见，大力推进全市经济社会发展和民主政治建设。要坚持和完善人民代表大会制度，健全人大组织制度和工作制度，充分发挥人大讨论决定重大事项的作用，确保人大及其常委会依法履行职能。要发挥协商民主重要作用，统筹推进政党协商、人大协商、政府协商、政协协商、人民团体协商、基层协商以及社会组织协商，大力支持政协在全市重点工作中献计出力。要巩固发展爱国统一战线，支持民主党派、工商联和无党派人士履职尽责，做好民族宗教、党外知识分子、新社会阶层人士，以及对台、侨务和工青妇等工作，构建亲清新型政商关系，促进非公有制经济健康发展。要全面推进依法治市，深化司法体制综合配套改革，全面落实司法责任制，加快建设法治政府，大力推进全民普法，使尊法学法守法用法成为全市人民的共同追求。

（八）在繁荣发展文化事业上开创新局面。文化自信是一个国家、一个民族发展中更基本、更深沉、更持久的力量。我们要坚定中国特色社会主义文化自信，为各项事业发展提供思想保证、精神力量、道德滋养和文化条件。要加强意识形态工作，推动习近平新时代中国特色社会主义思想深入人心，严格落实工作责任制，牢牢把握领导权和话语权，勇于发声，敢于亮剑，坚决反对错误思潮。要培育和践行社会主义核心价值观，用核心价值观凝聚全社会的价值共识，大力弘扬西柏坡精神，让红色基因深植于全市干部群众的血脉中。要加强精神文明建设，选树时代楷模和先进典型，让城市充满昂扬向上的正能量。要深化文化体制改革，加快发展文化产业，特别是要抓住冬奥会契机，大力发展冰雪等文化体育产业，努力把文化产业打造成为全市支柱性产业。

以上八个新局面，是我们今后一个时期的工作主攻方向。各级党组织要结合“双问计”活动，在理性审视和客观研判当前各项工作的基础上，抓紧谋划明年工作，并将思路、目标落实到具体的重大项目上，落实到具体的推进举措上，落实到具体的工作机制上。

四、办好石家庄的事情关键在党，必须加强党的全面领导和党的建设、深入推进全面从严治党

党政军民学，东西南北中，党是领导一切的。要按照新时代党的建设总要求，加强党的全面领导和党的建设，推动全面从严治党向纵深发展，把各级党组织建设得更加坚强有力。

一要把政治建设摆在首位。旗帜鲜明讲政治是我们党作为马克思主义政党的根本要求。要切实增强“四个意识”，把维护和捍卫习近平总书记的核心地位，作为最大政治、最重要的政治纪律和政治规矩，坚决维护以习近平同志为核心的党中央权威和集中统一领导。要尊崇党章，加强和规范党内政治生活，严格执行准则，完善和落实民主集中制的各项制度，坚决防止和反对个人主义、分散主义、自由主义、本位主义、好人主义，坚决防止和反对宗派主义、圈子文化、码头文化，坚决反对搞两面派、做两面人。要推进“两学一做”学习教育常态化制度化，认真谋划和扎实开展“不忘初心、牢记使命”主题教育，传承红船精神，弘扬赶考精神，牢记“两个务必”，筑牢信仰之基、补足精神之钙，提高政治觉悟和政治能力。

二要加强领导班子和干部队伍建设。市委作为全市的领导核心，要充分发挥总揽全局、协调各方的作用，切实做到把方向、谋大局、定政策、促改革。市委常委会要严格落实《市纪委对市委常委会及其成员进行党内监督的实施办法（试行）》，带头讲政治、带头守规矩、带头转作风、带头抓落实。市人大、市政府、市政协各领导班子，要按照市委的决策，积极主动、独立负责地开展工作。各级

领导班子要坚持和完善党的领导的体制机制，按照习近平总书记提出的“坚定理想信念、强化政治责任、全面增强本领、扎实改进作风”的要求，把领导集体建设得更加坚强有力。要进一步深化基层党组织建设，以提升组织力为重点，突出政治功能，抓实党支部，着力解决一些基层党组织弱化、虚化、边缘化问题，大力增强凝聚力、感召力、战斗力，切实把基层党组织建设成为宣传党的主张、贯彻党的决定、领导基层治理、团结动员群众、推动改革发展的坚强战斗堡垒。要高度重视村两委换届工作，把那些政治坚定、办事公正、乐于奉献、群众信任，能带领广大农民致富的干部选拔出来。

三要进一步解放思想。党的十九大提出了一系列新思想、新论断、新部署、新目标、新要求，各级党组织和广大党员干部一定要紧跟党中央的步伐，适应新时代发展的需要，全面审视本地本部门推动发展的理念、思路、举措是否与十九大精神相适应，与时俱进、更新观念。要大力解放思想，开阔视野，克服思维定势、大胆改革创新，下大力破解本地本部门发展的瓶颈制约。要牢固树立战略思维、创新思维、辩证思维、法治思维、底线思维，善于对方向性、全局性、长远性、根本性问题进行科学研判，善于结合实际创造性地推动工作，善于抓重点、抓关键、抓“牛鼻子”，善于运用法治方式、法律手段解决问题，推进各项工作不断实现新突破。

四要狠抓作风建设促落实。各级各部门要把抓落实作为一切工作的生命线，在抓落实上下功夫、比作为、论英雄。要强化责任担当。各级领导干部特别是主要负责同志、分管负责同志，要带头担当担责，既要指挥协调、更要率队出征，不推卸责任、不避重就轻，敢抓敢管，以钉钉子精神推动各项任务落实，以实际工作成效检验干部政治担当。要实行目标管理。细化目标任务，明确工作责任，建立清单台账，实施项目式管理、工程式推进，做到每项工作都要有章法、有流程、有抓手、有督导、有考核，干得好的确实要表彰和重用，干得不好、当逃兵、贻误工作的，要通报批评、严肃追责问责。要一竿子插到底。坚决克服形式主义、官僚主义，既不能当二传手，更不能听二传手的话，对分管的工作心里要掌握一手资料，有一本“明白账”，带头扑下身子真抓实干，察实情、出实招，靠前指挥、一抓到底。要敢于啃硬骨头。坚决克服等靠思想，克服上推下卸、不负责任、为官不为等行为，勇于直面问题，善于解决矛盾，奔着问题去、盯着问题干，咬定青山不放松，不达目的不罢休。要认真落实市委出台的《党政机关容错纠错办法（试行）》，坚持严管和厚爱结合、激励和约束并重，旗帜鲜明为敢于担当、踏实做事、不谋私利的干部撑腰鼓劲。市纪委要对《党政机关容错纠错办法（试行）》《市纪委对市委常委会及其成员进行党内监督的实施办法（试行）》落实情况进行总结，在年底市委全会上通报。

五要持之以恒正风肃纪反腐。始终保持全面从严治党永远在路上的韧劲和定力，只要是群众反映强烈的问题都要严肃认真对待，只要是损害群众利益的行为都要坚决纠正。要巩固拓展贯彻中央八项规定精神的成果，认真落实《中央政治局贯彻落实中央八项规定的实施细则》，坚持不懈改作风转作风。要坚持无禁区、全覆盖、零容忍，严肃查处各种违纪违规行为，大力整治群众身边腐败问题。要充分发挥市县巡察、派驻监督的作用，运用好监督执纪“四种形态”，抓好监察体制改革，切实加强对权力运行的制约和监督，大力营造良好的政治生态。

新时代要有新气象，新使命要有新作为。让我们更加紧密地团结在以习近平同志为核心的党中央周围，高举习近平新时代中国特色社会主义思想伟大旗帜，不忘初心，牢记使命，真抓实干，攻坚克难，为决胜全面建成小康社会，加快建设现代省会、经济强市而不懈奋斗！

奋进新时代 担当新使命
激发新干劲 创造新业绩

——2017年12月27日在中共石家庄市委第十届第四次全会上

中共河北省委常委、市委书记 邢国辉

这次全会的主要任务是，坚持以习近平新时代中国特色社会主义思想为统领，深入学习贯彻党的十九大精神和中央经济工作会议精神，全面落实省委九届六次全会精神，特别是省委书记王东峰对石家庄工作的一系列指示要求，总结市委九届九次全会以来的工作，研究部署明年及今后一个时期工作。

刚才，雪荣同志传达了中央经济工作会议和省委九届六次全会精神，这是我们做好今后工作的基本遵循，大家一定要认真领会、深入落实；明利同志通报了关于对市委常委会及其成员进行党内监督情况，德进同志通报了《党政机关容错纠错办法（试行）》执行情况，这是市委落实全面从严治党重大战略部署取得的重要制度成果，我们一定要深入总结、深化拓展。2018年，是贯彻党的十九大精神的开局之年，是改革开放40周年，是决胜全面建成小康社会、实施“十三五”规划承上启下的关键一年，是加快建设现代省会、经济强市的攻坚突破之年，做好明年及今后一个时期工作意义重大。关于经济工作，沛然同志还要专门部署。下面，我重点围绕工作中需要把握的重大问题，强调几点意见。

一、深入总结一年来的生动实践，汲取继续开拓前进的力量

今年以来，我们以迎接和学习宣传贯彻党的十九大精神为动力，紧紧围绕市第十次党代会建设现代省会、经济强市的各项部署，扎实苦干、奋发作为，全市经济建设呈现出稳中向好的新态势，社会发展呈现出和谐稳定的新气象，干部队伍呈现出凝心聚力的新状态。

这一年，是我们深入学习领会习近平新时代中国特色社会主义思想，牢固树立“四个意识”和“四个自信”，政治建设不断强化的一年。及时传达学习、部署落实习近平总书记每次重要讲话、重要指示，做到理论创新每前进一步，理论武装就跟进一步。特别是把学习宣传贯彻党的十九大精神作为首要政治任务，坚持早部署、全覆盖、兴热潮，推动党的十九大精神落地见效。旗帜鲜明讲政治成为全市各级党组织和广大党员的自觉行动。

这一年，是我们全面贯彻新发展理念，深入推进改革创新突破，工作亮点不断涌现的一年。GDP增速高于全省平均水平，规上高新技术产业增加值连续7年两位数增长，服务业增加值增速创2012年以来新高；成功创建了全国文明城市，昂首进入了“地铁时代”；6.5万人实现稳定脱贫，10件民生实事如期兑现；实施了力度最大的煤改气、煤改电工程，秋冬季PM2.5浓度在“2+26”城市中降幅第二，滹沱河全域生态修复工程拉开了帷幕；房地产历史遗留问题等一批难点得到了有效破解，人才绿卡等一批创新举措产生了广泛影响。这些工作都是打基础、利长远的，这些变化都是根本性、开创性的，为我们实现高质量发展创造了条件，积蓄了势能。

这一年，是我们强化制度建设，创新工作载体，推动全面从严治党不断向纵深发展的一年。着力加强领导班子和干部队伍建设，扎实开展了“双问计”活动，探索实施了党内监督、容错纠错等制度，驰而不息正风

肃纪反腐，党内政治生活气象更新，党内政治生态持续优化。特别是顺利完成了市县乡领导班子换届，各级班子团结和谐、凝心聚力，干事创业的氛围更加浓厚。

应当讲，能够在复杂多变的宏观环境下实现多个领域的突破跃升，实属不易。这是习近平新时代中国特色社会主义思想科学指引的结果，是以习近平同志为核心的党中央坚强领导的结果，是省委、省政府关心支持的结果，也是全市上下勠力同心、艰苦奋斗的结果。我们一定要倍加珍惜十分难得的好形势，倍加珍惜真抓实干的好氛围，倍加珍惜风清气正的好环境，奋力开创新时代建设现代省会、经济强市的新局面。

二、深刻认识当前发展的新形势、新任务，切实肩负起新时代省会建设发展的光荣使命

中国特色社会主义进入新时代，我国经济发展也进入了新时代。我们要自觉把石家庄发展放到这个大背景下，深入思考、研究和推动，牢牢把握工作的主动权。

新时代带来了新机遇。党的十九大把习近平新时代中国特色社会主义思想确立为全党必须长期坚持的指导思想，中央经济工作会议鲜明提出习近平新时代中国特色社会主义经济思想，为我们继续开拓前进提供了无比强大的政治引领；京津冀协同发展特别是规划建设雄安新区，为我们在对接、服务京津中发展自己提供了千载难逢的重大机遇；省委、省政府对省会工作给予了特殊的关爱，东峰书记多次到石家庄调研指导，组织召开了推进省会建设发展工作会议，明确提出要举全省之力支持省会建设发展，为我们加快建设现代省会、经济强市提供了前所未有的强大动力。

新时代意味着新挑战。面对高质量发展的要求，我市发展结构不优、质量不高、效益不好的问题愈加凸显，一般公共预算收入占 GDP 的 6.93%，低于全省平均水平，钢铁、化工、建材等传统产业增加值占工业的 60%，规上高新技术产业增加值仅占规上工业的 20.5%；城市承载能力不够强，对周边地区乃至全省的辐射带动能力不足；县域经济发展滞后，GDP 占全市的比重还不高，没有一个全国“百强县”；干部队伍的素质能力与形势任务还不适应，应变能力比较差，思想观念不够解放，工作作风不够扎实，进取意识不够强，营商环境不够优。

新时代提出了新要求。面对新形势、新任务，我们必须紧跟时代潮流，锐意进取、开拓创新，主动引领未来发展；我们必须贯彻中央和省委要求，奋发图强、砥砺前行，切实肩负起新时代赋予的历史使命；我们必须撸起袖子加油干、苦干实干拼命干，拿出一批超常规举措，下定决心打几场攻坚硬仗；我们必须提振精气神、发挥能动性，担当担责，狠抓落实，创造出无愧于时代的新业绩。归结起来，就是奋进新时代、担当新使命、激发新干劲、创造新业绩。以上四句话，体现了战略取向、现实要求、核心动力、目标追求的有机统一，必须作为鲜明主题，贯穿于各项工作的全领域、各方面。

三、牢牢把握明年和今后一个时期工作总抓手，开创新时代省会建设发展新局面

一年来的实践有力证明，市第十次党代会明确的建设现代省会、经济强市奋斗目标，确立的“四高四强”内涵要求，是符合党的十九大精神的，是切合石家庄实际的，我们必须在坚持中深化、在深化中坚持。同时，我们也要主动适应新时代的要求，拉高标杆、提高标准，把推动工作实现质的提升作为绩效评价和政绩考核的重要考量。市委决定，在全市开展“五抓五提升”战略行动，以此作为工作的总抓手，作为“不忘初心、牢记使命”主题教育的重要载体，推动省会发展走在全省前列。

——抓高质量发展，提升经济总量，就是要抓住京津冀协同发展和雄安新区规划建设重大机遇，以供给侧结构性改革为主线，以壮大实体经济为重点，更加注重发展战略性新兴产业和现代服务业，强力推进产业转型升级，早日实现地区生产总值重返全省首位，切实在全省发挥好示范带动作用。

——抓攻坚提质，提升城区品位，就是要对标先进城市，进一步优化空间布局，完善城市功能，提高城市管理精细化水平，向着现代化、国际化省会城市迈进。

——抓精准治污，提升大气质量，就是要围绕 3 年内大气质量排名退出全国重点城市“倒十”的目标，瞄准节点打出一套污染治理组合拳，奋力夺取蓝天保卫战阶段性胜利。

——抓县城建设，提升县域实力，就是要坚持大手笔、高标准建设，推动县城容貌显著改观，明年所有县创建成省级园林县城、排名全省后 30 的县全部出列，力争早日实现

全国“百强县”零的突破。

——抓工作落实，提升作风效能，就是要以落实论英雄，持续深入开展重点工作大督查活动，促进各级干部勇于担当担责、敢于改革创新，比学赶超、争创一流。

“五抓五提升”战略行动是中央决策、省委部署在我市的具体展开，也是我们建设现代省会、经济强市的实践载体。落实好这个工作总抓手，必须坚持科学理论指引，坚定不移以习近平新时代中国特色社会主义思想为统领，切实在学懂弄通做实党的十九大精神上下功夫，确保各项工作始终沿着正确道路前进。必须加强党的全面领导，坚决维护以习近平同志为核心的党中央权威和集中统一领导，大力提高各级党委把方向、谋大局、定政策、促改革、抓落实的能力和定力，发挥好总揽全局、协调各方的领导核心作用。必须坚持稳中求进，看问题、想对策、抓落实，都要审时度势、深思熟虑、尊重规律，既要反对消极应付、不思进取，又要反对冲动蛮干、急于求成，把握好工作节奏和力度。必须全力实施重点突破，紧紧扭住事关全市发展大局的关键，突出抓好具有标志性、引领性、支柱性的重点工作，精准发力、善作善成，切实以重点工作的突破，带动活跃发展全局。

四、着力构建现代产业发展格局，坚定不移推动省会实现高质量发展

建设现代化经济体系，实现高质量发展，必须培育一批市场空间巨大、发展前景广阔的支柱产业。市委考虑到我市的资源条件和环境容量，考虑到我市现有的产业发展基础和优势，考虑到产业发展的一般规律和未来趋势，考虑到与京津和雄安新区产业对接融合的现实需要，在市政府前期研究谋划的基础上，致力于提高供给体系质量，坚持有所为有所不为，确定下一步要着力做强做优新一代信息技术（卫星导航、光电、集成电路、半导体器件等）、生物医药健康（医药制剂、现代中药、基因工程药物、高端医疗器械、健康养老等）、先进装备制造（通用航空、轨道交通、新能源汽车等）、现代商贸物流（电子商务、现代物流、商贸、会展等）四大产业，着力培育壮大旅游业（旅游综合体、文化体验、旅游+等）、金融业（银行、证券、保险、信托、基金等）、科技服务与文化创意（工业设计、科技信息服务、文化艺术、新闻出版、广播影视等）、节能环保（环境监测技术研发、环保设备、监测服务等）四大产业，从而构建起“4+4”产业发展格局。

“4+4”产业格局是我们今后产业发展的主攻方向，必须坚定不移全力推进。各县（市、区）也要在此基础上，根据各自的产业基础和优势，研究谋划自己的现代产业格局。在具体工作中，要重点做到“五个强化”，确保每个产业都有载体、有抓手、有项目，不断增强产业竞争力。

一要强化顶层设计，引领产业发展方向。围绕“4+4”产业发展格局，按照起点要高、关联度要大、布局要合理的原则，抓紧研究发展规划，明确产业发展路径、拿出产业发展举措。要制定出台一批配套扶持政策，为全市产业发展提供有力保障。同时，要通过实施战略性新兴产业三年行动计划、举办明年两届旅发大会等措施，搭建起产业发展的有效载体。

二要强化协同创新，增强产业发展动力。坚持把创新作为引领发展的第一动力，推动全市产业发展迈向中高端。把建设石保廊全面创新改革试验区作为重大契机，在完成规定动作的同时，加大自选动作的谋划和实施力度，研究制定一批重大科技创新举措，着力建设一批高端产品生产和集散基地，实施高新技术企业和科技型中小企业“双倍增”计划，构建“京津雄研发+石家庄转化”的创新格局，加快建设全省科技创新示范区。把军民深度融合作为重要途径，加强对通用航空产业基地、军民融合创新科技园、河北军鼎科技园等重点项目的服务盯办，加速建设军民融合产业集群。把人才作为创新的第一资源，大力实施高层次人才引进工程，完善人才绿卡等保障政策，全力引进创新型、管理型、技能型等各方面人才。

三要强化项目建设，提供产业发展支撑。坚持把项目和园区作为重中之重，在做“实”上下功夫。要做实项目推进机制，健全产业链、精准化招商机制，探索建立跨区域建设投资项目成本共担和利益共享机制，并强化对项目的考核。今后我们考核项目，就要把新增企业、新增纳税以及吸纳就业、环境影响等作为重要考核指标，切实增强项目建设实效。要做实开发区建设，健全“有进有出、有升有降”的动态管理机制，考核排全市后三名的，第一年亮黄牌，连续两年的予以全市通报、限期整改、调整退出等处理，并对开发区主要领导进行调整。

四要强化改革开放，激发产业发展活力。要以改革开放40周年为契机，进一步全面深化改革，不断扩大开放。要深入推进供给侧结构性改革，下大力抓好“破、立、降”工作，为现代产业发展提供环境容量和发展空间。同时，要深化国有企业改革，加强国有资产监管，推动国有资本做强做优做大。要围绕优化营商环境抓改革，深化“放管服”改革，探索推行企业绿卡制度，扎实开展“双创双服”活动、“降费减负”专项行动，充分激发各类市场主体活力。要以扩大开放倒逼改革，及时跟进国家新一轮对外开放政策，加快建设全国现代商贸物流中心城市，抓紧打通国际贸易大通道，鼓励建材、纺织等优势产能和装备技术“走出去”，在国际产能合作中提升发展水平。

五要强化农业农村，夯实产业发展基础。构建现代产业发展格局，离不开农业的有力支撑。要大力实施乡村振兴战略，按照产业兴旺、生态宜居、乡风文明、治理有效、生活富裕的总要求，建立健全城乡融合发展体制机制和政策体系，加快推进农业农村现代化。要深入实施农业供给侧结构性改革，在确保粮食安全的前提下，切实抓好现代农业园区建设，创建一批农业产业化联合体，打造国家级现代农业产业园，推动农业从增产导向转向提质导向。要认真落实国家农村人居环境整治三年行动方案，大力推进“厕所革命”，在抓好美丽乡村建设的基础上，打造一批美丽乡村旅游度假区，切实促进农村发展，提高农民收入。

五、强力推进城市建设管理攻坚提质，大幅提升城市承载力、竞争力和宜居度、美誉度

城市是吸引聚集产业、提升经济总量的重要支撑，也是保障改善民生的重要载体。我们要紧紧抓住新一轮城市总体规划修编的有利契机，把城市建设管理攻坚提质，作为“五抓五提升”的“先手棋”和“当头炮”，率先发力突破。

一要把中央商务区精心打造成为省会1号地标。我们要建设现代化省会城市，必须把打造一流的中央商务区作为重中之重，坚持全球视野、国际标准，高起点规划、高水平建设。要积极学习借鉴上海浦东新区金融中心、北京金融街等地先进经验，高效有序推进车辆厂片区、解放广场片区、老客站片区改造提升和长途客运站搬迁改造提升，大力实施湾里庙、南三条市场综合整治，加快推进自强路金融创新开发区整治提升改造，确保一年一个新变化，切实将其打造成为城市记忆与现代产业交融、彰显省会特色的标志性区域。

二要坚决打好主城区提质和县城建设攻坚两大战役。突出问题导向，加大工作力度，重点抓好四件事：一是全力以赴创建国家卫生城市。进一步巩固拓展和提升全国文明城市创建成果，形成常态创建的有效机制，在此基础上，精准对标国家卫生城市创建标准，全民动员、上下协力，确保2020年跻身国家卫生城市行列。二是快马加鞭推进滹沱河生态修复。把滹沱河生态修复作为提升省会档次品位和优化城市空间布局的重要突破口，按照“一年出形象、两年见成效、三年成精品”的要求加快推进，着力打造成为生态河、产业河、文化河、民心河。三是持续攻坚打好县城建设翻身仗。以创建“园林城、卫生城、文明城、洁净城”为抓手，进一步加大督导考评力度，争取更多县城进入全省前列。四是精细治理提升城市“颜值”。大力实施绿化、亮化、净化、美化工程，集中开展环境卫生、街道外立面整治、黄土裸露地面整治等行动，积极推进公园绿地建设、街道景观提升和垃圾处理等工作。加大环城水系、民心河、太平河等城市水系改造提升力度，最大限度地发挥生态调节、景观游憩等功能。同时，要尽快全面完成房地产历史遗留问题整治，稳步推进城中村改造，加大棚户区改造力度，不断改善城市人居环境。

三要尽快补齐老旧小区管理、停车场建设、市区交通出行三个短板。要让老旧小区“换新貌”，以完善配套设施、改善环境、建立长效管理机制为重点，分期分批对全市老旧小区进行整治提升。要让停车更方便，以人流密集区和居住密集区为重点，规划建设一批停车楼、地下停车场、机械式立体停车库等停车设施，同时，加强规范停车场和路边停车管理。要让道路更顺畅，加快公交都市建设、提高公共交通分担率，有序打通断头路，加强易堵地点交通整治，切实疏通“主动脉”，畅通“微循环”，让老百姓出行更快捷。

四要大力推进四组团县（区）与中心城区一体化发展。把正定、藁城、鹿泉、栾城作为拓展城市空间重要战场，与中心城区一体规划布局、一体建设管理。要加快谋划建设联通组团区的快速通道，大力提高组团县

（区）基础设施、城市管理、公共服务水平。特别是要加快正定新区建设步伐，集中力量打造先导区，确保石家庄国际展览中心、市图书馆等功能场馆如期竣工投用，进一步提升聚集产业和人口的能力。

五要切实织好水、电、暖、气、路“五张网”。统筹地上地下一体规划建设，使城市既有“面子”、更有“里子”。一是突出抓好重大工程。紧紧抓住国家地下综合管廊试点城市建设、海绵城市建设，以及落实国家北方地区清洁取暖规划的有利契机，统筹推进供水、排水、供电、供气、供暖管网升级改造，加快雨污分流、废热入市等工程建设。要着眼于提高市区通行能力和构建省会对外交通大格局，加快轨道交通建设进度和组网步伐，加强京石城际、中欧（石家庄）班列开通等项目跑办，加大高速公路项目推进力度，努力构建京津冀区域综合立体交通枢纽。二是突出扩大覆盖面。对水电暖气路等基础设施，该完善的完善，该延伸的延伸，该新建的新建，切实保障到全市每个角落。三是突出正常安全运行。坚持未雨绸缪，及时排查解决水压不足、管道爆裂、道路积水、暖气不热等问题以及存在的安全隐患，确保不出任何问题，保障市民正常生产生活。

六、坚持以大气污染治理为重点，大力改善全市生态环境

污染治理特别是大气污染治理是我们面临的一场严峻“大考”，必须以更强的信心、更硬的举措，坚决打赢蓝天保卫战。

一要瞄准目标、科学精准抓。这次全会，我们印发了《石家庄市环境空气质量排名进位总体方案》，明确了大气质量“退倒十”总体目标、节点要求和具体措施，这是我们向省委、省政府立下的“军令状”，也是向全市人民作出的庄严承诺。各级各部门要按照方案要求，把各项任务落实到具体项目、具体企业、具体环节，一个节点一个节点地发起冲刺，一微克一微克地往下去抠。特别是要充分运用卫星遥感、“互联网+”、大数据等科技手段，升级优化大气环境综合分析、动态评估、决策支持等系统，进一步健全“技防与人防相结合”“线上监测与线下监管相结合”的综合监管体系，提高精准治霾的实效性。

二要强化责任、严管重处抓。认真落实“党政同责”“一岗双责”，建立并执行好“问题、责任、整改、效果”四个清单制度。要夯实基层环保责任，加强乡村街道环保网格人员力量，深化网格精细管理，切实把压力传导到乡、村。要强化环境执法监管，加大明察暗访力度，对污染环境、破坏生态等违法行为，要重拳出击、铁腕处理。

三要绿色发展、山水一体抓。只有恢复绿水青山，才能使绿水青山变成金山银山。要持续开展大规模植树造林，扎实推进太行山生态绿化、通道绿化提升等工程，大力实施矿山关闭复绿。要大力实施市域内河流、纳污坑塘、黑臭水体等综合整治，抓好饮用水水源保护，搞好土壤污染治理和修复试点，改善水土环境质量。要推进全民共治，加强生态文明宣传教育，广泛开展创建节约型机关、绿色家庭、绿色学校、绿色社区和绿色出行等行动，推动形成绿色发展方式和生活方式。

七、认真贯彻以人民为中心的发展思想，不断满足人民日益增长的美好生活需要

人民对美好生活的向往，就是我们的奋斗目标。对于民生工作，我们要一件接着一件办，一年接着一年干，使人民群众获得感、幸福感、安全感更加充实、更有保障、更可持续。

一要全心全意惠民生。发展依靠人民，发展成果必须更多惠及人民。要坚持把就业作为最大的民生，多渠道开发就业岗位，大规模开展职业培训，健全并落实创业支持政策，真正让老百姓有事干、有钱挣、生活有奔头。要大力提升公共服务水平，积极推进健康石家庄战略，着力解决中小学生课外负担重、“择校热”“大班额”以及婴幼儿照护和儿童早期教育服务等问题，统筹推进社会救助、社会福利、慈善事业、优抚安置、健康养老等工作，让人民享受更多发展成果。要扎实推进精准扶贫、精准脱贫，坚持扶志扶智相结合，大力实施产业扶贫、教育扶贫等工作，高度关注因病返贫群体，全面加快易地搬迁建设，43个深度贫困村脱贫工作要取得阶段性成效，明年要确保1个、力争2个国定贫困县达到脱贫出列标准，200个以上村、6万以上贫困人口稳定脱贫。脱贫攻坚一定要落实责任、实事求是，决不能弄虚作假，也不能敷衍塞责。

二要扎实有效保民安。维护社会安全稳定，当好首都政治“护城河”，是我们必须履行的政治责任，必须牢固树立“发展是硬道理，稳定也是硬

道理”思想。要严格落实意识形态责任制，强化阵地管理，加强网络监管，搞好舆论引导，妥善处理敏感问题。要深入推进信访积案大化解“双百日攻坚”清仓行动，完善矛盾纠纷排查网络，创新多元化解机制，及时有效解决群众合理诉求。要持续深化平安省会建设，创新社会治安综合治理，积极推广“互联网+社会治安”模式，严厉打击黑恶势力和严重暴力、涉枪涉暴、网络诈骗等违法犯罪行为。要毫不放松抓好安全生产和食品药品安全，建立安全监管责任清单，滚动开展安全隐患大排查，巩固“国家食品安全示范城市”创建成果，全力维护人民群众生命财产安全。特别是要把防范化解重大风险作为重中之重，突出防范金融风险，增强风险意识、落实属地责任、强化风险担当、健全监管机制，严厉打击非法集资、违法违规举债融资等问题，坚决守住不发生系统性风险的底线。

三要繁荣文化促民乐。期盼和创造更丰富的精神文化生活，是人民美好生活的重要内容和标志。要大力培育和践行社会主义核心价值观，深化中国特色社会主义和中国梦宣传教育，抓好思想道德建设和群众性精神文明创建活动，传播强大正能量。要不断完善公共文化服务体系，精心创作一批具有石家庄特色的文艺精品，继续实施“彩色周末”“高雅艺术引进”“一月一名剧”等文化惠民活动，为人民群众提供丰富的精神食粮。要加快实施文化兴市战略，做大做强文化产业，进一步叫响正定古城、西柏坡等特色文化品牌，抓好中山古城考古遗址公园建设和我市历史文脉深度挖掘工作，提升石家庄知名度和文化“软实力”。

八、全面落实新时代党的建设总要求，扎实推进全面从严治党向纵深发展

打铁必须自身硬。全市各级党组织要毫不动摇坚持和加强党的全面领导，毫不动摇坚持党要管党、全面从严治党，把各级党组织建设得更加坚强有力。

一要着力加强政治建设。各级党组织和广大党员干部要旗帜鲜明讲政治，自觉践行“四个意识”，坚决把维护和捍卫习近平总书记核心地位作为最大的政治、最重要的政治纪律和政治规矩，严格遵守党章，严肃党内政治生活，始终同以习近平同志为核心的党中央保持高度一致。要扎实开展“不忘初心、牢记使命”主题教育，认真组织“从红船精神到西柏坡精神”革命精神教育，积极开展“强化六个观念”解放思想大讨论，进一步筑牢忠诚干净担当的思想基础。近日，习近平总书记主持召开了中共中央政治局民主生活会，中央领导同志在全党带头进行自我检查、党性分析，开展批评和自我批评，为我们作出了表率。全市各级党组织要按照党中央要求和省委部署，严密组织好民主生活会和组织生活会，切实达到红脸出汗、咬耳扯袖的效果。

二要着力加强班子队伍建设。各级领导班子作为石家庄事业发展的中坚力量，既要政治过硬、又要本领高强，切实在提升执政能力上下真功，在推动科学决策上见真章，在担当担责干事上动真格，在自觉接受监督上求真效，打造“学习型、为民型、实干型、创新型、廉洁型”领导班子。广大党员干部要按照东峰书记提出的“三个看一看”要求搞对照、抓整改，大力弘扬只争朝夕精神，大兴调查研究之风，一竿子插到底抓工作，实事求是地干，真刀真枪地干，雷厉风行地干，切实顶起自己该顶的那片天。要加强干部教育管理和培养选拔，抓好干部队伍系统分析、精准调控和科学补充，完善优秀年轻干部培养选拔机制，推动班子配备和干部增量“双优化”，着力建设一支高素质专业化干部队伍。

三要着力加强基层组织建设。以抓好农村“两委”换届工作为契机，全面加强农村带头人队伍建设，不断完善村“两委”运行机制。要以提升组织力为重点，突出政治功能，提升服务功能，探索实施融合党建新模式，切实把基层党组织建设成为宣传党的主张、贯彻党的决定、领导基层治理、团结动员群众、推动改革发展的坚强战斗堡垒。

四要着力加强党风廉政建设和反腐败斗争。各级党组织要认真履行管党治党政治责任，持之以恒正风肃纪反腐。要严格执行中央八项规定精神及实施细则，从严落实习近平总书记关于进一步纠正“四风”、加强作风建设的重要批示精神，扎实开展“十查十改”，坚持不懈纠“四风”转作风。近日，中央纪委和省纪委、市纪委都下发了加强元旦春节期间查纠“四风”工作的通知，市纪委要加大力度，从严执纪，一个节点一个节点地抓，坚决防止不良风气反弹回潮。要坚持无禁区、全覆盖、零容忍，始终保持惩治腐败的高压态势，准确运用监督执纪“四种形态”。要如期完成深化国家监察体制改革试点工作任

务，积极探索开展市县联动巡察，切实把监督执纪之网扎得更密更牢。

九、以科学有效的工作方法，强力推动各项任务落地落实

方法得当，才能事半功倍。全市各级党组织要深入贯彻落实省委、省政府《关于建立健全推动工作落实长效机制 确保中央重大决策部署落地见效的决定》，在工作方法上求创新、求突破，确保各项工作有力有效落实。

一要深化“双问计”活动。实践证明，“双问计”是我们推动落实的行之有效方法，必须长期坚持、丰富内涵、不断深化。对上问计要抓延伸，既要持续问计省直厅局，也要主动问计国家部委、智囊团队、先进地区，广泛寻求各方支持，积极借鉴先进经验，更好推动工作落实。对下问计要抓拓展，大力开展信访接待下基层、现场办公下基层、调查研究下基层、宣传党的方针政策下基层“四下基层”活动，有效推动末端落实。问计内容要抓深化，不仅要争取资金和项目，也要积极寻求政策支持，特别是要把“双问计”与深化改革紧密结合起来，与“双创双服”结合起来，找准问题症结，聚焦改革重点，以“双问计”扎实开展，促进改革深入推进，促进经济社会发展。

二要健全完善考核机制。要围绕把工作成绩考实，加大反映高质量发展、落实重大决策部署方面的考核权重，强化分类差异化考核和重点任务考核，确保考核更加精准有效。要围绕把干部业绩考实，探索实施“四考一库”制度，统筹抓好平时考核、年度考核、任职考核、绩效考核，切实用好干部信息库，不断激发干部工作动力和激情。要围绕把考核结果用实，好的要大力表扬激励、提拔重用，差的要从严追责问责、组织调整。同时，要完善并执行好容错纠错办法，旗帜鲜明为敢于担当、踏实做事、不谋私利的干部撑腰壮胆。

三要开展有效督促检查。要突出重点，坚持目标导向和问题导向相结合，对关系发展全局、关系百姓利益的重点工作和重点问题，要搞好科学量化，明确时间表、路线图、责任人，建立台账、列出清单，一项项督导销号。明年，我们要继续实行县（市、区）党政主要领导外出招商以及重点工作落实情况定期通报制度，并将之作为考核评价领导干部工作业绩的重要依据，传导压力、推动工作。要解决问题，坚持“事不过三”，对于需要多方协调的事，“一把手”要主动对接，三次协调还未解决的事项，要交由上级主管领导统筹，决不允许不摇头、也不点头，决不允许来回踢球、循环运转、久拖不决。要创新方法，探索开展回访调研和访谈约谈等方式，并充分依托现代信息手段，发挥新闻监督和群众监督作用，广泛邀请社会力量参与，不断提高督查实效。

四要广泛凝聚各方力量。市委要全面支持人大常委会、政府、政协充分履职、依法履职，不断巩固和壮大爱国统一战线，充分发挥工青妇等群团组织桥梁纽带作用，大力推动双拥共建工作，切实凝聚起最广泛的智慧力量，汇聚起抓落实的最强大合力。

扬帆图新志，奋进正当时。让我们更加紧密地团结在以习近平同志为核心的党中央周围，坚持以习近平新时代中国特色社会主义思想为统领，在省委的坚强领导下，不忘初心、牢记使命，担当担责、接续奋斗，为开创新时代建设现代省会、经济强市新局面而砥砺奋进！

政府工作报告

——2018年2月6日在石家庄市第十四届人民代表大会第三次会议上

石家庄市人民政府市长 邓沛然

各位代表：

现在，我代表市人民政府，向大会报告工作，请予审议，并请各位市政协委员和列席人员提出意见。

一、2017年工作回顾

过去的一年，我们在习近平新时代中国特色社会主义思想的指引下，认真贯彻党中央、国务院的重大决策，全面落实省委、省政府的部署要求，在市委的坚强领导下，围绕建设现代省会、经济强市总目标，坚定不移贯彻新发展理念，坚定不移深化供给侧结构性改革，坚定不移践行以人民为中心的发展思想，经济建设呈现出稳中向好的发展态势，社会发展呈现出和谐稳定的良好局面。

一年来，我们坚持稳中求进，综合竞争力持续增强。全市生产总值完成6460.9亿元，增长7.3%，增速全省第一；一般公共预算收入完成460.7亿元，增长12.2%，总量全省第一；固定资产投资完成6310.1亿元，总量全省第一；规模以上工业利润增长8.2%，占全省的27.8%；社会消费品零售总额完成3296亿元，增长10.8%；城乡居民人均可支配收入分别达到32929元、13345元，均增长8.1%，高于经济增速；粮食生产稳定增长，实现“十四连丰”。全市常住人口城镇化率达到62.3%。成功创建全国文明城市和国家食品安全示范城市，实现了一年创“两城”，提升了全民文明素质和城市形象。

一年来，我们聚焦供给侧结构性改革，产业转型取得质的提升。产业结构调整成效明显，经济增长由主要依靠工业带动转为工业和服务业共同带动，发展动能由主要依靠传统产业转为战略性新兴产业、现代服务业和传统产业共同驱动，新势能正在积蓄，新动能加速发力。服务业增加值完成3066.4亿元，增长11.6%，占GDP的47.5%，对经济增长的贡献率达到75.1%，其中金融业增加值完成505.8亿元，增长17.7%，总量占全省的四分之一；规上高新技术产业增加值完成458.2亿元，占规上工业的19.4%，增长14.1%，高于规上工业增速10.5个百分点，其中生物医药、电子信息、高端装备制造业占高新技术产业增加值的84.8%；六大高耗能行业增加值增速下降5.8%，低于规上工业增速9.2个百分点；全年压减炼铁产能52万吨、火电产能19.9万千瓦，拆除、封停水泥产能523万吨，实现了新旧动能接续转换。大力推进农业现代化，“品牌农产品＋直采直销”供给体系基本建立，现代农业园区达到280个，我市被评为全国农业农村信息化示范基地。

一年来，我们强力推进生态环境建设，大气质量明显改善。严格落实“1+19”大气治理政策体系，大力开展燃煤污染治理，完成气代煤42万户、电代煤1.8万户，淘汰燃煤锅炉5385台，主城区及周边三区一县实现散煤清零；完成1.9万家“散乱污”企业整治，852家企业基本完成挥发性有机物（VOCs）治理，6家重点企业实施搬迁；出台严管建筑施工扬尘“十二条”，685个在建工地全部落实“六个百分百”；停产整治矿山99个。切实加大环境监测监管力度，我市作为全国环保系统首个污染源和用电量“双在线”监控城市，被中央电视台宣传报道。全年空气质量优良天数达到151天，重度以上污染天数比上年减少20天，PM2.5平均浓度同比下降13.1%，下降率全省最高。特别是实施秋冬季攻坚行动以来，10月1日至12月31日，我市空气质量综合指数为7.55、下降 48%，PM2.5 平均浓度为 85 微克 / 立方米、下降 54.8%，降幅在“2+26”城市中排名“双第一”，人民群众感受度明显好于往年，空气质量连续下降趋势实现逆转。同时，全面推进生态修复工程，高度重视水环境安全，积极推行河长制，大力实施“净土行动”，完成造林 73 万亩。

一年来，我们着力提标提质提档，城市建设实现新突破。按照“全域规划、多规合一”理念，启动城市总规修编。地铁 1、3 号线首开段正式运营，省会跨入“地铁时代”。石济客专通车运行，南绕城、平赞、西阜高速建设进展顺利，津石、石衡高速完成前期工作；启动中华大街南延等工程，打通裕华路等一批断头路，南二环西延、和平路高架西延等工程竣工通车。启动 30 平方千米重点区域海绵城市建设；18 个综合管廊试点项目全部开工。1018 辆纯电动公交车投入使用；获批北方地区冬季清洁取暖试点城市；成为首批国家装配式建筑示范市。滹沱河生态修复工程加快推进，龙泉湖、体育公园（北区）等公园基本建成，新建提升绿地 990 万平方米。全面开展环卫洁城、市容整治、非机动车停放管理等 10 个专项行动；取缔占道市场 53 处，拆除“双违”建筑面积 685 万平方米；完成主城区黑臭水体治理工作。开展交通秩序大整治，实施史上最严交规，道路通行效率明显提高，成为第三季度全国交通拥堵缓解程度最大的城市。县城攻坚行动成果丰硕，正定被评为全国文明县城，无极、深泽、赞皇成功创建省级园林县城，晋州、高邑获评省级洁净城市，鹿泉区铜冶镇入选全国第二批特色小城镇。城市吸引力进一步提升，人口净流入量逐年增长，我市成为吸纳北京外溢人口最多的城市。

一年来，我们着眼提高发展质量，创新能力显著增强。深度融入京津冀协同发展，抓住石保廊全面创新改革试验区建设机遇，重点推进 153 项改革措施，建成中关村天合科技成果转化服务、高新技术产品推广应用、传统产业智能改造和河北工业设计创新等 4 个平台；投入 1160 万元，重点支持与京津知名高校、科研院所合作项目 15 项；成立河北省军民两用技术交易等 5 个中心；新认定高新技术企业 194 家、科技型中小企业 2912 家，总数分别达到 803 家、9105 家；设立研发机构的规上工业企业达到 23% 以上；科技进步贡献率达到 56%。设立诺贝尔奖获得者工作站 5 家；院士工作站总数达到 66 家；吸引 10 名国家“千人计划”专家与我市开展创新合作。通过实施“人才绿卡”制度，引进高层次人才 2900 多名，人才高地雏形显现。

一年来，我们致力发挥市场的决定性作用，改革开放呈现崭新局面。持续深化“放管服”改革，在全省率先成立市县两级行政审批局，实现“二十六证合一”，行政许可事项办理时限平均减少 15.5 天，新增市场主体 17.98 万户。完成公共资源交易体制改革阶段性任务，实现六类资源进场交易。圆满完成“双随机、一公开”改革任务，在全省率先实现监管全覆盖。政府投资项目“代建制”改革顺利实施，全年代建项目 23 项。大力开展土地收储制度改革，推行城中村土地“整案制”收储，实行“先做土地、后做项目”，积极破解项目落地难问题；推进国有建设用地二级市场试点，科学划定永久性产业用地。扎实推进财税和投融资改革，设立蓝天产业转型、军民融合等产业基金，全市新增挂牌上市企业 34 家，新增贷款和存贷比创多年新高。开发区“四项改革”全面完成，园区承载功能不断增强。探索实施中俄“两国双园”合作模式，在新加坡、莫斯科成功举办专题招商会和优势产能推介会，石洽会、动博会、国际通用航空博览会知名度和影响力持续提升。全年实际利用外资 13.9 亿美元、增长 14.2%，引进省外项目资金 991 亿元，外贸进出口总值和对外投资分别完成 862.2 亿元、15.8 亿美元，占全省的 25.5% 和 41.8%，对外开放进一步扩大。

一年来，我们积极培育内生动力，消费经济形成新亮点。积极适应中等收入群体不断壮大、消费结构加快升级、消费贡献不断提高的新形势，着力增强消费对经济增长的拉动作用，2017 年社会消费品零售总额居全省首位，消费成为拉动经济增长的主要力量。充分挖掘市域丰富的旅游资源，成功举办首届旅发大会，与 3 省、8 市 88 家景区实现旅游互联互通，叫响“红色西柏坡、幸福石家庄”旅游品牌，全域旅游格局初步形成，旅游业总收入达到 962.6 亿元，居全省首位。建成勒泰庄里街、万达室外步行街等 13 条特色商业街区，北国 - 勒泰、万达 - 怀特、新百 - 银座等城市商圈初具规模，省会夜经济消费渐成时尚，群众购物更加便捷；医疗保健、文化体育、教育培训、健康养老等服务性消费加快发展，共享式消费、体验式消费等成为新热点。全市手机用户1251.7万、光纤宽带用户274.6万、物联网用户219万，信息消费规模进一步扩大。

一年来，我们着力办实事惠民生，人民生活水平不断提高。持续加大民生投入，各级财政民生支出占公共预算支出的75.9%，老旧小区改造、居家养老服务、发放文化惠民卡等10件民生实事全部完成。精准推进脱贫攻坚，实现稳定脱贫6.5万人，196个村脱贫出列，平山县达到脱贫出列申报标准。不断提高保障水平，城镇新增就业18.26万人，农村转移劳动力5.86万人；企业退休人员养老金人均月增148.9元，城乡居民低保标准分别增长17%、18%；高度重视农民工工资支付问题，圆满完成治欠保支工作；房地产遗留问题涉及的39万户，已解决30.5万户，占总数的78.1%。统筹推进各项事业，创建普惠性幼儿园46所，主城区所有公办小学全部实行免费托管；市区23家公立医院全部取消药品加成，4家社区卫生服务中心入选全国百强，22个县（市）、区全部建成医养结合示范机构；10分钟健身圈不断完善，更新安装全民健身路径105条；创建全民阅读“书香石家庄”品牌，石家庄大剧院、丝弦剧院投入使用；正定开元寺考古取得重大进展，古中山国遗址列入国家考古遗址公园立项名单，行唐故郡东周遗址入选“2017年中国考古六大新发现”；平安省会建设全面加强，社会大局和谐稳定，近十年来首次实现全年未发生较大以上安全生产事故；“律师顾问、公证顾问”法律服务模式被评为2017年河北省十大法治成果。国防动员、双拥共建、优抚安置、民族宗教、外事侨务、人民防空、气象地震、妇女儿童、老龄、残疾人等事业都有了新的发展和进步。

同时，我们坚决贯彻全面从严治党的战略部署，严格落实中央八项规定精神，持之以恒纠正“四风”，切实加强政府系统党风廉政建设，为全市经济社会发展营造了良好环境。忠实履行宪法和法律赋予的职责，坚持依法行政，自觉接受市人大法律监督、市政协民主监督和社会舆论监督，办理人大代表建议415件，政协委员提案434件，按时办结率达到100%。

各位代表！过去的一年，我们坚持立足长远谋全局，注重对重大战略问题的谋划研究和顶层设计，积极推动和实施一系列思路创新、举措创新，在诸多矛盾交织叠加、多重困难挑战并存的形势下，顶住了压力，经受了考验，取得了来之不易的成绩。这是习近平新时代中国特色社会主义思想指引的结果，是省委、省政府关心支持的结果，是市委坚强领导的结果，也是全市上下共同努力的结果。在此，我代表市政府，向全市人民，向人大代表、政协委员，向各民主党派、工商联、无党派人士和人民团体，向驻石解放军、武警官兵和政法干警，向中直、省直驻石单位，向关心支持石家庄发展的国内外朋友，致以崇高的敬意和衷心的感谢！

在肯定成绩的同时，我们也清醒地看到我市发展不平衡不充分的一些突出问题。一是经济总量还不够大，占全省的比重不足五分之一，与全国先进省会城市的差距比较明显，尤其是县域经济总量偏小、占比偏低。二是发展质量和效益还不高，实体经济发展困难还不少，创新能力有待进一步提升，改革开放亟待突破。三是城市建设与现代省会定位不相适应，承载能力不强，特别是县城建设质量不高、服务功能不完善。四是生态环境治理任重道远，保护和修复任务艰巨，大气污染问题仍然突出。五是民生保障领域仍有短板，就业、教育、医疗、养老等方面还不能很好满足人民群众的需要。六是营商环境尚需改善，一些工作人员不担当不作为，服务质量和效率有待进一步提高。对此，我们一定坚持问题导向，以革故鼎新的勇气，努力把省会各项事业推向前进！

二、2018年目标任务和重点工作

今年是全面贯彻党的十九大精神的开局之年，是改革开放40周年，是决胜全面建成小康社会、实施“十三五”规划承上启下的关键一年，是加快建设现代省会、经济强市的攻坚突破之年。展望发展大势，我市正处于历史性窗口期和战略性机遇期，京津冀协同发展和雄安新区的规划建设，为我们在对接京津、服务京津中发展自己提供了有利条件；“一带一路”建设的加快推进，为我们提升开放型经济发展水平、增强经济发展新优势创造了难得机遇。特别是省委、省政府对省会工作高度重视，明确提出要举全省之力支持省会建设发展，为我们加快建设现代省会、经济强市提供了前所未有的强大动力。我们一定紧跟时代潮流，肩负起新时代赋予的历史使命，在先进城市体系中找标杆，从国家大战略中找动力，主动作为，勇闯难关，砥砺前行，努力创造出无愧于时代的新业绩。

今年政府工作的总体要求是：以

习近平新时代中国特色社会主义思想为统领，全面贯彻党的十九大精神，认真落实省委九届六次全会、省委省政府对省会建设发展一系列指示要求，按照市委十届四次全会的部署，坚持稳中求进工作总基调，坚持新发展理念，紧扣我国社会主要矛盾变化，按照高质量发展的根本要求，统筹推进“五位一体”总体布局和协调推进“四个全面”战略布局，深化供给侧结构性改革，加快建设现代化经济体系，以“五抓五提升”为总抓手，统筹做好稳增长、促改革、调结构、治污染、惠民生、防风险各项工作，促进经济社会持续健康发展，加快推进省会现代化、国际化建设，打造区域中心城市，增强辐射带动能力，开创新时代现代省会、经济强市新局面。

经济社会发展的主要预期目标是：地区生产总值增长7.5%左右，一般公共预算收入、全部财政收入分别达到500亿元、1000亿元以上，实现“跨五越千”，服务业增加值增长11%左右，规上工业增加值增长5%左右，固定资产投资增长7%，社会消费品零售总额增长10%以上，城乡居民人均可支配收入增长8%左右，居民消费价格涨幅控制在3%左右，PM2.5平均浓度下降至74微克/立方米。

各位代表，进入新时代，我国社会主要矛盾已经转化为人民日益增长的美好生活需要和不平衡不充分的发展之间的矛盾，我国经济发展已由高速增长阶段转向高质量发展阶段。我们必须主动适应这一阶段性特征，立足我市经济社会发展现实需求和长远目标，坚持质量第一、效益优先，把高质量发展贯穿到各个领域，以高质量发展引领转型升级，以高质量发展赢得优势、赢得未来；必须把市委十届四次全会确定的“奋进新时代、担当新使命、激发新干劲、创造新业绩”作为鲜明主题，统一思想、凝聚共识，创新思路、完善举措，全力推动省会发展走在全省前列。集中力量做好以下八项重点工作：

（一）加快构建“4+4”产业发展格局，提升高质量发展水平。实现省会高质量发展，必须以高质量的产业为支撑。坚持把构建“4+4”产业发展格局作为主攻方向，尽快编制完善产业发展规划，壮大实体经济，提高产业竞争力，增强经济质量优势。

做强做优四大产业。一是新一代信息技术产业。重点推进北斗综合位置云服务平台等一批重大项目，建设国家卫星导航应用示范城市和研发制造基地；发展壮大微波、激光器和光电显示全链条产业，构筑光电显示产业集群；引进培育太赫兹、量子通信、物联网等前沿技术产业。全市信息技术产业增加值达到100亿元。二是生物医药健康产业。加快高端化制剂药、现代中药、基因工程药物、高性能医疗器械创新研发及产业化，提升制剂药占比；发挥好诺贝尔奖工作站的作用，促进国际生物医药尖端成果在我市转化；抓好石药新药制剂产业化、华药生物发酵基地等重大项目，创建新型生物医药技术国际创新试验区和国家康复器具产业园。全市生物医药健康产业增加值达到180亿元。三是先进装备制造业。依托中航华北，建设通航装备制造和运营中心；依托中车华北、翼辰等企业，建设全国轨道交通设施设备生产基地；依托中博、奇瑞等企业，建设华北地区新能源汽车制造基地，加速通用航空、轨道交通、新能源汽车等先进制造业集聚。全市先进装备制造业增加值突破100亿元。四是现代商贸物流业。推进全国现代商贸物流中心城市建设，抓好华润万象综合体、东南智汇城商业综合体等重点商贸项目；支持乐城·国际贸易城、塔坛国际商贸城等综合市场，积极承接北京批发业态疏解，建设内外贸一体化的大型批发交易市场；支持传统商业企业运用互联网技术创新经营模式，实现线上线下融合发展。做好物流空间布局规划，启动铁路物流港项目。加快国际展览中心建设，办好国际通用航空博览会、国际智能制造博览会等大型展会，全年举办大中型展会150场次以上。实施消费促进、电子商务进农村进社区、商贸物流配送体系建设、实体商业转型升级四大专项行动，持续释放消费潜力，增强消费拉动经济增长的基础性作用。

培育壮大四大产业。一是旅游业。加快全域旅游示范区建设，推动3A以上景区提档升级，谋划建设3～5条精品旅游线路，依托太行山高速开发旅游产业带；办好鹿泉、平山旅发大会，打造石家庄旅游品牌，全年旅游业总收入同比增长21%。二是金融业。大力发展开放式金融，加快金融创新开发区规划建设，以更优惠的政策、更高效的服务、更优良的环境，激发金融创新活力，集聚金融人才、机构和资产，培育区域性股权、期权、债权、产权市场，建设现代金融服务体系，增强金融产业实力，打造京津冀区域性金融中心；支持地方性金融机构加快发展，推进市级商业银行组建工作；加大挂牌上市企业培育力度，年内新增挂牌上市企业 30 家以上。全年金融业增加值增长 10% 以上。三是科技服务与文化创意产业。依托河北工业设计创新中心，扶持发展专业化公司，打造“设计 +”产业链，建设全省最大的工业设计城，不断壮大软件开发、知识产权服务等科技服务产业规模。充分利用数字技术促进文化创意产业发展，加强数字动漫和游戏关键技术开发，带动动漫产业链条延伸拓展，打造以数字化产品、网络化传播、个性化服务为核心的文化创意产业集群。四是节能环保产业。重点聚焦京津冀和北方地区节能环保需求，大力发展环境监测检测和治理装备，加快大气污染、水污染、土壤污染防治设备的开发与产业化；支持发展循环利用和高效节能新型成套设备，推进资源循环利用和节能环保企业开拓国际国内市场；探索新型环保服务模式，引进培育一批综合环保服务企业。依托先河环保、河北科技大学研发优势，建设环保监测设备生产研发中心、制药工业污染控制工程技术中心，创建环保节能产业园区，做大节能环保产业规模。

大力推进军民深度融合。充分发挥河北军民两用技术交易中心作用，加强与涉军单位的战略合作，支持军民融合关键技术研发，构建“研发—交易—孵化—落地”的军民融合新模式，创建国家级军民融合创新示范区。推动中电科 13 所、54 所等军工企业与市域企业深度合作，抓好通用航空产业基地、军民融合创新科技园、河北军鼎科技园等一批重点项目，加速军工技术民用化转移，打造军民融合产业集群。培育发展数字经济。数字技术作为关键生产要素，是经济结构优化和高质量发展的重要驱动力。加快数字技术、产品和服务在经济社会各行业中的应用，提高生产制造、消费流通、城市建设、社会治理、教育医疗等领域数字化、智能化水平，充分释放数字经济发展潜力。加快窄带物联网技术在计量抄表、智慧泊车、仓储物流、环境监测等领域的推广，建设“万物互联”石家庄；举办好国际数字经济博览会，打造全球数字经济交流合作平台。大力发展共享经济、现代供应链等新业态新模式，培育新的经济增长点。加快传统产业优化升级。深入开展“中国制造 2025”和“互联网 +”行动，落实《加快推进工业转型升级指导意见》，实施“互联网 + 制造业”融合发展试点示范工程，滚动推进 100 项重点技术改造项目，培育 10 个省级智能工厂（数字化车间）和 2 个智能制造示范园区。开展质量提升行动，支持企业、事业单位参与或主导国际、国家、行业标准的制定修订。鼓励企业增品种、提品质、创品牌，争创中国质量奖、中国工业大奖，年内中国驰名商标达到 50 件以上。坚持用市场化、法治化手段推进去产能工作，不折不扣完成省下达的压减任务。

（二）积极扩大优质投资，强化高质量发展支撑。优质高效投入是调整优化经济结构的重要基础。坚持投向、投量、投速、投效一起抓，多措并举、多点发力，增强经济高质量发展的内生动力和活力，争当经济建设排头兵。

集中力量推进项目建设。全面落实加快项目建设和扩大有效投资的“2+8”政策文件，继续实行“六个一”项目建设推进机制，开展项目集中开工和展评观摩活动，形成开工一批、建设一批、竣工一批、储备一批的滚动建设格局。今年计划实施市重点项目 340 项，其中续建项目 120 项、计划开工项目 100 项、前期项目 120 项，总投资 6147 亿元，年度计划投资 723 亿元。同时，进一步放宽民间资本进入领域，释放民间投资活力，促进民间投资快速增长。

强力实施精准招商。制定完善产业链招商指导目录，确定重点招商对象，采取小团组、专业化等方式，开展精准招商，引导外资投向战略性新兴产业、现代服务业等领域。精心组织石洽会、“招商引资月”等投资洽谈活动，加强与世界 500 强及国内外领军企业的对接合作，引进一批科技含量高、投资体量大的好项目。进一步强化党政“一把手”招商，今年每个县（市）、区引进 3 ～ 5 个对区域经济发展具有支撑作用的大项目。全年实际利用外资增长 5% 左右，引进内资增长 10%。

提升开发区支撑作用。深化开发区改革，探索推行“产业引领、基金操盘”现代开发区发展模式，强化园区顶层设计，突出产业特色，明晰发展定位，提升开发区发展水平。对标国内先进开发区，进一步完善开发区基础设施，加快推进“新九通一平”建设。做好国家级、省级开发区对各类工业聚集区的托管工作，提高整体发展质量和管理水平。推进工信部、科技部重点支持的智能制造、中美科技创新等产业园建设，打造面向未来的产业集群。全市省级以上开发区主营业务收入增长 20% 以上。

破解项目用地制约。按照“补改结合”的要求，大力推进高标准农田建设，加快实施补充耕地项目，增加占补平衡指标储备。坚定不移推行“先做土地、后做项目”，重点做好“整案制”、大片区土地收储，为项目落地、产业转型提供要素保障。

（三）大力实施创新驱动战略，增强高质量发展动力。创新是引领发展的第一动力，是建设现代化经济体系的战略支撑。坚持创新竞进，加快构建以科技创新为核心，多领域互动、多要素联动的综合创新生态体系，推动经济发展质量变革、效率变革、动力变革。

大力培育创新主体。实施高新技术企业、科技型中小企业“双倍增”计划，打造产业链配套的创新型产业集群，年内新增高新技术企业150家、科技型中小企业1300家。发挥企业科技创新的主体作用，加快规模以上工业企业研发机构建设，引导全社会加大研发投入力度，年内研发经费支出占生产总值比重提高到2%。组织开展国家知识产权优势企业、示范企业培育工作，遴选25家企业开展知识产权管理标准认证，万人发明专利拥有量达到5.6件。

加强创新平台建设。聚焦提升创新能力，发挥“四个平台”作用，解决技术成果转化难、推广应用难、融资贷款难等问题。大力支持国家级、省级重大创新平台建设，提升关键共性技术研发能力，促进相关产业向高端化发展。鼓励我市企业联合高等院校、研发机构成立产业技术研究院，推动企业、科研单位合作共建产学研联盟，争取国家重点实验室、重点基础研究项目落户我市，年内新增市级以上创新平台30家。实施孵化器和众创空间倍增计划，新增市级以上孵化器4家、众创空间15家以上。

引进培养创新人才。加大“人才绿卡”政策落实力度，引进一批尖端创新人才和高层次创新团队。支持高等职业教育提升规模水平，鼓励企业与专业院校合作，联合培养我市主导产业急需的专业技术人才。尊重支持企业家，营造企业家成长环境，激发和保护企业家精神。全年新增院士工作站5～8家，认定科技领军人物15名、科技创新团队15个。通过厚植人才优势，让各类人才创造力竞相迸发，让创新成为经济发展的不竭动力！

（四）深化改革扩大开放，激发高质量发展活力。改革是活力之源，开放是高质量发展的必由之路。认真落实中央和省委省政府的总体部署，确保改革举措落地生效，推动形成全方位开放新格局，当好改革开放领头羊。

全面释放改革红利。充分发挥改革对高质量发展的先导性作用，持续推进增添发展活力的改革措施。一是深化“放管服”改革。在“多证合一”的基础上，实现“四十证合一”。扩大政府投资项目“代建制”改革范围，提高政府投资效益。二是深化财政和金融改革。科学划分市以下财政事权和支出责任，推进绩效预算管理改革。统筹整合政府资产资源，组建市政府直属金融控股集团，加强与金融机构密切合作，最大限度支持地方经济社会发展。完善贷款担保、风险补偿等机制，鼓励金融机构创新金融产品、畅通信贷渠道，通过投贷联动、银保合作、融资租赁、知识产权质押等形式，加大对科技创新、环保治理、旅游开发、住房租赁、棚户区改造等领域的支持力度。整合政府政务信息、企业信用信息、金融产品信息，建立金融服务大数据平台，支持“银政通”“云税贷”“按居贷”等银行信贷平台做大做强，促进金融和实体经济的良性循环，有效解决企业融资难和贷款风险防控问题。三是深化科技体制改革。深入推进石保廊全面创新改革试验区建设，全面深化科技计划管理、科技投入机制、科技成果转化收益分配等改革，加强知识产权创造、运用、保护。四是深化国企国资改革。完善国有资产监管体制，年内完成市级经营性国有资产集中统一监管；改革国有资本授权经营体制，组建国有投资运营公司，提高国有资本配置效率。五是深化住房制度改革。加快建立多主体供给、多渠道保障、租购并举的住房保障制度，综合施策稳控房价，严禁出现地王现象，继续解决历史遗留问题，确保房地产市场健康发展。

推动更高层次对外开放。树立全球视野和大开放观，拓展开放的范围和层次，加速融入“一带一路”，培育开放型经济新优势。一是大力发展“陆港经济”。依托正定国际机场、综合保税区，建设铁路、航空、公路“三港合一”的国际综合物流基地，推动物流基地与产业园区联动发展；配套设置铁路口岸，申报设立正定海关和进境商品指定口岸，打造全口岸型“无水港”城市；筹备开通石家庄中欧班列，打通直达欧洲、中亚的国际贸易物流大通道。二是加强国际产能和科技合作。加速推进“两国双园”建设，搭建海外高新技术转化平台、物流仓储平台和生产加工基地，重点抓好辰邦集团匈牙利海外仓、迈瑞公司波兰农产品深加工等项目建设，拓展对外交流合作的渠道和领域，推动优势企业“走出去”，加快发达国家科技成果“引进来”。三是推进贸易强市建设。加大对重点出口企业的扶持力度，培育一批高技术、高附加值出口企业。年内建设10个以上县域特色产业外贸基地。推动石家庄综合保税区跨境电商产业园、365网络科技集团跨境电商平台建设，布局建设海外仓和名优商品展销中心。全市外贸进出口总值增长8%左右。

全面融入京津冀协同发展。建立健全常态化的沟通协调和开放合作机制，以交通、产业、生态三大领域协同发展为重点，加强与京津的互联互通，推进京石城际铁路前期工作，加快津石高速、石衡高速建设，力争南绕城、平赞、西阜高速公路建成通车；积极承接北京非首都功能疏解和产业转移，着力吸引天津的企业向我市延伸产业链条，建立专业性“飞地园区”，推动正定科技新城、高新区高端生物医药产业基地、栾城国际智能制造协同创新中心等平台建设，促进京津科技成果转化项目落户我市。加强与雄安新区的沟通联系，紧盯雄安新区的产业布局和政策导向，调整完善我市发展思路和重点，实现与雄安新区产业上下衔接、错位发展。

（五）提升城市品位和影响力，加快建设现代省会。城市是吸引聚集产业、促进高质量发展的重要载体。围绕现代化、国际化城市标准，搞好顶层设计，优化空间布局，完善承载功能，强化综合治理，打造区域中心城市，增强辐射带动能力。

实施空间拓展工程。对标北京、雄安新区规划设计先进理念，按照“多规合一”要求和“内疏外聚”思路，高标准完成新一轮城市总体规划编制。制定四组团县区与中心城区一体化发展实施意见，加快推进都市区一体化发展。统筹推进滹沱河南岸北岸协调互动发展，推动调整滹沱河地下水水源地保护区和城区段南岸高标准行洪区范围，释放主城区发展空间。加快正定县（正定新区）建设步伐，国际展览中心、图书馆、规划馆、青少年宫全部投用，年底前4平方千米先导区道路全部通车，水电气暖讯全部配套。继续抓好正定古城建设重点工程，切实保护传承古城历史文化价值。

实施道路畅通工程。推进绕城公路前期工作，重点实施省道339、337改造项目，力争年底前开工建设。启动307国道、新元高速城市化改造以及东二环南延、建华大街南延、和平路高架东延等工程前期工作。基本完成联盟路—石纺路—丰收路连贯工程。实施解放大街及中央绿轴建设，完成东半幅征地拆迁和槐安路以南西半幅建设。强力推进公交都市建设，加快构建“1千米步行、3千米自行车、5千米公交、长距离轨道为主”的一体化公共交通体系，创建全国公交都市示范市。

实施功能提升工程。加快中央商务区建设，对车辆厂、解放广场、老火车站、长途客运站、湾里庙、南三条等片区，进行高标准规划和综合整治，打造城市记忆与现代产业交融、彰显省会特色的标志性区域。加快地铁1号线、3号线二期、3号线一期两边段、2号线一期工程建设，积极跑办4号线、5号线、6号线建设规划批复。抓好保障性安居工程建设，确保完成棚户区改造、公租房建设任务。推广装配式、被动式建筑，全面开展被动房试点工作。启动棉一旧厂区、华药旧厂区改造，建设科创文化园。抓好地下综合管廊项目，有序推进国家综合管廊试点城市建设。新建提升主城区14条供水主管道。对公里街、站前街等10条道路进行雨污分流改造。实施主城区30平方千米重点区域海绵城市建设。10月1日前，完成滹沱河生态修复工程藁城段河槽治理项目。启动环城水系整体改造提升工程，建设民心河西线、太平河东段景观绿道。建成铁路文化公园、西环公园等6个公园，对主要街道园林绿化进行艺术性改造，开展立体绿化和垂直绿化，提升城市园林绿化品质。

实施治理提质工程。发挥省会资源优势，支持移动、电信、联通等通信网络运营商，加快IPv6、5G商用进程，推动大数据、云计算、物联网、人工智能在城市治理、政务服务、智能制造、电子商务等领域的应用，加速推进智慧城市建设。提升城市净化亮化美化水平，深度实施“以克论净”保洁模式，主街主路水洗机扫全覆盖；建设桥西区、裕华区、高新区大型生活垃圾压缩站，谋划建设1座建筑垃圾处置场；取缔二环内全天候占道经营市场；完成主城区停车场规划，力争建成10个停车场；实施电线入地工程，整治城市街道外立面，规范牌匾广告，对中山路（中华大街－建设大街）3千米街区进行整体景观提升；对城市周边铁路、公路沿线重点区域开展整治行动，严格管控用地、建设行为。巩固拓展和提升全国文明城市创建成果，精准对标国家卫生城市标准，全力以赴创建国家卫生城市，让石家庄成为宜居之城、美丽之城、希望之城！

实施县城建设攻坚工程。以创建“园林城、卫生城、文明城、洁净城”为抓手，强化督导考评，争取更多县城进入全省前列。拆除违章建筑，年底前实现“双违”清零；增强承载功能，集中供热和清洁能源供暖率达到80%，县级市和县城污水处理率分别达到94%和88%以上，生活垃圾无害化处理率分别达到95%和93%以上；建设精品工程，每个县（市）累计完成24千米以上绿道绿廊建设，新建改建至少1个四星级以上精品公园，高标准打造1条迎宾景观大道、2条标志性街道、3条城市景观路。年内所有县建成省级园林县城，排名全省后30名的县全部出列，力争建成1～2个国家级特色小城镇。

（六）强力实施铁腕治污，推动生态环境持续好转。绿色是高质量发展的普遍形态，高质量是绿色发展的内在属性。自觉践行绿水青山就是金山银山的理念，坚持生态优先、绿色发展，在治理污染、修复生态中加快营造良好人居环境。

突出大气污染治理。瞄准率先退出全国重点城市空气质量“倒十”目标，全民共治、源头防治，坚决打赢蓝天保卫战。加大散煤治理力度，继续实施清洁能源替代，最大限度提高农村清洁采暖比例；控制工业燃煤总量，年底前全部淘汰全市范围35蒸吨/小时及以下燃煤锅炉，燃煤锅炉全部安装在线监测，稳妥压减电煤，全市煤炭消耗量净减400万吨；彻底整治“散乱污”企业，加快高耗能企业改造升级步伐，完成10家企业搬迁。禁煤区决不允许散煤复燃，已关闭的“散乱污”企业决不允许复产，生产低端劣质产品的企业决不允许在石家庄立足。加强扬尘治理，按照“六个百分百”要求，对工地、渣土运输车辆实施24小时全程管控。对“三区两线”主体灭失的12个露天矿山进行修复绿化。加强机动车尾气治理，加大对重型柴油车的排放检测力度，禁止国一、国二标准车辆进入主城区；加大充电桩建设力度，推广使用新能源车。

深化水和土壤污染防治。深入实施“水十条”，全面落实河长制，加强水质预警监测系统建设，强化水源地保护和入河排污口管理。加强黑臭水体排查，对新发现的黑臭水体年底前完成整治。加强地下水超采治理，全面开展湿地恢复建设，促进全市水生态总体改善。全面实施“土十条”，突出重点区域和行业，强化污染废弃物全流程管控，防治农村面源污染，开展土壤修复治理，促进土壤资源永续利用。

推进生态绿化建设。实施国土绿化三年行动计划，落实京津冀生态环境支撑区规划，坚持林果并重、增林扩绿与管理增效相结合，规划建设一批市级、县级森林公园；在沿河、沿路、沿城和镇旁、村旁开展成片造林绿化，全年完成造林70万亩。

强化生态环境监管。严格执行“问题、责任、整改、效果”四个清单制度，完善市县乡村四级信息网络监管体系，实施全市乡镇空气质量大排名，切实把压力传导到基层。强化对重污染天气的应对和处置，完善大气环境观测、大气污染监管等智慧环保平台建设，对重点污染源实施24小时监控，对恶意违法排污行为“零容忍”，实行顶格处理，保持铁腕治污的高压态势，以最严肃的态度、最严格的标准、最严厉的措施，坚决打赢污染防治攻坚战！

（七）落实乡村振兴战略，推进农业农村现代化。坚持农业农村优先发展，按照产业兴旺、生态宜居、乡风文明、治理有效、生活富裕的总要求，统筹谋划各项建设，打通城乡产业融合、生态环境融合、公共服务融合之路，推进乡村全面振兴。

推动农业全面升级。乡村振兴，产业兴旺是重点。调整优化农业生产布局，加快打造“一圈两区”现代农业发展格局。落实农业供给侧结构性改革三年行动计划，在稳定粮食、畜禽、蔬菜、果品生产的基础上，推进农业由增产导向向提质导向转变。实施“农业质量提升年”行动和品牌培育计划，年内市级以上现代农业园区、示范家庭农场和农民合作社实现标准化生产全覆盖，品牌农产品实现二维码质量可追溯，创建一批农产品质量安全县（市）；推进“三品一标”认证，争创省级特色农产品优势区和区域公用品牌。开展农业生产“三节”行动，推动生产绿色化、生态化。支持发展智慧农业、“互联网+农业”，年内实现电子商务综合服务平台和电商销售网点全覆盖。大力培育田园综合体等现代农业新模式，创建6～8个市级美丽乡村旅游度假区，推动农村一二三产业融合发展。

推动农村全面进步。乡村振兴，改善环境是关键。按照抓重点、补短板、强弱项的要求，推进城乡公共服务均等化，实现要素自由流动、平等交换。认真落实农村人居环境整治三年行动计划，以垃圾污水治理、“厕所革命”“四好农村路”、村容村貌整治为重点，改善农村生产生活条件。实施数字乡村战略，开发适应“三农”特点的信息技术、产品应用和服务。开展平安乡村创建行动，创新乡村治理体系。深化农村重点领域改革，整合财政涉农资金，撬动社会、金融和产业资本支持农村发展；全面完成承包地确权登记颁证工作，开展农村集体资产清产核资、集体成员身份确认，推进承包地经营权依法融资担保、入股从事农业产业化经营，推动资源变资产、资金变股金、农民变股东。年内农村集体产权制度改革村数达到1000个以上。

推动农民全面发展。乡村振兴，生活富裕是根本。实施强村富民行动，大力培育家庭农场、合作社、龙头企业和农业产业化联合体，发展多种形式适度规模经营。年内培育市级示范家庭农场和农民合作社各100家，建成县级以上农业产业化联合体100家以上。促进小农户和现代农业发展有机衔接，扶持小农户发展生态农业、设施农业、体验农业、定制农业，拓展增收空间。实施新型职业农民培育工程，大规模开展职业技能培训，支持鼓励更多年轻人务农兴农。开展乡村就业创业行动，促进农村劳动力转移就业，多渠道增加农民收入。建立有效激励机制，鼓励吸引社会各界和各类人才投身乡村建设。加强农村科普工作，提高农民科学文化素质。开展移风易俗行动，提升农民精神风貌，培育文明乡风、良好家风、淳朴民风。

实施精准脱贫攻坚。乡村振兴，摆脱贫困是前提。坚持把提高脱贫质量放在首位，确保年内实现200个村、5万贫困人口稳定脱贫，1～2个贫困县达到脱贫出列标准。继续推进“七个一批”专项行动和基础设施建设“七大工程”，大力发展脱贫产业，建立“贫困户—农民合作社—龙头企业—电商平台”的利益连接机制，拓宽贫困户增收渠道。继续实施深度贫困村“五包一”定点帮扶，确保特困群体稳定脱贫。扎实推进异地扶贫搬迁，推动集中安置区与脱贫产业区“两区同建”。对丧失劳动能力的特殊贫困人口，确保病有所医、残有所助、生活有兜底。深入开展扶贫领域腐败和作风问题专项治理，切实加强扶贫资金管理，强化脱贫攻坚责任和监督，坚决打好精准脱贫攻坚战，让贫困人口尽快搭上小康和富裕的快车！

（八）倾心尽力保障改善民生，增进群众获得感、幸福感、安全感。 共享是高质量发展的根本目的。始终把人民利益摆在至高无上的地位，紧扣人民群众日益增长的美好生活需要，让改革发展成果更多更公平惠及全市人民。

优先发展教育事业。抓好普惠性学前教育，解决中小学生课外负担重、“择校热”“大班额”等问题。推动城乡教育均衡发展，推进县域内城乡义务教育一体化改革。大力发展现代职业教育，年内职教园区4所学校实现搬迁入驻。推进高等教育内涵式发展，鼓励高等院校争创“双一流”。继续实施山区教育扶贫工程，提升教育教学整体水平。加强京津冀教育交流合作，加大校长教师培养力度，提高教师队伍整体水平，让家门口的好学校好老师多起来。

提高就业质量和人民收入水平。落实创业担保贷款政策，出台就业补助资金管理办法，加快创业孵化基地建设。做好高校毕业生、农村转移劳动力、建档立卡贫困户、去产能企业职工等重点群体就业工作。实施技能人才等七大群体激励计划，带动城乡居民增收。全年城镇新增就业11.3万人，城镇登记失业率控制在4%以内，农村劳动力转移就业5.15万人。

加强社会保障体系建设。进一步完善养老保险省级统筹制度改革，做好退役军人养老保险关系接续工作。全面推行以按病种付费为主的多元复合式医保支付方式改革，城乡居民基本医保财政补助标准再提高40元。加快老龄事业发展，探索开展长期照护险试点。提升社会救助、优抚安置能力，关怀残疾人等弱势群体。

推进健康石家庄建设。抓好医联体建设和分级诊疗，加强家庭医生签约服务；全面落实药品采购“两票制”，严格控制医疗费用不合理增长。推进市一院赵卜口新院区建设，启动市妇幼保健院项目，市四院谈固新院区、市中医院东院区建成投用。加强基层医疗卫生设施和人才队伍建设，创建20个国家级“群众满意乡镇卫生院”。深化国家中医药综合改革试验市建设，创建全国基层中医药工作先进市。继续做好人口和优生优育工作。推进医养结合型养老示范基地建设，年内打造3～5个医养结合精品工程。

繁荣发展文化和体育事业。建立健全市县乡村公共文化服务设施网络，深入实施文化惠民工程。开工建设市博物馆和档案馆新馆，扩大文化惠民卡发放范围。推出更多具有石家庄特色的新时代文艺精品力作，办好第二届全国梆子声腔优秀剧目展演活动。建设中山古城考古遗址公园，做好正定开元寺、行唐故郡东周遗址考古和保护。因地制宜建设一批群众身边的休闲娱乐设施，新建改建射击馆、全民健身中心、中山体育馆等大型场馆，确保河北省第十五届运动会、第九届残疾人运动会圆满举行。

加强和创新社会治理。推进更高质量的“平安省会”建设，严格落实社会治安综合治理责任制，构建公共安全防控网络。大力开展“扫黑除恶”专项斗争，打击震慑黑恶势力犯罪，铲除黑恶势力滋生土壤。建立新型矛盾排查化解常态化机制，依法规范信访秩序，深入推进信访积案大化解“双百日”攻坚清仓行动，及时有效解决群众合理诉求。严厉打击非法集资、非法证券活动，有效防控金融风险。毫不放松抓好安全生产，建立安全监管责任清单，持续开展安全隐患大排查、大整治，坚决防范重特大生产安全事故。高度重视食品药品安全，巩固“国家食品安全示范城市”创建成果，全力维护人民群众生命健康安全。

加强全民国防教育、国防动员和后备力量建设，做好军队退役人员安置和服务工作，着力解决随军家属就业和子女入学问题。充分发挥工会、共青团、妇联等人民团体桥梁纽带作用。继续做好民族宗教、妇女儿童、残疾人、外事侨务、人防、档案、气象、防震等各项工作，促进各项社会事业全面进步。

继续办好利民惠民10件实事：一是对主城区100个老旧小区内的道路、绿化、安全、排水等基础设施进行改造。二是建成滹沱河城区段19千米生态景观长廊，免费向市民开放。三是对主城区49座公园（广场）进行无障碍改造，新增街旁绿地15万平方米。四是打通中华大街南延等10条断头路，为市民出行提供方便。五是在主城区16个路段设置可变车道、潮汐车道，在槐安路20个路口设置二次过街人行横道灯。六是为基层社区设置100个首席专家工作室、培养100名首席高血压医师和100名首席糖尿病医师，选拔100名高级医学专家每周到基层出诊不少于1天。七是建立新生儿出生缺陷防治机制，落实三级预防措施，新生儿疾病免费筛查病种增加到5种。八是新创建30所普惠性幼儿园。九是在社区安装全民健身路径100条，在农村实施农民体育健身工程100个。十是在主城区新建标准化公厕100座。

三、努力建设人民满意的政府

适应新时代、聚焦新目标、落实新部署，必须始终心系民生、肩扛责任、脚踏实地，在敢为上勇担当，在能为上增才干，在有为上重实效，努力打造廉洁、务实、高效、法治的政府。

（一）从严治政，保持清正廉洁本色。深入宣传贯彻落实党的十九大精神，旗帜鲜明讲政治，严守政治纪律和政治规矩，强化“四个意识”，坚定“四个自信”，始终同以习近平同志为核心的党中央保持高度一致，把习近平新时代中国特色社会主义思想贯穿到政府工作的全过程，转化为推动省会发展的生动实践。牢牢扭住主体责任“牛鼻子”，强化压力传导，紧盯重点领域、重点部门，严肃查处违纪违法行为和问题；整治发生在群众身边的“微腐败”，坚决纠正损害群众利益的行为，以反腐倡廉的实效取信于民。

（二）牢记使命，严格履行政府职责。扎实开展“不忘初心、牢记使命”主题教育，坚定理想信念，坚定思想自觉、政治自觉、行动自觉，以时不我待、只争朝夕的精神状态，高标准履行政府工作职责，努力为全市人民创造更加美好的生活。坚持大视野、高站位，强化省会担当，不断破解经济社会发展中的瓶颈和制约，努力在新时代有新作为。坚持运用战略思维、创新思维、辩证思维、法治思维、底线思维谋划工作，抓重点、抓难点、抓关键，全力推动政府各项工作实现新突破。

（三）勇于担当，提升政府执政能力。围绕适应新时代、新要求，加强学习和实践，不断提高把握和推动高质量发展的能力和本领。牢固树立“幸福都是奋斗出来的”理念，以钉钉子精神做实做细做好各项工作，下定决心打好攻坚硬仗，以更强烈的责任担当确保各项决策部署落地见效。充分凝聚干事创业的正能量，支持干事者、保护改革者、鼓励担当者，以实干推动发展，以实干赢得未来。

（四）依法行政，加快建设法治政府。严格按照法定权限和程序履行政府职能，确保政府一切工作在法律的框架下进行。健全重大事项集体决策机制，提高制定公共政策公众参与度。自觉接受市人大的法律监督、市政协的民主监督和社会公众的舆论监督。认真办理人大代表建议和政协委员提案，主动接受市人大执法检查和专题质询，落实重大事项向市人大报告和向市政协通报制度。严格规范公正文明执法，加大关系人民群众利益等重点领域的执法力度。进一步拓宽政务公开渠道，增强政府工作的透明度和公信力。

（五）转变作风，营造良好发展环境。严格落实中央八项规定和实施细则精神，深入开展纠正“四风”和作风纪律专项整治，持续把作风建设和优化发展环境引向深入。大兴调查研究之风，深化“双问计”活动，找准短板弱项，解决实际问题。进一步优化营商环境，开展“双创双服”活动，重拳治理“三乱”问题。强化督查，狠抓落实，对各项重点工作严格考核问责，以更实的作风、更严的要求、更高的标准，推动各项事业发展迈上新台阶。

各位代表！责任呼唤担当，使命引领未来。让我们紧密地团结在以习近平同志为核心的党中央周围，在省委、省政府和市委的坚强领导下，高举习近平新时代中国特色社会主义思想伟大旗帜，忠诚履职、埋头苦干、拼搏奋进，为决胜全面建成小康社会，加快建设新时代现代省会、经济强市而不懈奋斗！

关于石家庄市2017年国民经济和社会发展计划执行情况与2018年国民经济和社会发展计划（草案）的报告

——2018年2月6日在石家庄市第十四届人民代表大会第三次会议上

石家庄市发展和改革委员会主任　左力鸥

各位代表：

受市政府委托，现将石家庄市2017年国民经济和社会发展计划执行情况与2018年国民经济和社会发展计划（草案）报告，提请市第十四届人大三次会议审议，并请市政协委员和其他列席人员提出意见。

一、2017年国民经济和社会发展计划执行情况

2017年，在市委的坚强领导下，在市人大、市政协的指导监督下，全市各级各部门认真学习贯彻党的十九大精神，以习近平新时代中国特色社会主义思想为指引，统筹抓好稳增长、调结构、促改革、惠民生各项工作，较好地完成了市第十四届人大一次会议确定的各项目标任务。列入2017年国民经济和社会发展计划的34项指标中，有31项指标达到计划目标或完成省定任务，3项指标与计划存在一定差距。

——*经济总量稳步提升。*狠抓国家、省各项稳增长政策落实，出台《确保实现首季"开门红"的安排意见》《关于做好后四个月经济工作的安排意见》等政策措施，对主要指标坚持每周调度，力促经济平稳健康发展，全年地区生产总值增长7.3%，增速全省第一。农业基础进一步夯实，粮食总产量达到443万吨，超出计划目标3万吨，实现"十四连丰"，被评为全国农业农村信息化示范基地。全力建设全国现代商贸物流中心城市，47个重点商贸项目完成投资243.6亿元，举办各类展会137个，全市社会消费品零售总额全省领先，增长10.8%，高于计划0.6个百分点。财政收入较快增长，一般公共预算收入完成460.7亿元，增长12.2%，总量全省第一，增速全省第二，高于计划4.2个百分点。大力开展项目攻坚年活动，多次组织集中开工、展评观摩活动，300个市重点项目完成投资1315.8亿元，100个计划开工项目全部开工、90个项目竣工达效。

——*结构效益不断优化。*服务业保持较快发展，增加值增长11.6%，总量占生产总值的47.5%，对经济增长的贡献率达到75.1%；金融业蓬勃发展，全市新增挂牌上市企业34家，银行业挂牌金融机构58家，存贷款余额及贷款增速、增量等主要指标均居全省第一；培育壮大骨干企业，全年新增规上服务业企业300家。大力发展新兴产业，国家通用航空产业综合示范区通过国家发改委评审，成功举办国际数字经济峰会，全市规模以上高新技术产业增加值增长14.1%，高于计划0.6个百分点，占规上工业的19.4%。积极推动军民融合发展，河北省军民两用技术交易中心挂牌成立，成为我省首家军民融合技术交易平台。大力实施技术改造，滚动实施重点工业技改项目115项，完成投资250亿元。全力压减过剩产能，压减炼铁产能52万吨，拆除、封停水泥产能523万吨；六大高耗能行业增速下降5.8%，低于规上工业增速9.4个百分点。

——*城乡面貌明显改善。*城市管理水平登上新台阶，开展环卫洁城、

市容整治、非机动车停放管理等10个专项行动，以及道路交通秩序整治专项行动，成功获得“全国文明城市”荣誉称号。石济客专建成通车，南绕城、平赞、西阜高速加快推进，南二环西延、和平路高架西延等完工通车。轨道交通1号线、3号线首开段正式运营，标志着我市进入“地铁时代”。完成石铜路等8个雨污分流改造工程，提高防汛排涝能力。深入推进县城建设攻坚行动，组织召开5次县城建设工作会，实施325个重大项目，完成投资160亿元，正定被评为全国文明县城，无极、深泽、赞皇成功创建省级园林县城。美丽乡村建设稳步推进，深入开展“三清一拆”集中攻坚行动，完成了井陉古村落和藁城“三宫”休闲体验游2个省级重点片区和353个省级重点村规划编制及绿化等工作；在全省率先开展了鹿泉白鹿泉、平山李家庄等8个美丽乡村旅游度假区试点建设，受到国家、省有关部门充分肯定。

——*改革开放继续深化*。行政审批制度改革成效明显，全年取消下放和规范行政审批事项160项，对150项审批服务事项进行全面梳理，办理时限比法定时限平均减少15.5天；市级网上审批平台建成运行，成为全省首家按统一接口标准完成部署的城市；在全省率先成立市县两级行政审批局。商事制度改革持续推进，全面实行“二十六证合一”，市场准入效率进一步提高；推出注册登记便利化“二十三条”措施，降低市场准入的制度性成本；全年新增市场主体17.98万户，万人市场主体数量800户，位居全省第一。城市公立医院综合改革全面启动，城区23家公立医院全部实施药品零差率销售。农村集体产权制度改革稳步推进，行唐县成功列入国家农村集体产权制度改革试点县。外贸进出口稳定增长，进出口总值位列全省第一，占全省的25.5%，高新技术产品和钢材两大产品出口增长均超过20%，全年外贸出口总值、实际利用外资分别增长14.8%、14.2%，高于计划12.8个和9.2个百分点。

——*环境治理扎实推进*。突出抓好大气污染治理，大力推进散煤压减替代工程，“气代煤”“电代煤”43万余户，全面完成省下达的“双代”目标任务，主城区和组团区县实现散煤清零。成功列入北方地区冬季清洁取暖试点城市。全面整治“散乱污”企业1.9万家，852家企业实施挥发性有机物治理，主城区6家工业企业实施退城搬迁。全面供应国六标准车用汽柴油。持续抓好水土污染防治和生态建设，推行河长制，实施纳污坑塘排查整治，开展岗南、黄壁庄水库一级保护区隔离防护工程；出台“净土行动”方案，绘制详查单元和污染区域，夯实土壤污染防治和生态建设基础；开展“绿盾”自然保护区整治行动，完成造林73万亩。环境治理工作取得阶段性成效，全市PM2.5平均浓度同比下降13.1%，超额完成省定任务，2017年4季度PM2.5浓度下降54.8%，改善率在“2+26”城市中名列第一。

——*人民生活持续改善*。大力实施“七个一批”脱贫攻坚专项行动，稳定脱贫6.5万人、196个村脱贫出列，平山县达到脱贫出列评审标准，经验做法在全省得到推广。全力抓好重点人群就业，扶持2275名高校毕业生成功就业，带动就业4550余人，去产能职工安置率100%，全年新增就业18.26万人。社保体系建设加快推进，全面完成全民参保登记入户调查，入户调查率100%；大力开展贫困人口医疗保障救助，实现了基本医保、大病保险、医保救助“一站式”报销和县域内就医“先诊疗、后付费”。全年新开工棚户区安置住房2.2万套，惠及居民6.6万余人。持续开展文体惠民，石家庄大剧院投入使用，行唐故郡遗址入选“2017年中国考古六大新发现”；更新安装全民健身路径105条，10分钟健身圈进一步完善。

同时，我市2017年经济社会发展中也存在一些问题和薄弱环节。一是工业经济低位运行，规模以上工业增加值增长3.6%，低于计划2.4个百分点。主要是我市传统产业占比仍然较大，在当前结构调整的攻坚期，钢铁、建材等行业增长动力减弱；随着严格的环境污染治理措施实施，停限产企业较多，加之石炼化检修、华药搬迁、建陶企业改造、洗选煤企业调整退出，共下拉工业增加值增速3.5个百分点以上。二是有效投资增长放缓，固定资产投资增长6.7%，增速位居全省第三，低于计划3.3个百分点。主要是受市场、环境等因素影响，制造业利润下滑，企业投资意愿减弱，工业投资下降明显，对全市固定资产投资影响较大。三是研发投入有所不足，研发经费支出占生产总值比重的1.97%，低于计划0.08个百分点。主要是我市自主创新能力还不强，研发投入与生产总值增长相比还有一定差距。对上述问题，我们将高度重视，并采取有效措施努力加以解决。

二、2018年经济社会主要发展目标

2018年是贯彻党的十九大精神的开局之年，是改革开放40周年，是决胜全面建成小康社会、实施“十三五”规划承上启下的关键一年，是加快建设现代省会、经济强市的攻坚突破之年。主要预期目标是：

——*综合实力持续提升*。生产总值增长7.5%左右，其中规模以上工业增加值增长5%左右。固定资产投资增长7%，社会消费品零售总额增长10%以上，出口总值增长5%左右。一般公共预算收入增长10%以上。

——*经济结构加速转型*。服务业增加值增长11%左右。规模以上高新技术产业增加值增长10.5%。每万人发明专利拥有量达到5.6件。

——*生态环境继续改善*。每万元生产总值用水48.3立方米，PM2.5平均浓度下降至74微克/立方米，造林绿化70万亩，每万元生产总值能耗和二氧化碳排放量均完成省定任务。

——*人民生活稳步提高*。全市城乡居民人均可支配收入均增长8%左右。居民消费价格涨幅控制在3%左右。城镇新增就业11.3万人。棚户区住房改造开工2万套。

三、2018年工作重点和举措

2018年全市各级各部门将以“五抓五提升”战略行动作为工作总抓手，着力抓好以下九方面工作。

（一）突出重点促发展，构建“4+4”产业格局。一是做强做优四大产业。新一代信息技术，做大做强光电产业，着力培育集成电路、卫星导航与位置服务，依托数字经济博览会培育大数据和云计算产业，抓好通合电子PCU产业化等项目建设。生物医药健康，重点发展高端化制剂药、现代中药、基因工程药物、高性能医疗器械，抓好石药新药制剂产业化、华药生物发酵基地等重大项目建设。先进装备制造，以智能制造为方向，依托中航华北、中车华北等企业，发展通用航空、先进轨道交通等领域，培育壮大城轨车辆、高铁及配件制造行业。商贸物流，完善商业综合体周边配套设施，吸引金融服务、总部企业、国际商业等企业集聚；全力推进铁路物流港建设，促进综合保税区、正定高新区等经济板块联动发展。二是培育壮大四大产业。旅游业，按照全域旅游要求，重点打造环省会休闲旅游带、鹿泉区西部山前“百里画卷”旅游环线、平山县170千米休闲旅游大环线等全域旅游片区；加快发展“旅游+文化”“旅游+养生养老”，满足不同的旅游休闲需求。金融业，规划建设金融创新开发区，加快各类金融机构聚集，尽快组建市级农村商业银行和市属金融控股集团，推动民营银行设立，全年金融业增加值增长10%以上。科技服务与文化创意，积极引进国内外知名工业设计机构，鼓励大型骨干企业设立工业设计机构，加快建设专业化、开放型的高水平工业设计服务中心。加快发展文艺创作、新闻出版、广播影视等文化创意产业，提升省会文化“软实力”。节能环保，依托先河环保等企业，大力发展环境监测检测和治理装备，支持发展循环利用和高效节能成套设备，做大节能环保产业规模。三是大力开展工业技术改造。积极争取省技改专项资金，滚动实施重点技改项目100项，力争创建2个省级工业转型升级示范县。

（二）夯实基础提效益，大力实施乡村振兴战略。一是稳定粮食生产。结合永久性基本农田划定，将粮食核心保护区规划落实到具体地块，有效保证粮田面积；以东部区域粮食生产核心县为重点，建设万亩优质粮食生产基地，确保粮食总产稳定在430万吨。二是促进农村一二三产业融合发展。创新农业经营方式，创建一批农业产业化联合体，发展多种形式适度规模经营，鼓励农户承包土地向专业大户、家庭农场、农民合作社流转，进行集约化经营。延长农业产业链条，推进农业与旅游、教育、文化、健康养老等产业有机结合，创建20个以上市级现代农业园区。三是深入推进农村人居环境整治。大力推进农村垃圾、卫生厕所改造、生活污水治理和村容村貌提升等基础设施建设，着力改善提升农村生产生活环境和生态质量。全面推进美丽乡村旅游度假区建设，促进美丽乡村建设可持续发展。

（三）千方百计扩需求，确保经济稳定增长。一是着力扩大投资需求。抓好重点项目建设，协助项目单位做好手续办理、要素保障等工作，及时解决项目建设中的困难和问题，力促项目早开工、快竣工。鼓励和引导民间投资，大力推动投融资体制改革，完善诚信体系建设，保护民营企业的合法权益，增强资本投资信心。加强项目谋划储备，围绕中高端消费、绿色低碳、现代供应链、人力

资本服务等重点领域，谋划实施一批产业类、基础设施类、民生事业类项目，培育新增长点。大力推广 PPP 模式，广泛吸引各类市场主体特别是民营企业全面参与城市基础设施建设。二是着力扩大消费需求。支持北人集团、勒泰中心等企业发展电子商务、连锁经营等现代商业模式，拓展营销渠道，扩大经营规模；研究促进新能源汽车发展的政策措施，鼓励和引导绿色产品消费；扩大和升级信息消费，培育壮大智能家居等新兴消费；大力提升会展业，全力办好中国国际通用航空博览会、国际数字经济博览会、旅发大会等国内外知名展会。三是着力扩大外贸需求。积极推进开通中欧班列，全力跑办铁路口岸，努力打通国际贸易大通道。依托综合保税区，布局建设口岸型物流园区，引进大型出口加工项目，实现出口加工与保税区建设互动共生。

（四）多管齐下抓创新，进一步增强科技引领作用。一是加强创新能力建设。推进高新技术领域关键技术研发，抓好光电子、半导体照明等关键技术攻关，组织实施医药新产品开发和节能减排关键技术研究与示范项目。加强创新平台建设，大力提升重点实验室、工程技术研究中心以及众创空间、科技企业孵化器的数量和质量，力争年内新增市级以上创新平台 30 家。二是强化企业创新主体地位。加快高新技术企业、科技型中小企业培育，推进苗圃工程、雏鹰工程、科技小巨人工程，力争年内新认定高新技术企业 150 家，新增科技型中小企业 1300 家、科技型小巨人企业 80 家。三是加强科技创新人才队伍建设。落实好《引进高层次科技创新创业人才的意见》《人才绿卡》等政策，深入开展“院士专家行”活动，大力引进院士等高端智力，力争新增 5～8 家院士工作站。加强领军人才和团队培养，年内新认定科技领军人物 15 名、科技创新团队 15 个。

（五）积极主动促协同，深度融入京津冀协同发展。一是实施重点突破。支持我市企业与京津重点企业实现产业分工互补、产业链域内循环。推进生态联防联控，促进大气、水土污染共治共享。积极推进京石客专前期工作，加快津石等高速建设。探索社会保障、公共服务等领域的政策协同。二是整合平台资源。探索建立京津冀协同发展服务平台，加强与北京技术市场等京津科技资源的有效对接。强化与中关村协同创新区域合作，打造国际智能制造协同创新中心、北大科技园等国际国内合作平台。三是与雄安新区错位发展。充分发挥省会制造业和战略性新兴产业基础优势，全力承接北京制造业和高新产业外溢，在承接中推动产业创新和升级，打造区域先进制造业基地，实现与雄安新区政策对标、产业对接、创新协同、服务协同。

（六）统筹建管提品质，加快建设现代化省会城市。一是创新城市管理体制机制。出台我市城市管理办法，推进城市执法体制改革，完成城市管理职能和行政处罚权划转，规范执法行为。二是加快城市路网建设。加快推进石衡高速公路建设，力争南绕城、平赞、西阜高速建成通车。加快推进轨道交通建设，年内 1 号线二期、3 号线一期两边段及 2 号线一期部分区间实现洞通。加快推进主城区至组团县区及重点区域道路建设，启动东二环南延、建设大街南延等工程前期工作。完成中山路（中华大街－建设大街）改造，对裕华路、公里街等 10 条道路进行整修，对槐岭路、红军大街等 20 条道路修补，延长道路使用寿命。三是提升城市基础设施承载能力。加强排水管网建设，对主城区具备条件的合流管道进行雨污分流改造，全年改造 20 千米。加快“海绵城市”建设，实施主城区 30 平方千米重点区域海绵城市建设。加快管廊试点建设，修订管廊运营管理办法，建立综合管廊运营机制，积极开展管线入廊工作，实现管廊运营。四是推进县城建设发展。加快推进道路、供排水、供热、燃气、污水垃圾处理、网络等基础设施建设，积极推进学校、医院和各类公共场馆建设，提升县城承载能力，年内所有县城创建成省级以上园林县城。

（七）大力推动改革开放，激发经济社会发展动力和活力。一是深入推进供给侧结构性改革。按照压、限、转的思路，坚决完成省市下达的去产能任务，支持敬业等钢铁企业发展壮大非钢产业。围绕去库存、控房价开展工作，密切关注市场和企业变化，及时出台调控政策；积极培育房屋租赁市场，促进市场有效供给。加强供热价格监管，严格落实国家、省关于电、油等产品降价政策，积极降低资源价格成本。二是加快重点领域改革。全力推进石保廊全面创新改革试验区建设，落实 11 项重大改革举措，再研究制定一批新的改革举措，为转型发展、创新发展增加动力。进一步深化行政审批制度改革，优化网上审批平台，推进行政许可和公共服务事项网上办理。落实好土地承包有关政策，做好农村承包地确权登记颁证工作，年底前基本完成确权登记任务。三是继续扩大对外开放。利用廊洽会、厦洽会、石洽会等大型招商平台，瞄准“4+4”产业，引进一批科技含量高、投资体量大的好项目，并努力提高项目履约率和资金到位率。加强国际产能合作，以“一带一路”沿线国家为重点，推动我市建材、纺织等优势产能和装备技术进行高水平国际产能合作。

（八）强力攻坚治污染，力促生态环境持续改善。一是深入实施大气污染防治。瞄准率先退出全国重点城市空气质量后十位目标，加强顶层设计，不断完善我市“1+19”防治体系。加强散煤压减替代，继续实施清洁能源替代，最大限度提高农村清洁采暖比例。加强扬尘治理，深度实施“以克论净”保洁模式，主街主路水洗机扫全覆盖，实现渣土运输全过程监管，各类建筑工地实施24小时监控。二是深入实施水污染防治。推进岗南水库上游拦截导污工程建设，完善岗黄水库一级保护区隔离防护工程，加强水质预警监测系统建设，夯实“河长制”，逐步解决河流沿线城镇、村庄污水收集管网问题。三是深入实施土壤污染防治。划定生态红线，开展土壤污染状况详查，加强建设用地用途管理，逐步建立污染地块名录及其开发利用负面清单。四是大力开展植树造林。突出抓好太行山、东部平原、北部“三河”等区域绿化工程，以及重点区域补植补造，完成造林70万亩。

（九）提升服务惠民生，促进社会和谐发展。一是优先发展教育事业。实施第三期学前教育行动计划，大力发展普惠园。推进义务教育优质均衡发展，全面实施县域内城乡一体化改革和消除大班额专项行动。实施普通高中多样化特色发展提升计划，推动普通高中优质特色多样发展。对主城区部分公办中等职业学校进行资源整合，确保职教园区按时竣工投用。二是扎实做好就业创业工作。运用创业孵化基地、创客空间等新型孵化模式，为创业者提供低成本、便利化的综合服务平台和发展空间。将失业保险用于支持援企稳岗和技能提升，引导企业减少裁员，促进职工提高职业技能水平和职业转换能力。指导贫困县通过建立制度、信息对接、强化培训、精准服务等措施，提高贫困劳动力人员的就业创业能力。三是进一步完善社会保障体系。积极推进养老保险省级统筹制度改革。以全民参保登记为抓手，加强信息平台对接和大数据比对应用，将符合条件的人群全部纳入参保范围。实施棚户区改造三年行动计划，重点推进D级危房、危旧平房、筒子楼以及1970年代以前的危旧楼房改造，全面完成省下达的改造任务。四是继续实施脱贫攻坚。以产业扶贫为主要抓手，着力培育特色产业，提高扶贫对象自我发展能力；突出深度贫困村脱贫、易地扶贫搬迁、健康扶贫三个难点，不断加大帮扶投入力度，开展扶贫领域腐败专项治理，年内实现1～2个贫困县达到脱贫出列标准，5万人稳定脱贫。五是推进健康石家庄建设。优化医疗资源布局，加快推进市一院赵卜口院区建设，启动市妇幼保健院建设，市四院谈固新院区、市中医院东院区建成投用。强化基层医疗服务能力，建立100个社区卫生服务机构首席专家工作室，创建20个国家级“群众满意乡镇卫生院”。深化国家中医药综合改革试验市建设，创建全国基层中医药工作先进市。

……（略）

链接

国家通用航空产业综合示范区：位于栾城区。主要是围绕现有核心企业，完善产业链条、丰富产品门类，大力发展通用航空相关先进装备制造业和高端服务业，重点发展航空制造、通航运营、改装维修、科技研发、会展销售、航空运动、航空培训七大板块，建设集科研、生产、服务于一体，生产、生活配套完备的通用航空产业新城。

国际数字经济峰会：2017年11月23日，2017中国国际数字经济峰会在我市太行国宾馆成功举办。峰会由石家庄市政府、中国电子商会、中国国际电子商务中心、中国网络视听节目服务协会主办，邀请国内外知名专家学者、政府领导、商界精英，围绕数字经济概况、发展现状及未来趋势开展讨论，并发布2018年9月将在我市举办“2018国际数字经济博览会”。

河北省军民两用技术交易中心：2017年6月16日，河北省军民两用技术交易中心在鹿泉区光谷科技园正式挂牌成立。中心集成了综合服务、金融服务、知识产权服务、民参军服务、军民两用技术展示交易服务、国际合作服务、创业服务等七大平台，为部队和军工企事业单位、民口配套企业搭建了一座多向无缝对接桥梁。

三清一拆：指在全市农村开展了清垃圾、清杂草、清残垣断壁、拆临建违建行动。

“二十六证合一”：按照省委、省政府“多证合一”改革决策部署要求，截至目前，我市已将旅行社分社备案登记证明、旅行社服务网点备案登记证明、道路运输普通货运分公司设立备案、道路货运代理（代办）经营备案、道路客运经营者设立分公司备案、船舶代理和水路旅客运输代理以及水路货物运输代理业务备案、在林区经营（加工）木材审批、企业技改投资备案、艺术品经营单位备案、企业住房公积金缴存登记、再生资源回收经营者备案、企业投资项目备案、出入境检验检疫报检企业备案、出口货物原产地证申领企业备案、单用途商业预付卡（集团发卡企业、品牌发卡企业）备案、汽车供应商备案、汽车经销商备案、二手车经营主体（包括二手车经销、经纪、拍卖、鉴定评估企业）和二手车交易市场备案、对外贸易经营者备案登记表、出口货物原产地证明书登记证、公章刻制备案、社会保险登记证、统计登记证、税务登记证、组织机构代码证、营业执照等26个涉企证照事项统一合并为营业执照，通过信息共享满足管理需要。

注册登记便利化“二十三条”措施：2017年6月27日，市政府出台了促进注册登记便利化的“二十三条”措施。包括坚持“非禁即入”，严格前置审批，下放名称核准权限，下放登记权限，放宽近似名称认定标准，支持名企开展连锁经营，减少登记限制，实行章程、合伙协议非重点内容免审制度，放宽住所（经营场所）登记条件，支持众创空间等区域办理集群注册，支持新兴行业发展，简化企业集团登记手续，扩大电子营业执照发放范围，实行“多证合一、一照一码”，全面开展简易注销登记，试点开展全程电子化，试点开展远程身份验证，放宽迁入企业名称使用权，支持本地企业使用“京津冀”字样，改革京津冀企业集团登记方式，减少审批环节，创新服务方式，建立“银企对接”机制、推广免费代办服务。

净土行动：指我市开展的土壤污染防治行动。2017年11月2日，我市出台了《石家庄市“净土行动”土壤污染防治实施方案》，加强土壤污染防治，改善土壤环境质量。

“绿盾”自然保护区整治行动：指“绿盾2017”自然保护区违法违规开发建设活动整治专项行动，主要是针对自然保护区内违法建筑进行专项整治。

“七个一批”脱贫攻坚专项行动：发展产业脱贫一批、就业脱贫一批、教育脱贫一批、生态开发脱贫一批、社会兜底脱贫一批、医疗救助脱贫一批、易地扶贫搬迁脱贫一批。

金融创新开发区：规划区域位于桥西区，东至建设大街、南至裕华路、西至维明大街、北至中山路，总面积4.079平方千米。主要是依托自强路现有金融业发展基础，完善金融产业链，形成京津冀区域金融副中心、全省金融中心、雄安新区金融服务桥头堡。

国际智能制造协同创新中心、北大科技园：国际智能制造协同创新中心位于栾城区装备制造基地，主要是引进国内外先进智能制造项目。北大科技园位于裕华区，主要建设面向初创企业、创业者的众创空间。

轨道交通1号线二期、3号线一期两边段及2号线一期：1号线二期工程，线路长13.246千米，共设车站8座（含预留车站一座），换乘站两座；2号线一期工程，线路长16千米，共设车站15座，换乘站2座；3号线一期两边段工程，线路长12.89千米，共设车站11座。

河长制：由各级党政主要负责人担任“河长”，负责组织领导相应河湖的管理和保护工作。

北部“三河”绿化工程及重点区域补植补造：北部“三河”指滹沱河、磁河、大沙河。重点区域补植补造指全市高速公路、铁路、国道、省道和太行山生态绿化及环省会经济林绿化工程补植补造。

D级危房：承重结构承载力已不能满足正常使用要求，房屋整体出现险情，构成整幢危房。

关于石家庄市2017年预算执行情况和2018年预算草案的报告

——2018年2月6日在石家庄市第十四届人民代表大会第三次会议上

石家庄市财政局局长　王东华

各位代表：

受市政府委托，现将2017年预算执行情况和2018年预算草案提请大会审议，并请市政协委员和列席会议的同志提出意见。

一、2017年预算执行情况

过去的一年，全市各级各部门认真学习宣传贯彻党的十九大精神，坚决贯彻中央、省和市各项决策部署，紧紧围绕建设现代省会、经济强市总目标，全面落实新发展理念，深化供给侧结构性改革，经济建设呈现稳中向好的发展态势，社会建设保持和谐稳定的良好局面。在此基础上，全市预算执行情况较好。

——一般公共预算完成情况。全市收入完成460.7亿元，占预算的103.8%，比上年增长（以下简称增长）12.2%。其中，税收收入310.2亿元，占预算的99%，增长7.2%；非税收入150.5亿元，占预算的115.3%，增长24%。年初支出预算安排739.3亿元，执行中加上级转移支付等，全年支出预算调整为815.2亿元，实际支出804.2亿元，占调整预算的98.6%，增长7.8%。

市级一般公共预算和城区分享收入完成184.2亿元，占预算的113%，增长7.4%。当年收入加上级补助、县级上解、上年结余结转和调入预算稳定调节基金等，全年支出预算调整为223.5亿元，实际支出212.5亿元，占调整预算的95.1%，增长1.9%。收支相抵，市级结转11亿元。

——政府性基金预算完成情况。全市收入完成516.7亿元，占预算的130.5%，增长43.2%，增长较快主要是土地市场活跃，土地出让收入完成454.6亿元，增长45.2%。全市支出完成564亿元，占调整预算的89.8%，增长37.6%。其中，土地出让收入安排支出501.5亿元，增长38.1%。

市级收入完成213.1亿元，占预算的109%，下降7.1%，主要原因是土地出让收入市区两级分享政策调整；市级支出完成280.5亿元，占调整预算的93.5%，增长9.1%。

——国有资本经营预算完成情况。市级收入完成8876万元，占预算的161.4%，增长9.7%；市级支出完成6517万元，占预算的97.5%，下降2.7%。

——社会保险基金预算完成情况。全市收入完成294.6亿元，占调整预算的80%，增长15.2%；全市支出完成284.3亿元，占调整预算的73.1%，增长13.3%。预算执行率低的主要原因是按照上级要求，2017年度机关事业单位基本养老保险基金预算按照2014年10月至2017年12月共39个月编制，但由于各级从2017年9月起才陆续启动参保登记、缴费等核心业务，实际执行不足4个月，前35个月的基金尚未清算。

市级收入完成211.1亿元，占调整预算的97%，增长15.6%；市级支出完成205.9亿元，占调整预算的86.1%，增长13.2%。

——地方政府债券使用情况。省代发我市地方政府债券262.1亿元。其中，市级199.6亿元，县区级62.5亿元。市级地方政府债券中，置换债券129.1亿元，全部用于置换存量债务；新增债券70.5亿元，全部为专项债券，主要用于土地收储、城市道路建设、园林绿化、高速公路建设等。

需要说明的是，上述预算执行情况均为快报数，待省批复决算后，再向市人大常委会报告。

回顾过去一年，我们在市委的正确领导和市人大常委会的监督支持下，认真执行市人大各项决议，积极完善财政政策措施，有效强化财政支持和引导作用，着力破解经济社会发展难题，各项工作取得新的进展。

（一）财政实力显著增强。面对宏观经济回升基础不稳、大气污染防治以及去产能、降成本等多重减收因素影响，全市各级认真做好组织收入工作，深化综合治税，依法强化征管，财政收入实现较快增长。一般公共预算收入总量保持全省首位，增速位居全省前列，省会首位度进一步提升。坚持把“向计省直、争取支持”作为增强财政实力的重要途径，全市获得上级财政补助资金 345 亿元，增长 11.3%；成功竞选北方地区冬季清洁取暖试点城市，试点期内（2017—2019 年）中央财政将补助资金 21 亿元，为我市历年来一次性争取资金最多的项目。

（二）民生保障更加有力。坚持以人民为中心，努力让改革发展成果更多更公平惠及全市人民。全市财政民生支出 610.5 亿元，占一般公共预算支出比重达到 75.9%。居家养老服务、文化惠民卡、贫困人口医保救助等利民惠民 10 件全部完成。全市教育支出 160.9 亿元，统一城乡义务教育经费标准，改善薄弱学校办学条件，16.2 万名家庭困难学生得到资助，主城区 16245 户家庭享受政府购买民办幼儿园服务。全市社会保障支出 91.3 亿元，城乡低保、医保、基本公共卫生服务等提标政策全部兑现，社会保障水平进一步提升。全市文化体育支出 10 亿元，改善基层公共文体设施条件，支持“六馆一站”免费开放，保证了石家庄大剧院投入使用。各级财政投入 91.1 亿元，用于“蓝天、碧水、净土”三大行动，地下水超采综合治理取得阶段性成果。整合农业产业发展资金 11.2 亿元，筹集美丽乡村建设、太行山绿化等资金 11.8 亿元，促进了农业发展、农民增收和农村环境改善。落实精准脱贫资金 10.4 亿元，实现稳定脱贫 6.5 万人，196 个村脱贫出列。多渠道筹集资金 107.6 亿元，支持轨道交通、南二环西延、和平路高架桥、龙泉湖湿地公园等重点项目建设，城市承载能力进一步提升。全市公共安全支出 53.7 亿元，有力支持了平安省会建设。

（三）助推转型持续发力。认真落实积极财政政策，深入推进供给侧结构性改革，促进经济结构调整和发展方式转变。全面落实减税降费政策，全年减免税费 83.5 亿元。争取去产能奖补资金 1.4 亿元，用于化解钢铁和煤炭产能。大力推进创新驱动，全市财政科技支出 10.3 亿元，用于支持重点实验室、工程技术研究中心等创新平台培育、引进高层次人才，以及大众创业、万众创新。加快推进现代产业发展，安排专项资金 5 亿元，用于开发区（园区）公共基础设施和公共服务平台建设。设立 1 亿元小微企业贷款风险资金，努力破解小微企业融资难题。助力企业高质量发展，落实资金 2.4 亿元，用于支持工业企业转型升级、中小企业发展和企业上市，以及开展品牌行动。促进旅游文化产业发展，拨付资金 1.5 亿元，重点支持了首届旅发大会、正定古城保护和旅游景区基础设施建设。

（四）支出管理注重绩效。深化绩效预算管理改革，完善评价指标体系和制度规范，市级项目预算全部纳入评价范围，引入第三方机构对社会关注度高的园林绿化、道路改造等项目开展事前评价，评价资金 58.7 亿元，审减资金 3.5 亿元。加大存量资金清理力度，建立盘活存量资金与预算编制、执行等挂钩机制，严控新增存量资金，市级清理消化存量资金 7.6 亿元。牢固树立“过紧日子”的思想，大力压减一般性支出，全市“三公”经费支出 2.85 亿元，比上年下降 14.7%。改革政府投资项目评审方式，建立多层次监督机制，财政评审更加规范、高效，市级全年评审资金 183 亿元，审减率 15.8%。加强政府债务管理，对高成本、短期限存量债务全部进行了置换，每年节约利息支出 3 亿元以上，有效缓解即期偿债压力。

（五）财税改革不断深化。推进市以下财政事权和支出责任划分改革，建立了转移支付与农业转移人口市民化挂钩机制，将义务教育经费和贫困寄宿生补助纳入保障范围。积极构建规范透明、标准科学、约束有力的预算管理制度，市县两级预决算信息公开率全部达到 100%。创新财政投入方式，汇明路地下综合管廊等 4 个 PPP 项目落地实施，启动了滹沱河生态修复工程 PPP 项目。扎实推进税制改革，圆满完成水资源税改革试点工作，做好环保税开征准备，全面落实减税降费政策，我市荣获全省三项税制改革优胜单位。从源头加强国有资产管理，修订《行政事业单位国有资产管理办法》，实现了从资产配置到资产处置各个环节的规范管理，确保国有资产安全完整。扎紧制度的“笼子”，出台专项资金管理办法12个，确保资金安全规范使用。加强财政监督，开展“小金库”等违反财经纪律问题专项清理，集中力量解决了一批突出问题。按照政策要求，强化政府债务专项督查，纠正不规范的融资行为，有效防范和化解了财政风险。

在看到成效的同时，我们也清醒地认识到，当前面临的困难和挑战依然较多，财政增收的基础还不稳固，刚性支出增长较快，收支矛盾日益突出；绩效预算意识不够强，评价结果运用不充分，资金使用效益有待进一步提高；地方政府债务风险虽然总体可控，但也存在结构性风险，不确定因素增多。对此，我们高度重视，将进一步强化问题导向，加强收支管理，深化预算改革，规范资金使用，防控运行风险。同时，恳请各位代表、委员一如既往地加强对财政工作的监督并提出宝贵意见和建议。

此外，根据《河北省预算审查监督条例》和市人大常委会《关于预算审查监督的规定》，将2017年高新技术产业开发区和循环化工园区收支情况一并报告，请予审查。

——*一般公共预算完成情况*。高新技术产业开发区收入完成31.8亿元，占预算的105.8%，增长16.4%。其中，税收收入24.3亿元，增长11.9%；非税收入7.5亿元，增长34.1%。年初支出预算安排24.4亿元，执行中新增上级转移支付，支出预算调整为26.9亿元，全年支出完成25.7亿元，占调整预算的95.4%，增长14.8%。收支相抵，结转1.2亿元。

循环化工园区收入完成12.1亿元，占预算的121.4%，增长11.9%。其中，税收收入9.9亿元，增长9.3%；非税收入2.2亿元，增长25.3%。当年收入加上级补助等，支出预算调整为13.9亿元，全年支出完成13.6亿元，占调整预算的98.3%，增长31.8%。收支相抵，结转2425万元。

——*政府性基金预算完成情况*。高新技术产业开发区收入完成21.3亿元，占预算的98.6%，下降19%。年初支出预算安排29.5亿元，执行中由于土地出让收入短收，支出预算调整为29.2亿元，全年支出完成20.7亿元，占调整预算的71.1%，增长18.3%。按规定调入一般公共预算转稳调2.1亿元，结转6.4亿元。

循环化工园区收入完成1.7亿元，占预算的70.5%（主要原因是土地出让收入短收），增长46%；年初支出预算安排3.2亿元，执行中新增上级专款64万元、短收调减支出7216万元、调出991万元后，支出预算调整为2.4亿元，全年支出完成2.4亿元，占调整预算的100%，增长203.2%。

——*社会保险基金预算完成情况*。高新技术产业开发区收入完成4291万元，占预算的44.4%，增长172.3%；支出完成1890万元，占调整预算的20.7%，增长43.4%。收支相抵，当年新增结余2401万元。

循环化工园区收入完成1962万元，占预算的38.7%，下降52.7%；支出完成1579万元，占调整预算的41.2%，下降58.1%。收支相抵，当年新增结余383万元（两区社会保险基金预算执行率偏低的原因也是由于机关事业单位基本养老保险基金政策调整所致）。

二、2018年财政预算草案

2018年，是贯彻党的十九大精神的开局之年，是改革开放40周年，是决胜全面建成小康社会、实施“十三五”规划承上启下的关键一年。党的十九大明确提出，加快建立现代财政制度，建立权责清晰、财力协调、区域均衡的中央和地方财政关系，建立全面规范透明、标准科学、约束有力的预算制度，全面实施绩效管理，为做好财政工作提供了遵循。根据中央、省、市对财政工作的总体要求，2018年财政工作的指导思想是：以习近平新时代中国特色社会主义思想为指导，全面贯彻党的十九大、中央经济工作会议、省委九届六次全会精神，紧紧围绕市委十届四次全会决策部署，坚持稳中求进工作总基调，坚持新发展理念，紧扣社会主要矛盾变化，按照高质量发展要求，以供给侧结构性改革为主线，以“五抓五提升”为总抓手，落实积极财政政策，进一步深化财政改革，优化资源配置，完善支持政策，创新投入方式，统筹推进稳增长、促改革、调结构、惠民生、治污染、防风险，为加快建设新时代现代省会、经济强市提供坚实的财力支撑。

基于以上指导思想，在2018年预算编制上主要采取了以下措施：一是统筹整合、突出重点。紧紧围绕中央、省重大政策部署和全市中心工作，通过统筹一般公共预算和政府性基金预算，整合上级资金、专户资金和存量资金，以及最大限度争取上级政策和资金支持，在全面落实民生政策的基础上，集中财力用于经济发展、生态环境、社会事业、城市建设等重点领域。二是绩效导向、精编细编。全面实施绩效管理，对不具备实施条件、未履行审批程序的项目不予安排；对跨年度实施的项目，根据进度分年度安排。同时，坚持厉行节约，在保障部门正常运转的基础上，严格按标准核定一般公用经费，专项公用经费一律压减5%，对政策到期或一次性项目进行了清理。三是依法理财、力求规范。严格落实《预算法》《河北省预算审查监督条例》和上级有关政策要求，贯彻统筹兼顾、量力而行、讲求绩效等法定原则，强化了部门单位预算执行、预算公开等主体责任。严格执行防风险政策要求，将政府性债务纳入预算管理，对PPP项目、政府购买服务、股权基金进行了认真审核把关。

（一）一般公共预算安排情况

1. 全市一般公共预算

全市一般公共预算收入安排506.8亿元，增长10%。当年收入加上级补助资金后，汇总的全市一般公共预算支出安排813.6亿元，比上年预算增长10%。

2. 市级一般公共预算

市级一般公共预算及城区分享收入安排172.5亿元，可比增长6.1%。市级一般公共预算及城区分享收入加省补助资金147.8亿元、县级上解收入5.5亿元、上级提前下达转移支付资金33.1亿元，减上解省9.4亿元、补助县区87.7亿元，可用财力228.7亿元。为平衡年度预算收支，保证重点支出需要，从预算稳定调节基金调入19亿元、预算周转金调入7亿元，市级一般公共预算财力总计为254.7亿元。

按照收支平衡原则，市级一般公共预算支出安排254.7亿元，增长8.1%。其中，基本支出91.3亿元，占总支出的35.8%；专项项目支出158.4亿元，占总支出的62.2%；预备费安排5亿元，占总支出的2%。具体项目及金额在政府预算草案文本中详细列示。

需要说明的是，市级“三公”经费支出安排1.6亿元，增长8.3%，主要是强制淘汰国I国II标准的公务用车，增加公务用车购置和租赁费1457万元，以及落实县级环保机构上划，相应增加“三公”经费411万元，剔除两项因素后，实际下降4.4%。此外，由于省代发政府性债券工作尚未确定，预算草案未安排政府债券收支情况，待省下达具体额度后，再向市人大常委会报告。

（二）政府性基金预算安排情况

1. 全市政府性基金预算

全市政府性基金预算收入安排609.9亿元，增长18.1%。当年收入加上级补助7.3亿元、上年结余结转75.8亿元，减去调出资金23亿元，按照收支平衡和专款专用原则，相应安排支出670亿元，比上年预算增长53.3%。

2. 市级政府性基金预算

市级政府性基金预算收入安排134.1亿元，下降37.1%，主要原因是土地出让收入市区两级分享政策调整。其中，国有土地有偿使用权出让收入116.8亿元、城市基础设施配套费10亿元、车辆通行费5亿元、彩票公益金1.2亿元、污水处理费8560万元、彩票发行销售机构业务费1800万元等。

市级政府性基金收入加上级补助6.1亿元、上年结余结转17.3亿元，相应安排支出157.5亿元，比上年预算下降32.1%。其中，城乡社区事务支出144.9亿元、交通运输支出10.4亿元、其他支出2.2亿元。

（三）国有资本经营预算安排情况

市级国有资本经营预算收入安排9700万元，增长9.3%。其中，股利股息收入5574万元、利润收入4126万元。按照以收定支的原则，当年收入加上年结转3588万元，相应安排支出1.3亿元，比上年预算增长98.8%。其中，9982万元用于解决历史遗留问题及改革成本支出、3306万元用于国有企业资本金注入。

（四）社会保险基金预算安排情况

1. 全市社会保险基金预算

全市社会保险基金预算收入安排321.4亿元，增长9.1%。支出预算安排343.8亿元，比上年预算下降9.4%，主要原因是按照上级要求，2017年度机关事业单位基本养老保险基金预算按照2014年10月至2017年12月共39个月编制。

2. 市级社会保险基金预算

市级社会保险基金预算收入安排215.7亿元，增长2.2%。其中，企业职工基本养老保险基金收入109.5亿元、机关事业单位基本养老保险基金收入13.7亿元、城镇职工基本医疗保险基金收入55.1亿元、城乡居民基本医疗保险基金收入21.2亿元、工伤保险基金收入4.5亿元、失业保险基金收入4.7亿元、生育保险基金收入7亿元。

市级社会保险基金预算收入加上年结余结转31.2亿元，安排支出246.9亿元，比上年预算增长10.3%。其中，企业职工基本养老保险基金支出145.6亿元、机关事业单位基本养老保险基金支出13.7亿元、城镇职工基本医疗保险基金支出50.6亿元、城乡居民基本医疗保险基金支出19亿元、工伤保险基金支出5.5亿元、失业保险基金支出6.2亿元、生育保险基金支出6.3亿元。

（五）市级重点支出和重点项目预算安排情况

1. 支持实现高质量发展。安排产业发展和科技创新资金14.8亿元，其中，科技创新资金2.5亿元，主要用于支持科技研发、科技成果转化、高层次人才引进和扶持“双创”；开发区（园区）建设和产业发展补助资金4亿元，推进开发区上规模、上档次、上水平，支持工业企业技术改造升级；大力支持现代服务业发展，安排航空业发展资金3亿元、旅游发展资金1.4亿元、商贸流通业发展资金4447万元、文化产业发展资金3000万元；按照政策要求，落实省内城际铁路建设资金2亿元，市属国有企业“三供一业”资金1.2亿元。

2. 支持城市建设攻坚提质。安排基础设施建设和城市运行维护等支出98.7亿元，其中，统筹资金43.6亿元，用于推进城市基础设施建设；安排资金28.2亿元，用于城市公交、轨道交通运营补贴，城区供热，以及城市道路、水系、绿化等运转维护支出；安排到期债务利息26.9亿元，用于防范和化解政府性债务风险。

3. 支持生态环境改善。统筹安排节能环保支出12.5亿元，其中，安排资金5.6亿元，重点用于“电代煤、气代煤”工程实施，支持大气污染防治；安排专项资金4.8亿元，用于城市污水、污泥处理补贴；安排资金2.1亿元，用于大气质量、地表河流及饮用水源地监测监管等。改进资金投入方式，采用PPP模式加快滹沱河生态修复工程建设。

4. 支持保障和改善民生。安排社会事业和公共服务发展支出 43.1亿元，其中，安排资金16.5亿元，支持教育事业发展，重点保障义务教育政策配套和职教园区建设等；安排资金14.8亿元，重点支持医保政策提标、医药卫生体制改革和市第一医院新院区建设；安排社会保障和就业支出6亿元，重点用于兑现各类社会保障政策；安排文体事业发展资金5.8亿元，用于承办省运会、发放文化惠民卡，以及中山古城考古遗址公园和博物馆、档案馆新馆建设等。

5. 支持乡村振兴战略。安排农林水支出14.8亿元，其中，统筹专项资金3.3亿元，深入推进脱贫攻坚；安排资金1.5亿元，用于支持现代农牧业发展；安排资金1.3亿元，用于支持滹沱河、冶河灌区等水利工程建设；安排资金2.3亿元，用于环省会经济林、绿色通道建设等；整合资金2.4亿元，用于推进美丽乡村建设、推进“厕所革命”等；安排资金4亿元，用于补贴引入长江水差价。

6. 支持平安省会建设。安排支出12.2亿元，其中，安排资金3.5亿元，用于支持公共安全基础设施建设和消防能力提升等；安排资金1.6亿元，用于支持法检两院基础设施建设和办案业务需要；安排资金1.3亿元，用于保障公共安全监控设施建设；安排资金3.2亿元，用于提升公共交通管理能力；安排资金8813万元，用于信访维稳和百日攻坚。

（六）高新技术产业开发区和循环化工园区预算安排情况

1. 一般公共预算安排情况。高新技术产业开发区一般公共预算收入安排35.6亿元，增长12%。一般公共预算收入加上级补助收入和上级提前下达转移支付资金3亿元，从预算稳定调节基金调入4.2亿元，一般公共预算收入总计42.8亿元。当年收入减上解支出21.5亿元后，一般公共预算支出安排21.3亿元，比上年预算下降12.7%，(主要是调入预算稳定调节基金减少)。其中，基本支出4.4亿元，占总支出的20.8%；专项项目支出16.2亿元，占总支出的76.2%；预备费6400万元，占总支出的3%。

循环化工园区一般公共预算收入安排14亿元，增长15.8%。一般公共预算收入加提前下达转移支付、调入政府性基金，减上解支出，可用财力13.9亿元，相应安排支出13.9亿元，比上年预算增长 41.3%。其中，基本支出 9003 万元，占总支出的 6%；专项项目支出 12.7 亿元，占总支出的 92%；预备费 3000 万元，占总支出的 2%。

2. 政府性基金预算安排情况。高新技术产业开发区政府性基金预算收入安排 24 亿元，增长 12.7%。其中，土地出让金收入 22.3 亿元、城市基础设施配套费收入 1.5 亿元、污水处理费收入 2300 万元。当年收入加上级补助 146 万元、上年结余结转 6.4 亿元，相应安排支出 30.4 亿元，比上年预算增长 2.8%。

循环化工园区政府性基金预算收入安排 1.73 亿元，与上年实际完成持平。当年收入扣除调入一般公共预算收入部分，相应安排支出 1.7 亿元，比上年预算下降 46.6%。

3. 社会保险基金预算安排情况。高新技术产业开发区社保基金预算收入安排 6437 万元，增长 50%。其中，城乡居民基本养老保险基金 2178 万元、机关事业单位基本养老保险基金 4259 万元。支出安排 5284 万元，比上年预算增长 20.3%。其中，城乡居民基本养老保险基金 1905 万元、机关事业单位基本养老保险基金 3379 万元。

循环化工园区社会保险基金预算收入安排 2417 万元，增长 23.2%；支出安排 2181 万元，比上年预算下降 43%。

三、确保完成预算任务的主要措施

……（略）

大 事 记

Chronicles of Events

1 月

1 日，全市食盐出厂、批发和零售价格放开，食盐由政府定价转向市场调节，外地盐业可进入石家庄市场销售。

1 日，石家庄市域 12 所医院、17 项医疗检查结果可在京津冀 102 家医疗机构共享使用。

10 日，全球最大的软包装企业——瑞士安姆科集团亚太区总裁鲁洛夫·韦斯特贝克率团到石家庄市考察。省委常委、市委书记邢国辉会见考察团一行。

18 日，省长张庆伟到“7·19”特大暴雨洪灾灾后重建重点县井陉县辛庄乡董家庄村、大里岩村，走访慰问受灾贫困户和老党员。

22 日，石家庄市与吉林省四平市缔结为友好城市。

2 月

9 日，市委、市政府在正定县召开领导干部会议，宣布实施正定县、正定新区“县区合一”管理体制改革。

16 日，定州市委书记王东群，定州市委副书记、代市长陈业鹏率领定州市党政代表团到石家庄市参观考察，并就区域经济协同发展、城市规划建设管理等座谈交流。省委常委、市委书记邢国辉，市委副书记、代市长邓沛然会见和参加座谈会。定州市党政代表团在石家庄市参观正定新区规划馆和综合管廊、河北奥林匹克体育中心，考察高新区格力电器（石家庄）有限公司、石家庄以岭药业股份有限公司，还实地察看石家庄市规划馆、体育公园、新客站东广场、市中冶德贤公馆项目、裕华路绿化净化工程、城市夜景亮化工程等城市建设项目。

28 日，市行政审批局挂牌成立。

3 月

7 日，市校园足球协会成立。

18 日，市紫砂行业协会成立。

26 ～ 28 日，中国共产党石家庄市第十次代表大会举行。邢国辉代表中国共产党石家庄市第九届委员会作《更加紧密地团结在以习近平同志为核心的党中央周围，为建设现代省会、经济强市而奋斗》的报告。会议选举中国共产党石家庄市第十届委员会委员 68 名、候补委员 13 名；中国共产党石家庄市第十届纪律检查委员会委员 47 名。

28 日，中国共产党石家庄市第十届委员会举行第一次全体会议。选举中国共产党石家庄市第十届委员会常务委员会委员 10 名，分别为邢国辉、邓沛然、税勇、高天（女，满族）、郭运兴、张业、王韶华、张明利、张效春、韩学军。邢国辉当选市委书记，邓沛然、税勇当选市委副书记。

4 月

1 日，中国人民大学党委书记靳诺一行 40 余人到正定县塔元庄参观考察，并为塔元庄“中国人民大学党员教育基地”“中国人民大学学生社会实践基地”揭牌。靳诺一行还参观考察了华北大学旧址等地。省委常委、市委书记邢国辉会见靳诺一行。

8 日，由国家发展改革委中国发展网主办的第二届中国新常态经济发展高层论坛暨“2016 发展中国年度人物”颁奖盛典在北京举行，石家庄市企业家——东旭集团总裁、旭新光电董事长李青（女）获授“2016 发展中国十大年度人物”称号。

8 日，市新乡商会成立。

11 ～ 15 日，政协石家庄市第十三届委员会第一次会议在市人民会堂召开。选举刘明轩为市政协主席，武义青、范振增、葛瑞芳（女）、郭斌、张运凯、孟胜林、闫纯锴、宋学恭为副主席，赵磊为秘书长。

12 ～ 16 日，市第十四届人民代表大会第一次会议在市人民会堂召开。选举邓沛然为市政府市长，税勇、刘胜、孟祥红、蒋文红、姜阳、吕素维、赵文锋为副市长；选举崔存利为市中级人民法院院长；选举陈晓明为市人民检察院检察长。

14日，刘明轩当选政协石家庄市第十三届委员会主席。

15日，司存喜当选石家庄市第十四届人民代表大会常务委员会主任。

15日，邓沛然当选石家庄市人民政府市长。

16日，石家庄广平商会成立。

22日，市广元商会成立。

23日，2017君乐宝“中国小康牛奶行动”暨“牛奶的行走”大型公益活动在君乐宝优致牧场举行。主题为“让健康充满活力，让爱心洒满人间”。君乐宝乳业在捐赠授牌仪式上，共向河北、河南、青海3个省13个县区80余所中小学3万名学生捐赠学生奶11万多提，总价值700万元。

26～28日，2017中国·石家庄（正定）国际小商品博览会在正定县举行。

27日，由工业和信息化部、中国科学技术协会、河北省政府指导，中国电子信息行业联合会、中国电子学会、河北省工业和信息化厅、石家庄市政府联合主办的第十二届中国电子信息技术年会在石家庄市举行，中国电子学会科技奖励颁奖表彰活动同期举行。会议主题为“信息科技驱动智能产业，引领京津冀协同发展”。参会院士、专家及行业精英围绕集成电路、人工智能、网络安全、大数据、智慧城市和通信技术、京津冀协同发展等高端技术与热点话题举行研讨交流。

28日，石家庄环境监测中心挂牌成立。

29日～5月7日，2017中国（京津冀）首届进出口商品交易博览会在石家庄乐城·国际贸易城举行。主题为“跨境全球，智享新城”。

5月

1日，省长许勤到石家庄市中电科卫星导航运营服务有限公司、中电科十三所河北美泰电子科技有限公司、石家庄科林电气股份有限公司、石家庄君乐宝乳业有限公司调研，提出坚持以创新驱动为引领，扎实推进供给侧结构性改革，以提升供给质量为主攻方向，实现有质量有效益可持续发展。

1日，2017年WDSF世界职业体育舞蹈公开赛、WDSF世界体育舞蹈精英赛暨第三届中国京津冀体育舞蹈公开赛在石家庄市河北体育馆举行，共有来自10余个国家及北京、天津、上海、广东、吉林、黑龙江等省（市）优秀体育舞蹈选手4000余人次参赛。

2～3日，省委常委、市委书记邢国辉带队赴安徽省芜湖市奇瑞控股有限公司，与奇瑞公司董事长尹同跃会谈，并举行新能源汽车合作项目签约仪式。

13～14日，由中华医药研究会主办的第二届中华医药国际成果博览会、第二届中华医药国际文化节暨第三届燕赵中医药文化节在石家庄人民会堂举行。主题为：传承，创新，融合，共享。

15日，石家庄医疗医药产业协同创新联盟成立

19～22日，由中共河北省委宣传部牵头协调指导，长城新媒体集团、河北省茶叶流通协会、河北省文化产业协会主办的2017第五届中国国际（河北）茶文化博览交易会在石家庄国际博览中心举行。展览总面积8000平方米，设置展位300余个，展区3个，分别为：茶叶专区、紫砂艺术专区、特色文化产品专区。

27日，省委书记、省人大常委会主任赵克志，省长许勤，省政协主席付志方，省委常委、市委书记邢国辉等省市领导到石家庄地铁1号线、3号线调研考察和试乘体验。

28～29日，省委书记、省人大常委会主任赵克志，省长许勤到石家庄元氏县、高邑县、赵县、晋州市、正定县5个县（市）调研。28日，赵克志在元氏县考察新宇宙电动车公司、槐阳镇铁屯村村民服务中心；在高邑县考察冀中南公铁联运智能港项目、河北鑫祥陶瓷有限公司。29日，赵克志、许勤在赵县考察石家庄市农林科学研究院赵县实验基地，察看小麦长势，听取小麦专家郭进考介绍绿色高产节水品种栽培种植；在晋州市，考察博纳德能源科技公司，了解地源热泵利用和绿色节能技术应用；在正定县和正定新区考察河北奥林匹克体育中心体育场、南关村周边和旺泉街改造提升及隆兴寺周边环境整治工程。

6月

1日，《石家庄市轨道交通管理条例》实施。

5日，石家庄市召开创建全国文明城市誓师大会。

8日，省长许勤到河北敬业集团

调研考察，提出以供给侧结构性改革为主线，坚决去、主动调、加快转，推进去产能工作。

10～11日，贵州省六盘水市市长李刚率六盘水市考察团一行到石家庄市考察经济社会发展情况。在石家庄市期间，六盘水市考察团分别参观和考察市规划馆、地铁1号线首开工程、石药集团、以岭药业、河北奥林匹克体育中心、正定新区综合管廊、省园博园、中博汽车、君乐宝乳业和北国奥特莱斯等地。

11日，市骨科研究所在市第三医院挂牌。

16日，国家质检总局局长支树平率领考察团到石家庄市考察调研。支树平在石药集团，参观科技成果展厅、中央药物研究院、合成实验室、分析研究室等；在君乐宝乳业，参观优致牧场、酸奶文化馆、技术质量中心和生产车间，并听取企业经营发展介绍。

16日，河北省军民两用技术交易中心、河北省军民融合知识产权交易中心、国家军民两用技术交易中心河北分中心、市军民融合创新发展中心、市科技创新服务中心鹿泉分中心在鹿泉区揭牌。

17日，省长许勤到石家庄鹿泉区光谷科技园区银河微波技术有限公司、神玥软件科技股份公司及鹿泉军民融合科技创新发展中心，调研产业结构调整和优化营商环境。

22日，石家庄市开始启用全国统一的机动车号牌选号系统和机动车号牌管理信息系统。

26日，石家庄地铁1、3号线开通运营。

29日，石家庄市获授国家食品安全示范城市称号。

30日，市十四届人大常委会咨询委员会成立。

7月

7日，中共中央政治局委员、中央党的建设工作领导小组副组长、中央新疆工作协调小组副组长张春贤到石家庄市鹿泉区东辛庄村调研农村基层党建工作。

12日，平山县旅游协会成立，这也是河北省首个成立的县级旅游协会。

20日，省委常委、市委书记邢国辉随河北省党政代表团赴新疆学习考察期间，专程到石家庄市对口支援库尔勒市座谈交流，看望石家庄市援疆干部。

26日，省委常委、市委书记邢国辉带领石家庄市党政考察团到辛集市观摩学习城市建设。

30日，河北奥林匹克体育中心揭牌启用。

8月

4～8日，2017中国·石家庄第十二届国际动漫博览交易会举行。主题为“进击·泛娱乐!”。现场签约交易金额1.5亿元。

11日，市长邓沛然在石家庄市会见哈萨克斯坦阿斯塔纳市政府投资与发展部部长阿补德卡力莫夫·阿利舍尔一行。

16日，市拳击协会成立。

18日，石家庄公路主枢纽旅游集散中心在南焦客运站揭牌。

24～26日，2017第十四届河北医疗器械博览会在石家庄国际博览中心举行。主题为“智慧创新发展、打造健康平台”。设置展览总面积6500平方米，共有来自北京、天津、山东、深圳、河北、江苏等近20个省市医学领域企业参展，300多家专业采购商到会采购和洽谈。

26日，市区公立医院开始执行新收费标准，取消药品加成。

29～30日，首届军民融合中国（鹿泉）高峰论坛在鹿泉区举行。主题为“对话国家战略·融合创新发展”。

9月

1日，由市委宣传部、省会精神文明办公室共同制作的石家庄市创建全国文明城市主题歌曲《一起精彩》正式发布。

2～4日，首届石家庄市旅游产业发展大会在古城正定举行。主题为“打造中国文化旅游名城”。签约项目45个，投资总额1468亿元。

6～8日，第十一届中国·石家庄国际医药博览会在石家庄国际博览中心举行。主题为“绿色、创新、共享、合作”。

7～14日，市长邓沛然率领石家庄市经贸代表团应邀访问哈萨克斯坦和俄罗斯。

20日，全国34个城市关心下一代工作座谈会在石家庄市举行。中国关心下一代工作委员会主任、全国人大常委会原副委员长顾秀莲出席会议并作工作报告。

23日，2017京津冀实体零售创新转型高峰论坛在石家庄市举行。主题为“创新转型，融合发展”。论坛期间，北京、天津、河北省区域内 20 家实体零售标杆企业组建成立“京津冀 J20 联盟”；中国流通三十人论坛、中国国际电子商务中心内贸信息中心发布《2016-2017 中国城市流通竞争力排行榜》暨《石家庄流通竞争力报告》；赢商网发布《京津冀购物中心市场白皮书》。

25 ～ 27 日，2017 年中国·石家庄国际投资合作洽谈会在中茂海悦酒店举行。签约项目 97 个。其中，内资项目 86 个，总投资 1160.77 亿元，拟引进市外资金 1087.05 亿元；外资项目 2 个，总投资 17.34 亿美元，拟引资 3.13 亿美元。

26 ～ 29 日，第二十一届中国（廊坊）农产品交易会在廊坊市举行。石家庄市参展优质农产品 160 余种，涉及 100 多家农业产业化重点龙头企业和合作社；推介农业重点招商项目 69 个；参展企业与国内外客商达成合作意向 30 余个，意向合作金额 60 亿元；3 个项目现场签约，累计总投资 24.73 亿元，引资额 18.65 亿元。

27 日，市中级人民法院知识产权巡回法庭在石家庄高新区法院揭牌成立。这是河北省首家知识产权巡回法庭。

29 日～ 10 月 12 日，第十六届中国吴桥国际杂技艺术节举行。邀请 18 个国家和地区 31 个节目参赛，评选“金狮奖”4 个、“银狮奖”5 个、“铜狮奖”7 个。其中，4 个金狮奖节目为：俄罗斯国家马戏公司的《浪桥》、中国河南省杂技集团有限公司的《侠·义——蹦床技巧》、蒙古国马戏发展中心的《大跳板》、朝鲜平壤国立杂技团的《空中飞人》。

30 日，省委书记、省人大常委会主任赵克志，省长许勤，中国人民解放军中部战区陆军司令员张旭东、政委周皖柱，省政协主席付志方，省委常委、市委书记邢国辉等军地领导与省会各界干部群众代表共同到华北军区烈士陵园，向革命烈士敬献花篮，缅怀为民族独立、人民解放、国家富强、人民幸福英勇献身的革命先烈。

10 月

1 日起，全市汽油、柴油实行国六标准。

11 日，市户外拓展运动协会成立。

17 日，市新生代企业家联谊会成立。

26 日，市全民阅读促进协会成立。

11 月

4 日，省委书记王东峰带领省委常委在西柏坡村宣讲中共十九大精神。

4 日，省委书记王东峰带领河北省四大班子党员领导干部在西柏坡七届二中全会旧址外，面对党旗，宣读入党誓词。

6 日，市健美健身协会成立。

7 日，歌曲《滹沱之光》MV 发布。

8 日，省委书记王东峰不打招呼、不搞层层陪同，轻车简从到石家庄市调研暗访，随机深入老旧小区（棉五社区）、居民家中、蔬菜市场、垃圾转运站等地，向群众面对面宣讲中共十九大精神，听取意见和建议。

9 日，省委常委、市委书记邢国辉带领市四大班子党员领导干部赴西柏坡，缅怀革命先辈的丰功伟绩，回顾中国共产党领导人民开展革命斗争的辉煌历史，重温入党誓词。

14 日，中央精神文明办公室授予石家庄市、正定县第五届全国文明城市称号。

15 日，由中国奶业协会主办、君乐宝乳业集团承办的首届婴幼儿配方奶粉创新发展论坛在石家庄市举行。君乐宝、伊利、蒙牛、光明、三元、飞鹤等 20 家国产奶粉品牌联合做出坚持“优质、透明、诚信、发展”的“石家庄承诺”。

15 日，市定向运动协会成立。

16 日，省委常委、市委书记邢国辉率队赴京与北京铁路局局长郭竹学、京津冀城际铁路投资有限公司董事长郝伟亚等就解决铁路遗留问题、开展合作、完善石家庄铁路交通基础设施建设举行对接洽谈。

16 日，市许昌商会成立。

17 日，石家庄青年创业者协会成立。

17 ～ 19 日，2017 中国国际通用航空博览会在石家庄栾城机场举行。主题为“打造国际品牌，促进合作共赢”。

18 日，市魔方运动协会成立。

23 日，市江苏商会成立。

28 日，市土地二级市场交易中心揭牌运行。

29 日，由市委农工委、市美丽乡村建设领导小组办公室联合石家庄日报社开设的“石家庄市美丽乡村”微信公众号上线运行。

29 日，市会展商会成立。

12 月

1 日，国务院港澳办主任、党组书记张晓明到赞皇县互联网 + 扶贫孵化基地、枣能元公司、赞皇县第二中学、原村土布专业合作社、尹家庄村等地调研扶贫工作。

2 日，中山古城考古遗址公园获得国家文物局批准立项。

7 日，由市文化广电新闻出版局开设的“文化石家庄”微信公众号上线运行。

16 日，第四届全国大众冰雪季启动仪式在石家庄市河北奥林匹克体育中心冰球馆举行。

22 日，市长邓沛然会见到石家庄考察的诺贝尔化学奖获得者、德国普朗克生物物理研究所教授、中美科技（石家庄）国际创新园首席科学家哈特穆特·米歇尔一行。

24 日，全市正式启用新能源汽车专用号牌。

24 日，平山县红崖谷玻璃吊桥正式向游客开放。

27 日，中共石家庄市第十届委员会第四次全体会议召开，全会首次提出石家庄市产业发展方向为：做强做优新一代信息技术、生物医药健康、先进装备制造、现代商贸物流四大产业，培育壮大旅游业、金融业、科技服务与文化创意、节能环保四大产业，构建“4+4”现代产业发展格局。

30 日，省委书记王东峰、省长许勤分别带队，在石家庄市看望慰问节日期间坚守岗位的供电、环卫、治安、交通、供暖、消防等部门一线干部职工、社区群众及老党员、军队退役人员和困难家庭。

市情概览

City Overview

行政区划

【地理位置】 石家庄市是河北省省会，全省政治、经济、科技、金融、文化和信息中心，是国务院批准实行沿海开放政策和金融对外开放城市。地处河北省中南部，环渤海湾经济区，即北纬37°27′～38°47′（误差±1′），东经113°30′～115°20′（误差±1′）之间，东与衡水市接壤，南与邢台市毗连，西与山西省为邻，北与保定市交界，位于首都北京西南方向，距离北京市主城区283千米。南北最长处148.02千米，东西最宽处175.38千米。石家庄市行政区域总面积13504平方千米（不包括河北省直管辛集市面积960平方千米），其中，8个建置区面积2220平方千米，13个县（市）面积11284平方千米。

【区划设置】 石家庄市辖8区13县（市），即长安区、桥西区、新华区、裕华区、井陉矿区、藁城区、鹿泉区、栾城区、井陉县、正定县、行唐县、灵寿县、高邑县、深泽县、赞皇县、无极县、平山县、元氏县、赵县、晋州市、新乐市。拥有2个国家级开发区，即石家庄国家高新技术产业开发区（1991年3月国务院批准设立）、石家庄经济技术开发区（1992年7月河北省批准设立，2012年10月国务院批准升级为国家级开发区，由藁城区管辖，曾称良村经济技术开发区、藁城经济开发区）。2013年6月1日，原石家庄辛集市调整区划设置，划归河北省直接管辖。另有4个派出机构（国家级高新技术产业开发区、循环化工园区、正定新区、综合保税区）行使所在地域行政管辖权。2014年9月9日，国务院批复河北省政府关于石家庄市部分行政区划调整的请示（国函〔2014〕122号），同意撤销石家庄市桥东区、藁城市、鹿泉市、栾城县，同时设立石家庄市藁城区、鹿泉区、栾城区。2017年末全市共有镇119个、乡82个，省级以上开发区21个，街道办事处60个，居委会650个、村委会4009个。

（周连颖）

建置沿革

石家庄市域有着悠久的历史。据《禹贡》记载，夏禹时期为冀州地。春秋时期域内先后建有鲜虞国（都城在今正定新城铺一带）、鼓国（都城在今晋州城西）、肥国（都城在今藁城区城西南城子村一带）。战国时期鲜虞人建立中山国（都城在今平山县城北下三汲一带）。秦始皇统一中国后，全面推行郡县制，属巨鹿郡（郡治今巨鹿县）。西汉高祖三年（前204），始置恒山郡（郡治今元氏县西北）。汉文帝初，因文帝名恒，讳改恒山郡为常山郡。汉高祖十年（前197），改秦时东垣县（县治今石家庄市东古城）为真定县，并于汉武帝元鼎四年（前113）置真定国（都城在今东古城）。三国时期，为魏地，分别属常山郡、安平郡、赵国、巨鹿郡、中山国。西晋统一后，分别属冀州常山郡（西晋郡治由今元氏县西北移至东古城，东晋郡治由东古城移至今正定镇）、中山国、巨鹿郡、赵国、博陵国。隋代，分别属恒山郡（后改恒州，郡治真定，今正定镇）、赵郡（郡治平棘，今赵州镇）、信都郡（郡治今衡水市冀州区）、高阳郡（郡治今定州市）。五代时期，属河北成德军节度使，域内有镇州（州治今正定镇）、赵州（州治今赵州镇）、定州（州治今定州市）、祁州（州治今无极镇）。宋代，属河北西路（路治今正定镇）。元代，属中书省真定路（路治今正定镇）、保定路（路治今保定市）、广平路（路治今邯郸市永年区）等。明代，属京师正定府（府治今正定镇）、保定府（府治今保定市清苑区）。清代，属直隶省真定府（府治今正定镇，清雍正元年改正定府）、保定府（府治今保定市清苑区）、赵州（州治今赵州镇）、定州（州治初属祁州，雍正十二年改今定州市）。1912年，中华民国成立，仍沿清制。1914年，裁府设道。1925年6月24日，中华民国临时执政命令直隶省建立“石家市”，实行市自治制；8月29日中华民国临时执政又以1273号指令批准将石（家）庄、休门合并，取首尾各一字，更名为石门市，组建石门市政公所，筹建市制。1928年，南京国民政府通令全国，取消所有市政公所，废除原来的“市自制”。至此，建市工作遂告搁浅。1938年1月15日，组建伪石门市政公署筹备处。1939年10月7日，伪中华民国临时政府行政委员会以秘字第1027号指令，正式批准设立石门市。1947年11月12日石门市解放，12月26日石门市更名为石家庄市。1948年9月26日，石家庄市改属华北人民政府领导。1949年1月24日阳泉市划归石家庄市，同年8月又划归山西省；8月1日石家庄市归河北省人民政府领导，为省辖市。1949年石家庄专区初设，辖14县1镇。1958年4月28日，石家庄市由省辖市改为专辖市。1960年5月3日，国务院批准撤销石家庄专区，改为石家庄市。1961年5月，国务院批准恢复石家庄专区建制。石家庄专区辖石家庄市和25个县。1962年6月，国务院批准设立衡水专区，石家庄专区所辖衡水等8县划归衡水专区，此后石家庄专区辖石家庄市和17个县。1967年11月21日，石家庄地区革命委员会成立，专区改称地区。1967年12月20日，石家庄市革命委员会成立。1968年1月29日，河北省会迁至石家庄市。1978年3月11日，石家庄市划为河北省直辖市。1978年7月，石家庄地区革命委员会撤销，成立河北省石家庄地区行政公署。1982年8月12日，撤销石家庄市革命委员会，恢复石家庄市人民政府。1993年6月30日，石家庄地区行政公署与石家庄市人民政府合并，成立新的石家庄市人民政府。

市　标

【概况】 1997年7月根据市人大代表提出的议案以及市政府领导的批示，由市园林局开始着手准备市花市树评选工作，1997年8月正式启动。通过民意测评和专家评审，1997年9月16日初步确定月季和槐树为市花市树。1997年11月，市政府研究同意。1997年12月，市第九届人大常委会第30次会议审议批准，正式确定月季为石家庄市市花，槐树为石家庄市市树。

【市花】 月季　属蔷薇科、蔷薇属，系木本落叶灌木，原产中国，已有2000多年的栽培历史，被誉为“花中皇后”；花色艳丽，千姿百态，香味馥郁，品种繁多，露地栽培从春到秋处处可见其绰约丰姿，是美好、友谊、和平的象征。月季适应性强，耐寒抗旱，对土壤要求不高，栽培繁殖容易，管理技术易掌握，易于推广普及。石家庄市月季栽培有悠久的历史，通过引种、繁殖、培育，广泛用于街道、公园、庭院、广场的绿化、美化，同时也是插花、切花、盆景制作的理想植物材料，深受广大市民喜爱。月季具有极高的观赏价值和经济价值，月季的花、花蕾、叶、根皆可入药，可制作高级香精、香料。月季还代表着石家庄人顽强不屈、坚韧不拔的品格，展示石家庄人奋发图强、不断进取的精神风貌。

【市树】 国槐　属豆科槐属，系落叶乔木。国槐原产于中国，栽培历史悠久，抗逆性强，寿命长。石家庄市有百年以上古槐多达71株，其中500年以上古槐达到58株，且枝繁叶茂，生机勃勃。国槐树干端直，树冠宽广，展叶早落叶晚，是优良的庭荫树和街道树，其花芳香，又是优良的蜜源植物。国槐性强健，具有很强的萌芽力，耐强修剪，更新能力强，耐寒、耐旱、耐瘠薄，并对二氧化硫、氯气、氯化氢等有毒气体抗性较强，是良好的抗污、滞尘、耐烟毒树种。石家庄市主城区以国槐用作行道树的街道达120多条，是街道的主要骨干树种之一。国槐经济价值高，木材坚硬，耐湿，材质优良，可供建筑、家具、造船、雕刻等用，全株可入药，花蕾可作黄色染料，种子可榨油、制皂。国槐在民间是吉祥、幸福、美好的象征，中国人自古以来把它作为吉祥树、幸福树，它也能代表石家庄人顽强不屈、坚韧不拔的品格，展示石家庄人奋发图强、不断进取的精神风貌。

（市园林局）

自然资源

【矿产资源】 石家庄市东部为华北平原，西部太行山区。西部山区地质结构复杂，成矿条件良好，拥有比较丰富的矿产资源。至2017年底，石家庄市查明资源储量固体矿产有54种，产地452处（包括27处共伴生矿产地），其中，大型矿产地32处、中型矿产地51处、小型矿产地369处。全市开发利用矿种28种，优势矿产有金、银、冶金用白云岩、电石用灰岩、水泥用灰岩、 溶剂用灰岩、玻璃用石英砂岩、饰面用石材、碎云母9种矿产。已查明资源储量矿产中，保有资源储量（折合矿石量）总计28.31亿吨，潜在价值1181.43亿元。列入《河北省矿产储量表》前3位矿产17种，水泥用灰岩等建材非金属矿产、化工灰岩、碎云母在全国占有优势地位，是石家庄市经济发展重要资源基础。其中，碎云母矿资源储量位居全国第一，水泥灰岩矿储量位居全省第一，冶金灰岩矿储量位列全省第三，金矿储量位列全省第四。黑色金属矿产：铁矿保有资源储量3166万吨，主要分布在平山县、赞皇县；钒钛磁铁矿92.1万吨，主要分布在赞皇县、元氏县。贵金属：主要为金矿、银矿，分布在灵寿县、平山县，矿体为石英脉型；探明资源储量：金矿金属量15.3吨，银矿金属量131吨。有色金属矿产：多为铝土矿，主要分布在井陉县、赞皇县，探明资源储量1598.7万吨。建材非金属矿产：主要分布在山区8县，以鹿泉区、井陉县、灵寿县、赞皇县为主。其中，探明水泥灰岩保有储量14.31亿吨，列入《河北省矿产储量表》储量13.53亿吨，占全省总量24.67%，年产矿量6720万吨；饰面石材保有资源储量4480万立方米；玻璃用石英砂岩保有资源储量7081万吨；碎云母保有资源储量311.3万吨。冶金辅助及化工原料非金属矿产：电石用灰岩集中分布在井陉县，保有资源储量2.82亿吨，2011年石家庄市矿产资源规划将2.19亿吨资源储量划入禁采区予以保护，2017年可开发利用资源储量为6303万吨；制碱用灰岩保有资源储量3.89亿吨，列入《河北省矿产储量表》储量1259万吨，并划入禁采区予以保护，2017年可开发利用资源储量为1062万吨；冶金用白云岩保有储量2.19亿吨，占全省总量8.78%，年开采量37.5万吨，除满足冶金工业外，生产镁盐产品销售全国20多个省市，并出口美国、日本等地。

（刘清振）

【能源资源】 石家庄市能源资源主要有煤炭、石油、天然气等；煤炭资源主要集中在井陉县，其次是赞皇县、元氏县，煤种有肥煤、焦煤、无烟煤、气煤等；石油、天然气资源主要分布在晋州市，已探明油田或构造有：河庄油田、河庄西油田、台家庄油气田、南小陈油田、晋40断块、赵兰庄构造。2017年全市煤炭保有资源储量3.32亿吨；油气田地质储量5.1亿吨，含油面积3.04万平方米；天然气储量19.2亿立方米。石家庄市太阳能资源较为丰富，2017年全市日照时数为1987.2～2586.8小时，年平均日照时数为2309.1小时；太阳能利用主要有光伏发电、太阳能热水器等；2017年石家庄市117个村光伏发电并网。

（刘清振　王跃峰）

【生物资源】 石家庄市生物资源比较丰富。动物现知陆栖（包括两栖）脊椎动物223种，以鸟类最多，其次是兽类，两栖类及爬行类较少。野生动物种类有金钱豹、野猪、狍子、狐狸、狼、松鼠、獾、黑眉锦蛇、豺、黄羊、刺猬、雀鹰、天鹅、灰鹤、啄木鸟、麻雀、猫头鹰、石鸡、家燕、草兔、黑斑蛙、环颈雉、灰喜鹊、斑鸠。其中，国家珍贵稀有动物有金钱豹、斑羚、褐马鸡、天鹅等；褐马鸡为中国特有珍稀动物，仅见于山西省、河北省。畜禽动物十几个品种，地方畜禽品种有深县猪、大马身猪、大尾寒羊、小尾寒羊、河北奶山羊、太行山羊、冀南黄牛、太行牛、太行驴、柴鸡、河北鹅、虎皮黄兔。引进的畜禽品种有牛类：河北西门塔尔牛、南阳牛、荷兰黑白花奶牛、蒙古牛、短角牛、西门塔尔牛、夏洛来牛、海福特牛、利木赞牛、安格斯牛、爱沙尼亚牛、蒙贝利亚牛；马类：蒙古马、伊犁马、苏高血马；驴类：关中驴、渤海驴、泌阳驴；猪类：迪卡猪、冀合白猪、大约克夏猪、长白猪、杜洛克猪、汉普夏猪、北京黑猪、施格猪、PIC猪、皮特兰猪；羊类：美利奴羊、波尔华斯羊、考力代羊、茨盖羊、新疆细毛羊、萨能奶山羊、边区莱斯特羊、罗莫尼玛须羊、波尔山羊；鸡类：尼克鸡、白洛克鸡、宝万斯鸡、京红鸡、海赛克斯鸡、伊莎鸡、艾维茵鸡、罗曼鸡、爱拔益加鸡、雅康鸡、雅发鸡、海兰系列、京白系列；兔类：青紫兰兔、比利时兔、加利福尼亚兔、黑优兔、安哥拉兔、法国巨型兔、獭兔、丹麦兔、新西兰兔、日本大耳白兔、塞北兔；鸭类：康贝尔鸭、麻鸭、北京鸭；鹅类：石头鹅、朗德鹅。特养品种：梅花鹿、马鹿、蓝狐、银狐、苏乌里貉、白玉蜗牛、散大蜗牛、落地王鸽、白羽鸽、美国牛蛙、七彩山鸡、乌骨鸡、鹌鹑、貂、小香猪、海狸鼠、蝎子、鹧鸪、麝鼠。鱼类资源有50多个品种。主要经济鱼类有：鲤、鲢、鳙、草、鲫、鲂、鳊、鲶、泥鳅、黄颡、乌鳢、黄鳝、鲴等。小杂鱼类主要有：白条、棒花、马口、麦穗、鳑鲏、鰕虎鱼、翘嘴鲌等，另外还有中华鳖、青虾、蚌、螺、莲藕等。引进发展的鱼类品种主要有：罗非、牛蛙、中华绒螯蟹、淡水白鲳、池沼公鱼、大银鱼、太湖新银鱼、日本白鲫、高背鲫、彭泽鲫、鳜鱼、革胡子鲶、大口鲶、罗氏沼虾、彩虹鲷、虹鳟鱼、金鳟鱼、香鱼、欧洲丁鱼岁、大口胭脂鱼、中国胭脂鱼、加州鲈、鲟鱼、白斑狗鱼、银大麻哈鱼、斑点叉尾鮰、雅鱼等。

石家庄植被属暖温带针阔混交林，植被类型由自然植被和人工植被组成。植被结构复杂，种类繁多，植物资源合计2500余种，其中草本植物占80%以上。木本植物有44科74属144种，乔木有26科35属75种，灌木有23科34属43种。主要树木分类，阔叶树：杨树、柳树、国槐、刺槐、臭椿、香椿、红椿、合欢、苦楝（井陉县）、漆树、黄连木、白榆、青檀（井陉县）、梧桐、泡桐、杜仲、银杏、椋子木（井陉县）、五角枫、栾树、黄金树、楸树、枫杨、悬铃木。灌木：柽柳、胡枝子、葛藤、紫穗槐、黄栌、锦鸡儿、枸杞、珍珠梅、绣线梅、鼠李、酸枣、沙枣、沙棘、女贞、六道木、丁香、夹竹桃、照山白、荆条、野杜鹃。针叶树：油松、华山松、雪松、云杉、桧柏、圆柏、侧柏、柞树、落叶松、水杉。经济木：苹果、梨、桃、杏、山楂、板栗、李、葡萄、石榴、柿子、核桃、大枣、花椒、桑、猕猴桃。草场分四类：山地草甸类草场，地处深山，处于原始状态，资源很少被利用；山地灌木类草场，草高40～70厘米，盖度60%～80%；丘陵草丛类草场和低温草甸草场。药用植物资源丰富，有1039种，野生药材上百种，人工种植药材230多种，另外还有水生芦苇、莲藕等。人工种植牧草：紫花苜蓿、粒粒苋、串叶松香草、冬牧70黑麦草、聚合草、沙打旺、苦卖菜、草木栖、鲁梅克斯、克孜连科。天然野生牧草共有121科1116种，其中菊科牧草占135种，禾本科占109种，豆科占98种，蔷薇科占58种，百合科占46种。代表性野生牧草主要有：野豌豆、直立黄芪、达乌里黄芪、野苜蓿、无芒雀麦、隐子草、冰草、披碱草、老芒麦、鹅冠草、早熟禾、胡枝子、山葱、白羊草、青木栖状黄芪、野古草、大油芒、白茅、铁杆蒿、野青茅、狗哇花、棘豆等。

（市林业局）

【水资源】 2017年全市地表水资源量5.84亿立方米，地下水资源量13.07亿立方米，扣除地表水和地下水资源重复计算量，全市水资源总量14.69亿立方米，比2016年减少12.99亿立方米，比多年均值20.35亿立方米减少5.66亿立方米。

供水量 全市供水量26.47亿立方米。其中，地表水供水量7.83亿立方米（含引江水），占29.6%；地下水供水量17.35亿立方米，占65.5%；其他供水量1.29亿立方米，占4.9%。

用水量 全市用水量26.47亿立方米。其中，农田灌溉用水量15.79亿立方米，占59.7%；工业用水量3.19亿立方米，占12.0%；居民生活用水量3.07亿立方米，占11.6%；林牧渔用水量1.61亿立方米，占6.1%；城镇公共用水量1.02亿立方米，占3.8%；生态与环境用水量1.79亿立方米，占6.8%。

地下水动态 2017年底，全市平原区地下水平均埋深39.57米，较2016年同期地下水位下降0.25米。监测点最大埋深高邑县城关67.36米，最小埋深鹿泉区山尹村3.95米。

（王潇潇）

【土地资源】 石家庄市土地资源类型多样，适宜性广，土地资源比较丰富，光、热、水土条件适宜，土地利用率和生产率高，但地域差异明显，土地后备资源不足。根据全国统一规定和石家庄市实际情况，全市土地资源类型按土地利用现状划分，采用二级分类系统，共分8个一级地类，36个二级地类。石家庄市东部、西部自然和社会经济条件明显差异，按地貌类型和土地利用主导方向，分为西部山区林木地，中部山麓、平原建设用地区和东部平原农业地区3个地区分区。石家庄市土壤类型主要有山地草甸土、棕壤、褐土、潮土、盐土、风沙土 新积土、粗骨土、石质土、沼泽土、水稻土11个土类，22个亚类，81个土属，270个土种。至2017年底，石家庄市行政区土地总面积131.10万公顷（1966.50万亩），其中划定基本农田面积627.3万亩；供应土地843宗，土地总面积4.24万亩；出让国有建设用地561宗，面积1335公顷（2.0万亩），出让价款381.94亿元。2017年全市公开挂牌出让土地35宗，面积2018.80亩，出让价款147.15亿元。其中，商业用地2宗，面积25.24亩，出让价款2.165亿元；居住用地（包括商业、居住混合用途） 33宗，面积1993.56亩，出让价款144.99亿元。

（刘清振）

人 口

【概况】 至2017年底，全市共有人口2817172户，9732902人。其中，城镇人口4456118人，占45.78%；乡村人口5276784人，占54.22%。市属8区人口1191455户，4168674人。其中，城镇人口3071559人，乡村人口1097115人。市辖13县（市）人口1625717户，5564228人。其中，城镇人口1384559人，占24.88%；农村人口4179669人，占75.12%。2017年全市总人口较2016年减少10769人，增长率为-1.1‰，其中城镇人口增长18051人；人口自然增长-3558人，增长率为-0.37‰；人口机械增长806人，增长率为0.08‰。2017年全市共报出生人口156437人，出生率为16.06‰，死亡人口159995人，死亡率为16.43‰。

【人口性别】 2017年全市总人口中，男性4891947人，占50.26%；女性4840955人，占49.74%。市属8区人口中，男性2055192人，占8区总人口49.30%；女性2113482人，占8区总人口50.70%。13县（市）人口中，男性2836755人，占13县（市）总人口50.98%；女性2727473人，占13县（市）总人口49.02%。

【人口分布】 2017年全市21个县（市、区）中，人口最多的是藁城区，人口总数852885人，占全市总人口8.8%；其次是桥西区、长安区，人口总数分别为676849人、642571人，占全市总人口分别为7.0%和6.6%。人口最少的是井陉矿区，人口总数89590人，占全市总人口的0.9%。

表1 2017年石家庄市人口分布情况一览表

县（市、区）	户数	总人口	城镇人口
长安区	195422	642571	全部为城镇人口
桥西区	190952	676849	全部为城镇人口
新华区	151303	500197	488405

续表

县（市、区）	户数	总人口	城镇人口
裕华区	178407	622480	618216
井陉矿区	26966	89590	64134
藁城区	233379	852885	293843
鹿泉区	120821	432359	161246
栾城区	94205	351743	126295
井陉县	107493	329715	93934
正定县	126991	508474	210370
行唐县	154386	459923	83401
灵寿县	106092	348201	84360
高邑县	56640	202567	61914
深泽县	91983	257287	57573
赞皇县	97352	277535	43737
无极县	147897	535313	92289
平山县	166012	500621	104448
元氏县	103015	443067	109814
赵　县	174816	615287	131033
晋州市	156521	570815	148476
新乐市	136519	515423	163210

【民族构成】 全国56个民族中，2017年末石家庄市拥有51个民族。总人口中，汉族9618343人，占98.82%；回族58370人，占0.61%；满族37229人，占0.38%；其余48个少数民族18960人（维吾尔族164人，藏族164人），占总人口0.19%。另有其他未识别民族92人（包括穿青人）。

【年龄构成】 2017年全市总人口中，6周岁以下983865人，占10.11%；17岁以下2186843人，占22.47%；18岁至34岁2457710人，占25.25%；35岁至59岁3338312人，占34.30%；60岁以上1750037人，占17.98%（人口数据为户籍人口，由市公安局户政部门提供）。

（赵光）

民族·宗教

【民族】 石家庄市是一个少数民族散居城市。至2017年末，全市共有少数民族成分50个（设有门巴族、塔吉克族、保安族、塔塔尔族、德昂族），少数民族人口114467人，占全市总人口1.18%。其中，农村人口43736人，占38.21%；城镇人口70731人，占61.79%。少数民族人口较2016年增加2237人，同比增长1.99%。少数民族中，回族人口最多，共计58370人，占少数民族人口的50.99%；其次是满族，共计37229人，占少数民族人口的32.52%；第三是蒙古族，共计7052人，占少数民族人口的6.16%。全市千人以上少数民族有：土家族1983人，占全市少数民族人口的1.73%；壮族1920人，占全市少数民族人口的1.68%；苗族1550人，占全市少数民族人口的1.35%；朝鲜族1060人，占全市少数民族人口的0.93%。其他少数民族共计5303人，占全市少数民族人口的4.63%。全市少数民族人口超过万人的县（市、区）有6个，分别是：桥西区17973人，无极县16449人，新华区13484人，裕华区13535人，长安区15106人，藁城区11859人。全市少数民族人口超过千人的县（市、区）有6个，分别是：新乐市9747人，正定县5260人，鹿泉区2865人，栾城区1608人，平山县1030人，行唐县1022人。全市有3个民族乡，即无极县高头回族乡、藁城区九门回族乡、新乐市彭家庄回族乡，总人口108065人，其中少数民族27349人，占民族乡总人口的25.31%，占全市少数民族人口的23.89%。全市有17个民族村，分别分布在无极县（6个）、藁城区（3个）、新乐市（3个）、正定县（5个）；17个民族村总人口47602人，其中少数民族32565人，占民族村总人口的68.41%，占全市少数民族人口的28.45%。7个少数民族信仰伊斯兰教，分别为回族、维吾尔族、哈萨克族、东乡族、萨拉族、乌孜别克族、柯尔克孜族，总人口58566人，占少数民族人口的51.16%。

【宗教】 石家庄市有佛教、道教、伊斯兰教、天主教、基督教5种宗教。至2017年底，全市有宗教活动场所522处，其中寺观教堂229处，固定处所361处，宗教教职人员744名（含基督教传道员）；信教群众43.6万人，占全市常住人口的4.26%。

佛教 全市信仰佛教公民15.6万人，主要分布在赵县、正定县、藁城区、井陉县、赞皇县、鹿泉区。教职人员263人，佛教活动场所92处，其中寺院47处，固定处所45处，较著名的寺院有赵县柏林禅寺、正定县临济寺、鹿泉区龙泉寺、藁城区天台寺和市内谛音寺。市级宗教团体1个（石家庄市佛教协会）。

道教 全市信仰道教公民1.9万人，主要分布在藁城区、新乐市、鹿泉区、平山县、栾城区等14个县（市、区）。教职人员41名，宗教活动场所21处，其中宫观11处，固定处所10处。较著名的道观有桥西区的关帝庙、鹿泉区的十方院和抱犊寨金阙宫、平山县天桂山的青龙观等。市级宗教团体1个（石家庄市道教协会）。

伊斯兰教 全市信仰伊斯兰教公民5.7万人，主要分布在市内8区和无极县、新乐市、正定县。清真寺13座，教职人员21名。市级宗教团体1个（石家庄市伊斯兰教协会）。

天主教 全市信仰天主教公民10.8万人，分布在20个县（市、区），开放活动场所185处，其中教堂130处，固定处所55处。教职人员75名（不含辛集市），其中神父55名，修女20名。市级宗教团体1个（石家庄市天主教爱国会）。

基督教 全市信仰基督教公民9.6万人，分布在21个县（市、区）及高新区。宗教活动场所211处，其中教堂28处，固定处所251处。教职人员306名，其中有牧师、长老55名，传道员289名。市级宗教团体2个（石家庄市基督教三自爱国运动委员会、石家庄市基督教协会）。

（王剑华）

风景名胜

【概况】 石家庄市旅游资源丰富，名胜古迹众多，有文化名城、故国遗址、古寺名桥、革命圣地等珍贵历史遗存，也有丰富多彩的社会旅游资源，包括商贸会展、民俗民艺、都市风情等旅游景观。拥有全国重点文物保护单位39处，省级文物保护单位102处，市县级文物保护单位213处；国家级历史文化名城1座，国家级森林公园3处（仙台山、五岳寨、驼梁），省级森林公园9处（南寺掌、西柏坡、棋盘山、藏龙山、沕沕水、海山岭、封龙山、洞阳坡、高山寨），野生动植物自然保护区4处（平山县驼梁自然保护区、灵寿县漫山自然保护区、赞皇县嶂石岩自然保护区、井陉县南寺掌自然保护区）。至2017年末，石家庄市共有A级景区35处，其中，5A级景区1处，4A级景区25处，3A级景区6处，2A级景区3处。

【纪念馆、陵园】 **革命圣地西柏坡** 位于平山县境内，是国家爱国主义教育基地、国家5A级景区，距省会石家庄市主城区80千米。1948年5月至1949年3月中共中央在西柏坡驻扎10个月，召开全国土地会议、中共七届二中全会，指挥三大战役，赢得解放战争决定性胜利。西柏坡依托红色旅游资源优势，开发和培育红色旅游市场，形成中共中央旧址，包括陈列馆、纪念碑、石刻园、五大书记铜像等10多个旅游景点，成为资源丰厚，感染力和震撼力强的独特景区。

华北军区烈士陵园 位于石家庄市主城区，是新中国兴建较早、规模较大、造型艺术水平较高的烈士陵园之一，国家4A级景区。陵园内长眠着抗日战争时期、解放战争时期无数革命先烈，伟大的国际主义战士白求恩、柯棣华也在其中。陵园自建成以来，受到老一辈无产阶级革命家的关怀和重视，毛泽东、刘少奇、朱德等中央领导曾亲临陵园，凭吊先烈。

【风景区】 **驼梁** 位于平山县境内西北部，国家4A级景区，距石家庄市主城区150千米，距山西省五台山45千米，景区面积22平方千米，主峰海拔2281米，是河北省五大高峰之一。驼梁集森林风光、草原风光、山岳风光为一体，自然生态呈现原始状态，以凉、静、野、幽、翠而闻名，是太行山中段生物多样性最丰富、最具代表性的典型区域。森林生态系统发育良好，从山谷到峰顶分布着白桦、松柏、枫树等树种及灌木草本植物，涉及102科、686个高等树种，植被覆盖率达98%。驼梁是国家大型水库——岗南水库、黄壁庄水库和滹沱河的主要水源涵养地，也是阻挡来自西部高原风沙、寒流侵袭石家庄的重要生态屏障。2009年11月驼梁自然保护区晋升为国家级自然保护区。

天桂山 位于平山县境内，国家4A级景区。天桂山既有雄秀交融的天然风光，又具有皇家园林的高贵气质和道家仙山的神秘色彩，是一个寻古探幽的绝佳去处。天桂山是北方珍贵的岩溶地貌区，自然形成众多的天然溶洞等奇特景观，山内风光绝佳，景色迷人，是一处远近闻名的道教圣地，有"北武当"之称，至今保存有许多道观。1997年为迎接香港回归祖国，在天桂山百丈危崖上镌刻的"归"字，高97米，宽49米，载入吉尼斯世界纪录。名山巨字，珠联璧合，堪称天下奇观。

苍岩山 位于井陉县境内，国家级重点风景名胜区，国家4A级景区。以"一奇、三绝、十六景、七十二景观"名扬海内外，素有"五岳奇秀一揽山，太行群峰唯苍岩"的盛名。1988年被评为国家级重点风景名胜区，1994年被国务院审定为中国历史文化名山。大自然的鬼斧神工使苍岩山中心地带形成奇异的断崖绝壁及优越的生态环境，曾获得第73届奥斯卡最佳外语片奖影片《卧虎藏龙》部分外景就在苍岩山拍摄。

仙台山 位于井陉县辛庄乡，距石家庄市主城区50千米。仙台山主峰海拔1195米。山峰奇秀，俨然一尊大佛巍然屹立。树木繁多，自然景色优美，每至汛期，百泉汇合飞流直下，山光水影，宛如银河倒悬，仙朗凌空，故名仙台山。仙台山景观分上、中、下层，最下一层的仙台山牌坊，用太行山南麓独有的大红袍石料建成，风格别致。步石台阶经通天门，攀栏直上通天峡，过一崭，一步一景点，一石一奇观。有卧鹰岩、雀吸岩、如来讲经、蘑菇石、蝴蝶展翅石、青蛙望日等。东西北三面悬空。2016年仙台山在第二届中国森林氧吧论坛上获评"中国森林氧吧"称号。

清凉山 位于井陉矿区西部，距石家庄市主城区48.5千米。清凉山主要由下古生界灰岩构成，在大地构造上地处井陉县拗陷的西缘，在内外应力长期共同作用下形成温带喀斯特景观，经亿万年风雨侵蚀，使清凉山既有北方山峰雄伟壮观之势，亦有南方山川秀丽险峻之韵。因山势峻峭，古木苍翠，景色秀丽，山腰间多有天然溶洞，清泉长流，夏日置身于此，清风习习，心旷神怡，实为避暑胜地，故名"清凉山"。

嶂石岩 位于赞皇县西南部，距赞皇县城52千米、石家庄市主城区110千米，国家级重点风景名胜区，国家4A级景区，总面积120平方千米。以奇特、秀丽、多姿、壮观的自然风光著称。以嶂石岩山势造型命名的"嶂石岩地貌"，是和丹霞地貌、张家界地貌并称的国内三大砂岩旅游地貌之一。嶂石岩景区作为嶂石岩地貌的命名地，地貌类型最齐全，特征最突出，素有“百里赤壁，万丈红绫”之称，2003年被评为国家地质公园。景区内有国内最大的天然回音壁，弧形陡壁，高耸云天，体量之大，回音效果之好，堪称一绝，已载入吉尼斯世界纪录。景区内许多山峰海拔高度都在千米以上，是观日出、赏云海的最佳地点。嶂石岩“佛光”也是不难见到的自然奇观。

棋盘山 位于赞皇县城西段里沟，距赞皇县城27千米、石家庄市主城区77千米，西南距离嶂石岩景区25千米，国家4A级景区。棋盘山是以生态森林景观为主的山岳景区，总面积20平方千米，因主沟段里沟沟掌有棋盘山突兀拔地成名。最高峰卧驼峰为一组山峰，主峰在四相公寨，海拔1342.3米。棋盘山景区幽神隽秀，主格调为松涛、杏雨、古道、奇峰；八大胜景为锁云碧波、杏葩争艳、八仙列阵、段岭古关、棋盘仙迹、危崖隐岫、神驼云卧、翠谷松涛。早春，十里杏花沟盛开，满沟的彩云，满沟的香气；盛夏，到处绿荫滴翠；7～9月阴雨蒙蒙，沟沟流泉处处飞瀑；金秋，枫叶黄栌将棋盘山装点得万紫千红；寒冬，银山雪岭、雾凇胜景。棋盘山野生动植物品种繁多，山麓、山顶、沟谷皆被乔、灌、藤、草覆盖，植物品种100科601种，野生动物品种39科113种，昆虫类324种；夏季气候宜人，最热月平均气温22.3℃，是一个消夏避暑的胜地。

五岳寨 位于灵寿县西北部深山区，因五座山峰并列耸立，且有五岳之特点而得名。属河北省漫山自然保护区的一部分，总面积88平方千米。五岳寨于2004年被国家旅游局评定为4A级旅游区，2006年评定为河北省地质公园。景区内山高林密、繁花似锦、群山拱翠、云海波澜且气温湿润凉爽、空气清新，动植物及水资源极为丰富，大小瀑布数百个。海拔2000余米的亚高山草甸可让游人感受到“风吹草低见牛羊”的坝上草原境界。幽险的峰谷景观，浓厚的边塞区域特色，使景区成为集旅游观光、健身疗养、避暑度假、寻奇涉幽、登山探险、科学考察为一体的高品位、多功能自然风景区。

抱犊寨 位于鹿泉区境内，距石家庄市主城区17千米，国家级4A景区。旧名抱犊山，古名萆山。古代农民抱牛犊上山，养大后让其耕田，因此得名。抱犊寨不是一个村庄，而是一座集历史人文和自然风光为一体的名山古寨。海拔580米，四周悬崖绝壁，顶部平旷坦夷，有肥沃良田660亩，土层深达66米，异境别开，草木繁茂，恍如世外桃源。曾是汉淮阴侯韩信“背水一战”的古战场，也是著名道人张三丰成道涉足之福地，风光奇异独特，景色宜人，被誉为“天堂之幻觉，人间之福地，兵家之战场，世外之桃花源”的天下奇寨。抱犊寨山体轮廓奇特，远观如一尊巨型卧佛，枕南朝北，眉目毕肖，形象逼真，南北坡各有一条羊肠小道可通。登至山巅，豁然开朗，修建有中国最大山顶门坊——南天门、全国第一座山顶地下石雕五百罗汉堂、全国最大的金漆壁画装饰韩信祠等。景区内“千龙壁”长36米、高13米，体量宏大，雕绘有999条张牙舞爪的金龙，形似喷云吐雾，形态各异。殿堂坐南朝北，分为地上、地下两层。地上是“弥勒殿”，地下是“五百罗汉堂”。地下殿堂，宽敞恢宏，500罗汉井然有序地列于殿中，或坐、或卧、或喜、或怒、或立、或仰、或慈、或厉，体态有别，神情各异；500罗汉为青石所雕，加以彩绘，做工精细，真切动人。

封龙山 又名飞龙山，位于石家庄市主城区西南15千米，鹿泉区城南20千米，元氏县城西北20千米。西倚太行山，东临平原，主峰海拔812米。封龙山自然风光秀丽，以沟深林茂，清泉碧溪，奇峰怪石为胜。封龙山历史文化璀璨，曾有五通汉碑、三大书院、四大禅林、三大石窟、两大道观。早在唐代《十道志》中就被列为河北名山，以封龙山历史文化而论，汉代李躬、唐代郭震、姚敬曾讲学于此山。五代以后，书院文化崛起，真定名士、文学家、史学家、政治家李昉与学者张著在此创办学院。到北宋，见诸记载的河北书院仅有3处，全在封龙山中。元代著名学者、数学家李冶在此著书讲学，金元时著名文学家元好问和教育家张德辉在此讲学授业，人称“龙山三老”。古代名家在此培养出大批杰出人才，使封龙山成为河北古代教育胜地之一。

石家庄植物园 位于主城区西部，占地5000多亩，园内种植各类植物达1100多种，建有科普教育与儿童游乐区，植物系统分类区，观赏植物品种展示区，植物进化展示带，水上游憩区，盆景园区，温室、宿根花卉展示区，拥有草木葱翠、鲜花烂漫的美景让人陶醉不已，还有丰富的文化内涵和科普知识。

沕沕水 国家4A级景区，位于平山县西南边缘，距平山县城45

千米，距省会石家庄市主城区 95 千米，景区面积 11.5 平方千米，海拔 800 ～ 1100 米。沕沕水曾获得国家级风景名胜区、中国最佳生态旅游景区和省级农业旅游示范点称号，景区集自然风光、人文景观和红色旅游于一体，品味高雅、特色鲜明、风情浓郁。早在明清时代，沕沕水即为平山“八大胜景”之一，享有“沕水瀑布天上降”的美誉，拥有典型的喀斯特岩溶泉，半山沕沕涌出，常年湍流，四季不竭，水质洁净甘洌，湖潭星罗棋布，沿绝壁飞落，形成落差 93 米、45 米等多级瀑布，“如白练之经于天，白虹之饮于源”，堪称“燕赵第一瀑”。景区环山叠嶂，怪石嶙峋，灵鹫峰、梦笔峰、神龟望瀑、观音坐莲，鬼斧神工，栩栩如生。装点山谷的数百种野生植物，色彩斑斓，葱郁玲珑；原始森林，夏绿秋红，禽兽争鸣。革命战争年代，沕沕水发电厂出色地完成向革命圣地西柏坡和兵工厂供电使命，为党中央指挥三大战役、解放全中国立下卓越功勋，被誉为“边区创举”“红色发电厂”。沕沕水盛夏凉爽舒适，严冬人无寒感，季节分明，气候规律变化，形成四时景色。春赏山花，夏看飞瀑，秋观红叶，冬览冰挂，各具魅力，胜似仙境。

天山海世界 国家 4A 级景区，位于市内高新技术开发区，1999 年 9 月 26 日试营业，1999 年 10 月 1 日正式向社会开放，隶属天山实业集团，是中国最大的室内恒温水上戏水项目，被誉为华北的碧水明珠。占地 60 余亩，总建筑面积 17000 平方米，2002 年 10 月被评为国家 4A 级景区。设有峡谷冲浪、水上秋千、水上浮萍、桃园仙境等新、奇、特项目，戏水大厅高大明亮，绿草如茵，椰林葱葱，众多游乐设施可提供多种娱乐方式，构成一座都市水上“迪斯尼”乐园。

石家庄市风景区还有水泉溪、蟠龙湖、温塘度假区、东方巨龟苑等景点。

【古迹】 **古城正定** 距石家庄市主城区 13 千米，是国家级历史文化名城，历史上正定与保定、北京并称“北方三雄镇”，是河北中部的政治、经济和文化中心。正定城内汇集唐、宋、元、明、清等朝代不同风格的古代建筑，被誉为“中国古代建筑博物馆”。境内现存国家级重点文物保护单位 7 处，省级重点文物保护单位 5 处，县级重点文物保护单位 26 处。驰名中外的隆兴寺是正定最著名的景点，位列全国十大名寺，是国家 4A 级景区。寺院汇集隋唐以来大量的建筑、壁画、雕塑等艺术珍品，有 6 处文物堪称“全国之最”，其中最著名的是铜铸千手观音，举高 21.3 米，是世界古代铜铸佛像中最高大的一尊。隆兴寺内还有堪称宋代建筑孤例的摩尼殿、被鲁迅誉为东方美神的倒坐观音、中国时代最早及体量最大的木制转轮藏、被推崇为隋碑第一的龙藏寺碑、设计巧妙的铜铸毗卢佛等珍贵遗存。古城内临济寺是临济宗的发源地，在佛教界享有盛誉，临济宗在国内广为流传，名扬海外，至今在日本、东南亚、美国都有临济宗信徒，每年春夏之际，来自海内外的广大信徒都前来朝拜祖庭，盛况空前。正定文物众多，同时也是名人的故乡和冠军的摇篮，家喻户晓的三国名将赵云赵子龙就是正定人，国家乒乓球训练基地建在正定，被称为“中国乒乓运动的福地”“冠军的摇篮”。

赵州桥 位于赵县城南，又称安济桥、大石桥，始建于隋开皇十五年至隋大业元年（595 ～ 605），距今 1400 多年，由隋朝匠师李春建造，是中国现存最早的巨型单孔坦孤敞肩石拱桥，主拱由 28 道拱券纵向并列砌筑，桥长 64.40 米、净跨 37.02 米，宽 9.60 米，高 7.23 米，桥身坐落于洨河两侧天然地基上。赵州桥大拱两端各有 2 个小拱，采用此种形式桥身轻盈，造型精巧，节省石料，减轻桥身重量，更为重要的是可辅助泄洪，减少水流阻力。19 世纪中期，欧洲国家才出现敞肩拱桥，晚于中国 1200 多年。1961 年 3 月 4 日，赵州桥被国务院确定为第一批全国重点文物保护单位；1991 年赵州桥被美国土木工程师学会认定为世界第十二处“国际土木工程历史古迹”。赵州桥开启了“敞肩拱桥”的先河，对中国乃至世界桥梁建筑产生巨大而深远的影响，被公认为世界拱桥的鼻祖，被称为“天下第一桥”。

柏林禅寺 位于赵县县城东南角，与赵州桥遥遥相望。始建汉献帝建安年间（196 ～ 220），古称观音院，南宋为永安院，金代名柏林禅院，元代起称柏林禅寺。寺内主要建筑有山门韦驮殿、普光明殿、观音殿、无门关（禅堂）、万佛楼等。唐代高僧玄奘法师西行印度取经前，曾在这里学习经文一年多，主研《成实论》；晚唐时，禅宗巨匠从谂禅师在此驻锡 40 年，大行法化，形成影响深远的“赵州门风”，柏林禅寺因此成为中国禅宗史上一座重要祖庭；金朝末年，临济正宗归云志宣禅师主持法席，柏林禅寺革律为禅；元代，柏林禅寺有圆明月溪禅师、鲁云行兴禅师等，成为燕赵一带佛教中心；明清两朝，中央朝廷管理赵州地区佛教事务机构——僧正司设在柏林禅寺，柏林禅寺住持兼任僧正司僧正。柏林禅寺屡遭劫难，殿堂和经像荡然无存。1988 年柏林禅寺重新进驻僧人时，仅有赵州禅师舍利塔和 20 余株古柏；1988 年 5 月 12 日，河北省政府批准柏林禅寺作为宗教场所开放，由河北省佛教协会管理；1992 年 8 月 28 日，普光明殿落成并举行开光典礼；2001 年 6 月 25 日，柏林禅寺被国务院确定为第五批全国重点文物保护单位。

毗卢寺 位于石家庄市新华区上京村东，始建公元 8 世纪唐天宝年间，距今有 1200 百多年历史。毗卢寺是全国重点文物保护单位，毗卢寺水陆画与甘肃敦煌、北京法海寺、山西永乐宫壁画同为中国最负盛名的宗教壁画，其他 3 家描绘的是某一教派内容，唯有毗卢寺壁画集佛、道、儒三教于一堂，集三教人物于同一画面，两殿壁画 200 多平方米，气势壮观、富丽堂皇。毗卢寺明代宗教壁画享誉中外，壁画内容包括佛、道、儒三教人物故事经画 122 组 500 多身，线条流畅、色彩艳丽、服饰精美，是中国古代壁画艺术的瑰宝。

伏羲台 位于新乐市北郊 2 千米处吴家庄村北、何家庄村东，距离石家庄市主城区 35 千米，遗址总面积 1600 平方米。史料记载："帝尝巡游此土，见伏羲之圣迹，集四方之民而化导养育之故。而筑台修庙以祀之。"伏羲台是中华民族人文始祖——伏羲氏寓居的地方，距今有六七千年的历史，已形成伏羲台、人祖庙等多处景观为主体的伏羲文化旅游区。伏羲台由三层构成，采用夹沙好土罗叠堆积而成，总高度 9.206 米。最底层第一层台高 2.898 米，南北长 102.58 米，东西宽 87.42 米；第二层台高 2.118 米，南北长 89.43 米，东西宽 64.6 米；最上边第三层台高 4.19 米，南北长 53.68 米，东西最宽处 23.8 米，最窄处 17.9 米，呈不等边八角形，名八卦台，又称伏羲画卦台。伏羲台、人祖庙规模宏大，台殿参差，祭祀始祖香烟缭绕，磬盂声祥，每年农历三月十八日为人祖庙会。伏羲台遗址文物遗存丰厚，保存有新石器、商周、汉代、唐代、元代、明代、清代文化遗迹，出土文物 170 件，其中一、二、三级文物 17 件。2013 年 5 月伏羲台遗址被国务院公布为全国第七批重点文物保护单位。

古中山国遗址 位于平山县上三汲村和灵寿县故城村一带。中山国故城遗址（中山国都城核心区、中山国王宫所在地）东南距灵寿县城 7.5 千米，西距平山县城 15 千米，是河北先秦四大古都之一。公元前 507 年春秋战国白狄的一支——鲜虞仿照东周各诸侯国建立国家，地址位于今河北省中部太行山东麓一带，地处赵国北部和燕国南部之间，都城位于顾（今河北省定州市）；公元前 380 年，桓公徙都灵寿（今河北省灵寿县、平山县交界处），因城中有山得"中山国"名；公元前 323 年，中山成公之子厝自称"中山王"，与燕、韩、赵、魏诸国王史称"五国相王"；公元前 314 年，燕国内乱，中山王厝乘机出兵伐燕略地"方数百里，列城数十"，夺得燕国大片土地，跻身诸侯之列成为中国战国时期仅次于"战国七雄"的"千乘之国"；公元前 296 年，中山国被赵国灭亡。中山国在灵寿建都 84 年，先后 5 位国君定都中山古城。因史料记载甚少，故中山国被称为"神秘王国"。中山国遗址是研究 2000 多年前战国文化的重要古迹，是石家庄历史文化的重要组成部分，也是中国少数民族和中原汉族文化融合的重要证据。中山国遗址现存宫殿区、居民区、陶器场、冶炼场、遗址 10 多处，主要遗迹包括：中山王厝墓、古城墙、赵王台、八角井、养鱼池、三教殿等。中山王厝墓是发掘中山国墓葬中最大的一座，墓室平面呈"中"字形，南北各一墓道，通长 97 米，分地上、地下两部分，地上部分呈"斗"形，地下部分包括椁室、东库、西库和东北库；主室后半周有陪葬墓 6 座，前面和旁侧有车马坑 2 座、杂殉坑 1 座、葬船坑 1 座；中山王墓多次被盗和破坏，但仍出土大量珍贵文物，包括铜器、铁器、金银器、陶器、玉石器、玛瑙器、骨角器、木漆器等。中山国遗址出土文物 1.9 万余件，大多为稀世珍宝，创下多项世界文化之最和中国文化之最，其中最有历史价值为"中山王三器"，即中山王方壶、中山王鼎、中山王圆壶。中山古城遗址 1973 年发现，1974 年 10 月河北省组建中山国考古队正式开展调查和发掘，1988 年中山古城遗址被中华人民共和国国务院公布为第三批全国重点文物保护单位。2017 年 12 月国家文物局决定，位于河北省平山县的中山国考古遗址公园列入第三批国家考古遗址公园立项名单。

石家庄市古迹还有井陉县境内的

秦皇古驿道，是古代通往山西入长安的“国道”，历史上秦始皇东巡病故于沙丘，遗体曾经从这条驿道运往咸阳。井陉县于家石头村是明朝大将于谦的故乡，已建成中国民族文化村，村内建筑全部采用太行山石头为原材料，颇有地方特色。井陉矿区段家楼，占地总面积16万平方米，由旧中国北洋政府总理兼陆军总长段祺瑞投巨资兴建，是至今石家庄市保存基本完好的最大德式建筑群；2013年5月段家楼正丰矿遗址被国务院公布为第七批全国重点文物保护单位。

（刘伟东）

气 候

【概况】 2017年石家庄市年平均气温14.5℃，较常年显著偏高1.3℃。年平均降水量482.1毫米，接近常年。年平均日照时数为2309.1小时，较常年偏少54小时，冬季显著偏少。全年出现大雾437站次、霾841站次，市区大雾日数31天、霾73天。2017年石家庄市异常天气主要有：雾霾、沙尘、暴雨、寒潮降温、高温和强对流天气。7月8日，石家庄12个县（市、区）日最高气温达到40℃及以上，为历史同期罕见。

表2 2017年石家庄市主要气象要素表

要素	月份	1	2	3	4	5	6	7	8	9	10	11	12	年
降水量（毫米）	累积值	1.1	6.5	10.7	31.3	25.6	45.6	118.7	164.7	1.3	152.8	0	0.3	558.6
	距平值	-3	-0.1	-1.6	11.2	-15.7	-13.2	-10	18.1	-52	127.4	-14.7	-4.2	42.2
气温（℃）	平均值	-1	3.5	9.8	18	24.2	25.9	28.3	26.4	23.6	13.5	6.1	1.4	15.0
	距平值	0.7	1.8	1.8	2.3	2.8	-0.1	1	0.7	2.4	-1.1	0	1.1	1.1
雨（雪）日	累积值	2	1	6	4	4	10	16	13	2	10	0	1	69
相对湿度	平均值	57	41	42	42	43	51	67	72	61	79	47	39	53
日照（小时）	累积值	99.8	142.9	203.9	214.2	305.9	245.4	174.4	165.6	185.7	87.7	209.7	202.4	2237.6
气压（百帕）	平均值	1015.8	1013.3	1008.9	1000.1	997.3	994.4	992.0	994.6	999.7	1011.3	1011.7	1015.5	1004.6
极大风速（米/秒）	风向	WNW	ESE	WNW	WSW	WNW	NNW	WNW	WSW	WNW	NNE	WNW	WNW	WNW
	风速	15.5	10.3	16.2	14.6	19.8	19.6	27.3	16.4	14.4	10.3	15.9	14.7	27.3

备注：全市平均值为石家庄市16个站平均值，不包括辛集市。距平值为2017年数值与1981-2010年30年的平均值之差。

【气温】 2017年石家庄市气温较常年显著偏高，年平均气温介于13.6～15.5℃之间，年气温平均值14.5℃，较常年偏高1.3℃。四季平均气温均比常年偏高，其中春季较常年偏高2.4℃，属于异常偏高。

【降水】 2017年石家庄市年平均降水量482.1毫米，接近常年（487.0毫米）。年降水量空间分布不均匀，中西部多，东部少，栾城区最多为581.0毫米，新乐市最少为413.0毫米。冬春和夏季平均降水量接近常年值，秋季平均降水量140.4毫米，较常年偏多61%，属于显著偏多。

【日照】 2017年石家庄市年平均日照时数为2309.1小时，比常年偏少54小时。各地日照时数分布不均，正定县日照时数最多，为2586.8小时；井陉县最少，为1987.2小时。冬季日照时数显著偏少，春夏季接近常年，秋季日照时数较常年偏少，2017年10月平均日照时数92小时，较常年偏少100小时，异常偏少，是历年同期最小值。

【异常天气】 雾霾 2017年石家庄市出现大雾437站次，霾841站次，市区大雾日数31天，霾73天。全年持续性大雾出现在冬、秋季，其中1月1～9日出现持续大雾天气，10月18～21日、26～28日均出现大范围持续大雾天气。全年霾主要出现在冬、秋季，影响范围、持续较长的时间段是1月下旬到2月中旬，1月23～29日、2月1～3日以及12月21～23日出现持续性、大范围霾天气过程。

沙尘 5月4～5日，石家庄市出现近10年来最大范围的大风沙尘天气，两天内有15个站次出现浮尘天气，有12个站点由浮尘转为扬沙天气。受沙尘天气影响，各地污染物浓度显著升高，5月4日13时石家庄市PM10小时浓度达到1270微克/立方米。受冷空气影响，5月4日夜间开始有11个县（市、区）出现大风天气，瞬时极大风速达26.9米/秒（赞皇县）。

暴雨 全市出现暴雨10站次。暴雨出现在7月21日、8月17～18日和10月8～9日，其中7月21日有6个国家气象站出现暴雨，最大降水量83.3毫米（正定县）。7月21日藁城区的张家庄、正定县的南牛、正定新区日降水量分别达到163.9、163.4和160.6毫米。

寒潮降温 全市出现寒潮23站次，主要寒潮过程出现在10月28～29日、11月10～11日。10月28～29日有6个县出现寒潮天气，无极县24小时最低气温降幅10.6℃；11月10～11日，有4个县出现寒潮天气，无极县24小时最低气温降幅9.1℃。

高温 全市37℃以上高温天气出现236站次。6月26日至7月3日、7月7～14日出现市域持续性高温天气，其中7月7～14日持续高温天气过程全市平均日最高气温达38.7℃，7月8日有12个县（市、区）日最高气温达到40℃及以上，为历史同期罕见。

强对流 2017年全市出现大风93站次，大风主要出现在5月5日、6月21日、6月25日、7月9日、7月11日。全年出现冰雹5站次，分别出现在6月23日（井陉县）、7月9日（石家庄市区、栾城区、正定县）和7月11日（灵寿县），最大冰雹直径为10毫米。

石家庄市气象局

局　　长：于占江

副 局 长：智利辉　刘军

纪检组长：扈勇

（市气象台）

国民经济与社会发展

【概况】 2017年，全市坚持稳中求进工作总基调，贯彻落实新发展理念，以供给侧结构性改革为主线，围绕建设现代省会、经济强市总目标，统筹推进稳增长、促改革、调结构、惠民生、防风险等工作，实现经济稳中有进、稳中向好，经济社会平稳健康发展。2017年全市完成生产总值5486.0亿元，同比增长7.2%。其中，第一产业增加值349.1亿元，

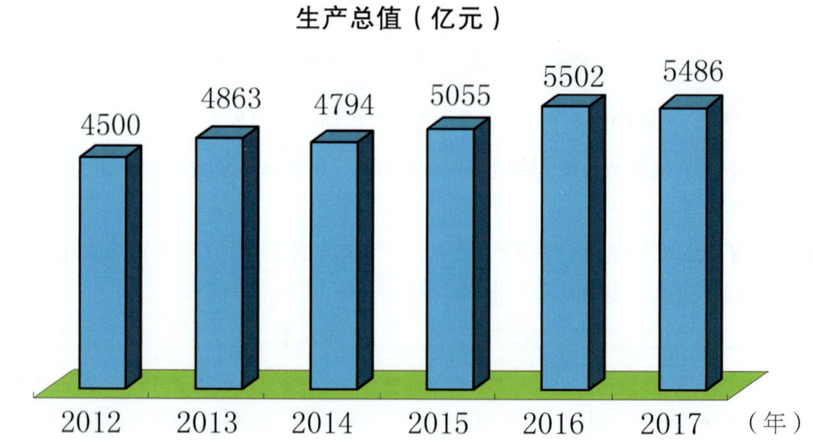

增长2.3%；第二产业增加值2215.2亿元，增长3.6%；第三产业增加值2921.7亿元，增长11.3%。全市人均生产总值5.49亿元，同比增长6.4%。三次产业结构比例由2016年7.9∶44.3∶47.8调整为6.4∶40.4∶53.2。2017年石家庄市区居民消费价格指数为101.4%，同比上涨1.4%。全年工业生产者出厂价格指数同比上涨8.1%，工业生产者购进价格指数同比上涨8.2%。2017年末城镇登记失业率为3.35%，同比回落0.15个百分点。

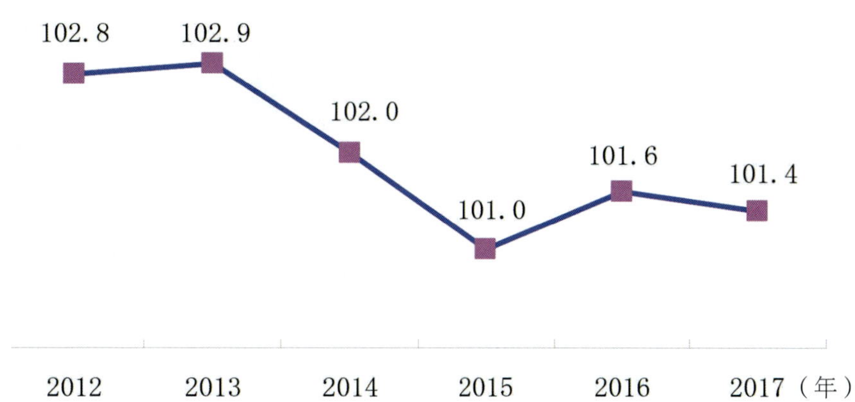

表3　2017年石家庄市区居民消费价格指数变化表

指标	比2016年指数（±%）
市区居民消费价格总指数	1.4
食品烟酒	-1.2
衣着	1.2
居住	2.8
生活用品及服务	-0.4
交通和通信	1.7
教育文化和娱乐	1.5
医疗保健	7.4
其他用品和服务	2.5

【农业】 2017年全市农林牧渔业总产值557.61亿元，同比增长0.6%。其中，农业产值268.56亿元，占比48.16%；林业产值19.16亿元，占比3.44%；牧业产值223.03亿元，占比39.40%；渔业产值2.96亿元，占比0.53%；农林牧渔服务业产值43.91亿元，占比7.87%。粮食播种面积77.67万公顷，同比增加11.74万公顷，平均亩产438.8千克；粮食总产量511.22万吨，同比增长1.13%。其中，小麦播种面积29.0万公顷，总产量198.51万吨，平均亩产456.3千克；玉米播种面积36.53万公顷，总产量238.26万吨，平均亩产434.8千克。蔬菜及食用菌播种面积5.66万公顷，总产量491.93万吨。2017年末牛存栏49.34万头，猪存栏231.8万头，羊存栏71.82万只，家禽存栏7712.45万只。肉类总产量56.96万吨，同比下降17.21%。其中，猪肉产量35.42万吨，下降11.34%；牛肉产量7.63万吨，下降12.10%；羊肉产量1.77万吨，下降10.45%；家禽肉产量11.90万吨，下降30.65%。奶类产量67.46万吨，同比下降39.09%。禽蛋产量73.30万吨，同比下降21.76%。水产品养殖面积1.0万公顷，同比下降34.09%；总产量1.95万吨，同比下降37.31%。

2017年全市拥有农业机械总动力1282.2万千瓦，同比增加126.2万千瓦；主要农作物耕种收机械化综合水平达到91.0%，同比提高0.4%。小麦生产全部实现机械化操作。玉米机收率达到93.26%，同比提高2.96%；玉米机播率达到92.4%，同比提高4.4%。至2017年末，全市国家级、省级、市级农业产业化重点龙头企业分别达到4家、69家、313家，君乐宝乳业、双鸽食品等9家企业被认定为省级农业产业化联合体。2017年石家庄市农业产业化经营率达到67.5%，农产品加工业总产值达到3083.0亿元，是农业产值的11.5倍。

农林牧渔业总产值（亿元）

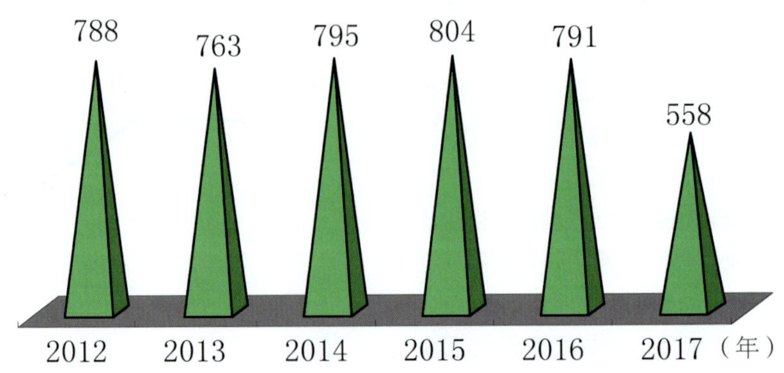

粮食总产值（万吨）

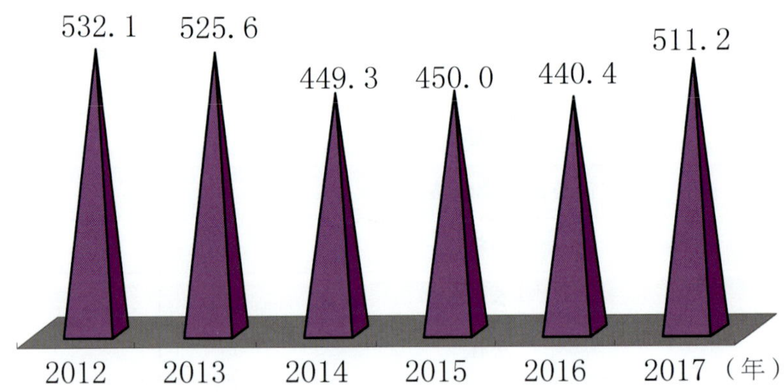

表4　2017年石家庄市主要农产品产量及其增长速度表

产品名称	产量（万吨）	同比增长（%）
粮食	511.22	1.13
油料	11.29	-45.76
棉花	0.42	-92.35
蔬菜及食用菌	491.93	-62.76
园林水果	147.59	-35.46
肉类	56.96	-17.21
奶类	67.46	-39.09
禽蛋	73.30	-21.76
水产品	1.95	-37.31

【工业】 2017年全市拥有规模以上工业企业2404家，同比减少11家；规模以上工业总产值7861.73亿元，主营业务收入8003.72亿元。规模以上工业实现增加值2122.6亿元，同比增长3.4%。其中，轻工业增加值938.6亿元，增长9.4%；重工业增加值1184亿元，下降1.2%；轻重工业比为44.2∶55.8。规模以上工业利润总额818.76亿元。医药工业、纺织服装业、石化工业、装备制造业、食品工业、钢铁工业、建材工业七大主导行业实现增加值1814.3亿元，占全市规模以上工业增加值85.5%，同比增长3.8%，高于全市规模以上工业增速0.4个百分点。煤炭开采和洗选业、石油煤炭及其他燃料加工业、化学原料及化学制品制造业、非金属矿物制品业、黑色金属冶炼及压延加工业、电力热力的生产和供应业六大高耗能行业实现增加值758.5亿元，占全市规模以上工业增加值35.7%，同比下降5.8%，低于全市规模以上工业增速9.2个百分点。高新技术产业实现增加值449.2亿元，占全市规模以上工业增加值21.2%，同比增长14.0%，高于全市规模以上工业增速10.6个百分点。其中，高端装备制造、新能源、电子信息产业增速较快，分别为23.4%、20.6%和18.8%。亏损企业126家，亏损面5.2%。规模以上工业企业资产负债率48.5%；年平均从业人员60.8万人。

规模以上工业增加值（亿元）

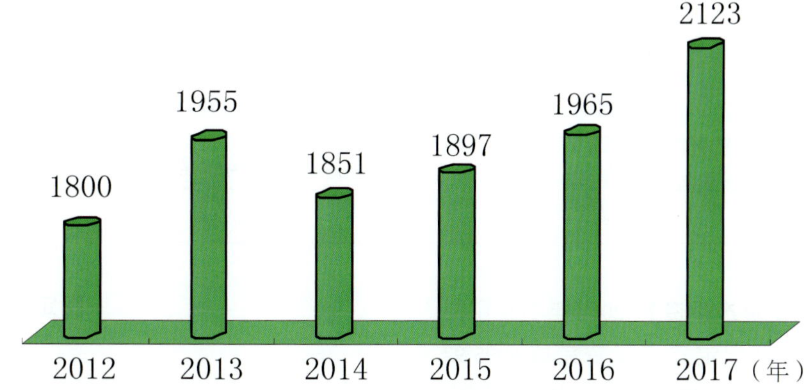

规模以上工业利润（亿元）

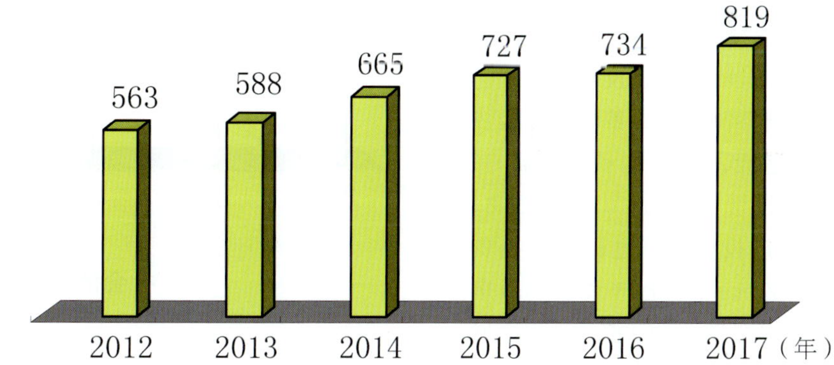

表5　　2017年石家庄市主要工业产品产量及其增长速度表

产品名称	总产量	同比增长（%）
化学药品原药	146590吨	-11.9
化学纤维纱	81906吨	25.1
水泥	2069.4万吨	-1.0
钢材	1193.0万吨	-4.8
电动机	648.9万千瓦	8.8
房间空气调节器	464.0万台	54.6

续表

产品名称	总产量	同比增长（%）
乳制品	1168777 吨	9.6
饮料	1498923 吨	3.0
布	429102 万米	9.9
服装	19601 万件	6.7

【固定资产投资】 2017 年石家庄市全社会固定资产投资完成 6095.97 亿元，同比增长 6.6%。其中，固定资产投资完成 6055.97 亿元，增长 6.7%。固定资产投资总量连续五年位居全省第一。固定资产投资中，第一产业投资 302.8 亿元，同比增长 14.0%；第二产业投资 2391.6 亿元，同比下降 4.3%；第三产业投资 3361.6 亿元，同比增长 15.4%。三次产业投资占比为 5.0∶39.5∶55.5。固定资产投资中，建设项目投资 4843.7 亿元，同比增长 3.9%；房地产开发投资 1212.3 亿元，同比增长 19.3%。住宅投资 867.7 亿元，同比增长 30.7%，住宅投资占房地产开发投资比重为 71.6%。七大主导产业投资 1862.7 亿元，同比下降 7.3%。六大高耗能行业投资 670.1 亿元，同比下降 0.04%。高新技术产业投资 650.5 亿元，同比下降 1.1%。工业技术改造投资 1761.8 亿元，同比下降 5.1%。民间投资 4706.7 亿元，同比增长 9.8%。城市基础设施投资 1308.7 亿元，同比增长 20.8%。城镇投资 4293.8 亿元，同比下降 0.3%；农村投资 1762.1 亿元，同比增长 28.5%。2017 年全市投资建设项目 4507 个，同比下降 13.8%。其中，亿元以上项目 1555 个，增长 30.5%，完成投资 4829.7 亿元，增长 21.5%；当年新开工项目 3884 个，下降 10.4%，新建项目投资 2418.1 亿元，同比增长 9.4%。

固定资产投资（亿元）

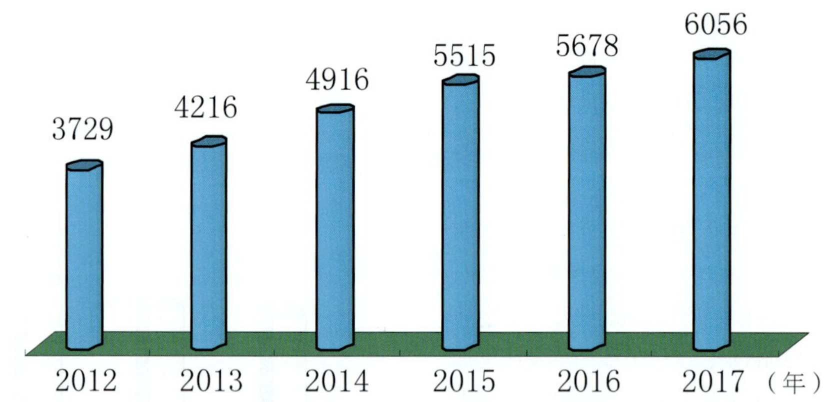

社会消费品零售总额（亿元）

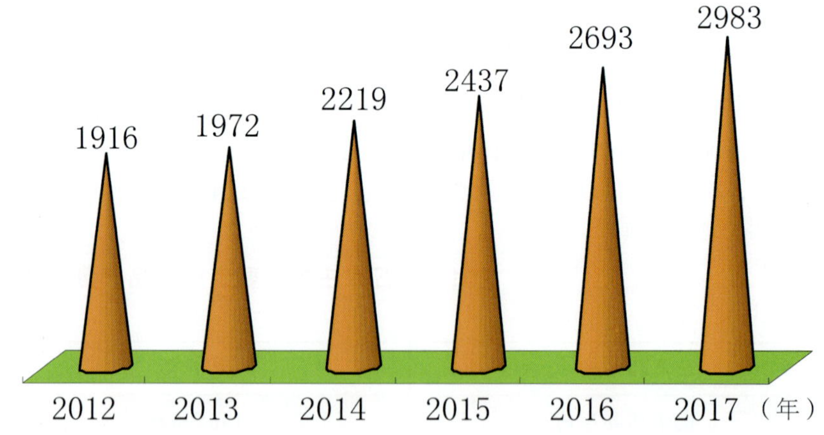

【商业和旅游】 2017 年全市社会消费品零售总额完成 2983.3 亿元，同比增长 10.8%。其中，城镇完成 2570.1 亿元，增长 10.8%；乡村完成 413.3 亿元，增长 10.5%。全市限额以上企业（单位）消费品零售额完成 985.6 亿元，同比增长 11.0%。其中，城镇完

成961.9亿元，增长10.9%；乡村完成23.7亿元，增长18.0%。限额以上批发零售业商品中，烟酒类、石油及制品类、中西药品类、饮料类、粮油食品类增长最快，分别实现销售额9.9亿元、111.3亿元、178.9亿元、12.1亿元和89.1亿元，同比增长24.4%、23.7%、17.5%、16.2%和10.9%；日用品类、家用电器和音像器材类、服装鞋帽针纺织品类、汽车类分别实现销售额30.8亿元、67.3亿元、123.6亿元和253.8亿元，同比增长9.1%、7.0%、5.5%和5.1%；通信器材类增速最慢，实现销售额17.6亿元，同比增长4.3%。2017年全市对外贸易进出口总值797.3亿元，同比增长11.7%。其中，出口总值479.7亿元，增长12.5%；进口总值317.6亿元，同比增长10.6%。实际利用外资13.8亿美元，同比增长14.2%。2017年全市接待海内外游客8939.5万人次，同比增长20.84%；实现旅游业总收入962.55亿元，同比增长32.61%。

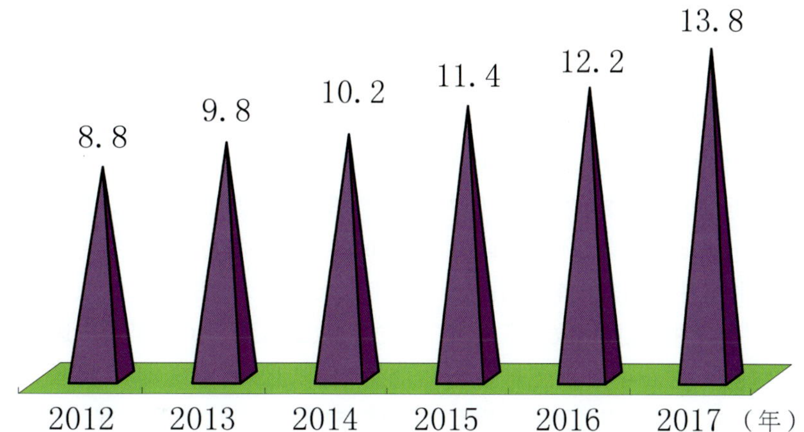

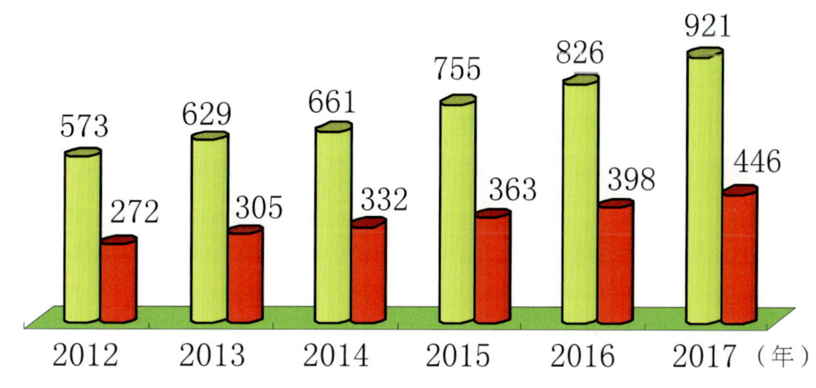

【财政和金融】 2017年全市全部财政收入920.5亿元，同比增长11.8%。其中，公共财政预算收入446.3亿元，增长12.2%。公共财政预算收入中，增值税111.0亿元，企业所得税28.7亿元，个人所得税14.4亿元，城市维护建设税25.4亿元，契税36.1亿元。2017年全市财政支出766.0亿元，同比增长8.1%。其中，一般公共服务支出78.3亿元，公共安全支出48.7亿元，教育支出158.6亿元，科学技术支出9.6亿元，文化体育与传媒支出9.7亿元，社会保障和就业支出80.1亿元，医疗卫生支出73.7亿元，城乡社区事务支出61.9亿元，农林水事务支出71.3亿元。至2017年末，石家庄市（不含辛集市）金融机构人民币各项存款余额11307.0亿元，同比增加584.7亿元；金融机构人民币各项贷款余额8731.1亿元，同比增加1724.9亿元。2017年全市保险公司原保险保费收入395.5亿元，同比增长14.6%；保险赔付支出105.0亿元，同比增长7.2%。

【科学技术和教育】 2017年石家庄市获得国家级科技奖励2项，其中国家自然科学奖二等奖1项，国家技术发明奖二等奖1项；获得河北省科技奖励19项，其中河北省自然科学二等奖1项，技术发明三等奖3项，科学技术进步奖15项（一等奖2项、二等奖3项、三等奖10项）；评选2017年度石家庄市科学技术特别奖2项，科技进步奖84项。2017年全市新增专利申请12966件，新增专利授权7501件，其中发明专利申请3468件、发明专利授权1351件；有效发明专利5781件；万人发明专利拥有量5.3件。2017年全市发明专利授权量排名前10位企业依次为：中国电子科技集团公司第五十四研究所（88件）、石家庄诚志永华显示材料有限公司（48件）、中国电子科技集团公司第十三研究所（34件）、石家庄新华能源环保科技股份有限公司（21件）、际华3502职业装有限公司（17件）、中国移动通信集团河北有限公司（16件）、中车石家庄车辆有限公司（15件）、中国人民解放军第5721工厂（14件）、石家庄四药有限公司（11件）、石家庄以岭药业股份有限公司（11件）、石药集团中奇制药技术（石家庄）有限公司（11件）。2017年全市共有各级各类学校3447所，其中，幼儿园1561所，特教学校23所，小学1346所，中学378所，中等职业学校139所，高等院校5所；在校生1814284人，其中，幼儿园299015人，特教学校2001人，小学800253人，初中313663人，高中170386人，中等职业学校173982人，高等院校54984人；教职工125612人，专任教师104711人。

【文化、卫生和体育】 2017年全市共有艺术表演团体19个，艺术表演场馆13个，公共图书馆24个，群众艺术馆、文化馆23个，博物馆9个，文化站264个。公共图书馆藏书量369.64万册（件、套），其中，图书311.64万册（件、套），古籍16.44万册（件、套）。广播节目13套，电视节目20套；广播节目综合人口覆盖率99.4%，电视节目综合人口覆盖率99.39%，无线电视节目综合人口覆盖率97.84%。2017年全市共有各级各类医疗卫生机构7317个，其中，医院235个，乡镇卫生院222个，社区卫生服务中心（站）189个，门诊部78个，诊所（医务室）2486个，村卫生室4003个，专业公共卫生机构87个，其他卫生机构17个。开放床位57589张，在岗职工99363名，其中，卫生技术人员76643名，执业（助理）医师34487人，注册护士30293人。平均每千人口拥有卫生技术人员7.04人、医生3.17人、注册护士数2.78人。2017年全市运动员在省级以上比赛中获金牌246枚、银牌251枚、铜牌200枚。拥有等级裁判员122人、等级运动员453人、社会体育指导员1.2万人。

【城乡交通和生态环境】 2017年全市公路通车总里程达到1.83万千米，路网密度达到122.76千米/百平方千米。其中，高速公路8条585.72千米，国道9条902.50千米，省道30条870.98千米，县道43条1407.07千米，乡道4684.76千米，专用公路269.82千米，村道9566.37千米。公路投资完成133.6亿元，同比增长13.2%；高速公路建设完成投资64.53亿元，建设里程326千米。2017年全市拥有经营性道路运输车辆26.7万辆，其中，班线客车2172辆，旅游客车、包车客车834辆，城市公交车5730辆、出租汽车10493辆、货运车辆24.8万辆。2017年全市公路货运总量4.58亿吨，同比增长12.7%；公路客运总量0.38亿人次。2017年石家庄市区共有公交营运线路226条，营运总里程1.83亿千米，运送乘客4.2亿人次。2017年石家庄市域拥有京广、石太、石德、石太客运专线、京广高铁（安阳—涿州段）、石济高铁6条铁路干线和新井、凤山2条支线，营业里程328.7千米，设立车站27个。2017年石家庄站发送旅客4192.20万人，实现运输收入45.20亿元；石家庄南站发送货物348.9万吨，日均装车167.5车；石家庄货运中心装车85.4万车5539.3万吨。2017年石家庄机场旅客吞吐量958.29万人次，同比增长32.8%；货邮吞吐量41013.2吨，同比下降6.3%；保障飞机起降8.05万架次，同比增长17.2%；运营航线137条，通航城市86个。2017年石家庄地铁建设完成投资58.4亿元，累计完成投资252.7亿元。6月26日，市轨道交通1号线、3号线首开段载客试运营，线路总长度30.3千米。至2017年底，石家庄地铁开行7.97万列次，安全运营119.61万列千米，客流总量达到4036.6万人次，日均客流量21.4万人次，列车正点率99.95%。2017年全市人工造林面积2.67万公顷，零星（四旁）植树1599万株，封山育林2.07万公顷，森林抚育面积13.63万公顷；全民义务植树1500万株；林木覆盖率达到39.9%。2017年石家庄市空气优良天数为151天，其中，一级6天，二级145天，三级109天，四级46天，五级33天，六级17天；主城区“复合型”大气污染愈发凸现，主要污染物为PM2.5，其次是PM10。地表水基本实现污水集中处理，河流水质总体保持稳定或有所好转，但无根本性改善；地下水硬度超标较重，污染物呈“带状”污染分布特征；饮用水源地水质合格率为99.31%，主要超标污染物为岗南水库中的总氮。道路交通噪声昼间为55.8～84.3分贝，平均等效声级为67.0分贝，同比上升1.2分贝；影响城市声环境质量的主要因素仍是交通噪声和生活噪声。2017年度石家庄市废水重点污染企业监督性监测达标率为98.1%，废气重点污染企业监督性监测达标率为91.8%，城镇污水厂监督性监测达标率为86.8%。

【常住人口、人民生活和社会保障】 2017年末，全市常住人口1024.33万人，同比增长0.91%；人口自然增长率7.83‰。出生人口14.52万人，出生率13.40‰；死亡人口6.03万人，死亡率5.57‰。2017年全市居民人均可支配收入24651元，同比增长8.8%。其中，城镇居民人均可支配收入32929元，增长8.1%；农村居民人均可支配收入13345元，增长8.1%。2017年全市居民人均消费支出15299元，同比增长6.9%。其中，城镇居民人均消费支出20339元，增长6.0%；农村居民人均消费支出8417元，增长6.6%。2017年全市城镇新增就业18.26万人，城镇登记失业率3.35%，高校毕业生就业率98%，农村转移劳动力5.86万人。2017年全市城乡居民养老保险参保372.3万人，城镇职工基本养老保险参保229.8万人，医疗保险参保868.6万人，城镇职工生育保险参保142.3万人，城镇职工工伤保险参保147.2万人，城镇职工失业保险参保92.17万人。2017年全市享受居民最低生活保障12.96万人。其中，城镇居民1.84万人，农村居民11.12万人。

城镇居民人均可支配收入和农村居民人均可支配收入（元）

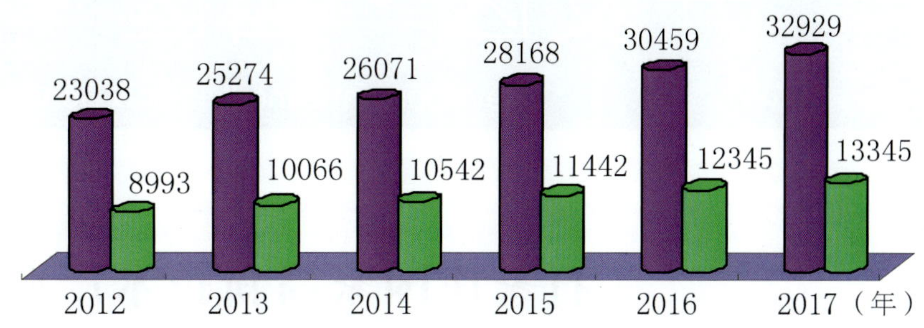

（市统计局）

【石家庄市百强企业】 2017年石家庄市百强企业营业收入总计3710亿元，同比增加478亿元。其中，前十名百强企业营业总收入2488亿元，占全市百强企业营业收入67%，同比增加200亿元；公有制企业25家，年营业收入1554亿元，占全市百强企业营业收入42%；非公有制企业75家，年营业收入2156亿元，占全市百强企业营业收入58%。2017年全市百强企业中，长安区13家，高新区、栾城区各12家，鹿泉区10家，藁城区9家，高邑县、桥西区、新乐市各5家，无极县、正定县各4家，裕华区、晋州市各3家，赵县、深泽县、灵寿县、元氏县、新华区、平山县、井陉县各2家，行唐县1家。从行业看，建材钢铁占22%，商业占15.4%，制药占13%，化工占10.6%，电子信息占5.8%，纺织服装占4.3%，机械制造占2.7%，食品占2.6%，其他占23.6%。2017年石家庄市百强企业前3位企业依次为河北敬业集团、石家庄北国人百集团有限责任公司、中国石油化工股份有限公司石家庄炼化分公司。其中，河北敬业集团以2016年营业收入586.7亿元，排名2017年石家庄市百强企业首位，位列全国500强企业第258位。

（薛鹏飞）

开发区·园区·保税区

Development Zone & Park & Bonded Zone

石家庄国家高新技术产业开发区

【概况】 石家庄国家高新技术产业开发区（简称高新区）是1991年3月经国务院批准设立的首批国家级高新区。1995年经国务院批准，将位于市区东部原石家庄经济技术开发区并入石家庄高新区。2005年6月，国家发展和改革委员会（简称发展改革委）审核确定石家庄高新区政策区面积15.53平方千米，其中东区7.33平方千米，西区8.2平方千米。2009年10月15日，石家庄市委、市政府决定石家庄高新区对裕华区宋营镇、栾城县郄马镇实行托管。至2017年末，石家庄高新区辖2个街道办事处（长江街道办事处、太行街道办事处）、2个镇（宋营镇、郄马镇）、7个居委会、28个行政村，实际管辖面积78.75平方千米，常住人口23.5万人。高新区紧邻京港澳、石黄高速公路，境内建有石济客专石家庄东站，距石家庄火车站15千米、石家庄机场30千米，是石家庄市高新技术产业的聚集区、对外开放的主导区和创新试验的先导区。2017年高新区完成地区生产总值239.5亿元，同比增长12.5%。其中，第一产业增加值0.5亿元，下降18.1%；第二产业增加值155.6亿元，增长13.4%；第三产业增加值83.4亿元，增长11.5%。三次产业比例为0.2∶65.0∶34.8。固定资产投资291.3亿元，同比增长2.7%。全部财政收入63.8亿元，同比增长15.6%，其中，公共财政预算收入29.8亿元，同比增长15.7%；财政支出25.7亿元，同比增长14.8%。规模以上工业总产值521.1亿元，规模以上工业主营业务收入601.6亿元；规模以上工业增加值129.5亿元，同比增长15.4%，其中，高新技术产业增加值109.4亿元，同比增长21.1%；规模以上工业利润65.7亿元。营业总收入2432亿元，同比增长5.2%。社会消费品零售总额94.4亿元，同比增长11.5%。服务业增加值83.5亿元，同比增长11.5%。实际利用外资2.6亿美元。进出口总额5.83亿美元，同比增长20.4%，其中，出口额4.89亿美元、进口额0.94亿美元。推进城区建设，实施天山大街大修改造等工程60项，祁连街等12条道路建成通车，昆仑大街电网迁改、高端医药产业园电力基础配套等项目完工。保护生态环境，完成"气代煤"任务7824户，年替代散煤2万吨，散煤实现清零；整治和取缔"散乱污"企业50家。优化营商环境，企业注册登记实现全程电子化；开展政务服务"最多跑一次"改革，建立"两书四表五图三缴费"审批模式，非国有收益类建设项目从取得土地证到获得施工许可9个工作日内完成；率先在全省实现不动产登记和交易职能"合二为一"，登记时限由30个工作日缩短为5个工作日。新认定高新技术企业144家、科技型中小企业547家。新增上市挂牌企业12家，累计达到62家。研发投入占生产总值比重达到9.2%，万人拥有发明专利128件。

【产业项目】 全年谋划实施建设项目175项，列入市级重点项目42项，金诺康中药配方颗粒等31个项目竣工，京津冀产业协作示范园等69个项目开工，49个续建项目有序推进。2月14日，高新区10个项目集中开工。分别为：天山集团文化旅游产业项目、天天云通信云计算数据中心项目、高新建投新建道路及配套工程建设项目、北方药业国亿城医药产业园项目、新奥燃气应急储备站项目、人天通信5G移动通信基地项目、百舸众创空间创业孵化园项目、高新区科技企业加速器项目、河北利腾泡沫包装制品项目、高新区公安消防大队消防站及业务楼项目，涵盖生物医药、信息产业、基础设施、文化旅游、创业孵化等领域，投资总额超100亿元。实施项目建设委派专员制度，建立《项目落地卡》，实行“一个项目、一个专员、全程帮办、终身负责”服务模式；分三批安排委派专员分包项目130余项。至2017年末，高新区发展形成以生物医药、装备制造、电子信息等为主导的产业布局其中，以石药集团、以岭药业等为代表的14家规模以上生物医药企业占全区总产值比重48.8%，以格力电器、博深工具等为代表的68家规模以上先进装备制造企业占全区总产值比重43.6%，以中电科第五十四所、第十三所等为代表的3家规模以上电子信息企业占全区总产值比重1.3%，服务业及其他产业占总产值比重6.3%。突出生物医药主攻方向，出台生物医药发展十条政策，引进生物医药健康产业项目44个，总投资312亿元；新注册生物医药企业443家，生物医药市场主体累计达到625家，同比增长243%；生物医药产业实现营业收入565.65亿元，占全省58.6%；14家规模以上生物医药企业实现总产值249.9亿元，同比增长23.6%；规模以上生物医药工业企业主营业务收入340.76亿元，同比增长14.7%。68家规模以上装备制造企业主营业务收入215.8亿元，同比增长28.5%。14家规模以上电子信息企业主营业务收入6.6亿元。

【招商引资】 赴泰国、新加坡、德国、法国等地招商4次。接待印度普达集团、斯洛伐克政府、泰国科技部、巴西科学院院士吉尔伯特、加拿大SK全球医学交流发展集团等境外企业和政府代表团来访20余次。2017年7月，副市长、高新区工委书记赵文锋随访泰国、新加坡等东南亚国家，承办“石家庄新加坡投资交流会暨重点合作项目推介会”，创新设立海外招商分局。突出与世界500强、行业国际巨头企业对接，开展“一对一拉链式”精准招商活动，引进上海安费诺固定无线终端设备全自动生产厂等项目；推动德国中心平台建设，洽谈德国AFC燃料转换器节能减排、德国Leiblein水处理公司污水处理设备、德国Feax公司布拉姆酵母菌等项目。制定生物医药、智能制造产业招商方案，引进亿元以上项目57个，总投资227亿元，包括浙江迪安医学诊断、上海明匠智能研发总部、中国计量研究院产业服务基地等优质项目。利用高新区生物医药产业发展规模和优势，参加“河北之夜”、5·18廊坊经贸洽谈会、高新区生物医药产业集群协同创新工作大会、石洽会等活动，推介高新区生物医药产业发展、石家庄国际生物医药产业园、京石创新协作示范园及科技成果转化、生物医药产业等政策，促成10余个项目签约，总投资100余亿元。

【人才引进】 推进人才引进机制改革，创新建立招才引智新机制和“人才绿卡”制度。2017年高新区引进“两院”院士、“千人计划”“百人计划”专家等“高、精、尖、缺”人才10名和创新创业团队1个。全方位构建人才服务体系，编印《石家庄高新区人才政策文件汇编》《石家庄高新区创新平台目录》《石家庄高新区人才名录》。组织举办6·17海内外高层次人才暨项目洽谈会、9·23石家庄高新区生物医药产业集群协同创新工作会等高层次人才交流活动，在石家庄国际人才城挂牌成立“河北省外国专家局引智工作站”“千人智库”引智工作站。

【科技创新】 以“大众创业、万众创新”为重点，优化创新创业环境，建成市级以上企业技术中心、工程技术研究中心、重点实验室等创新平台202家，其中，国家级16家、省级88家；建成市级以上孵化器14家，其中国家级7家；孵化器场地面积130万平方米；在孵企业1500余家。2017年高新区获批河北省首批“双创”示范基地。完善创业孵化体系，举办大型创业主题活动，组织区内各主体参加创新创业大赛（河北赛区），4个项目进入决赛，2个项目获得第一、第三名。构建“23众创空间+17孵化器+加速器+2专业园区”全链条孵化体系，组建成立双创联盟，搭建创业服务平台和孵化平台，从资金、管理、技术、服务等方面为企业提供“组合拳”式服务。启动创新创业云平台建设，打造集政策、技术、服务、会议、创业、政务、资金等资源为一体的一站式创新创业服务平台，率先在全省营造“平台+数据+应用+服务”的双创生态体系。成立石家庄医疗医药产业协同创新联盟，启动石家庄国际生物医药产业园建设，承办生物医药产业集群协同创新联盟大会，成立10亿元高新区盛世新药基金。至2017年末，高新区拥有高新技术企业290家、科技型中小企业1700家、上市挂牌企业64家；新增市级以上工程技术研究中心10家、企业技术中心9家；新增博士后创新实践基地3家、院士工作站5家，博士后创新实践基地累计达到8家、院士工作站累计达到21家；新建诺贝尔奖工作站5家；累计建成国际科技合作基地18家，其中国家级7家。

【京津冀协同发展】 推进和实施区域（京冀）协同发展示范工程建设，2017年高新区从北京引进大唐云高、中科合创、云投汇等知名双创服务机构落地。合作共建科技成果转移转化载体，引进中关村海外科技园河北分园、中关村海淀创业园石家庄分园，与北京旷烨科技产业发展有限公司合作共建国际科创城项目。建立技术资源共享机制，高新区与北京市科委建立对接合作机制，利用石家庄科技大市场平台，设立首都科技条件平台和北京技术市场服务窗口，对接北京科技资源；多次组织区内企业与京津高校、科研院所开展项目、人才、专利、技术等对接活动，全年从北京引进33项高科技项目落地，促成京津区域19项重大科技成果在高新区转化，还引进东南大学建立技术转移河北中心。谋划建设投资4.5亿元的京津冀协同创新示范园和投资10亿元的京冀综合产业协作示范园，引进天津电立方钛酸锂电池项目、北京赛普九州精准检测项目、中国计量产业服务基地项目、北京幸福益生项目等京津大项目，赴天津参加“津石唐保沧共建洽谈会”，建立与清华大学、北京大学、天津大学、南开大学及中国科学院计算机所、中关村科技园等知名高校与院所、园区的沟通渠道，以多层次合作形式，加强高新区与京津地区人才、技术等方面的合作，助推企业开展联合技术攻关、建设区域技术中心等。

石家庄国家高新技术产业开发区
中共高新区工委书记：赵文锋
市政府党组成员、区工委副书记、管委会主任：
吴时茂（6月免）
周立新（女，6月兼任）
区工委副书记、武装部部长：
关保松（11月免）
区工委委员、管委会副主任：
王树欣　戴宝进
尚二飞
区工委委员、纪工委书记：
梁建坤

（聂红强）

河北石家庄循环化工园区

【概况】 河北石家庄循环化工园区（简称化工园区）位于石家庄市主城区东南方向20千米处，是河北省政府确认的首批省级工业聚集区和循环经济示范园区。2005年12月启动建设，起步区规划面积5.44平方千米，2011年规划面积扩大至10.26平方千米。2012年7月组建成立中共石家庄循环化工园区工作委员会（简称工委）和石家庄循环化工园区管理委员会（简称管委会），级别为副厅级，托管原藁城市丘头镇，管辖面积56.52平方千米，其中核心产业区面积13.77平方千米。2013年化工园区被确定为河北省实施工业强省战略十大新型工业化基地之一，被评为省级中小企业产业示范集群。2014年化工园区石炼化800万吨油品质量升级项目一次性试车成功。2017年4月1日，化工园区正式更名为河北石家庄循环化工园区。常住人口6.9万人。2017年化工园区完成地区生产总值128.4亿元，同比下降10.5%。其中，第一产业增加值1.2亿元，增长1.8%；第二产业增加值119.9亿元，下降12.3%；第三产业增加值7.3亿元，增长10.6%。三次产业比例为0.9∶93.4∶5.7。固定资产投资99.4亿元，同比增长9.9%。全部财政收入82.8亿元，同比下降3.6%，其中，公共财政预算收入12.1亿元，同比增长11.9%；财政支出13.6亿元，同比增长31.8%。全区营业务收入1020亿元，同比增长55%；规模以上工业总产值322.4亿元，规模以上工业主营业务收入325.9亿元，规模以上工业增加值117.9亿元，规模以上工业利润总额6.5亿元。社会消费品零售总额16.7亿元，同比增长9.7%。招商引资签约落地项目4个，总投资68.22亿元；达成投资意向项目6个，总投资28亿元，其中外资额3000万欧元。投资50.22亿元的东创恒生科技园项目签约，总占地面积2500亩。推进科技创新，出台科技进步和技术创新扶持政策，2017年化工园区兑现区级科技创新奖补资金502.45万元，同比增长89.76%；协助企业落实省、市科技专项扶持资金427.18万元，同比增长41.5%。受理企业专利申请35项，其中，发明专利申请

14项、实用新型专利申请21项；取得专利授权32项，其中，国际发明专利2项、国内发明专利13项、实用新型专利17项。河北凡克新材料有限公司认定为国家科技小巨人企业，河北东华化工集团认定为省级创新型企业。2017年化工园区被核准为中国石油和化学工程联合会化工园区工作委员会第四届主任委员会副主任委员单位，综合发展水平在全省150家省级以上经济开发区排名第8名。

【产业项目】 全年实施工业项目19项，总投资186亿元。新开工项目9项，总投资25亿元。其中，石炼化汽油质量升级烷基化装置和100万吨柴油加氢装置升级改造项目建成投产；新奥环保工业废物处置中心项目完工。续建项目6项，总投资31.5亿元。其中，威远生化草铵膦项目、晋煤金石二期部分生产线建成投产；染料厂还原靛蓝项目工程收尾。前期项目4项，总投资52.5亿元，分别为河北万众天然气热电联产、东创恒升科技园、东华化工1万吨氨基己酸技术改造、冀荣药业1000吨药用氨基酸项目。至2017年末，化工园区发展形成以石炼化千万吨炼油和40万吨己内酰胺项目为产业龙头，以石油化工为主、石油化工与煤化工有机结合、氯碱化工为有益补充，具有“三化合一”产业特色的现代化石化新区。入驻中石化石家庄炼化分公司、晋煤集团金石化工投资集团、盈德气体集团等大型工业企业29家。引入总投资80亿元的800万吨炼油扩能、总投资39.6亿元的60万吨合成氨多联产等亿元以上工业项目60个。以800万吨炼油项目为源头的石油化工产业链、以60万吨合成氨多联产项目为源头的煤化工产业链、以30万吨离子膜烧碱项目为源头的氯碱化工产业链构成的“三化合一”产业链初具规模，生产产品包括汽油、柴油、航空煤油、聚丙烯、己内酰胺、聚酰胺切片、环己酮、烧碱、氨基己酸、硫酸、液晶单体、生物农药、环保型水处理剂等多种化工产品。

【城镇建设】 围绕“一核三轴、两城一片、环状隔离”规划布局，打造产业发展、城市建设相互交融的宜居宜业园区。委托上海同济城市规划设计院编制《河北石家庄循环化工园区总体规划（2016～2030）》获得市政府办公会通过；科创园区控制性详细规划及园区电力、热力等专项规划编制完毕。加快棚户区改造，丘头村、西宽亭村棚户区改造工程收尾；参照城中村改造模式，确定《北乐乡村棚户区改造拆迁安置补偿实施方案》；投资21亿元，建设棚户区改造优惠安置房——水岸新城项目完工。投资2亿元，实施化工园区东部6个美丽乡村建设，雨污水管网铺设、民居改造、道路硬化、村级公园等惠民工程完工，堤上、周家庄、靳庄3个村申报省级美丽乡村。新建建石南路、清源大街、塔西大街3条道路工程收尾，新增通车里程7.4千米。工业余热回收利用管网铺设完毕，新增供热面积100万平方米。提升园区污水处理能力，收购良村南污水处理厂，聘用专业团队管理和运营。综合整治“散乱污”企业44家，关闭23家，取缔28家。开展燃煤锅炉取缔和改造，11个村煤改气任务完成，小燃煤锅炉、农村散煤达到清零。加强企业自动在线监控设施检查，确保环保设施正常运行，全年化工园区汪洋沟出境断面水质稳定达标。

【农业生产】 全年农林牧渔业总产值1.88亿元，同比下降0.6%。其中，农业产值9993万元，牧业产值7699万元，农林牧渔服务业产值1105万元。粮食播种面积5850公顷，总产量3.88万吨，平均亩产442.7千克。其中，小麦播种面积2510公顷，总产量1.81万吨，平均亩产479.9千克；玉米播种面积3280公顷，总产量2.07万吨，平均亩产420.0千克。蔬菜及食用菌种植面积980公顷，总产量7.61万吨。果园面积20.7公顷，其中葡萄园19.5公顷。水果总产量（不含果用瓜）98吨，其中葡萄92吨。至2017年底，牛、驴、猪、羊、家禽存栏数分别达到3100头、854头、4600头、2000只、66.54万只。肉、奶（主要为牛奶）、蛋产量分别达到1169吨、1200吨和4600吨，其中，猪肉、牛肉、家禽肉、驴肉产量分别达到400吨、300吨、300吨和151吨。投入500万元，实施标准化农田建设，徐村、靳庄建成1.7万亩“万亩实验方”标准化农田示范区。压减玉米播种面积，堤上、丽阳、曹家庄等村庄试点“粮改豆”1000余亩，每亩平均增收350元；引导种植青储玉米1200亩，售给化工园区养殖企业，每亩平均增收近300元。发展现代都市观光农业，周家庄光伏农业综合产业园、堤上现代农业产业园申报市级现代农业园区，周家庄农业“嘉年华”综合体项目规划设计初步完成。投入资金108.45万元，支持和培育新型农业经营主体、特色农产品生产，家庭农场达到5家，农业合作社达到61家，13家农业产业公司认定为河北省科技型中小企业。丽阳醋品、徐村香油、靳庄脱毒红薯等产品在石家庄周边市场具有一定知名度和竞争优势，靳庄500亩高品质蔬菜全部销往日本和韩国。

【社会民生】 采用企业互查、外聘专家协查、第三方排查等方式，消除安全隐患问题120余项；举行危险化学品火灾等应急救援演练33次，参与人员达7300人次。开展教师交流轮岗活动，18名教职工、13个教育集体获得市级以上奖励。公立医院启动药品零差率销售，病房楼扩建工程正在施工。核减享受最低生活保障人员63人。城乡居民社会保险参保率100%，医疗保险参保率98%，新型农村合作医疗保险参保率97%；21家机关事业单位所有干部职工全部纳入养老保险系统。开展体制机制改革，将化工园区管委会原“五局一办”6个内设机构调整为“八局一办”9个内设机构，分别为党政综合办公室、行政审批局、经济发展局、社会发展局（人力资源和社会保障局）、规划建设管理局、科技发展和招商局、财政局、安全生产监督管理局（食品药品监督管理局）、综合执法局。干部实行岗位聘用、身份档案化管理“双轨制”，全部人员打破身份界限参加竞聘，推行“双向选择、择优聘用”“部门负责人+主管负责制”管理机制。2017年5月底，化工园区体制机制改革完毕。

河北石家庄循环化工园区

市政府党组成员、工委书记、管委会主任：高新城

工委委员、管委会副主任：

范振鹏　宋同原　范书青

工委委员、纪工委书记：

王光

（范玉龙）

石家庄综合保税区

【概况】 石家庄综合保税区（简称综合保税区）前身为石家庄空港工业园。石家庄空港工业园于2010年10月批准组建，位于石家庄市北部，规划面积124平方千米，规划人口60万人，是河北省按照“科学发展的实验区、对外开放的先行区、经济增长的带动区”发展目标重点打造的省级开发区。石家庄综合保税区与正定国际机场毗邻，距石家庄市主城区30千米、首都北京200千米、天津新港350千米、黄骅港300千米。京港澳、新元高速在东西两侧穿过并与京昆高速互联互通，京石高铁在正定机场设有停靠站点，京广铁路在北侧设有新乐编组站，机场快速路、太行大街、东三环从综合保税区直达石家庄市区，航空、高速公路、铁路等交通方式高度集聚。2014年9月15日，国务院批准设立石家庄综合保税区。2014年11月7日，市委、市政府印发《关于空港工业园对综合保税区及相关区域进行共同管理的意见》（石字〔2014〕27号），规定首批共管范围包括：石家庄综合保税区建设和园区项目占地涉及的正定县新城铺镇和藁城区增村镇部分村庄；共管面积56.44平方千米，村庄20个，总人口5.5万人；首批共管内容包括：统一规划管理，统一土地管理，统一基础设施建设，统一招商引资，统一管理部分社会事务。2015年11月6日，河北省印发《河北省机构编制委员会关于组建石家庄综合保税区管理机构的通知》（冀机编〔2015〕15号文件），决定撤销石家庄空港工业园管理机构，组建中共石家庄综合保税区工委、管委会，分别为石家庄市委、市政府派出机构，并根据市委、市政府授权，行使石家庄综合保税区的管理、监督、协调和服务职能。2015年《石家庄综合保税区产业发展规划》《石家庄综合保税区开发实施方案》获得市政府批准实施。根据发展规划，石家庄综合保税区是集机场、高铁、高速公路为一体的空港、空铁复合型综合保税区，规划面积5平方千米，批准面积2.86平方千米，其中围网面积2.58平方千米。2016年4月28日，石家庄综合保税区通过中国海关总署牵头、国家十部委联合验收，成为河北省第二家综合保税区。2016年8月31日，石家庄综合保税区开关运营。2017年2月，市委办公厅印发《正定县、正定新区“县区合一”管理体制改革实施方案》，确定石家庄综合保税区管理体制不变，委托正定县管理。2017年石家庄综合保税区固定资产投资3.53亿元，完成任务目标176.4%；

外贸进出口总额1.74亿美元，完成任务目标116%，其中，出口8040万美元、进口9360万美元；财政收入972万元，其中，税收收入893万元、非税收入79万元；基金收入8257万元。

【产业项目】 石家庄综合保税区战略定位为京津冀国际商贸物流基地、京津冀产业协作先行区、石家庄产业升级新引擎、京津科技成果转化平台，分为口岸物流区、保税物流区、保税加工区、保税服务区、贸易功能区五大功能区。重点发展高端制造、现代物流、国际贸易、创新服务四大产业体系。其中，高端制造业重点发展高端装备、半导体和集成电路、生物医药和高端纺织服装；现代物流业重点发展国际商贸物流、制造业物流、口岸物流和第四方物流；国际贸易产业重点发展跨境电子商务、货物贸易和服务贸易；创新服务业重点发展研发设计、检测维修、贸易展示和融资租赁。2017年综合保税区竣工项目3个，总投资9.22亿元，分别为石家庄新合纤维科技有限公司纺纱与棉花国际贸易项目、电子信息产品加工保税物流基地项目、石家庄综合保税区跨境电商清关综合服务中心项目；新开工项目1个，总投资1.72亿元，为口岸医药物流中心一期项目；前期项目1个，总投资10亿元，为圆通速递华北区域总部项目；新注册企业23家。

【招商引资】 借鉴广州、天津、南京、武汉等城市做法和经验，制定出台《石家庄综合保税区促进先进制造业发展办法》《石家庄综合保税区促进国际贸易产业发展办法》《石家庄综合保税区促进现代物流业发展办法》。4月26～28日，2017中国·石家庄（正定）国际小商品博览会期间，邀请相关专家及跨境电商企业举办石家庄综合保税区跨境电商研讨会。9月2～4日，首届石家庄市旅游产业发展大会期间，设立进出口商品展示展销中心，商品涉及丹麦、新西兰、澳大利亚、俄罗斯及中国台湾、中国香港等国家和地区，接洽企业130余家，辑印招商专题推介中文、中英文对照招商宣传手册3000本。2017年12月，综合保税区签约航空产业园等5个项目，总投资40亿元，涉及通用航空、装备制造、医药物流、跨境电商、国际贸易等行业。其中，航空产业园项目总投资12亿元，主要依托综合保税区引进世界先进的航空生产设备和航空材料，开发航空智能管理系统，开展通用航空材料研发、通用航空组装销售、航空相关专业人员培训、飞机维修及改装等业务。

【发展规划】 2017年2月，市政府印发《石家庄市城市总体规划修编工作实施方案》，确定综合保税区编制空港经济区总体规划纳入石家庄市总体规划。综合保税区空港经济区总体规划由深圳蕾奥规划设计咨询股份有限公司设计和编制，确定石家庄临空经济区总体定位为京津冀航空货运门户、雄安科技转化临空制造基地、冀中南国际贸易节点，启动区占地面积30～35平方千米，功能圈布局为空港核心区、空港关联区、空港辐射区。8月1日，综合保税区与北京航港发展有限公司签订《大通关项目及航空物流园发展规划编制协议》，12月28日专家评审通过；大通关项目及航空物流园发展规划包含口岸服务区、综合保税区、多式联运中心，主要发展临空经济产业及配套设施，吸引高端商贸产业及产业总部基地落户，以大通关服务平台支持正定国际机场、综合保税区入驻企业的运营和发展。

【跨境电商平台】 跨境电商产业园项目包括跨境电商清关查验中心、现代仓储、跨境货物分拨中心、多式联运、包装加工、物流加工等，主要引进跨境电商企业、现代物流企业、快递企业、第三方支付企业、货运代理等相关服务企业进驻。2家海关快件监管中心投入运营。由河北惠智电子商务有限公司投资建设和运营河北省第一条跨境电商清关查验线开通，总投资800余万元，场地面积3000平方米，设置快速查验线2条（出口查验、进口查验），海关、检验检疫职能部门共同入驻，全程实现共线联检。9月5日，来自日本进口集装箱货物顺利通关，完成河北省跨境电商第一单业务。

石家庄综合保税区

工委书记、管委会主任：

张业（2月任）

工委副书记、管委会副主任：

吴飞

工委委员、管委会副主任：

夏生华　李卫山

工委委员、纪工委书记：

邵平

（蔡晓敏）

党政机关

Party and Government Organs

中国共产党石家庄市委员会

【概况】 2017年，中共石家庄市委坚持以习近平新时代中国特色社会主义思想为指导，贯彻落实中共十九大、中央经济工作会议和河北省委九届六次全会精神，紧密围绕市第十次党代会提出建设现代省会、经济强市的各项部署，扎实苦干、奋发作为，全市经济社会发展实现了稳中向好的态势。

学习领会习近平新时代中国特色社会主义思想，引领全市党员干部增强"四个意识"，坚定"四个自信"，自觉做到"两个维护"。及时传达学习、部署落实习近平总书记重要讲话、重要指示，做到理论创新每前进一步，理论武装就跟进一步。把学习宣传贯彻中共十九大精神作为首要政治任务，采取早部署、全覆盖、兴热潮方式，推动中共十九大精神落地见效。2017年全市旗帜鲜明地讲政治成为各级党组织和党员的自觉行动。贯彻新发展理念，推进改革创新取得突破。全年GDP增速高于全省平均水平，规模以上高新技术产业增加值连续7年两位数增长，服务业增加值增速创下2012年以来新高；成功创建全国文明城市，城市交通进入"地铁时代"；6.5万人实现稳定脱贫，10件民生实事如期兑现；实施煤改气、煤改电工程，秋冬季PM2.5浓度在"2+26"城市中降幅排名第二，滹沱河全域生态修复工程启动；房地产历史遗留问题等难点工作有效破解，人才绿卡等创新举措产生广泛影响。外负担重、"择校热""大班额"及婴幼儿照护和儿童早期教育服务等问题，统筹推进社会救助、社会福利、慈善事业、优抚安置、健康养老等工作，全市人民群众享受到更多的发展成果。推进精准扶贫、精准脱贫，采取扶志扶智相结合方式，推进产业扶贫、教育扶贫等项目；高度关注因病返贫群体，全面加快易地搬迁建设，43个深度贫困村脱贫取得阶段性成效。

2017年11月14日，省委常委、市委书记邢国辉到桥西区调研和宣讲党的十九大精神

贯彻以人民为中心的发展思想，满足人民日益增长的美好生活需要。坚持发展依靠人民、发展成果必须更多惠及人民的理念。将就业作为最大的民生，多渠道开发就业岗位，大规模开展职业培训，健全并落实创业支持政策。提升公共服务水平，推进健康石家庄战略，妥善解决中小学生课

维护社会安全稳定，当好首都政治"护城河"。严格落实意识形态责

任制，加强阵地管理和网络监管，搞好舆论引导，妥善处理敏感问题。深入推进信访积案大化解“双百日攻坚”清仓行动，完善矛盾纠纷排查网络，创新多元化解机制，有效解决群众的合理诉求。深化平安省会建设，创新社会治安综合治理体系，推广“互联网＋社会治安”模式，严厉打击黑恶势力和严重暴力、涉枪涉暴、网络诈骗等违法犯罪行为。毫不放松抓好安全生产和食品药品安全，建立安全监管责任清单，滚动开展安全隐患大排查，巩固“国家食品安全示范城市”创建成果，全力维护人民群众生命财产安全。把防范化解重大风险作为重中之重，突出防范金融风险，增强风险意识、落实属地责任、强化风险担当、健全监管机制，严厉打击非法集资、违法违规举债融资等问题，坚决守住不发生系统性风险的底线。培育和践行社会主义核心价值观，开展思想道德建设和群众性精神文明创建活动，传播和激发社会正能量。完善公共文化服务体系，精心创作具有石家庄特色的文艺精品，实施“彩色周末”“高雅艺术引进”“一月一名剧”等文化惠民项目，为人民群众提供丰富的精神食粮。

落实新时代党的建设总要求，推进全面从严治党向纵深发展。全市各级党组织始终做到坚持和加强党的全面领导，坚持党要管党、全面从严治党要求。政治建设。自觉践行“四个意识”，坚决把维护和捍卫习近平总书记核心地位作为最重要的政治纪律和政治规矩，严格遵守党章，严肃党内政治生活，始终同以习近平同志为核心的党中央保持高度一致。开展“不忘初心、牢记使命”主题教育，组织“从红船精神到西柏坡精神”革命精神教育，举行“强化六个观念”解放思想大讨论，筑牢党员干部忠诚干净担当的思想基础。班子队伍建设。坚持在提升执政能力上下真功、在推动科学决策上见真章、在担当担责干事上动真格、在自觉接受监督上求真效，重点打造“学习型、为民型、实干型、创新型、廉洁型”领导班子。顺利完成市县乡领导班子换届，各级班子团结和谐、凝心聚力，干事创业的氛围更加浓厚。做好干部队伍系统分析、精准调控和科学补充工作，完善优秀年轻干部培养选拔机制，推动班子配备和干部增量“双优化”。基层组织建设。以抓好农村“两委”换届为契机，全面加强农村带头人队伍建设，完善村“两委”运行机制。以提升组织力为重点，突出政治功能、服务功能，探索实施融合党建新模式，推进基层党组织发展成为宣传党的主张、贯彻党的决定、领导基层治理、团结动员群众、推动改革发展的战斗堡垒。

深化“双问计”活动，健全和完善考核机制，发挥督促检查作用。延伸对上问计，寻求各方支持，主动问计国家部委、智囊团队、先进地区，借鉴先进经验推动全市工作落实。拓展对下问计，开展信访接待下基层、现场办公下基层、调查研究下基层、宣传方针政策下基层“四下基层”活动，推动末端落实。深化问计内容，将争取资金、项目与寻求政策支持相结合，将“双问计”与深化改革、“双创双服”相结合，找准问题症结，聚焦改革重点，以“双问计”活动促进改革和经济社会发展。考核机制以工作成绩考实为重点，加大反映高质量发展、落实重大决策部署的考核权重，推行分类差异化考核和重点任务考核，确保考核精准有效。干部业绩考核，探索实施“四考一库”制度，统筹抓好平时考核、年度考核、任职考核、绩效考核，重视发挥干部信息库作用，最大限度激发干部的工作动力和激情。执行容错纠错办法，旗帜鲜明地为敢于担当、踏实做事、不谋私利的干部撑腰壮胆。督促检查，将目标导向和问题导向相结合，对关系发展全局、关系百姓利益的重点工作和重点问题，搞好科学量化，明确时间表、路线图、责任人，建立台账、列出清单，一项一项督导销号；依托现代化信息手段，发挥新闻监督和群众监督作用，广泛邀请社会力量参与督导检查活动。2017年中共石家庄市委凝聚各方力量，支持市人大常委会、市政府、市政协依法履职，巩固和壮大爱国统一战线，注重发挥工青妇等群团组织的桥梁纽带作用，全市凝聚形成最广泛的智慧力量和严抓工作落实的强大合力。

【中共石家庄市委领导及工作部门组成人员】

书　记：邢国辉

副书记：邓沛然　税勇

　　　　李德进（8月任）

市委常委：李雪荣（5月任）

　　　　鲍际国（3月免）

　　　　胡儒钗（3月免）

　　　　高天　（女）

　　　　郭运兴

　　　　毛全球（3月免）

　　　　张业　　王韶华

　　　　张明利　张效春

　　　　韩学军（3月任）

张学勤（6月任，挂职）
市委秘书长：韩学军
常务副秘书长：
刘月照（2月免）
宋国宏（2月任）
副秘书长：暴胜贤（2月免，市信访局局长兼）
高尘
李海峰（2月免，兼市委研究室主任）
王勇军（9月免）
李兵英（7月免）
梁立柱
周树仁（2月免）
董志明
邵孟强（2月任，市信访局局长兼）
任维维（2月任）
高际永（2月任）
刘俊起（7月任）

市纪律检查委员会

书　　记：张明利
常务副书记：贾巧秀
副　书　记：刘书平（3月免）
梁建林　郝建哲
纪委常委：韩秀华
左素娥（3月免）
李惠英（3月免）
周顺达（3月免）
张忠祥
冯军立（3月任）
雷月　（3月任）
李正昌（3月任）
秘　书　长：郝建哲（9月免）
李正昌（9月任）

市委组织部

部　　长：张效春
常务副部长：韩保来（2月免）
张忠良（2月任）
副　部　长：解晓东（2月免）
兰国良（2月任）
宋学恭（4月免）
王德庆（7月任）
张忠良（2月免）
王云辉　刘力
丁紫霞（7月任）

市委宣传部

部　　长：高天　（女）
常务副部长：孙晋康（10月免）
郭纯阳（10月任）
副　部　长：郭纯阳（10月免）
李刚　（兼省会精神文明办主任）
张惠　（兼市委对外宣传局局长、市政府新闻办公室主任、市互联网信息办公室主任）

市委统战部

部　　长：毛全球（1月任，3月免）
王韶华（3月任）
常务副部长：徐拥政（5月免）
杨志乾（5月任）
副　部　长：杨志乾（5月免）
张志敏（12月免）
刘兰敏（12月免）
孙书领（8月任）
许燕军（8月任）

市委政法委

书　　记：郭运兴
常务副书记：张聚华
副　书　记：孟建中
程文才（兼，3月免）
李骁
张庆民（8月任）
政治部主任：刘金龙

市直机关工委

书　　记：王玉国（2月免）
郭少旭（2月任）
副　书　记：范志斌（7月任）
胡国龙　赵占辉
寇彦辰
廖文武（9月任）

市委农工委

书　　记：王韶华
常务副书记：左红江（2月免）
吕军英（2月任）
副　书　记：陈玉山　陈彦良
高地动

机构编制委员会办公室

主　　任：左建平（3月免）
李海峰（3月任）
副　主　任：邓京生　郝延平

台湾工作办公室

主　　任：王溪波
副　主　任：王春立　龚斌
李君苍

信访局

局　　长：暴胜贤（2月免）
邵孟强（2月任）
副　局　长：苏清才　李增辰
郭树君
赫建青（2月免）
张春
刘旗　（9月任）

研究室

主　　任：李海峰（2月免）
高尘　（3月任）
副　主　任：张素钊　赵英涛
刘勇　（12月任）

市委老干部局

局　　长：解晓东（2月免）
兰国良（2月任）
副　局　长：李爱虎　田斌

王树军（11 月任）

机关事务管理局

局　　长：裴晓青（2 月免）

窦志刚（2 月任）

副 局 长：李长亭

卢首往（1 月免）

王中英（7 月免）

张宏社

张丙珍（2 月任）

【中共石家庄市第十次代表大会】 3 月 26～28 日，中国共产党石家庄市第十次代表大会举行。听取和审查中国共产党石家庄市第九届委员会工作报告，中国共产党石家庄市第九届纪律检查委员会工作报告，中国共产党石家庄市第九次代表大会以来全市党费收缴、使用和管理情况的报告。邢国辉代表中国共产党石家庄市第九届委员会向大会作《更加紧密地团结在以习近平同志为核心的党中央周围，为建设现代省会、经济强市而奋斗》的报告。选举中国共产党石家庄市第十届委员会委员 68 名，按姓氏笔画分别为：王华平（女）、王丽君（女）、王俊华（女）、王韶华、王德庆、尹计平、邓沛然、左力鸥、左红江、宁淑敏（女）、冯立业、司存喜、邢国辉、吕军英、吕素维（女）、任建忠、刘胜、刘军志、刘明轩、刘建芳、米志奇、孙晋康、苏志超、李旭阳、李志勇、杨立中、 杨志乾、杨国芳、来广普、吴时茂、汪克宁、宋存汉、宋国宏、张业、张旭、张少华、张军卫、张明利、张忠良、张效春、张敏周、张聚华、陈晓明、陈联记、陈慧明、尚秀伟、周立新（女）、郑巍、郎金国、孟胜林、赵文锋、姜阳、贾巧秀（女）、高天（女，满族）、高玉柱、高新城、高翠君（女）、郭少旭、郭运兴、凌青利、曹琴英（女）、崔存利、彭敬捷（女）、董晓航、蒋文红、韩学军、韩清榕（女）、税勇。选举中国共产党石家庄市第十届委员会候补委员 13 名，分别为（按得票多少为序，得票相等按姓氏笔画为序）：马立宁、马建彬、刘生彦、肖荣智、周庆、侯洪彬、常志卷、彭勇民、暴胜贤、王勋涛、王雁南（满族）、范文龙、金福中。选举中国共产党石家庄市第十届纪律检查委员会委员 47 名，按姓氏笔画分别为：王东华、王占峰、王建波、王素贵、王晓辉（女）、田丽娟（女）、冯军立、毕吉平、刘力、刘辉（女）、刘玉生、刘牛吉、齐志良、苏瑞（女）、苏风雷、李慧、李正昌、李惠英（女）、何军恒、邸庆欣、张志强、张国勇、张明利、张忠祥、张建国、张雪敏（女）、尚树行、周自强、郝志明、郝建哲、胡兰江、胡英华、袁建坡、贾巧秀（女）、高华生、高英敏（女）、郭建强、梁建坤、梁建林、董书阁（女）、韩秀华（女）、程军宏、靳军、 雷月、雷爱锁、路洪（女）、褚立业。

【市委全会】 1 月 5 日，中共石家庄市第九届委员会第十次全体会议举行。出席全会市委委员 37 人、候补委员 9 人。全会由市委常委会主持。审议通过《中国共产党石家庄市第九届委员会第十次全体会议关于召开中国共产党石家庄市第十次代表大会的决议》《石家庄市推荐出席中国共产党第十九次全国代表大会代表候选人初步人选名单》。

3 月 20 日，中共石家庄市第九届委员会第十一次全体会议举行。全会由市委常委会主持。出席全会市委委员 37 人、候补委员 8 人。市委常委、组织部长张效春代表市委常委会作《关于中国共产党石家庄市第十次代表大会代表选举情况和中国共产党石家庄市第十届委员会委员、候补委员及中国共产党石家庄市第十届纪律检查委员会委员候选人预备人选提名情况的说明》。市委秘书长韩学军作《中国共产党石家庄市第九届委员会向中国共产党石家庄市第十次代表大会的报告（讨论稿）》的说明。会议审议通过《中国共产党石家庄市第九届委员会向中国共产党石家庄市第十次代表大会的报告》《中国共产党石家庄市第九届委员会第十一次全体会议关于中国共产党石家庄市第十次代表大会召开时间的决议》，决定中国共产党石家庄市第十次代表大会 3 月 26 日在石家庄召开。会议还讨论《中国共产党石家庄市第九届纪律检查委员会向中国共产党石家庄市第十次代表大会的报告（讨论稿）》，审查了《关于中国共产党石家庄市第九次代表大会以来全市党费收缴、使用和管理情况的报告（讨论稿）》。

3 月 28 日，中国共产党石家庄市第十届委员会第一次全体会议举行。邢国辉受市第十次党代会主席团委托主持会议。十届市委委员、候补委员出席会议；十届市纪委委员列席会议；应到市委委员 68 人，实到 66 人；应到候补市委委员 13 人，实到 13 人。会议选举产生十届市委常委、书记、副书记，通过市纪委十届一次全会选举产生的常委、书记、副书记。选举中国共产党石家庄市第十届委员会常务委员会委员 10 名，分别为邢国辉、邓沛然、税勇、高天（女，满族）、郭运兴、张业、王韶华、张明利、张效春、韩学军。邢国辉当选市委书记，邓沛然、税勇当选市委副书记。选举中国共产党石家庄市第十届纪律检查委员会常务委员会委员9名，分别为：张明利、贾巧秀（女）、梁建林、郝建哲、韩秀华（女）、张忠祥、冯军立、雷月、李正昌。张明利当选中国共产党石家庄市第十届纪律检查委员会书记，贾巧秀（女）、梁建林、郝建哲当选副书记。

7月26日，中共石家庄市第十届委员会举行第二次全体会议。出席全会市委委员66人、候补委员12人。全会由市委常委会主持。省委常委、市委书记邢国辉作重要讲话。市委副书记、市长邓沛然部署下半年全市经济工作。传达全省领导干部会议精神；书面通报全市经济发展、项目建设、招商引资、县城建设等工作排名情况；通报项目落地难问题和基层微腐败典型案件；部分县（市、区）及市直部门负责人作大会发言。

11月6日，中共石家庄市第十届委员会举行第三次全体会议。出席全会市委委员67人、候补委员13人。全会由市委常委会主持。省委常委、市委书记邢国辉作重要讲话。市委副书记、市长邓沛然就《中共石家庄市委关于深入学习宣传贯彻党的十九大精神　加快建设现代省会经济强市　奋力开创新时代石家庄各项事业新局面的决定（草案）》作说明；市委副书记李德进就《关于开展信访积案大化解"双百日攻坚"清仓行动的实施方案》作说明。组织学习中共十九大报告、中央纪委工作报告和《中国共产党章程（修正案）》；审议通过《中共石家庄市委关于深入学习宣传贯彻党的十九大精神　加快建设现代省会经济强市　奋力开创新时代石家庄各项事业新局面的决定》《中国共产党石家庄市第十届委员会第三次全体会议决议》。

12月27日，中共石家庄市第十届委员会第四次全体会议举行。出席全会市委委员62人、候补委员12人。全会由市委常委会主持。传达中央经济工作会议和省委九届六次全会精神，市委常委会以书面形式报告工作；通报市纪委对市委常委会及其成员党内监督情况、《石家庄市党政机关容错纠错办法（试行）》执行情况；审议通过《中国共产党石家庄市第十届委员会第四次全体会议决议》。首次提出将新一代信息技术、生物医药健康、先进装备制造、现代商贸物流四大产业及旅游业、金融业、科技服务与文化创意、节能环保四大潜力产业即"4+4"现代产业作为石家庄市产业发展的主攻方向。

【中共石家庄市委常委会会议】 1月4日，省委常委、市委书记邢国辉主持召开市委常委会九届第187次会议。传达学习全省改革办公室主任会议精神，集体学习《关于进一步加强市委常委会自身建设的意见》《中共石家庄市委常委会议事决策规则》；传达学习《县以上党和国家机关党员领导干部民主生活会的若干规定》，听取市委组织部关于2016年度市委常委民主生活会有关情况汇报。

1月9日，邢国辉主持召开市委常委会九届第188次会议，研究干部人事问题。

1月13日，邢国辉主持召开市委常委会（九届第189次）扩大会议。传达学习河北省"两会"精神和省委书记、省人大常委会主任赵克志参加石家庄代表团审议时的重要讲话精神及京津冀及周边地区大气污染防治协作小组第八次会议精神，听取关于全省社会治安综合治理创新工作会议精神汇报，研究干部人事问题。

1月20日，邢国辉主持召开市委常委会九届第190次会议。传达学习省纪委九届二次全会精神，讨论并原则同意市纪委《石家庄市党政机关容错纠错办法（试行）（讨论稿）》；听取2017年中央和全省政法工作会议精神、市委组织部关于省委常委民主生活会主要精神及市委常委民主生活会近期重点工作安排的汇报、市第十四届人大代表名额具体分类分配及代表选举工作意见的汇报、市委统战部关于市政协委员推荐提名考察有关问题汇报；研究部署节日期间重点工作，研究干部人事问题。

1月22日，邢国辉主持召开市委常委会九届第191次会议。听取市纪委2016年工作汇报，研究部署2017年全市党风廉政建设和反腐败工作、市财政局关于2017年预算安排建议的汇报；讨论并同意市编办《关于组建市行政审批局、调整组建开发区管理机构等涉及领导职数事宜的意见》；研究2016年度市委常委民主生活会有关材料。

1月23日，邢国辉主持召开市委常委会九届第192次会议，研究干部人事问题。

2月7日，邢国辉主持召开市委常委会九届第193次会议。传达学习习近平总书记在张家口调研时的重要讲话精神及省委常委会议精神，讨论并原则同意市编办《关于正定县、正定新区实行“县区合一”管理体制改革涉及机构调整及县级领导职数等事宜的意见》，研究干部人事问题。

2月10日，邢国辉主持召开市委常委会九届第194次会议。听取市委组织部关于副市级以上领导和县（市、区）出席市第十次党代会代表候选人预备人选、市第十四届人大代表候选人初步人选名单的汇报。研究干部人事问题。

2月22日，邢国辉主持召开市委常委会（9届第195次）扩大会议。传达学习中央省部级主要领导干部和河北省省管干部学习贯彻中共十八届六中全会精神专题研讨班精神，听取上级有关会议精神及石家庄市贯彻落实意见的汇报；听取市委宣传部关于党委（党组）理论学习中心组学习有关工作情况的汇报；讨论并原则同意《关于扎实推进农业供给侧结构性改革全力培育农业农村发展新动能的实施意见（讨论稿）》《石家庄市开发区综合发展水平评价考核办法（试行）（讨论稿）》《关于振兴工业实体经济的意见（讨论稿）》；听取市信访局关于2016年信访工作情况及2017年工作目标措施的汇报；听取关于市第十次党代会和市“两会”有关工作事宜的汇报。

2月27日，邢国辉主持召开市委常委会九届第196次会议。传达学习省委九届二次全会和全省市委书记座谈会精神，研究全市贯彻落实意见；听取行唐县、灵寿县、平山县、赞皇县脱贫工作情况汇报；讨论并原则同意《市第十次党代会报告（讨论稿）》；听取市委组织部关于全省组织部长会议精神及全市贯彻落实意见汇报；讨论并原则同意《市第十次党代会预备会议、大会及市委十届一次全会、市纪委十届一次全会日程（草案）（讨论稿）》；听取市委组织部关于市直单位出席市第十次党代会代表候选人预备人选的汇报和关于十届市委委员、候补委员和市纪委委员人选建议名单的汇报；讨论并同意《关于设立市投资促进局、整合组建市农业畜牧局等事宜的意见》；研究干部人事问题。

3月2日，邢国辉主持召开市委常委会九届第197次会议，研究干部人事问题。

3月17日，邢国辉主持召开市委常委会九届第198次会议。传达学习全国人民代表大会、政治协商会议和全省领导干部会议精神，研究全市贯彻落实意见；讨论并原则同意《市第十次党代会报告（讨论稿）》《市纪委工作报告（讨论稿）》和市第十次党代会有关建议名单及文件。

3月29日，邢国辉主持召开市委常委会十届第1次会议。集体学习《中国共产党地方委员会工作条例》，研究《市委常委工作分工（讨论稿）》《关于落实市第十次党代会报告工作任务责任分工方案（讨论稿）》《市政府工作报告（讨论稿）》，听取石家庄市“两会”有关事宜的汇报，研究干部人事问题。

4月1日，邢国辉主持召开市委常委会（十届第2次）扩大会议。传达学习全省大气污染综合治理大会和驻河北省部队全面停止有偿服务工作军地协调领导小组第一次会议主要精神，研究石家庄市贯彻落实意见；研究《省委巡视组巡视整改“回头看”暨换届风气专项巡视反馈意见整改落实工作方案（讨论稿）》；听取关于2016年度县（市、区）、市直部门领导班子和领导干部综合考核评价结果的汇报；研究干部人事问题。

4月14日，邢国辉主持召开市委常委会十届第3次会议，研究干部人事问题。

4月16日，邢国辉主持召开市委常委会十届第4次会议，研究干部人事问题。

4月22日，邢国辉主持召开市委常委会十届第6次会议。传达学习省委九届三次全会精神，研究全市贯彻落实意见；听取关于全省做好军队退役人员工作调度会议精神及贯彻落实意见、关于首届石家庄市旅游产业发展大会筹备情况汇报；讨论并原则同意《关于推动全面从严治党存在突出问题解决的分工方案（讨论稿）》《关于对市委常委会及其成员进行党内监督的实施办法（试行）（讨论稿）》；研究干部人事问题；书面印发全省党委秘书长会议主要精神及全市贯彻落实意见的汇报、《关于繁荣发展社会主义文艺的实施意见（讨论稿）》《〈关于繁荣发展社会主义文艺的实施意见〉任务分工方案（讨论稿）》、省委对台工作会议精神及贯彻落实意见。

5月16日，邢国辉主持召开市委常委会十届第7次会议。传达学习中共中央《关于部分纪检监察干部违纪案件及其教训警示的通报》，研究《关于调整市委有关工作领导小组（委员会、联席会议、指挥部）的意见（讨论稿）》《石家庄市健全落实综治维稳领导责任制实施办法（讨论稿）》《关于市级机关内设机构科级干部安置消化实施意见（讨论稿）》

《关于为市环保局、市工商联增加领导职数的意见》《关于对省委巡视组提出的“对县（市、区）委组织部研究任命科级干部实行另册管理”问题的整改落实意见》和向省委呈报市属专科院校正职待遇干部到龄退休建议；听取关于全省“两学一做”学习教育座谈会精神及石家庄市贯彻落实意见；听取和书面印发关于省“一问责八清理”专项行动暨基层“微腐败”专项整治动员部署会议精神及石家庄市贯彻落实意见的汇报。

5月31日，邢国辉主持召开市委常委会（十届第8次）扩大会议。传达学习省委省政府主要领导到石家庄市调研时重要讲话精神，研究石家庄市贯彻落实意见；研究干部人事问题；书面听取关于省纪律检查体制改革专项小组第四次会议主要精神及贯彻落实意见的汇报和关于迎接中共十九大主题宣传工作会议、全省文明城市创建工作调度会议精神及贯彻落实意见的汇报。

6月2日，邢国辉主持召开市委常委会十届第9次会议，研究干部人事问题。

6月12日，邢国辉主持召开市委常委会十届第10次会议。听取市扶贫办公室关于国家考核反馈问题整改工作落实情况汇报，讨论并原则同意《关于支持市人大及其常委会在全市重点工作中更好发挥作用的指导意见（讨论稿）》《关于支持政协在全市重点工作中更好发挥作用的指导意见（讨论稿）》《县（市、区）、市直部门、市委市政府派出机构领导班子综合考核评价体系（讨论稿）》《石家庄市人才绿卡管理办法及实施细则（试行）（讨论稿）》，研究干部人事问题，书面印发《关于强力推进大气污染综合治理的意见（讨论稿）》。

6月20日，邢国辉主持召开市委常委会十届第11次会议。研究《迎“七一”庆祝建党96周年活动安排方案（讨论稿）》，研究干部人事问题。

7月12日，邢国辉主持召开市委常委会十届第12次会议。听取关于全市上半年经济运行情况的汇报，研究下一步工作措施；听取市安委会关于全市安全生产工作情况的汇报；研究《市委十届二次全会安排方案（讨论稿）》。

7月16日，邢国辉主持召开市委常委会十届第13次会议。传达学习习近平总书记关于防汛工作重要批示精神，研究市维护稳定办公室《关于对深泽县实施综治维稳一票否决的意见》《关于对“7·7”军队退役人员进京集访相关县（区）及责任人问责情况的通报》、市纪委《关于对“7·7”涉军维稳的县（区）有关责任人员的处理意见》、市机构编制委员会办公室《关于调整市委考核办机构规格和市委组织部领导职数的意见》及干部人事问题。

7月18日，邢国辉主持召开市委常委会十届第14次会议。听取全市贯彻落实习近平总书记考察唐山时重要讲话精神有关情况汇报、市纪委关于全市“一问责八清理”专项行动和基层“微腐败”专项整治工作进展情况汇报、贯彻落实《中共中央关于加强新形势下党的督促检查工作的意见》精神汇报。

7月30日，邢国辉主持召开市委常委会十届15次会议。传达学习王岐山关于做好扶贫领域监督执纪问责工作有关讲话精神，研究全市贯彻落实意见；听取市纪委关于市委常委会及其成员开展党内监督情况的汇报；研究《市委常委定期向市委常委会报告工作制度（讨论稿）》《石家庄市推进领导干部能上能下暂行办法（讨论稿）》；书面印发市社会治安综合治理委员会办公室关于全国“雪亮工程”建设推进会精神及全市贯彻落实意见、市委宣传部关于河北省哲学社会科学工作座谈会精神及全市贯彻落实意见、市卫生计生委关于全省计划生育工作会议精神及全市贯彻落实意见。

8月11日，邢国辉主持召开市委常委会十届第16次会议。研究《中共石家庄市委关于改进领导作风的具体规定》《关于进一步加强和改进离退休干部工作的实施意见》，听取关于全市军民融合产业发展、深度贫困村脱贫攻坚、处理“僵尸企业”、上半年信访工作情况汇报；研究干部人事问题。

8月23日，邢国辉主持召开市委常委会十届第17次会议。集体学习长篇通讯《“真刀真枪干一场”——习近平总书记在河北正定工作的难忘岁月（二）》，传达学习河北省文明城市创建工作推进会议精神，研究全市贯彻落实意见；听取市委组织部关于定期召开“县（市、区）、市直部门领导干部工作交流会议”的汇报；讨论并原则同意《关于承担行政职能事业单位改革试点工作涉及调整县级事业单位机构编制的意见》《关于撤销市工经联及市人大政协机关增设领导职数等事宜的意见》《新的社会阶层人士统战工作实施方案（讨论稿）》；书面印发关于2017年上半年全市县级党委和各级党组履行党风廉政建设主体责任情况的汇报。

8月31日，邢国辉主持召开市委常委会十届第18次会议。研究《关于成立市驻京信访工作指挥部临时党委的意见》，研究干部人事问题。

9月5日，邢国辉主持召开市委常委会十届第19次会议。听取关于河北省推进县乡人大工作和建设经验交流会暨“人大代表之家”建设现场会主要精神及全市贯彻落实意见汇报、市政府关于做好全市后四个月经济重点工作情况汇报、全市气代煤电代煤工程和房地产综合整治任务进展情况汇报、全市金融工作情况汇报、《关于进一步完善西柏坡纪念馆教育功能提升综合水平的汇报》，研究干部人事问题。

9月11日，邢国辉主持召开市委常委会十届第20次会议。传达学习省委常委会关于石家庄市气代煤电代煤工程和房地产综合整治工作要求，研究全市贯彻落实意见。

9月14日 邢国辉主持召开市委常委会十届第21次会议，研究干部人事问题。

9月24日 邢国辉主持召开市委常委会十届第22次会议，研究干部人事问题。

9月28日，邢国辉主持召开市委常委会十届第23次会议。传达学习习近平总书记关于军民融合发展的重要讲话精神和省委常委会议精神，研究全市贯彻落实意见；研究群团改革、基层党建、人才绿卡、迎接宣传贯彻中共十九大调研、“一问责八清理”专项行动和基层“微腐败”专项整治、人大讨论决定重大事项制度、城市执法体制改革等工作；研究干部人事问题。

9月30日，邢国辉主持召开市委常委会（十届第24次）扩大会议。传达学习《中共中央关于孙政才严重违纪案审查情况和处理决定的通报》及省委常委会扩大会议、全省领导干部会议和省委书记赵克志重要讲话精神，研究全市贯彻落实意见。

10月10日，邢国辉主持召开市委常委会（十届第25次）扩大会议。传达学习习近平总书记在中央纪委《关于对河北省张家口市扶贫领域监督执纪问责工作开展明察暗访的情况报告》上的重要指示及在深度贫困地区脱贫攻坚座谈会上的讲话精神，省委常委、纪委书记梁惠玲在石家庄市调研时的讲话精神，研究全市贯彻落实意见；听取市委组织部关于全省市委组织部长、统战部长和省直单位负责人会议精神及全市贯彻落实意见的汇报；研究并原则通过《中共石家庄市人大常委会党组向市委请示报告制度（讨论稿）》。

10月26日，邢国辉主持召开市委常委会十届第26次会议。传达学习中共十九大精神和习近平总书记在十九届中央政治局常委中外记者见面会上的讲话精神，研究全市贯彻落实意见。

10月29日，邢国辉主持召开市委常委会（十届第27次）扩大会议。传达学习全省领导干部会议精神，研究全市贯彻落实意见；研究干部人事问题。

10月31日，邢国辉主持召开市委常委会十届第28次会议。传达学习省委书记王东峰在省委常委会（扩大）会议上的讲话精神，研究全市贯彻落实意见；听取中央宣传部、省委宣传部学习宣传贯彻中共十九大精神电视电话会议精神及全市贯彻落实意见的汇报。

11月5日，邢国辉主持召开市委常委会（十届第29次）扩大会议。传达学习《中共中央关于认真学习宣传贯彻党的十九大精神的决定》主要精神、省委九届五次全会和省委书记王东峰对石家庄的重要指示精神及省委理论学习中心组学习会精神，研究全市贯彻落实意见；研究召开市委十届三次全会、举办石家庄解放70周年系列纪念活动有关事宜；听取市委组织部关于成立滹沱河生态修复工程指挥部临时党委的汇报；研究干部人事问题。

11月9日，邢国辉主持召开市委常委会（十届第30次）扩大会议。传达学习省委书记王东峰在石家庄市调研暗访时的重要讲话精神，研究具体贯彻落实意见。

11月13日，邢国辉主持召开市委常委会（十届第31次）扩大会议。传达学习省委书记王东峰在石家庄解放70周年纪念大会上的重要讲话精神，研究全市贯彻落实意见。

11月19日，邢国辉主持召开市委常委会十届第32次会议。听取关于全国推开国家监察体制改革试点工作动员部署电视电话会议主要精神及全市贯彻落实意见的汇报和全国精神文明建设表彰大会的情况汇报，研究干部人事问题；传达学习省委书记王东峰在石家庄市区暗访检查冬季居民供暖时的讲话精神及省长许勤在省长办公会上调度供暖工作时的讲话精神，研究全市贯彻落实意见。

11月28日，邢国辉主持召开市委常委会（十届第33次）扩大会议。研究《关于五年来市委常委会贯彻落实中央八项规定精神带动全市加强作风建设情况的报告》《关于贯彻落实中央八项规定实施细则的若干规定》《关于开展全市重点工作大督查的实施方案》，听取全市创建国家卫生城市工作情况、石家庄市第二届旅游产业发展大会筹备工作情况和关于2016年度市直机关目标绩效管理考核情况的汇报，研究《关于补选第十四届人大代表的意见》。

12月3日，邢国辉主持召开市委常委会十届第34次会议。听取市纪委关于全省深化国家监察体制改革试点工作动员部署电视电话会议主要精神及全市贯彻落实意见的汇报，研究《石家庄市深化国家监察体制改革试点工作实施方案（讨论稿）》；传达学习《关于对省委重要会议迟到人员处理情况的通报》，研究全市贯彻落实意见；听取市政协关于总结全市全面深化改革经验、市委组织部关于全市村（社区）“两委”换届进展情况和关于市委党校搬迁选址建设情况的汇报；研究《关于拟推荐全国三八红旗手标兵、全国三八红旗手人选的意见》。

12月8日，邢国辉主持召开市委常委会第十届第35次会议。听取关于召开石家庄市第十四届人民代表大会第二次会议有关事项的汇报，研究《关于推荐提名我市第十三届全国人大代表初步人选的意见》《关于推荐提名我市第十三届全国政协委员初步人选的意见》。

12月11日，邢国辉主持召开市委常委会十届第36次会议。听取全市天然气供应保障居民取暖、推进“厕所革命”、贯彻落实中央和省委加强政法队伍建设意见情况和全国全省社会治安综合治理表彰大会会议精神及全市贯彻落实意见、关于九届省委第三轮巡视工作动员部署会议主要精神及全市贯彻落实意见的汇报，研究《各县（市、区）需要市级层面协调解决的问题及困难责任分工（讨论稿）》。

12月15日，邢国辉主持召开市委常委会十届第37次会议。研究《关于推荐提名我市第十三届河北省人大代表初步人选的意见》《关于推荐提名我市第十二届河北省政协委员及非中共常委初步人选的意见》，研究干部人事问题。

12月18日，邢国辉主持召开市委常委会十届第38次会议。传达学习《中共中央办公厅印发习近平总书记关于进一步纠正“四风”、加强作风建设重要批示的通知》，研究全市贯彻落实意见；听取关于西柏坡纪念馆改陈修缮和整体规划情况、关于中山古城国家考古遗址公园项目立项工作情况的汇报；研究《关于设立中山文化保护开发工作领导小组和专门工作机构的意见》及干部人事问题；书面听取关于2017年度落实意识形态工作责任制情况、关于全市市属高校思想政治工作、关于全市法制建设情况、关于全市老干部工作情况的汇报。

12月25日，邢国辉主持召开市委常委会十届第39次会议。传达学习中央经济工作会议、省委九届六次全会精神，研究石家庄市贯彻落实意见及市委十届四次全会有关事宜，讨论并原则同意《关于深入开展扶贫领域腐败和作风问题专项治理的实施意见（讨论稿）》《关于贯彻落实全省扶贫脱贫工作会议和全省扶贫工作推进会有关精神的意见（讨论稿）》；听取关于2017年贫困村和贫困县退出工作情况汇报，讨论并原则同意《关于落实食品安全党政同责的实施方案（讨论稿）》《关于推进安全生产领域改革发展的实施办法（讨论稿）》；听取关于石家庄市县城建设工作会议有关事宜、市纪委有关工作情况的汇报；研究干部人事问题；书面听取关于全市维稳工作情况、关于全市深度贫困村帮扶情况的汇报。

【市委理论学习中心组学习会】 3月23日（党中央、毛主席离开西柏坡“进京赶考”68周年纪念日），省委常委、市委书记邢国辉主持召开市委理论学习中心组集中学习会议。开展“3·23”赶考日主题教育活动，重温党中央、毛主席“进京赶考”的警示和“两个务必”的深刻内涵；组织与会人员集中观看《西柏坡时期党内政治文化建设》专题片；听取省委党校西柏坡研究中心副教授李芬以“赶考”精神作辅导报告。

4月10日，邢国辉主持召开市委理论学习中心组学习会。传达学习习近平总书记在河北雄安新区规划建设座谈会上的讲话及中央和省委关于规划建设雄安新区的有关精神。围绕实施京津冀协同发展战略、加强与雄安新区融合发展举行研讨。

5月14日，邢国辉主持召开市委理论学习中心组学习会。传达学习省委书记赵克志在省委常委会（扩大）会议上讲话精神，省委、省政府《关于贯彻落实习近平总书记重要讲话精神和党中央重大决策部署　全力做好当前雄安新区规划建设相关工作责任分工方案的通知》《关于河北雄安新区规划建设工作会议精神的贯彻落实意见》等文件精神；集中学习中纪委监察部网站理论文章《强化整改责任》；观看专题片《党中央决策河北雄安新区规划建设纪实》，开展雄安新区建设专题研讨和交流发言。

6 月 4 日，邢国辉主持召开市委理论学习中心组学习会。与会人员学习《习近平总书记关于严明党的纪律和规矩重要论述摘编》《知之深　爱之切》摘选篇章和中央纪委监察部网站“学思践悟”系列文章；以“严明纪律规矩”为主题，举行学习研讨和交流发言。

6 月 18 日，邢国辉主持召开市委理论学习中心组学习会。集中学习《习近平关于全面依法治国论述摘编》《知之深　爱之切》关于精神文明建设摘选篇章，中央文明委《关于深化群众性精神文明创建活动的指导意见》，中共中央办公厅、国务院办公厅《关于甘肃祁连山国家级自然保护区生态环境问题督查处理情况及其教训的通报》，中央纪委、监察部网站“学思践悟”理论文章；举行学习交流和研讨发言。

7 月 2 日，市委副书记、市长邓沛然主持召开市委理论学习中心组学习会。集中学习习近平总书记在山西深度贫困地区脱贫攻坚座谈会上的讲话精神；省委常委会（扩大）会议传达学习习近平在山西深度贫困地区脱贫攻坚座谈会上讲话的会议精神；习近平总书记关于社会主义经济建设论述摘编；《知之深　爱之切》有关经济建设篇章摘编；中央纪委、监察部网站“学思践悟”系列文章；举行专题研讨和学习交流。

7 月 16 日，邢国辉主持召开市委理论学习中心组学习会。集中学习《习近平关于开放发展论述摘编》《知之深　爱之切》关于开放发展摘选篇章；新修订的《中国共产党巡视工作条例》；中央纪委、监察部网站“学思践悟”理论文章。

8 月 15 日，邢国辉主持召开市委理论学习中心组学习会。专题学习《河北日报》长篇通讯《“把百姓的事放在心里”——习近平总书记在河北正定工作的难忘岁月（一）》，并组织交流和发言。

8 月 20 日，邢国辉主持召开市委理论学习中心组学习会。学习习近平总书记“7·26”重要讲话精神、关于河北工作重要指示摘编、《知之深　爱之切》有关篇章，新华社、《人民日报》、中央纪委监察部网站“学思践悟”有关文章和省“两办”《关于深入贯彻习近平总书记对信访工作重要批示　为党的十九大召开创造和谐稳定社会环境的通知》。

8 月 23 日，邢国辉主持召开市委全面深化改革领导小组第十五次会议。传达学习省委全面深化改革领导小组第 31 次会议精神；听取石家庄日报社改革进展情况、市政府投资项目代建工作进展情况、新华区关于全面深化改革等情况汇报；审议《关于进一步推动传统媒体和新兴媒体融合发展的实施意见》《石家庄市总工会改革方案》《石家庄市妇联改革方案》《石家庄市科协系统深化改革实施方案》等改革专件。

8 月 31 日，邢国辉主持召开市委理论学习中心组学习会。传达习近平总书记关于河北塞罕坝林场建设者感人事迹的重要批示精神和关于信访工作的重要指示、第八次全国信访工作会议精神、省委书记赵克志在“河北省塞罕坝林场建设先进事迹报告会”上的讲话精神、省委关于印发《河北省贯彻落实〈中国共产党问责条例〉实施办法的通知》；集中学习《河北日报》长篇通讯《“改革戏必须大家唱”——习近平总书记在河北正定工作的难忘岁月（三）》和《知之深　爱之切》有关篇章。

9 月 5 日，邢国辉主持召开市委理论学习中心组学习会。集中学习长篇通讯《“拆掉围墙　八面来风”——习近平总书记在河北正定工作的难忘岁月（四）》；传达中共中央办公厅有关通知精神。

9 月 10 日，邢国辉主持召开市委理论学习中心组学习会。围绕学习贯彻习近平总书记“7·26”重要讲话精神和对弘扬塞罕坝精神的重要指示，市委理论学习中心组成员结合自身思想和工作实际，谈认识、谈体会、谈打算，开展研讨和交流发言。

9 月 24 日，邢国辉主持召开市委理论学习中心组学习会。集中学习《习近平总书记关于河北工作重要指示摘编》《知之深　爱之切》有关篇章；市金融工作办公室主要负责人作关于企业上市的主题报告；举行研讨和交流发言。

10 月 18 日，市委副书记、市长邓沛然主持召开市委理论学习中心组学习会。集中收看中共十九大开幕会盛况，学习习近平总书记代表十八届中央委员会向大会作主题报告。

10 月 29 日，邢国辉主持召开市委理论学习中心组学习会。集中原文学习中共十九大报告。

11 月 9 日，邢国辉主持召开市

委理论学习中心组学习会。学习习近平总书记带领中央政治局常委瞻仰中共一大会址和浙江嘉兴南湖红船时的重要讲话精神；要求全市全面学习宣传贯彻中共十九大精神，坚决维护习近平总书记在党中央和全党的核心地位，坚决维护党中央权威和集中统一领导，弘扬“红船精神”“西柏坡精神”，牢记“两个务必”，不忘初心、牢记使命，担当实干、开拓创新，在新的赶考征程中奋力开创发展新局面，向党和人民交一份优异答卷。

11 月 19 日，邢国辉主持召开市委理论学习中心组学习会。集中原文学习中共十九大报告及新华社长篇通讯《习近平：新时代的领路人》。

12 月 3 日，邢国辉主持举行市委理论学习中心组学习会。与会人员集中原文学习《习近平谈治国理政（第二卷）》有关篇章、新华社长篇通讯《习近平：新时代的领路人》及市委、市政府《贯彻落实中央八项规定实施细则的若干规定》。

12 月 18 日，邢国辉主持举行市委理论学习中心组学习会。学习《习近平谈治国理政（第二卷）》有关篇章及《中共河北省委关于维护党中央集中统一领导的规定》。

【市委全面深化改革领导小组会议】 2 月 23 日，省委常委、市委书记、市委全面深化改革领导小组组长邢国辉主持召开市委全面深化改革领导小组第九次会议。传达学习中央和省委全面深化改革领导小组会议精神；听取市检察院创建检察扶贫网络平台、灵寿县以重点改革破解发展难题助力扶贫攻坚的情况汇报；审议市委全面深化改革领导小组 2016 年工作总结报告、2017 年工作要点及市以下财政事权与支出责任划分改革方案、支持农业转移人口市民化的若干财政政策措施、建立健全水价调整补偿机制实施方案等改革专件。

3 月 24 日，邢国辉主持召开市委全面深化改革领导小组第十次会议。听取高邑县、市卫生计生委有关改革创新工作情况汇报；审议市房地产专项整治办公室、市国土资源局、石家庄日报社提交有关改革专件。

4 月 28 日，邢国辉主持召开市委全面深化改革领导小组第十一次会议。传达学习中央和省委全面深化改革领导小组会议精神；听取税勇作关于经济体制改革、王韶华作关于农业农村体制改革、栾城区关于推进土地规模流转激发农村改革活力等情况汇报；审议《石家庄市环保机构监测监察执法垂直管理制度改革工作方案》《共青团石家庄市委改革方案》等改革专件。

5 月 24 日，邢国辉主持召开市委全面深化改革领导小组第十二次会议。传达学习中央全面深化改革领导小组第三十五次会议精神；听取关于司法和社会治理体制改革、市公安局关于信息化建设、鹿泉区关于全面深化改革、桥西区关于全面深化改革、行唐县关于河道采砂经营权出让、市教育局关于教育领域综合改革等情况汇报；审议《关于深化投融资体制改革的实施意见》《关于稳步推进农村集体产权制度改革的指导意见》《市委巡察工作规划》《市委巡察全覆盖工作方案》等改革专件。

6 月 18 日，邢国辉主持召开市委全面深化改革领导小组第十三次会议。传达学习省委全面深化改革领导小组第二十九次会议、省文化体制改革和发展工作领导小组第十三次会议精神；听取市委改革办关于上半年全市改革推进、高新区党工委关于开展竞争性招商、元氏县委关于槐阳镇铁屯村以基层党建引领社会治理创新、市工商局关于“双随机、一公开”监管改革等情况汇报；审议有关改革专件。

7 月 28 日，邢国辉主持召开市委全面深化改革领导小组第十四次会议。与会人员集体观看大型政论专题片——《将改革进行到底》；传达学习中央全面深化改革领导小组第 36、37 次会议和省委全面深化改革领导小组第 30 次会议精神；听取石家庄广播电视台关于加快媒体融合发展、平山县关于全面深化改革等情况汇报；审议《关于加快推进县域内城乡义务教育一体化改革发展的实施意见》等改革专件。

9 月 29 日，邢国辉主持召开市委全面深化改革领导小组第十六次会议。传达学习中央、省委全面深化改革领导小组第 38 次、32 次会议精神；听取市行政审批局全面深化改革、赞皇县“互联网＋扶贫”工作及社会事业改革、城市建设管理体制改革和脱贫攻坚工作等情况汇报；审议《石家庄市全面创新改革试验主要措施》《关于贯彻农村土地所有权承包权经营权分置办法的实施意见》等改革专件。

（市委办公厅）

组织工作

【概况】 2017 年，市委组织系统以“两学一做”（学党章党规、学系列讲话，做合格党员）学习教育、领导班子和干部队伍、基层组织建设、人才培养和引进等工作为重点，履职尽责，严抓干部和党员管理。全年新发展党员6589人，党员总数累计达到627526人。开展“两学一做”（学党章党规、学系统讲话，合格党员）学习教育，制定印发《关于推进“两学一做”学习教育常态化制度化实施方案》。完善干部选拔任用机制，推行“县级干部抓研判、科级干部抓备案、全体干部抓档案”工作机制，形成以综合分析研判为抓手的领导班子和领导干部日常考察管理机制。注重培养和选拔优秀年轻干部，2017年全市招录清华大学、北京大学定向选调生7名，面向“双一流”重点院校定向招录选调生127名，招录常规选调生120名，招录市县乡公务员462人。推进基层组织建设，采取后备干部队伍建设、后进村整顿、村级场所建设集中攻坚等措施，补齐农村党组织建设短板；重视国有企业、非公企业和社会组织党建，制定印发《关于进一步加强国有企业党的建设的实施办法》《关于推进非公企业和社会组织“两个覆盖”强化功能发挥的实施方案》，建成31个非公企业和社会组织党建示范点。重视人才培养和引进，制定出台《石家庄市人才绿卡（A卡）管理办法（试行）》《石家庄市人才绿卡（B卡）管理办法（试行）》《关于构建县（市、区）人才服务体系的指导意见（试行）》，评选和认定石家庄市第二批“十百千人才工程”人选286人，确定11人为全市第二批高层次科技创新创业人才，首批201人获得人才绿卡B卡。组织27家企事业单位赴西安面向西安交通大学、西北工业大学、西北农林科技大学3所重点高校现场招聘人才，提供事业单位招聘岗位178个，达成就业意向589人。加强老干部管理，印发《石家庄市贯彻落实〈老干部教育发展规划（2016–2020）实施方案〉》，发挥市老年大学、老干部活动中心作用。全年新增老干部2110人，至2017年底，全市共有老干部95136人。

【“两学一做”学习教育】 制定印发《关于推进“两学一做”学习教育常态化制度化实施方案》，明确“深化党章党规学习在落实全面从严治党要求上形成新自觉”等3项基本内容和目标要求，制定“领导干部率先垂范”等6个方面推进方式及措施。巩固和运用制度化成果，出台“1+3”专件，在全市开展基层组织建设集中攻坚行动。创新活动载体，推进基层党组织建设，举行中心组理论学习，开办农村优秀青年研修班，落实“三会一课”等制度。2017年全市建立健全制度机制1523项，其中基层党建相关制度910项。加强党员干部思想政治建设，把“两学一做”学习教育常态化制度化与学习中共十九大精神相结合，制定出台《加强和改进县（市、区）领导班子思想政治建设的意见》，突出党性教育主题，举办市级思想理论培训班8期，指导各县（市、区）举办理论培训班172期，市县两级党委书记讲授政治理论专题党课27场。

【领导班子和干部队伍】 人大代表、政协委员换届选举完成。落实人大代表、政协委员推荐和提名程序，严把政治关、廉洁关、能力关、结构关及构成比例；遵照换届选举程序，严格换届风气监督，实行“模拟式”推演、“拉网式”准备、“清单式”管理、“清零式”工作机制；人大代表、政协委员换届选举后，县（市、区）党政班子成员学历层次提高，年轻干部、女干部和党外干部增加，知识专业、工作经历结构更趋合理，基层选人用人导向变得更加明确。结合领导班子换届和机构改革，调整市直部门（单位）领导干部，推进市直部门干部队伍建设。举办新任县级干部任职培训班、优秀年轻干部轮训班等，4月5日，新任副县级领导干部任职培训班在市委党校举行。完善干部选拔任用机制，推行“县级干部抓研判、科级干部抓备案、全体干部抓档案”工作机制，形成以综合分析研判为抓手的领导班子和领导干部日常考察管理机制；建立干部基础信息库，定期收集各类动态信息，准确把握班子运行和班子成员基本情况，将日常考核、年度考核与平时了解、任前考察相结合。印发《关于进一步加强和规范干部选拔任用预审备案工作的通知》，从职数管理、资格条件、选任程序等方面，落实县（市、区）和市直单位选拔任用科级干部“全覆盖”预审备案，做到关口前移，从源头杜绝发生违规用人问题。推行干部档案集中统一管理制度，制定出台《干部信息管理中心工作细则》，在21个县（市、区）和14个市直单位落实干部档案集中统一管理要求，健全管档机构、配强人员力量、升级管理装备，推进干部人事档案管理走向规范化、制度化、科学化。严格执行“凡提必审”制度，坚决防止干部“带病”提拔，2017年全市15名干部因档案问题中止考察任用程序。完善干部管理机制，出台《石家庄市推进领导干部能上能下办法（试行）》，将重点放在解决干部“能下”的问题上，明确干部应当调整5个方面23种情形。按照“三个区分开来”原则，辨别干部工作失误，依照《石家庄市党政机关容错纠错办法（试行）》有关规定核实甄别，宽容改革探索中的偏差。出台《关于防止干部“带病提拔”的实施细则》，细化内容程序，严格提名动议、推荐考察、酝酿决定、任职试用“四个关口”，实行干部初始提名责任书制度，制定10项程序性要求，逐级压实责任，严防干部带病提拔。注重培养和选拔优秀年轻干部，2017年全市招录清华大学、北京大学定向选调生7名，面向“双一流”重点院校定向招录选调生127名，招录常规选调生120名，招录市县乡公务员462人。落实市委《关于进一步加强和改进乡科级年轻干部培养选拔工作的通知》，要求各县（市、区）必须配有35岁以下、大学本科以上学历的乡镇（街道办事处）党政正职领导干部，年度至少选拔配备2名35岁以下正科级领导干部和2名30岁以下副科级领导干部。改进考核方法，推进分类差异化考核改革，将21个县（市、区）分为中心城区、转型升级重点县（市、区）和贫困县三类，将83个部门划分为市委工作部门、政府工作部门、政府直属事业单位及市委市政府派出机构三类。坚持少而精原则，选取最核心、最具代表性的指标实施考核，考核导向作用更加鲜明。加强干部日常管理和监督，落实个人有关事项填报及领导干部经济责任审计制度，严格市管干部出国（境）审批，严肃举报受理及案件查办，开展科级干部职数预审、加强换届风气监督、组织人事系统问题线索清零行动等专项活动。

【基层组织建设】 农村党组织建设。采取后备干部队伍建设、后进村整顿、村级场所建设集中攻坚等措施，补齐农村党组织建设短板；解决村级班子年龄老化问题，连续在河北农业大学举办农村优秀青年研修班；协助594个后进村建立党建台账，推行县级领导分包、县直部门联系、第一书记和帮扶工作组驻村等措施，加快后进村提升转变进度；开展村级场所集中建设，将村级场所建设列为基层党建述职和年终党建考核重要内容。村（社区）“两委”换届准备。市委组织部联合市纪委、市委政法委、市民政局制定印发《关于防范苗头倾向性问题严肃村“两委”换届前有关纪律的通知》，分别就打击农村涉黑涉恶势力、拉票贿选等违法违纪行为作出安排部署；深入乡村（社区）开展调研活动，12月3日，市委组织部向市委常委会专题汇报村（社区）“两委”换届工作进展，研究通过《关于认真做好全市村（社区）“两委”换届工作的实施意见》。改进城市社区党建工作，研究制定《关于加强和改进城市基层党建工作的若干措施》，按照“区域化布局、网格化运行、差异化施策、特色化创建、规范化推进”思路，打造城市基层党建示范点12个，形成街道社区党建、单位党建、行业党建互联互动局面。制定出台《加强党员教育管理打通城市社区党建“最后一公里”工作指导意见》，从强化社区党员教育、管理、关爱、服务四个方面提出指导性要求；实施社区党建惠民工程，按照每个社区20万元标准拨付党建惠民资金1.46亿元，安排惠民项目1520项，受益居民140万人。国有企业党建。制定印发《关于进一步加强国有企业党的建设的实施办法》，撰写《石家庄市国有企业党的建设情况调研报告》，梳理列出5个方面问题清单，提出对策建议16条。按照“建设一个高标准的党建阵地、建立一套高质量的档案资料、健全一个高效率的运行机制、形成一份高水平的党建情况报告”“四个一”标准，选定市公交公司、北人集团、白龙化工等8家不同类型国有企业作为重点，培育和树立先进典型。非公企业和社会组织党建。制定印发《关于推进非公企业和社会组织“两个覆盖”强化功能发挥的实施方案》，建成31个非公企业和社会组织党建示范点；制定《2017年非公企业和社会组织党务工作者培训方案》，举办全市非公企业和社会组织党务工作者培训班5期，培训党组织书记、党建指导员800余人次；制定《关于建立园区党群活动服务中心的指导意见》，在各类园区、产业集群镇（街）推进党群活动服务中心建设。

【人才培养和引进】 建立人才绿卡制度。制定出台《石家庄市人才绿卡（A卡）管理办法（试行）》《石家庄市人才绿卡（B卡）管理办法（试行）》《关于构建县（市、区）人才服务体系的指导意见（试行）》，形成全方位、立体式、全覆盖的人才服务体系。配套制定23个人才服务项目，推进人才绿卡制度迅速推开和落地结果。引进高层次人才。与天津市南开区签署人才合作框架协议，就建立协调沟通机制、开展研修培训、开展人才交流等达成合作意向。以产业发展需求为导向，借助第三方资源建立高层次人才供应和需求“两个清单”，完善包括国家“两院”院士、国家“千人计划”入选者在内的高层次人才信息库和企事业高层次人才需求信息。举办国家“千人计划”专家石家庄行活动，组织来自全国各地22名专家与高新技术企业对接，达成初步合作意向10个。新建院士工作场所10个，与120多名院士建立合作关系，开展项目合作、技术攻关、人才培养、交流研讨等170多项（次）。吸引“名校英才入石”工作，组织27家企事业单位赴西安面向西安交通大学、西北工业大学、西北农林科技大学3所重点高校现场招聘人才，提供事业单位招聘岗位178个，达成就业意向589人。宣传人才工作新政策，营造引才爱才氛围，向国家“两院”院士等高层次人才寄发包括人才绿卡服务指南、市情简介和产业介绍在内信函900封。2017年8月，评选和认定石家庄市第二批“十百千人才工程”人选286人，其中，优秀企业家29人、创新技术人才34人、创业管理人才21人、宣传文化人才20人、教育人才75人、卫生计生人才33人、农业人才19人、农村青年人才26人、高技能人才6人、社会工作人才23人。确定石家庄天泉良种奶牛有限公司李树静、精进电动科技（正定）有限公司余平、天俱时工程科技集团有限公司甄崇礼、河北昂扬微电子科技有限公司步建康等11人为全市第二批高层次科技创新创业人才。10月13日，石家庄市举行人才绿卡B卡授卡仪式，首批201人获得人才绿卡B卡。首批申领人才绿卡B卡为“名校英才入冀计划”人员，硕士研究生及以上学历占74.5%，其中博士生9名；来自一流大学建设高校占64.7%，包括34名清华大学、北京大学毕业生；生源覆盖全国11省市和河北省内10市。

（尹路）

宣传工作

【概况】 2017年，全市宣传思想文化工作以学习宣传中共十九大精神和习近平新时代中国特色社会主义思想为主题，鼓足干劲，唱响主旋律，弘扬正能量。市委理论学习中心组率先垂范，带头原原本本学习习近平总书记系列重要讲话、中共十九大会议精神，举办集中学习21次。省委常委、市委书记邢国辉到社区、农村、机关、企业、校园举办宣讲活动15场次，市级领导分赴各自联系点举行宣讲活动150余场次。发挥新闻宣传作用，围绕贯彻落实中共十九大精神和市委中心工作及决策部署，举办“砥砺奋进的五年”大型成就宣传；组织市级新闻单位、新媒体开设“聚焦党的十九大”“十九大时光”“高举习近平新时代中国特色社会主义思想伟大旗帜　扎扎实实推动党的十九大精神在石家庄落地见效”等专题、专栏，刊发新闻宣传稿件1300篇（条），其中在中央和省级媒体刊发400余篇（条）；以宣传全市经济社会发展新实践新进展新成效为内容，在中央主要媒体刊播1500余篇（条），在省级媒体发稿3000余篇（条）。开展社会主义核心价值观教育，集聚正能量，弘扬好风尚。选树典型，向省委宣传部推荐民警楷模——吕建江，市公安局火车北站警务站被中央宣传部确定为全国岗位学雷锋示范点。开展“美丽河北”宣传展示活动和365百姓故事汇·美德故事人人讲活动，评选推荐“最美护士”“最美军嫂”等最美人物。“十一”国庆节期间，以弘扬宣传爱国主义为主题，组织开展“五星红旗飘起来”活动，在全市大街小巷悬挂五星红旗10万余面。确定正定县塔元庄村等20个农村、裕华区金域蓝湾社区等18个社区为社会主义核心价值观示范单位。创建全国文明城市（参见《石家庄年鉴2018》本目“社会生活”下“精神文明建设”），开展“建设文明石家庄，做文明石家庄人”活动，评选确定“石家庄市民文明10条”。严格互联网管理，完善网络安全工作方案，督导属地网站履行主体责任；推进网络社会综合治理，开展网上“扫黄打非”“打击侵权盗版”“亮剑”等专项行动；重视舆论引导和舆情监测，升级技术装备，提升舆情监测的广度和深度，及时发现并稳妥应对120多起网络热点舆情信息；举办第三届“善美石家庄”微电影大赛、“2017—我们e起精彩”网络盛典等活动，汇聚网络正能量，健全网评机制和队伍，构建良好的网络环境。做好对外宣传，支持石家庄新闻网、燕赵名城网开办“无线石家庄”“ZAKER石家庄”新闻客户端，形成主流媒体宣传定调、新媒体互动扩大的舆论矩阵；完善新闻发布工作制度，与市委组织部在北京大学联合举办新闻发言人培训班；举办“红色西柏坡　多彩石家庄”大型旅游风光摄影展等主题对外宣传活动，推出《正定隆兴寺》特种邮票、鸟瞰石家庄等对外宣传品。命名爱国主义教育基地8个。3月，省委宣传部命名井陉县洪河槽百团大战纪念馆、高平地道战遗址·高平抗敌斗争纪念馆、石家庄七一学校（市第24中学）校史馆3个单位为第五批河北省爱国主义教育基地。10月16日，市委宣传部命名行唐县上南庄烈士陵园、藁城区烈士陵园、深泽县烈士陵园、英雄赞歌——李混子抗日民兵群雕、赵县豆腐庄惨案纪念馆5个单位为石家庄市爱国主义教育基地。11月11日，由市委宣传部主办，石家庄日报社承办的《千秋雅诵——古人咏石家庄诗集》出版首发式暨朗诵会在石家庄大剧院举行。增订出版《千秋雅诵——古人咏石家庄诗集》与20年前出版的《古人咏石家庄》相比，整理收录了大量古人歌咏石家庄秀丽风景、风俗人情、历史事件的诗词。推进文化产业发展，印发《石家庄市文化事业发展十三五规划》，出台市委关于繁荣发展社会主义文艺的实施意见，研究制定全市文艺事业发展总体规划。举办石家庄市首届旅游产业发展大会实景演出《正定记忆》和纪念石家庄解放70周年诗歌音乐会，编辑出版《千秋雅颂——古人咏石家庄诗集》，拍摄十集纪录片《石家庄印记》，引进爱尔兰舞剧《大河之舞》等“高雅艺术演出”剧目10场。石家庄大剧院、丝弦剧院正式投用，成为石家庄市文化新地标。国家动漫基地创业孵化园、东方文化创意产业基地等文化产业集聚效应显现。3家企业入选河北省优秀文化企业“三十强”。上市文化企业达到5家。2017年全市文化产业实现增加值257.6亿元，占全市GDP比重4.7%，同比增长15.5%。11月17日，石家庄市获评第五届全国文明城市，正定县获评全国文明县城，8个单位获评全国文明单位、4个学校获评全国文明校园，市第二中学获评全国未成年人思想道德建设工作先进单位，10个村镇获评全国文明村镇；12月13日，石家庄市获评首届河北省文明城市，7个区获评河北省文明城区，6个县获得文明县城称号（参见《石家庄年鉴2018》类目“附录”下“光荣榜”）。2017年石家庄市张德云获授“全国见义勇为模范”称号，王生廷、王双廷2人获授第六届全国道德模范称号，平茜、牛靖萱、张贵平、谷焕珍、吴俊巧5人获评“中国好人”（参见《石家庄年鉴2018》类目“人物”。

【思想理论学习】 以学习宣传贯彻中共十九大精神作为全年工作主线和首要任务，制定宣传工作方案，掀起学习习近平新时代中国特色社会主义思想热潮。市委理论学习中心组率先垂范，带头原原本本学习习近平总书记系列重要讲话、中共十九大会议精神，举办集中学习21次。连续第6年开展“3·23赶考日”主题教育活动，5次学习研讨成果在《石家庄日报》专版刊发。市委宣传部组织撰写理论文章《共产党人的初心永远不变》在《光明日报》刊登。以贯彻落实习近平总书记系列重要讲话精神和中央、省市委重大决策部署为内容，组建领导干部、党代表、理论专家、基层宣传员4支宣讲队伍，在全市举行全覆盖宣讲活动。2017年省委常委、市委书记邢国辉到社区、农村、机关、企业、校园举办宣讲活动15场次，市级领导分赴各自联系点举行宣讲活动150余场次；全市采取理论、文艺、网络等形式举行各类思想理论宣讲活动8000余场次。广泛开展社会宣传、文艺宣传，在大街小巷设置宣传标语，组建多支文艺小分队下基层演出，把中共十九大精神和习近平总书记系列重要讲话送到群众身边。

【意识形态宣传】 落实意识形态工作政治责任、领导责任，建立和实行意识形态工作党委主要领导负责制。成立市、县两级意识形态工作领导小组，党委（组）书记担任组长，小组成员明确工作职责，做到分工明确、专人专职。建立意识形态工作分管领导牵头落实、专人负责材料归档及汇总制度。严格市直单位及企业意识形态教育，督导检查意识形态分管干部履职尽责情况，推进各级真正将意识形态工作抓在手上、责任扛在肩上。市委常委会专题听取市委宣传部关于党委（党组）理论学习中心组学习情况的汇报。市委宣传部定期分析意识形态领域形势，专题学习习近平总书记关于意识形态工作的重要论述和中共中央办公厅《关于当前意识形态领域形势的通报》，分析意识形态工作存在的风险点，研究制定周密计划。按照意识形态工作要求，及时以市委正式文件向省委报告意识形态工作。开展全市意识形态工作大督查，由市委宣传部领导带队，分9个工作组，深入全市21个县（市、区）及高新区督查调研意识形态工作，召开督查通报会，做到不漏环节、不留死角、不走过场。

【邢国辉批示吕建江感人事迹】 12月5日，省委常委、市委书记邢国辉专门为吕建江感人事迹作出批示："吕建江同志以终生的实践，生动诠释一名公安干警对党的忠诚和对人民的热爱，让人感动，令人敬佩。他以担当践行责任，用实干书写奉献，靠民心赢得荣光，为全市广大党员干部树立了学习榜样。全市要以吕建江同志为典型，结合巩固深化文明城市创建成果和争创国家卫生城市工作，迅速掀起向吕建江同志学习的热潮，学习和弘扬吕建江同志忠于职守的品格、心系人民的品质、善于创新的精神、无私奉献的境界，不忘初心、牢记使命，奋力开创新时代加快建设现代省会、经济强市的新篇章。向建江同志的家人表示诚挚的问候！"

（谢礼）

【第三届"善美石家庄"微电影大赛】 6月2日～11月23日，由市委宣传部、市互联网信息办公室主办，市网络文化协会协办的第三届"善美石家庄"微电影大赛。主题为"善美石家庄"。大赛以微电影为载体，以精彩感人的影像方式，寻找感动，传递温暖，凝聚正能量，展现全市人民的善美故事、幸福生活、城市发展、人文精神等。共征集全国15个省市报送微电影作品近500部，最终20余部及创作团队获得最佳影片、最佳导演、最佳编剧、最佳摄影、最佳男演员、最佳女演员、最佳新人、优秀童星、特别奖9类奖项。6月7日，"善美石家庄"微电影大赛在全国网络社会组织工作推进会上获得2016～2017年度（第一批）"全国网络社会组织品牌项目"称号。

（张晓娟）

【歌曲《滹沱之光》MV发布】 11月7日，由市委宣传部为庆祝石家庄解放70周年组织创作的歌曲《滹沱之光》MV发布。《滹沱之光》MV由河北省音乐文学学会副秘书长段春芳（女）作词，河北传媒大学录音工程专业教师祖组作曲，主唱为石家庄歌手赵骏。时长4分35秒，设置场景镜头36个。该歌曲采用MV形式，以镜头语言展示解放石家庄的历史场景，以新旧对比手法、多角度展现石家庄的悠久历史文化和当代石家庄在工业、农业、商业、旅游业、文化产业等方面取得的巨大成就及城市的巨大变化。

（王静）

【纪念石家庄解放70周年】 11月11日，石家庄市举行纪念石家庄解放70周年座谈会，重温石家庄解放的光辉历程，缅怀革命先辈的丰功伟绩，回顾解放以来石家庄发展变化，共谋石家庄未来发展。11月12日，石家庄解放70周年纪念大会在石家庄市举行。省委书记王东峰等省市领导及社会各界群众1000余人参加大会，并向为石家庄解放壮烈牺牲的革命先烈和为石家庄建设发展、社会安宁以身殉职、英勇献身的烈士默哀。11月12日，暨第一个石家庄解放纪念日，全市各界群众在石家庄解放纪念碑前集会，举行缅怀先烈和石家庄解放纪念馆重新开馆活动。11月12日，《奋进——纪念石家庄解放70周年诗歌音乐会》举行。省委常委、市委书记邢国辉，市长邓沛然等市四大班子领导及市级老干部领导代表，市警备区、市武警支队、市消防支队代表，感动省城人物代表，各界劳动模范代表，市直有关单位代表，市内4区群众代表400余人出席并观看音乐会。

（谢礼）

统战工作

【概况】 2017年，全市统战工作贯彻落实中国共产党领导下的多党合作和政治协商制度，坚持长期共存、互相监督、肝胆相照、荣辱与共的基本方针，凝聚各民主党派思想共识，促进多党合作事业健康发展。围绕中共十九大精神、市第十次党代会精神、《习近平总书记在河北正定工作的难忘岁月》等内容，组织各民主党派、工商联负责人和无党派人士举行座谈会3次、专题辅导1次；安排市各民主党派新一届领导班子成员、各民主党派驻会副主任委员（简称副主委）赴湖南省韶山革命教育基地接受红色革命教育。各民主党派建议献策，出版专报6期，涉及科技创新、医疗废物处理、地热资源利用、志愿者激励、农产品品牌建设等内容。印发《石家庄市各民主党派加强自身建设若干问题座谈会纪要》，完成各民主党派换届选举。提升党外干部能力和素质，在江苏省社会主义学院举办石家庄市科级党外干部培训班，培训各民主党派机关和各县（市、区）民主党派科级党外干部46名；推荐2名党外干部挂职锻炼。加强民族宗教工作，举办宗教干部培训班，轮训基层宗教干部、重点乡村干部及宗教教职人员。妥善解决影响社会稳定的隐患问题，协调推进市清真东寺周边拆迁问题，处置天主教领域非法祝圣神甫、非法调动神父等4起非法活动，维护了社会稳定。探索在宗教活动场所设立、创建和谐寺观教堂指导员，全市选聘创建和谐寺观教堂指导员371名。加强市委统战部门与各阶层人士的联系，制定印发《石家庄市新的社会阶层人士统战工作联席会议制度（试行）》《新的社会阶层人士统战工作实施方案》等。支持民营企业发展，开办非公人士培训班4期，培训人员400余人次。2017年市委统战部获评全国统战系统宣传工作先进单位、市级文明单位和市级法治宣传工作先进集体。

【多党合作与协商】 凝聚各民主党派思想共识，促进多党合作事业健康发展。3月21日，中共石家庄市委召开党外人士座谈会，就中国共产党石家庄市第十次代表大会报告（征求意见稿）听取市各民主党派、工商联负责人和无党派人士的意见和建议。全年围绕中共十九大精神、市第十次党代会精神、《习近平总书记在河北正定工作的难忘岁月》等内容，组织各民主党派、工商联负责人和无党派人士举行座谈会3次、专题辅导1次；安排市各民主党派新一届领导班子成员、各民主党派驻会副主委赴湖南省韶山革命教育基地接受红色革命教育。发挥民主党派参政议政、民主监督作用。全年各民主党派建议献策，出版专报6期，涉及科技创新、医疗废物处理、地热资源利用、志愿者激励、农产品品牌建设等内容，部分建议被相关部门采用。支持民主党派加强自身建设。以民主党派换届为契机，印发《石家庄市各民主党派加强自身建设若干问题座谈会纪要》，为各民主党派开展自身建设指明方向和发展依据。2017年全市6个民主党派举办社会服务50余次，涉及扶贫帮困、医疗救助、法律咨询、文化推广等活动，受到社会各界的赞誉。

【民族宗教管理】 召开全市宗教工作会议，确定宗教工作发展方向和任务。举办全市宗教干部培训班，集中培训和学习中共十九大精神、全国及省市宗教工作会议精神、新修订的《宗教事务条例》。轮训基层统战宗教干部、重点乡村干部及宗教教职人员，各县（市、区）举办宗教干部培训班28期。中共十九大召开期间，全市召开维护宗教领域稳定工作会议，集中开展“促和谐、保稳定”专项行动和以安全隐患“清零”、矛盾隐患“化解”、非法活动“处置”、重点人员“管控”为主要内容专项治理行动。妥善解决影响社会稳定的隐患问题，协调推进市清真东寺周边拆迁问题，处置天主教领域非法祝圣神父、非法调动神父等4起非法活动，维护了社会稳定。发挥指导员“政治引领员、政策宣传员、维稳信息员、法规监督员”职能作用，从根本上破解寺观教堂管理缺失、监督缺位难题。2017年全市探索在宗教活动场所设立、创建和谐寺观教堂指导员，选聘创建和谐寺观教堂指导员371名，每名指导员负责1～2个场所，实现了宗教活动场所管理全覆盖。

【党外人士联络】 2017年全市共有新的社会阶层人士16万人，其中，管理技术人员12万人、中介组织和社会组织从业人员2万人、新媒体企业从业人员1万人、自由职业人员1万人。加强市委统战部门与各阶层人士的联系，制定印发《石家庄市新的社会阶层人士统战工作联席会议制度（试行）》《新的社会阶层人士统战工作实施方案》等，召开全市社会阶层人士统战工作会议，建立社会阶层人士统战工作机制。重视做好省委统战部交给石家庄市“新的社会阶层人士楼宇统战工作试点”任务，将长安区、桥西区、新华区、裕华区、藁城区、鹿泉区、栾城区、正定县7区1县列为试点任务县（区）；选派工作人员赴北京市叶青大厦学习统战工作经验，研究制定《中共石家庄市委统战部新的社会阶层人士楼宇统战工作实施方案》。10月13日，省委常委、统战部长高志立到长安区勒泰中心调研，肯定石家庄市楼宇统战工作。

【支持非公经济发展】 激发民营企业家活力和创造力，组建成立石家庄市新生代企业家联谊会，举办新生代企业家理想信念报告会。帮助非公人士提升经营管理水平，采取“民营企业家讲坛”、报告会、座谈会等形式，开办非公人士培训班4期，培训人员400余人次。指导市工商联完成换届选举，帮助非公企业建立和完善各项规章制度。围绕全市民营经济发展存在的突出问题，举行调查研究活动，两次召开民营企业家座谈会，听取意见和建议，形成《优化营商环境 激发民企活力》调研报告。引导全市民营企业参加创建全国文明城市活动，在河北东明国际家具博览中心举行“创建全国文明城市 民营企业在行动”启动仪式，号召全市民营企业家立足本行业，为石家庄市创建全国文明城市做出贡献。支持民营企业参与精准扶贫活动，开展“百企帮百村”行动，将99个贫困村分包给285个民营会员企业和商会，全年组织近80名民营企业家赴平山县革命老区助力脱贫攻坚行动。

（徐周博）

机关工委

【概况】 2017年，市直机关工委以学习宣传贯彻习近平新时代中国特色社会主义思想和中共十九大精神为首要任务，履行市直部门党组（党委）理论中心组学习的督导责任，落实全面从严治党要求。开展“两学一做”学习教育和争先创优等活动，统筹推进机关党的建设。以党组（党委）理论学习中心组为龙头，以党员干部为重点，开展原原本本学习习近平总书记十九大报告活动。全年“三级书记”（党组书记、机关党委书记、党支部书记）讲党课1500多人次，市直机关各单位举办各类宣讲860多场次、各类学习培训班380多个。2017年市直机关工委指导53个市直机关党组织换届，调整书记43名、副书记15名、委员206名、考察任免“两委”书记、副书记74名。推进作风建设，全年督导检查市直机关作风5次，与市纪委联合组成15个督导组，突击检查37个市直部门执行下午13时上班工作制度，表扬3个部门，通报批评和整改6个部门；开展市直机关目标绩效管理考评，完成80个市直机关部门和435个下属单位绩效考核、等次评定。加强党风廉政建设，落实《中国共产党廉洁自律准则》《中国共产党纪律处分条例》，加大监督执纪问责力度，全年组织明察暗访20次，发现问题线索15件，立案审查2人，函询4人，给予党纪处分13人。至2017年末，市直机关工委管理单位党组织85个、党员41295名。

【思想建设】 以学习宣传贯彻习近平新时代中国特色社会主义思想和中共十九大精神为首要任务，履行市直部门党组（党委）理论中心组学习的督导责任，以上率下，推动市直机关党员“学在深处、走在前列”。以迎接中共十九大召开为主题，举办机关党务干部培训班、创建全国文明城市知识答题、“书香机关、践行梦想”演讲比赛、巾帼读书沙龙、新党员集中宣誓、学党章党规党史庆祝石家庄解放70周年知识竞赛等10项活动，参加市直机关及所属单位党员干部6万多人次，党建信息网上阅读量、党建微信公众号点击量超过7万人次。10月18～24日，中共十九大召开后，以党组（党委）理论学习中心组为龙头，以党员干部为重点，开展原原本本学习习近平总书记十九大报告活动。全年“三级书记”（党组书记、机关党委书记、党支部书记）讲党课1500多人次，市直机关各单位举办各类宣讲860多场次、各类学习培训班380多个。

【组织建设】 坚持全面从严治党向基层党组织和广大党员延伸，将全面从严治党要求落实到每个支部、每名党员。加强市直机关基层党支部建设，制定出台《市直机关党支部建设考评实施办法》，规范换届选举、组织生活、党费收缴、党员学习、关爱帮扶等基础性工作，推动10个市直部门先行试点。采取集中调研、专项督查等形式，督促机关基层党支部落实“三会一课”等组织生活制度，增强党内政治生活的原则性、战斗性。指导53个市直机关党组织换届，调整书记43名、副书记15名、委员206名，考察任免“两委”书记、副书记74名，市直机关党组织全部做到按期换届、规范换届。实施党务干部和党员发展对象能力素质提升工程，举办机关党委专职副书记、党员发展对象等各类培训班8期，培训1500多人次。组织市直机关选举出席市第十次党代会代表，遵循选举程序，把握条件、把住结构、把准节奏，严密举行党代表初步人选的推荐确定、资格预审、综合评价、组织考察、公示、预备人选的确定及市直机关党代表会议的筹备、选举等各项工作，确保了出席市第十次党代会代表的先进性。

【作风建设】 贯彻落实中央和省、市委关于作风建设的各项制度和规定，严格控制“三公”经费使用和各项支出。提高市直机关工作效率，完善办公、财务、接待工作制度，坚持用制度管人管事。按照市委要求，研究制定并细化干部作风方面的相关制度、规定，增强制度、规定的针对性和可操作性。开展市直机关单位作风纪律整顿活动，确保各项制度、规定落到实处。全年督导检查市直机关作风5次，与市纪委联合组成15个督导组，突击检查37个市直部门执行13时上班“朝九晚五”工作制度情况，表扬3个部门，通报批评和整改6个部门，促进了机关作风纪律持续好转。开展市直机关目标绩效管理考评，完成80个市直机关部门和435个下属单位绩效考核、等次评定，增强了市直机关争先意识和工作热情。

【党风廉政建设】 落实《中国共产党廉洁自律准则》《中国共产党纪律处分条例》，督促市直机关各党组织严肃党内政治生活，抓好党的政治纪律、组织纪律和廉政纪律教育，自觉履行“一岗双责”要求。市直机关工委领导班子成员带头坚持“三会一课”、民主生活会和组织生活会、谈心谈话、重大问题和个人有关事项请示报告等制度，指导和参加部分市直机关党组织的民主生活会，推进党内政治生活“严起来、实起来”。以强化党员干部遵纪守法为重点，贯彻落实中央八项规定和反“四风”精神要求，利用元旦、春节、国庆、中秋等重要时间节点，开展明察暗访活动，及时发现和制止一批违规违纪苗头。增强机关党员干部廉政意识，开展“治懒政、提效能、促落实”专项行动和“一问责八清理”暨“微腐败”整治活动。加大监督执纪问责力度，全年组织明察暗访20次，发现问题线索15件，立案审查2人，函询4人，给予党纪处分13人。重视市直机关纪委和纪检干部队伍建设，规范机关党组织设置，明确成立机关党组织的同时组建机关纪委，全年指导38个市直机关部门成立机关纪委。

（刘卫星）

机构编制

【概况】 2017年，市机构编制委员会办公室（简称市编委办）以全面深化改革为总揽，贯彻落实国家、河北省机构改革工作部署和要求，统筹推进行政审批制度改革、开发区（园区）管理体制调整等工作。继续开展承担行政职能事业单位改革试点，采取精简机构编制、优化机构设置、行政职能划归行政机关等措施，实现行政机关、事业单位政事职能分开。2017年石家庄市承担行政职能事业单位改革试点任务通过中央编委办评估验收。开展“政事不分政企不分政会不分”专项清理，配合市“三不分”专项清理办公室，制定《政事不分政企不分政会不分专项清理工作实施方案》，按时上报相关数据台账。1月，组建成立市政府投资项目代建中心，将社会事业和行政事业单位业务用房等政府确定的项目工程，全部交由市政府投资代建中心实行代建；市政府投资项目代建中心代表市政府行使建设实施期的业主职能和项目管理职能，推行建设单位与使用单位分离、决策权与执行权分离。2月28日，市行政审批局挂牌成立。开展机构编制审计和监督检查，复核承德市审计局移交关于石家庄市无极县、元氏县、新乐市、晋州市4个县（市）和石家庄幼儿师范专科学校机构编制审计结果，并向石家庄市审计局反馈处理意见。会同市政府督导室、市人力资源和社会保障局、市审计局、市财政局到赵县专项督导控编减编任务。控制财政供养人员增长，按照“空编先核准后补充，满编先出后进，超编只出不进，逆向流动严格控制”原则，核准使用人员编制。2017年全市财政供养人员净减少2237人，其中市本级财政供养人员减少97人，连续五年实现负增长目标。

【开发区（园区）管理体制调整】 根据中共河北省委、河北省人民政府《关于加快开发区改革发展的意见》和省机构编制委员会办公室（简称省编委办）批复，全市21家省级以上开发区管理体制调整。主要内容：各开发区管辖地党委、政府为本行政区域开发区工作的责任主体，党工委、管委会根据管辖地党委、政府授权，对辖区行使管理、监督、协调、服务职能；除石家庄高新区保留副厅级规格外，其他开发区均取消或不明确规格，核定领导职数时明确职级；内设机构限额、具体设置和调整分别由市、县（市、区）编委确定，并报上一级机构编制部门备案；不再核定机关编制，实行人员控制数管理，分别由市、县（市、区）编委确定，并报上一级机构编制部门备案；核定内设机构限额时，对设立行政审批局事宜专门明确；推行人事薪酬制度和全员聘任制改革；主营业务收入300亿元以上7家开发区组建行政审批局，开展相对集中行政许可权改革。参照河北省关于开发区改革精神，市编委调整规范石家庄西北物流产业聚集区管理机构，将石家庄西北（鹿泉）物流产业聚集区党工委、管委会分别更名为石家庄西北物流产业聚集区党工委、管委会，内设机构限额5个；批复桥西区设立桥西区金融创新开发区筹建处，内设机构限额4个；将市城乡规划局正定新区分局更名为市正定新区规划管理处，为市城乡规划局所属事业单位；市城乡规划局高新技术产业开发区分局更名为石家庄高新技术产业开发区规划局，为石家庄高新区建设管理局所属单位；原正定新区环境保护局、环境监察执法大队整建制划转到河北石家庄循环化工园区，环境监察执法大队更名为环境执法大队。

【正定县、正定新区实行“县区合一”管理】 根据中共石家庄市委办公厅、石家庄市人民政府办公厅《关于正定县、正定新区实行“县区合一”管理体制改革的意见》，正定县、正定新区实行“一套班子、两块牌子”，中共正定县委挂正定新区党工委牌子，正定县人民政府挂正定新区管委会牌子；正定县（正定新区）统一管理正定县、原正定新区和河北正定高新技术产业开发区；石家庄综合保税区原有管理体制不变，委托正定县（正定新区）管理；根据上级授权，正定县（正定新区）参与管理石家庄正定国际机场。诸福屯街道办事处、三里屯街道办事处不再实行托管。2 月 9 日，正定县（正定新区）按照新体制正式挂牌运行。

【衔接落实国务院和省政府第三批取消中央指定地方行政许可事项】 5 月 4 日，市政府办公厅印发《关于衔接落实国务院和省政府第三批取消中央指定地方实施行政许可事项的通知》（石政办发〔2017〕9 号），公布石家庄市衔接落实国务院和省政府第三批取消中央指定地方实施行政许可事项目录 10 项，石家庄市落实国务院和部委文件取消行政许可事项目录 2 项。

表 6　石家庄市衔接落实国务院和省政府第三批取消中央指定地方行政许可事项目录

（10 项）

序号	项目名称	设定依据	审批对象	审批部门	加强事中事后监管措施	备注
1	普通中小学、幼儿园、中等职业学校（含民办）章程核准	《中华人民共和国教育法》（1995 年 3 月 18 日主席令第 45 号，2015 年 12 月 27 日予以修改）第二十七条 《教育部关于印发〈中华人民共和国民办教育促进法〉的通知》（2002 年 12 月 28 日主席令第 80 号，2013 年 6 月 29 日予以修改）第十一条 《全面推进依法治校实施纲要》（教政法〔2012〕9 号）第五条	中小学、幼儿园、中等职业学校	市、县级教育行政部门	取消审批后，在学校设立审批过程中严格审核把关。通过明确章程规范标准、制定范本、加强随机抽查等方式，对学校章程进行管理。	河北省市级行政许可事项通用目录（石家庄市 2016 年版）已取消市级行政许可
2	民办学校招生简章和广告备案核准	《中华人民共和国民办教育促进法》（2002 年 12 月 28 日主席令第 80 号，2013 年 6 月 29 日予以修改）第四十一条	民办学校	市、县级教育行政部门	取消审批后，实行事后备案管理。市、县级教育行政部门按照管理权限，进一步加大检查力度，将民办学校招生简章和广告情况列入民办学校年检重点检查事项，同时适时开展专项检查，畅通投诉举报渠道，严肃查处违法违规招生行为。	河北省市级行政许可事项通用目录（石家庄市 2016 年版）已取消市级行政许可
3	物业服务企业（二级及以下）资质认定	《物业管理条例》（2003 年 6 月 8 日国务院令第 379 号，2007 年 8 月 26 日　予以修改）第三十二条 《物业服务企业资质管理办法》（2004 年 3 月 17 日建设部令第 125 号，2015 年 5 月 4 日予以修改）第三条、第四条	企业法人	市行政审批局	取消审批后，按照住房城乡建设部制定的物业服务标准规范执行，通过建立黑名单制度、信息公开、推动行业自律等方式，加强事中事后监管。	我市为“物业服务企业（三级及以下）资质认定”，河北省市级行政许可事项通用目录（石家庄市 2016 年版）已取消市级行政许可

续表

序号	项目名称	设定依据	审批对象	审批部门	加强事中事后监管措施	备注
4	水利施工图设计文件审批	《建设工程质量管理条例》（2000年1月30日国务院令第279号）第十一条 《建设工程勘察设计管理条例》（2000年9月25日国务院令第293号，2015年6月12日予以修改）第三十一条、第三十三条	法人、其他组织	市、县级水行政主管部门	取消审批后，市、县级水行政主管部门强化水利工程初步设计审查，确保设计深度；对工程质量严格把关，确保工程质量；强化工程验收，确保工程按照设计规模、内容全部完成。市、县级水行政主管部门加强巡查检查，发现问题及时督促整改，对出现设计质量问题的，严格追究有关单位和人员的责任，处理结果计入水利建设市场主体信用体系黑名单，同时将处理结果上报上级水行政主管部门。	河北省市级行政许可事项通用目录（石家庄市2016年版）已取消市级行政许可
5	在提堤上新建建筑物及设施竣工验收	《中华人民共和国河道管理条例》（1988年6月10日国务院令第3号，2011年1月8日予以修改）第十四条	法人、其他组织	市、县级水行政主管部门	取消审批后，河道主管机关在参加河道管理范围内建筑物和设施竣工验收时，对河道和堤防安全严格把关。加强巡查检查，发现问题及时督促整改，对出现质量问题的，严肃追究有关单位和人员的责任，处理结果记入水利建设市场主体信用体系黑名单	河北省市级行政许可事项通用目录（石家庄市2016年版）已取消市级行政许可
6	国内农业转基因生物标识审查	《农业转基因生物安全管理条例》（2001年5月23日国务院令304号，2011年1月8日予以修改）第八条、第二十八条 《农业转基因生物标识管理办法》（2002年1月5日农业部令第10号，2004年7月1日予以修改）第十一条	自然人、企业法人、其他组织	市级农业行政主管部门	取消审批后，农业行政主管部门通过开展随机抽查、设立举报平台、建立黑名单制度等方式，加强对农业转基因生物标识的监督检查，及时公开不按规定标识的企业信息。	河北省市级行政许可事项通用目录（石家庄市2016年版）已取消市级行政许可
7	在古建筑内安装电器设备审批	《国务院对确需保留的行政审批项目设定行政许可的决定》（2004年6月29日国务院令第412号，2009年1月29日予以修改）附件第462项	公民、法人	市、县级文物行政主管部门、公安机关	取消审批后，市、县级文物行政主管部门、公安机关加强对文物古建筑防火安全的监督检查和日常监管，定期组织防火安全检查，及时整改风险隐患。督促文物古建筑管理使用单位和产权人根据古建筑火灾风险，按照规定配备消防设施和器材，制定实施各项防火安全制度，加强消防突发事件预案演练，真正落实消防安全主体责任。	河北省市级行政许可事项通用目录（石家庄市2016年版）已取消市级行政许可

续表

序号	项目名称	设定依据	审批对象	审批部门	加强事中事后监管措施	备注
8	在古建筑内设置生产用火审批	《国务院对确需保留的行政审批项目设定行政许可的决定》（2004年6月29日国务院令第412号，2009年1月29日予以修改）附件第463项	公民、法人	市、县级文物行政主管部门、公安机关	取消审批后，市、县级文物行政主管部门、公安机关加强对文物古建筑防火安全的监督检查和日常监管，定期组织防火安全检查，及时整改风险隐患。督促文物古建筑管理使用单位和产权人根据古建筑火灾风险，按照规定配备消防设施和器材，制定实施各项防火安全制度，加强消防突发事件预案演练，真正落实消防安全主体责任。	河北省市级行政许可事项通用目录（石家庄市2016年版）已取消市级行政许可
9	公章刻制审批	《印铸刻字业暂行管理规则》（政务院政治法律委员会批准，1951年8月15日公安部发布）第六条第一款	企业、行政机关、事业单位、其他组织	县级公安机关	取消审批后，实行公章刻制备案管理，继续保留公安机关对公章刻制企业的特种行业许可证核发审批。取消公章刻制审批后，按照省工商局、省公安厅《关于全面推行公章刻制备案纳入“多证合一、一照一码”登记制度改革的通知》（冀工商〔2017〕13号）要求，依托公章治安管理信息系统，实现公章刻制信息的网上采集、备案，积极探索公章查询等服务措施。进一步加强事中事后监管，落实“双随机”检查制度，对存在的各类违法问题依法依规严厉查处。	
10	在历史文化名城、名镇、名村保护范围内进行相关活动方案的审批	《历史文化名城名镇名村保护条例》（2008年4月22日国务院令第524号）第二十五条	法人、其他组织	市、县级城乡规划主管部门	取消审批后，城乡规划主管部门、文物主管部门强化名城、名镇、名村保护，在规划中对相关建设和活动提出保护要求，加大规划执行监督力度，并采取跟踪检查等方式，加强对保护范围内相关活动的监管。	河北省市级行政许可事项通用目录（石家庄市2016年版）已取消市级行政许可

表 7　石家庄市落实国务院和部委文件取消行政许可事项目录

（2 项）

序号	项目名称	设定依据	审批对象	审批部门	备注
1	建设工程抗震设防要求审批	《中华人民共和国防震减灾法》第三十四条 《河北省防震减灾条例》第二十五条	行政机关或企事业单位	市科技局（地震局）	依据（国发〔2016〕29 号）、（中震防法〔2016〕44 号）文件取消
2	县级计量检定员资格核准	《中华人民共和国计量法》第二十条 《中华人民共和国计量法实施细则》（1987 年 1 月 19 日国务院批准，1987 年 2 月 1 日国家计量局发布）第二十九条	计量检定人员	市质监局	依据（国发〔2016〕35 号）文件取消

【行政许可中介服务事项调整】 5 月 4 日，市政府办公厅印发《关于衔接落实国务院和省政府第三批清理规范行政许可中介服务事项和调整市级行政许可中介服务事项清单的通知》（石政办发〔2017〕14 号），公布衔接落实国务院和省政府第三批清理规范的行政许可中介服务事项清单 1 项，石家庄市政府部门保留的行政许可中介服务事项汇总清单 69 项。

表 8　衔接落实国务院和省政府第三批清理规范的行政许可中介服务事项清单

（1 项）

行政许可事项名称	中介服务事项名称	部门名称	中介服务设定依据	中介服务实施机构	调整结果
固定资产投资项目节能评估和审查	编写节能专项报告	市行政审批局	《中华人民共和国节约能源法》第十五条 《国务院关于加强节能工作的决定》（国发〔2006〕28 号） 《固定资产投资项目节能审查办法》（国家发展改革委令第 44 号）第七条 《河北省人民政府办公厅关于印发 <河北省固定资产投资项目节能评估和审查暂行办法> 的通知》（冀政办函〔2008〕20 号）第二条、第八条	具有相应资质的单位	申请人可按要求自行编制节能评估文件，也可委托有关机构编制

表 9

石家庄市政府部门保留的行政许可中介服务事项汇总清单

（69 项）

序号	行政许可事项名称	中介服务事项名称	部门名称	中介服务设定依据	中介服务实施机构	调整结果
1	固定资产投资项目节能评估和审查	编写节能专项报告	市行政审批局	《中华人民共和国节约能源法》第十五条 《国务院关于加强节能工作的决定》（国发〔2006〕28 号） 3.《固定资产投资项目节能审查办法》（国家发展改革委令第 44 号）第七条 4.《河北省人民政府办公厅关于印发〈河北省固定资产投资项目节能评估和审查暂行办法〉的通知》（冀政办函〔2008〕20 号）第二条、第八条	具有相应资质的单位	申请人可按要求自行编制节能评估文件，也可委托有关机构编制
2		固定资产投资项目节能评估报告评审	市行政审批局	《固定资产投资项目节能审查办法》（国家发展改革委令第 44 号）第八条（8） 《河北省固定资产投资项目节能评估和审查暂行办法》（冀政办函〔2008〕20 号）第十一条	石家庄市节能监察中心	纳入政府部门审批程序的技术性服务事项
3	企业、事业单位、社会团体等投资建设的固定资产投资项目核准（企业投资项目核准）	编制项目申请报告	市行政审批局	《国务院关于投资体制改革的决定》（国发〔2004〕20 号） 2.《企业投资项目核准和备案管理条例》（国务院令第 673 号）第六条、第七条 3.《企业投资项目核准和备案管理办法》（国家发改委令第 2 号）第十七条 4.《河北省政府核准投资项目实施办法》（冀政〔2014〕120 号）	具有相应资质的单位	除具备相应资质的中介机构编制外，也可由申请人自行编制
4		固定资产投资项目核准评估	市行政审批局	《国务院关于投资体制改革的决定》（国发〔2004〕20 号） 《企业投资项目核准和备案管理条例》（国务院令第 673 号）第九条 《企业投资项目核准和备案管理办法》（国家发改委令第 2 号）第二十六条 《河北省政府核准投资项目实施办法》（冀政〔2014〕120 号）	具有相应资质的单位	保留程序不变
5	教师资格认定	教师资格申请人员体格检查	市行政审批局	《教师资格条例》第六条	具有相应资质的单位	保留程序不变
6	社会团体成立、变更、注销登记	验资报告	市行政审批局	《社会团体登记管理条例》 《河北省社会团体登记管理办法》	具有相应资质的单位	保留程序不变
7		审计报告	市行政审批局		具有相应资质的单位	纳入政府部门审批程序的技术性服务事项
8	社会团体成立、变更、注销登记	清算报告	市行政审批局	《社会团体登记管理条例》 《河北省社会团体登记管理办法》	具有相应资质的单位	纳入政府部门审批程序的技术性服务事项

续表

序号	行政许可事项名称	中介服务事项名称	部门名称	中介服务设定依据	中介服务实施机构	调整结果
9	民办非企业单位成立、变更、注销登记	验资报告	市行政审批局	《民办非企业单位登记管理暂行条例》第九条	具有相应资质的单位	保留程序不变
10		审计报告	市行政审批局		具有相应资质的单位	纳入政府部门审批程序的技术性服务事项
11		清算报告	市行政审批局		具有相应资质的单位	纳入政府部门审批程序的技术性服务事项
12	建设项目环境保护设施竣工验收	服务性环境监测	市行政审批局	《建设项目环境保护管理条例》（国务院令第 253 号）第十九条	具有相应资质的环境监测机构、环境放射性监测机构、环境影响评价机构等有关技术单位	不再要求申请人提供建设项目竣工环境保护验收监测报告（表）或调查报告（表），改由审批部门委托有关机构进行环境保护验收监测或调查
13	建设项目环境影响评价文件审批	环境影响评价技术服务	市行政审批局	《中华人民共和国环境影响评价办法》第七条、第八条、第九条、第十条、第十六条、第十九条	具有相应资质的单位	保留程序不变
14	排污许可	服务性环境监测	市行政审批局	《河北省达标排污许可管理办法》第五条	具有相应资质的单位	保留程序不变
15		排污许可技术服务	市行政审批局	《河北省达标排污许可管理办法》第五条 《河北省达标排污许可管理办法实施细则》（冀环总〔2015〕274 号）第十一条	具有相应资质的单位	除具备相应资质的中介机构编制外，也可由申请人自行编制
16	商品房预售许可	房产面积测算	市行政审批局	《城市商品房预售管理办法》（中华人民共和国建设部令字第 131 号）	具有测绘资质的机构	纳入政府部门审批程序的技术性服务事项
17		物业服务企业招投标	市行政审批局	《石家庄市物业管理条例》（2010 年修正本，自 2010 年 3 月 1 日起实行）	具有工程建设招投标代理资质的机构	保留程序不变
18	建筑工程施工许可证核发	河北省建设工程施工图设计文件审查合格书	市行政审批局	《建筑工程施工许可管理办法》（建设部令第 18 号）	具有图审资质的机构	保留程序不变

续表

序号	行政许可事项名称	中介服务事项名称	部门名称	中介服务设定依据	中介服务实施机构	调整结果
19	城镇污水排入排水管网许可	排放污水水质、水量检测报告	市行政审批局	《石家庄市城市排水管理条例》第 22 条	具有国家计量认证资格的排水监测机构	保留程序不变
20	建设项目水资源论证报告书审批	编制《建设项目水资源论证报告书（表）》	市行政审批局	《国务院对确需保留的行政审批项目设定行政许可的决定》（国务院令 412 号）第 168 条 《取水许可和水资源费征收管理条例》（国务院令第 460 号）第 11 条、第 22 条 《取水许可管理办法》（水利部令第 34 号）第 8 条、第 9 条、第 10 条 《建设项目水资源论证管理办法》（水利部令第 15 号）第 2 条、第 9 条、第 10 条 《河北省建设项目水资源论证管理办法》（冀水资〔2003〕3 号）第 2 条、第 6 条	具有建设项目水资源论证报告书（表）编制能力且具有独立法人资格的企事业单位	除具备相应资质的中介机构编制外，也可由申请人自行编制
21	水工程建设规划同意书审核	水工程建设规划同意书专题论证报告编制	市行政审批局	《水工程建设规划同意书制度管理办法（试行）》（水利部第 31 号令）第九条	具有水工程建设规划同意书专题论证报告编制能力且具有独立法人资格的企事业单位	除具备相应资质的中介机构编制外，也可由申请人自行编制
22	河道管理范围内有关活动（不含河道采砂）审批	防洪影响评价报告	市行政审批局	《中华人民共和国河道管理条例》第二十五条 《河北省水利工程管理条例》第十七条 《水利部、国家计划委员会河道管理范围建设项目管理的有关规定》（水政〔1992〕7 号）第五条 《河北省河道管理范围内建设项目管理办法（暂行）》（冀水建管〔2007〕115 号）第十条 《水利部关于进一步加强和规范河道管理范围内建设项目审批管理的通知》（水建管〔2001〕618 号）	具有编制河道管理范围内防洪评价报告能力且具有独立法人资格的企事业单位	除具备相应资质的中介机构编制外，也可由申请人自行编制
23	非防洪建设项目洪水影响评价报告审批	防洪影响评价报告	市行政审批局	《中华人民共和国防洪法》第三十三条 《水利部、国家计划委员会河道管理范围建设项目管理的有关规定》（水政〔1992〕7 号）第五条 《河北省河道管理范围内建设项目管理办法（暂行）》（冀水建管〔2007〕115 号）第十条 《水利部关于进一步加强和规范河道管理范围内建设项目审批管理的通知》（水建管〔2001〕618 号）	具有相应水利（水电）工程勘测设计资质的企事业单位	除具备相应资质的中介机构编制外，也可由申请人自行编制

续表

序号	行政许可事项名称	中介服务事项名称	部门名称	中介服务设定依据	中介服务实施机构	调整结果
24	河道采砂许可	河道采砂可行性论证报告	市行政审批局	《中华人民共和国水法》第三十九条 《中华人民共和国河道管理条例》(国务院令第3号)第二十五条 《河北省河道采砂管理规定》(省政府令〔2008〕第3号公布，省政府令〔2011〕第17号、〔2013〕第2号修正) 《河北省河道采砂项目可行性论证报告编制规程》	具备河道整治规划设计相应资质的单位	保留程序不变
25	生产建设项目水土保持方案审批	编制水土保持方案	市行政审批局	《中华人民共和国水土保持法》第二十五条第一款	具有从事生产建设项目水土保持方案编制工作相应能力和水平且具有独立法人资格的企事业单位	除具备相应资质的中介机构编制外，也可由申请人自行编制
26	生产建设项目水土保持设施验收审批	水土保持监测报告	市行政审批局	《中华人民共和国水土保持法》第四十一条	具有从事水土保持监测相应能力和水平且具有独立法人资格的企事业单位	除具备相应资质的中介机构编制外，也可由申请人自行编制
27	临时占用林地审批	出具项目使用林地可行性报告或者林地现状调查表	市行政审批局	《建设项目使用林地审核审批管理办法》(国家林业局令第35号)第七条	具有相应林业调查规划设计资质的单位	除具备相应资质的中介机构编制外，也可由申请人自行编制
28	麻醉药品和第一类精神药品购用许可	麻醉药品、第一类精神药品临床应用资质培训	市行政审批局	《麻醉药品和精神药品管理条例》第三十六条、第三十七条、第三十八条	具备相应资质的中介机构	取消指定，扩大市场竞争范围
29	公共场所卫生许可	公共场所卫生检测报告	市行政审批局	《公共场所卫生管理条例实施细则》第十九条、第二十三条、第三十三条	具备相应资质的中介机构	保留程序不变
30	医疗机构放射性职业病危害建设项目预评价报告审核	新建、改建、扩建放射诊疗场所职业病危害放射防护预评价报告	市行政审批局	《中华人民共和国职业病防治法》第十七条、第十八条、第十九条 《放射诊疗管理规定》(卫生部令第46号)第十二条、第十三条	具备相应资质的中介机构	保留程序不变

续表

序号	行政许可事项名称	中介服务事项名称	部门名称	中介服务设定依据	中介服务实施机构	调整结果
31	医疗机构放射性职业病危害建设项目竣工验收	新建、改建、扩建放射诊疗场所职业病危害控制效果放射防护评价报告	市行政审批局	《中华人民共和国职业病防治法》第十七条、第十八条、第十九条、第八十九条 《放射诊疗管理规定》（卫生部令第 46 号）第十二条、第十三条	具备相应资质的中介机构	保留程序不变
32	放射源诊疗技术和医用辐射机构许可	放射诊疗设备及场所放射防护检测	市行政审批局	《放射诊疗管理规定》第二十条、第二十一条 《河北省放射诊疗许可证发放管理办法》第六条	具备相应资质的中介机构	保留程序不变
33	企业设立、变更、注销登记（仅限非公司企业法人和募集方式设立股份有限公司的设立、注册资本变更）	验证企业注册资本	市行政审批局	《中华人民共和国公司登记管理条例》（国务院令第 451 号）第二十一条	具备相应资质的中介机构	保留程序不变
34	非煤矿矿山企业安全生产许可证核发（市属及市属以下）	非煤矿山安全现状评价	市行政审批局	《非煤矿山企业安全许可证实施办法》（国建安监总局令第 20 号）	具有甲级或乙级资质的相关中介机构	保留程序不变
35		安全设施设计专篇	市行政审批局	《安全生产法》 《关于印发非煤矿山建设项目初步设计安全专篇编写提纲和安全设施设计审查与竣工验收有关表格格式的通知》（安监总管一字〔2015〕29 号）	具有甲级或乙级资质的相关中介机构	保留程序不变
36		非煤矿山安全验收评价	市行政审批局	《非煤矿山企业安全许可证实施办法》（国家安监总局令第 20 号）	具有甲级或乙级资质的相关中介机构	保留程序不变
37		在用设备检测检验	市行政审批局	《非煤矿山企业安全许可证实施办法》（国家安监总局令第 20 号）	石家庄市安全生产检测检验中心等具有相关资质的机构	申请人可委托有关机构实施，审批部门不得以任何形式要求申请人必须委托特定中介机构提供服务
38	危险化学品建设项目的安全条件审查	建设项目安全条件评价报告	市行政审批局	《危险化学品安全管理条例》（国务院令第 591 号） 《危险化学品建设项目安全监督管理办法》（国家安监总局令第 45 号）	具有甲级或乙级资质的相关中介机构	保留程序不变

续表

序号	行政许可事项名称	中介服务事项名称	部门名称	中介服务设定依据	中介服务实施机构	调整结果
39	危险化学品建设项目的安全设施设计审查	建设项目安全设施设计专篇	市行政审批局	1.《危险化学品安全管理条例》(国务院令第 591 号) 2.《危险化学品建设项目安全监督管理办法》(国家安监总局令第 45 号)	具有甲级或乙级资质的相关中介机构	保留程序不变
40	生产、储存烟花爆竹建设项目安全设施设计审查	建设项目安全设施设计专篇	市行政审批局	《中华人民共和国安全生产法》 《建设项目安全设施“三同时”监督管理暂行办法》(国家安监总局令第 36 号)	具有相应资质的设计单位	保留程序不变
41	粮食收购资格认定	粮食收购仪器设备检验	市行政审批局	《粮食流通管理条例》(国务院令第 407 号)第八条、第九条 《河北省粮食流通管理规定》(省政府令〔2006〕1 号)第七条	具有相应资质的单位	保留程序不变
42	金融机构营业场所、金库安全防范设施建设方案审批及工程验收	安全防范工程系统检测	市公安局	《金融机构营业场所和金库安全防范设施建设许可实施办法》(公安部令第 86 号) 中华人民共和国公共行业标准《安全防范系统验收规则》GA-308-2001	具有相应资质的单位	保留程序不变
43	建设项目用地预审	地质灾害危险性评估报告	市国土资源局	《建设项目用地预审管理办法》第七条	具有相关资质的机构	保留程序不变
44	采矿权新立、延续、变更登记发证与注销登记	采矿权设置方案	市国土资源局	《国土资源部关于进一步完善采矿权登记管理有关问题的通知》第一条	具有相关资质的机构	除具备相应资质的中介机构编制外，也可由申请人自行编制
45		矿产资源开发利用方案	市国土资源局	《矿产资源开采登记管理办法》第四条	具有相关资质的机构	除具备相应资质的中介机构编制外，也可由申请人自行编制
46		矿产资源储量报告	市国土资源局	《矿产资源开采登记管理办法》第四条	具有相关资质的机构	除具备相应资质的中介机构编制外，也可由申请人自行编制
47	采矿权新立、延续、变更登记发证与注销登记	矿山地质环境保护与治理恢复方案	市国土资源局	《矿山地质环境保护规定》第三章	具有相关资质的机构	除具备相应资质的中介机构编制外，也可由申请人自行编制
48		矿产资源开发利用方案审查意见	市国土资源局	《关于加强对开发利用方案审查的通知》(国土资发〔1999〕98 号)	具有相应资质的机构	纳入政府部门审批程序的技术性服务事项
49		矿产资源储量评审	市国土资源局	《矿产资源储量评审认定办法》(国土资发〔1999〕205 号) 《河北省国土资源厅关于矿产资源储量评审备案有关问题的通知》(冀土资发〔2015〕14 号)	石家庄市矿产储量审查办公室	纳入政府部门审批程序的技术性服务事项

续表

序号	行政许可事项名称	中介服务事项名称	部门名称	中介服务设定依据	中介服务实施机构	调整结果
50	采矿权新立、延续、变更登记发证与注销登记	矿产权价款评估	市国土资源局	《探矿权采矿权评估管理暂行办法》(国土资发〔1999〕75号) 《国土资源部关于印发〈矿产权评估管理办法（试行）〉的通知》(国土资发〔2008〕174号)	具有相应资质的机构	纳入政府部门审批程序的技术性服务事项
51	采矿权转让审批	矿产资源开发利用情况报告	市国土资源局	《探矿权采矿权转让管理办法》第八条	具有相关资质的机构	除具备相应资质的中介机构编制外，也可由申请人自行编制
52	采矿权转让审批	矿产资源勘查情况报告	市国土资源局	《探矿权采矿权转让管理办法》第八条	具有相关资质的机构	除具备相应资质的中介机构编制外，也可由申请人自行编制
53	临时用地审批	临时用地勘测定界报告及定界图	市国土资源局	《河北省国土资源厅关于加强临时用地管理的通知》第三条	石家庄市土地利用规划院等具有相关资质的机构	石家庄市土地利用规划院保留挂钩，今后不再从事提供临时用地审批的勘测定界报告和定界图业务，由其他具有相关资质的企业实施
54	建设项目选址意见书（函）核发	规划报建地形图及地下管线现状资料测绘	市城乡规划局	《中华人民共和国城乡规划法》第三十六条 《河北省城乡规划条例》第四十三条、第四十四条 《石家庄市城乡规划条例》第三十三条 《石家庄市城乡规划管理程序规定》第十九条	具有相应测绘资质的机构	保留程序不变
55	建设项目选址意见书（函）核发	建设项目选址论证报告等技术支持性文件	市城乡规划局	《中华人民共和国城乡规划法》第三十六条 《河北省城乡规划条例》第四十三条、第四十四条 《石家庄市城乡规划条例》第三十三条 《石家庄市城乡规划管理程序规定》第十九条	具有规划、交通、市政相应设计资质的机构	保留程序不变
56	建设用地（含临时用地）规划许可证核发	用地红线图测量	市城乡规划局	《中华人民共和国城乡规划法》第三十七条、第三十八条 《河北省城乡规划条例》第四十八条、第四十九条 《石家庄市城乡规划条例》第三十八条、第三十九条、第四十条 《石家庄市城乡规划管理程序规定》第三十七条、第三十八条、第三十九条	具有相应测绘资质的机构	纳入政府部门审批程序的技术性服务事项

续表

序号	行政许可事项名称	中介服务事项名称	部门名称	中介服务设定依据	中介服务实施机构	调整结果
57	建设工程（含临时建设）规划许可证核发	建设工程方案设计及方案技术支持性文件	市城乡规划局	《中华人民共和国城乡规划法》第四十条 《河北省城乡规划条例》第五十二条、第五十三条 《石家庄市城乡规划条例》第四十四条、第四十五条 《石家庄市城乡规划管理程序规定》第五十三条、第六十八条	具有相应规划、建筑、市政等设计资质或规划技术服务资质的机构	保留程序不变
58		建设工程设计方案技术审查（含电子校核、日照分析校核等）	市城乡规划局	1.《石家庄市城乡规划条例》第四十四条、第四十五条 2.《石家庄市城乡规划管理程序规定》第四十七条	具有相应规划、建筑等设计资质或规划技术服务资质的机构	纳入政府部门审批程序的技术性服务事项
59	乡村建设规划许可证核发	建设工程方案设计及方案技术支持性文件	市城乡规划局	1.《中华人民共和国城乡规划法》第四十一条 2.《河北省城乡规划条例》第五十四条、第五十五条、第五十六条 3.《石家庄市城乡规划条例》第五十条 4.《石家庄市城乡规划管理程序规定》第七十四条	具有相应规划、建筑、交通设计资质或规划技术服务资质的机构	保留程序不变
60		用地红线图测量	市城乡规划局	1.《中华人民共和国城乡规划法》第四十一条 2.《河北省城乡规划条例》第五十四条、第五十五条、第五十六条 3.《石家庄市城乡规划条例》第五十一条 4.《石家庄市城乡规划管理程序规定》第七十五条	具有相应测绘资质的机构	纳入政府部门审批程序的技术性服务事项
61	道路旅客运输经营许可	道路运输车辆综合性能检测和技术等级评定	市交通运输局	《中华人民共和国道路运输条例》第八条 《道路旅客运输及客运站管理规定》第十条 《道路运输车辆技术管理规定》第七条、第十九条、第二十条 《道路运输车辆综合性能要求和检验方法》(GB18565) 《道路车辆外廓尺寸、轴荷及质量限值》(GB1589) 《道路运输车辆技术等级划分和评定要求》(JT/T198)	具有相关资质的机构	保留程序不变
62	道路货运经营许可	道路运输车辆综合性能检测和技术等级评定	市交通运输局	《中华人民共和国道路运输条例》第二十二条 《道路旅客运输及客运站管理规定》第六条 《道路运输车辆技术管理规定》第七条、第十九条、第二十条 《道路运输车辆综合性能要求和检验方法》(GB18565) 《道路车辆外廓尺寸、轴荷及质量限值》(GB1589) 《道路运输车辆技术等级划分和评定要求》(JT/T198)	具有相关资质的机构	保留程序不变

续表

序号	行政许可事项名称	中介服务事项名称	部门名称	中介服务设定依据	中介服务实施机构	调整结果
63	出租汽车经营许可	道路运输车辆综合性能检测和技术等级评定	市交通运输局	《中华人民共和国安全生产法》第三十三条、第三十四条 《石家庄市出租汽车管理条例》第十条、第十二条、第二十一条、第二十六条 《道路运输车辆技术管理规定》第七条、第十九条、第二十条 《道路运输车辆综合性能要求和检验方法》(GB18565) 《道路车辆外廓尺寸、轴荷及质量限值》(GB1589) 《道路运输车辆技术等级划分和评定要求》(JT/T198)	具有相关资质的机构	保留程序不变
64	车辆运营证核发	道路运输车辆综合性能检测和技术等级评定	市交通运输局	《中华人民共和国安全生产法》第三十三条、第三十四条 《巡游出租汽车经营服务管理规定》第八条、第十五条 《网络预约出租汽车经营服务管理暂行办法》第十二条 《道路运输车辆技术管理规定》第七条、第十九条、第二十条 《道路运输车辆综合性能要求和检验方法》(GB18565) 《道路车辆外廓尺寸、轴荷及质量限值》(GB1589) 《道路运输车辆技术等级划分和评定要求》(JT/T198)	具有相关资质的机构	保留程序不变
65	放射性物品道路运输经营许可	道路运输车辆综合性能检测和技术等级评定	市交通运输局	《中华人民共和国道路运输条例》第二十四条、第八十条 《放射性物品道路运输管理规定》第七条、第八条、第十条、第十一条 《道路运输车辆技术管理规定》第七条、第十九条、第二十条 《道路运输车辆综合性能要求和检验方法》(GB18565) 《道路车辆外廓尺寸、轴荷及质量限值》(GB1589) 《道路运输车辆技术等级划分和评定要求》(JT/T198)	具有相关资质的机构	保留程序不变
66	危险货物运输经营许可	道路运输车辆综合性能检测和技术等级评定	市交通运输局	《中华人民共和国道路运输条例》第二十四条、第八十条 《道路危险货物运输管理规定》第八条、第十条、第十一条 《道路运输车辆技术管理规定》第七条、第十九条、第二十条 《道路运输车辆综合性能要求和检验方法》(GB18565) 《道路车辆外廓尺寸、轴荷及质量限值》(GB1589) 《道路运输车辆技术等级划分和评定要求》(JT/T198)	具有相关资质的机构	保留程序不变
67	防雷装置设计审核和竣工验收	防雷装置设计技术评价	市气象局	《防雷装置设计审核和竣工验收规定》(中国气象局第 21 号令)第十五条	具备能力的防雷技术服务机构或地方性法规明确的机构	不再要求申请人提供防雷装置设计技术评价报告，改由审批部门委托有关机构开展防雷装置设计技术评价
68		新建、改建、扩建建（构）筑物防雷装置检测	市气象局	《防雷装置设计审核和竣工验收规定》(中国气象局第 21 号令)第十六条	具有相应资质的机构	纳入政府部门审批程序的技术性服务事项

续表

序号	行政许可事项名称	中介服务事项名称	部门名称	中介服务设定依据	中介服务实施机构	调整结果
69	升放无人驾驶自由气球或者系留气球活动审批	当地气象台出具的施放期间天气情况证明	市气象局	中国气象局第9号令第十七条第四款	当地气象台	保留程序不变

【市政府部门划转市行政审批局行政许可权力事项】 2月28日，石家庄市政府印发《关于向市行政审批局划转第一批行政许可等权力事项的通知》(石政发〔2017〕8号)，公布石家庄市政府相关部门第一批划转至市行政审批局行政许可权力事项目录132项。

表 10　石家庄市政府相关部门第一批划转市行政审批局行政许可权力事项目录

（132项）

序号	单位名称	事项名称	权力类别	备注
1	市发展改革委（物价局、粮食局）	招标方案核准	行政许可	
2		固定资产投资项目节能评估和审查	行政许可	
3		企业投资总投资1亿元以下需进口设备免税的外资项目核准	行政许可	
4		固定资产投资项目核准和备案	行政许可	
5		市级政府投资项目及国家规定需市级审批的投资项目建议书审批	内部审批	
6		市级政府投资项目及国家规定需市级审批的投资项目可研报告的审批	内部审批	
7		市级政府投资项目、中央统借统还和市级政府负责偿还或提供担保的国外贷款项目，及国家规定需市级审批的投资项目初步设计、概算审批	内部审批	
8		市级政府投资项目投资计划的编制与下达	内部审批	
9		党政机关办公楼建设项目审批	内部审批	
10		新型墙体材料专项基金	内部审批	
11		粮食收购资格审核	行政许可	

续表

序号	单位名称	事项名称	权力类别	备注
12	市教育局	中等层次学历民办学校（普通高中、职业高中、中等专业学校）设立、分立、合并、终止和变更名称、层次、类别审批	行政许可	包括“中等层次学历民办学校变更举办地址等其他事项备案”
13		中等学历民办学校举办者变更核准	行政许可	
14		教师资格认定	行政许可	
15	市民政局	社会组织登记	行政许可	
16		市级养老机构设立许可	行政许可	
17		养老机构的设立许可（省级以上人民政府投资兴办的发挥实训、示范功能的养老机构和外国的组织、个人独资或者与中国的组织、个人合资、合作设立养老机构的，香港、澳门、台湾地区的组织、个人以及华侨独资或者与内地大陆的组织、个人合资、合作设立养老机构的设立许可）	行政许可（省委托）	
18		非公募基金会及其分支机构、代表机构成立、变更、注销登记	行政许可（省委托）	
19		假肢和矫形器（辅助器具）生产装配的企业资格认定	行政许可（省委托）	
20	市司法局	基层法律服务工作者执业核准	行政许可	
21	市人社局	除中直驻冀单位、省直单位设立人力资源服务机构，外国公司、企业或其他经济组织在河北省投资设立人力资源服务机构审批以外设立人力资源服务机构审批	行政许可	本事项仅限市管权利范围
22		劳务派遣行政许可	行政许可	
23		特殊工时制度审批	行政许可	
24		名称冠有“河北”或“冀”字样的新设人力资源服务机构、外省（市）人力资源服务机构来我省设立的分支机构审批	行政许可	
25		中外合作职业培训机构设立审批	行政许可（省委托）	
26		设立中外合资（合作）职业介绍机构审批	行政许可（省委托）	
27	市环保局	危险废物转移批准	行政许可	
28		危险废物经营许可证核发（医疗废物类）	行政许可	
29		废弃电器电子产品处理资格审批	行政许可	

续表

序号	单位名称	事项名称	权力类别	备注
30	市环保局	排污许可证审批	行政许可	
31		建设项目环境影响评价文件的审批；建设项目发生重大变化环境影响评价文件重新审批（含评价文件经审批后超过五年的重新审核）	行政许可	
32		建设项目竣工环境保护验收	行政许可	
33		非跨行政区域（设区市、省直管县市、扩权县）雷达、豁免水平以上的电视、广播发射台、差转台电磁辐射类建设项目、330千伏及以下输变电建设项目、X射线探伤机、工业用X射线CT机、Ⅱ类射线装置中的X射线深部治疗机、数字减影血管造影装置（包括小C型臂）核技术利用项目环评审批环境影响评价文件的审批（跨设区市、省直管县、扩权县项目除外）、辐射项目登记表的审批	行政许可	
34		设区市、省直管县（市）发放的《辐射安全许可证》单位的放射源转让审批、备案	行政许可〔委托县（市、区）〕	
35		涉及4、5类放射源和3类射线装置以及X射线探伤机、工业用X射线CT机、Ⅱ类射线装置中的X射线深部治疗机、数字减影血管造影装置（包括小C型臂）核技术利用项目辐射安全许可证发放、变更审批	行政许可〔委托县（市、区）〕	
36		省内跨设区市转移使用放射性同位素的备案	其他类	
37		送交河北省放射性废物库暂存处置的废旧放射源回收（收贮）备案	行政许可	
38	市住建局	建筑业企业资质审批	行政许可	
39		城镇燃气经营许可和燃气设施改动审批	行政许可	
40		建筑（含市政）工程施工许可	行政许可	
41		商品房预售许可	行政许可	
42		商品住房项目中配建保障房方案审批	其他类	
43		物业服务企业三级资质审批	行政许可〔委托县（市、区）〕	
44		建设工程招标文件备案、建设工程招投标情况书面报告备案	行政许可	
45		建设工程合同（用工）、外地进石项目备案和建筑工程最高限价及竣工结算备案	行政许可	
46		建设工程安全生产监督备案	行政许可	

续表

序号	单位名称	事项名称	权力类别	备注
47	市住建局	建设工程（分建筑和市政）质量监督手续办理和建设工程及燃气设施建设工程竣工验收备案	行政许可	
48	市住建局	民用建筑节能审核、建筑节能产品和新型墙体材料登记	行政许可	
49	市住建局	移交建设项目档案	行政许可	
50	市住建局	建设行政相对人守法情况证明	行政确认	
51	市住建局	八大员签注与变更	行政许可（省委托）	
52	市城管委	挖掘城市道路审批	行政许可	
53	市城管委	在城市设置户外广告牌、指示牌、标语牌、画廊、橱窗、霓虹灯、灯箱、旗帜显示屏幕审批	行政许可	
54	市城管委	城市建筑垃圾处置核准	行政许可	
55	市城管委	各设市城市、扩权县餐厨废弃物收集、运输从业许可	行政许可	
56	市城管委	污水排入排水管网许可证核发	行政许可	
57	市交通运输局	公路建设项目施工批准	行政许可	
58	市交通运输局	农村公路建设项目的设计文件审批	行政许可〔委托县（市）〕	
59	市交通运输局	更新砍伐公路用地上的树木审批	行政许可	
60	市交通运输局	铁轮车、履带车和其他可能损害公路路面的机具，确需在公路行驶的，及对确需行驶公路的超限运输车辆的审批	行政许可〔委托县（市、区）〕	
61	市交通运输局	涉路施工活动审批	行政许可〔委托县（市、区）〕	含“对确需在中型以上公路桥梁跨越的河道上下游各1000米范围内抽取地下水、架设浮桥等活动的批准”，“在公路桥梁跨越的河道上下游各500米范围内依法进行疏浚作业是否符合公路桥梁安全要求的确认”

续表

序号	单位名称	事项名称	权力类别	备注
62	市交通运输局	在公路上增设平面交叉道口的审批	行政许可（省委托）	
63		铁轮车、履带车及其他可能损害公路路面的机具在公路上行驶许可	行政许可（省委托）	
64		更新砍伐省管高速以外的公路用地上的树木审批（国省干线以外的公路）	行政许可（省委托）	
65		更新砍伐省管高速以外国家和省的干线公路护路林的审批	行政许可（省委托）	
66	市水务局	取水许可	行政许可	
67		洪水影响评价类审批	行政许可	
68		开发建设项目水土保持方案审批和水土保持设施验收	行政许可	
69		建设项目节水设施“三同时”的设计审查、竣工验收	行政许可	
70		省主要行洪河道的河道采砂许可	行政许可	
71		国家没有明确规定由省级审批的且非跨市（含定州、辛集市）和不涉及市际（含定州、辛集市）边界问题、水资源矛盾的水利基建项目的初步设计报告审批	行政许可	
72		建设项目水资源认证报告书（表）审查	行政许可	
73	市农业局	种子生产、经营许可证核发	行政许可〔委托县（市、区）〕	
74	市林业局	建设项目临时使用林地审批	行政许可	
75		采集或者采伐国家重点保护种质资源审批	行政许可	
76		外国人对省重点保护野生动物进行野外考察、采集标本或在野外拍摄电影录像审批	行政许可（省委托）	
77		进入除省级林业部门直接管理的国家级自然保护区从事科学研究、教学实习、参观考察、拍摄影片、登山等活动审批	行政许可（省委托）	
78		进入除省级林业部门直接管理的地方级自然保护区（核心区）从事科学研究观测、调查活动审批	行政许可（省委托）	
79	市畜牧水产局	渔业捕捞许可（仅限黄壁庄水库）	行政许可	
80		除申请取得生产家畜卵子、冷冻精液、胚胎等遗传材料；种畜原种场及祖代以上（含祖代）场种畜禽生产经营许可证核发	行政许可	

续表

序号	单位名称	事项名称	权力类别	备注
81	市商务局	成品油零售经营企业原址改、扩建许可审批	行政许可	包括“新建企业申报”工作
82		成品油零售经营资格变更（投资主体发生变化除外）审批	行政许可（省委托）	包括“零售经营企业年检”工作
83		对外劳务合作经营资格审批	行政许可	
84		拍卖企业变更（包括法人、地址、注册资本）审核	行政许可（省委托）	包括“拍卖企业设立审查”工作
85		报废汽车回收企业资格认定及备案	行政许可（省委托）	
86	市文广新局	印刷业审批	行政许可（委托区）	
87		文物保护审批	行政许可（委托区）	
88		演出经纪机构的审批	行政许可（省委托）	
89		境外机构和团体拍摄考古发掘现场审批	行政许可（省委托）	
90		外国公民、外国组织和国际组织在中国境内参观尚未公开接待参观者的文物点和正在进行工作的考古发掘现场审批	行政许可（省委托）	
91		博物馆二级以下（含二级）藏品取样分析许可	行政许可（省委托）	
92	市卫生计生委	公共场所卫生许可、复核	行政许可	
93		医师执业注册、变更注册及重新注册许可	行政许可	
94		护士注册、延续注册许可	行政许可	
95		医疗机构设置及执业许可	行政许可（委托区）	
96		外国医疗团体来华短期行医审批	行政许可〔委托县（市、区）〕	
97		麻醉药品、第一类精神药品购用印鉴卡核发、变更、换证	行政许可〔委托县（市、区）〕	

续表

序号	单位名称	事项名称	权力类别	备注
98	市卫生计生委	放射诊疗许可、校验	行政许可〔委托县（市、区）〕	
99		放射诊疗建设项目卫生审查	行政许可〔委托县（市、区）〕	
100		市级计划生育服务机构执业许可及技术服务人员合格证核发	行政许可	
101	市工商局	企业（含企业集团）登记	行政许可	
102		企业（含个体工商户）名称、外资企业名称预先核准	行政许可〔委托县（市、区）〕	
103		事业单位广告经营许可	行政许可〔委托县（市、区）〕	
104	市质监局	特种设备使用登记	行政许可	
105		特种设备作业人员考核发证	行政许可	
106		县级计量标准器具核准	行政许可	
107		省级工业产品生产许可证核发（直接到省局申请换证的情况除外）的受理工作	行政许可（省委托）	
108		机动车安全技术检验机构检验资格许可的受理工作	行政许可（省委托）	
109		省局负责的五类检验检测机构之外的检验检测机构资质认定的受理、审批工作	行政许可（省委托）	
110		气瓶和移动式压力容器充装许可的受理、审查、审批工作	行政许可（省委托）	
111		单独申请特种设备修理（申请单位无相应特种设备安装、改造资质）许可的受理、审查审批工作	行政许可（省委托）	
112	市体育局	经营高危险性体育项目许可	行政许可	

续表

序号	单位名称	事项名称	权力类别	备注
113	市安监局	非煤矿矿山企业安全生产许可证核发	行政许可	
114		危险化学品建设项目安全审查	行政许可〔委托县（市、区）〕	
115		职业卫生技术服务机构丙级资质认可及发证	行政许可	
116		危险化学品经营许可证核发	行政许可〔委托县（市、区）〕	
117		危险化学品安全使用许可证核发	行政许可〔委托县（市、区）〕	
118		非煤矿矿山建设项目安全设施设计审查	行政许可〔委托县（市、区）〕	
119		第一类非药品类易制毒化学品生产、经营许可证核发	行政许可（省委托）	
120	市食药监局	药品经营（零售）连锁企业总部许可证核发、换发、变更、补发、注销（含医疗用毒性药品经营指定、含实行“三统一”的药品零售连锁企业从事第二类精神药品零售业务批准）	行政许可	
121		科研、教学所需毒性药品购进审批	行政许可〔委托县（市）、井陉矿区〕	
122		第三类医疗器械经营许可	行政许可〔委托县（市）、井陉矿区〕	
123		麻醉药品和第一类精神药品运输证明核发、麻醉药品和精神药品邮寄证明核发	行政许可〔委托县（市）、井陉矿区〕	
124		药品零售企业经营质量管理规范（GSP）认证	行政许可	
125		食品生产许可证审批	行政许可	

续表

序号	单位名称	事项名称	权力类别	备注
126	市食药监局	石家庄市医疗机构配置的制剂调剂（跨市、县）申请	行政许可（省委托）	
127	市旅游委	旅行社（国内和入境）业务经营许可证核发	行政许可	
128	市人防办	人防工程拆除改造审批、防空地下室建设审批、竣工验收	行政许可	
129	市编委办	事业单位法人登记、变更、注销	其他类	
130	市园林局	工程建设项目绿化用地面积审批	行政许可	
131		三级城市园林绿化企业资质核准	行政许可〔委托县（市、区）〕	
132	市档案局	对出卖、转让集体所有、个人所有以及其他不属于国家所有的对国家和社会具有保存价值或者应当保密的档案的审批	行政许可	

8月16日，石家庄市政府印发《关于向市行政审批局划转第二批行政许可事项的通知》（石政发〔2017〕33号），公布石家庄市政府有关部门第二批划转至市行政审批局行政许可事项目录49项。

表11

石家庄市政府有关部门第二批划转至市行政审批局行政许可事项目录

（49项）

序号	审批部门	项目名称	备注
1	市发展改革委	在电力设施周围或电力设施保护区内进行可能危及电力设施安全作业的审批	
2	市教育局	校车使用许可	市政府权力
3	市民政局	建设殡仪馆、火葬场、殡仪服务站、骨灰堂、经营性公墓、农村公益性墓地审批	建设殡仪馆、火葬场，由民政部门提出方案，并报同级政府审批；建设殡仪服务站、骨灰堂审批已下放到县（市）、区审批；经营性公墓市级负责审核上报省民政厅审批；农村公益性墓地审批权由县级负责审批
4	市人社局	台港澳人员在内地就业许可	
5		文艺、体育和特种工艺单位招用未满16周岁的未成年人审批	

续表

序号	审批部门	项目名称	备注
6	市城管委	关闭、闲置、拆除城市环卫设施许可	
7		拆除、改动城镇排水与污水处理设施方案审核	
8		依附于城市道路建设各种管线、杆线等设施审批	
9		特殊车辆在城市道路上行驶（包括经过城市桥梁）审批	
10		城市桥梁上架设各类市政管线审批	
11	市交通运输局	船舶污染港区水域作业审批	含“船舶污染物接收单位从事船舶垃圾、残油、含油污水、含有毒有害物质污水接收作业审批”相关业务
12		道路旅客运输经营许可	含“经营性道路旅客运输驾驶员资格认可”相关业务
13		专用航标设置、撤除、位置移动和其他状况改变审批	
14		国内水路运输经营许可	
15		道路货运经营许可	含“经营性道路货物运输驾驶员资格认可”相关业务
16		出租汽车经营许可	
17		车辆运营证核发	
18		放射性物品道路运输经营许可	含“非经营性放射性物品道路运输许可”相关业务
19		危险货物运输经营许可	含“非经营性道路危险货物运输许可”相关业务
20		船员适任证书核发	
21		通航水域岸线安全使用和水上水下活动许可	
22		与航道有关的工程建设项目对航道通航条件影响评价审核	
23		船舶安全检验证书核发	
24		大型设施、移动式平台、超限物体水上拖带审批	
25		船员服务簿签发	

续表

序号	审批部门	项目名称	备注
26	市交通运输局	船舶国籍证书核发	含“船舶及浮动设施登记”业务
27		船舶油污损害民事责任保险证书或者财务保证证书核发	
28		通航建筑物运行方案审批	
29		放射性物品道路运输从业人员资格证核发	
30		危险货物道路运输从业人员资格许可	
31		公路建设项目竣工验收	
32		国防交通工程设施建设项目和有关贯彻国防要求的建设项目设计审批及鉴（审）定、竣工验收	
33		贯彻国防要求的民用运载工具及相关设备验收登记	
34		改变国防交通工程设施的用途或者将其报废处理审批	
35		道路运输站场许可	3 项县级行政许可事项。市内各区未设置交通运输机构，由市级承担
36		机动车维修经营许可	
37		机动车驾驶员培训许可	
38	市水务局	由于工程施工、设备维修等原因确需停止供水的审批	
39		因工程建设确需改装、拆除或者迁移城市公共供水设施的审批	
40	市农牧局	蜂、蚕种生产、经营许可证核发	
41		生猪定点屠宰厂（场）设置审查	市政府权力
42	市农牧局	国内异地引进水产苗种检疫	
43		农药经营许可	修订后的《农药管理条例》新增许可
44	市林业局	林业采伐许可证核发	
45		森林经营单位修筑直接为林业生产服务的工程设施占用林地审批	
46		从事营利性治沙活动许可	

续表

序号	审批部门	项目名称	备注
47	市文广新局	有线广播电视传输覆盖网工程建设及验收审核	
48	市食药监局	医疗机构配置的制剂品种和制剂调剂（非跨市、县）审批	包括在第一批划入的“医疗机构配置的制剂调剂（跨市、县）审批”事项中
49	市园林局	迁移古树名木审批	市政府权力

【市政府部门向特定区域下放行政权力事项】 9月14日，市政府办公厅印发《关于向高新区等特定区域下放部分行政权力事项的通知》（石政办发〔2017〕47号），公布石家庄市政府部门向特定区域下放行政权力事项清单（110项）。

表 12

石家庄市政府部门向特定区域下放行政权力事项清单

（110项）

序号	实施部门	权力类别	事项名称	下放权力形式		下放（委托）区域	备注
1	市行政审批局	行政许可	临时占用林地审批（原许可：建设项目临时使用林地审批）	下放		高新区、循环化工园区、综合保税区	
2	市行政审批局	行政许可	经营高危险性体育项目许可	下放		循环化工园区、综合保税区	
3	市行政审批局	其他类	建设工程（分建筑和市政）质量监督手续办理和建设工程及燃气设施建设工程竣工验收备案	下放		高新区、循环化工园区、综合保税区	
4	市行政审批局	其他类	建设工程合同（用工）、外地进石项目备案和建筑工程最高限价及竣工结算备案	下放		高新区、循环化工园区、综合保税区	
5	市行政审批局	其他类	建设工程安全生产监督备案	下放		循环化工园区、综合保税区	
6	市行政审批局	其他类	民用建筑节能审核、建筑节能产品和新型墙体材料登记	下放		高新区、循环化工园区、综合保税区	
7	市行政审批局	其他类	商品住房项目中配建保障房方案审批	下放		循环化工园区、综合保税区	
8	市行政审批局	其他类	建设项目节水设施“三同时”设计验收	下放		循环化工园区、综合保税区	原许可类，暂列其他类
9	市行政审批局	行政许可	劳务派遣行政许可	下放		综合保税区	

续表

序号	实施部门	权力类别	事项名称	下放权力形式		下放（委托）区域	备注
10	市行政审批局	行政许可	地方企业实行不定时工作制和综合计算工时工作制审批（原许可：特殊工时制度审批）	下放		综合保税区	
11	市行政审批局	行政许可	特种设备使用登记		委托	综合保税区	电站锅炉、移动式压力容器、客运索道、大型游乐设施、工地（房屋建筑和市政工程工地除外）起重机械除外
12	市行政审批局	行政许可	取水许可	下放		综合保税区	
13	市行政审批局	行政许可	非防洪建设项目洪水影响评价报告审批（原许可：洪水影响评价类审批一部分）	下放		综合保税区	
14	市行政审批局	行政许可	水工程建设规划同意书审核（原许可：洪水影响评价类审批一部分）	下放		高新区、综合保税区	
15	市行政审批局	行政许可	河道管理范围内建设项目工程建设方案审批（原许可：洪水影响评价类审批一部分）	下放		高新区、综合保税区	
16	市行政审批局	行政许可	河道管理范围内有关活动（不含河道采砂）审批（原许可：洪水影响评价类审批一部分）	下放		高新区、综合保税区	
17	市行政审批局	行政许可	生产建设项目水土保持方案审批（原许可：开发建设项目水土保持方案审批和设施验收一部分）	下放		高新区、综合保税区	
18	市行政审批局	行政许可	生产建设项目水土保持设施验收审批（原许可：开发建设项目水土保持方案审批和设施验收一部分）	下放		高新区、综合保税区	
19	市行政审批局	行政许可	河道采砂许可（原许可：主要行洪河道的河道采砂许可）	下放		高新区、综合保税区	
20	市行政审批局	行政许可	水利基建项目初步设计文件审批（原许可：国家和省明确规定由市级审批的，或者跨县区建设涉及县际边界问题等项目的初步设计报告审批）	下放		高新区、综合保税区	
21	市教育局	内部审批	国办中等职业学校设立审核（政府权力）	下放		循环化工园区、综合保税区	
22	市科技局	行政确认	市农业科技园区认定		委托	高新区、循环化工园区、综合保税区	
23	市人社局	行政监督	事业单位辞职、辞退作废、保留事业单位处分备案	下放		高新区	
24	市人社局	行政监督	企、事业单位改革职工安置方案审核	下放		高新区	

续表

序号	实施部门	权力类别	事项名称	下放权力形式	下放（委托）区域	备注
25	市人社局	其他类	劳动用工备案	下放	综合保税区	
26	市人社局	其他类	集体合同备案	下放	综合保税区	
27	市人社局	其他类	签订企业职工档案委托保管协议书	下放	综合保税区	
28	市人社局	其他类	行政机关公务员处分决定解除备案	下放	高新区	
29	市人社局	其他类	中专以上毕业生就业办理	下放	循环化工园区、综合保税区	
30	市环保局	行政征收	环保排污费征收	下放	循环化工园区、综合保税区	
31	市住建局	行政处罚	违反城镇燃气管理相关法律法规行为的处罚	下放	循环化工园区、综合保税区	
32	市住建局	行政处罚	房地产开发企业违规销售商品房的处罚	下放	高新区、综合保税区	
33	市住建局	行政监督	对《城镇燃气管理条例》的落实情况进行监督	下放	循环化工园区、综合保税区	
34	市住建局	行政处罚	违反供热用热管理相关违反行为的处罚	下放	循环化工园区、综合保税区	
35	市住建局	行政监督	改装、拆除、迁移供热设施批准书面报告	下放	循环化工园区、综合保税区	
36	市住建局	行政监督	供热方案审核	下放	循环化工园区、综合保税区	
37	市住建局	行政处罚	对建设工程安全生产违法行为的处罚	下放	循环化工园区、综合保税区	
38	市住建局	行政处罚	招标投标活动违法行为的处罚	下放	循环化工园区、综合保税区	
39	市住建局	行政处罚	对未移交建设项目档案违法行为的处罚	下放	循环化工园区、综合保税区	
40	市住建局	行政处罚	对建筑市场违法行为的处罚	下放	循环化工园区、综合保税区	
41	市住建局	行政处罚	违反建设工程质量相关违法行为的处罚	下放	循环化工园区、综合保税区	
42	市住建局	行政处罚	违反墙改节能相关法律法规违法行为的处罚	下放	循环化工园区、综合保税区	
43	市住建局	行政处罚	对违法劳务作业分包行为的处罚	下放	循环化工园区、综合保税区	

续表

序号	实施部门	权力类别	事项名称	下放权力形式	下放（委托）区域	备注
44	市住建局	行政处罚	房地产开发企业违规销售商品房的处罚	下放	高新区、循环化工园区、综合保税区	
45	市住建局	行政处罚	房地产开发企业未按规定将测绘成果或者需要由其提供的办理房屋权属登记的资料报送房地产行政主管部门的处罚	下放	高新区、循环化工园区、综合保税区	
46	市住建局	行政处罚	房地产开发企业不按规定使用商品房预收款项的处罚	下放	循环化工园区、综合保税区	
47	市住建局	行政处罚	房地产开发企业隐瞒有关情况、提供虚假材料，或者采用欺骗、贿赂等不正当手段取得商品房预售许可的处罚	下放	循环化工园区、综合保税区	
48	市住建局	行政处罚	开发建设单位或公有住房售房单位未按规定交存、使用专项维修资金的处罚	下放	高新区、循环化工园区、综合保税区	
49	市住建局	行政处罚	房产测绘单位不执行国家标准、规范和规定进行房产测算的处罚	下放	高新区、循环化工园区、综合保税区	
50	市住建局	行政处罚	违法出售购买公有住房和经济适用住房的处罚	下放	高新区、循环化工园区、综合保税区	
51	市住建局	行政给付	保障房住房租赁补贴发放	下放	高新区、循环化工园区、综合保税区	
52	市住建局	行政确认	文明工地评定	下放	高新区、循环化工园区、综合保税区	
53	市住建局	行政监督	建筑业企业、市政企业、工程勘察设计企业、监理、招标代理机构审批后监督管理	下放	高新区、循环化工园区、综合保税区	
54	市住建局	行政监督	建设工程施工现场安全生产监督	下放	循环化工园区、综合保税区	
55	市住建局	行政监督	建设工程施工扬尘治理监督	下放	循环化工园区、综合保税区	
56	市住建局	行政监督	监理、三类人员等相关责任主体人员的安全生产考试、考核、培训辅导及监督管理	下放	循环化工园区、综合保税区	
57	市住建局	行政监督	对建筑施工企业从事安全生产许可证活动的日常监督管理	下放	循环化工园区、综合保税区	
58	市住建局	行政监督	建设工程生产安全事故参与调查、处理、组织、参与事故约谈	下放	循环化工园区、综合保税区	
59	市住建局	行政监督	对造价咨询企业监督	下放	循环化工园区、综合保税区	
60	市住建局	行政监督	签订城建档案移交责任书	下放	循环化工园区、综合保税区	
61	市住建局	行政监督	工程档案预验收认可	下放	循环化工园区、综合保税区	

续表

序号	实施部门	权力类别	事项名称	下放权力形式		下放（委托）区域	备注
62	市住建局	行政监督	对国有土地上房屋征收与补偿条例实施之前的拆迁许可尚未完成的实施监管（行政裁决、清场核验、评估机构）	下放		循环化工园区、综合保税区	
63	市住建局	行政监督	对房屋征收实施单位在委托范围内实施房屋征收与补偿行为及从业人员的监管	下放		循环化工园区、综合保税区	
64	市住建局	行政监督	房屋征收补偿方案综合平衡、清场核验	下放		循环化工园区、综合保税区	
65	市住建局	行政监督	招标投标活动全过程监管（包括招标范围、招标登记、招标方式、招标文件备案、招标公告发布或投标邀请书、资格审查、发标、开标、评标、定标、自行招标、招投标情况书面报告备案、招投标资料归档等）	下放		循环化工园区、综合保税区	
66	市住建局	行政监督	劳务分包合同监督	下放		循环化工园区、综合保税区	
67	市住建局	行政监督	劳务用工监督	下放		循环化工园区、综合保税区	
68	市住建局	行政监督	农民工工资保证金（预储金）监督	下放		循环化工园区、综合保税区	
69	市住建局	行政监督	实施建筑节能标准、粉煤灰综合利用、推广新型墙体材料、限制生产黏土实心砖、实施绿色建筑标准监督（共五项）	下放		循环化工园区、综合保税区	
70	市住建局	行政监督	建设工程质量监督管理	下放		循环化工园区、综合保税区	
71	市住建局	行政监督	供热单位停业、歇业审核	下放		循环化工园区、综合保税区	
72	市住建局	行政监督	供热设施分户控制改造、入网申请人入网协议备案	下放		高新区、循环化工园区、综合保税区	
73	市住建局	行政监督	房地产开发企业的监督管理	下放		循环化工园区、综合保税区	
74	市住建局	行政监督	商品房销售的监督管理	下放		循环化工园区、综合保税区	
75	市住建局	行政监督	房产中介机构和人员的监督管理	下放		高新区、循环化工园区、综合保税区	
76	市住建局	行政监督	物业服务企业的监督管理	下放		循环化工园区、综合保税区	
77	市住建局	行政监督	房产权属档案监督管理	下放		循环化工园区、综合保税区	
78	市住建局	行政监督	公共保障房档案监督管理	下放		循环化工园区、综合保税区	

续表

序号	实施部门	权力类别	事项名称	下放权力形式		下放（委托）区域	备注
79	市住建局	行政监督	公共保障房租金收缴的监督管理	下放		循环化工园区、综合保税区	
80	市住建局	行政监督	公共保障房资格审核准入、退出监督管理	下放		循环化工园区、综合保税区	
81	市住建局	行政监督	保障房后续管理的监督检查	下放		循环化工园区、综合保税区	
82	市住建局	行政监督	公共保障房在建项目的监督管理	下放		循环化工园区、综合保税区	
83	市住建局	行政监督	住宅专项维修资金监督管理	下放		循环化工园区、综合保税区	
84	市住建局	行政监督	县（市）、区房屋安全管理工作的监督检查	下放		高新区、循环化工园区、综合保税区	
85	市住建局	行政监督	县（市）、区住宅室内装饰装修工作的监督检查	下放		循环化工园区、综合保税区	
86	市住建局	其他类	保障性住房项目审批	下放		高新区、循环化工园区、综合保税区	
87	市住建局	其他类	公有住房出售审批	下放		高新区、循环化工园区、综合保税区	
88	市住建局	其他类	单位自建经济适用住房销售许可	下放		高新区、循环化工园区、综合保税区	
89	市住建局	其他类	单位售房款交存与支取审批	下放		循环化工园区、综合保税区	
90	市住建局	其他类	住宅专项维修资金支用审定	下放		循环化工园区、综合保税区	
91	市住建局	其他类	商品房现房销售合同备案	下放		循环化工园区、综合保税区	
92	市住建局	其他类	商品房预售合同备案	下放		循环化工园区、综合保税区	
93	市住建局	其他类	撤销商品房买卖合同备案	下放		循环化工园区、综合保税区	
94	市住建局	其他类	房屋租赁登记备案（非住宅）	下放		高新区、循环化工园区、综合保税区	
95	市住建局	其他类	存量房交易结算资金监管	下放		高新区、循环化工园区、综合保税区	
96	市住建局	其他类	商品房预售资金监管协议备案	下放		循环化工园区、综合保税区	

续表

序号	实施部门	权力类别	事项名称	下放权力形式	下放（委托）区域	备注
97	市住建局	其他类	公共保障房的分配实施、出售	下放	高新区、循环化工园区、综合保税区	
98	市住建局	其他类	房屋安全鉴定	下放	循环化工园区、综合保税区	
99	市住建局	其他类	物业管理招投标备案	下放	循环化工园区、综合保税区	
100	市住建局	其他类	物业管理用房与物业经营用房审核	下放	循环化工园区、综合保税区	
101	市住建局	其他类	危房统计	下放	循环化工园区、综合保税区	
102	市住建局	其他类	保障房稽查清退及其监管	下放	循环化工园区、综合保税区	
103	市水务局	行政处罚	对违反取水许可证和违法凿井的行政处罚	下放	高新区、循环化工园区、综合保税区	
104	市水务局	行政强制	加处罚款或滞纳金	下放	高新区、循环化工园区、综合保税区	
105	市人防办	行政处罚	在人民防空通信设施保护区内进行危害性作业及不按人防部门的要求安装人民防空指挥通信或警报通信终端设备以及需要在新建建筑物及构筑物安装的通信工程，未与建筑物或构筑物同时建设的处罚	下放	综合保税区	
106	市人防办	行政监督	对人民防空指挥通信终端设备和警报通信终端设备维护工作的监督	下放	综合保税区	
107	市人防办	行政监督	对人民防空教育的监督	下放	综合保税区	
108	市人防办	其他类	组织群众防空防灾教育和防护技能培训	下放	综合保税区	
109	市人防办	其他类	安装和更新人民防空警报设施	下放	综合保税区	
110	市园林局	其他类	工程建设项目绿化用地面积审批	下放	高新区、循环化工园区、综合保税区	暂列其他类。待国务院明确和规范事项

（市编委办）

信 访

【概况】 2017年，全市信访系统以提升信访事项及时受理率、按期答复率、办理参评和满意率“三率”为重点，采取“一天一督促、半月一会商、每月一通报”措施，妥善处理大量信访积案和群众信访问题。6次开展矛盾纠纷隐患集中大排查活动，排查化解重点苗头隐患2903起。发挥信息化网络平台作用，畅通网上信访渠道，推动网上信访比例大幅提升。深化信访工作制度改革，建立市群众工作中心入驻部门日常管理制度，推进群众信访工作网络向基层一线延伸，2017年全市乡级建立群众工作站266个，村级建立群众工作室4533个，市、县、乡、村四级群众工作体系基本形成。开展人民建议征集，以多种渠道方式征集人民群众合理化建议500多条，编发《人民建议》24期，获得市领导批示8件次；向相关地方和部门交办、转办有价值建议200多件。河北省《人民建议》采用市信访局报送建议9篇，其中省领导批示2件次。2017年市信访局获评河北省人民建议征集工作先进单位，全市“三率”综合排名位居全省第一。

【领导干部接访】 2017年省委常委、市委书记邢国辉到市群众工作中心接访约访6次，接访案件全部案结事了、息诉罢访。全年河北省领导分包石家庄市信访案件30件，全部办结、息诉罢访。2017年市领导分包两批、96件重点信访案件全部办结，息诉88件，息诉率91.7%。落实每月第一个周三集中开展市县乡三级干部大接访活动制度、每周三市级党政领导到市群众工作中心接访约访制度、重要敏感时期每天一名市级领导到市群众工作中心接访约访制度。全年开展市县乡三级领导干部大接访活动12次，接待群众来访3671人次、1013件次，当场解决信访事项63件，落实领导包案818件。

【化解信访积案】 根据省委办公厅、省政府办公厅《关于开展重点领域重点群体信访突出问题专项治理的通知》和中共石家庄市委全会的部署安排，从2017年11月1日开始到2018年6月30日，全市分三个阶段开展信访积案大化解“双百日攻坚”清仓行动，集中梳理上级交办信访积案1383件。明确信访积案县级领导逐案包案制度，签订包案化解责任状，落实“三到位一处理”“五包责任制”要求，集中攻坚化解，做到“四个不欠账”。至2017年底，全市上级交办1383件信访积案办结794件，办结率57.4%，息诉738件，息诉率53.4%。

（刘旗）

政策研究

【概况】 2017年，市委研究室以贯彻落实市第十次党代会精神为重点，围绕“建设现代省会、经济强市”主题和市委领导关心关注、亟待解决的焦点问题，组织开展调查研究，为市委领导提出多项针对性的建议、意见和方案。坚持将以文辅政作为市委研究室发挥作用的重要途径，尽最大可能将调研成果融入领导讲话、市委文件和各项工作方案、安排意见之中，转化为市委决策和要求。全年撰写调研报告20篇，起草综合文稿8篇、其他文稿31篇，编发《外地动态》39篇，主编《石家庄决策》刊物12期，获得市级以上领导批示56人次。2017年省委常委、市委书记邢国辉直接交办调研课题11篇，涉及石家庄市与雄安新区融合发展、融入一带一路建设、省会城市建设管理、古中山国遗址保护开发、环城水系开发利用、推进煤改气、共享汽车管理等社会经济发展领域。改进决策咨询工作，修订完善市决策咨询委员会（简称市决咨委）章程。2017年市委研究室在全省党委研究室系统获评“优秀”等次，编辑出版《石家庄决策》刊物在全国城市党刊第25届年会上，以第二名成绩连续六届获评“全国城市十佳党刊”。

【调查研究】 以当好参谋、出好主意为责任，围绕“建设现代省会、经济强市”主题和市委领导关心关注、亟待解决的焦点问题，开展和完成重大调研课题20个，其中，省委常委、市委书记邢国辉直接交办调研课题11篇，涉及石家庄市与雄安新区融合发展、融入一带一路建设、省会城市建设管理、古中山国遗址保护开发、环城水系开发利用、推进煤改气、共享汽车管理等社会经济发展领域。调研报告获得市级以上领导批示率100%，获得省、市领导批示38人次。其中，邢国辉批示13篇次；市长邓沛然批示4篇次；16项调研成果被市委、市政府领导批转相关部门，要求研究有关政策和措施，推进工作落实。2017年市委研究室组织撰写石家庄市与雄安新区融合发展系列调研报告印发全市各部门参阅，鹿泉区“煤改气”调研报告在省委政策研究室《政研与决策》刊发，经验做法在全省推广。

【文稿起草】 坚持将以文辅政作为市委研究室发挥作用的重要途径，尽最大可能将调研成果融入领导讲话、市委文件和各项工作方案、安排意见之中，转化为市委决策和要求。市委主要领导综合文字服务。起草完成省委常委、市委书记邢国辉交办省委常委调研课题《加快建设现代省会城市的思考》、给省决咨委的回信、对省委工作要点的意见建议等，参与起草邢国辉在市第十次党代会、市委十届四次全会上的讲话等重要文稿。重大意见和文件起草。牵头完成市委《关于深入学习宣传贯彻党的十九大精神加快建设现代省会经济强市奋力开创新时代石家庄各项事业新局面的决定》，参与完成《市纪委关于对市委常委会及其成员进行党内监督的实施办法》《关于支持市人大及其常委会在全市重点工作中更好发挥作用的指导意见》等。市委交办文稿起草。重点完成省委常委会工作评价、石家庄市工作成绩和亮点、对省委省政府全面推进高质量发展决定的意见建议等文稿，为省委省政府更好地了解全市工作亮点，掌握石家庄市面临的困难和瓶颈，有针对性地指导帮助全市工作提供了有价值的参考和意见。

【信息服务】 加大外地重要发展举措和信息搜集，编印《外地动态》39期，获得市领导批示11次，其中，省委常委、市委书记邢国辉批示5篇次，市委邓沛然批示1篇次。围绕市第十次党代会提出的工作任务，编报周边省会城市和河北省各设区市主要经济指标简要分析、合肥市依靠创新驱动促进产业转型升级、石家庄市与周边省会城市招商引资及项目建设情况分析、成都市出台“产业新政50条”、广东出台构建“亲”和“清”新型政商关系意见等动态建议均获得邢国辉批示。以社会热点问题为内容，编报北京市开展“高校百位名家共讲十九大”活动、成都市济南市等地贯彻中共十九大精神、保定市推动京津保率先联动发展等动态建议，及时为市委领导掌握外地城市工作动态提供信息参考。以民生问题为内容，编报武汉市长沙市等地出台政策吸引应届毕业生就业创业、成都市沈阳市等地窗口服务单位实行错时延时工作制、济南市12345市民热线“升格”等动态建议，推动石家庄市部分行政事业单位实行延时服务制度，为政府提升公共服务水平提供借鉴。

（闫晓斌）

机关事务管理

【概况】 2017年，市机关事务管理局以建设服务型、节约型、法治型机关为主线，履行管理、保障、服务职责，确保了市委、市政府机关大院安全稳定和有序运转。加强安全保卫，定期召开市委、市政府机关安全工作会议，组织分析机关大院安全保卫形势，及时通报安全突发问题，全年机关大院实现无刑事犯罪、无治安案件、无火灾事故、无自然灾害“四无”目标。严格公车管理，建立市直机关公务用车服务平台，安装北斗卫星定位系统；市直机关公务用车全部喷涂白色标识，设置统一投诉电话。2017年市委、市政府公车调度车辆近1万台次，安全行驶距离200万千米。举办公共机构节能宣传周活动，实施公共机构既有建筑结构节能改造7400平方米。

【公车使用】 经市公车改革领导小组批准，建立市直机关公务用车服务平台，安装北斗卫星定位系统，公务用车实行集中管理和统一调度。发挥群众监督、社会监督作用，市直机关公务用车全部喷涂白色标识，设置统一投诉电话，经常落实检查巡查制度。2017年市委、市政府公车调度车辆近1万台次，安全行驶距离200万千米；节油2.6万余升，折合金额16万余元（以92号汽油为参考，按照每升6.5元核算）。

【办公用房管理】 加强市直机关办公用房管理，严格落实办公用房管理规定。开展市直机关及直属事业单位房产地产清查，逐一全面摸底，建立办公用房数据资源库。整理和核查各单位报送办公用房资料，登记和汇总相关信息。审核市直部门需要租用办公用房情况，遵照人员比例，提出具体用房意见和建议。严格市委、市政府所属53个宿舍区管理，主动做好水、电、燃气、供暖等保障服务工作。支持石家庄市创建全国文明城市活动，配合各宿舍所在辖区居委会整治环境及周边卫生。冬季供暖期间，维修维护办公用房供暖设备，抢修漏水暖气管道50余次。

（曹建龙　王东旭）

党 史

【概况】 2017年，市委党史研究室以履行“存史、资政、育人”为职责，编辑出版和撰写《石家庄各县解放纪实》《中国共产党石家庄历史大事记（2006～2013）》《资政文集（2016）》《开国第一城——纪念石家庄解放70周年文集》《晋冀察大事记述》等历史材料。重视党史宣传，5月27日，市委党史研究室微信公众号“石家庄党史”正式上线运行，设置“学习专题”“史海钩沉”“滹沱骄子”等栏目；全年推送文章50余篇，关注、阅读和转发2000余人次。开展县（市、区）党史研究指导。6月16日，召开全市党史工作推进会，邀请专家以宣传教育为内容举办专题讲座，指导各县（市、区）编辑撰写当地《中国共产党历史》一、二卷本及党史大事记、资政文章、石家庄解放纪实等。11月，举行各县（市、区）党史机构、人员编制、经费保障、工作现状等摸底调查，征求意见和建议。2017年市委党史研究室及各县（市、区）党史部门在“中国共产党历史网”“河北党史网”刊发党史文章45篇。

【石家庄解放70周年纪念活动】 起草省委书记王东峰、市委书记邢国辉11月12日在石家庄解放70周年纪念大会、座谈会上的讲话初稿，邀请部分参加过石家庄解放的老领导老干部子女参加座谈会。撰写“铿锵足音——纪念石家庄解放70周年”系列文章16篇，并在《石家庄日报》连载。在微信公众号“石家庄党史”开设“解放70周年特辑”，编辑推送纪念文章16篇。联合市委宣传部举办纪念石家庄解放70周年“学党史 感党恩 跟党走”主题教育党史知识竞赛活动，参与答题群众3万余人；联合河北省书画艺术研究院举办“筑梦中国”纪念石家庄解放70周年书画大赛活动，收到参赛作品1119件，评选获奖作品60件。编印《开国第一城——纪念石家庄解放70周年文集》，收录省市领导在纪念石家庄解放活动中的重要讲话及报刊、微信公众号发表的纪念文章。编写《石家庄的解放与接管》书稿，征集石家庄解放初期中央直属单位相关资料。

【两部历史丛书编辑出版】 2017年11月底，《石家庄各县解放纪实》由河北人民出版社出版发行。该书收录石家庄各县解放概述及收复、解放纪实文章17篇，内附图片40张，文字11万字，主要记述石家庄市及各县收复、解放的过程，填补了各县解放的历史资料空白。2017年12月，《中国共产党石家庄历史大事记（2006～2013）》由河北人民出版社出版发行。该书于2016年下半年启动编写，主要收录2006～2013年8个年度的大事记资料，每年1册，共8册，文字200万字。

【郝清玉烈士陵园迁址落成】 9月22日，中国共产党北方农民运动战线杰出领导人和组织者郝清玉烈士陵园落成仪式在高新区赵村举行。省检察院、省民政厅、市民政局、高新区有关负责人及烈士家乡亲属等50余人参加落成仪式。郝清玉（1904—1935）是正定县赵村（现为石家庄高新区）人，1925年加入中国共产党，并在“裕华鞋庄”建立正定县第一个工人党支部，历任中共正定地方委员会委员、正定县委委员、保属特委书记、顺直省委常委兼农委书记等职。1931年4月，郝清玉因叛徒告密被捕，在狱中遭到残酷迫害，1935年在狱中病逝，年仅32岁。

中共石家庄市委党史研究室

主　任：高卫燕

副主任：王利利　刘顺江

（李江江）

党 校

【概况】 2017年，市委党校（石家庄行政学院、石家庄市社会主义学院）贯彻落实中共十九大精神和习近平新时代中国特色社会主义思想，坚持正确的办学方向和“党校姓党”的根本原则，组织开展教学培训和理论研究工作。重视制度建设，修改完善《专业技术岗位聘用管理办法》《专业技术职务任职资格申报方案》等制度，推进形成良性教学科研秩序和机制。全年市委党校举办市委管理干部学习贯彻中共十九大精神轮训班等班次33期，培训学员4697人次；举办对外交流班次50期，培训学员2600人次。开展理论宣传，利用基层干部群众喜闻乐见的方式和手段，用群众听得懂的语言，以党的创新理论为主，举行进企业、进社区、进农村、进机关、进校园宣讲活动。5名教师参加市委组织的中共十九大精神理论专家宣讲团，10名教师参加“送教下基层进机关”活动，17名教师参加“燕赵社区大讲堂”，15名教师参加“我到基层讲党课”活动。加强课题研究，全年课题立项42项，发表学术文章130余篇。编辑出版《西柏坡时期党的纪律建设》《新中国实验田（石家庄1947—1949）》《石家庄社会工作发展报告》等研究文章。主办《学报》获得河北省优秀期刊。

【教学培训】 按照“党校姓党”原则，将党员干部的理论教育、党性教育作为首要任务，设置培训课时达到总课时70%。党的理论教育以习近平新时代中国特色社会主义思想和中共十九大精神作为教学培训第一课和必修课。推进打造“西柏坡精神”“重走赶考路”“同呼吸心相印”党校教学特色品牌，厚植现场教学理论基础，拓展党员领导干部党性教育方式。注重学员党性锻炼和党性分析，开展理想信念、党的宗旨、党章党规党纪和反腐倡廉教育，帮助学员增强红色基因，永葆共产党人的政治本色。全年市委党校举办市委管理干部学习贯彻中共十九大精神轮训班等班次33期，培训学员4697人次；举办对外交流班次50期，培训学员2600人次。

【课题研究】 以突出质量、保持特色为原则，采取贴近实际、贴近生活、贴近群众方式，组织开展社会科学研究。全年课题立项42项，发表学术文章130余篇，主要研究内容包括党的理论创新成果、党中央和省市委重大决策部署、中共十九大精神等。研究撰写《关于破解我市工业实体经济困境的建议》《关于滹沱河生态修复的建议》分别获得“双问计”活动“金点子”一等奖和二等奖；《确保我市打赢脱贫攻坚战的思考》获得省委常委、市委书记邢国辉的批示，并转有关部门研究落实。组建成立雄安新区建设专门研究团队，参与石家庄市委关于雄安新区建设发展的深层次研究，形成3份有价值、有观点、有对策的系列调研报告，均获得市委领导批示，其中《雄安新区争取特殊立法权的思考与建议》获得多位河北省领导的批示和肯定。借助石家庄电视台和《石家庄日报》媒体平台，撰写发表《借力雄安新区，推进开发区建设》《练好借力雄安新区的“创新组合拳”》等理论研究文章。

中共石家庄市委党校

校　　长：李德进

常务副校长：马建彬

副 校 长：尹浩　崔志进

　　　　　董杰　唐永志

（王雷）

石家庄市人民代表大会

【概况】 2017年，市人民代表大会及其常委会以习近平新时代中国特色社会主义思想为指导，贯彻落实中共十九大精神，坚持党的领导、人民当家作主、依法治国有机统一，履行宪法和法律赋予的职责，全面推进民主法治建设。4月12～16日，举行市第十四届人民代表大会第一次会议，审议市人大常委会、市政府、市法院、市检察院等6项工作报告；选举产生市第十四届人民代表大会常务委员会主任、副主任、秘书长和委员，市政府市长、副市长，市中级人民法院院长、市人民检察院检察长，顺利完成换届选举任务。12月21～22

2017年4月15日，7人当选石家庄市第十四届人大常委会主任、副主任、秘书长。从左至右依次为张院生（秘书长）、韩保来、楚行宇、司存喜（主任）、王宝山、安树国、李志宏（女）

2017 年 5 月 2 日，市人大常委会举行新一届市政府组成人员宪法宣誓仪式

日，举行市第十四届人民代表大会第二次会议，选举全市出席河北省第十三届人民代表大会代表 95 名。全年举行市人大常委会会议 12 次，审议议题 52 项。听取和审议市“一府两院”专题工作报告 18 项，开展专题视察 5 项、执法检查 5 项、专项资金监督 3 项、专题调研 10 项，重点工作均举行专题询问和满意度测评。制定修订地方性法规 2 部，备案审查规范性文件 48 件。任免地方国家机关工作人员 85 人次。举办新一届市政府组成人员宪法宣誓仪式。5 月 2 日，市人大常委会举行新一届市政府组成人员宪法宣誓仪式。市人大常委会主任司存喜主持会议。市长邓沛然，市人大常委会副主任楚行宇、安树国、韩保来、李志宏，市法院院长崔存利，市检察院检察长陈晓明出席宪法宣誓仪式。被决定任命的政府组成部门主要负责人分批走到指定位置，领誓人左手抚按《宪法》、右手举拳，跟誓人右手举拳，齐声宣读誓词。新选市人大代表 430 多名。市人大常委会组成人员联系市人大代表 414 人次，市人大代表联系群众 3200 人次，征集意见建议 630 条，为群众办实事好事 1682 件。邀请基层市人大代表列席市人大常委会会议 70 人次，参加视察检查等活动 1760 人次。人大代表提出 420 条建议全部办复，其中，市政府系统办理 415 件、市法院办理 4 件、市检察院办理 1 件，办成率和代表满意率分别达到 67.1%、95.9%。确定重点代表建议 15 项。围绕标识、制度、活动、记录、管理“五规范”标准，全市 261 个乡镇（街道）建立“人大代表之家”276 个；新增人大代表联络站 44 个，总数达到 156 个；评选优秀人大代表 119 名，评选模范“人大代表之家（站）”39 个。6 月 30 日，市第十四届人大常委会咨询委员会成立，45 人获聘为新一届市人大常委会咨询委员会成员。10 月 24 日，市第十四届人大常委会第六次会议决定，设立石家庄解放纪念日，自 2017 年起，将每年 11 月 12 日设立为石家庄解放纪念日。

【市第十三届人大常委会组成人员及各部门负责人】

主　任：杨志辉
副主任：王中联（女）
王增飞　李锡海
杜振琪
楚行宇（满族）
秘书长：张院生
委　员：马军
马恩来（回族）
王云辉　王文晔（女）
王玉国　王生力
王仕平　王印行
卢素强　兰国良
刘月照　刘书平
刘国清　米春荣（女）
孙晋康　严晋峰（女）
李俊秀（女）
李晓华（女）
杨印胜　步淑段（女）
肖荣智　吴秀超
何金录　张琰
张静　（女）
张泽辉　张美林
张聚华　邵新中
尚秀伟　宗立荣（女）
赵海奎　胡永权
姜博卿　徐习军
徐拥政　郭登洲
崔芸　（女）
崔瑞芳（女）
韩保来　谭运江
潘卫东
副秘书长：潘明文
倪华　（3 月免）
杨传英（3 月免）
时洪斌（3 月免）
李雪斌

研究室

主　任：谭运江

副主任：崔书冠　王建丰

选举任免代表工作委员会

主　任：王云辉

副主任：马军　　李勤

法制委员会

主　任：徐习军（3 月免）

　　　　时洪斌（3 月任）

副主任：宋健

内务司法委员会

主　任：卢素强（3 月免）

　　　　杨传英（3 月任）

副主任：赵文生

财政经济委员会

主　任：刘国清

农业和农村委员会

主　任：何金录（3 月免）

　　　　孙任虎（3 月任）

副主任：马兆芹

城乡建设和环境资源委员会

主　任：王生力（3 月免）

　　　　倪华　（3 月任）

副主任：孙利华

教育科学文化卫生委员会

主　任：严晋峰

民族侨务外事委员会

主　任：赵海奎（3 月免）

　　　　解立芳（3 月任）

副主任：王庄丽

信访办公室

主　任：潘明文

副主任：张万明

【市第十四届人大常委会组成人员及各部门负责人】

主　任：司存喜（4 月任）

副主任：王宝山（4 月任）

　　　　楚行宇（满族）

　　　　安树国（4 月任）

　　　　韩保来（4 月任）

　　　　李志宏（女，4 月任）

秘书长：张院生

委　员：于荣英　马军

　　　　王文晔（女）

　　　　付黎音（女）

　　　　宁淑敏（女）

　　　　邢壮　　吕军英

　　　　乔茜　（女）

　　　　刘国清　刘海云（女）

　　　　闫凤利　孙任虎

　　　　孙晋康（12 月免）

　　　　严晋峰（女）

　　　　杜娟　（女）

　　　　李卫英　李美瑄（女）

　　　　李晓华（女，满族）

　　　　杨传英（女）

　　　　杨志乾　时洪斌

　　　　何景利　汪克宁

　　　　宋国宏　张忠良

　　　　张聚华　张慧巧（女）

　　　　邵新中　武志永

　　　　尚秀伟　赵洪　（女）

　　　　胡永权　段林国

　　　　贾巧秀（女）

　　　　倪华　（女）

　　　　高翠君（女）

　　　　郭少旭　程鹏起

　　　　解立芳（女）

　　　　谭运江　潘卫东

　　　　潘明文

常务副秘书长：

　　　　孙任虎（10 月任）

副秘书长：潘明文

　　　　李雪斌（7 月免）

　　　　刘兆英（7 月任）

　　　　马兆芹（7 月任）

　　　　王建丰（7 月任）

　　　　王占峰（7 月任）

研究室

主　任：谭运江

副主任：崔书冠（7 月免）

　　　　王建丰（7 月免）

　　　　王万杰（7 月任）

　　　　鲁中欣（7 月任）

选举任免代表工作委员会

主　任：王云辉

副主任：马军　　李勤

法制委员会

主　任：时洪斌

副主任：宋健

内务司法委员会

主　任：杨传英

副主任：赵文生

财政经济委员会

主　任：刘国清

副主任：董彦国（7 月任）

农业和农村委员会

主　任：孙任虎

副主任：马兆芹（7 月免）

　　　　崔书冠（7 月任）

城乡建设和环境资源委员会

主　任：倪华

副主任：孙利华（7 月免）

　　　　韩建敏（7 月任）

教育科学文化卫生委员会

主　任：严晋峰

副主任：李跃辉（7 月任）

民族侨务外事委员会

主　任：解立芳

副主任：王庄丽

信访办公室

主　任：潘明文

副主任：张万明

　　　　原立华（7 月任）

【市第十四届人民代表大会】 4 月

12～16日，市第十四届人民代表大会第一次会议举行。会议推选邢国辉、邓沛然、税勇、杨志辉、司存喜、王宝山、楚行宇、安树国为大会常务主席。出席会议市人大代表624名。会议听取和审议市政府工作报告、市2016年国民经济和社会发展计划执行情况与2017年市国民经济和社会发展计划草案的报告、市2016年预算执行情况和2017年预算草案的报告、市人民代表大会常务委员会工作报告、市中级人民法院工作报告、市人民检察院工作报告，并通过相应决议。会议选举司存喜为市第十四届人民代表大会常务委员会主任，王宝山、楚行宇、安树国、韩保来、李志宏为市第十四届人民代表大会常务委员会副主任，张院生为市第十四届人民代表大会常务委员会秘书长；选举邓沛然为市政府市长，税勇、刘胜、孟祥红、蒋文红、姜阳、吕素维、赵文锋为市政府副市长；选举崔存利为市中级人民法院院长；选举陈晓明为市人民检察院检察长；选举于荣英、马军、王文晔、付黎音、宁淑敏、邢壮、吕军英、乔茜、刘国清、刘海云、闫凤利、孙任虎、孙晋康、严晋峰、杜娟、李卫英、李美瑄、李晓华、杨传英、杨志乾、时洪斌、何景利、汪克宁、宋国宏、张忠良、张聚华、张慧巧、邵新中、武志永、尚秀伟、赵洪、胡永权、段林国、贾巧秀、倪华、高翠君、郭少旭、程鹏起、解立芳、谭运江、潘卫东、潘明文为市第十四届人民代表大会常务委员会委员。审议和通过市第十四届人民代表大会法制委员会、内务司法委员会、财政经济委员会、农业和农村委员会、城乡建设和环境资源委员会、教育科学文化卫生委员会、民族侨务外事委员会主任委员、副主任委员、委员名单。

12月21～22日，市第十四届人民代表大会第二次会议举行。会议推选邢国辉、税勇、李德进、司存喜、王宝山、楚行宇、安树国、韩保来、李志宏、张院生为大会常务主席。应出席会议代表636名，实际出席代表599名。会议选举95名人大代表为石家庄市出席河北省第十三届人民代表大会代表。

【市第十三届人大常委会会议】 1月18日　市第十三届人大常委会第三十次会议举行。市人大常委会主任杨志辉，副主任王中联、王增飞、杜振琪、楚行宇，秘书长张院生和委员42人出席会议。会议审议通过关于接受李雪荣、张业、王韶华、郝竹山辞去副市长职务请求的决定、关于接受左春和辞去省十二届人大代表职务请求的决定。

2月28日，市第十三届人大常委会第三十一次会议举行。市人大常委会主任杨志辉、副主任李锡海分别主持会议，副主任王中联、王增飞、杜振琪、楚行宇，秘书长张院生出席会议。副市长刘胜、市法院副院长尹新民、市检察院副检察长何军恒列席会议。听取市政府副秘书长刘明亮所作关于贯彻落实《石家庄市人大常委会关于促进全民阅读的决定》情况的报告、市人大常委会研究室主任谭运江所作关于市十三届人大常委会工作报告（稿）的说明、市人大常委会副主任楚行宇所作关于人事事项说明、市人大常委会委员郭登洲所作联组发言。表决通过市十三届人大常委会工作报告（稿）及人事事项。

3月31日　市第十三届人大常委会第三十二次会议举行。市人大常委会主任杨志辉，副主任王中联、王增飞、李锡海、杜振琪、楚行宇，秘书长张院生和委员39人出席会议。听取和审议关于召开市第十四届人民代表大会第一次会议有关事项的报告；审议通过关于召开市十四届人大一次会议的决定、建议议程、名单草案，关于市第十四届人民代表大会代表资格的审查报告及有关人事任免事项。会议宣布任命：时洪斌为石家庄市人大常委会法制委员会主任，杨传英（女）为石家庄市人大常委会内务司法委员会主任，孙任虎为石家庄市人大常委会农业和农村委员会主任，倪华（女）为石家庄市人大常委会城乡建设和环境资源委员会主任，解立芳（女）为石家庄市人大常委会民族侨务外事委员会主任；免去：倪华（女）的石家庄市人大常委会副秘书长职务，杨传英（女）的石家庄市人大常委会副秘书长职务，时洪斌的石家庄市人大常委会副秘书长职务，徐习军的石家庄市人大常委会法制委员会主任职务，卢素强的石家庄市人大常委会内务司法委员会主任职务，王生力的石家庄市人大常委会城乡建设和环境资源委员会主任职务，赵海奎的石家庄市人大常委会民族侨务外事委员会主任职务。

4月10日，市第十三届人大常委会第三十三次会议举行。市人大常委会主任杨志辉，副主任王中联、王增飞、李锡海、杜振琪、楚行宇，秘书长张院生和委员36人出席会议。听取市人大常委会副主任、代表资格审查委员会主任委员楚行宇作关于终止1名代表的市十四届人大代表资格的审查报告、关于接受1名代表辞去河北省第十二届人民代表大会代表职务的说明；表决通过审查报告和说明。

【市第十四届人大常委会会议】 4月18日，市第十四届人大常委会第一次会议举行。市人大常委会主任司存喜，副主任王宝山、楚行宇、安树国、韩保来、李志宏，秘书长张院生和委员46人出席会议。常务副市长税勇、市法院院长崔存利、市检察院副检察长何军恒列席会议。审议通过《石家庄市人大常委会2017年工作要点（草案）》《石家庄市人大常委会关于设立石家庄第市十四届人民代表大会常务委员会代表资格审查委员会的决定（草案）》，补选司存喜为河北省第十二届人民代表大会代表。审议通过其他人事任命事项。

6月5日，市第十四届人大常委会第二次会议举行。市人大常委会主任司存喜，副主任王宝山、楚行宇、安树国、韩保来、李志宏，秘书长张院生和委员47人出席会议。副市长刘胜、市法院院长崔存利、市检察院检察长陈晓明列席会议。听取副市长刘胜作关于人事任命事项的说明，表决通过关于接受税勇辞去副市长职务的请求，决定任命李雪荣为石家庄市副市长、梁建林为市监察局局长、左红江为市农业畜牧局局长、马千里为市投资促进局（市推进京津冀协同发展工作领导小组办公室、石家庄与中关村协同创新区域协作工作组办公室）局长（主任）。

6月28～29日，市第十四届人大常委会第三次会议举行。市人大常委会主任司存喜、副主任王宝山、楚行宇、安树国、李志宏，秘书长张院生和委员46人出席会议。副市长吕素维、市法院院长崔存利、市检察院检察长陈晓明列席会议。听取市环保局局长马立宁作关于2016年度环境状况和环境保护目标完成情况的报告、市法院院长崔存利和市检察院检察长陈晓明作关于人事任免事项的说明。听取和审议市政府副秘书长高庆洲作关于智慧农业建设情况的报告，并举行满意度测评；听取和测评5名法官、5名检察官履职情况。审议通过市人大财政经济委员会关于市十四届人大一次会议主席团交付审议第7号代表议案审议结果的报告、市人大民族侨务外事委员会关于市十四届人大一次会议主席团交付审议第29号代表议案审议结果的报告，两项议案转为重点建议，交由市政府办理。

7月25日，市第十四届人大常委会第四次会议举行。市人大常委会主任司存喜，副主任楚行宇、安树国、韩保来、李志宏，秘书长张院生和委员43人出席会议。副市长刘胜，市法院院长崔存利、市检察院副检察长何军恒列席会议。听取副市长刘胜、市人大常委会副主任楚行宇作关于人事任命事项的说明，表决通过相关人事任免事项；审议通过1名市人大代表采取强制措施许可事项。

8月21～22日，市第十四届人大常委会第五次会议举行。市人大常委会主任司存喜，副主任楚行宇、安树国、韩保来、李志宏，秘书长张院生和委员43人出席会议。常务副市长李雪荣、市法院副院长张保江、市检察院副检察长曹爱国列席会议。听取和审议《石家庄市城市供水用水管理条例（草案）》、关于检查《中华人民共和国水法》实施情况报告、关于2017年1～6月国民经济和社会发展计划执行情况报告、关于2017年1～6月预算执行情况报告、关于2016年市本级决算和市总决算情况报告、关于2016年度市本级预算执行和其他财政收支情况的审计工作报告、《关于2017年市本级预算调整方案（草案）》的说明及相关议案，表决通过关于批准2016年市本级决算的决议、关于批准2017年市本级预算调整方案的决定，确定关于市本级政府债务风险化解方案的报告、关于2017年市政府债务限额的报告实行备案。

10月23～24日，市第十四届人大常委会第六次会议举行。市人大常委会主任司存喜，副主任王宝山、楚行宇、安树国、韩保来、李志宏，秘书长张院生和委员44人出席会议。副市长吕素维、市法院院长崔存利、市检察院副检察长何军恒列席会议。审议通过《石家庄市城市供水用水管理条例（草案）》《石家庄市各级人民代表大会常务委员会规范性文件备案审查条例（草案）》和石家庄市人大常委会关于设立石家庄解放纪念日的决定。听取和审议关于检查《中华人民共和国预算法》《河北省预算审查监督条例》实施情况的报告、关于检查《中华人民共和国水污染防治法》《河北省水污染防治条例》实施情况的报告、关于检查《石家庄市教育设施规划建设管理条例》实施情况的报告、关于全市旅游业发展情况的报告，并举行专题询问；听取和审议市法院关于深化司法体制改革情况的报告、市检察院关于深化司法体制改革情况的报告。审议通过有关人事任免事项。

12月14～15日，市十四届人大常委会第七次会议在市人大常委会会议厅举行。市人大常委会主任司存喜、副主任楚行宇、安树国分别主持。副主任王宝山、韩保来、李志宏，秘书长张院生和41人出席会议。常务副市长李雪荣、市法院院长崔存利、市检察院副检察长何军恒列席会议。邀请河北师范大学教授张怡梅作学习中共十九大精神辅导报告，听取市人大常委会委员宁淑敏作联组发言，表决通过关于个别代表的代表资格的审查报告、关于召开市十四届人大二次会议的决定、市十四届人大二次会议建议议程、市十四届人大二次会议主席团和秘书长建议名单、市十四届人大二次会议列席人员名单、《石家庄市人大常委会第六个五年立法规划》、关于批准2017年市本级预算调整方案的决定。以无记名投票方式举行市教育局局长郎金国、市司法局局长刘志魁、市交通运输局局长米志奇、市林业局局长杨建秋履职评议，表决免去周立新（女）市财政局局长职务，决定任命王东华为市财政局局长。会议决定市十四届人大二次会议2017年12月21日召开。

12月22日，市第十四届人大常委会第八次会议召开。市人大常委会主任司存喜，副主任楚行宇、安树国、韩保来、李志宏，秘书长张院生和委员45人出席会议。副市长刘胜、市法院院长崔存利、市检察院副检察长何军恒列席会议。副市长刘胜作关于人事任免事项的说明。会议决定免去孟胜林的石家庄市人民政府秘书长职务，决定任命郎金国为石家庄市人民政府秘书长。

【市人大常委会主任会议】 全年召开市人大常委会主任会议23次，研究和讨论议题113项。主要研究内容：提交市人大常委会会议各项视察报告、调研报告、执法检查情况报告和人事任免事项等，研究市人民代表大会、市人大常委会会议等重要会议的会务筹备工作；传达学习《习近平总书记在河北雄安新区规划建设工作座谈会上的讲话》《中共中央国务院关于设立河北雄安新区的通知》《赵克志同志在全省领导干部会议上的讲话》和省委理论中心组学习会议精神；研究市第十四届人大常委会主任、副主任和秘书长工作分工意见、市人大常委会2017年工作要点及工作计划、五年立法规划编制方案、全市人大系统干部培训工作安排意见、召开县（市、区）人大常委会主任座谈会安排意见，研究市十四届人大一次会议选举和表决通过的国家工作人员向宪法宣誓工作实施方案、关于2017年法官检察官履职评议工作的安排意见、关于调整2017年立法计划启动石家庄市公共文明行为立法的报告、关于深化机关作风整顿和“双问计”活动工作安排意见、市人大常委会党组向市委请示报告制度、关于设立石家庄市解放纪念日的有关事项、关于对旅游业发展情况专题询问的安排意见、关于对市政府4名局长履职评议的安排意见、关于停止执行《石家庄市国家建设项目审计条例》有关条款的情况报告、“市一府一委两院”人事任免等事项；听取有关专门委员会关于重点代表建议督办情况的汇报、关于市十四届人大一次会议代表议案和批评意见的情况汇报、关于河北省推进县乡人大工作和建设经验交流会暨“人大代表之家”建设现场推进会主要精神及全市贯彻落实意见的汇报、关于延迟开展《中华人民共和国预算法》《河北省预算审查监督条例》执法检查的说明等。

【市人大常委会主任与“一府两院”三长联席会】 5月2日，市人大常委会举行市人大常委会主任与市政府市长、市法院院长、市检察院检察长联席会议，协调和安排2017年市人大常委会主要工作。市人大常委会主任司存喜主持会议，市政府市长邓沛然，市人大常委会副主任楚行宇、安树国、韩保来、李志宏，市法院院长崔存利，市检察院检察长陈晓明出席会议。会议商定2017年市人大常委会听取和审议市政府、市法院、市检察院专项工作报告与计划预算及审计工作报告、履职评议计划、立法计划、执法检查工作计划、专题询问工作计划、监督政府性重点项目资金和专项资金使用情况计划、视察工作计划、委托专门委员会听取和审议专项工作报告的计划、专题调研工作计划等。邓沛然建议：2017年市人大常委会要加大产业转型升级、生态环境保护、新型城镇化等工作监督力度。

【立法】 全年市人大常委会经过调查研究、反复论证，从135个立法建议项目筛选22项作为立法重点。编制《石家庄市第十四届人大常委会五年立法规划（2018—2022）》，确定第十四届人大常委会立法工作路线图和时间表。审议通过并颁布实施《石家庄市城市供水用水管理条例》。配合石家庄市创建全国文明城市，率先在全省启动《石家庄市公共文明行为条例》立法。完成《石家庄市制定地方性法规条例》《石家庄市内肉品管理条例》2部法规报批及实施。完善立法备案审查机制，制定印发《石家庄市各级人民代表大会常务委员会规范性文件备案审查条例》；推进全市各级人大常委会备案审查工作规范化、法制化建设，建立市县乡三级备案审查网络，全年备案审查规范性文件48件。完成《中华人民共和国国歌法》《河北省专利保护条例》《河北省绿化条例》《河北省妇女儿童权益保障条例》《河北省优化营商环境条例》等11件法规草案征集意见工作。编辑印发《石家庄市地方性法规汇编（1985—2017）》及部分法规单行本等立法资料。

【视察、调研、执法检查活动】 围绕经济社会发展的重点工作和人民群众关注的热点问题，全年市人大常委会组织市人大常委会组成人员、专门委员会委员、市人大代表听取和审议专项工作报告18项，开展专题视察5项、专题调研10项，举行执法检查5项，实施专项资金监督3项，举办专题询问和满意度测评各1次。结合市人大常委会议题，开展2016年市本级决算和市总决算情况、2017年1～6月份计划和预算执行情况以及2016年市本级预算及其他财政收支审计情况、市2016年度环境状况和环境保护目标完成情况、创建全国文明城市、优化营商环境、脱贫攻坚、新型城镇化建设、智慧农业建设、民营经济发展、水土保持、正定县古城保护、全域旅游、县城建设、少数民族经济发展、旅游业发展、京津冀协同发展、市法院和市检察院深化司法体制改革、公安信访、“人大代表之家（站）”建设、市政府办理市十四届一次会议代表建议情况等视察活动；举办市园林绿化建设管理资金、石家庄市政策性农业保险财政补贴专项资金、市第四医院谈固院区建设资金使用情况的监督检查；开展《中华人民共和国水法》《中华人民共和国台湾同胞投资保护法》《中华人民共和国水污染防治法》《河北省水污染防治条例》《中华人民共和国预算法》《河北省预算审查监督条例》《中华人民共和国固体废物污染环境防治法》《河北省固体废物污染环境防治条例》《河北省农民工权益保障条例》《石家庄市教育设施规划建设管理条例》实施情况执法检查；专题调研市政府依法行政工作、湾里庙现代服务业产业园提质建设、市大数据建设和发展、市推进分级诊疗制度建设、加强预算管理推进绩效预算管理改革、环保部督察重点污染问题专项整治、美丽乡村建设、山区“经济沟＋生态农业”建设、市政府2017年财政预算编制等工作。

（程胜利）

石家庄市人民政府

【概况】 2017年，石家庄市人民政府以习近平新时代中国特色社会主义思想为指导，贯彻落实中共十九大精神和新发展理念，坚持稳中求进工作总基调，以供给侧结构性改革为主线，围绕建设现代省会、经济强市总目标，统筹推进稳增长、促改革、调结构、惠民生、防风险等工作，实现经济稳中有进、稳中向好，经济社会平稳健康发展。2017年全市完成生产总值5486.0亿元，同比增长7.2%。其中，第一产业增加值349.1亿元，增长2.3%；第二产业增加值2215.2亿元，增长3.6%；第三产业增加值2921.7亿元，增长11.3%。全市人均生产总值5.49亿元，同比增长6.4%。三次产业结构比例由2016年7.9∶44.3∶47.8调整为6.4∶40.4∶53.2。全社会固定资产投资6095.97亿元，同比增长6.6%；固定资产投资6055.97亿元，同比增长6.7%。全部财政收入920.5亿元，同比增长11.8%，其中，公共财政预算收入446.3亿元，增长12.2%；财政支出766.0亿元，同比增长8.1%。农林牧渔业总产值557.61亿元，同比增长0.6%。粮食播种面积77.67万公顷，同比增加11.74万公顷；总产量511.22万吨，同比增长1.13%，平均亩产438.8千克。小麦播种面积29.0万公顷，同比增加1.24万公顷；总产量198.51万吨，同比下降12.19%，平均亩产456.3千克。玉米播种面积36.53万公顷，同比增加7.65万公顷；总产量238.26万吨，同比增加18.12%，平均亩产434.8

千克。规模以上工业总产值7861.73亿元，规模以上工业主营业务收入8003.72亿元；规模以上工业增加值2122.6亿元，同比增长3.4%；规模以上工业利润818.77亿元。市区居民消费价格指数为101.4%，同比上涨1.4%；工业生产者出厂价格指数同比上涨8.1%，工业生产者购进价格指数同比上涨8.2%。社会消费品零售总额2983.34亿元，同比增长10.8%。实际利用外资13.8亿美元，同比增长14.2%。全市城乡居民人均可支配收入24651元；城镇居民人均可支配收入32929元，同比增长8.1%；农村居民人均可支配收入13345元，同比增长8.1%。全市人均生活消费支出15299元，其中，城镇居民均生活消费支出20339元，农村居民均生活消费支出8417元。城镇新增就业18.26万人，农村转移劳动力5.86万人。2017年末城镇登记失业率为3.35%，同比回落0.15个百分点。11月17日，石家庄市在全国精神文明建设表彰大会上获评全国文明城市；正定县获评全国文明县城。

（薛鹏飞）

【市政府领导及工作部门组成人员】

市　长：邓沛然（4月代转任）
常务副市长：税勇　（6月免）
　　李雪荣（6月任）
副市长：张学勤（7月任）
　　刘胜　孟祥红（女）
　　张业　（1月免）
　　王韶华（1月免）
　　郝竹山（1月免）
　　蒋文红　姜阳
　　吕素维（女，4月任）
　　赵文锋（4月任）
秘书长：孟胜林（12月免）
　　郎金国（12月任）
常务副秘书长：
　　宋国宏（5月免）
　　徐拥政（5月任）
副秘书长：高庆洲
　　刘明亮（5月免）
　　刘建立　于胜永
　　聂群英
　　戎华奎（1月免）
　　暴胜贤（5月免）
　　马立宁（5月免）
　　高际永（5月免）
　　魏战路（5月任）
　　邵孟强（5月兼）
　　王晓杰（挂职）
　　李晨阳（挂职，
　　5月任）

一、市政府工作部门

办公厅

主　任：（空）

发展和改革委员会（物价局、粮食局）

主　任（局长）：
　　赵文锋（4月免）
　　左力鸥（4月任）
副主任（副局长）：
　　朱振堂（5月免）
　　徐龙蛟（5月任）
　　杜宪京（5月免）
　　唐志勤（5月免）
　　李辉斌（5月任）
　　赵春来（11月任）
　　吴书科（5月任）
　　刘趁通（5月任）
　　李云庆（5月任）
　　傅晓靖（11月任）
　　曹建宏（9月任）
　　王文亭（5月免）
　　彭程　（挂职，12月免）
　　杨帆　（挂职，8月任）

教育局

局　长：郎金国
教育工委书记：郎金国
教育工委副书记：马建国
　　苏志远
副局长：马建国　马力
　　赵立芬　李立水

科学技术和知识产权局（地震局）

局　长：王雁南
副局长：张英才（5月免）
　　赵万里　郝金卓
　　杨卫东　张志敏
　　陈玉　王德环

工业和信息化局

局　长：李爱民（4月免）
　　彭勇民（4月任）
副局长：徐东　单元林
　　李丰基　邢卫建
　　王庆九　刘俊德

民族宗教事务局

局　长：哈宝伏（4月免）
　　张明其（4月任）
副局长：林海军　王洪河
　　褚国成　罗瑞燕
　　王凤余

监察局

局　长：贾巧秀（女，3月免）
　　梁建林（6月任）
副局长：周顺达　李小平

公安局

局　　长：刘胜　（副市长）
党委副书记：刘生吉
副　局　长：王云才　武瑞琪
　　李新乐　李丛刚
　　张建芬（兼公安交通管理局局长）

李佳楠　耿云鹞

政治部主任：王新民

民政局

局　长：闫纯锴（2月免）

陈联记（4月任）

副局长：张建慧（3月免）

张岩

孟慧贤（2月任）

韩绍明（3月免）

任跃民（3月免）

常俊华（12月任）

纪检组长：

康伯平（5月免）

孙建民（5月任）

司法局

局　长：刘志魁

副局长：赵士宗（5月免）

张仲

赵云龙（9月免）

高新展

王一兵（5月任）

财政局

局　长：周立新（女，12月免）

王东华（12月任）

副局长：刘生彦（2月免）

高山

周巧娥（女）

周国春（8月任）

人力资源和社会保障局（公务员局）

局　长：宋学恭（4月免）

王德庆（4月任）

副局长：盛庆功　袁民杰

石景辉　温富才

韩春生（5月任）

国土资源局

局　长：赵路新

副局长：杜敏海　李少恒

梁伟

张晓普（9月任）

环境保护局

局　长：王华平（2月免）

马立宁（2月任）

副局长：张智华（3月免）

牛新国

马玉辰（6月免）

李哲　（6月免）

城乡规划局

局　长：王晓临

副局长：杨若威　李惠林

张雅琳　滕斌

住房和城乡建设局

局　长：张军卫（4月免）

刘生彦（4月任）

副局长：郭彦军　韩东波

王文章　王文兴

李智强　张顺泽

城市管理委员会（城市管理综合执法局）

主　任（局长）：

卢建新（4月免）

任建忠（4月任）

副主任：高乃善　李景再

黄久胜　康利君

李君涛

交通运输局

局　长：米志奇

副局长：孙宏普（3月免）

闫炳华

张书江（7月任）

朱增奇

刘占中（5月免）

张子云（兼邮政管理局局长）

张立欣（10月任）

水务局

局　长：王东刚

副局长：王振华（6月免）

薛运田　崔文秀

马福恒

张振军（8月任）

农业局（2017年5月撤销）

局　长：蒲国良（5月免）

副局长：孙任虎（5月免）

李茂昌（5月免）

吴振见（5月免）

齐胜平（5月免）

农业畜牧局（2017年5月，由农业局、畜牧水产局合并组建）

局　长：左红江（6月任）

副局长：刘军普（7月任）

贾建平（7月任）

李茂昌（7月任）

刘芬玲（7月任）

徐志峰（7月任）

齐胜平（7月任）

林业局（绿化委员会办公室）

局　长（主任）：杨建秋

副局长（副主任）：

张振江　贾彬

李玉明（4月免）

岳杏娟

刘志刚（4月任）

畜牧水产局（2017年5月撤销）

局　长：吕军英（5月免）

副局长：刘军普（5月免）

贾建平（5月免）

刘芬玲（5月免）

商务局

局　长：田嘉一（4月免）

常志卷（4月任）

副局长：刘平　张春生

陈卫平　杨文波

苗先国　王松林

投资促进局（2017年5月组建设立）

局　长：马千里（6月任）

副局长：董民　（6月任）

王黎明（6月任）

郭金岭（6 月兼）
杨会印（7 月试任）
黄忠 （9 月任，挂职）

文化广电新闻出版局（版权局）

局 长：李波
副局长：赵树斌（1 月免）
张秀芳
左春和（1 月免）
任保山（11 月任）
王谏 （10 月任）
刘寒 （5 月任）
张跃新（12 月任）
樊振宇（试用，10 月任）

卫生和计划生育委员会（爱国卫生运动委员会办公室）

主 任：李志宏（女，兼计划生育协会常务副会长，4 月免）
王华平（女，4 月任）
党组副书记：
解立芳（女，2 月免）
武常贵
副主任：武常贵
甄继革（10 月免）
林慧芳（女，5 月免）
张红梅（女）
张国军（7 月任）
王金海 张东生
魏建英（女）

外事（侨务）办公室

主 任：赵建林（2 月免）
栾建英（2 月任）
副主任：孟硕 樊为民
范玉龙 李会文
刘春梅（7 月免）

审计局

局 长：刘桂江（3 月免）
裴晓青（3 月任）
副局长：张建国 赵英然（女）
钱国伟 尹建明

国有资产监督管理委员会

主 任：罗二虎（7 月免）
张军卫（4 月任）
副主任：刘春东 孟超英
林树新（5 月任）

工商行政管理局

局 长：侯洪彬
副局长：谢艳华（女，10 月任）
孙桂莲（女）
路栓增 尹兵辉
王大林
纪检组长：刘杏然（5 月免）
李卫国（5 月任）

质量技术监督局

局 长：张新峰（4 月任）
副局长：曹长随（5 月免）
夏玉颖（10 月免）
吴保成（5 月免）
刘占 韩秀娟（女）
柯旭
王振刚（10 月任）

体育局

局 长：赵勇
副局长：黄增国
吴丽艳 宋连军
赵敏生（12 月任）

安全生产监督管理局

局 长：崔同英（2 月免）
暴胜贤（2 月任）
副局长：杨玉珠（9 月免）
任兆彦（5 月免）
刘军 （5 月任）
李天征
宋建昌（12 月任）
扈传淼（12 月任）

食品药品监督管理局（食品安全委员会办公室）

局 长（主任）：
霍国林（2 月免）
崔芸 （2 月任）
副局长（副主任）：
黄岩松
李俊 （3 月免）
杜瑞行 杜爱朝
李建 李利佳
牛学建（10 月任）

统计局

局 长：马千里（3 月免）
金福中（4 月任）
副局长：杨建波 徐惠珍
王玉洁 温朝中

粮食局（2017 年 5 月，与发展改革委合并）

局 长：朱献军（5 月免）
副局长：徐龙蛟（5 月免）
王国强（5 月免）
刘趁通（5 月免）
李云庆（5 月免）

旅游发展委员会

主 任：赵俊芳
副主任：米进立 刘庆卫
张蕾 尚乃冀
孙瑞峰（5 月任）

法制办公室

主 任：郑国良
副主任：赵成英 张和起
赵建勋

人民防空办公室

主 任：戚阿东
副主任：刘金虎
苏力 （5 月免）
胡月平 姜辉
蔡忠义（1 月任）

金融工作办公室

主　任：张新峰（2月免）
　　　　赵东　（2月任）
副主任：张春涛　丛九龄

行政审批局（政务服务中心、公共资源交易监督管理办公室，2017年2月挂牌成立）

书　记：税勇（2月兼，6月免）
　　　　李雪荣（6月兼）
局　长（主任）：
　　　　周树仁（4月任）
副局长（副主任）：
　　　　李卫东（5月任）
　　　　王文亭（5月任）
　　　　刘然　（5月任）
　　　　刘占中（5月任）
　　　　高国欣（11月任）

二、市政府直属事业机构

扶贫和农业开发办公室

主　任：赵永利
副主任：顾玉平　戚忠奎
　　　　王家雄　程辉

园林局

局　长：毕凤鸣（5月免）
　　　　刘金文（5月任）
副局长：孙志强　王锡江
　　　　冉荣珍　赵素校

档案局（档案馆）

局　长（馆长）：
　　　　唐克　（5月免）
　　　　陈健敏（5月任）
副局长（副馆长）：
　　　　付明华　朱银刚
　　　　傅丽娟（女）
　　　　张建伟
　　　　崔亚辉（1月任）

【市政府常务会】 1月19日，市委副书记、代市长邓沛然主持召开市政府第68次常务会。研究2017年主要工作和空气质量限期达标规划、全市工业行业结构与整治提升三年规划、产业园区发展与调整规划、散煤压减替代规划、矿山关闭复绿沙场生态恢复和西部太行山生态绿化三年规划、综合治理农业面源污染推动农业绿色发展规划等大气污染防治6个专项规划及“十三五”市级重点专项规划等。

2月14日，邓沛然主持召开市政府第69次常务会议。传达落实省委书记赵克志听取石家庄市工作汇报时的讲话精神，研究部署2017年大气污染防治工作，研究并原则通过2017年大气污染防治工作方案、“小散乱污”企业专项整治、散煤锅炉淘汰、散煤压减替代等实施方案，全市大气污染排放重点行业工业企业冬季错峰生产的意见。

3月2日，邓沛然主持召开市政府第70次常务会议。研究并原则通过《石家庄市产业发展鼓励和禁限指导意见（2017—2019年）》。

3月13日，邓沛然主持召开市政府第71次常务会议。决定自即日起至2017年底，开展工业经济质量效益年活动；研究现代服务业发展，提出建设京津冀商贸物流城市；安排部署和推进重点工作。

3月27日，邓沛然主持召开市政府第72次常务会议。审议并原则通过提请市十四届人大一次会议审议《政府工作报告（讨论稿）》，研究《2016年国民经济和社会发展计划执行情况与2017年国民经济和社会发展计划（草案）的报告》《2016年预算执行情况和2017年预算（草案）的报告》。

4月24日，市长邓沛然主持召开新一届市政府第1次常务会议。传达学习习近平主席在河北雄安新区规划建设座谈会上的讲话精神。研究并原则通过石家庄市十四届人民政府工作规则，研究关于市政府领导班子成员、市政府党组成员工作分工，围绕加强新一届市政府自身建设提出要求。

5月9日，邓沛然主持召开市政府第2次常务会议。研究并原则通过石家庄市推进智慧城市建设行动计划、石家庄市清理规范投资项目报建审批事项实施方案、关于深化投融资体制改革实施意见、关于制订石家庄市轨道交通票价方案等12个议题，听取“7·19”特大洪水灾后重建工作情况汇报，研究石家庄蓝天环境治理产业转型基金设立方案、石家庄长安区国际服务外包经济开发区PPP项目实施方案等事项。

5月15日，邓沛然主持召开市政府第3次常务会议。研究事项涉密不公开。

5月26日，邓沛然主持召开市政府第4次常务会议。研究并原则通过关于规范互联网租赁自行车健康发展的若干意见、关于调整和完善土地招拍挂竞买方式的意见等。

6月6日，邓沛然主持召开市政府第5次常务会议。研究并原则通过关于石家庄市强力推进大气污染综合治理的意见、石家庄市环境保护举报奖励办法等事项。

6月24日，邓沛然主持召开市政府第6次常务会议。研究并原则通过《关于城市优先发展公共交通的实施意见》《石家庄市城市公立医院综合改革方案》《关于加快推进县域内城乡义务教育一体化改革发展的实施意见》《石家庄市“十三五”控制温室气体排放工作实施方案》《关于加快现代农业园区建设的支持意见》《石家庄市现代农业园区发展水平考核工作方案》《石家庄市轨道交通运营突发应急预案》《石家庄市公安机关警务辅助人员管理实施细则》等事项，听取全省计划生育工作会议精神及石家庄市贯彻落实意见、市档案馆新馆建设情况的汇报等。

8月1日，邓沛然主持召开市政府第7次常务会议。研究并原则通过《石家庄市农村地区气代煤电代煤实施意见》《向市行政审批局划转第二批行政许可事项》《石家庄市市级经营性国有资产集中统一监管实施意见》等事项，听取2017年上半年安全生产工作总结及下半年重点工作安排汇报、关于为高建水等32人记二等功汇报等。

8月7日，邓沛然主持召开市政府第8次常务会议。研究并原则通过《石家庄市重点区域空气质量监测点位设置方案》《“散乱污”企业整治承诺书》等事项。

9月1日，邓沛然主持召开市政府第9次常务会议。研究并原则通过《石家庄市全面创新改革试验主要措施》《石家庄市生态保护红线方案》《关于深入推进城市执法体制改革，改进城市管理工作的实施方案》《石家庄市改革完善企业职工基本养老保险省级统筹制度的实施办法》及向高新区等特定区域下放部分行政权力事项、市档案馆新馆建设情况的汇报、关于开发轨道交通资源实现运营财务平衡的汇报等事项。

9月4日，市长邓沛然主持召开市政府第10次常务会议。研究并原则通过“十三五”规划节能减排综合工作方案，听取滹沱河生态修复工程和石家庄市政务公开工作情况汇报，研究2017～2018年秋冬大气污染综合治理。

9月16日，邓沛然市长主持召开市政府第11次常务会议。研究事项涉密不公开。

9月20日，邓沛然市长主持召开市政府第12次常务会议。研究事项涉密不公开。

10月27日，市长邓沛然主持召开市政府第13次常务会议。研究并原则通过石家庄市环境保护“党政同责、一岗双责”责任制实施办法、重污染天气应急预案补充说明、“净土行动”土壤污染防治实施办法、水环境质量生态补偿暂行办法、石家庄市白洋淀上游流域水环境综合整治工作实施方案5个环境保护工作专项文件及加快推进“大智移云”实施方案、加快推进全市知名品牌培育工程实施意见、推进防灾减灾救灾体制机制改革的实施意见、2017年度石家庄市科学技术奖等。

12月18日，邓沛然市长主持召开市政府第14次常务会议。研究《石家庄市关于落实食品安全党政同责的实施意见》《石家庄市关于推进安全生产领域改革发展的实施办法》，讨论《关于加快经济发展全面提升省会首位度的实施意见（讨论稿）》《石家庄市环境空气质量排名进位实施方案（讨论稿）》。

12月22日，邓沛然主持召开市政府第15次常务会议。传达学习中央经济工作会议精神，部署安排现阶段全市经济工作；研究并原则通过推进高质量发展全面提升省会首位度实施意见、环境空气质量排名进位工作方案、开展省会城市建设管理攻坚提质行动的实施意见。

12月28日，邓沛然主持召开市政府第16次常务会议。就落实市人大常委会建议，实施《石家庄市教育设施规划建设管理条例》作出部署和安排；决定废止市政府规章22件；研究并原则通过《石家庄市市区城镇职工生育保险实施办法》、2017年度十大工业名牌产品。

【10件利民惠民实事】 2017年市政府部署安排和完成利民惠民实事10件。

表 13　　2017 年石家庄市 10 件利民惠民实事一览表

序号	民生事项	任务目标	完成情况
1	治理和改造交通拥堵	市区交通拥堵状况得到有效缓解	完成拥堵点改造 42 个，优化调整新火车站周边、省第三医院等 40 余处拥堵路段；打通 6 条（段）断头路，完成 9 处路口渠化，新建 30 处港湾式公交站台，打通 11 条微小路支循环。石家庄市全天拥堵指数、高峰期拥堵指数较 2016 年明显下降，市区交通拥堵状况得到较大缓解。
2	养老服务	新改扩建 60 个综合居家养老服务中心、240 个社区居家养老服务中心	12 月 15 日，该项工作完成，全市共计新改扩建综合居家养老服务中心 60 个、标准化居家养老服务中心 240 个，全部通过验收。
3	提高贫困人口医疗保障救助水平	符合条件的患病贫困人口，给予医疗救助	落实医疗救助政策，资助城乡特困人员，低保对象全部参保参合；特困人员、低保对象、建档立卡人口给予门诊救助、住院救助和重特大疾病医疗救助。全市累计救助 28.46 万人次，发放救助金 8266 万元（建档立卡人员 15.37 万人，支出 3728 万元）。其中，直接救助 3.29 万人次，发放救助金 3701 万元（建档立卡人员 1.7 万人，支出 1460.63 万元）；资助参加医疗保险人员 25.17 万人，支出 4565 万元（建档立卡人员 13.67 万人，支出 2267.4 万元）。该项工作全部完成。
4	改造老旧小区	改造升级市区 80 个老旧小区的低压电路设备，改造 1450 万平方米供热面积涉及的老旧管网，分步解决三层以上老旧小区吃水难问题	11 月 11 日，改造升级市区 80 个老旧小区的低压电路设备工作全部完成，共计改造低压架空线路 3.2 千米、低压电缆 45 千米，更换低压配电箱 220 台、塑铜线 31 千米。10 月底，改造 1450 万平方米供热面积涉及的老旧管网工作全部完成，共计改造 401 个小区、1450 万平方米老旧管网。印发《石家庄市吃水难老旧小区改造实施方案》，提出改造小区 95 个。市内各区采取泵房建设、内部管网改造、解决电力设施建设和运行费用、及时抢修等措施，实现小区正常供水。2017 年市水务集团共计改造老旧管网 43 千米，将市区白天平均供水压力从 0.185MPa 提升到 0.22 ～ 0.23Mpa，有效改善部分区域供水环境。全年南水北调配套水厂陆续建成运行，石家庄市主城区供水缺口得到较大弥补，95 个老旧小区吃水难问题得到有效解决。该项工作全部完成。
5	发展普惠性学前教育	新增 30 所普惠性幼儿园，提供优质普惠的学前教育服务	6 月底，该项工作完成，全市新增普惠性幼儿园 46 所、普惠性学前教育学位 1.2 万余个。
6	发行文化惠民（演艺）卡	发行 2 万张文化惠民（演艺）卡，其中向城镇低保家庭免费发放 1000 张	8 月底，该项工作完成，全市发行文化惠民（演艺）卡 2 万张（1.9 万张普通卡、1000 张公益卡）。
7	建设完善 10 分钟健身圈	在城市社区更新安装全民健身路径 100 条，在农村安装体育健身设施 200 套	11 月底，该项工作完成，共计在城市社区安装健身路径 105 条，在农村安装体育健身设施 220 套，全部通过验收。
8	实施免费无线网络（WiFi）覆盖工程	石家庄市三环以内公共场所，所有县（市、区）城区公共场所实现免费 WiFi 覆盖	石家庄市二环至三环区域建设完成无线热点 1615 个，基本实现主城区二环至三环区域主要公共场所免费 WiFi 覆盖；认证平台建设完成，与公安网络实现对接，6 月底具备面向公众开放条件。12 月 25 日，所有县（市、区）免费 WiFi 建设任务完毕，实现主城区公共场所全覆盖。
9	实施医养结合示范工程	每个县（市、区）建立 1 个标准化医养结合示范机构，50% 以上的养老机构能够提供医疗卫生服务，80% 以上的医疗机构为老年人开通医疗服务绿色通道，重点人群居家养老家庭医生签约服务率达到 100%	11 月底，该项工作完成。全市培育确定医养结合示范机构 22 个，每个县（市、区）均建立 1 个标准化医养结合示范机构。全市 204 个养老机构中有 117 个可提供医疗卫生服务，服务率达 57.4%；全市 7655 个医疗卫生机构中有 6807 个开通老年人医疗服务绿色通道，开通率 88.9%；重点人群居家养老家庭医生签约服务率达到 100%。
10	开通免费律师、公证顾问平台	依托司法行政公共法律服务系统，向广大群众、小微企业推送律师、公证服务	6 月底，市司法行政公共法律服务系统正式上线运行，免费律师、公证顾问平台开通。该项工作年度任务目标完成。

【建议办理】 2017年市政府系统承办市十四届人大一次会议代表建议415件，解决和基本解决的建议282件，占67.1%；正在解决和列入规划的建议97件，占23.1%；没有解决，已向代表解释说明的建议41件，占9.8%。人大代表认为答复满意和基本满意的建议403件，占95.9%；表示理解的建议15件，占3.6%。2017年市人大常委会确定由市政府办理重点代表建议14项19件，分别为：关于加强石家庄市企业信用体系建设的建议；关于开展交通整治，缓解交通拥堵的建议；关于加快建设居家养老服务体系的建议；关于推动全民阅读，建立移动数字图书馆的建议；关于统一石家庄市中小学与山区6个县教科书版本的建议；关于将小学生免费托管服务向基层县（市、区）延伸的建议；关于建立医疗废物处置中心的建议；关于增加公共厕所建设的建议；关于石家庄市老旧小区物业管理的建议；关于支持产业发展助力精准扶贫的建议；关于保护水资源节约用水的建议；关于发展石家庄市会展业的建议；关于建立共享单车管理办法的建议；关于进一步拓展旅游市场，做大做强石家庄市旅游产业的建议。

（市政府办公厅）

人力资源和劳动就业

【概况】 2017年，全市城镇新增就业18.26万人，完成全年任务177%，城镇就业规模位列全省第一；农村转移劳动力5.86万人，完成全年任务114%；城镇登记失业率3.35%，控制在省下达的任务目标4.5%以内；支持高校毕业生就业创业，全年发放就业创业补贴2678万元，组织举办各类招聘活动350余场，提供就业岗位33万个，高校毕业生就业率达到98%。制定“人才绿卡”政策，出台《人才绿卡职称评定、岗位管理、社会保险、配偶随迁实施细则》。率先在全省推出高层次人才直聘制度，直聘高层次人才33名。评选精品县域特色人才项目10个，分别为：裕华区双创人才推进项目、藁城区农村青年致富带头人项目、鹿泉区英才筑梦“511”计划、栾城区小巨人企业培育计划、晋州市启迪之星人才孵化计划、深泽县创建农业机械人才基地、灵寿县农村实用人才“十佳百优千星”工程、井陉县创建钙镁产业人才基地、赞皇县枣树管理技术实用人才培训项目、高邑县建陶产业人才培育项目。实施人事制度改革，规范和调控机关事业单位劳动聘用人员工资待遇，印发《市直机关事业单位劳动聘用人员工资待遇指导意见（试行）》。做好去产能企业职工安置和援企稳岗工作，完成河北敬业集团去产能职工安置任务，安置率100%；为6家企业发放稳岗补贴6495万元，惠及职工2.7万人。推进职称制度改革，将职称评审权限下放县（市、区），实行中级职称自主评审、中级和高级职称评审全员答辩制度。开展收入分配制度改革，建立国企负责人薪酬制度，发布市属国有企业负责人基本年薪基数及相关配套文件；稳妥提高基层机关事业单位工作人员待遇水平，增加补贴项目5个，人均增资18700元。开展保障农民工工资支付专项检查，为1.58万名劳动者追讨工资1.78亿元。5月，微信公众号“石家庄人社”手机客户端软件开通运行。

【城镇、农村就业创业】 2017年全市城镇新增就业18.26万人，完成全年任务177%。城镇就业规模位列全省第一。开展就业援助和就业精准扶贫，举办“就业援助月”“春风行动”“民营企业招聘周”等招聘活动67场，提供就业岗位15.8万个。支持贫困地区劳动力输出和转移，出台《关于实施就业创业脱贫攻坚工程实施意见》，帮助2.79万名贫困劳动力转移就业和稳定就业，稳定就业率达92.2%。扩大创业资金扶持范围，首次将化解过剩产能企业职工和失业人员、返乡创业农民工、网络商户、建档立卡贫困人口纳入创业担保贷款政策扶持范围。2017年全市发放创业担保贷款2.3亿元，贷款规模居全省第一。至2017年末，全市建成创业孵化基地38家，总面积10.5万平方米，可容纳创业实体2786户，基本实现创业孵化基地县（市、区）全覆盖。2017年全市农村转移劳动力5.86万人，完成全年任务114%。21家农民工返乡创业园被省人力资源和社会保障厅评为省级农民工返乡创业园。发挥市级和县（市、区）定点职业技能培训机构作用，全年职业培训参加人员4.82万人，其中，职业技能培训2.82万人、创业培训2万人；平山县、赞皇县、行唐县、灵寿县4个贫困县完成职业培训8539人。

【高校毕业生就业】 实施高校毕业生就业创业促进计划，发放各类就业创业补贴资金2678万元，组织举办各类招聘活动350余场，提供就业岗位33万个。举办“2017创业服务高校行”系列活动22场次。招录大学生“三支一扶”志愿服务岗位

109个，征集就业见习岗位3000个。2017年石家庄市高校毕业生就业率达到98%。2月8～9日，由省政府主办，省人力资源和社会保障厅承办，石家庄学院协办的“2017年河北省毕业生就业市场”在石家庄学院南校区举行。设立招聘展位2300个，提供岗位4.5万余个，参会省内知名企业311家、省百强企业43家，参会北京、天津、山西、山东、河南、内蒙古等周边省（市、自治区）企业68家，进场求职人员10.3万人。4月1日，“2017春季高校毕业生就业洽谈会”在石家庄信息工程职业学院举行。参会招聘企业800余家，提供就业岗位1.5万个；参加招聘人员2.5万人，达成意向3100余人。招聘岗位涵盖生物医药、化学工程、装备制造、电子信息、房地产、金融、文化传媒网络技术、教育等行业，其中创业创新型小微企业较2016年增多。统计数据分析显示，此次就业洽谈会多数毕业生不愿到小微企业就业，致使现场达成就业意向较少。9月23日，由市委组织部、市人力资源和社会保障局共同主办的2017年第二届京津石区域高校毕业生就业洽谈会在石家庄信息工程职业学院举行。参会企业550家，提供就业岗位5000余个，进场人次2.5万人，洽谈人次1.2万人，达成意向3800人。

【人才引进】 创新人才引进政策，市委组织部、市人力资源和社会保障局联合制定“人才绿卡”政策，出台《人才绿卡职称评定、岗位管理、社会保险、配偶随迁实施细则》。率先在全省推出高层次人才直聘制度，直聘高层次人才33名。实施“名校英才入石”计划，为长安区引进20名“名校英才”；参加“2018年名校英才入冀招聘会”，与89名博士、硕士研究生达成引进意向。精确引进人才，首次编制《急需人才战略引进指导目录》。与天津北方人才（天津人才中心）达成人才交流合作意向。组织石家庄市高新企业赴先进省市招聘高层次人才1400余人。举办海内外高层次人才洽谈会。11月18日，由市人力资源和社会保障局主办的“第十届石家庄市海内外高层次人才洽谈会暨应届毕业研究生招聘会”在石家庄人力资源市场举行。参会单位146家，涵盖装备制造、医药化工、电子通信、计算机、金融、教育培训等行业，提供招聘岗位3585个；进场洽谈4200余人，达成意向人数1516人，其中，博士91人、硕士1240人、本科185人。推进高层次人才创新创业园建设，全年新增各级各类专家80名、高层次人才创新创业园3家、博士后创新实践基地5家，专家数量及各类工作站、基地、园区规模均名列全省第一。培育高技能人才，率先在全省出台《关于提高技能人才地位的实施意见》，2017年全市新培养高级工以上技能等级人员2.58万人。外国专家人才引进。全年4个国家级项目、17个省级项目获批，建立诺贝尔奖工作站4家，2名外国专家入选首批“外专百人计划”。石家庄市参加河北省“华裔科学家引进代表团”出访美国、加拿大活动，与相关机构签署《高端专家人才项目合作意向书》，与10余名外国专家达成人才和项目引进意向。

【人才绿卡发放对象】 6月15日，石家庄市在高新区以岭健康城举行人才绿卡授卡仪式。石家庄市人才绿卡主要面向六类人才发放，分别为：诺贝尔奖获得者，中国科学院院士、中国工程院院士和发达国家院士；国家“千人计划”“万人计划”入选者，“百千万人才工程”国家级人选，国家有突出贡献中青年专家，长江学者，国家“创新人才推进计划”入选者，国家杰出青年科学基金和国家优秀青年科学基金获得者，全国杰出专业技术人才；国家级重点学科、重点实验室学术技术带头人，国家级科技项目、工程项目的主要负责人，获得国家自然科学奖、技术发明奖、科技进步奖等项目一、二等奖的主要完成人（前三名），享受国务院特殊津贴专家，中国青年科技奖获得者，“中华技能大奖”获得者，世界技能大赛金牌获得者及其主教练，全国技术能手；获得省部级科技进步奖一等奖的主要完成人（第一名），河北省高端人才，省管优秀专家，省“巨人计划”领军人才，省“百人计划”入选者，省外专“百人计划”入选者，省政府特殊津贴专家（省有突出贡献中青年专家），省“三三三人才工程”第一层次人选，省突出贡献技师；市“高层次人才支持计划”入选者，市引进高层次科技创新创业人才；石家庄市经济社会发展急需并经认定具有某种特殊技能或专长的高层次人才。

（林建春）

经济研究

【概况】 2017年，市政府研究室以服务中心、服务发展、服务决策为理念，主动推进市政府研究工作由“被动跟随型”向“前瞻引领型”转变。全年牵头或参与市委、市政府文件起草8篇，撰写各类调研报告、领导讲话17篇，调研撰写《专报》3篇，主编《决策参考》9篇、《研究★动态》34期、《石家庄经济》6期。帮助领导决策，发挥参谋和服务作用，主编《石家庄经济》刊物，与市政府领导工作部署、目标要求、发展思路形成“同频共振”，为各县（市、区）经济研究提供了交流平台。起草撰写《关于规范市政府重大决策程序的建议报告》，经市政府常务会议研究通过，明确市政府重大决策必须经过“政策科学性论证、法律规范性论证和专家团队评估”的“两论证一评估”过程。重视战略性、前瞻性课题研究，选择“石家庄市产业结构调整规划纲要”“石家庄市融入一带一路建设”等关系石家庄市现代化经济体系建设大局课题作为研究内容，助推研究成果突出“智慧味道”。开展“石家庄市与雄安新区融合发展”、打造“四大产业城”“优化交通路网引领城市发展”“商贸物流中心城市建设”等课题研究，调研起草建设国际铁路物流港可行性研究报告。承担市政府主要领导文稿起草，完成《政府工作报告》起草工作。推进政府自身建设，起草《石家庄市政府自身建设若干规定》经市政府常务会议研究同意，印发执行。总结大督查工作，连续4年撰写《石家庄市关于国务院大督查的自查报告》。2017年市政府研究室主办《石家庄经济》获评“省会双十佳”刊物。

【调查研究】 以促进全市一、二、三产业协调发展为主题，调研和撰写《关于我市农村土地承包经营权确权及流转情况的调查与建议》《石家庄市军民融合发展情况的报告》《关于加快石家庄市电动汽车充电基础设施的对策建议》《增强会展业发展动力提升辐射带动能力》《关于推进石家庄市乡村休闲旅游产业发展的调查与建议》等报告。以社会民生为主题，调研和撰写《关于加快推进石家庄市分级诊疗工作的对策与建议》《关于市内四区被征地农民养老保险情况的调查报告》《关于湾里庙周边市场改造提升的调研报告》等。献计献策，调研和撰写《新一代智能制造将推动实现第四次工业革命》《大力促进民间投资的评估报告》。落实河北省委关于石家庄市大气污染防治工作提出三个阶段要求，组织人员研究攻关，撰写《对晋州、无极、深泽关停取缔“散乱污”企业情况的调查报告》《关于选准突破口实施精准治霾的研究报告》。推进招商引资，调研撰写《关于加强招商工作促进项目建设的几点建议》。落实市政府领导要求，调研撰写《石家庄市县域产业集群发展的建议》《关于我市检验检测机构整合情况的调研报告》等专题研究报告。

【“智库”建设】 邀请中国通用咨询公司、上海智纲智库咨询公司等国家级“智库”单位为石家庄市产业结构调整把脉问诊，为全市经济社会发展提供智力支持。提升服务能力，倾力打造政府“智囊团”。精心筛选，为市政府主要领导聘请诺贝尔奖获得者乔治·斯穆特等国内外专家咨询顾问6名；创建平台，完善决策咨询范围，与河北经贸大学、河北科技大学、石家庄铁道学院等院校和研究机构开展合作；广泛征集意见，以石家庄市“放管服”职能转变为主题，邀请有关市人大代表、市政协委员和专家学者组成“专家组”，举行全市“放管服”职能转变评估论证和建言献策活动。2017年石家庄市被国务院发展研究中心产业经济研究部确定为全国首个调研点。

石家庄市政府研究室

主　任：张雪峰（3月免）

　　　　赵士宗（3月任）

副主任：刘礼英（8月任）

（陈兵）

地方史志

【概况】 2017年，市地方志办公室贯彻落实《地方志工作条例》《河北省地方志工作规定》《全国地方志事业发展规划纲要（2015～2020年）》《河北省地方志事业发展规划（2016～2020年）》要求，部署和推进二轮修志、综合年鉴编纂、旧志整理、地方史和地情资源开发等工作。二轮修志。石家庄市第二轮修志规划编修志书23部，其中，市级1部、县（市、区）志22部。至2017年底，累计出版印刷16部，分别是《正定县志》《栾城县志》《新乐市志》《鹿泉市志》《平山县志》《井陉县志》《井陉矿区志》《赵县志》《赞皇县志》《长安区志》《裕华区志》《晋州市志》《元氏县志》《行唐县志》《桥东区志》《藁城市志》；正在印刷出版2部，分别是《桥西区志》《无极县志》；正在编纂4部，分别是《石家庄市志》《高邑县志》《灵寿县志》《新华区志》。综合年鉴。按照国务院和河北省部署要求，石家庄市规划出版综合年鉴22部，2017年石家庄市重点启动综合年鉴县区4个，分别为无极县、灵寿县、高邑县和裕华区。至2017年底，全市22部综合年鉴全部遵照“一年一鉴、公开出版”要求编纂。地情资源开发利用。2017年全市各级地方志工作机构围绕党委、政府的中心工作，适时编纂和出版了反映当地经济、社会、文化等方面发展的地情文献，为挖掘一方历史、发挥资政存史功能、推动精神文明建设发挥了重要作用。2017年市本级规划整理旧志84部，实际出版印刷70部。石家庄市地方志办公室主编《史说石家庄》《图说石家庄》出版发行，正定县史志办公室主编《正定县档案志》印刷出版。村镇志编纂。2017年鹿泉区出版印刷封庄、北铜冶、闫同、莲花营、南海山、南新城、四街等33部村志，多数以内部资料形式印刷；《封庄村志》由河北人民出版社正式出版。2017年鹿泉区208个村有195个村开展村志编写，其中91个村83部村志出版；鹿泉区石井乡9个村村志编纂全部完成。2017年底，长安区整体启动村镇志编纂。

【旧志整理】 全市旧志整理工作由市地方志办公室具体实施，规划整理出版旧志84部，包含石家庄市现辖行政区划内明代至中华民国各种府、州、县志的刻本、抄本及稿本等，包括价值较高的乡土志。搜集整理旧志以《石家庄旧志集成》为总名，统一开本和装帧，采用宣纸影印出版。2017年市地方志办公室整理出版清康熙《晋州志》抄本、清光绪《晋州志》抄本、清道光《栾城县志》刻本、清同治《栾城县志》刻本、清咸丰《深泽县志》同治刻本、明万历《灵寿县志》刻本、清康熙《灵寿县志》刻本、清康熙《高邑县志》抄本、清康熙《高邑县志》刻本、清乾隆《高邑县志》抄本、清嘉庆《高邑县志》刻本、民国《高邑县志》铅印本、清咸丰《平山县志》刻本、民国《平山县志料集》铅印本、明嘉靖《真定府志》刻本、明嘉靖《获鹿县志》刻本、清光绪《获鹿县志》刻本、清乾隆《行唐县志》刻本、清乾隆《新乐县志》刻本、清康熙《束鹿县志》刻本、清乾隆《束鹿县志》刻本、清同治《续修束鹿县志》刻本、清同治《续修束鹿县志》抄本、民国《束鹿志稿》稿本、明正德《赵州志》刻本、清康熙《赵州志》抄本26部旧志，拼残、补漏、修复旧志资料数百简，新发现旧志藏书信息3条。至2017年底，石家庄市累计整理出版旧志70部，占项目总任务量的83%。

【《史说石家庄》《图说石家庄》出版发行】 2017年6月，由中共石家庄市委宣传部、石家庄市人民政府办公厅、石家庄市地方志办公室主编，石家庄市地方志办公室承编的《史说石家庄》《图说石家庄》合装出版发行。两部书以通俗易懂的语言和图文并茂的形式，向读者展现了石家庄人文历史和经济社会发展的不同风采。《史说石家庄》文字15万字，图片380多幅，该书以石家庄出现过的历史人物为主线，重点追忆帝王将相和名人豪杰遗存的故事。《图说石家庄》文字15万字，图片1万多幅，该书以时间为主线，主要记述从远古到现代石家庄的历史、经济和文化中的亮点。

【《石井乡志》出版发行】 2017年11月，鹿泉区《石井乡志》由中国文史出版社出版发行。主编刘建立，编辑张来群、张振海。该志于2015年启动编纂，为石井乡第一部乡志，也是鹿泉区第一部乡镇志书，由中共鹿泉区委书记杨国芳作序。《石井乡志》上限不限，下限写至2017年11月。全书采用章、节、目结构，以概述、大事记统摄，设置33章，分别为政区、自然环境、自然灾害、人口、中共石井乡组织、乡人大代表大会、乡政府与政协、人民团体、政法、军事、乡村建设、经济综述、土地经营体制、农业、林业、牧业、水利电力、工业、商贸、交通信息、财税金融、民政、教育、卫生体育、文化、文物古迹、村民生活、礼仪习俗、节俗信仰、方言土语、歌谣谚语、人物传奇、古今人物；附录设参考文献和主编简介。全书117.5万字，资料翔实、编写规范、文笔流畅。

【《石家庄历史文化辞典》出版发行】 2017年3月，由市政协编纂《石家庄历史文化辞典》出版发行。该书历时3年多完成，由市政协牵头，各县（市、区）政协、专家学者和文史工作者参与编写。全书近100万字，上限起于远古时期，下限止于1949年中华人民共和国成立。内容包括序、目录、凡例、正文、附录、拼音索引、后记7个部分，正文收录政区建置、历史事件、历史名人、文物古迹、非物质文化遗产、民俗风情、风景名胜、文典经籍、名产老店、余类汇编10编，收辞3670

余条。

【《天庄故话》丛书出版发行】 2017年5月，由全市社会各界文学爱好者集体创作的《天庄故话：石家庄历史文化故事丛书》由河北美术出版社出版。共4册，分别为《革命历史故事》《历史人物故事》《民俗传说故事》《地名故事》。汇编文章233篇，文字95万字。该丛书在参照历史资料基础上，以文字故事形式汇编记载石家庄地域的风物典故、历史人物、革命历史事件等，故事面广，内容丰富。丛书以真实历史为纲，兼具文学性、历史性，是研究和推广石家庄地理风物、历史文化、革命精神的地方史料读本。

（薛鹏飞　肖海军）

行政审批

【概况】 2017年，市行政审批部门以优化审批流程为重点，围绕审批要件、设立依据、办理程序、办结时限、收费依据和标准等内容，探索推行减少审批环节、压缩审批时限方式，第一批150个审批事项办理时限比改革前原部门办理平均减少7.7天，累计减少1056天。提升市场准入效率，推进“多证合一”制度改革，探索实行“二十六证合一”模式，2017年市行政审批部门发放新设立“多证合一”企业营业执照13.01万套。探索全程电子化登记新模式，6月22日，河北艾元益通生物科技有限公司获得市行政审批局颁发全市首张“互联网+”手机APP电子营业执照。率先在全国启用第三方身份验证系统，全年办理身份验证业务2877个，拦截虚假注册行为26起。降低市场准入制度性成本，落实企业注册登记“二十三条”便利化措施，2017年全市新设立市场主体17.98万户，市场主体总量累计达到81.09万户。12月1日，市公共资源交易中心人员划转和内设机构整合完毕，工程建设、土地矿产、产权交易、政府采购、排污权交易、医疗设备六类交易纳入业务管理。至2017年底，市行政审批局累计办结各类审批事项82782件，办结率99.8%，满意率100%；行政审批制度改革、公共资源交易体制改革、商事制度改革阶段性任务完成。2017年市行政审批局获评市依法行政先进单位和法治宣传先进单位。

【行政审批机构设置】 依据河北省机构编制委员会办公室、省政府法制办公室《关于同意石家庄市及所属县（市、区）设立行政审批局的通知》（冀机编办〔2016〕229号）和市委办公厅、市政府办公厅《关于印发石家庄市市县行政审批机构组建工作方案》（石办字〔2016〕40号），石家庄市设立行政审批局，为市政府工作部门，挂石家庄市政务服务中心、石家庄市公共资源交易监督管理办公室牌子。2017年2月28日，石家庄市行政审批局正式挂牌成立，主要负责市级行政审批、政务服务和公共资源交易监督管理。3月10日，根据市政府办公厅《关于印发石家庄市行政审批局主要职责内设机构和人员编制规定的通知》（石政办发〔2017〕11号），市行政审批局设置机关行政编制110名。其中，党组书记1名（由主管副市长兼任），副书记、局长1名，副局长4名；科级领导职数35名（含机关党委专职副书记1名），内设处室12个（不包括机关党委）。9月12日，根据《石家庄市机构编制委员会办公室关于调整市行政审批局内设机构的批复》（石机编办〔2017〕151号），撤销1个处室，新增3个处室，增加科级领导职数2正2副。至2017年底，市行政审批局共有内设处室15个，分别为：办公室、政策法规处、运行监管处、投资

2017年2月28日，市行政审批局挂牌成立

项目处、企业注册处、市场服务处、社会事务处、交通运输处、环境保护处、安全生产处、农林水务处、城市建设处、公共资源交易监管处、机关党委（机关纪委）、人事处。

【行政审批管理】 2月28日，市政府印发《关于向市行政审批局划转第一批行政许可等权力事项的通知》（石政发〔2017〕8号），将市发展改革委等26个部门132项行政许可事项划转至市行政审批局。8月16日，市政府印发《关于向市行政审批局划转第二批行政许可事项的通知》（石政发〔2017〕33号），将市发展改革委等12个部门49项行政许可事项划转至市行政审批局。启用行政审批专用章。市公安、规划、国土、国税、地税、烟草等垂直管理部门采取进驻、派驻形式，在市政务服务中心设立服务窗口，实行集中审批和现场审批。推进政务平台建设，初步建成市级网上审批平台，首批划转150个事项全部纳入省“互联网＋政务服务”平台，成为全省首家按照统一接口标准完成部署的市级单位。至2017年底，市行政审批局57个事项实现网上办理，37个大项、70个小项做到最多跑一趟，8个事项达到一趟不用跑要求。完善市县两级行政审批改革，11月8日，中共石家庄市委办公厅、石家庄市人民政府办公厅印发《关于进一步深化行政审批局改革的实施方案》（石办字〔2017〕46号），规范市县两级行政审批局机构设置、划转行政许可事项、实行“一枚印章管审批”、档案资料管理、事中事后监管、推行流程再造和行政审批标准化改革、政务服务中心建设、“互联网＋政务服务”建设、改进审批服务方式、审批服务监督考核、建立完善市县审批联动工作机制等。保障和改善政府重点项目审批，推行技术审查与行政审批相对分离的模式，探索建立并联审批制度，以优质、高效服务提升正定旅游产业发展大会、河北省运动会、地铁、滹沱河生态修复、南二环东西延等政府重点项目审批和办理。简化房地产整治项目审批程序，房地产专项整治项目不再要求办理招投标和发包审批手续，改由区施工许可核发部门直接受理项目的合同备案、质监备案、安监备案和施工许可的补办、核发，缩短了办结时限，全年房地产项目办理人防、预售等审批手续205件。放活民营资本投资发包方式，确定民营资本投资的房屋建筑工程项目由公开招标改为自主选择招标、邀请招标或直接发包，压缩项目开工时间90天以上。

（市行政审批局）

中国人民政治协商会议石家庄市委员会

【概况】 2017年，中国人民政治协商会议石家庄市委员会（简称市政协）以习近平新时代中国特色社会主义思想为指导，贯彻落实中共十九大精神，团结带领市政协各党派团体和政协委员，围绕全市中心工作和重大任务，履行政治协商、民主监督、参政议政职能，有效发挥了协调关系、汇聚力量、建言献策、服务大局的作用，为建设现代省会、经济强市做出重要贡献。4月11～15日，市政协第十三届委员会第一次会议举行，审议通过市政协常委会工作报告、提案工作报告、提案审查报告，听取并讨论市政府工作报告及其他相关报告，选举产生市政协第十三届委员会主席、副主席、秘书长、常务委员。全年召开市政协常委会会议5次，审议通过议题32项；举行主席会6次，研究讨论议题20项；开展协商活动29次，举行专题调研视察、提案督办等活动45次；撰写调研报告、社情民意信息53件，提出意见建议920条。2017年全市各党派团体提交集体提案120余件、社情民意信息230余条。提高政协委员履职效能，树立“围绕一个中心献计出力、抓好两个建设夯实基础、突出三个转变创先争优、实现五个突破续写新篇章”的“一二三五”工作思路，制定出台《关于加强提案办理落实　提高办理实效的办法》《关于进一步提高提案质量的意见》《优秀提案评选办法》，编发《优秀提案及办理情况汇编》。全年征集提案590件，立案474件，21件提案列为重点提案。至2017年底，市政协提案全部办复。其中，“关于加强共享单车管理的建议”，市政府出台《关于鼓励互联网租赁自行车健康发展的若干意见》，施划1.5万个自行车停放车位；“关于加密城市支路，打通交通微循环建议”，推动市相关部门启动打通15条断头路。围绕纪念石家庄解放70周年，编纂出版《石家庄城市印记》一书；11月9日,《石家庄城市印记》出版发行，全书文字40余万字。至12月31日，市政协第十三届委员会共有委员630名，常务委员111名。

【市政协第十三届常委会组成人员及工作机构负责人】

主　席：司存喜（4月免）
　　　　刘明轩（4月任）
副主席：赵拴文（4月免）
　　　　王长华（4月免）
　　　　武义青　范振增
　　　　张维德（1月免）
　　　　葛瑞芳（女）
　　　　石汉文（满族，4月免）
　　　　郭斌
　　　　张运凯（4月任）
　　　　孟胜林（4月任）
　　　　闫纯锴（4月任）
　　　　宋学恭（4月任）
秘书长：赵磊
常务委员（按姓氏笔画排序）：
于民　马千里（女）
马青林　王蔚（女）
王广策　王书翠（女）
王东刚　王志臣
王志国　王丽娜（女）
王利军（满族）
王灵增　王溪波
王燕华（女）
尹庆珍（女）
孔令刚（蒙古族）
左红江　卢书彦（女）
田庆宝（满族）
田国英　付庆文
付志军　兰云彩（女）
兰国良　冯摩西
邢建辉　仲岩（女）
刘凡（女）
刘月欣（女）
刘华光　刘志魁
刘金文　刘荣林
刘俊田
米春蓉（女，回族）
汤炜　许炎周
孙广庆　苏丽（女）
苏彦英（女）
苏艳霞（女）
杜双庆　杜晓伟（女）
李波　李颖（女）
李小平　李立华
李进飞　李咏梅（女）
李秋水　李恒伟
李桂玲（女）
肖飞　肖建科
余少伟　宋学（女）
宋辉（女）
宋成武　张子峰
张军博　张志敏（女）
张丽红（女）
张佐英　张灵芝（女）
张明其　张建立
张建芬　张建慧
张美林　张振平
张新峰　陈玉山
陈玉联（女）
陈联记　范玉龙
尚晏芝（女）
周书献　郑建（女）
孟超（女）
孟凡英（女）
孟建中　赵志英（女）
赵俊芳　赵路新
郝彦忠　钟诚
钟振环（女）
娄延果　秦丽君（女）
贾彬　徐拥政
徐金升　栾建英
郭纯阳　黄超
黄向华（女）
龚树辉　常志卷
崔芸（女）
阎晓佳　梁建林
梁胜军　董志明
董素平（女）
焦永良　释果通
蒲国良　甄墨
甄继革
潘秀昀（女，满族）
魏书江
常务副秘书长：
　　徐振声（9月任）
副秘书长：
　　徐振声（4月任，9月免）
　　王镇元（4月任）
　　陈克俭（4月任，9月免）
　　郑建（女，4月任）
　　张世民（9月任）
　　谷巧芬（女，4月任）
　　贾朝伟（9月任）
　　乔茜（女，不驻会，9月任）
　　李立华（不驻会，9月任）
　　张海霞（女，不驻会，9月任）
　　张慧巧（女，不驻会，9月任）
　　程鹏起（不驻会，9月任）
　　侯俊宏（不驻会，9月任）

焦立志（不驻会，9月任）

研究室

副主任：刘军社（8月免）
李振杰（8月任）

提案委员会

主　任：盖和平（4月免）
赵志英（女，4月任）
副主任：任佃武（4月任）
刘金文（不驻会，6月任）
郑国良（不驻会，6月任）

人口资源环境委员会

主　任：蒲国良（4月任）
副主任：崔海龙（7月免）
张守庆（8月任）
王东刚（不驻会，6月任）
王鹏飞（不驻会，6月任）
刘金文（不驻会，6月任）
张志敏（女，不驻会，6月任）
赵路新（不驻会，6月任）
宿永朝（不驻会，6月任）

学习和文史资料委员会

主　任：段文　（4月免）
张丽红（女，4月任）
副主任：刘军社（8月任）
马建彬（不驻会，6月任）
闫国文（不驻会，6月任）
李波　（不驻会，6月任）
范文龙（不驻会，6月任）
郭纯阳（不驻会，6月任）
黄盛兰（女，不驻会，6月任）

财政经济委员会

主　任：周书献（4月任）
副主任：孙吉忠（8月任）
付庆文（不驻会，6月任）
肖荣智（不驻会，6月任）
宋夕元（不驻会，6月任）
陈宝京（不驻会，6月任）
赵东　（不驻会，6月任）
赵俊芳（不驻会，6月任）
曹迎春（女，不驻会，6月任）
常志卷（不驻会，6月任）

农业委员会

主　任：苏丽　（女，4月任）
副主任：李福忠（4月任）
左红江（不驻会，6月任）
田国英（不驻会，6月任）
杨建秋（不驻会，6月任）
张佐英（不驻会，6月任）
陈玉山（不驻会，6月任）
赵永利（不驻会，6月任）

教科文卫体委员会

主　任：邓素雪（女，4月免）
焦永良（4月任）
副主任：张少华（女，4月任）
仲岩　（女，不驻会，6月任）
许顺利（不驻会，6月任）
肖建科（不驻会，6月任）
张国军（不驻会，6月任）
赵勇　（不驻会，6月任）
娄延果（不驻会，6月任）
崔芸　（女，不驻会，6月任）
甄继革（不驻会，6月任）

社会和法制委员会

主　任：王灵增（4月任）
副主任：胡振民（4月任）
刘志魁（不驻会，6月任）
苏彦英（女，不驻会，6月任）
宋成武（不驻会，6月任）
张建芬（不驻会，6月任）
陈联记（不驻会，6月任）
孟建中（不驻会，6月任）
梁建林（不驻会，6月任）

民族和宗教委员会

主　任：王灵增（4 月任）

副主任：胡振民（4 月任）

丁文仓（不驻会，6 月任）

邓元富（不驻会，6 月任）

冯摩西（不驻会，6 月任）

郭利红（不驻会，6 月任）

释果通（不驻会，6 月任）

褚国成（不驻会，6 月任）

港澳台侨和外事委员会

主　任：石志玲（女，4 月免）

张建慧（4 月任）

副主任：杨建刚（4 月任）

王溪波（不驻会，6 月任）

范玉龙（不驻会，6 月任）

胡为民（不驻会，6 月任）

【市政协第十三届委员会委员】 3 月 31 日，市政协第十二届常委会第二十一次会议协商通过市政协第十三届委员会委员 630 名。分界别按姓氏笔画排序，中国共产党石家庄市委员会（50 名）：马千里（女）、马孟军、白东风、白兰怀、兰国良、毕元明、朱献军、刘志魁、刘明轩、刘金文、闫纯锴、纪英超、李书海、李进朝、李海峰、宋英华、宋学恭、张建芬、张银侠、张彩珍（女）、张清华、张智琦、陈健敏、陈联记、邵孟强、岳云霞（女）、郑国良、孟建中、孟胜林、赵磊、赵士宗、赵建林、赵俊芳、赵路新、钟亚辉（女）、徐拥政、栾建英、高尘、郭双全、郭立辉、崔贞军、商旭民、盖义江、梁建林、葛瑞芳（女）、董志明、程文才、鲁志强、蒲建伟、穆增科。中国国民党革命委员会石家庄市委员会（12 名）：马洁（女）、方秋玲（女）、邢建辉、刘华（女）、孙熠锋（满族）、李铜生、宋铁鹰、范振增、周兴伟（女）、孟超（女）、赵刚、赵从国。中国民主同盟石家庄市委员会（14 名）：方忆湘、刘会庭、江平、李天、李立华、杨剑、杨少飞、范凤翠（女）、孟凡英（女）、赵计良、赵益朝、郝巍（满族）、高金贵、郭斌。中国民主建国会石家庄市委员会（12 名）：王峻、石永贵、母爱英（女）、杜云凌（女）、李慧臣、张磊、张敏艳（女）、武义青、高雁（女）、黄超、曹迎春（女）、崔荣芳（女）。中国民主促进会石家庄市委员会（14 名）：王卫娜（女）、王志臣、王忠秋、白宝林、刘利平（女）、张运凯、张京波、陈荣、陈瑛（女）、陈玉联（女）、苑立平（女）、周丽艳（女、满族）、赵玉斌、高露歌（女）。中国农工民主党石家庄市委员会（11 名）：乞国艳（女）、石玉忠、孙日华（满族）、何志刚、宋学（女）、张鹏（回族）、张中斌、张永志、柳立军、龚志鑫、魏书江。九三学社石家庄市委员会（11 名）：王志国、王志强、 王德松、史敏（女）、刘彦军、李铭、杨晓飞、尚荣敏（女）、孟香果、侯俊宏、涂华民。无党派人士（13 名）：卢书彦（女）、耳丽雪（女）、刘英（女）、齐艳霞（女）、孙丽娟（女）、杜晓伟（女）、李丽霞（女）、杨立萍（女）、杨备战、张春瑛、张保江、陈贵华、梁胜军。中国共产主义青年团石家庄市委员会（13 名）：王栋、师国华、祁晓峰、李圣勇、李红霞（女）、杨晓初、张涛、张静（女）、张添阁、陈哲、郝旭、侯丽宗、葛林峰。石家庄市总工会（22 名）：于云川、王利军（满族）、井荣华（女）、叶晓东、冯建中、远松灵、苏慧欣（女）、李斌、李素英（女）、李维芳（女）、杨玲（女）、杨立学、杨晓丽（女）、宋雷、宋成武、陈华、陈怀印、赵金广、胡小石、昝秀云（女）、贾海林、储　昱。石家庄市妇女联合会（22 名）：王芳（女）、王质艳（女）、王俊花（女）、刘丽云（女）、苏彦英（女）、李艳（女）、李桂玲（女）、杨燕丽（女）、宋江莲（女）、张莉（女）、张庆霞（女）、张桂霞（女）、孟英芬（女）、赵莉（女）、殷华理（女）、郭利峰（女）、郭树珍（女）、黄向华（女）、崔岩（女）、崔慧娟（女）、董艳肖（女）、鲍婕（女）。石家庄市青年联合会（8 名）：牛伟（女）、田明、余少伟、赵欣（女）、赵二田、崔业鹏、董泊君（女）、韩尚飞。石家庄市工商业联合会（24 名）：于民、马锡民、王少鹏、王书翠（女）、王菊芬（女）、司玉河、许炎周、肖飞、吴宏超、张震、张吉炳、张志敏（女）、张继红（女）、陈永军、陈运平（女）、陈增建、金学纲、郝树荆、胡建军、郭瑞峰、阎志勇、韩庆丰、靳建通、路凤祎。石家庄市科学技术协会（15 名）：马会云（女）、师凡、杜双庆、李红玲（女）、杨武岐、杨澜波、张灵芝（女）、张淑莲（女）、武蕾（女）、赵健康、信江隆、黄怀鹏、康维钧、裴啸雨（女）、翟冬梅（女）。石家庄市归国华侨联合会（12名）：田庆宝（满族）、阮亮、杜萌（女）、李颖红（女）、杨连喜、吴剑平、张　炜（女）、张洪涛、郑建（女）、胡为民、徐晓淇（女、满族）、韩红红（女、回族）。文化艺术界（22名）：马泉（女）、王雪梅（女）、冯建法、冯建辉、刘莉沙（女）、阮大春、杜学瑜、李玉波、李铁民、肖建科、张献中、武义峰、林春山、尚晏芝（女）、郑希（女）、赵亚鹏、柳航、贾鹏、郭晓卿（女）、郭漫茹、焦永良、甄墨。科学技术界（31名）：万铜良、王光明、王燕华（女）、仲岩（女）、刘西斌、刘景立、汤炜、许顺利、孙广庆、李颖（女）、李国中、杨雁翔、吴世强、吴宪平、张士华、张建立、张美林、张新峰、林能涛、周志斌、郝彦忠、姜夕锋、贾辰华、贾国君、郭荣风（女）、曹炜雄、曹肃国、龚树辉、董成杰、慈志勇、翟中原。社会科学界（19名）：马瑞（女）、马建彬、邓南燕（女）、刘月强、闫国文、孙伟平（女）、杜会强、李雪芳（女）、杨彦兵、张丽红（女）、荆爱珍（女）、胡山峰、胡秀英（女）、秦丽君（女）、高卫燕（女）、郭树军、郭炳慧（女）、阎晓佳、梁建忠。经济界（64名）：于松、王翔、王蔚（女）、王广策、王志强、王金戌、王建辉、王晓杰、叶镡鸿、付庆文、白立君、兰云彩（女）、刘林、刘斌、刘士如（女）、刘占波、刘银朋、苏加林、杜占良、李波、李超、李三军、李小龙、李中祥、李龙江、李进飞、李进国、李春景、李秋水、肖冰（女）、肖建军、肖荣智、宋夕元、张子云、张丕泉、张东海、张军博、张林海、陈宝京、邵卫东、武春华、范林、林成法、呼崇利、周书献、孟新云（女）、赵东、赵越（女）、赵红伟（女）、赵康彪、郝平、钟诚、高强、高国强、常志卷、崔金涛、宿永朝、董金国、韩国梁、靳力华、雷花敏、踪敬民、潘云龙、霍国生。农业界（44名）：王东刚、王成友、王瑞文（女）、牛亚峰、牛丽萍（女）、尹庆珍（女）、孔令刚（蒙古族）、左红江、左克永、田国英、宁静（女）、任丹红（女）、刘涛、刘俊田、刘小静（女）、安辉（女）、苏丽（女）、李光、李从轻（女）、李丽芳（女）、李咏梅（女）、李随民、李翠霞（女）、杨云乐、杨金霞（女）、杨建秋、邸亚如（女）、张江、张磊、张玉红（女）、张佐英、张振广、张健民（满族）、张爱芳、陈玉山、陈聪敏（女）、郑博文（女）、赵永利、段秋格（女）、贾彬、郭永清、剧慧存、彭晓明、智利辉。教育界（58名）：马文刚、马青林、王丽娜（女）、王丽娟（女）、王俊华（女）、王群英（女）、师伟力（女）、吕宗海、刘月欣（女）、刘华光、刘丽霞（女）、刘明丽（女）、刘金方、刘金娥（女）、刘荣林、齐芬（女）、闫玉彩（女）、米立国、米据生、许彦芳（女）、苏艳霞（女）、李珊（女）、李淑瑾（女）、杨敏（女）、杨丽萍（女）、杨惠芳（女）、宋辉（女）、张力霆、张少嘉、张玉昌、张连珊（女）、张素丽（女）、张彩顺、张朝伟、 张惠敏（女）、陈永志、陈伟娜（女）、陈建锋、苑彦刚、尚小朋、尚晓雷、周亮、周相林（女）、周雪花（女）、郑新建、赵栋、赵全胜、郜瑞森、侯东昱（女）、侯登录、娄延果、郭建峰、黄盛兰（女）、崔兰芹（女）、梁建国、路伟照（女）、薄明花（女）、魏晓露（女）。体育界（6名）：王日增、车群丽（女）、田振善、张子峰、赵勇、柴明（女）。新闻出版界（9名）：王勋涛、朱峰、李波、陈谱、范卫星、范文龙、周立军（满族）、栗瑞玲（女）、郭纯阳。医卫界（40名）：于绍斌、王志民、王建军、王鹏飞（满族）、王新良、左平祥、付志军、付常勇、朱磊、朱荣彦（女）、刘凡（女）、刘丽君（女）、许尊贵、孙玉凤（女）、李素水、李淑英（女）、张静（女）、张月棉（女）、张国军、张振平、张莉莉（女）、张翠芳（女）、陈丽雯（女）、陈彦平（女）、陈翠英（女）、金霞（女）、郑欢伟、赵发银、赵瑞贞（女）、钟振环（女）、徐金升、常军英（女）、崔芸（女）、康亚新、葛军（女）、韩明军、韩淑芹（女）、甄继革、霍文发、魏云永。少数民族界（18名）：丁文仓（回族）、于秀军（女、回族）、马卿（女、回族）、王静霞（女、回族）、白向伟（女、回族）、白会峰（回族）、刘静（女、满族）、关巴根那（蒙古族）、米春蓉（女、回族）、李东明（满族）、李维佳（满族）、张国栋（回族）、赵彦立（回族）、姚继明（满族）、韩冬（回族）、蒙丹萍（女、壮族）、褚国成（回族）、潘秀昀（女、满族）。宗教界（10名）：邓元富、冯摩西、苏清晨（回族）、李志义、张明其、明清、周爱琴（女）、郭利红、释果通、释常宏（女）。台胞台属界（8名）：王溪波、刘腾（女）、孙德惠（女）、李春梅（女）、李恒伟、张建慧、徐纯、游艳红（女）。特别邀请人士（48名）：王磊、王威、王立珍（女）、王灵增、王金柱、王政光、王瑞征、田晓蕊（女）、任佃武、刘娜（女）、刘书文、刘东辉、刘杰雄、闫军堂、祁立广、孙卫东、孙海涛、苏军献、杜少兴、李小平、李向昌、李芳栋、李林青、张文君（女）、张万翔、张文国、张玮扬、陈国兴、范玉龙、郎国君、孟文秀（女）、赵志英（女）、胡翰涛（满族）、袁玉玺、袁拥军（女）、钱学斌、殷燕天（女）、高华、郭金岭、戚阿东、崔文房、康建林、康栓春、董素平（女）、傅士君、蒲国良、樊晨光、魏鹃（女）。

【市政协第十三届委员会第一次会议】 4月11～15日，市政协第十三届委员会第一次会议在市人民会堂举行。应到委员630名，实到委员619名。大会主席团常务主席刘明轩主持开幕会，省委常委、市委书记邢国辉参会并作重要讲话，司存喜作市政协第十二届委员会常务委员会工作报告，葛瑞芳作市政协第十二届委员会常务委员会提案工作情况报告。中共石家庄市委、市人大常委会、市政府、市警备区、市中级人民法院、市人民检察院主要领导，曾担任过市主要领导职务人员、历届市政协主席、市政协第十二届委员会副主席、其他副市级领导等出席开幕和闭幕会议。会议审议批准司存喜代表市政协第十二届委员会常务委员会所作的工作报告、审议批准葛瑞芳代表市政协第十二届委员会常务委员会所作的提案工作情况报告。与会委员学习并讨论省委常委、市委书记邢国辉的重要讲话，列席市第十四届人民代表大会第一次会议，听取并讨论政府工作报告及其他报告。会议审议通过市政协第十三届委员会第一次会议政治决议、市政协第十三届委员会第一次会议关于市政协第十二届委员会常务委员会工作报告的决议、市政协第十三届委员会第一次会议关于市政协第十二届委员会常务委员会提案工作情况报告的决议和提案审查委员会关于提案审查情况的报告。选举产生市政协第十三届委员会主席、副主席、秘书长和常务委员，刘明轩当选新一届市政协主席。会议期间，收到提案479件，经审查立案432件，立案率90%。

【市政协第十二届常委会会议】 1月10日，市政协第十二届常委会第二十次会议举行。市政协主席司存喜，副主席赵拴文、王长华、武义青、范振增、葛瑞芳、石汉文，秘书长赵磊出席会议。会议决定免去张维德市政协第十二届委员会副主席职务，撤销市政协第十二届委员会委员资格。

3月31日，市政协第十二届常委会第二十一次会议举行。市政协主席司存喜，副主席赵拴文、王长华、武义青、范振增、葛瑞芳、石汉文，秘书长赵磊出席会议。会议应到委员122名，实到委员101名。审议通过市政协第十三届委员会委员名单、市政协第十三届一次会议有关事项，并决定将相关事项（草案）提交市政协第十三届一次会议预备会议、主席团会议审议通过。审议通过市政协第十二届常务委员会工作报告、提案工作报告及有关人事事项。会议决定4月11～15日召开市政协第十三届委员会第一次会议。

【市政协第十三届常委会会议】 4月15日，市政协第十三届第一次常委会会议举行。市政协主席刘明轩，副主席武义青、范振增、葛瑞芳（女）、郭斌、张运凯、孟胜林、闫纯锴、宋学恭，秘书长赵磊出席会议。应到委员121人，实到委员116人。审议通过市政协第十三届委员会常务委员会关于市政协机构设置的决定及市政协第十三届委员会驻会副秘书长名单、研究室和各专门委员会领导成员名单。

6月30日，市政协第十三届第二次常委会会议举行。市政协主席刘明轩，副主席范振增、葛瑞芳（女）、郭斌、张运凯、闫纯锴、宋学恭，秘书长赵磊出席会议。应到委员121名，实到委员112名。会议以“改善营商环境，促进经济发展”为主题，开展议政建言。副市长蒋文红到会通报石家庄市改善和优化营商环境情况，并与市政协常委、委员互动交流；9个单位、25名政协常委、委员围绕改善政策环境、改善政务环境、改善融资环境、营造良好法治环境、优化企业发展环境、营造良好招商环境、提高城市综合竞争力7个方面作大会发言，提出意见建议33条；审议通过市政协委员会常务委员会工作规则、常务委员会组成人员守则、专门委员会组织通则及市政协第十三届委员会委员守则、专门委员会不驻会副主任名单。

9月28日，市政协第十三届第三次常委会会议举行。市政协主席刘明轩，副主席武义青、范振增、郭斌、张运凯、闫纯锴、宋学恭，秘书长赵磊出席会议。应到委员121名，实到委员109名。会议围绕“加快科技创新，推进科技型企业健康发展”主题议政建言。副市长赵文锋到会通报市政协第十三届委员会第一次会议以来提案办理情况和全市推动科技型企业创新发展情况，听取市政协委员议政建言并与常委现场互动交流；审议通过市政协第十三届委员会专门委员会组织通则、关于进一步发挥界别作用的意见（试行）、关于政协委员履行职能的考核办法（试行）及人事事项；31位政协常委、委员及7个单位作大会发言，提出意见建议150余条。

11月8日，市政协第十三届第四次常委会会议举行。市政协主席刘明轩，副主席武义青、葛瑞芳、郭斌、闫纯锴、宋学恭，秘书长赵磊出席会议。应到委员121名，实到委员111名。学习宣传贯彻中共十九大精神，并就贯彻落实市委十届三次全会精神作安排部署。

【建言献策】 以科技创新为主题，组织政协委员开展调研，召开市政协常委会会议专题协商议政，邀请市政府领导和有关部门负责人听取意见，31名政协常委、委员和7个单位就引进高层次创新型科技人才、建设科技创新平台、提升中小企业科技人才创新能力等提出意见建议150余条。瞄准高技术产业发展，选择大数据产业、生物医药产业、科技型中小企业、高新技术开发区等课题，组织政协委员开展调研视察、座谈协商，提出建设统一的智慧城市云中心、建立新药研发资助或风险补偿机制、金融支持科技孵化项目启动资金等意见建议42条，多数建言被相关部门采纳。确定“推进清洁取暖，改善大气环境质量”为政协一号提案并重点督办，多次安排市政协领导到藁城区、正定县、鹿泉区、栾城区等地，开展政协主席集体视察和督导，并就气代煤电代煤工程进度、气源保障、用气安全、资金投入等问题提出意见建议。配合省政协工作，开展“滥挖山体河道”专项监督，将发现问题及时向市委报告，有效遏制滥挖乱采行为。以生态旅游业发展、农村面源污染、中心城区绿化建设等为主题，开展专题视察活动，为打造“天蓝、地绿、水清”美丽石家庄献智献策。总结改革典型经验，从全市40多个典型确定11个单位作为重点对象，由市政协主席会议成员牵头，相关县（市、区）政协和市直部门参与，采取实地调研、座谈研讨、查阅资料等形式，汇编改革典型经验11篇，撰写形成《踔疾步稳 砥砺奋进——石家庄市全面深化改革典型经验集锦》。以推进职业教育改革、农民专业合作组织建设、制定城市供水用水管理条例等为主题，开展对口协商、立法协商，提出加强职业教育改革顶层设计、健全农民合作组织运行机制、制定供水用水义务监督员制度等意见建议80余条。以推动中医药示范市和职教园区建设、加快主城区全面推行小学生免费托管服务、治理校园暴力、探索建立多层次养老服务体系等群众关注的民生问题为内容，组织政协委员开展调研视察活动，提交涉及民生提案287件，报送反映民生问题的社情民意信息20期，其中，关于加强网络外卖食品安全管理、加快推进三级诊疗制度建设、完善供热“一管到户”等问题得到较好落实。

（耿莉云）

中共石家庄市纪律检查委员会

【概况】 2017年，市纪检监察系统以习近平新时代中国特色社会主义思想为指导，贯彻落实中共十九大精神和全面从严治党要求，履行监督执纪责任，全力推进党风廉政建设和反腐败斗争。协助市委出台《关于贯彻落实〈关于新形势下党内政治生活的若干准则〉〈中国共产党党内监督条例〉意见》，开展准则、条例贯彻执行情况专项检查，督促全市各级党组织和党员领导干部坚决担起全面从严治党政治责任。严格落实问责条例和实施办法，加强中央、省、市重大决策部署贯彻落实情况监督检查，查处有令不行、有禁不止、不担当不作为、失职失责等问题340件，问责438人。营造创新、干事氛围，制定出台《石家庄市党政机关容错纠错办法（试行）》，启动36起适用容错纠错办法问题免责程序。率先在全国地级市出台《关于对市委常委会及其成员进行党内监督的实施办法（试行）》，确定13项常态化监督内容、7项年度重点监督内容和20项具体措施，建立和形成督导检查、走访座谈、随机抽查、书面提醒等机制。开展纪委派驻机构改革，2017 年市纪委派驻监督实现全覆盖；市纪委派驻机构在设置形式上采取单独派驻和综合派驻两种形式，共设置 35 个市纪委派驻纪检组，其中，单独派驻纪检组 14 个，综合派驻纪检组 21 个，派驻机构由市纪委直接领导、统一管理，派驻机构统一名称为“市纪委派驻纪检组”。严格查处违反中央八项规定精神典型问题，全年处理违反中央八项规定精神典型问题案件 119 件，处理 178 人，给予党政纪处分 158 人，通报曝光典型案件 86 起 120 人。2017 年 7 月初，经市委批准，石家庄市原行政服务中心主任李献平（正县级）涉嫌严重违纪接受组织审查。2017 年市纪检监察系统回复党风廉政意见 11284 人，受理问题线索 584 件，谈话函询 99 人，初核 530 人，立案 196 人，拦截 110 人，澄清 188 人；河北省挂牌督办外逃和失踪人员全部追回。

【重要会议】 2 月 7 日，中国共产党石家庄市第九届纪律检查委员会第七次全体会议（简称市纪委七次全会）在亚太大酒店举行。学习贯彻省纪委九届二次全会和市委九届九次全会精神，总结 2016 年全市纪律检查工作，部署 2017 年工作任务。省委常委、市委书记邢国辉出席会议并作重要讲话。省纪委常委，市委常委、市纪委书记张明利代表市纪委常委会向市纪委全会作《推动全面从严治党向纵深发展以优异成绩迎接党的十九大召开》工作报告。

3 月 18 日，市纪委九届八次全会在亚太大酒店举行。审议通过《中国共产党石家庄市第九届纪律检查委员会向中国共产党石家庄市第十次代表大会的工作报告》。

3 月 28 日，市纪委十届一次全会在市人民会堂举行。选举产生中国共产党石家庄市第十届纪律检查委员会常务委员会委员和书记、副书记。会议审议通过市纪委十届一次全会决议。

5 月 10 日，全市纪律审查工作会议在市纪律审查中心召开。传达全省纪律审查工作会议精神，通报 2016 年度全市纪律审查工作，安排部署 2017 年全市纪律审查工作。

2017 年 5 月 10 日，全市纪律审查工作会议举行

8 月 25 日，全市纪律审查工作会议在市委西院召开。传达省纪委半年工作会议、省两个专项工作推进会议精神，总结交流工作情况，安排部署下一步纪律审查及相关工作。市纪委副书记、市监察局局长梁建林宣读《关于 2017 年 1 ～ 7 月全市纪检监察机关纪律审查统计分析情况的通报》。

11 月 7 日，全市纪检监察系统领导干部会议在市委西院召开。传达全省纪检监察系统领导干部会议精神和市委十届三次全会主要精神，听取有扶贫任务 13 个县（市）纪委书记关于开展扶贫领域监督执纪问责工作基本情况、存在问题、工作建议和下一步打算的汇报，向各县（市）纪委交办扶贫领域明察暗访问题线索。

12 月 13 日，省委常委、市委书记、市深化国家监察体制改革试点工作小组组长邢国辉主持召开市深化国家监察体制改革试点工作小组第一次会议。听取全市监察体制改革试点工作进展汇报，审议各县（市、区）监察体制改革试点工作实施方案，安排部署下一步工作。

【纪律审查】 以公车私用、违规公款吃喝、违规使用办公用房等 14 个违纪问题为重点，采取明查暗访、集中检查与专项治理相结合方式，抽调工商、税务、交通管理等职能部门专业人员组成检查和纠正“四风”队伍。2017 年全市检查机关单位、旅游景点、消费娱乐场所 17520 个（次）、车辆 64090 辆、发票 135510 张，查处违反中央八项规定精神问题119件，处理178人，给予党政纪处分158人，通报曝光典型案件86起120人。按照力度不减、节奏不变，有案必查、执纪必严要求，2017年全市纪检机关处置问题线索5970件，同比上升90%；初核5115件，同比上升97.4%；立案2764件，同比上升25%；处分2894人，同比上升1.3%。贯彻宽严相济、治病救人方针，运用监督执纪“四种形态”处理6060人次。其中，廉政提醒、谈心提醒、谈话函询等第一种形态处置3163人次，占“四种形态”处理总人次的52.2%，同比上升113%；运用第二种形态处置2436人次，占“四种形态”处理总人次的40.2%，同比上升12%。

【专项治理】 开展“一问责八清理”发现问题25982件，整改25856件，整改率99.99%；查处直接责任人26140人，组织处理721人，纪律处分927人，移交司法71人；问责党组织958个、党员干部515人。开展基层“微腐败”专项整治，发现问题30667件，整改28967件，整改率99.89%；查处直接责任人22148人，组织处理2860人，纪律处分897人，移交司法34人。以保障打赢脱贫攻坚战作为一项重要政治任务，组织市县两级纪委领导班子成员采取分片包干、走村访户、开展“点穴式”督导检查等方式，紧盯虚报冒领、雁过拔毛、强占掠夺、优亲厚友、失职失察和形式主义等问题；全年走访职能部门56个次、乡镇244个次、村庄674个次、村民9008户次，查处扶贫资金管理分配和强农惠农政策落实中的违规违纪问题53件，处理82人。开展中共十八大以来扶贫领域问题线索大起底，排查问题线索和案件480件，查结281件，给予党政纪处分327人，曝光典型案件16批34件45人。

【违反中央八项规定精神典型问题通报】 1月12日，市纪委通报4起党员干部违反中央八项规定精神典型问题。1.正定县文化馆馆长张刚路违规公款送礼、发放福利问题。2013年春节，张刚路用公款购买土特产送礼。2014年中秋节，张刚路安排财务人员购买20张共计2000元购物卡，开具办公用品发票，为职工发放福利。张刚路受到党内严重警告处分。2.长安区法院法警大队政委周新力违反公车使用管理规定问题。2016年2月19日，周新力擅自驾驶单位公务用车办理个人事项，下班后将公车开回居住小区停放。周新力受到党内警告处分。3.栾城区第一小学校长董中义违规配备、使用办公用房问题。董中义任栾城区第一小学校长、负责第二小学工作期间，违规在两处占用校长办公室，其中第一小学占用办公室面积34.26平方米，严重超出规定标准。董中义及负责办公用房清理工作的栾城区教育局副局长段志全分别受到党内警告处分。4.行唐县龙州镇东街村原党支部书记、村委会主任程彦国组织全村党员违规接受开发商安排旅游问题。程彦国组织全村50余名党员到秦皇岛、邢台白云洞、赵县等地旅游，费用3万元在承揽该村旧村改造工程的房地产公司报销。程彦国受到留党察看两年处分。

2月22日，市纪委通报3起违反中央八项规定精神典型问题。1.正定县南牛乡西杨庄村党支部书记韩江水违规为女儿操办婚宴问题。2016年4月30日，韩江水为女儿操办婚宴，设宴席26桌，超出规定桌数。韩江水受到党内警告处分。2.鹿泉区第三中学工会主席孙家岭超标准使用办公用房问题。2016年5～9月，孙家岭任鹿泉区第三中学副校长期间，独自使用一间17平方米办公室，超出规定标准。孙家岭受到党内警告处分。3.灵寿县粮食局违规发放津补贴问题。2013～2015年，时任灵寿县粮食局党组书记、局长苏金锁安排局党组成员、纪检组长兼会计付淑花和出纳苏琳，从该局下属企业列支73300元，用于局工作人员发放补贴，其中班子成员领取15900元。苏金锁、付淑花、苏琳分别受到党内警告处分，15900元违纪资金予以收缴，上交国库。

4月21日，市纪委通报3起违反中央八项规定精神典型问题。1.中国联通公司平山县分公司违规发放福利问题。2016年中秋节、国庆节及重阳节期间，经总经理翟胜刚批准，中国联通公司平山县分公司违反规定以购物卡、提货券、现金等形式为57名退休人员发放慰问品共计50600元。翟胜刚受到党内警告处分。2.赵县新寨店镇中心学校校长兼新寨店镇中学校长刘戎华违规公款吃喝等问题。2014年3月～2015年12月，经刘戎华批准，总务处主任陈涛经手，新寨店镇中学以复印宣传资料、购买办公用品等名义套取公款5273元，用于公务接待；还存在公款报销刘戎华个人用品费用1120元等问题。刘戎华主动上缴违规报销个人费用，刘戎华、陈涛分别受到党内警告处分。3. 裕华区委办公室副主任何会丰大操大办婚宴问题。2016 年 1 月，何会丰分 3 次操办个人婚宴 33 桌，并通知亲属以外人员参加。何会丰受到党内警告处分。

2017 年 5 月，石家庄市通报 3 起违反中央八项规定精神典型问题。1. 新乐市马头铺镇西安家庄村村委会主任李宗昌违规为孙女举办满月宴问题。2017 年 2 月 16 日，李宗昌违规为孙女举办满月宴，邀请亲属及亲属外人员参加并收受礼金 6610 元。2016 年 5 月李宗昌因违规操办儿子婚宴受到党内警告处分；李宗昌受到党内严重警告处分。2. 行唐县上闫庄乡上闫庄村党支部书记蔡新顺公款吃喝问题。2015 年 12 月，上闫庄村经村“两委”干部商议以虚列村内用工项目方式变通入账 6100 元。其中，3890 元用于村内项目建设饭费，610 元用于支付 2 名村干部工资，1600 元未作支出，由村报账员保管。蔡新顺受到党内警告处分。3. 长安区环卫大队违规发放补贴等问题。2017 年 1 月 13 日，经长安区环卫大队大队长王秋梅批准，长安区环卫大队以 2016 年度工会工作加班费名义，发放加班费 6000 元；以工会 2016 年度目标责任达标奖名义，发放目标奖 8000 元。以上款项在区环卫大队工会会费中列支。王秋梅还存在其他违纪问题；王秋梅受到党内警告处分。

2017 年 8 月，石家庄市通报 1 起违反中央八项规定精神典型问题。裕华区国税局党组成员、副局长温秀立利用职务之便收受礼品礼金等问题。裕华区国税局党组成员、副局长温秀立利用职务之便，2017 年 1 月收受辖区管理服务对象赠送价值 2000 元餐厅消费卡，收受请托人赠送价值 1000 元购物卡；2017 年 6 月借儿子婚礼之机，收受下属礼金 3000 元。温秀立受到党内警告处分。

2017 年 9 月，市纪委通报 1 起违反中央八项规定精神典型问题。2017 年 5 月 17 日，石家庄市城区供销合作社理事会副主任高菊及工会副主席兼业务科副科长孟欣红，到孙村供销社调研。中午，城区供销合作社监事会主任兼孙村供销社主任、党支部书记李国旗安排 2 人在单位会议室吃饭，李国旗与其他 5 名孙村供销社班子成员陪同。席间，部分班子成员喝了白酒。饭后，李国旗与 8 人到娱乐场所唱歌。李国旗受到党内警告处分；高菊受到诫勉谈话处理；孟欣红作书面检查；其他人员违纪违规问题由城区供销合作社处理。城区供销合作社党委向市供销合作总社党组作书面检查；市供销合作总社在全系统通报李国旗等人违纪问题。

12 月 6 日，石家庄市通报 4 起违反中央八项规定精神典型问题。1. 桥西区北杜社区综合办违规收费，组织公款旅游、违规发放福利等问题。2013 年 7 月至 2017 年 4 月，桥西区北杜社区党总支委员、居委会委员、综合办主任刘英保在没有收费依据情况下，安排工作人员违规收取市场摊位卫生费 194360.2 元，且不入账，直接用于综合办日常开支及工作人员旅游、福利等支出共计 134660.2 元。刘英保作为综合办主任负有直接责任，2017 年 10 月 19 日，刘英保受到党内严重警告处分。2. 灵寿县交警大队教导员房卫东超标准使用办公用房问题。房卫东占用办公室 28 平方米，室内放有 4 张办公桌，3 个桌牌，实际只有房卫东一人使用，超出规定标准。2017 年 9 月 18 日，房卫东受到党内警告处分。3. 晋州市住房和城乡建设局党组书记、局长徐金锁违规公款吃喝问题。徐金锁在担任晋州市信访局长期间，2017 年 2 月 18 日、3 月 25 日，两次在晋州市西苑宾馆分别招待亲友等人，饭费花费共计 4138 元，以住宿费名义在晋州市信访局财务账目报销。2017 年 9 月 5 日，徐金锁受到党内警告处分。4. 灵寿县残联副主任科员王文英违反工作纪律问题。王文英在担任商务局副局长期间，2015 年 7 月 1 日～ 12 月 31 日，作为驻灵寿县陈庄镇野鸡铺村驻村工作队队长，帮扶期间不驻村，也没有在单位上班。2016 年 1 月至 3 月 23 日王文英在单位不正常上班，违反工作纪律。王文英受到党内严重警告处分。

【侵害群众利益不正之风和腐败问题通报】 3 月 13 日，市纪委通报 3 起侵害群众利益不正之风和腐败问题典型案例。1. 栾城区邢家庄村党支部原书记邢宗录套取国家林补款问题。2013 年 7 月，栾城镇林业站统计各村林地面积时，邢宗录以个人名义向镇林业站虚报林地面积 9.7 亩，多领取 2013 ～ 2015 年林补款 10185 元，并将该款用于家庭生活开支。邢宗录受到留党察看一年处分，违纪款予以追缴。2. 无极县户村村班子成员利用职务便利私分南水北调补助款问题。2014 年底，户村村党支部书记田茂全、村委会主任田录群、村党支部副书记田争国、村党支部副书记李国才、村党支部原委员田增良、村党支部委员田翠军，以误工补助名义均分南水北调占用村集体道路和砂石场补助款1.5万元。田茂全受到党内严重警告处分，其余5人受到党内警告处分。3.赵县北庄村党支部书记董建立违规为母亲办理低保问题。2014年6月，董建立虚假申报母亲个人信息，未经走访、评议、公示等低保办理程序，违规为母亲办理了低保，2014年7月至2016年4月，董建立母亲享受农村低保待遇，并领取低保金3818元。董建立受到党内警告处分，违规领取低保金予以追缴。

【违规配备使用公务用车典型问题通报】 2017年6月，市纪委通报3起违规配备使用公务用车典型问题。1.新华区城市管理局联盟中队副中队长刘永红违规公车私用问题。2017年3月22日，新华区城市管理局联盟中队副中队长刘永红使用该中队执法执勤车辆接儿子放学回家。刘永红受到行政警告处分。2.井陉矿区市场监督管理局局长、党组书记，工商局局长、食药监局局长，食品安全委员会办公室主任黄益桥违规借用企业车辆问题。2015年7月，黄益桥担任区城管局局长后，借用石家庄市某贸易有限公司越野车一辆，归自己使用。至2017年1月调查时，黄益桥将所借用车辆归还。黄益桥受到党内警告处分。3.井陉县环保局办公室负责人董立违规公车私用问题。2017年5月24日晚8点半，井陉县环保局办公室负责人董立擅自驾驶该单位环境监测大队执法车辆从单位出发到韩信公园，将车辆停靠在公园门口后，到公园内散步。董立受到党内警告处分。

【扶贫领域违纪问题通报】 2017年8月，市纪委通报3起扶贫领域违纪问题。1.井陉县威州镇上庄村党支部委员王三现虚报套取并私分危房改造款问题。2012年，王三现与已被开除党籍的村原党支部书记高锁庆、原党支部委员王建龙采取涂改危房改造协议承包金额、虚列危房改造补助发放表手段，套取危房改造款41500元，其中21000元以发放补助名义私分，每人分得7000元。王三现受到党内严重警告处分。2.赵县市场监督管理局党组成员、副局长刘宪中虚报冒领低保保障金问题。2003年9月，在不符合低保条件下，由刘宪中妻子经手，在石家庄市城市（镇）居民领取保障金申请审批表上编造虚假信息，并提供虚假申报材料，2004年1月至2017年3月刘宪中及妻子、儿子3人违规领取低保保障金67087.8元，用于家庭日常开支。刘宪中受到党内警告处分，违规领取67087.8元退回社会保障专户。3.赞皇县扶贫开发办公室副主任张运革工作不到位，致使国家扶贫政策未能正确落实问题。张运革任赞皇县扶贫开发办公室副主任期间，赞皇县多地存在超范围使用专项资金，扶贫项目绩效差等问题，张运革作为分管领导负有主要领导责任，受到党内警告处分。

2017年8月，市纪委第二次通报4起扶贫领域违纪问题。1.灵寿县慈峪镇西五河村党支部书记朱老军虚报冒领危房改造补贴问题。2011年，朱老军利用职务便利，在妻子及村民朱某某不属于危房改造项目补助对象情况下，为二人申请危房改造并分别享受危房改造补贴11343元。朱老军还存在其他违纪问题。2017年6月，朱老军受到留党察看处分。2.赞皇县西龙门乡西坛山村党支部书记兼村委会主任尚法春超范围使用扶贫资金问题。2015年，西坛山村投入财政专项扶贫资金7万元实施核桃栽植项目，在项目实施过程中，27名非建档立卡人员领取扶贫树苗3910棵，使用财政专项扶贫资金27370元。2017年5月，尚法春受到党内警告处分。3.行唐县上方乡东井底村原党支部书记郝援平骗取扶贫资金用于其他项目并违规承包问题。2005～2006年，郝援平通过县扶贫开发办公室获得10万元扶贫打井资金后，全部用于村集体牛场建设。2006年底在未召开村民会议或村民代表大会的情况下，采取公开竞价方式将集体牛场经营权承包给上方乡西井底村高某。郝援平还存在其他违纪问题。2017年4月，郝援平受到党内严重警告处分。4.元氏县黑水河乡南沙滩村党支部书记王国林挪用救灾款问题。2016年1月初，南沙滩村党支部书记王国林主持召开会议，决定将6000元救灾款用于结算2015年度村干部在饭店吃饭饭费。2016年2月3日，王国林安排村会计王某制作虚假的《2015年救灾款发放花名单》，并将虚假花名册记入村财务账目。2016年2月下旬，经村委会主任褚某、会计王某经手，6000元救灾款用于南沙滩村干部在饭店吃饭饭费。2017年4月，王国林受到党内警告处分。

2017年11月，市纪委通报2起扶贫领域违纪问题。1.高邑县万城镇东蒲底村党支部书记程永朝等人套取扶贫资金等问题。2015年2月，程永朝与东蒲底村村主任程占兵以养羊名义套取扶贫资金9万元，其中分给程永朝2.5万元。2017年6月16日，程永朝受到撤销党内职务处分。2. 灵寿县狗台乡孙家庄村党支部书记刘平均等人在危房改造中不正确履职问题。2013年孙家庄村D级危房改造指标为1户，该村申报D级危房改造有闫某等14户村民。村“两委”召开会议，在没有评出危房改造户的情况下，决定以闫某名义申报危房改造项目。时任村主任闫建芳（群众）将上级拨付的危房改造款14676元分给闫某1676元，其余13户村民每户1000元。2017年9月18日，村支部书记刘平均、副书记刘喜林、支部委员兼会计刘彦平分别受到党内警告处分。

【不作为、慢作为、乱作为典型问题通报】 12月15日，石家庄市通报2起不作为、慢作为、乱作为典型问题。1. 井陉矿区贾庄镇环保所工作人员王录芳失职问题。贾庄镇浩源建材石场未按时将违法生产设备全部拆除，造成不良影响。王录芳作为环境保护监管人员，履职不到位，受到党内警告处分。2. 灵寿县社保局稽核科科长张玲失职失察问题。张玲担任灵寿县社保局稽核科科长期间，把关不严，不正确履行职责，造成赵某某、郭某某2人死亡后违规享受城乡社会养老保险金。张玲失职失察，受到行政警告处分，违规发放的养老保险金全数追回。

【纪检监察体制改革】 激发纪检监察系统活力，撤销不合时宜机构设置，全年市级撤销5个，县级撤销105个。修订内设机构职责，解决责任不清、人事不均等问题。探索执纪监督职能与执纪审查职能分离，确定5个处室侧重执纪监督，7个处室侧重执纪审查。建立日常巡察、问题线索交办、谈心谈话等制度，形成相互协调、相互制约的工作机制。统筹推进市县纪检监察系统派驻机构改革，市级撤销派驻（派出）机构75个，设置35个；县级撤销171个，设置259个。落实国家监察体制改革要求，制定石家庄市改革实施方案、改革试点工作任务分解施工图，2017年末全市确定57项改革任务完成39项。设立市县巡察机构，印发《石家庄市委巡察工作规划（2017～2021年）》和巡察全覆盖工作方案。2017年全市开展专项巡察三轮，涉及54个单位；听取党委（党组）、纪检部门和组织部门汇报93次，列席会议40次，召开座谈会98次，个别谈话2889人次，查阅资料3.09万份，下沉抽查432次，抽查核实801次，走访调研328个单位，举行问卷调查127次，受理举报1158件，发现全面从严治党等问题462件、问题线索213件。

（丁晓琳）

民主党派和工商联

【民主党派和工商联领导成员】

民革石家庄市委员会
主　委：范振增
副主委：胡永权　乔茜（女）　米晓莉（女）　邢建辉

民盟石家庄市委员会
主　委：郭斌
副主委：曹志刚　田荣凤（女）　李小平　姜博卿

民建石家庄市委员会
主　委：武义青
副主委：黄超　宋磊珍（女）　赵力（女）　付黎音（女）　张海霞（女）

民进石家庄市委员会
主　委：张运凯
副主委：李立水　寇学臣　王志臣　陈玉联（女）　张慧巧（女）

农工党石家庄市委员会
主　委：王宝山
副主委：王彦英　张祥建　宗立英　程鹏起　陈志强

九三学社石家庄市委员会
主　委：王志国
副主委：闫凤利　王德松　李文平　杨晓飞　侯俊宏

工商业联合会
主　　席：吴相君
党组书记：张志敏
常务副主席：门立新
副 主 席：焦立志　贾建勇

中国国民党革命委员会石家庄市委员会

【概况】 2017年，中国国民党革命委员会石家庄市委员会（简称民革市委）以习近平新时代中国特色社会主义思想为指导，围绕推进祖国统一主题，团结带领全市民革基层组织和党员，贯彻落实中共十九大和民革十三大精神，推进组织建设，履行参政议政职能，提升社会服务水平。加强学习和教育，召开民革市委十一届四次委员（扩大）会议，组织市委委员、支部主委、专委会成员100多人，专题学习中共十九大精神。以“不忘合作初心，继续携手前进”为主题，组织市委委员、支部主委赴湖南省长沙市、韶山市开展爱国主义教育活动。调整支部，新成立民革市委第一个县区支部——民革藁城区支部。2017年民革市委发展党员37名，其中，研究生13人、本科生20人。至2017年底，民革市委共有支部31个、党员876名。提高参政议政能力，参加市政协十三届一次会议，民革市委26篇集体提案获得采纳，民革界别12位委员提交个人提案12件。2017年民革市委被民革中央评为参政议政工作先进集体，民革市委党员马胜祥、程彦培、华冰群、冯战洪被民革中央评为参政议政工作先进个人。

【组织建设】 调整民革市委桥西四支部、长安四支部、省人民医院支部，选举新一届支部班子；调整后，省人民医院支部更名为新华五支部。增强支部凝聚力，石家庄钢厂支部与长安一支部合并，省儿童医院支部与裕华四支部合并作。提升支部委员政治素养和履职水平，举办支部委员培训班，培训支部委员100多名。新成立民革市委第一个县区支部——民革藁城区支部。2017年民革市委发展党员37名，其中，研究生13人、本科生20人。至2017年底，民革市委共有支部31个、党员876名。开展民革全国示范性支部建设，组织各基层支部举办助人为乐、扶贫帮困、助残扶残活动。2017年民革市委被民革中央评为组织发展先进集体。

【参政议政】 支持农村建设，召集专家学者，组建专业调研队伍，深入栾城区、井陉县调研，撰写《关于推进我市美丽乡村建设的建议》调研报告，被市政协十三届二次会议采纳。提高议政建言水平，以医疗事业发展和农业产业化等课题为内容，由主委带领调研小组及基层支部委员到新乐市、藁城区等地调研。参加市政协十三届一次会议，民革市委26篇集体提案获得采纳，民革界别12位委员提交个人提案12件。全年报送社情民意信息40多篇，其中《关于加强石家庄市地热资源开发利用的建议》《加强志愿者服务工作的建议》《多措并举，助推科技型企业健康发展》《从严监管　加大环境执法力度》等10多篇被省委统战部、省政协、市政协采纳。

（文雯）

中国民主同盟石家庄市委员会

【概况】 2017年，中国民主同盟石家庄市委员会（简称民盟市委）以习近平新时代中国特色社会主义思想为指导，贯彻落实中共十九大精神，团结带领全市民盟基层组织和盟员，推进组织建设，履行参政议政职能，提升社会服务水平。开展思想教育和学习活动，采取报告会、座谈会、主题征文等形式，组织学习中共中央、省、市有关会议精神，领会习近平总书记关于统一战线的新思想、新观点和新论断。组织新一届市委委员和机关干部35人赴福建省古田会议旧址和江西省瑞金历史博物馆开展专题教育活动。推动统一战线和多党合作事业发展，举办“不忘合作初心，继续携手前进”征文活动。以参政议政、社会服务、民主监督等工作为内容，及时传播盟务讯息。全年在中央级刊物《团结报》《人民政协报》及网站发表宣传稿件30余篇次，在河北省政协主办刊物《乡音》杂志、河北政协新闻网、省委统战部网站发表宣传稿件50余篇（次），在民盟河北省委网站、市委统战部《统战之声》、市政府刊物《石家庄经济》发表宣传稿件60余篇（次），组织编辑《石家庄盟讯》4期。加强制度建设，建立健全领导班子会议制度、议事规则，完善机关建设、干部考核、基层组织管理等规章制度。补充新生力量，发展新盟员75名，至2017年底，民盟市委共有盟员1206名。提升参政议政能力，围绕市政府中心工作，在市政协十三届一次会议上，民盟市委提交集体提案26件，其中，《推进清洁取暖　改善大气环境质量》列为市政协一号提案。

【组织建设】 建立健全领导班子会议制度、议事规则，完善机关建设、干部考核、基层组织管理等规章制度。提升领导能力和业务水平，举办培训和盟务交流活动，2017 年民盟市委主委、副主委、机关干部、盟员分别参加党外领导干部培训班、西柏坡统战理论研究班、机关干部培训班、调研信息培训班、民盟双百人才工程培训班等培训活动。贯彻落实“人才强盟、人才兴盟”战略，补充新生力量，发展新盟员 75 名，至 2017 年底，民盟市委共有盟员 1206 名。推进“盟员之家”建设，将“盟员之家”打造成为基层支部“学习之家”“参政议政之家”“社会实践之家”。

【参政议政】 参与政党协商，全年民盟市委主要领导多次参加中共石家庄市委、市人大常委会、市政府、市政协及有关部门举行的政治协商会、学习座谈会及市政府工作报告征求意见会等，围绕经济发展、环境治理、民生民情等问题提出意见和建议。发挥民盟市委人才优势，组建成立 7 个参政议政专门委员会，主任、副主任分别由民盟界别政协委员担任。遵照专门委员会职责目标、调研计划、活动方案，组织成员赴深泽县、正定县等地调研，为全市“两会”建言献策。以园区发展规划、重点项目建设进展及行风评议、民主监督、提案督办等为内容，多次参加市委、市政府、市政协等组织的考察、视察活动。围绕市政府中心工作，在市政协十三届一次会议上，民盟市委提交集体提案 26 件，其中，《推进清洁取暖　改善大气环境质量》列为市政协一号提案，《抓住京津冀协同的发展有利时机，促进我市休闲旅游农业发展》《构建物业管理服务长效机制，不断提升我市物业企业服务水平的建议》《美丽乡村建设中文化保护与传承存在的问题及对策建议》等 6 件提案列为重点提案。

（张天一）

中国民主建国会石家庄市委员会

【概况】 2017 年，中国民主建国会石家庄市委员会（简称民建市委）以习近平新时代中国特色社会主义思想为指导，贯彻落实中共十九大精神，团结带领全市民建基层组织和会员，推进组织建设，履行参政议政职能，提升社会服务水平。重视思想教育，开展“不忘合作初心，继续携手前进”专题教育活动。以民建市委基层组织为依托，采取支部主委会议、学习座谈、培训等形式，组织会员学习中国民主建国会的光荣历史、优良传统、章程等，帮助会员认识参政党地位、性质和历史使命。发挥新媒体学习和宣传作用，开通石家庄民建微信公众号。建立健全各项规章制度和监督委员会，规范民建市委管理。学习好的做法，邀请民建省委和民建北京市委领导座谈取经。至 2017 年 12 月底，民建市委共有会员 1094 人。履行参政议政职能，2017 年民建市委主委武义青撰写《供给侧改革背景下我省加快 PPP 项目落地实施的建议》《关于建立中国雄安大学的建议》获得多位省领导批示。

【组织建设】 建立健全各项规章制度和监督委员会，规范民建市委管理。学习好的做法，邀请民建省委和民建北京市委领导座谈取经。根据新时期民建市委组织的新特点，开展调研考察活动，学习借鉴成功经验，探索有利于增强基层组织活力的组织形式。创新方式，提升基层组织活动质量。以石家庄市创建全国文明城市为内容，号召基层民建支部举办不同形式创建活动，增强了支部管理水平，凝聚和团结了人心。开展对标学习，举办基层组织建设暨会员之家建设座谈会，邀请民建省委和民建北京市委领导座谈取经。至 2017 年 12 月底，民建市委共有会员 1094 人。

【参政议政】 履行职能，开展建言献策活动。全年民建市委主要领导多次参加市委、市政府、市政协等举行的民主协商会、座谈会、通报会等，围绕市委、市政府重大决策部署及全市政治、经济、文化、社会、生态建设等内容建言献策，为党委、政府决策的科学化、民主化出力尽责。市政协副主席、民建河北省委副主委、民建石家庄市委主委武义青撰写《供给侧改革背景下我省加快 PPP 项目落地实施的建议》《关于建立中国雄安大学的建议》获得多位省领导批示。民建市委在市政协十三届三次常委会上提交集体发言 4 篇。民建市委社会服务处处长王峻撰写“建议中央电视台《新闻联播》增加滚动字幕”得到中共中央政治局委员、中央书记处书记、中央宣传部部长刘奇葆的批示。发挥民建市委会员智力密集、密切联系经济界的优势，多次邀请专家、学者、企业家等举办论坛、研讨会，深入企业、基层单位开展调研并座谈，为经济发展把脉，为市委、市政府决策提供参考。

（李建光）

中国民主促进会石家庄市委员会

【概况】 2017年，中国民主促进会石家庄市委员会（简称民进市委）以习近平新时代中国特色社会主义思想为指导，贯彻落实中共十九大精神，团结带领全市民进基层组织和会员，推进组织建设，履行参政议政职能，提升社会服务水平。重视学习教育，定期召开民进市委主委会、常委会，组织学习中国共产党统战理论和全国、省、市“两会”精神。增强政治意识，密切关注时事动态，自觉维护中国共产党领导的多党合作和政治协商制度。发挥媒体平台宣传作用，编发会刊，改版石家庄民进网站，开通运行“石家庄民进”微信公众号。加强组织建设，将在职会员人数超过40人的支部拆分，3个联合支部重新组合为4个支部。确定民进市委换届方案，顺利完成总支换届工作。提升履职参政能力，发挥专门工作委员会作用，围绕社会热点问题举行研讨。全年民进市委撰写4篇调研报告列为省政协集体提案，3篇调研报告在省政协常委会会议发言；17件集体提案列为市政协大会提案，6篇调研报告在市政协常委会会议发言。2017年民进市委被民进中央评为全国机关建设先进单位。

【组织建设】 规范会员发展程序，严格申请入会人员身份审查。确定积极分子前，先征求党委意见；确定积极分子后，采取集中培养模式，组建同期积极分子临时支部，参加组织活动半年后再重新划分到支部。依据部分支部会员过多过于分散和组织生活不易开展，部分支部没有纳入总支管辖范畴、缺少当地党委支持与帮助，优秀会员区级政治安排缺失等问题，民进市委研究决定，将在职会员人数超过40人的支部拆分，3个联合支部重新组合为4个支部。与各区统战部沟通协商，按照属地划分与行政管辖相结合原则，将能纳入总支的支部全部纳入总支管辖。确定民进市委换届方案，顺利完成总支换届工作。完善领导班子和基层组织运行机制，落实《民进石家庄市委工作规则》。

【参政议政】 利用信息化平台，构建民进市委与会员点对点沟通联系通道，建立政协委员微信群、支部主任群、专委会工作群等，发布最新信息征集要目、选题、发言题目等，提升参政议政时效性。举行参政议政会议、支部主任座谈会、骨干会员参政议政培训会，邀请市委统战部、市政协、民进省委从事参政议政和社情民意信息工作的专家讲解社情民意信息及调研报告的撰写方法、采用标准。发挥专门工作委员会作用，围绕社会热点问题举行研讨。以“大力改善营商环境”“建设石家庄中欧班列集结中心”“建立大型现代化图书批发中心”“全面鼓励地方高校参与民间优秀传统文化的传承与发展”“创城常态化”等为内容，组织民进界会员开展研讨和交流，撰写调研报告和社情民意。2017年民进市委撰写4篇调研报告列为省政协集体提案，3篇调研报告在省政协常委会会议发言；17件集体提案列为市政协大会提案，6篇调研报告在市政协常委会会议发言；1篇信息在市委统战部《党外人士建言》刊发，6篇信息被市政协“社情民意”采用。

（张伟）

中国农工民主党石家庄市委员会

【概况】 2017年，中国农工民主党石家庄市委员会（简称农工党市委）以习近平新时代中国特色社会主义思想为指导，贯彻落实中共十九大精神，团结带领全市农工党基层组织和党员，推进组织建设，履行参政议政职能，提升社会服务水平。重视思想教育和学习，结合农工党市委成立35周年，邀请省委党校专家举行中共十九大精神专题讲座，农工党市委委员、基层组织负责人等200余人参会；组织市委委员、基层组织负责人、骨干成员到革命圣地贵州省遵义市、平山县西柏坡、保定军校纪念馆、中央统战部旧址李家庄等地参观学习，接受“红色教育”。发挥媒体宣传平台作用，全年农工党市委在省市级以上刊物、网站发表理论文章和宣传信息52篇，编印出版《石家庄农工》3期。加强组织建设，建立健全班子学习制度，采取主委会集体学习与自学相结合方式，提升班子成员“五种能力”和履职水平。全年新发展党员54名，其中，中高级职称23人，占比42.6%，硕士以上学历14人，占比25.9%。履行参政议政职能，围绕卫生、生态环境、教育、科技等热点问题，提交集体提案22件。2017年农工党市委被农工党河北省委评为“坚持和发展中国特色社会主义学习实践活动优秀地市级组织”。

【组织建设】 重视领导班子建设，建立健全班子学习制度，采取主委会集体学习与自学相结合方式，提升班子成员“五种能力”和履职水平。加强农工党市委机关建设，坚持每周例会制度。选派干部参加农工党省委、中共市委统战部举办的全市机关干部培训班、全市科级党外干部培训班学习，增强干部胜任工作能力和自信。取长补短，与农工党浙江省委、农工党吉林省白城市委、农工党北京市朝阳区委联合举行学习座谈活动，交流工作经验，总结好的做法。做好市县两级“两会”人大代表和政协委员换届，推荐市级人大代表、政协委员35名，推荐县（市、区）人大代表、政协委员95名。严格党员发展程序，组织新党员学习农工党党史、党章，开展优良传统教育，培养参政议政能力。全年新发展党员54名，其中，中高级职称23人，占比42.6%，硕士以上学历14人，占比25.9%。

【参政议政】 围绕卫生、生态环境、教育、科技等热点问题，提交集体提案22件，其中《关于美化我市城区桥梁、桥墩，打造城市新地标的建议》等10余件提案受到市电视台“提案追踪”栏目报道。履行民主监督职能，农工党市委领导多次参加市委、市人大常委会、市政府、市法院举办的视察监督活动，农工党市委各级特邀监督员、审计员履职尽责，围绕转变经济发展方式、政府工作报告、深化改革等主题和工作建言献策。反映社情民意，以加快科技创新、医疗改革、改善营商环境等为主题，向相关部门提交信息34条，向市委统战部报送党外人士建言29条。《关于城市公立医院改革中建立分级诊疗制度的建议》在农工党中央网站发表，《关于加快我市科技创新平台发展的建议》《提高我市医废处置能力的建议》被《党外人士建言》采用，《“全面二孩”时代预防出生缺陷应引起重视》等信息被市政协“社情民意”采用。

（卢艳东）

九三学社
石家庄市委员会

【概况】 2017年，九三学社石家庄市委员会（简称九三学社市委，社员以科学技术界高中级知识分子为主，1958年10月成立）以习近平新时代中国特色社会主义思想为指导，贯彻落实中共十九大精神，团结带领全市九三学社基层组织和社员，推进组织建设，履行参政议政职能，提升社会服务水平。加强思想教育和宣传，组织社员学习《习近平总书记在河北正定工作的难忘岁月》系列报道，参加五四运动与九三学社缘起研讨会、西柏坡统战文化研讨会等活动。九三学社中央宣传部、九三学社中央思想建设研究中心出版《五四运动与九三学社缘起论文集》收录九三学社市委理论研究成果1篇。中标九三学社省委思想建设与理论研究课题2项。宣传信息被上级部门采纳67篇次，其中，九三学社中央网站采纳30篇，九三学社省委网站采用30篇，市委统战部《统战之声》采用4篇。2017年九三学社市委获得九三学社省委宣传工作先进单位三等奖。推进组织建设，发展新社员33名，平均年龄38岁，其中，博士研究生3名、硕士研究生14名。6月9日，九三学社石家庄市第十一次代表大会召开，王志国当选为九三学社石家庄市第十一届委员会主任委员。履行参政议政职能，撰写调研报告和提案89份。全年九三学社市委成员发表论文70余篇，出版著作近20部，获得专利9项；1人获得“全国卫生计生系统先进工作者”称号，1人获得国家技术发明奖二等奖3项，1人获得省自然科学奖一等奖1项，2人次获得省科技进步奖一等奖3项，2人次获得二等奖3项，2人获得三等奖2项，1人获得省政府特殊津贴，2人获得石家庄市人才绿卡A卡。

【组织建设】 增强社员履职尽责能力，选派骨干社员赴中央社会主义学院、福州市社会主义学院学习和培训，推荐青年社员参加九三学社首届京津冀青年论坛。组织九三学社市委委员、基层组织负责人、新社员参加市委统战部、市政协等举办的学习和培训。取长补短，与九三学社河南省委、九三学社宁波市委等九三学社组织举行学习和交流活动。补充新生力量，发展新社员33名，平均年龄38岁。其中，博士研究生3名、硕士研究生14名；高级职称14名，占发展人数的42.4%；中级职称10名，占发展人数的30.3%。加强组织管理，编印《九三学社石家庄市委员会规章制度汇编》。6月9日，九三学社石家庄市第十一次代表大会召开。审议通过王长华代表九三学社石家庄市第十届委员会常务委员会所作工作报告及九三学社石家庄市第十一次代表大会决议，选举产生九三学社石家庄市第十一届委员会和出席九三学社河北省第八次代表大会代表，王志国当选为九三学社石家庄市第十一届委员会主任委员，闫凤利、王德松、李文平、杨晓飞、侯俊宏当选为副主任委员，姚建强任秘书长。

【参政议政】 以经济转型升级、产业结构调整、招才引智等为主题，撰写调研报告和提案89份。3件集体提案在省政协会议立案，4件集体提案、32件委员提案、13件代表建议被石家庄市“两会”采用，4件提案列为市政协优秀提案，2份调研报告在市政协常委会会议上发言。2017年九三学社市委获得九三学社中央2013～2017年度参政议政工作先进集体，4人获得九三学社省委参政议政先进个人。重新组建经济、科技、文化教育、农林、医药卫生、社会法律6个专门委员会。全年各专门委员会撰写调研报告和提案39份，向九三学社省委报送调研报告和提案3篇，2篇信息得到市政协采纳，1篇得到市领导批示。2017年九三学社市委获得九三学社省委社情民意信息先进集体三等奖和市政协反映社情民意信息工作先进单位三等奖，2人获评先进个人。

（党大志）

石家庄市工商业联合会

【概况】 2017年，石家庄市市工商业联合会（简称市工商联）以习近平新时代中国特色社会主义思想为指导，贯彻落实中共十九大精神，团结带领全市工商联基层组织、商会和企业会员，推进组织建设，履行参政议政职能，提升社会服务水平。加强思想教育和学习，举办理想信念教育实践活动，组织商会、企业会员参加“河北省新生代企业家理想信念报告会”“石家庄市年轻一代企业家理想信念报告会”，5名青年企业家结合自身创业实际，讲述“爱国敬业、诚信守法”的感人事迹。20多家企业参加全国工商联“非公经济人士理想信念教育实践活动”，60多名企业家参加省工商联在中共中央统战部旧址平山县李家庄举办“不忘初心，坚定理想信念，为实现中国梦奋斗”主题教育培训活动。提升民营企业家综合素质，以“民营企业家讲坛”为平台，邀请省市专家分析经济形势，解读政策法规，帮助企业家了解新时期经济发展趋势，支持企业健康经营和合理发展，全年2100余人次参加专业学习和培训。加强组织建设，制定出台《石家庄市工商业联合会发展规划（2017—2021）》；新发展会员企业48家，累计直属会员企业达到148家；批准成立商会8家，累计成立商会数量81家；推动非公经济党建工作，批准成立商会协会党支部22个，商会党支部数量累计达到52个。6月21日，市工商业联合会第十五次代表大会举行，吴相君当选新一届工商联主席。支持各级部门和组织做好非公企业调查研究，完成中共中央统战部、全国工商联、私营企业研究会关于10家民营企业跟踪调查培训与填报工作；组织21家企业参加全国工商联第三方评估填报及22家企业填报“学习习近平在全国两会上重要讲话”问卷调查；完成河北省委社情民意办关于“河北省民营企业发展现状与营商环境”调查研究；配合省工商联完成10家企业法制环境调查问卷。重视工商界宣传，全年编发《商会工作信息》12期、《信息快讯》1期；向全国工商联、省工商联、市委信息中心、市委统战部等相关部门报送信息500多条；《市工商联精准扶贫工作成效显著》在市委信息中心工作交流第12期刊登，10条信息被市委统战部《统战信息》采用。

【组织建设】 依据《中华全国工商业联合会章程》规定，制定印发《石家庄市工商联工作制度规范》。严格会员和商会管理，制定出台《石家庄市工商业联合会发展规划（2017—2021）》，确定会员发展、商会建设、基层组织建设等发展方向和目标。6月21日，市工商业联合会第十五次代表大会举行。省委常委、市委书记邢国辉出席会议并作重要讲话。400多位代表参会。听取和审议市工商联第十四届执委会工作报告，审议通过市工商联第十五次会员代表大会决议；选举市工商联第十五届执行委员和出席河北省工商联第十二次代表大会代表及市工商联常委、主席、常务副主席、副主席、秘书长和市总商会会长、副会长，吴相君当选新一届工商联主席。批准成立商会8家，分别为石家庄市新乡商会、广元商会、四川南部商会、鸡泽商会、广平商会、椒江商会、许昌商会、江苏商会；累计成立商会数量81家，其中，地域性商会61家，行业性商会20家。新发展会员企业48家，累计直属会员企业达到148家。落实《商会管理十五条》《石家庄市工商联“四好”商会建设实施方案》，指导各商会开展注册登记和换届选举。推动非公经济党建工作，在摸清底数基础上，批准成立商会协会党支部22个，其中，正式5个、临时或流动17个；商会党支部数量累计达到52个，其中，正式5个、临时或流动47个。瞄准“五好”标准，加强县（市、区）工商联建设；制定印发《石家庄市2017年“五好”县级工商联建设工作实施方案》《石家庄市“五好”县级工商联建设评分细则》；推荐桥西区、新华区、裕华区、新乐市、正定县、栾城县6家工商联为2017年全国“五好”县级工商联，推荐藁城区、鹿泉区、行唐县、平山县4家工商联为2017年全省“五好”县级工商联。

【参政议政】 履行参政议政职能，组织非公经济人士建言献策。参加市政协十三届一次会议，报送《扶持民办“特别”教育机构　让每一个孩子茁壮成长》《关于进一步提高农村医疗保障水平的建议》《在全市政府机关实行无纸化办公的建议》提案3件，撰写《关于科学规范设置自行车维修点的建议》社情民意1件。参加市政协十三届二次常委会会议，市工商联政协委员作《切实改善营商环境　促进我市民营经济健康发展》的大会发言；参加市政协十三届三次常委会会议，市工商联副会长、人天通信集团有限公司董事长肖飞代表市工商联作《人才之火　如何燎原》的大会发言。以民营经济营商环境为内容，开展大调研活动，撰写《优化营商环境　推动民营经济上规模上水平》《优化营商环境　激发民企活力》《抓营商环境建设　促进民营经济发展》调研报告3篇。

（陈军委）

群众团体

Mass Organizations

【群众团体领导成员】

总工会

主　席：李锡海

党组书记、常务副主席：

高翠君

副主席：宋成武　梁国发

左建停

共青团石家庄市委员会

书　记：尚秀伟

副书记：魏洪涛（1 月免）

袁照华（3 月免）

谢姣蕊（6 月任）

殷实　（6 月任）

曹晶　（7 月任）

宋建卫（7 月挂职）

王立强（7 月兼职）

妇女联合会

主　席：崔芸　（2 月免）

宁淑敏（2 月任）

副主席：苏彦英　姜红

房景新　王晓娣

文学艺术界联合会

主　　席：周喜俊

党组书记：林春山

副主席：肖建科（兼秘书长）

张桂珍　韩梅玉

科学技术协会

主　席：陈健敏（2 月免）

杨澜波（2 月任）

副主席：羊文庆（9 月免）

冯卫和　刘保军

秘书长：董升

归国华侨联合会

主　席：王强

副主席：许立　　胡为民

台湾同胞联谊会

会　长：廖海鹰

副会长：王爱鸽　陈瑛

秘书长：游艳红

残疾人联合会

理事长：尚建斌（2 月免）

朱献军（2 月任）

副理事长：张爱艳　安永卫

红十字会

常务副会长：王鹏飞

副会长：崔胜明　张玉安

秘书长：郝瑞起

黄埔军校同学会

会　长：张连枝

副会长：徐丙生

秘书长：王连重

社会科学界联合会（与社会科学院、讲师团合并）

院　长（讲师团主任、社科联常务副主席）：闫国文

副院长（副主任）：

赵惠娟（9 月免）

副院长（副主席、副主任）：

李贞年

消费者协会

名誉会长：张承禄　张殿奎

赵长栓

会　长：路国庆

副会长：李景祯　汤化敏

卢金保　贾利民

夏玉颖　栗绪楼

王占云

秘书长：许毅敏

副秘书长：李哲　　李杰

石家庄市总工会

【概况】 2017 年，石家庄市总工会以服务大局、服务职工和维护职工权益为职责，组织开展“中国梦·劳动美”主题教育活动，主动引导职工理解改革、支持改革、参与改革，大力向全社会倡导劳动模范精神。加强专职工会建设，制定印发《石家庄市专职工会工作者、组织员工作考核办法》，选聘专职工会工作者、组织员、职业化主席 271 名。重视工会工作宣传，全年在新闻媒体刊发工会新闻稿件 200 余篇，其中《河北工人报》头版刊发 49 篇。7 月 25 日，工会会员卡（又称石惠卡）医疗补助功能上线；至 2017 年末，全市累计办

理工会会员卡74.36万张；受益职工3662名，补贴金额166.7万元。2017年“12351”职工热线接听来访电话986个、受理849个，其中，直接答复561个，转办答复243个，参与解决损害职工权益问题45个。激发职工活力，举办17个工种职工职业技能竞赛，参赛职工2万余人，带动岗位练兵职工超过20万人，其中，170名优胜选手分别获得技术状元、技术标兵、技术能手称号。6月7日，市总工会在地铁2号线施工现场召开劳动竞赛暨安全生产月启动仪式。8月21日，市总工会联合市环保局等9个部门举行省会“蓝天护卫行动”攻坚劳动竞赛动员大会。10月25日，市保险行业协会举办全市首届寿险业客服技能大赛。11月5日，由市装饰协会、市装饰行业工会联合会举办的全市装饰装修行业职工技能大赛举行。命名市级金牌工人10名、能工巧匠30名。创建市级职工创新工作室35家，累计达到115家，其中，省级37家、国家级4家；杨普工作室、齐名创新工作室晋级“全国示范性劳模和工匠人才创新工作室”，刘志彬创新工作室被人力资源和社会保障部命名为“国家级技能大师工作室”。2017年全市职工创新工作室取得创新成果1815项，提出合理化建议3640条，推广先进操作法635项，获得专利243项，创造经济效益3.2亿元。4名个人、3个单位获得中华全国总工会表彰，44名个人、7家单位获得河北省总工会表彰。4月27日，中华全国总工会表彰2017年全国五一劳动奖、全国工人先锋号先进个人和集体，石家庄市常山恒新纺织有限公司后纺车间主任助理魏倍倍，河北中工金鹏建筑劳务分包有限公司钢筋工宋兵江，市第二中学书记、副校长赵洪，市第三医院妇科主任徐玉萍4人获授“全国五一劳动奖章”；中铁建华北投资发展有限公司石家庄轨道交通工程指挥部、河北常青实业集团有限公司井陉服务区2家单位获授“全国工人先锋号”。2017年中华全国总工会授予市住建集团“全国五一劳动奖状”，省总工会授予石家庄市18人“河北省五一劳动奖章”称号、7家单位“河北省五一劳动奖状”、23个集体“河北省工人先锋号”称号、3人“河北大工匠”称号。11月27日，石家庄市常山纺织恒盛分公司一织车间操作技术员杨普、动力车间主任葛文军、二织车间挡车工刘冬和常山纺织恒新公司后纺车间主任助理魏倍倍在2017中国棉纺织大会上被命名表彰为中国棉纺织行业“传承大工匠”称号。

2017年5月27日，举办“做文明职工 创文明城市”石家庄市职工志愿服务誓师大会

【工会组织建设】 重视网上工会建设，谋划实施8个大类47个小项网上服务，OA办公系统上线试运行，市总工会与19家县（市、区）工会实现互联互通。全年市总工会利用微信公众号、手机APP、职工服务网推送新闻和各类信息517条，职工阅读量220多万人次。组建成立职工维权法律服务中心。10月19日，市总工会、市人力资源和社会保障局、市公安局、市法院、市发展改革委、市司法局、市住房和城乡建设局七部门联合成立市职工维权法律服务中心。依托律师事务所建立13个职工维权法律服务站，采取“一中心一站点”模式，为职工维权和服务。市职工维权法律服务中心设在市总工会，主要职责为：联合开展劳动、安全法律法规监督、检查活动；整理、分析、汇总涉及侵犯职工合法权益问题、案件的情况、信息、资料并提出意见建议；参与涉及职工权益方面法律法规的修订、起草等立法工作；为全市职工普法，开展法律咨询服务；依法调

2017 年 10 月 19 日，市职工维权法律服务中心成立

处劳动争议案件等。推进县级职工服务中心建设，2017 年全市投入资金 1210 万元，建成 6 家示范型、9 家达标型县级职工服务中心。加强乡镇总工会标准化建设，制定《关于进一步加强乡镇（街道）总工会标准化建设的意见》，确定铜冶镇、正定镇、西柏坡乡、窦妪镇、良村镇等乡镇为工会先进典型，并在全市推广。开展基层工会达标创建活动，将职工之家建设向车间班组延伸，有效增强基层工会活力。加大新领域职工和农民工组织覆盖，新建基层工会 421 个，新增工会会员 4.6 万人。

【为职工办实事】 扶持创业就业，全年省、市、县三级工会组织投入资金 181.2 万元，开展创业项目 148 个，受益职工 200 多人。7 月 25 日，工会会员卡（又称石惠卡）医疗补助功能上线。至此，全市职工会员在二级及以上公立医院住院治疗，持卡可网上自助申请获得每日 40 元住院补贴，补贴天数为每次实际住院天数扣除 3 天计算，每人年度累积给付天数最高为 90 日，即年度累计最高获得补贴 3600 元。至 2017 年末，全市职工办理工会会员卡 74.36 万张；年受益职工 3662 名，补贴金额 166.7 万元，人均补贴 455 元。举办第六期职工互助活动，参与职工 46.7 万名，筹集资金 2352 万元，救助职工 5057 人，发放救助金额 1824.4 万元。开展向职工送温暖活动，发放困难职工、困难企业慰问资金 1496.24 万元，发放“金秋助学扶困育才”救助资金 73.4 万元，救助困难职工子女 436 名；发放困难劳动模范救助慰问资金 150 万元。

【维护职工和农民工权益】 开展厂务公开民主管理示范单位创建活动，培育全国示范单位 1 家、省级示范单位 23 家、市级示范单位 45 家。代表职工利益，参与 2 家企业破产和改制。联合市人力资源和社会保障局、市工商联、市企业家协会，贯彻落实《河北省工资集体协商条例》要求，开展工资集体协商“百日行动”和劳动关系和谐单位创建活动，职工集体合同签订率达到 90%。联合市人力资源和社会保障局、市公安局、市法院、市发展改革委、市司法局、市住房和城乡建设局，组建成立石家庄市职工维权法律服务中心，帮助职工开展维权服务。2017 年市职工维权法律服务中心接待职工信访 269 人次，受理职工法律援助案件 203 件，市职工维权法律服务中心入选“十大法治事件”，“两庭一团（站）”维权模式入选“十大法治成果”。增强职工法治意识，组织 30 万名职工参加职工劳动法律知识竞赛。2017 年市总工会劳动争议调解庭调解职工劳动纠纷案件 11 起。投入 52 万元，建立环卫职工休息室 26 个。开展女职工维权行动月活动，发放《女职工维权手册》1.1 万份，新建爱心妈妈小屋 86 个。组建成立省会建筑业农民工维权法律服务站，接待农民工因欠薪、工伤等原因导致劳动纠纷诉求 133 起，为农民工提供法律咨询 41 起、法律援助 8 起。

（黄岩弟）

中国共产主义青年团石家庄市委员会

【概况】 2017年，共青团石家庄市委（简称共青团市委）围绕服务青年主题，组织开展青少年思想教育、青年实践志愿活动、公益捐资助学行动和“我的中国梦”“践行社会主义核心价值观·争做向上向善好青年”等教育实践活动，引导青年在工作岗位创新创业，在城市精神文明建设中争当优秀志愿服务者和社会文明的传播者。注册青年志愿者100万人、志愿者团体657个。举办青年创新创业训练营7期，培训创业青年800余人。新增非公经济组织共青团工委628家。新增团员2.9万人，团员人数总计达到47.1万人。残疾人日间照料中心青年志愿者服务站项目获评全国青年志愿服务示范项目创建活动特别奖，鹿泉区青年中心获评第二批全国示范性“青年之家”综合服务平台。以法律援助、心理疏导、人才培训、校外管护、扶危帮困、校园霸凌为内容，开展关爱未成年人身心健康、维护青少年合法权益活动，确定关注小商贩和小摊点经营者子女“‘双工’协同联动项目”、挽救犯罪少年回归家园项目、助推城乡青年电商创业人才发展项目、城市街角守护“童伴”项目等15个项目为首届青少年维权公益项目大赛获奖项目。2017年2月，石家庄共青团新媒体（“石家庄共青团”微博、“石家庄共青团”微信公众号、“青年之声·石家庄”互动平台）获得“京津冀（河北）政务新媒体影响力奖”。至2017年末，“石家庄共青团”微博粉丝超过252万人，“石家庄共青团”微信粉丝超过58万人。2017年4月，市公交总公司5路线、河北省烟草公司石家庄市公司网建客服部、长安区人民检察院反渎职侵权局、市印钞有限公司胶印部311机台4家单位获得2015～2016年度全国青年文明号称号；市数字城管监督指挥中心被共青团中央、住房和城乡建设部等部门联合命名为“2015～2016年度全国青年文明号”集体荣誉。4月21日，共青团市委、市直机关工委联合授予33个团组织“石家庄市直系统先进团组织”称号、46名个人“石家庄市直系统优秀团务工作者”称号、171名个人“石家庄市直系统优秀共青团员”称号。2017年石家庄市1人获得“全国优秀共青团员”，1人获得“全国优秀共青团干部”，3个单位获得“全国五四红旗团委（团支部）”名单，其中，石家庄市中航通飞华北飞机工业有限公司设计员侯学佳获得“全国优秀共青团员”称号，共青团河北省石家庄市长安区委书记李然获得“全国优秀共青团干部”称号，河北省石家庄市藁城区岗上镇杜村团支部、河北省石家庄市第44中学1514班团支部获得“全国五四红旗团委（团支部）”称号，中国电子科技集团公司第十三研究所（简称中电科第十三研究所）宽禁带半导体外延部团支部获得“全国五四红旗团委（团支部）——‘学习总书记讲话 做合格共青团员’教育实践专项”表彰。

【青少年思想教育】 学习贯彻中共十九大精神。以学习中共十九大报告和习近平总书记系列重要讲话作为首要政治任务，邀请中共十九大代表为各界青年代表作学习辅导。开展“青春践行十九大，不忘初心跟党走”宣传教育活动，举办“喜迎十九大，向习爷爷说句心里话”主题团队会200余场，宣讲中共十九大精神、走基层活动覆盖青年5000余人，举办中共十九大精神知识竞赛参与人数超过30万人。开展社会主义核心价值观教育。利用五四青年节、六一儿童节等时间节点，组织举行主题团、队日活动和“我的中国梦”“践行社会主义核心价值观·争做向上向善好青年”等教育实践活动200余场，覆盖青年15万人。六一儿童节前夕，省委常委、市委书记邢国辉到裕华路小学参加“小手拉大手，共创文明城”主题队会。发扬典型带动作用，选树青年五四奖章、最美青年政法干警等先进青少年典型100余名。举办青年读书班活动。“五四”青年节前夕，共青团市委在石家庄学院举行青年理论培训，邀请省委常委、市委书记邢国辉为各界青年代表作专题辅导。全年21个县（市、区）举办青年读书班73期。发挥新媒体舆论引导作用。推进“网上共青团”建设，建立上下联动、左右互通的“青年之声”与微博、微信相结合的“三微一体”新媒体矩阵，旗帜鲜明地弘扬主旋律、传播正能量。至2017年末，“石家庄共青团”微博粉丝超过252万人，获得

"全国十大团委系统微博奖";"石家庄共青团"微信粉丝超过58万人，综合影响力保持全国地市级团组织前十名。

【关爱和支持青少年发展】 希望工程。开展关爱贫困学子大型公益活动，筹集资金500余万元，资助大中小学生800余名，援建希望小学4所，捐建希望图书室、体育室13个。争取"国酒茅台·国之栋梁"希望工程圆梦行动脱贫攻坚三年公益计划项目，为贫困大学新生捐助善款81万元，资助学生160余人。平山县贫困高考生资助实现全覆盖。服务青少年群体。以青年中心、青年志愿者服务站、法制教育基地为依托，为青少年提供法律服务、爱心助学等服务。举办第九届公益集体婚礼，市县两级举办各类交友联谊活动20余场，参与青年2200余人。开展服刑人员未成年人子女阳光驿站行动，在全市20个社区建立阳光心灵驿站；与"1067小木屋""道德90后"等社会公益组织建立常态化合作。引领青年开展创新创业活动。推进"创赢青春"青年众创空间建设，举办青年创新创业训练营、青年创新创业大赛活动。注册成立市青年创业者协会，与首都青创联盟签订战略合作协议。编印《石家庄市青年创新创业政策汇编》。采取政府购买形式，举办青年创新创业训练营7期，培训创业青年800余人。主办"创启未来"2017石家庄青年科技创业大赛，参赛青年创业团队100余支。参展2017国际创新创业博览会，并在全国主要城市共青团服务青年双创前沿论坛作典型发言。

【青年实践志愿活动】 发挥生力军作用，服务改革和发展。利用大中型企业、科研院所和重点工程项目平台，开展青年创新创效、青年文明号、青年安全生产示范岗创建和技术竞赛、攻关竞赛、质量竞赛活动，支持青年承担急、难、险、重任务。2017年石煤机公司装配车间钳工二班等6家单位获得河北省青年安全生产示范岗称号，石家庄供电分公司电力调度控制中心配网调控班获得全国青年安全生产示范岗称号。助力脱贫攻坚。举行"青春扶贫，同步小康"行动。举办电子商务创业培训50场，培训创业青年4000人。培养公民道德素养，提升城市文明形象，举办青年志愿者、大中专学生"三下乡"和青年文明社区创建活动。利用石家庄火车站新客站、飞机场、地铁站等区域，开展青年文明号区域联创。连续三年每年争取政府购买社会服务资金20万元，支持青年志愿服务工作。至2017年末，全市注册青年志愿者100万人、志愿者团体657个，青年志愿服务形成以服务文明城市创建、大型赛会、特殊群体为主，文化墙绘制、地铁志愿服务、小学生托管志愿服务等为辅的特色志愿服务工作机制。

【共青团组织建设】 制定出台《共青团石家庄市委改革方案》，联合市委组织部印发《石家庄市党建带团建工作实施办法》；优化共青团市委内设机构，配齐配强共青团市委领导班子和干部队伍，共青团市委、市青年联合会（简称市青联）、市学生联合会（简称市学联）、市少年先锋队（简称市少先队）换届全部完成。12月18日，市青联第十一届委员会全体会议、市学联第三次代表大会举行，选举产生市青联第十一届委员会主席、副主席、常务委员会和市学联第三次委员会，审议通过《关于深入学习宣传贯彻党的十九大精神，团结带领全市青年在建设现代省会、经济强市的伟大征程中努力奋斗的决议》等。12月28日，中国共产主义青年团石家庄市第十六次代表大会举行。鹿泉区确定为全省县级共青团改革试点，改革经验写入共青团省委改革方案，并在全省推广。全市21个县（市、区）共青团委改革方案均以同级党委名义印发实施，出台率100%。2017年共青团市委改革做法在省委办公厅《河北改革动态》刊发。加强基层共青团组织建设，指导21个共青团县（市、区）委完成换届，共青团县（市、区）委书记、班子成员和干部配备率均达100%。联合市工商局成立非公经济组织共青团工委，联合市民政局成立新社会组织共青团工委，联合市教育局建立学校共青团工作联席会议制度；全年新增非公经济组织共青团工委628家。农村（社区）启动"示范团支部"建设，全市选取460个农村（社区）打造统一标识、统一制度的"示范团支部"。青年中心实现市、县、乡三级全覆盖。建立共青团干部"1+100"直接联系青年制度，开展"走、转、改"宣传调研。严格落实团费收缴，严控共青团学生比例，初中入团率控制在30%、高中入团率控制在60%。增强团员的先进性和光荣感，推进"学习总书记讲话、做合格共青团员"教育实践活动，完善"三会两制一课"制度，开展"共青团员先锋岗（队）"创建活动。

（李继锋）

石家庄市妇女联合会

【概况】 2017年，石家庄市妇联以妇女发展、家庭建设、妇女维权为主题，组织开展巾帼创业创新脱贫行动、美丽庭院创建、评选“最美文明家庭”活动。推进妇联组织建设，256个乡镇（街道办事处）妇联换届全部完成，选举妇联主席256名，专兼职副主席866名，执行委员2673名；3319个农村（社区）妇女代表大会改建妇联完毕，选举妇联主席3319名，专兼职副主席5455名，执行委员19384名。将妇女之家作为妇联展示工作、妇女参加活动的主阵地，打造省级示范妇女之家36个、市级示范妇女之家25个，省、市级示范妇女之家达到129个。发挥妇女讲习所作用，突出阵地建设和讲师团建设。举办“喜迎十九大——巧手智造”特色手工作品大赛，评选优秀作品76幅。做好儿童友好家园项目，新建市级儿童友好家园20个；举办第二届石家庄市儿童友好家园评比大赛，颁发奖项16个；为23个市级示范家园引进专业服务人员，市内中心区示范园实现全覆盖。2017年石家庄市获评全国“三八红旗手”1人，评选石家庄市“三八红旗手”100人；评选市级“最美文明家庭”100个，11个家庭获得河北省文明家庭称号，64个家庭获评第一届石家庄市文明家庭（参见《石家庄年鉴2018》类目“人物”和“附录”下分目“光荣榜”）。

【巾帼脱贫行动】 采取“妇联+产业联盟（协会）+企业（合作社）+贫困妇女”模式，创建巾帼脱贫示范基地368个，辐射带动近1万名妇女脱贫解困。争取全国妇联第20期巧手致富手工艺骨干培训班等项目落户石家庄市，获得资金260余万元，举办培训50场。制定印发《石家庄市妇联等12个部门关于实施“巧手脱贫解困工程”的意见》，召开“问计于民——发展家庭手工业座谈会”，举办“手工进家、妈妈在家”扶贫公益项目9场，2000余名参训妇女50%签订就业协议。以产业带动巾帼脱贫，全市利用示范基地、巧手创富、巾帼旅游3条致富路径，创建市级以上巾帼现代农业科技示范基地83个、巧手脱贫示范基地83个、市级巾帼乡村旅游示范点和旅游点150个。举办巾帼家政服务员培训，在市妇女儿童活动中心家政服务员培训输出基地开设贫困县妇女家政专题班，实行免费住宿、免费培训、免费推荐就业；全年开设家政服务员培训班10期，培训妇女300人，上岗就业率100%。

【文明家庭建设】 5月12日，由市妇联、省会精神文明建设委员会办公室（简称省会文明办）主办，石家庄广播电视台协办的石家庄市2017最美文明家庭颁奖礼举行，公布市级“最美文明家庭”100个，重点表彰市级“最美文明家庭”6个。11个家庭获得河北省文明家庭称号，64个家庭获评第一届石家庄市文明家庭。推进美丽庭院创建，发挥妇女讲习所作用，突出阵地建设、讲师团建设“两张牌”；阵地建设投入资金10万元，为353个省级重点村的妇女讲习所配备音箱、U盘等物品；讲师团建设采取项目化方式，与17个县（市、区）妇联签订讲师团培训项目书，每县给予培训费1万元。以培养文明家庭为主题，以家庭文明引导社会文明为目标，组建市级家庭教育指导中心1个、其他家庭教育指导中心28个、心理维护站36个、亲子园279个；开办各类家长学校5526所，其中城市社区建立家长学校或家教指导中心648所，覆盖面达到100%。2017年8个市辖区在社区家长学校举办家庭教育公益讲座两期、100场。

【关爱妇女儿童】 重视反家暴宣传，利用“三八”维权周、“11·25”国际反家庭暴力日、“12·4”宪法日等节点，组织开展男女平等基本国策、依法治国、妇女维权等主题宣传教育活动。以“反对家庭暴力，培育良好家风，促进社会和谐”为主题，举办反家庭暴力宣传周活动，参与人员5000余人。推进反家暴示范点建设，市妇联与市公安局、市中级人民法院在石家庄市主城区8个公安派出所、4个基层法院共同建立反家暴工作示范点，受理家暴案件，维护妇女合法权益。做好婚姻家庭调解，首创婚姻家庭纠纷诉调对接模式，建立妇女维权专家顾问咨询团，由市妇联派驻专门人员到法院开展立案前调解，桥西区法院、裕华区法院确定为全市试点，累计出具调解书 260 份，有效减轻了法院立案数量。开展贫困“两癌”妇女免费检查救助活动，争取救助款 11 万元，为 22 名贫困“两癌”妇女每人发放救助资金 5000 元。

（刘静）

石家庄市文学艺术界联合会

【概况】 2017 年，石家庄市文学艺术界联合会（简称市文联）坚持“二为”方向、“双百”方针和“三贴近”原则，围绕“以人民为中心”工作导向和“深入生活、扎根人民”创作理念，重点做好精品创作、人才培养等工作。贯彻落实市委、市政府关于文艺体制改革工作部署，组建成立石家庄市文艺创作中心。3 月 16 日，市文联在省军区招待所召开九届五次全委会暨 2017 年工作会，河北省文联副主席、石家庄市文联主席、国家一级编剧周喜俊作《坚持文化自信 攀登文艺高峰》工作报告，通报表彰第十四届石家庄市文艺繁荣奖获奖作品。全年出版文艺类图书 150 余部，在省级以上发表、参展文艺作品 520 余件；举办文艺讲座和志愿服务 80 余次，受益群众 3 万余人。长篇纪实文学《沃野寻芳》《寻找平山团》等 11 部作品获得河北省“五个一工程”奖；7 件作品获得第二届河北省孙犁文学奖（全省共 20 件作品获奖）。评选第十五届石家庄市文艺繁荣奖获奖作品 35 件，其中，特别奖 6 件，繁荣奖 29 件。2017 年市文联下辖 10 个协会，分别为作家协会、书法家协会、美术家协会、摄影家协会、民间文艺家协会、音乐家协会、舞蹈家协会、影视家协会、戏剧家协会、曲艺家协会。

【创作及展览活动】 组织作家深入生活，以“歌唱祖国，礼赞英雄”为主题，开展各文艺门类专题创作，创作作品上千件，其中 80 多件作品入选河北省“歌唱祖国、礼赞英雄”作品展。12 月 15 日，由市文联、市作家协会联合主办的《追梦者之歌》《筑梦者之歌》创作座谈会在市亚太大酒店举行，参会省市文艺界专家学者 20 余人。《追梦者之歌》辑录周喜俊多年来公开发表的报告文学及散文等作品，包括在创作道路上追寻梦想的深情回顾及各行各业追梦人的生动记述；《筑梦者之歌》是市作家协会组织全市重点作家创作的报告文学合集，采写和收集各条战线先进典型人物 30 多位。两部作品展示了石家庄市文学界“从一个人到一群人”的创作足迹。歌颂石家庄 70 年成就和巨变，举办《不忘初心、牢记使命——学习贯彻党的十九大精神 习近平用典书法作品巡回展》、“人民万岁”诗歌朗诵会、“美丽河北，省会最美”曲艺专题晚会、纪念石家庄解放 70 周年系列活动、第十六届省会合唱艺术节、大型书法美术摄影作品展、“见证辉煌——纪念石家庄解放 70 周年摄影作品展”“2017 地铁通车摄影展”及“铸魂”摄影展；策划制作纪录片《踏石留印——七十年前家国事》，用镜头和史料生动再现石家庄的厚重历史和辉煌足迹。8 月 25 日，由河北省文联副主席、石家庄市文联主席、国家一级编剧周喜俊创作的报告文学、散文集《追梦者之歌》(上下卷）参加第 24 届北京国际图书博览会。

【培养文艺人才】 激发文艺队伍创作活力，围绕“反映时代生活”“重视思想价值”理念，在作家贾大山当年下乡正定县西慈亭村举办“学大山、写人民、出精品”省会网络青年作家采风及创作座谈会和根据贾大山小说改编电影《村戏》点映对谈活动。提升基层文艺工作者创作水平，采取讲座、座谈、观摩、笔会等形式，举办“传承与发展”新形势下民间文艺工作主题培训班、石家庄市中青年书法培训班。实施“育树工程”，组织市文联作家、艺术家到市第四十中学、市第十二中学、河北女子职业学院、河北师范大学等学校举办文艺讲座 100 余次，在赵县、灵寿县、行唐县、藁城区等地举行创作座谈会、作品研讨会 10 余次，在鹿泉区三四街小学建立“少儿曲艺创作表演培训基地”。

（陈广山）

【第十五届石家庄市文艺繁荣奖获奖作品】 2019 年 1 月 8 日，市文联公布第十五届石家庄市文艺繁荣奖获奖作品名单。其中，特别奖 6 件，繁荣奖 29 件。作品评审年限为 2016 年 1 月 1 日至 2017 年 12 月 31 日。

表 14　　第十五届石家庄市文艺繁荣奖获奖作品一览表

奖项	序号	作品名称	作者	推荐单位
特别奖（6件）	1	长篇纪实文学　《沃野寻芳》	周喜俊	市作家协会
	2	长篇纪实文学　《寻找平山团》	程雪莉	
	3	儿童文学《没梯子上天的君君·动物篇》	王军锋	
	4	歌曲　《美丽河北》	刘　阳	市音乐家协会
	5	评剧小戏　《月缺月圆》	樊红霞	市戏剧家协会
	6	河北梆子　《子弟兵的母亲》	崔秀斌	
繁荣奖（29件）	7	小说集《手上的花园》	李　亚	市作家协会
	8	散文集《一个人的工地》	蒲素平	
	9	中篇小说《结算》	梅　驿	
	10	中篇小说《城墙土》	唐慧琴	
	11	报告文学《绿色的摇滚》	刘世芬	
	12	诗歌《老家》（组诗）	孟醒石	市作家协会
	13	散文《潴龙河绝唱》	刘亚荣	
	14	散文《格尔木——熠熠生辉》	张风奇	
	15	国画《山水家园系列二》	李淑敏	市美术家协会
	16	油画《雕琢时光》	裴立强	
	17	国画《壁立千仞秋太行》	刘　丽	
	18	国画《风骨千秋》	贾彦林	
	19	国画《鼎》	冯建法	
	20	国画《布阵》	周　娜	
	21	国画《圣地摇篮》	何国进	
	22	摄影《苗族砖窑工和她们的孩子》	石超峰	市摄影家协会
	23	歌曲《接海渔鼓》	王习梅（曲）	市音乐家协会
	24	歌曲《老槐树》	王　凯（曲）	
	25	歌曲《鹿泉的故事说不完》	张少华（曲）	
	26	民间文艺类图书《河北传统村落图典》（井陉卷）	马　信	市民间文艺家协会
	27	民间文艺类图书《阳和楼》	樊志勇	
	28	剪纸《中国梦——冬奥情》	张瑞玲	

续表

奖项	序号	作品名称	作者	推荐单位
繁荣奖（29件）	29	群口快板《地铁时代　梦想花开》	姚建新	市曲艺家协会
	30	深泽坠子《盲人四兄弟的“眼睛”》	郭亚利	
	31	舞蹈《鼓韵情怀》	张娜（编导）	市舞蹈家协会
	32	现代京剧《奚啸伯》	市京剧团	市戏剧家协会
	33	电视纪录片《石家庄印记》	市电视台	市影视家协会
	34	电视纪录片《70年前家国事》		
	35	电视节目《奋进——纪念石家庄解放70周年主题诗歌音乐会》		

（市文联）

石家庄市科学技术协会

【概况】 2017年，石家庄市科学技术协会（简称市科协）以文化科技卫生三下乡、科技周、全国科普日等活动为重点，推进科普e站建设，建立科普e站示范站5个、重点站56个。开展科技成果转化和技术咨询、技术服务5项，承接政府转移职能2项，举办综合性学术交流2项。落实《全民科学素质行动计划纲要（2016～2020年）》，与市委党校联合开办科学素质培训班18期，培训科级以上干部1280人次；在农村和社区举办葡萄、核桃、养牛、医学养生等科普讲座35场，发放科普图书、宣传资料等5000余份。2017年中国科协配发石家庄市中国流动科技馆3套，赞皇县、元氏县列入第一批全国第二轮流动科技馆巡展。开展科协系统改革，9月11日，市委办公厅印发《石家庄市科协系统深化改革实施方案》(石办字〔2017〕36号文件)。到2017年底，市科协机关共有在职人员26人，内设机构有办公室、科学技术普及工作部、学会学术（企事业科协）工作部；单位编制19人，其中，行政编制11名、事业编制8名；驻会主席1名、驻会副主席2名，秘书长1名（副县级），正科级领导职数3名、副科级领导职数4名。下辖石家庄市科学普及中心、石家庄市科技咨询服务中心2个事业单位，工作人员25人。管理市级学会、协会、研究会32个，企（事）业科协、院校科协42个，会员1540余人。县（市、区）科协21个，实有人员102人；乡镇、街道办事处科协150个，个人会员9746人；农村专业技术协会289个，个人会员63567人。

【科学普及与宣传】 开展文化科技卫生三下乡、科技周、全国科普日等科普活动。1月12日，市文化科技卫生“三下乡”活动集中服务在赞皇县启动，市科协与赞皇县科协联合举行科普大篷车巡展活动，将“流动的科技馆”开进赞皇县野草湾中心小学、启飞幼儿园等，为山区青少年展示了优质科普教育资源。5月19～27日，举办以“科技强国创新圆梦”为主题科技周活动，选派9家企业参加在天津市举办的京津冀科普资源推介会，指导市动物园、市植物园、省血液中心等全国科普教育基地宣传相关领域科普活动。9月6日，由中国科协发起的中国流动科技馆第二轮全国巡展主场启动仪式在石家庄赞皇县体育馆举行。巡展以“广覆盖、系列化、可持续”为指导方针，以“参与、互动、体验”为教育理念，以经过模块化设计后的科技馆展品和活动为载体，以巡回展出方式将展览资源送到尚未建设科技馆的县（市），主要为公众特别是青少年提供免费科学教育服务。展览内容涵盖基础科学、生命科学、人体健康等基础经典互动展品，融合虚拟现实技术、3D打印技术、智能机器人等高新科技展项。9月15日，市科协在栾城区举办石家庄市全国科普日活动启动仪式及主场活动，安排内容16项，参加活动单位30余家；举办科普活动60多场，其中，科普讲座、农村实用技术培训5场；利用电子科普屏展映“科学破除愚昧”专题片两周；市科协、栾城区科协、桥西区科协、长安区科协、市植物园管理处获评“2017年全国科普日活动优秀组织单位”，南马路小学、市动物园管理处获得“2017年全国科普日优秀活动”奖。科普e站建设。落实省科协科普e站建设“135”计划，建立科普e站示范站5个、重点站56个，指导县级科协认定基础站458个，争取省科协科普e站建设经费10万元。利用网站、订阅号、APP、LED屏等平台宣传科普知识。网站科普文章每天更新2～3篇，年发布稿件4558篇，点击量907.1万人次；微信订阅号年发布信息内容1997条，其中，视频信息601个、图文信息1408条。利用电子科普画廊普及科普知识。全年选择8区3县LED室外大屏12处、室内机31块播放科普节目117期，视频类节目平均每期选播6集，累计播放704集，每期节目时长20～30分钟，循环播放，平均1～2周更新一期；电子科普画廊播出128期，节目内容主要为原创类动漫视频《科普一家人》《社长嘚嘚》《青少年好奇乐园》等。原创科普动漫视频受到关注，并在中国科协微信公众号“科普中国”、中国数字科技馆、优酷、新浪科技网、今日头条、河北电视台等10余家媒体播放。2017年市科协系统制作正话反说《黑科普》30集，制作《社长嘚嘚》《青少年好奇乐园》科普动漫110集。

【基层单位科技服务】 学会专家服务。邀请市天文爱好者协会专家每周一次到长安区凌透小学讲授天文科普知识。与市医学会联合，共同邀请市内各大医院有经验的临床专家深入社区，开展学术讲座、社区义诊、疾病筛查等活动。对口专家技术辅导。市医学会组织专家到乡镇卫生院举办急救能力培训，开展心肺复苏、一氧化碳中毒等急症一对一指导。企业服务。邀请省绿州机械有限公司科协主席、省智库专家尹存指导企业按条件及程序申报项目材料，其中，河北华旭化工有限公司“左旋苯甘氨酸绿色合成新技术项目”列入省科技厅重点研发项目，石家庄海川工具有限公司“无模具烧结预合金粉金刚石工程薄壁钻刀头加工工艺研究”列入石家庄市科技支撑计划；选派相关行业专家到高邑工业园、栾城工业园、中电科第五十四研究所等园区、企业讲解专利知识和科技政策，支持河北医科大学等院校与企业开展产学研合作；帮助石家庄数英仪器有限公司建立院士工作站；支持河北工业职业技术学院、河北华旭化工有限公司、河北中禽鹌鹑良种繁育有限公司3个单位及企业建立科协组织；为石家庄地域经济开发区及高新技术产业开发区等120余家单位和企业安装专利信息软件，帮助企业建立信息库，方便企业应用专利信息。

【青少年科技活动】 3月，承办河北省第32届青少年科技创新大赛终评展示活动，获得竞赛类项目全省第一。4月，组织262名选手参加河北省青少年机器人全部5个项目竞赛，石家庄市参赛选手全省最多，获得团体第一名。2017年全市5所中学50名优秀高中学生分3批赴北京市、上海市、南京市和兰州市，参加为期一周高校科学营活动，6名学生获评优秀营员，2名教师获评优秀带队老师，市科协获得优秀组织单位称号。立足山区学生与市区学生均衡发展目标，以“中国梦、科学梦、青春梦”为主题，采用“五个一批”方式为山区基层学校提供科普资源、搭建平台、培养人才。“五个一批”，即送一批科普器材（包括科普资源包、机器人、3D打印机等），赠一批科普图书（包括科普大篷车进校园巡展），请一批专家作科普报告，培训一批科技辅导员，发展一批科技教育示范学校。举办“3D打印科技创新教育成果展”。6月15日，市科协、市教育局联合在省科技馆共同举办以“让思维可见，让创新有形”为主题的“首届石家庄市青少年3D打印创新教育成果展示活动”，展出面积300平方米，摆放展品2000件，展览历时22天，参观人员2万余人次，活动现场设置3D打印体验区，近5000人操作3D打印机自制作品。

（杜文君）

石家庄市归国华侨联合会

【概况】 2017年，石家庄市归国华侨联合会（简称市侨联）以服务经济建设、开展为侨服务、密切海外侨胞侨商联络联谊为重点，走访调研13个县（市、区）50多家侨资侨属企业，多方了解企业生产经营状况，主动为企业脱困出谋划策。承办中国侨联主办的“创业中华·牵手京津冀第十届海外高层次人才为国服务活动”，邀请来自美洲、欧洲、澳洲、非洲及东南亚等14个国家和中国香港、中国澳门58位海外高层次人才参加活动。推荐河北博伦特药业有限公司、河北天山实业集团有限公司、河北喜高科技有限责任公司成为中国侨联创新创业联盟理事单位，推荐天山科技工业园成为京津冀新侨创新创业基地。开展为侨服务，走访市侨联常委委员和侨界人大代表、政协委员50余人，慰问贫困归侨、患病归侨及侨界人士20余户，发放慰问品、慰问金3万余元。建立和完善贫困归侨侨眷、患病归侨侨眷档案100余份，接收处理涉及住房财产纠纷、医疗赔偿、知识产权等侨界来信来访20余件次。推荐全国人大代表1名、省人大代表2名、市人大代表11名、市政协委员12名。以“汇集侨界智慧、履行参政议政职责、服务省会现代化建设”为主题，举办参政议政培训会，提升侨界人大代表、政协委员参政议政水平。参加市人民代表大会、市政协会议，撰写提案议案、建议意见、社情民意20余件。

【服务经济建设】 邀请来自美国、德国、澳大利亚、新西兰、俄罗斯、乌干达等11个国家56名海内外侨商参加9月25～27日举行的2017年中国·石家庄国际投资合作洽谈会，涉及绿色农业、乳制品投资、对外经贸合作、大数据国际物流信息分析、电子商务、人工智能等10多个项目，促成深泽县政府与中国留日同学会副会长谷志杰签署人才引进、提供新材料技术研发支持两项协议。承办中国侨联主办的“创业中华·牵手京津冀第十届海外高层次人才为国服务活动”，邀请来自美洲、欧洲、澳洲、非洲及东南亚等14个国家和中国香港、中国澳门58位海外高层次人才参加活动，携带包括环保能源、通信工程、生物科技、文化、物流等领域项目80多个。搭建侨资侨属企业对接服务平台，走访调研东旭集团、河北盛益饮品有限公司、河北新龙科技集团、河北百孚新能源科技有限公司等侨资侨属企业50多家，多方了解企业生产经营状况，主动为企业脱困出谋划策。

【联络联谊】 推荐西柏坡纪念馆、李家庄中共中央统战部旧址成为中国华侨国际文化交流基地。加强与北京市侨联、天津市侨联、北京市海淀区侨联等京津冀侨联组织联系，促进三地合作，主动对接“创业中华·牵手京津冀第十届海外高层次人才为国服务活动”。拓展海外联谊、联络空间，邀请石家庄籍海外人士参加石家庄解放70周年活动及侨联换届、侨联成立60周年交流活动，与海外42个国家和地区、60多个境外侨（社）团和商会组织、170多位海外华侨华人建立联系。接待来自美国、英国、加拿大、澳大利亚、新西兰等10余个国家30多家侨（社）团、10批150余人次海外侨商侨领来石家庄交流和考察；随省侨联考察团出访阿联酋、肯尼亚、乌干达3国，与乌干达河北商会、肯尼亚华人华侨联合会、阿联酋中国河北商会等20多个侨（社）团100多人举行交流联谊和座谈，并在非洲地区建立交流联络点。

（夏龙飞）

石家庄市台湾同胞联谊会

【概况】 2017年，石家庄市台湾同胞联谊会（简称市台联）以服务在石定居台胞、联系岛内台胞、促进祖国和平统一为目标，帮助台胞家庭排忧解难，协调解决市属台胞入学、就业、退休等问题。拓展两岸交流交往，发挥“台胞之家”桥梁作用，走访慰问在石老台胞、困难台胞和台胞遗属，3次接待来自中国台湾中原大学、铭传大学、嘉义大学等高校台胞青年100多名，以交流服务方式让台湾青年了解大陆发展现状、感悟两岸关系和平发展的潮流和中华民族伟大复兴的趋势。11月7日，市台联召开四届四次理事（扩大）会议，会长廖海鹰、副会长陈瑛及10余名理事、部分台胞代表参会，会议以任人唯贤、履职能力、参政议政能力为考量，按照省台联分配的代表及理事候选人名额，讨论通过石家庄市台胞出席河北省台湾同胞第九次代表大会代表17名、理事候选人7名建议人员名单。11月22日，市台联组织台胞听取由中国社会科学院台湾研究所政治研究室主任、研究员，国务院台湾事务办公室海峡两岸关系研究中心兼职研究员、台湾问题专家谢郁主讲的台湾情况报告会，帮助在石台胞了解台湾现状，坚定两岸和平统一的信心。

【石台交流】 2月，举办2017全国台联台胞青年冬、夏令营河北分营活动，其中，冬令营期间接待来自中国台湾中原大学、铭传大学、嘉义大学等高校台胞大学生86名。4月、11月，两次协办“寻根祭祖——燕赵行”住京台湾大学生校外体验活动，接待来自北京大学、清华大学、北京体育大学、北京科技大学等高校台胞本科生、硕士生、博士生79人次到访，并安排台胞大学生参观和考察了台资企业、正定县塔元庄村、正定国家乒乓球训练基地等。7月，举办2017全国台联台胞青年夏令营河北分营活动，接待来自中国台湾台北大学、中原大学高校台胞大学生32名。

【重要活动】 1月23～24日，市委常委、统战部部长毛全球走访慰问在石老台胞、困难台胞和台胞遗属，并致以春节问候。3月7日，市台联组织10余名在石台胞党员参加全省台籍党员大会，市台联秘书长游艳红入选全国台籍党员代表候选人；6月，游艳红参加全国台籍党员大会，受到俞正声等国家领导人的接见。7月1日，市台联谊组织30余名在石台胞参加省委宣传部主办、河北广播电视台承办的电视直播节目“永远跟党走，河北省迎庆党的十九大群众歌咏活动”，参演歌曲《鼓浪屿之波》。7月21日，由河北省台联、北京市台联、天津市台联共同举办的2017京津冀台胞青年社会实践活动在石家庄市启动，三地100余名青年台胞参会交流。12月13～14日，辽阳市台联会长齐玉林带领台胞骨干考察学习团到石家庄市考察交流，双方就营商环境建设、对台工作方法、台联发展面临的机遇和挑战、服务台胞台商的经验及做法等内容举行座谈和讨论。

（游艳红）

石家庄市残疾人联合会

【概况】 2017年，石家庄市残疾人联合会（简称市残联）以健全和完善残疾人社会保障体系、基本公共服务体系、权益保障制度为目标，组织开展残疾人就业培训、康复服务和法律援助活动。残疾人扶贫脱贫。落实《河北省贫困残疾人脱贫攻坚行动计划（2017～2020年）》，推动县级残联建立贫困残疾人个人档案，实行一人一档、分类施策、精准帮扶策略。制定印发《石家庄市贫困残疾人脱贫攻坚行动计划（2016～2020年）》，全市19897名符合条件的残疾人全部纳入建档立卡扶贫范围。开展残疾人法律援助，规范建设21个残疾人法律救助站，落实统一登记、建档和上报制度；各县（市、区）利用市残联统一业务管理系统，全部做到来访残疾人网上信访登记、网上法律援助案件登记、办理结果登记。2017年市残联接待残疾人信访130余人次，为符合条件残疾人办理法律援助案件30余件。严格残疾人证件管理和审批，发放残疾人证18089个。办理爱心卡2000余张，年检爱心卡4万余张。争取国家和河北省残疾人事业专项彩票公益金助学项目，资助5个学前教育机构60名残疾学前儿童18万元。协助市教育部门办理8名参加高考残疾学生申请合理便利和录取工作。开展志愿助残活动，至2017年底，石家庄志愿服务网注册助残志愿者21675人。落实生活和护理补贴制度，2017年全市5.11万人享受困难残疾人生活补贴，6.01万人享受重度残疾人护理补贴。鼓励扶残助残行为，举行“最美残疾人”评选和“爱耳日”“世界自闭症日”“爱眼日”等宣传活动。5月21日（第二十七次全国助残日），省、市残联联合在市人民广场举行助残日主题活动，主题为：推进残疾预防，健康成就小康。6月19日，井陉县冶里村残疾人贾海霞、贾文其当选2016年度中国残疾人事业十大新闻人物。

【残疾人就业培训】 落实《农村贫困残疾人实用技术培训项目实施方案》，培训农村贫困残疾人1990名。举办残疾人美甲、计算机、企业雇主、互联网+等培训班，培训学员2100余人；举办全市日间照料中心工作人员业务培训班9期，培训业务骨干180余人；举办中医保健按摩、保健刮痧、小儿推拿等特色项目培训，培训残疾人学员300多人。开展“就业帮扶　真情相助”就业援助专项活动，走访登记失业残疾人家庭2004户，登记失业残疾人1582人；举办残疾人招聘会23次，纳入年度培训残疾人计划1482人，帮助失业残疾人221人，社会用人单位按比例吸纳就业90人，帮助残疾人享受专项扶持政策146人。发挥残疾人职业技能培训基地作用，将残疾人就业服务延伸到用人单位及培训机构。6月23日，市残联劳动服务中心举办残疾人雇主培训班，各县（市、区）残疾人就业所所长、残疾人职业技能培训机构、福利企业等120家残疾人用人单位参加培训；邀请残疾人心理领域专家刘纪泳就残疾人的心理特点、如何提高与残疾人的沟通技巧、提升残疾人就业服务机构的服务能力等授课和讲解。

【残疾人康复服务】 制定《石家庄市残疾人精准康复服务行动实施方案》。筹资144.4万元为1600名持证贫困残疾人提供基本康复服务，为1140名持证残疾人提供基本辅具适配服务，为30911名有康复需求的残疾人提供建档立卡、功能训练、辅助器具、药物、护理等康复服务。安排经费435.6万元，专门救助0～6岁贫困智力残疾、孤独症、脑瘫、有辅助器具需求的残疾儿童，全年救助残疾儿童2400余人。投入资金40万元，免费为贫困肢残者安装小腿假肢100例、大腿假肢50例。开展全国“爱耳日”“世界自闭症日”“精神卫生日”“世界防止麻风病日”等残疾人节日宣传活动，普及残疾预防知识，提高全民康复意识。探索和创新精神残疾预防、治疗、康复模式，组建精神障碍社区康复机构30个；开展精神残疾障碍患者和精神残疾人心理咨询、转介等康复服务，形成医院——社区相互衔接的康复模式。举办“中途之家”活动，帮助“伤友”从病床回归社会和家庭。4月11日，市残联在晋州市周家庄举行“中途之家”晋州伤友团康复交流活动，分享个人受伤后的生活经历，讲解生活自理、心理减压、独自外出、康复经历等经验和做法，11名伤友、家属、志愿者及媒体参加活动；5月18日，市残联举行石家庄市“中途之家”伤友趣味运动会，23名脊髓损伤患者及家属参加活动；8月29～31日，市残疾人康复指导中心在颐园宾馆举行“希望之家”生活重建培训班，23名脊髓损伤患者及家属参加培训。

【残疾人体育运动】 以重在参与为原则，利用“残疾人健身周”“助残日”“特奥日”等时间节点，举办“残疾人健身周专题活动”“特奥日趣味运动会”“残疾人冰雪体验”等活动。实施“残疾人自强健身工程”，设立国家级体育健身活动示范点1个、省级体育健身活动示范点4个。参加省级健身指导员培训20余人、市级健身指导员培训70余人。支持竞技性残疾人体育事业，做好残疾人运动员选拔和训练。26名残疾人运动员参加省级以上残疾人体育比赛。7月18～30日，市听障运动员王萌勇参加在土耳其萨姆松举行的第23届夏季听障人奥林匹克运动会，夺得羽毛球单打、双打、团体比赛3枚金牌。7月14～23日，石家庄市4名运动员代表国家队参加在伦敦举行的第八届残疾人田径世锦赛，米娜获得女子F37级铁饼金牌；侯战彪获得男子F46级铁饼金牌、铅球铜牌；李翠卿获得男子F36级铅球银牌。12月8～14日，市运动员屈子墨、赵鑫参加在阿联酋迪拜举行的亚洲青年残疾人运动会，分别获得1枚金牌、1枚银牌。2017年市残疾人运动员参加全国锦标赛竞技项目比赛获得金牌28枚、银牌18枚、铜牌8枚。

（董凯凯）

石家庄市红十字会

【概况】 2017年，石家庄市红十字会以弘扬“人道、博爱、奉献”红十字精神为宗旨，组织开展筹资募捐、应急救护、人道救助、无偿献血、造血干细胞和器官捐献等工作。全年募集爱心款物价值1538.88万元，发放救助款物价值1505.91万元，直接受益困难群众2.3万余名。提升应急救护能力，3万人参加红十字应急救护师资培训、救护员培训、公益培训。2017年全市无偿献血人数达18.8万人次，献血总量64.5吨；招募造血干细胞捐献志愿者1646人，成功捐献造血干细胞13人；器官捐献18人，占全省器官捐献的64.3%。完善红十字会工作制度，修改《石家庄市红十字志愿服务管理办法》，印发《关于加强基层红十字会组织建设的指导意见》《关于大力开展应急救护培训工作的通知》《关于各县（市）区红十字会认真开展救助工作的通知》。重视基层红十字会建设，3月，河北省红十字会在石家庄市长安区和平东路小学、新华区宁安街道北新街社区召开红十字会基层组织建设观摩会；11月，市红十字会在井陉矿区举办红十字会基层组织建设经验交流会，帮助基层红十字会规范管理，推广好的做法。2017年市红十字会连续第四年排名全省设区市红十字会核心能力评估第一名。

【筹资募捐】 开展“博爱一日捐”募捐活动，市、县两级采取党政“两办”发文、督促检查部门推进、重点单位主动对接等方式，加大募捐力度。2017年全市“博爱一日捐”筹资681.46万元，其中，新乐市、深泽县、晋州市、赞皇县、高邑县超额完成计划任务。开展项目筹资，争取中国红十字基金会“共铸中国心”基金项目，募集款物价值79.03万元；7月6～9日，中国红十字基金会“共铸中国心”基金项目人员带领医疗专家深入平山县举行义诊、疾病救助、医疗教学培训、捐赠药品等活动，资助3个县级医院、23个乡镇卫生院、26个村卫生室，义诊7000人次。争取河北奥美生物科技有限公司血细胞分析仪2台（5.95万元/台）、石家庄渡康医疗设备有限公司经颅超声电疗仪5台（19.8万元/台）、河北省红十字会转赠南京亿高微波系统工程有限公司捐赠的微波治疗仪1台（62万元/台），均无偿捐赠给红十字医疗会员单位。由东方时尚驾校参与捐建井陉县庄子头学校灾后重建项目完工。

【红十字救助】 开展“红十字博爱送万家”活动，发放款物价值105.19万元，受益群众12262人。代发省红十字救助金10.9万元，救助贫困群众64人。争取“小天使基金”“天使阳光基金”救助白血病、先心病患儿，全年救助89人，发放救助金额265.5万元。争取省级人体器官捐献救助基金126万元，人道关爱器官捐献志愿者家庭18户。争取省红十字会“千人膝关节复康行动”项目，救助患者39人，发放救助金5.85万元。救助艾滋病孤儿及艾滋病贫困患者17人，发放救助金2.4万元。开展2017年“红十字救助贫困大病患者”活动，救助1113人，发放救助金242.58万元。及时救助弱势群体和困难群众，采取县（市、区）红十字会初审申报、市红十字会审核批准方式，全年救助355人，发放救助金52.87万元。

【应急救护】 举办红十字应急救护师资复训班4期，复训师资130人次；年度师资注册评定37人，其中，助理师资17名、一星级7名、二星级7名、三星级3名；红十字公益培训5559人次，救护员培训4262人；石家庄信息工程学院、石家庄职业技术学院1万名新生接受初级应急救护培训。提升地铁交通应急救护保障能力，石家庄市地铁试运营前，培训一线站务人员260人。组建长安区和平时光社区红十字救护志愿服务队，代表河北省参加全国比赛，队员沙亚云获得“守护生命 志愿同行”——创伤救护（三）单项比赛三等奖。县（市、区）举办红十字救护员公益培训3789人，公益讲座直接受益1.19万人。

【无偿献血、造血干细胞捐献、器官捐献】 推进无偿献血常态化运行，市红十字无偿献血志愿服务大队发展成为拥有26支服务分队、2支乡镇小队、1699名志愿者队伍。2017

年全市无偿献血人数达18.8万人次，献血总量64.5吨，满足省会医院临床用血需求；高邑县、晋州市、井陉矿区、平山县、深泽县、无极县、新乐市、正定县获评“河北省无偿献血先进县”。2017年全市招募造血干细胞捐献志愿者1646人，回访合格后入库1204人，成功捐献造血干细胞13人，累计成功捐献86人。器官捐献18人，占全省器官捐献的64.3%；累计实施器官捐献47人，捐献大器官132个，挽救生命128条。

（郝瑞起　戎怡）

石家庄市黄埔军校同学会

【概况】 2017年，石家庄市黄埔军校同学会（简称市黄埔同学会）秉承黄埔同学会宗旨，广泛联络海内外黄埔同学和亲友，主动服务经济社会大局和祖国统一大业。至2017年末，市黄埔同学会共有会员8名，年龄最长95岁，最小88岁；设立会长1人、副会长2人、理事若干人，采用理事会议管理模式；理事会议闭会期间，由会长、副会长、秘书长组成办公会议，主持会务管理；设立秘书长1人，处理黄埔同学会日常工作。

【关怀服务】 围绕服务质量，创新帮扶方式，落实重大节日、会员生日、困难救助、大病应急、临终关怀五项日常关爱制度，确保每位会员安享晚年。开展走访慰问活动，将党和政府的关怀及温暖送上门、送到家，做到“面对面关怀、点对点帮扶”。听取黄埔同学会会员的意见和建议，协调解决生活上遇到的困难和问题。申请生活困难补助，及时发放到人。全年举行走访慰问会员活动40多人次，帮助黄埔会员和黄埔亲友解决实际困难10余件。

【主要活动】 争取元氏县神岩山公墓抗战老兵墓区建立“黄埔园”，提供免费墓位30个。3月29日，市黄埔同学会组织黄埔亲友40余人到抗战老兵公墓集体祭奠黄埔先辈。举行“孝顺儿女　和谐家庭”评选活动，评选“孝顺儿女”“和谐家庭”“优秀黄埔儿女”各6名。纪念黄埔军校建校92周年，精选部分优秀作品，编排出版《纪念黄埔军校建校九十周年书画作品集》，发放1500册。以纪念抗日战争暨世界反法西斯战争胜利70周年活动为主题，围绕继承先烈遗志、弘扬抗战精神、开创美好未来理念，选择360幅图片、35篇回忆文章辑印《黄埔记忆——纪念抗日战争胜利70周年特辑》一书。

链接

2015年8月31日，12名黄埔军校同学会抗战老兵集体安葬在元氏县神岩山公墓。

（王连重）

石家庄市社会科学界联合会

【概况】 2017年，石家庄市社会科学界联合会（简称市社科联，2010年市社科联与市社会科学院、市委讲师团合并）以社会科学理论宣传、理论研究、智库建设为重点，拓宽思路，开展横向联系，与湖北省社会科学院、广西社科联、广东省委讲师团举行学术探讨，与南京市社会科学院、青岛市社会科学院等单位举行新型智库建设面对面交流。推进智库建设，优化智库专家组成结构，制定《2017年新型智库建设实施方案》；参与全国智库建设交流活动，参加光明日报社主办“2017中国智库治理暨思想理论传播高峰论坛”；依托《石家庄社会科学》杂志、网站、成果专报等渠道发布智库专家成果，推动智库成果转化。加强县级社科联、市社会科学创新基地及各社会科学团体管理，支持各学会、协会、研究会发挥自身特长，开展多样化社会科学研究。推进社会科学创新基地建设，新增市社会科学创新基地2家、省级社会科学普及基地3家。2017年市社科联研究成果《习近平总书记党建思想研究》获得全国党建研究会课题研究成果三等奖。

【理论宣讲】 发挥主阵地优势，突出主题宣讲。利用社会科学创新基地、基层理论宣讲站、燕赵社区大讲堂等主阵地，组织宣讲各级中国共产党代表大会精神及文明城市建设、准则条例等内容。中共十九大召开后，牵头组织和成立“十九大精神理论宣讲团”，并在栾城区冶河镇乏马村举行进基层宣讲启动仪式。承办全省社会科学骨干培训班现场教学任务完成。全年组织各类宣讲活动200多场，发放宣传资料2000余册，受众人数1.6万余人。立足平台资源，采取多种形式宣传社会科学。电视栏目“理论之窗”创新录播形式，拓展专家资源，开通微信公众号，全年录播26期；“石家庄社会科学”微信公众号发布信息160条、10万余字；编辑出版《石家庄社会科学》杂志6期。6月20日，河北省第十二届暨石家庄市第十五届社会科学普及周启动仪式在石家庄科技工程职业学院举行，省市领导及县级社科联、市社会科学创新基地、市属各大专院校负责人、各学术团体等200余人参加活动；发放社会科学宣传材料1000余份，邀请科普专家王渝生博士举行《国学与科学》专题讲座。

【理论研究】 以社学科学研究为重点，全年发表理论文章35篇，其中，1篇获得国家三等奖，1篇获得省级二等奖，3项成果获得市领导批示。聚焦市委、市政府重大决策，研究确定“建设现代化省会城市”“雄安新区建设与石家庄发展”等重点课题；30余位专家申报课题项目。加强应用对策研究，组织撰写《开展“双问计”活动常态化的对策研究》《关于旧火车站候车楼改建解放纪念馆的建议》《基于石家庄市应对雄安新区发展建设的思考》《要正确认识和把握雄安新区发展的重大历史机遇》等理论文章。研究员梁勇主编《大美雄安》出版发行；与市委宣传部联合编撰《2016～2017年石家庄市文化发展蓝皮书》完稿。挖掘石家庄历史文化、红色文化，开展党建理论研究，撰写《习近平总书记党建思想研究》获得全国党建研究会课题研究成果三等奖、《传承历史，发展融合——河北石家庄历史文化的精神价值研究》获得市领导批示。

（刘献国）

石家庄市消费者协会

【概况】 2017年，石家庄市消费者协会（简称市消协）贯彻落实《消费者权益保护法》，围绕中国消协提出“网络诚信　消费无忧”年主题，组织开展消费维权、消费宣传教育和咨询服务活动，受理消费者投诉，保护消费者权益，营造安全、放心的消费环境。“3·15”国际消费者权益日活动期间，全市举办消费咨询活动37场，接待消费者咨询33895件，接受消费者投诉68件。开展消费教育进社区、进农村、进景点、进学校活动，帮助消费者树立理性消费观念，增强消费风险意识和自我保护能力。全年举办消费教育活动58场次，发布消费警示和提示38条。至2017年末，全市消协组织受理消费者投诉1542起，解决1491件，为消费者挽回损失580.53万元。投诉主要问题：商品质量不合格，存在虚假宣传、售后服务不及时、不到位，不能按照承诺予以兑现。2017年市消协被中国消协评为2016～2017年度全国消协组织先进集体，刘金栋被评为全国消协组织先进个人。

【消费者权益日活动】 3月14日，市政府消费者权益保护办公室、市工商局、市消协联合在石家庄塔坛国际商贸城举行纪念“3·15”国际消费者权益日暨年主题启动仪式，市政府消费者权益保护办公室25家成员单位及受表彰20家企业代表参加宣传咨询服务活动。3月14日晚，举办2017年纪念“3·15”消费者权益日电视直播晚会，市政府消费者权益保护办公室组织工商、物价、卫生计生委、质监、食药监、公安、消协等部门与石家庄电视台联合举行“3·15”维权集结号电视直播节目，向社会公布损害消费者合法权益的典型案例，震慑不法分子，提高消费者维权意识。“3·15”国际消费者权益日期间，全市举办消费咨询活动37场，接待消费者咨询33895件，接受消费者投诉68件，发放消费宣传材料25万余份。市消协召集市区25家名优企业召开纪念“3·15”国际消费者权益日活动座谈会，省、市消协与新乐市市场监督管理局、新乐市消协在新乐市金地国际广场联合举行“诚

信商家　放心消费”示范单位授牌仪式。3月15～16日，市消协领导连续两天参与石家庄广播电台新闻882频道行风热线栏目，现场接受消费者咨询，受理消费者投诉，发布消费警示和提示，并结合消费维权典型案件引导消费者理性和文明消费。

【消费教育】 突出金融消费、网络消费、老年消费主题，组织开展消费教育进社区、进农村、进景点、进学校活动。4月20日，市消协与栾城区消协在全市美丽乡村柳林屯村举办消费教育进农村活动，接受村民咨询200多人次，发放《金融消费教育指导手册》500本，年主题宣传袋1000个。5月20日，省、市、区消协联合新东方前途出国留学石家庄分公司在河北师范大学汇华学院举行“网络消费教育进校园”宣传咨询服务活动，向全省大学生发出“网络诚信消费无忧”倡议书；现场接受师生消费投诉和咨询，并发放《网络消费教育指导手册》2000余册，帮助大学生树立理性消费观念，提高消费风险意识和自我保护能力。6月21日，省、市、区消协在裕华区万达社区举行“诚信经营　消费无忧”消费教育进社区大型宣传咨询服务活动，发放《消费者权益保护法》宣传册，现场接受社区群众关于金融消费知识、保健品消费常识等专业咨询服务。7月20日，市消协与平山县消协、灵寿县消协联合深入马宅梁和五岳寨景区，举行消费教育进景点活动，接受消费咨询3000多人，发放《消费者权益保护法》3000本、年主题宣传手册5000多本、年主题宣传袋5000多个。11月7日，市消协联合市内4区消协和石家庄普海商贸有限公司，在广安大街美东国际大酒店举行石家庄市老年消费教育活动启动仪式，市工商局、市消协相关领导及企业负责人、老年消费者500多人参加消费教育活动。编辑《石家庄市老年消费教育指导手册》，普及老年消费知识，帮助老年人规避医疗保健、投资理财、旅游出行、养老生活等方面消费陷阱。全年市消协组织举办各类消费教育活动58场次，发布消费警示和提示38条。

【消费监督】 无障碍设施调查体验活动。5月，市消协按照中国消协统一部署，举办“百城无障碍设施调查体验活动”，实际体验和调查全市火车站、商场、宾馆单位的无障碍设施，包括无障碍出入口、无障碍扶手、无障碍电梯、无障碍洗手间、无障碍标志标示等。银行服务消费调查评议活动。8月10～10月30日，市消协联合各县（市、区）消协以11家银行为对象，在全市组织开展银行服务消费调查评议活动，发现10个方面问题；市消协针对存在问题，向各银行提出整改意见和建议。消费体察活动。4月21日，市消协与长安区消协联合组织人大代表、政协委员、消费者代表30多人，到红星美凯龙和平家具商场举行消费体察活动，现场体验企业的商品和服务，了解企业经营状况，提出保护消费者合法权益意见。

【消费者咨询投诉】 2017年市消协以来电、来函和到基层直接受理消费者投诉等方式，倾听消费者的意见、呼声和要求，依法维护消费者的合法权益。至2017年末，全市消协组织受理消费者投诉1542起，解决1491件，为消费者挽回损失580.53万元。投诉主要问题：商品质量不合格，存在虚假宣传、售后服务不及时、不到位，不能按照承诺予以兑现。因合同引发消费纠纷增多，主要出现在房屋装修、美容美发、健身、汽车销售等方面。装修合同纠纷主要表现为消费者在签订合同时，注意力多放在装饰公司的优惠条件上，忽略了装饰材料的使用、装修效果的评判等关键因素，导致装修纠纷屡屡出现；美容美发、健身等消费投诉多为预付款问题，主要表现为办卡时消费者对经营者服务内容、退卡方式等单方规定了解不够，导致出现纠纷。

（李哲）

法 治

Governed by Law

政 法 委

【概况】 2017年，石家庄市政法系统以“为党的十九大胜利召开营造安全稳定的社会环境”为主线，以“基层基础工作、过硬队伍建设”为保障，狠抓“确保政治安全、维护社会稳定、服务发展大局、促进司法公正”四项重点工作。推进平安建设、法治建设、队伍建设、司法体制改革、政法信息化建设等14项重点工作，采取弘扬主旋律、激发正能量方式，组织开展全市政法系统“最美青年政法干警”评选、“立足岗位做贡献，我为党旗添光彩”演讲比赛等活动，涌现出“优秀人民警察”吕建江等先进个人和先进集体，2017年市委政法委系统受到国家级、省级表彰奖励的先进工作者160名。市委政法委机构改革和精简人员编制改革完成，机关内设机构由16个调整为13个，精简比例为20%。重视矛盾排查，摸排化解问题隐患995件，将可能引发群体性事件235件苗头问题处置在萌芽状态。开展社会矛盾和治安排查治理，全市调处各类矛盾纠纷6601件，调处解决6372件，调处率达95.6%。坚持从严管理与关心关爱并重，召开全市政法机关队伍建设暨警示教育大会，播放近两年查办政法干警违纪违法典型案件7起。2017年市委政法委综治维稳领导责任制、综治中心、“雪亮工程”、综治视联网建设取得突破，司法体制改革、政法信息化建设、网上协调办案保持全省领先；市委政法委常务副书记、市维稳办主任张聚华，市委政法委副书记、市综治办主任张庆民获评全国社会治安综合治理先进工作者。9月19日，在全国社会治安综合治理表彰大会上，张聚华作为河北省先进个人代表，在人民大会堂受到习近平总书记、李克强总理等党和国家领导人的接见。

【机构改革】 2017年5月，市委政法委机构改革和精简人员编制改革完成，机关内设机构由16个调整为13个，精简比例为20%。其中，社会治安综合治理委员会办公室（简称综治办）综治一处、综治四处合并，组建综治办综合指导处（基层建设处）；综治二处更名为综治办矛盾排调处，综治三处更名为综治办治安防控处；撤销政治部法纪处，职能并入政治部宣传教育处；撤销维护稳定工作领导小组办公室（简称维稳办）矛盾纠纷排调处，职能并入维稳办协调督办处。改革后13个内设机构分别为：办公室、研究室（法治建设协调处）、执法监督处、政治部组织干部处、政治部宣传教育处，综治办综合指导处、综治办矛盾排调处、综治办治安防控处、维稳办信息综合处、维稳办协调督办处、信访处（涉法涉诉联合接访服务中心）、法学会联络处、机关党委（机关纪委）。

【维护社会稳定】 以中共十九大维稳安保作为压倒一切的政治任务，遵循“大局统筹、大事牵动、辐射带动全局稳定”的思路，以超常措施、超常力度、超常作风，完成中共十九大维稳安保硬仗、全国“两会”“一带一路”峰会、香港回归20周年、建军90周年、美国总统特朗普访华等重大安保任务，忠实履行了首都政治“护城河”重大责任，没有发生影响社会稳定的重大事件，没有发生重大恶性刑事案件和个人极端事件。树立敢打必胜的信心和决心，制定出台《做好十九大期间维护社会稳定工作的总体方案》，提出18项45条具体措施。做细维稳安保措施谋划和部署，全年提交市委常委会议专题研究维护稳定工作（简称维稳工作）11次，省委常委、市委书记邢国辉书记，市长邓沛然专题调研政法维稳工作3次、组织调度9次，就维稳工作作出专门批示28次。其他市级领导发挥示范带动作用，落实分包县（市、区）和重点案件制度，全市形成以上率下、政法担当、部门联动、合力攻坚的工作局面。矛盾排查。开展两轮重大不稳定问题摸排化解活动，摸排化解问题隐患995件，将可能引发群体性事件235件苗头问题处置在萌芽状态。协调推进涉军、涉房、涉众性集资和传统利益诉求群体处置“四个攻坚战”，超前化解策划群体上访苗头。坚持“下好先手棋、打好主动仗”，健全和完善情报预警、信息反馈、综合研判、督查督办、应急处置等维稳工作十项机制；2017年9月，市委政法委启动战时维稳安保机制，组织全市政法综治维稳系统，发扬不怕困难、不怕疲劳、连续作战的作风，以严密防范暴恐袭击、妥善应对突发事件、全力筑牢“护城河”防线为重点，率先在全省启用视频网络指挥查控模式，实行全天候、不间断点对点通报、面对面调度、扁平化指挥方式，有效提高应急处置工作效率和精准度，成功将近百起群体性事件隐患处置在萌芽状态。

【社会治安综合治理】 社会治理创新。围绕构建“大政法、大综治、大维稳”工作格局，出台《健全落实综治维稳领导责任制实施办法》，明确“党政同责、一岗双责”综治维稳属地责任和领导责任，形成责任与压力层层传导机制。以奖惩并重为原则，由市财政列支2亿多元，推行平安建设考核奖励办法，调动各级政法委部门参与平安建设的积极性。依据《健全落实综治维稳领导责任制实施办法》，采取一票否决、通报批评、行政警告、诫勉谈话等问责手段，严厉问责履行综治维稳责任不力县（市、区）12个、县级分管领导4名、科级以下干部72名。制定印发《关于进一步加强和创新社会治安综合治理工作的意见》《石家庄市社会治安综合治理信息化建设三年规划（2017—2019）》等文件，明确综治维稳成员单位职责任务。社会矛盾和治安排查治理。以基层社会矛盾和治安隐患排查治理为重点，建立矛盾纠纷多元化解机制，推进专业性行业性调委会和诉调对接平台建设。2017年全市调处各类矛盾纠纷6601件，调处解决6372件，调处率达95.6%。开展“六无”基层平安创建活动，市财政投入资金1600万元，专门奖励用于县、乡、村平安创建活动，调动和形成全社会共创平安建设的良好局面；开展“黑拐枪、盗抢骗、黄赌毒”专项打击行动和刑事命案“三零”创建活动，全市八类严重暴力案件同比下降10%，刑事命案同比下降44.6%。开展依法治访专项行动，筛选9起违法上访典型案件制成专题片，在全市播放1.2万多场，观看人数达200万人次，营造了依法治访的浓厚氛围。社会治理载体建设。打造基层平安创建“桥头堡”，投入资金500万元，建设县乡两级综治中心，21个县（市、区）、高新区和266个乡镇（街道办事处）按照国家标准建成综治中心。推进重点区域整治，改造老旧小区安防787个，铁路沿线405个村（居）建成铁路护路工作站。抓好重点人群服务管理，奖补1094名三级以上严重精神障碍患者资金234万余元，石家庄市被确定为全国“社会心理服务体系建设”联系点，并在2017年全国综治工作会议上作经验介绍。发动群众参与平安创建，全市以“帮大哥”“帮姐”为代表的个人品牌调解室和“常山红”志愿者、“红袖标”“哨兵”队伍增多，涌现出大量见义勇为先进人物和英雄事迹。2017年，石家庄市新华区获评全国平安建设先进县（市区旗），2人获评全国社会治安综合治理先进工作者，4个县（市、区）、6个集体、9名个人在全省社会治安综合治理大会上受到表彰；1名先进个人获得全国见义勇为模范称号，10名先进个人、4个先进群体获得河北省见义勇为英雄模范（群体）称号。

【政法信息化建设】 搭建以政法网为核心的骨干传输网，在建成政法三级网基础上，争取中央转移支付资金775万元，启动政法四级网扩容升级项目。建立刑事案件跨部门网上协同办案平台，流转案件6997件。刑事案件涉案财物跨部门集中管理平台建成，确定业务数据对接流程。完善证据标准指引系统，形成标准指引规则。综治视联网和“雪亮工程”建设。依托综治中心建设，开展基础信息录入，2017年政法综治9+X信息系统上线运行；塔元庄综治中心在全国综治中心建设汇报会上作视频巡演，经验做法在全省综治会上推广。开展全国公共安全视频联网应用示范城市建设，争取财政资金3.67亿元，建设监控点位3.6万个，以道路路口为节点的“网格化”公共安全视频监控实现全覆盖。其中，市内主城区新建视频监控点位1万个，主城区50个主要路口行人（非机动车）卡口智能识别系统项目完工。

【司法机关法治建设】 推动司法机关健全落实司法责任制，在员额制改革基础上，推进法院、检察院建立“让审理者裁判，让裁判者负责”和案件质量终身负责体制机制，理清权力“清单”，推进职业权利保障、内设机构改革、新型办案团队建设，法官、检察官办案主体地位增强。开展司法配套制度改革，加快以审判为中心的刑事诉讼制度改革，统筹推进公安、国家安全、司法行政、防范和处理邪教问题领导小组办公室改革；全年政法机关公开事项22类116项，审判公开、检务公开、警务公开和执法司法的透明度、公信力提升。加强执法监督，落实执法检查、执法巡查、案件评查、协调督办制度，及时发现和纠正普遍性、典型性执法司法问题。2017年全市政法系统抽查各类案件1000余件，督办重点案件60件，协调和处理疑难复杂案件20件。稳妥处置重大敏感案件，以重大职务犯罪、敏感案件处理为重点，指导检察院、法院落实依法处置、舆情引导、社会面控制“三同步”机制，做到密切配合、审慎办理。全年政法系统妥善处理黄兴国受贿案、联邦伟业破产案、巩树生信访案、碳素公司改制遗留问题等重大案件的组织协调、安保应对工作，办理中央政法委督办10起党政机关不执行法院生效判决案件督导调度，依法执结6件。依法治理涉法涉诉信访问题，开展信访案件攻坚月、信访积案大化解“双百日攻坚”清仓行动，甄别涉法涉诉信访积案145件，结案100件、息诉94件。

【经济社会发展服务】 坚持“围绕中心、服务大局”工作理念，全力打造安全稳定的社会环境、公正规范的法治环境、优质高效的服务环境。矛盾源头管控，落实社会稳定风险评估和社会稳定指数评价制度，评估省市挂账重点项目38个，专项评估地铁1号线、3号线运营安全风险。防范经济风险，加强投融资、房地产、互联网金融等领域风险管控，依法打击非法集资、电信网络诈骗等犯罪活动，主动消除影响经济安全的风险点。突出问题整治，组织全市政法单位深入打击农村地区黑恶势力犯罪活动，打掉农村地区黑恶痞霸团伙220个，抓获犯罪嫌疑人517人，扭转部分地方基层组织软弱涣散、社会治安混乱的被动局面，为农村“两委”换届选举顺利举行创造良好的环境。服务经济发展，加大《全市政法机关服务京津冀协同发展实施意见》25条措施的督导落实，指导全市政法机关开展“司法把脉”“企业直通车”等活动。落实“服务上做加法、管理上做减法”策略，在政法相关部门推出重大项目“绿色通道”、重点企业“直通车”服务，推进政法各单位在多个领域出台便民措施，为经济社会发展做出贡献。

（王晓煜　刘志强）

法治政府建设

【概况】 2017年，石家庄市以法治政府建设为目标，组织开展行政立法和规范性文件管理、依法决策、法制监督、行政复议、行政应诉等工作。全年完成4件政府规章的调研、起草、征求意见、专家论证，市政府本级收到行政复议申请122件，依法受理106件，办结行政复议案件93件，协调办理行政应诉和复议答复案件308件。推进依法行政，落实国家《法治政府建设实施纲要（2015～2020年）》和河北省《法治政府建设实施方案》，把依法行政工作纳入法治石家庄建设规划。加强行政立法管理，经市政府常务会议审议通过，决定修改政府规章13件，废止政府规章22件；宣布失效规范性文件17件，废止规范性文件4件，修改规范性文件1件。重视行政执法协调处理，出台《石家庄市行政执法争议协调处理办法》，确定市本级具有罚没主体资格部门和机构63个。规范行政执法，清理不符合行政执法持证条件及岗位调整、区划调整后不再从事行政执法活动持证人员，分三批收回或注销执法证件7800余个。

【依法行政】 落实国家《法治政府建设实施纲要（2015～2020年）》和河北省《法治政府建设实施方案》，把依法行政工作纳入法治石家庄建设规划，与加强和改进地方立法、促进公正司法、推进全民守法同部安排部署。印发《石家庄市2017年法治政府建设工作要点》，完善和细化依法行政制度体系、深化行政审批制度改革、推进严格规范公正文明执法等6个方面29项工作任务，明确责任单位。加强法治思维，市法制部门与中国政法大学联合举办“法治政府建设能力提升专题培训班”，邀请法学专家、学者为全市各县（市、区）政府法制部门主任和市直各部门政策法规处长等90余人解读中共十九大报告，专题培训行政立法、规范执法和重大决策合法性审查等法制业务，提高法制干部依法行政能力和水平。运用考核方式，由市政府组织21个县（市、区）政府、高新区管委会和41个市直行政执法部门举行评议考核，通报表彰11个县（市、区）政府和20个市直部门。发挥宣传作用，利用网络、报刊等媒体，加大法治政府建设宣传力度，在市政府门户网站开设“法治政府建设”专栏，解读国家和省、市有关文件精神，发布依法行政工作动态信息和典型经验、做法。

【行政立法】 围绕全市中心工作和重点工作，坚持把立法决策与全面深化改革和完善依法行政制度体系相结合，制定印发《2017年度立法工作安排意见》。由政府法制部门牵头，完成《石家庄市公园管理办法》等4件政府规章的调研、起草、征求意见、专家论证等工作。参与国家、河北省立法活动，完成国务院《规章制定条例》《城镇地下管线管理条例》《河北省专利条例》《河北省物业管理办法》等40余部法规、规章草案的调研和征求意见工作。落实规范性文件备案管理制度，向省政府法制部门报备市政府、市政府办公厅规范性文件17件，审查备案县级政府和市政府有关部门制定的规范性文件12件。开展规章和规范性文件清理，在各实施部门提出清理意见基础上，由市法制部门集中审核，并组织政府法律顾问论证后，提交市政府常务会议审议通过，决定修改政府规章13件，废止政府规章22件；宣布失效规范性文件17件，废止规范性文件4件，修改规范性文件1件。清理结果均以政府规章和规范性文件形式向社会公开。严格合法性审查，《石家庄市环境保护举报奖励办法》《石家庄市轨道交通运营突发事件应急预案》《石家庄市综合管廊管理办法》等90余项市政府决策事项和120余件市政府、市政府办公厅印发的各类文件及《石家庄市奇瑞新能源汽车生产基地项目框架协议》等20余件市政府与有关单位签订的合同、协议，在讨论决定和印发前，全部经过法制部门的法律审核，确保了市政府重大行政决策合法有效。

【行政执法】 行政执法三项制度试点。按照全省统一部署，开展行政执法公示制度、行政执法全过程记录制度、重大执法决定法制审核制度试点工作。制定印发行政执法三项制度试点工作方案、文件20余份，召开落实专题会议9次，建立健全了《石家庄市行政执法音像记录设备配备办法》《关于加强法制审核队伍建设的通知》等制度规定和《行政执法服务指南》《重大执法决定法制审核流程》等文书样本。依托行政执法监督信息平台，梳理并全面公开行政执法事项清单、行政执法人员清单、随机抽查事项清单等行政执法基本信息。市本级及41个行政执法部门、21个县（市、区）政府和高新区管委会全部建立并实施行政执法三项制度，顺利通过省政府考核验收；市卫生计生委、市工商局、市交通运输局关于行政执法三项制度试点经验得到省政府肯定和推广。综合行政执法体制改革。印发《全市扩大综合行政执法改革试点工作方案》，在城市管理领域推行跨部门、跨行业综合执法，在交通运输、卫生计生、民政领域推行行业内综合执法，在行唐县口头镇开展乡镇综合执法改革试点，在高邑县开展跨乡镇综合行政执法改革试点。城市执法体制改革，印发《关于深入推进城市执法体制改革改进城市管理工作的实施方案》，明确城市管理职责范围、综合执法、部门之间的行政管理权与行政处罚权划分、协作等方面具体规定，燃气、供热管理与执法等职能转到位。行政执法监督协调。出台《石家庄市行政执法争议协调处理办法》，规范执法争议的审查和处理程序。编制市级罚没事项清单，确定市本级具有罚没主体资格部门和机构63个。开展行政执法案卷评查，集中评查市直各执法部门的行政许可、行政处罚等案卷，纠正适用法律不当、程序不完善和文书制作不规范等问题。公开行政执法信息，将各行政执法部门的执法权限、执法依据、执法程序、执法结果及救济途径等在行政执法监督信息平台全面公开。严格行政执法人员管理，利用网络平台，组织市直4718名行政执法人员参加公共法律知识培训和考试。清理行政执法证件，对不符合持证条件及岗位调整、区划调整后不再从事行政执法活动的持证人员，分三批收回、注销执法证件7800余个。

【行政复议与应诉】 坚持“以人为本、复议为民”原则，贯彻落实《行政复议法》及其实施条例。全年市政府本级收到行政复议申请122件，依法受理106件，主要涉及房屋征收、信息公开、行政处罚、行政不作为、工伤认定、宅基地登记、国有土地收回及土地权属争议等方面。严格行政复议案件审理，依法作出行政复议决定，办结行政复议案件93件，其中，维持原具体行政行为34件、撤销3件、确认违法3件、责令履行2件、其他处理51件。行政复议案件办理过程中，案情简单、争议不大的案件，运用调解、和解方式，协解复议双方当事人相互沟通，尽力化解行政争议；案情复杂、争议较大的案件，在书面审查基础上，开展实地调查，运用听证方式当面审查案情，提升行政复议公信力。推进行政复议决定公开，建立以案例形式，通过网络平台向社会公开行政复议决定。行政应诉。贯彻落实《行政诉讼法》及其相关规定，组织、协调政府及其工作部门出庭应诉、答辩。全年市政府本级办理行政诉讼和行政复议答复案件308件，其中，一审139件、二审129件，行政复议答复40件；案件主要涉及土地权属登记、房屋征收、城建拆迁、规划、工伤、公安等方面。至2017年末，市政府本级收到一审判决及省行政复议决定131件，其中，不予受理3件、维持12件、撤诉10件、驳回诉求18件、驳回起诉79件、撤销6件、责令履行3件。加强与审判机关和复议机关的沟通、联系，推进行政机关负责人出庭应诉，密切配合审判机关和复议机关调解，促成部分涉法涉诉案件通过调解撤诉、息诉，纠纷和争议得到妥善处理。

（刘军）

公　安

【概况】 2017年，石家庄市公安系统以安全保卫、刑事侦查、治安管理、交通管理、消防安全、户籍与出入境管理为重点，突出“五个严防”（严防发生严重影响政治稳定的重大事件，严防发生重大暴力恐怖袭击事件，严防发生大规模群体性事件，严防发生影响恶劣的刑事犯罪案件和个人极端暴力事件，严防发生群死群伤的重特大火灾、道路交通事故及其他治安灾害事故）“四个确保”（确保政治安全和政权安全，确保社会大局稳定，确保人民群众安居乐业，确保队伍风清气正）工作目标，实现了全市社会安全稳定。安全保卫坚持以人民为中心、以安全为底线原则，最大限度地将涉恐情报获取在苗头之始、将恐怖活动制止在预谋之初、将恐怖势力摧毁在行动之前。全年开展安全保卫研判会议46次，撰写专刊报告50篇，编报社情民意调查专刊38期，搜集情报信息80余条，布控各类重点人员160余名，阻止和妥善处置群体性事件26起。刑事侦查打掉盗抢骗犯罪团伙235个，起诉侵财犯罪嫌疑人1579名；利用指纹比对抓获犯罪嫌疑人80名，利用DNA比对抓获犯罪嫌疑人49名，利用人脸图像识别抓获犯罪嫌疑人85名；破获刑事案件160起，刑事发案同比下降9.5%。利用人像比对综合研判抓获漂白身份命案逃犯12名。破获电信网络诈骗案件2207起，同比提高4.9%；抓获犯罪嫌疑人314名，同比上升28.6%。破获毒品案件177起，打处涉毒犯罪嫌疑人197名，查获吸毒人员2477名，新发现吸毒人员1106名，缴获各类毒品18.66千克。侦办各类环境案件771起，打击处理环境违法犯罪人员1032名，查处取缔环境违法企业窝点4300余家。立案侦办食品、药品、农资领域刑事案件202起（含公安部督办案件5起），抓获犯罪嫌疑人260人，刑事拘留148人，逮捕36人，移送起诉76人，涉案金额1.57亿元。严格治安管理，发挥河北省环京“护城河”作用，组织全市38个警务站出动警力36548人次，警车5916台次，检查车辆631088台次，核查人员2841156人，发放《安检通行证》565725张；查获涉恐关注人员1人、吸毒149人、在逃377人、非法信访1143人；查获枪支1支、仿真枪140支、子弹31发、管制刀具3997把、毒品738克、“低小慢”飞行器279个、烟花爆竹22374件、危险化学品335件、其他物品1197件。严厉打击涉医违法犯罪行为，2017年全市涉医出动巡逻警力6838人次，协助排查医患纠纷37起，协助化解隐患纠纷29起，查处治安案件2起，破获刑事案件2起。加强交通管理，推进"智慧交通"建设。2017年全市发生一般程序道路交通事故375起，死亡216人，受伤251人，直接经济损失139.24万元。与2016年相比，2017年全市交通事故起数减少46起，下降10.93%；死亡人数减少42人，下降16.28%；受伤人数减少55人，下降17.97%。至2017年底，全市机动车保有量260多万辆，其中主城区120多万辆；新车注册登记27万辆，日均新增961辆；登记驾驶人总数317万人，其中新增机动车驾驶人25万人，日均新增798人。2017年石家庄市区电子警察增至3520套，整合公安"天网"监控设备1.5万处，安装机动车不礼让斑马线抓拍设备90处（180套）、城市声呐抓拍系统4套、鹰眼系统（守望者）2套。重视消防安全，与21个县（市、区）政府及2个开发区管委会、30个市直部门、94家市级消防安全重点单位逐一签订《消防安全工作责任状》。至2017年底，全市发生火灾959起，死亡4人，受伤5人，直接经济损失4438.6万元；与2016年相比，火灾起数下降3.1%，死亡人数上升100%，伤人数下降37.5%，直接财产损失上升3.8%；全市消防部队接警出动4047起，其中，火灾2824起，抢险救援和社会救助1223起，出动车辆10897辆次，出动警力54443人次，抢救和疏散被困人员1983人，保护财产价值15.6亿元。推进警务设施建设，在主城区50个大型路口安装覆盖行人和非机动车道高清抓拍摄像机700个，在反恐、安全保卫重点关注区域安装高清抓拍摄像机300个；利用"人脸识别"技术，建成"行人卡口综合应用平台"和人像资源库，实现自动抓拍、身份比对识别闯红灯等违法行为和其他重点关注人群；县级建立监控平台17个，建设、整合监控点位13762个，其中与市公安局联网6884个。调整内设机构，6月，市公安局机关撤销行政审批处、警务辅助处，将秘书处、调研处合并为综合处。严格公安队伍管理，培训科级以上干部555名；7月10日，制定印发《石家庄市公安机关警务辅助人员管理实施细则（试行）》。2017年市公安系统为1名烈士民警、2名因公牺牲民警申报资助金和特别补助金，为96名民警申报省、市级特困补助79.4万元；走访慰问公安基层单位370个、烈士和因公牺牲民警家属46名、功模民警265名、困难民警181户，发放慰问金90余万元、慰问品价值27万余元。2017年全市公安系统获授全国优秀人民警察3人、全国优秀公安基层单位3个、优秀公安局1个，市公安局情报中心获评全国公安情报工作示范单位；市公安局刑警支队副支队长王建立当选全国公安百佳刑警，禁毒支队民警盛伟军获河北省2016年度"十大法治人物"称号。12月5日，石家庄市区安建桥综合警务服务站正式更名为"吕建江综合警务服务站"。

2017年12月6日，省委常委、市委书记邢国辉到吕建江综合警务站调研

【刑事侦查】 创新刑事侦查方式，运用互联网思维和信息化、大数据手段，完善情报研判、侦查打击、组织指挥一体化工作机制。严厉打击犯罪行为，开展春季严打战役和"五打击一整治"专项行动，为中共十九大召开创造良好的社会环境。2017年全市打掉盗抢骗犯罪团伙235个，起诉侵财犯罪嫌疑人1579名，利用指纹比对抓获犯罪嫌疑人80名，利用DNA比对抓获犯罪嫌疑人49名，利用人脸图像识别抓获犯罪嫌疑人85名；破获刑事案件160起，其中，利用人像比对确定犯罪嫌疑人60名，抓获39名，破案59起；刑事发案同比下降9.5%。2017年全市利用人像比对综合研判抓获漂白身份命案逃

犯 12 名，其中，潜逃 20 年以上命案逃犯 4 名，15 年以上 7 名，10 年以上 1 名。2017 年全市破获电信网络诈骗案件 2207 起，同比上升 4.9%；抓获犯罪嫌疑人 314 名，同比上升 28.6%；与 2016 年相比，全市电信网络诈骗案件发案下降 11.9%，财产损失下降 30.5%。2017 年全市判决九类涉恶犯罪嫌疑人 1406 名，同比上升 28.3%。破获毒品案件 177 起，打处涉毒犯罪嫌疑人 197 名，查获吸毒人员 2477 名，新发现吸毒人员 1106 名，缴获各类毒品 18.66 千克。侦破“4·06”专案，打掉“地下出警队”涉恶团伙 20 余个，抓获犯罪嫌疑人 267 名。侦破“5·08”特大网络贩卖武器弹药案，摧毁一个涉及全国 13 个省市的网络贩枪犯罪团伙，收缴一大批军用武器弹药及枪支配件。举行“利剑斩污”严打战役、严打大气污染违法犯罪攻坚战、严打涉危险废物、危化副产品违法犯罪雷霆行动、非法采矿犯罪严打行动，全年侦办各类环境案件 771 起，打击处理环境违法犯罪人员 1032 名；破获公安部督办、省公安厅督办重特大案件 7 起，破获大气污染刑事案件 5 起；专门针对环境污染重点区域、重点领域开展专项打击整治行动 11 次，查处取缔环境违法企业窝点 4300 余家。守护“舌尖上的安全”。根据公安部、省公安厅统一部署，开展食品药品打假“利剑”专项行动，全市各级公安机关立案侦办食品、药品、农资领域刑事案件 202 起（含公安部督办案件 5 起），抓获犯罪嫌疑人 260 人，刑事拘留 148 人，逮捕 36 人，移送起诉 76 人，涉案金额 1.57 亿元。推进刑事侦查基础工作建设，石家庄市 DNA-Y 数据库建设完成家系图谱绘制，开始采集血样；21 个单位通过公安部、省公安厅刑事技术室和资质认定，全市认定全国示范技术室 1 个，一级技术室 5 个，二级技术室 10 个，三级技术室 5 个。

【治安管理】 以全国、省、市“两会”和“一带一路”峰会、“2017 年第十一届夏季达沃斯论坛”“暑期安保”“十九大”安保、美国总统特朗普访华、“中国共产党与世界政党对话会”等安全保卫任务为重点，发挥河北省环京“护城河”作用，组织全市 38 个警务站出动警力 36548 人次，警车 5916 台次，检查车辆 631088 台次，核查人员 2841156 人，发放《安检通行证》565725 张；查获涉恐关注人员 1 人、吸毒 149 人、在逃 377 人、非法信访 1143 人；查获枪支 1 支、仿真枪 140 支、子弹 31 发、管制刀具 3997 把、毒品 738 克、“低小慢”飞行器 279 个、烟花爆竹 22374 件、危险化学品 335 件、其他物品 1197 件。全市 1882 家旅馆从业单位建成旅客现场人像信息与身份证件信息、公安数据资源库人像信息识别比对系统，旅客身份核验实现远程识别和确认目标，解决了“人证不一”“一证多住”等实名监管问题。重点人员管控采用微信“点对点”技术，及时掌握人员动态信息；全年建立重点人员微信“点对点”528 个，建立社会帮教力量及关联单位微信群 934 个。各级治安部门处置精神病人肇祸滋事事件 9 起，依法协助实施住院治疗 7 起，查找流浪精神障碍患者 2 人。关注非正常信访重点人员 1211 名，常态管控 1208 名，管控率达到 99.8%。矛盾纠纷排查化解。开展“三位一体大调解”活动，全年治安部门排查矛盾纠纷 9447 起，化解矛盾纠纷 9077 起，化解率达到 96.1%；稳定控制矛盾问题 370 起。采取小区防范“星级”评定、推广“E 时代”智能警务系统、老旧小区改造等措施，严防、严打“五类”侵财性可防案件，全市“五类”侵财性可防案件发案同比下降 8.6%。开展烟花爆竹隐患排查整治专项行动，全年治安部门查处烟花爆竹刑事案件 3 起、治安案件 46 起，查处烟花爆竹制贩窝点 3 个，处理违法犯罪人员 48 人，收缴烟花爆竹 2665 万头、组合烟花 6585 件、礼花弹 27328 枚、双响 50488 枚、炸药 26.3 千克、生产机器 1 台。开展枪爆物品安全大排查、危险化学品综合治理、缉枪治爆、安全生产打非治违等专项行动，全市查获涉枪涉爆案件 179 起，处理违法人员 217 人；收缴各类枪支 1116 支、子弹 141583 发、雷管 3977 枚、黑火药 2320.6 千克、索类爆炸物品 4507 米、仿真枪 312 支、管制刀具 1730 把、弩 83 把、剧毒化学品 15002.4 千克、易制爆化学品 1000 余吨。开展“护校安园”专项行动，建立警务室 40 个，设立“护学岗”139 个，排查化解涉校纠纷 24 起，排查整改隐患 597 起，排查控制高危人员 18 人。维护医疗卫生秩序，严厉打击涉医违法犯罪行为。全年涉医出动巡逻警力 6838 人次，组织安全检查 1441 次，整改安全隐患 109 处，举行安全保卫培训及演练 139 次，协助排查医患纠纷 37 起，协助化解隐患纠纷 29 起，查处治安案件 2 起，破获刑事案件 2 起。2017 年 11 月，市公安局治安支队被河北省综治办、省人力资源和社会保障厅评为2013～2016年度全省社会治安综合治理先进集体。

【交通管理】 按照市委、市政府“治理城区交通拥堵”“创建文明城市”要求，协调推进“整交、治堵、创城”三大任务。2017年全市发生一般程序道路交通事故375起，死亡216人，受伤251人，直接经济损失139.24万元；发生致人死亡交通肇事逃逸案件70起，侦破64起，侦破率91.4%。与2016年相比，2017年全市交通事故起数减少46起，下降10.93%；死亡人数减少42人，下降16.28%；受伤人数减少55人，下降17.97%。至2017年底，全市机动车保有量260多万辆，其中主城区120多万辆；新车注册登记27万辆，日均新增961辆；登记驾驶人总数317万人，其中新增机动车驾驶人25万人，日均新增798人。支持创建全国文明城市活动，全市交警、辅警和协管人员“以道路为战场，以路口为阵地”，常态化开展整治交通秩序活动；完善交通标志、标线、护栏、信号灯等交通安全基础设施，规范机动车静态管理，从严整治违法停车，严厉查处非法收费行为，科学增设公益停车泊位；组织开展“机动车礼让斑马线”行动，查处机动车不礼让行人交通违法总量排名全国第三；建立400人骑警队伍，利用机动优势，开展空降式、突袭式异地用警机动执法行动，探索推进市区、县城交通管理模式变革。3月1日，全市交通管理恢复行政拘留办案审批，主要包括二次酒驾、涉牌涉证、阻碍交警执行公务、停车场乱收费、破坏交通设施等违法行为。至2017年底，市公安交通管理部门办理行政拘留1210人。4月，市公安交通管理部门在市区部分公园、广场周边开始设置免费停车泊位，边框、导向箭头划线标记为蓝色。6月22日，石家庄市启用全国统一的机动车号牌选号系统和机动车号牌管理信息系统。12月24日，全市正式启用新能源汽车专用号牌。推进“智慧交通”建设，市区电子警察增至3520套、智能卡口达到181处，整合公安“天网”监控设备1.5万处，安装机动车不礼让斑马线抓拍设备90处（180套）、城市声呐抓拍系统4套、鹰眼系统（守望者）2套，市区主要出入口电子警察抓拍达到全覆盖；提升车辆动态管控水平，主城区建立车辆卡口1500处，通行车辆实现动态抓拍和车牌识别；市内四区和高新区设置信号灯控路口562个，其中，澳大利亚进口SCAT智能信号机达到417台，信号机联网控制达到320台。交通违法行为“随手拍”系统接收群众举报各类交通违法行为9000多起。“事故e处理”注册总量27.75万人次，使用量3.31万起，其中警用版使用量1.77万起。正确引导文明出行，推行“治堵先治乱”理念，制定出台城市交通秩序大整治最严交通规则和重点举措“双20条”，营造全社会理解、支持、配合交通整治的良好氛围。2017年第三季度石家庄市区拥堵率降幅达到9.9%，成为全国拥堵缓解最明显的城市。

【消防安全】 以“适度超前、跃之能及、全省领先、全国进位”为思路，完善消防安全责任落实顶层设计。开展消防安全综合整治行动，完成大型活动和重要会议消防安全保障任务174次。至2017年底，全市发生火灾959起，死亡4人，受伤5人，直接经济损失4438.6万元；与2016年相比，火灾起数下降3.1%，死亡人数上升100%，伤人数下降37.5%，直接财产损失上升3.8%；全市消防部队接警出动4047起，其中，火灾2824起，抢险救援和社会救助1223起，出动车辆10897辆次，出动警力54443人次，抢救和疏散被困人员1983人，保护财产价值15.6亿元；检查单位消防设施6.1万余家，督促整改火灾隐患11.63万处，责令“三停”779家，罚款3533万元，拘留451人。按照市委、市政府“党政同责、一岗双责”要求，召开消防工作会议8次，下发消防工作文件10余份，与21个县（市、区）政府及2个开发区管委会、30个市直部门、94家市级消防安全重点单位逐一签订《消防安全工作责任状》。围绕《石家庄市消防安全现状专题研究报告》，制定消防安全风险点和薄弱环节应对措施，出台《关于实行消防安全党政同责一岗双责实施意见》。自主开发“石家庄智慧消防战勤保障系统”，修订完善各类应急救援联动处置预案，组建地震、水域、高层建筑等专业救援队伍，举办大型灭火救援联合演习8次。2017年全市征召专职消防队员173人，建成专职消防队23个、企事业专职消防队15个，建成消防安全重点单位微型消防站2135家、社区微型消防站439家、乡镇与街道办事处微型消防站53家，形成覆盖城乡的消防应急救援体系。全年指导乡镇、街道办事处和社会单位将电气火灾防范纳入巡查检查内容，组织联合检查120余次，整治电气火灾隐患1600余处，更换线路9100米。重视高层建筑消防安全综合治理，逐个区域、逐栋建筑开展排查检查活动，填写《高层建筑基本情况排查登记表》，排查出的安全隐患做到登记造册、跟踪整改；落实高层建筑“户籍化”管理制度，明确消防安全管理机构和人员，定期组织防火巡查检查，定期维护保养消防安全设施。2017年全市共有高层公共建筑551栋，确定消防安全经理人509名；拥有高层住宅建筑3832栋，确定消防安全“楼长”3826名。2017年全市督察消防安全630余次，检查单位1000余次，发现问题200余处，提出整改建议100余条；自制30余集宣传教育短片《消防杂谈》和10集人物专访《说出你的消防故事》，播放量达100万次。

【户籍与出入境管理】 加快户籍制度改革，放开放宽市区户口迁移条件，执行有能力在城镇稳定就业和生活的农业转移人口举家在城镇落户政策。建立健全居住证受理、制作、发放、签注等机制，减少居住证办理手续，优化服务流程。无户口人员落户登记完成率达到100%，疑似重复户口核查核实完成率达99.88%。2017年全市出入境管理服务办事群众30.7万人次，市公安局人口管理支队被公安部评为全国公安机关户口清理整顿工作先进集体。开展清理整治“三非”外国人专项行动，查处非法入境案9起、非法居留案18起、非法就业案7起、违反外国人住宿登记案34起、未按规定办理居留证件登记事项变更6起。

（王金山）

检　察

【概况】 2017年，石家庄市检察系统以营造和谐稳定的社会环境和法治环境为目标，以政治建检、业务立检、公信树检、科技强检为统领，以执法办案为中心，依法履行职责，开展刑事案件检察、惩治和预防职务犯罪、检察监督等工作。运用检察扶贫网络平台，加强扶贫资金全面、全程、实时、同步监督，全市61项370亿元扶贫资金纳入平台监管，同比增加140亿元，县级涉农扶贫资金实现全覆盖。针对群众关心的热点问题，设立检察联络室，建立重大案件提前介入、引导侦查、联合调查、信息共享等机制。严厉打击生产、销售假冒伪劣食品药品犯罪，办理危害食品药品安全犯罪案件31件48人。开展破坏环境资源犯罪立案监督专项活动和“利剑斩污”行动，重拳打击破坏生态环境资源犯罪，批捕涉嫌破坏生态环境资源犯罪78件126人，起诉148件269人，查办生态环境领域职务犯罪30件47人，办理最高人民检察院挂牌督办无极县“6·16”重大污染环境案。严厉打击刑事犯罪，以打击黑恶势力犯罪、严重暴力犯罪、多发性侵财犯罪、新型网络犯罪为重点，全年批准逮捕各类刑事犯罪3771件4935人，提起公诉5708件8406人。惩治和预防职务犯罪，全年立案侦查贪污贿赂犯罪案件163件264人，立案侦查渎职侵权犯罪案件51件115人。推进智慧检务建设，按照“全业务智慧办案、全要素智慧管理、全方位智慧服务、全领域智慧支撑”的智慧检务总体架构，建成派驻监管场所智能监督平台、远程庭审平台、远程提讯平台和检察委员会议事系统，实现所有监管场所实时网上监控、简易案件远程开庭审理、省市县三级远程视频接访目标。市检察院档案管理由3A级升至6A级，并通过省档案局验收认定，获颁6A级证书，达到河北省档案管理最高等级。实施检察体制改革，完成入额检察官、检察官助理、书记员职务序列等级确定；制定出台《检察业务职权划分规定（试行）》《法律文书签发权限规定（试行）》，明确检察长、检察委员会、副检察长、检察官、检察官助理的权利和责任，突出检察官办案主体地位；规范检察官办案组织设置，根据职能需要、案件类型、复杂难易程度，实行独任检察官或检察官办案组的办案形式。2017年市检察院、5个基层检察院获评全国检察机关“文明接待室”，市检察院参加全省检察机关综合考核获得第一名，2个基层检察院参加全省评比活动获评检察示范院，4个基层检察院获评先进院。

【刑事案件检察】 开展行政处罚案件

网上巡察和实地报备检查，支持行政执法部门依法行政，防止和纠正有案不移、有案不立、以罚代刑等问题。全年利用网上平台审查行政处罚案件14.9万件，监督公安机关立案276件，移送职务犯罪线索140件。以打击黑恶势力犯罪、严重暴力犯罪、多发性侵财犯罪、新型网络犯罪为重点，开展“打黑除恶”等专项活动。全年批准逮捕各类刑事犯罪3771件4935人，提起公诉5708件8406人。加强刑事诉讼监督，落实以审判为中心的刑事诉讼制度改革，增强证据意识、人权意识、程序意识，坚守公平正义最后一道防线。全年监督应当立案而不立案204件，同比上升65%，不应当立案而立案165件，同比上升79%；提出侦查活动书面纠正意见434件，同比上升33%；纠正漏捕298人，漏诉615人，依法不批准逮捕1168人，不起诉250人；提出审判活动书面纠正意见463件，同比上升52%；提出刑事抗诉75件，同比上升36%，法院采纳抗诉意见75件，采纳率100%。坚持保障人权和惩罚犯罪并重原则，最大可能做到法律效果、社会效果、政治效果相统一。2017年7月，市检察机关确立公益诉讼制度，突出围绕生态环境保护、国有财产保护、食品药品安全、国有土地使用权出让“四个领域”，重点解决群众反映强烈的侵害公益事件及背后监管不力问题。全年立案办理公益诉讼案件32件，其中，生态环境和资源保护领域19件，食品药品安全领域10件，国有财产保护领域3件，有效保护了国家利益、社会公共利益和群众的根本利益。

【惩治和预防职务犯罪】 全年立案侦查贪污贿赂犯罪案件163件264人，其中，大案98件153人，要案9人（省部级1人，厅级1人，处级7人）；立案侦查渎职侵权犯罪案件51件115人，其中，大案32件66人，要案3人。办理天津市委原代书记、市长黄兴国受贿案，该案是市检察院建院以来查办的职务最高、影响最大的案件，办案效果得到最高人民检察院和省检察院领导的肯定。坚持打防结合、预防为主原则，开展职务犯罪预防进机关、进企业、进农村、进学校、进社区、进军营“六进”宣讲活动，举办警示教育活动278次、预防宣传活动315次，受教育人员1.6万人次。与市政府投资项目代建中心联合，开展“阳光代建”行动；与市邮政集团公司合作，共同举行“预防职务犯罪邮路”活动。撰写和报送《2017年度惩治和预防职务犯罪综合报告》得到省委常委、市委书记邢国辉的批示和肯定。

【检察监督】 刑事执行检察。全年查办刑罚执行职务犯罪案件5件13人，同比上升117%；纠正减刑、假释、暂予监外执行不当333件，纠正刑罚执行和监管活动违法282件，纠正社区矫正违法违规359人次。9个派驻监管场所检察室获评全国“一级规范化检察室”；派驻河北省女子监狱检察室获评“全国示范检察室”。开展“民事行政检察工作推进年”活动，全年办理民事行政诉讼监督案件428件，提请省检察院抗诉28件；提出执行监督和纠正程序违法检察建议288件，同比上升145%；提出再审检察建议26件，同比上升333%。推行审查逮捕案件公开审查、不起诉案件公开办理机制，建立辩护律师、代理人网上预约办案人制度，倾力打造“阳光检务”。全年举办“检察开放日”活动29次，组织案件公开审查、公开听证、公开宣布活动73次，召开新闻发布会19次，公开检务政务信息和法律文书2.7万份。自觉接受人大监督、民主监督和社会监督，向人大常委会机构报告工作46次，走访人大代表634人次，邀请各级人大代表、政协委员、媒体记者和群众代表到检察机关现场观摩、听取汇报、征求意见511人次，办理人大代表、政协委员建议和提案301件。落实人民监督员制度，配合市司法局新选人民监督员120名，人民监督员评议案件110件。

石家庄市人民检察院

检 察 长：陈晓明

副检察长：何军恒

曹爱国（10月免）

李彦平（女）

臧玉平　崔少波

冀中南地区检察院检察长：李芳栋

纪检组长：刘文平

政治部主任：王峥

（董成武）

法　院

【概况】 2017年，石家庄市法院系统受理各类案件170009件，同比上升11.69%；审执结159115件，同比上升13.26%；结案率93.6%，同比提高1.3%。其中，市中级人民法院受理24738件，审执结23102件，结案率93.4%。开展“基本解决执行难合围攻坚系列专项执行行动”“规范执行行为专项整治行动”，敦促被执行人履行义务，公开曝光被执行人失信信息4924人次， 实施拘留1113人次，涉嫌拒执罪自诉34件、公诉126件；执结案件46964件，标的额292.9亿元。拓宽申诉信访渠道，接待群众来信来访13652件次；开展涉法涉诉信访积案“双百日攻坚”清仓行动，办理信访案件436件。发挥司法救助救济作用，全年减免诉讼费1401万元，发放救助资金147.5万元。2017年晋州市法院获授“全国优秀法院”，桥西区法院获评“全国法院信息化工作先进集体”“全国法院案件繁简分流机制改革示范法院”；4名个人获授“全国法院先进个人”“全国法院办案标兵”“全国法院信息化工作先进个人”荣誉；8个法院、30个集体、193名个人获得最高人民法院和河北省、石家庄市记功及表彰奖励。

【刑事审判】 落实宽严相济刑事审判政策，依法审理各类刑事案件9576件，判处罪犯12283人。审理杀人、抢劫、绑架及危害食品药品安全、侵害妇女儿童权益等危害人身安全犯罪案件1538件。审理非法集资、集资诈骗、电信网络等财产犯罪案件455件。保护生态环境，审理环境资源刑事案件135件。审理贪污、贿赂、渎职等职务犯罪案件458件；完成天津市委原代理书记、市长黄兴国受贿案审判任务。办理减刑假释案件2132件。2017年市中级人民法院获评市级平安建设优秀单位。

【商事审判】 全年审理各类商事案件52461件。服务和保障供给侧结构性改革，推进联邦集团重整，稳妥处置“僵尸企业”，审理企业破产、清算重组、股权转让等案件187件。规范金融秩序，审理股权、证券、保险、民间借贷、金融借款等案件21237件；参与省融投公司债权债务诉讼，协助化解金融风险。重视知识产权保护，在高新区设立全省首家知识产权巡回法庭，全年审理知识产权案件688件。出台房地产专项整治、“两个专项行动”提供司法保障和服务的实施意见，推进石家庄市解决房地产开发遗留问题和违法用地、违法建设问题，审理因限购政策出台、房价上涨等原因引发各类房地产纠纷案件5749件。

【民事审判】 坚持依法办案与尊重公序良俗相结合原则，依法审理各类民事案件47783件。其中，审结婚姻家庭、继承纠纷案件14065件；审结交通事故、人身损害赔偿、消费者权益保护等案件9685件；审结宅基地纠纷、土地开发利用、农民工工资等涉农案件3656件；审结涉军案件31件。重视社会民生事项审判，出台《关于进一步加强涉食品安全案件审理工作指导意见》。维护群众合法权益，探索建立劳动争议纠纷联合解决机制，与市总工会、市人力资源和社会保障局等七部门联合成立市职工维权法律服务中心。

【行政审判】 履行司法审查职能，审理行政案件4003件，办理行政非诉审查执行案件1769件。推动落实行政机关负责人出庭应诉制度，全年行政机关负责人出庭应诉106人次。注重行政争议化解，加大征地拆迁、城市管理执法等案件协调力度，一审行政案件协调撤诉率达14.57%。服务法治政府、法治社会建设，完善行政审判与行政执法、行政复议联席会议制度，探索解决司法审判和行政执法难题，连续四年发布石家庄市《行政审判白皮书》。

【审判管理】 推进审判管理系统化、规范化、科学化，制定《全市法院审判管理工作考评办法》《员额法官绩效考核办法》等制度规定17个。以统一法律适用、解决同案不同判问题为内容，举办社会热点、疑难案件研讨，召开专家、律师论证会和座谈会13场，发布保险合同、撤销仲裁裁决等指导性案例15个。建立“节点控制、全程跟踪”“质效量化评估”结合的审判流程动态管理机制，将每个案件的办理过程置于严密监管之中。全年法院人均收案255件、办结239件，案件受理数、结案数均位列全省第一。开展案件评查活动，全年评查重点案件226件，清理长期未结案件289件，超审限、超执限和随意发还改判等现象减少。建立开放、动态、透明、便民的阳光司法机制，依托政务网站、微信公众号、手机APP等新媒体，推进“互联网+司法公开”新平台应用。全年网上公开审判执行流程信息151970条、裁判文书67877份、直播庭审17031场次、政务信息7569条；召开涉及环境、未成年人、知识产权等审判工作新闻发布会11次。

【法院改革】 实施法院机构改革，精简基层法院内设机构197个；组建“员额法官+法官助理+书记员”新型审判团队668个。落实员额法官、司法辅助人员、行政人员分类管理，出台《关于落实司法责任制的实施意见》《专业法官会议工作规程》等配套制度，探索建立法官权力和责任清单。开展疑难案件专业化研究，组建刑事、民事、商事、行政赔偿、执行专业法官会议75个。提升审判效率，推进以审判为中心的刑事诉讼制度改革，落实民事案件繁简分流、简易程序、小额速裁等审判机制和“多案一庭”、家事审判方式，推广刑事案件轻刑快判、量刑规范化、“三方网上远程视频开庭”等改革措施。

石家庄市中级人民法院

院　　长：崔存利
副 院 长：尹新民
万会峰（6月免）
张保江　张瑞明（女）
李增益　苏风雷
李惊涛
纪检组长：李耀江（1月免）
刘文平（1月任，5月免）
李占存（5月任）
政治部主任：王政光（8月免）
刘喜奎（9月任）
执行局局长：钱建军
办公室主任：王海强（9月免）
审判委员会专职委员：
杨爱军（1月任）
王海强（9月任）
高春虎（9月任）

（冯晓静）

司法行政

【概况】 2017年，石家庄市司法行政系统以司法调解、普法宣传、安置帮教、律师和公证服务为重点，组织开展矛盾纠纷排查化解攻坚行动，成功调解纠纷42754起。重视少年儿童教育保护中心建设，协调市教育部门，将少年儿童教育保护中心学生全部纳入附近学校学籍。推行“365”戒毒模式，市戒毒所在戒治手段、戒治环境、戒治设施、帮扶教育等方面取得新突破，获得司法部、省司法厅领导的肯定。推进市中级人民法院、市总工会、共青团市委、市妇联等13个行业法律援助工作站建设，新建工伤和职业病、未成年人、残疾人3个专项市级法律援助机构，全市法律援助实现社会领域全覆盖；举办“法律援助精准对接”活动，为34万名符合援助条件的群众建立信息档案，2017年全市办理法律援助案件8600余件。完善司法所管理，制定印发《司法所阵地化建设方案手册》；规范司法所外观标识和内部设置，推广正定县南楼乡司法所好的做法，确定阵地化建设示范司法所25个。解决公证机构和公证员存在多种体制、身份并存、服务能力不足问题，率先在全省完成公证机构改革任务；落实司法部“五不准”要求，建立公证质量检查机制，全年抽查卷宗1528本，督促整改问题18项。严格司法考试监管，司法考试实现考务工作、试卷安全保密“零事故”，考试组织和实施“零失误”，服务考生“零投诉”目标。9月16～17日，2017年国家司法考试举行，石家庄市报名参考人员6473人。制定印发《司法鉴定规范化建设意见》，开展司法鉴定规范化建设主题年活动，组建成立司法鉴定行业协会。2017年市司法系统“律师顾问”“公证顾问”工作获评全省十大法治成果；10人获评石家庄市“群众心中的好司法所长”，分别为：栾城区柳林屯司法所所长刘增彦、晋州市总十庄司法所所长雷敬桥、井陉矿区凤山镇司法所所长乔计林、新华区西苑街道司法所所长李月梅、正定县北早现乡司法所所长苌青、鹿泉区大河镇司法所所长盖霞、桥西区东华街道司法所所长马静、高邑县万城乡司法所所长王雅芳、裕华区槐底街道司法所所长张艳萍、长安区胜北街道司法所所长张金玉。

【人民调解】 完善多元化调解中心功能设置，规范运行和对接机制，成功调解行业纠纷55起，引导诉讼11起，引导仲裁4起。与市政法委综治办、市中级人民法院联合召开人民调解协调会，完善诉调对接机制。2017年全市诉调对接中心调处矛盾纠纷3083件，培育个人品牌调解室典型12家。提升调解服务社会作用，拓展和建立市场调解委员会12个、双创基地调解委员会4个。开展矛盾纠纷排查化解攻坚行动，成功调解纠纷42754起，防止民转刑案件48起，防止聚众信访114起。

【安置帮教】 重视做好刑释解教人员安置帮教工作，全力预防和减少重新违法犯罪行为，推进社会安全稳定，促进社会治安综合治理好转。市、县两级组建成立刑释解教人员安置帮教工作领导小组，乡镇、街道办事处设立工作站，各社区成立帮教小组，形成三级帮教安置网络。完善“社区矫正石家庄模式”，制定印发《全面规范社区矫正工作标准》《规范推进社区矫正工作实施意见》《“阳光中途之家”建设方案》，细化规范性要求21项，打造县（市、区）示范群12个。2017年全市服刑人员守法守规，再犯罪率低于全省平均水平；刑释解教人员安置率、帮教率均保持99%以上。

【普法宣传】 发挥法治宣传作用，深化“三五二”普法体系，落实“谁执法谁普法”责任制要求。开展“普法大世界”社区巡展活动，提升群众参与度；2017年省市及各县（市、区）1200多个部门，6500多名工作人员投身“普法大世界”社区巡展活动，参与群众近20万人，形成在群众中有影响力的普法品牌。举办“七五”普法讲师团百场宣讲活动，参与听众1.1万余人。12月4日，省市270个部门、单位、团体联合在西清公园（省会法制公园）举行“12·4”国家宪法日集中宣传活动，开展法治宣传和法律咨询服务。

【律师服务】 率先在全省成立“维护律师执业权利中心”“投诉受理查处中心”。全年维护律师权益3起，11家律师事务所112名执业律师给予延迟年检和处理；面试考核实习律师93名。举办第六届全市律师代表大会，选举产生律师协会理事、常务理事和会长；健全律师协会制度15项，12个专门委员会、11个专业委员会做到规范运行。2017年全市律师为经济社会发展提供专业法律咨询1.5万余人次，为企业起草审查各类经济合同5000余份，出具各类法律意见书2600余份，为企业员工举行专业法律知识培训100余场次，列席重大会议200余人次，参加重大经济项目谈判80余次。以服务为理念，组织224家律师事务所、3000余名律师开展“律师顾问”工作；全年为各级政府提供法律服务1.8万余件次，参与市政府重大敏感事项处置12次。探索推行村（居）设立法律顾问制度，全市501个重点村配齐法律顾问人员。

（刘金奎）

仲　裁

【概况】 2017年，石家庄仲裁委员会（简称仲裁委，1996年3月3日挂牌成立）受理各类民商事案件1326件，同比增长14%；受案标的额47亿元，同比增长16.9%；案件平均标的额337万元/件，撤销和不予执行率0.5%，受案数量、标的额均为历年最高。受理仲裁案件类型涵盖建筑、施工、租赁、金融、保险、买卖等40余类。6月2日，石家庄仲裁委发布2017版《石家庄仲裁委员会仲裁规则》，决定2017年7月1日起正式实施。2017年石家庄仲裁委受理建筑、施工、装修仲裁案件86件，标的额6.66亿元；受理金融纠纷仲裁案件592件，涉及争议标的额29.65亿元；审理建筑业、金融以外其他仲裁案件160件，标的额5.21亿元，其中，买卖合同纠纷76件；审理股权纠纷案件39件，帮助企业规范《股权转让协议》《资产转让合同》《股权投资合同》《股权买卖合同》等；审理服务、合作案件24件。参与大型纪录片《大国仲裁》拍摄；编辑推出微信原创“仲裁那些人儿”。2017年石家庄仲裁1起借款纠纷案仲裁裁决得到加拿大不列颠哥伦比亚最高法院的承认和执行。

【建筑业仲裁】 全年受理建筑、施工、装修仲裁案件86件，标的额6.66亿元。其中，施工案件82件，标的额6.15亿元；施工监理、设计、装修案件4件，标的额5113万元。发起成立常设中国建设工程法律论坛并召开第一次成员大会。参加河北省建设法制协会四届三次理事会（扩大）会议，推行仲裁法律制度，规范合同文本和仲裁条款。全年受理房产、物业案件420件，标的额2.67亿元。其中，房屋买卖（置换）案件385件，标的额2.48亿元；房屋租赁案件32件，标的额1713万元；房地产合作开发、物业案件3件，标的额202万元。走访市房产管理部门，了解房产备案及二手房交易流程，宣传仲裁知识，推进房地产仲裁。

【金融仲裁】 全年受理金融纠纷仲裁案件592件，涉及争议标的额29.65亿元；审结395件，如期结案率99.24%，快速结案率45%，撤销与不予执行率0.1%。加强与银行业协会沟通联系，多次召开座谈会，就金融业务部门与银行协会金融调解中心协作问题举行研讨，初步达成仲裁调解对接模式和合作方案。加入中国金融仲裁联盟，参加首届中国金融仲裁论坛会议，担任中国金融仲裁联盟委员会副主席单位、金融仲裁业务研究委员会副主任单位。与担保协会、典当协会联系，举办仲裁培训会，帮助金融企业依法处理民事纠纷、提高维权意识、规范合同条款。推行仲裁确认制度，扩大互联网金融领域宣传，提高仲裁确认覆盖率。

【仲裁调解】 全年受理仲裁调解案件1059件，涉及争议标的额16.23亿元；调解成功287件，涉及争议标的额1.91亿元；出具仲裁调解书31件，出具法院调解书19件，和解未出具法律文书237件，调解率为31%。开展国家知识产权纠纷仲裁调解试点，参加由国家知识产权局主办的2017年全国知识产权纠纷仲裁调解座谈交流活动；与省、市知识产权局联合举办多元化解决知识产权纠纷论坛；与河北省知识产权局联合召开河北省知识产权纠纷仲裁调解工作会。全年受理知识产权纠纷案件209件，涉及争议标的额3527万元，同比增长14.2%，调解成功36件，调解率为18.4%，同比增长24.3%。举办仲裁调解宣传活动，走访全市大中型律师事务所30家，在石门小区、世纪公园等公众场地举行仲裁法律宣传咨询活动3次。2017年市中级法院仲裁调解室获授河北省矛盾纠纷优秀调解室称号。

【仲裁服务】 以招商引资、项目建设为内容，以促进合作为目标，参加中国·廊坊中小企业跨境投资与贸易洽谈会、2017厦门国际投资贸易洽谈会、2017年中国·石家庄国际投资合作洽谈会，为2017年中国·石家庄国际投资合作洽谈会现代服务业合作洽谈会提供法律服务，向与会客商宣传石家庄市良好的营商环境和诚信文化，介绍仲裁在解决国际投资贸易争议中的优势及在贸易往来中应当注意规避的法律风险，提升投资者信心。加强与行业协会合作，将行业协会作为联系企业的桥梁和纽带；帮助企业提高防范风险意识，联合市企业家协会、市商业联合会、市医药行业协会、市装备制造行业协会、市电子商务协会及会员企业，举办石家庄企业仲裁工作座谈会；联合市电子商务协会，举办电子商务与仲裁知识讲座；协助市医药行业协会规范《医疗器械采购合同》《药品购销合同》，协助石家庄以岭药业股份有限公司规范《买卖合同》《采购合同》。

石家庄仲裁委员会
常务副主任、秘书长：孝磊
副秘书长：李振杰（9月免）
常宏磊
于涛 （9月任）
行政部部长：赵林

（赵琳 牛超燚）

军事·外事侨务·台港澳事务

Military & Foreign Affairs & Overseas Chinese Affairs & Taiwan and Hong Kong and Macao Affairs

石家庄警备区

【概况】 2017年，石家庄警备区以国防动员、国防教育、战备训练、双拥共建等工作为重点，落实党管武装制度，召开市委议军会议，出台《在争创全国双拥模范城中助力改革强军，进一步做好拥军优属工作的意见》。重视民兵应急力量建设，遵守中央军委国防动员部师团职干部交流规定，选派优秀干部参加河北省军区交流干部集训班学习。加强国防教育，组建成立市国防教育讲师团，举办“国防教育教员进校园”活动。9月21日，中国共产党石家庄警备区第三次代表大会举行。审议通过警备区第二届党委、纪委工作报告，选举产生中国共产党石家庄警备区第三届委员会和新一届纪律检查委员会，确定未来五年奋斗目标和主要任务。省委常委、市委书记邢国辉当选警备区第三届党委第一书记，警备区政治委员郝增旗当选党委书记，警备区司令员于福文当选党委副书记。规范后勤装备保障秩序，完善财务管理、物资采购、车辆定点维修、油料管理、供给服务等规章制度，开展枪支弹药、老旧装备和车辆装备清查、生活费专项审计、油料系统集中专项整治行动。停止部队有偿服务，多次召开常委会、领导小组会和军地协调会，督导相关项目关停。改善工作和生活条件，提高后勤服务及保障水平，完成训练基地和装备仓库煤改气、地下车库出口改造、征兵办公室装修等工程建设。提升基层专职武装干部履职能力，围绕部分专职武装干部“专职不专”“业务不精”“能力不强”等问题，结合乡镇班子换届调整，分两批组织全市基层专职武装部长举行提高业务能力集训。推进人民武装部（简称人武部）独立营院建设，裕华区、新华区、无极县人武部完成整体搬迁。

【国防动员】 贯彻军民融合发展战略，举办国防动员委员会各专业办公室专题研讨会，探索和推进国防动员体系建设。举行全市国防动员系统潜力统计调查动员部署暨业务培训会议，统计和完善市县两级国防动员潜力数据。研究论证全市《国防动员“十三五”规划》。开展征兵宣传活动，联合市委宣传部制定印发《征兵宣传工作方案》，利用地方媒体、互联网新媒体等渠道宣扬参军报国光荣。举办新兵欢送仪式，及时将习近平主席写给南开大学入伍大学生的回信传达到每名入伍大学生。召开征兵工作推进会，研究制定《征兵工作量化考评暂行办法》，健全市、县、乡三级廉洁征兵监督员工作机制。2017年石家庄市大学生征集比例达66.4%。

【国防教育】 4月27日，全市“国防教育教员进校园”活动在市第一中学启动。2017年全市国防教育由石家庄警备区政治部负责协调军队院校专家、教授组成市国防教育讲师团，选派政治思想好、业务素质精、教学能力强的军队干部担任国防教育教员。国防教育教员设置原则上每所中学1名，驻军较少的地方两所中学1名。组织全市中学建设国防教育展室，营造热爱国防的浓厚氛围。将国防教育宣讲专题纳入教学课程，其中集中宣讲全年分设4个专题，每次授课不少于1小时。开展军队与学校共建活动，安排学生到教员所在部队参加“军营开放日”等活动，增强学生国防意识。

【战备训练】 按照“能打仗、打胜仗”要求，做好部队战备训练工作。严格落实战备值班、指挥演练、随机抽查、交接讲评等制度，提高部队应急应战能力。组织民兵队伍训练，市政府、石家庄警备区联合制定《关于进一步加强县级民兵训练基地建设和管理使用的意见》，全市县级民兵训练基地利用两年时间实现全部投用；探索民兵基地化训练新模式，制定出台训练方案和意见；按照“四统一管一结合”方式，实施民兵训练集中考核；依托县级民兵训练基地，严抓基干民兵训练和管理，整合训练资源、统一训练标准，推进训练质量和经费效益提升。落实军事训练新标准，开展新大纲试训，聘请专家授课，举行“学、研、训、考、评”活动，形成“四个一”试训成果。

【双拥共建】 落实党管武装制度，召开市委议军工作会议，制定《在争创全国双拥模范城中助力改革强军，进一步做好拥军优属工作的意见》，出台惠军措施。参与驻地脱贫攻坚，成立市军地扶贫开发工作领导小组，印发《驻石部队参与扶贫开发实施意见》，组织驻石团级以上单位，深入平山县、赞皇县两个国家级贫困县开展“集团攻坚”脱贫行动，形成“以点串线、以线连片、整村推进”的帮扶格局。

（孔文浩　张立广）

武警石家庄市支队

【概况】 中国人民武装警察部队河北省总队石家庄市支队（简称武警石家庄市支队）于1983年2月6日成立，2005年6月1日由原第八支队和原石家庄市支队合并组建，编制级别为旅级，主要担负省、市等重要目标警卫和守卫、市辖看守所看守、临时押解押运、城市武装巡逻和处置突发事件任务。2017年，武警石家庄市支队以强军目标为统领，以抓班子强功能、抓基层强根基、抓中心强能力为突破口，全面推进部队训练和建设。修订完善《按纲服务指导基层规划》《精准帮建实施方案》，采取常委包片和科室包队相结合的方式，跟踪指导和帮扶基层单位发展。以建成“支队窗口、总队名片、武警样板”为目标，选树武警正定中队为典型，注重在统一思想、挖掘历史、完善机制、夯实底蕴上下功夫，确立“认清重大机遇、强化培树力量、搞好顶层设计、提升素质能力、树牢精准理念、厚植特色内涵、升级营房建设、确保绝对安全”8个方面工作内容，推进正定中队全面发展。加强后勤管理，完善4类12种后勤保障方案，健全中队“1长4员”战勤编组；开展战勤物资专项检查，协调推进基层中队营房新建、改建工程，栾城中队新营房入住。投入25万元，改善部队生活和设施。3月18日，根据武警河北省总队指示，武警石家庄市支队响应石家庄市委、市政府号召，组织官兵参加“全民义务植树活动”。9月30日，武警石家庄市支队接受执行华北烈士陵园烈士公祭仪式现场礼兵及敬献花篮任务。2017年武警石家庄市支队被武警总部表彰为百日安全竞赛优胜单位，连续10年获评预防事故案件先进单位。

【党委（扩大）会议】 3月1日，武警石家庄市支队召开党委二届七次全体（扩大）会议。传达学习武警总部、武警河北省总队党委扩大会议精神，回顾和总结2016年支队建设形势，部署安排2017年工作任务。石家庄市副市长、公安局局长、支队第一书记、第一政委刘胜出席大会并讲话。武警石家庄市支队党委书记郭连清代表党委常委会作《坚定看齐追随，凝聚意志力量，以优异成绩迎接党的十九大胜利召开》工作报告。8月21日，武警石家庄市支队召开党委二届八次全体（扩大）会议。党委书记侯爱华传达学习武警部队党委二届十二次全体（扩大）会议精神和武警河北省总队党委三届十一次全体（扩大）会议精神。党委副书记陈涛以《凝聚意志力量、坚持稳中求进，以优异成绩迎接党的十九大胜利召开》为题作工作部署。

【安全保卫】 3月11日～10月28日，2017年全国足球甲级联赛石家庄赛区比赛在石家庄市裕彤国际体育中心举行。根据石家庄市公安局工作部署，武警石家庄市支队报请武警河北省总队批准，支队全体执勤官兵执行比赛安全保卫任务。8月14日9时，武警石家庄市支队依据（国发〔2012〕42号）文件精神和武警总部、武警河北省总队《关于撤收河北省石家庄市裕西小区省领导住地警卫任务的通知》要求，按照“稳步推进、顺利交接、全程安全、部队稳定、警地满意”原则，撤收担负裕西小区省领导住地规定外警卫勤务任务。2月26

日～3月16日，根据武警河北省总队统一部署，武警石家庄市支队担负京昆高速井陉西公安检查站设卡警戒任务，完成2017年全国“两会”安全保卫任务，以实际行动发挥了首都“护城河”作用。3月3日17时15分，京昆高速井陉西卡点执勤官兵抓获毒驾逃逸人员1名。

（李广亚）

人民防空

【概况】 2017年，石家庄市人民防空办公室（简称人防办）结合行政审批制度改革后人防工程管理现状，制定印发《关于进一步加强结合民用建筑修建防空地下室审批监督工作的指导意见》《人民防空工程质量监督管理程序（试行）》两个指导性文件，实现人防工程建设事项与行政审批部门无缝对接。推进人防管理制度创新，制定、修改和完善各类规章制度11项；修订完善市本级和各县（市、区）城市人民防空方案，调整充实市人民防空指挥机构。以提高国防观念和人民防空意识为主题，开展人防宣传教育“进学校、进机关、进企业、进社区、进网络”活动。全年市人防部门收取人防工程易地建设费1亿余元，首次突破亿元大关。至2017年末，全市人防工程总面积和开发利用面积分别较2016年末增长14.8%、15.1%，均位列全省第一。2017年市人防办宣传报道工作被《中国人民防空》杂志社评为2017年度通讯报道先进单位。

【人防工程】 结合行政审批制度改革后人防工程管理现状，制定印发《关于进一步加强结合民用建筑修建防空地下室审批监督工作的指导意见》《人民防空工程质量监督管理程序（试行）》两个指导性文件，实现人防工程建设事项与行政审批部门无缝对接。加强人防工程质量监督，严格工程设计方案、施工组织方案审查。开展竣工人防工程质量监管，抽检抽测2000年后建成的16个人防工程，核查登记和掌握了工程质量数据。率先在全省开展早期人防工程有效利用攻坚行动，全面检测1984年前修建的早期人防工程，报废回填安全隐患大且不具备价值效益的工程项目。

【组织指挥】 树立军民融合理念，提高应战应急能力，探索、创新军民融合的方法和途径。修订完善市本级和各县（市、区）城市人民防空方案，调整充实市人民防空指挥机构。以实战需求为导向，开展人民防空指挥部和人防专业队训练演练；人民防空群众组织实行统一整组、统一训练。举行“7·7”警报试鸣暨人民防空训练日活动。按照“一网四系统”建设要求，完成全市人防指挥专网、短波超短波系统升级改造项目。

【宣传教育】 以提高国防观念和人民防空意识为主题，组织举行人防宣传教育活动。开展人防宣传教育“进学校、进机关、进企业、进社区、进网络”活动，建立人防宣传员、辅导员队伍，2017年全市人防宣传教育基本形成大众化、多方位格局。利用防灾减灾日、警报试鸣暨人民防空训练日、国防创立日、宪法宣传日等重要时机，采取多种形式，广泛宣传人防法律法规、国家政策、人防知识，加深群众对人防工作的认识，增强全民国防观念和人民防空意识。全年撰写人民防空宣传报道80余篇，在省级以上报刊发表文章5篇。开通“石家庄人防”微信公众号，设置“人防纪实”“人防法规”“人防知识”3个栏目，全年关注量近2万余人次。

（戚阿东　于刚）

外事侨务

【概况】 2017年，石家庄市审批审核因公出国团组91批254人。其中，石家庄市派出团组40批174人，市厅级人员7批8人，随省直单位团组36批60人，随国家部委团组15批20人。办理邀请外国人来华624批1404人，主要服务全市对外贸易往来、外国专家来石工作及文化、体育、卫生交流合作等。严格外事政策和规定，全年妥善处置涉外事（案）件8起、外国记者采访事件2起，配合国际禁止化学武器组织核查3次。开展对外交往，6月26日～7月5日，省委常委、市委书记邢国辉率领石家庄市经济代表团应邀访问泰国、新加坡和印度尼西亚；9月7～14日，市长邓沛然率领石家庄市经贸代表团应邀访问哈萨克斯坦和俄罗斯。重视对外经济合作，高标准做好廊坊国际经贸洽谈会、首届石家庄旅游产业发展大会、中国·石家庄国际投资贸易洽谈会、2017中国数字经济峰会等重大活动涉外服务。5月，市外事（侨务）部门在石家庄高新区科技中心举行APEC商务旅行卡推介会，近100家涉外企业代表参会。2017年全市申办APEC商务旅行卡20批45人。重视人文交流。3月，新西兰杰夫瑞斯律师事务所人员来石访问，与河北乾骥律师事务所结成合作伙伴，为石家庄市与汉密尔顿市结为友好城市发挥了联络作用。7月，市侨商会代表团参加第十七届华侨华人创业发展洽谈会。9月10～12日，副市长孟祥红率市代表团出席中国福州第九届世界华文传媒论坛活动并完成会旗交接，第十届世界华文传媒论坛活动主办权移交石家庄市。11月，外国人来华工作实现网上申报和审批。

【对外交往】 6月26日～7月5日，省委常委、市委书记邢国辉率领石家庄市经济代表团应邀访问泰国、新加坡和印度尼西亚。访问泰国期间，邢国辉与曼谷市市长安萨温、泰国国家旅游局局长尤塔萨克·苏帕索恩、泰中文化促进委员会会长披尼·扎禄颂巴及泰国农业大学副校长冲拉卡·瓦茨林拉分别举行工作会谈，就全方位推动石家庄与泰国的经贸、旅游、文化合作达成共识。市经济代表团在曼谷市举办“多彩石家庄走进泰国”旅游推介会；石家庄市旅游发展委员会与泰国曼谷旅游局签署旅游战略合作协议，双方10余家企业签订合作协议；市经济代表团参观访问了泰中罗勇工业园区和泰国农业大学，石家庄森泰集团与泰国农业大学签订合作协议。访问新加坡期间，邢国辉分别与新加坡城市发展局、凯达环球新加坡分公司、新加坡万春公司、华鼎集团、丰益国际集团负责人举行工作会谈，出席石家庄经济技术开发区、石家庄市旅游发展委员会、河北长城经贸有限公司与新加坡相关企业签订战略合作协议及新加坡——石家庄旅游营销中心授牌仪式；市经济代表团举办“石家庄新加坡投资交流会暨重点合作项目推介会”，6个项目签约。访问印度尼西亚期间，邢国辉与印度尼西亚投资协调委员会相关负责人举行工作会谈，出席石家庄森泰集团与印度尼西亚、泰国、菲律宾、缅甸等11个国家同类企业签订框架战略合作协议及河北长城经贸有限公司、石药集团与印尼相关企业签订合作协议。9月7～14日，市长邓沛然率领石家庄市经贸代表团应邀访问哈萨克斯坦和俄罗斯。访哈萨克斯坦期间，邓沛然分别与阿斯塔纳市市长伊谢科什夫、“哈萨克投资”国家股份公司董事会副主席玛伊科诺夫、国际工业企业家联盟副主席鲁奇杨斯基及阿斯塔纳市投资与发展部、招商局、哈铁快运公司等领导和企业会谈，双方就加强友好交流、推动国际产能合作达成共识；在阿斯塔纳市，组织举办中国·石家庄优势产能推介洽谈会，双方签订泰通物流海外物流中心项目合作协议。访俄罗斯期间，邓沛然分别与托木斯克州投资厅厅长亚历山大、国际国内关系厅副厅长马克西姆、发展集团总经理斯坦尼斯拉夫及俄中总商会圣彼得堡分会会长陈志刚举行会谈，双方就建立友好城市、建设“双创园区”、建立消防产业园等事宜开展协商，河北欣意电缆公司与俄罗斯铝业联合公司达成推进高端铝合金深加工领域项目合作，河北敬业集团与艾克木业公司就建设木材加工工业园签订合作协议、市侨商会与俄中总商会圣彼得堡分会缔结友好商会；在莫斯科市，举办重点项目招商推介会，推介石家庄市优势产业、优势企业和优惠政策，索契州、托木斯克州等8个州有关领导及俄罗斯系统集团等知名企业家代表120余人参会，市侨商会与俄罗斯企业联合会缔结为友好商会，高邑县陶瓷协会与阿拉马威尔市投资促进会、河北兴柏药业与俄罗斯远东深湖有机原料公司签订合作协议。

【对外经济合作】 牵线搭台，拓展和深化石家庄企业对外经济合作。4月，协调安排乌兹别克斯坦建筑企业代表团在鹿泉区、高邑县举办石家庄—乌兹别克斯坦建筑企业合作洽谈会，参会企业70多家，河北天山实业集团、河北新大地机电制造有限公司等8家企业与乌兹别克斯坦企业在新建材、建材设备、混凝土添加剂等领域达成11项合作意向。5月，河北省—尼日利亚卡杜纳州国际产能合作推介会在石家庄举行，协调安排农业、农业机械等10余家企业参会，达成部分合作意向。7月，意大利时尚协会终身荣誉主席、北京卓越奥莱公司董事马里奥·博塞利到石家庄市参观考察，推进卓越奥莱国际中心项目建设。7月11～13日，举办“第20届非洲国家驻华大使巡讲·石家庄行”活动，帮助石家庄市企业建立与非洲交往平台，为非洲国家了解石家庄提供契机。8月，哈萨克斯坦阿斯塔纳市政府投资与发展部部长阿补德卡力莫夫·阿利舍尔访问石家庄市，双方协商在经贸等领域开展交流合作。10月，德国美因茨—宾根县代表团访问石家庄市，商谈经贸、文化、教育等领域交流合作。10月，俄罗斯托木斯克州政府国际和地区关系厅副厅长沃尔科夫·马克西姆访问石家庄市，商谈建立友好城市和开展教育合作。

【侨商侨胞交流服务】 加大与海外侨商（社团）联络，市侨商投资企业协会（简称侨商会）与法国华人经贸协会签订友好合作协议，市侨商会会长余良琪随石家庄市经济代表团访问俄罗斯、哈萨克斯坦。5月，加拿大加中商贸创新联盟代表团访问石家庄市，与市侨商会对接，就扩大对外交流合作、涵养侨务资源举行探讨交流。2017年石家庄市邀请来自美国、新西兰、加拿大、澳大利亚、法国等6批37人海内外侨商、社团来石考察交流。利用交流平台，选派侨商会会员参加中国侨商会第四届会员大会、天津“华博会”、中国侨商会“2017中国经济形势分析报告会”、河北“侨梦苑”秦皇岛北戴河新区侨商产业发展大会等活动。关心侨胞生活，为29名归侨侨眷发放退休生活补贴，为31名退休归侨申请退休补助，为23名符合条件的“四侨”考生办理考试成绩照顾加分手续，为3名华侨协调回国落户手续，为1名华侨子女协调办理小学就读事宜。全年接待侨胞信访、来电、来访25人次，均依法依规做到妥善处理。

（刘亮）

台湾事务

【概况】 2017年，石家庄市台湾工作办公室（简称台办）贯彻落实中央对台工作大政方针，按照“守底线、稳大局、促融合、争民心、防风险”的总体要求，围绕促进两岸关系和平发展和服务全市经济社会发展两个大局，扎实推进两岸经济文化交流合作。加大对台工作宣传，全年在各类媒体发布涉台信息21篇，其中，《两岸关系》杂志微博2篇、中国台湾网3篇、台声网3篇、省对台工作简报13篇；首次在《两岸关系》杂志发表《爱我中华，携手传承中华传统文化》《台湾全民健保河北特约定点医院揭牌》两篇文章。2017年全市共有台资企业87家，总投资15亿美元，合同利用台资9亿美元，解决劳动就业2万人；接待台湾来石访团组31个370人次；组织办理赴台经贸、交流团组22个190人次。至2017年底，全市常住台商120人、台胞200人、台属5万余人，涉台婚姻70人。

【为台服务】 省市领导关心在石台商发展。1月17日，河北省副省长王晓东、省台办主任王立杰等到市台资企业石家庄国祥制冷设备有限公司调研，并与市台资企业协会会长、在石台商代表座谈，了解掌握台企、台商在生产经营和生活中的实际困难及问题。11月29日，市委常委、统战部长、农工委书记王韶华到石家庄国祥制冷设备有限公司等台资企业调研，组织部分台商代表召开座谈会，听取台商意见及建议。帮助台商引资，2017年市台办组织在石台商参加

“5·18”廊坊国际经济贸易洽谈会、“9·8”厦门国际经济贸易洽谈会、冀台经济合作洽谈会、第二届世界冀商大会等招商活动。搭建两岸合作平台，依托101华擎医疗健康综合体，建立石家庄海峡两岸青年交流服务中心和台胞联谊之家，为来石学习、创业、就业的台湾同胞提供服务。依法维护台胞权益，畅通涉台投诉通道。2017年全市接到涉台投诉案件5起，均做到妥善处理。帮助解决在石创业就业台胞医疗保障核销难题，市台办探讨对接台湾民众健保体系，促成台湾络病学会与以岭健康中心合作，在以岭医院东院区设立台湾全民健保河北特约定点医院。

【石台交流】 7月20日，由河北省台湾事务办公室、省教育厅指导，市台湾事务办公室、市教育局主办，河北正定中学承办，台北市文化教育交流发展协会、北京市育英学校、天津市第二十五中学协办的京津冀台中学生教育发展联盟启动仪式暨首届海峡两岸中学校长（代表）高峰论坛在河北正定中学举行。海峡两岸30所学校负责人及近500名师生代表参加活动并签署京津冀台中学生教育发展联盟框架协议。9月，市人大常委会主任司存喜、副主任韩保来及部分县（市、区）人大常委会主任赴台湾就美丽乡村、旅游产业、城市建设等举行考察和交流。9月25～27日，中国·石家庄国际投资贸易洽谈会举行，邀请参会台商53人，中国台湾光州集团与石家庄市相关企业达成初步合作意向。10月，组织台资企业赴上海市参加“台北青创中心”庆典、赴南京市参加“大陆台资企业产品展销会”。2017年中国台湾美丽乡村发展协会秘书长刘文宗到井陉县、鹿泉区考察美丽乡村建设和休闲旅游产业，台商参与建设高端医疗服务综合体项目101华擎医疗健康综合体、台商独资的亨赞餐饮管理有限公司、以文化指导和创意设计经营为主的河北雅塾文化传播有限公司建成运营。

（季顺智）

农业农村

Agriculture & Rural Areas

综　述

2017年，石家庄市农林牧渔业总产值557.61亿元，同比增长0.6%。其中，种植业产值268.56亿元，占比48.16%；林业产值19.16亿元，占比3.44%；牧业产值223.03亿元，占比39.40%；渔业产值2.96亿元，占比0.53%；农林牧渔服务业产值43.91亿元，占比7.87%。种植业产值中，中药材产值2.61亿元。2017年全市粮食播种面积77.67万公顷，同比增加11.74万公顷，平均亩产438.8千克；粮食总产量511.22万吨，同比增长1.13%。其中，小麦播种面积29.0万公顷，总产量198.51万吨，平均亩产456.3千克，总产量同比减少12.19%；玉米播种面积36.53万公顷，总产量238.26万吨，平均亩产434.8千克，总产量同比增长18.12%。

至2017年末，全市牛存栏49.34万头，马存栏2109头，驴存栏1.40万头，骡存栏801头，猪存栏231.81万头，羊存栏71.82万只，家禽存栏7712.45万只，兔存栏29.83万只。肉类总产量56.96万吨，同比下降17.21%。其中，猪肉产量35.42万吨，下降11.34%；牛肉产量7.63万吨，下降12.10%；羊肉产量1.77万吨，下降10.45%；家禽肉产量11.90万吨，下降30.65%；驴肉产量944.56吨，下降67.04%；兔肉产量574.89吨，下降89.17%。奶类产量67.46万吨，同比下降39.09%，其中，牛奶产量67.26万吨，下降39.12%。蜂蜜产量3531吨，同比增长4.47%。禽蛋产量73.30万吨，同比下降21.76%。水产品养殖面积1.0万公顷，同比下降34.09%；总产量1.95万吨，同比下降37.31%。

2017年全市完成造林绿化面积71.04万亩，其中，人工造林40.04万亩，封山育林31万亩；零星四旁植树1599万株，全民义务植树1500万株；森林抚育面积204.4万亩，林木覆盖率达到39.9%，林木覆盖率同比提升1.2个百分点。全年种植果园面积8.85万公顷，同比减少6.1万公顷。其中，苹果园8406公顷，减少3907公顷；梨园2.57万公顷，减少1.28万公顷；桃园2145公顷，减少910公顷；葡萄园3259公顷，减少1555公顷。园林水果总产量（不含果用瓜）147.59万吨，同比减少81.10万吨。其中，苹果15.62万吨（红富士11.56万吨），减少8.98万吨；梨100.66万吨（雪花梨28.53万吨、鸭梨22.25万吨），减少49.07万吨（雪花梨减少13.33万吨、鸭梨减少27.05万吨）；桃2.73万吨，减少3.94万吨；葡萄8.63万吨，减少4.91万吨。红枣种植面积7.82万公顷，总产量17.20万吨，同比减少10.26万吨。干鲜果品总产量240万吨。核桃种植面积14.72万公顷，总产量3.85万吨，同比减少1.79万吨。山杏仁总产量1598吨。花椒种植面积6.29万亩，总产量4296吨。花卉种植面积5.48万亩，年产切花切叶558.4万枝、盆栽植物1175.95万盆、观赏苗木949.9万株。育苗面积5905公顷，当年苗木产量1.59亿株。生产商品材1.51万立方米。生产人造板185.65万立方米。全年森林旅游、休闲产业接待旅游人数792.2万人次，实现旅游收入20亿元。

2017年全市水资源总量14.69亿立方米，比2016年减少12.99亿立方米；全市用水量26.47亿立方米；万元工业增加值用水量12.76立方米，低于河北省控制指标0.3%；年处理污水3.32亿吨，设计范围内来水处理率100%，出水达标合格率100%；中水回用量1.05亿吨，中水回用率30%以上；水土保持完成治理任务160平方千米；地下水压采1503.49万立方米。2017年全市新增及恢复改善灌溉面积99.3万亩，发展节水灌溉面积20.53万亩，农业灌溉水有效利用系数达0.703。农村饮水安全工程完成投资9775万元，全市275个村、14.65万农村居民饮水条件得到改善。全面推行“河长制”，全市587条河道设立河长1163名。

2017年全市拥有农业机械总动力1282.2万千瓦，同比增加126.2万千瓦；主要农作物耕种收机械化综合水平达到91.0%，同比提高0.4%。小麦生产全部实现机械化操作。玉米机收率达到93.26%，同比提高2.96%；玉米机播率达到92.4%，同比提高4.4%。至2017年末，全市国家级、省级、市级农业产业化重点龙头企业分别达到4家、69家、313家，君乐宝乳业、双鸽食品等9家企业被认定为省级农业产业化联合体。2017年石家庄市农业产业化经营率达到67.5%，农产品加工业总产值达到3083.0亿元，是农业产值11.5倍。加大农业科研投入，争取省级农业科技项目43项，经费1840万元；市级安排重点农业现代化创新项目52项，列支经费1155万元；通过省级审定农作物新品种17个，其中，玉米新品种12个、小麦新品种2个、大豆新品种2个、蔬菜新品种1个。新增国家级休闲农业星级企业（园区）9家、省级休闲农业星级企业19家；认定县级以上现代农业园区350个；培育并备案国家级“星创天地”3家、省级“星创天地”11家；认定备案省级“小巨人”企业79家。2017年石家庄市培育小麦品种“石麦25”经专家在市农林科学研究院赵县试验站示范田测产，平均亩产740.4千克。

2017年5月，市农业局、市畜牧水产局撤销合并，组建成立市农业畜牧局（简称市农牧局）；8月21日，市政府办公厅印发《石家庄市农业畜牧局主要职责内设机构和人员编制规定的通知》（石政办发〔2017〕41号）。9月26～29日，第二十一届中国（廊坊）农产品交易会在廊坊市举行，石家庄市君乐宝乳业有限公司董事长魏立华，石家庄双鸽食品有限责任公司党委书记、董事长高秋菊，藁城区农业科学研究所所长张庆江3人在此次交易会上获评2017年度河北现代农业突出贡献领军人物；赵县雪花梨获评河北名优区域公用品牌。

种植业

【概况】 2017年，石家庄市粮食播种面积77.67万公顷，同比增加11.74万公顷，平均亩产438.8千克；粮食总产量511.22万吨，同比增长1.13%。其中，小麦播种面积29.0万公顷，总产量198.51万吨，平均亩产456.3千克，总产量同比减少12.19%；玉米播种面积36.53万公顷，总产量238.26万吨，平均亩产434.8千克，总产量同比增长18.12%。赵县小麦总产量、平均亩产排名全市第一，藁城区小麦总产量、平均亩产排名全市第二；赵县玉米总产量排名全市第一、平均亩产位列全市第二，藁城区玉米总产量位列全市第二、平均亩产排名全市第一。夏粮播种面积29.2万公顷，总产量199.34万吨，平均亩产455.2千克；秋粮播种面积39.23万公顷，总产量245.97万吨，平均亩产417.9千克。谷子播种面积5720公顷，总产量1.25万吨，平均亩产145.6千克；晋州市谷子播种面积、总产量排名全市第一，井陉县谷子播种面积、元氏县谷子总产量位列全市第二。豆类播种面积1.38万公顷，总产量2.57万吨，平均亩产124.2千克，其中，大豆播种面积1.33万公顷，总产量2.49万吨；藁城区豆类播种面积、总产量排名全市第一，晋州市豆类播种面积、总产量位列全市第二。薯类播种面积8327公顷，总产量21.29万吨，平均亩产1704.5千克；元氏县总产量排名全市第一，灵寿县位列全市第二。油料播种面积3.41万公顷，总产量11.29万吨，平均亩产220.4千克，总产量同比下降45.76%，其中，花生播种面积3.06万公顷，总产量10.43万吨，平均亩产227.6千克；新乐市花生总产量排名全市第一，行唐县位列第二。棉花播种面积523公顷，总产量424吨，平均亩产54.1千克，总产量同比下降92.35%；元氏县棉花总产量排名全市第一，平山县位列第二。蔬菜及食用菌播种面积5.66万公顷，总产量491.93万吨，总产量同比下降62.76%；藁城区总产量排名全市第一，灵寿县位列第二。瓜果类播种面积3631公顷，总产量19.71万吨，其中，西瓜播种面积2430公顷，总产量14.56万吨，新乐市西瓜总产量排名全市第一，元氏县位列第二，新乐西瓜、新华区五七路西瓜在全市有名〔县域种植业数据参见《石家庄年鉴2018》类目“区县（市）”或类目“附录”下“统计资料”〕。实施藁城区、赵县、正定县部级小麦绿色高产高效创建项目，打造强筋小麦核心区9.5万亩，建设优质强筋小麦生产基地50万亩。调整种植结构，压缩籽粒玉米，改种饲用青贮玉米，完成“粮改饲”试点项目县4个，种植青贮玉米20.8万亩，总产量56万吨。扩大谷子、薯类、豆类等特色杂粮面积，示范推广杂交谷5.1万亩，辐射带动种植面积7万亩。种植小杂粮75万亩、中药材15万亩、食用菌2.5万亩。新建改建高端蔬菜种植面积32万亩，创建高端蔬菜示范园30个，改造蔬菜旧棚4500亩，引进新品种24个、新产品23项。

【农产品质量认证】 建立食用农产品产地准出与市场准入衔接机制，开展食用农产品合格证试点；以省试点平山县、市试点鹿泉区为重点，同时在全市16个县（市、区）探索落实生产经营者合格证管理主体责任制。拓展优质农产品品牌优势，与市食品药品监督管理局、市供销合作总社、河北叁陆伍网络科技集团有限公司联合建立市农产品电子商务公共服务平台。全年新增种植业无公害产地10家，绿色食品认证9家，至2017年末，全市共有有效期内无公害认证企业155家，产品认证358个，认证绿色产品38个。

【粮食作物水肥一体化】 2016～2017年度石家庄市开展农业部重点项目粮食作物水肥一体化建设任务2.4万亩，投入资金3600万元，涉及正定县、赵县、晋州市、深泽县、高邑县、新乐市、长安区、藁城区8个县（市、区）34个乡镇91个村，至2017年3月底，全部建设任务完成。该项目以农业合作社、家庭农场为实施主体，按照“方案设计—评审批复—公开招标—签订合同—田间建设”程序，规范运作、严格落实。2017年全市完成粮食作物水肥一体化建设面积24303.6亩，主要推广固定式、卷盘式、平移式三种模式，平均每亩节水60立方米，实现地下水压采145.8万立方米，平均每亩增产5%以上。

【耕地质量监测】 按照河北省农业厅《2017年耕地质量监测与保护提升项目实施方案》要求，综合考虑土壤类型、耕作制度、地力水平、耕地环境状况、管理水平等因素，以县（市、区）为单位，每20万亩建设1个长期耕地质量定位监测点。至2017年末，全市建立耕地质量监测点43个，基本形成覆盖主要耕作土壤类型的耕地质量监测网络。监测点按照实施方案设置常规施肥和长期不施肥处理监测小区，挖掘土壤剖面，监测记载各发生层次理化性状，建立监测点档案信息。2017年全市采集土壤剖面样130余个、土壤整段标本样21个。

【病虫害防治】 实施统防统治。全年召开统防统治现场会2次、新型植物保护（简称植保）机械使用与维修培训会1次，首次在全省利用植保大型机械开展小麦吸浆虫蛹期防治。争取各类统防统治项目资金300万元，用于补贴购置植保大型施药机械和作业补贴。扶持统防统治服务组织，2017年末全市统防统治服务组织达到216家，拥有各类设备842台（架），其中，三轮自走式喷杆喷雾机559台、四轮自走式喷杆喷雾机82台（较2016年增加40台）、植保无人机201架（较2016年增加80架）。全年专业化统防统治服务面积463万亩次，减少用药量5.3%。小麦条锈病应急防控。5月13～22日，全市组织开展小麦条锈病普查，鹿泉区、高邑县、深泽县、正定县发现小麦条锈病发生面积2.6万亩；市农业部门根据普查情况，迅速启动应急防控措施，并利用省小麦应急防控分配资金920万元补贴应急防控农户，将小麦条锈病控制在最小范围，没有引起大面积扩散。

【种子质量监管】 开展种子质量监督抽检，抽取生产企业和经营门店种子样品2494个，抽检数量占全省二分之一，其中，杂交玉米272个，蔬菜3个，大豆6个，小麦2213个。全部抽检样品及时做到室内检验，田间小区同步种植鉴定小麦种子样品300个、玉米杂交种子样品150个，海南种植鉴定玉米种子样品90个。监督抽检小麦繁种企业17个，涉及小麦繁种田22.50万亩，其中4707亩不合格小麦繁种田作报废处理。开展种子质量维权，调解种子矛盾纠纷16起。2017年石家庄市小麦、玉米、棉花、大豆等农作物种子审定数量及商业化率在河北省主要农作物审定品种目录中居领先位置。至2017年末，全市共有种子企业66家，占全省种子企业的22%，其中注册资本3000万元以上种子企业34家，占全省的43%。

【农业综合执法】 以重点产品、重点区域、重点单位、重点环节监管和大要案件查处为内容，组织开展“春雷”“绿剑”百日护农行动，打击农资生产经营违法行为。全年出动执法人员6583人次、执法车辆1808辆次，检查生产企业450家次、门店6573个次，查出问题438个，立案112起，其中，简易程序处理28起、一般程序处理84起，罚没款249559元（市农业行政综合执法支队立案6起，罚没款42000元）。接办协查函4份、核查函3份。全年农业综合执法实现违法案件查处率、上级交办案件办结率、立案结案率3个100%。

（李辉　郝国强）

畜牧水产业

【概况】 2017年，石家庄市牧业产值223.03亿元，占农林牧渔业总产值39.40%；渔业产值2.96亿元，占农林牧渔业总产值0.53%。至2017年末，牛存栏49.34万头，马存栏2109头，驴存栏1.40万头，骡存栏801头，猪存栏231.81万头，羊存栏71.82万只，家禽存栏7712.45万只，兔存栏29.83万只。全市畜牧业养殖数量排名第一、第二名情况为：牛，无极县、行唐县；马，行唐县、无极县；驴，行唐县、新乐市；骡，行唐县、新乐市；猪，正定县、晋州市；羊，元氏县、无极县；家禽，藁城区、栾城区；兔，新乐市、行唐县。2017年全市肉类总产量56.96万吨，同比下降17.21%。其中，猪肉产量35.42万吨，下降11.34%；牛肉产量7.63万吨，下降12.10%；羊肉产量1.77万吨，下降10.45%；家禽肉产量11.90万吨，下降30.65%；驴肉产量944.56吨，下降67.04%；兔肉产量574.89吨，下降89.17%。奶类产量67.46万吨，同比下降39.09%，其中，牛奶产量67.26万吨，下降39.12%。蜂蜜产量3531吨，同比增长4.47%。禽蛋产量73.30万吨，同比下降21.76%。水产品养殖面积1.0万公顷，同比下降34.09%；总产量1.95万吨，同比下降37.31%。全市畜牧水产业产量排名第一、第二名情况为：肉类，正定县、新乐市；猪肉，正定县、藁城区；牛肉，行唐县、无极县；羊肉，元氏县、藁城区和无极县（均排名全市第二名）；家禽肉，藁城区、正定县；驴肉，新乐市、行唐县；兔肉，新乐市、行唐县；奶类和牛奶，行唐县、正定县；蜂蜜，赞皇县、平山县；禽蛋，藁城区、正定县；水产品，平山县、灵寿县（县域畜牧水产业数据参见《石家庄年鉴2018》类目“附录”下“统计资料”）。开展全国基层畜牧（草原）技术推广示范站创建活动，栾城区、平山县、晋州市、灵寿县4个县级畜牧技术推广站获评“全国基层畜牧（草原）技术推广示范站”；晋州市畜牧技术推广站入选全国养殖技术服务云平台试点单位。推进市县乡三级养殖书屋建设，全年谋划建设市县乡三级养殖书屋144个，其中41个达到国家示范站书屋建设标准。9月25～27日，2017年中国技能大赛——河北省第二届牛人工授精技术大比武在石家庄市举行，石家庄代表队刘玉、于伟杰、蔺惠良获得比赛前三名，石家庄市等6个单位获得优秀团体奖。

【标准化示范场创建】 推进畜牧业转型升级，开展畜禽养殖标准化示范场创建活动，制定印发《石家庄市2017年畜禽养殖标准化示范创建活动工作方案》。新建标准化畜禽养殖示范场52个，新认定畜牧业无公害产地23家，中元牧业有限公司、河北乐源牧业有限公司、河北四云养殖有限公司、河北善德牧业有限公司4个养殖场获评部级示范养殖场。开展畜禽养殖示范场复检工作，复检到期部级示范场3个、省级示范场50个。支持水产品养殖业发展，创建部级健康养殖示范场16个、省级渔业标准化示范区6个；组建渔业专业合作社9家；水产品认定无公害产地19家，认证无公害产品30个；创建国家级水产种质资源保护区2家，建成省级良种场2家、河北省休闲渔业示范基地3家。依托标准化畜禽养殖示范场创建活动，全市创建美丽生态牧场15家、特色养殖生态示范园

10 家。2017 年美丽生态牧场成为石家庄市养殖水平最高、环境最美、效益最好的养殖场，特色养殖生态示范园成为西部山区林下养殖的典型。至2017 年末，全市达到备案条件养殖场 1343 个，备案率 100%；累计认定标准化畜禽养殖示范场 980 个，其中部级示范场 29 个。

【动物疫病防控】 开展春、秋季重大动物疫病集中强制免疫，畜禽免疫密度 100%，免疫抗体合格率、建档率、耳标佩戴率、免疫证发放率均达到河北省规定标准。调整动物强制免疫病种防疫政策，将省财政直管县承担猪瘟、高致病性蓝耳病疫苗经费纳入市级财政补贴范围。完善突发重大动物疫情应急机制，市财政拨付专项资金 3200 万元，建成应急储备库投入使用，购置 40 万元应急储备物资到位。举办重大动物疫情应急演练，9 月 8 日，2017 年石家庄市突发重大动物疫情应急演练活动在栾城区举行，各县（市、区）及指挥部成员单位参加现场观摩。严格病死畜禽集中无害化处理，建成覆盖全市范围病死畜禽集中无害化处理体系，全部达到“三统四化”标准（统一外观形象、统一监管模式、统一处理流程，废气废水环保化、处理工艺科学化、厂区建设花园化、处理产品资源化），较原计划提前一年完成工作任务（三年任务两年完成），成为全省唯一完成病死畜禽集中无害化处理畜禽品种市级全覆盖、县域全覆盖的地市。推行兽医社会化服务政策，井陉县率先实行动物疫病防控政府购买社会服务；9 月 25 ～ 27 日，全国兽医社会化服务体系建设工作研讨会在四川省成都市举行，井陉县政府购买动物疫病防控做法作为典型被宣传推广。2017 年全市没有发生重大动物疫情事件。

【畜禽粪污综合治理】 组建成立市畜禽粪污资源化利用工作领导小组及办公室，印发《石家庄市畜禽养殖粪污资源化利用行动计划》。加强禁养区专项整治，全市 21 个县（市、区）及高新区全部划定禁养区，105 个需要整治养殖场全部完成整治任务，其中，关停 78 个，搬迁 15 个。推进规模养殖场粪污贮存处理设施建设，新建粪污贮存处理设施 112 个，累计达到 695 个，占全市总任务量的 88.7%，超额完成省政府提出“到2017 年底粪污处理设施配建率达到80%”的任务目标。严格粪污治理设施管理，验收 2016 年生产乳粉用奶牛场粪污治理设施建设项目 53 个，申报和评审 2017 年粪污治理设施建设项目 31 个，争取 2018 年国家级畜禽粪污资源化利用整县推进项目 1 个（新乐市），申报 2018 年省级畜禽粪污资源化利用整县推进项目 2 个（赵县、晋州市），申报 2018 年绿色发展示范县项目 1 个（新乐市）。

【牧渔产品质量监管】 落实畜禽屠宰管理制度，元旦、春节、中秋、国庆等节日期间，组织开展屠宰质量安全集中整治活动和“瘦肉精”专项治理，严密防控 H7N9 禽流感传播，严厉打击私屠滥宰、注水或注入其他物质等违规屠宰行为。督促企业落实主体责任，严格监管企业“代宰”和无害化处理行为。2017 年全市开展畜禽屠宰明察暗访活动 30 余次，处理群众举报 26 起，查实 6 起；出动执法人员 5570 人次，执法车辆 1392 车次，查处畜禽屠宰违法违规案件 38 起，罚款金额 15.1 万元，查办案件数量同比提升。推进畜禽屠宰企业标准化建设，至 2017 年底，全市生猪定点屠宰企业、鸡定点屠宰企业标准化建设完成率达 96.1%，牛定点屠宰企业标准化建设完成率达到 100%，超额完成河北省畜禽屠宰企业标准化规定要求。其中，生猪屠宰企业标准化建设达标率 94.4%，排名全省第一。落实属地分级管理政策，执行企业自评、属地管理部门评估、市级屠宰管理部门审核的“三级审核”制度。2017 年全市共有定点屠宰企业 37 家，其中，评定 A 级 21 家、B 级 16 家。加强渔政管理，利用动物园的技术资源、养殖设施、公益性质，首次确定水生野生动物保护救助的救助渠道和工作机制；平山县渔政站获评全国渔业文明执法窗口单位。开展畜牧综合执法，2017 年全市举行畜牧综合执法大检查 2 次、专项行动 1 次、业务检查 2 次，查处上级督办案件 7 件，处理投诉举报 9 起。至 2017 年底，全市办理畜牧案件 91 起，同比增长 6%；罚款 33 万元，同比增长 4%。3 月，市农业行政综合执法支队开展“抓源头、强监管、除隐患”清查行动，在赵县石家庄市翔宇环保技术服务中心集中销毁假劣兽药饲料及原料 14.2 吨，货值 200 余万元。

（李辉　郝国强）

林业

【概况】2017年，石家庄市完成造林绿化面积71.04万亩，其中，人工造林40.04万亩，封山育林31万亩；零星四旁植树1599万株，全民义务植树1500万株；森林抚育面积204.4万亩，林木覆盖率达到39.9%，林木覆盖率同比提升1.2个百分点。2017年全市林业产值19.16亿元，占农林牧渔业总产值3.44%，同比提升0.98个百分点。全年种植果园面积8.85万公顷，同比减少6.1万公顷。其中，苹果园8406公顷，减少3907公顷；梨园2.57万公顷，减少1.28万公顷；桃园2145公顷，减少910公顷；葡萄园3259公顷，减少1555公顷。园林水果总产量（不含果用瓜）147.59万吨，同比减少81.10万吨。其中，苹果15.62万吨（红富士11.56万吨），减少8.98万吨；梨100.66万吨（雪花梨28.53万吨、鸭梨22.25万吨），减少49.07万吨（雪花梨减少13.33万吨、鸭梨减少27.05万吨）；桃2.73万吨，减少3.94万吨；葡萄8.63万吨，减少4.91万吨。果园种植面积排名全市第一为赞皇县3.31万公顷，第二名为行唐县1.46万公顷。各类果品种植面积按照第一、第二排名依次为：苹果园，平山县2365公顷、赞皇县903公顷；梨园，晋州市1.08万公顷、赵县1.02万公顷；桃园，平山县539公顷、赞皇县393公顷；葡萄园，晋州市2073公顷、鹿泉区174公顷。园林水果产量排名全市第一为晋州市、66.44万吨，第二名为赵县、28.13万吨。各类果品产量按照第一、第二排名依次为：苹果，井陉县3.32万吨、行唐县2.34万吨；梨，晋州市56.40万吨（雪花梨3.93万吨、鸭梨20.14万吨）、赵县28.11万吨（雪花梨21.87万吨、鸭梨1.27万吨）；桃，晋州市1.16万吨、赞皇县6029吨；葡萄，晋州市6.40万吨、鹿泉区3386吨。红枣种植面积7.82万公顷，总产量17.20万吨，同比减少10.26万吨；红枣产量排名全市第一、第二名分别为：行唐县9.25万吨、赞皇县7.55万吨。干鲜果品总产量240.0万吨。核桃种植面积14.72万公顷，总产量3.85万吨，同比减少1.79万吨；核桃产量排名全市第一、第二名分别为：赞皇县1.85万吨、平山县1.20万吨。山杏仁总产量1598吨，主产地为灵寿县，产量1500吨。花椒种植面积6.29万亩，总产量4296吨；花椒主产地为平山县，种植面积6.21万亩，产量3900吨。花卉种植面积5.48万亩，年产切花切叶558.4万枝、盆栽植物1175.95万盆、观赏苗木949.9万株。育苗面积5905公顷，当年苗木产量1.59亿株。生产商品材1.51万立方米，其中，原木1.22万立方米，薪材2910立方米。生产人造板185.65万立方米。全年森林旅游、休闲产业接待旅游人数792.2万人次，实现旅游收入20亿元。2017年全市林业建设完成投资12.51亿元，其中，财政投资11.79亿元（中央财政1.41亿元、省级财政0.54亿元、市级财政4.96亿元、县级财政4.88亿元），自筹资金0.72亿元。林业系统从业人员1569人，其中在岗职工1465人。12月27日，河北省晋州市长城经贸有限公司被国家林业局认定为第三批国家林业重点龙头企业，年末全市共有国家林业重点龙头企业2家。2017年市林业局被河北省委、省政府评为河北省文明单位，市森林公安局、市果树站被省林业厅、省人力资源和社会保障厅授予全省林业系统先进集体。

（张爱明）

【造林绿化】2月25日，市政府办公厅印发《关于石家庄市2017年农村造林绿化工作实施方案的通知》（石政办函〔2017〕30号），计划造林绿化面积70万亩，其中，人工造林40万亩，封山育林30万亩。至2017年末，全市实际完成造林绿化面积71.04万亩。其中，人工造林40.04万亩，各县（市、区）人工造林面积为：井陉矿区2010亩、藁城区10110亩、鹿泉区16170亩、栾城区4000亩、井陉县60000亩、正定县3000亩、行唐县50000亩、灵寿县60000亩、高邑县3000亩、深泽县8000亩、赞皇县45000亩、无极县7000亩、平山县70000亩、元氏县46000亩、赵县5835亩、晋州市5000亩、新乐市5000亩、高新区300亩；封山育林31万亩。采取造林绿化与扶贫开发、美丽乡村建设相结合，生态林与经济林建设相结合方式，重点实施市级太行山生态绿化、中央基建三北防护林工程等。经济林主要栽植核桃、苹果、樱桃等经济树种，构筑多层次、多树种、多效益生态绿化格局。主要造林绿化工程情况：市级太行山生态绿化工程，造林绿化面积65万亩，其中，人工造林35万亩，封山育林31万亩；中央基建三北防护林五期工程，人工造林0.4万亩；中央基建防沙治沙工程，人工造林0.26万亩；地下水超采综合治理试点林业项目，人工造林3.65万亩；村庄及农田林网绿化等工程，人工造林0.99万亩。以已建成太行山生态绿化、北部“三河”、环省会经济林带工程和高速公路、国省干道两侧绿化林带2000余千米为重点，实施景观提升绿化项目，补植补造树木150万株。开展中央财政森林抚育补贴试点，完成森林抚育面积2.9万亩，其中，集体林1.3万亩、国有林1.6万亩。加强生态公益林管理，管护生态公益林138.31万亩。创新造林新模式，实施密度不低于每亩56株野生皂角嫁接项目，新增造林绿化面积5000亩。至2017年底，全市林地面积累计达到876万亩；林木覆盖率达到39.9%，林木覆盖率同比提升1.2个百分点。全民义务植树。3月12日是第39个植树节，2017年植树节主题为“气候、人类、社会”。植树节期间，全市林业部门发挥报刊、电视、广播、网络等媒体作用，举行“参加义务植树、建设美丽石家庄”主题宣传活动。全民义务植树主要形式有造林绿化、抚育管护、自然保护、认建认养、基础设施、捐资捐物、志愿服务等。3月12日，全市地域党政军领导、机关干部、驻石部队官兵、青年学生等社会各界群众10万余人参加植树节义务植树活动，栽植树木50万余株。其中，市四大班子领导、市直机关干部、驻石部队官兵等社会各界人士800余人参加植树活动，栽植白皮松、银杏、香花槐等4000余株。3月18日，省委书记、省人大常委会主任赵克志，省长张庆伟，中部战区陆军司令员张旭东等领导及省直机关干部群众、驻石部队官兵等1200多人到鹿泉区龙泉湖公园参加义务植树活动，栽植白皮松、玉兰、樱花、云杉、海棠等6000余株。至2017年底，全市累计参加义务植树活动500万人次，植树1500万余株。

（朱荣雨　陆景琨）

【果品产业】 利用区域优势，发展特色果品。赞皇县鲍家滩、栾城区北赵台分别建成万亩高标准甜樱桃基地，平山县中华寿桃、深泽县和鹿泉区鲜食葡萄、元氏县石榴发展形成一定规模。优化品种结构，赞皇县引进红珍珠、月光、冷白玉等鲜食枣品种，推广枣树高接换头技术；行唐县建设抗裂、抗缩果病曙光系列枣新品种1万亩。发展现代果业，扩大设施栽培面积，引进火龙果、木瓜、蓝莓、车厘子等经济价值相对较高的种植果品；鹿泉区红建种植专业合作社建设标准化日光温室15个，种植红心火龙果；赞皇县种植蓝莓；高新区种植木瓜。2017年全市新发展名优果树面积30.2万亩，其中，核桃23.42万亩、苹果1.57万亩、樱桃0.80万亩；高接换头新优品种5.12万亩；果树育苗1.0万亩。提升果品生产、储藏、销售企业质量管理意识，举办无公害果品生产技术、生态公益林管理技术等培训班。严格果品质量监管，检查果品生产企业、合作社、基地752家，抽检果品1357批次。根据省、市政府食品和林业部门安排部署，5月28日～6月5日，9月28日～10月26日，全市两次开展暑期果品质量安全检查和整治行动。推行从餐桌到生产环节质量安全追溯制度，选择管理标准高、辐射带动力强的果树基地，新建果品质量安全追溯点15个，追溯点累计达到69个。新建400平方米果品质量检测实验室，购置气相色谱仪、气质联用色谱仪等设备，形成以市级检测站为龙头、县级检测站为主体、重点产区及龙头企业检测点为前沿的果品质量安全检测体系。至2017年末，全市共有涉林涉果企业1562家，其中果品加工企业304家；组建林业专业合作组织757家，从事果品产业农民合作组织864家；建立果品机械冷库3127座、贮存能力80.5万吨；注册果品200余个，获得省部级以上名优果品520余个。依托林果生产基地，发展观光采摘果园350余家、果园面积12万亩，其中省级观光采摘果园113个，年采摘果品3.3万余吨。平山县、赞皇县、行唐县、晋州市、赵县等县市被国家林业局、中国经济林学会评选为中国经济林之乡，鸭梨、雪花梨、大枣等果品被国家相关部门认定为中国地理标志产品。

（张爱明　陆景琨）

【花卉产业】 全年花卉种植面积5.48万亩，其中，控温温室面积31.08万平方米，日光温室面积315.47万平方米；年产切花切叶558.4万枝、盆栽植物1175.95万盆、观赏苗木949.9万株。主要花卉品种有仙客来、红掌、凤梨、蝴蝶兰、一品红、君子兰等，地方名优特色花卉重点产品有仙客来、红掌。2000年6月，中国花卉协会命名石家庄市原振头乡为“中国仙客来”之乡。2017年石家庄市拥有花卉市场38个、花卉企业166个、花农2163户，花卉从业人员10020人，比较有名的花卉市场有西三教花卉市场、河北伟健花卉批发市场、肖家营花卉市场等。9月1日～10月7日，石家庄市组织花卉企业和个人携带养殖花卉产品参加在银川市举办的第九届中国花卉博览会获得金奖3个，分别为栾城区农林高科技园区（仙客来—维多利亚）、河北盛祥市政园林工程有限公司（蝴蝶兰—黄金甲）、邵凡平（普度众生）；银奖6个，分别为市花卉协会（仙客来—维多利亚）、河北盛祥市政园林工程有限公司（蝴蝶兰—甜格格）、河北盛祥市政园林工程有限公司（蝴蝶兰—法国斑点）、张东坡/董志婧（标本菊—国华美黄）、孙秀芝（仙客来—大花亮鲜红色）、赞皇县茗森绿化种植有限公司（玫瑰—海洋之歌）；铜奖25个，优秀奖13个。

【林业有害生物防治】 全年设立林业有害生物防治测报站（点）260个、美国白蛾监测点651个，拥有测报人员483名、查防员3158名，新购置全自动虫情测报系统6套。虫情灾害监测。以4个国家级中心测报站为主，省、市级测报站为骨干，县、乡、村监测点为基础，采取自动监测与人工监测相结合、专业测报和群众举报相结合方式，全方位开展林业有害生物防治监测预报。全年印发虫情预测预报56期2300余份，美国白蛾、红脂大小蠹、油松毛虫、杨扇舟蛾等主要病虫害测报准确率达90.1%，覆盖率100%。利用产地检疫、调运检疫、重大疫情监测方式，阻止有害生物传入和输出。全年产地检疫各类苗木10.5万亩，种苗产地检疫率达95%。开展松材线虫病疫情监测，在平山县、赞皇县、井陉县、灵寿县、鹿泉区、行唐县、井陉矿区、高邑县等松树资源集中的县（区）设置标准地块69处、监测点6个，悬挂松褐天牛诱捕器104套，安排专兼职监测人员115名。2017年全市林业有害生物发生面积64.12万亩，完成防治面积64.12万亩，其中无公害防治面积54.74万亩，无公害防治率85.37%。美国白蛾防控。2017年美国白蛾发生面广、疫点多、虫量大，涉及16个县（市、区）843个疫点村（街道、居民小区），其中，鹿泉区新发生疫点12个，井陉县新发生疫点7个；采取诱虫灯诱杀、剪除网幕、释放天敌、地面喷药等措施，动用防治专业队350支、人员1680人，使用灭幼脲3号、阿维菌素、高渗苯氧威、森得保、苦·烟乳油等农药50吨，高射喷药机械174台，车载打药机16台，高空作业车1辆，诱虫灯200台，释放周氏啮小蜂2.6亿头，美国白蛾防治面积20.74万亩（包含美国白蛾飞机防治作业面积）。开展红脂大小蠹、松毛虫、杨扇舟蛾、枣尺蛾等区域性害虫除治，完成红脂大小蠹防治面积3.13万亩，杨扇舟蛾防治面积10.95万亩，松毛虫防治面积8万亩，松阿扁叶蜂防治面积1.2万亩，其他病虫害防治面积20.1万亩，防治率100%。实施大面积飞机防治作业212架次，喷洒无公害农药10吨，作业面积31.5万亩次。全年石家庄市未发生林业有害生物重大灾害。

【森林资源管理】 全年救助受伤、致病野生动物丘鹬、夜鹭、秃鹫、猎隼、松雀鹰、草鹭等100余只。规范野生动物经营，审核野生动物人工繁育项目7个，检查和指导人工繁育野生动物符合野生动物栏舍、活动场所、安全措施及野生动物活动、繁育、卫生防疫等要求。开展“金网行动”，打击乱捕滥猎、非法经营鸟类、非法狩猎、非法出售及收购珍贵、濒危野生动物及其制品等野生动物违法犯罪行为，清理野生动物驯养繁殖场所15处、野生动物加工经营场所18处，检查野生动物活动区域31处，收缴捕网等猎具28件，查处行政案件5起，行政处罚5人。2月24日～3月1日，全市组织开展古玩市场清查行动，清查古玩市场6个，各种经营摊点近百处，查获非法买卖珍贵、濒危野生动物制品疑似盔犀鸟制品、象牙制品、犀牛角制品80余件。开展“金剑行动”，打击乱砍滥伐盗伐林木、非法运输加工木材等破坏森林资源违法犯罪行为，清查木材交易市场78处、木材经营加工场所46处、征占用林地场点38处，刑事立案1起，查处林业行政案件41起，收缴木材125.86立方米。开展“金盾行动”，打击非法占用和破坏林地资源等违法犯罪行为，刑事立案26起，不予立案44起；林业行政立案47起，处理违法行为人4人。开展“金钺行动”，打击野外违法用火行为，刑事处理1人，行政拘留50人。2017年市级林业部门发现林业违法案件线索52条，行政立案49起，办结47起，处理违法人员48人；刑事立案3起，办结2起，抓获犯罪嫌疑人2人。严格建设项目使用林地审核和临时占用林地审批事项，全年审核建设项目使用林地许可事项16件、临时占用林地事项2件。自然保护区管理。开展绿盾2017自然保护区违法违规开发建设专项整治行动，平山县、灵寿县、赞皇县、井陉县4个县配合国家林业局、省林业厅严肃查处在自然保护区违规开矿、采砂、房地产开发、违法占用林地等行为，驼梁国家级自然保护区核心区、缓冲区违建全部拆除。林业行政执法监督管理。制定印发《石家庄市林业局行政执法公示实施办法》《石家庄市林业局行政执法全过程记录实施办法》《石家庄市林业局重大行政执法决定法制审核办法》"三项制度""四类文本""五个清单"。规范行政执法行为，举办林业执法人员培训班两期，培训人员100多人。2017年市林业局共有51人持有林业行政执法资格证，其中，行政人员21人、全额事业人员30人。

【森林防火】 森林防火宣传。采取市、县、乡、村四级联动方式，张贴《春季森林防火公告》1万余份，发放防火宣传单3万余张，张贴、悬挂横幅标语5万余条，制作大型宣传牌45块、防火宣传栏120期，在广播、电视宣传时长达20小时以上。举办乡镇以上防火培训班20余期，在山区710所学校组织开展防火宣传教育活动。制作小型宣传牌2万块、宣传贴纸1000张、条幅100条，在太行山区1700个行政村的进村村口和进入林区路口悬挂、粘贴。森林防火督导检查。印发《2017年森林防火督导检查工作方案》，组建成立7个督导组；全年森林防火18个成员单位深入林区一线督导检查61批次。火源管控。全面落实封山禁火措施，严密排查进入林区路口、关键部位和景区入口，严控野外违规用火。森林防火演练。2月20日，市森林消防扑火大队在西山森林公园举行以水灭火铺设3千米水带实战训练；3月10日，石家庄市在井陉县孙庄乡南防口村举办2017年全市春季森林防火跨区增援应急演练活动。储备防火物资，在河北威尼盛护林设备制造有限公司号备防火物资价值200万元。严格值班备勤。森林防火期间，各级防火部门实行24小时值班制度，森林防火检查点人员做到24小时值守，各级扑火队伍全员24小时备勤。增援外地扑救森林火灾。5月11～13日，阜平县城南庄镇三官村发生森林火灾，石家庄市森林消防扑火大队奉调派出扑火队伍100人，开展跨区扑救森林火灾增援作业。森林防火智能化建设。2017年5月，投资1000万元建设市森林防火指挥中心和林火远程视频监控系统建成投用。石家庄市森林防火指挥中心是一座集调度、决策、指挥、科学管理和信息处理于一体的综合性指挥中心，主要具备视频监控、卫星监测、视频会议、信息指挥、预警监测五大功能；林火远程视频监控系统项目以平山县、井陉县、灵寿县、元氏县、行唐县、鹿泉区6个县（区）国有林场、旅游景区、自然保护区为重点，选择制高点建设远程林火视频监控塔（点）18个，每个监控塔（点）可视距离、自动识别距离为10千米，具备光学透雾、红外热成像、烟雾自动识别、灯光声音自动报警、火场标绘等功能，并以微波、光纤传输方式将监控录像数据回传至市森林防火指挥中心，实现实时指挥与调度。2017年市森林防火指挥中心和林火远程视频监控系统与赞皇县6个森林防火监控点有效对接，全市远程视频监控系统形成24个监控点，基本实现重点林区林火监测全覆盖。

（张爱明）

【林业科技研究与推广】 印发《2017年石家庄市林业局林业科技项目申报指南》。投入林业科技研究与推广经费50万元，组织16名中高级专业技术人员实施16个科研与推广项目，分别为：《核桃青皮成分分析与利用研究》《太行山生态绿化幼林抚育新技术应用与示范》《平山县赵家庄精品观光采摘园建设》《枣树品种改良及丰产栽培技术示范推广》《郁闭核桃园高光效优质丰产技术研究与示范》《几种甜樱桃丰产树形试验与主要害虫调查》《苹果矮砧密植优质丰产栽培新技术推广》《野皂角嫁接药用皂角及配套管理技术研究与示范》《半干旱地区核桃膜下滴灌技术推广》《设施樱桃早果丰产栽培技术推广示范》《甜樱桃新品种（系）引进及配套技术研究》《速生杨根蘖林培育技术示范点》《昆虫性信息素防治美国白蛾技术推广示范》《核桃清洗烘干加工基地设备减排改造》《林业有害生物主动测报技术推广》《秋冬季开花新树种－黄花槐的引进驯化技术研究》。赵县技术推广站、晋州市技术站承担中央、省级科技推广示范项目，分别为《梨果优质丰产技术推广》《梨果嫁接改造高效栽培技术推广》。其他市、县林业技术推广站承担市科技部门下达林业科技研究项目有《樱桃优种砧木品种引进及早丰高效综合栽培技术集成研究》《平原核桃提早丰产技术研究》《苹果大树高光效改造技术研究》《根蘖林培育技术》《清香核桃优质高产技术研究》等。编印林果技术规程和标准32项。4月24日，市果树站与市农机推广站联合举办石家庄市果树关键环节机械化现场演示暨培训会，邀请河北省果树研究所专家传授果园适宜灌溉方式、高效用水灌溉模式、高效用水模式下配套机具、果园降耗技术、“水肥树三位一体”技术5个方面林业技术知识培训，并在赵县谢庄梨香梨果种植专业合作社基地举行果树关键环节机械化现场演示。实施林业名牌战略，重点发展“三品一标”(无公害农产品、绿色食品、有机农产品和农产品地理标志）产品，全年改造高光效树体15.66万亩，新增高标准生产基地51.7万亩。建设240万亩无公害标准化果树种植列入全市重点工作。

【“红石沟”杯京津冀果王争霸赛获得果品奖项92项】 9月26～29日，第21届中国（廊坊）农产品交易会在廊坊国际会展中心举行。石家庄市选送果品参加9月26日举行的“红石沟”杯京津冀果王争霸赛暨河北省十大林果品牌评选活动获得奖项92项，其中，果王12项、金奖21项、银奖24项、铜奖24项，果品加工制品获得名优产品11项。石家庄市参赛果品获奖总数及获得果王、金奖、银奖、铜奖、名优产品数量均居全省第一。石家庄市天溢林果场富士苹果、井陉矿区森川林木种植场富士苹果、行唐县安太庄苹果种植专业合作社富士苹果、井陉矿区森川林木种植场斗南苹果、石家庄市昊源林果场红星苹果、石家庄市兆丰荒山果木开发中心王林苹果、晋州市怡嘉乐家庭农场巨峰葡萄、鹿泉区龙腾果品种植专业合作社阳光玫瑰葡萄、赵县雅百果农业开发有限公司黄冠梨、石家庄古绿农业科技有限公司黄冠梨、赵县三化梨业专业合作社秋月梨、行唐县鹤麟农业科技有限公司中华寿桃12项产品获得果王奖。石家庄佐美生态农业开发有限公司意大利葡萄、赞皇县沁园农业开发有限公司甜蜜蜜苹果、赵县大寺庄果品技术专业合作社雪花梨等21项产品获得金奖。河北皇农生态枣业有限公司皇农庄园牌鲜枣、赵县冀华星果品专业合作社冀华星牌雪花梨、河北鲜鲜农产有限公司思农牌黄冠梨3项产品获得河北省十大林果品牌。晋州鸭梨、赵县雪花梨2项产品获得河北省十大林果地域公用品牌。

（朱荣雨）

【国有林场改革】 制定印发《石家庄市人民政府关于国有林场改革实施方案的通知》(石政函〔2017〕16号)，明确国有林场公益性质、编制使用、经费保障、基础设施建设、管护机制、人才队伍建设、监管责任等。2017年全市共有国有林场8个，分别为：井陉县南寺掌林场、井陉县辛庄林场、灵寿县漫山林场、灵寿县桑树沟林场、平山县前大地林场、赞皇县虎寨口林场、鹿泉区郄庄林场、石家庄市滹沱河林场。至2017年底，井陉县、平山县、灵寿县、赞皇县、鹿泉区5个县（区）完成国有林场改革任务，7个县级国有林场全部确定为公益一类事业单位。石家庄市滹沱河林场旧场部综合改造项目。市滹沱河林场成立于1959年，2010年12月17日划归市林业局管理；市滹沱河林场旧场部综合改造项目位于滹沱河南岸开启利路68号，占地面积38.52亩；2016年9月26日开工建设，2017年5月7日竣工并通过项目验收，拆除倒塌建筑2000平方米，修缮改造房屋5444平方米，绿化美化面积1.3万平方米，道路改造8000平方米，新建扑火队员训练场2300平方米。2017年5月，市森林公安局、市森林消防扑火大队、市森林防火站、市果树站入驻改造后的滹沱河林场部，设立种苗检验室、果树叶片分析室、果园土样分析室、虫情测报室、林果病害检测室、果品质量检测中心、专家会诊室、标本展示室、林果科技大讲堂、飞防服务中心、森林防火指挥中心、森林公安办案中心等机构。7月19日，赞皇县林业旅游局被人力资源和社会保障部、国家林业局授予全国集体林权制度改革先进集体。

（张爱明）

【河北行唐国家红枣公园批复建设】 1月24日，河北行唐国家红枣公园获得国家林业局批复，成为河北省第一批建设的国家林木（花卉）专类公园。河北行唐国家红枣公园位于行唐县北部山区九口子乡，公园总面积2991.5公顷，枣树种植面积1942公顷，森林覆盖率达68%以上。公园内拥有千年以上古枣树8株，500年以上古枣树59株，百年以上古枣园近1万亩。公园内各类植被景观、野生动物资源丰富，乔灌木层、草藤本等植物达到132种，獾、狐狸、鹰等野生动物达到134种，还有云蒙山千年奇柏、棋盘山、峨眉甘泉、枣林湖等自然景观。行唐大枣栽培历史悠久，根据《战国策·魏策》记载，经考证有2500多年的历史。行唐大枣具有个大、皮薄、肉厚、核小、色鲜、味甘等特点，2004年12月，行唐县被国家林业局命名为“中国行唐大枣之乡”“中国优质大枣产业基地”，2010年10月被中国民间文艺家协会命名为“中国红枣文化之乡”，2011年被国家工商总局授予“行唐大枣地理标志证明商标”。

（方士刚　张爱明）

水　利

【概况】 2017年，石家庄市农田水利建设完成投资18.56亿元，新增及恢复改善灌溉面积99.3万亩，农业灌溉水有效利用系数达0.703。防汛抗旱设立市级防汛机动抢险队1支，驻军部队抢险队9支，群众性应急抢险常备队445支、预备队330支，防汛人员16万余人（防汛抢险常备队伍4.9万余人、预备队11.3万余人）。储备防汛物资6000余万元，其中，市本级储备防汛物资28个品种、价值900多万元。县级抗旱服务站维修更新机井1134眼，维修机泵3271台（套）。水资源管理。2017年全市水资源总量14.69亿立方米，比2016年减少12.99亿立方米；全市用水量26.47亿立方米；万元工业增加值用水量12.76立方米，低于河北省控制指标0.3%；年处理污水3.32亿吨，设计范围内来水处理率100%，出水达标合格率100%；中水回用量1.05亿吨，中水回用率30%以上。水利水土保持。2017年全市水土保持重点项目及水毁重建项目批复投资4094.18万元，项目涉及赞皇县、元氏县、井陉县、平山县、灵寿县、行唐县6个县，水土保持完成治理任务160平方千米；地下水超采综合治理水利项目总投资2.9亿元，完成投资2.38亿元，压采地下水1503.49万立方米。开展水利设施灾后重建，投资10.11亿元，实施639个村35.26万人农村饮水工程、27座水库维修加固工程、16条灌区工程、18座小水电工程、4处城镇供水工程、4439处农田水利工程、31个水土保持工程、39处河道治理工程，至2017年底，除2处河道治理工程按照省水利厅批复延至2018年汛前完工外，其余水利水毁设施修复工程全部完工。推进农业水价改革，全市涉及11个县、57万亩农田均按时完成水价改革任务。全面推行“河长制”，全市587条河道设立河长1163名。至2017年底，全市新建、改造供水管网634.5千米，关停自备井721眼，占年度目标任务的120.2%；整治河道20千米，关停高邑县、元氏县、赞皇县区域内采沙场4家，全市持证沙场数量由30家下降到26家。

【农田水利】 全年农田水利基本建设完成投资18.56亿元，投工614万个，完成工程量1881万立方米，其中，防渗及维修改造渠道742千米，新建维修小型水源工程10854项，新增及恢复改善灌溉面积99.3万亩，发展节水灌溉面积20.53万亩，农业灌溉水有效利用系数达0.703。冶河灌区续建配套与节水改造工程项目总投资822万元，完成投资750万元，发展节水灌溉面积20.53万亩。滹北灌区、磁右灌区、灵正灌区、磁左灌区4条中型灌区节水改造项目完成投资5909.52万元，建成防渗干支渠道22.53千米，恢复改善灌溉面积15.15万亩。2017年元氏县、平山县分别获得河北省农田水利基本建设“海河杯”竞赛一等奖、二等奖。

【防汛抗旱】 调整市县乡三级防汛抗旱指挥部及岗南水库、黄壁庄水库、城区防汛指挥部成员，落实防汛责任制。组建成立防汛准备工作重点抽查小组7个。修订完善各类防汛抗旱应急预案，制订防汛抢险操作规程，设置防汛危险区警示牌，印发群众避险转移明白纸，做到预警到乡，预案到村，责任到人。防汛工程建设。投资795万元，实施堤防应急加固、水库应急处理、山洪预警设备水毁修复等23项应急度汛工程全部完工。投资879万元，实施无线预警广播更新、服务器更新（市本级）、监测预警系统升级、鹿泉区重点县示范工程建设等项目，2017年底完成任务80%。人防物防准备。设立市级防汛机动抢险队1支，驻军部队抢险队9支，群众性应急抢险常备队445支、预备队330支，防汛人员16万余人（防汛抢险常备队伍4.9万余人、预备队11.3万余人）。主汛期前，组织市县乡村举办各级防汛演练400多次。全市储备防汛物资6000余万元，其中，市本级储备防汛物资28个品种、价值900多万元。检修、维修、保养通信设施，做到指挥处置顺畅，信息上传及时。以山洪灾害避险转移、防汛抢险救灾、防汛值班等为内容，举办防汛基本知识和技能培训，培训基层防汛骨干人员300多名。加强防汛重点部位管控，汛前检查大中型水库闸门启闭设备和备用电源，制定应急处置方案；落实防汛机构24小时值班、带班制度。抗旱。小型蓄水、引水、提水工程实施清淤扩容和更新改造。利用河道基流、小泉小水，采取引、提、拦、蓄等措施，储备抗旱水源。河道引水灌区，利用冬闲水为渠线以下水库、坑塘、蓄水池等蓄水工程引调水流。农村饮水困难易发区，帮助群众找水、引水、提水；投资450万元，建设抗旱应急水源工程130项，解决960人因旱临时饮水困难；安排运水车36辆，设置临时取水点42处。县级抗旱服务站投入抗旱活动机具49台（套），维修更新机井1134眼，维修机泵3271台（套），应急抗旱浇地1.38万亩、果树7万株。推进乡镇水利站建设，维修改造办公用房1959平方米，增加仓库储备面积669平方米，配备全站仪、流量计、手持GPS等技术装备157台（套）。

【水资源管理】 2017年全市地表水资源量5.84亿立方米，地下水资源量13.07亿立方米，扣除地表水和地下水资源重复计算量，全市水资源总量14.69亿立方米，比2016年减少12.99亿立方米。2017年全市用水量26.47亿立方米。其中，农田灌溉用水量15.79亿立方米，占59.7%；工业用水量3.19亿立方米，占12.0%；居民生活用水量3.07亿立方米，占11.6%；林牧渔用水量1.61亿立方米，占6.1%；城镇公共用水量1.02亿立方米，占3.8%；生态与环境用水量1.79亿立方米，占6.8%。万元工业增加值用水量12.76立方米，低于河北省控制指标0.3%。开展节水型城市建设，投入资金500余万元，实施节约用水和节水项目建设；建成省市县三级节水型企业129家、节水型公共机构273家、节水型社区95家；主城区建成节水型企业28家、节水型公共机构80家、节水型社区22家。年处理污水3.32亿吨，设计范围内来水处理率100%，出水达标合格率100%；中水回用量1.05亿吨，中水回用率30%以上。2017年石家庄市获评省级节水型城市。根据省水利厅《关于开展地下水位自动监测井移交工作的通知》要求，率先在全省完成地下水位监测井技术评定和全部移交，共计180眼；及时回收封井、停产、拆迁企业的监控设备，做到在线监测数据与水资源税征收水量对接。加强非农取用水户监控设备日常运行维护，印发《关于做好非农监控设备日常运行维护工作的通知》。开展农业水资源税纳税人认定，依据供电部门相关底数，认定农业水资源税纳税人12万人。全面推行“河长制”，全市587条河道设立河长1163名。5月23日，中共石家庄市委办公厅、市人民政府办公厅印发《石家庄市实行河长制工作方案》。公布市级总河长为：省委常委、市委书记邢国辉，市长邓沛然；主要河道市级河长为：李雪荣、刘胜、孟祥红、蒋文红、姜阳、吕素维、赵文锋、赵新朝。

表15　**2017年石家庄市主要河道市级河长一览表**

市级河长	河道名称	起止点及长度（千米）	所跨县（市、区）
李雪荣	滹沱河	滹沱河晋冀界至深泽县大兴村，长度206.6千米	平山县　灵寿县　鹿泉区 正定县　新华区　长安区　藁城区 无极县　深泽县　晋州市
刘胜	沙河	行唐县东安太庄村至新乐市小吴村，长度48.3千米	行唐县　新乐市

续表

市级河长	河道名称	起止点及长度（千米）	所跨县（市、区）
孟祥红	槐河	赞皇县嶂石岩槐泉寺至赵县南南冯村，长度 76.5 千米	赞皇县 元氏县 高邑县 赵县
蒋文红	冶河	甘陶河、绵河汇流口至黄壁庄水库库区，长度 36.1 千米	井陉县 平山县
姜阳	洨河	鹿泉区梁庄村至赵县沟岸村，长度 53.7 千米	鹿泉区 栾城区 赵县
吕素维	磁河（木刀沟）	灵寿县草房子村至深泽县段庄村，长度 165.1 千米	灵寿县 行唐县 正定县 新乐市 藁城区 无极县 深泽县
赵文锋	泲河	赞皇县大石门村至高邑县南陈庄村，长度 46.5 千米	赞皇县 高邑县
赵新朝	石津干渠	鹿泉区黄壁庄公路桥至晋州市南彭庄村（马兰桥上游），长度 87.96 千米	鹿泉区 新华区 长安区 藁城区 晋州市

【生态水利工程】 水生态建设。全年滹沱河生态修复工程完成投资 1.13 亿元，修建施工道路 23 千米，挖掘土方 805 万立方米；滹沱河塔子口—机场路南堤完成投资 1.45 亿元。地下水超采综合治理工程。2017 年 3 月，2016 年度地下水超采治理水利项目全部完工，压采地下水 481.48 万立方米；2017 年度地下水超采综合治理水利项目总投资 2.9 亿元，计划 2018 年 3 月底前完工，至 2017 年底，完成投资 2.38 亿元，压采地下水 1503.49 万立方米。水利水土保持。全年水土保持重点项目及水毁重建项目批复投资 4094.18 万元，其中中央和省级补助资金 3417 万元，项目涉及赞皇县、元氏县、井陉县、平山县、灵寿县、行唐县 6 个县，2017 年底工程全部完工并通过验收。2017 年全市水土保持完成治理任务 160 平方千米，其中，水平梯田 900 公顷、水保林 2500 公顷、经济林 4200 公顷、封育治理 8400 公顷，新建大口井 24 眼、机井 3 眼、扬水站 38 座、蓄水池 75 座、水窖 10 个、谷坊坝 644 道、护村护地坝 3020 米、铺设管道及渠道 6500 米、作业路 53 千米、宣传碑 45 座。

【民生水利工程】 实施井陉县冶河及小作河、元氏县槐河、高邑县泲河、赵县洨河 5 条中小河流治理工程，2017 年底各项目共计完成投资 1.18 亿元。农村饮水安全工程完成投资 9775 万元，全市 275 个村、14.65 万农村居民饮水条件得到改善。结合城市供水管网建设，实施市内四区老旧小区供水设施改造项目，协调解决 95 个老旧小区三层以上居民吃水难问题。做好水库移民后期扶持项目，全年完成水库移民后期项目 280 个，完成投资 5369 万元，有效改善库区面貌及移民生产生活条件。开展移民美丽家园建设，涉及 39 个村、移民 40300 人，投入资金 1153.84 万元；扶持移民发展产业，投入资金 1997.03 万元，因地制宜，集中扶持见效快、效益好的现代化特色产业，建成特色产业移民村 75 个。

【南水北调工程】 石家庄市南水北调配套工程依托中线总干渠和石津干渠 2 条骨架，由 16 个分水口引水，建设 16 条水厂以上输水管道、24 座水厂及配水管网，实现向主城区和沿线以东 9 个县（市）、石家庄装备制造产业园区、西部生态新区、鹿泉经济开发区、赞皇经济开发区 4 个重点生态及工业园区供水。至 2017 年底，南水北调配套工程泵站、地站建设项目基本收尾，16 条南水北调配套水厂以上输水管线实现通水。东北水厂并网试运行。2 月 28 日，市区东北水厂并网试运行；占地面积 307.6 亩，设计规模为每天 35 万立方米；水源由南水北调江水、石津灌渠地表水组成；东北水厂除常规水处理工艺外，增加臭氧预处理、臭氧接触池、活性炭滤池等深度处理工艺，106 项常规指标监测全部合格。实施石津干渠综合整治，开展截流导流、垃圾清理、违建拆除、围网建设等治理项目，封堵排水口 62 处，新建截流导流管道 15 千米，清理垃圾 11684 立方米，拆除违建 8488 平方米，完成工作量 70% 以上。江水切换。2017 年 5 月底，全市 22 座配套水厂按期完成江水切换；2017 年全市江水用量 26909 万立方米，占年度规划分配水量（2.19 亿立方米）的 122.7%，其中，市区江水用量 14806 万立方米，县（市、区）江水用量12103万立方米。

【水利行政执法】 开展打击河道非法采砂“飓风行动”，组建成立领导小组，印发《石家庄市深入开展打击河道非法采沙“飓风行动”》实施方案；出动巡查执法人员4000余人次、执法车辆1000余车次，查办非法采沙案件20余起，结案19起，罚款9.5万元，拆除采沙机械23台，拆除违章建筑17处，刑事拘留73人，批准逮捕10人，移交起诉28人，行政拘留11人。排查河道沙坑32个，全部回填到位，动用土方331万立方米。查处市区公共供水管网范围内非法建设项目9起，市内区查处非法取水活动2起，收缴罚款2万元。

（王潇潇）

农业机械

【概况】 2017年，石家庄市拥有农业机械总动力1282.2万千瓦，同比增加126.2万千瓦；主要农作物耕种收机械化综合水平达到91.0%，同比提高0.4%。小麦生产全部实现机械化操作。玉米机收率达到93.26%，同比提高2.96%；玉米机播率达到92.4%，同比提高4.4%。2017年石家庄市争取国家农机购置补贴资金17843.13万元，推广先进适用农机具6931台（套），报废老旧高能耗农机158台，享受补贴农户4906个、新型农业经营服务组织372个，带动资金投入5.5亿元。2004～2017年全市累计落实农机购置补贴资金12.72亿元，补贴农机具120816台（套），受益农户65707户，拉动农民投入36.24亿元。至2017年末，全市共有农机合作社218个，其中，国家级农机示范社5家、省级农机合作社示范社13家；入社成员7983人，拥有农机具11653台（套），服务农户28.7万户，作业服务面积226万亩，作业收入1.66亿元。2017年正定县获得全国平安农机示范县称号，灵寿县伟丰农机服务专业合作社获得农业部农机合作社示范社称号。

【农业机械化生产】 春耕期间，全市投入农机具1.2万台，机播春玉米20万亩、马铃薯5.6万亩、大豆10.1万亩、花生12.3万亩。“三夏”期间，全市投入农业机械26.5万台，其中，小麦联合收获机2.3万台、玉米播种机2.23万台；组织5000余台小麦收割机开展跨区作业，作业收入1.5亿元。“三秋”期间，全市投入玉米收获机7500台、拖拉机2.2万台、播种机械1.8万台，设置跨区作业接待服务站32个，印发跨区作业指导手册5000本，发放农机直通车明白纸1.2万余份，培训农机合作组织、农机大户、农机手等4.7万人次。

【创建全程机械化示范县】 2017年全市农作物全程机械化示范县创建投入项目资金560万元，其中，农业部投入30万元、省级投入300万元，主要支持赵县、深泽县、正定县、栾城区全程机械化示范县建设。以提升节水灌溉、高效植保、深松整地、精量播种4个机械化作业薄弱环节为内容，引进1.8米高地隙喷药机组、变量喷药等技术。赵县、栾城区建成小麦、玉米生产全程机械化示范田2万亩，示范区域主要农作物耕种收综合机械化水平超过98%。赵县示范区保护性耕作应用面积占80%以上，亩节本增效280元。正定县开展花生全程机械化技术试验示范，推广花生播种机30台、花生收获机15台，作业面积3.5万亩。2017年深泽县、栾城区获评国家级农作物全程机械化示范县。

【农机深松作业】 农机深松作业实现远程监测全覆盖，作业面积、作业深度达到实时监控，作业质量不合格、重复作业智能监控实时报警，管理人员和农机手通过手机APP或电脑可实时查看机组作业轨迹、作业地点、作业质量，并能实时回放。农机深松作业机具检查、作业地点经纬度达到实时图片显示。提升农机深松作业质量和效益，探索引进第三方质检机构。2017年石家庄市共有农业耕地面积780万亩，适宜深松作业面积379万亩，占比48.6%。2017年全市农机深松作业任务150.5万亩，其中高标准农机深松试点项目15.5万亩，占全省比重的38.75%。2017年末全市农机深松作业任务全部完成。全年使用农机深松作业机具1551台（套），均安装深松远程监测系统，其中14个项目县实行第三方机构质检。石家庄市自2010年开始农机深松作业试点，至2017年末，全市累计利用补助资金 21280 万元，补助深松作业面积 762.5 万亩，示范带动深松作业面积 50 万亩。

【智慧农场建设】 探索“互联网+农业机械”服务新模式，推进信息化与农机装备、作业生产、管理服务融合。6 月 9 日、9 月 17 日石家庄市在赵县举行“全程机械化农机精准作业现场演示会”“智慧农场建设和精准农机作业示范观摩会”，利用信息化设备演示测土配方施肥、精准施肥配套技术和农业大数据分析服务平台数据采集、作业过程监管、精准作业数据服务，实现“互联网+”农机装备、“农机直通车·全国农机化综合管理系统”与智慧农场平台互联互通。赵县、深泽县示范合作社全部安装“智慧农场”平台，示范区利用一台计算机、一部手机实现农业生产全程数字化管理。发挥室外气象监控系统作用，实时采集农机所处环境的温度、湿度、风向、风速等信息，帮助农户利用手机 APP 做到实时、动态、连续监测农作物生态环境参数。推行农机安装北斗卫星导航无人驾驶系统，提高播种、深松、秸秆还田作业效果和质量。高效植保打药机配备精准变量装置，保证单位面积的喷药量按标准喷施，防止产生药害和漏喷；高速精量玉米播种机安装智能漏播监控装置，耕种收机具装备轨迹和面积监控等新型智能装备，节省劳动力成本，实现精准作业与农机化、信息化深度融合。

（李辉　郝国强）

农业开发

【概况】 2017 年，石家庄市农业开发完成 2016 年度农业开发续建项目 100%，完成 2017 年度农业开发项目 50%。2016 年度全市农业开发项目总投资 27808.27 万元，其中，财政资金 26017 万元、自筹资金 1791.27 万元，涉及 16 个县（市、区）；土地治理项目开发 16.25 万亩，其中，高标准农田建设 11.22 万亩、生态综合治理 5.03 万亩；扶持产业化经营项目 22 个。2017 年全市农业开发项目总投资 28781.19 万元，其中，财政资金 24393 万元、自筹资金 4388.19 万元；实施高标准农田建设 8.55 万亩，生态综合治理 1.71 万亩；立项农业产业化项目 16 个、农业开发部门项目 3 个。建设节水型高标准农田，赵县推广智能化水肥一体固定式喷灌节水示范田 1300 亩；藁城区推广防渗管道“王”“工”字形布局，亩均管道埋设达到 12 米。2015～2017 年，藁城区农业开发示范区项目建设累计投入财政资金 9450 万元，撬动社会资金 2.02 亿元，建设连片高标准农田 6.24 万亩，农业生产基础条件和综合生产能力大幅提升。至 2017 年末，全市国家级、省级、市级农业产业化重点龙头企业分别达到 4 家、69 家、313 家，君乐宝乳业、双鸽食品等 9 家企业被认定为省级农业产业化联合体。2017 年石家庄市农业产业化经营率达到 67.5%，农产品加工业总产值达到 3083.0 亿元，是农业产值 11.5 倍。加大农业开发信息宣传，在《石家庄日报》开设“农业开发　兴农富民”专栏；全年报送农业开发信息 161 条，撰写宣传稿件 213 篇。

【项目建设】 续建项目。2016 年度全市农业开发项目总投资 27808.27 万元，其中，财政资金 26017 万元、自筹资金 1791.27 万元，涉及 16 个县（市、区）；土地治理项目开发 16.25 万亩，其中，高标准农田建设 11.22 万亩、生态综合治理 5.03 万亩；扶持产业化经营项目 22 个，其中，财政补助项目 7 个、财政贴息项目 15 个。2017 年石家庄市全部完成 2016 年度农业开发项目建设任务并通过省、市验收，石家庄市获评河北省项目资金管理先进市。新建项目。2017 年全市争取农业开发项目总投资 28781.19 万元，其中，财政资金 24393 万元、自筹资金 4388.19 万元；实施高标准农田建设 8.55 万亩，生态综合治理 1.71 万亩；立项农业产业化项目 16 个、农业开发部门项目 3 个；至 2017 年底，全市 2017 年度农业开发项目完成总体任务的 50%。申报 2018 年度农业综合开发项目计划，向各县（市、区）下达 2018 年度农业开发项目第一批中央财政资金 12427 万元。2017 年石家庄西部山区行唐县、赞皇县、井陉县、元氏县、平山县实施生态综合治理项目 5.03 万亩，采取优选贫困村立项、结合特色主导产业、重点发展沟域经济、栽植优质经济林、突出建设水源工程等方法，达到实施一处、成效一片的效果。省级农业综合开发节水型现代农业创新试点项目落地行唐县。该项目以“山区生态综合治理、高效节水多措并举、粮改饲种养结合、废旧矿山生态修复、大枣公园乡村旅游、产业扶贫攻坚”为主要内容，规划总投资5440万元；项目区5个村以生态综合治理为内容，主要实施大口井、输水管道、蓄水池、小管出流微灌、水泥路、防护林、片林等山、水、林、田、路综合配套工程，打造集“林果种植、饲草种植、肉牛养殖、观光采摘”产业于一体的发展模式。

【农业产业化】 按照“育产业、延链条、强龙头、创品牌、增效益”思路，以项目建设为抓手、以做强做大龙头企业为重点，调整优化农业产业结构，推进一二三产业融合发展。培育特色主导产业，重点扶持农民合作社、农业产业化龙头企业发展，打造产业集群，形成以“双鸽”为龙头的生猪繁育到屠宰加工肉类产业链，以“洛杉奇”为龙头的太行鸡养殖到屠宰加工的肉蛋禽产业链，以“君乐宝”为龙头的奶牛养殖和奶业加工产业链，以“长城”为龙头的果蔬生产加工产业链。至2017年末，全市国家级、省级、市级农业产业化重点龙头企业分别达到4家、69家、313家，君乐宝乳业、双鸽食品等9家企业被认定为省级农业产业化联合体。313家市级以上农业产业化重点龙头企业实现销售收入380亿元。2017年石家庄市农业产业化经营率达到67.5%，农产品加工业总产值达到3083.0亿元，是农业产值11.5倍。石家庄惠康食品有限公司、河北华田食品有限公司、河北鹏达食品有限公司、河北省晋州市长城经贸有限公司、河北绿诺食品有限公司、石家庄君乐宝乳业有限公司6家企业通过国际标准农产品生产示范区验收。10家农业企业获得“中国驰名商标”，河北纽康恩食品有限公司、石家庄市米莎贝尔饮食食品有限公司获评全国主食加工业示范企业，君乐宝乳业、双鸽食品被认定为“河北省十大农产品企业品牌”，“晋州鸭梨”被认定为“河北名优农产品区域公用品牌”。开展红薯贮藏、大枣核桃制干、果蔬冷藏保鲜等农产品储藏、初加工设施建设，平山县、灵寿县、赞皇县3个县争取农业部奖补资金1000万元，建设农产品产地初加工设施133座。推动农村“一村一品”建设，落实规模化、特色化、专业化、品牌化要求，建设符合农业部标准“一村一品”专业村600余个，其中，晋州市北辛庄村，元氏县时家庄村，深泽县杜社村、孤庄村，井陉矿区天户峪村，鹿泉区邓庄村，平山县元坊村获评全国“一村一品”示范村。

石家庄市扶贫和农业开发办公室

主　任：赵永利

副主任：顾玉平　戚忠奎

王家雄　程辉

（张万林　秦立兵）

农业科技

【概况】 2017年，石家庄市争取省级农业科技项目43项，经费1840万元。其中，科技支撑计划项目16项，经费650万元；农业科技成果转化资金项目8项，经费430万元；河北省渤海粮仓成果转化类项目8项，经费240万元；现代农业科技奖励性后补助项目5项，经费340万元；河北省农业科技园区建设项目5项，资金170万元；大学生村官科技特派员奖励性后补助项目1项，经费10万元。2017年全市农业部门安排重点农业现代化创新项目52项，列支经费1155万元；通过省级审定农作物新品种17个，其中，玉米新品种12个、小麦新品种2个、大豆新品种2个、蔬菜新品种1个；4个新品种获得河北省渤海粮仓成果转化项目支持，获得资金120万元。2017年石家庄市培育的小麦品种“石麦25”经专家在市农林科学研究院赵县试验站示范田测产，平均亩产740.4千克。开展农业科技培训和新技术、新品种引进，全年引进和推广农业适用技术60余项，示范推广农作物新品种45个，培训农民105万人次。2017年全市培育并备案国家级“星创天地”3家、省级“星创天地”11家；认定备案省级“小巨人”企业79家。2017年石家庄市河北大地种业有限公司入选全国种业20强企业，排名第12位。

【农业科技服务】 全年争取省级农业科技园区项目5项，获得经费170万元。开展第三批市级农业科技园区培育和认定，全市认定市级农业科技园区 13 家。以“重品行、树形象、做榜样”为主题，选拔第四批科技特派员 88 名，其中，自然人科技特派员 80 名、法人科技特派员 8 名；举办特派员制度和相关创新创业政策研讨，引导科技特派员采取“做给农民看、领着农民干、带着农民赚”的方式，帮助农民答疑解惑。以农业科技园区、农业科技特派员创新创业基地为平台，围绕林果、畜牧、粮食、蔬菜等主导产业，采取集中授课、现场指导、科技下乡、项目带动等形式，开展实用技术与生产技能等培训。全年培训农民 105 万人次，引进推广农业适用技术 60 余项，示范推广农作物新品种 45 个。推进京石农业科技合作，建设京石现代农业领域科技合作信息平台上线运行。确定藁城农业高科技园区接收北京市提供的蔬菜新品种等安全投入品，重点建设蔬菜产业示范基地。举办“星创河北”（石家庄站）农村科技供需对接活动，助推京石两地农林科学研究院所和企业开展座谈和交流。8 月 1 日，“星创河北”（石家庄站）农村科技供需对接活动在石家庄市举行，来自北京市农林科学院、河北省农林科学院、北京技术交易促进中心等单位及石家庄市、辛集市地域 100 余家农业企业负责人参加活动；北京市农林科学院、河北省农林科学院 14 位专家围绕农业新品种推介、养殖废弃物处理、功能型生物肥料、农业装备信息化智能化等内容召开现场技术成果发布会，搭建专家与企业现场交流及“一对一”对接服务形式，推进农业需求与科技供给精准对接。

【“星创天地”建设】 全年市级“星创天地”建设列支补助经费 150 万元。2017 年石家庄市培育并备案国家级“星创天地”3 家、省级“星创天地”11 家，其中，4 家“星创天地”运营单位得到市级项目支持，落实经费 90 万元。

表 16　　2017 年石家庄市“星创天地”创建运营主体情况一览表

类别	“星创天地”名称	运营主体	获批时间
国家级	科盛星创天地	河北科盛农业科技开发有限公司	2017 年 11 月 24 日
	甘薯产业星创天地	晋州市丰源薯业专业合作社	
	果蔬之家星创天地	河北双星种业股份有限公司	
省级	赞皇县科盛星创天地	河北科盛农业科技开发有限公司	2017 年 7 月 21 日
	赞皇县蕊源蜜蜂产业星创天地	石家庄赞皇县蕊源蜂业有限公司	
	行唐县团山红农业科技星创天地	河北团山红农业开发有限公司	
	鹿泉区奶业星创天地	石家庄天泉良种奶牛有限公司	
	裕华区神州星创天地	石家庄市神州花卉研究所有限公司	
	晋州市甘薯产业星创天地	晋州市丰源薯业专业合作社	
	高新区统帅星创天地	河北宏瑞种业有限公司	
	元氏县乡绿星创天地	河北乡伴食品有限公司	
	元氏县白石灵峰星创天地	元氏县科宝生态农业开发有限公司	2017 年 7 月 21 日
	新华区果蔬之家星创天地	河北双星种业股份有限公司	
	新华区家裕星创天地	石家庄市牧工商开发总公司	

链接

“星创天地”是以农业高新技术产业示范区、农业科技园区、高等学校新农村发展研究院、农业科技型企业等为载体，整合科技、人才、信息、金融等资源，面向科技特派员、大学生、返乡农民工、职业农民等创新创业主体，集中打造融合科技示范、技术集成、成果转化、融资孵化、创新创业、平台服务为一体的众创空间。

【“小巨人”企业培育】 激发农业企业创新活力，开展农业科技“小巨人”企业培育工作。全年认定备案省级“小巨人”企业两批，共79家，其中，第一批48家、第二批31家。

表 17　　2017年石家庄市省级农业科技“小巨人”企业情况一览表

批次	序号	企业名称	备案时间
第一批	1	河北科星药业有限公司	2017年7月27日
	2	石家庄洛杉奇食品有限公司	
	3	石家庄天泉良种奶牛有限公司	
	4	河北维尔利动物药业集团有限公司	
	5	河北天太生物质能源开发有限公司	
	6	石家庄农业机械股份有限公司	
	7	河北鹏达食品有限公司	
	8	河北制药集团动物保健品有限责任公司	
	9	石家庄三立谷物精选机械有限公司	
	10	石家庄绿缘达园林工程有限公司	
	11	栾城县农林高科技园区	
	12	河北海泰科技有限公司	
	13	河北上瑞化工有限公司	
	14	石家庄鑫农机械有限公司	
	15	河北沃霖田肥业有限公司	
	16	石家庄中农同创生物科技有限公司	
	17	河北双星种业股份有限公司	
	18	石家庄飞龙饲料有限公司	
	19	河北新世纪周天生物科技有限公司	
	20	河北大可生物科技股份有限公司	
	21	河北联兴佳　农业科技有限公司	
	22	石家庄中吉化肥有限公司	
	23	河北盛唐园林科技开发有限公司	

续表

批次	序号	企业名称	备案时间
第一批	24	元氏县绿元农业有限公司	2017年7月27日
	25	石家庄市米莎贝尔饮食食品有限公司	
	26	石家庄市中嘉化肥有限公司	
	27	石家庄迪龙塑胶有限公司	
	28	赵县旭海果汁有限公司	
	29	石家庄市中州机械制造有限公司	
	30	河北通田机械有限公司	
	31	河北萌帮水溶肥料有限公司	
	32	河北绿诺食品有限公司	
	33	河北绿地久乐生物科技股份有限公司	
	34	河北海燕农牧有限公司	
	35	河北九维生物科技开发有限公司	
	36	河北枣能元食品有限公司	
	37	石家庄市丸京干果有限公司	
	38	赞皇县中天面粉机械制造有限公司	
	39	河北利土生物科技有限公司	
	40	河北威远动物药业有限公司	
	41	石家庄聚力特机械有限公司	
	42	石家庄九鼎动物药业有限公司	
	43	河北博嘉农业有限公司	
	44	河北中农博远农业装备有限公司	
	45	华北制药集团爱诺有限公司	
	46	河北奥菲动物药业有限公司	
	47	河北兰德泽农种业有限公司	
	48	河北绿谷信息科技有限公司	
第二批	49	河北泓润林木种植有限公司	2017年12月5日
	50	石家庄石牧动物药业有限公司	
	51	石家庄江山动物药业有限公司	
	52	河北一森园林绿化工程股份有限公司	
	53	河北华嘉农业开发有限公司	

续表

批次	序号	企业名称	备案时间
第二批	54	河北兴丰农业科技有限公司	2017年12月5日
	55	河北鑫灿农业开发有限公司	
	56	元氏县广茂农业开发有限公司	
	57	河北农哈哈机械集团有限公司	
	58	河北科盛农业科技开发有限公司	
	59	石家庄金太阳生物有机肥有限公司	
	60	晋州市四杰农场	
	61	晋州市怡嘉乐家庭农场	
	62	河北迪思泥农业科技开发股份有限公司	
	63	河北征宇制药有限公司	
	64	河北华泉食品有限公司	
	65	河北智祥农业开发有限公司	
	66	石家庄美迪机械有限公司	
	67	华盛绿能石家庄农业科技有限公司	
	68	河北冀丰动物营养科技有限公司	
	69	石家庄绿特石磨面粉有限公司	
	70	循环化工园区勤悦种植服务专业合作社	
	71	河北栗凝香食品有限公司	
	72	石家庄市豪雪面粉有限公司	
	73	石家庄市久润食品科技有限公司	
	74	河北骥林农业机械有限公司	
	75	石家庄循环化工园区昊阳家庭农场	
	76	河北润雨肥料科技有限公司	
	77	河北英茂生物科技有限公司	
	78	河北伦伦农业科技股份有限公司	
	79	井陉县鱼泉冷水鱼开发有限公司	

（孙乃瑞）

农村工作

【概况】 2017年，全市农村工作以美丽乡村建设、改善农村人居环境、夯实农村发展基础、推进农村改革、激发农村发展活力为主题，组织开展山区综合开发、农村贫困村和革命老区帮扶活动。加快美丽乡村建设，8个村获批省级中心村建设示范点，1个县获批省级中心村建设示范县，2017年末全市省级中心村建设示范点达到39个、省级中心村建设示范县达到3个。10个村庄获评首届石家庄市十大美丽乡村，分别为：藁城区杜村、高邑县东邱村、平山县李家庄村、鹿泉区下聂庄村、正定县大寨村、栾城区南浪头村、赞皇县东高村、栾城区柳林屯村、鹿泉区东辛庄村、藁城区镇南村。栾城区柳林屯镇柳林屯村获评2017年全国生态文化村，至2017年底，石家庄市拥有全国生态文化村3个，另两个为晋州市周家庄乡周家庄村、赞皇县许亭乡许亭村。实施农村改革，出台《关于扎实推进农业供给侧结构性改革全力培育农业农村发展新动能的实施意见》《关于稳步推进农村集体产权制度改革的指导意见》。2017年全市99%的乡镇、97.9%的村启动农村土地确权登记，土地确权登记面积649.75万亩，占应确权面积96.5%；农村土地承包经营权确权登记基本完成，登记率89.7%。土地流转面积241.58万亩，占家庭承包耕地总面积37.2%，适度规模经营率达30.9%。农村集体产权制度改革试点村达到1543个，占行政村总数38.5%；203个农村集体产权制度改革完成，占试点村数量13.2%。至2017年末，全市认定县级以上现代农业园区350个，其中，省级园区19个、市级园区58个；拥有省级示范家庭农场79家、市级示范家庭农场314家；农民专业合作社3826家，其中，国家级农民专业合作社示范社22家、省级农民专业合作社示范社111家。

【美丽乡村建设】 贯彻落实省市美丽乡村工作部署，按照环境美、产业美、精神美、生态美及改房、改水、改路、改厕、改厨“四美五改”总要求，采取“点、片、线、面”4个层次方式，实施民居改造、安全饮水、污水治理、实施街道硬化、无害化卫生厕所改造、清洁能源利用、垃圾治理、村庄绿化、特色富民产业、农村电子商务网点建设、乡村文化建设、基层组织建设12个专项行动，有序推进全市美丽乡村建设。采取示范引领、突出地域特色、保留乡村文脉、强化市场运作、支持多方参与、建立长效机制办法，将美丽乡村建设与发展现代农业、推进扶贫攻坚、搞好乡村旅游、山区综合开发、革命老区村建设、文明村镇创建、农村社区建设相结合，统筹推进和打造“城市品质、乡村风情”的现代新农村。行政村规划保留3535个，其中1972个省重点村开展美丽乡村建设，占规划保留村的56%。353个省级重点村完成村庄规划初稿设计，全市通过市级规划审查村达50%以上；井陉县古村落、藁城区“三宫”休闲游2个省级重点片区规划通过省级专家审查。改善农村生态环境，开展美丽乡村“三清一拆”集中攻坚行动，全市清理垃圾杂物461万立方米、残垣断壁2.8万处、庭院21.5万处，拆除违章建筑2.6万处，栽植各类树木204万株，高标准完成青银高速沿线环境整治任务。创建省级美丽乡村182个、市级美丽乡村136个、美丽乡镇11个、省级精品片区4个（正定古城、平山西柏坡、栾城三苏都市农业游、鹿泉抱犊寨）。以农村新型社区、产业园区、生态园区“三区同建”为模式，选点申报省级中心村建设示范点；8个村获批省级中心村建设示范点，1个县获批省级中心村建设示范县，2017年末全市省级中心村建设示范点达到39个、省级中心村建设示范县达到3个。10个村庄获评首届石家庄市十大美丽乡村。2016年10月17日至2016年12月30日，由市美丽乡村办公室与石家庄日报社（传媒集团）、石家庄广播电视台联合举办的“不忘乡愁·石家庄市十大美丽乡村”评选活动举行。2017年1月24日，“不忘乡愁·石家庄市十大美丽乡村”颁奖典礼在市广播电视台举行，藁城区杜村、高邑县东邱村、平山县李家庄村、鹿泉区下聂庄村、正定县大寨村、栾城区南浪头村、赞皇县东高村、栾城区柳林屯村、鹿泉区东辛庄村、藁城区镇南村获评为“不忘乡愁·首届石家庄市十大美丽乡村，高邑县南塔影村、栾城区樊家屯村、栾城区龙化村、栾城区大任庄村、藁城区只照村、栾城区小周村、栾城区北浪头村、正定县西宿村、栾城区大周村、藁城区杨马村获得“首届石家庄市十大美丽乡村入围奖”。谋划推进鹿泉区白鹿泉、井陉县古村落、井陉矿区贾庄古镇、平山县李家庄、灵寿县燕西湖、正定县滹沱河、藁城区宫耕文化、栾城区东方园林8个美丽乡村旅游度假区试点建设，促进美丽乡村建设由“建设美丽”向“经营美丽”转变、由“美丽元素”向“美丽经济”转变；2017年鹿泉区白鹿泉、平山县李家庄美丽乡村旅游度假区建设开始部分对外营业。

【农村改革】 按照“牵头工作抓推进，重点工作抓亮点”思路，制定出台《关于扎实推进农业供给侧结构性改革全力培育农业农村发展新动能的实施意见》（石发〔2017〕6号）和《关于稳步推进农村集体产权制度改革的指导意见》（石发〔2017〕11号），组织开展国家级农村集体产权制度改革试点县申报、农村土地承包经营权确权登记颁证及农村集体资产清产核资等工作，行唐县列入国家级农村集体产权制度改革试点县。2017年全市99%的乡镇、97.9%的村启动农村土地确权登记，土地确权登记面积649.75万亩，占应确权面积96.5%；农村土地承包经营权确权登记基本完成，登记率89.7%。全年土地流转面积241.58万亩，占家庭承包耕地总面积37.2%，适度规模经营率达30.9%。农村集体产权制度改革。以明晰农村集体产权归属、维护农村集体经济组织成员权利为目的，以推进集体所有资产改革为重点任务，以发展股份合作等多种形式的合作与联合为导向，探索建立归属清晰、权能完整、流转顺畅、保护严格的农村集体产权制度。制定印发《农村集体资产清产核资工作指导意见》《石家庄市农村集体产权制度改革操作程序及说明》《石家庄市农村集体产权制度改革领导小组办公室工作制度》等工作制度规范，每周以简报形式通报试点村进展情况。逐级成立农村集体产权制度改革领导小组，明确牵头单位、工作人员及主要职责；领导小组下设办公室负责日常农村集体产权制度改革工作的指导、协调及督查，研究解决改革过程中出现的重大问题。县、乡两级党委书记承担领导责任，农村经济主管部门负责集体资产清产核资，形成市统筹指导、县（市、区）直接领导、乡镇组织实施、村级具体操作、部门协调配合的工作机制。坚持“三村先行（试点村、示范村、贫困村）、区域推进（行唐县、井陉矿区、栾城区楼底镇全域），把握政策、大胆创新，典型引路、整体突破”工作推进思路。改革关键环节遵照农业部和石家庄市相关规定及程序，审核把关做到“五不”：不经村级相关会议研究不过关，确保改革程序规范；公示公开不到位不过关，确保群众的知情权；成员认定、清产核资不实不过关，确保改革真实全面；工作过程不留记录和影像资料不过关，确保改革全程留痕可回溯；群众反映问题未解决的不过关，确保农村稳定。改革形式、方法、途径不搞“一刀切”，做到“一村一策”、具体问题具体分析和具体处理。决策民主：坚持依法依规依政策，没有政策依据的事项由村民集体经济组织成员代表大会民主决策；公开公正：保障成员的知情权、参与权、决策权和监督权；稳步推进：从试点起步，积极、有序、稳妥地推进农村集体产权制度改革工作实施；促进发展：通过改革，盘活现有存量资产，壮大集体经济，发展农村生产力，加快形成可持续发展的新型集体经济模式。树立和培育典型，注重打造石家庄市农村集体产权制度改革模式，推广栾城东尹、鹿泉北铜冶、井陉矿区涧底、灵寿车谷坨4种改革模式。将农村集体产权制度改革纳入县级科学发展综合考核，由市领导小组办公室牵头制定考核办法，完善考核体系，配套建立奖惩机制，形成各负其责、齐抓共管的改革局面。2017年全市农村集体产权制度改革试点村达到1543个，占行政村总数38.5%；203个农村集体产权制度改革完成，占试点村数量13.2%。开展林权、水权制度改革，赞皇县林权制度改革、元氏县水权制度改革经验在全省推广。

【现代农业园区】 突出打造现代农业园区发展新格局，开展粮食绿色高产高效创建、互联网+现代农业、主要农作物全程机械化等主题示范活动。推进环省会都市休闲农业圈建设，市级财政投入2000万元，支持3区1县（藁城区、鹿泉区、栾城区、正定县）发展现代农业园区，完善功能设施，提升环境形象，打造省级现代农业园区和4A级旅游景区。加快农业旅游结合、农业变产业、园区变景区建设步伐，推进农业与文化、科技、生态、旅游融合，打造观光、休闲、度假、体验、娱乐和购物于一体的新型产业业态和新型消费业态，发展形成藁城现代农业观光园、栾城苏园、正定森林河趣那主题公园、鹿泉联民圣农庄园、赵县旭海庄园等一批集高效、生态、休闲、观光、旅游等为一体的都市现代农业园区。按照龙头带动、农民参与、股份合作、促进增收原则，采取举办园区项目推介、展会招商等形式，吸引贮藏加工、物流配送、现代服务业、电子商务等产业化龙头企业参与现代农业园区建设，延伸产业链、丰富价值链，建成集产、加、销、游于一体的产业园区72个，形成“规模化开发、园区式建设、循环式利用、产业式扶贫”“大园区 + 小业主”等发展模式，将“黄土地”变成“金资源”，“小农户”融入“大市场”，“小链条”转为“大集群”，激发了农村经济发展活力。依据农业部规划设计研究院公布《关于国家现代农业示范区建设水平监测评价结果的公示》，2017年石家庄市在农业部国家现代农业示范区监测评价得分75.48分，同比增加3.18分，被列入农业现代化基本实现阶段示范区名单。至2017年末，全市累计认定县级以上现代农业园区350个，其中，省级园区19个、市级园区58个；拥有百亩以上现代农业园区280个，同比增长33.3%，总产值132亿元，同比增长57.1%。行唐神树湾被省委宣传部评为“2017年最美现代农业园区”。

【休闲农业】 以“服务省会、繁荣农村、提升农业、富裕农民、优化生态、拓展功能”为思路，以“调结构、转方式”为主线，以建设农业旅游结合、产加销游于一体的休闲农业园区为载体，科学规划布局、创新发展模式、推进产业融合，助力休闲农业快速发展。突出京津冀生态型都市现代农业发展定位，选择区域优势资源，承接京津要素转移，确定休闲农业发展布局为“一环、两带、两片区”。“一环”即环城区都市现代农业产业环；“两带”即滹沱河特色农业开发带、西部山区生态农业建设带；“两片区”即“东北部现代农业园区示范片区”“东南部现代设施农业生产示范片区”。宣传推介休闲农业与乡村旅游，精选10条具有不同特色的休闲旅游精品线路，加强基础设施建设，拓展生态生活功能，提高社会知名度。石家庄十大休闲农业精品线路分别为：石家庄市区→东方巨龟苑→大吾生态谷→泓润现代农业园→白鹿温泉→佛光山→天桂山→沕沕水；石家庄市区→农耕时代→森林河趣那主题公园→滹沱河花海；石家庄市区→君乐宝优致牧场→紫藤西山庄园→封龙山生态园→森泰都市农业观光园→圣农庄园现代农业园；石家庄市区→佐美庄园→慧灯庄园→范台草莓基地→弘顺现代农业园区；石家庄市区→杜村现代农业园区→肥晶国都市休闲农业观光园→军姐田园→常安庄园→国大御温泉度假小镇→周家庄农业园；石家庄市区→柏林禅寺→赵州桥→旭海庄园；石家庄市区→元氏县健食源现代农业设施园区→轩鑫生态园→元丰现代农业园区；石家庄市区→嶂石岩风景区→鲍家滩樱桃生态园区→窦家寨；石家庄市区→庄稼主现代农业园区→神树湾现代农业开发园→幸福小镇生态观光园；石家庄市区→文广福缘示范园→众林现代农业生态观光园→双盛农业采摘园。2017年全市新增国家级休闲农业星级企业（园区）9家、省级休闲农业星级企业19家。至2017年末，全市休闲农业经营主体达到173家，其中，国家级休闲农业与乡村旅游星级示范（企业）园区14个（四星级9个、三星级5个），省级休闲农业与乡村旅游星级示范（企业）园区32个（五星级5个、四星级21个、三星级6个）；元氏县、平山县获评全国休闲农业与乡村旅游示范县，栾城区、藁城区获评省级休闲农业与乡村旅游示范县（区）。

【山区综合开发】 按照“政府支持、市场运作、企业主体、农民参与”原则和“建设一批、培育一批、发展一批”思路，以建设山区现代农业示范区为抓手，坚持政策引领、部门联合、条块结合原则，大力改善山区交通、水利、电力、通信等基础设施和发展现代种养、乡村旅游、特色农产品加工及经济林、生态林等支柱产业。全年争取河北省山区项目15项，经费122万元；山区项目列入市级指令性科技计划项目9项，经费180万元。探索建设西部山区现代农业示范区，2017年全市西部山区开发建设现代农业示范区29个，规划总面积50.9万亩，累计完成投资33.2亿元，辐射带动乡镇31个、村庄299个，受益农户4.7万人，人均增收1384元。发展山区产业技术创新联盟，11月15日，由赞皇县蕊源蜂业有限公司联合中国养蜂学会、河北农业大学、河北科技大学、河北省畜牧技术推广站、石家庄市农牧局、石家庄市畜牧技术推广站、赞皇县畜牧局等单位发起成立的市山区蜜蜂产业技术创新联盟在赞皇县成立，这是石家庄市成立的第6家山区特色产业技术创新联盟。举办山区农民技术培训，印发《关于开展2017年全市山区农民科技大培训活动的通知》；全年举办各种农民技术培训活动680余场（次），培训农民20万人次。开展山区创业奖评审，推荐申报2017年河北省山区创业奖项目6项，其中，项目奖4项、个人奖2项，获得奖项2项，其中，项目奖1项、个人奖1项。2017年9月，石家庄市山区经济技术开发办公室更名为石家庄市山区经济技术开发中心。

【革命老区重点村建设】 以解决革命老区重点村群众急需、急盼问题为重点，以破解群众行路难、饮水难、上学难、就医难、增收难“五难”问题为突破口，以改善环境面貌和提升群众幸福指数为目标，按照“群众缺什么补什么，急需什么先干什么”思路，统筹协调，因村施策，倾斜投入，精准帮扶，组织实施基础设施提升、公共服务改善、优势产业发展、智力扶贫攻坚、“两委”班子带动“五大工程”建设。总结经验，制定印发《关于深入推进革命老区重点村建设工作的指导意见》（石办字〔2017〕13号），配套出台《革命老区重点村建设资金管理办法》《革命老区重点村建设项目管理办法》。至2017年末，全市200个革命老区重点村中90%以上实现主街主路硬化，70%以上解决饮水困难问题，50%以上建成村民活动中心，培养出现平山县李家庄、灵寿县车轱辘坨等革命老区先进典型。

【村务公开】 落实“一季一布置、一检查、一通报”制度，印发《关于进一步加强村务公开民主管理工作的通知》（石农字〔2017〕4号）和《关于做好一季度村务公开民主管理工作的通知》（石办字〔2017〕7号）。按照“县不落乡、乡不落村”要求，集中督导和检查各县（市、区）行政村85个，现场查看村务公开阵地85处、检查“一盒两本”档案505份，发现问题全部整改。1月，全市农村统一开展民主议政日活动，民主议政活动村数量达到4100个，参加人数达到37.2万余人，提出意见及问题1.97万条，其中现场答复1.5万条，占到总量的76%；提出合理化建议1.63万条，其中被采纳1.25万条，占到总量的77%。至2017年底，全市村务公开规范满意率达到96.5%。

（市委农工委）

工　业

Industry

综　述

2017年，石家庄市工业以建设现代省会、经济强市为目标，以供给侧结构性改革为主线，贯彻落实稳增长、促改革、调结构等发展理念，大力推进工业经济由速度规模型向质量效益型转变。至2017年底，全市共有规模以上工业企业2404家，同比减少11家。按照规模划分，大型企业52家，中型企业387家，小型企业1932家，微型企业33家；按照经济类型划分，国有企业14家，集体企业9家，股份合作企业1家，联营企业1家，有限责任公司406家，股份有限公司96家，私营企业1801家，港澳台资投资企业29家，外商投资企业46家，其他企业1家。规模以上工业企业年从业人员平均人数60.8万人，与2016年持平；总资产7126.8亿元，同比增加1363.5亿元；资产负债率48.5%，同比提高5.2个百分点。亏损规模以上工业企业126家，亏损面5.2%，低于全省5.2个百分点；依据工业企业经济效益8项评价指标数值，除每百元主营业务收入费用不及全省外，其他指标均好于全省、全国水平。

规模以上工业企业总产值7861.73亿元，主营业务收入8003.72亿元。规模以上工业实现增加值2122.6亿元，同比增长3.4%。其中，轻工业增加值938.6亿元，增长9.4%；重工业增加值1184亿元，下降1.2%；轻重工业比重为44.2∶55.8。规模以上工业利润总额818.76亿元。医药工业、纺织服装业、石化工业、装备制造业、食品工业、钢铁工业、建材工业七大主导行业实现增加值1814.3亿元，占全市规模以上工业增加值85.5%，同比增长3.8%，高于全市规模以上工业增速0.4个百分点。其中，医药行业实现增加值158.8亿元，增长5.4%；纺织服装行业实现增加值302.8亿元，增长5.1%；石化行业实现增加值400.9亿元，下降4.5%；装备制造业实现增加值409.6亿元，增长11.3%；食品行业实现增加值244.5亿元，增长11.0%；钢铁行业实现增加值162.2亿元，下降4.6%；建材行业实现增加值135.4亿元，下降1.8%。煤炭开采和洗选业、石油煤炭及其他燃料加工业、化学原料及化学制品制造业、非金属矿物制品业、黑色金属冶炼及压延加工业、电力热力的生产和供应业六大高耗能行业实现增加值758.5亿元，占全市规模以上工业增加值35.7%，同比下降5.8%，低于全市规模以上工业增速9.2个百分点。规模以上高新技术产业实现增加值458.2亿元，占全市规模以上工业增加值21.6%，同比增长14.1%，高于全市规模以上工业增速10.7个百分点。其中，电子信息、高端装备制造、新材料产业增加值分别增长18.8%、23.9%和3.1%。医药行业、纺织服装行业、石化行业、装备制造业、食品行业、钢铁行业、建材行业七大主导行业增加值占全市规模以上工业增加值比重分别为7.5%、14.3%、18.9%、19.3%、11.5%、7.6%、6.4%，同比分别提高0.2、−1.1、1.0、0、0.2、0.3、−0.3个百分点。六大高耗能行业增加值占全市规模以上工业增加值比重同比提升1.1个百分点。规模以上高新技术产业增加值占全市规模以上工业增加值比重同比提升2.4个百分点。总体看，工业经济效益好转。

县域工业发展形成具有一定规模和竞争优势的块状产业集群，主要特色产业有无极县的皮革、晋州市的纺织、深泽县的洗涤、高邑县的建陶、赵县的淀粉、高新区的生物医药、栾城区的装备制造、正定县的板材家具、藁城区的宫灯、鹿泉区的电子信息等。西部山区的钢铁、水泥、钙镁等产业实施转型调整和绿色提升，探索向农副产品深加工等新兴产业发展。10个行政区域规模以上工业增加值达到100亿元以上，从高到低分别为：藁城区422.7亿元、鹿泉区195.6亿元、晋州市159.0亿元、赵县141.3亿元、高新区129.5亿元、平山县127.1亿元、循环化工园区117.9亿元、正定县112.1亿元、栾城区110.3亿元、新乐市106.2亿元。3个行政区域规模以上工业利润额达到50亿元以上，分别为：藁城区187.96亿元、高新区65.70亿元、鹿泉区54.70亿元。

主要工业产品有3600余种，根据市统计局工业产品目录统计，全市共有工业产品大品种122个。2017年全市37个国民经济工业门类（全国41个国民经济工业门类，石家庄市没有石油及天然气开采业、开采辅助活动、其他采矿业、有色金属采矿业4个门类）中，前10名工业行业依次为：化学原料及化学制品制造业（占全市规模以上工业增加值11.8%）、纺织业（占8.01%）、医药制造业（占7.48%）、黑色金属冶炼及压延加工业（占7.02%）、电力热力生产和供应业（占6.44%）、非金属矿物制品业（占6.24%）、农副食品加工业（占5.67%）、电气机械和器材制造业（占4.96%）、石油加工、炼焦和核燃料加工业（占4.08%）、金属制品业（占3.93%），前10名工业行业增加值占全市工业增加值比重达到65.63%，是石家庄市工业支柱产业。依据37个国民经济工业门类情况，全市工业划分为11个大工业行业，确定工业主导行业7个，分别为：医药工业、纺织服装工业、石化工业、装备制造业、食品工业、钢铁工业、建材工业。

工业转型升级。印发《石家庄市重点工业行业结构调整提升规划（2017～2019年）》。全年工业技改完成投资1761.8亿元，实施重点技术改造项目115项；压减水泥产能523万吨，改造燃煤工业锅炉1075台，推广新能源汽车9037辆标准车，10蒸吨及以下燃煤工业锅炉生产实现清零；224项工业新产品、新技术列入省开发指导计划；认定规模以上工业企业研发机构561家。实施“互联网＋制造”战略，出台《石家庄市加快推进“大智移云”的实施方案》，际华三五一四鞋靴定制信息化平台项目（二期）被工业和信息化部列为国家2017年制造业“双创”平台试点示范项目，君乐宝婴幼儿奶粉及液态奶智能制造项目入选工业和信息化部智能制造示范试点项目。打造绿色制造企业先进典型和产品，石家庄四药有限公司、石家庄以岭药业有限公司、神威药业集团有限公司、石药集团欧意药业有限公司、河北金隅鼎鑫水泥有限公司、河北敬业集团有限责任公司6家企业被工业和信息化部确定为第一批绿色制造示范企业，格力电器（石家庄）公司生产的变频分体挂壁式空调器〔产品型号KFR－26GW/（26594）FNhAa－A1〕被确定为绿色设计产品。

十大工业名牌产品。增强工业企业创新活力和品牌意识，打造石家庄工业名牌产品，博深工具股份有限公司产品博深牌金刚石圆锯片、河北汇金机电股份有限公司产品汇金机电牌自动捆钞机、东方久乐汽车安全气囊有限公司产品东方久乐牌汽车零部件、石家庄四药有限公司产品石门牌大容量注射液、河北常山生化药业股份有限公司产品万脉舒牌低分子量肝素钙注射液、石家庄科林电气股份有限公司产品KE牌互联网＋分布式光伏发电监控运维平台、河北先河环保科技股份有限公司产品先河环保牌环境质量连续自动监测系统、石家庄市京华电子实业有限公司产品京华牌LED显示屏、河北双鸽食品股份有限公司产品双鸽牌肉及肉制品、石家

2017年6月29日，全市民营经济统计培训会议举行

庄东方紫铜浮雕工艺品有限公司产品三奇帝牌紫铜浮雕工艺品十大产品获评2017年度石家庄市十大工业名牌产品。

轻工业。2017年全市轻工业共有规模以上工业企业203家，同比增加6家，其中，木材加工37家、家具制造33家、印刷业51家、造纸38家、文教工美体育类31家、废弃资源综合利用业8家、其他企业5家；主营业务收入657.95亿元，同比增长12.21%；完成工业增加值141.38亿元，同比增长12.6%，占全市规模以上工业增加值比重6.66%；实现利润65.39亿元，同比增长15.12%。规模以上轻工业主营业务收入、利润总额均居全省首位。家具制造业、印刷业、文教工美体育和娱乐用品制造业主营业务收入增速均超过10.0%，其中，文教工美体育和娱乐用品制造业主营业务收入同比增长18.0%、利润总额同比增长22.4%。全年生产家具65.3万件，同比下降3.3%；人造板145.4万立方米，同比增长1.2%；石墨及碳素制品38.4万吨，同比下降56.3%。总投资10.8亿元的新乐市河北新东印刷绿色环保精品包装装潢生产线一期项目投产，主要包装产品为高端食品、药品、化妆品等。君乐宝乳业、格力电器（石家庄）公司、益海（石家庄）粮油、石家庄印钞公司、际华三五一四、河北三元食品、石家庄双鸽食品、河北华泰纸业8家企业入选河北省轻工业50强企业。

表18　2017年石家庄市主要工业产品产量及其增长速度表

产量占比	产品名称	完成量	同比增速（%）	占全省比重（%）
占全省100%	传感器	69万只	-31.0	100.0
	聚酯	15254吨	6.6	100.0
	腈纶纤维	38121吨	0.0	100.0
	制冷设备用压缩机	26470台	43.2	100.0
	饲料生产专用设备	5199台	3.1	100.0
	家用电风扇	2385970台	7.1	100.0
	电饭锅	177754个	-40.4	100.0
	数字程控交换机	161051线	19.3	100.0
占全省50%以上	气体压缩机	74283台	94.7	99.92
	非制冷设备用压缩机	47813台	143.2	99.87
	合成纤维单体	72464吨	-10.3	99.12
	金属切削工具	10303万件	10.9	95.30
	瓷质砖	252321709平方米	7.6	94.84
	婴幼儿配方乳粉	12033吨	4.9	93.47
	农产品初加工机械	19421台	-11.3	93.04
	光缆	940702芯千米	-43.8	93.02
	棉混纺纱	247112吨	-5.0	89.40
	棉混纺布	45961万米	28.1	87.53

续表

产量占比	产品名称	完成量	同比增速（%）	占全省比重（%）
占全省 50% 以上	合成洗涤剂	164597 吨	13.1	87.41
	印染布	38515 万米	-25.8	80.19
	杀菌剂原药	2633 吨	11.6	77.37
	棉布	383025 万米	8.3	74.68
	针织服装	10892 万件	11.3	73.12
	混合饲料	3876083 吨	6.0	72.70
	日用塑料制品	346961 吨	15.8	71.79
	酱油	29197 吨	0.2	69.94
	铸钢件	283069 吨	0.5	69.45
	天然大理石建筑板材	3590777 平方米	-7.9	68.82
	布	429102 万米	9.9	68.48
	碳酸型饮料（汽水）	370986 吨	-9.2	63.14
	合成纤维聚合物	15254 吨	-18.6	62.95
	石膏板	3210 万平方米	6.5	58.87
	灯具及照明装置	697541 台（套、个）	16.1	57.58
	色织布（含牛仔布）	2396 万米	-10.3	53.20
	房间空气调节器	4640300 台	54.6	52.57
	电动机	6489100 千瓦	8.8	51.26
	合成纤维	51367 吨	330.9	50.76
占全省 20% ～ 50%	沥青和改性沥青防水卷材	52576820 平方米	12.9	48.87
	大气污染防治设备	5688 台（套）	-1.9	48.66
	环境污染防治专用设备	5688 台（套）	-1.9	47.92
	皮革鞋靴	462 万双	14.1	47.85
	石墨及碳素制品	384383 吨	-56.3	45.69
	工业自动调节仪表与控制系统	48000 台（套）	-25.1	43.55
	化学纤维纱	81906 吨	25.1	41.66
	轻革	90901780 平方米	17.8	38.41
	硫酸（折 100%）	547696 吨	4.7	38.41
	合成氨（无水氨）	679879 吨	-18.6	37.68

续表

产量占比	产品名称	完成量	同比增速（%）	占全省比重（%）
占全省20%～50%	纱	770456 吨	7.0	32.68
	化学药品原药	146590 吨	-11.9	31.55
	乳制品	1168777 吨	9.6	31.35
	液体乳	1133998 吨	8.7	31.32
	服装	19601 万件	6.7	31.02
	涂料	282843 吨	19.8	30.52
	卷烟	2205000 万支	1.8	29.34
	通信及电子网络用电缆	45288 对千米	-38.5	29.26
	中成药	15856 吨	-19.1	25.94
	人造板	1453799 立方米	1.2	25.81
	塑料制品	823011 吨	10.5	25.18
	新能源汽车	2116 辆	5.5	24.22
	农用氮、磷、钾化学肥料（折纯）	501887 吨	-27.6	23.48
	电子元件	30000 万只	0.0	23.47
	罐头	107971 吨	18.0	23.09
	水泥	20693598 吨	-1.0	23.09
	饮料	1498923 吨	3.0	22.21
	自来水生产量	19755 万立方米	10.7	20.45
	硅酸盐水泥熟料	10600467 吨	-0.3	20.25
其他主要产品	商品混凝土	6372125 立方米	15.7	19.80
	纯苯	132366 吨	-1.6	18.52
	改装汽车	15228 辆	85.4	16.98
	精甲醇	161482 吨	-4.0	16.18
	人造板表面装饰板	1634491 平方米	28.2	15.94
	摩托车整车	105044 辆	15.4	15.45
	电力电缆	453043 千米	17.0	12.34
	平板玻璃	10997228 重量箱	6.5	10.33
	化学农药原药（折有效成分 100%）	8297 吨	18.8	9.13
	烧碱（折 100%）	103286 吨	-4.8	8.22

续表

产量占比	产品名称	完成量	同比增速（%）	占全省比重（%）
其他主要产品	鞋	462 万双	14.1	7.64
	生铁	11923467 吨	-6.8	6.63
	粗钢	12036490 吨	-5.1	6.29
	铸铁件	501013 吨	2.8	5.84
	家具	652846 件	-3.3	5.02
	钢材	11929668 吨	-4.8	4.86
	阀门	5084 吨	4.8	3.14
	皮革服装	54 万件	1.9	2.98
	石灰	100919 吨	-45.9	2.71
	光电子器件	275 万只（片）	47.9	1.75

（备注：表格数据为市工业和信息化局口径）

表 19　　2017 年石家庄市七大主导工业行业主要指标一览表

行业名称	主营业务收入			工业增加值			利润		
	完成额（亿元）	增速（%）	占全市比重（%）	完成额（亿元）	增速（%）	占全市比重（%）	完成额（亿元）	增速（%）	占全市比重（%）
医药工业	700.1	7.0	7.5	158.8	5.4	7.5	82.5	23.9	10.7
纺织服装业	1495.2	1.5	16	302.8	5.1	14.3	113.8	1.6	14.7
石化工业	1757.8	6.4	18.8	400.9	-4.5	18.9	133.8	16.8	17.3
装备制造业	1817.4	10.6	19.5	409.6	11.3	19.3	161.8	0.9	20.9
食品工业	1090.5	8.6	11.7	244.5	11.0	11.5	82.4	4.4	10.7
钢铁工业	785.1	30.4	8.4	162.2	-4.6	7.6	59.1	67.6	7.7
建材工业	564.0	5.4	6	135.4	-1.8	6.4	50.9	18.9	6.6

（备注：表格数据为市工业和信息化局口径）

（市工业和信息化局）

医药工业

【概况】 2017 年，全市医药工业共有规模以上企业 90 家，同比减少 7 家；主营业务收入 700.1 亿元，同比增长 7.0%；完成工业增加值 158.8 亿元，同比增长 5.4%，占全市规模以上工业增加值 7.5%；实现利润 82.5

亿元，同比增长23.9%。全年化学药品原药产量14.66万吨，同比下降11.9%；中成药产量1.59万吨，同比下降19.1%；化学农药原药（折有效成分100%）8297吨，同比增长18.8%。规模以上医药工业增加值增速由2017年初-10.6%回升至2017年底4.3%，全年增速高于全市规模以上工业增加值增速2.0个百分点；规模以上医药工业利润增速达到23.9%，全市纳税百强企业达到13家，两项指标均位居全市工业行业首位。石药集团、华北制药、神威药业、石家庄四药、以岭药业、河北爱尔海泰药业、石家庄翰纬医疗设备有限公司7家公司申报318个药品和器械列入河北省创新及优势药品器械名单，占全省总数80%，数量排名全省首位；创新及优势药品器械涵盖抗感染药物、心脑血管系统药物、消化系统用药、耳鼻喉科用药、呼吸科用药、抗肿瘤药、免疫抑制剂、维生素类药物、生物制品、心电监护仪器等产品类别。石家庄高新区生物医药产业被工业和信息化部授予2017年产业集群区域品牌建设试点单位。

【石药集团】 石药控股集团有限公司（简称石药集团）是一家在香港上市的中国医药龙头企业，拥有创新药、普药、原料药三大业务板块，主要从事医药及相关产品的开发、生产和销售。成药产品主要包括抗生素、心脑血管用药、解热镇痛用药、消化系统用药、抗肿瘤用药和中成药等系列近千个产品，其中，恩必普、欧来宁、玄宁、多美素、津优力、诺利宁等为国内畅销创新药产品。2017年石药集团（含非上市业务）实现销售收入264.18亿元，同比增长13.7%；利润38.49亿元，同比增长48.2%；利税51.4亿元，同比增长41.3%。至2017年底，石药集团旗下所有药品均通过新版GMP认证，取得16张CEP证书和33个DMF登记号；21个产品通过美国FDA现场检查。全年石药集团用于医药研发投入10亿余元，建成4个研发团队，拥有“千人计划”成员1500人，其中50%以上研发人员拥有硕士、博士学历，形成创新药、仿制药、生物药、抗体药物等完备的研发体系。注重企业产业调整，2017年石药集团成品药和原料药收入占比由10年前3:7逆转为7:3，成为中国药企从原料药转型创新药的典范。恩必普是石药集团最大的利润点，2017年恩必普再次列入《中国缺血性脑卒中急性期诊疗指导规范》《缺血性卒中脑侧支循环评估与干预中国指南（2017）》，成为中国第一个销售收入过10亿元的原研药。津优力等抗肿瘤产品发展成为石药集团收入增长最快领域，2017年销售额突破10亿元，增长逾七成。突出“创新”“国际化”两大核心战略，实施高端仿制药和新药国际化发展策略。与国际仿制药企业巨头合作，利用成熟的商业渠道实现产品快速上市和销售，2017年石药集团分别与Teva、Citron、Casper签署3项高端仿制药海外产品技术授权和商业化合作协议。推进新药国际化，恩必普在美国开展二期临床应用，恩必普、盐酸米托蒽醌脂质体、抗体偶联药物在美国开发孤儿药。至2017年底，石药集团拥有在研新产品200个，主要集中在心脑血管、代谢类疾病、肿瘤、精神、神经等领域。其中，新靶点大分子生物药、细胞免疫治疗及干细胞领域25个；小分子新药12个；原化药3类新药55个（48个获得临床批件）。14个药品获得ANDA注册批准，出口交货值达6亿美元，排名位列2017年度中国医药保健品出口企业第一名。恩必普、津优力纳入2017年新版国家医保目录。12月13日，石药集团自主研发中国首个长效粒细胞刺激因子——津优力（商品名）专利“一种聚乙二醇修饰的rhG-CSF（重组人类粒细胞集落刺激因子）药物组合物及其制备方法”在中国国家知识产权局和世界知识产权组织共同主办的“第十九届中国专利奖颁奖大会”上获得“中国专利金奖”。这也是石药集团继丁苯酞获得中国专利金奖后第二次获得该项荣誉。

【华北制药】 华北制药集团有限公司（简称华北制药）是一家在上海证券交易所上市企业，主要从事医药产品的研发、生产和销售等业务，产品涉及化学药、生物药、营养保健品等，治疗领域涵盖抗感染药物、心脑血管药物、肾病及免疫调节类药物、肿瘤治疗药物、维生素及营养保健品等近700个品种规格。公司生产的抗生素规模、技术水平、产品质量在国内处于领先地位，青霉素系列、头孢系列产品品种齐全，覆盖原料药到制剂大部分品种，形成从发酵原料到半合成原料药再到制剂的完整产品链。2017年华北制药实现营业收入77.09亿元。其中，医药化工收入65.77亿元，同比增长13.62%；利润总额5955.17万元，同比减少1859.36万元，下降23.79%。优化产业和产品结构，将生物药作为发展重点。2月15日，华北制药赵县生物发酵基地项目开工。该项目位于赵县生物产业园，总投资15.2亿元，主要建设发酵车间、提炼车间、合成车间、回收车间及附属设施，建设期为2017～2020年。规划项目建成后，年产青霉素V钾1200吨，维生素B12产品8吨，VC产品2万吨，克林霉素磷酸酯150吨，β－胡萝卜素594吨，盐酸林可霉素500吨，硫酸庆大霉素100吨。9月23日，华北制药金坦公司生物产品扩产项目开工；2017年华北制药金坦公司销售收入实现翻番，乙肝疫苗收入接近5亿元。

【神威药业】 神威药业集团有限公司（简称神威药业）是一家以现代中药为主业的大型综合性企业集团，主营业务涵盖中药材种植、中成药科研、提取、生产、营销等上中下游产业链，是现代中药注射液、软胶囊、颗粒剂专业制造商。2003年12月30日，公司注册成立，地址为石家庄市栾城区石栾大道168号。2004年12月2日，神威药业股票在香港上市，发行总股本50亿股。2014年底，神威药业与清华大学共同完成的“中药注射剂全面质量控制及在清开灵、舒血宁、参麦注射液中的应用”项目获国家科技进步二等奖。2017年神威药业实现营业收入19.20亿元，实现利润4.52亿元；总资产66.7亿元，净资产58.2亿元。以中老年用药、儿童用药、抗病毒用药等为市场，发展形成现代中药注射液、现代中药软胶囊、现代中药颗粒剂三大特色剂型；公司生产的五福心脑清软胶囊是心脑血管疾病的首选良药；国家中药保护品种主要有神威藿香正气软胶囊、神威参麦注射液、神威清开灵软胶囊、神威舒血宁注射液、神苗小儿清肺化痰颗粒等；列入国家基本药物有神威参麦注射液、神威清开灵注射液；中药四类新药有五福血塞通滴丸。神威药业综合运用指纹图谱、超临界萃取、超微粉碎等新技术，建立中药动态逆流提取、注射液洗灌封联动生产线、软胶囊全自动包装线等领先工艺设备，采用计算机控制技术，实现中药生产标准化、中药剂型现代化、质量控制规范化、生产装备自动化，中药产品达到“安全、有效、稳定、可控”标准。

【以岭药业】 以岭药业股份有限公司（简称以岭药业）由中国工程院院士吴以岭创建，采用“理论、临床、科研、产业、教学”五位一体运营模式，建成以中医络病理论创新为指导的新药研发创新技术体系。2001年8月28日，公司注册成立，地址为石家庄市高新区天山大街238号。2011年7月28日，以岭药业股票在深圳证券交易所上市，发行总股本4.25亿股，2017年末公司总股本12.05亿股。2011年以岭药业连花清瘟治疗流行性感冒研究获得国家科技进步二等奖。以岭药业是国家重点高新技术企业、国家技术创新示范企业、国家创新型企业、中国医药企业制剂国际化先导企业、中华民族医药十强品牌企业，是国家五部委认定的企业技术中心，也是科技部国际科技合作中心，建有络病研究与创新中药国家重点实验室、国家地方联合工程实验室、国家中医药管理局络病重点研究室，被授予国家高新技术研究发展计划成果产业化示范基地，获得中国医药上市公司20强、中国中药产品品牌十强、中国上市公司中小板50强等荣誉。以岭药业主营中药、化学药、大健康产业三大板块业务，研发产品获得国家专利中药10余个、临床批件13个、临床前产品20多个，生产制剂百余种，覆盖心脑血管疾病、感冒呼吸系统疾病、肿瘤、糖尿病等领域。2017年以岭药业7个独家专利药品、38个仿制药品共45个产品进入《国家基本医疗保险、工伤保险和生育保险药品目录（2017年版）》，其中，23个为甲类产品，22个为乙类产品。公司7个独家专利药品分别为通心络胶囊、参松养心胶囊、芪苈强心胶囊、连花清瘟胶囊及颗粒、津力达颗粒、养正消积胶囊、夏荔芪胶囊。公司生产的心脑血管、呼吸、糖尿病、肿瘤、泌尿系统疾病专利处方药品全部进入国家医保目录。至2017年末，以岭药业实现营业收入40.81亿元，同比增长6.02%；归属上市公司股东净利润5.41亿元，同比增长1.51%；公司总资产78.9亿元。

【石家庄四药】 石家庄四药有限公司（简称石家庄四药）始建于1948年，是一家集科工贸于一体的大型综合制药企业。地址为石家庄市高新区珠江大道288号。1983年正式启用石家庄第四制药厂厂名，2003年被认定为河北省高新技术企业，2006年跻身中国医药工业百强企业，2015年建立药物研究院和博士后工作站，2016年经国家发展改革委批准设立化学药品注射剂质量控制国家地方联合工程实验室。2017年石家庄四药发展形成以生产大输液为主导，兼顾片剂、颗粒剂、口服液、胶囊、水针等多种剂型及原料药、生物制剂、医用包材等新型产业发展格局，主导产品大输液拥有20余条先进水平生产线，输液产品主要有：10%葡萄糖注射液、甲硝唑葡萄糖注射液、己酮可可碱注射液、甲硝唑注射液、乳酸环丙沙星注射液、替硝唑注射液、诺氟沙星葡萄糖注射液、5%葡萄糖注射液、0.9%氯化钠注射液、葡萄糖氯化钠注射液、复方氯化钠注射液、木糖醇注射液（PP）、乳酸钠林格注射液（PP）、复方乳酸钠葡萄糖注射液、甘露醇注射液等。2017年11月，河北省科学技术厅、中共河北省委组织部、省科学技术协会联合发文，批准石家庄四药有限公司设立院士工作站。2017年石家庄四药以输液行业稳步复苏为契机，调整产品结构，提升非PVC软袋、直立软袋、治疗性输液类优势品种产量，推进产品市场由区域市场转向全国性市场。全年公司销售收入超亿元省份由2016年的5个增加到10个，14个省份销售收入较2016年增长超过50%。2017年公司获得埃塞俄比亚、菲律宾、澳大利亚TGA、荷兰IDA等6项国际质量审计和认证，控制注射剂不溶性微粒实施全面质量管理经验被省工业和信息化厅确定为河北省工业企业质量标杆；注册药品产品80个，注册产品累计达到96个规格和品种；大输液销售量13亿瓶（袋），同比增长16.4%；出口及加工业务量较2016年增长18%，连续7年跻身中国化学药制剂出口优秀品牌榜。2017年石家庄四药实现销售收入26.61亿元，同比增长31.5%；净利润5.75亿元，同比增长37.0%。

（市工业和信息化局）

纺织服装业

【概况】 2017年，石家庄市纺织服装皮革行业共有规模以上企业407家，同比减少15家，其中，纺织业240家，纺织服装服饰业61家，皮革、毛皮、羽毛及制品和制鞋业82家，化纤制造业24家；主营业务收入1495.2亿元，同比增长1.5%；完成工业增加值302.8亿元，同比增长5.1%，占全市规模以上工业增加值的14.3%；实现利润113.8亿元，同比增长1.6%。全年生产纱77.0万吨，同比增长7.0%；生产腈纶纤维3.81万吨，与2016年持平；生产布42.9亿米，同比增长9.9%；生产印染布3.85亿米，同比下降25.8%；生产棉布38.3亿米，同比增长8.3%；生产服装19601万件，同比增长6.7%；生产针织服装10892万件，同比增11.3%；生产皮革服装54万件，同比增长1.9%；生产鞋462万双，同比增长14.1%。9月7日，由中国纺织工业联合会指导，中国化学纤维工业协会主办，吉林化纤集团有限责任公司承办的第三届腈纶产业高峰论坛在石家庄市举行；主题为“创新、升级、价值、共享”；来自全球500余名腈纶下游生产企业代表及专家学者参会，共同围绕纺织行业的发展现状、腈纶产业的未来趋势、醋青产品的开发及其下游应用举行研讨和交流。

【常山股份】 1953年4月，石家庄第一棉纺织厂破土兴建，1954年5月正式投产。之后，棉二、棉三、棉四分别于1955年、1956年、1957年建成投产。1998年12月29日，以石家庄棉一至棉四为基础，改制设立石家庄常山纺织股份有限公司（简称常山股份），地址为石家庄市和平东路183号。2000年7月24日，常山股份在深圳证券交易所上市。2004年常山股份在石家庄高新区投资建设占地380亩河北省高新技术企业——石家庄常山恒新纺织有限公司，2008年在正定县建设占地1300亩常山纺织工业园，2012年正式启动市内老厂停产搬迁。经过多年努力，常山股份完成搬迁改造、退城入园任务，实现了技术升级、产品提档、节能降耗、降本增效。2015年7月，常山股份以定向增资扩股方式，实施重大资产重组，收购民营高科技企业北明软件100%股权，形成国有企业常山股份为第一大股东、民营企业北明软件为第二大股东的混合所有制架构。北明软件有限公司是1998年在广州注册成立的高新技术企业，运营中心设在北京，在全国各地有20多个分支机构，其中北京、广州、杭州、南京、武汉设有5个研发基地。2017年石家庄常山北明科技股份有限公司（简称常山北明）发展形成以棉纺织业、软件和信息技术服务业为

2017 年 3 月 17 日，常山云数据中心和纺织优化升级项目在常山纺织园区东区动工

主业的混合所有制企业。实施增品种、提品质、创品牌“三品”专项行动，加大企业产品创新、技术创新和管理创新力度，推进开发纱、布、软件等新产品，色纺色织产品开发取得成效，“月夜流淌”“冬日骄阳”两个产品入围“中国流行面料”，碳纤维织机等新型纺机产品开发项目取得技术突破。正定新区常山纺织工业园（东区）建设常山股份云数据中心和纺织优化升级工程顺利实施，项目总投资 78.8 亿元，规划建筑面积 43.5 万平方米。其中，常山云数据中心项目总投资 50 亿元，占地面积 280 亩，建筑面积 19 万平方米，2017 年底一期机房楼、动力中心楼封顶，软件信息研发楼完成地下一层、地上四层建设；纺织优化升级项目总投资 28.8 亿元，占地面积 420 亩，建筑面积 24.5 万平方米，包括家纺品牌设计制造中心、电商平台和线下体验店、纺织智能制造中心、智能物流中心、科技中心，2017 年底智能物流中心钢结构框架安装完毕，科技中心完成纺织研究所筹建。2017 年常山股份获得中国纺织行业人才建设示范企业、全国示范性“劳模和工匠人才创新工作室”，北明软件获得中国智慧城市 50 强企业、中国软件和信息技术服务综合竞争力百强企业、广东省优秀软件产品第 10 名；4 名纺织员工获得“传承大工匠”称号。11 月 27 日，中国棉纺织大会命名表彰中国棉纺织行业“传承大工匠”，石家庄常山纺织恒盛分公司一织车间操作技术员杨普、动力车间主任葛文军、二织车间挡车工刘冬和常山纺织恒新公司后纺车间主任助理魏倍倍入选。全国劳动模范杨普作为全国技能大师工作室——杨普工作室的带头人，围绕生产，创新钻研，带徒传技，克难攻坚，总结创新工作法累计达 30 项，为公司创造经济效益 1000 多万元；全国劳动模范葛文军，工作 24 年来，带领葛文军创新工作室成员，通过技术革新、设备改造，累计为企业创造效益 1000 多万元，被工友尊称为“节能降耗的实干家”；“喷气织机超产王”刘冬，立足布机挡车岗位，业务操作“快、稳、准”，保持了企业产品质量名列前茅，“刘冬联产承包小组”在企业试行减少用工、提效增收等工作上取得有益的尝试和探索；29 岁的全国五一劳动奖章获得者魏倍倍，是公司最年轻的“老”劳模，是驯服“洋”设备的青年技师，也是中国纺织纱线网注册在线专家，魏倍倍和工作室骨干成员利用研发技术成果和发明专利，为企业创效 1200 多万元。2017 年常山北明实现营业收入 112.5 亿元，同比增长 2.55%；营业成本 104.4 亿元，同比增长 2.93%；实现营业利润 3.25 亿元，同比增长 481.25%，归属母公司所有者净利润 3.55 亿元，同比增长 1.48%；企业总股本 16.53 亿股，基本每股收益 0.21 元，与 2016 年持平；企业总资产 127.9 亿元。

【纺纱及棉花国际贸易项目投产】 5 月 22 日，位于石家庄综合保税区，市供销社所属纺纱及棉花国际贸易项目投产。主要借助石家庄综合保税区“国内境外”优势，有效规避棉花进口配额壁垒，大幅降低原棉成本，提升产品利润空间和产品竞争力，实现原材料、产品自由进出口贸易。项目总投资 5 亿元，引进 28 条世界最先进的瑞士立达 R66 转杯纺生产设备，规划年产 21 支纱 3 万吨；纺纱车间温度保持 28 摄氏度以下，湿度保持 55% ～ 65% 以内。与传统纺纱设备相比，该项目具有生产成本低、自动化程度高、产量高、用工少，人为影响产品质量小等优势；建有在线纱线质量监测控制系统（蛛网系统），可100%监测控制生产全过程，确保成品质量达到100%。

【艾科瑞6万吨差别化腈纶项目投产】 5月26日，位于藁城区河北艾科瑞纤维有限公司6万吨差别化腈纶项目竣工投产。河北艾科瑞纤维有限公司6万吨差别化腈纶项目于2016年6月25日进场施工，2017年2月28日第一次试生产成功。该项目由河北吉藁化纤有限责任公司（简称吉藁化纤）子公司——河北艾科瑞纤维有限公司投资建设，由中国核工业二三建设有限公司承担纺丝原液车间、聚合干燥车间、厂区管廊等项目施工。吉藁化纤是吉林化纤集团有限责任公司跨省经营集化纤浆粕、粘胶纤维及热电为一体的综合性企业，原是一家高耗能企业，主要采用烧碱法加工纺织工业废棉和棉短绒等原料，产生大量的黑液，环保处理难度大，水环境污染具有较大的隐患。随着国家对生态环境保护的重视，企业发展面临重重困难。河北艾科瑞纤维有限公司6万吨差别化腈纶项目立足缓解中国差别化腈纶纤维市场紧缺状况，瞄准国内腈纶纤维行业先进装备水平和工艺水平，引进国际领先的关键设备及自控装置，并配套先进国产设备；采用自主知识产权腈纶生产系统，发挥自动化程度高、环境污染低、资源消耗小、附加值高、设备先进的优势，实现了差别化腈纶生产全过程高水平自动化控制，达到国家环境保护测评要求，较原来浆粕项目节水80%、COD（化学需氧量）排放下降90%。河北艾科瑞纤维有限公司6万吨差别化腈纶纤维生产能力主要为：年产2万吨抗起球腈纶纤维、年产1万吨异型纤维和超光腈纶纤维、年产1万吨超细旦腈纶纤维、年产2万吨抗菌及红外等功能腈纶纤维。

（陈文　刘翀）

石化工业

【概况】 2017年，石家庄市石化行业共有规模以上工业企业426家，同比减少2家，其中，石油加工、炼焦加工业企业12家，化学原料和化学制品制造业企业309家，橡胶和塑料制品业企业105家；主营业务收入1757.8亿元，同比增长6.4%；完成工业增加值400.9亿元，同比下降4.5%，占全市规模以上工业增加值比重18.9%；实现利润133.8亿元，同比增长16.8%。全市石化工业主要产品大类有原油加工、纯碱、精甲醇、合成氨、农用化学肥料、农药、涂料、化学试剂等。主要工业产品产量：硫酸（折100%）54.8万吨，同比增长4.7%；烧碱（折100%）10.3万吨，同比下降4.8%；纯苯13.2万吨，同比下降1.6%；精甲醇16.1万吨，同比下降4.0%；合成氨（无水氨）68.0万吨，同比下降18.6%；农用化肥50.2万吨，同比下降27.6%；涂料28.3万吨，同比增长19.8%；塑料制品82.3万吨，同比增长10.5%。石油加工、炼焦加工业代表企业有中国石化石家庄炼化分公司，化学原料和化学制品制造业代表企业有晋煤金石化工公司、石家庄威远生物化工股份有限公司、石家庄白龙化工股份有限公司、河北诚信集团有限公司，橡胶和塑料制品业代表企业有河北橡一医药科技股份有限公司。

【石家庄炼化分公司】 中国石化石家庄炼化分公司（简称石家庄炼化分公司）位于石家庄循环化工园区，公司前身为石家庄炼油厂，始建于1978年；1997年采用局部改制方式，募集发起设立石家庄炼油化工股份有限公司，并筹集资金成立石家庄化纤有限责任公司（简称石化纤），建设5万吨/年已内酰胺工程；2006年注销石家庄炼油厂，注册成立中国石化集团资产经营管理有限公司石家庄分公司，2007年转换体制注册成立中国石油化工股份有限公司石家庄炼化分公司；2009年5月，公司实施“一企一制”整合，将石化纤整体、石家庄资产分公司部分资产和人员并入石家庄炼化分公司。2017年石家庄炼化分公司原油一次加工能力达到800万吨/年，拥有260万吨/年柴油加氢装置、220万吨/年催化裂化装置、180万吨/年蜡油加氢装置、150万吨/年渣油加氢装置、120万吨/年连续重整装置等26套生产装置；化工部分经过已内酰胺“5改6.5”扩能改造、“6.5改16”和已内酰胺质量升级，已内酰胺生产规模达到20万吨/年，聚合装置达到2.5万吨/年；公司主要产品有汽油、柴油、航空煤油、聚丙烯、液化气、己内酰胺、聚酰胺切片等30多个品种、牌号。

【晋煤金石化工公司】 石家庄晋煤金石化工公司前身为河北省石家庄化肥厂（石家庄市丰收路65号），始建于1957年，1964年投产，是中国第一家自行设计、制造、安装的水溶液全循环法尿素生产样板厂，也是中国首家研制成功并工业化生产多孔粒状硝酸铵企业。2004年9月，河北省石家庄化肥厂与山西晋城无烟煤矿业集团有限责任公司（简称晋煤集团）合资合作成立石家庄金石化肥有限责任公司；2009年9月，公司更名为晋煤金石化工投资集团有限公司（简称晋煤金石化工公司）。晋煤金石化工公司是晋煤集团的控股子公司，也是中国化工企业500强，获得河北省“最具影响力和最具成长性企业”和石家庄市百强企业等荣誉。企业并购重组后，石家庄晋煤金石化工公司搬迁到石家庄循环化工园区，占地面积849亩，被列为河北省第二批重点项目；总投资39.65亿元，总氨年生产能力60万吨。该项目与河北省重点项目——石炼化800万吨炼油改造工程配套实施，为炼油综合改造、己内酰胺、环己酮、氨基己酸等项目提供氢气、氮气、液氨、甲醇等产品，同时生产副产品硫黄、焦油、中油、石脑油。晋煤金石化工公司生产化肥化工产品20多种，主要产品有尿素、硝酸铵、甲醇、碳酸氢铵、稀硝酸、硝酸钠、亚硝酸钠、甲醛、二甲醚、过氧化氢、复合肥、液体二氧化碳、编织袋等。2017年晋煤金石化工公司利用余热向石炼化及其他企业提供蒸汽300吨/小时，形成化工园区循环经济产业链。

【吉尔吉斯化肥厂项目开工】 2017年6月，河北百斗嘉肥料有限公司（简称百斗嘉）与吉尔吉斯斯坦共和国农业部、中国核工业二三建设有限公司签署《关于吉尔吉斯斯坦共和国国家化肥厂投资建设项目合作备忘录》，联手建设吉尔吉斯斯坦共和国化肥厂项目。河北百斗嘉肥料有限公司成立于2012年，注册资本金5000万元；公司地址位于石家庄新乐市经济开发区百斗嘉路1号，总占地面积150余亩；2016年7月和11月，百斗嘉被评为河北省科技型中小企业和国家高新技术企业；2017年10月，被评为河北省科技小巨人企业。百斗嘉是脲甲醛复合肥、复混肥、缓释肥料等产品的专业生产厂家，旗下主要商标有“百斗嘉”“金谷嘉”“飞马”“美科利华”等。吉尔吉斯化肥厂项目地处吉尔吉斯斯坦奥什市，总投资2亿美元，采用BOT合作模式，由河北百斗嘉肥料有限公司投资建设，由中国核工业二三建设有限公司负责工程总承包施工。吉尔吉斯斯坦国家化肥厂项目为“一带一路”农业领域合作成果，项目包括碳化硅、腐殖酸尿素、磷肥开采、腐殖酸复合肥4个子项目。规划项目建成后，年产尿素、复合肥等各类肥料50多万吨，在满足吉尔吉斯斯坦国内农业肥料需求后，部分产品可用于出口；百斗嘉拥有30年运营权，之后无偿移交吉尔吉斯斯坦政府。至2017年末，该项目已完成土地边界划定和围挡施工。

（贾敏杰）

【威远生物化工股份有限公司】 河北威远生物化工股份有限公司（简称威远生化）是河北省首家上市公司，隶属新奥集团，主要从事农药、兽药原料药及制剂的研发、生产和销售，是国内最大阿维菌素原药生产商之一，也是国内首家吡虫啉、除虫脲、甲氨基阿维菌素工业化开发企业，在国内生物化工领域具有一定影响力。威远生化是一家高新技术企业，共有员工3000余人，其中专业研发人员112人；拥有杀虫剂、杀菌剂、除草剂三大系列生物化工产品，200多个品种的农药产品及驱虫、抗菌两大系列，120多个品种的兽药产品，公司主要产品技术水平在国内一直保持生物农药技术领先地位，主打产品阿维菌素年产能力500吨。

【白龙化工股份有限公司】 石家庄白龙化工股份有限公司是一家以苯酐、顺酐、增塑剂为主要产品的基础化工原料生产厂家，公司前身为石家庄市化工二厂，始建于1959年。1997年12月，由石家庄市化工二厂改制设立为股份制企业。公司位于石家庄循环化工园区石炼中街8号，总资产5.35亿元，总负债1.14亿元，从业职工574人。主要产品、产能为邻苯二甲酸酐（苯酐）8万吨/年，顺丁烯二酸酐（顺酐）4万吨/年，邻苯二甲酸酯类增塑剂8万吨/年。公司“白龙”注册商标为河北省著名商标，“白龙”牌苯酐为河北省名牌产品、顺酐为河北省优质产品。

【河北诚信集团有限公司】 河北诚信集团有限公司始建于1990年，1994年改制为有限责任公司，是一家集研发、生产、销售于一体的大型精细化学品制造企业，是石家庄市工业50强企业、河北省百强企业、中国化工500强企业。地址位于元氏县元赵公路南侧，占地面积2700余亩，总资产41.32亿元，拥有员工4800人，是中国规模最大的氰化钠及其衍生物生产企业之一。主要产品有氰化钠、苯乙酸、氰酯和丙酯系列、三聚氯氰等。公司生产氰化钠为河北省名牌产品，生产能力25万吨/年，市场占有率60%，国内行业排名第一；丙酯系列产品生产能力4.5万吨/年，市场占有率70%，国内行业排名第一。

【石家庄联合石化有限公司】 石家庄联合石化有限公司位于石家庄循环化工园区，原为中国石化集团石家庄炼油厂下属企业，2008年3月按照国企主辅分离改制政策设立，注册资金4169万元；公司以石化为主业，主要从事深加工产品生产，形成年产4万吨聚丙烯、8万吨煅烧石油焦、3万吨预焙阳极、1350万条塑料覆膜编织袋生产能力；该公司采用新技术开发生产格尔伯特醇，产品质量指标与国外同类产品相当，广泛应用于化妆品、纤维润剂、印刷润墨助剂、高级润滑油添加剂等领域。

（李菲菲）

装备制造业

【概况】 2017年，石家庄市装备制造业共有规模以上工业企业621家，同比增加27家；主营业务收入1817.4亿元，同比增长10.6%，高于全省同行业2个百分点，总量在全省同行业占比14.6%，排名全省同行业三位；完成工业增加值409.6亿元，同比增长11.3%，高于全市规模以上工业增加值增速7.9个百分点，占全市规模以上工业增加值比重19.3%，总量、增速、占比均位居全市工业行业之首，成为石家庄市工业稳定增长的支柱产业；实现利润161.8亿元，同比增长0.9%，高于全省同行业7.8个百分点，总量排名全省同行业首位。2017年全市生产气体压缩机7.4万台，同比增长94.7%；制冷设备用压缩机2.6万台，同比增长43.2%；房间空气调节器464.0万台，同比增长54.6%；程控交换机16.1万线，同比增长19.3%；电力电缆45.3万千米，同比增长17.0%；金属切削工具1.0亿件，同比增长10.9%；电动机648.9万千瓦，同比增长8.8%；新能源汽车2116辆，同比增长5.5%；电子元件3亿只，与2016年持平；大气污染防治设备5688台（套），同比下降1.9%；传感器69万只，同比下降31.0%。装备制造业亏损企业42家，同比减少7家；亏损企业累计亏损4.47亿元，同比减少1.33亿元。发展智能制造，加速信息技术和制造业深度融合；以市场应用为突破口，推动和提升关键技术装备、智能制造标准、核心工业软件、工业互联网平台和系统解决方案供给能力。2017年神威药业现代中药制造数字化车间获得国家智能制造专项资金支持，君乐宝婴幼儿奶粉及液态奶智能制造项目入围工业和信息化部智能制造试点示范项目，君乐宝乳业基于“互联网+”供应链管理优化升级建设、科林电气“互联网+”分布式光伏发电监控运维平台被工业和信息化部认定为服务型制造示范项目，格力电器（石家庄）有限公司空调数字化车间等8个项目获得省级工业转型升级（技改）专项资金支持；国家质检总局批准位于栾城区石家庄装备制造产业园区为“全国交通运输高端装备制造产业知名品牌创建示范区”，这也是石家庄市首个获批创建“全国知名品牌示范区”的产业园区。

【冀中装备集团石煤机公司】 实施转型升级，推进煤与非煤装备并重，扩大非煤产品市场占有率。2017年冀中装备集团石煤机公司完成新产品设计24项、产品改进27项，获得发明专利授权2项。其中，冀中装备集团石煤机公司与中国矿业大学联合承担的“薄煤层半煤岩掘进机关键技术研究”项目获得中国煤炭机械工业协会科学技术二等奖；煤矿井下异形轨轨道运输成套装备被国家安监总局列入《推广先进安全技术装备目录》。加大环卫车研发和市场开发力度，环卫车从几台订货实现批量销售。2017年3月，冀中装备集团石煤机公司制造的“石煤”牌绿化喷洒车正式交付用户。该批绿化喷洒车又称多功能洒水车，罐体有效容积17.9立方米，洒水量每平方米0.2～2升，喷枪射程最远达30米。该车可前冲后洒，罐体后带工作平台，平台安装绿化洒水高炮，水炮能全方位旋转，可连续调成直冲状、大雨、中雨、小雨模式，平台带安全护栏，配备专用洒水泵，泵可抽水排水，带消防接口。该车适用各种路面冲洗，树木、绿化带、草坪灌溉，道路、厂矿企业施工建设，高空建筑冲洗；具有洒水、压尘，高、低位喷洒，农药喷洒、护栏冲洗等功能。

（杨颖敏）

【新松机器人自动化股份有限公司】 8月2日，石家庄经济技术开发区与新松机器人自动化股份有限公司建设石家庄机器人产业园项目签约。石家庄机器人产业园项目总投资103亿元，规划建设用地1950亩，其中，工业用地1750亩，配套商住用地200亩；建设周期5年，主要建设内容包括一平台、四基地，即智能制造产业创新服务平台、机器人产业研发创新基地、机器人装备及零部件生产基地、“工业4.0”产业基地、机器人产城融合服务基地。其中，机器人产业园一期为研发创新基地项目，总投资17亿元，建设周期3年，主要建设内容包括：发展机器人应用研发、系统集成和展览展示等产业业态，集聚机器人应用研发和技术服务企业集群，为各行业领域提供应用解决方案。

（祁鹏娜）

链接

新松机器人自动化股份有限公司成立于2000年，隶属中国科学院，是一家以机器人技术为核心的高科技上市公司，是中国机器人领军企业和国家机器人产业化基地。公司本部位于沈阳，上海设有国际总部，在沈阳、上海、杭州、青岛、天津、无锡建有产业园区。公司研制机器人包括工业机器人、协作机器人、移动机器人、特种机器人、服务机器人五大系列百余种产品和服务智能工厂、智能装备、智能物流、半导体装备、智能交通十大产业方向。

【新能源汽车推广应用】 2017年8月，市新能源汽车发展和推广应用工作领导小组印发《石家庄市2017年能源汽车推广应用实施方案》（石新汽发〔2017〕1号）。2017年全市推广新能源汽车4605辆，推广数量位列全省第一，折合标准车9037辆标车，完成省下达任务188.27%；新能源汽车生产2116辆，同比增长5.5%，产量占全省24.22%。中博汽车产业园、奇瑞石家庄新能源汽车、中车石家庄新能源汽车产业基地、精进电动年产50万台新能源汽车驱动总成及储能系统、德澳科技新能源汽车电机基地等重点项目建设进展顺利。3月30日，由石家庄市政府、省工业和信息化厅主办的石家庄新能源汽车产业基地落成投产仪式在河北跃迪集团科技有限公司（简称跃迪集团）举行；当日，跃迪集团生产的全新智能纯电动汽车新品YD360正式下线。2017年跃迪集团新宇宙电动车升级改造项目完成总投资15亿元，建成冲压、焊装、涂装、总装四大生产线，年产纯电动汽车10万台，其中，焊接生产线采用瑞士ABB工业机器人，工艺技术居全国同行业领先水平。

（刘智卓）

食品工业

【概况】 2017年，石家庄市食品工业共有规模以上企业254家，同比减少5家，其中，农副食品加工业156家，食品制造业65家，酒、饮料和精制茶制造业32家，烟草制品业1家；主营业务收入1090.5亿元，同比增长8.6%；完成规模以上工业增加值244.5亿元，同比增长11.0%，占全市规模以上工业增加值比重11.5%；实现利润82.4亿元，同比增长4.4%。食品制造行业经济效益稳步提高，全年食品制造行业主营业务收入279.85亿元，同比增长23.3%；完成工业增加值53.1亿元，同比增长23.6%，占规模以上食品工业增加值比重21.7%；实现利润19.4亿元，同比增长16.3%。全年生产乳制品116.9万吨，同比增长9.6%；液体乳113.4万吨，同比增长8.7%；婴幼儿配方乳粉1.2万吨，同比增长4.9%；酱油2.9万吨，同比增长0.2%；罐头10.8万吨，同比增长18.0%；饮料149.9万吨，同比增长3.0%；碳酸型饮料（汽水）37.1万吨，同比下降9.2%；卷烟220.5亿支，同比增长1.8%。全年食品工业呈现安全、品质、绿色、健康发展方向，产品结构走向多口味、多元化发展趋势。乳制品保持稳健发展，奶源、产品、渠道产业链竞争加剧；粮油制品需求增长，小包装细分健康产品受到消费者青睐；猪肉屠宰业受到进口产品冲击；原料生产、加工制造、消费链条延伸速度加快，加工工艺与装备融合发展提速。2017 年君乐宝乳业销售收入 102 亿元，排名伊利乳业、蒙牛乳业、光明乳业之后，居国内乳企第 4 位，成为河北省最大的乳制品加工企业。石家庄市排名第二乳制品企业为河北三元食品有限公司，地址位于新乐市三元路 6 号；该企业是一家集畜牧科技研究、新产品开发、乳与乳制品加工及销售于一体的大型乳品企业，是北京三元食品股份有限公司的全资子公司。

【君乐宝乳业】 石家庄君乐宝乳业有限公司（简称君乐宝乳业）成立于 1995 年，地址位于鹿泉区铜冶镇石铜路 36 号，2014 年开始生产婴幼儿配方奶粉。2017 年 1 月，中共中央总书记习近平到君乐宝乳业婴幼儿奶粉生产基地考察，肯定企业质量安全最优化做法；2 月 15 日，君乐宝乳业实施优致牧场二期升级工程奶业小镇项目，总投资 15 亿元，占地面积 1 万亩，主要建设乳品体验工厂、游客中心、文化花海、牛奶果园等；4 月，君乐宝乳业与京东超市签下最大电子商务订单 10 亿元；6 月，君乐宝乳业与普华永道联手合作，推进乳品质量管理与全球最高标准接轨；8 月，君乐宝奶粉进入澳门市场，实现中国内地、香港、澳门同质同价销售；9 月，君乐宝婴幼儿奶粉及液态奶项目入选工业和信息化部智能制造试点示范项目；11 月，君乐宝乳业总裁魏立华当选中国民间商会副会长、全国工商联十二届常务委员；12 月，君乐宝奶粉获得香港第三方检测机构“绿鱼”最高安全评级。2017 年君乐宝乳业实现销售收入 102 亿元，同比增长 27.5%，排名伊利乳业、蒙牛乳业、光明乳业之后，居国内乳企第 4 位，成为河北省最大的乳制品加工企业。

【制酒厂】 石家庄市制酒厂有限公司（简称制酒厂）位于石家庄市区北二环西路 19 号，占地面积 6 万平方米，主要产品有冀窖系列、天庄系列、第一庄牌高中档浓香型白酒和赵州桥牌石家庄大曲酒、黄酒，白酒年产能力 1 万吨，黄酒年产能力 100 吨。1948 年 1 月，市制酒厂由第一届石家庄市政府收购 5 家老烧坊组建，是第一批全市公营企业唯一酿酒厂，称为“公营石家庄酿酒厂”，首张《营业证》由第一任市长柯庆施签名，印有“石家庄市人民政府”印章，颁证时间为“中华民国三十八年三月九日”。2015 年市制酒厂赵州桥牌 41° 石家庄大曲（银醇柔）、赵州桥牌 42° 陈酿两款产品获得“河北特产食品”称号。2017 年 12 月 26 日，市制酒厂举行建厂 70 周年暨“天庄”酒新品上市发布会，现场发布天庄系列白酒五款，分别为：天庄典藏、天庄经典 1947、天庄小白、天庄小青、天庄石家庄大曲；天庄系列白酒由国家级酿酒师采用古法酿制、国家级调酒师勾调。

【惠康食品】 石家庄市惠康食品有限公司（简称惠康食品）成立于 1993 年，是一家集种植、中央厨房、贸易、集体用餐配送为一体的大型食品加工企业；占地面积 4.5 万平方米，拥有员工 800 余人，是中国优质农产品开发服务协会副会长单位、河北省绿色食品协会副会长单位、石家庄市果蔬及肉类深加工工程技术研究中心。1997 年公司取得自营进出口权，2001 年取得日本农林水产省关于偶蹄类动物制品热加工处理许可，是中国对日出口的主要熟食加工企业之一；出口产品以速冻肉类、果蔬类为主，年出口量达 5000 吨，其中牛筋类产品在日本同类产品中占到市场份额的 40%。公司严格执行质量和卫生管理体系，产品通过日本食品检验检测项目 734 项，2002 年取得 ISO-9001 质量管理体系认证，2003 年取得 HACCP 食品安全体系认证，产品形成从原料到成品可追溯体系。2012 年公司打造中央厨房理念，主营国内市场；2015 年创建“谷言”品牌，以冷冻预制菜食品加工产业为核心，引进和研发食品加工技术，重点发展家庭冷冻预制菜、速冻料理包、冷藏速食、高档牛肉等系列加工产品，生产包括冷冻预制菜、速食、牛肉套皮等八大系列 116 个品种；2017 年惠康食品投资 5.9 亿元，设立谷言食品（石家庄）股份有限公司，建设集冷冻预制菜、速食产品、进口高档冰鲜牛肉分割等加工、销售、仓储、配送于一体的现代化食品加工基地；2017 年 11 月公司被农业部评为“全国主食加工示范企业”。

（魏俊杰）

冶金工业

【概况】 2017年，石家庄市冶金行业共有规模以上企业89家，同比减少13家，其中，黑色金属矿采选业企业10家，黑色金属冶炼和压延加工业企业62家，有色金属冶炼和压延加工业企业17家；主营业务收入821.0亿元，同比增长29.1%；完成工业增加值171.0亿元，同比下降3.3%，占全市规模以上工业增加值比重8.1%；实现利润61.0亿元，同比增长59.4%。2017年全市钢铁工业主营业务收入785.1亿元，同比增长30.4%；完成工业增加值162.2亿元，同比下降4.6%，占全市规模以上工业增加值比重7.6%；实现利润59.1亿元，同比增长67.6%。主要产品大类有生铁、粗钢、钢材、黄金。主要冶金产品产量为：生铁1192.3万吨，同比下降6.8%；粗钢1203.6万吨，同比下降5.1%；钢材1193.0万吨，同比下降4.8%；铸铁件50.1万吨，同比增长2.8%；铸钢件28.3万吨，同比增长0.5%；阀门5084.0万吨，同比增长4.8%。黑色金属冶炼和压延加工业代表企业有河北敬业集团、石家庄钢铁有限责任公司、河冶科技股份有限公司等。

【河北敬业集团】 河北敬业集团是一家以钢铁为主业，兼营钢材深加工、增材制造3D打印、国际贸易、旅游、酒店、房地产等大型企业集团，是全球大型螺纹钢生产基地、国家高强钢筋生产示范企业和国家高新技术企业。地址位于平山县南甸镇。拥有员工2万余人，总资产120亿元。主要产品有螺纹钢、中厚板、热卷板、水杨酸、阿司匹林等，其中，铁和钢材产能各达1000万吨规模，是全国最大的水杨酸生产基地。钢铁产品通过ISO9001、ISO14001认证和4国船级社认证、欧盟CE认证、锅炉压力容器板系列认证，螺纹钢产品、中厚板产品获得中国钢铁工业协会冶金产品实物质量认定（金杯奖），螺纹钢拥有精轧、韩标、美标、英标、澳标、马标等10多个国家标准生产资质，产品覆盖400、500、600强度级别，规格覆盖直径6～40毫米。2017年河北敬业集团投资13亿元，实施环保设施升级项目，以严于国家标准全封闭所有料场，杜绝扬尘排放，改造所有烧结机、链篦机回转窑、竖炉脱硫系统；压减钢铁产能52万吨；与东北大学合作，建设国内首套高品质薄带铸轧生产线，原500米一条轧材线缩短至70米，较传统工艺生产成本降低35%，水电耗降低80%；投资23.4亿元，引进增材制造（3D打印）项目，机器人激光熔覆项目投产，形成从原材料生产到激光熔覆修复、3D打印产品、粉末工模具钢生产多条智能制造生产线。2017年公司入选工业和信息化部第一批绿色工厂，获评2017京津冀最具影响责任品牌企业。至2017年底，河北敬业集团实现销售收入675亿元，上缴税金16亿元，企业综合势力排名全国500强企业第258位，连续9年位列石家庄市百强企业第一名。

【石家庄钢铁有限责任公司】 石家庄钢铁有限责任公司（简称石钢公司）是一家具备年产260万吨钢生产能力的特钢企业，是中国重点大中型钢铁联合企业。石钢公司成立于1957年12月13日，前身为石家庄钢铁厂。1994年石家庄钢铁厂改制为石家庄钢铁股份有限公司，1996年改制为石家庄钢铁有限责任公司。2000年，石钢公司钢产量102万吨，钢材产量83万吨，钢产量突破100万吨；2004年，石钢公司钢产量207万吨，钢材产量178万吨，钢产量突破200万吨。2006年6月，中信泰富集团收购石钢公司80%股权，石钢公司改制为中外合资企业；2010年3月，河北钢铁集团回购石钢公司股权，石钢公司成为河北钢铁集团全资子公司。主要产品有：优质碳钢、合金结构钢、轴承钢。2008年12月，“石钢”牌圆钢获评河北省名牌产品。2017年石钢公司在石家庄市纳税百强企业中排名第38位。2017年石钢公司在乘用车特钢棒材用钢领域销量排名国内第二，产品主要供应宝马、大众、丰田、沃尔沃、路虎、中国一汽、长城等国内外知名企业；在商用车制造领域，市场占有率名列国内第一，重点客户有德国奔驰、蒂森克虏伯、美国康明斯、中国重汽、陕西法士特等，是国内唯一批量供应欧洲奔驰高端商用汽车发动机的曲轴用钢企业。2017年石钢公司在世界汽车零部件百强企业中，产品销往 31 家用钢企业，年供货量占公司总销量的 12%。5 月 8 日，石钢公司与冶金工业信息标准研究院签订《轴承钢中大夹杂物的超声检测方法》《圆钢超声波探伤方法》2 个行业探伤国家标准起草服务合同，这是石钢公司作为第一起草单位，再次参与制定国家标准。12 月 15 日，石钢公司获得 2017 年度中国汽车用钢优秀品牌企业称号。

【河冶科技股份有限公司】 河冶科技股份有限公司（简称河冶科技，也称安泰河冶）是中国新材料领域龙头企业——安泰科技股份有限公司（简称安泰科技）控股的中外合资股份制企业，主要股东有安泰科技股份有限公司、日本住友商事株式会社、中国钢研科技集团有限公司等。地址位于石家庄经济技术开发区世纪大道 17 号。河冶科技前身为 1974 年 5 月 11 日成立的河北省冶金研究所，1996 年河北省冶金研究所更名为河北省冶金研究院，2000 年 8 月 21 日河北省冶金研究院以高速工具钢生产线为主发起设立河北冶金科技股份有限公司；2003 年 10 月 15 日，河冶科技引入新控股股东安泰科技股份有限公司，成为安泰科技的子公司；2004 年 7 月 6 日，公司更名为河冶科技股份有限公司。2006 年 12 月 31 日，经国家商务部批准，河冶科技引入外资战略合作伙伴——日本住友商事株式会社（第二大股东），公司类型变更为外商投资股份有限公司。2008 年 12 月，河冶科技“高韧高耐磨冷作模具钢 HYC3 研制”项目获得河北省冶金科学技术奖二等奖和石家庄市科学技术奖二等奖。2009 年 3 月，“河冶”牌高速工具钢棒材获得河北省名牌产品；4 月，公司自主研发的“高韧高耐磨冷作模具钢”获得国家发明专利。2010 年 11 月，河冶科技获认国家高新技术企业。2011 年 1 月，“河冶”商标被认定为河北省著名商标。河冶科技是研发、生产先进金属材料及制品的生产企业，也是石家庄市工业 50 强企业，公司设有国家博士后科研工作站。公司产品按材料类别分有：刀具材料（粉末、喷射、传统）、模具材料、关键零部件材料三大类，按产品形态分有：棒材、银亮材、异型材、线材、丝材、板材、带材、锻件八个系列近千个规格，还可根据客户需要提供锻制、挤压、焊接类近终成型刀具或零部件毛坯；材料产品主要用于工具、模具、汽车、航空、船舶、军工、冶金、汽轮机等行业。2017 年 7 月 26 日，河冶科技参与成立中国高品质工模具材料产业技术创新战略联盟；8 月，刘更波机电技术创新工作室获得河北省工人先锋号称号，朱晓莉创新工作室获授中国钢研集团创新工作室；10 月，朱晓莉创新工作室获得河北省劳模创新工作室称号，并被授予“工人先锋号”。

（李菲菲）

建材工业

【概况】 2017 年，石家庄市建材行业共有规模以上工业企业 235 家，同比减少 1 家，其中，非金属矿物采选业企业 9 家，非金属矿物制品业企业 226 家。主营业务收入 564.0 亿元，同比增长 5.4%；完成工业增加值 135.4 亿元，同比下降 1.8%，占全市规模以上工业增加值比重 6.4%；实现利润 50.9 亿元，同比增长 18.9%。主要产品大类有水泥熟料、水泥、建筑陶瓷、平板玻璃、建筑板材等。主要产品产量：硅酸盐水泥熟料 1060.0 万吨，同比下降 0.3%；石灰 10.1 万吨，同比下降 45.9%；水泥 2069.4 万吨，同比下降 1.0%；商品混凝土 637.2 万立方米，同比增长 15.7%；瓷质砖 2.5 亿平方米，同比增长 7.6%；天然大理石建筑板材 359.1 万平方米，同比下降 7.9%；石膏板 3210.0 万平方米，同比增长 6.5%；沥青和改性沥青防水卷材 5257.7 万平方米，同比增长 12.9%；平板玻璃 1099.7 万重量箱，同比增长 6.5%。非金属矿物制品业代表企业有河北金隅鼎鑫水泥有限公司、河北曲寨集团、高邑县力马建陶有限公司、石家庄玉晶玻璃有限公司等。

【水泥产能压减】 2017 年 5 月，市政府办公厅印发《关于压减水泥产能工作的实施意见》（石政办发〔2017〕25 号）。确定按照“依法整治、严控总量、整合重组、退出奖励”原则，综合运用法律法规、经济手段和行政手段，落实能耗、环保、质量、安全、技术等综合标准，有序推动水泥产能压减，为有效改善全市空气质量和防治大气污染做出贡献。采取压减水泥产能方式：压减立项、生产许可、工商登记、排污许可、土地利用手续不全或过期的水泥企业产能，处于市区环境敏感区域、上风上水位置的企业产能，区域产能比重大的县（市、区）企业产能，停产多年的水泥企业产能，能耗、环保、质量、安全、技术等方面不符合国家、省、市有关法律法规要求的水泥企业产能，水泥产业布局不符合全市总体要求的水泥企业产能，核减已批未建不得再建的水泥生产线产能。

【高邑县建陶行业整治】 2017年高邑县25家建陶企业开展以煤改天然气为主要内容的综合整治专项行动。学习先进地区经验，对照新行业标准，制订《高邑县建陶行业综合整治实施方案》；优化产业布局，确定在恒泰路以西、莱特大街以东2平方千米范围重点打造建陶产业园中园，形成聚集效应；遵照“保产业不保落后企业”原则，督导建陶企业一律改用天然气生产；鼓励和引导企业引进国内外最先进的建陶技术，提升环保监测标准，确保建陶行业污染物排放标准达到国内先进水平；聘请第三方单位开展环保数据监控。河北鑫祥陶瓷有限公司在高邑县建陶行业综合整治行动中启动早、投入大、进度快，5月13日高邑县河北鑫祥陶瓷有限公司在停业整改一个月后点火复工。

【河北金隅鼎鑫水泥有限公司】 河北金隅鼎鑫水泥有限公司是北京金隅集团股份有限公司（A股、港股股票名均为金隅集团）和唐山冀东水泥股份有限公司（股票名称冀东水泥）联合控股的旗舰企业，是河北省水泥行业的品牌、安全、环保、节能、绿色示范标杆企业。地址位于鹿泉区宜安镇东焦村。河北金隅鼎鑫水泥有限公司年熟料产能750万吨、优质高标号水泥产能1000万吨、混凝土产能90万立方米、砂石骨料200万吨，拥有2条日产2000吨和3条日产4000吨新型干法熟料水泥生产线，其中1条日产4000吨二档短窑熟料水泥生产线获批国家级节能示范线。公司生产“鼎鑫”牌水泥系列产品获评“国家免检产品”“中国驰名商标”“河北省名牌产品”“河北省著名商标”，其中，道路硅酸盐水泥具有早期强度高、抗冲击性强等特点，耐磨性是普通水泥的5～6倍，维修费用低，性价比高，是建设高等级公路、飞机机场混凝土路面的优质产品。2017年河北金隅鼎鑫水泥有限公司生产核电、道路、油井、海工、水利及海绵城市建设专用特种水泥五大类18个品种，年通用及特种水泥产能450万吨，是全国门类最全、产量最大的特种水泥生产基地，具备生产美国、俄罗斯等优质国外标准水泥能力，也是全国水泥行业唯一一家新兴产业示范企业。2017年8月，河北金隅鼎鑫水泥有限公司入选工业和信息化部“国家绿色工厂”名单（河北省2家）；9月，公司获得河北品牌建设典范单位企业，成为河北省水泥行业唯一获得该项荣誉的企业。

【高邑县力马建陶有限公司】 高邑县力马建陶有限公司成立于2000年6月，是一家集科研、开发、制造、销售为一体的河北省重点建陶生产民营企业，也是高邑县建陶产业集群龙头企业。地址位于石家庄高邑县凤凰山工业区。拥有1家陶瓷厂、1家省级建陶工程技术研究中心（也是石家庄市唯一一家省级建陶工程技术研究中心）和河北力马燃气有限公司，年地板砖产能2600万平方米，产品包含十大系列、2个规格、多个花色品种，拥有多项知识产权和专利证书。主要产品有全瓷耐磨地板砖、微粉抛光地板砖、聚晶微粉抛光地板砖、高档普拉提抛光地板砖、高档郁金香抛光地板砖、大理石地板砖、金刚石地板砖、精雕釉地板砖等。公司通过ISO9001：2000国际质量管理体系认证、国家3C认证、ISO14001环境管理体系认证、职业健康安全管理体系认证，取得采用国际标准证书、河北省计量保证能力合格证书，获得河北省质量效益型企业、环渤海地区建材行业“最具影响力企业”、河北省产业集群龙头企业等荣誉，是石家庄市工业50强、河北省建材行业百强企业、中国建材行业500强企业。

【赞皇县金隅水泥有限公司生活垃圾和生活污泥处置项目开工】 5月14日，赞皇县金隅水泥有限公司“利用水泥窑协同处置生活垃圾和污泥项目”开工。这也是石家庄市第一家利用水泥窑无害化处置生活垃圾和生活污泥项目。公司采用北京金隅中央研究院研发成果，由金隅建都设计院总体设计，总投资1.25亿元，规划建成后日可处理生活垃圾300吨，日可处理生活污泥200吨。处置方式：采取破碎—筛分—高温焚烧方法，将产生的残渣送入生料配料系统转变为水泥原料，产生的废气进入分解炉，通过 880～900℃高温区域燃烧彻底后无害化排入大气，实现生活垃圾和生活污泥变废为宝。赞皇县金隅水泥有限公司是北京金隅集团股份有限公司全资子公司，拥有日产 2000 吨水泥熟料生产线 2 条，日产 4000 吨熟料生产线 1 条，15 兆瓦和 6 兆瓦纯低温余热发电系统各 1 条，年产 100 万吨水泥粉磨系统 3 条，年生产“金隅”牌高标号低碱优质水泥能力 300 万吨。

（市工业和信息化局）

电力工业

【概况】 2017 年，石家庄电网共有 35 千伏及以上变电站 405 座，变电总容量 3393.47 万千伏安，输电线路 8548.12 千米。2017 年石家庄全社会用电量 468.10 亿千瓦时，同比增长 3.52%。其中，第一、二产业用电量分别为 13.38、292.18 亿千瓦时，分别下降 1.14%、0.16%；第三产业用电量 95.76 亿千瓦时，增长 11.85%。市区用电量 241.68 亿千瓦时；农村用电量 77.7 亿千瓦时。从全市用电数据看，产业结构调整和转型升级取得成效。2017 年全市发电量 463.4 亿千瓦小时，同比下降 0.14%；售电量 400.51 亿千瓦时，突破 400 亿千瓦时大关。至 2017 年底，全市累计完成电网建设投资 19.86 亿元，新建扩建 110 千伏及以上变电站 13 座，新增变电容量 206 万千伏安。赞皇县 110 千伏千根变电站、行唐县 110 千伏留营变电站扩建工程完工。投资 9689 万元，建设灵寿县 220 千伏输变电工程开工，新增容量 8 万千伏安，建设线路长度 1.4 千米。全年完成保电任务 162 项，连续安全生产 4430 天。建立集用电办理、自助缴费于一体的信息化、智能化用电服务平台，推广电 e 宝、掌上电力 APP、支付宝等客户 82 万户，46 万块市区量控卡表轮换和 2000 余户“多表合一”安装采集任务完毕。

【电网建设】 适应能源结构调整形势，制定修编“十三五”时期电网规划；开展“煤改电”区域电网适应性研究，编制完成 33 家园区“一园一册”电网规划，重点区域电网建设规划实现全覆盖。服务京津冀协同发展，支持京津产业向石家庄地域疏解和转移，建立用电快速响应机制，实施项目配套供电服务提速工程，推进中关村正定集成电路封装产业基地、奇瑞新能源整车等产业疏解项目供电，推行“先接入、后改造”方式，以最快速度满足重点区域、重要客户用电需求。加快正定新区配套电网建设，220 千伏滨河等 4 项正定新区配套工程建成运行，新增供电容量 66 万千伏安，为河北奥林匹克体育中心、石家庄国际会展中心等重点区域提供用电服务。融入交通互联互通体系，石济客专铁路配套 220 千伏辛南、藁南牵引站供电工程按期运行；密切跟踪京石、津石、石黄城际铁路及津石、石衡高速公路建设进度，第一时间做好电力线路迁改规划、设计等电力保障工作。支持产业转型示范区电网建设，良村开发区配套 220 千伏留村电网工程竣工运行，鹿泉绿岛经济开发区配套 110 千伏龙凤湖项目送电。市区河北省委周边道路拓宽配套 1.74 千米架空线迁改入地任务完工，河北省安全生产应急救援指挥中心备供电源项目提前送电。2017 年全市电网建设完成投资 19.86 亿元，新建扩建 110 千伏及以上变电站 13 座，新增变电容量 206 万千伏安。

【供电保障】 夏季高峰用电。实施迎峰度夏抢建工程 316 项，参与电力应急演练、抢修服务 7.8 万人次，成功应对持续高温高湿、三轮强降雨、794.3 万千瓦历史大负荷考验，实现电网安全平稳度夏。冬季供暖用电。主动与 34 家供热企业对接、沟通，开展 37 座变电站、35 条线路隐患排查治理，累计消除隐患 13 项；采取涉暖企业报装“绿色通道”、缩短建设周期等措施，有效满足冬季供暖电力需求。重大活动供电。周密做好中共十九大及全国、省、市“两会”期间电力保障工作，以 118 座变电站、422 条线路、119 个重要用户、72 个重要场所为重点，开展“地毯式”安全大检查，严格正定机场、广播电视台等重点部位排查和督导，部署 2187 名保电人员、513 台抢修车辆全天候盯守，做到了供电万无一失。全年完成保电任务 162 项，连续安全生产达到 4430 天。

【绿色电能项目】 实施“以电代煤”工程，确定“煤改电”社区、村镇及居民用户清单；制定电网改造方案，倒排工期，加快电力施工进度，完成全市1390家单位、17829户居民“煤改电”配套电网建设任务。推广“以电代油”项目，主动服务石家庄市电动汽车推广计划，京港澳高速公路藁城、赵县等服务区7座快速充电站建成运行，15座城市快充站、50个充电桩竣工投产。实施“绿色电能进空港”项目，正定机场27座廊桥岸电实现全覆盖。2017年全市累计完成电能替代项目890个，相当减少直燃煤排放5.8万吨，减排二氧化碳15.26万吨。落实生态联防联控部署要求，推广电网建设工程喷淋等“五级防尘”要求，严格控制电网建设项目扬尘污染，最大限度减少污染排放；支持京津冀秋冬季大气污染治理攻坚行动部署，依托用电信息采集系统，实施重点客户电量全程监控和现场复查，严格落实小火电、“两高”企业自备电厂环保停产停机配套措施，按期完成2175家“小散乱污”企业政策性停限电任务。

【农村电网建设】 农村电网优先安排光伏扶贫项目，全年101个村级光伏扶贫项目、2.94万千瓦按期并网供电，惠及4个县、107个扶贫村、5880户家庭，为每户带来连续20年、每年不低于3000元的光伏发电收益。实施农村电网改造升级项目，完成164个自然村、14.23万眼机井通电任务；554个小城镇电网提档升级，县域更换智能电表16万块，新建改造0.4千伏及以上线路4493千米，新增容量281.82兆伏安。投入1977.36万元，推进335项美丽乡村、贫困村异地搬迁配套电网建设，337个贫困村动力电不足改造工程全部完工。投资6909万元，改造升级平山县、灵寿县、行唐县、赞皇县4个贫困县所属贫困村配电网设施，新建改造变压器114台，总容量29400千伏安，新建改造10千伏高压线路38千米，新建改造0.4千伏低压线路575千米；12月中旬，电力改造工程全部完工。“7·19”特大洪水灾害电网重建工程完工，累计争取重建资金2.93亿元，新建改造35千伏及以下线路595千米、新增电力设备3万套，新增容量51兆伏安。提升农村供电服务质量，推进供电服务指挥中心和“全能型”乡镇供电所建设，建立供电所“台区客户经理制”、营业厅“综合柜员制”，实现供电业务协同运行、人员一专多能、服务一次到位和全天候服务。

国家电网石家庄供电公司

总 经 理：朱薪志

副总经理：李承辉（兼总会计师，10月任）

王向东（10月任）

刘玉璞　齐全定

张世鹏（挂职）

（王跃峰）

城乡建设

Urban and Rural Construction

综 述

2017年，石家庄市城乡建设围绕打造京津冀世界级城市群“第三极”战略目标，以生态宜居和建设现代化省会城市为目标，以创建全国文明城市为载体，对标国内先进城市，推进县城和新型城镇化建设进程。全年市城乡规划部门受理报建项目1765项次，发放《建设项目选址意见书》15项，发放建设用地规划许可证99项，批准用地面积714.8万平方米；受理建筑类报建项目433项次，发放建筑类建设工程规划许可证178项，批准总建筑面积1711.6万平方米；受理市政类报建项目702项次，发放市政类建设工程规划许可证312项；受理竣工核实类报建项目139项次，发放竣工验收合格函139项。以“生态为基、文化为魂、业绿并重、景美民丰”为理念，实施“一城八县，拥河发展”总体战略。落实中心城区河湖景观和设施规划标准，编修完成《滹沱河（黄壁庄至深泽界）生态修复工程规划暨沿线地区综合提升规划》。依托银行和保险总部金融、商务、商业基础，重新设计老火车站区域，集中打造180公顷城市中央商务区。提升城市综合服务功能和城市品质，谋划西部山体修复行动、水环境治理行动、绿廊绿道建设行动等16项行动计划、43个重点项目。跟踪监管批后管理建设项目489个，楼栋3317个，建设面积6441.27万平方米；规划验收项目137个，建筑面积2071.88万平方米，批后建设项目实现零违法。

加快主城区与4组团县区道路连通，建设完成南二环西延、裕华路西延、天山大街北延等道路工程；加密城区路网，启动中华大街南延、建设大街南延、仓丰路、汇明路等断头路工程，打通市区断头路5条。2017年石家庄市区累计新建、改建道路30条，合计里程54.36千米，完成投资28亿元。开展县城建设攻坚行动，谋划实施重大工程项目325个，完成投资160亿元。至2017年末，正定县获得国家文明县城称号，高邑县获得国家园林县城称号，晋州市、高邑县获评省级洁净城市，高邑县、元氏县、赞皇县、赵县、井陉县获评省级文明县城，无极县、深泽县、赞皇县获评省级园林县城，全市获得省级以上园林县城达到12个。开展国家新型城镇化建设试点，推进农业人口向市民化有序转移。全年符合石家庄市户籍改革政策迁入城镇人口50624人，其中农村迁入城镇人口16107人；2017年全市常住人口城镇化率达到61.9%，户籍人口城镇化率达到45.78%。开展农村垃圾治理专项行动，至2017年底，全市4009个村庄中，3400多个村庄生活垃圾实现有效处理，有效处理率85%以上；实行城乡生活垃圾一体化处理村庄3000多个，城乡一体化处理率75%以上。2017年石家庄市获授国家级特色小镇1个、省级特色小镇10个。

2017年全市共有建筑施工企业2153家，同比增加299家。其中，总承包企业750家，专业承包企业1364家，劳务分包企业39家；完成建筑业总产值1251.96亿元，同比增长10.73%；实现利润28.51亿元，同比增长5.67%，产值利润率2.28%，同比下降0.11%；从业人员17.01万人，同比下降4.36%。房屋建筑施工面积7552万平方米，同比下降13.43%。其中，新开房屋施工面积1886万平方米，下降31.64%；房屋建筑竣工面积1086万平方米，下降35.66%。117家建筑施工企业在省外施工，总产值458.27亿元，占建筑业总产值36.6%，同比增长11.40%。13家企业开拓海外市场，完成国外总产值20.95亿元，同比增长104.40%。

2017年石家庄市建成保障

房8867套，完成年度目标任务的110.8%；石家庄市区两次公开摇号分配保障房12200套，其中，低保、低收入家庭753套，中等偏下收入家庭、新就业大学生和外来务工人员家庭11447套。2017年石家庄市超额完成河北省下达棚改安置住房目标任务，全年新开工棚改安置住房22442套，占年度任务的102.77%，基本建成棚改安置住房21055套，完成年度任务的185.34%。2017年石家庄市商品房上市面积968.80万平方米，同比增长76.57%，其中，商品住房上市面积754.11万平方米，同比增长82.28%。2017年石家庄市商品房成交均价10556元/平方米，同比增长18.05%，较2016年末涨幅回落1.7个百分点，其中，商品住房成交均价10247元/平方米，同比增长21.44%，较2016年末涨幅回落1.0个百分点。2017年石家庄市商品房库存面积1194.22万平方米，同比增长39.50%，其中，商品住房库存面积508.01万平方米。2017年石家庄市居民购买商品房比例为85.11%，其中，石家庄城区占比60.50%，郊县占比24.61%。

开展城市环境综合整治和违法建设拆除专项行动，摸排违法建设设施6508处、690.26万平方米，拆除6451处、685.34万平方米，拆除比例达到99.29%，完成河北省政府提出存量违法建设查处比例达70%以上目标任务。2017年城市蒸汽供热总量5325万吉焦，热水供热总量2087万吉焦，住宅供热面积18537.6万平方米；天然气供气总量98777.06万立方米，其中居民家庭供气33559.89万立方米，用气户数160263户，其中居民家庭用户1605661户；城市居民家庭用水10393.43万立方米，用水户37.82万户，其中居民家庭用户36.52万户，城市人均日生活用水量158.37升。至2017年末，建成无害化垃圾处理厂（场）4座，其中，卫生填埋3座，焚烧1座；无害化处理能力达到2500吨/日，其中，卫生填埋500吨/日，焚烧2000吨/日。2017年城区清运生活垃圾102.14万吨，无害化处理102.14万吨，其中卫生填埋27.86万吨；餐厨废弃物统一做到收运处置。

至2017年底，石家庄城市绿化覆盖面积14015.23公顷，其中建成区绿化覆盖面积12687.16公顷，建成区绿化覆盖率达到44.42%；绿地面积12839.26公顷，其中建成区绿地覆盖面积11545.89公顷，建成区绿地率达到40.42%；拥有公园97个，公园面积4583.74公顷，公园绿地面积4840.44公顷，人均公园绿地面积17.05平方米。2017年石家庄市获评河北省星级公园16个、游园27个、广场4个、园林式单位13家、居住小区5个、街道9条。至2017年末，全市共有河北省星级公园广场60个，其中，五星级公园8个，四星级公园19个，三星级公园22个，二星级公园4个，三星级广场5个，二星级广场2个。

城乡规划

【概况】 2017年，石家庄市城乡规划部门以落实“增强辐射带动功能、加快建设现代化省会城市”为发展目标，超前谋划，科学编制，全力提升城乡规划的前瞻性、科学性、合理性和可操作性。落实重大规划事项由市城乡规划委员会审议制度，全年召开市城乡规划委员会全委会会议2次、市城乡规划委员会专题委员会会议9次，研究审议议题79个。2017年市城乡规划部门受理报建项目1765项次，发放《建设项目选址意见书》15项，发放建设用地规划许可证99项，批准用地面积714.8万平方米；受理建筑类报建项目433项次，发放建筑类建设工程规划许可证178项，批准总建筑面积1711.6万平方米；受理市政类报建项目702项次，发放市政类建设工程规划许可证312项；受理竣工核实类报建项目139项次，发放竣工验收合格函139项。以“生态为基、文化为魂、业绿并重、景美民丰”为理念，实施“一城八县，拥河发展”总体战略。落实中心城区河湖景观和设施规划标准，编修完成《滹沱河（黄壁庄至深泽界）生态修复工程规划暨沿线地区综合提升规划》。中央商务区城市设计完毕，依托银行和保险总部金融、商务、商业基础，重新设计老火车站区域，集中打造180公顷城市中央商务区。提升城市综合服务功能和城市品质，谋划西部山体修复行动、水环境治理行动、绿廊绿道建设行动、15 分钟社区生活圈行动、道路微循环完善行动等 16 项行动计划、43 个重点项目。严格规划批后管理，按照省住房和城乡建设厅 9 步验线要求，全年跟踪监管批后管理建设项目 489 个，楼栋 3317 个，建设面积 6441.27 万平方米；规划验收项目 137 个，建筑面积 2071.88 万平方米，批后建设项目实现零违法。整合各市直部门规划空间管制分区，建立生态保护红线、基本农田控制线、城市安全控制线、城镇开发边界控制线和产业区块控制线五类控制线体系。2017 年市发展改革、规划、国土、环保、林业、水务等多部门梳理国土规划与城市规划不衔接差异图斑 1.6 万余块、面积 400 平方千米，林地与基本农田重叠区域 98.3 平方千米，环省会经济林和基本农田重叠区域 161.2 平方千米，滹沱河两岸堤防线内基本农田 43.87 平方千米，南泄洪渠行洪区内基本农田 9.96 平方千米。石家庄市第一次摸清空间用地底数。依据《石家庄市人民政府办公厅关于向高新区等特定区域下放部分行政权力事项的通知》《石家庄市机构编制委员会办公室关于调整石家庄市城乡规划局高新技术产业开发区分局管理体制的通知》要求，2016 年 12 月 15 日市城乡规划部门与高新区管委会签订委托书后，将规划实施管理权委托高新区管委会行使。2017 年市规划馆新增“地球在线—城市街景地图”互动展示和省委省政府、新老火车站及周边区域建筑规划等 200 余处，接待观众 4.5 万人次，接待团体 220 批次。

【城乡规划会议】 城乡规划委员会全委会会议。1 月 24 日，市委副书记、代市长、市城乡规划委员会主任邓沛然主持召开市城乡规划委员会第三次会议。副市长、市城乡规划委员会副主任姜阳及市城乡规划委员会成员单位负责人参加会议。会议审议并原则通过《石家庄市城乡规划委员会议事规则（草案）》《晋州市特色空间框架和近期风貌提升规划》《中华大街南延道路工程规划设计方案》《中华大街南延拆迁安置地区控制性规划动态维护方案》《京石邯城际和货运东南环选线方案》《石家庄市中心城区控制性规划动态维护方案》6 个议题。中华大街南延工程北起南二环，南至南三环辅路，道路全长 4.12 千米，道路建设标准为城市主干路，机动车道为双向 6 车道，分为地面道路和高架桥路段。

8 月 10 日，市长、市城乡规划委员会主任邓沛然主持召开市城乡规划委员会第四次会议。副市长、市城乡规划委员会副主任姜阳及市城乡规划委员会成员单位负责人参加会议。审议并原则通过滹沱河（黄壁庄至深泽界）生态修复工程规划暨沿线地区综合提升规划、滹沱河景观提升规划、石家庄中心城区商业服务业用房去库存项目控规动态维护、石家庄市中心城区部分区域及街坊控制性详细规划动态维护、石家庄市中央商务区规划选址和近期建设区域城市设计 5 个议题。

市城乡规划委员会专题会议。1 月 23 日，副市长、市城乡规划委员会副主任姜阳主持召开市城乡规划委员会第九次专题会议。市城乡规划委员会成员单位负责人参加会议。审议并原则通过道路近期建设规划方案，停车专项规划，市职业教育园区项目规划设计方案，小西帐城中村改造规划方案（东三环以内部分），晶彩中心项目，华润中心方案调整，贾村城中村改造项目控制性详细规划动态维护及一期设计方案，18 分区 06 单元新奥燃气公司地块控制性详细规划动态维护方案，轨道 1、3 号线车辆段及车站附属设施用地控制性详细规划动态维护方案，晋州市特色空间框架和近期风貌提升规划设计方案，深泽县城容貌提升方案，灵寿县城容貌提升方案，赵县县城容貌提升方案 13 个议题。关于道路近期建设规划方案，提出完善快速路系统，实现 2 个快速环路之间快速衔接；新建 17 条城市主干道路、路段，中心城区“九横十三纵”主干路全部成形；集中消除 44 条断头路，改造现状道路断面形式，消除主干路、次干路瓶颈路段，保障道路顺畅；加强 12 个重点片区的次干路和支路网建设，提升路网密度；近期建设和改造道路 313 条，合计道路长度 721 千米。关于停车专项规划，提出到 2020 年石家庄市中心城区机动车停车泊位与机动车保有量之比达到 1.15 ∶ 1，形成以配建停车为主、路外社会公共停车为辅、路内社会公共停车为补充的停车格局。

3 月 3 日，姜阳主持召开市城乡规划委员会第十次专题会议。市城乡规划委员会成员单位负责人参加会议。审议并原则通过滹沱河景观提升规划方案、正定新区起步区控制性详细规划动态维护方案、正定新区起步区城市设计深化及风貌专项研究方案、正定新区大学园概念规划方案、18 分区 02 单元孙村 2 号地控制性详细规划动态维护、土贤庄城中村改造（永邦天汇）项目规划、小安舍城中村改造项目、小西帐城中村改造规划、石家庄东二环——弘城·泛亚文化中心、石家庄棉三棉四地块（荣盛中心）10个议题。滹沱河景观提升规划方案：规划西部结合水源地以生态休闲功能为主，中部结合正定古城、彰显历史文化，东部结合正定新区展现都市活力、恢复生态湿地，整体采用环河公园群布局，打造12个各具特色环河生态公园，形成滹沱河12景。

4月28日，姜阳主持召开市城乡规划委员会第十一次专题会议。市城乡规划委员会成员单位负责人参加会议。审议并原则同意石家庄中央商务区规划，石家庄市海绵城市建设重点区详细规划，轨道1、2、3号线一期工程沿线交通设施用地专项规划，轨道1、2、3号线一期工程沿线部分地块控制性详细规划动态维护，轨道交通1号线一期、3号线首开段工程建设管理实施意见，107国道（南二环至南三环）道路设计方案，石家庄市警校迁建（反恐处突训练基地），石家庄（正定新区）档案馆规划，石家庄（正定新区）美术馆规划9个议题。

5月19日，姜阳主持召开市城乡规划委员会第十二次专题会议。市城乡规划委员会成员单位负责人参加会议。审议并原则同意商业服务业用房去库存调整用地性质项目控制性详细规划动态维护方案、方北综合体设计2个议题。

7月24日，姜阳主持召开市城乡规划委员会第十三次专题会议。市城乡规划委员会成员单位负责人参加会议。审议并原则同意石家庄市中心城区部分区域及街坊控制性详细规划动态维护方案、石家庄市海绵城市专项规划、石家庄市城市地下综合管廊工程规划（2015～2030）、石家庄市管线综合规划（2015～2030）、石家庄市城市轨道交通3号线二期工程线站位及车辆基地方案、石家庄正定新区宝华广场规划设计方案、石家庄正定新区海纳影视规划设计方案、于底城中村改造方案8个议题。

8月15日，姜阳主持召开市城乡规划委员会第十四次专题会议。市城乡规划委员会成员单位负责人参加会议。审议并原则同意尖岭村旧村改造项目设计方案、鹿泉区杜家庄村庄建设规划（2016～2030年）方案、石家庄正定新区壹号院规划设计方案、恒润时代广场方案、恒印智慧城市方案、翰林国际方案6个议题。

9月27日，姜阳主持召开市城乡规划委员会第十五次专题会议。市城乡规划委员会成员单位负责人参加会议。审议并原则同意正定新区139号、145号地块项目设计方案，正定新区148号、155号地块项目设计方案，正定新区涵碧苑项目设计方案，北城山水商业地块项目设计方案，众美现代城商业2号地方案，富力中心项目设计方案，高新区南豆城中村改造规划方案7个议题。

11月27日，姜阳主持召开市城乡规划委员会第十六次专题会议。市城乡规划委员会成员单位负责人参加会议。审议并原则同意石家庄市道路控制标高规划、华府国际项目规划设计方案、石家庄中心城区房地产市场专项整治项目涉及地块容积率调整的控制性详细规划动态维护方案3个议题。

12月11日，姜阳主持召开市城乡规划委员会第十七次专题会议。市城乡规划委员会成员单位负责人参加会议。审议并原则同意石家庄中心城区部分街坊控制性详细规划动态维护方案、正定新区金科天宸项目规划设计方案、正定新区金科天誉项目规划设计方案、正定润江府项目规划设计方案、华基君程二期公建区规划设计方案5个议题。

【规划审批】 落实重大规划事项由市城乡规划委员会审议制度，全年召开市城乡规划委员会全委会会议2次、市城乡规划委员会专题委员会会议9次，研究审议议题79个。2017年市城乡规划部门受理报建项目1765项次，发放《建设项目选址意见书》15项，发放建设用地规划许可证99项，批准用地面积714.8万平方米；受理建筑类报建项目433项次，发放建筑类建设工程规划许可证178项，批准总建筑面积1711.6万平方米（含地下建筑439.5万平方米），其中，居住面积1343.35万平方米（含地下建筑面积335.6万平方米），商业面积255.08万平方米（含地下建筑面积60.5万平方米），其他建筑面积113.12万平方米（含地下建筑面积43.4万平方米）；受理市政类报建项目702项次，发放市政类建设工程规划许可证312项；受理竣工核实类报建项目139项次，发放竣工验收合格函139项。按照《商业服务业用房去库存和发展房屋租赁市场细则》《商业服务业用房去库存调整用地性质实施细则》要求，实施47个商业项目实施控制性详细规划动态维护，减少商业建筑面积550万平方米，新增次干道路10条，增加道路与交通设施用地及绿地广场用地200亩，降低了中心城区的开发强度，控制了主城区建筑总量和开发时序，优化了城市用地布局。严格规划批后管理，按照省住房和城乡建设厅9步验线要求，全年跟踪监管批后管理建设项目489个，楼栋3317个，建设面积6441.27万平方米；规划验收项目137个，建筑面积2071.88万平方米，批后建设项目实现零违法。

【规划编制】 完善和落实规划法规，制定出台《石家庄市城乡规划局城乡规划公开公示工作制度》《石家庄市城乡规划局城乡规划行政许可听证办法》，修订《城乡规划管理程序规定》部分条款，执行《关于支持新产业新业态发展　促进大众创业万众创新用地的意见》等规定和文件。加强危险化学品项目规划管理，制定印发《石家庄市城乡规划局危险化学品安全专项整治工作实施方案》。以“生态为基、文化为魂、业绿并重、景美民丰”为理念，实施“一城八县，拥河发展”总体战略，推进城河互动和人文生态融合交流，打造城市之眼和会客厅。落实中心城区河湖景观和设施规划标准，编修完成《滹沱河（黄壁庄至深泽界）生态修复工程规划暨沿线地区综合提升规划》。中央商务区城市设计完毕，依托银行和保险总部金融、商务、商业基础，重新设计老火车站区域，集中打造180公顷城市中央商务区。其中，车辆厂、长途客运站搬迁后各建设1处集中金融办公区、总部商务区；中部改扩建老火车站站厅和售票厅等历史建筑，设置精品会展、酒店和休闲广场；利用大石桥、解放纪念碑、正太饭店等文物保护单位和历史建筑群，集中建设文化休闲街区，为城市中央商务区注入历史文化底蕴。以青山绿水城市、生态园林城市、宜居幸福城市、特色风貌城市、自行车友好城市为目标导向，提升城市综合服务功能和城市品质，谋划西部山体修复行动、水环境治理行动、绿廊绿道建设行动、15分钟社区生活圈行动、道路微循环完善行动等16项行动计划、43个重点项目。提高县城规划建设水平，建立城乡建设责任规划师制度；落实“一县一策、一城一规”规划要求，率先在全省实施县级城乡建设责任规划师制度，2017年末石家庄主城区外13个县（市）实现全覆盖，各县（市）聘请责任规划师1～3名，专门提供县（市）发展定位、整体布局、规划编制等技术支持。细化正定新区城市设计、城市风貌导则规划，制定《正定新区规划管理技术要求（001）》，落实不同类型建筑群体布局和单体建筑比例、色彩、材质、形式等精致要求。2017年正定新区核发建设项目选址意见书23个，规划条件22个，用地规划许可证37个；核发建筑类建设工程规划许可证12个，总建筑面积78万平方米；审批市政项目24个，核发市政类建设工程规划许可证17个、审查施工图7个。

（张跃斌）

城乡基础设施建设

【概况】 2017年，石家庄市住房和城乡建设围绕打造京津冀世界级城市群“第三极”战略目标，以生态宜居和建设现代化省会城市为目标，以创建全国文明城市为载体，对标国内先进城市，全力推进县城和新型城镇化建设进程。加快主城区与4组团县区道路连通，建设完成南二环西延、裕华路西延、天山大街北延等道路工程；加密城区路网，启动中华大街南延、建设大街南延、仓丰路、汇明路等断头路工程，打通市区断头路5条。2017年石家庄市区累计新建、改建道路30条，合计里程54.36千米，完成投资28亿元。5月26日，和平路高架西延工程（中华大街—西二环路）主线桥开通试运行。12月28日，石济客专东站广场投入使用。12月31日，东南二环立交桥东西向主线通车。开展县城建设攻坚行动，谋划实施重大工程项目325个，完成投资160亿元。至2017年末，正定县获得国家文明县城称号，高邑县获得国家园林县城称号，晋州市、高邑县获评省级洁净城市，高邑县、元氏县、赞皇县、赵县、井陉县获评省级文明县城，无极县、深泽县、赞皇县获评省级园林县城，全市获得省级以上园林县城达到12个。开展国家新型城镇化建设试点，推进农业人口向市民化有序转移。全年符合石家庄市户籍改革政策迁入城镇人口50624人，其中农村迁入城镇人口

16107人；2017年全市常住人口城镇化率达到62.3%，户籍人口城镇化率达到45.78%。开展农村垃圾治理专项行动，至2017年底，全市4009个村庄中，3400多个村庄生活垃圾实现有效处理，有效处理率85%以上；实行城乡生活垃圾一体化处理村庄3000多个，城乡一体化处理率75%以上。2017年石家庄市获授国家级特色小镇1个、省级特色小镇10个。

（赵俊武）

【城市道路设施建设】 以完善重点区域路网、提高城市承载力、拉开城市框架为目标，加快主城区与4组团县区道路连通，建设完成南二环西延、裕华路西延、天山大街北延等道路工程，南二环东延等道路工程正在施工。完善城市骨架路网和主干道系统，推进市区主干路网由二环向三环延伸，槐安路东二环立交工程、槐安路友谊大街匝道、和平路高架西延等工程完工。加密城区路网，启动中华大街南延、建设大街南延、仓丰路、汇明路等断头路工程，打通市区断头路5条。结合城中村改造、旧城改造项目，建设完成华南路、中营街、石桥北路、十小街等支路交通。师范街、自强路改造工程通车。3月29日，由市道桥建设总公司承建师范街（裕华路—中山路）、自强路（师范街—维明大街）道路拓宽改造工程主体完工并通车。其中，师范街（裕华路—中山路）全长811米，改造原来2车道变为双向4车道，便道改为非机动车道；自强路（师范街—维明大街）全长284.6米，改造后形成3幅路、双向4车道。和平路高架西延工程完工。2016年5月13日，市区和平路高架西延工程正式开工；2016年8月3日，实施河北省难度最大一次“桥梁调坡顶升”作业；2017年3月2日，4座跨石太铁路转体桥集群式转体完成；5月26日，和平路高架西延工程（中华大街—西二环路）主线桥双向6车道开通试运行。和平路西延工程由市城市建设投资控股集团有限公司建设，采取全程高架方式，与已建成和平路高架连接；东起中华大街，沿线经过红军大街、水源街、泰华大街、电大街、友谊北大街、西三庄街，跨西二环后向西延伸，全长4.6千米，设置主线高架双向6车道、地面辅路双向6车道、上下匝道8处、西二环互通立交1座。东南二环立交桥东西向主线通车。12月31日，用时90天东南二环立交桥东西向主线通车。东南二环立交桥是南二环东延工程的重要节点工程。南二环东延工程西起东南二环转弯处，东至东三环，全长10千米，包括东南二环立交桥1.5千米、跨新元高速立交桥1.3千米和道路7.2千米；南二环东延工程跨新元高速落地后，与天山大街、祁连街、昆仑大街、秦岭大街、太行大街、燕山大街、阿里山大街等道路相交，道路设计为双向8车道，标准宽度60米，全长7.2千米。东南二环立交桥分为上、中、下3层，包括2条主线道路、3条辅路及5条匝道，东、南、西、北4个方向全方位互通。2017年石家庄市区累计新建、改建道路30条，合计里程54.36千米，完成投资28亿元。

（杨阳）

2017年5月26日，市区和平路高架西延工程开通试运行

【地下综合管廊建设】 全年规划建设18个综合管廊项目全部开工，形成廊体19.1千米，其中，老城区汇明路、仓丰路、塔北路综合管廊项目形成廊体5.7千米，正定新区隆兴路东延、尉佗街等15个综合管廊项目形成廊体13.4千米。创新融资模式，化解资金短缺问题，制定出台《关于综合管廊PPP项目政府支出责任的意见》，吸引社会资本参与综合管廊项目建设和运营管理。2017年全市18个综合管廊项目有13个采用PPP模式建设，其中，汇明路综合管廊项目历时4个月

建成，被国家发展改革委作为典型案例编入《国家新型城镇化报告》。

（郝莹）

【石济客专东站广场工程】 石家庄至济南客运专线石家庄东站广场工程（简称石济客专东站广场工程）位于石家庄高新区昆仑大街、太行大街、石济客专线路及改道307国道围合区域，占地12.5万平方米，分为地上、地下两部分。地上工程主要为站前广场，突出快速集散、短距离换乘功能，自西向东分为辅助绿地、主广场、公交停车及换乘广场、社会绿荫停车场、城市绿地五部分；地下工程包括63辆出租车蓄车场、180辆社会车辆停车场、地下商业及轨道交通接驳空间，总面积2.2万平方米。石济客专东站广场工程由市城市建设投资控股集团有限公司建设，2016年9月进场施工，2017年8月15日地下空间封顶完成。12月28日，石济客专、石家庄东站、石济客专东站广场同时投入使用。

（杨阳　孙博文）

【县城建设】 贯彻落实市委、市政府关于深入推进县城建设攻坚行动决策部署，组建成立由市委书记任政委、市长任指挥长、主管副市长任副指挥长，市住房和城乡建设局等19个市直部门主要负责人为成员的县城建设指挥部。制定印发《深入开展县城建设三年攻坚行动提升县城规划建设管理水平的补充方案》《石家庄市深入推进县城建设攻坚行动实施方案》《2017年度县城建设攻坚行动目标任务》等方案文件。14个县（市、区）（主城区外13个县市及井陉矿区）以实施“一补三化”（即公共设施补短板、环境容貌整洁化、建设改造精品化、产城教融合化）为重点，以创建国家级、省级园林县城为抓手，以打造具有历史记忆、地域特征、山清水秀、宜居宜业的美丽县城为主题，突出落实“一补三化”四大类46项指标，谋划实施重大工程项目325个，完成投资160亿元。发挥先进典型带动作用，以高邑县、晋州市县城建设为标杆，确定正定县突出古城保护，元氏县、平山县突出环境容貌综合整治，无极县、灵寿县、赞皇县、深泽县为4个重点推进县。提升县城公共服务保障能力，启动道路建设项目79个，县城主街主路与环路实现互连互通；实施集中供水工程，公共供水普及率达到90%以上；建成污水处理厂15座，日处理能力达到59万吨，污水处理率达到90%以上，全部实现一级A排放标准；建成生活垃圾处理厂12个，日处理能力1690吨，垃圾无害化处理率均达到94%以上；建成文化馆12座、图书馆14座，全部达到省级标准。开展县城环境容貌整治，重点整治提升迎宾大道、标志性街道、主街主路和出入口。集中开展“大洗城、大洗脸”活动，14个县（市、区）整治广告牌匾14295平方米，清理各类小广告16877处，清理店外经营占道经营5601起，清运垃圾19825吨，施划公共停车位1986个，机械化清扫率达到70%以上。开展县城园林绿化，重点绿化迎宾景观大道、标志性街道、公园广场、街旁游园、县城出入口等重要节点，全年种植乔灌木245万株，增加绿化面积642万平方米，达到300米见绿、500米见园效果。实施“双违”整治行动，14个县（市、区）拆除各类违章建筑290万平方米，整改违法占地2.7万亩。树立精品意识，实施“1123”工程（即新建或改造提升1条标志性街道、1条特色风貌街区、2个精品建筑、3条城市景观路），2017年末14个县（市、区）任务目标基本完成。推进经济开发区建设，实现以产兴城、以城带产、产城一体联动发展。优化城镇教育设施布局，加快产城教融合发展，启动教育建设类项目55个。加

2017年12月28日，石家庄东站投入使用

强县城建设督导和考核，市委办公厅、市政府办公厅印发《市人大政协领导督导县城建设工作方案》，从6月下旬开始，7位市人大常委会、市政协领导分包督导14个县（市、区），落实月度督导、季度通报、半年点评、年终考核措施，协调解决县城建设推进过程中的重点难点问题。全年县城建设指挥部办公室督导县城建设50余次，编发通知46期，下发专项督办函39期，编制简报通报18期，并制作2017年石家庄市县城建设工作纪实片，形成比学赶超的建设氛围。至2017年末，正定县获得国家文明县城称号，高邑县获得国家园林县城称号，晋州市、高邑县获评省级洁净城市，高邑县、元氏县、赞皇县、赵县、井陉县获评省级文明县城，无极县、深泽县、赞皇县获评省级园林县城，全市获得省级以上园林县城达到12个。

（吴朝建　贾运良）

【村镇建设】 开展国家新型城镇化试点，推进农业人口向市民化有序转移。全年符合石家庄市户籍改革政策迁入城镇人口50624人，其中农村迁入城镇人口16107人；2017年全市常住人口城镇化率达到62.3%，户籍人口城镇化率达到45.78%。完善城镇基本公共服务，全年参加职业培训人员4.82万人；扩大“义务教育招生入学服务平台”适用范围，全市8399名随迁子女通过平台报名入学；提高安居工程保障能力，建成保障房8867套。建立多元新型城镇化建设融资模式，全力争取省级发债资金转移支付，2017年河北省下达石家庄市农业转移人口市民化奖励资金17227万元；引进PPP筹资机制，全年入库PPP项目30个，总投资1162亿元。优化行政区划和产业布局，开展撤乡设镇、撤镇设街和村委会改居委会试点，8个县（市、区）制定出台加快推进村改居方案，上报村改居试点村10个。实施农村危房改造，按照省住房和城乡建设厅农村危房改造任务和时间要求，2017年6月底石家庄市全部完成2016年度农村危房改造任务6600户，竣工率100%；2017年省住房和城乡建设厅下达石家庄市农村危房改造任务2421户，全部开工。开展农村垃圾治理专项行动，市住房和城乡建设局、市委农工委联合印发《石家庄市2017年农村垃圾治理专项行动实施方案》；至2017年底，全市4009个村庄中，3400多个村庄生活垃圾实现有效处理，有效处理率85%以上；实行城乡生活垃圾一体化处理村庄3000多个，城乡一体化处理率75%以上。获授国家级特色小镇1个、省级特色小镇10个。2017年3月，石家庄市10个特色小镇入选河北省第一批特色小镇。其中，栾城区航空小镇、平山县西柏坡红色旅游小镇、灵寿县漫山花溪旅游小镇3个特色小镇入选河北省第一批创建类特色小镇；正定县艺术小镇、正定县木都小镇、藁城区（滹沱河）康怡乐生态小镇、藁城区宫灯小镇、赞皇县天山电商主题小镇、新华区杜北生态健康小镇、高邑县物流小镇7个小镇入选河北省第一批培育类特色小镇。2017年8月，鹿泉区铜冶镇入选住房和城乡建设部公布第二批全国特色小镇名单，这也是石家庄市首次入选的全国特色小镇。

（苑志杰　陈涛　王增军）

建　筑　业

【概况】 2017年，石家庄市共有建筑施工企业2153家，同比增加299家。其中，总承包企业750家，专业承包企业1364家，劳务分包企业39家；完成建筑业总产值1251.96亿元，同比增长10.73%；实现利润28.51亿元，同比增长5.67%，产值利润率2.28%，同比下降0.11%；上缴税金26.59亿元，同比增长6.71%；从业人员17.01万人，同比下降4.36%。房屋建筑施工面积7552万平方米，同比下降13.43%。其中，新开房屋施工面积1886万平方米，下降31.64%；房屋建筑竣工面积1086万平方米，下降35.66%。117家建筑施工企业在省外施工，总产值458.27亿元，占建筑业总产值36.6%，同比增长11.40%。13家企业开拓海外市场，完成国外总产值20.95亿元，同比增长104.40%。培育推广装配式建筑和产业化基地，建成国家级基地3个、省级基地2个；开工建设装配式建筑项目7个，总面积65.69万平方米。2017年11月，石家庄市入选第一批国家装配式建筑示范城市。至2017年末，全市完成建筑工程档案预验收48项，园林绿化工程档案预验收19项，接收、审核各类档案6500余卷；提供查阅利用387人次，调阅档案1072卷。2017年河北建设集团有限公司施工的石家庄传媒大厦工程获得2017年度鲁班奖工程，河北建工集团有限责任公司施工的河北省建筑科技研发中心中德被动式低能耗建筑示范项目及2号楼工程、江苏南通三建集团有限公司施工的井陉县医院门诊医技楼工程获得2017年度国家优质工程奖；25家企业28项工程获得“安济杯”（省优）工程，66家企业130项工程获得“兴石杯”（市优）工程。

（董成檩）

【建筑施工管理】 安全生产管理。全年新办质量监督手续工程686项，全部签署授权书、承诺书；新办竣工验收备案工程562项，全部设立永久性标牌和建立质量信用档案。举办安全管理人员培训33期，参与人员14720人；举办特种作业人员培训17期，参与人员5263人。推荐省级文明工地57个，确定市级文明工地20个；申报国家AAA级文明工地5个、河北省绿色施工工地5个。开展“安全生产攻坚行动”“打非治违百日攻坚行动”“安全风险管控和安全隐患排查整治”等活动，市县住房和城乡建设局签订安全生产及扬尘污染防治责任状。抽查工地2258个（次），发现问题隐患218个，均做到及时整改。处罚违规建设项目120个，罚款2838万元。全年未发生等级以上建筑施工安全生产事故。劳务市场管理。建立农民工工资保证金制度，各建筑施工项目开工前，监督建设单位按照工程合同价款3%向银行专户存储工资专项资金；农民工工资保证金根据市、县建筑施工项目审批权限实行层级监管，落实专户存储、专项支取制度。2017年全市监督管理建筑施工预储金项目437个，预存预储金11.636亿元，支出2.193亿元。开展建筑领域拖欠农民工工资专项治理，全年受理和解决拖欠农民工工资投诉案件216起，涉及项目143个、企业177家、人员6173人，资金1.4亿元。

（耿朋涛 王文晖）

【建筑工程招投标】 依据《中华人民共和国招标投标法》《中华人民共和国招标投标法实施条例》和河北省相关规定，制定出台《石家庄市房屋建筑和市政基础设施工程总承包招标投标管理办法（试行）》。实施招投标改革，推行电子评标方式。利用“互联网+”技术，在全市范围统一应用河北省建设工程招投标交易管理系统，采用计算机辅助评标，启用新版工程量清单招标评标规则制度，取消“投标报名、招标文件网上公开下载、资格后审、投标保证金采用银行保函、组织现场踏勘”等程序，建筑施工招投标过程中的围标、串标、陪标、虚假投标、领导干部干预招投标、招标代理机构操纵招投标等行为全部失去支撑点和利用环节，规范了招投标活动，遏制了产生违法违规行为的漏洞。2017年全市建筑业完成招标工程565项，中标价85.54亿元。其中，土建、施工招标176项，中标价71.46亿元；市政工程招标106项，中标价11.4亿元；设备采购招标38项，中标价1.68亿元；装饰装修招标23项，中标价1亿元；勘察设计招标94项；监理、服务类招标128项。

（董成檩 周分清）

【勘察设计行业监管】 至2017年末，全市共有在册勘察设计企业266家，同比增加65家。其中，甲级资质104家，乙级资质142家，丙级资质20家；从业人员2.3万余人。拥有造价咨询企业108家，其中，甲级61家、乙级47家，从业人员4905人。严格施工图审查和管理，印发《关于做好施工图设计文件审查机构核查确定工作的通知》；实施施工图强制性标准审查，确保勘察设计质量。全年审查建筑施工图822个，建筑面积1244.19万平方米，审查纠正各类问题646条。多项勘察设计成果获得河北省勘察设计奖，2017年河北省评选勘察设计一等奖30项，石家庄市得奖25项；河北省评选勘察设计二等奖88项，石家庄市得奖49项；河北省评选勘察设计大师10名，石家庄市8名。

（张华辉）

【建筑科技与节能】 普及推广绿色建筑，倡导绿色节能和低碳环保，出台《2017年全市建筑节能与绿色建筑工作方案》《石家庄市建筑节能资金管理办法》《关于大力发展装配式建筑的实施意见》《关于进一步加快推进装配式建筑的通知》《石家庄市装配式建筑装配率计算办法（试行）》等建筑节能及产业文件。率先在全省执行新建居住建筑75%、公共建筑65%的节能标准和国有投资建设项目按照二星以上绿色建筑标准设计、建设要求，新建建筑节能标准执行率均达100%。2017年全市20个项目获得绿色建筑标识，总面积234.56万平方米，新增绿色建筑标识数量、绿色建筑面积均位列河北省首位。探索超低能耗被动房建设，全市竣工和建设低能耗建筑（被动房）项目4个，面积4.9万平方米；发挥被动房建设示范导向作用，实施河北省建筑科学研究院2号、3号住宅楼改造被动房项目竣工。加强建材行业监管，开展建材市场专项整治和预拌砂浆企业绿色生产改造验收，推进新材料、新技术、新产品在建材行业应用。培育推广装配式建筑和产业化基地，建成国家级基地3个、省级基地2个；开工建设装配式建筑项目7个，总面积65.69万平方米。2017年11月，石家庄市入选第一批国家装配式建筑示范城市。

（王哲）

【2016～2017年度建筑业诚信企业】 2018年3月13日，市建筑业协会公告55家建筑施工企业、13家预拌混凝土企业、6家建筑门窗企业、11家工程监理企业、9家招标代理企业为2016～2017年度石家庄市建筑业诚信企业。

表20　　2016～2017年度石家庄市建筑业诚信企业名单

企业类型	序号	企业名称	企业类型	序号	企业名称
建筑施工企业（55家）	1	石家庄一建建设集团有限公司	建筑施工企业（55家）	21	石家庄市市政建设总公司
	2	河北建工集团有限责任公司		22	河北惠华电子科技有限公司
	3	石家庄建工集团有限公司		23	石家庄泽亨水利建筑安装有限公司
	4	河北省第二建筑工程有限公司		24	河北莫兰斯环境科技股份有限公司
	5	河北省第四建筑工程有限公司		25	河北中地志诚土木工程有限公司
	6	河北中瑞建设集团有限公司		26	河北科力交通设施有限公司
	7	京鑫建设集团有限公司		27	河北云泰建筑工程有限公司
	8	河北天森建工集团有限公司		28	中铁三局集团第二工程有限公司
	9	河北天山实业集团建筑工程有限公司		29	河北中弘博艺装饰工程有限公司
	10	江苏南通二建集团有限公司		30	石家庄求实通信设备有限公司
	11	浙江宝业建设集团有限公司		31	河北石廉建设工程有限公司
	12	石家庄市住宅开发建设公司		32	河北神栾建筑工程有限公司
	13	金秋建设集团有限公司		33	河北浦仁安全技术工程有限公司
	14	鸿丰建设集团有限公司		34	河北蓝天通信有限责任公司
	15	河北省水利工程局		35	雅虹文化发展集团有限公司
	16	中京建设集团有限公司		36	浙江城建建设集团有限公司
	17	河北宏远建筑安装有限公司		37	石家庄泛安科技开发有限公司
	18	河北华信投资集团有限公司		38	河北益坤岩土工程新技术有限公司
	19	天俱时工程科技集团有限公司		39	南通市达欣工程股份有限公司
	20	石家庄大鑫建筑装饰工程有限公司		40	河北常腾建筑工程有限公司

续表

企业类型	序号	企业名称	企业类型	序号	企业名称
建筑施工企业（55家）	41	河北华菲装饰设计工程有限公司	建筑门窗企业（6家）	69	河北海益建筑装饰工程有限公司
	42	石家庄高新区泰川城建工程有限公司		70	石家庄市占魁门窗有限公司
	43	河北金潮建筑工程有限公司		71	石家庄市恩平门窗有限公司
	44	河北鹿鑫建筑工程有限公司		72	石家庄市广通塑钢门窗有限公司
	45	晋州市冀中建筑工程有限公司		73	石家庄盛和建筑装饰有限公司
	46	河北建太汇行土木工程有限公司		74	石家庄曾氏天安门业有限公司
	47	中佳勘察设计有限公司	工程监理企业（11家）	75	河北省冀咨工程监理有限责任公司
	48	河北燕贺园林古建筑工程有限公司		76	河北方舟工程项目管理有限公司
	49	河北杰诺园林古建筑工程有限公司		77	河北润达石化工程建设有限公司
	50	石家庄春龙建筑工程有限公司		78	河北华博工程建设监理有限公司
	51	河北鹿铭建筑工程劳务分包有限公司		79	河北博大工程项目管理有限公司
	52	石家庄联建建筑工程有限公司		80	河北华腾项目管理有限公司
	53	河北达安安全技术有限公司		81	石家庄天元工程建设监理有限公司
	54	河北百富勤智能工程有限公司		82	石家庄汇通工程建设监理有限公司
	55	南通中厦建筑工程总承包有限公司		83	河北剑盾工程项目管理有限公司
预拌混凝土企业（13家）	56	河北长泰预拌混凝土有限公司		84	河北金正科信建设工程项目管理有限公司
	57	河北嘉华建材有限公司		85	中建安工程管理有限公司
	58	河北联众谊诚混凝土有限公司	招标代理企业（9家）	86	河北博鳌招标代理有限公司
	59	北京城建银龙混凝土有限公司		87	河北安达投资咨询有限公司
	60	河北益百预拌混凝土有限公司		88	河北恒基建设招标有限公司
	61	河北军存预拌混凝土有限公司		89	河北广通三德招标代理有限责任公司
	62	石家庄市胜利混凝土有限公司		90	河北筑城工程招标咨询有限公司
	63	河北森焱混凝土有限公司		91	中大宇辰项目管理有限公司
	64	河北海华建材有限公司		92	河北宏盛招标有限公司
	65	石家庄凯嘉预拌混凝土有限公司		93	中交远洲招标咨询有限公司
	66	河北福威建材科技有限公司		94	河北中机咨询有限公司
	67	河北众诚新型建材有限公司			
	68	河北锐驰预拌混凝土有限公司			

【2017年度建筑业先进企业】 2018年3月13日，市建筑业协会公告78家建筑施工企业、12家预拌混凝土企业、8家建筑门窗企业、10家工程监理企业、12家招标代理企业为2017年度石家庄市建筑业先进企业。

表21　　2017年度石家庄市建筑业先进企业名单

企业类型	序号	企业名称	企业类型	序号	企业名称
建筑施工先进企业（78家）	1	河北建工集团有限责任公司	建筑施工先进企业（78家）	27	河北大地建设科技有限公司
	2	河北省第二建筑工程有限公司		28	河北大力岩土工程有限公司
	3	河北省第四建筑工程有限公司		29	河北海鹰环境安全科技股份有限公司
	4	石家庄一建建设集团有限公司		30	河北弘力德道桥工程有限公司
	5	河北鹿铭建筑工程劳务分包有限公司		31	河北宏远建筑安装有限公司
	6	河北鹿鑫建筑工程有限公司		32	河北华菲装饰设计工程有限公司
	7	河北莫兰斯环境科技股份有限公司		33	河北华研卓筑加固工程集团有限公司
	8	河北鹏力建安装饰工程有限公司		34	河北惠华电子科技有限公司
	9	石家庄建工集团有限公司		35	河北嘉恒建筑工程有限公司
	10	石家庄三建建业集团有限公司		36	河北建设集团股份有限公司石家庄分公司
	11	石家庄建设集团有限公司		37	河北建太汇行土木工程有限公司
	12	河北恒山建设集团有限公司		38	河北浦仁安全技术工程有限公司
	13	京鑫建设集团有限公司		39	河北瑞通公路配套设施有限公司
	14	河北中瑞建设集团有限公司		40	河北神兴建筑工程有限公司
	15	河北天森建工集团有限公司		41	河北省石津灌区水电工程处
	16	河北天山实业集团建筑工程有限公司		42	河北省水利工程局
	17	江苏南通二建集团有限公司		43	河北双维集团有限公司
	18	浙江宝业建设集团有限公司		44	河北铁建工程有限公司
	19	河北省安装工程有限公司		45	河北翔宇通信有限公司
	20	石家庄市住宅开发建设公司		46	河北新大地建设工程有限公司
	21	金秋建设集团有限公司		47	河北鑫隆安全技术有限公司
	22	河北华信投资集团有限公司		48	河北燕贺园林古建筑工程有限公司
	23	鸿丰建设集团有限公司		49	河北中北建筑装饰工程有限公司
	24	河北辛建建设集团有限公司		50	河北中创安装有限公司
	25	河北百富勤智能工程有限公司		51	河北中弘博艺装饰工程有限公司
	26	河北诚业建工集团有限责任公司		52	河北中建工程有限公司

续表

企业类型	序号	企业名称	企业类型	序号	企业名称
建筑施工先进企业（78家）	53	江苏南通三建集团有限公司河北分公司	预拌混凝土先进企业（12家）	82	河北大山建材有限公司
	54	江苏省苏中建设集团股份有限公司		83	河北益百预拌混凝土有限公司
	55	南通建工集团股份有限公司		84	河北军存预拌混凝土有限公司
	56	南通市达欣工程股份有限公司		85	石家庄市福牛预拌混凝土有限公司
	57	石家庄常宏建筑装饰工程有限公司		86	河北贮昊混凝土有限公司
	58	石家庄春龙建筑工程有限公司		87	石家庄市胜利混凝土有限公司
	59	石家庄大鑫建筑装饰工程有限公司		88	石家庄金隅旭成混凝土有限公司
	60	石家庄泛安科技开发有限公司		89	石家庄凯嘉预拌混凝土有限公司
	61	石家庄市市政建设总公司		90	石家庄市曲寨砼业有限公司
	62	石家庄联建建筑工程有限公司	建筑门窗先进企业（8家）	91	河北智科装饰工程有限公司
	63	石家庄远景建筑劳务分包有限公司		92	河北可利幕墙有限公司
	64	天俱时工程科技集团有限公司		93	河北天山门窗工程有限公司
	65	浙江城建建设集团有限公司		94	石家庄盛和建筑装饰有限公司
	66	中佳勘察设计有限公司		95	河北海益建筑装饰工程有限公司
	67	河北建翔建筑工程有限公司		96	石家庄市广通塑钢门窗有限公司
	68	河北杰安建筑安装工程有限公司		97	石家庄市占魁门窗有限公司
	69	河北杰诺园林古建筑工程有限公司		98	石家庄曾氏天安门业有限公司
	70	河北楷彤园林绿化工程集团有限公司	工程监理先进企业（10家）	99	河北方舟工程项目管理有限公司
	71	河北科工建筑工程集团有限公司		100	河北中原工程项目管理有限公司
	72	河北蓝天通信有限责任公司		101	石家庄铁源工程咨询有限公司
	73	中建一局集团第六建筑有限公司		102	石家庄东方工程监理有限公司
	74	中京建设集团有限公司		103	河北金正科信建设工程项目管理有限公司
	75	中石化工建设有限公司		104	河北冀科工程项目管理有限公司
	76	中天建设集团有限公司河北分公司		105	河北裕华工程项目管理有限责任公司
	77	中铁六局集团石家庄铁路建设有限公司		106	河北博大工程项目管理有限公司
	78	中铁三局集团第二工程有限公司		107	河北工程建设监理有限公司
预拌混凝土先进企业（12家）	79	河北长泰预拌混凝土有限公司		108	河北九润工程项目管理有限责任公司
	80	河北福威建材科技有限公司	招标代理先进企业（12家）	109	河北安达投资咨询有限公司
	81	石家庄中瑞预拌混凝土有限公司		110	河北恒基建设招标有限公司

续表

企业类型	序号	企业名称	企业类型	序号	企业名称
招标代理先进企业（12家）	111	河北华腾项目管理有限公司	招标代理先进企业（12家）	116	中大宇辰项目管理有限公司
	112	河北广通三德招标代理有限责任公司		117	河北宏信招标有限公司
	113	河北博鳌招标代理有限公司		118	河北汉丰造价师事务所有限公司
	114	河北筑城工程招标咨询有限公司		119	瑞和安惠项目管理集团有限公司
	115	河北中原工程项目管理有限公司		120	河北中机咨询有限公司

（市建筑协会）

住房保障和房地产业

【概况】 2017年，石家庄市建成保障房8867套，完成年度目标任务110.8%；石家庄市区两次公开摇号分配保障房12200套，其中，低保、低收入家庭753套，中等偏下收入家庭、新就业大学生和外来务工人员家庭11447套。2017年石家庄市超额完成河北省下达棚改安置住房目标任务，全年新开工棚改安置住房22442套，占年度任务102.77%，基本建成棚改安置住房21055套，完成年度任务185.34%。2017年石家庄市争取国家开发银行住房建设贷款27.6亿元，累计达到241.97亿元。加强房地产政策调控，制定出台《关于加强全市房地产市场调控的意见》《关于加强全市房地产市场调控的补充意见》《石家庄市新建商品房预售资金监管办法》等文件。遏制商品房价格快速上涨势头，执行新建商品房定价审核规定，施行“外地限购、本地限售、贷款限制”调控政策。2017年石家庄市商品房上市面积968.80万平方米，同比增长76.57%，其中，商品住房上市面积754.11万平方米，同比增长82.28%。2017年石家庄市商品房成交均价10556元/平方米，同比增长18.05%，较2016年末涨幅回落1.7个百分点，其中，商品住房成交均价10247元/平方米，同比增长21.44%，较2016年末涨幅回落1.0个百分点。2017年石家庄市商品房库存面积1194.22万平方米，同比增长39.50%，其中，商品住房库存面积508.01万平方米。2017年石家庄市居民购买商品房比例为85.11%，其中，石家庄城区占比60.50%，郊县占比24.61%；非石家庄市居民购买比例占比14.89%；本市居民购房比例基本稳定。至2017年底，全市具有房地产开发资质企业1588家，其中，一级企业7家、二级企业54家、三级企业104家、四级企业370家、暂定级企业1034家。

（赵俊武）

【保障性安居工程】 河北省政府下达石家庄市保障房任务。2017年河北省政府下达石家庄市公租房任务为基本建成公共租赁住房8000套，2013年底前政府投资公租房原则上2017年底前要完成分配90%，2014年政府投资公租房原则上2017年底前要完成分配85%。至2017年底，全市基本建成保障房8867套，完成年度目标任务的110.8%；2013年及以前政府投资建设公共租赁住房54009套，分配54009套，分配入住率100%；2014年政府投资建设公共租赁住房7146套，分配入住7146套，分配入住率100%，超额完成河北省下达目标任务。市区保障房分配。市区保障房采用计算机系统摇号分配，杜绝人为干预；根据保障家庭情况，确定“优先批”“轮后批”“普通批”3个批次。配租的残疾人、65周岁以上老人和人口较多的家庭等，优先照顾楼层和户型。保障房分配现场聘请纪检监察部门、保障家庭代表、新闻媒体、公证处、人大代表和政协委员全程监督分配过程。调整中低收入家庭界定标准，依据市统计部门公布2016年度人均可支配收入数据，与市财政部门协商，联合确定2017年申请住房保障低收入和中等偏下收入家庭界定标准；城镇低收入家庭界定标准由人均1878元/月提高到2031元/月、城镇中等偏下收入家庭收入界定标准由人均2347元/月提高到2538元/月。5月27日～6月5日，市区2017年第一批公共保障房办理分配申请；受理申请家庭15040户，其中，城镇低收入（含低保）住房困难家庭718户，城镇中等偏下收入住房困难家庭、外来务工人员、新就业职工14322户；经街道办事处初审、区级复审，最终14992户家庭符合条件进入配租环节，其中，城镇低收入（含低保）住房困难家庭708户，城镇中等偏下收入住房困难家庭、外来务工人员、新就业职工14284户。6月16日，2017年市区第一批公共保障房公开摇号配租，6367套房源全部分配到户。分配对象：享受租赁补贴的城镇低收入（含低保）住房困难家庭、通过资格审核的城镇中等偏下收入家庭、新就业职工及外来务工人员。分配房源：26个小区6367套。其中，集中建设小区2个，为南和苑、东安小区，3170套；配建小区5个，为众美绿都、盛邦花园、悦城、光华里、依水佳苑，2115套；腾空清退的空置房源20个小区，1082套。10月9～13日，市区第二批公共保障房分配接受申请，11月2日公开摇号配租；分配房源27个小区5842套，其中，集中建设为盛和苑、安和苑2个项目4798套，配建为香颂茗苑、卓达明郡、腾华雅居3个小区489套，清退腾空房源22个小区555套；分配受理对象：享受租赁补贴的城镇低收入（含低保）住房困难家庭、取得住房保障资格的城镇中等偏下收入住房困难家庭、新就业职工及外来务工人员。2017年石家庄市区两次公开摇号分配保障房12200套，其中，低保、低收入家庭753套，中等偏下收入家庭、新就业大学生和外来务工人员家庭11447套。至2017年末，石家庄市区累计分配保障房小区47个46819套241万平方米，为14万余人解决住房困难问题。规范保障性住房后续管理，7月12日，印发《关于加强保障性住房小区管理工作的实施意见》（石政办发〔2017〕30号），确定建立保障房“住得进，退得出”良性循环管理政策。

（冯建磊）

【房地产市场交易】 商品房上市面积同比增长明显，成交面积同比略有下降，价格涨幅趋缓；商品住房成交量同比下降，商业营业用房、办公楼成交量上升。2017年石家庄市商品房上市面积968.80万平方米，同比增长76.57%。其中，商品住房面积754.11万平方米，增长82.28%；商业营业用房面积75.32万平方米，增长128.43%；商业办公楼面积51.60万平方米，增长9.19%。2017年石家庄市商品房成交面积701.61万平方米，同比下降9.04%。其中，商品住房成交面积543.69万平方米，下降11.95%；商业营业用房成交面积56.92万平方米，增长8.57%；办公楼成交面积80.13万平方米上涨10.40%。商品房、商品住房成交均价涨幅回落。2017年石家庄市商品房成交均价10556元/平方米，同比增长18.05%，较2016年末涨幅回落1.7个百分点。其中，商品住房成交均价10247元/平方米，同比增长21.44%，较2016年末涨幅回落1.0个百分点；商业营业用房成交均价15367元/平方米，同比增长9.0%；商业办公楼成交均价10201元/平方米，同比增长5.33%。存量房成交面积同比下滑，成交均价同比增幅明显。2017年石家庄市存量房成交面积240.13万平方米，同比下降39.21%，其中，存量住房成交面积219.78万平方米，同比下降43.46%；2017年石家庄市存量房成交均价11313元/平方米，同比增长88.85%，其中，存量住房成交均价11793元/平方米，同比增长102.26%。本市居民购房比例基本稳定。2017年石家庄市居民购买商品房比例为85.11%，其中，石家庄城区占比60.50%，郊县占比24.61%；非石家庄市居民购买比例占比14.89%。商品房库存面积同比增加。2017年石家庄市商品房库存面积1194.22万平方米，同比增长39.50%。其中，商品住房库存面积508.01万平方米（消化周期11个月）；商业办公用房库存面积405.32万平方米（消化周期30个月），包括商业营业用房库存面积299.46万平方米，办公楼库存面积105.86万平方米，其他用房库存面积280.89万平方米。

（王亚栋）

【房地产市场调控】 3月17日，市政府印发《关于加强全市房地产市场调控的意见》（石政发〔2017〕10号），决定自3月18日起，采取限购、限贷和调整住房公积金政策，控制房地产交易市场跟风涨价行为，适用范围为长安区、新华区、裕华区、桥西区和高新区。主要内容：非石家庄市户籍居民家庭申请购买首套住房，须提供近2年内连续缴纳12个月及以上个人所得税纳税证明或社会保险缴纳证明，限购1套住房（含新建商品住房和二手房）；市区范围内已拥有1套及以上住房的非石家庄市户籍居民家庭，暂不得在石家庄市购买住房，购房时间以交易合同网签备案时间为准；非石家庄市户籍居民家庭不得通过补缴个人所得税或社会保险购买住房。提高住房公积金贷款首付比例，缴存职工家庭使用住房公积金贷款购买首套普通住房，最低首付款比例调整至30%；使用住房公积金贷款购买第二套住房，最低首付款比例调整至60%；购买第三套及以上住房，住房公积金管理中心不予办理住房公积金个人住房贷款；暂停发放住房公积金异地贷款。首次购买普通住房居民家庭，申请商业性个人住房贷款，首付款比例不低于30%；已拥有1套住房且无购房贷款或贷款已结清的石家庄市户籍居民家庭，为改善居住条件申请商业性个人住房贷款购买普通住房，首付款比例不低于40%；拥有1套住房且相应购房贷款未结清的石家庄市户籍居民家庭，为改善居住条件再次申请商业性个人住房贷款购买普通住房，首付款比例不低于50%。购买第3套及以上住房的石家庄市户籍居民家庭，暂停办理商业性个人住房贷款。9月23日，石家庄市出台《关于加强我市房地产市场调控的补充意见》（石政发〔2017〕46号），在原房地产调控政策基础上，增加更严格的房地产调控补充政策。主要内容：非本市户籍居民家庭在申请购买首套住房时，须提供近3年内连续缴纳24个月及以上个人所得税纳税证明或社会保险缴纳证明，限购1套住房；本市户籍居民家庭新购住房，5年内不得上市交易。

（张力鸿）

【房地产市场监管】 以“房子是用来住的、不是用来炒的”为定位，重点实施去库存、控房价措施，出台《关于加强全市房地产市场调控的意见》《关于加强全市房地产市场调控的补充意见》《石家庄市新建商品房预售资金监管办法》等文件。遏制商品房价格快速上涨势头，执行新建商品房定价审核规定，施行“外地限购、本地限售、贷款限制”调控政策。培育房屋租赁市场，搭建房屋租赁平台，制定印发《商业服务业用房去库存和发展房屋租赁市场细则》，2017年石家庄市商业服务业用房去库存周期由36个月下降到29个月。加强存量房网上签约和交易资金监管，以解决二手房阴阳合同偷税漏税行为为重点，5月1日，制定出台《石家庄市存量房买卖合同网上签约和交易资金监管办法》，调整网上签约模式，将全国通常采取中介机构网上签约模式创新改革为银行网上签约模式，实行交易资金全额监管，有效打击了房地产交易存在阴阳合同、虚假房源、挪用交易资金等违规行为；自5月1日至2017年12月底，石家庄市内4区存量房签约9712套，较2016年同期下降71.03%，交易环节上缴税收10.08亿元，较2016年同期下降2.31%。2017年石家庄市区二手房交易环节累计上缴税收16.28亿元，同比上涨16.41%。开展房地产企业违规销售行为整治，出台《市区进一步整顿规范房地产开发企业开发销售及中介行为实施方案》《关于进一步深入开展房地产开发销售及中介行为专项整治活动的通知》，严格商品房预售和合同备案管理，重拳打击违规销售、哄抬房价等行为。全年以购房风险提示方式在媒体上刊登手续不全房地产开发项目58个，处罚违法销售项目55个，罚款1513万余元，关闭房地产销售场所107处。

（张力鸿　赵玲）

住房公积金管理

【概况】 2017年，全市归集住房公积金89.94亿元，提取住房公积金42.08亿元，发放住房公积金个人贷款5024户、16.76亿元，实现增值收益4.3亿元。至2017年底，全市累计归集住房公积金563.07亿元，累计提取住房公积金243.73亿元，住房公积金归集余额319.34亿元；累计发放住房公积金个人贷款128204户、331.82亿元，公积金个人贷款余额217.63亿元。严格住房公积金制度管理，3月23日，全市召开2017年住房公积金管理委员会第一次会议，审议通过《2016年度住房公积金归集使用完成情况及2017年度住房公积金归集使用计划》《石家庄住房公积金2016年年度报告》《住房公积金县（市、区）管理部办公业务用房租赁管理规定》《关于对光大银行石家庄分行的考察报告》等事项。消除个人贷款风险隐患，逐户建立催收台账，2017年石家庄住房公积金管理中心个人贷款逾期率0.02%，低于国家、省0.04%的相关规定。提升住房公积金业务服务水平，2017年6月，石家庄住房公积金管理中心率先在全省接入全国住房公积金异地转移接续平台，解决了职工往返奔波、时间过长等问题，实现了“账随人走、钱随账走”的管理要求。7月17日，石家庄住房公积金管理中心被省住房和城乡建设厅、省财政厅评为2016年度全省住房公积金业务管理考核优秀单位。

【住房公积金缴存政策】 缴存基数计算口径及标准。住房公积金缴存基数为职工2016年度月平均工资，工资总额按照国家统计局规定的口径计算，根据国家统计局《关于工资总额组成的规定》不列入工资总额的项目除外；年终一次性奖励、特殊岗位补贴、绩效工资、目标考核奖、精神文明奖、车改后的车补等纳入工资核定的项目，应计入住房公积金缴存基数。2017年1月1日后新参加工作的职工，以该职工参加工作第二个月的当月工资收入或以其新参加工作以来实际发放的月平均工资作为住房公积金缴存基数。2017年1月1日后新调入的职工，以调入后发放的当月工资收入或以调入后实际发放的月平均工资作为住房公积金缴存基数。缴存基数上下限。2017年度住房公积金缴存基数最高为石家庄市统计部门公布的2016年度在岗职工月平均工资的3倍，即16539元；最低为石家庄市统计部门公布的2016年度在岗职工月平均工资的60%，即3308元。单位缴存比例12%，个人缴存比例10%。

【住房公积金贷款政策】 住房公积金贷款申请人应具备条件：具有石家庄市常住户口或有效居留身份，且有完全民事行为能力；已连续足额缴存规定时间的住房公积金；具有偿还贷款本息能力，信用良好；所购买住房为合法住房；已付购房款不低于规定比例；能够提供规定的贷款担保；法律、法规及政策规定的其他条件。住房公积金个人贷款额度：以借款人及其配偶住房公积金缴存基数为基础，结合借款人月还款额，所购房屋最高贷款比例、贷款年限及负债情况等因素综合确定；缴存职工家庭购买市内长安区、新华区、裕华区、桥西区、高新区首套自住住房，首付款比例不低于30%；购买第二套住房，首付款比例不低于60%；购买石家庄其他县（市、区）自住住房，首付款比例不低于20%；住房公积金贷款最高额度为60万元。

石家庄住房公积金管理中心
主　任：穆增科
副主任：王根恒（3月免）
　　　　王书刚　曹元华
　　　　耿占合　杜琳琳
　　　　董海林（12月任）

（宋陈）

城市管理

【概况】 2017年，石家庄市城市管理委员会（简称市城管委）以创建全国文明城市为目标，以城市管理精细化、规范化、智慧化为目标，采取抓重点、克难点、创亮点方式，突出落实城市管理“实、精、严、快、新、好”工作要求。助力创建全国文明城市，开展城市环境综合整治和“创建文明城，城管当先锋”百日攻坚行动，实施环卫洁城、市容整治、非机动车停放管理等10个专项行动。整合城市管理机构职能，制定出台《关于深入推进城市执法体制改革　改进城市管理工作的实施方案》，2017年11月市城管委新增供热、燃气、供水、污水处理、民心河管理职能。落实《石家庄市集中整治违法用地违法建设专项行动实施方案》要求，开展城市违法建设整治专项行动，摸排违法建设设施6508处、690.26万平方米，拆除6451处、685.34万平方米，拆除比例达到99.29%，完成河北省政府提出存量违法建设查处比例达70%以上目标任务。执行道路卫生“以克论净”考核标准，重要路段、重要节点、重要时期延长道路保洁时间和清扫频率。建立街面秩序管理长效机制，推行“门前三包、红黑榜、路街长制”管理制度，城区街面实现“三个管理”全覆盖。规范共享单车运营，印发《关于鼓励和规范互联网租赁自行车健康发展的若干意见》等文件。至2017年底，全市投放共享单车50万辆，注册单车用户300万人，市区设立共享单车停车位27万个。全年城市蒸汽供热总量5325万吉焦，热水供热总量2087万吉焦，住宅供热面积18537.6万平方米；天然气供气总量98777.06万立方米，其中居民家庭供气33559.89万立方米，用气户数160263户，其中居民家庭用户1605661户；城市居民家庭用水10393.43万立方米，用水户37.82万户，其中居民家庭用户36.52万户，城市人均日生活用水量158.37升。2017年市城管委“12319”便民热线接听市民来电20万余次，受理投诉、报修12万余件，受理网上交办件5万余件，办结率达96%以上。推进数字城管建设，制定《关于推进智慧城市管理和服务三年实施规划方案》，建成智慧城市管理智云平台；主城区二环外、组团区县（藁城区、鹿泉区、栾城区、正定县）数字城管信息采集服务完成，实现市级统一管理。2017年市城管委利用数字城管平台组织开展 11类城管问题普查，处置城市管理简易问题1.3万件次；市城管委数字城管指挥监督中心获得“全国青年文明号”“全国巾帼文明岗”称号。

【环境卫生管理】 开展道路扬尘治理，新购置环卫车辆35辆，主城区主街主路机械化清扫率达到100%；道路清扫采取机械化清扫、冲洗、洒水联合作业模式，城市主干道每天机械化清扫2～3次，其他道路最少机械化清扫1次。至2017年末，城区道路清扫面积达到4996万平方米，其中机械化清扫面积3864万平方米。新增建筑垃圾消纳点2处。2017年市区投用建筑垃圾消纳点2处，分别为鹿泉区山南张庄村消纳点、正定县小客村消纳点。鹿泉区山南张庄村消纳点位于鹿泉区山尹村镇山南张庄村，距离市区南二环15.5千米，总容量150万立方米；行车路线为：南二环—石铜路—装院路—望山路—山尹村镇山南张庄村。正定县小客村消纳点位于正定县小客村，距离市区北二环19千米，总容量200万立方米；行车路线为：北二环—中华大街—灵正公路—正定县小客村西。规定运输时间为：21时至次日凌晨3时。重视垃圾回收利用，启动生活垃圾分类试点。2017年城区清运生活垃圾102.14万吨，无害化处理102.14万吨，其中卫生填埋27.86万吨。至2017年末，建成无害化垃圾处理厂（场）4座，其中，卫生填埋3座，焚烧1座；无害化处理能力达到2500吨/日，其中，卫生填埋500吨/日，焚烧2000吨/日。餐厨废弃物统一收运处置。市餐厨垃圾处置中心位于元氏县境内，该中心拥有1套全密闭处置设备，可将回收的餐厨垃圾密封卸料，经高温湿解、高温厌氧处理，转化为粗油脂、天然气、固态有机肥、液态有机肥等产品，日处理餐厨垃圾能力210吨，生产粗油脂10吨、天然气2.4万立方米、有机肥30吨。至2017年末，石家庄市主城区2000余家餐饮企业全部签订餐厨废弃物统一收运处置协议。

【市政设施维护】 全年市城管部门维修道路面积50万平方米，整修便道面积13万平方米，更换路缘石2.7万米；巡查桥梁4万余座次，道路灾害预警雷达检测1100多千米；城区新装单灯漏电保护装置5.13万台；东岗路、金柳林2座天桥和30个公交港湾改造项目完工。至2017年底，城市道路长度2155.24千米，道路面积5688.25万平方米，其中人行道面积985.31万平方米，人均城市道路面积20.03平方米；桥梁162座，其中立交桥118座；路灯111629盏，安装路灯道路长度2501.13千米。建成环保公厕9座，完成公厕选址86座，主城区公厕达到464座。

【海绵城市建设】 海绵城市建设总体规划、重点区域详细规划、三年建设实施方案和相关制度文件编制完毕，主城区确定重点建设区域30平方千米，范围为槐安路以南、中华大街以东、仓丰路以北、新元高速以西。组建成立市海绵城市专家库，指导石家庄海绵城市建设，提供技术支持，落实海绵城市蓄、净、滞、渗、用、排建设方针。市区新建体育公园路面、便道采用渗水沥青和渗水便道砖铺设，下雨时雨水能渗入地下，通过自然渗透减少地表水流，补充城市地下水量；公园内2个深60厘米左右下凹式草坪，在雨量变大时可收集雨水，渗入地下。2017年全市投资海绵城市建设项目20亿元，辐射面积达15.6平方千米；各县（市、区）分别启动海绵建设工程小区1个、公园1座、道路1条。

【供热】 推进废热入市等热源工程建设，优化调整城市供热能源结构，实施“煤改气”“煤改电”工程，

2017年石家庄市被国家确定为“北方地区冬季清洁取暖试点城市”。3月12日，西柏坡电厂废热入市首期工程长输线管网完工并带热试运行，实现新华热电、华电北城供热区域2100万平方米热源替代。实施401个1450万平方米老旧小区供热设施改造项目，新增采取集中供热、天然气锅炉等供热方式面积780万平方米。保护城市环境，降低供热污染和能耗，有效使用桥西污水处理厂和桥东污水处理厂中水供热、循环化工基地余热利用等途径供热项目。2017年石家庄市蒸汽供热总量5325万吉焦，热水供热总量2087万吉焦；供热管道长度11558千米；住宅供热面积18537.6万平方米。全年城市供热平稳运行。

【供气】 人工煤气。至2017年末，供气管道长度12.04千米；供气总量7902.7万立方米，其中，居民家庭供气896.1万立方米；用气户数15837户，其中，居民家庭用户14592户。天然气。至2017年末，供气管道长度1903.18千米；供气总量98777.06万立方米，其中，销售93547.74万立方米，居民家庭供气33559.89万立方米；用气户数160263户，其中，居民家庭用户1605661户。液化石油气。至2017年末，供气总量128033.67吨，其中，销售127882.4吨，居民家庭用气105796吨；用气户数479608户，其中，居民家庭用户458546户。首座LNG应急储备站项目开工。2017年2月，由石家庄新奥燃气有限公司承建LNG应急储备站项目开工，这也是石家庄市建设的首座LNG应急储备站。该项目位于高新区郄马镇段干村东，总投资4.49亿元，占地面积156亩，主要建设2座水容积1万立方米LNG储气罐及配套设施。

【供水】 至2017年末，城市供水综合生产能力达到156.31万立方米/日；供水管道长度198.56千米；供水总量27678.69万立方米。2017年城市居民家庭用水10393.43万立方米；用水户37.82万户，其中，居民家庭用户36.52万户；公共服务用水5997.74万立方米。2017年城市实际用水量24349万立方米，其中，工业用水量22957万立方米；重复利用量20870万立方米；节约用水量700万立方米。2017年城市人均日生活用水量158.37升，用水普及率达到100%。

【排水防汛及污水处理】 依据城市排水防涝规划，编制完成排水防涝补短板项目方案。8条雨污分流改造工程完工。提升城区防汛排涝能力，消除防汛影响较大的西兆通、南高基2个隐患点；疏通城区排水管道1311千米，掏挖收检井8万座，加装井盖防坠网2000套，应对较大降雨16次，城区防汛实现安全度汛。加大排水监管力度，全年监测排水户1220家，处理违法排水户135家，收缴排水污水处理费640万元。至2017年末，城市建成排水管道长度2320.01千米，其中，污水管道长度872.5千米。2017年石家庄城区共有污水处理厂9座，日污水处理能力129万立方米；城市污水排放量41355万平方米；污水处理量41123万立方米，污水处理率达到99.44%。2017年市城管部门新建排水管道7.11千米，管理排水管道长度1772.34千米，其中，污水管道684.26千米，合流管道65.06千米，雨水管道1023.02千米；收检井96466座；泵站及地下通道37座，其中，雨水泵站33座、污水泵站1座，地下通道3座。

（市城管委）

园林绿化

【概况】 2017年，石家庄市园林部门以创建园林城市为目标，以美化城市为重点，绿化建设完成1处铁路沿线、2个景区、4条水系、14座新建公园（含11座区级公园）绿化和4处水系基础设施改造任务，新建提升绿地面积990万平方米。至2017年底，石家庄城市绿化覆盖面积14015.23公顷，其中建成区绿化覆盖面积12687.16公顷，建成区绿化覆盖率达到44.42%；绿地面积12839.26公顷，其中建成区绿地覆盖面积11545.89公顷，建成区绿地率达到40.42%；拥有公园97座，公园面积4583.74公顷，公园绿地面积4840.44公顷，人均公园绿地面积17.05平方米。完善园林管理制度，制定印发《石家庄市公园管理办法（修订稿）》《关于加强伐移树木管理工作的实施意见》《城市道路水系三年绿地管护规划实施方案》，编制《园林蛀干害虫防治方案》《园林精品街道标准》《园林精细化管护标准》等规定，完善《城市园林绿化管护考核办法》。实施街道补植增绿，全年城区补植乔灌木18.6万余株、草坪地被13.5万平方米。开展园林科研活动，完成省级科研课题立项5项，获得省级科技进步奖1项。加强古树名木保护，新增入库古树40株，灵寿县千年山茶树当选省十佳最美古树。获评河北省星级公园16个、游园27座、广场4个、园林式单位13家、居住小区5个、街道9条。至2017年末，全市共有河北省星级公园广场60个，其中，五星级公园8座，四星级公园19座，三星级公园22座，二星级公园4座，三星级广场5个，二星级广场2个。2017年5月，长安公园管理处获授“河北省五一劳动奖状”称号。

【重点园林工程】 推进龙泉湖湿地公园、西山生态区建设，打造“看得见山，望得见水”的城市“栖息地”和城市“氧吧”。龙泉湖湿地公园位于鹿泉区上庄镇，东至青银高速、西至山前大道、北至横二路、南至南二环西延，总占地面积360万平方米，中心区设置景观230万平方米。10月1日，龙泉湖风景区建成对外开放。西山森林公园基础设施提升改造。西山森林公园位于石家庄市主城区西南方向20千米封龙山山麓，公园总面积2.5万亩，森林覆盖率达75.6%，区内建有32处景点，集雄、奇、秀为一体，有“植物王国”“风景乐园”之称；西山森林公园基础设施提升改造项目投资2.7亿元，主要造林30万株，提升绿地180万平方米。城区段滹沱河生态修复工程。该工程建设范围西起中华大街，东至东三环，全长19千米。2016年5月1日，滹沱河滨水生态公园建成开园；2017年滹沱河滨水生态公园续建生态绿廊、生态景观工程建成收尾，新建景观、防洪工程启动；滹沱河滨水生态公园累计新建提升绿地1120万平方米，栽植地被花卉300万平方米，景观路全线贯通，音乐喷泉建成投用，湿地公园、滹沱印记、城市轨迹等重要节点实现对外开放。2017年滹沱河生态绿廊工程获得2016～2017年度河北省人居环境范例奖。

【城区景观绿化】 城市道路绿化。以“增绿、提质、添彩”为主题，打造各具特色的园林景观路。高标准修复中山路、中华大街、联盟路地铁建设占用绿地，在建设大街、维明大街等街道绿地增植观花观叶植物3万余株；民族路步行街、胜利北街、红旗大街、东岗路、汇通路、汇祥路因地制宜，开展特色街道景观绿化，建成“一路一景一特色”园林精品景观路。裕华路、中山路、二环路等主要街道及重要节点摆放立体花坛13组，种植花卉1600万盆，摆放花箱花架500余组；槐安路、和平路等城市高架桥沿线悬挂花箱3万余个。实施城市连接线绿化项目升级，308国道、高铁沿线绿化完工，南二环西延道路绿化项目启动。河道沿岸绿化。开展民心河综合整治大会战，实施民心河周边绿地斑秃裸露地块补植、补种和卫生清理，新栽麦冬3.8万平方米，播撒草籽2.5万平方米；翻新过桥管线20余处，更换垃圾箱200余个，新增河边沿线花箱35处；民心河亮化工程和东南线绿化改造项目竣工。太平河西段（田庄桥至植物园桥）6千米绿廊绿道建设完工，太平河沿线绿道全线贯通。

【县城绿化】 以创建园林县城为载体，组织和部署主城区外14个县（市、区）开展园林绿化行动，重点绿化迎宾景观大道、标志性街道、公园广场、街旁游园、县城出入口等重要节点，全年种植乔灌木245万株，增加绿化面积642万平方米，达到300米见绿、500米见园效果。2017年主城区外14个县（市、区）新建游园38处，其中，赞皇县建成坛山公园、水上公园、森林公园、龙门公园，深泽县建成四季公园、秀水公园，无极县建成无极公园、水上公园、人和公园、民俗公园，灵寿县建成松阳河公园，赵县建成澄波公园。新增省级园林县城3个，2017年12月，赞皇县、深泽县、无极县3个县获批河北省园林县城；平山县、元氏县、井陉矿区通过省级园林城市复查。至2017年末，全市12个县（市、区）入选国家或省级园林县城。其中，国家园林县城1个（高邑县），省级园林县城11个（井陉县、晋州市、正定县、元氏县、平山县、井陉矿区、新乐市、行唐县、深泽县、无极县、赞皇县），园林县城比例达到85.7%。

【公园广场管理】 龙泉湖湿地公园、体育公园北区（占地面积35.6万平方米）建成对外开放。省园博园山体完善工程竣工，国际商贸城、宝翠商务、奥北公元等12个地块、17万平万米街旁游园建成投用。赵佗公园重新开园。9月15日，赵佗公园经历5个多月封闭施工改造后重新开园。赵佗公园位于新华区赵陵铺、中华北大街与赵佗路交口东南角，东西长253米，南北宽211米，总用地面积5.33公顷，2006年5月1日建成对外开放。此次改造完工后，赵佗公园成为一座以宣传赵佗历史文化为主题，集旅游、娱乐、读历史、寻根脉为一体的多功能主题公园，全园分设6个景区，分别为大牌楼、尉佗楼、先人冢、丰德林、和辑园、越王台。3.9万平方米铁路文化公园、13.2万平方米西环公园动工。西兆通公园开建。2017年12月，西兆通公园开工建设。该公园位于长安区西兆通镇，北邻锦河道，东邻商业地块，西邻五龙大街，南邻洨河大道，地块呈规则矩形，占地总面积10.46万平方米。整体设计空间3只蝴蝶造型串联。其中，北侧蝴蝶为醉蝶湾，建设滨水漫步区，蝴蝶两翼用一个景观桥一分为二，东翼是开敞湖面，5000平方米左右，驳岸以亲水大台阶和草坡入水为主，西翼是观赏湿地区，3000平方米左右，以亲水步道，组合水生植物为主；中间蝴蝶为轻舞飞扬，建设休闲运动区，蝴蝶两翼用银杏大道一分为二，蝴蝶东翼是林下活动区，布置有儿童活动场地、健身设施等，蝴蝶西翼为下沉草坪、雨水花园及线性走廊。19.4万平方米体育公园南区建设手续办理完毕。2017年底，全市累计建成公园97座，公园面积4583.74公顷。以创建文明城市为主题，开展公园广场景观提升、环境整治、厕所革命、设施维护、公益宣传五大专项行动，市植物园、东环公园、南高基公园、柏林公园、石津灌区文化园、赵佗公园等20余座公园广场提升改造任务完工。20座公园广场获评河北省星级公园广场，至2017年末，全市共有河北省星级公园广场60个，其中，五星级公园8座，四星级公园19座，三星级公园22座，二星级公园4座，三星级广场5个，二星级广场2个。

【省级星级公园、游园、广场、园林式单位、居住小区、街道】 2017年12月，河北省住房和城乡建设厅印发《关于2017年度河北省星级公园、游园、广场和园林式单位、居住小区、街道评定结果的通报》，石家庄市16座公园评定为星级公园：栾城区柴武台公园、栾城区人民公园、新乐市伏羲公园、井陉矿区清凉湾湿地公园4座公园评定为四星级公园；鹿泉区石柏公园、栾城区樱花公园、无极县民俗公园、深泽县秀水公园、行唐县龙州公园、元氏县元氏公园、赞皇县石臼山公园、井陉矿区杏花沟生态公园、赵县永通桥公园9座公园评定为三星级公园；无极县儿童公园、灵寿县牌楼公园、灵寿县文体公园3座公园评定为二星级公园。27座游园评定为三星级游园，分别为：怡康园、如意园、馨园、智园、谈固园、维明园、滨湖游园、槐东园、春花园、东风园、栾华园、景秀园、生肖园、松竹园、清风园、桥西区奥美花园、桥西区平安小区游园、裕华区裕翔园、裕华区120游园、裕华区合欢园、栾城区陶然园、栾城区怡康园、无极县憩园、深泽县联通游园、深泽县西环路游园、赞皇县龙门游园、元氏县常山路西延带状游园。4个广场评定为三星级广场，分别为：正定县子龙广场、正定县天宁苑广场、无极县绿荫广场、元氏县常山广场。13家单位获评河北省园林式单位，分别为：市老年养护院、东旭集团有限公司、鹿泉区气象局、鹿泉区公路绿化管理中心、河北龙塔机械制造有限公司（正定县）、新乐市国土资源局、河北地质大学华信学院（新乐市）、无极县检察院、石家庄龙泽制药股份有限公司（深泽县）、行唐县气象局、国网河北省电力公司赞皇县供电公司、赞皇中学、赞皇县国宾酒店。5个生活小区获评河北省园林式居住小区，分别为：栾城区福美小区、井陉县6410工厂生活区、无极县智慧家园居住小区、行唐县阳光水岸北区居住小区、赞皇县馨苑小区。9条道路获评河北省园林式街道，分别为：鹿泉区御园路（京赞线—青银高速）、行唐县唐尧大道（京昆高速南口—县标）、无极县千山路（贸易街—智慧街）、无极县智慧街（希望路—千山路）、无极县开放路（贸易街—幸福街）、深泽县振兴路（西环路—东环路）、赞皇县石臼山北街（县标—滨河路）、赞皇县槐河路（县政府—石臼山街）、井陉矿区文兴西路（贾凤路—矿市街）。

（李晓玲）

生态环境

ECOlogical Environment

综　述

2017年，石家庄市区空气优良天数和重污染天数减少，其中，空气质量一级优良天数6天，二级优良天数145天，三级轻度污染天数109天，四级中度污染天数46天，五级重度污染天数33天，六级严重污染天数17天；空气优良率41.4%，同比下降5.6个百分点；重污染天数占总天数比例13.7%，同比下降5.7个百分点。2017年石家庄市主城区环境空气“复合型”污染凸显，主要污染物为细颗粒物（PM2.5），其次是可吸入颗粒物（PM10）。全年空气质量综合指数为8.72，较2016年下降0.58。2017年石家庄市在全国74个重点城市中属于大气污染较重城市，按照空气质量综合指数值排名，石家庄市空气质量为全国74个重点城市倒数第一。2017石家庄市各县（市、区）及高新区空气质量污染程度由轻到重依次排序为：裕华区、鹿泉区、赞皇县、井陉矿区、长安区、桥西区、元氏县、新乐市、井陉县、深泽县、平山县、高邑县、栾城区、行唐县、无极县、晋州市、新华区、高新区、正定县、藁城区、赵县、灵寿县。裕华区空气质量综合指数为8.14，大气污染最轻；灵寿县空气质量综合指数为9.32，大气污染最重。

水环境质量。2017年石家庄市岗南水库和黄壁庄水库的进水区、中心区、出水区均符合Ⅱ类水质。主要河流中，绵河—冶河水体水质为II类，滹沱河、石津渠水体水质均为III类，洨河、汪洋沟水体水质均为劣V类。2017年石家庄市区地下水没有出现水质优良、水质较好、水质极差的井，地下水质超标区域主要分别在市区西南部和南部，超标井位分布呈“片状”“点状”特征。2017年石家庄市地下水质中超标较重的指标为总硬度（77.3%），总大肠菌群（50%），硝酸盐氮（31.8%），溶解性总固体（15.2%），硫酸盐（6.06%），氯化物（4.55%），硒（3.03%），其余指标无超标现象发生。2017年石家庄市区饮用水源地水质项目合格率为99.31%，主要超标污染物为岗南水库中的总氮。

声环境质量。2017年石家庄市区功能区噪声1类区昼间达标率87.5%，夜间达标率43.75%；2类区昼间达标率100%，夜间达标率37.5%；3类区昼间达标率87.5%，夜间达标率12.5%；4类区昼间达标率93.75%，夜间达标率0%。2017年石家庄市区昼间道路交通噪声值为55.8～84.3分贝，平均等效声级为67.0分贝；市区昼间道路交通噪声最小值较2016年上升3.0分贝，最大值较2016年下降2.0分贝；年平均等效声级较2016年上升1.2分贝。2017年石家庄市区昼间区域环境噪声声级变化范围为38.5～77.1分贝，平均等效声级为54.4分贝，昼间区域环境噪声与2016年持平。总体看，影响石家庄城市声环境质量主要因素仍然是交通噪声和生活噪声。

废水废气污染监督。2017年全市工业废水排放量7470.24万吨，其中，排入污水处理厂7183.99万吨；化学需氧量排放量1.16万吨；氨氮排放量1969.11吨；工业废水处理量7717.34万吨，日废水设施处理能力56.63万吨。2017年全市工业废气排放量111447.41亿立方米，其中，二氧化硫排放量3.33万吨，氮氧货物排放量5.86万吨，烟（粉）尘排放量2.33万吨。2017年全市监测污水处理厂28家、废水污染企业73家、废气污染企业40家。73家废水污染企业中，皮革、毛皮、羽毛（绒）及其制品业废水达标率99.10%，化学原料及化学制品制造业废水达标率89.30%，印刷业和记录媒介复制废水达标率83.30%，其余废水企业水质达标率均为100%。40家废气污染企业中，电力、热力的生产和供应业废气达标率 95.0%，印刷业和记录媒介复制废气达标率 93.30%，通信设备、计算机及其他电子设备制造业废气达标率 90.0%，化学原料及化学制品制造业废气达标率 83.30%，非金属矿物制品业废气达标率 72.20%，其余废气企业排放达标率均为 100%。2017 年石家庄市废水污染源各重点源企业监督性监测达标率为 98.1%，废气污染源各重点源企业监督性监测达标率为 91.8%，污水处理厂各重点源企业监督性监测达标率为 86.8%。

表 22　　2017 年石家庄市废水污染企业水质达标率统计数据一览表

废水污染行业	企业数量（个）	达标率（%）
农副食品加工业	4	100
食品制造业	2	100
饮料制造业	2	100
纺织业	1	100
皮革、毛皮、羽毛（绒）及其制品业	38	99.10
造纸及纸制品业	1	100
印刷业和记录媒介复制	2	83.30
石油加工、炼焦及核燃料加工业	1	100
化学原料及化学制品制造业	7	89.30
医药制造业	8	100
橡胶制品业	1	100
通用设备制造业	1	100
交通运输设备制造业	2	100
电气机械及器材制造业	1	100
通信设备、计算机及其他电子设备制造业	2	100
全部	73	98.10

表 23　　2017 年石家庄市废气污染企业达标率统计数据一览表

废气污染行业	企业数量（个）	达标率（%）
印刷业和记录媒介复制	3	93.30
石油加工、炼焦及核燃料加工业	4	100
化学原料及化学制品制造业	3	83.30
非金属矿物制品业	6	72.20

续表

废气污染行业	企业数量（个）	达标率（%）
黑色金属冶炼及压延加工业	4	100
通用设备制造业	1	100
交通运输设备制造业	1	100
通信设备、计算机及其他电子设备制造业	2	90
电力、热力的生产和供应业	14	95
环境管理业	2	100
全部	40	91.80

生态环境保护。2017年全市环保系统查处环境污染案件5019件，处罚金额1.25亿元；移送公安部门案件190件，行政拘留180人；协助查处环境污染案件625起，移送涉嫌犯罪人员903名；12家企业处罚50万元以上，最高处罚100万元。2017年全市削减化学需氧量11873吨，同比提高5.5%；削减氨氮511吨，同比提高1.07%。实施畜禽养殖禁养、限养区规模化养殖场关停搬迁，至2017年末，全市21个县（市、区）及高新区划定禁养区62个，关停、搬迁禁养区内规模养殖场105个；全市783个规模畜禽养殖场完成粪污处理设施建设695个，占比88.8%，达到省考核提出80%的比例要求。加强大气污染治理，主城区及“四组团”县区732个村庄完成气代煤39万户、电代煤2万户改造任务；全市淘汰10蒸吨以下和主城区35蒸吨以下燃煤锅炉5385台。全年整治“散乱污”企业18959家，其中，取缔淘汰8000家，整改10903家，搬迁入园56家。2017年石家庄市区PM2.5浓度为86微克/立方米，比2016年下降13.1%，比2013年下降44.2%，圆满完成河北省下达“大气十条”考核年度任务目标。

（张晓北）

空气环境质量

【概况】 2017年，石家庄市区空气优良天数和重污染天数减少，其中，空气质量一级优良天数6天，二级优良天数145天，三级轻度污染天数109天，四级中度污染天数46天，五级重度污染天数33天，六级严重污染天数17天；空气优良率41.4%，同比下降5.6个百分点；重污染天数占总天数比例13.7%，同比下降5.7个百分点。2017年石家庄市主城区环境空气“复合型”污染凸显，主要污染物为细颗粒物（PM2.5），其次是可吸入颗粒物（PM10）。全年空气质量综合指数为8.72，较2016年下降0.58。2017年石家庄主城区环境空气中，可吸入颗粒物（PM10）年均浓度值为154微克/立方米、细颗粒物（PM2.5）年均浓度值为86微克/立方米、二氧化硫（SO_2）年均浓度值为33微克/立方米、二氧化氮（NO_2）年均浓度值为54微克/立方米；一氧化碳全年24小时评价第95百分位数浓度（简称CO 95per）为3.6毫克/立方米；臭氧日最大8小时浓度平均第90百分位数浓度（简称O_3-8h 90per）为201微克/立方米；降尘年平均值为6.86吨/平方千米·30天。7项主要污染物中，除一氧化碳（CO 95per）和二氧化硫（SO_2）外，其余污染物浓度均超过国家环境空气质量二级标准，其中，可吸入颗粒物（PM10）、细颗粒物（PM2.5）、二氧化氮（NO_2）、臭氧（O_3-8h 90per）分别超标1.20、1.46、0.35、0.26倍；降尘年均值达到河北省《灰尘自然沉降量环境质量标准》(DJ339/13-1997)二级标准规定。按照空气质量综合指数值排名，2017年石家庄市空气质量为全国74个重点城市倒数第一。

【空气质量状况】 2017年石家庄市区空气质量一级天数6天，同比减少16天，一级天数占总天数1.6%；二级天数145天，同比减少5天，二级天数占总天数39.7%；三级天数109天，同比增加24天，三级天数占总天数29.9%；四级天数46天，同比增加8天，四级天数占总天数12.6%；五级天数33天，同比减少14天，五级天数占总天数9.0%；六级天数17天，同比减少7天，六级天数占总天数4.7%。总体看，市区空气优良天数和重污染天数较2016年减少。2017年石家庄市主城区空气“复合型”污染凸显，主要污染物为细颗粒物（PM2.5），其次是可吸入颗粒物（PM10）。全年空气质量综合指数为8.72，较2016年指数下降0.58。2017年石家庄市共有国控环境空气质量自动监测点位8个（含1个对照点）、大气降水监测点4个。8个空气质量自动监测点位为：22中学南校区、职工医院、人民会堂、西北水源、高新区、西南高教、世纪公园、封龙山（对照点），4个大气降水监测点为：市环境保护局、职工医院、西南高教、封龙山。按照城市环境功能区划分，主城区布设降尘监测点、硫酸盐化速率监测点各11个，分别为：化工学校、职工医院、平安电站、西北水源、高新区、西南高教、监测中心、高新区水厂、植物园、人民会堂、封龙山。空气质量常规监测项目主要为：可吸入颗粒物（PM10）、细颗粒物（PM2.5）、二氧化硫（SO_2）、二氧化氮（NO_2）、一氧化碳（CO 95per）、臭氧（O_3-8h 90per）、降尘、硫酸盐化速率、降水。监测数据显示，2017年石家庄主城区环境空气中，可吸入颗粒物（PM10）年均浓度值为154微克/立方米，细颗粒物（PM2.5）年均浓度值为86微克/立方米，二氧化硫（SO_2）年均浓度值为33微克/立方米，二氧化氮（NO_2）年均浓度值为54微克/立方米，一氧化碳（CO 95per）全年24小时评价第95百分位数浓度（简称CO 95per）为3.6毫克/立方米，臭氧（O_3-8h 90per）日最大8小时浓度平均第90百分位数浓度（简称O_3-8h 90per）为201微克/立方米，降尘年平均值为6.86吨/平方千米·30天；7项主要污染物中，除一氧化碳（CO 95per）和二氧化硫（SO_2）外，其余污染物浓度均超过国家环境空气质量二级标准，其中，可吸入颗粒物（PM10）、细颗粒物（PM2.5）、二氧化氮（NO_2）、臭氧（O_3-8h 90per）分别超标1.20、1.46、0.35、0.26倍；降尘年均值达到河北省《灰尘自然沉降量环境质量标准》(DJ339/13-1997)二级标准规定。8个国控环境空气质量自动监测点位中，职工医院点位二氧化氮（NO_2）、可吸入颗粒物（PM10）年均浓度值最高，22中学南校区点位二氧化硫（SO_2）年均浓度值最高，世纪公园点位一氧化碳（CO 95per）年均浓度值最高，高新区点位臭氧（O_3-8h 90per）年均浓度值最高，人民会堂点位细颗粒物（PM2.5）年均浓度值最高。2017年石家庄市在全国74个重点城市中属于大气污染较重城市，按照空气质量综合指数值排名，石家庄市空气质量为全国74个重点城市倒数第一。

可吸入颗粒物。2017年石家庄市主城区可吸入颗粒物（PM10）年均浓度值为154微克/立方米，日均值范围为22～617微克/立方米，全年日均值超标率36.7%，最大日均值超标倍数为3.11倍。一至四季度的季日均值分别为219微克/立方米、131微克/立方米、118微克/立方米、146微克/立方米；一至四季度主城区日均值超标率分别为60.0%、25.3%、21.7%和40.2%。第一季度可吸入颗粒物（PM10）污染最重。

细颗粒物。2017年石家庄市主城区细颗粒物（PM2.5）年均浓度值为86微克/立方米，日均值范围为18～445微克/立方米，全年日均值超标率38.6%，最大值超标倍数为4.93倍。一至四季度的季日均值分别为139微克/立方米、59微克/立方米、60微克/立方米、85微克/立方米。一至四季度点位日均值超标率分别为61.9%、16.8%、26.2%、49.4%。一季度PM2.5污染最重。

二氧化硫。2017年石家庄市主城区二氧化硫（SO_2）年均浓度值为33微克/立方米，日均值范围为5～153微克/立方米，全年日均值超标率为0.3%，最大日均值超标倍数为0.02倍。一至四季度的季日均值分别为62微克/立方米、28微克/立方米、18微克/立方米、25微克/立方米。一季度SO_2污染最重。

二氧化氮。2017年石家庄市主城区二氧化氮（NO_2）年均浓度值为54微克/立方米，日均值范围为13～142微克/立方米，全年最大日均值超标倍数为0.78倍。一至四季度的季日均值分别为66微克/立方米、51微克/立方米、42微克/立方米、56微克/立方米。一至四季度超标率分别为25.4%、2.3%、1.1%、8.5%。一季度NO_2污染最重。

一氧化碳。2017年石家庄市主城区一氧化碳（CO 95per）年均浓度值为3.6毫克/立方米，日均值范围为0.3～8.3毫克/立方米，全年日均值超标率为2.7%，最大日均值超标倍数为1.08倍。一至四季度一氧化碳（CO 95per）季均值分别为5.7毫克/立方米、1.6毫克/立方米、1.5毫克/立方米、2.6毫克/立方米。一季度、四季度日均值超标率分别为9.9%、1.1%，二季度、三季度无日均值超标现象。四个季度一氧化碳（CO 95per）污染程度排序为：一季度＞四季度＞二季度＞三季度。

臭氧。2017年石家庄市主城区臭氧（O_3-8h 90per）年均浓度值为201微克/立方米，日均值范围为6～277微克/立方米，全年日均值超标率为19.6%。一至四季度臭氧（O_3-8h 90per）分别为104微克/立方米、224微克/立方米、221微克/立方米、66微克/立方米。二季度、三季度日均值超标率分别为36.2%、42.3%，一季度、四季度无日均值超标现象。四个季度臭氧（O_3-8h 90per）污染程度排序为：二季度＞三季度＞一季度＞四季度。

降尘。2017年石家庄市主城区年平均降尘量为6.86吨/平方千米·30天。各监测点降尘量范围值为0.85～22.38吨/平方千米·30天。一至四季度月均降尘量分别为5.64吨/平方千米·30天、12.1吨/平方千米·30天、7.22吨/平方千米·30天、2.62吨/平方千米·30天，全年各月降尘量均达标。四个季度降尘量污染程度排序为：二季度＞三季度＞一季度＞四季度。

硫酸盐化速率。2017年石家庄市主城区硫酸盐化速率年均值为每日0.26毫克SO_3/100平方厘米碱片，各监测点监测值范围为0.02～0.81毫克SO_3/100平方厘米碱片，全年各点监测值超标率为11.8%。一至四季度季度均值分别为0.34毫克SO_3/100平方厘米碱片、0.18毫克SO_3/100平方厘米碱片、0.23毫克SO_3/100平方厘米碱片、0.31毫克SO_3/100平方厘米碱片。四个季度污染程度排序为：一季度＞四季度＞三季度＞二季度。

大气降水。2017年石家庄市主城区降水获取样品77个，降水pH最小值为7.02，出现在市环境保护局监测点；全年未出现酸性降水。

主城区外环境空气质量。2017年石家庄市主城区外各县（市、区）环境空气污染情况为：可吸入颗粒物（PM10）污染最重的为灵寿县，细颗粒物（PM2.5）污染最重的为晋州市、赵县，二氧化硫（SO_2）污染最重的为赵县，二氧化氮（NO_2）污染最重的为正定县，一氧化碳（CO 95per）污染最重的为灵寿县，臭氧（O_3-8h 90per）污染最重的为井陉县。按照空气质量综合指数排列，2017石家庄市各县（市、区）及高新区空气质量污染程度由轻到重依次排序为：裕华区、鹿泉区、赞皇县、井陉矿区、长安区、桥西区、元氏县、新乐市、井陉县、深泽县、平山县、高邑县、栾城区、行唐县、无极县、晋州市、新华区、高新区、正定县、藁城区、赵县、灵寿县。裕华区空气质量综合指数为8.14，大气污染最轻；灵寿县空气质量综合指数为9.32，大气污染最重。

表24　2017年石家庄市各县（市、区）环境空气质量监测数值一览表

序号	行政区域	PM10（μg/m³）	PM2.5（μg/m³）	SO_2（μg/m³）	NO_2（μg/m³）	CO 95per（mg/m³）	O_3-8h 90per（μg/m³）	综合指数
1	裕华区	143	81	29	47	3.7	194	8.14
2	鹿泉区	149	78	30	45	3.3	223	8.19
3	赞皇县	149	83	41	43	3.2	220	8.44
4	井陉矿区	159	75	43	50	3.3	207	8.49

续表

序号	行政区域	PM10 (μg/m³)	PM2.5 (μg/m³)	SO_2 (μg/m³)	NO_2 (μg/m³)	CO 95per (mg/m³)	O_3-8h 90per (μg/m³)	综合指数
5	长安区	151	86	36	53	3.2	194	8.55
6	桥西区	155	85	31	56	3.8	191	8.70
7	元氏县	158	82	46	46	3.8	201	8.73
8	新乐市	167	92	31	45	3.5	207	8.83
9	井陉县	162	79	38	51	3.3	248	8.85
10	深泽县	151	92	46	44	4.1	192	8.88
11	平山县	168	91	31	46	3.4	217	8.88
12	高邑县	155	86	50	49	4.0	187	8.89
13	栾城区	156	87	43	49	3.8	211	8.93
14	行唐县	175	93	29	46	3.4	208	8.94
15	无极县	153	89	45	50	3.8	202	8.94
16	晋州市	155	95	44	53	3.6	181	9.00
17	新华区	165	89	32	54	3.5	219	9.03
18	高新区	161	87	38	57	3.7	223	9.15
19	正定县	169	93	32	54	3.5	216	9.18
20	藁城区	161	94	39	53	3.9	205	9.22
21	赵　县	153	95	57	50	4.1	180	9.24
22	灵寿县	180	93	31	49	4.2	208	9.32

【污染物时间变化】 污染物浓度小时变化。2017年石家庄主城区除臭氧外，其他大气污染物小时浓度峰值多出现在凌晨至清晨时段，午后污染物浓度逐渐下降至谷底，夜间又逐渐上扬，形成周期性“晨峰午谷”日变化规律。日间变化特征主要与气象条件、污染物排放和城市生活有关。石家庄市大气辐射逆温变化通常从夜间开始，清晨达到最大，然后逐步减退，至中午左右消失，污染气象特征是空气污染物出现规律变化的主要因

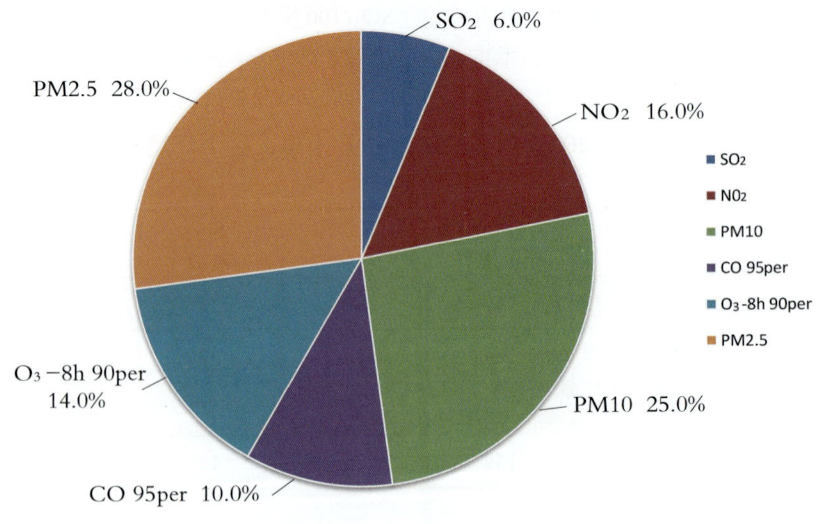

2017年石家庄市空气污染物分担率比例图

素。2017年石家庄主城区采暖季期间，SO_2、NO_2、PM10、PM2.5四项污染物峰值均出现在0时或1时，非采暖季4项污染物峰值分别出现在10时、3时、8时、4时；由于夜间气温降低，大气稳定度增加，采暖排放量增大双重因素造成。

污染物浓度月变化。SO_2、NO_2、PM2.5、一氧化碳（CO 95per）四项污染物月均浓度值呈两头高、中间低的U形分布特点，采暖季四项污染物浓度明显高于非采暖季。PM10污染浓度呈U形分布，5月、9月明显升高。SO_2、NO_2、PM10、PM2.5、一氧化碳（CO 95per）五项污染物月平均浓度高值出现在1月，月平均浓度低值集中在7～10月，与石家庄市污染气象条件和燃料煤消耗量变化相吻合；原因：石家庄主城区冬季逆温强度与逆温层厚度大，阻碍污染物稀释扩散的接地逆温现象普遍，污染物稀释扩散能力降低，加上冬季采暖季燃煤量增大，造成大气中污染物浓度值较高。PM10、PM2.5污染1月最重，8月最轻，12月污染程度明显小于1月。SO_2污染1月、2月最重，10月最轻，12月污染程度明显小于1月、2月。NO_2污染1月最重，7月最轻。一氧化碳（CO 95per）污染1月最重，5月、6月、8月相对较轻，6月最轻。臭氧（O_3-8h 90per）污染6月最重，12月最轻，5～9月污染程度比其他月份高出近1倍。

污染物浓度季度变化。采用空气质量综合指数评价，2017年石家庄市主城区环境空气质量季度污染程度由大到小排序为：一季度>四季度>二季度>三季度。总体看，二、三季度污染较轻，一、四季度污染程度相对严重。SO_2、NO_2、PM10、PM2.5、CO 95per五项污染物变化趋势相似，浓度最高点都在一季度，与采暖期、非采暖期的燃煤量变化及不利天气频发关联密切。NO_2变化幅度相对SO_2、PM10、PM2.5、CO 95per四项污染物小得多。臭氧（O_3-8h 90per）污染与SO_2、NO_2、PM10、PM2.5、一氧化碳（CO 95per）五项污染呈相反状态，一季度、四季度浓度最低，二季度、三季度浓度达到峰值，基本为夏季高、冬季低的状态；原因：臭氧（O_3-8h 90per）污染受温度变化影响较大，夏季太阳辐射强，紫外线光照强烈，污染加重。

【污染物空间分布】 2017年石家庄市空气污染物空间分布特点为：PM10浓度在北部地区偏高；PM2.5浓度在东部和北部偏高；CO 95per浓度偏高地区在灵寿县与正定县交界处、赵县与高邑县交界处、深泽县；SO_2浓度偏高地区在赵县；NO_2偏高地区在新华区和桥西区交界处、高新区；臭氧（O_3-8h 90per）浓度偏高地区在井陉县。石家庄市域内西部地区空气质量好于东部地区。从各观测点污染数据看，职工医院点位PM10浓度值全年最高，人民会堂PM10浓度数值最低，最大值出现在22中南校区点位；人民会堂点位PM2.5浓度值全年最高，世纪公园点位浓度数值最低，最大值出现在西北水源点位，人口较密集的市中心及交通流量大的地区附近PM2.5浓度值相对较高；22中南校区点位SO_2浓度值全年最高，西南高教点数值最低，最大值出现在22中南校区点位；职工医院点位NO_2浓度值全年最高，世纪公园点位浓度数值最低，最大值出现在职工医院点位；高新区点位臭氧（O_3-8h 90per）浓度全年最高，人民会堂点位数值最低，最大值出现在职工医院点位。西南高教点位一氧化碳（CO 95per）浓度全年最高，人民会堂点位数值最低，最大值出现在22中南校区、职工医院、世纪公园点位。

【空气污染物分担率】 2017年石家庄市空气中颗粒物污染分担率为53%，其中，PM2.5污染物分担率为28.0%，PM10污染物分担率为25.0%；SO_2污染物分担率为6.0%；NO_2污染物分担率为15.0%；CO 95per污染物分担率为10.0%；O_3-8h 90per污染物分担率为14.0%。全市大气污染贡献最大的为颗粒物（包括PM10和PM2.5），其次为NO。2017年石家庄主城区PM2.5、PM10污染最重，全年147天首要污染物为PM2.5，101天首要污染物为PM10，9天首要污染物为NO_2，88天首要污染物为O_3-8h 90per，4天首要污染物为PM2.5、PM10，1天首要污染物为PM10、O_3-8h 90per。

【空气污染分析】 自然气象条件和特殊地理地形不利于空气污染物扩散和清除。2017年石家庄市年平均降水量482.1毫米，主城区外各县（市、区）降水量略高于市区，城市“干岛”效应明显。常年主导风向为北风，年平均风速1.6米/秒，小风频率占39.2%，年静风频率占19.9%，市区冬季静风频率高达59.6%。总体看，2017年石家庄市稳定天气出现频率高达48.4%，全年大气状况处于较稳定状态。2017年石家庄市逆温层出现平均频率72.5%，冬季逆温层出现频率高达90%以上。全年逆温层高度较低，平均高度为88米，平均厚度339米，强度为1.6度，不利于城市大气污染物扩散和稀释。石家庄市位于太行山脉东部和南部天气汇聚地带，气候常年干燥、少雨，区域内和外来大气污染物易于汇聚和凝滞；受东南风作用时，空气污染物随风西移，遇到太行山脉阻挡后转而东移滞留；受西北风影响时，太行山脉阻挡西北风通行，致使污染物扩散不明显。2015～2017年，石家庄市城区年均气温上升明显，“热岛效应”“城市焚风效应”加剧，空气污染物聚积在大气层底部形成“城市污染谷”，导致城市建成区大气污染程度加重。能源结构以煤炭为主，高耗能产业占比偏高，污染物排放量大。依据石家庄市主要污染源数据统计，年二氧化硫排放量较大的行业为电厂（24%）、民用燃煤（16%）、金属冶炼（14%）、医药化工（14%）；氮氧化物排放量较大的为移动源（34%）、电力（27%）、水泥建材（10%）；烟粉尘排放量较大的为金属冶炼（18%）、开放源（16%）、移动源（16%）。2017年石家庄市采取空气污染防治办法有：联合京津冀及周边地区实施联防联控措施，改变京津冀大气污染传输通道“2+26”个城市以煤炭为主的能源结构和产业结构；钢铁、焦化、铸造行业落实错峰生产制度；整治“散乱污”企业排放，建立污染排放交易市场；削减散煤使用，实施“电代煤”“气代煤”项目。2017年10月1日至12月31日，石家庄市PM2.5平均浓度比2016年同期下降54.3%，创下2013年以来空气污染浓度最低数值。

（张晓北）

水环境质量

【概况】 2017年，石家庄市主要监控地表水体包括辖区内两大水库（岗南水库、黄壁庄水库）和地表河流，其中，岗南水库和黄壁庄水库的进水区、中心区、出水区均符合Ⅱ类水质。主要河流中，绵河—冶河水体水质为II类，水体综合污染指数为4.10，主要污染物分别为氟化物、生化需氧量、化学需氧量；滹沱河水体水质为III类，水体综合污染指数为4.25，主要污染物分别为生化需氧量、氟化物、总磷；石津渠水体水质为III类，水体综合污染指数为1.73，主要污染物分别为氟化物、生化需氧量、化学需氧量；洨河水体水质为劣V类，水体综合污染指数为9.31，主要污染物为氨氮、总磷、生化需氧量；汪洋沟水体水质为劣V类，水体综合污染指数为9.76，主要污染物为氨氮、化学需氧量、氟化物。2017年石家庄市区12眼水井中，没有出现水质优良、水质较好、水质极差的井，地下水质量良好的井数为2眼，占17%，地下水质量较差井数为10眼，占83%；超标区域主要分别在市区西南部和南部，超标井位分布呈“片状”“点状”特征。2017年石家庄市地下水质中超标较重的指标为总硬度（77.3%），总大肠菌群（50%），硝酸盐氮（31.8%），溶解性总固体（15.2%），硫酸盐（6.06%），氯化物（4.55%），硒（3.03%），其余指标无超标现象发生。2017年石家庄市区饮用水源地水质项目合格率为99.31%，主要超标污染物为岗南水库中的总氮。

【地下水环境质量】 2017年石家庄市地下水补给来源主要有大气降雨、地表水和渠水入渗、农田灌溉回归及侧面径流补给，地下水流向为东、东偏南，市区降落漏斗区地下水流向漏斗中心。地下水位动态随开采量、大气降水及河渠水量变化而变化，5～7月水位降至最低值，2～3月水位回升至最高值。2017年石家庄市区范围能获得监测数据的地下水井有12眼，5眼地下水井（焦化厂、化工厂、铁丝厂、煤机厂、棉四23号）因无水没有监测。监测数据显示，2017年石家庄市区12眼水井中，没有出现水质优良、水质较好、水质极差的井，地下水质量良好的井数为2眼，占17%，地下水质量较差井数为10眼，占83%；超标区域主要分别在市区西南部和南部，超标井位分布呈“片状”“点状”特征。2017年石家庄市地下水质中超标较重的指标为总硬度（77.3%），总大肠菌群（50%），硝酸盐氮（31.8%），溶解性总固体（15.2%），硫酸盐（6.06%），氯化物（4.55%），硒（3.03%），其余指标无超标现象发生。

总硬度。12眼地下水井中，总硬度浓度值范围为141～1328毫克/升，全年超标井次51次，超标率为77.3%，12眼地下水井均出现过超标现象。

总大肠菌群。总大肠菌群浓度值范围为2.0～230毫克/升，全年超标井次33次，超标率为50%，除54所未出现超标外，其余11眼地下水井均出现过超标现象。

硝酸盐氮。地下水中硝酸盐氮浓度范围为0.821～29.7毫克/升，全年超标井次21次，超标率为31.8%，超标井位为西三教村、五十四所、市一药、张营村、西五里村、孙村、塔冢村7眼井。

溶解性总固体。地下水中溶解性总固体浓度值范围为126～1780毫克/升，全年地下水溶解性总固体超标井次10次，超标率为15.2%，超标井位有西三教、五十四所、张营村、孙村4眼井。

硫酸盐。地下水中硫酸盐浓度范围为16.5～276毫克/升，全年超标井次4次，超标率为6.06%，超标井位为黄壁庄。

氯化物。地下水中氯化物浓度范围为5.96～832毫克/升，全年超标井次3次，超标率为4.55%，超标井位为张营村、孙村2眼井。

硒。地下水中硒浓度范围为0.00011～0.0266毫克/升，全年超标井次2次，超标率为3.03%，超标井位为土贤庄。

表25　　2017年度石家庄市地下水监测结果一览表

项目	统计量（个）	最大值（毫克/升）	最小值（毫克/升）	平均值（毫克/升）	检出井次	检出率（%）	超标井次	超标率（%）
pH（无量纲）	66	8.05	7.11	7.42	66	100	—	—
总硬度	66	1328	141	536	66	100	51	77.3
硫酸盐	66	276	16.5	141	66	100	4	6.06
高锰酸盐指数	66	1.1	0.2	0.27	9	13.6	0	0
氨氮	66	0.097	0.012	0.033	41	62.1	0	0
氯化物	66	832	5.96	123	66	100	3	4.55
氟化物	66	0.86	0.16	0.38	66	100	0	0
总大肠菌群（个/L）	66	230	2	42	33	50	33	50
挥发酚	66	0.001	0.001	0.001	0	0	0	0
硝酸盐氮	66	29.7	0.821	15.4	66	100	21	31.8
亚硝酸盐氮	66	0.002	0.002	0.002	0	0	0	0
铁	66	0.0404	0.0004	0.0106	65	98.5	0	0
锰	66	0.013	0.00003	0.00136	62	93.9	0	0
铜	66	0.00052	0.00004	0.00014	45	68.2	0	0
锌	66	0.079	0.0004	0.0051	33	50	0	0
硒	66	0.0266	0.00011	0.00343	66	100	2	3.03

续表

项目	统计量（个）	最大值（毫克／升）	最小值（毫克／升）	平均值（毫克／升）	检出井次	检出率（%）	超标井次	超标率（%）
阴离子洗涤剂	66	0.02	0.02	0.02	0	0	0	0
氰化物	66	0.001	0.001	0.001	0	0	0	0
汞	66	0.00009	0.00002	0.00002	2	3.03	0	0
总砷	66	0.00117	0.00004	0.00029	64	97	0	0
镉	66	0.00003	0.00003	0.00003	0	0	0	0
六价铬	66	0.014	0.002	0.003	17	25.8	0	0
铅	66	0.00071	0.00004	0.00008	20	30.3	0	0
溶解性总固体	66	1780	126	822	66	100	10	15.2

【地表水库环境质量】 石家庄市主要地表水库为岗南水库、黄壁庄水库，均于1958年修建，主要功能为防洪、灌溉、合理开发滹沱河水资源；岗南水库位于平山县境内，流域面积1.59万平方千米，总库容15.71亿立方米，防洪库容9.17亿立方米，坝顶高程209米，最大坝高63米，防洪标准5000年一遇。黄壁庄水库位于鹿泉区境内，地处岗南水库下游28千米、滹沱河出山口处，控制面积2.34万平方千米，总库容12.10亿立方米，防洪库容9.90亿立方米，坝顶高程129米，最大坝高30.7米，防洪标准1000年一遇。1996年石家庄市完成引黄壁庄水库水入市工程，配套建设地表水厂，2000年建成引岗南水库水入市工程。两大引水工程建成后，改变了水库功能和性质，水库水体保护标准提高。岗南水库、黄壁庄水库是石家庄市重要地表水源，承担30万立方米／日城市供水任务，地表水供水量占市区供水总量35%左右。水库水质监测数据显示，2017年岗南水库水质除总磷外各监测项目未出现超标现象，总磷进水区、中心区、出水区超标率分别为9.1%、9.1%、8.3%，岗南水库进水区、中心区、出水区均符合II类水质。2017年黄壁庄水库水质除总磷外各监测项目未出现超标现象，总磷进水区、中心区、出水区超标率分别为18.2%、18.2%、16.7%，黄壁庄水库进水区、中心区、出水区均符合II类水质。

【河流水环境质量】 绵河—冶河。地都断面：超标5项，分别为溶解氧、生化需氧量、氨氮、总磷和 氟化物，超标率分别为8.3%、8.3%、16.7%、8.3%、8.3%；除溶解氧外，其余4项最大值超标倍数分别为0.075、0.26、0.65、0.03；断面水质类别为II类。岩峰断面：超标2项，分别为生化需氧量、氟化物，超标率均为8.3%，最大值超标倍数分别为0.45、0.05；断面水质类别为II类。平山桥断面：超标4项，分别为生化需氧量、化学需氧量、总磷、氟化物，超标率分别为8.3%、8.3%、8.3%、8.3%，最大值超标倍数分别为2.45、0.85、1.25、0.48；断面水质类别为II类。

滹沱河。下槐镇断面：超标1项，为总磷，超标率为9.1%，最大值超标倍数为1.20；断面水质类别为III类。枣营断面：全年断流。

石津渠。黄壁庄桥、杜北、兆通、南白滩桥断面水质类别均为III类，各监测断面均未出现超标污染物。

洨河。大石桥断面：超标7项，分别为溶解氧、高锰酸盐指数、生化需氧量、氨氮、化学需氧量、总磷、阴离子表面活性剂，超标率分别为8.3%、33.3%、33.3%、83.3%、50.0%、58.3%、8.3%；除溶解氧外，最大值超标倍数分别为3.00、3.41、6.85、1.05、7.30、1.40；断面水质类别为劣V类。

汪洋沟。高庄断面：超标6项，分别为高锰酸盐指数、生化需氧量、氨氮、化学需氧量、总磷、氟化物，超标率分别为 8.3%、25.0%、75.0%、41.7%、25.0%、66.7%，最大值超标倍数分别为 2.36、0.95、16.30、4.50、0.82、2.47；断面水质类别为劣 V 类。

【河流水质评价】 *绵河—冶河*。2017 年绵河一冶河水体水质属 II 类，水体综合污染指数为 4.10。主要污染物及其污染分担率分别为氟化物 17.62%、生化需氧量 13.79%、化学需氧量 10.77%。首要污染断面为岩峰，污染负荷占 33.82%；其次为地都断面，污染负荷为 32.52%；平山桥断面污染较轻，污染负荷为 32.81%。

滹沱河。2017 年滹沱河枣营断面断流，滹沱河下槐镇水体水质为 III 类，水体综合污染指数为 4.25。主要污染物及其污染分担率分别为生化需氧量 15.93%、氟化物 13.27%、总磷 12.74%。

石津渠。2017 年石津渠水体水质属 III 类，水体综合污染指数为 1.73，石津渠各监测断面均未出现超标污染物。主要污染物及其污染分担率分别为氟化物 18.99%、生化需氧量 17.18%、化学需氧量 13.27%。首要污染断面为黄壁庄桥，污染负荷为 38.83%，运河桥断面污染负荷为 31.59%，兆通断面污染负荷为 20.36%，南白滩桥断面污染负荷为 18.93%。

洨河。2017 年洨河水体水质为劣 V 类，水体综合污染指数为 9.31。主要污染指标为氨氮、总磷、生化需氧量，污染分担率分别为 29.50%、18.30%、13.67%。

汪洋沟。2017 年汪洋沟水体水质为劣 V 类，水体综合污染指数为 9.76。主要污染指标为氨氮、化学需氧量、氟化物，污染分担率分别为 39.93%、15.09% 和 14.01%。

（张晓北）

声环境质量

【概况】 2017 年，石家庄市依据《噪声监测技术规范》，主要监测噪声项目包括功能区噪声、道路交通噪声、区域环境噪声。城市噪声功能区按照区域功能不同划分为 1 ～ 4 类区域，总面积 398.9 平方千米；选择 12 个代表性点位分别代表 4 类功能区，实施 24 小时连续监测，每季度监测 1 次。道路交通噪声、区域环境噪声每年监测一次，一般选择在春季。2017 年石家庄市区功能区噪声 1 类区昼间达标率 87.5%，夜间达标率 43.75%；2 类区昼间达标率 100%，夜间达标率 37.5%；3 类区昼间达标率 87.5%，夜间达标率 12.5%；4 类区昼间达标率 93.75%，夜间达标率 0%。2017 年石家庄市区昼间道路交通噪声值为 55.8 ～ 84.3 分贝，平均等效声级为 67.0 分贝；市区昼间道路交通噪声最小值较 2016 年上升 3.0 分贝，最大值较 2016 年下降 2.0 分贝；年平均等效声级较 2016 年上升 1.2 分贝。2017 年石家庄市区昼间区域环境噪声声级变化范围为 38.5 ～ 77.1 分贝，平均等效声级为 54.4 分贝，昼间区域环境噪声与 2016 年持平。总体看，影响城市声环境质量主要因素仍然是交通噪声和生活噪声。

【功能区噪声】 2017 年石家庄市依据《城市区域环境噪声标准（GB3096-2008）》，将功能区噪声监测按功能不同划分为 1 ～ 4 类区域，总面积 398.9 平方千米。其中，1 类区面积 315.2 平方千米，占功能区总面积 79.02%；2 类区面积 59.4 平方千米，占功能区总面积 14.89%；3 类区面积 24.3 平方千米，占功能区总面积 6.09%；石家庄城区 22 条交通干线两侧区域划定为 4 类功能区，总面积 6.98 平方千米，占功能区总面积 1.75%。4 类功能区设置：1 类区为居民、文教、医疗、科研、行政区，2 类区为居民、商业、工业混合区，3 类区为工业区，4 类区为交通干线两侧区域。4 类功能区噪声监测标准：1 类区昼间、夜间分别不高于 55、45 分贝，2 类区昼间、夜间分别不高于 60、50 分贝，3 类区昼间、夜间分别不高于 65、55 分贝，4 类区昼间、夜间分别不高于 70、55 分贝。2017 年石家庄市区 4 类功能区噪声设置监测点位 12 个，1 类区监测点位为：尖岭生活区、市农业畜牧局招待所、十二化建生活区；2 类区监测点位为：河北师范学院、铁路水电段、高柱小区；3 类区监测点位为：焦化厂、市粮油机械厂；4 类区监测点位为：中华大街、建设大街、裕华路中段、新华路。2017年石家庄市区功能区噪声监测数据为：1类区昼间、夜间年平均值为51.5、46.62分贝，2类区昼间、夜间平均值为53.98、49.62分贝，3类区昼间、夜间平均值为62.45、57.20分贝，4类区昼间、夜间平均值为65.95、61.84分贝。2017年石家庄市区功能区噪声1类区昼间达标率87.5%，夜间达标率43.75%；2类区昼间达标率100%，夜间达标率37.5%；3类区昼间达标率87.5%，夜间达标率12.5%；4类区昼间达标率93.75%，夜间达标率0%。

【道路交通噪声】 2017年市环境监测中心在市区44条城市快速路，108条主干路，114条次干路，其他道路102条，总长399.25千米的道路上布设368个道路交通噪声监测点位。监测时间为夏季，每一监测点昼间和夜间各监测一次。监测仪器使用AWA6218B型噪声分析仪、HS6288型多功能噪声分析仪、SH126型噪声仪，每一监测点连续监测20分钟。监测结果显示，市区昼间道路交通噪声值为55.8～84.3分贝，平均等效声级为67.0分贝。2017年石家庄市区昼间道路交通噪声最小值较2016年上升3.0分贝，最大值较2016年下降2.0分贝；年平均等效声级较2016年上升1.2分贝。

【区域环境噪声】 按照1000米×1000米网格布设监测方式，将石家庄市建成区区域划分为400个网格监测。监测时间为春季，监测仪器使用AWA6218型噪声分析仪、HS6288型多功能噪声分析仪、SH126型噪声仪，每个监测点连续监测10分钟、昼间各监测1次，获得有效监测数据400个。区域环境噪声监测数据显示，2017年石家庄市区昼间区域环境噪声声级变化范围为38.5～77.1分贝，平均等效声级为54.4分贝，昼间区域环境噪声与2016年持平。总体看，影响石家庄城市声环境质量主要因素仍然是交通噪声和生活噪声。

（张晓北）

生态治理与保护

【概况】 2017年，石家庄市生态环境保护以建设宜居城市为目标，以大气、水、土壤污染防治为重点，组织编制《石家庄市生态环境保护“十三五”规划》经市政府常务会研究通过。实施畜禽养殖禁养、限养区规模化养殖场关停搬迁，至2017年末，全市21个县（市、区）及高新区划定禁养区62个，关停、搬迁禁养区内规模养殖场105个；全市783个规模畜禽养殖场完成粪污处理设施建设695个，占比88.8%，达到省考核提出80%的比例要求。加强大气污染治理，主城区及“四组团”县区732个村庄完成气代煤39万户、电代煤2万户改造任务；全市淘汰10蒸吨以下和主城区35蒸吨以下燃煤锅炉5385台。852家涉VOCS工业企业全部完成治理和监测验收。创新开展污染源和用电量“双在线”监控，在国控省控重点企业214家全覆盖基础上，新增污染源在线监控企业350家、用电量在线监控企业346家。2017年石家庄市区PM2.5浓度为86微克/立方米，比2016年下降13.1%，比2013年下降44.2%，圆满完成河北省下达“大气十条”考核年度任务目标。严密应对突发环境事件，2017年石家庄市启动I级红色预警2次、II级橙色预警7次、III级黄色预警2次；处置各类环境突发事件8起，其中，6月16日有效处置无极县郝庄乡牛辛庄村滹沱河河套危险化学品倾倒事件，避免了次生污染事件发生；企业备案突发环境事件应急预案270余家。严格环境保护执法，2017年全市环保系统查处环境污染案件5019件，处罚金额1.25亿元；移送公安部门案件190件，行政拘留180人；协助查处环境污染案件625起，移送涉嫌犯罪人员903名。2017年全市环保系统查处环境污染案件5019件，处罚金额1.25亿元；移送公安部门案件190件，行政拘留180人；协助查处环境污染案件625起，移送涉嫌犯罪人员903名；12家企业处罚50万元以上，最高处罚100万元。开展碳素、焦化、陶瓷和砖瓦行业专项执法检查，市县两级查处环保问题588个，开具罚款2534万元。实施污染源“双随机”抽查，检查企业5900家，采集监察录像、图片1000余份。集中整治“散乱污”企业，至2017年，全市18959家

“散乱污”企业中，取缔8000家，整改10903家，搬迁入园56家。

【环保机构改革】 2016年12月，河北省委、省政府印发《河北省环保机构监测监察执法垂直管理制度改革实施方案》，确定石家庄市为全省环保机构垂直管理改革先行试点市，率先在全省开展市县层面环保机构监测监察执法垂直管理制度改革。5月23日，《石家庄市环保机构监测监察执法垂直管理改革工作方案》印发。5月31日，市环境监控中心和21个县（市、区）环保分局及环境监控执法机构举行揭牌仪式。全市环境保护系统划转人员1700人，市、县两级环保队伍实现平稳过渡和无缝对接。市环境保护局、市财政局联合印发《石家庄市环保机构监测监察执法垂直管理制度改革经费保障和资产划转配置工作方案》（石财建〔2017〕59号），明确各县（市、区）按照政策规定将人员经费、正常公用经费、经常性项目经费预算，由各环保分局会同县级财政部门，将编制环保预算直接纳入市级预算；市级预算预留21个县（市、区）人员、公用经费、项目经费2.82亿元。建立市级项目储备库，确定环保投资项目储备库入库条件、更新退出、申报要求等规定。全年争取环保项目到位资金8289万元，其中，土壤详查专项资金1209万元，水污染防治专项资金7080万元。

【生态环境监测】 全年获得空气环境质量监测数据80余万个，编印市长快报150余期，撰写各类月报、季报及专报等分析报告120余期，通过网络、短信等形式报送数据信息10余万条。根据《石家庄市人民政府关于印发石家庄市重点区域空气质量监测设置方案的通知》（石政函〔2017〕104号）要求，组建成立重点区域空气质量监测网格化工作小组，专职推进空气监测站点建设；新建乡镇（街道办事处）安装小型监测站设备221套；实施护栏工程227套，完成安装165套；实施监控工程227套，完成安装221套；实施避雷工程227，完成安装187套；8套六参数站房搬迁完毕；建筑工地布设监测点位设备548套，发货474套，安装466套，接电450套；国省干线主要公路布设扬尘监测站设备90套，全部安装完工。全年水、空气、土壤等例行监测任务完成，获得监测数据16194个，编写分析简报48期、月报12期。116家重点污染源企业实施每季度监督性监测，数据统计监测率100%、比对率100%，获得监测数据36538个，出具污染源监督性监测报告352份，在线比对监测报告376份。

【水环境管理】 加强水污染监管，由市政府印发《石家庄市水体达标方案的通知》（石政函〔2017〕87号）、《石家庄市白洋淀上游流域水环境综合整治工作实施方案》（石政函〔2017〕127号）、《石家庄市河流跨界断面水质生态补偿暂行办法的通知》（石政函〔2017〕128号）、《石家庄市水污染防治工作实施方案实施情况考核细则（试行）》（石气水办函〔2017〕11号）等文件和制度。以“净源水、洁河水、控排水、治污水”为思路，落实水污染物总量减排措施，实施22家造纸企业减排、40个减排工程、31个污水处理厂全口径控制、29个农村分散污水处理设施项目，关停畜禽养殖场41个。2017年全市削减化学需氧量11873吨，同比提高5.5%；削减氨氮511吨，同比提高1.07%。与市农牧局联合，完成畜禽养殖禁养、限养区规模化养殖场关停搬迁任务，至2017年末，全市21个县（市、区）及高新区划定禁养区62个，关停、搬迁禁养区内规模养殖场105个；全市783个规模畜禽养殖场完成粪污处理设施建设695个，占比88.8%，达到省考核提出80%的比例要求。2017年全市21个省级以上工业园区中，19个建成污水集中处理设施并安装自动在线监控装置，完成率90.5%。根据《河北省水污染防治工作方案》要求，清理关停污水直排环境企业317家。实施纳污坑塘整治，印发《关于开展纳污坑塘排查整治工作“回头看”的紧急通知》（石环领办〔2017〕65号），排查坑塘579个，确定整治纳污坑塘83个，其中，工业坑塘3个、养殖坑塘79个、混合坑塘1个，2017年底全部整治完毕。

【大气环境治理】 2017年石家庄市主城区及“四组团”县区732个村庄完成气代煤39万户、电代煤2万户改造任务，全市淘汰10蒸吨以下和主城区35蒸吨以下燃煤锅炉5385台，燃煤锅炉淘汰通过环保部核查验收。以“取缔一批、整治一批、提升一批”为原则，全市整治“散乱污”企业18959家，其中，取缔淘汰8000家，整改10903家，搬迁入园56家；852家涉VOCs工业企业全部完成治理和监测验收。加强重型柴油车超标排放问题管控，率先在全省设立国省干道重型柴油车环保查验检查站。利用卫星遥感技术，开展污染精准排查，及时发现和锁定秋冬季大气污染源热点异常区域，全市 261 个乡镇、重点工业园区和重点传输通道全部设立空气质量监测点。2017 年石家庄市区 PM2.5 浓度为 86 微克 / 立方米，比 2016 年下降 13.1%，比 2013 年下降 44.2%，圆满完成河北省下达“大气十条”考核年度任务目标。冬防期（10 月 1 日～ 12 月 31 日），PM2.5 浓度比 2016 年同期下降 54.3%，综合指数下降 47.7%，重污染天数比例减少 42.3 个百分点，在京津冀大气污染传输通道“2+26”个城市中排名第一。

【土壤环境修复】 改善土壤环境质量，出台《石家庄市“净土行动”土壤污染防治实施方案》，成立土壤详查工作组，完成县（市、区）832 家企业、2800 多个污染点位和土壤污染重点区域核查确认，并绘制详查单元和污染区域。推进土壤污染防治修复，实施国家专项资金支持土壤污染防治项目 3 个，分别为栾城区西营乡龙门村污灌区土壤污染治理项目、栾城区土壤修复试点二期项目、赵县重点区域耕地污染治理与修复项目。栾城区西营乡龙门村污灌区土壤污染治理项目为 2015 年栾城区试点项目，2015 年 7 月下达中央资金 1600 万元，主要任务为治理修复污灌区农用地 400 亩，其中，采用钝化剂肥料修复面积 300 亩，植物修复面积 100 亩；至 2017 年末，100 亩农田植物修复（种植八宝景天）完成，300 亩钝化剂肥料施入修复农田，配套工程焚烧炉、育苗大棚、信息平台建设开工，污灌区土壤污染治理阶段性自主验收报告上报省环保厅备案。栾城区土壤修复试点二期项目为 2016 年栾城区试点项目，2016 年 8 月下达中央资金 4750 万元，主要任务为治理修复农田面积 2000 亩，受益人口 2500 人；至 2017 年末，开展大范围土壤污染物调查和农作物污染情况调查采集土壤样品 450 余份、农作物籽粒样品 100 余份。赵县重点区域耕地污染治理与修复项目为 2016 年赵县试点项目，2016 年 8 月下达中央资金 3000 万元，主要任务是完成 800 亩污染农田修复。至 2017 年末，项目建议书通过专家评审，实施方案招标和编制完成。

【辐射及放射源管理】 7 月 1 日前，市环保局审核辐射环境评价文件 14 个，核发、延续、变更辐射安全许可证 17 个。7 月 1 日后，市环保局辐射类项目审批、许可事项移交市行政审批局。至 2017 年底，石家庄市辖区共有放射源工作单位 61 家、放射源 706 枚（含销售），其中，Ⅰ类放射源 6 枚，Ⅱ类放射源 305 枚，Ⅲ类放射源 2 枚，Ⅳ类放射源 167 枚，Ⅴ类放射源 226 枚，全部办有辐射安全许可证。77 枚闲置放射源安全送贮河北省城市放射性废物库。其中，石家庄柏坡正元化肥有限公司 6 枚，冀中能源井陉矿业集团有限公司煤炭运销分公司 6 枚，市第 18 中学 2 枚，市第 9 中学 1 枚，鹿泉区远大工业公司 6 枚，赵县鸿源精密带钢有限责任公司 4 枚，河北华泰纸业有限公司 2 枚，元氏县金鹏纸业有限公司 3 枚，藁城区嘉林木业有限公司 1 枚，中核石辐科技有限公司 28 枚，石家庄高新区兰光核仪表研究所 6 枚，华能国际电力股份有限公司上安电厂 4 枚，井陉县光明煤炭运销有限公司 2 枚，河北聚诚煤炭运销有限公司 1 枚，中国科学院遗传与发育生物学研究所农业资源研究中心 2 枚，赞皇县云锁山煤炭有限责任公司 2 枚，赞皇森海商贸有限责任公司 1 枚。另有元氏县医院、河北医科大学第二医院 2 枚Ⅰ类放射源送贮国家放射性废物库。11 月 14 日，由市环境保护局主办，河北民康环境监测服务有限公司、河北省电力建设第一工程公司承办的石家庄市辐射事故综合应急演练在石家庄柏坡正元化肥有限公司举行。

【危险废物安全监管】 对照《工业危险废物产生单位规范化管理指标》《危险废物经营单位规范化管理指标》，检查危险废物产生、经营单位 400 余家，出动执法人员 800 余人次，均做到检查一家规范一家。考核危险废物企业 71 家，发现问题 250 个，建立问题清单 250 份。开展危险废物执法专项行动 5 次，分别为打击非法倾倒处置危险废物违法犯罪专项行动、打击非法倾倒处置危险废物和危化副产品雷霆行动、打击进口废物加工利用行业环境违法行为专项行动、危险废物（含医疗废物）环境隐患督查、危险废物规范化管理督查考核；累计排查企业 842 家次，发现问题企业 190 家；查办涉嫌环境违法案件 47 起，开具罚款 276.9 万元。加强挂牌督办企业现场督导和监管，按照河北省环境保护厅《关于对铬渣产生单位进行重点环境监管的通知》和挂牌督办要求，市环保局启动河北铬盐化工有限公司铬渣解毒督导和监管；坚持每周2次现场检查，落实日报告制度，铬渣解毒期间未造成环境污染。2016年12月7日，河北铬盐化工有限公司采取干湿两项解毒措施处理铬渣7.4万吨，含铬铝泥9.85吨、铬酸泥0.3吨，2017年9月底，无害化处置和铬渣解毒验收全部完成。根据环保部《打击进口废物加工利用行业环境违法行为专项行动方案》要求，市环保局检查进口废物企业6家，处罚违法企业4家，开具罚款41万元。2017年全市一般工业固体废物产生量1588.37万吨，综合利用量1481.20万吨，处置量59.19万吨，贮存量81.91万吨。2017年全市危险废物（医疗废物）集中处置量18205.34吨，其中，处置工业危险废物量17663.25吨；焚烧残渣安全填埋处置量0.15吨；日危险废物处置能力为214.8吨。2017年全市工业危险废物产生量11.45万吨，综合利用量3.55万吨，处置量8.18万吨，贮存量81.91万吨。

【自然生态保护】 依据《国家生态保护红线—生态功能红线划定技术指南》等规定要求，修改完善《石家庄市生态红线划定方案（初稿）》。9月1日，《石家庄市生态保护红线方案》经市政府第九次常务会议研究通过。初步划定全市生态红线总面积3429.19平方千米，占全市总面积25.39%。红线区主要分布在平山县、井陉县、赞皇县、灵寿县、元氏县、行唐县、鹿泉区、井陉矿区8个山区县。2017年全市生态红线面积比例由原来最初确定占全市总面积36.56%减少为25.39%，减少11.17%。开展“绿盾2017”自然保护区违法违规建设开发活动整治行动，按照“谁主管、谁牵头，谁审批、谁负责，谁建设、谁整改，谁破坏，谁恢复”的要求，拆除自然保护区核心区、缓冲区违法违规项目7处，拆除面积1.2万平方米，12个矿点、4个煤场全部取缔。投资2200多万元，实施自然保护区污水处理工程，配套建设总长1.7万米污水管网及14个污水处理终端。2017年全市4个自然保护区排查各类问题159个（包括国家、河北省交办），整改到位133个，正在整改26个，完成率83.65%。其中，平山县驼梁国家级自然保护区58个问题，整改到位40个，正在整改18个，完成率68.97%；灵寿县漫山省级自然保护区29个问题，整改到位22个，正在整改7个，完成率75.86%；赞皇县嶂石岩省级自然保护区56个问题，整改到位56个，完成率100%；井陉南寺掌省级自然保护区16个问题，整改到位15个，正在整改1个，完成率93.75%。

（张晓北）

交通运输·邮政

Transportation & Postal Service

铁 路

【概况】 2017年，石家庄市域内共有京广、石太、石德、石太客运专线、京广高铁（安阳－涿州段）、石济高铁6条铁路干线和新井、凤山2条支线，起止分别为：京广铁路207.9千米（寨西店承安铺间）至321.3千米（高邑鸭鸽营间），石太铁路石家庄至70.1千米（南峪娘子关间），石德铁路石家庄至85.25千米（東新王家井间），石太客运专线石家庄北站至59.97千米（井陉北阳泉北间）；两支线总长18.1千米，合计营业里程328.72千米。设立车站27个。京广高铁57.04千米至452.40千米，北与杜家坎线路所衔接，南与安阳东站衔接。石家庄站管辖京广高铁涿州东、高碑店东、保定东、定州东、正定机场、高邑西、邢台东、邯郸东沿线8个中间站及石济高铁石家庄东站。至2017年末，北京铁路局在石家庄派出机构有石家庄铁路办事处，驻石家庄主要运输单位有石家庄站、石家庄南站、石家庄客运段、石家庄电力机务段、石家庄工务段、石家庄供电段、石家庄电务段、石家庄车辆段、石家庄货运中心，非生产单位有石家庄职工培训基地、石家庄工程项目管理部、石家庄建筑段、石家庄铁路疾病预防控制所。石家庄车辆段主要担负京广、京九、石德、石太、邯长、邯济等铁路干线及合资铁路朔黄线货物列车的定期检修及日常维修任务。石家庄工务段主要担负京广线、石太线、石太客运专线、石德线桥梁、隧道等设备的大、中、维修及保养任务。石家庄客运段担当旅客列车客运乘务任务。石家庄电力机务段担当石太线石家庄至太原北，石德线石家庄至德州（长庄），京广线石家庄至北京，京九线衡水至阜阳、衡水至南仓，京沪线德州至徐州，石太客专线石家庄至太原7个区段客货列车机车值乘任务及石家庄、阳泉、衡水、保定4个区域调车机、调度机、小运转机车值乘任务。石家庄供电段担负京广线、京广高铁、石太客专、邯长线牵引供电和生产生活供水电任务及沙午线、马磁线的供水、供电、设备更新、改造、维修养护任务。石家庄电务段担负京广线、京九线、石德线、石太线、邯长线、石太客运专线、京广高速线和石家庄西环线、沙午、马磁等20条支（矿）线共计1708.82千米信号设备的维修维护任务。石家庄站位于京广高铁、石济高铁、京广、石德、石太、石太客运专线交汇点，车站等级为特等站，业务性质为客运站。石家庄南站位于京广、石德、石太3条干线交汇点，主要担负南北京广、石德、石太4个方向货物列车到发和运输组织工作。石家庄建筑段承担京广线、京九线、石太线、石德线、邯长线5条干线，保满线、满神线、沙午线、马磁线、新井、凤山、白菂7条支线房建设备；京广高铁、石太客专2条高速铁路区间四电房屋的维修与管理；管辖150个车站，承担冬季供暖和设备运行管理，负责280个住宅小区的房屋出售及办证、收费等工作。石家庄货运中心业务管辖西起石太线赛鱼站，东至石德线八里庄站，京九线北自霸州站，南至清河城站，区域跨及723千米。货源吸引区覆盖晋、冀、鲁三省，担负晋煤外运、电煤输送和军运、粮食、油料等重点物资和其他零散货物的运输任务，在华北运输市场中占据重要地位。石家庄铁路疾病预防控制所为路局直属单位，承担辖区疾病预防控制、卫生监督和健康体检等工作。2017年石家庄站发送旅客4192.20万人，实现运输收入45.20亿元；石家庄铁路发送货物5888.2万吨，其中，石家庄南站发送货物348.9万吨，石家庄货运中心发送货物5539.3万吨。

（王洁英）

【铁路运输】 1月13日～2月21日"春运"期间，石家庄站增开普速列车19.5对、高铁列车15对，石家庄北站增开列车2对；新加开旅客列车主要以郑州、武汉、西安及成都、重庆等方向的长途列车为主；短途运输加开石家庄至北京西、邯郸东至秦皇岛、邯郸东至天津西等高铁列车；高铁实行高峰期运行图。1月27～30日，石家庄站停运列车28.5对，主要集中在北京、西安、武汉、哈尔滨等方向。5月27～30日"端午"假日期间，京广高铁实行高峰运行图，石家庄站加开旅客列车14列：K5212、K5215、G4015、G4568、G4611、K5201、G4567、K5202、G4018、K5216、G4016、G4017、K5211、G4612。9月21日零时起，石家庄站列车运行图调整。调图后，石家庄站办理客运业务列车429列，其中，高铁279列、普速列车150列。高铁：临时停运高铁旅客列车2对，北京西—信阳东G571/G574次、北京西—成都东G307/G308次；增开高峰线高铁旅客列车3对，北京西—郑州东2对，G4565/G4566次、G4567/G4568次，北京西—洛阳龙门G4569/G4570次；变更运行区段高铁旅客列车1.5对，北京西—重庆北G309/G310次列车改为北京西—成都东，北京西—郑州G561次列车改为北京西—郑州东；变更高铁旅客列车1对，北京西—西安北G657/G668次旅客列车由周末线改为日常线，车次改为G89/G90次。普速旅客列车：石家庄—南通K661/2次淡季停运，邯郸—哈尔滨西K1526/7次列车改为邯郸—哈尔滨。12月28日零时起，石家庄火车站列车运行图调整。调图后，石家庄站办理客运业务列车443列，其中，京广高铁列车275列，石济客专动车组列车18列，普速列车150列；石家庄至成都最快6.5小时直达，石家庄到济南、青岛、威海、成都实现高铁直达。石家庄站增开直达成都方向高铁列车4对：北京西—西安北G89/G90次，运行区段调整为北京西—成都东；秦皇岛—西安北G1701/G1702次，运行区段调整为秦皇岛—成都东；天津西—西安北，G1709/G1710次运行区段调整为天津西—重庆西；增开北京西—成都东G307/G308次。石家庄至济南开通8对高铁列车：石家庄—济南西动车组列车3对；石家庄—青岛北动车组列车1对；石家庄—威海动车组列车1对。12月28日，石家庄东站投入使用，每天运行列车5次：太原南—青岛北；济南西—运城北；石家庄—威海；石家庄—济南西；威海—石家庄。石家庄东站位于高新区，石德铁路南侧，和平东路与天桂街交口东北侧；建筑规模1.2万平方米，设计容纳1000人；一层公共区域设置售票厅、应急候车室、服务区，二层设置旅客候车厅、军人候车室、哺乳室等，两侧为办公用房；设立到发线4条、正线2条；东侧与地铁1号线连接换乘，拥有公交站台5个，西侧为私家车停车场。2017年石家庄站发送旅客4192.20万人，其中，"春运"期间（1月13日～2月21日）发送旅客433.79万人，"十一"黄金周期间（9月28日～10月8日）发送旅客146.96万人；实现运输收入45.20亿元。2017年石家庄铁路发送货物5888.2万吨，其中，石家庄南站发送货物348.9万吨、日均装车167.5车、日办理21704辆；石家庄货运中心装车85.4万车5539.3万吨。

（王洁英　孔思远　王成果）

【石济客专开通运营】 6月15日，石家庄至济南客运专线（简称石济客专）引入石家庄枢纽工程轨道开始上砟作业。6月22日～7月21日，铁道铺轨完毕，铺轨长度42.7千米。至2017年底，石济客专引入石家庄枢纽工程累计完成投资31.43亿元，占计划投资90.6%；完成路基土石方57.8万立方米，占设计100%；建成特大、大、中桥13759延米，占设计100%；铺轨长度42.7千米，占设计100%；箱梁架设359孔（双线孔），占设计100%；房屋完工2.36万平方米，占设计78.0%。12月28日，石济客专开通运营。石济客专是国家"十二五"规划重点建设项目，是国家《中长期铁路网规划》"四纵四横"太青客专的重要组成部分。全线长310.2千米，其中桥梁总长281.396千米，占正线全长81.5%。线路在河北省境内总长194.0千米，在山东省境内总长116.2千米。石济客专以石家庄市、济南市为始终点，沿途经过河北省衡水市、山东省德州市两个地级市，西伸、东进分别与石太客专、济青高铁相接，横贯晋冀鲁三省。线路规划运输能力6000万人次/年，速度目标值250千米/小时。石济客专设立11个车站，分别为石家庄站、石家庄东站、藁城南站、辛集南站、衡水北站、景州站、德州东站、平原东站、禹城东站、齐河站、济南东站。开行列车9对，其中以石家庄站为始终站5对，分别为：石家庄至济南西D1601/D1604次、D1603/D1606次（周末线）、D1605/D1602次，石家庄至青岛北D1611/D1612次，石家庄至威海D1615/D1616次；途经4对，分别为：太原南至青岛北D1634/D1631次、D1632/D1633次，运城北至济南西D1638/D1635次、D1636/D1637次，运城北至青岛D1642/D1639次、D1640/D1641次，原太原南—济南西G1708/5、G1706/7次运行区段调整为运城北—济南西，车次分别调整为D1646/D1643、D1644/D1645次。

（王洁英　方素菊）

公　路

【概况】 2017年，石家庄市公路建设完成投资133.6亿元，同比增长13.2%。高速公路建设完成投资64.53亿元，建设里程326千米，其中，西阜高速建设完成投资17.2亿元，平赞高速建设完成投资30亿元，南绕城高速建设完成投资10亿元。干线公路及城市出口路开工建设完成投资20.3亿元。农村公路建设完成投资4.59亿元。至2017年末，全市公路通车总里程1.83万千米，路网密度122.76千米/百平方千米。其中，高速公路8条（绕城高速、黄石高速、青银高速、京港澳高速、京昆高速、张石高速公路北出口支线、西柏坡高速、新元高速）585.72千米，国道9条（107国道、207国道、307国道、308国道、230国道、234国道、338国道、339国道、515国道）902.50千米，省道30条870.98千米，县道43条1407.07千米，乡道4684.76千米，专用公路269.82千米，村道9566.37千米。

【公路建设】 全年公路建设完成投资133.6亿元，同比增长13.2%。高速公路建设完成投资64.53亿元，建设里程326千米。其中，西阜高速建设完成投资17.2亿元，完成工程总量76%；平赞高速建设完成投资30亿元，完成工程总量45%。津石、石衡高速工程建设进展顺利。南绕城高速建设完成投资10亿元，南绕城高速因国家政策调整，政府购买服务停止。12月28日，太行山高速公路西阜高速石家庄段首条隧道——功德隧道右半幅贯通；隧道进口位于灵寿县陈庄镇功德村以北，出口位于灵寿县陈庄镇玉泉庄以东，全长813米。干线公路及城市出口路开工建设完成投资20.3亿元，开工建设公路项目15项；建成南二环西延、裕华路西延及京港澳韩家洼、周家庄、南双晶连接线5个项目，道路长度47.5千米。南二环西延工程通车。5月25日，南二环西延工程（西二环至井陉县北良都村）全线贯通。至此，从石家庄市主城区到井陉县城缩减为半个小时，较307国道节约用时50%。南二环西延工程（南水北调桥至井陉县北良都村），起点位于鹿泉区台头村南侧，向西与京赞线和山前大道平交，终点位于井陉县北良都村，全长19.845千米，按双向四车道一级公路标准建设。其中，起点至山前大道段设计时速为每小时80千米，山前大道至终点段设计时速为每小时60千米。全线设有大桥6座，总长1349米；隧道2座，水峪隧道1760米，东庄隧道1180米，总投资14.2亿元。南二环西延工程穿越村庄15个，施工用时15个月实现主体通车。山前大道改造工程开工。6月20日，山前大道拓宽改造工程开工。山前大道拓宽改造工程起点为石闫线，终点青龙山大道，全长50千米，规划总投资105亿元。按照一级公路标准建设，设计时速为60千米/小时，双向6车道、重点路段双向8车道，中央8米分隔带，道路两侧各50～100米景观绿化带。山前大道拓宽改造工程分为5段施工，首开路段起点为宜安镇牛山村至石井乡政府道口，设计双向6车道，途经高家窑村、天井沟村、黄岩村3个村，长7.978千米；新建小桥10座，涵洞23道。省道西柏坡至驼梁、国道307复线、国道107北项目建设及绕城公路、新城大道北延、中华大街北延等项目前期工作顺利推进。农村公路建设完成投资4.59亿元，建设里程358.2千米。公路场站建设完成投资22.8亿元，正定枢纽客运站主体完工。2016年“7·19”特大洪水灾害交通重建任务基本完成，受损国道、省道和重要县道恢复达到或超过灾前通行能力，累计完成重建项目投资16.05亿元，重建干线公路12条段90.75千米、农村公路744条段489千米、桥梁315座1.26万延米。

链接

太行山高速公路在石家庄市境内由西柏坡至阜平高速公路（简称西阜高速）和平山至赞皇高速公路（简称平赞高速）两部分组成。

【运输市场管理】 开展“打非治违”专项行动，查扣各类违章车辆891辆，其中，货运和长途客运车160辆，出租汽车731辆。加强超限超载源头治理和路面执法，建成超限检测站不停车检测系统12套，公示源头企业97家，出动执法人员2.5万余人次，巡查源头企业2200余家次，处理抄告车辆714辆，查处超限超载车辆6048辆，卸载货物13万吨，超限超载率控制在2%以下。推进城乡客运一体化发展，农村客运班线公交化运行率达70.9%，好于全省平均水平；8月18日，石家庄公路主枢纽旅游集散中心在南焦客运站揭牌；2017年晋州市被交通运输部确定为城乡交通运输一体化示范县。严格共享单车管理，联合公安交通管理部门，制定印发《关于开展车辆乱停乱放专项整治提升行动实施方案》《石家庄市共享单车文明公约》。2017年全市共有经营性道路运输车辆26.7万辆，其中，班线客车2172辆，旅游客车、包车客车834辆，城市公交车5730辆，出租汽车10493辆，货运车辆24.8万辆。2017年全市（不含辛集市）完成公路货运总量4.58亿吨，同比增长12.7%；货运周转量2123.16亿吨千米，同比增长9.1%；完成客运总量0.38亿人次，客运周转量25.82亿人千米。

（张龙）

民用航空

【概况】 2017年，河北机场管理集团有限公司（简称河北机场集团）共有运营航空公司32家，运营航线137条，通航城市86个；完成旅客吞吐量1065.9万人次，同比增长36.7%，其中，石家庄机场旅客吞吐量958.29万人次，同比增长32.8%，全国排名由第36位上升至第33位；完成货邮吞吐量41645.3吨，同比下降6%，其中，石家庄机场货邮吞吐量41013.2吨，同比下降6.3%；保障飞机起降9.77万架次，同比增长28.5%，其中，石家庄机场飞机起降8.05万架次，同比增长17.2%。石家庄机场旅客吞吐量、保障飞机起降均创下历史新高。2017年河北机场集团实现营业收入6.3亿元，增收1.37亿元，同比增长27.79%。其中，航空性收入3.14亿元，增长36.52%；非航收入3.16亿元，增长20.15%；利润减亏9446.04万元，同比减亏60.05%。空铁联运服务。2017年石家庄机场运送空铁联运旅客73.77万人次，同比增长78.9%；建立异地城市候机楼14座、旅客直通车线路16条，年运送旅客29.34万人次，同比增长23.5%。基础设施建设。石家庄机场1号航站楼流程调整项目立项，连廊二期工程前期建设启动；增强机场低能见度运行保障能力，实施HUD（Head Up Display 平视显示器）特殊Ⅱ类运行标准项目建设，全年投入资金2.12亿元，建设项目381个；推进航空管理二次雷达及气象信息系统引接工程项目，提升航班动态信息精确度。2017年河北机场集团ASQ旅客满意度由4.40分提升到4.65分。安全管理。整合安全目标责任书和安全生产承诺书，构建安全生产承诺体系；修订《安全管理手册》《机场使用手册》等6项核心管理制度，开展安全网格化和安全责任拼图建设，构建横向到边、纵向到底的安全责任体系。2017年石家庄栾城机场获得民航华北地区管理局颁发A1级通用机场使用许可证，这也是华北地区第二个获得此证的机场。至此，栾城机场成为使用乘客座位数在10座以上航空器开展商业载客飞行活动的通用机场。2017年河北机场集团实现安全运营14年，连续7年获评全国安康杯优胜单位。

【航线运营】 新开加密航线。2017年石家庄机场新开昆明—凯里—石家庄、三亚—宜昌—石家庄、广州—石家庄—营口等53条航线，恢复石家庄—桂林—三亚、石家庄—南昌—汕头等12条航线，加密深圳、广州、昆明、三亚、沈阳、杭州、乌鲁木齐等10余个干线航点。至2017年末，石家庄机场运营航线137条，同比增长31.7%，其中，国内客运航线122条，国际及地区航线11条，货运航线4条；通航城市86个，同比增长21.1%。5月20日，石家庄至张家口省内直飞航班开通；5月26日，石家庄至贵阳航线开通；5月31日，石家庄机场至承德普宁机场航线开通，这也是石家庄机场新开第3条省内航线；6月1日，石家庄至青岛航线开通；10月29日，石家庄至新加坡航线开通。深化与航空公司合作。2017年石家庄机场新增中国国航、昆明航空、祥鹏航空、福州航空、北部湾航空、伊尔航空等8家客运航空公司，全部运营航空公司达到32家，同比增长10.3%。石家庄机场与基地航空公司合作日趋紧密。全年引进驻场飞机5架，其中春秋航空引进驻场飞机3架，基地航空公司驻场总运力达到34架（航空客运飞机33架、货运飞机1架），较2016年增加8架，同比增长30.77%。疏解首都机场非国际功能，打造北京门户机场，开通石家庄机场至国内各支线机场航线航班，新增博鳌、凯里、宜昌、营口、十堰、铜仁等18个支线航点，国内支线通航点达到36个。2017年春运期间（1月13日至2月21日），石家庄机场旅客客流量达到94.15万人次，同比增长35.5%。其中，客流量最高日2月4日（农历正月初八）运送旅客2.63万人次。2017年春节假日期间，石家庄机场运送旅客超15万人次，同比增长36.8%；航线航班客座率平均保持85%以上，其中，石家庄至成都、重庆、三亚、海口、哈尔滨、长春、沈阳、贵阳、桂林、丽江、昆明、杭州、深圳、广州、厦门及名古屋、普吉岛航班客座率达到90%以上；石家庄机场空铁联运客流量8071人次，同比增长74.8%，其中，铁转空旅客4568人次，空转铁旅客3503人次，空转铁石家庄至北京旅客2315人。“五一”假日期间（4月29日至5月1日），石家庄机场完成旅客吞吐量7.1万人次，同比增长25.7%，保障航班起降560架次，同比增长16.4%；石家庄机场空铁联运运送旅客5600余人次，同比增长50%，其中北京旅客占到总量30%。国庆假日期间（10月1～7日），石家庄机场完成旅客吞吐量24.86万人次，同比增长30.3%；航班平均客座率超过85%，其中飞往成都、上海、沈阳、西安、长春、南京等地航班客座率达90%以上。2017年石家庄机场周航班量最高达到1775架次，年航班平均客座率达到84%；设立中转旅客服务区，全年中转联程旅客8.04万人次，同比增长511.3%。

【旅客班车新增省体育馆乘车点】 5月16日起，石家庄机场旅客班车1号线新增省体育馆乘车点。旅客班车1号线新运行线路为：省体育馆（北门）—民航大酒店—石家庄机场，运行时间为早5时至晚21时，每半小时一班，整点和半点准时发车。机场至石家庄市区运行线路为：石家庄机场-裕华路高速口（西口）—民航大酒店—省体育馆，根据航班落地时刻发车。至2017年末，石家庄市区至石家庄机场共有1号（东部城区）、2号（东开发区）、3号（西部城区）、南部城区4条班车线路，分别从省体育馆、弘谷国际酒店（弘谷国际酒店—天山海世界—机场）、金圆大厦（金圆大厦—富驿时尚酒店—石家庄机场）、火车站（西广场—东广场—南焦客运站—恒大名都—石家庄机场）发车。

河北机场管理集团有限公司

党委书记：张彦杰（1月免）
　　　　　刘仁杰（7月任）
总经理：李武
党委副书记：邢东方（7月免）
　　　　　周忠义（7月免）
　　　　　高立新（7月任）
副总经理：邢东方（7月免）
　　　　　李宁（6月免）
　　　　　高永超（7月免）
　　　　　周忠义（7月任）
　　　　　马越　金双占
　　　　　罗晓广（兼石家庄国际机场分公司总经理）
纪委书记：高立新（兼）
工会主席：张海山（7月免）
　　　　　高立新（兼，7月任）

（陈伯辉）

城市轨道交通

【概况】 2017年，石家庄地铁建设完成投资58.4亿元，累计完成投资252.7亿元。4月27日，地铁1号线二期工程初步设计通过专家评审；9月6日，获得河北省发展改革委批复。10月13日，地铁3号线二期工程初步设计通过专家评审。2月15日，地铁1号线一期工程模拟试运行。2月20日，地铁1、3号线首开段30.3千米空载试运行。5月9日，市政府常务会审议通过轨道交通票价方案。6月1日，《石家庄市轨道交通管理条例》实施。6月5日，市轨道交通1、3号线首开段工程通过试运营基本条件评审。6月26日，市轨道交通1、3号线首开段载客试运营，线路长度30.3千米。至此，石家庄市成为全国第29座、运营里程排名第23位的地铁城市，结束河北省没有地铁的历史。7月28日，地铁1、3号线列车夜间运营服务时间由21时30分调整至22时。9月8日，地铁2号线首个车站（东岗头站）封顶。12月26日，地铁1号线高峰时段（即工作日7～9时、17～19时，周末、节假日9～19时）行车间隔由原来8分钟缩短至6分30秒，平峰时段行车间隔仍保持10分钟。至2017年底，石家庄地铁1、3号线共计开行列次7.97万列，安全运行119.61万列千米；运送旅客总量4036.6万人次，日均客流量21.4万人次，最大日客流量30.7万人次；列车正点率99.95%（1号线正点率99.91%、3号线正点率100%），列车运行图兑现率达到100%。推进轨道交通在建线路车场（停车场、车辆段、车辆基地）和重点车站一体化规划设计研究，探索TOD（Transit Oriented Development，即以公共交通为导向的开发模式） 模式。以新百广场站、槐安桥站、北国商城站为重点，探索大商业开发模式和综合设计。2017年石家庄地铁1号线、3号线运营线路站内和列车广告10年经营权拍卖12.99亿元，单站年租金超过500万元。加强安全质量管理，构建“工程安全、质量安全、运营安全、消防安全、反恐防恐安全、网络安全、环保安全、维稳安全、廉政安全、机关安全”十大安全体系。2017年石家庄地铁建设和运营未发生1起一般以上安全生产事故。

【地铁工程建设】 地铁1号线二期工程。地铁1号线二期工程线路起自1号线一期终点站洨河大道站，止于东洋站，沿秦岭大街、新城大道敷设，全长13千米，全部为地下线；设立车站8座，分别为：西庄、东庄、会展中心、行政中心、园博园、天元湖、东上泽、东洋，其中，换乘站2座，为行政中心站和天元湖站；设立南牛停车场1座，设立天元湖主变电所1座，与其他轨道交通线路共用控制中心。至2017年底，地铁1号线二期工程线路会展中心、行政中心、园博园、天元湖站4站三区间土建工程基本完工；东庄、西庄2站开工；滹沱河跨河段左线推进710米，右线推进450米。地铁2号线一期工程。地铁2号线一期工程线路南起胜利南街的嘉华站，沿胜利南街向北敷设，全长16.2千米；设立车站15座，分别为：嘉华站、南位站、塔谈南站、塔谈站、石家庄站、东三教站、东岗头站、新世隆站、大戏院站、北国商城站、长安公园站、蓝天圣木站、运河桥站、铁道大学站、西古城站，全部为地下线；换乘站5座，分别为：石家庄站、北国商城站、塔谈南站、新世隆站、蓝天圣木站；设立嘉华车辆段1处、石家庄站开闭所1座、主变电所1座，与其他轨道交通线路共用控制中心。除投入使用的石家庄站、北国商城站外，全线在建车站13座。至2017年底，地铁2号线一期工程线路车站建设完成主体工程量50%，其中东岗头站封顶；区间完成工程量17%。地铁3号线一期两边段工程。地铁3号线一期两边段工程全长12.8千米，设立车站11座，分别为：西三庄站、水上公园站、柏林庄站、市庄站、东广场站、孙村站、塔冢站、东王站、南王站、位同站、三教堂站；规划2020年底通车试运营。至2017年底，地铁3号线一期两边段工程线路车站建设完成主体工程量61%，区间完成工程量30.5%，11座

轨道交通运营指挥中心

地铁新百广场站

车站全部封顶。地铁3号线二期与一期工程衔接。地铁3号线二期工程与一期工程衔接呈东西走向，起于三教堂站（不含），止于北乐乡站，全长8.1千米，设立5站5区间，均为地下站，5站分别为：中仰陵站、天山大街站、南豆站、韩通站、北乐乡站，终点设立北乐乡车辆段1处。

【4所院校订单培养地铁人才】 2017年市轨道交通建设公司在4所高职院校订单培养7个专业人才660名。其中，河北轨道运输职业技术学院204人，专业为城市轨道交通运营管理、城市轨道交通车辆；石家庄铁路职业技术学院309人，专业为建筑设备工程技术、城市轨道交通机电技术、城市轨道交通供配电技术、城市轨道交通工程技术；天津铁道职业技术学院107人，专业为城市轨道交通运营管理、通信技术；山东职业学院40人，专业为城市轨道交通机电技术。

（卢扬逸）

城市公共交通

【概况】 2017年，石家庄市新增纯电动公交车848辆，新开辟微循环、地铁接驳、定时班线公交线路6条，优化调整线路28条，撤并线路6条，初步建成“快、普、支、微”四级城市公共交通线网体系。至2017年末，全市共有营运公交车辆5730辆，其中，天然气公交车3611辆，纯电动公交车1920辆；营运线路226条，营运总里程1.83亿千米，运送乘客总量4.2亿人次；公交出行分担率为22%。实施公交场站设施建设，新建道路港湾站台30座，港湾式站台累计达到528座。新建充电站18座、充电桩127个，充电站累计达到52座，充电桩累计达到333个。推进“交通一卡通”应用，至2017年末，石家庄市累计发行“交通一卡通”44.8万张，“支付宝”扫码付费乘车公交线路达53条，“公交电子卡”用户达到5万人。

【场站设施建设】 290路场区路面工程、中山西路车场工程、鹿泉海山车场围墙工程建设施工完毕；中仰陵公交停保场核发工程规划许可证，白佛公交停保场正在办理土地划拨手续；正定公交停保场项目一期完工并投入使用。推进城市公交专用道建设，划定公交专用道总长90千米。支持城市交通疏导，科学布设公交站点，迁移公交站台13座。以中山路提升改造工程为契机，安装道路电子站牌47座。新建道路港湾站台30座，港湾式站台累计达到528座，涉及主次街道43条。新建充电站18座、充电桩127个，充电站累计达到52座，充电桩累计达到333个。

【智能公交卡应用】 推进智能公交建设，公交IC卡收费系统、轨道交通收费系统成功对接，两卡通用功能实现“一卡通”；市区130个中国建设银行驻点营业厅均可办理自助式充值服务。2017年全国符合交通运输部标准130多个发卡城市公交卡，包括北京市、天津市，均能在石家庄市公交车刷卡使用。至2017年末，“石家庄交通一卡通”累计发卡44.8万张。推行“石家庄电子公交卡”服务，市区“支付宝”扫码付费乘车公交线路达到53条，2017年末石家庄市“公交电子卡”用户达到5万人。

【3条公交微环线路开通】 围绕解决小街巷周边居民公交出行问题，2017年5月，市公交部门谋划开通市区公交微环1路、微环2路、微环3路3条公交微环线路。微环1路途经街道：市庄路、电大街、朝阳路、泰华街、滨华路、高东街、高柱路、中华大街、和平路、红军街、市庄路返回北站；站位设置：北站、北焦花苑、电大市庄路口、北焦新村、北焦学校、泰华园东区、滨华路西口、高柱南、蔬菜公司小区、三十八中、高柱路东口、中储、博爱医院、中华和平路口、红军街南口、外贸小区、北站。微环2路途经街道：赵佗路、中华大街、新苑路、誉兴街、颐宏路、北新街（原明珠街）、赵佗路返回；站位设置：赵佗公园、中华赵佗路口、新苑小区、誉兴街北口、誉兴颐宏路口、锦绣乾城、省二院北院（党家庄）、颐佳小区、玖和商业街、明珠花苑、北新颐宏路口、三十五中、北新赵佗路口、鑫城小区、赵佗公园。微环3路途经街道：赵佗路、北新街（原明珠街）、颐宏路、誉兴街、新苑路、中华大街、赵佗路返回；站位设置：赵佗公园、鑫城小区、北新赵佗路口、三十五中、北新颐宏路口、明珠花苑、玖和商业街、颐佳小区、省二院北院（党家庄）、锦绣乾城、誉兴颐宏路口、誉兴街北口、新苑小区、赵佗公园。

（张龙）

邮　政

【概况】 2017年，中国邮政集团公司石家庄市分公司（简称市邮政分公司）累计完成业务收入95250万元，同比增长10.25%，收入规模排名全省同业首位。全年金融业务存款余额净增42.12亿元，完成省公司年度计划162.03%；保险新单保费收入29.4亿元，全市22家经营单位中12家单位新单保费收入超过1亿元；包裹快递业务收入16865万元，同比增长119.92%，高于全省平均增幅50.12个百分点，完成省公司年度计划160.6%，规模、增幅、进度均排名全省首位。推进农村电子商务发展，采取“专业+平台”策略和批销带动分销方式，将山东省章丘大葱、井陉红苹果、深泽铁杆山药等时令农产品引入金融厅堂，满足金融客户消费需求，全年实现批销额1.5亿元。建成“邮乐购”店3619家，开通“邮乐网”地方特色馆3处，上线商品67种；代购订单29.64万笔，代购金额166.82万元。发放“掌柜贷”1041.26万元，代理车险1728辆。2017年中国邮政集团公司石家庄市分公司工会获评全国邮政系统模范职工之家称号，市分公司投递局职工王立宁获得河北省“五一劳动奖章”；市分公司职工王英获得国务院特殊津贴专家称号。

【包裹快递】 全年市邮政分公司包裹快递业务收入16865万元，同比增长119.92%，高于全省平均增幅50.12个百分点，完成省公司年度计划160.6%，规模、增幅、进度均排名全省首位。采取省邮政公司投资和市邮政分公司自筹资金方式，筹措1619万元用于金融网点的迁址改造、购置和快递仓储场地的租赁、建设；筹措1404万元用于金融自助机具、电子商务和包裹生产设备、车辆购置。发挥智能包裹柜和自提点作用，提升快递业务处理和投递效率。全年市邮政分公司投递给据邮件2062万件，同比增长95.31%。其中，投递包裹快递1779.03万件，增长118.69%；投递约投挂号173.26万件，增长51.95%。2017年11月，全市进口包裹快递238.84万件，较2016年同期增长110%。其中，“双十一”期间，包裹投递量较2016年同期增长129.18%；11月11日，城市当日妥投率达98.08%，农村及时妥投率达98.53%，11月10～12日3天妥投率达99.66%，3天妥投率居全省最优水平。提升快递窗口和揽收人员甄别违规物品能力，举办包裹快递收寄业务培训47场次。全年包裹投递社会用户满意度达91.07分，排名全省同业首位、全国城市第6位，没有邮政机要通信失泄密事件和安全突发事件发生。

【地铁运营纪念邮折发行】 6月26日，石家庄地铁1号线、3号线首开段开通试运营。为纪念石家庄地铁开通这一具有划时代意义的重要事件，市邮政分公司联合市轨道交通有限责任公司共同策划发行以“地铁正式试运营”为主题的纪念邮品。地铁试运营纪念品以四折页的风琴折展示，内含具有唯一编号的纪念卡1张、纪念明信片1枚、纪念封1枚、丁酉年生肖邮票小型张1套。配合地铁试运营纪念品发行，市邮政分公司申请主题“地铁让城市更美好”纪念戳1枚。2017年石家庄地铁试运营纪念邮品以市民和集邮爱好者为对象，限量发行6000套。

中国邮政集团公司石家庄市分公司

总 经 理：王强

副总经理：刘磊　（4月免）

苏巍　（4月任）

孙莉　（3月任）

鲍振钢　郝志辉

（张海霞）

信息产业

Information Industry

综　述

2017年，石家庄市信息产业围绕“中国制造2025”“互联网+”等发展战略，加快实施产业结构优化升级，推进工业化信息化深度融合。以做大做强平板显示、通信设备、半导体照明等产业为基础，培育和壮大卫星导航、集成电路封装测试、云计算、大数据等新兴产业，突出实施智慧城市、电子商务、宽带中国、三网融合等项目建设，推动信息产业稳步健康发展。全年电子信息产业主营业务收入432亿元，同比增加158.7亿元；实现利润40亿元，同比增加7.1亿元。2017年石家庄市电子信息产业主要分布在高新技术产业开发区和鹿泉区（石家庄信息产业基地）两大产业集聚区，高新区电子信息产业发展形成以液晶显示材料、液晶玻璃基板等为代表的特色产业，鹿泉经济开发区电子信息产业发展形成以光电、导航通信为核心的产业体系。

以构建“信息高速公路”、推进“宽带中国”示范城市建设为内容，提升城市信息化基础设施建设，实施城市百兆光纤工程等。至2017年底，全市电信业务总量201.42亿元，同比增长84.67%；电信业务收入86.98亿元，同比增长0.3%。2017年末全市互联网宽带接入用户318.0万户，同比增加30.8万户。其中，城市互联网宽带接入用户238.2万户，增加29.0万户；农村互联网宽带接入用户89.9万户，增加11.9万户。移动电话用户1265.4万户，同比增加94.9万户；固定电话用户131.5万户，同比减少5.7万户。广播节目综合人口覆盖率99.42%，电视节目综合人口覆盖率99.39%。2017年石家庄市基本实现市区二环以内主要公共场所室外免费WiFi覆盖，成为全省首个开通主城区免费WiFi服务城市。

以4G网络、光纤宽带、物联网、微信、支付宝、淘宝、京东、苏宁易购、铁路12306、交管12123、美团、饿了么、携程、顺丰速运、e城e家、石家庄爱泊车等网络应用为突破口，支持石家庄移动公司、联通公司、电信公司利用新信息技术，提供更优质的网络服务。2017年石家庄移动公司宽带客户达到58.9万户，占全市市场份额18.9%；物联卡用户净增77.6万户，增幅达10倍以上；新建基站4994个，同比增长52%；新建光缆17594千米，同比增长54%；新建杆路1349千米，同比增长65%。5月6日，石家庄移动公司“千兆宽带　智享未来”千兆宽带首发仪式举行，正式启动数字家庭服务模式。2017年石家庄联通公司精简机构40%，中层管理人员采取市场化方式退出28%；建成首个区域性职工创新示范园和8个职工创新工作室；商用网络验证4.5G核心技术速率最高达到9711Mbps。2017年石家庄电信公司光纤到户新增家庭23.79万户，累计达到374.93万户；光纤到户改造2.58万户；4G室外基站建设达到7809个；建成实体渠道门店3100多家；“翼支付”新增合作商户7400多家。

（任晓冬　董立峰）

电子信息技术

【概况】 2017年，石家庄市电子信息行业以做大做强平板显示、通信设备、半导体照明等产业为基础，培育和壮大卫星导航、集成电路封装测试、云计算、大数据等新兴产业。全年电子信息产业主营业务收入432亿元，同比增加158.7亿元；实现利润40亿元，同比增加7.1亿元。石家庄市电子信息产业主要分布在高新技术产业开发区和鹿泉区（石家庄信息产业基地）两大产业集聚区，高新区电子信息产业发展形成以液晶显示材料、液晶玻璃基板等为代表的特色产业，鹿泉经济开发区电子信息产业发展形成以光电、导航通信为核心的产业体系。2017年诚志永华生产的黑白显示用液晶材料国际市场占有率48%，国内市场占有率50%，均位列第一；全市生产TFT显示用液晶材料国际市场占有率7%，国内市场占有率18%，位列全国第一、世界第三；东旭集团（石家庄）建设国内第一条TFT液晶玻璃基板生产线打破国外技术垄断；LED产业形成从芯片制造到封装和照明产品比较完整的半导体照明产业链。

【电子信息技术企业】 石家庄市电子信息技术企业比较出名的有：中电科第五十四所、中电科第十三所、东旭光电科技股份有限公司（石家庄）、河北先河环保科技股份有限公司、石家庄科林电气股份有限公司、石家庄诚志永华显示材料有限公司、石家庄市京华电子实业有限公司、中电科卫星导航运营服务有限公司（鹿泉区昌盛大街21号信息产业基地）等。2017年全市电子信息技术企业多数产量下降，全年生产程控交换机16.1万线，同比增长19.3%；灯具及照明装置69.8万台（套、个），同比增长16.1%；电子元件3亿只，与2016年持平；光电子器件275万只（片），同比下降47.9%；光缆94.1万芯千米，同比下降43.8%；通信及电子网络用电缆4.5万对千米，同比下降38.5%；传感器69万只，同比下降31.0%。帮助企业争取资金支持，推荐石家庄求实通信设备有限公司等8家符合软件企业CMM/CMMI认证申请补助资金，推荐市智慧产业有限公司等2家企业申报河北省2017年工业转型升级（技改）京津冀大数据综合示范区建设专项资金。落实光伏产业政策，鼓励和指导光伏制造企业规范行业管理。重视电子信息产业优惠政策宣传，编印《软件和集成电路政策资料汇编》，邀请河北省软件协会、省软件评测中心专家为160余家企业讲解2017年软件产品税收优惠政策。2017年2月，石家庄常山纺织股份有限公司全资子公司北明软件通过CMMI5级认证（CMMI是国际上用于评价软件企业能力成熟度一项重要标准，CMMI5为CMMI体系最高等级认证）。

【第十二届中国电子信息技术年会】 4月27日，由工业和信息化部、中国科协、河北省政府指导，中国电子信息行业联合会、中国电子学会、河北省工业和信息化厅、石家庄市政府联合主办的第十二届中国电子信息技术年会在石家庄市举行。会议以信息科技驱动智能产业、引领京津冀协同发展为主题，以自主创新、重点跨越、支撑发展、引领未来为宗旨，吸引来自全国各地信息技术领域高等院校、科研机构、企事业单位等800余位行业代表、知名专家学者和科技人才参会，石家庄市参会企业30余家。年会颁发奖项：同济大学“网络并发系统的行为理论与方法研究”等57个项目成果获颁2016年度中国电子学会科学技术奖，清华大学、北京邮电大学相关科研团队获颁2016年度中国电子信息科技创新团队奖，马晋毅、龙腾、季向阳等10人获授第四届十佳中国电子学会优秀科技工作者称号，于翠屏（女）、马晋毅、王伟等45人获授中国电子学会优秀科技工作者称号。会议邀请中国工程院院士高文、中国科学院院士陆建华、中国科学院微电子研究所所长叶甜春、国家电网公司通信部主任王继业、百度高级技术顾问秦伟俊等作主题报告。石家庄市政府与中国电子学会联合承办科技成果转化暨招商对接会，专题介绍石家庄市投资环境及石家庄高新技术产业开发区、石家庄经济技术开发区等园区建设情况、招商政策。年会征集论文内容包括微电子与电子材料、网络通信与信号处理、计算机等信息技术传统领域及多媒体与虚拟现实、人工智能、机器人、云计算与大数据、物联网等前沿交叉技术领域，论文收录于行业核心期刊《电子学报》。

（任晓冬）

城市信息化建设

【概况】 2017年，石家庄市城市信息化建设以构建“信息高速公路”、推进“宽带中国”示范城市建设为内容，重点实施智慧城市、电子商务、宽带中国、三网融合等项目建设。提升城市信息化基础设施建设，实施城市百兆光纤工程等。5月6日，中国移动石家庄分公司“千兆宽带 智享未来”千兆宽带举行首发仪式，正式开启数字家庭服务时代。至2017年底，全市电信业务总量201.42亿元，同比增长84.67%；电信业务收入86.98亿元，同比增长0.3%。2017年末全市互联网宽带接入用户318.0万户，同比增加30.8万户。其中，城市互联网宽带接入用户238.2万户，增加29.0万户；农村互联网宽带接入用户89.9万户，增加11.9万户。移动电话用户1265.4万户，同比增加94.9万户；固定电话用户131.5万户，同比减少5.7万户。广播节目综合人口覆盖率99.42%，电视节目综合人口覆盖率99.39%。2017年石家庄市基本实现市区二环以内主要公共场所室外免费WiFi覆盖，市区二环至三环区域建成无线热点1804个；城市免费WiFi覆盖区域，能向公众提供网页浏览、资料查询、邮件收发、网上办事、即时通信等网络信息服务。2017年石家庄市成为全省首个开通主城区免费WiFi服务城市。

【工业化信息化融合】 落实工业化信息化融合（简称两化融合）政策，印发《2017年石家庄市两化融合工作要点》。新增工业和信息化部两化融合管理体系贯标试点企业4家，7家企业通过工业和信息化部贯标评定并获颁证书。以项目建设带动企业数字化、网络化和智能化发展，全年培育国家级制造业“双创”平台试点示范项目1个、省级工业云与工业大数据试点项目1个、省级制造业与互联网融合发展示范项目7个、省级重点跟踪项目8个。12家工业企业开展工业自动化控制系统信息安全自查，360余家规模以上工业企业参加两化融合整体性评估活动；全年工业企业参加两化融合类培训1700余人次。

【城市免费WiFi项目建设】 采取统筹规划、市场运作、企业投资、购买服务的建设和运营模式，以用户分布集中、服务需求较多的公共场所为重点区域，实施城市免费WiFi项目建设。至2017年底，石家庄市区二环以内主城区免费WiFi项目建设完成2450个无线热点，主要覆盖新火车站、客运总站等8个交通枢纽站，主要街道849个公交车站，长安公园、世纪公园等20座公园，民心广场、人民广场等6个广场，省医保中心、市行政服务大厅等45个办事大厅，清真寺街、广安地下商业街等12条商业街区，基本实现市区二环以内主要公共场所室外免费WiFi覆盖；市区二环至三环区域建成无线热点1804个，主要街道内公交车站、商业广场、公园、医院等公共场所区域实现免费WiFi覆盖。城市免费WiFi覆盖区域，能向公众提供网页浏览、资料查询、邮件收发、网上办事、即时通信等网络信息服务。2017年石家庄市成为全省首个开通主城区免费WiFi服务城市。

（董立峰）

电子政务

【概况】 2017年，石家庄信息中心以市政府门户网站、政务办公平台为重点，组织推进网站群管理、政务信息服务、电子政务建设等工作，市县两级政府网站云平台、市政府网站改版、政务办公系统升级、政务外网带宽升级等建设任务完成。规划、设计与市政府门户网站对应的手机版网站、APP客户端，11月11日，市政府门户网站新增手机版网站、APP客户端、无障碍版上线运行。严格市、县、乡三级政府网站管理，全市政府网站由193个整合为68个，其中，政府部门网站45个，县（市、区）政府及高新区、园区门户网站

23个；2017年石家庄市在国务院办公厅、省政府办公厅开展网站日常检测中，未发现“不合格”政府网站问题。做好省政府门户网站信息维护，全年维护动态要闻信息9200余条。开展网上办事服务，2017年全市利用市政府门户网站提供网上办事指南451项、办事表格571项；公开政府信息12771条；“政府信箱”接收有效留言35377条，处理答复34328条，处理答复率97.0%，群众反映的意见和问题，做到件件有答复、事事有回音。

【网站维护管理】 全年市政府门户网站维护信息27800条，上传图片4021张、附件3059个。发挥安全技术措施、安全防护手段作用，严格履行网站群和信息安全管理制度，严密做好市政府门户网站运行状态检查和应用系统数据备份，2017年市政府门户网站群系统实现安全畅通和稳定运行。机房、网络设备、线路严格执行巡检、记录、监控、报告等规范化值班流程，实行全天候专人值守和每两小时巡检记录；值班记录采用软件管理不可修改，并与机房摄像资料做到双向备查。市级电子政务外网网络平台和安全体系建设工程完工，纵向上联省政府、下联21个县（市、区）政府及高新区和3个园区；横向覆盖市政府东、西两院及院外市直部门、相关单位89家，其中，局域网覆盖43个单位、接入院外专线31个、接入VPN单位15个。2017年市政府政务网络接入用户近5000个，集中控制核心设立在市信息中心。

【政府门户网站改版】 对照《国务院办公厅关于开展第一次全国政府网站普查通知》的各项指标要求，研究《2016年中国政府网站绩效评估指标体系》，学习国务院及其他外地先进城市网站建设经验，完善调整市政府门户网站内容。调整后，新版市政府门户网站设置有：政务要闻、信息公开、政民互动、办事服务四大版块和首页、市政府、新闻、政策、互动、服务、数据、市情八大主频道共计830多个二三级子栏目。调整市政府门户网站英文版栏目体系，新版英文版网站设立市政府、旅游、投资、关于石家庄四大主频道和市长之窗、市政府组成机构、新闻、旅游石家庄、投资石家庄、居住石家庄、石家庄特色文化、政策法规、常见问题解答九大版块共计30多个二三级子栏目，翻译信息近10万字。联合地方史志部门，重新编纂市情、区划、自然、地理、服务等数据。规划、设计与市政府门户网站对应的手机版网站、APP客户端，11月11日，市政府门户网站新增手机版网站、APP客户端、无障碍版上线运行。

【政民互动交流】 推进政府与市民互动交流应用，开展以“政府信箱”为重点，包括“意见征集”“网上调查”等政民互动交流形式，畅通民意表达渠道。2017年“政府信箱”接收有效留言35377条，处理答复34328条，处理答复率97.0%；群众反映的意见和问题，做到件件有答复、事事有回音。举办网上听政活动，全年利用政府门户网站举行意见征集活动53期，接收社会公众意见建议1000多条。2017年10月，市政府门户网站“政民热线”栏目被中国电子政务理事会评为政府网站精品栏目。

【政务办公系统应用】 全年市政府办公厅通过政务办公系统公文管理传送公文1040件，常务会会议纪要16期，上报请示、报告319件；通过通知管理下发通知6534余件；利用信息采编功能，收集各县（市、区）政府及市政府各部门报送信息近1万条，合成期刊131期；通过专送传阅功能传阅信息4400余条；建议提案完成网上交办、接收承办事项418件；数据资料库新增数据4300余条；利用短信平台发送会议通知短信和提醒56万条。推进政务办公系统升级改造，搭建硬件虚拟化平台、历史数据迁移及用户使用培训工作完成。开展政务办公系统县级试点，鹿泉区在市级系统、公文交换系统基础上，开发建设鹿泉区办公应用系统，应用范围覆盖区委、区人大常委会、区政府、区政协四大机关。

石家庄市信息中心
主　　任：范宪林
副 主 任：黄德伟　王梅林
总工程师：于惠

（姚喜中）

无线电管理

【概况】 2017年，石家庄市无线电管理以管好频率、管好台站和维护好空中电波秩序为核心，组织开展无线电专项打击和执法检查行动72次，查处“黑广播”案件20起，查获“黑广播”设备23台（套），查处伪基站案件3起，协助公安部门抓获犯罪嫌疑人13名。保障各类考试任务28次，监测和保障考区118个，查获利用无线电设备考试作弊案2起。2017年石家庄无线电管理局承办无线电行政许可事项16件。其中，广电台站4件，审批台站6座；电信运营商基站2件，审批4G基站956座；超短波电台10件，指配频率29个，审批超短波中继台14座、移动台306部。2017年全市指配业余电台呼号137个，审批业余电台217部；监管设台单位37家、台站150座；收取频占费95.24万元，涉及用户122家。开展无线电管理宣传，结合颁布新《无线电管理条例》，在国家、省级、市级媒体网络平台制作发布各类报道27期，发送宣传短信100余万条，发放宣传单600余份，公共场所悬挂标语300余条，受众人数800余万人。

【无线电监测执法】 全年启用无线电固定监测站18个，巡检无线电监测站点40座，维修站点18座；监测时长1.6万余小时，比对信号333个，定位分析可疑信号54个，准确定位16个；检测无线电发射设备315部。2017年石家庄无线电管理部门与公安、民航、广电等部门建立联动机制，在全市范围多次开展专项打击和执法检查行动72次，查处“黑广播”案件20起，查获“黑广播”设备23台（套）；查处伪基站案件3起，查获设备3套；查获无线电信号干扰器49台（套），为民航、公众运营商、广电等用户排查干扰24起；协助公安部门抓获犯罪嫌疑人13名，其中，刑拘嫌疑人5名，批捕1人，起诉1人。

【无线电保障服务】 全年完成“一带一路”高峰论坛、中国国际通用航空博览会、首届石家庄市旅游产业发展大会、石家庄（正定）国际马拉松比赛等重大活动、重要会议无线电保障任务，出动无线电执法和技术人员120人次、监测车辆52台次，行程1000多千米。履行高考、公务员考试等无线电安全保障义务，全年保障各类考试28次，派出无线电监测执法人员188人次、监测及执法车60辆次，携带便携式监测设备59台（套），监测和保障考区118个，查获利用无线电设备考试作弊案2起。支持石家庄轨道交通项目建设，地铁试运行和通车期间，组织开展地铁专用频段保护性监测，做好频段协调和信道规划，全力保障石家庄地铁无线通信系统频率使用安全。助力防汛专用网络建设，协助市防汛部门检查防汛电台、天线等设备状态，开展电磁环境测试，消除干扰隐患；根据工作需求，为长安区疾病预防控制中心、中石油石家庄输油管理处组建防汛专用网络；协调中国联通石家庄市分公司、中国移动石家庄分公司、中国电信石家庄分公司3家单位研究信息发布方法，解决信息发布技术问题，建立由市防汛抗旱指挥部办公室提供汛情汛区、3家通信运营商发布预警短信的无线电防汛预警发布机制。

河北省石家庄无线电管理局
局　长：李卫东
副局长：姚彬　（女）
　　　　李二根

（石家庄无线电管理局）

电　信

中国移动通信集团河北有限公司石家庄分公司

【概况】 2017年，中国移动通信集团河北有限公司石家庄分公司（简称石家庄移动公司）以智慧城市、宽带中国建设为重点，聚焦4G网络、宽带和政企业务，全力推进移动网络普及和发展。开展宽带、终端赠卡活动，新增通信用户180万户，净增客户同比增长7.2%。扩大4G客户范围，全年4G客户渗透率达61%，上网普及率达74.5%；手机上网流量达到533.3亿兆。宽带客户达到58.9万户，占全市市场份额18.9%。物联卡用户净增77.6万户，增幅达10倍以上。加快基础网络建设，新建基站4994个，同比增长52%；新建光缆17594千米，同比增长54%；新建杆路1349千米，同比增长65%。5月6日，石家庄移动公司“千兆宽带　智享未来”千兆宽带首发仪式举行，正式启动数字家庭服务模式。落实和执行全国通信收费新的规定，9月1日，石家庄移动公司全面取消手机用户国内电话长途通话费和漫游费通话费（不含港澳台地区）。

【业务经营】 以客户、4G网络、宽带网络、政企业务为重点，开展宽带、终端赠卡活动，新增通信用户180万户，净增客户同比增长7.2%。扩大4G客户范围，全年4G客户渗透率达61%，上网普及率达74.5%；手机上网流量达到533.3亿兆。宽带客户达到58.9万户，占全市市场份额18.9%。物联卡用户净增77.6万户，增幅达10倍以上。重视通信渠道建设，加快自营业务厅转委托加盟店速度，实现“100+100”目标，2017年末公司通信渠道份额达到49.1%。推进ICT（信息与通信技术）应用，与深泽县政府开展“智慧城市”项目合作，与河北省人民医院合作打造全省首个4G移动护理项目。采取数据模型方式，精准匹配客户业务及渠道偏好，提升业务办理成功率。围绕“客户为根，服务为本”理念，建立多种营销模式融合、部门联动机制，全年客户满意度全部达标。

【网络建设】 推进基础网络建设，LTE建设完毕。全年新建基站4994个，同比增长52%；新建光缆17594千米，同比增长54%；新建杆路1349千米，同比增长65%。提升移动网络建设速度，30天实现石家庄地铁站内移动信号全覆盖，180天完成长安区“天网工程”2495个摄像头开通工程。以市场为导向，增强网络覆盖能力，有效解决15所高校、126栋楼宇移动信号偏弱问题，实现176个口碑场景全覆盖，日均流量同比增长96%。助力“智慧石家庄”建设。5月6日，石家庄移动公司“千兆宽带　智享未来”千兆宽带首发仪式举行，正式启动数字家庭服务模式；采用双频千兆智能网关，5.8GWiFi频段达到千兆WiFi传送，下载视频、浏览大图片实现“秒传”“秒下”，可提供超清电视播放、智能化控制家用电器，包括手机看家功能、门禁对讲、防盗报警、煤气泄漏、火灾监控等智慧应用，还可以足不出户观看虚拟电影、足球比赛、演唱会等。

中国移动通信集团
河北有限公司石家庄分公司
总经理、党委书记：高广
副总经理：何青伟　郭新
赵亚锋
冯亮　（4月免）
程亮　（4月任）

（张星）

中国联合网络通信有限公司石家庄市分公司

【概况】 2017年，中国联合网络通信有限公司石家庄市分公司（简称石家庄联通公司）以业务经营和公司改革为主线，突出围绕“树信心、重承诺、快转型、强执行”方针，稳妥推进公司全面建设。实施机构和人员配置改革，精简机构40%，中层管理人员采取市场化方式退出28%。开展“导师带徒、师徒结对”活动，组建带徒结对510对。重视培养员工素质，举办劳动技能大赛100余场次，建成首个区域性职工创新示范园和8个职工创新工作室；新建职工之家4个。提升网络服务能力，商用网络验证4.5G核心技术速率最高达到9711Mbps。2017年石家庄联通公司获得通信行业用户满意企业称号，移动核心网优化QC小组、石联雄鹰QC小组两项成果获得通信行业优秀质量管理小组奖。

【业务经营】 个人市场2I2C产品运营效果显现，率先在全省与百度、腾讯、摩拜、今日头条等互联网公司合作。推进支付软件应用，沃支付等金融产品、电子券线下合作商户数量增加。以产业互联网为核心，推进ICT（信息与通信技术）业务转型，稳步销售IDC（互联网数据中心）资源，物联网收入实现倍增，M2M连接呈现跨越式发展。扩大高速率带宽运用，组织举办中国联通精品网络杯王者荣耀电子竞技大赛，丰富家庭客户IPTV视频内容。提升客户服务质量，围绕“全面提升客户感知”目标，打造公司卓越服务形象，在营业窗口、社区安装维修、工单管控3个渠道开展“最美相遇匠心服务”活动。采取i测试APP、手厅应用扫一扫、业务受理零差错、服务态度零投诉等措施，改善营业厅4G客户感知体验。建立宽带专家座席与宽带小鸽公众号线上营销服务模式，提供业务受理、账号查询、缴费充值、自助排障报修、宽带密码重置、营业网点查询、7×24小时在线客服、智慧家庭组网、免费WiFi检测等特色功能。

【网络建设】 打造4G精品网络，完成卓越城市群、石济高铁、石家庄地铁等重点场景覆盖；2017年石家庄联通公司成为首批商用网络验证4.5G核心技术运营商，速率最高达到9711Mbps。建设高速率宽带网络，为石家庄市宽带客户免费提速，建成全省首个千兆宽带示范社区。提升网络服务能力，新增IDC（互联网数据中心）上行带宽，有效保障腾讯、阿里巴巴等新增用户需求。推进物联网建设，石家庄主城区实现物联网全覆盖。围绕“智慧城市”建设，发挥石家庄联通公司网络建设标杆和引领作用，多次组织和举办“大智移云”巡演活动。

中国联合网络通信有限公司
石家庄市分公司
总经理、党委书记：姜南冰
副总经理、党委副书记：于毛军
副总经理：王雁　　周进
　　　　　郭广根

（倪蒙）

中国电信股份有限公司石家庄分公司

【概况】 2017年，中国电信股份有限公司石家庄分公司（简称石家庄电信公司，2003年4月8日成立，地址位于石家庄高新区长江大道205号）贯彻落实“提速降费”政策要求，聚焦提供精品网络和优质产品，大力提升通信服务水平，实现经济效益、社会效益同步提高。全年光纤到户新增家庭23.79万户，累计达到374.93万户；光纤到户改造2.58万户；4G室外基站建设达到7809个。提升营业厅窗口服务能力和水平，推行光宽带“当日装、当日修、慢必赔”服务承诺和安装维修WiFi检测、用户体验、家庭网络上门优化等服务，建成实体渠道门店3100多家；“翼支付”新增合作商户7400多家。2017年石家庄电信公司获评第五届全国文明单位称号。

【业务经营】 落实工业和信息化部“提速降费”政策要求，取消全国语音漫游收费；下调用户套餐费用，在保持套餐固定费用基本不变情况下，推出包含更多流量的大流量套餐服务；依据客户流量使用普遍增长趋势，适时推出不限流量及大流量产品。以光宽带、天翼高清、4G业务为重点，开展用户体验、短信/IVR语音推送测评活动，及时发现和解决通话、网络质量问题。提升营业厅窗口服务能力和水平，推行光宽带“当日装、当日修、慢必赔”服务承诺和安装维修WiFi检测、用户体验、家庭网络上门优化等服务，2017年公司拥有实体渠道门店3100多家。利用“10000”客服热线受理、网上营业厅、微信等新媒体服务模式，向客户提供足不出户办理简单业务及通话、流量查询等功能。举办线上、线下便民利民优惠活动，常年策划“爱家日”“赶集日”等网络优惠项目。扩大支付客户端应用，中国电信“翼支付”业务线下合作网点数量增加，2017年公司新增“翼支付”合作商户7400多家，范围涵盖衣、食、住、行等多种业态。

【网络建设】 以“强基础、拓能力、精管理、促发展”为方针，全面提升网络服务能力和重点业务支撑能力，基本实现甲类光纤宽带全光覆盖和4G网络全覆盖。全年光纤到户新增家庭23.79万户，累计达到374.93

万户；光纤到户改造2.58万户；4G室外基站建设达到7809个。利用LTE800M信号穿透力强、辐射面广、组网成本低、能够在同样功率下覆盖更大范围和穿透更多障碍物等优点，开展LTE800M重耕，扩大农村偏远地区信号覆盖，助力农村发展和城镇化建设。推进“智慧城市”“大智移云”建设，组建覆盖全市NB-IOT窄带物联网络。4G网络质量和覆盖能力提升，石家庄市区及重点县城覆盖率达到99%，高铁覆盖率超过98%。

中国电信集团有限公司石家庄分公司
总 经 理：孙玉胜
党委书记：马巨福
副总经理：邢清峰　张国栋
王振梅　王志勇

（石家庄电信公司）

商业·旅游

Business & Tourism

商贸流通

【概况】 2017年，石家庄市实现社会消费品零售总额2983.3亿元，同比增长10.8%。其中，城镇2570.1亿元，增长10.8%；乡村413.3亿元，增长10.5%。限额以上企业（单位）消费品零售总额985.6亿元，同比增长11.0%。其中，城镇961.9亿元，增长10.9%；乡村23.7亿元，增长18.0%。限额以上批发零售业商品零售额完成967.8亿元，同比增长11.1%。其中，烟酒类、石油及制品类、中西药品类、饮料类、粮油食品类增长最快，分别实现销售额9.9亿元、111.3亿元、178.9亿元、12.1亿元和89.1亿元，同比增长24.4%、23.7%、17.5%、16.2%、10.9%；日用品类、家用电器和音像器材类、服装鞋帽针纺织品类、汽车类分别实现销售额30.8亿元、67.3亿元、123.6亿元和253.8亿元，同比增长9.1%、7.0%、5.5%和5.1%；通信器材类增速最慢，实现销售额17.6亿元，同比增长4.3%。

2017年全市共有亿元以上商品交易市场49个，年交易额1371.63亿元。其中，综合贸易市场12个，年交易额636.49亿元；专业市场37个，年交易额735.14亿元。专业市场中，生产资料市场3个，年交易额14.18亿元；农产品市场9个，年交易额19.56亿元；食品、饮料及烟酒市场1个，年交易额1.24亿元；纺织、服装、鞋帽市场5个，年交易额544.84亿元；电器、通信器材、电子设备市场1个，年交易额4.39亿元；家具、五金及装饰材料市场15个，年交易额82.69亿元；汽车、摩托车及零配件市场3个，年交易额68.25亿元。2017年全市共有亿元以上批发市场32个，年交易额1263.68亿元；亿元以上零售市场17个，年交易额107.95亿元。2017年全市共有限额以上住宿和餐饮企业133家，营业收入26.23亿元，从业人员1.78万人。其中，住宿业企业80个，营业收入18.55亿元，从业人员1.16万人；餐饮业企业53个，营业收入7.68亿元，从业人员6194人。

2017年全市从事限额以上批发贸易商品企业348个，商品购进额1530.58亿元；销售额1671.72亿元，其中，批发1631.61亿元，零售40.11亿元。限额以上批发贸易商品中，农、林、牧产品批发企业11个，商品购进额20.28亿元，销售额22.65亿元（批发22.53亿元、零售1209万元）；食品、饮料及烟酒制品批发企业31个，商品购进额99.01亿元，销售额131.05亿元（批发129.75亿元、零售1.30亿元）；纺织、服装及家庭用品批发企业50个，商品购进额147.79亿元，销售额174.17亿元（批发169.72亿元、零售4.45亿元）；文化、体育用品及器材批发企业12个，商品购进额51.69亿元，销售额71.37亿元（批发67.23亿元、零售4.12亿元）；医药及医疗器材批发企业65个，商品购进额334.84亿元，销售额365.85亿元（批发348.62亿元、零售17.23亿元）；矿产品、建材及化工产品批发企业126个，商品购进额799.68亿元，销售额823.37亿元（批发813.94亿元、零售9.43亿元）；机械设备、五金产品及电子产品批发企业50个，商品购进额73.69亿元，销售额79.33亿元（批发75.88亿元、零售3.45亿元）；贸易代理企业1个，商品购进额5729万元，销售额6281万元；再生物资回收与批发企业2个，商品购进额3.04亿元，销售额3.31亿元。

2017年全市从事限额以上零售贸易商品企业328个，商品购进额653.30亿元；销售额750.34亿元，其中，批发38.74亿元，零售711.60亿元。限额以上零售贸易商品中，综合零售企业65个，商品购进额209.30亿元，销售额247.98亿元（批发6610万元、零售247.31亿元）；食品、饮料及烟酒制品零售企业11个，商品购进额3.69亿元，销售额3.77亿元（批发1790万元、零售3.60亿元）；纺织、服装及日用品零售企业16个，商品购进额8.0亿元，销售额12.03亿元（批发2.49亿元、零售9.54亿元）；文化、体育用品及器材零售企业12个，商品购进额6.46亿元，销售额7.53亿元（批发4543万元、零售7.08亿元）；医药及医疗器材零售企业17个，商品购进额18.43亿元，销售额23.70亿元（批发3.83亿元、零售19.87亿元）；汽车、摩托车、零配件和燃料及其他动力销售企业145个，商品购进额376.13亿元，销售额410.39亿元（批发25.31亿元、零售385.08亿元）；家用电器及电子产品零售企业43个，商品购进额25.77亿元，销售额36.74亿元（批发4.64亿元、零售32.10亿元）；五金、家具及室内装饰材料零售企业6个，商品购进额1.57亿元，销售额2.18亿元（批发6010万元、零售1.57亿元）；货摊、无店铺及其他零售企业13个，商品购进额3.96亿元，销售额6.02亿元（批发5741万元、零售5.45亿元）。2017年全市从事限额以上综合零售企业中，百货零售企业38个，商品购进额186.36亿元，销售额202.05亿元（批发4488万元、零售201.60亿元）；超级市场零售企业21个，商品购进额15.60亿元，销售额37.82亿元。

2017年全市实施重点商贸项目47个，总投资891.46亿元。其中，市区重点商贸项目30个，总投资816.9亿元，新开工项目13项，竣工项目10项，续建项目7项；县域重点商贸项目17个，总投资74.56亿元，新开工项目7项，竣工项目3项，续建项目7项。至2017年末，全市47个重点商贸项目完成投资243.6亿元，完成年度投资任务137%；塔谈国际商贸城、北国奥特莱斯等大型商贸项目竣工开业；市内四区9家菜市场升级改造完毕。2017年全市实现服务贸易额176.0亿元，占全省30.32%；105家商贸服务企业实现夜间销售收入33.69亿元，同比增长14.3%。春节假日期间（1月27日至2月2日），北人集团、勒泰中心、银座商城东购店、建华商场实现销售收入4.4亿元，同比增长8.5%；北国超市、保龙仓家乐福、永辉超市、天客隆超市等大型综合超市及国大连锁便利店销售收入2.1亿元，同比增长1.4%；市饮食服务集团、辣婆婆、海星餐饮、国大酒店、世纪大饭店、勒泰中心餐饮企业营业收入1737.2万元，同比增长11.3%。“五一”小长假期间（4月29日至5月1日），全市大型商业综合体实现销售收入4.5亿元，同比增长2.1%。其中，北人集团、勒泰中心、家乐福保龙仓、永辉超市、天客隆、国大连锁、苏宁电器7家大型商贸零售企业销售收入49698万元，增长1.8%；41家专业店销售收入15369万元，下降1.2%；市饮食服务集团、渝乡辣婆婆、海星餐饮、国大酒店、世纪大饭店、勒泰中心、万达等餐饮企业营业收入932万元，增长10.2%。国庆假日期间（10月1～8日），全市传统零售、餐饮娱乐消费达到9.07亿元，同比增长3.13%。其中，北人集团、勒泰中心、银座商城东购店、家乐福保龙仓、建华商场、永辉超市、天客隆、国大连锁、苏宁电器9家大型商贸零售企业实现销售收入8.97亿元，增长2.94%；北国超市、保龙仓家乐福、永辉超市、天客隆超市、国大连锁便利店销售收入2.30亿元，增长28.0%；北国电器、苏宁电器销售1.56亿元，下降19.1%；饮食服务集团、辣婆婆、海星餐饮、国大酒店、世纪大饭店、勒泰中心营业收入2512.88万元，增长11.6%。维护商品市场稳定，1月24～26日，400吨市级储备猪肉投放市场，每千克低于市场批发价2元销售，投放范围为市区及正定县，投放点42个，包括北国超市、家乐福保龙仓等32家连锁超市及社区市场10家双鸽连锁店。

【城市商业综合体】 至2017年底，全市大型商业综合体达到13家，其中建筑面积10万平方米以上7家；商业建筑面积146万平方米，入驻商户2275家，设置停车位1.05万个，从业人员2.35万人；销售总额125.0亿元，同比增长3.5%；年客流总量1.71亿人次。大型商业综合体已成为城市综合消费的重要区域。商业综合体发展呈现主要特点：业态日渐多样化，餐饮、电影院、游乐游艺、KTV、教育培训、健康养生等服务商户数量快速增加，成为消费者休闲娱乐、教育培训、健康养生等体验服务的重要场所。经营规模扩大，2014年全市重点监测13家商业综合体商业建筑面积为118万平方米，2017年末13家商业综合体商业建筑面积达到146万平方米，较2014年增长

23.7%。销售总额稳步上升，2017年全市商业综合体在经济下行压力影响和电子商务发展冲击下，重点监测13家商业综合体销售额达125.0亿元，同比增长3.5%。2017年勒泰中心客流量4702.7万人，同比增长17.8%；设置车位2683个，日均车流量6475辆，车场年收入1129万元；全年实现销售收入23.8亿元。设置地域扩大，从原来以市区中山路为主，拓展到各个县（市、区），带动周边形成综合性消费商圈。体验服务占比增加，全年零售业继续保持城市商业综合体龙头地位，但比重下降；餐饮业及其他服务业经营比重上升，其中，电影院占比最高，教育培训和游乐游艺排名第二和第三。

【夜经济】 4月15日至10月31日，石家庄夜经济活动举行。按照“政府引导、企业为主、市场运作”机制，围绕“食、购、游、娱、文、体”六个方面，以“夜经济名片”单位为主体，以商业街区、大型商业综合体、商场超市、重点文化、体育等单位为载体，以中山路主商业街和区域性商圈为重点，举办延时服务、打折促销、文化演艺、展览展示等活动。加强宣传，吸引市民关注。市夜经济建设工作领导小组办公室安排现金红包10万元，利用“夜经济目的地”微信公众号、以代金券形式分5批派发微信红包，单个红包面额为5元、10元、20元、50元4种，消费者在指定商家消费结账时，出示手机红包可直抵现金使用，不用配比，不找零，红包消费截止日期为5月15日。集中打造中山路夜经济繁华带，亮化提升中山路（中华大街—体育大街段），做到一楼一景。完善提升14个商业综合体，打造以商业综合体为核心的高品质一站式区域性夜间休闲消费商圈，形成布局合理、多点结合的城市消费格局。推进特色商业街区建设，重点提升勒泰庄里街、万达步行街、育新商业街、联邦明珠地下商业街、石门新天地5个夜经济商业街名片。建设滹沱河亲水休闲游憩带，探索联合举办灯光节、音乐节、花灯展、马戏表演等活动，打造高品质的市民亲水休闲地。夜经济期间，全市118家商贸企业延长营业时间。其中，北国百货卖场（11家）：北国商城、先天下购物广场、新百广场、北国优客、益东百货、 益元百货、北国商城益中百货、益友百货、益庄购物中心、北国益新购物中心、北国奥特莱斯；北国电器（11家）：北国店、新百店、益东店、益友店、益中店、先天下店、益新店、益元店、益庄店、鹿泉店、藁城店；北国超市（32家）：北杜店、西兴店、益友店、简良店、铁运店、新百店、中华北店、万象天成店、华夏店、怀特店、谈东店、益东店、裕华店、北国店、先天下店、益庄店、益元店、天河店、光华店、谈固店、益中店、翟营店、长江店、益新店、西美花街店、新石店、蓝山店、丰收店、栾城店、太阳城店、正定北国商城、鹿泉店；家乐福保龙仓（5家）：谈固店、中山店、留营店、中华大街店、柏林店；永辉超市（7家）：东胜广场店、财富广场店、新石店、民心广场店、怀特店、西美店、小马店；祥隆泰（2家）：红旗店、新华店；天客隆（3家）：维明店、新华店、裕彤店；其他（46家）：勒泰中心、乐汇城、勒泰庄里街、东胜广场、超越健身东尚店、万象天成、海悦天地、超越健身中华大街店、超越健身南花园步行街店、洪顺曲艺社、金汉斯、西美花街城市广场、新石中路夜市、育新商业街、哈老太太、华强广场、信誉楼（新华）、中储广场、苏宁生活广场、银座东购、华林国际广场、万达广场、怀特国际商城、石门新天地、联邦名都国际商街、德国啤酒堡、信誉楼商场、怀特商贸广场、新世隆超市、万达步行街、利惠达超市（藁城）、晨升超市（藁城）、广瑞电器（藁城）、天阳超市宏达路店（栾城）、天阳超市新开街店（栾城）、天阳超市鑫源路店（栾城）、卓达汉唐风情小镇商业街（栾城）、维明超市（鹿泉）、名优超市北斗路店（鹿泉）、名优超市镇宁路店（鹿泉）、名优超市银山店（鹿泉）、领地生态园（鹿泉）、天山海世界、瑞天购物广场（正定）、瑞天超市华安店、瑞天超市常山店。公布“打造夜生活目的地”评选获奖名单。夜经济十大名片：北国商城、国大36524便利店、勒泰中心、超越健身、滹沱河叶子广场、万达广场、洪顺曲艺社、天山海世界、新源乐汇城、海悦天地。夜经济十大名店：东胜广场、西美花街店、先天下广场、正定北国商城、苏宁生活广场、保龙仓家乐福留营店、永辉超市民心广场店、新百广场、怀特商业广场、益东购物中心。夜经济十大名吃店：老酒川菜坊天山海世界店、峨眉小镇勒泰店、俏江南先天下店、胖哥俩肉蟹煲勒泰店、孔乙己北国店、三江饺子王、北斗星小放牛益友店、麻小北国店、羲和雅苑北国店、巴郎古丽勒泰店。夜经济五大商街：勒泰中心庄里街、石门新天地、联邦空中花园地下商业街、育新商业街、万达金街。夜经济五大特色活动：勒泰中心全城盛宴、北人集团16周年庆、992梦幻星空西山灯光艺术节、龙泉农场香港国际嘉年华、趣那薰衣草灯光节。2017年夜经济期间，全市118家延时服务企业举办活动2700多场次，夜间客流量达3500余万人次，其中，105家商贸服务企业实现夜间销售收入33.69亿元，同比增长14.3%。

【烹饪技艺比赛暨特色名品评选】 2017年市商务局、市食品药品监督管理局、市旅游委、市文广新局、市人力资源和社会保障局、市总工会6个部门联合举行烹饪技艺比赛暨特色名品评选活动。经企业申报、资格审核、网络投票、专家评审、部门审核研究，最终评选石家庄老店10家、石家庄名店20家、石家庄名吃20种、石家庄名菜20道、石家庄名点10道；经企业申报、资格审核、实操比赛、专家评审，最终比赛确定石家庄餐饮行业职工组技术状元4名、技术标兵6名、技术能手16名。10家石家庄老店：1.中和轩饭庄，始建于1920年，最早经营清真炒饼和炒菜，后引进天津包子，增添小笼蒸饺。2.燕风楼烤鸭店，始建于1970年代，主要经营北京烤鸭、京鲁菜肴，曾获得“国家五钻级酒家”“中华餐饮名店”“全国优秀餐饮企业”等称号。3.亚太大酒店，始建于1976年，是融政务、商务接待于一身、石家庄市对外交往的窗口单位，也是全市首家金叶级绿色旅游饭店。4.金圆大厦，是集住宿、餐饮、会议、娱乐、写字间等多功能为一体的四星级涉外旅游酒店；地处黄金商业圈，交通便利。5.石家庄饭店，始建于1970年代，是石家庄饮食有限责任公司下属较大型餐饮企业，是一个集餐饮、宾馆、租赁于一体的综合性经济实体。6.正定县王家传统烧麦馆，正定历史上成立最早的回民餐馆之一；烧麦皮面亮晶晶，柔软筋道；吃时馅香有汁，醇香味好。7.哈老太太餐饮联盟路店，前身是1927年由哈玉田创建的“哈玉田牛肉罩火烧”，2008年该店搬至联盟路，曾获得“石家庄十大夜经济名吃”“河北老字号”等荣誉。8.侯氏涮园店，成立于1994年，拥有一个食品生产基地、2个肉业合作基地、多个原材料采购站、物流配送中心等，形成完整产业链。9.朋友圈百尺杆饺子，“百尺杆”来源清朝嘉庆皇帝亲笔题文的“天上宴会人间庆，百尺高竿小村庄”，百尺杆水饺自清朝流传至现在。10.平山柏坡汇源饭店，创建于1993年，是一家以经营特色婚宴、红色旅游为主题的特色餐饮企业，菜品精致、服务规范、装修风格和主题内容统一。20家石家庄名店：1.光明渔港裕华东路店，以海洋文化为设计主题，以“缔造品质海鲜　引领健康生活”为经营理念。2.渝乡辣婆婆裕华东路店，是一家以餐饮服务为主导产业、拥有自主品牌的全国连锁餐饮企业；采取“餐饮＋互联网”、异业联盟等渠道，开展多元化经营。3.玉兰香保定会馆裕华东路店，是一家跨行业、跨地域、多种业态、立体化经营的大型连锁餐饮集团，传承和发扬直隶官府菜烹饪技术。4.石家庄饮食有限责任公司釜洋斋，是石家庄市清真餐饮界的一面旗帜、北方火锅的优秀代表，独特的风味广受推崇。5.乔家大厨（桥西区）饭店，主要经营家常菜，特色有大锅炖菜、骨渣丸子、北京烤鸭、羊肉、羊汤系列等。6.清顺八旗餐饮管理有限公司，八旗羊汤起源清康熙34年，选用健壮山羊，采用特殊工艺，配以十足中草药及祖传秘方，通过十道工序精心调制。7.金汉斯南美烤肉红旗店，以鲜酿啤酒为核心，以南美烤肉、中西合璧自助餐为辅，是石家庄市同业市场的领导品牌，缔造了金汉斯式休闲餐饮文化。8.美东国际大酒店，四星级标准商务酒店，个性化服务快捷、亲切、舒适。9.石库门酒店（桥西区），以餐饮、休闲、商务为主，建有时尚的私密空间，也有休闲的广场餐。10.汇文大酒店，是一个集客房、餐饮、会议、商住、旅游、物业于一体的四星级综合型涉外接待酒店，有名厨料理的川菜、粤菜及石家庄本地菜系等。11.东方龙干锅鸭头餐厅，是石家庄首家经营特色鸭头火锅、干锅的餐厅，鸭头火锅麻而不木，辣而不燥，鲜而不腥，香而不腻。12.石门一味酒家，主打菜为传承、独特的李氏家族熏肉系列，菜品以味美、质优、营养、健康享誉全市。13.神洲七星酒店，是一家集商住、会议、餐饮、娱乐为一体的高档商务酒店，主营粤菜、淮扬菜、川湘菜、保定菜、本地菜，百菜百味，应有尽有。14.艺苑酒店，主要经营石家庄本地时尚精品家常菜，获得“河北餐饮名店”“省会十佳婚宴酒店”称号。15.西北人家莜面村（新华区），主要经营西北地区特色菜系，以草原牛羊肉和乡野五谷杂粮为主要食材，底味厚重，味型丰富。16. 杨麻子大饼翟营店，杨麻子大饼为中国非物质文化遗产，经过历史传承和推陈出新，形成杨麻子大饼、馅饼、烩饼等10余种系列产品。17. 金河湾大酒店，以经营湖北洪湖野塘生长的原生态甲鱼和湖水甲鱼为主的养生特色餐厅。18. 美味苑酒店，菜品以川菜、湘菜、河北家常菜为主，环境优雅、装修时尚。19. 老黑猫饭店，专注精品冀中南家常菜挖掘和研发，菜品以传统冀菜为主，融合川湘粤菜精品菜品。20. 正定瑞达假日酒店，是一个集餐饮、洗浴、住宿、娱乐、休闲于一体的综合型酒店，菜品有川菜、湘菜、保定菜及石家庄本地特色菜。20种石家庄名吃：石家庄饭店——石饮红星包子；国大36524——鲜食味煎饼；高新区新疆老陈烧烤店——烤全羊；中和轩饭庄——中和轩蒸饺；石家庄洛杉奇食品有限公司——金凤扒鸡；河北中鸿记餐饮管理有限公司——八旗羊汤；高新区百岁肉类食品有限公司——百岁烧鸡；石家庄花椒树餐饮企业管理有限公司——骨渣丸子；燕风楼烤鸭店——核桃酥；石家庄饭店——熏肉大饼；锦绣金山人家酒店——柏木熏肉；清顺八旗餐饮管理有限公司——一肚天下；有家小灶——金牌清江鱼泡饼；长安区九门老五饭店——红焖羊肉；北苏袁家饸饹面——袁家饸饹；正定县马记羊汤烧麦馆——马记羊汤；高建民酒楼——高建民驴肉火烧；西美花街竹家板凳面——板凳面；老魏家驴肉大饼——驴肉大饼；北安口福居饮食有限公司——烤羊排。20道石家庄名菜：渝乡辣婆婆——水煮鱼；保定会馆——李鸿章烩菜；东方龙干锅鸭头建设大街店——干锅鸭头；燕风楼烤鸭店——松鼠鱼；正定正顺饸饹——清真崩肝；汇文大酒店——国色天香；胡氏大盘鸡；光明渔港——金毛狮子鱼；一品渝香干锅鸭头槐北路总店——一品渝香干锅鸭头；神农庄园酒店——香卤柴鸡；石家庄新食运餐饮有限公司——妈妈的大锅菜；石库门酒店——石库门吊烧鸡；釜阳斋——红焖羊肉；贵喜龙酒店——楚香煎藕饼；中和轩饭庄——红烧牛尾；金河湾大酒店——金汤红炖甲鱼；西北人家莜面村——功夫鱼；美东国际大酒店——红蒸鲅鱼干；瑞达假日酒店——牛气冲天；平山县古月块块鲜豆腐坊——古月豆腐。10道石家庄名点：哈老太餐饮服务有限公司——哈老太牛肉罩火烧；杨麻子大饼翟营店——杨麻子大饼；光明渔港裕华东路店——榴莲酥；石家庄市美焰酒店有限公司——金山饺子；正定县王家烧麦馆——王家烧麦；神州七星酒店——开心大馒头；东方龙干锅鸭头建设大街店——奶香烤馒；石家庄市稻香村食品工业有限公司——燕赵八宝；石家庄市洛杉奇食品有限公司——柏坡红饼；河北李记餐饮管理有限公司——牛汤饸饹。

【乐城·国际贸易城】 5月10日，中国市场学会在北京召开“打造石家庄全国现代商贸物流中心城市”推介会，授予乐城·国际贸易城“京津冀协同发展商贸产业承接重点项目”牌匾。乐城·国际贸易城位于石家庄市长安区西兆通镇，由浙江乐城集团于2013年投资开工建设。项目共分三期，其中，一期建筑面积220万平方米，包括175万平方米商城及45万平方米配套设施。2016年9月28日，乐城国际皮革城投入试运营，首期入驻经营户500余户。至2017年末，乐城·国际贸易城一期建成乐城大红门服装城、国际名品服装城、国际皮革城、进口商品城、国际小商品城、国际名优食品城6个场馆及3座写字楼公寓，总投资达到90亿元；入驻商户1000余户。

【苏宁物流基地投入使用】 2017年8月，省市商贸重点项目——石家庄苏宁物流基地一期建成交付使用。市民在“苏宁易购”平台订购生活用品，货物从苏宁物流基地发出，12小时内送达。苏宁物流基地项目是苏宁集团的区域物流总部，是石家庄市规模最大的电子商务物流基地，主要建设集电子商务运营、地域特色产品上行、物流配送、人才培养、采购计算、后勤服务等于一体多功能基地；规划建筑面积13万平方米，其中，配送中心10万平方米，采购结算中心、售后服务中心等配套设备面积3万平方米；2016年2月开工，共分两期建设，总投资6亿元。

【2017京津冀实体零售创新转型高峰论坛】 9月23日，由石家庄市政府、“中国流通三十人论坛”共同主办，中国商业联合会、河北省商务厅、北京市商务委、天津市商务委支持，市商务局、赢商网承办，市商业联合会、石家庄日报社、勒泰中心联合协办的2017京津冀实体零售创新转型高峰论坛在石家庄市举行。主题为“创新转型，融合发展”。来自京津冀三地业界专家、学者、企业经营者参会，共同探讨实体零售创新转型

发展的新思路、新路径。论坛期间，北京、天津、河北省区域内20家实体零售标杆企业组建成立“京津冀J20联盟”，主要为20家成员企业提供交流、学习、研讨、培训、考察、联合招商等服务，创立联盟品牌，发布相关大数据和创新成果，联盟执行机构设在石家庄市商贸流通企业服务中心。京津冀J20联盟企业成员为：王府井集团股份有限公司、北京新燕莎商业有限公司、北京家乐福商业有限公司、北京华联综合超市股份有限公司、北京华润万家生活超市有限公司、天津红星商业河东爱琴海购物公园、大悦城（天津）有限公司、乐宾百货（天津）有限公司、天津一商友谊股份有限公司、天津新燕莎奥特莱斯、中原百货集团股份有限公司、北国商城股份有限公司、中国勒泰商业地产集团、河北365网络科技有限公司、石家庄万达广场商业管理有限公司、苏宁云商集团石家庄地区管理中心、新源商业管理有限公司、唐山百货大楼集团有限责任公司、河北保百集团有限公司、河北美食林商贸集团有限公司。“中国流通三十人论坛”、中国国际电子商务中心内贸信息中心发布《2016-2017中国城市流通竞争力排行榜》暨《石家庄流通竞争力报告》。主要内容：石家庄流通竞争力在中国内地35个大中城市排名第24位，其中，流通贡献指数排名第6名，流通规模指数排名第12位，流通成长指数排名第15位；石家庄流通业增加值占第三产业比重位列第2名，流通业对经济贡献率和经济拉动率均位列第4名；石家庄货运总量排名第9名，运输车辆保有量排名第5名。赢商网发布《京津冀购物中心市场白皮书》。主要内容：结合京津冀商业地产大数据，客观分析三地购物中心现状，提出京津冀地区零售业未来发展建设性意见；京津冀商业地产经历3个阶段，第一阶段是商业街主导时期，第二阶段是百货与超市主导期，第三阶段是购物中心主导期，即融合购物、美食、休闲、文化、娱乐等多种业态于一体；石家庄拥有足够的消费潜力和巨大的购物中心发展空间，未来5年是商业地产的黄金发展期；石家庄商业资源过于集中，各商圈和项目发展水平不均衡，需要新兴优质项目开业带动商圈整体升级；石家庄购物中心需要引入更多的体验类业态。

（市商务局）

【北国人百集团有限责任公司】 北国人百集团有限责任公司（简称北人集团）是经石家庄市政府批准，于2000年3月21日由石家庄北国商城和石家庄人百集团有限责任公司合并注册成立的国有独资商贸企业。2008年3月，北人集团完成国有企业股份改制，成为一家集百货连锁、超市连锁、家电连锁、珠宝连锁、餐饮娱乐、租赁会展、仓储配送等为一体的跨区域、多业态大型连锁商业企业集团。北人集团是河北省商贸流通龙头企业，主营购物中心、文旅娱乐、社区商业综合体、物流服务、电子商务、超市和电器专业店、餐饮服务七大业务，拥有“北国”商业品牌，曾获得“全国商业服务业年度十佳企业”“全国和谐商业企业”“全国商业服务业顾客满意企业”“全国五一劳动奖状”等称号。2017年北人集团营业收入355.4亿元，同比增长8.4%；实现利润8.73亿元，同比增长4.1%；上缴税金7.3亿元，同比增长4.3%；在册员工15214人，累计从业员工5万人。至2017年底，北人集团营业面积达到200万平方米，拥有经营网点235个。其中，大型门店68家，包括石家庄市区大型综合购物中心4家、社区购物中心6家，县（市、区）购物中心6家，外埠购物中心5家，大型超市24家，大型电器门店22家，奥特莱斯1家；大型配送中心1家，珠宝分行128家，便利店22家，会展中心1个，电子商务公司1家，冀通支付公司1家，饮食公司门店13家。2017年北人集团在中国服务业企业500强排名第158位，在中国零售百强企业排名第22位，在石家庄市百强企业中排名第2位。

（彭艳荣）

电子商务

【概况】 2017年，石家庄市电子商务交易额达到4480.0亿元，同比增加667.0亿元，占全省电子商务交易总额20.0%，其中，网上零售额630.0亿元，同比增加77.0亿元，占全省网上交易总额25.0%，占全市社会消费品零售总额 21.1%；注册电子商务企业 2000 余家，拥有电子商务平台、网点 7 万家，其中，阿里天猫店 2000 家、淘宝店 5 万余家。2017 年全市电子商务发展形成河钢云商、移联网信、中废通、御芝林、君乐宝、以岭健康城、慧聪河北交易中心、北国如意购物网等 10 家知名电子商务交易平台。其中，移联网信在农村电子商务领域规模、业绩名列前茅，全年交易额达到 500.0 亿元；北国如意购物网创新探索传统零售业创新，倾力打造全市商贸龙头企业电子商务品牌，实现线上线下销售收入 23.0 亿元，其中线上交易额 4.61 亿元；河北中废通公司中国废旧物资网（简称中废通）整合旗下优盛二手设备网、全球再生塑料网、中国废旧金属网、中国废纸网、聚拍网五大平台，全年实现线上线下交易额 260 亿元，其中，聚拍网全年线上交易 36 亿元，成为国内网络拍卖领军电子交易平台；河北 365 网络科技集团（简称河北 365 集团）以新零售（36524 便利店、好乡亲 365）、农村电子商务、智慧农业等为重点，全年实现电子商务交易额 40 亿元，其中线上交易额 3.5 亿元。11 月 11 日“双 11”当日，天猫电子商务平台显示，石家庄消费者消费 11.2 亿元，排名河北省各地市首位。2017 年微信、支付宝、淘宝、京东、苏宁易购、铁路 12306、交管 12123、美团、饿了么、携程、慧聪网等国内知名电子商务网在石家庄市快速发展，市域银行、保险、证券等机构电子商务平台广泛应用。2017 年 9 月，石家庄电子商务企业移联网信集团、河北 365 集团被商务部评选为 2017 ～ 2018 年度全国电子商务示范企业。

【电子商务城市建设】 加快县域规模农业、绿色农业、特色农业电子商务平台发展，正定县、赵县培育形成正定板材、赵县雪花梨等县域特色平台，新乐市、高邑县、行唐县等县（市）培育形成种养大户与农村合作社电子商务平台，正定县、晋州市、深泽县等县（市）形成家具、手工艺品、服装、布艺等“电商乡”“淘宝村”，2017 年全市“淘宝村镇”达到 27 个。华北制药、石药集团、君乐宝乳业等工业制造企业快速涉足和应用电子商务平台及网络，全年君乐宝奶粉实现电子商务销售金额 5.09 亿元，同比增长 68%。北人集团、勒泰中心、万达广场、天元集团、太和电子城等传统商贸企业利用电子商务模式，推进企业转型升级，形成线上线下相结合的智慧型购物场所。市电子商务协会联合河北科技大学、河北经贸大学等 20 所石家庄地域高校与 200 多家电子商务企业组建成立市电子商务校企联盟和实训基地，开展电子商务人才和技术培训。推进电子商务进社区发展，市区 80% 以上社区建立电子商务服务站点，连锁化网点达到 2000 多家，其中“88908890 星光家政”服务平台加盟企业达 2000 余家。提高农村电子商务服务效率，举办农村电子商务培训，参训人数 200 余人次；整理农产品品种 403 个，累计达到 1055 个；网上销售农产品品种 351 个，累计达到 791 个；全年村级服务站收件量 438.63 万件，发件量 268.18 万件；实现网上交易金额 1.23 亿元，带动农村就业 6998 人。2017 年 8 月，平山县入选 2017 年国家级电子商务进农村综合示范县，成为石家庄市继正定县、行唐县、赞皇县后第 4 个国家级电子商务进农村综合示范县。

【发展电子商务示范基地】 2017 年全市 16 个电子商务示范园区进驻各类电子商务企业 800 家，服务商户超过 20 万户。河北慧聪网塔元庄基地依托河北省产业扶贫“十百千”示范工程（十大典型模式、百家扶贫龙头企业、1000 个特色产业样板村），发展河北省境内县域产业化项目，搭建 B2B 特色产业电子商务平台（也称电商平台）100 个（100 个县签约），直接服务企业达到 1500 余家。河北商品交易中心在全国布设河北商品代营中心 2600 家，在线交易河北省工业品 12 类、农产品 36 类，全年交易金额 265.0 亿元。京津冀农产品直采中心以电务商务交易为重点，培养“冀康”品牌受到北京、中国香港市场的欢迎。聚赢电子商务产业园入驻电子商务及服务企业 130 家，全年交易金额 60.0 亿元；开办经纬电子商务产业园，帮助新华集贸市场商户转型升级。财富大厦电子商务基地采用“金融超市 + 电商基地”模式，业务涵盖电子商务交易、互联网设计研发、互联网金融、银行金融、电商教育，打造一站式金融服务业态和电子商务集群，吸引河北瀚沃互联网装饰、上海宜农财富 P2P、凤凰网河北站、广发银行石家庄分行等 30 家电子商务、互联网、金融类企业入驻，经营面积达到 4.8 万平方米，年税收收入达到 6 亿元。乐城国际贸易城创新发展外贸新业态，与河北省跨境电子商务协会、市电子商务协会联合举办大型跨境商品展，打造功能齐全的“跨贸小镇”，2017年电子商务交易额达到5.8亿元。伴随电子商务基地和园区的快速发展，带动城市楼宇经济、总部经济等新型业态崛起，助推现代商贸服务设施迅速建立。

链接

B2B（也称BTB，是Business to Business的缩写）是指企业与企业之间通过专用网络或Internet，实施数据信息交换、传递，开展交易活动的商业模式。

【助推跨境电子商务贸易】 石家庄综合保税区利用海关特殊监管区政策优势，与河北电子口岸对接，打造特色跨境电子商务园区与跨境产业。依托石家庄综合保税区建设的中邮国际快件监管中心顺畅运营，确保了石家庄市进出境商业快件运输渠道，为跨境电子商务发展提供了保障平台。石家庄中邮国际快件监管中心于2014年5月11日启动建设，总投资3000多万元，建筑面积5000平方米，处理场地3000平方米，拥有进出口生产线各1条，日处理能力1万件，能提供海关、检验检疫、安检等一站式服务；2016年5月6日，石家庄中邮国际快件监管中心正式启用，改变石家庄国际快件通过北京、天津等异地口岸转运入关的历史，缩短了国际快件邮递的时间，压缩了邮递成本；该中心采用“快件自动分拣，国际快件电子监管系统”等技术，一般国际快件平均通关周期3天以内，最快的1天即可办理完成国际进出口手续。引导外贸企业转变经营模式，培育和扩大跨境电子商务，河北辰邦国际贸易集团、龙梦电子商务、万有引力网络科技、国际贸易城、阿里一达通等企业主动布局跨境电子商务及海外仓建设；国大连锁、优到家等企业试点“跨境＋快递＋便利店”模式，新开跨境快递电子商务门店近100家。2017年全市培育跨境电子商务企业20家、平台7个、园区1个、公共海外仓8个，其中，省级跨境电子商务示范企业17家、综合服务平台5个、园区1个、公共海外仓6个。

（市商务局）

会 展 业

【概况】 2017年，石家庄市举办各类展会活动137个，同比增长9.6%。其中，单次1万平方米以上展会30个，增长20%；展览总面积82万平方米，增长9.3%。2017年全市展会实现投资合作和贸易合同成交额78.3亿元，同比增加3.0亿元；吸引国内外客商80余万人次，同比增加15余万人次。至2017底，全市共有展馆展览总面积5万平方米，其中，在建石家庄国际展览中心总建筑面积35.92万平方米，室内展厅面积10万平方米，室外展览面积5万平方米，是河北省最大的会展中心。推进会展业发展，市政府制定出台《石家庄市会展活动管理实施办法》《石家庄市会展业发展专项资金管理办法》等规定，支持引进国家级、国际性高端会展品牌。加强与京津两地会展机构联络，京津冀汽车文化节、京津冀进出口商品交易博览会、京津冀产学研与金融成果博览会等12个京津冀区域性展会在石家庄市举行。2017年全市会展业发展形成以产业类展会和消费类展会为主的会展经济，从行业分类看，装备制造、医疗器械、电子信息、环保节能类展会占比33%，生活家居、车（房）展、年货大集等消费类展会占比45%，文化动漫、庙会、人才交流会等文化、民俗类展会占比22%；产业类展会有数字经济博览会、中国国际通用航空博览会、医疗器械展、健康节、装备制造博览会等，消费类展会有中国·石家庄（正定）国际小商品博览会、广电车展、家居博览会、购物节等，文化民俗类展会有旅游产业发展大会、国际动漫博览会、燕赵文化节、民俗庙会等；重要品牌展会有数字经济博览会、中国·石家庄（正定）国际小商品博览会、旅游产业发展大会、中国国际通用航空博览会等。从展会面积看，中小规模展会占比较大，2017年全市举办展会中，5000平方米（含）以下展会占比40.9%，5000～10000平方米（不含）展会占比34.4%，10000平方米（含）以上展会占比24.5%，其中10000平方米（含）以上展会多为车展、庙会、人才大集等，主要举行现场销售和咨询展览，呈现出品牌影响力、发展后劲不足等问题。

【2017中国·石家庄（正定）国际小商品博览会】 4月26～28日，由

河北省政府、中国商业联合会主办，石家庄市政府、河北省商务厅承办，正定县政府执办的2017中国·石家庄（正定）国际小商品博览会（简称正博会）在正定县举行。主题为融合商机、彰显魅力、协作发展、互动共赢。中国商业联合会会长姜明，河北省商务厅厅长李石，省贸易促进会会长张力红，石家庄市委常委、正定县委（正定新区党工委）书记、石家庄综合保税区党工委书记、管委会主任、正定高新技术产业开发区党工委书记张业，副市长赵文锋，市政协副主席、政府党组成员、市政府秘书长孟胜林参加启动仪式。共有来自德国、法国、巴基斯坦、阿富汗、蒙古、加纳、泰国等国家和地区120名客商及国内80余家企业参展，展出商品主要类别有工艺品、饰品、食品、化妆品、羊毛绒制品、金银制品、小家电珠宝等。本届（第十届）正博会主展馆位于深国际石家庄综合物流港，设置展位500个，主要展示展销各类小商品及各地特色美食，设有境外商品展示区、跨境电商展示区、省市行业协会精品展示区及特色美食展示区；分展馆4个，分别设置在正定国际小商品市场、金河家居基地、三才家具市场、兴业家具广场，设置展位1000个，主要展示展销各类小商品、家居、家具类商品。展会期间，同时举办京津冀老字号暨正定特色美食展、第十八届河北正定千年古韵历史文化旅游节、河北正定家居博览会及“感知正定，融入正定”推介会、石家庄综合保税区跨境电商研讨会、正定老字号授牌仪式暨旅游商品品鉴会、石家庄市会展项目推介会等活动。第十届正博会期间，主展馆参会专业采购商2000多家，客流量达20万人次，现场交易额3000余万元，签约订单1.2亿元；分展馆零售额6.5亿元，签约意向订单3.5亿元。

【2017中国·石家庄第十二届国际动漫博览交易会】 8月4～8日，由省委宣传部指导，石家庄市委、市政府、市动漫产业发展领导小组等主办，河北天明传媒有限公司承办，精英集团、中国动画产业网协办的2017中国·石家庄第十二届国际动漫博览交易会（简称动博会）举行。主会场设在石家庄解放广场，分会场设在新华区。共有来自美国、日本、韩国等国家和国内120余家企业参展。主会场到场观众22万余人，同比增长20%。本届动博会以“政府支持，社会参与，市场运作，打造平台，以展兴业”为方针，以市场需求为主导，以“进击·泛娱乐！”为主题，围绕“共创文明城市”“京津冀协同发展”“引入国家IP助力本土企业发展”等目标定位，设置动漫展览、原创IP推介、项目签约、主题论坛、系列赛事等活动。七大IP联展有迪士尼经典IP《冰雪奇缘》、美漫代表《星球大战》《蓝精灵》、游戏代表《魔兽世界》、日漫代表《超级玛丽》、国漫《不良人》《大鱼海棠》《狐妖小红娘》《一人之下》等；职业化电子竞技赛事有《英雄联盟》《王者荣耀》等现场挑战赛；动博会热点之一COSPLAY再次升级，主要有壕友模玩展、儿童绘画展、乐高木制玩具展等专项展出。特设“一带一路”和创建文明城专区、京津冀协同发展区。其中，创建文明城专区以文明城市少儿书画展、“携手共建文明城市”图片展形式展示石家庄市民创建文明城市，建设幸福家园的美好心愿；京津冀协同发展区重点展出京津冀区域协同发展、创新驱动和产业升级。新华区分会场组织太和电子城、颐高数码广场、华福文教育、华强广场、河北一开文化传播公司、石家庄青少年活动中心等动漫卖场、动漫企业在民族路步行街举办电子竞技比赛、文化衍生产品展示、影视动漫IP文创产品展示、动漫产品超体验、动漫人偶巡游、77号动漫美食街及泛娱乐体验展等精彩赛事活动。8月7日晚，《ACG夜场音乐节》举行。助力动漫企业拓展融资渠道，破解中小微动漫企业融资难题，首次举办“动漫对话资本”主题论坛，邀请海内外具有投资经验的中国动漫集团、英诺资本、大河资本、乐游资本等著名资本方代表到会演讲、对话。动博会期间，现场签约金额1.5亿元，现场零售交易额近1000万元；《Bubby魔法手表》《小小英雄梦》《乡村影院》《江湖大乱斗》《河北儿童动漫戏剧教育运营平台》《星级毁灭者》6个项目现场签约。

【2017中国·石家庄国际投资合作洽谈会】 9月25～27日，由石家庄市政府主办，省商务厅、省科技厅、省工业和信息化厅、省旅游发展委员会、工业与信息化部工业文化发展中心、工业与信息化部国际合作中心、中国国际投资促进会、美国硅谷“千人计划”协会、中国香港贸易发展局等共同支持的2017中国·石家庄国际投资合作洽谈会（简称石洽会）在中茂海悦酒店举行。共有来自美国、

德国、韩国、加拿大、澳大利亚、俄罗斯、新西兰、新加坡等16个国家和地区700余家企业、1100余人参会。签约项目97个（含框架协议9个）。其中，内资项目86个，总投资1160.77亿元，拟引进市外资金1087.05亿元；外资项目2个，总投资17.34亿美元，拟引资3.13亿美元；10亿元以上项目38个，占签约项目总数42.7%。签约项目涉及装备制造、新能源新材料、节能环保、农业、旅游、商贸物流、轻工纺织、总部经济等行业。其中，创新型项目包括石家庄科一重工与北京工业大学建设机械工业精密行星传动工程技术研究中心、上海同济科技园在井陉县建设科技产业园项目；战略新兴产业项目包括深圳中兴环保集团在正定新区建设科技产业化转移基地、中民筑友科技投资有限公司在无极县建设绿色建筑科技园项目。石家庄市重点推介新能源、节能环保、集成电路、电子信息等高新技术产业项目20余个，达成合作意向12个。

【2017中国国际通用航空博览会】 11月17～19日，由石家庄市政府、河北省贸易促进会、通用国际展览有限公司、中航通用飞机有限责任公司、中航文化有限责任公司、中国宏泰产业市镇发展有限公司联合主办，石家庄市栾城区政府、河北省贸易促进会世贸中心、通用国际展览有限公司航空事业部、中航通飞华北飞机工业有限公司、爱飞客航空文化传播有限公司、石家庄市宏泰产业市镇发展有限公司、国鹰航空科技有限公司具体承办的2017中国国际通用航空博览会在石家庄栾城机场举行。主题为“打造国际品牌，促进合作共赢”。共有商务机、直升机、无人机及应急救援、医疗救护、体育运动、工农林牧等150余架飞行器参展，设立航空产业规划展、无人机精品展、军民融合创新成果展三大展区；举办模拟飞行培训、人才推介大赛、主题街区等活动及中国无人机创新发展论坛、军民融合推动通用航空产业发展交流会、通航金融与通航飞机资产管理等专业论坛。现场签约项目12个。其中，石家庄市宏泰产业市镇发展有限公司、中航电测石家庄华燕交通科技有限公司等多家公司合作，建设中航电测智能交通石家庄产业园、加拿大BDC水上飞机项目、飞行者之家项目及国鹰无人机项目等；中航通飞华北飞机工业有限公司与辽宁锐翔通用航空公司签订2架小鹰500飞机购机合同；栾城区政府与平安银行石家庄分行签署城市基础设施建设合作框架协议，总投资200亿元。

【2017中国国际数字经济峰会】 11月23日，由石家庄市政府、中国电子商会、中国国际电子商务中心、中国网络视听节目服务协会主办，河北省发展改革委、省工业和信息化厅、省商务厅、省新闻出版广电局协办的2017中国国际数字经济峰会在石家庄市太行国宾馆举行。主题为“数字经济　引领未来”。共有来自国务院发展研究中心、中央财经大学、联合国教科文组织、马来西亚国家旅游局及微软、戴尔、SAP、中国电信、腾讯、阿里巴巴、中国瑞典集团等国内外数字经济领域相关专家学者、国内外企业代表500余人参会，共同围绕数字经济概况、发展现状及未来趋势举行研讨。此次数字经济峰会设立2018国际数字经济博览会发布仪式、高峰论坛、主题演讲3个主要板块。高峰论坛聚焦两大领域，分别为数字经济智能新驱动领域、移动互联网时代的数字创意产业领域。主题演讲有：腾讯公司控股董事会主席兼首席执行官马化腾作“新时代的数字经济思考和探索”主题演讲；微软全球高级副总裁陈实发表关于微软在数字转型方面经验总结；SAP全球高级副总裁、中国区总经理李强作关于数字化对实体经济特别是对制造业的深远影响的问题分析以及未来制造业的发展趋势预测；阿里巴巴集团副总裁刘松、达阀科技创始人兼首席执行官黄晓庆、滴滴出行高级副总裁张新萍分别发表关于数字经济及基于自身产业数字化发展问题主题演讲。

【第23届河北（石家庄）国际医疗器械展览会】 3月2～4日，由河北省贸易促进会及多家医疗卫生机构联合举办的2017年第23届河北（石家庄）国际医疗器械展览会在石家庄国际博览中心举行。包括深圳迈瑞、山东新华、深圳安健、石家庄华东医疗等全国240家企业参展。展会面积1万多平方米，设置标准展位331个。展品主要有影像、监护、超声、急救、生化检验等1000余种，涉及医疗器械行业从源头到终端整条产业链。展会期间，河北省临床医学工程学会、省口腔医学会、市医学会邀请国内外医疗卫生行业的知名专家、学者及权威人士举行多场高层学术论坛，共同解析中国医疗行业新发展、新动向。

【中国·石家庄第十四届观赏石博览会】 3月18～24日，由中国观赏石协会、中国收藏家协会、河北省收藏家协会主办的中国·石家庄第十四届观赏石博览会在世界湾文化产业基地广场举行。全国26个省（市、自治区）200余名赏石家、收藏家及京、津、沪、粤等地采购团参加观赏和销售活动，中国台湾地区台北市、花莲县、依兰县的观赏石协会、图案石协会组成百人团参展。展出包括戈壁玛瑙、风砺石、南田石、铁钉石、古铜石、陈炉石、嫩江玛瑙等1000余个奇石品种。

【中国（京津冀）首届进出口商品交易博览会】 4月29日至5月1日，2017中国（京津冀）首届进出口商品交易博览会在乐城·国际贸易城举行。主题为“跨境全球，智享新城”。设置展览面积4万平方米，主要打造内外贸一体化、一站式贸易平台。参展进出口商品涵盖母婴用品、进口红酒、箱包皮具、保健品及名优特产品等28个大类。博览会开幕式上，深圳万国食品城、福建创之源实业有限公司、福建希希国际贸易有限公司等企业与乐城·国际贸易城签署战略合作协议。

【2017北方（石家庄）国际五金机电博览会】 5月18～20日，由河北省五金机电商会、市五金机电商会、市商业联合会、市装备制造行业协会主办的2017北方（石家庄）国际五金机电博览会在肖家营花卉基地汇春博览中心举行。共有来自北京、上海、天津、河北、河南、山东、辽宁、浙江等地近300家企业参展，包括世达工具、博世电动工具、北方株洲硬质合金销售有限公司等业内知名品牌和企业。展览面积10000多平方米。展览产品涵盖五金工具、电动工具、汽车保养、园林工具、机械制造、耗材及各类焊接与激光切割、电线电缆等领域多个种类装备制造工具1200余种。

【第十一届中国·石家庄国际医药博览会】 9月6～8日，由市政府主办，市商务局、市卫生计生委、市食品药品监督管理局、市医药行业协会执行承办的第十一届中国·石家庄国际医药博览会（简称药博会）在石家庄国际博览中心举行。主题为“绿色、创新、共享、合作”。展览面积10000平方米。主会场石家庄国际博览中心设置医药产品、制药设备、药包材、大健康产品、特色诊疗等展区；分会场设在以岭健康城，举办健康产品惠民展销、公益讲座、养生文化展播等活动。共有来自国内外300多家知名医药企业参展，到会专业客商3000多人。药博会期间，举办产品展览、医药项目发布、项目洽谈及中国生物医药创新发展论坛等活动。

（市商务局）

对外贸易

【概况】 2017年，石家庄市对外贸易进出口总值完成797.3亿元，同比增长11.7%。其中，出口479.7亿元，增长12.5%；进口317.6亿元，增长10.6%。进出口总值位列全省第一，占全省比重23.6%，同比提高0.2个百分点。高新技术产品、钢材产品、医药品、机电产品、服装及衣着附件、纺织纱线织物及制品、农产品7个大类商品出口实现增长，高新技术产品、钢材产品增幅超过30%，医药品、机电产品出口增长超过15%。主要进口商品铁矿砂及精矿进口均价增长33%，进口数量下降21.8%，进口额33.4亿美元，同比增长4%，进口额占全市进口总额71.3%。至2017年底，全市有进出口实绩企业3311家，同比增加246家；有出口实绩企业2998家，同比增加225家；出口实现零突破企业709家，同比增加23家。外贸企业由单纯引进资金逐步向引进技术、管理经验、人才和服务贸易方向转变。2017年全市出口超过亿元企业8家，同比增加1家，8家企业分别为：河北一达通企业服务有限公司、河北敬业钢铁有限公司、河北诚信有限责任公司、河北明迈特贸易有限公司、维生药业（石家庄）有限公司、河北钢铁集团有限公司、石药集团中诺药业（石家庄）有限公司、石家庄钢铁有限责任公司；出口超千万美元企业129家，同比增加7家；出口超百万美元企业854家，同比增加23。新注册对外贸易经营资格企业1036家，同比增加86家，对外贸易经营资格企业累计达到

10982家，占全省比重26.5%。民营企业成为出口增长的重要支撑，占全市出口67.6%，同比提高1.3个百分点。服务贸易稳步增长，成为外贸转型升级的新引擎。2017年全市服务贸易进出口总额完成165.0亿元，占全省比重30.5%，同比增长10%以上。2017年全市一般贸易出口67.32亿美元，同比增长8.52%；加工贸易出口4.02亿美元，同比增长35.20%。2017年全市一般贸易进口45.23亿美元，同比增长6.07%；加工贸易出口1.51亿美元，同比增长147.22%。培育建立外贸转型升级基地8个，其中，国家级基地1个，省级基地6个；重点出口聚集区6个。促进鲜梨出口产业升级，建成晋州市、赵县2个国家级出口鲜梨质量安全示范区。建立直通欧洲、中亚国际贸易货运大通道，推进设立石家庄正定海关、开通石家庄中欧班列、申报指定商品进口口岸等外贸业务。新增河北省外贸品牌优势企业8家，累计达到14家。列入省级重点管理外贸综合服务企业2家，服务企业超过700家，代理出口5.1亿美元。2017年全市出口企业签发原产地证书42915份，同比增长4.74%；签证金额17.0亿美元，同比增长1.74%；帮助企业享受关税优惠7.20亿美元。以一般贸易、加工贸易等传统贸易方式为基础，推进跨境电子商务进出口贸易发展。2017年全市跨境电子商务采用B2B方式出口额7.7亿元，跨境电子商务以零售邮递方式出口82.8万件，进口货物3869件，货值39.1万元；保税模式进口开始起步。主动融入国家“一带一路”倡议，推进实施“走出去”战略。2017年全市境外投资总额15.8亿美元，占全省比重41.6%。对外贸易存在问题：2017年全市对外贸易依存度为12.3%，远低于全国33.6%的平均水平；增长方式粗放，机电产品出口占比较全省平均水平30.5%低8.8个百分点，高新技术产品出口占比较全省平均水平6.9%低1.9个百分点，铁矿石进口偏高，占比71.3%，出口增长仍以资源型和劳动密集型初级制成品为主；外贸出口龙头企业过少，2017年全市仅有6家企业进入全省出口前30强企业。

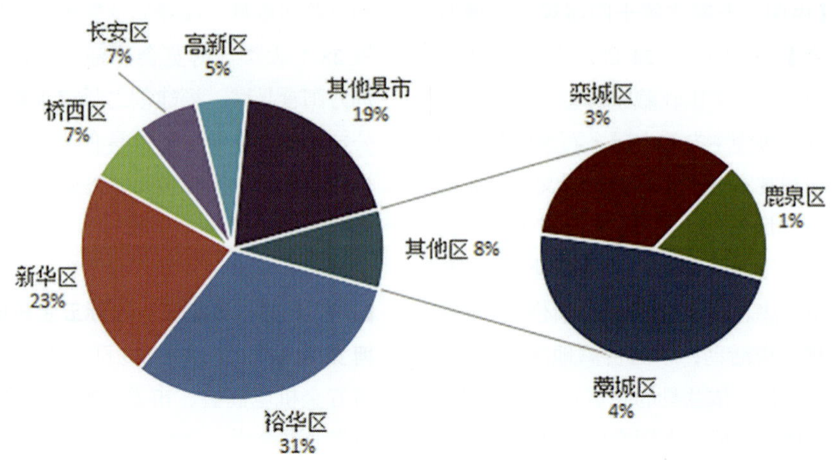

2017年石家庄各县（市、区）进出口占全市比重示例图

【县（市、区）进出口比例】 2017年全市对外贸易主要聚集在石家庄市区，市内4区和高新区、藁城区、栾城区、鹿泉区进出口总值合计占全市比重80%；有14个县（市、区）进出口总值超过1亿美元，比2016年增加2个县（市、区）。其中，市内5区和高新区、平山县进出口总值超过5亿美元，裕华区、新华区进出口总值分别达到33.73亿美元和24.32亿美元，晋州市、栾城区、元氏县分别达到3.25亿美元、3.21亿美元和2.87亿美元。

【主要产品出口】 2017年全市出口产品中，皮革及制品出口3197万美元，同比下降24.49%；服装及衣着附件出口10.38亿美元，同比增长6.44%；机电产品出口15.37亿美元，同比增长15.46%；医药制品出口8.26亿美元，同比增长16.61%；纺织品出口7.10亿美元，同比增长1.63%；农产品出口2.28亿美元，同比增长0.22%；高新技术产品出口3.53亿美元，同比增长33.58%。对外贸易结构持续优化，全年机电产品出口占全市出口比重21.7%，同比提高1.4个百分点；高新技术产品出口占全市出口比重5.0%，同比提高1个百分点。

【主要进出口市场】 2017年全市前五大出口市场为欧盟、美国、东盟、印度和俄罗斯，合计占全市出口总值56.6%，比2016年增加1个百分点。2017年石家庄市对“一带一路”沿线市场出口24.9亿美元，同比增长7.2%，占全市出口总值35.1%，拉动全市出口增长2.6个百分点。2017年石家庄市对亚洲出口27.17亿美元，同比增长8.90%。其中，对韩国出口3.2亿美元，增长28.2%；对日本出口2.8亿美元，增长13.4%。2017年石家庄市对欧洲出口18.92亿美元，同比增长14.86%；对北美洲出口11.44亿美元，同比增长8.47%。2017年石家庄市对亚洲进口5.80亿美元，同比增长50.77%；对欧洲进口3.36亿美元，同比下降10.46%；对北美洲出口2.05亿美元，同比增长17.34%。

（市商务局）

招商引资

【概况】 2017年，石家庄市实际利用外资13.8亿美元，同比增长14.2%，其中，直接利用外资12.8亿美元，同比增长9.9%。2017年石家庄市新批外国和中国港澳台地区投资合同项目25个，其中，合资企业9个，独资企业16个；投资总额4.62亿美元，其中合同外资额1.75亿美元，投资总额同比减少1.40亿美元；新注册三资企业13户，总投资2.54亿美元。其中，新批合同投资总额500万美元以上项目10个，投资总额4.45亿美元，合同外资额1.64亿美元；新注册投资总额500万美元以上三资企业6户，项目总投资2.51亿美元。2017年欧盟在石家庄新增合同投资项目1个，投资金额725万美元；美国在石家庄新增合同投资项目1个，投资金额457万美元。2017年中国香港在石家庄新增合同投资项目12个，投资金额3.57亿美元；中国澳门在石家庄新增合同投资项目1个，投资金额8283万美元。2017年外国和中国港澳台地区在石家庄市新增高新技术产业合同投资项目3个，投资金额1.56亿美元。2017年5月和9、10月集中开展两次“项目建设和招商引资活动月”，其中，第一次招商月签约项目110项，协议引资额1627.04亿元；第二次招商月签约项目241项，协议引资额1698亿元。5月17日，国际科创城、北斗半导体芯片微波射频生产基地、大数据产业园3个重点项目在北京签约。其中，国际科创城项目由北京赛伯乐旷烨科技产业发展有限公司与石家庄高新区管委会签约，总投资20亿元，主要以生命科学、环保科技、先进制造三大产业为核心，规划孵化、培育、集聚中小企业200余家；北斗半导体芯片微波射频生产基地项目由北京北斗星通导航技术股份有限公司与鹿泉经济开发区签订；大数据产业园项目由软通动力信息技术（集团）有限公司与高新区管委会签约，总投资20亿元，主要打造工业大数据、金融服务、数据开放等创新平台。11月16～21日，第十九届中国国际高新技术成果交易会（简称高交会）在深圳市举行。石家庄市代表团达成合作意向90项，拟引资206.18亿元，其中，签约项目3个，拟引资7.1亿元；签约项目为：藁城经济开发区与欧粤新能源集团签订新能源生产基地项目、藁城经济开发区与中民筑友科技集团签订装配式建筑生产基地项目、新乐经济开发区与深圳维创空间科技有限公司签订招商基地项目。2017年全市共计签约项目718个，拟引资额5172.0亿元。其中，拟引资额亿元以上项目314个，拟引资额5088亿元；引进省外资金991.54亿元。至2017年底，全市共有外商投资企业1670户，外资投资总额109.95亿美元，排名全省第一。

【市投资促进局组建成立】 5月22日，根据《河北省机构编制委员会关于组建石家庄市农业畜牧局和设立石家庄市投资促进局的通知》（冀机编〔2017〕11号），组建设立石家庄市投资促进局，挂石家庄市落实推进京津冀协同发展工作领导小组办公室、石家庄与中关村协同创新区域合作工作组办公室牌子，为市政府工作部门。8月21日，市政府办公厅印发《石家庄市投资促进局主要职责内设机构和人员编制规定的通知》（石政办发〔2017〕42号），明确石家庄市投资促进局（石家庄市落实推进京津冀协同发展工作领导小组办公室、石家庄与中关村协同创新区域合作工作组办公室）主要职责为：落实推动京津冀协同发展、中关村协同创新区域合作、国内外招商引资、利用国内外资金、开发区管理、经济技术合作、央企服务等；设立内设机构9个，分别为：办公室（人事处）、协同发展处、开发区管理处、外国投资管理处、经济技术协作处、项目信息处、投资促进一处、投资促进二处、投资促进三处；机关核定行政编制50名，其中，局长（主任）1名、副局长（副主任）3名，兼职副局长（副主任）1名（由市政府驻北京联络处主任兼任，不占职数）；科级领导职数17名，其中，正科级9名、副科级8名。

【京津冀协同发展】 2017年石家庄市委、市政府贯彻落实国家和河北省决策部署，以《京津冀协同发展规划纲要》《“十三五”时期京津冀协同发展规划》为引领，围绕交通、生态环保、产业3个重点领域，与北京、天津开展产业对接和建设项目引进。全年石家庄市新引进京津项目292项，实际投资额634.32亿元。至2017年底，全市对接和引进京津项目（事项）563项，总投资1083.77亿元，其中，第一产业16个、第二产业223个、第三产业项目224个，合作事项100个。10个京津冀协同发展重点项目：1. 润沃惠普互联网商务物流项目。该项目位于石家庄市藁城区，属商贸物流行业，由中国惠普有限公司与河北润沃惠普物流有限公司联合开发，项目法人单位是河北润沃惠普物流有限公司。项目总投资13亿元，主要建设国际化互联网商务中心、互联网商务分拣包装区、现代仓储物流区等。计划2018年完工。2. 京津冀联创科技产业园。该项目位于石家庄市经济技术开发区，属现代服务行业，由北京领英信息技术有限公司与河北融博科技有限公司联合开发，项目法人单位是河北融博科技有限公司。项目总投资10亿元，主要建设集工业科技园、服务外包产业基地、中英科技成果转化基地、“双创”孵化器、“四位一体”科技服务及生活服务于一体的科技产业园。计划2019年完工。3. 中科院新松机器人小镇项目。该项目位于石家庄市经济技术开发区，属智能制造行业，项目法人单位是中科院新松机器人投资公司。项目总投资100亿元，主要建设集研发设计、科技孵化、生产制造、展示展览、工程服务、旅游体验、会展会议等于一体的产业基地。计划2020年完工。4. 北京特力豪城联合精准医学（石家庄）生命科技园项目。该项目位于石家庄市经济技术开发区，属公共服务行业，项目法人单位是北京特力豪城科技发展有限公司。项目总投资14亿元，主要建设科研办公楼、客户定制实验中心、公共生物实验楼、孵化中心等。计划2019年完工。5. 万联大数据中心项目。该项目位于石家庄市藁城区，属大数据行业，项目法人单位是中国联合网络通信有限公司、河北保利联创房地产开发有限公司。项目总投资45亿元，主要建设公共服务、总部办公、科研展示、教育培训和会议交流功能区等。计划2020年完工。6. 津石高速公路石家庄段项目。该项目自深泽县至石家庄、保定市界，与津石高速保定段顺接，向西经无极县、藁城区、正定县与石家庄市绕城高速北环顺接，项目法人单位是石家庄市交建高速公路建设管理有限公司。项目总投资84.5亿元，主要建设双向六车道高速公路主线49.5千米，互通5座，连接线3条。计划2020年完工。7. 生物质能热电联产工程项目。该项目位于石家庄市行唐经济开发区，属节能环保行业，项目法人单位是中国电子系统技术总公司第四公司。项目总投资3.5亿元，主要建设130吨生物质发电锅炉、发电厂房、凉水塔、烟塔、综合楼，年发电225百万千瓦时。计划2018年完工。8. 新型房屋住宅PC构件生产基地项目。该项目位于石家庄市元氏县，属新材料行业，项目法人单位是中新房河北住宅工业有限公司。项目总投资30亿元，主要建设厂房（274400平方米）和生产及配套设施。年生产绿色建筑PC构件400万平方米。计划2019年完工。9. 北斗卫星导航系统和定向声波系统产业基地项目。该项目位于石家庄市高新区，属电子信息行业，项目法人单位是大唐电信科技股份有限公司。项目总投资20亿元，一期总占地260亩，建筑面积31.8万平方米，主要建设生产车间、仓库及辅助设施。二期占地10亩，建筑面积2.5万平方米，主要建设云计算数据中心楼和发电机楼。2017年项目一期正在内部装修，二期桩基工程完工。10. 飞机着陆系统及高速列车刹车产品生产基地项目。该项目位于石家庄市正定县，属新材料行业领域，项目法人单位是北京北摩高科摩擦材料股份有限公司。项目总投资24.1亿元，主要建设厂房、研发与办公场地、生活附属设施等，总建筑面积12.8万平方米，实现年产1万盘炭/炭复合材料刹车产品，5万套高铁粉末冶金刹车产品，2000套机轮，200套飞机刹车系统及附件，250套起落架的产能。计划2020年完工。

【开发区园区建设】 2017年石家庄市共有省级以上开发区21个。其中，国家级开发区2个，分别为石家庄国家高新技术产业开发区、石家庄经济技术开发区；省级开发区19个，分别为河北鹿泉经济开发区、河北石家庄循环化工园区、河北石家庄装备制造产业园、河北藁城经济开发区、河北平山西柏坡经济开发区、河北正定高新技术产业开发区、河北元氏经济开发区、河北晋州经济开发区、河北新乐经济开发区、河北无极经济开发区、河北高邑经济开发区、河北行唐经济开发区、河北灵寿经济开发区、河北赵县经济开发区、河北赞皇经济开发区、河北井陉经济开发区、河北深泽经济开发区、河北石家庄矿区工业园区、河北石家庄长安国际服务外包经济开发区。2017年全市开发区（含高新区）实现主营业务收入11926.9亿元，同比增长33.72%；税收收入342.63亿元，同比增长14.27%；出口总额32.07亿美元，同比增长14.82%；实际利用外资7.73亿美元，同比增长23.88%；固定资产投资2594.37亿元，同比增长44.52%。各开发区园区完成“机构编制管理改革、人事和薪酬制度改革、行政审批制度改革、投融资平台建设”四项改革任务。2017年河北石家庄循环化工园区、河北鹿泉经济开发区主营业务收入突破1000亿元，全市超1000亿元开发区达到4个，其中，石家庄国家高新技术产业开发区主营收入2432亿元，石家庄经济技术开发区主营收入1501.2亿元；河北平山西柏坡经济开发区、河北藁城经济开发区、河北正定高新技术产业开发区、河北元氏经济开发区、河北晋州经济开发区5个开发区主营业务收入突破500亿元，全市超500亿元开发区达到9个。2017年石家庄经济技术开发区、河北鹿泉经济开发区、河北平山西柏坡经济开发区、河北赞皇经济开发区获批河北省新型工业化产业示范基地，全市新型工业化产业示范基地达到7个。开发区、园区创新驱动作用增强，2017年全市开发区（含高新区）新增科技型中小企业1426家，占全市新增数量49.0%；完成规模以上工业增加值1694.73亿元，占全市比重的79.8%。

【中国·廊坊国际经济贸易洽谈会】 5月18～20日，2017年中国·廊坊国际经济贸易洽谈会（简称“5·18”廊洽会）举行。主题为“新战略·新机遇·新发展”。石家庄市50家企业参展，其中，4家企业参展主展区，7家企业参展大智移云，20家企业参展环保产业展，19家参展进出口商品展。设立合作信息发布馆，围绕“建设现代省会、经济强市”主题布置“石家庄展厅”，发布“京津冀产学研联盟平台”“智慧城市云平台”“战略新兴产业供需交流平台”等。5月18日，石家庄市在“5·18”廊洽会举行“石家庄国际投资合作推介会暨重点项目签约仪式”，签约项目57个。其中，外资项目3项，总投资9.69亿美元，拟利用外资2.49亿美元；内资项目54项，总投资1096.63亿元，拟引资995亿元；5月19日，石家庄市在“5·18洽谈会”举行的河北省重点合作项目签约仪式上，2个重点项目签约，分别是金融街中央商务区项目、动物生物工程科技创新中心项目。金融街中央商务区项目落户新华区，总投资150亿元，一期投资额75亿元，由金融街控股股份有限公司整体开发建设，拟打造成集现代金融业、高端服务业、高端住宅为一体的金融街中央商务区；生物技术中心项目落户鹿泉区，总投资4000万美元，拟利用外资2000万美元，由石家庄天泉良种奶牛有限公司与美国TRANS OVA遗传育种公司合作开发，主要在河北省建立以奶牛、肉牛、猪等动物为主要研发对象的河北省动物生物工程科技创新中心。“5·18”廊洽会期间，全市签约引进项目67个。其中，外资项目6项，总投资13.10亿美元，协议外资额3.01亿美元；内资项目61项，总投资1338.33亿元，协议引资1236.77亿元。签约项目中，10亿元以上项目28项，20亿元以上项目13项，50亿元以上项目7项，100亿元以上项目4项。

【第二十一届中国（廊坊）农产品交易会】 9月26～29日，第二十一届中国（廊坊）农产品交易会在廊坊市举行。石家庄市以绿色、生态、休闲发展理念为主题，围绕粮油、蔬菜、果品、肉类、奶业、禽蛋、大枣、核桃等特色产业，设置综合展区和十个专业展区。参展优质农产品160余种，涉及100多家农业产业化重点龙头企业和合作社，参展产品均为无公害、绿色、有机农产品；宣传推介重点龙头企业120家、农业重点招商项目69个。石家庄市参展企业与国内外客商达成合作意向30余个，意向合作金额60亿元。其中，河北恩和农业科技有限公司与日本伊势食品株式会社合资10亿元的500万只蛋鸡标准化养殖基地项目、河北绿地久乐生物科技股份有限公司与浙江联盛新能源科技有限公司合资3.23亿元的食用菌与光伏一体化项目、栾城区引进东方园林环境股份有限公司投资

11.5亿元的栾城“东方园林·五朵金花”旅游度假区项目现场签约，累计总投资24.73亿元，引资额18.65亿元。

【石家庄—中关村硅谷项目对接会】 12月7～9日，中关村硅谷创新中心组织美国企业家代表团到石家庄市开展“硅谷项目中国行”活动，并举办“石家庄—中关村硅谷项目对接会”。石家庄市21个省级以上开发区和石家庄综合保税区及企业代表参加“石家庄—中关村硅谷项目对接会”。美国企业家代表团在对接会上推介了生物医疗项目、飞机制造项目、电子信息平台、RFID认证、新型建筑物节能管理系统、网络安全开发与运用、废气回收新材料7个项目，涉及人工智能、大数据、生物医疗、新材料等重点领域。石家庄参会各开发区、企业与美国企业家举行洽谈，高新区与美国IIC软件公司、特拉丁网络安全公司开展项目对接洽谈，装备制造产业园宏泰集团、中航石飞公司与大洋航空公司举行飞机制造项目洽谈。对接会达成初步合作意向3个，分别为：宏泰集团与大洋航空公司就小型飞行器制造项目达成初步合作意向；神威药业与努克人工智能公司就医疗器械研发达成初步合作意向；鹿泉开发区同辉公司与曼松科技公司达成初步合作意向。

【中美科技（石家庄）国际创新园项目对接洽谈会】 12月9日，中美科技创新代表团20余家企业代表到石家庄市参加中美科技（石家庄）国际创新园项目对接洽谈会活动。国家中美科技（石家庄）国际创新园项目是经国家科技部授牌、省政府重点支持的国家级园区建设项目。9月25～27日，在中国·石家庄国际投资合作洽谈会上，市政府与中美东方科技投资集团有限公司签订框架协议。中美东方科技投资集团是经科技部批复的国家中美科技国际创新园的投资运营主体，由美国切诺基投资集团、强力亚洲投资有限公司、科技资本国际有限公司共同投资成立。中美科技（石家庄）国际创新园项目规划定位为科技总部中心、产业集群项目和金融中心，重点发展新能源、新材料、医疗健康、智能制造、大数据、节能环保六大战略产业，帮助石家庄引进美国、欧洲、日本等国家和地区的优秀企业、技术及人才。

（市投资促进局）

供销合作商业

【概况】 2017年，石家庄供销合作社（简称市供销社）系统完成商品总购进294亿元，同比增长15.8%，其中，农副产品购进91.5亿元，增长19.5%；商品总销售315亿元，同比增长17.1%，其中，农资销售额45.8亿元，增长31.6%；完成消费品零售额126.0亿元，同比增长18.6%；实现利润2.68亿元，同比增长34.7%。实施开放办社政策，5家企业确定为第一批全省开放办社合作对象，1家为股权投资合作对象。依法整合资不抵债、扭亏无望特困企业3家，妥善安置职工50余名。开展盐业体制改革，按照国家、省盐业体制改革要求，制定印发《石家庄市盐业体制改

2017年11月30日，中华全国供销合作总社监事会副主任王韩民（右三）、省供销社理事会主任任民（右四）到石家庄市调研

革实施方案》《石家庄市市级盐业监管体制改革方案》，确保了盐业市场稳定。推广“互联网+供销社”电子商务经营模式，新建农村电子商务网店2797家，总数累计达到3464家。完善服务网点设施，集中打造集电商、流通、回收、金融等功能于一体综合服务型示范点，全年升级改造基层社220家。2017年市供销社获得全国供销社系统先进集体称号和河北省供销社系统综合业绩考核一等奖。

【为民服务】 以社区居民和农村居民吃上、用上放心产品为主题，开展农产品进社区、工业品进农村“双进工程”服务。红满楼超市与鹿泉区、藁城区、新乐市等地农副产品基地建立对接关系，在超市设立农副产品专柜，为市民提供优质特色产品。以布局区域化、服务规模化、经营产业化和一二三产业融合发展为理念，推进现代农业园区建设。2017年市供销社系统托管、流转土地面积72万亩，发展农业现代园区5个，培训农民2万人次。推进农村综合服务中心建设，至2017年末，全市建设社区综合服务中心（站）达到220家，打造五星级综合服务中心12家、四星级综合服务中心17家。开展农村合作金融服务，搭建农村合作金融平台，建设供销金融超市71家。扩大农业保险覆盖范围，全年为90个专业合作社提供风险保障6621万元，赔付62个专业合作社718万元。以强基础、抓规范、促交易为思路，加快农村产权交易市场建设，至2017年末，市级农村产权交易中心启动运营，全市农村产权交易平台实现市、县全覆盖，交易鉴证品种从最初的耕地、林地发展到农村所有农地类交易鉴证，全年帮助农民流转土地面积2.1万亩，成交合同金额1.3亿元。

【电子商务】 推广“互联网+供销社”电子商务经营模式，2017年市供销社系统新建农村电子商务网店2797家，规范提升347家，总数累计达到3464家。城区供销社红满楼连锁超市设立电了商务体验区，客户在体验区利用网络下单、到柜台取货。微商销售平台“石门特产汇”精选全市17个县（市、区）近100种优质农副产品及特色产品上线销售。河北中山日化股份公司创办集订货、查库存、看促销、微支付等功能于一体的智店天下移动O2O网络分销系统和智慧领客O2O平台，形成“电商平台+配送网络+市、县、乡村直营点”一体化运营的现代运营网络；2017年覆盖全国10多个省市，超过3万余家中小商店超市、厂家及分销商，线上销售额达1.8亿余元。

【重点经营项目】 以转型升级为思路，推进社属企业由经营商品向经营资本转变、由传统业态向新型业态转变。开发新能源项目，与青岛特锐德集团及旗下特温暖、特来电公司共同发展清洁能源产业；投资1200万元，建设深泽县城区清洁能源供暖项目竣工，安装燃气空气源吸收式热泵105台、模块化燃气锅炉73台，供暖面积30万平方米；新能源汽车充电终端项目在石家庄市域投建125个充电场站、2178个充电终端，市场占有率达90%，全年累计充电量103万千瓦时，充电车辆5.4万余次；新能源产业园项目规划投资10亿元，在石家庄装备制造产业园区建设占地120亩特锐德新能源产业园区，一期投资6亿元，建设年产5000台燃气空气源吸收式热泵智能制造厂。打造棉纺纱龙头企业，投资5亿元建设国际领先的综合保税区纺纱及棉花国际贸易项目。2017年该项目实现销售收入6711万元，缴纳税金2258万元。推进现代物流业发展，在正定国际物流园建设现代化、集约化、信息化大型第三方物流基地，优购物、中通、远成、鑫磊、明亨、三佳购物等企业入驻园区。与河北物产集团联手，共同打造线上钢铁电子商务平台和线下河北第一家钢铁超市。

石家庄市供销合作总社

理事会主任：任建忠（2月免）
张佐英（2月任）

理事会副主任：任素江　史国士
敦建伟

监事会主任：刘占海（4月免）

监事会副主任：丁根起　王彦生
康璞　（12月任）

（贡丽凯）

烟草专卖管理

【概况】 2017年，石家庄市烟草专卖系统烟叶合同种植面积4620亩，收购烤烟1.6万担。卷烟销量稳定增长，全年销售卷烟36.24万箱，较2016年增加0.9万担，同比增长2.56%，增速高于全省平均水平1.5个百分点，完成年度任务量101.17%，高于全省平均进度1.13个百分点；年人均卷烟销量8.47条，较2016年增加0.21条，高于全省平均水平0.46条；平均单箱销售额24410元，高于全省平均水平2035元，同比增长5.91%；一二三类烟累计销售27.32万箱，占总销量比重75.32%。经济效益增长明显，全年卷烟销售收入88.47亿元（含税），同比增长8.62%；实现利税21.99亿元，同比增长4.95%。省产烟销售增长平稳，全年销售省产烟20.49万箱，同比增长2.48%；平均单箱销售额18982元，同比增长4.04%。2018年石家庄市在全国36个重点城市中，卷烟销量和年人均销量增幅均排名第五，平均单箱销售额增幅排名第二。烟草商业库存同比下降，2017年末库存卷烟2.17万箱，同比下降13.64%。捐助公益项目资金31.37万元，其中，捐款5.72万元帮助友谊大街小学购置学习用品，捐款25.65万元支持乡村建设。

表26 2017年石家庄市烟草专卖局（公司）主要情况统计表

总体情况	主要负责人／法人代表		王春怀（3月前）／贾立业（3月始）
	所属县级单位（个）		17
	总资产（万元）		242905
	资产负债率（%）		11.9
	从业人员（人）		1061
业务机构	营销中心（个）		1
	卷烟配送中心（个）		1
	烟叶管理机构（个）	烟叶管理科	1
	专卖稽查机构（个）	稽查大队	18
		稽查支队	1
烟叶生产	烟叶生产基础设施建设资金投入（万元）		91.64
	烟叶生产基础设施新增受益面积（万亩）		0
	烟叶种植（万亩）		0.46
	烟叶收购（万担）		1.6
	烟农户数（户）		111
	烟农总收入（万元）		1685
卷烟销售	销售数量（亿支）		181.22
	同比增长（%）		2.56

卷烟销售	卷烟销售收入（万元）	884699
	零售户数量（户）	33541
	零售户销售毛利率（%）	13
实现税利	总额（万元）	219915
	同比增长（%）	4.95
实现利润	总额（万元）	82009
	同比增长（%）	16.57
案件查处	涉烟违法案件（起）	2076
	涉烟违法案件案值（万元）	2498.5

【卷烟营销】 以终端建设为中心，提升营销水平，制定客户档位评定、自律小组建设、业绩考核等20余项制度，形成制度管人、管事工作机制。规范营销秩序，重新设定档位评定和限量标准，档位限量由最高1200条递减到最低50条，客户从“随便订”变为“算着订”，提档意识和订货能力增强，大户“二次批发”从源头得到控制。合理设定中小户限量，遏制大户向中小户代订卷烟行为，大户比例从4.09%下降到1.33%；大户销量占比从30.49%下降到6.86%，中小户贡献度稳步提升。实施精准调控，参考订货成功率、满足率、订足率、订足面“四要素”，落实订货总量和单规格限量“双调控”措施，实现稍紧平衡。卷烟销量占比超过60%的钻石（硬玫瑰紫）、利群（新版）、黄鹤楼（软蓝）等13个主销规格实行一户一量、动态调整，营造市场供应趋紧氛围。提升货源投放精准度，采取档位和价位段两个维度、三种组合、五种投放方式。推进终端建设，向18085个零售户发放柜台展示架、向600个自律小组发放“小组之家”标识牌和自律公约宣传牌、向154个零售户推广使用零售终端管理信息系统。拓展线上营销，开通石家庄微商盟，推广微信订货支付。宣传烟草法律法规和商品信息，利用社会资源为城区1000个零售户免费安装户外LED电子显示屏。创新卷烟销售思路，修订引入退出管理办法，严控在销规格数量，优化品类布局；开展“一组两品”培育活动，成功培育双喜（莲香）、钻石（西柏坡）等规格品牌。

【专卖管理】 将治理大户作为市场监管首要任务，落实“建立档案、包干到片、责任到人、微信监控、严防死守”等措施，全年停业整顿大户174个，取消经营资格6个。清理无证经营。发布新的《零售户合理化布局规定》，调整行政许可，合理布局终端，维护守法户利益，全年新办卷烟专卖经营许可证6199户；制定无证经营卷烟清理方案，以早夜市、集贸市场、城镇以上生活小区、季节性流动摊点为对象，开展无证户清理活动；建立无证户台账，实现动态管理并纳入月度考核。全年统计在案无证户1745户，清理整顿1484户。清理串码烟销售。开展全方位、高频次“拉网式”检查，全年出动人员96779人次、车辆24192车次，检查零售户325612户次，查扣串码烟936.67万支。组建小组，加强共管。采取宣传培训、走访建群方式，在全市城区、乡镇、农村组建小组2392个，其中，城网小组1049个、农网小组1343个，31755个零售户加入自律互助小组，占全部零售户93.97%；2017年末全市乡镇以上销售户全部组建卷烟销售小组完毕，16个县级局实现全覆盖。建立举报平台，增强监督能力。发挥“互联网+”功能和社会监督作用，建立“石家庄烟草涉烟违法违规举报平台”。开展烟草专卖精准查处，稳步推进明码实价。7月至12月全市共接收举报3327起，其中2778起举报违反明码实价，核实处理2722起，追查来源户486户。开展烟草专卖打假破网行动，全年查处各类烟草案件2076起，查获非法卷烟2698.49万支，实物案值2498.5万元；查获5万元以上案件163起，破获国标案件10起，刑事拘留42人，逮捕36人，判刑27人。关注卷烟外流，加强重点户日常监督，实施卷烟外流整顿治理。全年卷烟外流94.52万支，全省排名第七；办理真烟案件1601起，查扣卷烟1045.72

万支、案值732.26万元，其中，5万元以上案件17起，查扣卷烟292.05万支、案值268万元。

石家庄市烟草专卖局（公司）
局长（经理）：王春怀（3月免）
贾立业（3月任）
副 局 长：陈冉
副 经 理：李鲁平
纪检组长：李向昌
工会主席：康江涛

（王瑜红）

成品油供应

【概况】 2017年，中国石油化工股份有限公司石家庄石油分公司（简称中石化石家庄石油分公司）轻油销售总量93.10万吨，完成全年计划95.6%，其中，汽油销售52.79万吨，柴油销售40.31万吨；轻油零售73.75万吨，完成计划93.7%；直销批发19.35万吨，完成计划104.0%；销售天然气506.75万立方米，完成计划116.4%；非油品业务实现销售额3.26亿元，完成计划112.8%，毛利4602万元，综合毛利率14.1%。2017年中石化石家庄石油分公司实现成品油销售收入57.68亿元，考核差价收入5.25亿元，考核利润2.54亿元，完成年度计划79.46%，吨油费用350元，较预算指标提高30元。重视渠道网络建设，创新建设26座项目投入运营，其中，代管项目18座、短租短付项目8座；全年代管油站销量10000吨，短租油站销量4439吨。重视非油品经营，举办“油非互促”营销活动，实现销售收入1.14亿元，其中燃油宝销售709万元。2017年10月1日起，石家庄市辖区销售汽、柴油全部实行国六标准。推进加油站地下油罐更新改造，至2017年末，全市共有加油站667家、油罐数量2511个，完成地下油罐更新改造加油站349家，完成率52.3%，累计改造油罐1179个，占比47.0%。2017年市工商行政管理部门抽检成品油2841个批次，查处成品油案件331起，罚款505万元。

【油品营销】 拓展加油卡营销渠道，发挥“互联网+”信息传播和支付便捷功能，至2017年末，公司“油惠通”微信注册用户13.76万户，注册APP用户15万户。创新加油卡营销模式，全年公司开展户外推广活动518次，销售充值卡307.48万元，现场新增发卡1074张，充值377万元；客户使用加油卡充值电子券415万元，折合充值额1.38亿元；柴油联名卡累计发卡1.5万余张，充值12334万元，实现销量2058万升，位列全省石油销售系统第一名。率先在全省开展微信支付充值业务，全年微信充值金额3380万元，微信支付加油销售额2565万元。开展联合营销，借助电信公司、保险公司、石家庄北人集团等社会资源，搭建强强联合平台，为客户提供增值服务，全年实现联合营销交易额10204万元，使用联合定制加油券869.5万元。拓展直销批发市场，参与4家电厂使用成品油招标，中标8次，销售油品2000吨。加大新客户开发，全年新开发客户138家，新增油品销量3.1万吨。举办“支农惠农”活动3747次，销售柴油1.99万吨。

【成品油价格调整】 2017年石家庄市成品油价格11次上调，6次下调。1月13日0时起，全市成品油价格首次上调，汽、柴油价格每吨均上调70元。92号汽油最高限价每升上涨0.05元。调整后，国五标准成品油价格全部达到6元以上。其中，国五标准89号汽油最高零售价格为每升6.06元，92号汽油每升6.53元，95号汽油每升6.90元；国五标准0号车用柴油最高限价每升6.15元，5号柴油每升6.02元，负10号柴油每升6.51元，负20号柴油每升6.82元，负35号柴油每升7.07元，负50号柴油每升7.25元。1月26日0时起，全市成品油价格下调，汽、柴油价格每吨均下调70元。92号汽油最高限价每升下调0.05元。调价后，国五标准89号汽油最高零售价格每升6.01元，92号汽油每升6.48元，95号汽油每升6.84元；国五标准0号车用柴油最高限价每升6.09元，5号柴油每升5.96元，负10号柴油每升6.45元，负20号柴油每升6.76元，负35号柴油每升7.01元，负50号柴油每升7.19元。2月15日0时起，全市成品油价格上调，汽、柴油价格每吨均上调50元。92号汽油最高限价每升上涨0.04元。调整后，国五标准89号汽油最高零售价格每升6.04元，92号汽油每升6.52元，95

号汽油每升6.89元；国五标准0号车用柴油最高限价每升6.13元，5号柴油每升6.01元，负10号柴油每升6.50元，负20号柴油每升6.80元，负35号柴油每升7.05元，负50号柴油每升7.23元。3月15日0时起，全市成品油价格下调，汽、柴油价格每吨均下调85元。92号汽油每升下降0.07元。调整后，国五标准89号汽油最高零售价格每升5.98元，92号汽油每升6.45元，95号汽油每升6.81元；国五标准0号车用柴油最高限价每升6.06元，5号柴油每升5.93元，负10号柴油每升6.42元，负20号柴油每升6.72元，负35号柴油每升6.96元，负50号柴油每升7.15元。3月29日0时起，全市成品油价格下调，汽、柴油价格每吨分别下调230元、220元。92号汽油每升下降0.19元。92号汽油每升6.26元，95号汽油每升6.62元。4月13日0时起，全市成品油价格上调，汽、柴油价格每吨分别上调200元、190元。92号汽油每升上涨0.16元。调整后，国五标准89号汽油最高零售价格每升5.96元，92号汽油每升6.42元，95号汽油每升6.79元；国五标准0号车用柴油最高限价每升6.03元，5号柴油每升5.91元，负10号柴油每升6.39元，负20号柴油每升6.69元，负35号柴油每升6.93元，负50号柴油每升7.11元。5月12日0时起，全市成品油价格下调，汽、柴油价格每吨分别下调250元、235元。92号汽油每升下降0.20元。调整后，国五标准92号汽油最高零售价格每升6.22元，95号汽油每升6.58元；国五标准0号车用柴油最高限价每升5.83元，5号柴油每升5.93元。5月26日0时起，全市成品油价格上调，汽、柴油价格每吨分别上调140元、135元。92号汽油每升上涨0.12元。调整后，国五标准92号汽油最高零售价格每升6.34元，95号汽油每升6.69元；国五标准0号车用柴油最高限价每升5.94元。6月10日0时起，全市成品油价格下调，汽、柴油价格每吨分别下调180元、175元。92号汽油每升下降0.15元。调整后，国五标准89号汽油最高零售价格每升5.74元，92号汽油每升6.19元，95号汽油每升6.54元；国五标准0号车用柴油最高限价每升5.79元，5号柴油每升5.68元，负10号柴油每升6.14元，负20号柴油每升6.43元，负35号柴油每升6.66元，负50号柴油每升6.83元。6月24日0时起，全市成品油价格下调，汽、柴油价格每吨分别下调250元、240元。92号汽油每升下降0.20元。调整后，国五标准92号汽油最高零售价格每升5.99元，95号汽油每升6.33元；国五标准0号车用柴油最高限价每升5.58元。7月22日0时起，全市成品油价格上调，汽、柴油价格每吨均上调75元。92号汽油每升上涨0.06元。调整后，国五标准92号汽油最高零售价格每升6.05元，95号汽油每升6.39元；国五标准0号车用柴油最高限价每升5.65元。8月5日0时起，全市成品油价格上调，汽、柴油价格每吨分别上调175元、165元。92号汽油每升上涨0.14元。调整后，国五标准89号汽油最高零售价格每升5.74元，92号汽油每升6.19元，95号汽油每升6.54元；国五标准0号车用柴油最高限价每升5.79元，5号柴油每升5.68元，负10号柴油每升6.14元，负20号柴油每升6.43元，负35号柴油每升6.66元，负50号柴油每升6.83元。9月16日0时起，全市成品油价格上调，汽、柴油价格每吨均上调95元。92号汽油每升上涨0.08元。调整后，国五标准89号汽油最高零售价格每升5.81元，92号汽油每升6.27元，95号汽油每升6.62元；国五标准0号车用柴油最高限价每升5.87元，5号柴油每升5.76元，负10号柴油每升6.23元，负20号柴油每升6.52元，负35号柴油每升6.75元，负50号柴油每升6.93元。9月30日0时起，全市成品油价格上调，汽、柴油价格每吨分别上调210元、195元。92号汽油每升上涨0.17元。调整后，国五标准92号汽油最高零售价格每升6.44元，95号汽油每升6.80元。11月3日0时起，全市成品油价格上调，汽、柴油价格每吨均上调150元。92号汽油每升上涨0.12元。调整后，国五标准92号汽油最高零售价格每升6.56元，95号汽油每升6.93元；国五标准0号车用柴油最高限价每升6.17元。11月17日0时起，全市成品油价格上调，汽、柴油价格每吨分别上调265元、250元。92号汽油每升上涨0.21元。调整后，国五标准92号汽油最高零售价格每升6.77元，95号汽油每升7.15元；国五标准0号车用柴油最高限价每升6.39元。12月29日0时起，全市成品油价格上调，汽、柴油价格每吨均上调70元。92号汽油每升上涨0.06元。调整后，国五标准92号汽油最高零售价格每升6.83元，95号汽油每升7.21元；国五标准0号车用柴油最高限价每升6.45元，5号柴油每升6.32元，负10号柴油每升6.84元，负20号柴油每升7.16元，负35号柴油每升7.42元，负50号柴油每升7.61元。

中国石油化工集团石家庄石油分公司
经　理：王振祥
党委书记：李现华
副经理：肖立金　于海涛

陈军鹏

（剧柏含）

旅　游

【概况】 2017年，石家庄市接待海内外游客8939.50万人次，同比增长20.84%；实现旅游业总收入962.55亿元，同比增长32.61%。春节假日期间（1月27日至2月2日），全市接待游客126.12万人次，同比增长18.65%；实现旅游业收入7.59亿元，同比增长26.08%。"五一"假日期间（4月29日至5月1日），全市接待游客445.5万人次，同比增长15.2%；旅游业收入29.9亿元，同比增长26.7%；市动物园、植物园接待游客18.8万余人次，其中，市动物园接待游客11.8万人次、市植物园接待游客7万余人次。国庆节、中秋节假日期间（10月1～8日），全市接待游客604.58万人次，同比增长20.05%；实现旅游业收入32.96亿元，同比增长30.38%。其中，西柏坡纪念馆接待游客27.24万人次；古城正定接待游客99.68万人次，同比增长892%，旅游收入23.59亿元，同比增长242%。2017年全市在建旅游项目168个，完成投资110亿元；规划建设旅游厕所70座，实际完成90座。建立市级旅游产业发展大会平台机制，安排5000万元专项资金助推承办地举办旅游产业发展大会。9月2～4日，首届石家庄市旅游产业发展大会举行，签约项目45个，总投资1468亿元。勒泰中心获评国家3A级旅游景区，53家农家乐获评石家庄市星级农家乐。至2017年底，石家庄市共有A级景区35处，其中，5A级景区1处，4A级景区25处，3A级景区6处，2A级景区3处；全国休闲农业与乡村旅游示范县2个（元氏县、平山县），河北省休闲农业与乡村旅游示范县3个；工农业旅游示范点33个，其中，国家级农业旅游示范点1个，省级农业旅游示范点15个，省级工业旅游示范点8个；省级星级农家乡村酒店2个，市级星级农家乐108个；旅行社267家，其中，出境组团社38家、具有赴台资质旅行社8家、一般组团社229家；星级饭店63家，其中，五星级4家、四星级27家，床位合计21.6万张；绿色饭店35家，其中，国家金叶级绿色饭店4家，省级绿色饭店5家；旅游大巴车700余辆，旅游教育培训规范单位12家，持证导游9000余人。2017年鹿泉区抱犊寨风景区客运索道站、河北省中国旅行社有限责任公司假日中心获得"全国青年文明号"称号，西柏坡纪念馆宣教部获得"河北省工人先锋号先进集体"称号；西柏坡纪念馆郭薇参加河北省第六届"寻找最美导游大赛"获得冠军及"河北省政务导游员"称号，代表河北省参加全国导游大赛获得"全国优秀导游员"称号。

【旅游设施建设】 编制出台《关于全市旅游业发展体制机制改革的指导意见》《石家庄市旅游业"十三五"发展规划》《石家庄市全域旅游发展规划》《石家庄市智慧旅游发展规划》，《石家庄市西部山区（五县区）旅游发展战略规划》《关于加快我市太行山地区旅游业发展的实施意见》。3个旅游项目入选《2017全国优选旅游项目》，分别是鹿泉区西部长青旅游度假区、鹿泉区世界级奶业小镇、平山县白鹿温泉红崖谷项目。鹿泉区西部长青旅游度假区是石家庄市旅游产业的重大项目，也是全市首个集户外运动、生态观光、民俗体验、主题游乐、大型演艺、异域风情等功能于一体的综合性山水运动休闲度假区，完成投资近6亿，重点实施温泉度假区项目、游客服务集散中心、山顶公园项目、德明古镇一期项目及路网、绿化等基础设施建设。鹿泉区世界级奶业小镇项目依托君乐宝优致牧场，以生态循环为主题，建设乳品体验工厂、游客中心、牛奶果园等配套项目，是集科普教育、休闲体验、旅游观光、文化交流于一体的综合奶业小镇，二期扩建工程完成投资2000万元，主要实施科普示范区花海景观、综合服务区停车场、旅游厕所等项目建设。平山县白鹿温泉红崖谷项目以太行山自然风光、民俗风情特色旅游为主题，融入现代化大型水上娱乐项目；总投资32亿元，按照国家5A景区标准打造，包含白鹿古镇、华严寺、红崖湖、状元路、健身步道、莲花溪等50多处景点；一期项目白鹿古镇、水系景观、红崖书院、林溪花海、环山云梯栈道等建设均已完工。12月24日，平山县白鹿温泉红崖谷玻璃吊桥正式向游客开放。该玻璃吊桥横架两座山峰之间，全长488米，宽4米，桥面与地面垂直落差218米，相当66层高楼；该吊桥连接景区朱雀岭与玄武崖两座山峰，桥梁采用悬索结构，桥面全部采用航空夹胶玻璃，厚度达4厘米，可供600人同时通过；桥面铺设1077块匀质钢化夹层玻璃，由126吨重高钒索合力支撑，两端设有玻璃台阶433阶；吊桥设计可抗12级大风、6级地震。推进旅游服务设施建设，规划建设旅游厕所70座，实际完成90座。设立和安装旅游交通标识牌246块。2月14日，高新区天山文化旅游产业园项目开工，总建筑面积50万平方米。开展游客中心标准化建设，全市4A以上景区基本完成省旅游发展委员会下达景区游客中心标准改造任务。平山白鹿温泉玻璃工艺艺术品旅游购物中心、平山西柏坡中华奇石馆、鹿泉北国奥特莱斯购物中心获评石家庄市旅游购物基地。创建全域旅游示范区。正定县以举办首届石家庄市旅游产业发展大会、创建全国文明城市为契机，重点打造中国文化旅游名城，突出“古城古韵 自在正定”和千年古郡、北方雄镇历史风貌恢复建设；以“开放、共享”为原则，开放全县机关和企事业单位厕所402座，城区新建改建公厕62座，公园、游园、停车场、主要道路两侧设立移动厕所，形成共享厕所、城市公厕、景区厕所相互补充的厕所服务体系；新建免费停车场16个，机关和企事业单位停车位、饮水间全部实行对外开放。平山县以创建国家全域旅游示范区为目标，编制《平山县全域旅游发展规划》及特色风情小镇、智慧旅游建设、景观大道设计等“1+3”规划体系，实施西柏坡、天桂山、驼梁等景区改造提升和沕沕水空中画廊、白鹿温泉红崖谷等旅游项目建设。平山县天桂山景区提升改造项目总投资5000万元，建成600平方米游客中心1座；扩建白毛女艺术陈列馆，建设白毛女故乡——燕尾庄美丽乡村；武当武术研究中心、道教养生中心正在建设。平山县皇安生态文化旅游区一期项目空中画廊开通40千米，路面硬化20千米；摩崖大佛观音雕刻完工；大型“九龙之子”喷泉造型和集购物、餐饮、休息于一体观佛台仿木休闲长廊正在施工。鹿泉区开展旅游基础服务设施“共建共享”工程，城区免费开放停车场36处，提供停车位1400多个；城区沿街32家单位公厕免费对外开放。2017年9月，石家庄市被确定为首批省级全域旅游示范区创建单位。

【首届旅游产业发展大会】 9月2～4日，由石家庄市委、市政府主办，正定县委、县政府、市旅游发展委员会承办，市旅游工作领导小组成员单位协办的首届石家庄市旅游产业发展大会在正定县举行。省委常委、宣传部长田向利，省人大常委会副主任王雪峰，副省长王晓东，省政协副主席姜德果，省委常委、市委书记邢国辉，省旅游发展委员会主任那书晨，市长邓沛然，市委常委、正定县委书记张业等省市领导及国务院研究室等国家部委和全国70多个地市旅游主管部门领导、24个国家和地区的驻华使节、国际友人、旅游组织代表参会。首届旅游产业发展大会以建设旅游强市为目标，以“打造中国文化旅游新样板”为主题，重点推进旅游供给侧结构性改革，全面展示正定千年古郡的历史风貌、产业新城的现代风采、美丽田园的乡村风光。主要举办10项活动，分别为：首届石家庄市旅游产业发展大会开幕式、石家庄市旅游工作推进会、正定大型实景演出、第四届石家庄旅游交易会、亚太旅游城市品牌峰会、旅游项目线路观摩、红楼文化产业项目、元曲专题展演、中国旅游报“美丽中国行”——正定印象、中国铁旅万人游。首届旅游产业发展大会期间，第四届石家庄旅游交易会在正定新区园博园展览中心同期举行，9月2日为专业旅游交易日，9月3～4日为公众参观日；展区面积1.6万平方米，设计包括特色旅游商品展区、全域旅游展区、智慧旅游展区、房车露营展区、大型特色旅游装备展区、精品旅游线路展区等八大类；石家庄及周边地区150余家旅游参展商参加展览展示活动，3天累计接待游客18万人次，交易金额20亿元。第四届石家庄旅游交易会期间，签约项目45个，总投资额1468亿元，签约项目包含休闲度假旅游、文化旅游、全域旅游、特色小镇、现代农业、康养社区、电子商务等12大类。休闲度假旅游：鹿泉区铜冶镇政府与石家庄文旅旅游开发有限公司签约投资10.6亿元建设鹿泉区铜冶镇杰明房车露营地项目，正定绿舟旅游开发有限公司与承德沁盛苗木种植有限公司签约投资 2.8 亿元建设正定西里寨沙洲湾生态乐园（风情小镇）项目；文化旅游：正定新区管委会与中国国家画院签约投资 15 亿元建设中国国家画院正定美术中心项目，河北晖御食品有限公司与河北正创投资管理有限公司签约投资 27.46 亿元建设鹿泉区龙泉古镇项目；特色小镇：鹿泉区政府与恒大地产集团石家庄有限公司、华谊兄弟（天津）实景娱乐有限公司 3 方签约投资 34 亿元建设鹿泉区华谊兄弟石家庄电影小镇项目，晋州市政府与河北旅游投资集团有限公司签约投资 150 亿元建设晋州温泉养生及现代农业观光旅游小镇项目；现代农业：井陉矿区贾庄镇政府与广东惠州大亚湾置业有限公司签约投资 12 亿元建设井陉矿区太行绿谷田园综合体项目，栾城区政府与天山集团签约投资 15 亿元建设栾城区天山国家农业公园项目；康养社区：正定新区管委会与石家庄万科房地产开发有限公司签约投资 50 亿元建设万科正定文化村项目等。精选推出 6 条全新旅游线路。2 条精品线路：园博园—荣国府—隆兴寺—开元寺—阳和楼—临济寺—广惠寺—南部城墙（南城门）—南关古镇—塔元庄梦缘小镇—滹沱广场；南关古镇—南城门—广惠寺—临济寺—阳和楼—开元寺—隆兴寺—荣国府—塔元庄梦缘小镇—滹沱广场。4 条推荐线路："古城新韵"发展之旅：荣国府—隆兴寺—燕赵南大街—塔元庄现代农业科技园—农耕时代—滹沱广场；隆兴寺—荣国府—农耕时代—森林河趣那主题公园—塔元庄现代农业科技园；"遇见古城"梦幻之旅：园博园—塔元庄现代农业观光园—滹沱广场—燕赵南大街—荣国府；塔元庄现代农业科技园—森林河趣那主题公园—农耕时代—燕赵南大街—荣国府—隆兴寺。重温红楼文化内涵。借 1987 年版《红楼梦》播出 30 周年之际，举办"重温经典、走进荣国府 -87 版《红楼梦》首播 30 周年纪念活动启动仪式"、红楼音乐会、红楼文化研讨会及红楼宴系列产品开发等活动。举行《正定记忆》大型实景演出。《正定记忆》演出大气磅礴，穿越古今，利用奇妙和梦幻视觉，让游人亲身感受到正定古城的历史文化之美、精神之美、情怀之美，是石家庄有史以来演出规模最大、参演人数最多、科技含量最高的一场实景演出，《燕赵晚报》"ZAKER 石家庄"新媒体平台全程直播，24 小时内点击观看人数超过 240 万人，创下"ZAKER 石家庄"平台媒体直播收看全国纪录。公布首届旅游产业发展大会主题口号、形象标识（Logo）和吉祥物。首届石家庄市旅游产业发展大会宣传口号为："红色西柏坡，多彩石家庄""古城新韵，自在正定"；首届石家庄市旅游产业发展大会吉祥物为 3 个可爱的娃娃形象，名字分别为："游游""真真""定定"。首届石家庄市旅游产业发展大会期间，正定县隆兴寺、荣国府、开元寺、广惠寺、天宁寺、南城门、阳和楼等主要景区累计接待游客 52.63 万人次。

【旅游宣传推介】 围绕"红色西柏坡 多彩石家庄""西柏坡的精神、正定城的古韵、新中国的摇篮""革命圣地、青翠太行、千年古郡、幸福新城"等主题品牌，在媒体平台推送旅游信息，播放石家庄旅游宣传片，宣传石家庄旅游形象。冀晋鲁旅游惠民卡发行。1 月 22 日，由石家庄、沧州、邢台、辛集、定州、衡水、阳泉、德州 3 省 8 市旅游部门联手打造的"冀晋鲁旅游惠民卡"正式发行，售价 168 元，覆盖区域由 2016 年石家庄市 19 家景区拓展至 8 个城市 92 家旅游企业，包括景区、休闲娱乐等旅游业态，其中，景区 82 家（4A 及以上景区 30 家）、旅游宾馆 10 家；2017 年末"冀晋鲁旅游惠民卡"参与景区达到 88 家。6 月 26 日～7 月 5 日，市旅游部门随市经济代表团应邀访问泰国、新加坡和印度尼西亚，举办"多彩石家庄走进泰国""多彩石家庄走进新加坡"旅游推介会，组建成立曼谷、新加坡——石家庄旅游营销中心。开拓西部及西南重点区域旅游市场，在西安市、成都市、重庆市举办"红色西柏坡·多彩石家庄"旅游推介会。推进区域旅游联合，石家庄、阳泉、德州、邢台、沧州、定州、衡水、辛集 8 个城市签署《同城旅游友好城市合作宣言》，石家庄市加入由山东省德州市旅游局发起成立"京津冀鲁协同发展城市旅游联盟"；9 月 21 日，石家庄市旅游发展委员会与牡丹江市旅游发展委员会签订旅游框架合作协议，结成"旅游友好城市"战略伙伴关系。开展旅游列车冠名，开行石家庄北—张家口南"石家庄正定号"旅游列车。2017 年全市接待境外 10 多个国家和地区及国内 70 多个城市到石家庄市举办旅游宣传推介活动。开展首届"庄里外休闲好去处"评选活动，推选十大类 114 家推荐品牌商家。

【旅游主题活动】 工业旅游。鹿泉区、藁城区、栾城区3个工业旅游集聚区初具规模，鹿泉区君乐宝乳业探索开展包括工业旅游在内全产业融合发展，栾城区中航通飞华北公司定期举行“邀您看航空”“走进青少年课堂”“航空科普进校园”等主题活动，藁城区中粮可口可乐饮料（河北）有限公司联合《燕赵都市报》、新浪网举行“美丽工厂 亲子探知”活动8期。都市田园体验旅游。正定县以都市田园为主题，推选古城文化体验片区、新区都市片区、美丽乡村休闲度假片区和“古城+新区”“美丽乡村+古城+滹沱河景区”等精品线路，组织滹沱河叶子广场、森林河趣那主题公园、塔元庄现代农业科技园、农耕时代、大鸣荷韵生态园等农旅结合休闲农业区举办体验都市田园生活游玩活动。美丽乡村旅游。鹿泉区白鹿泉美丽乡村旅游度假区——鹿泉土门关驿道小镇一期项目10月1日对外开放，推出品美食、游古道，感受旱码头文化活动。井陉县古村落美丽乡村旅游度假区吕家村、大梁江、南横口等古村落以特色民居为主题，举办古村落观光、田园休闲、文化体验活动。平山县李家庄以打造民俗风情特色街巷为主题，开展农宅股份合作和高品质农家乐游玩旅游，李家庄乡村游成为西柏坡红色旅游新热点。至2017年末，全市发展乡村旅游村达到168个，星级农家乐累计达到160家。其中，新评石家庄市星级农家乐53家，市级星级农家乐累计达到108个。农业园区旅游。平山县以“旅游+农业园区”为主题，重点发展观光农业、休闲采摘、登山健身等多元旅游业态，培育形成葫芦峪、大吾生态谷、泓润农业观光园等综合示范园区，2017年末规模化农业园区达到25家。栾城区重视农业旅游品牌建设，培育形成东方园林、神农福地、苏园、慧灯庄园等多业态融合的农业园区。鹿泉区突出紫藤庄园、圣农庄园、森泰庄园等农业园区旅游项目。元氏县推进农业园区创建星级农家乐活动，龙华山庄、元丰庄园等园区入选星级农家乐。2017年石家庄各县（市、区）还举办平山喜乐年、正定春节大庙会、井陉苍岩山庙会、正定千年古韵历史文化旅游节、栾城草莓采摘节、赵县梨花节、藁城区第十三届梨花节暨宫酒工业游（肥晶国庄园首届樱桃节）等节庆活动。开拓冬季旅游市场，策划举办“庆解放、话幸福，八省二十市冬季旅游惠民活动暨国御温泉康养文化节”、平山冰雪温泉旅游文化节、沕沕水冰瀑旅游文化节、京津冀运动休闲体验季冰雪体验等活动。10月18～24日中共十九大会议召开后，西柏坡景区迎来红色旅游热潮，2017年西柏坡景区接待游客570万人次，其中接待省部级以上领导参观60余批次。

【旅游行业管理】 全年受理旅游咨询、投诉955件，其中，电话回复、现场解决871件，书面受理84件，结案82件，帮助游客挽回经济损失26.42万元。约谈并向相关旅游企业提出整改意见120余条，责令整改不规范经营行为23家，行政处罚5起，妥善处理旅游热点问题和群体集中上访事件7起。5家不达标4A级景区受到处理。1月4日，河北省旅游发展委员会（简称省旅游委）通报2016年全省4A级以上旅游景区专项整治行动情况。21家景区因存在严重不达标或问题受到处理，4家景区取消4A级景区资质，3家景区由4A级景区降为3A级景区，14家景区受到警告或严重警告。其中，石家庄市2家景区取消4A级景区资质，分别为平山拦道石景区、市区联邦·空中花园景区；1家景区受到严重警告，限期6个月整改，为赞皇棋盘山景区；2家景区受到警告，限期3个月整改，分别为灵寿秋山、平山东方巨龟苑。开展旅游标准化试点，建立旅游标准化咨询专家库，天山海世界获评省级旅游标准化单位。加强星级饭店监管，全市所有星级饭店2017年度复核（复评）完成；以岭健康城凯旋门大酒店获评五叶级中国绿色饭店；新评三星级饭店1家（平山县温塘镇心岛怡岸酒店）。导游换发电子导游证7000余名。9月15日起，新办旅行社行政审批权由市旅游委移交市行政审批局办理。2017年全市新审批旅行社16家，旅行社分社备案8家，旅行社服务网点备案67家；旅行社责任险投保率为100%。

（刘伟东）

金 融

Finance

综 述

2017年，石家庄市以建设河北省金融中心为目标，贯彻落实创新、协调、绿色、开放、共享发展理念，优化金融发展环境，推进金融体制改革，做大做强市场主体，扩大融资规模，没有发生金融风险事件。金融业平稳健康运行。2017年全市金融业实现增加值493.3亿元，同比增长17.6%，较2016年提高2.2个百分点，高于全省平均水平6.6个百分点；占全市地区生产总值、第三产业增加值比重分别为9.0%、16.9%。2017年全市金融业纳税103.46亿元，占全市税收总额比重12.82%，占全省金融业纳税总额比重26.90%；地方留成金额39.05亿元，占全市税收地方留成13.01%。金融业主体增加。2017年全市共有持牌银行业金融机构58家，同比增加18家；拥有保险公司省级分公司68家；总计挂牌上市企业196家，累计实现股票融资740亿元。2017年全市共有证券、期货法人公司各1家，证券分公司21家、营业部74家，期货营业部14家；信托公司、股权交易所、金融资产交易所、金融后台服务中心、消费金融公司各1家，金融租赁公司2家，金融资产管理公司法人公司1家、分公司4家，企业财务公司3家，农村资金互助社1家，小额贷款公司68家。

银行业。2017年全市共有持牌银行业金融机构58家，其中，全国性银行一级分行20家（政策性银行3家、国有大型商业银行5家、股份制银行10家、外资银行1家、邮政储蓄银行1家），城市商业银行一级分行8家，地方性法人银行业机构30家。2017年全市银行业实现净利润145.33亿元，同比增加46.62亿元；不良贷款余额158.74亿元，较年初增加22.95亿元；不良率1.76%，较年初下降0.05个百分点，低于全省平均水平0.54个百分点。至2017年末，全市（不含辛集市）金融机构人民币各项存款余额11307.0亿元，同比增长5.6%。其中，境内存款余额11305.3亿元；住户存款余额5326.6亿元，同比增长5.5%；定期及其存款余额3556.8亿元。至2017年末，全市（不含辛集市）金融机构人民币各项贷款余额8731.1亿元，同比增长24.4%。其中，境内贷款余额8724.7亿元；住户贷款余额2825.6亿元；短期贷款余额496.2亿元；中长期贷款余额2329.3亿元。

证券。至2017年末，全市共有各类挂牌上市企业196家，累计实现融资740亿元。其中，境内公开市场（上海证券交易所、深圳证券交易所）上市企业16家，全国中小企业股份转让系统（简称新三板）挂牌企业69家，天津股权交易所挂牌企业20家，石家庄股权交易所挂牌企业72家，前海股权交易中心挂牌企业1家；境外资本市场挂牌上市企业18家。落实企业上市扶持政策，2017年全市兑现企业上市奖励资金6010万元，其中，省级奖励资金2540万元，市级奖励资金3470万元。2017年全市新增挂牌上市企业34家，其中，主板1家，新三板12家，石家庄股权交易所21家。2017年4月，科林电气在上海证券交易所挂牌，成为22年来石家庄市首个登陆沪市的主板上市公司。支持企业利用债券市场直接融资，2017年全市企业发行债券423亿元，其中，公司债40亿元，短期及超短期融资券205亿元，中期票据133亿元，非公开定向债务融资工具45亿元。

保险业。2017年全市拥有保险公司省级分公司68家，其中，财险公司31家，寿险公司37家。2017年全市保险行业保费收入387.42亿元，同比增长11.1%；各项赔款支出167.37亿元；缴纳及代收代缴税费21.58亿元，为全市提供就业岗位10.08万个。寿险保费收入增速放缓，全年37家寿险公司保费收入277.92亿元，同比增长11.7%；赔款及各类给付支出116.42亿元，其中，为全市大病保险参保居民提供最高风险保障金额2.57万亿元，实际支付赔款3.90亿元，受益人次4.05万人。产险业务增速稳中有升，全年31家产险公司实现保费收入109.50亿元，同比增长9.4%；赔款支出50.95亿元。2017年产险公司为全市277.94万辆次机动车提供风险保障1.30万亿元，赔案件数64.45万件，支付各项交通事故赔款38.26亿元，受益车主63.45万人次；农业保险参保农户188.1万户次，承保种植业1294.2万亩、养殖业400.3万头（匹、只），为农户提供风险保障金额81.48亿元，支持农业灾害损失赔款14935.09万元，受益农户24.8万户次；向全市提供保险风险保障金额12.58亿元，支付赔款12392.22万元；为各类企业财产保险、工程保险提供风险保障金额8919.8亿元，支付赔款25198.65万元。

金融改革。探索开展金融改革，制定印发《关于支持现代保险服务业助力京津冀协同发展的实施意见》（石政发〔2017〕28号）、《石家庄市全面创新改革试验主要措施》（石政发〔2017〕49号），推动保险业服务京津冀协同发展，促进科技型企业股权融资，设立服务科技企业科技支行达到5家。实施农村信用合作社改革，平山县、灵寿县、元氏县等县级信用社联合社农商行改制申请获得银行业监管部门批准，正在清产核资和资产评估；鹿泉区、栾城区、高邑县等县区信用社联合社启动农商行筹建；汇融农村合作银行农商行改制取得进展，河北银监局正在审查股权纠纷。支持桥西区与北京金融街集团合作，建设金融创新开发区，打造产城融合复合型生态金融聚集区。扩大金融组织。5月10日，石家庄新华恒升村镇银行成立；9月5日，河北银监局批准石家庄新华恒升村镇银行股份有限公司开业，营业场所：石家庄市新华区中华北大街363号秀水大厦。6月14日，张家口银行发起设立河北幸福消费金融股份有限公司在石家庄市挂牌开业，这也是河北省首家持牌消费金融公司，股东包括张家口银行、神州优车、蓝鲸控股集团，总部位于河北石家庄市，股权分配：张家口银行持股38%，神州优车持股33%，蓝鲸控股持股29%。11月13日，河北银监局批准承德银行股份有限公司石家庄分行开业，营业地址：石家庄市桥西区中山西路88号商用房。推动东旭集团等企业申办民营银行，支持企业参与发起设立全国性法人人寿保险公司；浦发银行赵县村镇银行筹建方案获得银监部门批准。谋划设立市级地方性商业银行，探索组建市属金融控股集团。

金融服务。以服务实体经济为出发点和落脚点，提升金融服务水平和效率。2017年石家庄市政府与中国人民银行石家庄中心支行、河北金融票据协会签署合作备忘录，与河北银行签署战略合作协议。建立常态化银企对接机制，定期向金融机构发布全市企业融资需求目录；利用举办中国·石家庄国际投资贸易洽谈会、金融理财节、金融博览会等形式，多渠道促成银企对接活动，引导金融机构围绕重点产业、重点领域、重点项目的发展需要，优化信贷结构。新增贷款重点投向实体产业。至2017年12月末，全市产业贷款余额5627.77亿元，同比增长25.84%；主要银行业战略性新兴产业贷款余额169.17亿元，同比增长29.04%，高于各项贷款增速4.64个百分点。发展普惠金融，引导金融机构向小微企业、“三农”和贫困地区提供金融服务。2017年全市14家合作银行累计向小微企业发放贷款18484笔、309亿元，至2017年末，全市小微企业贷款余额1472.33亿元，较年初增加317亿元。2017年全市银行业涉农贷款余额1865.49亿元，同比增长14.61%，较年初增加276.82亿元；建立农业产业化增信基金，规模达到9700万元，形成贷款能力7.76亿元。开展金融扶贫，2017年平山县、赞皇县、灵寿县、行唐县4个贫困县贷款余额总计265.58亿元，较年初增加29.13亿元。

防范金融风险。增补处置非法集资领导小组成员，印发《石家庄市非法集资奖励举报实施办法》《石家庄市打击和处置非法集资监测预警工作制度》《2017年石家庄市防范和处置非法集资工作综合治理考核评价细则》等文件，完善奖励举报、监测预警、信息沟通、考核评价等规定。利用动漫宣传片、广电节目、LED大屏、街道标语、宣传单等形式，举办防范非法集资宣传。加强重点领域监管，开展非法集资风险排查，全市排查各类企业4642家，依法查处问题企业59家。防范和整治互联网金融风险，向208家互联网金融企业提出整改意见。清理整治交易场所22家，关停注销交易场所4家（河北商品交易中心、河北矿业权交易中心、行唐金融资产交易中心、河北省产权交易中心），协调化解河北融投担保集团与关联企业债务问题。

（彭秀文）

银　行

中国人民银行石家庄中心支行

【概况】 2017年，全市共有持牌银行业金融机构58家，其中，全国性银行一级分行20家（政策性银行3家、国有大型商业银行5家、股份制银行10家、外资银行1家、邮政储蓄银行1家），城市商业银行一级分行8家，地方性法人银行业机构30家。2017年全市银行业实现净利润145.33亿元，同比增加46.62亿元；不良贷款余额158.74亿元，较年初增加22.95亿元；不良率1.76%，较年初下降0.05个百分点，低于全省平均水平0.54个百分点。至2017年末，全市（不含辛集市）金融机构人民币各项存款余额11307.0亿元，同比增长5.6%。其中，境内存款余额11305.3亿元；住户存款余额5326.6亿元，同比增长5.5%；定期及其存款余额3556.8亿元。至2017年末，全市（不含辛集市）金融机构人民币各项贷款余额8731.1亿元，同比增长24.4%。其中，境内贷款余额8724.7亿元；住户贷款余额2825.6亿元；短期贷款余额496.2亿元；中长期贷款余额2329.3亿元。推进债务融资工具发行，2017年全市在全国银行间债券市场发行规模同比下降形势下，企业发债规模逆势上扬，全年发债634亿元，同比增加40.9%。落实普惠金融定向降准，为河北银行定向下调存款准备金率1.5个百分点，为考核达标平山县、赞皇县、灵寿县、行唐县4个贫困县农村信用社、村镇银行下调存款准备金1个百分点。发挥小额票据贴现分中心作用，解决小额银行承兑汇票流通不畅问题；市区新增小额票据贴现中心1家，3家票据贴现中心累计办理单张票面300万元以下票据贴现业务152.6亿元，同比增加92亿元。至2017年末，全市金融机构本外币各项存款余额11808.9亿元，同比增长5.2%，增速、增量回落到2015年底水平。其中，个人存款余额5685.1亿元；广义政府存款余额2171.3亿元；非金融企业存款余额3639.1亿元；非银行业金融机构存款余额309.0亿元。至2017年末，全市金融机构本外币贷款余额9020.0亿元，同比增长24.6%，其中新增贷款1783.3亿元，贷款余额、增速、增量均居全省第一，新增贷款是2016年1.7倍，创下历史新高。

表27　2017年石家庄市金融机构人民币信贷收支情况一览表

来源项目名称	金额（亿元）	运用项目名称	金额（亿元）
一、各项存款	11702.97	一、各项贷款	8924.98
（一）境内存款	11701.23	（一）境内贷款	8918.63
1. 住户存款	5641.62	1. 住户贷款	2919.87
（1）活期存款	1854.27	（1）短期贷款	522.67
（2）定期及其他存款	3787.35	消费贷款	178.54
2. 非金融企业存款	3583.11	经营贷款	344.12

续表

来源项目名称		金额（亿元）	运用项目名称		金额（亿元）
（1）活期存款		1278.56	（2）中长期贷款		2397.20
（2）定期及其他存款		2304.55	消费贷款		2102.63
3. 广义政府存款		2167.95	经营贷款		294.57
（1）财政性存款		134.63	2. 非金融企业及机关团体贷款		5998.76
（2）机关团体存款		2033.33	（1）短期贷款		1996.37
4. 非银行业金融机构存款		308.54	（2）中长期贷款		3107.49
（二）境外存款		1.74	（3）票据融资		471.68
二、金融债券		25.00	（4）融资租赁		409.19
三、卖出回购资产		42.36	（5）各项垫款		14.02
四、借款及非银行业金融机构拆入		16.54	（二）境外贷款		6.36
五、应付及暂收款		245.29	二、债券投资		238.43
六、各项准备		208.18	二、股权及其他投资		225.93
七、所有者权益		503.28	四、存放非银行业金融机构款项		5.05
	实收资本	247.76	五、联行往来（净）		3162.38
八、其他		51.62		境内存放二级准备金	352.71
			六、应收及预付款		151.60
			七、投资性房地产		0.50
			八、固定资产		86.36
资金来源总计		12795.24	资金运用总计		12795.24

备注：本表机构包括中国人民银行、银行业存款类金融机构、银行业非存款类金融机构。

表 28 2017 年石家庄市金融机构外汇信贷收支情况一览表

来源项目名称	金额（亿元）	运用项目名称		金额（亿元）
一、各项存款	16.22	一、各项贷款		14.54
（一）境内存款	15.81	（一）境内贷款		14.06
1. 住户存款	6.66	1. 住户贷款		0.02
（1）活期存款	3.59	短期贷款		0.02
（2）定期及其他存款	3.07		消费贷款	0.02

续表

来源项目名称		金额（亿元）	运用项目名称		金额（亿元）
2. 非金融企业存款		8.57	2. 非金融企业及机关团体贷款		14.03
（1）活期存款		6.04	（1）短期贷款		2.59
（2）定期及其他存款		2.53	（2）中长期贷款		11.44
3. 广义政府存款		0.51	（二）境外贷款		0.49
机关团体存款		0.51	二、存放非银行业金融机构款项		0.01
4. 非银行业金融机构存款		0.07	三、联行往来（净）		2.38
（二）境外存款		0.41		境内存放二级准备金	0.15
二、借款及非银行业金融机构拆入		0.01	四、应收及预付款		0.29
三、应付及暂收款		0.09			
四、各项准备		0.18			
五、所有者权益		0.22			
	实收资本	0.07			
六、其他		0.51			
资金来源总计		17.23	资金运用总计		17.23

备注：本表机构包括中国人民银行、银行业存款类金融机构、银行业非存款类金融机构。

【货币信贷】 运用宏观审慎评估（MPA）、定向降准、再贷款、再贴现、常备借贷便利等货币政策工具，引导金融机构围绕重点产业、重点领域、重点项目的发展需要，优化信贷结构。2017年全市制造业贷款较2016年增长22.2%，服务业贷款增长25%，基础设施建设贷款增长26.2%，同比分别提高16.0、14.0和4.4个百分点。批发零售业贷款恢复正增长，同比增长16.7%，较2016年提高23.8个百分点；装备制造业中长期贷款同比增长30.3%，较2017年提高8.1个百分点；建筑业贷款增长迅猛，同比增长93.8%。重视小微企业、扶贫等薄弱环节信贷支持，2017年全市小微企业贷款同比增长27.5%，较2016年提高31.2个百分点；发放个人精准扶贫贷款6209笔、12.7亿元，服务建档立卡贫困人口6916人次。信贷主要特点：非金融企业及机关团体贷款增速创下两年来新高。至2017年末，全市非金融企业及机关团体贷款余额同比增长21%，创2015年11月以来新高，较2016年末提高8.7个百分点，占全部贷款增量59.2%。其中，全市非金融企业及机关团体短期贷款余额2013.3亿元，同比增长25.3%；中长期贷款余额3182.3亿元，同比增长22.6%；融资租赁余额409.2亿元，同比增长65.2%；票据融资余额471.7亿元，同比减少16.5%。个人住房贷款增速回落，个人经营贷款恢复增长。受房地产调控政策持续发力影响，全市个人住房贷款增速连续10个月回落，同比回落19.0个百分点，占全部贷款增量比重由2016年末的47.1%下降到28.1%；个人经营贷款较年初增加68.1亿元，同比增加80.0亿元。城镇化拉动县域信贷投放快速增长。2017年全市各县（市、区）受城镇化作用影响，信贷投放增加，鹿泉区、藁城区、栾城区新增贷款量位居全市前3位，分别较年初增加27.6亿元、27.3亿元、20.0亿元。

【外汇管理】 实施外汇改革创新，探索外汇管理政策与跨境人民币管理政策、货币信贷政策有机结合，建立河北省跨境资金流动本外币一体化管理协调机制。推进全口径跨境融资宏观审慎管理政策落地，全年办理企业全口径跨境融资业务86笔，签约额22.5亿美元。优化外汇业务办理流程，提高跨境贸易便利化水平，指导符合条件的企业用足用好境内外汇贷款结汇、内保外贷项下资金调回等便利化政策，2017年中国人民银行石家庄中心支行为具有货物贸易出口背景企业办理境内外汇贷款结汇3256万美元；支持“鼓励类”企业对外投资，帮助企业汇出资金3.1亿美元。严格个人购付汇管理，银行卡境外交易外汇管理系统上线，上线法人金融机构达到207家。打击外汇违法违规行为，查处外汇管理违法违规案件134起，收缴罚款1420.53万元。

【防范金融风险】 关注重点领域、重点行业、重点机构金融风险，建立金融风险分析监测排查和评估预警机制。落实“早发现，早报告，早处置”要求，重大事项报告主体范围拓宽至所有金融机构。开展银行业金融机构执行中国人民银行金融管理政策综合评价，推进“两管理、两综合”工作。迅速处置个别农村信用社联合社网点集中取款事件，指导个别城市商业银行做好金融风险事项化解。围绕金融业暴露的挤兑风险，统筹考虑、及时处置、果断出手，有效防止风险扩散和蔓延。防范和遏制电信网络新型违法犯罪，配合地方政府开展互联网金融风险专项整治、滨海大宗风险防范和打击非法集资，妥善处置金融机构个人信用信息泄露事件。加强金融生态环境建设，稳步推进全国首批小微企业和农村信用体系建设，联合相关部门惩戒失信重点企业。加强内控管理，完善风险防控体系，创新采取“授权＋督导”方式，开展预算管理审计；围绕监督重点和风险点，全年审计项目33个，发现和整改问题330多个。2017年中国人民银行石家庄中心支行存款保险评级数据采集系统获得中国人民银行总行表彰和推广。

【金融服务】 宣传普及金融知识，开展预防和打击利用离岸公司、地下钱庄转移赃款专项行动。规范支付服务秩序，严格支付结算管理，组织开展银行结算账户、银行卡收单业务、无证机构清理等专项行动。构建数据中心安全运维体系，桌面云系统上线，金融终端安全实现集中管控。研发交易风险事件管理平台运行，涉案账户实现紧急止付和快速冻结。金融IC卡非接使用环境改造完成，金融IC卡非接交易比例达到88%。加强货币发行管理，推进货币金银业务转型，开展人民币冠字号信息管理系统和大额取现业务备案管理系统业务试点；探索库房管理模式改革，推进现金非现场监管。发挥反假货币联席会议工作机制，联合公安部门开展打击和整治假币违法犯罪专项行动，创建反假货币示范区。规范国库事后监督系统应用，开展金融机构代理国库业务专项检查；推进国库业务信息化建设，成功研发税收电子退更免审核资料影像传递系统。缓解企业融资难题，推广应收账款融资服务平台，全年平台成交额1934亿元。加强征信管理和服务，印发《关于加快社会信用体系建设的实施意见》，协调推进全省社会信用体系建设；扩大征信系统覆盖面，首次将证券、消费金融、融资租赁等业务接入征信系统，全年现场检查驻石家庄征信系统接入机构6家。

中国人民银行石家庄中心支行

行　长：陈建华（兼国家外汇管理局河北省分局局长）

副行长：李小秋

王彦青（2月，兼任国家外汇管理局河北省分局副局长）

李双锁（7月免）

卢钦　　文洪武

纪委书记：高兰根

工会主席：于宁宁

（李红英）

中国农业发展银行河北省分行营业部

【概况】 2017年，中国农业发展银行河北省分行营业部围绕服务“三农”发展及国家粮食安全、脱贫攻坚、农业现代化建设，全面履行政策性银行职能。发挥信贷支农作用，开展粮油信贷业务，加大新型城镇化、城市建设领域中长期信贷支持力度。落实金融风险管控措施，粮食贷款本息实现“双结零”，到期中长期贷款本息收回达到100%。清收表外欠息，重视与地方财政部门沟通协调，全辖财政欠息全部结零。严抓亏损行扭亏减亏，2017分行营业部考核亏损行由2016年5个减少到1个，亏损额减少638万元。至2017年末，分行营业部各项存款余额109.41亿元，较年初增加19.82亿元；日均存款余额117.03亿元，较2016年增加14.89亿元。2017年分行营业部发放各项贷款55.19亿元，贷款余额达到

184.81亿元，较年初增加10.79亿元。2017年分行营业部在存贷款利差收窄情况下，实现利润4.17亿元，完成计划任务113.69%，同比增加5700万元，利润排名位列全省系统第一。2017年分行营业部被河北省分行评为"绩效考评先进单位"，辖内4个支行获评全省"有效发展先进单位"。

【信贷业务】 落实国家小麦最低收购价政策，全年发放粮食收储贷款15.28亿元，支持企业入储粮食9.61亿千克。发放化肥储备贷款10.9亿元，支持企业入储化肥58.3万吨。助力扶贫攻坚行动，探索整合财政涉农资金模式，成功发放河北省首笔专项扶贫贷款，全年累计发放精准扶贫贷款18.19亿元。配合河北省分行，主动与省级易地扶贫搬迁平台公司沟通，发放扶贫搬迁贷款27笔，涉及资金17.49亿元。支持农村基础设施建设，发放棚户区改造、水利、美丽乡村建设等中长期贷款28.92亿元，至2017年末，分行营业部中长期贷款余额达到124.85亿元，较年初增加7.76亿元。加强与发展改革委等部门联络，做好农业开发重点建设基金投放和管理，全年投放基金项目24个、金额23.45亿元。助力农业产业化龙头企业发展，2017年分行营业部为产业化龙头企业贷款5510万元。

【国际业务】 丰富国际业务品种，扩大收入来源。实行名单制营销管理，做好客户维护。以跨境人民币业务和远期结售汇业务为突破口，在保持增长量基础上，促进国际业务向多种类、高效益方向发展。重视高端营销和大客户营销，拓展贸易融资业务资源。全年办理跨境人民币收款业务23笔，金额达2300万元，实现流程操作和业务品种"双创新"。2017年分行营业部办理国际结算业务5087万美元，同比增加1137万美元，实现收入28.48万元。

中国农业发展银行河北省分行营业部
总 经 理：赵自现（1月免）
　　　　　张健民（1月任）
副总经理：周敬军　张锁
　　　　　李志勇

（贾浩）

中国工商银行股份有限公司河北省分行营业部

【概况】 2017年，中国工商银行股份有限公司河北省分行营业部运用先进电子系统，多渠道堵截电信诈骗500余起，避免客户经济损失1000余万元。服务地方发展和军队建设，为财政、社保、公积金及驻石部队提供资金增值、资金清算等综合金融服务；与市行政审批局签署合作协议，推行企业注册登记全程电子化项目，提升行政审批效率。保护金融消费者权益，深入校园、社区、企业等组织，开展防范和打击非法集资、电信诈骗、反洗钱、反假币、金融知识万里行等宣传活动，提高群众防范金融风险意识。全年累计投放贷款资金440亿元，同比增加39亿元。至2017年末，分行营业部全辖存款余额1308亿元，同比增加86亿元，存款余额和增量排名全省系统第一；人民币各项贷款余额950亿元，同比增加156亿元，增长20%。

【业务发展】 开展银政对接合作，与市投资促进局签订战略合作协议，重点支持交通一体化、正定新区建设、产业承接平台及PPP、政府购买服务等重点项目。全年投放大中型公司贷款资金259亿元，其中京津冀协同发展相关项目贷款资金104亿元。对接重点工程项目，支持战略性新兴产业、现代服务等项目融资需求，办理租赁、企业债、投行、理财投资等融资业务95亿元。倡导绿色金融，落实环保一票否决制，推进节能减排、清洁能源重点项目，投放绿色信贷68亿元。与科技、财政、税务等部门对接，开展"银政通""税务贷"等业务。服务大众创业、万众创新，全年累计向小微企业投放贷款22亿元，完成监管口径考核目标。将服务"三农"与金融扶贫相结合，精准对接特色产业等融资需求，至2017年末，分行营业部涉农贷款余额达12亿元。支持消费金融，全年个人贷款增加90亿元，分期付款交易额达22亿元。

【网点渠道建设】 提升金融服务品质，打造客户满意银行。创新互联网金融服务项目，推进"e-icbc3.0"智慧银行转型升级，打造线上线下一体化服务格局。2017年分行营业部融e行手机银行注册用户200余万户，融e联信息交流平台注册用户100余万户。推进网点转型和业态创新，优化提升智能设备效能。全年投入资金1700万元，迁址优化辖内营业网点12家，建设自助银行29家。

至2017年末，分行营业部智能服务模式网点达到137家，覆盖率达到100%，超时等候客户占比下降3.96个百分点。2017年分行营业部胜利支行被中国银行业协会评为“文明规范服务百佳示范单位”，长安支行被中国银行业协会评为“五星级”示范网点。

中国工商银行股份有限公司
河北省分行营业部

总 经 理：王爱东（兼省行副行长，9月免）
张志勇（9月任，10月兼省行副行长）
副总经理：刘斌（8月免）
隋辰雨 马军
王国强
韩明杰（1月任）
纪委书记：侯惠鹏
工委主任：冯建中

（郭亮）

中国农业银行股份有限公司石家庄分行

【概况】 2017年，中国农业银行股份有限公司石家庄分行以夯基础、抓客户、扩渠道为策略，创新金融产品和经营模式，探索银行转型发展新途径，助力推动贫困地区经济建设和贫困户增收。2017年分行向平山县、灵寿县、行唐县、赞皇县4个国家扶贫开发重点县提供贷款余额达到41.05亿元，较年初增加8.2亿元，增长24.96%，完成河北省分行下达扶贫贷款增量目标。2017年分行精准扶贫贷款余额较年初增加13.93亿元，服务建档立卡贫困户增加20.02万人。至2017年末，分行各项存款余额达1337亿元，较年初增加7亿元；各项贷款余额803亿元，其中，净增贷款金额149亿元，占全省农业银行系统33%。2017年12月，中国农业银行股份有限公司河北省分行营业部更名为中国农业银行股份有限公司石家庄分行。2017年中国农业银行股份有限公司石家庄分行获评“河北省农行系统年度先进单位”。

【业务发展】 重视业务营销，组建金融营销专业团队，制定一户一方案策略，提供专业化、特色化、差异化服务，全年成功直销高速公路、地铁、光伏、风电、棚改等项目14个，审批资金458.7亿元，完成资金投放38.68亿元。落实“绿色信贷”政策，重点支持石家庄市轨道交通建设、天然气热电联产、清洁能源、南水北调等“绿色经济”项目，2017年分行净增贷款金额149亿元，各项贷款余额达到803亿元。提升“三农”服务质量，2017年分行“惠农e商”上线客户1.4万户，累计交易额16.6亿元；涉农贷款较年初增加19亿元，同比增长26%，高于全辖贷款平均增速3.16个百分点。支持现代农业发展，向市域君乐宝乳业、双鸽集团、华牧集团、长城经贸4家国家级农业产业化龙头企业提供金融服务，与省级农业龙头企业合作率达63.3%，为市级以上龙头企业授信用信13家。助力县域城镇化建设，支持县域棚户区改造项目2个，发放贷款资金6.16亿元；支持县域楼盘按揭35个，发放按揭贷款7451户29.95亿元。

【网点渠道建设】 实施网点转型升级，树立服务标杆，提升服务质量，举办最美大堂经理和优秀柜员评选活动。针对农村地区银行网点匮乏问题，推进实施“金穗惠农通”工程，设立“惠农通”服务点，为农户提供转账、查询、消费、缴费、小额取现等基础金融业务。依托“惠农通”服务点，与地方财政、民政、卫生等部门对接，发展新型农村社会养老保险（简称新农保）、新型农村合作医疗（简称新农合）和其他涉农代理项目245个，其中当年新增54个。立足涉农项目和为民服务，发放惠农卡74.7万张，持卡人足不出村即可享受方便快捷的金融服务。至2017年末，分行共有营业室、分理处等人工营业网点158个，掌上银行、网上银行、缴费中心、ATM、POS等线上和电子渠道实现广泛应用。

中国农业银行股份有限公司
石家庄分行

行　　长：宋雷（3月免）
崔金涛（3月任）
副 行 长：刘卫民（12月免）
刘炳午
孟贵武（9月免）
吕海慧
纪委书记：刘卫民（兼，12月免）
王增辉（12月任）

（李世庆）

中国银行河北省分行石家庄管理部

【概况】 2017年，中国银行河北省分行石家庄管理部抓住京津冀协同发展和石家庄城市建设的机遇，深化业务扩展潜能，加强与重点客户联络共建，经营业绩实现稳步提升。全年电子银行新增客户15.4万户，较2016年增长43%。企业网银累计交易客户数量达到1.49万户，基础客户和有效客户网银覆盖率均达100%。加强资产质量管理，组建不良资产清收中心，开展资产清收大会战行动；化解不良资产5.48亿元，资产不良率控制占比为0.91%，较年初下降0.09个百分点，低于全省系统平均水平1.22个百分点。加强银行安全管理，逐级签订《平安中行建设和内控案防责任书》。至2017年末，中国银行河北省分行石家庄管理部各项存款余额716亿元，较年初增加25亿元；日均存款735亿元，较2016年增加78亿元。至2017年末，中国银行河北省分行石家庄管理部各项贷款余额416亿元，较年初增加84亿元。

【企业管理】 重视人才队伍建设，以“打通路径、增加台阶、资格准入、业绩晋升”为原则，畅通人才发展通道，建立管理序列、专业序列、操作序列3支队伍职级对应关系及晋升、转聘规则，形成人才逐级晋升机制与双轨发展机制。制定荣誉奖励实施细则，规范荣誉奖励体系，客观评价各类机构和人员业绩贡献，重奖做出突出贡献的集体和个人。弘扬企业文化，选树先进典型，组织开展2017年度石家庄管理部卓越人物、卓越集体评选活动。提升队伍综合素质，举办支行行长领导能力提升培训班、理财经理及大堂经理营销技能提升培训班，培训支行行长及员工200余人。加强内控管理，防范金融风险，完善银行业务管理制度；重视设备维护保养，机房、网络及重要生产系统实现安全运行，银行业务未发生操作性安全事故。

【业务发展】 全年管理部投放智能柜台161台，所有网点实现智能柜台全覆盖。电子银行新增客户15.4万户，较2016年增长43%。线上业务快速发展，企业网银累计交易客户数量达到1.49万户，基础客户和有效客户网银覆盖率均达100%。拓展银行业务范围，加强与重点客户共建活动，2017年中国银行河北省分行石家庄管理部与元氏县、石家庄高新技术产业开发区、石家庄公积金管理中心、市公交总公司等20多家单位签订共建协议。至2017年末，中国银行河北省分行石家庄管理部各项存款余额716亿元，较年初增加25亿元；日均存款735亿元，较2016年增加78亿元。至2017年末，中国银行河北省分行石家庄管理部各项贷款余额416亿元，较年初增加84亿元。其中，公司贷款新增60亿元，排名位列全省系统第一。

中国银行河北省分行
石家庄管理部

总 经 理：于松 （7月免）
靳会轻 （8月任）
副总经理：边向利 王电生
袁新义 王力波
李玉秋（挂职，8月免）
纪委书记：包乃玉

（刘志辉 焦慧杰）

中国建设银行河北省分行营业部

【概况】 2017年，中国建设银行河北省分行营业部围绕“合规建行、知行合一”理念，重点实施“十二大战役”业务项目，实现对公非贴贷款、POS商户总量、移动金融交易量、住房公积金存款余额及贷款新增量全省系统第一。优化县域渠道和网点布局，采用“扩、迁、改”方式，提升低效网点效能。全年装修改造和提升石家庄市域经营网点3处，分别为八一支行、西兴支行、中山东路支行。规范财务管理，定期举行制度梳理和检查活动。严防信贷风险，组建成立合规与风险管理委员会。采取一户一策措施，加快不良资产处置进度。开展柜面基础达标升级活动，全力做好案件防控和安全运营管理，全年分行营业部无案件和重大责任事故发生。2017年分行营业部一般性存款日均余额1315亿元，同比新增131亿元，全省系统贡献度为19.97%。至2017年末，分行营业部各项贷款余额955亿元，全省系统贡献度为18.89%，同比提高1.01个百分点；账面利润29.71亿，全省系统贡献度为38.2%，同比提高10.1个百分点；中间业务实现净收入9.07亿元，位列全省国有四大银行第一位。全年处置不良资产5.7亿元，资产不良率0.64%，资产质量同业最优。

【经营策略】 对公存款以链条客户为核心，狠抓“两率”（对公资金体内循环率、资金承接率）提升和重点客户存款业务。“大资产”业务注重发展重点区域、重点客户、重点项目和重点产品，突出提升资产业务价值贡献度。住房公积金业务做深做透优质客户，实现住房公积金存款余额、贷款新增量保持全省同业第一。中间业务利用“慧兜圈”产品优势，建设“商户+”金融生态圈，全力推进客户消费金融，有效提高商户收单业务综合贡献度。推进国际业务转型，国际收支客户达到555户，排名全省系统第二；信贷客户达到51户，排名全省系统第一。同业业务跟踪新设金融机构，扩大同业客户合作范围，实现业务量持续增长。投行业务推进重点储备项目落地，2017年分行营业部投行业务实现收入15569万元。打造厅堂致胜平台、石惠卡平台、自建平台等特色平台，巩固和吸引客户能力。个人手机银行业务推出“四重”好礼、支付拆红包、“慧兜圈”、特惠商户等活动，助力激活客户交易。

【业务攻坚“十二大战役”】“大资产”战役：对公非贴贷款余额533亿元，排名全省国有四大银行第一。对公重点大客户战役：对公存款日均新增超亿元客户20个，对公中间收入超千万元客户新增6户。军警战役：成功开设全国建设银行第一个战区级后勤保障账户，与11个部队客户签订“军建安鑫”协议，获得全省“八一工程”专项营销活动优秀分行称号。医院学校战役：银医通、银校通客户新增8户，排名全省系统第一，获得全省“打造大消费金融生态圈”活动优秀分行称号。财政社保战役：新开立各类机关社保账户31户，新增存款3.43亿。“两率”战役：对公资金体内循环率达38.33%，资金承接率达27.28%。商户战役：POS商户总量达到1.9万户，排名全省系统、同业双第一。代工战役：新增代发账户18.1万户、金额54.8亿元。分期战役：在全省分期业务前十强中，分行营业部占到5席。移动优先战役：移动金融柜面替代率较年初提升13.05%，达到85.63%，移动金融交易量2350万笔，排名全省系统第一。县域战役：时点存款沉淀资金7.17亿，位列全省系统第一。ETC（Electronic Toll Collection，不停车收费系统）战役：发卡3.8万张，OBU（Offshore Banking Unit，境外金融中心或国际金融业务分行，也称境外银行户头）绑定新增用户3.2万户。

中国建设银行河北省分行营业部

总 经 理：杜占良
（兼河北省分行副行长）

副总经理：赵昱辉（9月任）
刘冰（9月免）
闫大广（12月免）
李广江　赵鹏
王皓威（11月任）

纪委书记：彭文英（女，9月免）
于明（9月任）

（武京安　吕彦华）

中信银行石家庄分行

【概况】 2017年，中信银行石家庄分行围绕“建设区域最佳股份制商业银行”发展愿景，贯彻落实“从严治行、科学发展、全面联动、竞赛文化”四大经营方略，重点做好“存款、贷款、营收、利润、不良压降”五项核心指标任务。防范和化解金融风险，成功回收问题贷款2.2亿元，逾期压降8.93亿元。2017年石家庄分行不良贷款现金清收额达2.91亿元，计划完成率164.3%；核销资产现金清收0.43亿元，计划完成率196.8%；受托资产清收额6.78亿元，计划完成率177.5%。至2017年末，石家庄分行表内资产总额691.66亿元，较年初减少145.98亿元，下降17.43%；表外资产余额247.74亿元，较年初减少33.72亿元，下降11.98%。全年营业净收入21.29亿元，其中，轻资本业务收入3.95亿元，占中间业务收入86.24%，较2016年提升10个百分点。2017年石家庄分行参加中国人民银行反洗钱考核获得“A”级单位，被河北省银监局评为“2017年度金融机构案防合规文化建设先进单位”。

【业务发展】 零售业务连续3个季度获得中信银行总行绩效综合考评A级，获授“迎春季”客户经营、“悦动季”综合营销、投资理财业务等十佳分行称号；零售中间业务收入排名系统第八，资产管理规模年日均增量计划完成率排名系统第三，5万元以上客户增量排名系统第四，手机银行客户户均交易量排名全行第一。对公业务获授中信银行年中公司业务“十佳分行”称号，首次进入全国前10名；有效客户计划完成率136%，排名系统第四，现金管理重点项目数量保持系统第一；对公理财销售收入计划完成率123%；投行业务轻资本收入计划完成率170.6%。业务结构持续优化，高资本消耗银行承兑汇票资产余额188.15亿元，较年初减少21.47亿元，下降10.24%。对公存款结构优化，活期存款占比提高，负债成本下降，信用审核质效提升。2017年石家庄分行获评中信银行总行A类审查报告4篇，占总行全部A类报告21%，与总行营业部、杭州分行并列第一，实现历史性突破；新增审批授信154笔、782.9亿元，主要投向先进制造业、战略新兴产业和传统优势行业，主要支持华夏幸福、新奥集团等重点客户；审批压降一般制造业、批发零售业22.4亿元，主动退出政策导向型及低质量客户35.21亿元。金融市场竞争力增强，依托银行交易平台，实现同业理财销售1361亿元，排名系统第四；“同业+”平台签约目标客户覆盖率排名系统第四，客户数量排名系统第三；经办黄金租赁业务14亿元，交易量排名系统第三；投资顾问业务实现系统内单支交易量规模最大。

【网点建设】 至2017年末，中信银行石家庄分行拥有机构数量（不含机关）62家，从业人员1410人。其中，石家庄地区市级机构26家，从业人员503人；保定地区机构7家（市级4家、县及以下3家），从业人员161人；邯郸地区机构8家（市级7家、县及以下1家），从业人员168人；沧州地区机构2家（市级1家、县及以下1家），从业人员87人；唐山地区机构17家（市级8家、县及以下9家），从业人员395人；承德地区市级机构1家，从业人员58人；廊坊地区市级机构1家，从业人员38人。

中信银行石家庄分行

党委书记：常戈　（9月任）
行　　长：奚国光（9月免）
副 行 长：孙鹏　　张建明
　　　　　张元明　杨桂玲（女）
　　　　　高珊　　（女，9月任）
　　　　　常辉锋
行长助理：丁峥嵘

（曹越　田亮）

华夏银行石家庄分行

【概况】 2017年，华夏银行石家庄分行以“坚持转型发展、坚持效益导向、坚持合规经营，抢抓京津冀协同发展战略机遇”为主线，落实大公司战略和“三个转向”要求，采取全面谋划、重点突破策略，全力推进营销体制建设。重视优质资产营销、低成本资金营销和结算资金营销，构建“大零售”营销服务格局。严格业务考核，按照增减绝对额计分、全部采用增量考核方式，调动员工积极性。防范金融风险，查找管理漏洞，建立和完善各项制度。坚持合规经营，举办“信贷文化建设年”活动，实现零案件目标，被河北省银监局评为“2017年度河北省银行业金融机构案防合规文化建设先进单位”。2017年分行新开营业网点7家，机构网点累计达到56家，拥有员工1513人，业务覆盖石家庄、保定、唐山、沧州、邯郸、廊坊、张家口7个地市，实现利税3.43亿元。至2017年末，分行全辖各项存款余额523.6亿元，其中石家庄地区各项存款余额269.12亿元；各项贷款余额513.34亿元，其中石家庄地区各项贷款余额271.02亿元。

【业务发展】 2017年末，分行无贷户存款余额166.53亿元，较年初增长63.73亿元，增长62%；存款日均余额129.34亿元，较年初增长49.21亿元，增长61.41%。以城镇化建设基金、产业基金、外国政府转贷款、债务融资工具等金融产品为重点，营销投放张家口冬季奥林匹克运动会项目城镇化建设基金22亿元和分行首笔产业基金北京大学第三医院项目20亿元。开发重点客户群体，扩大客户规模，做大做强个人业务。2017年分行个人存款余额较年初增长27.51亿元，日均较年初增长20.02亿元，年均增量位居系统第一；2017年分行个人理财产品销量870亿元，理财余额185.2亿元，较年初增加90.2亿元。加快信贷结构调整，全年新增鼓励发展类行业和适度支持类行业贷款12.69亿元，占比较年初提高3个百分点。支持实体经济发展，打造绿色金融服务品牌，重点支持列入政府重点项目的城镇化建设项目和融资平台项目。2017年分行支持服务实体经济客户17894户，较年初净增3932户；储备重大工程项目57个，金额383.75亿元。重视做好“京津冀大气污染防治融资创新”世界银行转贷款项目，成功投放世界银行转贷项目2笔，分别为张家口市尚义地区光伏发电项目和沧州市黄骅地区风力发电项目，共提供融资金额10.45亿元。

【网点建设】 推进网点布局，新开营业网点7家。至2017年末，分行机构网点数量累计达到56家。围绕服务2022北京冬季奥林匹克运动会和京津冀协同发展，扩大张家口市金融业务，2017年6月，石家庄分行所辖张家口分行开业，地址为张家口市桥东区钻石中路18号，这也是石家庄分行开设的第 6 家二级分行。提升"第二银行"便捷服务，移动银行新增活跃客户数、直销银行、对公网银等完成华夏银行总行任务目标。2017 年分行营业部获得"中国银行业文明规范服务五星级营业网点"称号，所辖邯郸分行营业部获评"中国银行业文明规范服务四星级营业网点"、保定分行高碑店支行获评"中国银行业文明规范服务三星级营业网点"。

华夏银行石家庄分行

行　　长：王广志
副 行 长：张景辉
　　　　　苏彦民（10 月免）
　　　　　王庆华（11 月免）
　　　　　甄为书（2 月任）
　　　　　王茜
首席风险官：甄为书（2 月免）
　　　　　高新　（2 月任）

（张永姿）

中国民生银行石家庄分行

【概况】 2017 年，中国民生银行石家庄分行践行"普惠金融"理念，突出特色化、差异化发展模式，主动服务地方经济转型发展。率先铺开小区金融布局及社区网点建设，在石家庄、邯郸、沧州、衡水、秦皇岛、唐山、张家口、保定等地建设服务网点超过 200 家（含自助网点），发展形成贴近社区居民的"好邻居"式金融业态。创新金融产品及服务，加大贫困地区金融支持，2017 年分行与赞皇县合作，建立政银保合作风险补偿金，全年发放扶贫小额贷款 118 万元。推进农村金融业务发展，签约设立助农取款点 102 家，发放惠农卡 6600 张。普及金融知识，举办"金融知识进社区""网络安全宣传周""用卡安全讲座""网络金融安全"等社区金融宣传活动，将社区支行打造成为普及金融知识的前沿阵地，全年分行组织开展各类金融知识专题宣传活动 500 余次。至 2017 年末，分行在石家庄、邯郸、沧州、衡水、秦皇岛、唐山、张家口、保定 8 个地市设立分支机构 72 家、社区支行 102 家，资产总额达到 773 亿元；累计在河北省服务社区客户接近 30 万户，管理客户金融资产 86 亿元。

【重点业务】 贯彻落实河北省委、省政府关于支持实体经济和培育支柱产业的要求，全年分行信贷投放重点转向政府平台、省内央企、大型国企及关系国计民生的水、电、燃气、公共交通、医药、节能环保等行业。主动利用投行、金融市场及私人银行业务，采取资产证券化、发债、定向募集等资本业务代替传统贷款方式，为河北省重点企业、重点项目提供信贷需求。2017 年分行向河北省重点企业、京津冀项目授信余额 370 亿元，其中当年新增授信 187 亿元，95% 以上信贷资金用于支持地方经济转型升级和省内重点领域发展。

【小微企业业务】 创新产品和服务，启动实施"中小企业民生工程"，为不同阶段、不同需求的民营中小企业提供结算、授信、交易银行、投资银行等综合金融服务。至 2017 年末，分行累计向民营企业提供支持资金 330 余亿元。运用大数据分析、移动互联网技术，打造特色金融服务，支持小微企业发展。采用"互联网 +"创新和升级小微金融商业模式，主动推进小微企业及农村金融服务；利用"小微宝"、小微云账户、微信申贷、"小微之家"等平台，为小微客户提供在线办理与企业经营相关的"存、贷、汇、投"全方位金融产品及金融服务。2017 年分行累计为 20 万余户小微客户提供服务，其中，小微企业客户 4.6 万户，累计发放小微贷款超过 200 亿元，至 2017 年末，分行小微贷款余额达到 150 亿元。

中国民生银行石家庄分行

行　　长：徐明勋
副 行 长：宋立新　侯成仁
　　　　　张振国
行长助理：刘嵘
　　　　　郑晓红（7 月任）

（白亮）

中国光大银行股份有限公司石家庄分行

【概况】 2017 年，中国光大银行股份有限公司石家庄分行主动服务地方实体经济，妥善应对各种挑战，经营业绩实现稳中有进、稳中向好发展。存贷规模持续增长。至 2017 年末，分行一般存款时点余额 691.37 亿元，较年初增加 64.99 亿元，增长 10.38%；一般存款日均余额 657.29 亿元，较年初增加 44.64 亿元，增长 7.29%，完成总行计划 100.17%；核心存款时点余额 539.66 亿元，较年初增加 4.55 亿元，核心存款日均余额 522.14 亿元，较年初增加 44.94 亿元，增长 9.42%，总行计划完成率

97.84%。至2017年末，分行各项贷款时点余额660.63亿元，较年初增加91.54亿元，增长16.09%；各项贷款日均余额630.0亿元，较年初增加110.01亿元，增长21.15%。防范金融风险，处置和化解不良资产10.07亿元，超额完成总行下达年度任务，其中，不良资产打包出账4.99亿元，现金清收1.92亿元，不良贷款核销3.16亿元；关注资金及不良资金39.47亿元，较年初下降5.83亿元。2017年分行实现营业净收入30.74亿元，完成总行预算106.01%，同比增加4.17亿元，增长15.71%；风险调整后利润6.29亿元，完成总行预算51.59%，同比增加4.13亿元，增长191.01%。2017年分行获得人民银行石家庄中心支行金融统计特等奖、年度区域品牌价值奖、最具核心竞争力银行等荣誉。

【业务发展】 对公业务以服务京津冀协同发展为战略，灵活运用传统表内外信贷及投行、资管、同业等优势业务，整合信托、证券、保险、金融租赁等集团其他品牌资源，重点向冀中能源集团、河北钢铁集团、河北省高速公路管理局、保定长城汽车、庞大汽贸等特大型企业集团、石安高速等重点项目提供信贷支持。零售业务同业竞争力增强，2017年分行对私存款、9项资产、零售客户、中间收入等主要指标呈现良好发展态势，总体规模稳步增长，综合评价排名系统第一。电子银行业务围绕“客户、渠道、产品”3个维度，提升获客能力、盈利能力及核心经营价值，实现移动金融客户、电子银行项目、电了银行中间收入等指标快速增长。全年分行中间业务实现净收入11.70亿元，同比增长36.65%，总行预算完成率125.51%；中间业务净收入占比38.05%，较2016年提高5.83个百分点。加大小微企业、金融扶贫支持力度，2017年分行小微贷款余额112.59亿元，较年初增加13.92亿元；精准扶贫贷款余额1.94亿元，较年初增加0.56亿元。

【网点建设】 推进物理渠道建设，分行、支行、营业网点机构建设计划任务完成。合理布局网点，提升网点服务质量和形象。2017年石家庄分行新开二级分行1家。5月17日，张家口分行开业。新开支行3家。3月24日，沧州开元支行开业；9月9日，石家庄胜利北街支行开业；12月11日，石家庄市庄路支行开业。至2017年末，分行在全省共有营业网点（含社区银行）57家。重视选拔和利用人才，调整公司部经理（副经理）8名、零售部经理（副经理）10名、柜台经理11名、柜台协理6人；招聘入职人员195人，其中，正式人员168人、派遣人员27人；岗位调整91人。

中国光大银行股份有限公司
石家庄分行

行　长：邵泉　（3月免）
　　　　栾祖盛（7月任）
副行长：武贯群（兼纪委书记、工会主席，8月免）
　　　　朱军　（9月兼工会主席）
　　　　魏昭
　　　　沈春华（7月任）

（贾晶）

中国邮政储蓄银行石家庄市分行

【概况】 2017年，中国邮政储蓄银行石家庄市分行以大型零售商业银行为战略定位，以服务社区、中小企业、“三农”为己任，全力推进业务转型升级和快速发展。全年新增个人金融资产规模13.5亿元，结余158

2017年12月15日，中国邮政储蓄银行三农金融事业部石家庄市分部成立

亿元；信用卡打造“悦享”品牌，构建市、县两级商圈，冠名美食节、校园足球项目，发卡4.7万张，结余14.3万张；手机银行客户提升，新增注册用户15.5万户。普及金融知识，举办金融进校园、进社区、进车站等宣传活动。保护消费者权益，开展防诈骗、反洗钱等专项整治行动。扩大网点建设，在石家庄地铁站布设ATM存取款一体机25台。至2017年末，分行资产规模达到625亿元，同比增长10%，增长幅度位列全市国有商业银行第1位；各项存款余额584.4亿元；各项贷款余额438亿元，较年初增加95亿元，增额排名全市国有商业银行第4位；不良贷款率1.03%，低于全省同业0.76个百分点。2017年中国邮政储蓄银行石家庄市分行被河北省公安厅评为打击和治理电信网络新型违法犯罪突出贡献单位。

【公司业务】 公司存款业务。拓宽发展空间，成功开立河北省住房公积金汇缴专户，获得新建商品房和存量房交易资金监管资格。至2017年末，分行对公存款时点余额136亿元，位列中国邮政储蓄银行系统第4位；年日均存款余额137亿元。公司贷款业务。重点向交通行业倾斜，主要为全国最大的PPP太行山高速项目及迁曹高速、京秦高速、张承高速项目提供信贷资金支持。2017年分行成功办理全省首笔融资性保函贷款业务，累计授信597亿元，发放贷款89亿元，2017年末贷款结余159亿元。国际业务。推进“走出去”发展，与同业合作数量达到50家，至2017年末，分行累计结算1.7亿美元，落地福费廷业务68亿元，办理贸易融资2414万美元。金融市场业务。机构理财业务实现支行全覆盖。全国首笔银登中心资产证券化产品和全省首笔纯托管项目落地。2017年分行新增规模业务163亿元，同比增加74亿元，增长83%。票据业务。全年办理直贴52亿元，签发承兑79亿元，票据大管家业务累计入池85亿元。

【零售信贷】 “三农”业务。组建成立“三农”金融事业部石家庄市分部。围绕“调结构、增户数”思路，扩大传统抵押类贷款范围和力度。2017年分行累计发放“三农”小额贷款14.4亿元、个体商户贷款24亿元。其中，发放扶贫小额担保贷款1461万元，为297户贫困家庭提供创业致富支持；发放再就业贴息贷款13亿元，支持创业人员10851户；向涉农企业、新型农业经营主体投放信贷15.35亿元。小企业业务。按照“控风险、稳发展” 思路，采取“小中做小、小中做优”措施，主动服务实体经济和社会民生，重点为医院、供热、科技型企业及新三板上市企业等提供资金支持。至2017年底，分行发放小企业信贷18亿元，其中当年净增1.6亿元，小企业信贷额位列全国省会中国邮政储蓄银行系统第3位。消费贷业务。以居民消费需求为关注对象，在稳步推进住房贷款、车贷基础上，探索新产品业务，拓展非房贷及邮薪贷、邮享贷、中邮消费等线上业务；整合平台资源，与30家汽车经销商签署战略合作协议。2017年分行消费贷款净增59亿元，位列全国省会中国邮政储蓄银行系统第4位；消费贷款结余209亿元，位列全国省会中国邮政储蓄银行系统第9位，净增及结余排名均提升2位。

中国邮政储蓄银行石家庄市分行

党委书记：印忠荣（11月免）
　　　　　师旭　（11月任）
行　　长：师旭
副 行 长：于会龙　薛彦军
　　　　　段坤　　石滨逢

（兰凤）

河北银行石家庄营业管理部

【概况】 2017年，河北银行股份有限公司石家庄营业管理部以京津冀协同发展重大项目、省市重点项目、优质企业为经营重点，提升服务质量，增强客户吸引力，实现资产和存款双双突破1100亿元大关。围绕特色化、专业化发展思路，推进小微特色支行建设。2017年9月底，管理部小微贷款余额突破100亿元，2017年末余额达到99.33亿元，较年初增加23.05亿元，其中，10家特色支行余额增长均超过1亿元。建立小微贷款风险防范体系，严格小微资产管理，小微贷款不良率较年初下降0.26个百分点。防范金融风险，堵截涉嫌冒用他人身份证件开立账户事件8起、电信诈骗案件2起，未发生1起重大金融案件。推进不良资产清收和风险贷款处置，2017年末管理部不良贷款余额4.05亿元，不良率0.97%，较年初下降0.09个百分点。优化网点布局，5家支行迁址，其中2家支行迁址到市区二环以外；方便市民提取现金需求，全年在石家庄地铁一号线、三号线站点布设银行ATM机具 39 台。至 2017 年末，管理部各项存款余额 1101.68 亿元，较年初增加 67.08 亿元；各项贷款余额 509.23 亿元，较年初增加 126.51 亿元；资产总额 1148.46 亿元，较年初增加 65.63 亿元。2017 年管理部所辖网点数量达到 89 家，拥有离行式银行 ATM 机具 112 台，发展形成覆盖全市城乡的营业格局。

【公司业务】 以石家庄市产业政策为导向，创新搭建“政银企”合作平台，参与代管政府引导基金及各级财政资金等业务。新增政府引导基金 2 项，至 2017 年末，管理部对公存款余额 644.83 亿元，较年初增加 39.89 亿元。对公授信落实服务实体经济政策，主动对接京津冀协同发展重大项目、省市重点项目和优质企业，扩大融资渠道和范围。2017 年管理累计发放公司类贷款 115.61 亿元，实现交易银行业务发生额 19.01 亿元、投行业务发生额 8.8 亿元。国际业务以重点客户为对象，深挖营销潜力，业务结算量达到 9.2 亿美元。

【个人业务】 全年代收医疗保险费 107 万笔，金额 2.57 亿元；代收取暖费 19 万笔，金额近 3 亿元。新设助农服务网点 186 家，助农点累计达到 338 家；办理福农卡 8.35 万张。重视中高端客户财富管理，组织各类中高端客户特色活动 130 余次。至 2017 年末，管理部个人储蓄存款余额 456.85 亿元，较年初增加 27.19 亿元；管理个人客户总资产 615.96 亿元，较年初增加 59.23 亿元，中高端客户数量较年初增加 1.68 万户。理顺审批机制，优化业务流程，提升办理效率，实现个人类消费贷款较快增长，至 2017 年末，管理部个人贷款余额 134.84 亿元，较年初增加 24.67 亿元。

河北银行股份有限公司
石家庄营业管理部

总　经　理：王子彬（兼河北银行行长助理）
副 总 经 理：狄艳军
　　　　　　黄冀川（11 月免）
　　　　　　曹文博（11 月任）
　　　　　　吕媛媛（8 月任）
总经理助理：魏金超
　　　　　　吕媛媛（8 月免）

（赵凯）

河北省农村信用社合作社联合社石家庄审计中心

【概况】 2017 年，河北省农村信用社联合社石家庄审计中心（简称市农村信用社）以夯实基础、合规经营、风险可控、稳固发展为经营思路，落实普惠金融政策，推进小贷中心建设。主动对接市委农村工作委员会，与市增信基金办公室签订《农业产业化增信基金合作协议》，提供风险保证金 1 亿元，惠及市级农业产业化龙头企业 261 家。14 家县级联社与当地政府建立风险分散机制，设立风险基金 5.1 亿元，其中，风险补偿金 1.43 亿元、政府担保公司基金 3.67 亿元，累计办理风险担保贷款 4.07 亿元。建档农户 90.25 万户，评级农户 90.25 万户。至 2017 年末，市农村信用社各项存款余额 1518.53 亿元，较年初增加 160.75 亿元；各项贷款余额 971.1 亿元，较年初增加 114.03 亿元；涉农贷款 386.88 亿元，较年初增加 43.63 亿元，完成任务 145.43%；小微企业贷款 588.71 亿元，较年初增加 91.7 亿元，完成任务 147.9%；资产总额 1793.1 亿元，较年初增加 221.4 亿元；所有者权益 122.7 亿元，较年初增加 27.8 亿元；实现考核利润 35.34 亿元，较 2016 年增加 11.22 亿元。

【业务经营】 以普惠金融为理念，规范元氏、正定小贷中心试点管理，全面梳理小贷中心各项规章制度，修改完善业务管理、授信审批、评价考核、尽职免责、绩效考核、行为规范等业务流程 24 个。拓展小贷业务范围，举办市场调研活动，量身定做小贷金融产品；探索跨业合作，推行“政银企户保”“光伏贷”“中信保保单贷款”等支农支小信贷产品；2017 年 2 家小贷中心创新小贷产品 9 个，接受小贷申请 1362 笔，金额 43180 万元。推进线上线下电子产品应用，新增信通信用卡、随 E 汇贴片卡、代收取暖费、存量房资金监管系统、移动展业、代收取暖费和燃气费等金融业务。开展特色领域合作，承办不停车 ETC 收费、社保卡发卡及社保资金代发代扣业务。

【机构及网点管理】 平山县、元氏县、灵寿县 3 家信用社联合社机构启动筹建，获得河北省银监局、省农村信用社联合社批准。鹿泉区等 10 家信用社联合社启动改制获得省农村信用社联合社批准。至 2017 年末，石家庄市域辖共有农村商业银行 4 家、农村合作银行 1 家，信用社联合社股份有限公司 10 家，县级联社 4 家；

拥有经营网点587个，其中，营业部19家、信用社（支行）429家、分社（分行）111家、储蓄所28家；员工5867名。

河北省农村信用社合作社联合社
石家庄审计中心

主 任：郭满平

副主任：刘宏峰 刘俊荣（女）

（杨智皓）

证 券

【概况】 2017年，石家庄市共有各类挂牌上市企业196家，累计实现融资740亿元。其中，境内公开市场（上海证券交易所、深圳证券交易所）上市企业16家，新三板挂牌企业69家，天津股权交易所挂牌企业20家，石家庄股权交易所挂牌企业72家，前海股权交易中心挂牌企业1家；境外资本市场挂牌上市企业18家。落实企业上市扶持政策，2017年全市兑现企业上市奖励资金6010万元，其中，省级奖励资金2540万元，市级奖励资金3470万元。2017年全市新增挂牌上市企业34家，其中，主板1家，新三板12家，石家庄股权交易所21家。2017年4月，科林电气在上海证券交易所挂牌，成为22年来石家庄市首个登陆沪市的主板上市公司。支持企业利用债券市场直接融资，2017年全市企业发行债券423亿元，其中，公司债40亿元，短期及超短期融资券205亿元，中期票据133亿元，非公开定向债务融资工具45亿元。创新融资机制和模式，支持企业转型及重点产业发展，组建成立产业类基金。2017年5月，石家庄高新区、盛世景资产管理集团股份有限公司联合设立石家庄盛世新药基金，总规模10亿元；该基金以吸引技术、人才等高端要素集聚和重大产业项目为目标，以生物制药产业为投资方向，采取股权投资、并购、资产证券化等方式，开展产业投资和业务合作，重点发展大健康医疗产业，包括临床医学转化产业、医药制造、医疗服务、健康养老服务等。5月26日，石家庄蓝天环境治理产业转型基金成立。该基金是以社会效益为先、经济效益为辅的社会产业引导基金，由政府投入一定规模资金，撬动社会资金发展新兴产业、环保产业和绿色产业，主要致力改善石家庄市大气环境质量，提升环境治理水平，加速产业转型升级，帮助企业解决在环境治理中的资金短缺问题。

【12家公司新三板挂牌】 2017年全市12家公司在新三板挂牌，分别为：河北泽宏科技股份有限公司、石家庄鹏海制药股份有限公司、河北东方视野文化传播股份有限公司、河北圣佳科技股份有限公司、石家庄圣宏达热能工程技术股份有限公司、河北创源通讯技术有限公司、河北昆时网络科技股份有限公司、河北华友古建筑工程股份有限公司、河北上元智能科技股份有限公司、石家庄育才医药包装材料股份有限公司、河北华清环境科技股份有限公司、河北兄弟伊兰食品科技股份有限公司。2017年石家庄市河北一森园林绿化工程股份有限公司（简称一森园林）、博宇科技股份有限公司（简称博宇科技）、河北方大包装股份有限公司（简称方大股份）、河北工大科雅能源科技股份有限公司（简称工大科雅）4家企业获评河北新三板最具价值企业（全省15家）。

【21家公司石家庄股权交易所挂牌】 2017年全市21家公司在石家庄股权交易所挂牌，分别为：石家庄贝克密封科技股份有限公司、河北盛唐园林科技开发有限公司、河北松阳山农业科技股份有限公司、国御温泉度假小镇股份有限公司、河北西姆克科技股份有限公司、河北仓仓农业科技股份有限公司、石家庄新科大能源开发股份有限公司、石家庄东盛海洋商贸股份有限公司、石家庄安吉物流股份有限公司、河北汇竹信息科技股份有限公司、元氏县捷胜汽车运输股份有限公司、石家庄宇泉环保设备股份有限公司、平山县龙乔科技小额贷款股份有限公司、石家庄虎吟潭荒山开发股份有限公司、河北海天环保工程设备股份有限公司、河北瀚洋科技股份有限公司、河北国盾保安服务集团股份有限公司、河北华德保险代理股份有限公司、石家庄志杰科技股份有限公司、河北领帝文化传播股份有限公司、河北天行健物流股份有限公司。至2017年底，石家庄股权交易所挂

牌企业累计达到1387家。其中，主板和成长板挂牌企业438家，孵化板挂牌企业949家；为非上市股份有限公司提供免费股权登记托管服务1562家。

（彭秀文）

保 险

中国人寿保险股份有限公司石家庄分公司

【概况】 2017年，中国人寿保险股份有限公司石家庄分公司（简称中国人寿保险石家庄分公司）贯彻落实重价值、强队伍、优结构、稳增长、防风险要求，全力推进企业转型升级。重视人才队伍管理，实施“干部双选”“履职承诺”“战功晋级”等改革措施。支持业务创新，开展“百万创新工程”。防范金融风险，落实风险防控管理措施，推进合规守纪三项治理，没有发生重大经营风险事项。2017年中国人寿保险石家庄分公司总保费突破50亿元大关，达到52.02亿元，同比增长15.13%；总保费市场份额占比18.72%，保持行业领先地位；拥有销售人员突破2万人，达到2.89万人，同比增长65.14%；经营效益和员工待遇提升，新单经费同比增长19.83%，员工薪酬同比提高14.71%，非人员经营费用预算、员工薪酬预算均有节余；上缴税费7026.3万元。

【业务发展】 保险经营业务保持全省领先地位，2017年公司总保费、长险首年、首年期缴、10年期及以上、续期保费5项贡献度排名中国人寿保险河北省系统首位；标准保费、首年期缴、10年期及以上、短险保费增幅高于全省系统平均水平；总保费、首年期缴、10年期及以上、短险等核心业务市场份额占比排名全市寿险行业之首。业务结构持续优化，10年期及以上、首年期缴保费、续期保费占比提升。突出“保险姓保”理念，实现保障型业务保费2.38亿元，同比增长138.89%。2017年公司线上办理业务保费4000余万元。

表29 2017年中国人寿保险石家庄分公司保费收入情况一览表

项目			保费收入（万元）	同比增长（%）
险种	长险	首年保费	186828	4.42
		续期保费	283356	22.28
	短险		50039	21.46
渠道	个险		314817	20.24
	团险		41630	20.16
	银邮		132533	-2.57
	电销及其他兼业代理		31243	61.40
总保费			520223	15.13

【客户服务与赔付】 扩大企业宣传，提升企业影响力，举办“牵手国寿智慧未来”少儿绘画比赛、“牵手国寿智慧生活”健康舞大赛、“中国人寿杯”首届石家庄业余羽毛球团体赛、“0碳起跑健康中国”系列赛（石家庄站）活动。优化人寿保险服务流程，服务E化率达到68%，“国寿E宝”新增注册客户7.48万人。2017年公司提供城乡大病保险医疗服务557.44万人，赔付17.79万人次、金额2.77亿元；城镇职工、城镇居民保险保障服务赔付3.86万人次、金额1.92亿元。至2017年末，公司赔付支出总额22.55亿元，其中，赔款

支出4.28亿元，死伤医疗给付1.26亿元，年金给付1.8亿元，满期给付15.21亿元。

中国人寿保险股份有限公司
石家庄分公司

总 经 理：刘林
副 总 经 理：张国杰 任少川
甄金波
田晓农（5月任）
总经理助理：晋英伟（5月任）

（阎媛敏）

中国人民财产保险股份有限公司石家庄市分公司

【概况】 2017年，中国人民财产保险股份有限公司石家庄市分公司贯彻落实科学发展、智慧经营要求，突出围绕经营理念和重点业务，全力提升销售服务质量和成本管控能力。2017年公司实现总保费收入31.18亿元，同比增长6.64%，保费收入首次跨越30亿元大关；市场份额占比30.96%，继续保持石家庄市域财险行业第一。2017年公司办理理赔业务20.69万笔，同比下降8.81%；支付赔款14.19亿元，同比下降1.70%。结合县域保险市场特点，推进县域保险机构改革，理顺纵向管理链条，增强县域支公司经营活力。重视专营司部建设，完善专营司部组织架构，配备专业团队，制定标准化管理制度，严格过程性指标考核。加强业绩清分与销售人员分类管理，利用营销管理系统，牢固掌控客户资源，推进实施渠道发展战略。

【业务发展】 全年公司总保费收入31.18亿元，同比增长6.64%；保费收入首次跨越30亿元大关，成为全省系统第一家业务规模突破30亿元的地市分公司；市场份额占比30.96%，继续保持石家庄市域财险行业第一。2017年公司所属34家经营单位中，正定县、新华区、西环3家司部保费规模首次达到2亿元，电子商务部达到1亿元，公司亿元司部总数增至10个。车险业务快速增长，实现保费收入26.48亿元，同比增长6.55%，市场份额占比33.25%，同比提升0.43个百分点。商业非车险实现保费收入2.88亿元，同比增长9.40%，业务范围覆盖农房保险、医疗责任险、校园方责任险等民生领域，其中政府救助保险统保1区6县，并中标全省疫苗保险。农险实现保费收入1.82亿元，同比增长3.81%，市场份额占比50.93%，赞皇大枣、新乐花生、晋州市及灵寿县无害化处理项目等业务取得突破。支持农业产业化发展，探索创新“农业保险＋融资”联动机制，推出“政融保”业务，至2017年底，公司为农户融资放款1100万元。2017年公司获得中国保监会批准，成为石家庄市唯一利用保险资金开展支农业务保险机构。

表30 2017年中国人民财产保险石家庄市分公司保费收入情况一览表

类别	保费收入（万元）	增加额（万元）	同比增长（%）
车险	264795	16286	6.55
商业非车险	28757	2471	9.40
农险	18229	669	3.81
总保费	311781	19426	6.64

【客户服务与赔付】 坚持以客户为中心，提升投诉服务质量和管理水平，严格投诉管理及考评，2017年公司客户投诉案件数量减少，监管亿元保费投诉量优于行业均值。以“人、车、生活”为重点，开展线上线下多元化互动服务，全年举办客户回馈活动33场次，参与人员8万余人次，回馈客户逾2万人次。提升理赔服务质量和客户满意度，开发“极速E理赔”系统，组建线上理赔队伍，推广电动车理赔查勘服务；推行车险理赔“万元以下1小时通知赔付”“全国通赔”“免费救援”等服务举措，创新“代检车”“代检本”“酒后代驾”等增值服务。落实理赔制度，做到不惜赔、不滥赔。至2017年末，公司办理理赔业务20.69万笔，同比

下降 8.81%；支付赔款 14.19 亿元，同比下降 1.70%。

表 31 2017 年中国人民财产保险石家庄市分公司赔付情况一览表

类别	决赔		赔款	
	笔数（笔）	同比增长（%）	金额（万元）	同比增长（%）
车险	168665	-10.60	119037	-1.84
商业非车险	13314	-18.23	14460	-15.00
农险	24931	13.51	8358	39.01
合计	206910	-8.81	141855	-1.70

中国人民财产保险股份有限公司
石家庄市分公司
总 经 理：王翔
副总经理：王大为
张立军（9 月免）
李文钢　周永喜
侯志勇（12 月免）

（俞玥　刘京宗）

中国太平洋人寿保险股份有限公司石家庄中心支公司

【概况】 2017 年，中国太平洋人寿保险股份有限公司石家庄中心支公司围绕“数字太保”“协同发展”“完善布局”“战略管控”“人才支撑”5 个方面，启动实施“转型 2.0”战略。落实“保险姓保”宗旨，参与和支持多层次社会保障体系建设。重视民生服务需求，全力发挥保险社会稳定器作用。防范金融风险，建立和完善各项保险管理制度。规范理赔流程，提升理赔效率，扩大品牌影响力。2017 年石家庄中心支公司保费收入 13.85 亿元，同比增长 30.1%，保费收入位列石家庄市域保险市场第三名。2017 年石家庄中心支公司处理理赔案件 10979 件，同比增长 245%；赔款金额 6406.9 万元，同比增长 83%；满期给付 9663.1 万元，同比增长 6.5%。

【业务发展】 创新经营理念，深挖高端市场，实现保费收入快速增长。2017 年 3 月，石家庄中心支公司标准保费收入排名中国太平洋人寿保险系统全国第一。至 2017 年末，石家庄中心支公司保费收入 13.85 亿元，同比增长 30.1%，保费收入位列石家庄市域保险市场第三名。其中，个险渠道保费收入 12.87 亿元，同比增长 28.1%；银保渠道保费收入 5703 万元，同比增长 90.1%；直销渠道保费收入 4175 万元，同比增长 35.6%。

表 32 2017 年中国太平洋人寿保险石家庄中心支公司保费收入情况一览表

类别		金额（万元）	增加额（万元）	同比增长（%）
个险渠道	总额	128680	28256	28.1
	新单	45315	5462	13.7
银保渠道	总额	5703	2703	90.1
	新单	2919	1480	102.8
团险（直销）	总额	4175	1095	35.6
	新单	3901	2321	146.9
总保费		138558	32054	30.1

【赔款与给付】 规范客户服务流程，实施服务提质工程。打造保险服务品牌，举办“3·15消费者权益日”“石家庄市寿险业客服技能大赛”“极速理赔”等服务及比赛活动。扩大品牌影响力，2017年9月，公司举行保险理赔大提速活动，组织拜访客户32920人。至2017年末，石家庄中心支公司累计处理理赔案件10979件，同比增长245%；赔款金额6406.9万元，同比增长83%；满期给付9663.1万元，同比增长6.5%。

中国太平洋人寿保险股份有限公司
石家庄中心支公司
总 经 理：张进武
副总经理：康永忠（2月免）
常洪峰 赵显峰
孙刚 （2月任）

（王珂）

中国平安人寿保险河北分公司

【概况】 2017年，中国平安人寿保险河北分公司贯彻落实“保险姓保”的管理要求，突出围绕客户至上的服务理念，探索创新营销模式，实现业务稳步提升。至2017年底，公司在石家庄市域保费收入25.69亿元，同比增长43.1%。其中，人寿保险保费收入18.35亿元，增长40.1%；意外伤害险保费收入9961万元，增长58.5%；健康险保费收入6.34亿元，同比增长50.3%。2017年公司在石家庄市域赔款支出1372万元，同比增长104.3%。2017年公司在石家庄市域给付支出3.83亿元，同比增长49.0%。其中，满期给付支出18899万元，增长56.1%；年金给付支出5601万元，增长22.8%；死伤医疗给付支出13818万元，增长52.6%。

【业务发展】 2017年公司在石家庄市域保费收入25.69亿元，同比增长43.1%。按险种分类，人寿保险保费收入18.35亿元，同比长40.1%；意外伤害险保费收入9961万元，同比增长58.5%；健康险保费收入6.34亿元，同比增长50.3%。按渠道分类，个人代理业务保费收入24.54亿元，同比增长48.2%，占总保费收入95.5%；银邮渠道业务保费收入1.15亿元，同比下降17.0%，占总保费收入4.5%。按保费期限统计，长险保费收入21.47亿元，同比增长42.8%，其中，长险新单保费收入10.72亿元，增长49.2%；长险续期保费收入13.75亿元，增长38.3%。短险保费收入1.22亿元，同比增长49.7%。

表33 2017年中国平安人寿河北分公司石家庄地区保费收入情况一览表

类别			金额（万元）	增加额（万元）	同比增长（%）
险种	人寿保险		183467	52515	40.1
	意外保险		9961	3679	58.5
	健康保险		63443	21233	50.3
渠道	个人代理		245420	79770	48.2
	银邮代理		11451	-2343	-17.0
期限	长险	合计	244680	73382	42.8
		新单	107202	35345	49.2
		续期	137478	38037	38.3
	短险		12191	4045	49.7
总保费			256871	77427	43.1

备注：2017年数据使用标准为河北省保监局“二号统计口径”。

【赔款与给付】 2017年公司在石家庄市域赔款支出1372万元，同比增长104.3%。2017年公司在石家庄市域给付支出3.83亿元，同比增长49.0%。其中，满期给付支出11.89亿元，增长56.1%；年金给付支出5601万元，增长22.8%；死伤医疗给付支出1.38亿元，增长52.6%。

表 34 2017年中国平安人寿河北分公司石家庄地区赔退付情况一览表

类别		金额（万元）	增加额（万元）	同比增长（%）
赔款		1372	700	104.3
给付	满期	18899	6788	56.1
	年金	5601	1039	22.8
	死伤医疗	13818	4765	52.6
	合计	38318	12592	49.0

备注：2017年数据使用标准为河北省保监局“二号统计口径”。

中国平安人寿保险河北分公司
总 经 理：赵津
副总经理：张树新 何伟杰
耿剑 王泽根
苏海超 郭军升
胡云亚 田卫东

（杜成高）

中国平安财产保险股份有限公司石家庄中心支公司

【概况】 2017年，中国平安财产保险股份有限公司石家庄中心支公司（简称中国平安财产保险石家庄中心支公司）以“平安在您身边”为理念，重点围绕“专业”“服务”两个主题，全力推进业务持续稳健发展。2017年公司实现保费收入18.29亿元，同比增长19.5%，其中，车险保费收入16.69亿元，增长20.0%。2017年公司接受车险报案8.5万件，赔款金额6.28亿元；接受财产险报案2254件，赔款金额3785万元。2017年公司上缴税款2.24亿元，其中，增值税及附加税5661万元，代扣代缴车船税1.61亿元，代扣代缴个人所得税459万元，缴纳印花税180万元。

【业务发展】 创新车险业务品种，向私家车车主推出机动车第三者责任保险附加险——法定节假日限额翻倍险，即节假日期间，被保险机动车责任保险所适用责任限额在保单确定数额基础上增加一倍。支持石家庄城市综合交通体系建设，向石家庄地铁、太行山高速公路等基建项目提供保险保额近100亿元。参与石家庄新材料保险项目，采取综合金融方式，向装备制造业提供保险保额400亿元。响应“一带一路”倡议，开设“一带一路”沿线国家出口货运保险，办理年度环境污染责任险、食品安全责任险保额逾20亿元。2017年公司实现保费收入18.29亿元，同比增长19.5%。其中，车险保费收入16.69亿元，增长20.0%；财产险保费收入1.08亿元，增长7.1%；意健险保费收入0.51亿元，增长36.1%。2017年公司保费收入市场占有率排名石家庄市域产险市场第二名。

表 35 2017年中国平安财产保险石家庄中心支公司保费收入情况一览表

险种	保费收入（亿元）	同比增长（%）
车险	16.69	20.0
财产险	1.08	7.1

续表

险种	保费收入（亿元）	同比增长（%）
意健险	0.51	36.1
合计	18.29	19.5

【理赔服务】 以车险理赔为重点，依据石家庄市主城区连续两年大数据分析，详细划设市区拥堵路段和人员配置。增派人员驻守重点事故高发路段，实行高峰时间段值班人员动态调整，最大限度将理赔人员投入一线，全心为车主提供安全、顺畅、满意的理赔和指引服务。创新开展“一键包办直赔三者”服务，建立车主授权、赔款直接赔付三者流程，免去车主垫付事故赔款烦恼。打造平安品牌，连续6年举行“国庆节春节”理赔咨询、道路指引、紧急简易救援等护航服务。2017年中国平安财险石家庄中心支公司接受车险报案8.5万件，赔款金额6.28亿元；接受财产险报案2254件，赔款金额3785万元，其中，已决赔付100万元以上大案5笔，赔款金额1321万元。

中国平安财产保险股份有限公司
石家庄中心支公司

总 经 理：张保龙
副总经理：佟伟 （8月免）
刘岩松 （8月免）
杜伟 （8月免）

（赵双举）

新华人寿保险河北分公司

【概况】 2017年，新华人寿保险河北分公司贯彻落实总公司“坚持稳中求进，深化转型发展”的指导思想，突出围绕业务、风险控制两个重点工作，全力推进公司业务健康发展。2017年公司实现总保费收入37.45亿元，同比增长6.0%，其中，个险保费收入33.66亿元，增长22.0%。2017年公司赔付支出12.83亿元，同比下降19.45%。其中，赔款支出6267万元，下降1.01%；给付支出12.20亿元，下降20.21%。2017年公司在河北省银行业、保险业、证券期货业协会共同举办的“河北网民信赖金融品牌”评选活动中获评“河北网民信赖金融品牌”。至2017年末，新华人寿保险河北分公司共有中心支公司10家、四级机构59家，业务范围覆盖河北省11个地市，发展形成个人、银代、团体、续收四大营销体系。

【业务发展】 2017年公司实现总保费收入37.45亿元，同比增长6.0%。按渠道分，个险保费收入33.66亿元，占总保费收入89.88%，同比增长22.0%；法人保费收入0.94亿元，占总保费收入2.78%；银代保费收入2.85亿元，占总保费收入的7.61%。按时间分，新单保费收入11.34亿元，占总保费收入30.28%；续收保费26.11亿元，占总保费收入的69.72%。2017年公司个险业务保费中，新契约规模保费9.45亿元，同比增长16.0%；期缴保费8.88亿元，同比增长21%，占新契约保费的94.0%。2017年公司银代业务保费中，新契约规模保费9635万元；期缴保费9601万元，同比增长13%，占新契约保费收入99.6%。

表36　2017年新华人寿河北分公司规模保费收入情况一览表

类别		金额（亿元）	占比（%）
渠道	个险	33.66	89.88
	法人	0.94	2.78
	银代	2.85	7.61

续表

类别		金额（亿元）	占比（%）
时间	新单	11.34	30.28
	续收	26.11	69.72
总保费		37.45	100

【赔款与给付】 2017年公司赔付支出12.83亿元，同比减少3.10亿元，下降19.45%。2017年公司赔款支出6267万元，同比减少64万元，下降1.01%。2017年公司给付支出12.20亿元，同比减少3.09亿元，下降20.21%。其中，满期给付8.71亿元，占比71.4%，同比下降26.82%；年金给付2.13亿元，占比17.5%，下降5.20%；死伤医疗给付1.36亿元，占比11.1%，增长19.01%。

表37　　2017年新华人寿保险河北分公司赔付情况一览表

类别		金额（万元）	增加额（万元）	同比增长（%）
赔款		6267	-64	-1.01
给付	总额	121995	-30900	-20.21
	满期	87055	-31902	-26.82
	年金	21342	-1171	-5.20
	死伤医疗	13598	2172	19.01
合计		128262	-30964	-19.45

新华人寿保险河北分公司
总 经 理：黄启永
副总经理：宋国盛　张战
总经理助理：张欣

（王占义）

富德生命人寿保险股份有限公司河北分公司

【概况】 2017年，富德生命人寿保险股份有限公司河北分公司（简称富德生命人寿保险河北分公司）贯彻落实“保险姓保”的管理要求，突出围绕客户至上的服务理念，探索创新营销模式，全力推进业务稳健经营。2017年公司全辖业务品质指标整体表现良好，继续率指标达成“四个九”：13个月继续率个经险90.17%、银代97.67%；25个月继续率个经险95.27%、银代99.10%。发挥新技术优势，采取OCR文字识别、新契约人脸识别、电子签名、微投保等方式，提供保险办理智能自动服务。2017年公司实现总保费收入42.0亿元，同比下降24%。其中，新单保费收入20.6亿元，同比下降55%；续期保费收入21.4亿元，同比增长129%。防范经营风险，建立排查常态化机制，举办反洗钱、反保险欺诈、防范非法集资宣传教育活动。全年公司无任何重大违规事件发生。加强企业管理，新增管理制度22个，修订完善制度19个，形成有效合规管理制度210个。2017年公司在中国人民银行石家庄中心支行反洗钱工作考评中获评A级单位。

【业务发展】 2017年公司实现总保费收入42.0亿元，同比下降24%。其中，新单保费收入20.6亿元，占比49%，新单保费较2016年减少25亿元，同比下降55%；续期保费收入21.4亿元，占比51%，较2016年增加12亿元，同比增长129%。按险种分，传统寿险保费收入30.79亿元，同比下降32%；投资型保险收入7.28亿元，同比下降14%；健康保险收入3.40亿元，同比增长117%；意外保险收入5428万元，同比增长50%。按渠道分，个人代理收入9.93亿元，同比增长26%；银行代理收入30.04亿元，同比下降35%；团险渠道收入2852万元，同比增长54%；团险渠道收入1.05亿元，同比增长9%；电销及其他收入6982万元，同比增长45%。

表38　2017年富德生命人寿河北分公司保费收入情况一览表

类别	名称	保费收入（万元）	增加额（万元）	同比增长（%）	占比（%）
险种	传统寿险	307882	-142617	-32	73
	投资型保险	72786	-11630	-14	17
	健康保险	33965	18306	117	8
	意外保险	5428	1817	50	1
渠道	个人代理	99268	20336	26	24
	银行代理	300446	-158461	-35	72
	团险渠道	2852	1006	54	1
	经代渠道	10513	837	9	3
	电销及其他	6982	2158	45	2
总保费		420061	-134124	-24	100

【客户服务】 发挥新技术优势，采取OCR文字识别、新契约人脸识别、电子签名、微投保等方式，提供保险办理智能自动服务。简化工作流程，增强客户认知和满意度。宣传公司品牌，加强与客户沟通联络。2月25日，为答谢客户与公司同行十年，专门在石家庄红太阳演艺中心举行VIP客户答谢会感恩回馈客户活动。6月20日至8月31日，举办“夏之花”第十一届客服节活动。其中，线下活动51场，参与人数5000余人，为245名客户提供免费补发保单服务；线上活动小小牙卫士参与人数15125人，收集绿色生命作品3564件，发布媒体品牌宣传稿件1000余篇。重视业务人员礼仪培养，主动构建文明、和谐、舒畅的营销环境。提升保全服务质量和时效，更新升级E服务终端、E服务平台，完善和配置高清拍摄仪器等硬件设备；2017年公司自助退保、预约保全功能上线运营，保全服务时效由1.38天缩短至1.02天以内。

富德生命人寿保险股份有限公司
河北分公司
总 经 理：张立辉（1月，主持工作）
副总经理：张玉然　张峰松
　　　　　陆明维
总经理助理：崔会利

（白长城）

综合经济管理

Comprehensive Economic Management

发展和改革

【概况】2017年，全市完成地区生产总值5486.0亿元，同比增长7.2%。其中，第一产业增加值349.1亿元，增长2.3%；第二产业增加值2215.2亿元，增长3.6%；第三产业增加值2921.7亿元，增长11.3%。全市人均生产总值5.49亿元，同比增长6.4%。三次产业结构比例由2016年7.9∶44.3∶47.8调整为6.4∶40.4∶53.2。2017年石家庄市全社会固定资产投资完成6095.97亿元，同比增长6.6%。其中，固定资产投资完成6055.97亿元，增长6.7%。固定资产投资总量连续5年位居全省第一。固定资产投资中，第一产业投资302.8亿元，同比增长14.0%；第二产业投资2391.6亿元，同比下降4.3%；第三产业投资3361.6亿元，同比增长15.4%。三次产业投资占比为5.0∶39.5∶55.5。出台《石家庄市产业发展鼓励和禁限指导意见（2017～2019年）》，确定包括采矿、轻工业、冶金、建材、化工等七大行业37类工业类禁限产业项目，重点发展生物医药、电子信息、高端装备制造、新材料、新能源汽车等十大产业38种鼓励类产业。压减炼铁产能52万吨、火电产能19.9万千瓦，拆除、封停水泥产能523万吨。2017年建设市重点项目300项，总投资4878.1亿元，年度计划投资798.8亿元。计划开工项目100项，总投资1427.9亿元，年度计划投资356亿元；计划竣工项目100项，总投资1729.4亿元，年度计划投资442.8亿元；前期项目100项，总投资1720.9亿元。粮食播种面积77.67万公顷，同比增加11.74万公顷；粮食总产量511.22万吨，同比增长1.13%；粮食生产实现“十四连丰”，主要农作物耕种收机械化综合水平达到91.0%，农业产业化经营率达到67.5%，获评全国农业农村信息化示范基地。规模以上工业总产值7861.73亿元，主营业务收入8003.72亿元；规模以上工业实现增加值2122.6亿元，同比增长3.4%；规模以上工业利润总额818.76亿元。高新技术产业实现增加值449.2亿元，占全市规模以上工业增加值21.2%，同比增长14.0%，高于全市规模以上工业增速10.6个百分点。全社会用电量468.10亿千瓦时，同比增长3.52%；市区用电量241.68亿千瓦时；农村用电量77.7亿千瓦时。社会消费品零售总额完成2983.3亿元，同比增长10.8%。其中，城镇完成2570.1亿元，增长10.8%；乡村完成413.3亿元，增长10.5%。对外贸易进出口总值797.3亿元，同比增长11.7%。其中，出口总值479.7亿元，增长12.5%；进口总值317.6亿元，同比增长10.6%。实际利用外资13.8亿美元，同比增长14.2%。接待海内外游客8939.5万人次，同比增长20.84%；实现旅游业总收入962.55亿元，同比增长32.61%。市区空气优良天数和重污染天数减少，其中，空气优良率41.4%，同比下降5.6个百分点，重污染天数占总天数比例13.7%，同比下降5.7个百分点；空气质量综合指数为8.72，较2016年下降0.58。推进生态修复工程，重视水环境安全，推行河长制管理。森林覆盖率39.9%。新认定高新技术企业194家，累计达到803家；新增科技型中小企业2912家，累计达到9105家；新增科技小巨人企业139家，累计达到479家；新增市级创新型企业24家，市级以上创新型企业累计达到175家；新增省级产业技术研究院2家，累计达到9家；新增省级重点实验室2家，累计达到47家；新增省级工程技术研究中心10家，累计达到88家；新认定市级工程技术研究中心21家，累计达到160家；新认定科技企业孵化器4家，累计达到

20家；新认定众创空间23家，累计达到80家；新增院士工作站10家，累计达到51家。城镇新增就业18.26万人，城镇登记失业率3.35%，高校毕业生就业率98%，农村转移劳动力5.86万人。居民人均可支配收入24651元，同比增长8.8%；居民人均消费支出15299元，同比增长6.9%。市区居民消费价格指数为101.4%，同比上涨1.4%。常住人口城镇化率达到61.9%，户籍人口城镇化率达到45.78%。

【重点项目】 2017年全市建设市重点项目300项，总投资4878.1亿元，年度计划投资798.8亿元。计划开工项目100项，总投资1427.9亿元，年度计划投资356亿元；计划竣工项目100项，总投资1729.4亿元，年度计划投资442.8亿元；前期项目100项，总投资1720.9亿元。重点项目中，战略性新兴产业项目89项，总投资1166.9亿元，涵盖高端制造、电子信息、新材料、新能源汽车、生物产业等；现代服务业项目109项，总投资2270.8亿元，涵盖物流、商贸、旅游等；传统产业升级项目72项，总投资804.5亿元；农业产业化项目18项，总投资156.5亿元；基础设施项目12项，总投资479.4亿元。33个项目入列河北省重点项目，总投资1235亿元。其中，计划开工项目12个，总投资211.4亿元，年度计划投资42.4亿元；续建投产项目11个，总投资632.5亿元，年度计划投资82.7亿元；前期项目10个，总投资391.1亿元。33个项目中，建设项目23项，总投资843.9亿元，年度计划投资125.1亿元；12个计划开工项目全部开工建设，完成投资101.7亿元，占年度投资计划240%；11个计划竣工项目完成投资105.9亿元，占年度投资计划128.1%。至2017年底，全市300个市级重点项目完成投资1315.8亿元，其中，200个在建项目完成投资1251.6亿元，占年度投资计划157.2%。100个计划开工项目全部开工建设，完成投资580.5亿元，占年度投资计划164.4%；100个计划竣工项目中90个项目竣工或部分竣工，完成投资671.1亿元，占年度投资计划151.5%；100个前期项目中19个项目提前开工建设，完成投资64.2亿元。全年新开工项目119项。

【经济运行调节】 散煤压减替代。以市内4区和高新区、循环化工园区及周边正定县、藁城区、鹿泉区、栾城区四组团县区为重点，全市完成气代煤电代煤总户数43.8万户，其中，气代煤42万户、电代煤1.8万户，全面完成河北省下达40.6万户"双代"任务，实现"1+4"组团县区散煤基本清零目标。油气协调调度。建立与中石油、中石化石家庄分公司协调机制，制定应对特殊情况紧急油气供应预案，确保成品油平稳供应。解决采暖期天然气供需矛盾突出问题，加强资源平衡调度，采取多渠道争取上游气源、压限工业等非民生用气措施。联合印发《2017年度石家庄电网有序用电方案》，确保电力有序供应；做好燃煤发电企业压电减煤工作，2017年全市压减电煤消耗较2016年减少25万吨，较2012年压减近300万吨。保障洁净型煤供应，全年累计配送型煤35万余吨，推广量达到历年最多。2017年全市压减炼铁产能52万吨、火电产能19.9万千瓦，拆除、封停水泥产能523万吨。2017年石家庄全社会用电量468.10亿千瓦时，同比增长3.52%。其中，第一、二产业用电量分别为13.38、292.18亿千瓦时，分别下降1.14%、0.16%；第三产业用电量95.76亿千瓦时，增长11.85%。市区用电量241.68亿千瓦时；农村用电量77.7亿千瓦时。从全市用电数据看，产业结构调整和转型升级取得成效。全年发电量463.4亿千瓦小时，同比下降0.14%。2017全市万元GDP能耗同比下降5%。

【经济体制改革】 深化"放管服"改革，组建成立市县两级行政审批局，实现工商登记"二十六证合一"、行政许可事项办理时限平均减少15.5天、新增市场主体17.98万户。推进公共资源交易体制改革，六类资源统一进场交易。"双随机、一公开"改革任务完成，率先在全省实现监管全覆盖。实施政府投资项目"代建制"改革，全年代建政府投资建设项目23项。开展土地收储制度改革，推行城中村土地"整案制"收储，实行"先做土地、后做项目"策略，破解项目落地难问题。推进国有建设用地二级市场改革试点，科学划定永久性产业用地。推进财税和投融资改革，设立蓝天产业转型、军民融合等产业基金；新增挂牌上市企业34家；新发行债券423亿元。实施创新改革，以石保廊全面创新改革试验区建设为契机，重点推进153项改革措施，建成中关村天合科技成果转化服务、高新技术产品推广应用、传统产业智能改造、河北工业设计创新4个平台。加强信用体系建设，印发《关于加强政务诚信建设的实施意见》等文件8个；建设和完善石家庄市信用信息共享平台，推广使用市场主体信用记录及信用报告，2017年全市为19万家企业、513家社会组织、7万余名重点人员建立电子信用档案。

【高新技术产业】 2017年全市高新技术产业实现增加值449.2亿元，占全市规模以上工业增加值21.2%，同比增长14.0%，高于全市规模以上工业增速10.6个百分点。推进生物医药、光电与导航、通用航空3个战略性新兴产业示范基地建设，新注册入驻企业38家，签约项目32个，建设项目33个。实施科林电气高端智能电力装备制造基地等89个战略性新兴产业重点项目建设，完成投资299亿元，占年度投资计划144.4%。与深圳华大基因科技有限公司合作对接，起草并签署《战略合作协议》。支持高新技术企业发展，新认定高新技术企业194家，累计达到803家；新增科技型中小企业2912家，累计达到9105家；新增科技小巨人企业139家，累计达到479家；新增市级创新型企业24家，市级以上创新型企业累计达到175家。建设高技术创新平台，新增省级产业技术研究院2家，累计达到9家；新增省级重点实验室2家，累计达到47家；新增省级工程技术研究中心10家，累计达到88家；新认定市级工程技术研究中心21家，累计达到160家；新认定科技企业孵化器4家，累计达到20家；新认定众创空间23家，累计达到80家；新增院士工作站10家，累计达到51家。2017年市发展改革委管理创新平台达到326个，其中，国家企业技术中心9个、国家工程研究中心2个、国家工程实验室1个、国家地方联合工程实验室9个、省级创新平台142个。

【服务业】 加快现代服务业发展，印发《关于促进现代服务业发展的若干政策》《物流发展战略研究》《关于进一步扩大旅游文化体育健康养老教育培训等领域消费的实施意见》。推进重点物流项目建设，全年17项重点物流项目累计完成投资43.2亿元，全部完成年度计划任务目标。谋划推进石家庄铁路物流港项目，研究拟定项目选址、项目法人公司和项目建设推进时间表，提出《关于建设石家庄铁路物流港项目的意见》。争取国家、省级资金扶持，筛选、上报中关村海淀创业园石家庄分园“双创”公共服务平台和北斗卫星导航产品批量监测平台项目，获得国家支持资金620万元，苏宁物流配送基地等4个物流项目争取省级物流专项资金1740万元。2017年全市新增规模以上服务业企业348家，第三产业增加值达到2921.7亿元，同比增长11.3%，占全市地区生产总值达到53.2%。

（刘宏）

【粮油购销】 2017年全市粮食企业收购商品粮288.1万吨，其中，小麦159.1万吨、玉米127.5万吨。按时完成国家政策性粮食收购任务，各收购主体均执行敞开收购农民余粮、不压级压价和即时结算政策。7月6日，石家庄市启动《小麦最低收购价执行预案》；小麦收购分5个等级，以2017年生产的国标三等小麦为标准品，白小麦、红小麦、混合小麦的最低收购价格均为每千克2.36元，相邻等级之间等级差价为每千克0.04元；标准品小麦的具体质量标准为容重750～770克/升（含750克/升），水分12.5%以内，杂质1%以内，不完善粒8%以内，质量全部为中等以上。设置收购库点29个。其中，第一期收储库点18家，分别为：中央储备粮新乐直属库、中央储备粮新乐直属库深泽分库、中央储备粮新乐直属库高邑分库、河北省粮食局直属机械化粮油储备库、河北省财安粮食经营有限责任公司、灵寿县金穗粮油有限公司、井陉县泰丰粮油购销有限责任公司、河北省天元国有粮食收储库有限责任公司、石家庄惠农粮食储备有限公司、无极县小西门粮油有限责任公司、无极县里城道粮油有限责任公司、无极县七汲粮油有限责任公司、无极县东后粮油有限责任公司、中央储备粮石家庄直属库、正定县宏远粮油购销有限公司南楼粮站、河北石家庄国家粮食储备有限责任公司、河北永安国家粮食储备库有限公司、晋州省级粮食储备有限公司常营粮库；第二期收储库点11家，分别为：藁城区第二粮库、藁城区军粮供应有限公司、河北永弘安粮油有限公司、深泽县川山实业有限公司、深泽县弘丰粮油贸易有限公司、高邑县富民粮食购销有限公司、河北汇通国有粮食收储库有限责任公司、井陉县裕丰粮油购销有限责任公司、河北赵县国家粮食储备有限责任公司、赵县潘园粮食销售有限公司、无极县郭庄粮油有限责任公司。提升粮食应急保障能力，全年完成市级储备小麦轮换3.9万吨，新增成品粮储备0.54万吨，拨付财政资金200万元，改造应急网点、应急配送中心、粮食储备企业70个。军粮供应以军供网络为依托，形成应急供应、军粮供应、成品粮储备、放心粮油、主食产业化“五位一体”军民融合式发展模式。2017年全市军粮销售额达到1.15亿元，部队官兵满意率达95%以上。开展粮食库存检查、储备粮轮换监管、政策性粮食出库监管及全社会粮食流通专项检查活动，全年检查377次，出动检查人员774人次，检查收购主体588家，查处未建立粮食经营台账和未严格执行流通统计制度案件10例，其中，责令改正7例、罚款3例，处罚金额1500元。开展政策性粮食安全隐患集中检查行动，检查政策性粮食存储企业45家，检查政策性粮食139.7万吨，其中，中央储备粮42.2万吨、省级储备粮33.3万吨、市级储备粮16万吨、县级储备粮7.8万吨、最低收购价小麦39.9万吨、国家临时储备粮0.5万吨，发现并整改问题隐患68个。

（郭建英）

财　政

【概况】 2017年，全市全部财政收入920.5亿元，同比增长11.8%。其中，公共财政预算收入446.3亿元，增长12.2%。公共财政预算收入中，增值税111.0亿元，企业所得税28.7亿元，个人所得税14.4亿元，城市维护建设税25.4亿元，契税36.1亿元。2017年全市财政支出766.0亿元，同比增长8.1%。其中，一般公共服务支出78.3亿元，公共安全支出48.7亿元，教育支出158.6亿元，科学技术支出9.6亿元，文化体育与传媒支出9.7亿元，社会保障和就业支出80.1亿元，医疗卫生支出73.7亿元，城乡社区事务支出61.9亿元，农林水事务支出71.3亿元。2017年全市各（县、区）财政收入中，桥西区财政收入162.9亿元，排名第一；长安区财政收入120.8亿元、排名第二；深泽县财政收入5.8亿元，排名倒数第一；灵寿县财政收入6.0亿元，排名倒数第二。2017年石家庄市争取上级财政补助资金345亿元，同比增长11.3%。成功入选北方清洁取暖试点城市，示范期中央财政每年支持7亿元，三年（2017～2019年）支持资金21亿元，成为石家庄市历年来一次性争取上级财政资金支持最多的项目。

【民生支出】 全年财政用于民生支出610.5亿元，占一般公共预算支出比重75.9%。支持教育优先发展，全年用于教育支出158.6亿元，统一城乡义务教育经费标准，改善薄弱学校办学条件，资助16.2万名家庭困难学生，主城区16245户家庭享受政府购买民办幼儿园服务。提高社会保障水平，全年社会保障和就业支出80.1亿元，城乡低保、医保、基本公共卫生服务等提标政策全部兑现，全市5万余名重点优抚对象、自主就业退役士兵、军队离退休干部及家属遗属待遇得到落实；支持养老机构建设，拨付养老服务体系建设资金1.1亿元；列支专项资金1400万元，支持发放文化惠民卡3万张。促进创业就业，出台失业保险支持企业参保职工提高职业技能补贴政策，拨付补贴资金保障7000余名公益岗位人员工资待遇，高校毕业生创业贷款额度由10万元提高到20万元，全市零就业家庭实现动态清零。鼓励和支持创业，以创业带动就业，拨付资金支持创业者免费入驻创业孵化基地工程。加大涉农资金投入，整合资金11.2亿元，重点扶持农业特色产业发展。落实精准脱贫资金10.4亿元，实现稳定脱贫6.5万人。落实资金11.8亿元，推进美丽乡村建设、太行山绿化、环省会经济林建设。开展“政银保”合作，撬动金融资本投入农业规模经营，以贷款支持农村新型经营主体发展。推进城市基础设施建设，多渠道筹集资金107.6亿元，支持城市轨道交通、南二环东西延、中华大街南延、龙泉湖公园等重点项目建设。拨付市容市貌整治资金1亿元。创新投入方式，启动滹沱河生态修复工程PPP项目。

【财政政策导向支出】 推进供给侧结构性改革，争取上级奖补资金1.4亿元，用于化解钢铁和煤炭过剩产能，落实以降税减费为主要内容的积极财政政策，全年减免税费83.5亿元。补齐生态短板，多渠道筹资91.1亿元，用于“蓝天、碧水、净土”三大行动。加强政府债务管理，全部置换高成本、短期限存量政府债务，有效防范债务风险。支持实施科技创新战略，全年财政用于科技支出 9.6 亿元，支持引进高层次科技创新创业人才，引导科技型企业加大项目研发力度，鼓励支持社会资本兴办创业空间，支持 60 家众创空间建设。加快重点实验室、工程技术研究中心等创新平台培育，新认定国家级、省级、市级平台兑现奖励政策。推进产业园区和产业项目建设，安排专项资金 5 亿元，用于开发区（园区）公共基础设施和公共服务平台建设；落实资金 2.4 亿元，支持工业转型升级、中小企业发展、创建中小企业名牌。设立 1 亿元小微企业贷款风险资金，破解小微企业融资难题。支持旅游文化产业发展，列支文化产业发展资金，引导带动和实施文化产业项目 65 个。落实资金 1.5 亿元，重点支持首届旅游产业发展大会、正定古城保护及旅游景区基础设施提档升级。

【财政管理改革】 实施预算管理改革，加大存量资金清理盘活力度，建立盘活存量资金与预算编制、执行等挂钩机制。加快预算执行进度，严格按照规定时限批复部门预算和下达资金。推进预算信息公开，市级部门和县级政府公开率全部达到 100%。加强绩效管理，研究出台绩效评价指标框架体系、绩效评价工作规范等制度文件，率先在全省通过引入第三方机构对市级项目预算开展事前绩效评估，涉及财政资金 58.7 亿元，审减资金 3.5 亿元。创新财政投入方式，推广运用 PPP 模式，汇明路地下综合管廊等 4 个 PPP 项目实施，滹沱河生态修复工程 PPP 项目启动。建立财政转移支付与农业转移人口市民化挂钩机制，持有居住证农业转移人口全部纳入教育保障范围。推进资产管理改革，修订出台《行政事业单位国有资产管理办法》，实现从资产配置到资产处置各个环节规范管理，保证了国有资产安全完整。规范出租出借行为，出租出借资产实行公开招租，实现资产收益 6391 万元。加强财政监督，开展“小金库”等违反财经纪律问题专项清理，发现问题 2969 件，涉及资金 7.2 亿元，整改率 100%。改革财政评审方式，建立多层次监督机制，市级全年评审资金 183 亿元，审减率 15.8%。

表 39　　2017 年度石家庄市一般公共预算收支决算总表（一）

单位：万元

预算科目	预算数	决算数	预算科目	预算数	决算数
一、税收收入	3202721	3103130	一、一般公共服务支出	726406	836938
增值税	1245037	1155014	二、国防支出	9651	8904
企业所得税	314964	295265	三、公共安全支出	493045	505753
个人所得税	154324	146290	四、教育支出	1544934	1676709
资源税	19004	12479	五、科学技术支出	127878	100610
城市维护建设税	272809	260497	六、文化体育与传媒支出	91582	100814
房产税	145948	134829	七、社会保障和就业支出	667812	880658
印花税	69534	74924	八、医疗卫生与计划生育支出	680977	780088
城镇土地使用税	195276	188944	九、节能环保支出	277516	597487
土地增值税	261041	260887	十、城乡社区支出	558697	631656
车船税	75476	81578	十一、农林水支出	599619	755964
耕地占用税	141905	115407	十二、交通运输支出	136207	280155
契税	307173	376945	十三、资源勘探信息等支出	160258	193798

续表

预算科目	预算数	决算数	预算科目	预算数	决算数
烟叶税	230	71	十四、商业服务业等支出	34059	42680
二、非税收入	1087965	1505756	十五、金融支出	15	180
专项收入	258416	373911	十六、援助其他地区支出		1050
行政事业性收费收入	294186	307265	十七、国土海洋气象等支出	64389	94485
罚没收入	173328	187053	十八、住房保障支出	137344	184732
国有资本经营收入	14640	12328	十九、粮油物资储备支出	13512	14931
国有资源（资产）有偿使用收入	235341	424015	二十、预备费	95243	
其他收入	112054	201184	二十一、其他支出	306569	129141
			二十二、债务付息支出	244590	248335
			二十三、债务发行费用支出	230	2216
本年收入合计	4290686	4608886	本年支出合计	6970533	8067284

备注：包含辛集市。

表 40　2017 年度石家庄市一般公共预算收支决算总表（二）

单位：万元

项目	决算数	项目	决算数
本年收入合计	4608886	本年支出合计	8067284
上级补助收入	3341605	上解上级支出	103742
返还性收入	653817	债务还本支出	1484417
一般性转移支付收入	1565342	国债转贷拨付数及年终结余	1558
专项转移支付收入	1122446	补充预算稳定调节基金	1250697
上年结余	262217	待偿债置换一般债券结余	49260
调入资金	775483	年终结余	302896
债务（转贷）收入	1598713	减：结转下年的支出	302896
国债转贷收入、上年结余及转补助数	1558		
调入预算稳定调节基金	671392		
收入总计	11259854	支出总计	11259854

备注：包含辛集市。

（刘铭严）

税　务

国家税务

【概况】2017年，石家庄市国税收入556.58亿元，占全省总收入的19.87%，同比增收83.43亿元，增长17.6%；完成市政府一般公共预算收入128.74亿元，同比增收34.39亿元，增长36.4%。新营改增行业增收额快速增长，全年房地产业、建筑业、金融业三大新营改增行业完成税收152.41亿元，同比增长66.5%，增收60.87亿元。其中，房地产业税收47.23亿元，增长117.2%，增收25.48亿元；金融业税收76.16亿元，增长37.2%，增收20.67亿元；建筑业税收29.02亿元，增长103%，增收14.72亿元。增收主要原因：前5个月营改增翘尾增收43.35亿元，上半年集中开展房地产业和建筑业纳税评估入库税款7.88亿元。批发和零售业实现税收78.83亿元，同比增长18.5%，增收12.31亿元。主要原因：2017年煤炭、建材等产品价格大涨，矿产品、建材及化工产品批发行业完成税收15.07亿元，同比增收4.82亿元；存在问题：批零业户数多、大户少、分布广，总增长额高，单户增减收额度不明显。交通运输业完成税收19.44亿元，同比增长16.2%，增收2.71亿元。河北京石高速公路开发有限公司改扩建工程完成，车流量稳步增长，累计完成税收3.12亿元，同比增收2.74亿，增长87.8%。京沪高速铁路股份有限责任公司完成税收3.28亿元，同比增收2.69亿元，增长455.9%，这是该公司第一次向石家庄市分配所得税收入。1月1日至12月31日，购置1.6升及以下排量乘用车减按7.5%税率征收车辆购置税。6月16日，石家庄综合保税区国家税务局揭牌成立。2017年市国税局获评“全国文明单位”，连续4年获评“全省国税系统绩效管理先进单位”，连续4年跻身全国纳税人满意度调查省会城市前两名；11个办税厅及长安区国税局获评“省级文明单位”；市国税局稽查局获评全国打击发票违法犯罪活动工作成绩突出单位，被省国税局荣记集体三等功。

表41　　2017年石家庄市国税收入完成情况一览表

单位名称	税收（万元）	同比增长（%）
石家庄市	5565819	17.6
长安区	775515	18.0
桥西区	1127926	22.0
新华区	344842	47.5
裕华区	495073	51.0
井陉矿区	43111	36.8
藁城区	493737	-6.1
鹿泉区	210561	16.1
栾城区	122349	16.4
高新区	353979	20.7

续表

单位名称	税收（万元）	同比增长（%）
井陉县	78073	-6.1
正定县	104374	13.7
行唐县	40791	25.0
灵寿县	28881	32.0
高邑县	23063	38.2
深泽县	21767	6.9
赞皇县	45022	70.0
无极县	58096	15.2
平山县	167529	20.5
元氏县	100573	26.1
赵　县	50443	27.7
晋州市	54080	29.2
新乐市	57809	56.9
循环化工园区	743806	-2.2
正定新区	24161	155.7
综合保税区	260	—

【税收征管】 改变税务分局职能，将全市122个全职能税务分局转变为96个基础管理分局和26个纳税评估分局；创新税收征管方式，推动固定管户向分类分级管户转变、无差别管理向差异化管理转变、事前审核向事中事后监管转变、经验管理向大数据管理转变。实施个体税源社会化管理，组织22个县（市、区）局与当地乡镇（街道）签订协税护税协议，7个县（区）局设立便民办税站点；全年借助社会力量提升了个体税收征管质量和效益，增加税收收入6000万元。加强电子税务管理，依托“奖票宝”方式，推行“互联网+有奖发票”激励措施。以手机软件为载体，扩大税收覆盖面，建立以增值税普通发票“流失库”为核心的全程防控机制，携票走逃（失联）户减少98%，开票金额减少80%以上，有效遏制小规模纳税人大量开票后走逃势头，实现增收接近25亿元。2017年市国税系统纳税前10名单位依次为：中国石油化工股份有限公司石家庄炼化分公司、河北白沙烟草有限责任公司、河北省烟草公司石家庄市公司、国家开发银行河北省分行、石药集团恩必普药业有限公司、国网河北省电力有限公司、河北银行股份有限公司、渤海国际信托股份有限公司、中国移动通信集团河北有限公司、石家庄以岭药业股份有限公司。

【税收法治】 营造税收法治环境，落实国务院行政执法三项制度，创新开发税收执法公示信息采集平台，实现信息采集、整合、公示等税收工作自动化、流程化管理。开展法治税务基地创建活动，裕华区、藁城区、高新区3个国税局被命名为“河北省税务系统法治基地”，10个分局、办税厅、稽查局被命名为“法治税务窗口”。探索实施公职律师与社会律师相结合的法律顾问双聘合作模式，市县两级“一局一法律顾问”实现全覆盖，部分县（市、区）局推行“一分局一法制员”，构建三级梯队配置形式。开展税务业务培训，全年组织举办各类培训40期，参加培训人员5500多人次。加强税务稽查，改变属地稽查方式，由市国税局直属稽查局向市内主城区派驻稽查队，各县级分局按照就近原则划分为东西南北4个检查片区，整合稽查力量，形成聚合效应，变单打独斗为团队作战方式，大幅提高了打击欠税震慑力。2017年市国税系统稽查查补税款10.43亿元，实现入库10.18亿元，查补税收收入创下历史新高。

【税种管理】 以五项内容为重点，查找税种管理薄弱环节，筑牢征管跑冒漏防线。加强税源信息管理，夯实征管基础数据，实施分级分类征管体制改革。加强国税、建设、国土、工商等部门协调配合，利用第三方信息，实现土地和房屋契税、耕地占用税、股权转让环节印花税、增值税附加税费征收等有效管控。开展税收政策宣传活动，重点开展交易契税和房屋租赁税收政策宣传，按照《纳税服务规范》和“放管服”要求，设置自助办税区，指导纳税人利用网络办税。加强催报催缴和税收风险管理，加大建筑和房地产业营业税清欠力度，将土地增值税清算申报、企业所得税汇算申报交由纳税评估机构实施重点审核，堵塞征管漏洞，实现税收及时足额入库。实施税务稽查，以建筑和房地产业为重点，实施精准辅导和重点稽查，做到以查促收。开发企业所得税风险及服务信息化管理系统，利用“研发费加计扣除服务模块”，2017年全市享受优惠企业增加70%，加计扣除金额增长26%，模块功能获得全省推广应用。涵养税源，助力市场主体转型升级，全年落实国务院6项减税政策，为企业减轻税收负担225.3亿元。

【纳税服务】 统筹开展“便民办税”“营商环境集中整治”两项行动，简化登记程序，减少资料重复报送，缩短涉税事项办理时限，细化落实便民办税措施5类19项45条，制定营商环境集中整治措施6类35项。开发3D掌上办税体验厅，帮助纳税人实景原貌体验业务办理流程，发展形成“网上办税为主、自助办税为辅、实体办税厅兜底”智慧服务新模式。拓宽纳税人办税渠道，推行预约办税系统、远程取号排队、网上预约办税，与银行合作开展“税银自助办税云厅”服务。推行以纳税信用为基准的“银税互动”服务，14家签约合作银行为365户纳税人提供贷款3亿元。健全税务改革后税收征管配套措施，协同相关部门共同做好市场主体监管。打击税收违法行为，推进社会诚信体系建设，全面推行实名办税。深化国税、地税合作，开展纳税人满意度调查，联合举办纳税人学堂和“互联网＋纳税服务”微课堂，统一建立微信公众号，共同为大企业提供个性化服务；联合办税服务厅设置国税、地税业务“一窗通办”窗口，实行“一窗一人一机双系统”；率先在全省采用“单机一票缴两家税”管理模式，有效减少纳税人申办时间。

石家庄市国家税务局

局　　长：李军

副 局 长：张博　（9月免）

刘国进　赵建平

高国利

李亚松（挂职，3月任）

总会计师：孙玉英

总经济师：郭绪明

纪检组长：李剑峰

（刘同亮）

地方税务

【概况】 2017年，石家庄市地税税费收入403.98亿元，同比增收14.57亿元，增长3.7%；可比增收71.38亿元（可比口径为2016年同期不含营业税），增长21.5%。入库税收收入250.86亿元，完成年计划114.5%，超收31.86亿元，同比下降3.1%；可比增收48.76亿元，同比增长24.1%。公共财政预算收入171.72亿元，完成年计划103.2%，超收5.39亿元；可比增收30.92亿元，同比增长22%。入库非税收入153.11亿元，同比增收22.62亿元，增长17.3%。其中，社会保险基金收入128.01亿元，增收21.07亿元，增长19.7%；教育费附加收入12.52亿元，增收7277万元，增长6.2%；其他收入12.59亿元，增收8223万元，增长7%。实施水资源税远程监控工程，将2476户企业纳入水资源税管理范围，全年入库税款2.9亿元，同比增长90%。加强税源监控，开展大企业风险分析应对，编写千户集团制药行业税收风险分析指引，完成千户集团企业及全市重点税源大企业风险分析67户，入库税款4亿元。以重点企业为对象，集中力量举行“约谈”和执法检查，实现稽查收入3.8亿元。开展税收业务培训，全年市地税系统举办各类培训班19期，培训人员1235人次。开展岗位练兵活动，2017年市地方税务局获得全省税务系统“岗位大练兵、业务大比武”集体三等奖。重视税收科研，全年确定税收调研课题43个，撰写调研文章500余篇；《石家庄地税》获评省会“双十佳”内刊。

表42　　2017年石家庄市地方税务收入完成情况一览表

单位＼指标	收入合计（万元）	税收收入（万元）	非税收入（万元）
长安区	1165722	405212	760510
桥西区	585192	448855	136336
新华区	387584	319867	67718
裕华区	346494	283670	62823
井陉矿区	25465	14437	11029
藁城区	158038	111877	46161
鹿泉区	188885	155810	33075
栾城区	75707	56687	19020
高新区	335797	214765	121032
井陉县	39840	25415	14425
正定县	93338	63542	29796
行唐县	27951	18057	9893
灵寿县	22005	10585	11420
高邑县	33940	28194	5746
深泽县	25655	18494	7161
赞皇县	21610	14242	7369
无极县	34676	24830	9846
平山县	66334	41243	25091
元氏县	58285	43671	14614
赵　县	34776	22528	12248
晋州市	50326	36785	13541
新乐市	42051	28606	13446
循环化工园区	149978	65141	84836
正定新区	69296	55291	14005
综合保税区	819	811	8
总　计	4039762	2508613	1531149

【税政管理】 实施水资源税远程监控工程，全面监测各取水点取水量，将2476户企业纳入水资源税管理范围，全年入库税款2.9亿元，同比增长90%。筹备环保税征收，与市环保、财政等部门联合，开展税源调查，举办政策辅导、培训和宣传。提高税收征管效能，选取10个县（市、区）分局实施税收征管模式改革试点，开发税务电子地图，利用地理信息地图分析和表现功能，实现涉税信息可视化查询管理。加强税源监控，开展大企业风险分析应对，编写千户集团制药行业税收风险分析指引，完成千户集团企业及全市重点税源大企业风险分析67户，入库税款4亿元。开展税务稽查“利剑行动”，以重点企业为对象，集中力量举行“约谈”和执法检查，全年实现稽查收入3.8亿元。推进车船税集中征收，将2014～2016年车购税信息传递至综合治税云平台，并按日传递新增征收信息，实现车船税收入大幅增长，全年车船税入库税款8.0亿元，增收1.7亿元，同比增长26.4%。落实各项税收优惠政策，为6520户小型微利企业办理享受企业所得税优惠，减免金额5011.3万元；为83户企业办理享受高新技术企业优惠，减免金额5.2亿元；为72户企业办理享受研发费加计扣除优惠，减免金额3亿元。

【税收法治】 制定印发行政执法公示、执法全过程记录、重大执法决定法制审核“三项制度”文件，分别选取3个基层单位试点。全年利用税收执法监控系统，提供事前执法操作引导91.9万次，实时预警21.7万次，提取过错数据17.6万条，整改过错17.3万条，过错整改率达98.3%。防范所得税核定征收风险，重新鉴定企业所得税征收方式，企业达到查账征收条件及时转为查账征收，全年核定征收比例由2016年31%下降至11.4%。开展单管户专项核查，利用纳税人名称、社会信用代码等数据，清理核查单管户总户数比例由26.7%下降至5.3%。推进法治税务基地创建活动，2017年市地税系统创建法治税务基地10家，其中，省级3家、市级7家。

【纳税服务】 创新税务宣传方式，编排全省首部税收情景话剧《税福你》，采取网络同步直播方式首演，获得河北省地税系统税收宣传月创新项目一等奖。加强地税、国税部门合作，共同建立首家全市“税收普法教育基地”。发挥“互联网+”作用，率先在全省推广应用电子税务局，实现在线全税费申报、全业务办理、涉税全方位查询、税企全视角互动等功能，有效提升纳税人办税体验服务。电子退税业务正式上线并在全省推广，退库难、退库慢、环节多、手续烦琐等问题得到有效解决，全年完成电子退税2274笔，涉及税款2.1亿元。利用纳税服务智慧应用平台收集办税服务厅、12366纳税服务热线、第三方调查数据，开展数据分析，提高办税服务质量和效率。服务“走出去”企业，助力“一带一路”发展，举办“走进香港”企业税收服务沙龙会，编写黑山国别信息税收指南。推进信息化建设，固定资产“二维码”管理系统上线运行并在全省推广，解决了长期以来固定资产清查难、管理难等问题。加强信用管理，纳税信用在全市办税服务厅智能设备实现自助查询；与18家金融机构签署“税银互动”协议，为299户小微企业争取信用贷款2.3亿元。

石家庄市地方税务局

局　　长：李渊

副 局 长：陈震　　张铁真

　　　　　李亚　　葛旭鸿

总经济师：陈素杰

纪检组长：钱建伦

（陈旭光）

统　计

【概况】 2017年，石家庄市统计系统主动探索统计发展新模式，全力践行“用数据说话、为发展服务”的宗旨，创新开展“4+4”现代产业统计监测和核算制度改革，首次将研发支出计入2016年GDP年度核算。2017年石家庄市参与第三次全国农业普查人员2.3万余名，涉及全市220个乡（镇）及街道办事处、4112个村（居）委会，划分普查小区17330个，普查农民180万户，登记农户1579449个、农业经营规模户12942个、农业生产经营单位13353个及乡镇表格224个、村级表格4119个。加强统计宣传，建立统计新闻发布制度，首次与市政府新闻办公室联合举办全市国民经济形势新闻发布会。改版市统计局官方网站和局内网，将市统计局官方网站打造成为全市统计信息发布第一平台。2017年市统计部门编发工作信息、文件通知、参考消息、统计分析等近1000篇，其中，国家统计局网站采用石家庄市统计信息11篇，省统计局网站发布石家庄市统计信息116篇。实施统计机构改革，市统计局机关内设处室由16个精简为13个，编制核减10人。2017年市统计局获评“河北省统计系统先进集体”“石家庄市法治宣传教育先进集体”“石家庄市依法行政工作先进单位”，穆景彦当选首届全省统计系统最美统计人，郝秀梅获提名奖。

【第三次农业普查】 2017年1月1日，第三次全国农业普查正式登记。全市建立领导分包负责制和数据质量责任追究制，全程指导和负责分管区域普查登记工作。按照分片包干法，组织2.3万余名普查人员入户登记，做到“村不漏户、户不漏项、项必填清”，普查内容主要是查清、查实全市农业、农村、农民基本情况。开展普查宣传，利用微信公众号和新农村大喇叭每周定期播发农业普查宣传稿件，并制作农业普查教学片供调查人员下载学习。组建成立3组普查队深入涉农单位、种植养殖基地、普查户家中，督导检查登记质量40多次，及时纠正普查中发现的问题。加强普查监管，实行日监测制，当日数据当日汇总、当日分析、重点通报，实现入户率、准确率和签字率“三个百分百”目标要求。石家庄市第三次农业普查登记范围涉及全市220个乡（镇）及街道办事处、4112个村（居）委会，按照100户左右划分1个普查小区方法，划分普查小区17330个，普查农民180万户，登记农户1579449个、农业经营规模户12942个、农业生产经营单位13353个及乡镇表格224个、村级表格4119个。3月15日，石家庄市第三次农业普查登记结束。2017年河北省农业普查办公室抽查石家庄市农业普查各项数据指标均符合要求。

【统计改革创新】 实施核算制度改革，首次将研发支出计入2016年GDP年度核算，从2017年第三季度开始正式将研发支出纳入季度核算；市、县两级与省级同步试行现代服务业增加值季度核算，探索开展“三新”产业核算、重点行业统一核算、体育产业增加值核算。创新现代服务业、“三新四众”统计方式，将规模以下重点服务业单位纳入统计范围。根据部门行政审批记录资料，补充完善电子商务平台名录库，做好规模以上工业新产业统计。推进绿色发展评价，建立部门联席会议制度和绿色发展指标体系，制定出台《石家庄市绿色发展统计制度》。加大统计大数据应用，依托数据采集系统开展重点项目投资进度统计监测，有效提升数据精度；利用政府数据共享系统，按季度挖掘、更新规模以上企业单位，修改和完善统计基本单位名录库，全年新发现“四上”单位超过900家。社情民意调查进入平台操作，调查途径形成多渠道、网络化，效率成倍提升。统计大数据实现产业市场需求精准分析和对接，成功举办大数据服务与空气净化产业导入合作活动。

【统计调查服务】 以数据真实、准确为目标，按照统计制度和业务规范，组织实施农业、工业、建筑业、批发和零售业、住宿和餐饮业、房地产业、服务业及人口、投资、能源、劳动力、科技、高新技术等常规统计调查，科学开展数据评估，严格数据质量管控。联合运用多种形式，开展群众安全感和满意度调查、“问计于民”调查、“三农普查”情况调查、公众消防安全调查和生态环境公众满意度调查，搭建政府与民众沟通渠道，辅助党委、政府提高决策的精准性。完善经济运行监测部门联席会制度，多维度做好经济形势分析和研判，月度、季度、年度经济分析做到目标盯得紧、问题看得准、对策提得好，有效发挥了统计“风向标”作用。围绕经济新常态，开展供给侧结构性改革、产业转型、结构优化、动能转换、风险隐患分析；突出经济运行特点及热点，将宏观分析与重点行业、重点企业、项目跟踪监测相结合，增强统计分析深度。全年发布统计分析信息260篇，其中，市领导批示9篇次，《中国信息报》采用3篇，国家统计局网站采用2篇，省统计局网站采用99篇，市委办公厅、市政府办公厅采用31篇。满足社会公众利用数据需求，开通宏观数据互联网查询平台；方便公众查询检索统计数据，编印《统计一本通》并面向社会发放。

【统计质量管理】 加强统计法治建设，贯彻落实国家《关于深化统计管理体制改革提高统计数据真实性的意见》，制定出台《关于深化统计管理体制改革提高统计数据真实性的实施方案》。建立领导干部带头学法制度，举办统计法律法规学习11次。制定印发《石家庄市统计局统计违法举报实施办法》《石家庄市统计局关于建立领导干部违规干预统计工作记录制度的办法（试行）》《石家庄市统计执法检查“双随机”抽查实施细则》等配套文件，将依法统计纳入全过程监管。开展统计执法检查，全市检查统计单位2712个，处理案件12起，其中，警告9起、通报批评3起。建立领导干部违规干预统计工作记录制度，全程留痕，从根本上防范和惩治统计数据弄虚作假行为。监督县级统计机构主要负责人履行数据质量管理职责，制定统计核心指标监测管理表，防范基层数据出现作假和不真实风险。开展调查单位数据质量审核，核查摸清企业经营状况、退库、变更处理、破产注销、改制重组等单位5071家，新增“四上”单位及5000万元以上投资项目单位1300余家，审核确认纳入、退出及变更“四上”单位1600余家，做到应统尽统，增强了数据真实性。

（赵辉）

审　计

【概况】 2017年，石家庄市审计系统以建设现代省会、经济强市为目标，更新审计理念，依法履职尽责，全力提升审计监督成效。加强审计制度建设，出台和完善党组议事、规范财务、购买社会服务等10项规章制度，制定印发《落实审计工作七项规定》《审计业务风险控制实施办法》。落实廉政谈话、审计回访等监管制度，维护审计廉政建设“生命线”。成立审计数据分析室，推进“金审三期”项目建设和审计全覆盖。创新改革预算执行审计方式，搭建财政预算执行审计分析平台，以全市预算编制、“三公”经费、会议费使用等内容为重点，在全市59家一级预算单位实行大数据审计，推进预算执行审计全覆盖。提升预算执行审计成效，市本级和鹿泉区、平山县、赵县、晋州市、深泽县等县（市、区）审计部门所作预算执行审计报告和整改报告，得到同级人大常委会肯定。开展扶贫审计监督，采取现场走访、入户了解方式，核查平山县扶贫资金管理情况，发现、分析、指出扶贫政策措施在执行过程中存在的问题。重视污染防治监督审计，突出问题导向，跟踪审计电代煤、气代煤项目资金和使用情况。以领导干部自然资源资产离任审计为内容，撰写调研报告被《中国审计》刊登。开展审计培训，全年举办培训班7次，培训人员409人次。2017年全市审计单位223个，经济责任审计51人，查出违规金额27.31亿元，管理不规范金额134.28亿元，上缴财政资金11.78亿元，核减投资额3.11亿元，增收节支14.43亿元，移送纪检、司法机关或其他部门处理事项45件，涉及15人；市本级1个审计项目被省审计厅表彰为优秀项目。2017年市审计局获评全国审计系统通联工作先进单位、河北省“7·19”灾后重建先进集体、河北省审计信息宣传工作先进单位，并被省文明办、省审计厅联合授予“提质提效、文明服务”创建竞赛优胜单位。

【政策审计】 围绕国家供给侧结构性改革、打好“三大攻坚战”等重大任务落实，集中开展“三去一降一补”、防范地方债务风险、金融风险、简政放权、“放管服”改革及“大众创业、万众创新”等政策落实情况审计。井陉县、鹿泉区、高邑县、平山县、新乐市、赞皇县、深泽县、正定县、藁城区等县（市、区）将政策跟踪审计与财政专项资金审计、经济责任审计等相结合，延伸扩大审计抽查面。2017年市县两级审计机关跟踪审计254人，参与审计人员6.8万人次，抽审县（市、区）10个、单位738个、项目657个，抽审资金总量461.88亿元，抽审项目涉及资金286.91亿元，发现问题资金2.03亿元。

【经济责任审计】 全年组织完成5名县委书记、11名市直部门主要负责人经济责任审计。抽调59人完成省审计厅授权对衡水市桃城区、深州市、故城县、景县、枣强县等5个县（市、区）委书记的经济责任审计。创新审计督办整改方式，联合市政府督查室，督促整改全市2016年度审计查出的各类问题；与市政府督查室、市委机构编制办公室、市人力资源和社会保障局、市财政局等部门联合，督办整改各部门机构编制责任审计问题。加强企事业单位审计监督，配合全市开展“一问责八清理”行动，专项督导全市20家单位，审查设立“小金库”等违反财经纪律问题。购买社会服务，审计核查20个大中型企业纳税评估和税收征管质量。协助中央军委审计署济南审计中心，延伸审计石家庄市军粮供应公司存储军粮大米指标问题。

【民生审计】 以2016年“7·19”特大洪水灾害后重建工程为对象，跟踪审计井陉县、赞皇县、平山县、井陉矿区、灵寿县5个重点受灾县（区）重建项目进展情况。聚焦保障性安居工程，跟踪审计全市城镇保障性安居工程建设，督促相关部门解决住房保障不平衡、不充分问题。开展医疗保险基金审计，监督核查市本级和17个县（市、区）新型农村合作医疗保险基金和居民医保基金整合情况，防范基金风险，促进了资金筹集、管理、使用规范化。开展投资审计，以领导关注、群众关心的投资项目工程为主线，核查审计轨道交通、滹沱河整治、学府路工程、石家庄新客站等重点投资项目建设情况。

（刘曼曼）

质量技术监督

【概况】 2017年，石家庄市质量技术监督系统贯彻落实质量兴市战略，依法开展产品质量和特种设备运行安全监管，重视培育名牌产品，推进实施地理标志产品保护、质量标准化和质量检测能力建设。加强能源计量管理，重点用能单位能源计量数据在线采集与智慧城市平台对接，13家重点能源计量企业做到数据共享；服务社会民生，开展节日期间市场计量监督检查、医用强检计量器具专项监督检查、夏粮收购用计量器具监督检查、加油机专项计量监督检查、定量包装商品净含量“双随机”抽查。支持大气污染防治，申请煤质抽样、检测设备资金390万元，协调交通管理、交通运输部门在晋冀交界入省方向设置煤质检查站3个；全年重点用煤单位煤质检验527批次1180万吨，7家煤检机构检验煤炭939批次837万吨。保障轨道交通建设，选派专家排查石家庄地铁1号线、3号线电线电缆产品质量，组织43家电线电缆、32家水泥获证企业开展“三查”（监督检查、监督抽查、获证企业年度自查）活动。举办质量业务能力提升培训，全年培训各类人员600余人次。加强地理标志产品保护，石家庄市新华区重点培养“五七路西瓜”并组织申报地理标志产品。2017年11月，赵县雪花梨（赵州雪花梨）、鹿泉香椿、正定马家卤鸡、藁城宫面4项产品获批国家地理标志保护产品；2017年12月，新乐花生获批地理标志保护产品，保护范围为正莫镇、大岳镇、东王镇、承安镇、木村乡、杜固镇、邯邰镇7个乡镇。至2017年末，全市共有国家地理标志保护产品8项，其中新获批国家地理标志保护产品5项。2018年1月，省质监局、省总工会联合下发《关于命名2017年河北省质量标兵的决定》，石家庄市7名企业质量管理人员获得2017年度“河北省质量标兵”称号，分别是：石药集团维生药业（石家庄）有限公司孙清、河北金隅鼎鑫水泥有限公司毕铁钢、神威药业集团有限公司贾严征、石家庄煤矿机械有限责任公司王立强、博深工具股份有限公司赵向前、中车石家庄车辆有限公司黄琮、河北太行创意产业园区开发有限公司工彦博。9家企业9项产品获得省委宣传部、省质量技术监督局联合评选的“美丽河北名牌产品”。其中，石家庄君乐宝乳业有限公司生产的君乐宝牌婴幼儿配方奶粉、旭新光电科技有限公司生产的大东旭牌G5TFT液晶玻璃基板、神威药业集团有限公司生产的五福牌心脑清软胶囊3项产品获评河北省2017年“美丽河北·最美名牌产品”；际华三五零二职业装有限公司生产的3502牌衬衫，石家庄双鸽食品有限责任公司生产的双鸽牌熟肉制品、冷鲜猪肉，以岭药业股份有限公司生产的以岭牌连花清瘟胶囊，藁城区宫灯研制开发中心有限公司生产的元宵牌工艺纸雕宫灯，河北唯帅服饰有限公司生产的唯帅牌西裤，高邑力马建陶有限公司生产的力马牌建筑陶瓷6项产品获评河北省2017年“美丽河北·优秀名牌产品”。重奖获得国家、省质量奖单位和个人。政府质量奖奖励标准为：首次获得“中国质量奖”单位，授予市长特别奖，并一次性奖励1000万元；

首次获得“中国质量奖提名奖”单位，一次性奖励500万元；首次获得“河北省政府质量奖（组织奖）”单位，一次性奖励50万元，首次获得“河北省政府质量奖（个人奖）”个人，一次性奖励3万元。知名品牌创建示范区单位奖励标准为：首次获得“全国知名品牌创建示范区”单位，一次性奖励100万元；首次获得“河北省知名品牌创建示范区”单位，一次性奖励50万元。省名牌产品、省服务名牌单位奖励标准为：首次获得“河北省名牌产品”单位，给予每个产品10万元奖励；首次获得“河北省服务名牌”单位，给予一次性奖励10万元。2017年石家庄市获得河北省产品类知名品牌68个、河北省服务类知名品牌30个、河北省优质产品52个，获授河北省质量效益型企业21家；1家企业获得河北省政府质量奖组织奖，3人获得河北省政府质量奖个人奖。

【质量强市战略】 贯彻落实国家和河北省关于质量技术监督（简称质监）管理的决策部署，组织实施质量强市战略和品牌带动战略，推进标准化、计量、认证认可检验检测等质量基础建设，实现产品质量、服务质量、工程质量、环境质量稳中向好发展。加强组织领导和政策引领，制定出台《石家庄市政府质量奖管理办法》《石家庄市十大工业名牌产品管理办法》《关于争创国家、省政府质量奖项的活动方案》等质量管理文件。实施品牌带动战略和商标战略，推荐4家企业参评“中国质量奖”，申报和创建国家级品牌示范区1个、省级品牌示范区2个，举办2017年度石家庄市十大工业名牌产品暨百项知名品牌工业产品申报评选，向省质监局推荐名牌目录24项、省名牌产品84项、省服务名牌27家、省优质产品43项、省效益型企业22家，获得河北省产品类知名品牌68个、河北省服务类知名品牌30个、河北省优质产品52个，获授河北省质量效益型企业21家。2017年石家庄市河北诚信有限责任公司获得2017年河北省政府质量奖组织奖，石家庄市藏诺生物股份有限公司董事长王智森、石家庄君乐宝乳业有限公司总裁魏立华、神威药业集团有限公司董事长李振江获得2017年河北省政府质量奖个人奖。至2017年底，石家庄市拥有有效期内中国质量奖提名奖1家（君乐宝乳业有限公司）；省政府质量奖组织奖9家、个人奖10名，省名牌产品236项，省优质产品102项、省服务名牌36家、省质量效益型企业42家；拥有市政府质量奖组织奖13家、个人奖7名，市级十大工业名牌产品10项；获批全国质量强县示范县1个、全国知名品牌创建示范区1个、全省知名品牌创建示范区2个。重视产品质量管理，全年主要工业产品质量抽检合格率达到99.9%。

表43　2017年石家庄市获得河北省产品类知名品牌情况一览表

序号	行业	产品名称	企业名称	商标	所在地
1	装备制造	玻璃基板生产线	东旭集团有限公司	大东旭	高新区
2	装备制造	播种机	河北农哈哈机械集团有限公司	农哈哈	深泽县
3	装备制造	柴油机	河北华北柴油机有限责任公司	华柴	鹿泉区
4	装备制造	地（水）源热泵机组	河北博纳德能源科技有限公司	BNDNY	晋州市
5	装备制造	电能表	石家庄科林电气股份有限公司	KE	鹿泉区
6	装备制造	灌装封口设备	河北晓进机械制造股份有限公司	晓进机械	高新区
7	装备制造	环境质量连续自动检测系统	河北先河环保科技股份有限公司	SAILHERO	高新区
8	装备制造	机动车检测线设备	石家庄华燕交通科技有限公司	OCEANHOME	桥西区
9	装备制造	农机车轮	石家庄中兴机械制造股份有限公司	方方	赵县

续表

序号	行业	产品名称	企业名称	商标	所在地
10	装备制造	汽车零部件	东方久乐汽车安全气囊有限公司	东方久乐 EASTJOYLONG	新乐市
11	装备制造	随车起重运输车	石家庄煤矿机械有限责任公司	石煤	栾城区
12	装备制造	铁路通用平车	中车石家庄车辆有限公司	中国中车	栾城区
13	装备制造	杂质泵	石家庄工业泵厂有限公司	SGB	井陉矿区
14	装备制造	杂质泵	河北木源泵业有限责任公司	MUYUAN 木源	行唐县
15	装备制造	自动捆钞机	河北汇金机电股份有限公司	汇金机电	高新区
16	装备制造	自走式玉米收获机	河北中农博远农业装备有限公司	博远机械	藁城区
17	电子信息	不间断电源系统	先控捷联电气股份有限公司	先控	高新区
18	电子信息	有源动态无功补偿成套装置	河北旭辉电气股份有限公司	旭辉电气	高新区
19	电子信息	直播卫星专用卫星电视广播地面接收设备	河北超维通信设备有限公司	超维	藁城区
20	医药	阿莫西林	华北制药集团先泰药业有限公司	华北牌	藁城区
21	医药	阿莫西林胶囊	石药集团中诺药业（石家庄）有限公司	石药	藁城区
22	医药	阿莫西林胶囊	华北制药股份有限公司	华北牌	长安区
23	医药	奥拉西坦胶囊	石药集团欧意药业有限公司	欧来宁	石家庄市
24	医药	低分子量肝素钙注射液	河北常山生化药业股份有限公司	万脉舒	正定县
25	医药	芪苈强心胶囊	石家庄以岭药业股份有限公司	以岭	高新区
26	医药	通心络胶囊	石家庄以岭药业股份有限公司	以岭	高新区
27	医药	一次性使用静脉血样采集容器	河北鑫乐医疗器械科技股份有限公司	鑫乐	新乐市
28	冶金	高速工具钢棒材	河冶科技股份有限公司	河冶	藁城区
29	冶金	圆钢	石家庄钢铁有限责任公司	石钢牌	长安区
30	化工	丙二酸二甲酯	河北诚信有限责任公司	诚信	元氏县
31	化工	工业沉淀碳酸钙	河北立信化工有限公司	立信	井陉县
32	化工	三聚氯氰	河北诚信有限责任公司	诚信	元氏县
33	化工	橡胶用炭黑	石家庄市新星化炭有限公司	新星	井陉矿区
34	化工	乙二胺四乙酸	石家庄杰克化工有限公司	石家庄杰克化工有限公司	栾城区
35	纺织服装	装饰用织物	石家庄米莱家居用品有限公司	莱柏妮	深泽县
36	纺织服装	运动休闲鞋	河北三五五四鞋业有限公司	3554	行唐县

续表

序号	行业	产品名称	企业名称	商标	所在地
37	纺织服装	西裤	际华三五零二职业装有限公司	3502	井陉县
38	纺织服装	西裤	河北唯帅服饰有限公司	唯帅	栾城区
39	纺织服装	高支高密纯棉坯布	石家庄常山北明科技股份有限公司	松鼠	正定县
40	纺织服装	床上用品	赞皇县雪芹棉产品开发有限公司	原村	赞皇县
41	轻工	推拉式书写板	石家庄科达文教用品有限公司	科达	藁城区
42	轻工	室内加热器	石家庄格力电器小家电有限公司	TOSOT	高新区
43	轻工	食品用多层复合膜、袋	河北永新包装有限公司	NOVEL	鹿泉区
44	轻工	电热毯	石家庄梦洁实业有限公司	梦洁	新乐市
45	轻工	电热毯	石家庄望峰科技有限公司	望峰	新乐市
46	轻工	电热毯	河北东方长城电器股份有限公司	长城	新乐市
47	食品	高酸饮料	中粮可口可乐饮料（河北）有限公司	可口可乐	藁城区
48	食品	烘烤食品	石家庄市米莎贝尔饮食食品有限公司	米莎贝尔	元氏县
49	食品	烘烤食品	石家庄洛杉奇烘焙食品有限公司	洛杉奇	新华区
50	建材	纸面石膏板	晋州市红日板业有限公司	KENTE 肯特	晋州市
51	建材	门窗（铝合金、塑料）	石家庄盛和建筑装饰有限公司		新乐市
52	建材	门窗（铝合金、塑料）	石家庄市文生门业装饰有限公司	文生	新乐市
53	建材	聚羧酸高性能减水剂	石家庄市长安育才建材有限公司	GK	栾城区
54	建材	建筑陶瓷	高邑县力马建陶有限公司	力马	高邑县
55	建材	建筑陶瓷	高邑汇德陶瓷有限公司	宏品嘉园	高邑县
56	种植	蔬菜	石家庄市鹿泉区谷家香椿专业合作社	谷家	鹿泉区
57	种植	蔬菜	河北家家缘农产品有限公司	家家缘	长安区
58	种植	蔬菜	河北和平农业技术开发有限公司	糧稼塙	井陉县
59	种植	蔬菜	石家庄丛青果蔬种植有限公司	果丛青蔬	晋州市
60	种植	蔬菜	行唐县玉亭蔬菜专业合作社	园茂	行唐县
61	种植	蔬菜	晋州金农龙农业种植服务专业合作社	冀金农龙	晋州市
62	种植	小麦种子	石家庄大地种业有限公司	石农	高新区
63	畜牧	饲料（配合饲料）	石家庄广威农牧有限公司		无极县
64	畜牧	饲料（配合饲料）	石家庄曙光农牧业发展有限公司	极峰	无极县

续表

序号	行业	产品名称	企业名称	商标	所在地
65	水产	中华鳖	深泽县天成甲鱼养殖专业合作社	寿元	深泽县
66	林果	梨	河北鲜鲜农产有限公司	裕龙、思农	晋州市
67	林果	梨	河北省晋州市长城经贸有限公司	芙润仕	晋州市
68	食品	食品包装制品（塑料）	河北德容塑料包装制品股份有限公司	德容	鹿泉区

备注：此表为石家庄市质量技术监督局统计口径。

表 44　2017 年石家庄市获得河北省服务类知名品牌情况一览表

序号	服务品牌	单位名称
1		国药乐仁堂医药有限公司
2		行唐县牛仔王大酒店
3		行唐县政务服务中心
4		河北电信设计咨询有限公司
5		河北博瑞建工技术有限公司
6		河北冠卓检测科技有限公司
7		河北广播电视台交通频率
8		河北宏星检测技术服务集团有限公司
9		河北康明视光科技发展有限公司
10		河北美邦工程科技股份有限公司
11		河北诺亚人力资源开发有限公司
12		河北瑞天经贸有限公司
13		河北叁陆伍网络科技集团有限公司
14		河北盛淼安全技术工程有限公司
15		河北永辉超市有限公司桥西分公司
16		河北渝乡辣婆婆餐饮管理有限公司
17		河北中科恒运软件科技股份有限公司

续表

序号	服务品牌	单位名称
18	LERTHAI 勒泰	勒泰物业服务有限公司
19		平山县柏坡汇源饭店
20	都市文化	石家庄都市文化传播有限公司
21	建华百货	石家庄建华百货大楼有限公司
22	商博瑞商厦	石家庄市栾城区商博瑞百货商厦有限公司
23		石家庄市西柏坡高速公路管理处西柏坡收费站
24	lilySpring	石家庄市裕华区百合春天女子美容院
25		石家庄市职业病防治院
26	SUNING 苏宁	石家庄苏宁云商商贸有限公司
27	石家庄长城医院	石家庄长城中西医结合医院
28		无极县医院
29	新乐市中医医院	新乐市中医医院
30	China unicom 中国联通	中国联合网络通信有限公司石家庄栾城区分公司

备注：此表为石家庄市质量技术监督局统计口径。

表 45　　2017 年石家庄市获得河北省优质产品情况一览表

序号	产品名称	商标	生产企业
1	高低压成套开关设备、高低压机箱机柜	真诺	河北真诺实业有限公司
2	盐酸氨溴索注射液	赛乐美乐	河北爱尔海泰制药有限公司
3	金刚石薄壁钻头	博深	博深工具股份有限公司
4	维生素 C 钠	CSPC	石药集团维生药业（石家庄）有限公司
5	整铸无焊接中部槽的刮板输送机	JK	冀凯河北机电科技有限公司
6	电力工程直流电源设备	Tonhe	石家庄通合电子科技股份有限公司
7	弹性体 SBS 改性沥青防水卷材	东方诚信	河北展新防水建材有限公司
8	注射用头孢曲松钠	石药	石药集团中诺药业（石家庄）有限公司

续表

序号	产品名称	商标	生产企业
9	注射用青霉素钠	石药	石药集团中诺药业（石家庄）有限公司
10	注射用头孢唑林钠	先伍	石药集团中诺药业（石家庄）有限公司
11	高酸饮料	雪碧	中粮可口可乐饮料（河北）有限公司
12	聚氯乙烯绝缘电线电缆、通用橡套软电缆电线	高晖	华达线缆有限公司
13	阿维菌素原药	AINO	华北制药集团爱诺有限公司
14	电力金具	HNEC	石家庄开发区华能电气有限公司
15	秸秆还田机	兴发	石家庄市中州机械制造有限公司
16	5%啶虫脒乳油	野田好实惠	河北野田农用化学有限公司
17	掺混肥料	中吉	石家庄中吉化肥有限公司
18	涤纶纱线	永得利	河北利旺纺织股份有限公司
19	麦芽糊精	高淀	石家庄华辰淀粉糖生产有限公司
20	瓷质抛光地板砖	彤丽	高邑汇力瓷业有限公司
21	脱硫泵	SGB	石家庄工业泵厂有限公司
22	药芯焊丝	瑞达	石家庄瑞达焊业有限公司
23	低压成套开关设备	KE	石家庄科林电气设备有限公司
24	医用几丁糖凝胶	术亿宁	石家庄亿生堂医用品有限公司
25	聚乙烯吹塑瓶	德容	河北德容塑料包装制品股份有限公司
26	生鲜冷却分割猪肉	凯隆达	河北凯隆达食品有限公司
27	20%吡虫啉可溶液剂	威陆	河北上瑞化工有限公司
28	清开灵注射液	神威	神威药业集团有限公司
29	工业用氨基己酸	东华星	河北东华舰化工有限公司
30	洗衣液	贝洁	石家庄贝洁日化有限公司
31	钢结构（大型建筑用焊接十字柱、大型桥梁用焊接变截面梁、轴类钢管对焊件）	敬业	河北敬业钢构科技股份有限公司
32	自粘聚合物改性沥青防水卷材	京石	河北新星佳泰建筑建材有限公司
33	电力安全工器具	晋力	河北省晋力电气有限公司
34	电力安全工器具	JC	河北佳成电器科技有限公司
35	农业用硫酸钾	和合	石家庄市和合化工化肥有限公司
36	红枣果肉饮料	枣能	河北枣能元食品有限公司

续表

序号	产品名称	商标	生产企业
37	塑料管材	三杰	石家庄三星塑料有限公司
38	万果红枣酒	万果红	河北万果红酒业有限公司
39	红枣	清粒源	河北森磊农副食品贸易有限公司
40	离心式渣浆泵	MUYUAN 木源	河北省木源泵业有限责任公司
41	实木复合门	佳昌	河北佳昌门业有限公司
42	塑料管材、管件	策亿星	河北策亿管业有限公司
43	食品包装制品（塑料）	中汇	石家庄中汇药品包装有限公司
44	工业沉淀碳酸钙	昊日	石家庄市红日钙业有限公司
45	工业沉淀碳酸钙	德赛利	石家庄市三兴钙业有限公司
46	工业沉淀碳酸钙	华博	河北华博精细化工有限公司
47	实木复合门	龙图腾	石家庄龙图腾装饰材料有限公司
48	潜水泵	华潜	晋州市水泵厂
49	滚动轴承	HZ	河北华和轴承制造有限公司
50	氧化锌	龍力	石家庄市龙力化工有限公司
51	新乐西瓜	天灌	新乐市天灌无公害农产品有限公司
52	雪花梨	冀华星	赵县冀华星果品专业合作社

备注：此表为石家庄市质量技术监督局统计口径。

表 46　2017 年石家庄市获得河北省质量效益型企业名单

序号	所属行业	企业名称
1	农副食品加工业	河北大可生物科技股份有限公司
2	化工	石家庄中吉化肥有限公司
3	化工	石家庄市龙力化工有限公司
4	化工	河北绿旺生态肥有限公司
5	化工	石家庄杰克化工有限公司
6	化工	河北东华舰化工有限公司
7	轻工业	河北华泰纸业有限公司
8	轻工业	新乐华宝塑料薄膜有限公司

续表

序号	所属行业	企业名称
9	纺织	河北利旺纺织股份有限公司
10	冶金	河北敬业钢铁有限公司
11	冶金	河北敬业中厚板有限公司
12	装备制造	石家庄工业泵厂有限公司
13	装备制造	新乐华宝塑料机械有限公司
14	装备制造	东方久乐汽车安全气囊有限公司
15	装备制造	石家庄钢铁有限责任公司
16	医药制造	石药控股集团有限公司
17	计算器及货币专用设备	河北汇金机电股份有限公司
18	电子信息	石家庄旭新光电科技有限公司
19	卫生材料及医药用品制造	河北金环包装有限公司
20	铁路运输设备修理	中车石家庄车辆有限公司
21	塑料包装	河北德容塑料包装制品股份有限公司

备注：此表为石家庄市质量技术监督局统计口径。

【产品质量监管】 整治产品质量安全，以深泽县洗涤用品、无极县化肥为重点，开展跨区域执法检查12次、市县两级联动执法30余次，查办质量违法案件423起，涉案产品货值636万元。维护消费者合法权益，监督执行缺陷产品召回规定，2017年全市14家汽车经销企业召回维修缺陷汽车1400台。落实产品质量监督抽查制度，实施国家、省、市三级监督抽查1447批次，处理不合格产品案件28件。加强工业企业监督检查和获证企业证后监管，组织397家获证企业开展年度自查，依法责令企业整改12家；童车制造、货车改装、消防产品、低压电器、装饰材料等强制性认证产品生产企业实施分类监管。规范质量检验检测行为，提升质监机构检测能力，依法取消煤炭检验机构资质2家，责令检测机构整改14家。

【特种设备监管】 严格特种设备安全监管，将日常监管与节假日、重大活动期间等重要时间节点监管相结合，确保重点场所、重点企业、重点设备安全运营。电梯安全监管推行网格化监管模式，落实分级分工负责要求，及时做好风险监测、预警发布、指挥协调、应急处置等防范措施，构建形成多元化共治管理机制。利用国务院安全生产督查、市政府领导批示督办等时机，及时下发文件，开展督导检查和协同执法行动，有效解决报废液化石油气钢瓶处置、危险化学品（简称危化品）安全治理及热源企业锅炉、压力容器、起重机械等特种设备的合法使用、定期检验检修等监管难题。2017年全市未发生1起特种设备安全责任事故。

【质量标准化】 推进标准化试点城市建设，石家庄市物流标准化试点城市30个物流标准化试点项目、14家省级托盘商贸物流和标准化良好行为及服务业标准化试点均建立标准体系，实现标准化管理。至2017年底，石家庄市标准化创建任务完成并通过专家组验收。2017年全市22家企事业单位主持参与国家和行业标准修订109项，立项省级地方标准修订16项，发布和实施省级地方标准11项；2家单位获评河北省标准化创新突出贡献企业，分别为：东旭集团有限公司、中国电子科技集团公司第十三研究所。3家企业获评2017年度省级标准化良好行为企业，其中，石家庄市新星化炭有限公司、建业电缆集团有限公司获评4A级，春燕采暖设备有限公司获评3A级。至2017年底，全市共有省级标准化良好行为企业25家，在建2家。新增省级服务业标准化试点单位9家，分别为：河北诺亚人力资源开发有限公司、河北冠卓检测科技公司、河北仁爱养老服务集团有限公司、河北东明国际家具博览有限公司、石家庄市桥西区松鹤园老年公寓、国药乐仁堂医药有限公司、瑞川物流、君乐宝、河北快运等。9家试点单位收集国家、行业、地方标准1125项，制定企业标准987项。

（焦强）

物价监督管理

【概况】 2017年，石家庄市价格监管部门以价格调控、价格改革、价格监管、价格服务为重点，综合运用价格管理手段，合理调整价费标准，降低企业成本，助力全市经济社会发展。开展清费治乱行动，编制印发《石家庄市执行的全国性行政事业性收费目录清单》等；规范收费行为，明确项目名称、收费方式、设立依据、收费标准。2017年石家庄市执行国家、省取消下放及降低收费标准事项全部落实到位，减轻企业和群众负担2.09亿元。实施电力、涉企收费、商品房开发销售等价格检查，节日期间巡查大型商场、超市、家具市场、药品零售连锁店等130余家。全年查处价格违法案件115件，作出处罚366.6万元，曝光价格违法案例2起。2017年石家庄市区居民消费价格指数为101.4%，同比上涨1.4%。价格服务。实施城市轨道交通票价、主城区居民用水销售价格、市区供气企业成本监审，完成农户产粮售粮及存量情况调查等7项农本调查任务；研究出台24所民办学校教育收费政策。价格认证。全年实施价格认定945件，标的值16820万元，其中，刑事、涉纪案件936件，标的值1078万元，民事、行政案件9件，标的值6039万元；开展存量房价格认定，运用市场比较法，将标的房产与较近时期内发生交易的类似房产比较、对照，以交易房产的即知价格为基础，采用交易修正、区域因素修正、个别因素修正等方式，完成主城区3141个小区存量房价格认定，认定价值4978万元。

【价格调控】 完善社会救助、保障标准与物价上涨挂钩联动机制，调整启动条件、补贴标准、补贴时限等项目内容，确保困难群众基本生活水平不因物价上涨出现下降。建立价格形势分析报告制度，重点开展主副食品、重大节日期间相关商品及服务、食盐、医院药品价格、钢材生产环节原材料价格和出厂价格、商品住宅预售环节挂牌价格等监测，定期召开价格调控联席会议。2017年石家庄市区居民消费价格指数为101.4%，同比上涨1.4%，控制在年度调控目标3%之内，低于全国1.6%、全省1.7%的价格平均水平。

【价费改革】 印发《关于调整我市主城区供水销售价格的通知》，指导12个南水北调受水县（市、区）出台水价改革政策。实施农业水价综合改革，全市57万亩农田水价改革完成。理顺物业服务收费政策体系，出台《物业服务收费管理实施办法》，重新核定《市区住宅区前期物业服务等级指导标准》《市区住宅区前期物业服务收费等级基准价》，率先在全国建立住宅区前期物业服务等级基准价与社会平均工资水平联动机制。实行市区居民用管道天然气阶梯价格制度，按照国家和河北省政策要求降低非居民用天然气价格，为企业减少成本4300万元。落实国家和省电价改革政策，为全市工商户节省成本1.8亿元。推进公立医院医疗服务价格改革，8家市直医院医疗服务价格切换完成，形成106个单病种操作路径及收费标准。1月1日，全市食盐出厂、批发和零售价格放开，由企业根据生产经营成本、食盐品质、市场供求状况等因素自主确定。到此，食盐由政府定价走向市场调节，外地盐业可正常进入石家庄市场销售。

【主城区居民用水价格调整听证会】 4月18日，市发展改革委组织召开主城区居民用水价格调整方案听证会。按照“一次完成调价程序、逐年落实到位”“调价幅度一般不超过20%”原则，提出2个调整基础水价听证方案。方案一：2017～2019年每年等额上调0.48元/立方米，2017年价格为2.98元/立方米、2018年价格为3.46元/立方米、2019年价格为3.94元/立方米。方案二：2017～2019年每年递增上调，2017～2019年分别上调0.48元/立方米、0.57元/立方米、0.69元/立方米，2017年价格为2.98元/立方米、2018年价格为3.55元/立方米、2019年价格为4.24元/立方米。特殊群体生活用水价格优惠政策：低保户、特困职工家庭户生活用水在第一阶梯水量内，分别凭《石家庄市城市居民最低生活保障金领取证》《石家庄市特困职工优待证》，实行价格优惠政策；2017～2019年各年度基础水价每立方米优惠0.50元；超出第一阶梯水量部分，价格不再优惠。社会各界25人参加听证会，19人赞同方案一，6人赞同方案二。

【地铁票价公布】 6月5日，市轨道交通建设公司公布石家庄地铁票价。采取里程分段计价票制方式，发行单程票和储值票。单程票价方案：起步价6千米2元，6～20千米每递增7千米加1元，20～36千米每递增8千米加1元，36～54千米每递增9千米加1元，54千米以上每递增10千米加1元。按照里程数计算，起步价2元一般可以乘坐5站，3元可乘坐12站，4元可乘坐17站。票价优惠政策：残疾军人凭《中华人民共和国残疾军人证》、其他残疾人凭有效证件免费乘车，持有效证件的盲人乘车需陪护的，1名陪护人员免费；70周岁以上老年人在工作日非高峰期和节假日全天，凭公共交通老年卡免费乘车（工作日高峰时段指7～9时和17～19时）；石家庄市全日制中小学校学生、中等职业学校、技工学校学生，按照有关规定办理学生卡，享受5折优惠；每位成年乘客可免费携带1名身高1.3米以下儿童乘车，超过1名按超过人数购买车票；驻石部队义务兵和军队院校生学员凭有效证件免费乘车。

（刘宏）

工商行政管理

【概况】 2017年，石家庄市工商行政管理系统以深化“放管服”改革为统领，以“四个专项行动”为抓手，优化营商环境，规范市场秩序，促进市场主体健康有序发展。2017年市工商行政管理部门新增注册登记企业61334户，累计达到277638户。其中，注册内资企业61201户，累计达到275949户，新增注册资本金4148.52亿元，累计注册资本总额20796.68亿元；注册外资企业133户，累计达到1689户，新增注册资本金2.97亿美元，累计注册资本总额54.62亿美元。2017年市工商行政管理部门新增注册登记个体工商户11.81万户，累计达到52.28万户，新增注册资本128.04亿元，累计注册资本总额518.53亿元。打击非法市场经营行为，查办案件9843件，罚没款8587.98万元。开展重要行业企业、重点领域商标专用权保护专项执法行动，立案查处商标侵权假冒案件136件，罚没款228.74万元；开展红盾护农行动，取缔农资无照经营71户，查处农资案件187起，为农民挽回经济损失1500余万元；开展虚假违法广告专项整治，查处虚假违法广告案件228件，罚没款972.86万元。以创建“无传销城市”为内容，捣毁和取缔传销窝点、场所68个，教育遣散传销人员351人次。培育商标品牌，实施商标战略工程。2017年4月，石家庄市获得国家工商行政管理总局商标局商标注册受理窗口设立权。至2017年底，全市新增注册商标16025件，累计达到89199件，同比增长21.9%；商标总量占到河北省24.3%，商标总量、新增量均居全省首位。2017年全市新认定驰名商标3件，新申报地理标志商标26件；“晋州鸭梨”作为河北省唯一产品入选中国100件地理标志商标清单。落实“双随机、一公开”监管要求，牵头梳理和汇总“两库一单”，建立形成市场主体名录库，2017年全市43个行政监管部门和所辖县（市、区）全部纳入“双随机、一公开”抽查系统，28.5万户企业纳入抽查对象名录库，1.6万名执法人员纳入执法检查人员名录库，梳理抽查事项清单548项、子项774项。全年市工商部门“双随机”抽查3次，抽查市场主体20867家；组织跨部门“双随机”联合抽查2次，抽查企业1180家。推进政府部门涉企信息统一归集管理，至2017年底，全市28个部门完成对口省级涉企信息归集，整理汇总各类涉企信息资源目录2640项，初步形成“信息共享、协同执法、联合惩戒”信息互通共联“一张网”。做好2016年度市场主体年报工作，根据年报统计，2016年度全市市场主体年报率为83.98%，其中企业年报率为92.08%；结合年报公示，组织开展“僵尸企业”清理和失信企业惩戒，吊销各类企业证照6372户。推进工商大数据建设，建成首个“河北省法人信息资源库”。

【企业登记与服务】 推进市场主体发展，深化“多证合一”、企业登记全程电子化、简易注销等“注册登记便利化”服务，将内资市场主体注册职能划转至市行政审批局。加强外资企业登记管理，10月23日，市工商部门外资登记与市行政审批局内资登记同步实现“二十六证合一”；2017年石家庄市域中石化加油站内资转外资变更登记完毕。至2017年末，市工商行政管理部门新增注册登记企业61334户，累计达到277638户。其中，注册内资企业61201户，累计达到275949户，新增注册资本4148.52亿元，累计注册资本总额20796.68亿元；注册外资企业133户，累计达到1689户，新增注册资本2.97亿美元，累计注册资本总额54.62亿美元。帮助企业融资，全年帮扶4216家企业融资855亿元，其中，股权出资364户，融资644亿元；动产抵押444户，融资132亿元；商标权质押3件，融资1.7亿元。支持小微企业发展，完善“小微企业名录库”登记，收录整理小微企业优惠政策23条。

表47　2017年石家庄市市场主体基本情况统计一览表

项目				本期登记	期末实有
企业	企业总数			61334户	277638户
	内资企业	户数		61201户	275949户
		注册资本（金）		41485175.90万元	207966752.04万元
		私营企业	户数	57948户	254580户
			注册资本（金）	27963035.27万元	144389241.76万元
			从业人员	111082人	636930人
	外商投资企业	户数		133户	1689户
		注册资本		29715.54万美元	546169.12万美元
个体工商户	户数			118107户	522814户
	资金数额			1280387.13万元	5185338.62万元
	从业人员			275515人	1294057人
农民专业合作社	户数			465户	12123户
	出资总额			99154.35万元	3083847.76万元
	成员总数			3937人	135741人

【市场监管】 打击非法市场经营行为，查办案件9843件，罚没款8587.98万元。支持大气污染防治，取缔散煤经营户396户，抽检煤炭893批次，查扣散煤4704吨，清理散煤260多万吨；抽检成品油2841批次，立案查处331起。11月14日，市工商局联合公安、交管部门，在全市范围内组织开展散煤夜查行动，查扣未

携带质检报告运煤车辆87辆，查扣散煤586.35吨，有效遏制运销劣质散煤不法行为。至2017年末，全市煤场由年初532家降至32家，劣质散煤管控取得明显成效。以创建“无传销城市”为内容，捣毁和取缔传销窝点、场所68个，教育遣散传销人员351人次；立案查处1家珠宝首饰有限公司涉嫌网络传销案件，查获会员账号17903个，涉案金额1.9亿元，依法没收非法财物1005.9万元，罚款200万元。开展重要行业企业、重点领域商标专用权保护专项执法行动，全年立案查处商标侵权假冒案件136件，罚没款228.74万元。开展红盾护农行动，取缔农资无照经营71户，查处农资案件187起，为农民挽回经济损失1500余万元。开展虚假违法广告专项整治，查处虚假违法广告案件228件，罚没款972.86万元；2017年11月、12月份连续两个月市级媒体广告违法率监测数据为零。加强网络市场监管，规范网络市场秩序，开展“第三方平台专项检查”“互联网违法广告整治”“网络交易平台整治”“团购网站整治”等行动，检查网站、网店17138个次，删除各类违法信息572条，责令整改网站85个次，查办网络违法案件199件，罚没款1676.17万元。维护市场秩序和社会稳定，支持开展安全生产、“扫黄打非”、处置非法集资、打击电信诈骗、整治非法用工等扰乱市场行为。2017年市工商局获评“全国打击侵权假冒工作先进集体”，市工商局经济检查支队获评2013～2017年度全国创建“平安医院”突出集体；市工商部门查处1家供水公司滥收费用案被国家工商总局评为全国公用企业限制竞争典型案例，查处1家广电公司滥收费用案、1家广告公司发布违法广告案被省工商局评为“十佳案件”。

表48　　2017年市工商行政管理局行政执法基本情况统计一览表

项目	案件总数（件）	案件总值（万元）	罚没金额（万元）
一、市场主体准入监管	6147	—	171.37
二、竞争执法	521	787.34	2479.61
反垄断	0	0	0
反不正当竞争	278	103.62	1228.74
三、直销监管	4	0	1205.0
传销	4	0	1205.0
四、消费者权益保护	530	242.46	1040.87
五、食品安全监管	0	0	0
六、无照经营	1792	2396.17	1991.34
七、市场监管	421	352.97	433.10
农资市场	146	242.34	93.98
网络商品交易及有关服务行为	0	0	0
八、合同监管	19	—	11.80
九、广告监管	228	—	972.36
十、商标监管	181	139.65	282.53
商标侵权假冒	136	95.49	228.74
合计	9843	3918.59	8587.98

【工商行政执法】 开展“三项制度”（行政执法公示制度、执法全过程记录制度、重大执法决定法制审核制度）试点，制定印发《推行“三项制度”工作试点实施方案》；修订行政执法公示办法、全程记录制度、行政执法流程图、服务指南等内容，形成以“三项制度”为核心、四类文本为示范、“四审八核”为重点的做法和经验。2017年市工商局组织召开行政执行案件评审会9次，集体讨论审议行政处罚案件21件，全部行政执法行为均做到事前、事中、事后有效监督。做好案件审核与“两法”衔接，全年核审处罚金额10万元以上行政处罚案件34件，提出核审意见、建议180多条；利用“两法”衔接信息平台，录入案件84件，移送涉嫌犯罪案件1件。

【消费维权】 开展流通领域商品质量监管，全年抽检商品18类2601个批次，抽检结果全部对外公示。严格网络销售商品质量监管，抽样检验“1688”“天猫”等平台商品200个批次。开展物流行业专项整治行动，全面清查仓储、保管、运输假冒伪劣产品违法行为，查扣假冒知名品牌日化产品3498件。举办“美丽省会·诚信商家”放心消费创建活动，表彰市级放心消费创建示范单位80个、县（市、区）放心消费创建示范单位268个。至2017年末，市工商行政管理部门受理消费者咨询举报投诉93354件，办结率为98.7%，为消费者挽回经济损失1179.84万元。

（李志英）

食品药品监督管理

【概况】 2017年，石家庄市食品药品监督管理系统以保障人民群众饮食和用药安全为中心，深化推进国家食品安全示范城市创建活动，探索形成源头严防、过程严管、风险严控、问题严查、责任严追的食品安全管理模式。开展国家级“放心肉菜示范超市”试点，采取规范提升硬件设施、建立统一管理制度、定期实施检验检测等管理方式，选取7家大型超市为首批国家级“放心肉菜示范超市”创建试点；2017年经省政府食品安全委员会办公室验收和评价，河北先天下广场有限责任公司、石家庄玉琢信誉楼百货有限公司超市获评国家级“放心肉菜示范超市”，北国商城股份有限公司北国店等5家超市获评省级“放心肉菜示范超市”。开展“双百”创建活动，4月17日，制定印发《石家庄市药品零售企业规范化建设暨示范店创建活动实施方案》；至2017年底，全市创建百家“药品零售示范单位”、打造药品流通环节100家示范店任务全部完成。提升检验检测基础设施服务能力，市食品药品检验中心与省药品检验研究院签订购买合同协议；2017年市食品药品检验中心通过检验检测机构资质认定复查及扩项现场评审，检验能力达到1150个参数，其中，食品参数1010个，药品参数140个。增强食品药品安全宣传和舆情引导能力，发挥食品安全宣传站、食药安全观察员培训基地作用，举办食品药品科普宣讲和安全讲座活动；4月21日至12月底，市政府食品安全办公室、市食品药品监督管理局联合在全市开展以“同创食品安全城 共建幸福石家庄”为主题“百厂千店万人食品安全我承诺我负责”宣传活动；2017年“石家庄食药关注”微信公众号平台关注人数达12万余人。实施餐饮服务单位提升改造工程，全市12346家持证餐饮服务单位全部达到“明厨亮灶”标准，“量化分级”管理覆盖率达到98%。全年食品药品安全保障能力和水平大幅提升，未发生1起重大食品药品安全事故。2017年市食品药品监督管理局获评全省推行行政执法三项制度改革试点工作先进集体。6月29日，石家庄市获授“国家食品安全示范城市”称号。

【市场监管】 开展食品药品生产风险隐患排查，全年排查生产经营单位71642家，治理隐患5119个，制定整改措施2604条，出具责令整改通知书395份；收回GMP证书1家、GSP证书19家，撤销GSP证书19家。严格食品药品检验监测，全年完成食品药品抽检39997批次，合格率为98.24%，不合格704批次；上报药品、医疗器械及化妆品不良反应监测报告7909例。落实《河北省食品小作坊小餐饮小摊点管理条例》及食品小作坊、小餐饮、小摊点（简称“三小”）生产经营的区域规划、日常监督检查、重点抽样检验、信用档案管理等措施，全年办理和发放登记证备案卡51806张，整治“三小”问题隐患1437个。加强重点餐饮保障任务期间市场监管，全年保障国家领导人来石视察、省市“两会”和第十六届中国吴桥国际杂技艺术节等重大会议活动67次，实施食品快速检验12800余批次，提出监督意见562条，餐饮服务食品安全保障实现“零差错”。开展食品质量追溯体系试点建设，300家高风险生产企业推行《食品加工企业质量安全全过程管理通用记录》，初步实现食品质量全过程追溯；实施食用农产品二维码追溯，桥西蔬菜批发中心市场等6个试点单位安装二维码公示牌1344块，实现食用农产品来源可查、去向可追目标。

【执法监督】 推进食品药品行政审批体制改革，向市行政审批局划转食品药品行政许可事项7项。开展行政执法与刑事司法“两法”衔接，市食品药品监督管理局（简称市食药监局）与市人民检察院联合，在市食药监局设立检察联络室，形成打击违规违法生产食品药品不法行为合力。构建社会共治格局，预防食品安全事故发生；全年召开食品安全风险研商会4次，研判食品安全风险隐患20余项，监督检查24家高风险药品生产企业30余次，发现并整改隐患问题150余项。开展药品单品种风险评估，2017年全市评估44个在产单品种存在107个高风险点、18个剂型存在84个高风险点，均做到逐品种分析和风险等级预警，有效消除潜在安全隐患。畅通食品药品投诉举报渠道，全年受理食品药品投诉举报4656件，按时办理率和处置率均为100%。以解决食品药品安全问题为内容，开展食品生产环节“六整治”、保健食品非法会议营销及虚假宣传专项治理、城乡接合部和农村地区药店诊所药品质量安全整治、医疗器械“五整治”等专项行动35次，出动执法人员24615人次，检查各类单位32152家次，出具责令整改通知书191份，查处各类案件2011件，罚没2541.25万元，移交司法机关案件18起；捣毁1个欺诈和虚假宣传非法销售食品、保健食品犯罪团伙，涉案金额300余万元。

（翟永刚）

国有资产监督管理

【概况】 2017年，石家庄市入统国有企业141家，其中，市政府国有资产监督管理委员会（简称市国资委）监管企业17家，县（市、区）属企业94家，市直其他部门国有企业30家。国有企业资产总额增加，营业收入增长，经济效益提高。至2017年12月底，全市国有企业资产总额3311.33亿元、净资产1502.41亿元、营业收入416.45亿元，均有小幅增长；实现利润7.76亿元，同比增长394.18%；实现利税17.35亿元，同比增长76.26%。2017年全市国有企业平均资产负债率54.62%，同比下降1.05个百分点。2017年市国资委监管17家企业资产总额593.16亿元，同比增长70.74%；营业收入343.54亿元，同比增长4.58%；利税19.74亿元，同比增长2.58%；利润13.51亿元，同比增长6.71%；国有资产保值增值率达到114.48%。重视企业管理队伍建设，评定实绩突出领导班子8个、优秀企业领导人员13人，调整配置8家企业董事会及经理层人员22人。开展“美丽河北·最美工匠·最美保安”“最美河北国企带头人”推选活动，2人获得“最美国企带头人”“最美工匠”称号，2人获得“最美保安”称号，4人获得“最美工匠”提名奖。落实安全生产责任制，与14家企业签订《安全生产目标管理责任书》《消防责任状》，聘请安全生产方面专家督导检查北人集团、常山集团、白龙化工等重点企业安全生产情况。加强企业安全风险管控，印发《石家庄市国资委构建安全风险管控与隐患排查治理双重预防机制的实施方案》，确定试点企业4家。举办法律、财务管理等培训班10期，参加培训人员670人次。开展企业军队退役人员信息登记，搜集整理监管企业、已改制破产企业中军队退役人员信息，逐人建档立卡、逐人分析研判，提出政策落实建议；清偿5家监管企业487名军队退役人员工资、养老保险等拖欠费用。全年接待来访群众1378人次，处理信访案件188件，为1800余名军转干部申请救助资金2100余万元。撰写发表国资国企宣传稿件44篇，报送省国资委网站信息简报40条，更新市国资委门户网站信息442条，答复政府信箱留言20条。2017年市国资委获评“河北省爱国拥军先进单位”“石家庄市创建全国文明城市工作先进集体”“石家庄市信息工作良好单位”“网站管理先进单位”“软件正版化先进单位”，陈军跃、娄英俊、王彤获评“石家庄市创建全国文明城市工作先进个人”，陈军跃获记市级二等功，娄英俊、王彤获记市级三等功。

【国企改革】 开展国企改革调研，撰写形成《石家庄市国有企业党的建设情况调研报告》《关于国企改革和国资监管情况的调研报告》，其中《石家庄市国有企业党的建设情况调研报告》获得2017年石家庄市委党建研究立项课题三等奖。加强国资国企管理，制定出台《关于进一步加强市属国有资产监督管理工作的实施意见》《关于加强国有企业党建工作的实施意见》《石家庄市市管企业投资监督管理办法》《市管企业投资项目负面清单（试行）》《市国资委机关处室配合监事会依法开展监督检查工作暂行规定》《关于健全企业法律内控机制加强企业法治建设的指导意见》《石家庄市国资委监管企业负责人经营业绩考核办法》《石家庄市国资委监管企业负责人薪酬管理暂行办法》等文件。推进国有企业重组整合，市保安公司组建集团公司，将原11个分支结构整合为4家全资子公司；北国商城股份公司参与市动力机械厂破产重组，谋划建设新型高科技物流园区；整合改造珍极集团，组建星泽管理公司。稳步推进经营性国有资产集中统一监管，研究起草《石家庄市市级经营性国有资产集中统一监管实施意见》。开展驻石央企、省企和市属企业家属区“三供一业”分离移交，签订移交协议48家，涉及居民62461户，超额完成省国资委下达年度目标任务。推动国有资本优化配置、合理流动，坚决退出不具备竞争优势企业中国有资本。实施“僵尸企业”清理整顿，完成市动力机械厂等4家企业出清工作。开展市国有资本投资运营集团有限公司试点改革，研究起草《石家庄市国有资本经营集团有限公司改建石家庄市国有资本投资运营集团有限公司试点实施方案》，12月23日经市政府常务会研究通过。以优化国有企业资产配置、改革国有企业领导人员管理体制、加强国有企业党的建设及规范国有企业内部建设为内容，制定印发《市属国有企业管理体制改革方案》，提出国企管理体制改革新要求。

【国资监管】 推进国有资产监管职能转变，制定《石家庄市国资委以管资本为主推进职能转变方案》，确定监管清单、负面清单。规范监管企业投资管理，制定印发《石家庄市市管企业投资监督管理办法》《市管企业投资项目负面清单（试行）》，督导监管企业加强投资管理，规范投资行为，强化风险管控，指导监管企业建立健全内部投资管理制度和投资风险防控机制，构建权责对等、运行规范、信息对称、风险控制有力的投资监督管理体系。防控企业对外担保和债务风险，开展监管企业债务和对外担保情况摸底调查，要求监管企业落实定期报告制度和防控风险机制，防范国有资产出现流失。推进国有企业法制建设，制定印发《健全企业内控机制加强企业法制建设的指导意见》，提升企业依法经营水平，监督国有企业向治理完善、经营合规、管理规范、守法诚信企业管理目标发展。加强国有产权管理，严格规范各种国有产权变动行为，落实评估审核备案、资产评估项目管理、重大资产评估项目实施专家评审和公示制度。开展国有资产统计分析，真实反映国有资产状况和财务状况。加强上市公司国有股权管理，关注上市公司股权结构变化，维护国有股东合法权益。落实国有资本经营预算制度，做好收益收缴工作。市属国有独资企业国有资本收益比例自2017年起开始提高，每年增加2.5个百分点；2017年市国资委收缴监管企业国有资本经营收益5500万元。建立监管企业负责人薪酬分配激励和约束机制，制定出台《石家庄市国资委监管企业负责人经营业绩考核办法》《石家庄市国资委监管企业负责人薪酬管理暂行办法》，发挥业绩考核和薪酬分配的引领作用和激励约束作用。加大监事会监督检查力度，支持监事会履行监督职能，2017年市国资委检查7家派驻监事会企业经营业绩、经营管理、改革发展、风险防范、领导班子及领导成员履职行为，发现问题33项，提出建议33条。

【重点项目建设】 全年市国资委监管企业主要投资建设项目13项，完成投资14亿元。北国商城屋顶花园项目、白龙化工苯酐尾气催化氧化处理装置项目竣工并投入运营。投资7.5亿元建设北国水世界项目土建施工完成。常山北明科技云数据中心项目一期工程动力中心和1号机房主楼封顶，软件信息研发楼主体结构建设完工。新型纺织品与家纺品牌设计制造项目智能物流中心仓库板块主体建设收尾，智能制造板块数据采集和系统设计完成。市建设投资集团有限责任公司年产20万吨环已酮项目一期10万吨装置启动土建和设备采购安装。白龙化工3万吨/年不饱和聚酯树脂项目正在办理项目建设手续。

（刘明涛）

安全生产监督管理

【概况】 2017年，石家庄市安全生产监督管理系统贯彻落实《安全生产法》及“党政同责、一岗双责、齐抓共管、失职追责”要求，重点围绕企业安全生产标准化、隐患排查治理精细化、安全监管规范化等工作，组织开展安全生产专项治理、“打非治违”、安全大检查活动。制定《石家庄市关于推进全市城镇人口密集区危险化学品生产企业搬迁改造工作实施方案的通知》，限期11家列入搬迁改造计划的危险化学品生产企业完成搬迁改造。推动企业落实安全生产主体责任，6月1日至11月30日，石家庄市和各县（市、区）安委会办公室统一行动，组织安委会成员单位负责人、安全生产专家和媒体记者深入全市基层单位及重点企业，开展“安全生产燕赵行”活动，内容包括安全隐患曝光行、典型经验专题行、科技强安专题、监管执法专题行、有奖举报专题行、应急演练专题行等。8个重点行业开展安全生产示范创建、对标整改活动，创建标杆企业57家，参与同行业对标企业437家；15个行业开展观摩执法201次，参与观摩执法企业1955家；组织254家企业3300余名一线岗位人员，开展高危行业岗位安全技能大练兵活动。提高安全生产应急处置能力，7月6日，全市举行尾矿库应急救援演习；11月8日，举行危险化学品事故应急救援演习；两次救援演习动用安全生产监管、公安、消防、卫生、信息、气象等救援队伍及社会人员1500余人。推进特种作业实操考试点建设，8月1日，市安科中心特种作业实操考试点启用，地点为市区中华北大街198号中储城市广场写字楼D座17楼。2017年8月起，全市特种作业新培训人员全部在考试点考试。加强安全生产领域社会监督，设置安全生产有奖举报电话12350，号召各县（市、区）、乡镇（街道）、企业向移动媒体推送有奖举报电话信息，利用石家庄广播电视台、市安全生产监督管理局（简称市安监局）门户网站等网络及媒体平台宣传安全生产管理信息，鼓励群众举报生产安全事故及隐患和非法违法生产经营建设行为。2017年全市发生生产经营类事故153起，同比增加10起，增长7.0%；死亡112人，同比减少10人，下降8.2%。2017年全市发生一般程序道路交通事故375起，死亡216人，受伤251人；与2016年相比，2017年全市交通事故起数减少46起，下降10.93%；死亡人数减少42人，下降16.28%；受伤人数减少55人，下降17.97%。开展安全生产行政执法“三项制度”（行政执法公示制度、执法全过程记录制度、重大执法决定法制审核制度）改革试点，4月28日，市安监局印发《推行行政执法“三项制度”试点工作实施方案》；建立健全安全生产行政执法事前、事中、事后公开机制，依法将安全生产行政执法信息在市安监局门户网站向社会公开。参与全国网络安全生产月宣传教育活动，石家庄市长安区选送演讲作品《谷孟平的故事》获评“安全文化精品征集展示活动优秀作品”，新乐市选送“安全文化宣传队助推安全月活动”获评“安全月特色宣传教育活动展示交流优秀特色活动”。2017年石家庄市被确定为全国安全生产新闻宣传试点城市。

【安全生产监管】 严格安全生产管理，落实《安全生产法》及“党政同责、一岗双责、齐抓共管、失职追责”“管行业必须管安全、管业务必须管安全、管生产经营必须管安全”要求。制定出台《石家庄市生产经营单位安全生产不良记录“黑名单”管理暂行办法》(石安委办〔2017〕3号)，明确“黑名单”管理目的、管理原则、适用范围、管理期限和列入“黑名单”管理条件、管理基本程序及监管监察列入“黑名单”企业措施、结果运用等事项和内容。危险化学品治理。2月21日，市安全生产委员会（简称市安委会）印发《石家庄市危险化学品安全综合治理实施方案》(石安委〔2017〕4号);开展危险化学品安全生产大检查,企业自查整改隐患11.3万项,市安监部门检查企业1.9万家次,排查整改事故隐患6.3万条,依法关停取缔非法企业710家,责令停产整顿786家。"打非治违"专项行动。2月23日,市安委会印发《石家庄市开展安全生产"打非治违"专项行动实施方案》(石安委〔2017〕3号);12月31日,安全生产"打非治违"专项行动结束;整治重点为非煤矿山、危险化学品、烟花爆竹、建筑施工、交通运输、油气管线、民爆物品、特种设备、人员密集场所等重点行业领域非法违法行为;检查和排查企业、经营场所1.6万家,治理隐患5.6万余处,依法关停取缔非法企业966家,责令停产整顿786家。安全生产大检查。2017年7～10月,全市举行安全生产大检查行动;企业自查整改安全隐患11.3万项;市安监部门检查企业1.9万家次,排查整改安全隐患6.3万条,依法关停取缔非法企业710家,责令停产整顿786家,打击违法违规安全生产行为2898项,纳入市级监管"黑名单"并联合惩戒失信企业6家,媒体公开曝光违规单位133家,实施经济处罚1017.5万元;挂牌督办重大安全生产隐患7项,全部整改完成。

【安全生产志愿服务活动】 助力创建全国文明城市,招募安全生产志愿者。3月21日,市安委会办公室印发《关于市直部门招募安全生产志愿者的通知》。2017年全市注册安全生产志愿者4.6万余名,其中,县(市、区)注册安全生产志愿者3.6万余名,市直部门注册安全生产志愿者1万余名。"6·16安全生产宣传咨询日",石家庄市举行"安全进万家幸福你我他"志愿服务授旗仪式;全年举办安全生产志愿者活动主要有"安全带回家祥和过大年"主题志愿服务、安全生产宣传教育、安全生产志愿服务品牌宣传、安全生产"四进"(进企业、进学校、进社区、进人员密集场所)等活动。

【安全生产月活动】 5月19日,市安委会印发《石家庄市2017年安全生产月活动方案》(石安委〔2017〕8号),确定2017年全市安全生产月活动时间为6月1～30日。2017年6月是第十六个"全国安全生产月",主题为"全面落实企业安全生产主体责任"。组织全市工矿商贸、市安委会成员单位负责的行业(领域)及企事业单位,举办安全发展主题宣传周、安全文化宣传周、安全法制宣传周、警示教育宣传周活动。6月4日,市长邓沛然在《石家庄日报》首版发表题为"扎实开展安全生产月活动不断推动省会安全生产形势持续稳定向好"的署名文章,号召全市落实习近平总书记提出"发展绝不能以牺牲安全为代价"的要求,树立安全发展理念,履行党政领导责任、部门监管责任、企业主体责任。6月16日,省安委会办公室、石家庄市政府联合在石家庄市举行2017年"安全生产月"咨询日活动。来自政府部门、企事业单位、安全生产志愿者代表1000余人参加活动,现场设置咨询台24个,摆放安全生产、建筑安全、消防安全、交通安全、公共安全等宣传展牌209块,并举行"安全进万家幸福你我他"志愿服务授旗仪式、安全生产扫码答题及安全生产知识有奖问答活动。

(李英良　张云飞)

国土资源管理

【概况】 2017年,石家庄市行政区土地总面积1966.50万亩。其中,划定基本农田面积627.3万亩,占土地总面积的31.90%;供应土地843宗,土地总面积4.24万亩;出让国有建设用地561宗,面积2.0万亩,出让价款381.94亿元。2017年全市公开挂牌出让土地35宗,面积2018.80亩,出让价款147.15亿元。其中,商业用地2宗,面积25.24亩,出让价款2.165亿元;居住用地(包括商业、居住混合用途)33宗,面积1993.56亩,出让价款144.99亿元。围绕京津冀协同发展及"现代省会、经济强市"战略部署,落实耕地保护和资源节约基本国策及保红线、保发展、保生态、保底线要求,实施开发复垦坡下适宜土地250处。调整土地管理奖励政策,依法开展闲置土地处置,全年处置闲置土地8196亩。改进矿山治理思路,按照谁治理谁受益原则，引进社会资金及银行贷款，选取井陉县作为露天矿山综合整治试点，推进矿山关闭复垦复绿工作；治理矿山地质环境，全市99家生产矿山按照要求停产整治，17家责任主体完成灭失矿山地质环境修复绿化任务，修复绿化面积6568.5亩。重视地质灾害防治，制定印发《2017年地质灾害防治方案》，逐一排查、核实地质灾害隐患点；开展地质灾害气象风险预警和应急演练，及时处置汛期地质灾害险情；加强地质灾害警示宣传，竖立警示牌453块，发放明白卡987张、避险卡1万多张。2017年全市地质灾害防治实现零伤亡。制定印发《关于解决国有土地上历史遗留住宅项目办理不动产登记的意见》《石家庄市解决历史遗留问题不动产现状登记办法》，有效解决入住多年住宅项目因手续不全等原因不能办理登记问题。2017年全市颁发不动产产权登记证书131681本、证明108449本，累计颁发不动产产权证书235665本、证明197599本。

【土地管理利用】 落实国土资源管理主体责任，构建党委领导、政府负责、部门协同、公众参与、上下联动的国土资源管理工作格局。摸清土地资源基本情况及现状，编印《破解土地瓶颈制约工作指南》。加强耕地保护，落实最严格的土地管理制度、耕地保护制度和节约用地制度，制定《关于补充耕地周转金使用管理办法》，建立补充耕地资金账户。实施永久农田划定政策，2017年全市新增耕地1.42万亩，建成高标准基本农田21万亩，627.3万亩永久基本农田划定任务全部完成并通过国家验收。执行节约集约用地制度，完成石家庄市2017年度区域建设用地节约集约利用状况更新评价。落实土地节约优先战略，顺利通过河北省政府2016年度土地节约利用考核。优化土地资源配置，制定《石家庄市关于保障土地供给促进固定资产投资的意见》，鼓励各类产业用地采取长期租赁、先租后让、租让结合方式使用土地。依法开展闲置土地处置，全年处置闲置土地8196亩。推进砖瓦窑开发利用，2017年全市完成城乡建设用地增减挂钩试点类项目申报21个次。其中，规划立项2个批次，土地面积305.4亩；验收砖瓦窑复垦项目7个，土地面积791.32亩；建新地块征收项目12个，土地面积719.78亩。做好土地利用动态巡查，全市应巡查事项10596项，完成巡查事项9450项，巡查率达89.2%。开展灾毁土地调查，核实井陉县、赞皇县、平山县、灵寿县、井陉矿区5个县（区）及市域滹沱河、大沙河等洪涝灾害灾毁土地状况，组织技术单位举行遥感正射影像叠加对比分析、农用地图斑信息提取，制作灾毁土地调查底图。实施卫星图片执法集中拆除整改专项行动，严厉打击违法用地行为，大幅降低违法用地比例，2017年全市整改到位违法用地面积50168亩，其中耕地面积30941亩。

【土地储备供应】 制定印发《石家庄市关于进一步加强土地储备工作的若干意见》，明确市、区两级土地收益分配政策；改革土地收储制度，细化土地储备流程，建立“订单式”“整案制”“一条龙”审批程序，有效解决工业企业、商业项目及开发商等违反土地利用规划、城市建设规划、随意占地等问题。推进“整案制”做地工作，长安区东古城村整理净地100亩，实现政府收益价值51.96亿元。开展国有建设用地二级市场试点。1月22日，国土资源部印发《关于完善建设用地使用权转让、出租、抵押二级市场的试点方案》(国土资发〔2017〕12号)，石家庄市被确定为国有土地二级市场28个试点城市之一；5月18日，国土资源部批复《石家庄市关于完善建设用地使用权转让、出租、抵押二级市场试点实施方案》。11月28日，市土地二级市场交易中心揭牌运行，主要负责市内长安区、桥西区、新华区、裕华区及井陉矿区范围内国有建设用地使用权转让、出租、抵押交易二级市场试点工作。2017年全市供应土地843宗，土地总面积4.24万亩；出让国有建设用地561宗，面积2.0万亩，出让价款381.94亿元；公开挂牌出让土地35宗，面积2018.80亩，出让价款147.15亿元。其中，商业用地2宗，面积25.24亩，出让价款2.165亿元；居住用地（包括商业、居住混合用途）33宗，面积1993.56亩，出让价款144.99亿元。

【产权确权登记】 新增不动产登记服务场所2个。2017年9月，长安区、桥西区分别增设不动登记服务大厅1个，至2017年末，石家庄市区不动产登记服务场所达到4个。按照国土资源部关于石家庄市土地二级市场试点要求，科学划分4个不动产登记服务大厅功能，高标准设计和完善桥西区不动产登记服务大厅配置，新建5000平方米档案馆和数据中心机房。新增发证自助服务，投资270余万元，新购5台自助发证一体机及附属设备。2017年全市完成各类不动产登记212751件。其中，房屋首次登记1494件，土地首次登记169件；个人转移登证77113件，单位转移、变更3861件；各类抵押权登记124106件；各类集体土地所有权登记29件；查封解封登记5967件，异议登记12件。2017年全市完成宅基地使用权注销登记4762户，办理权证缮证发证161285本，办理落宗手续6880份，核实土地登记信息115宗，补录数据信息663条。2017年全市颁发不动产产权登记证书131681本、证明108449本，累计颁发不动产产权证书235665本、证明197599本。开展农村集体建设用地、宅基地调查确权登记，按照《中共石家庄市委全面深化改革领导小组2017年工作要点》《农业和农村体制改革专项小组2017年度改革任务分台账》要求，将“房地一体”农村宅基地和集体建设用地确权登记颁证工作列为年度重点工作；确定2017年任务为：完成“房地一体”村镇地籍调查、30%村庄宅基地和集体建设用地确权登记发证。2017年市国土资源局采取“内业检查、逐村销号、现场督查”方式，推进地籍调查和用地确权登记，至2017年底，宅基地和集体建设用地使用权地籍调查任务完成率为95.59%，房屋所有权调查完成率为90.64%，“房地一体”村镇地籍调查内业资料完成率为77.49%；数据入库完成率为67.29%；“房地一体”村镇地籍调查成果县级预检率为86.90%，省、市抽查完成率为72.47%，成果验收率为72.47%；登记发证率达38.5%；栾城区、鹿泉区、循环化工园区、高新区、正定县4个地域内外业及数据库全部通过验收；长安区、新华区、裕华区、井陉矿区、藁城区、正定县、行唐县、灵寿县、高邑县、赞皇县、元氏县、赵县、晋州市、13个县（市、区）试点村均发放首批“房地一体”农村宅基地和集体建设用地不动产权籍证书；主城区外13个县（市、区）及循环化工园区试点村发放首批“房地一体”农村宅基地和集体建设用地不动产权籍证书2259本，具体发放数量为：藁城区210本、鹿泉区645本、栾城区249本、正定县78本、行唐县41本、灵寿县127本、高邑县52本、深泽县34本、赞皇县60本、元氏县105本、赵县507本、晋州市101本、新乐市40本、循环化工园区10本。

【矿业管理】 落实《河北省大气污染防治矿山环境治理攻坚行动方案》要求，控制办理和新批露天矿业权，严格做到露天矿山不扩大矿区范围、不增加资源储量、服务年限到期或开采完剩余储量后自行关闭。2017年石家庄市无新增露天采矿权。落实《河北省露天矿山污染深度整治专项行动方案》要求，至2017年10月，全市17家责任主体灭失矿山土地修复绿化任务全部完成，其中，行唐县3家、鹿泉区7家、平山县6家、元氏县1家。投入矿山土地修复绿化治理资金7438.18万元，修复绿化面积6568.5亩。其中，修复治理10家，投入资金2726.58万元，修复面积3158.5亩；自然复绿3家，面积110亩；第三方治理1家，治理面积60亩；土地整理3家，利用占补平衡资金4711.6万元，整理面积3240亩。矿业资源交易。2017年5月，市国土资源局委托市矿业权市场成功出让地热探矿权4宗，出让价款103万元，其中，无极县里城道乡北合庄村地热探矿权出让价款37万元，无极县张段固镇齐洽村地热探矿权出让价款28万元，无极县七汲镇泗水村地热探矿权出让价款28万元，石家庄市藁城区黄庄村地热探矿权出让价款10万元。

【地理测绘服务】 安排专项资金210万元，实施石家庄市区95平方千米1∶1000比例尺地形图修补测项目，项目承担单位为市勘察测绘设计研究院；2017年3月开工施测，11月测绘任务全部完成并通过省测绘产品质量监督检验站验收。制定运行维护计划，更新石家庄市135平方千米基础地理信息数据，地形图修测补测成果数据均做到入库处理。利用“天地图·石家庄”门户网站，提供7×24小时“一站式”服务；以“天地图·石家庄”为基础，为市旅游发展委员会开发石家庄旅游地理信息系统；满足社会大众自驾旅游需求，自主开发“游骑标”旅游信息平台。转发《河北省国土资源厅关于河北省数字城市建设专项督查情况的通报》（冀国土资办〔2017〕65号），督导5个未开展数字城市建设县（市）加速启动数字城市建设。至2017年末，石家庄市井陉矿区、高邑县、灵寿县、平山县、赵县、晋州市、元氏县7个县（市、区）数字城市建设项目招标完成。

（刘清振）

科学技术

Science & Technology

综　述

2017年，石家庄市争取国家、河北省各类科技计划项目313项，资金20351.068万元。其中，国家级计划项目19项，资金8066.068万元；省级计划项目294项，资金12285万元。2017年石家庄市争取省级科技项目占全省科技项目16.89%，争取省级科技资金占全省科技资金13.33%。2017年石家庄市域单位获得国家科技奖励项目2项，其中，国家技术发明奖二等奖1项，国家自然科学奖二等奖1项。2017年石家庄市科技局、石家庄高新区推荐和地域企事业单位参与科研项目获得河北省科学技术奖39项，其中，河北省自然科学奖二等奖1项，河北省技术发明奖二等奖1项、三等奖3项，河北省科学进步奖34项（一等奖4项、二等奖9项、三等奖21项）；中电科技集团第五十四研究所孙晨华获得河北省科学技术突出贡献奖。2017年石家庄市评选科学技术奖获奖项目86项，其中，科学技术特别奖2项，科学技术进步奖84项（一等奖18项、二等奖40项、三等奖26项）。2017年全市新认定高新技术企业194家，累计达到803家；新增科技型中小企业2912家，累计达到9105家；新增科技小巨人企业139家，累计达到479家；新增市级创新型企业24家，市级以上创新型企业累计达到175家。36家企业入选2017年河北省战略性新兴产业百强领军企业和创新百强企业，其中27家企业入选战略性新兴产业百强领军企业、27家企业入选战略性新兴产业创新百强企业。贯彻落实市委、市政府《关于大力引进高层次科技创新创业人才的意见》，确定引进第二批高层次科技创新创业人才11名；加强科技领军人物、科技创新团队管理，新认定科技创新技术人才34名。选派第七、八批工业企业特派员51名，全市累计选派工业企业科技特派员8批277人次。

科技平台。2017年全市新增省级产业技术研究院2家，累计达到9家；新增省级重点实验室2家，累计达到47家。5家工程实验室获授河北省工程实验室称号及牌匾，分别为射频集成电路与系统工程实验室（河北新华北集成电路有限公司承建）、新能源汽车电力变换技术工程实验室（石家庄通合电子科技股份有限公司承建）、多糖类药物工程实验室（河北常山生化药业股份有限公司承建）、分布式光伏发电系统工程实验室（石家庄通合电子科技股份有限公司承建）、航空轻质复合材料与加工技术工程实验室（河北科技大学承建）。新增省级工程技术研究中心10家，累计达到88家；新认定市级工程技术研究中心21家，累计达到160家；12家工程技术研究中心纳入省级建设计划。新认定科技企业孵化器4家，全市认定科技企业孵化器累计达到20家，其中，国家级7家、省级15家。新认定第三批众创空间23家，全市认定众创空间累计达到80家，其中，国家级23家、省级40家。新增10家院士工作站，院士工作站累计达到51家，联络院士120多名。

科技合作。2017年全市争取河北省国际科技合作计划项目9项，获得支持资金275万元。4家单位被认定为河北省国际科技合作基地，7家单位被认定为市级国际科技合作基地，至2017年末，石家庄市共有国家级国际科技合作基地9家，省级国际科技合作基地29家，市级国际科技合作基地达到35家。2017年石家庄市参加“第二十届中国北京国际科技产业博览会”河北展区展览，达成合作意向16项；石家庄市参加“中国深圳高新技术成果交易会”组织举行“石家庄市新技术新项目推介会”，

4家企业参加推介活动，达成合作意向2项。

知识产权。2017年全市专利申请量12966件，其中发明专利申请3468件；专利授权7501件，其中发明专利授权1351件；万人发明专利拥有量5.328件。10家企业获得商业银行专利权质押贷款，总额1.38亿元；21家企业为70项专利投保专利执行险，投保金额65万元。全年发放市级专利申请资助资金100万元，其中，资助发明专利412件，实用新型专利1101件、外观设计专利156件。实施专利产业化项目16项，支持资金150万元。东旭集团获批国家知识产权示范企业，至2017年末，石家庄市拥有国家知识产权示范企业3家，国家知识产权优势企业11家。12月13日，石药集团自主研发中国首个长效粒细胞刺激因子——津优力（商品名）专利“一种聚乙二醇修饰的rhG-CSF（重组人类粒细胞集落刺激因子）药物组合物及其制备方法”在第十九届中国专利奖颁奖大会上获得“中国专利金奖”，石家庄市诚志永华显示材料有限公司、五龙制动器股份有限公司2项专利获得第十九届中国专利优秀奖。

科技成果转化。2017年全市技术合同成交额133.64亿元，同比增长49.47%；技术输出额26.55亿元，同比增长45.72%，占全省技术输出额的28.47%，保持全省第一；技术吸纳成交额107.09亿元，同比增长50.43%，占全省技术吸纳额的35.32%，排名全省第一。建设科技成果转化平台，依托石家庄科技大市场首都科技条件平台石家庄工作站、北京技术市场京石服务平台、中国创新驿站河北省基层站点、北方技术市场石家庄联络站等协同创新平台和服务平台，组织举办科技成果项目对接转移和成果发布活动，全年发布优秀项目180项，达成有效合作意向60余个。6月16日，河北省军民两用技术交易中心、国家军民两用技术交易中心河北分中心、市军民融合创新发展中心、市科技创新服务中心鹿泉分中心在鹿泉区揭牌。2017年石家庄市重点支持与京津合作开展科技成果转化项目19项，经费1560万元。

防震减灾。增强防震意识，推进地震监测分析、应急救援、地震灾害防御等体系建设，全年无重大地震灾害发生。完善地震应急机制，开展地震应急预案、应急救援队伍、应急救援物资、应急演练、应急救援科普宣传等地震应急检查。重视应急救援队伍建设，至2017年末，全市建成应急救援队伍22支，其中，依托公安消防部队建立市级专业地震应急救援队1支、民兵预备役专业地震救援队1支、县级地震应急救援队20支，共有包括地震应急救援志愿者2500余人。开展中小学生地震应急综合演练和现场观摩会、避震应急知识宣传，参与中小学校1000多所。以“关注地震安全　打造平安校园”为主题，举办防震减灾科普知识讲座和中学“防震减灾知识主题辩论赛”。

2017年市科技局被人力资源和社会保障部、科技部评为“全国科技管理系统先进集体”，被国家知识产权局评为“全国知识产权系统人才工作先进集体”，连续3年获得“国家知识产权试点示范城市工作先进集体”称号；石家庄市专利执法维权绩效考核排名全国第三，连续4年入选全国专利行政执法十强城市；石家庄生产力促进中心连续6年获得全国生产力促进（发展成就）奖；市科技中心连续4年被工业和信息化部认定为“国家中小企业公共服务示范平台”。

（市科技局）

科学技术研究与发展计划

【概况】 2017年，石家庄市科学技术研究与发展计划（简称科技计划）围绕石家庄市“十三五”时期科技创新规划确定的目标与任务，重点实施重大科技专项、重点研发计划、技术创新引导计划、创新能力提升计划四类科技计划。重大科技专项以聚焦全市产业发展的重大技术需求、重大战略产品、重大产业化为目标，在设定时限内开展集成式协同攻关，突出解决全市产业结构调整转型升级的关键核心问题。重点研发计划以提升全市产业核心竞争力、企业自主创新能力为核心，加强跨部门、跨行业、跨区域研发布局和协同创新，重点支持产业共性关键技术和产品的研发、社会公益技术研究、科技示范应用和成果转化、京津冀协同创新、战略性新兴产业创新等。技术创新引导计划以促进科技成果资本化、产业化为核心，发挥政策导向和财政资金杠杆作用，建立转化基金、引导基金、风险补偿基金等，引导和聚集社会资本，重点培育科技型中小企业、行业领军企业；包括科技成果推广专项和科技型中小企业技术创新资金专项。创新能力提升计划以提升全市整体科技创新能力为核心，以培育创新人才和优秀团队、促进科技资源开放共享、强化科技创新条件保障能力为重点，支持各类创新人才团队、科技园区、高新技术产业基地、研发平台建设，提高科技创新整体保障能力；包括市级工程技术研究中心建设、创新方法推广应用基地建设与服务能力提升、科技企业孵化器公共服务平台建设、农业科技特派员创新创业项目和科技创新平台建设等专项。推进科技计划项目改革，落实军民融合发展国家战略和京津冀协同发展战略，《市级科技计划申报指南》增加“军民融合产业化和军民两用重大科技成果转化专项”“京津冀协同创新专项”。围绕国家产业政策、河北省经济发展方向，以生物医药、现代农业等优势产业为重点，依托骨干企业，全力争取国家、河北省科技计划项目和资金支持。2017 年全市争取国家、省各类科技项目 313 项，资金 20351.068 万元。其中，国家级计划项目 19 项，资金 8066.068 万元；省级计划项目 294 项，资金 12285 万元。2017 年石家庄市争取省级科技项目占全省科技项目 16.89%，争取省级科技资金占全省科技资金 13.33%。

【经费安排】 2017 年石家庄市级财政安排科技应用技术研究与开发专项资金（简称研发资金）15110 万元，其中，科技中试基地建设 1500 万元，偿还石家庄科技大市场建设贷款本金 2100 万元，石家庄科技大市场运行经费 300 万元，孵化资金专项 500 万元，市科技型中小企业创新资金 800 万元，众创空间补助 3000 万元，平台补助 50 万元，专利专项经费 700 万元，安排计划资金 6160 万元。2017 年市科技局编制下发科学技术研究与发展计划（指令计划）1 批，课题 221 项，经费 6160 万元；科学技术研究与发展指导计划 2 批，课题 138 项。全部科技计划课题中，重大科技专项课题 10 项，经费 1000 万元；重点研发计划 182 项，经费 4340 万元；创新能力提升计划 58 项，经费 820 万元。科技支撑 200 项，经费 5404 万元；成果推广 7 项，经费 152 万元；软科学 9 项，经费 39 万元；国际科技合作 6 项，经费 120 万元；科技创新平台建设 22 项，经费 280 万元；其他计划 6 项，经费 165 万元。七大科技专项 227 项，经费 4843 万元。企业承担课题 218 项，经费 5470 万元；科研院所 12 项，经费 325 万元；高等院校 5 项，经费 22 万元。产学研课题 81 项，经费 2048 万元。

【实施效果】 通过实施科技计划，引进和吸纳一大批优秀人才。课题参加人员中，享受政府津贴专家 5 人，省、市管专家 18 人；吸引市外人才 82 人，其中省外人才 60 人，省外人才中京津人才 33 人；培养研究生 91 人。获得一批创新性成果，取得新产品、新材料 104 个，新工艺、新装置 60 个，计算机软件 17 个，新技术 37 项，发表论文 119 篇，出版著作 5 部，形成标准 53 项。获得一批自主知识产权成果，专利申请 276 件，其中发明专利申请 134 件，专利授权 135 件，其中发明专利授权 48 件。关键技术取得重要突破，开发和形成一批具有应用价值的技术成果，新增销售收入 5 亿元，新增利税 1.02 亿元，出口创汇 595.8 万美元；培育农作物新品种 16 个，新品种推广面积 7.46 万亩，畜禽推广数量 42.63 万头（只），年总收入 2297.4 万元。节能减排成效明显，节煤 42.22 万吨，节电 127.08 万千瓦时，节水 161.79 万吨，减排废气 4.52 万立方米，减排废水 1.58 万吨。

（市科技局）

工业科技与高新技术

【概况】 2017 年，石家庄市申报科技企业孵化器 8 家，认定科技企业孵化器 4 家，科技企业孵化器累计达到 20 家，其中，国家级 7 家、省级 15 家；认定第三批众创空间 23 家，众创空间累计达到 80 家，其中，国家级 23 家、省级 40 家。全年开展高新技术企业认定三批，申报企业 412 家，新认定 194 家，高新技术企业总数达到 803 家；以宣传和解读高新技术企业认定办法为内容，举办高新技术企业认定集中培训 2 次，参加培训企业380余家；石家庄生产力促进中心等4家单位入选河北省高新技术企业培育重点服务机构。整合科技资源，实施高新技术领域关键技术研究与开发，重点研发8英寸/12英寸硅外延芯片、太赫兹探测器核心芯片及模块、新一代无线移动通信5G技术等“杀手锏”高端技术和产品。开展工业企业科技特派员选派活动，印发《关于开展工业企业科技特派员考核工作的通知》；选派第七、八批工业企业特派员51名，至2017年底，全市累计选派工业企业科技特派员8批277人次。组织2014年选派两批76名工业企业科技特派员考核，评选优秀工业企业科技特派员35名。举办科技企业孵化器、众创空间从业人员培训。3月22日，由河北省科技厅主办，石家庄市和省科技企业孵化协会承办的石家庄市2017年度双创服务能力提升培训会举行，各县（市、区）科技部门负责人和各级孵化器、众创空间管理人员及拟建单位代表230余人参加培训会。4月18～20日，组织全市36家孵化器、众创空间管理人员138人，参加由河北省科技厅主办、市科技创新服务中心承办的2017年河北省科技企业孵化器、众创空间高级管理人员培训班，参训28家孵化器、众创空间管理人员117人参加从业资格考试。11月15～17日，市科技部门组织部分县（市、区）科技人员、众创空间管理人员赴杭州市、上海市学习众创空间管理及运营经验。4家基地列入第一批河北省小型微型企业创业创新示范基地，分别为河北方大科技股份有限公司、市科技创新服务中心、高新区方亿科技企业孵化器有限公司的方亿科技园、河北金种子创业谷企业孵化服务有限公司的中关村石家庄创业大街。9月15日，河北省首批“双创”示范基地名单公布，石家庄市三地入选，分别为石家庄高新技术产业开发区、裕华区、河北金种子创业谷企业孵化服务有限公司。11月28日，河北佑仁生物科技有限公司诺贝尔奖工作站在石家庄市挂牌成立。

【科技企业孵化器】 开展市级孵化器认定和绩效考核，9月12日，印发《关于开展2017年度市级科技企业孵化器（加速器）认定工作的通知》；2017年全市申报科技企业孵化器8家，认定科技企业孵化器4家，其中，石家庄鹿岛创业孵化器认定为国家级科技企业孵化器，3家企业认定为省级科技企业孵化器。组织开展2016年度市级科技企业孵化器绩效考核评价，经专家详审，确定优秀8家、合格5家、不合格2家。至2017年底，全市认定科技企业孵化器累计达到20家，其中，国家级7家、省级15家。

【众创空间】 开展第三批众创空间认定，印发《关于开展石家庄市第三批“众创空间”认定工作的通知》（石科〔2017〕34号）、《关于报送重点培育众创空间运营状况的通知》（石科〔2017〕44号）。受理第三批众创空间认定申请31家、重点培育众创空间运营状况申报9家。经专家评审、公示、现场考察，认定第三批众创空间23家。至2017年底，全市认定众创空间累计达到80家，其中，国家级23家、省级40家。开展首批众创空间绩效考核，印发《关于组织开展2016年度众创空间绩效评价工作的通知》（石科〔2017〕43号）；综合评价参评28家众创空间的基础条件、服务能力和服务成效等情况，经专家评审，确定优秀6家、良好6家、合格13家、不合格3家。落实众创空间补贴经费政策，按照新认定众创空间每家40万元、考核优秀每家50万元、考核良好每家40万元标准发放到位。

【河北省大学生创新创业试点市建设】 根据省科技厅、省财政厅《关于申报河北省大学生创新创业试点市的通知》（冀科高〔2017〕2号）要求，市科技局、市财政局编写形成《石家庄市大学生创新创业试点市建设报告》。经省科技厅审批，石家庄市获批2017年河北省大学生创新创业试点市，成为河北省首批6个试点市之一，获得经费支持600万元。制定印发《石家庄市大学生科技创新创业专项资金实施细则（试行）》，2017年7月组织开展全市大学生科技创新创业专项资金资助项目申报，经企业、团队自愿申请，众创空间、科技企业孵化器推荐和县（市、区）科技主管部门初审，全市共申报大学生创新创业项目145项，其中，企业申报40项，团队申报105项。8月10日，市科技局召开大学生创新创业项目评审会，经专家评审，确定具有较好技术先进性和市场成长性的大学生创新创业项目85项，其中，企业申报项目32个，团队申报项目53个，安排经费557万元。

【第三届河北省工业设计奖】 2017年11月，石家庄市获得第三届河北省工业设计奖16个（全省设金奖15个、优秀奖20个），其中，金奖6个、优秀奖10个。6个金奖分别为：石家庄纽伦制动技术有限公司AP电磁自制动安全制动器、际华三五零二职业装有限公司移动式机库、赵县金利机械有限公司秸秆粉碎还田机、石家庄优创科技股份有限公司SHOCK车载全景摄像机、中国电子科技集团公司第五十四研究所CETC-A-100 1米Ka船载天线、河北牧泽农牧机械有限公司4QZ-14A型青饲料收获机。

（市科技局）

社会发展领域科技进步

【概况】 2017年，石家庄市以新药研发、新制剂技术开发和新型医疗器械研发为主，市级科技计划安排生物医药项目22项；以大气环境治理和医药、化工、建材、冶金等重点行业的节能减排为重点，安排节能减排项目11项。加强疾病防治技术研究，以发病率高、严重危害群众健康的常见、多发及重大疾病的预防、诊断和治疗为重点，安排第一批科技指导计划项目61项。全年医药企业争取河北省科技计划项目17项、资金565万元。推进创新型城市建设，做好科技部对石家庄市开展国家创新型城市建设验收，起草《石家庄市国家创新型城市建设自总结评估报告》；5月23日，国家评估组到石家庄市调研和评估国家创新型城市建设情况，实地参观了石家庄科技中心和以岭药业公司。组织市科技局、市国资委、市总工会联合开展2017年石家庄市创新型企业评审和认定，评审认定2017年石家庄市创新型企业24家。

【生物医药科研】 以新药研发、新制剂技术开发和新型医疗器械研发为主，市级科技计划安排生物医药项目22项，占社会发展领域课题立项数量48%。生物医药项目主要有："长效胰岛素的技术研究""治疗重大肝病药物强肝胶囊有效组分及作用机制研究""伏格列波糖口腔膜剂的制备及质量研究""抗心衰多肽药物非临床药效、药代研究""抗癌性恶病质药依诺伯沙的研究与开发""食道癌免疫组化诊断多种抗体的研发""奥氮平口崩片的生物等效性研究""肿瘤分病种特异性靶标抗体芯片的研制""360度全透视微创骨折自动复位医疗装备研发""高纯度医用胶原蛋白海绵技术研究"等。

【节能减排科研】 以大气环境治理和医药、化工、建材、冶金等重点行业的节能减排为重点，全年安排节能减排项目11项。节能减排技术创新项目主要有："电晕雾化多功能湿式电除尘器开发与示范""石灰石煅烧立窑余热回收应用于湿料碳酸钙干燥工艺的技术研究""基于氧空位的高浓度难降解废水深度处理技术与材料研发""超分散功能性碳酸钙清洁化制备新工艺研究""纳米臭氧气泡催化氧化废水处理技术与装备研究""环保型硬质聚氨酯复合阻燃保温板的研发""光催化氧化法处理挥发性有机物设备的研制""环境友好型阳离子淀粉絮凝剂的开发及应用""氯霉素生产中副产废溶剂的资源化利用"等。

（市科技局）

科技合作与交流

【概况】 2017年，石家庄市争取河北省国际科技合作计划项目9项，获得支持资金275万元。天俱时工程科技集团有限公司、石家庄汉卓能源科技有限公司、奥星制药设备（石家庄）有限公司、河北绿谷信息科技有限公司4家单位被认定为河北省国际科技合作基地，7家单位被认定为市级国际科技合作基地。至2017年末，石家庄市共有国家级国际科技合作基地9家，省级国际科技合作基地29家，市级国际科技合作基地达到35家。举办创新创业高峰论坛，吸引创新资源、先进技术和优秀创新创业项目落户石家庄市。11月29日，由石家庄市政府、省科技厅主办，市科技局和蜂巢孵化器承办的“新科技·新动能·新经济——2017（第二届）京津冀创新创业高峰论坛”举行，共有来自河北、北京、天津、深圳等地400余位政府、科技、企业界人员和创客、高校师生参加论坛。开展2018年度石家庄市国际科技合作需求调查，征集国际科技合作需求17项。其中，首次征集平台建设类需求3项，研发类需求14项，涉及生物医药、节能环保、电子信息、农业等领域。

【国际科技合作】 全年争取河北省国际科技合作计划项目9项，获得支持资金275万元。国际科技合作基地建设。4家单位被认定为河北省国际科技合作基地，分别为天俱时工程科技集团有限公司、石家庄汉卓能源科技有限公司、奥星制药设备（石家庄）有限公司、河北绿谷信息科技有限公司。7家单位被认定为市级国际科技合作基地。至2017年末，石家庄市共有国家级国际科技合作基地9家，省级国际科技合作基地29家，市级国际科技合作基地达到35家，涵盖医药、农业、电子信息、装备制造等领域。国际科技合作与交往。2017年马达加斯加、沙特阿拉伯、爱尔兰、美国等外国专家20余人次到石家庄市科研院所和企业开展科技考察及项目洽谈活动。2017年2月中旬，马达加斯加总统特别技术顾问、议长高级顾问、对华友好领导小组秘书长、对华招商委员会主席高洪刚带领马达加斯加代表团到石家庄市洽谈合作，双方就“微光伏LED照明项目”“系列光伏发电项目”签署合作备忘录。组织中电科第十三研究所、石家庄亿生堂医用品有限公司参加全国对俄科技合作基地联盟第十次年会，石家庄亿生堂医用品有限公司代表在会上作发言。7月20日，河北美荷药业有限公司与苏丹共和国国家动物资源研究中心签订产品出口、药物合作研发和人才交流合作战略框架协议。2017年市科技代表团赴埃及、南非访问，推进中国电子科技集团第十三研究所与埃及硅器件系统公司（SWS）合作“惯性微系统ASIC电路设计技术与源代码合作研发”项目，河北理查德农业科技有限公司与南非SPI集团公司合作“青贮玉米种质资源引进与选育”项目。

【科技展览洽谈】 组织企业参加“第二十届中国北京国际科技产业博览会”“中国深圳高新技术成果交易会”“第九届中国科学院—新疆科技合作洽谈会”“2017中国（北京）跨国技术转移大会”“第20届非洲国家驻华大使巡讲·石家庄行”活动等科技展览和洽谈会，推介石家庄市优秀高新技术合作项目，举办科技招商活动。博海生物、奥祥医药等企业参加“第二十届中国北京国际科技产业博览会”河北展区展览，达成合作意向16项；石家庄市14个项目入选《2017年中国·河北高新技术产业项目推介册》，涉及生物医药、电子信息、装备制造等领域。市商务局、市工业和信息化局、市发展改革委、石家庄高新区在“中国深圳高新技术成果交易会”上共同承办“石家庄市新技术新项目推介会”，4家企业参加推介活动，达成合作意向2项。产学研合作。举办校企对接活动，探索产学研协同创新机制；加强与西北工业大学、中国科学院等高校、科研机构的合作，为企业与高校合作架设桥梁。2017年初，东南大学校领导到石家庄科技中心考察调研，召开科技合作洽谈会，双方商议建立东南大学河北创新研究院、技术转移中心，共建重点实验室、工程技术中心、院士工作站等事宜，拟将东南大学在河北省建立技术转移中心设置在石家庄市。

【第三届国家高新区生物医药产业集群协同创新工作会】 9月21～22日，由科技部火炬中心、省科技厅、石家庄市政府共同主办，石家庄高新区管委会和中国技术创业协会生物医药园区产业集群协同创新联盟承办的第三届国家高新区生物医药产业集群协同创新工作会在高新区举行，2017中国生物医药园区协同创新与产业集群发展大会暨创新创业直通车活动同期召开。主题为“完善创新创业生态体系、推动生物医药集群发展”。共有来自全国各省市近100家高新区、经济技术开发区和数十个省市科技主管部门领导、100多位专家及中国医药行业龙头企业、优秀创新创业服务机构、高端人才和部分国外园区、企业、投资机构等1000多人参会。会议期间，以“务实、协作、互利、共赢”为原则，围绕“健康中国2030”“中国制造2025”“京津冀协同发展”等国家战略及“一带一路”倡议，举办重大项目合作签约、企业院士工作站揭牌、专题研讨会、千人讲坛、高端人才交流会等活动，石家庄高新区签约合作项目55个，吸引高端人才20名。

（市科技局）

科学技术普及

【概况】 2017年，石家庄市利用举办科技活动周、科技咨询服务、科技宣传展览活动等形式，组织做好科学技术普及工作。1月12日，石家庄市文化科技卫生“三下乡”活动集中服务在赞皇县启动，参与市直单位52家，帮扶资金、物资、项目折合总值1.98亿元，支持信贷额度3.4亿元。5月19日，以“科技强国 创新圆梦”为主题，举办2017年石家庄市暨新华区科技活动周活动，全市60余家单位参加科技咨询服务和宣传展览，展出展板300余块，发放科普书籍、图册、明白纸25000余册，接受群众咨询6000余人次。发挥市科普巡回宣讲服务团作用，全年市科普巡回宣讲服务团举办科普宣讲活动230场次，参与人员4万余人。按照国家、河北省科普统计调查方案要求，开展2016年度石家庄市科普统计工作。科普统计数据显示，2016年石家庄市共有科普人员7449名，其中专职人员577余名；科普经费投入6794余万元，其中政府拨款1355余万元；建有场馆类科普场地5个，非场馆类科普场地171个，农村科普活动场地1268个；全年电视台、广播电台播出科普（技）节目时长3410小时；开展各类科普活动1.3万余次，其中千人以上重大科普活动100次，参与人数近300万人次。5月27日，正定科技馆馆长秦瑞强获得全国创新争先奖和河北最美科技工作者称号。

【科技活动周】 5月19日，2017年石家庄市暨新华区科技活动周开幕式及集中宣传活动在河北互联网大厦举行。主题为“科技强国 创新圆梦”。市科普联席会成员单位和新华区相关单位、正定科技馆等60余家单位参与活动。科技活动周期间，围绕“宣传科技创新成果、开展特色科普活动、倡导科学生活方式”目标，全市组织开展环境保护、健康低碳生活方式、防病治病、减灾防灾、新品种、新技术、新成果展示、技术咨询、义诊等活动；正定科技馆展出科普知识展牌、科普大篷车及天文观测车、车载天象厅等科普仪器设备。科技周集中宣传活动展出展板300余块，发放科普书籍、图册、明白纸2.5万余册，接受群众咨询6000余人次。市科普联席会成员单位及各县（市、区）根据青少年学生、农民、企业工人、社区居民的不同科技需求，组织举办科普进社区、科普进学校、科技下乡等特色科普活动。

【科普统计】 按照国家、河北省科普统计调查方案要求，开展2016年度石家庄市科普统计工作。科普统计范围包括科普人员、科普场地、科普经费、科普传媒、科普活动、创新创业中的科普六个方面109项指标。全市21个县（市、区）、30家市级科普成员单位参与科普统计调查。科普统计数据显示，2016年石家庄市共有科普人员7449名，其中专职人员577余名；科普经费投入6794余万元，其中政府拨款1355余万元；建有场馆类科普场地5个，非场馆类科普场地171个，10米以上科普画廊1240个，农村科普活动场地1268个；全年电视台、广播电台播出科普（技）节目时长3410小时；开展各类科普活动1.3万余次，其中千人以上重大科普活动100次，参与人数近300万人次；举办实用技术培训4240期；建立众创空间136个，服务创业人员8616人，政府扶持经费2601万元；拥有科普企业5家，年销售额3180万元。

（市科技局）

专利与知识产权保护

【概况】 2017年，石家庄市专利申请量12966件，其中发明专利申请3468件；专利授权7501件，其中发明专利授权1351件；万人发明专利拥有量5.328件。10家企业获得商业银行专利权质押贷款，总额1.38亿元；21家企业为70项专利投保专利执行险，投保金额65万元。全年发放市级专利申请资助资金100万元，其中，资助发明专利412件，实用新型专利1101件、外观设计专利156件。实施专利产业化项目16项，支持资金150万元。东旭集团获批国家知识产权示范企业，至2017年末，石家庄市拥有国家知识产权示范企业3家，国家知识产权优势企业11家。培育省级知识产权贯标试点企业8家，16家企业通过国家标准认证。5家企业承担河北省专利导航产业发展项目、3家企业承担省重大经济活动知识产权分析评议项目。提升专利服务能力，完成省知识产权局下达石家庄市引进京津2家专利代理分支机构任务，全市专利代理机构达到25家。全年报送专利案件812件，同比增长30%，位列河北省首位；为企业办理专利费用减缓355项，为企业节约资金100万元。12月13日，石药集团自主研发中国首个长效粒细胞刺激因子——津优力（商品名）专利“一种聚乙二醇修饰的rhG-CSF（重组人类粒细胞集落刺激因子）药物组合物及其制备方法”在第十九届中国专利奖颁奖大会上获得“中国专利金奖”，石家庄市诚志永华显示材料有限公司、五龙制动器股份有限公司2项专利获得第十九届中国专利优秀奖。举行市级专利奖评选，评选一等奖3项、二等奖6项、三等奖12项、优秀奖18项。开展专利和知识产权维权执行，印发《2017年知识产权执法维权“护航”专项行动工作方案》《2017年打击侵犯知识产权和制售假冒伪劣商品工作方案》《2017年知识产权保护规范化市场培育方案》《2017年展会专利行政执法专项行动方案》《关于开展2017年电子商务领域专利执法维权“雷霆”行动的工作方案》。建立专利和知识产权执法诉调对接机制，推荐品行良好、公道正派、专业素质过硬、经验丰富的从业人员担任法院陪审员。加强知识产权市场管理，依照《知识产权保护规范化市场认定标准》要求，全面检查石家庄君乐宝乳业有限公司、七弦琴信息技术河北有限公司、栾城区米莎贝尔饮食食品服务中心新开街店、正定县瑞天大厦4家市级知识产权保护规范化市场培育工作，确认执行知识产权保护十项制度。开展国家知识产权示范城市创建，印发《关于加快知识产权强市建设的意见》。推荐桥西区、新华区申报国家知识产权强县工程试点县（区），至2017年末，全市拥有国家级知识产权示范园区1个（石家庄高新区），国家级知识产权强县工程试点县（区）4个，分别为正定县、鹿泉区、元氏县、裕华区。2017年石家庄市连续第三次获评“国家知识产权试点示范城市工作先进集体”。

【“津优力”获授中国专利金奖】 12月13日，石药集团自主研发中国首个长效粒细胞刺激因子——津优力（商品名）专利“一种聚乙二醇修饰的rhG-CSF（重组人类粒细胞集落刺激因子）药物组合物及其制备方法”在中国国家知识产权局和世界知识产权组织共同主办的“第十九届中国专利奖颁奖大会”上获得“中国专利金奖”。这是石药集团继丁苯酞药物获得中国专利金奖后第二次获得该项荣誉。“津优力”是提升化疗患者体内中性粒细胞水平的国家生物一类新药，也是国内首家上市品种。中性粒细胞减少是肿瘤患者化疗中的常见症状，可引发感染等其他并发症。传统rhG-CSF半衰期为3.5小时左右，化疗周期内常规治疗需要每天注射1次；“津优力”半衰期长达45.7～49.8小时，一个化疗周期可注射1次，患者不需住院。“津优力”与传统rhG-CSF相比，可显著降低化疗后中性粒细胞的减少，并能有效预防因中性粒细胞减少出现发热症状和临床并发症状的发生。

【专利保护】 落实《关于在商贸流通企业建立（知识产权）专利保护制度的通知》，推进“无假冒专利示范单位”创建活动。2017年2月，石家庄市组织专利行政执法人员在长安区南三条市场开展专利执法检查；3月，在平山县、鹿泉区、桥西区检查“无假冒专利示范单位”，抽查专利商品300余种，并对不规范标注专利标识商品行为开展专业指导。至2017年末，全市共有70家单位获评河北省“无假冒专利示范单位”。专利周期间（11月27日至12月3日），全市专利行政执法人员查出问题专利商品60余种。开展电子商务领域专利执法维权专项行动，协助办理中国电子商务领域专利执法维权协作调度（浙江）中心分送专利侵权举报投诉案件，全年接收并及时处理电子商务平台专利侵权举报投诉案件262件，处理链接429条。全年报送专利案件812件，同比增长30%，位列河北省首位；办理专利行政执法案件1000余件，包括专利侵权案件、调解专利纠纷、查处假冒专利、判定电子商务专利侵权案件等。2017年石家庄市获评全国城市专利行政执法工作绩效考核第二名。

【知识产权服务平台】 5月5日，七弦琴国家平台河北分平台在石家庄市新华区落户，这也是七弦琴国家平台在全国设立的第一个分支机构。七弦琴河北分平台主要承担河北区域8类交易品服务，分别为：知识产权资产（专利、商标、版权）；知识产权运营服务（受托、收购、专利池、标准化）；知识产权服务（代理、诉讼、分析、咨询、培训）；知识产权创业项目；创业辅导及投融资服务；研发服务；设计产业服务；知识产权支撑型商品。适应军民融合发展趋势，助力产业转型升级和军民两用技术推广应用；6月16日，河北省军民融合知识产权交易中心在鹿泉区揭牌。申报成立“京津冀中小企业专利项目产业化服务试点平台”“京津冀农业专利转化运营试点平台”报送国家知识产权局。

【知识产权保护】 培育知识产权专业市场，印发《2017年知识产权保护规范化市场培育方案》。重点培育国家级、省级、市级知识产权保护规范化市场16家，遴选东明家具、建华百货、乐汇城3家影响力较大的专业市场申报国家知识产权专业市场保护试点单位；选定和培育省级知识产权专业市场5家、市级知识产权专业市场8家。2017年11月，国家知识产权公布第二批知识产权保护规范化市场认定结果，建华百货大楼有限公司、河北东明国际家具博览有限公司分别位列全国第2名和第3名。培育市场化、规模化、专业化知识产权服务品牌机构，支持石家庄市2家国家级知识产权分析评议服务示范创建机构开展市级重大经济活动知识产权分析评议试点项目。发挥2家省级知识产权培训基地作用，组织举办“企业知识产权实务培训”“知识产权进校园”“知识产权战略提升、风险预警及专利保险培训”“国际知识产权实务培训”“《河北省专利条例》宣讲与企业知识产权运营培训”等活动。重视知识产权宣传，利用“3·15”消费者权益保护日、“4·26”世界知识产权宣传日、“5·15”打击和防范经济犯罪宣传日等重要时间节点，在网站、报纸、电台、电视台等媒体宣传知识产权专业和法律知识。承担国家知识产权局安排知识产权纠纷仲裁调解试点任务，市科技局（市知识产权局）联合市版权局、市中级人民法院、石家庄仲裁委共同签署《知识产权纠纷司法委托调解合作协议》；建立知识产权诉调对接机制，形成以司法途径为核心、以仲裁调解为补充、“委托调解、诉调对接、司法审判”为一体的知识产权纠纷处理模式。全年接收石家庄仲裁委委托调解案件39件。2017年市科技局（知识产权局）获评全国“知识产权系统人才工作先进集体”。

（市科技局）

科学技术奖励

【概况】 2017年，石家庄市域单位获得国家科技奖励项目2项。其中，国家技术发明奖二等奖1项，名称为“土木工程结构区域分布光纤传感与健康监测关键技术”，主要完成人为张浩（石家庄铁道大学）；国家自然科学奖二等奖1项，名称为“高速运动刚柔相互作用系统非线性建模与振动分析”，主要完成人为杨绍普（石家庄铁道大学）、李韶华（石家庄铁道大学）、申永军（石家庄铁道大学）。2017年石家庄市科技局、石家庄高新区推荐和地域企事业参与科研项目获得河北省科学技术奖39项，其中，河北省自然科学奖二等奖1项，河北省技术发明奖二等奖1项、三等奖3项，河北省科学进步奖34项（一等奖4项、二等奖9项、三等奖21项）；中电科技集团第五十四研究所孙晨华获得河北省科学技术突出贡献奖。2017年石家庄市评选科学技术奖获奖项目86项，其中，科学技术特别奖2项，科学技术进步奖84项（一等奖18项、二等奖40项、三等奖26项）；批准市科学技术进步组织奖10项。

【河北省科学技术奖】 2017年石家庄市科技局、石家庄高新区推荐和地域企事业单位参与科研项目获得河北省科学技术奖39项，其中，河北省自然科学奖二等奖1项，河北省技术发明奖二等奖1项、三等奖3项，河北省科学进步奖34项（一等奖4项、二等奖9项、三等奖21项）；中电科技集团第五十四研究所孙晨华获得河北省科学技术突出贡献奖。

表 49　　2017 年度石家庄市获得河北省自然科学奖二等奖

序号	项目名称	完成单位	主要完成人	推荐部门
1	土壤—作物—畜牧—家庭—环境系统养分流动规律与调控机理	中国科学院遗传与发育生物学研究所农业资源研究中心 河北农业大学 中国农业大学	马林　马文奇　张福锁 柏兆海　侯勇	市科技局

表 50　　2017 年度石家庄市获得河北省技术发明奖二等奖

序号	项目名称	完成单位	主要完成人	推荐部门
1	碳化硅基石墨烯晶圆材料、高频器件和低噪声放大器电路研究	中国电子科技集团公司第十三研究所	冯志红　蔚翠　刘庆彬 李佳　何泽召　宋旭波	省国防科工局

表 51　　2017 年度石家庄市获得河北省技术发明奖三等奖

序号	项目名称	完成单位	主要完成人	推荐部门
1	防弹头盔自动铺片机关键技术的研究与应用	际华三五零二职业装有限公司	刘旭明　李海涛　马永树　吴彦君 路孟奎　郑国	市科技局
2	早熟高产耐储洋葱新品种的选育及应用	石家庄市农林科学研究院 河北时丰农业科技开发有限公司	袁瑞江　王丽乔　安进军　付雅丽 袁林　徐秋良	市科技局
3	RZZY6000 乳化炸药自动装药机	河北晓进机械制造股份有限公司	白玉峰　梁培红　杨利才　张志清	石家庄高新区

表 52　　2017 年度石家庄市获得河北省科学技术进步奖一等奖

序号	项目名称	完成单位	主要完成人	推荐部门
1	无碱高铝硼硅酸盐玻璃铂金通道关键技术与设备开发及推广应用	东旭集团有限公司	李　青　刘文泰　斯沿阳　郑权 刘纪军　周波　王丽红　杨亚彬 李文昭　张春喜	石家庄高新区
2	软包装大输液质量控制技术体系建立及应用	石家庄四药有限公司	曲继广　张清江　王立江　殷殿书 韩淑芹　李志会　吴伶　王春发 李建刚　李士磊	石家庄高新区
3	北斗智慧景区位置服务系统关键技术与应用示范	中国电子科技集团公司第五十四研究所	蔚保国　王垚　王永杰　王腾 甘兴利　李志国　郑迎春　高东博 袁永卫　贾瑞才	省国防科工局
4	氨肟化反应与分离工艺及装置的开发与应用	河北美邦工程科技股份有限公司 天津大学	张玉新　张旭斌　高文杲　辛峰 王富民　金作宏　王海东　刘常青 李华北　王素霞	石家庄高新区

表 53　　2017 年度石家庄市获得河北省科学技术进步奖二等奖

序号	项目名称	完成单位	主要完成人	推荐部门
1	沥青路面绿色建养技术及工程应用	石家庄市环城公路建设指挥部办公室 长安大学 河北冀通路桥建设有限公司 上海沥景新材料科技有限公司	李彦伟 王朝辉 石鑫 裴建中 高志伟 李岩军 刘相儒	省交通运输厅
2	智能电能表高可靠性设计、通信及检测关键技术与应用	国网河北省电力公司电力科学研究院 石家庄科林电气股份有限公司 河北省电力建设调整试验所	马红明 申洪涛 屈国旺 史轮 杨鹏 付卫东 陈洪雨	省电力公司
3	基于 ADS-B 制式的通用飞机综合避险装备与技术研究	河北科技大学 中航通飞华北飞机工业有限公司 石家庄东永智能科技有限公司	吴学礼 甄然 李素康 张建华 杨志芳 张明辉 肖芬	省教育厅
4	高精度导航信号模拟关键技术研究及系列化产品研制	中国电子科技集团公司第五十四研究所	董立桥 王绪宁 田方礼 张红敏 刘市 李宇宏 李笛	省国防科工局
5	环渤海低平原区咸水安全灌溉技术集成研究与示范	中国科学院遗传与发育生物学研究所农业资源研究中心 河北省农林科学院旱作农业研究所 沧州市农林科学院 河北省农业机械化研究所有限公司	胡春胜 李科江 张喜英 阎旭东 陈素英 张西群 马俊永	石家庄市科技局
6	菜田与果园退化土壤修复功能菌的发掘及产业化应用	河北省农林科学院遗传生理研究所 石家庄金太阳生物有机肥有限公司 北京农业生物技术研究中心 河北九知农业科技有限公司	王占武 张翠绵 胡栋 贾楠 李晓芝 刘志军 黄晓东	省农科院
7	细胞因子在狼疮性肾炎发病中的作用及机制研究	河北医科大学 河北医科大学第二医院 石家庄人民医学高等专科学校	刘淑霞 封晓娟 刘青娟 郝军 张玮 邢玲玲 郭惠芳	省卫生计生委
8	慢性肾脏病“肾络瘀阻”学术思想及应用研究	河北中医学院 石家庄市中医院	许庆友 丁英钧 赵玉庸 王筝 彭云松 孙东云 王蕊	市科技局
9	重复序列 DNA 抑制和解除抑制基因表达分子机理及应用策略	河北医科大学	王秀芳 刘树锋 刘超 谢英 王红钢 马志红 吕占军	石家庄市科技局

表 54　　2017 年度石家庄市获得河北省科学技术进步奖三等奖

序号	项目名称	完成单位	主要完成人	推荐部门
1	头孢克洛和头孢羟氨苄共性关键生产新技术研发及应用	华北制药河北华民药业有限责任公司	胡利敏 孙燕 张锁庆 贾全 张立斌	市科技局
2	颗粒状均苯四甲酸二酐生产技术	石家庄昊普化工有限公司 河北科技大学 巴音郭楞职业技术学院	冯树波 张科 朱俊芳 张民强 周素颖	市科技局

续表

序号	项目名称	完成单位	主要完成人	推荐部门
3	安全可靠政法业务智慧管理系统开发与应用	河北省政法信息网络中心 北京华电园信息技术有限公司 武汉达梦数据库有限公司	石顺和 瞿彬 刘洪峰 邹国强 付铨	市科技局
4	华北型煤矿突水预测新方法与应用	河北地质大学	邵爱军 彭建平 曹静杰 李治广 王世文	市科技局
5	高产水高效冬小麦新品种石麦19号培育与应用	石家庄市农林科学研究院	刘彦军 郭进考 史占良 何明琦 孟小莽	市科技局
6	河北滨海雨养盐碱土地植物生态修复与适应性种植集成技术研究	中国科学院遗传与发育生物学研究所农业资源研究中心 河北省土地整理服务中心	刘金铜 韩立朴 高会 付同刚 于淑会	市科技局
7	高山杜鹃种质资源保护、创新及产业化栽培技术集成研究	石家庄市农林科学研究院 石家庄市神州花卉研究所有限公司 中国科学院昆明植物研究所	李志斌 白霄霞 蒋淑磊 李振勤 刘伟	市科技局
8	早熟高产抗逆马铃薯新品种石薯1号的选育及应用	石家庄市农林科学研究院 石家庄德丰种业有限公司	张淑青 樊建英 张铁石 封志明 李东玉	市科技局
9	叶黄素系列产品关键技术开发及产业化	华北制药集团新药研究开发有限责任公司 华北制药股份有限公司	张雪霞 任风芝 李宁 陈书红 王海燕	市科技局
10	磺基丁基醚－β－环糊精在新型手性药物载药体系中的研究和应用	河北医科大学 河北化工医药职业技术学院	张恺 石晓伟 薛娜 李林 杜玉民	市科技局
11	钠钾泵参与神经保护的作用机制	河北医科大学 河北科技大学 石家庄市第三医院	张丽男 高子彬 孙勇军 熊晨 郝亮	省教育厅
12	基于线阵成像和简易动测设备的桥梁监测、仿真与评价研究	石家庄市三环路管理处 长安大学 河北冀通路桥建设有限公司第二分公司	赵士良 韩万水 鲁永飞 闫利 刘禹	省交通运输厅
13	Th17细胞及其特征性细胞因子IL－17在肿瘤发生发展中的作用	河北医科大学 河北医科大学第四医院 石家庄市第一医院	杨丽娟 李宏 李巧霞 张建平 刘伟	省卫生计生委
14	统一通信系统关键技术与应用示范	河北远东通信系统工程有限公司	齐幸辉 付朝立 李士东 侯位昭 占伟辉	省国防科工局
15	HC12V132柴油机	河北华北柴油机有限责任公司	谢亮 王敬恋 赵清旭 王砚滨 王中庆	省国防科工局
16	微波功率器件结温显微红外检测技术研究	中国电子科技集团公司第十三研究所	翟玉卫 郑世棋 梁法国 刘霞美 乔玉娥	省国防科工局
17	活血化瘀法通过干预STAT3信号转导通路治疗EMS的研究	河北中医学院 石家庄市第四医院	刘姣 贺克 任艳青 刘丽华 李彩霞	省中医药管理局
18	补肾法治疗多囊卵巢综合征不孕的机制研究	河北中医学院 石家庄市第四医院	杜惠兰 梁莹 马惠荣 宋翠淼 穆玉霞	省中医药管理局
19	多电压等级光伏并网检测关键技术研究、成套设备研制及应用	国网河北省电力公司电力科学研究院 国网河北省电力公司调度控制中心 国网河北省电力公司石家庄供电分公司	胡文平 王磊 段晓波 曹树江 祝新全	省电力公司

续表

序号	项目名称	完成单位	主要完成人	推荐部门
20	非小细胞肺癌放化疗临床系列研究	华北石油管理局总医院 石家庄市第一医院	蔺强　刘月娥　刘朝兴 郭志军　任小沧	华北油田公司
21	重型装备用超大型高品质铸件的近净成形制造技术	河北工业大学 河钢集团唐钢公司 河钢集团石钢公司	殷福星　肖连华　巩飞 侯宝稳　范红丽	河钢集团

【市级科学技术奖】 2017年石家庄市评选科学技术奖获奖项目86项，其中，科学技术特别奖2项，科学技术进步奖84项（一等奖18项、二等奖40项、三等奖26项）；批准市科学技术进步组织奖10项。市级科学技术奖获奖成果中，56项是国家、省、市政府资金支持形成的科技成果，占获奖项目总数的65%；非社会公益类获奖项目55项，占获奖项目总数的64%；生物医药、装备制造、新材料、节能环保等石家庄市传统优势产业和新兴产业领域获奖项目41项，占获奖项目总数的48%；民生科技成果29项，占获奖项目总数的34%；企业参与完成科技成果55项，占获奖项目总数的64%，其中，企业作为第一完成单位科技成果53项，占获奖项目总数的62%。科学技术特别奖“中药注射剂全面质量控制及在清开灵、舒血宁、参麦注射液中的应用”项目，取得授权发明专利4项，2015～2016年新增产值11.02亿元、新增利税6.06亿元；科学技术特别奖“大吨位高速铁路运架一体机架设技术改进”项目，取得授权专利31项，其中授权发明专利4项，2015～2016年增收节支5025.5万元。

表55　2017年度石家庄市科学技术特别奖

序号	项目名称	完成单位	主要完成人
1	中药注射剂全面质量控制及在清开灵、舒血宁、参麦注射液中的应用	神威药业集团有限公司	李振江　姜国志　刘鑫 张风林　屈云萍
2	大吨位高速铁路运架一体机架设技术改进	中铁十七局集团第三工程有限公司桥梁运架工程公司	乐锋　魏文柱　郭宏坤 閤鹏　孙修德

表56　2017年度石家庄市科学技术进步奖一等奖

序号	项目名称	完成单位	主要完成人
1	航空航天用洁净气瓶及气瓶集装箱	石家庄安瑞科气体机械有限公司	李书磊　王红霞　刘玉红　王会赏 邵海波　齐虎斌　李萌　王青 夏保琴　杨春蒲
2	新型平板显示玻璃基板技术成果转化及产业化	石家庄旭新光电科技有限公司	李青　李炜　张冰 张善勤　石文松　宁中和 张守文　王会婵　黄祖冲
3	互联网+分布式光伏发电监控运维平台	石家庄科林电气股份有限公司	陈洪雨　常生强　陈贺　袁玉宝 高胜国　郝磊　曹晓光　李晓楠 陈龙　王宁
4	铝基集成式户外全彩LED显示器件	石家庄市京华电子实业有限公司	杨鹏飞　轩宗泽　张振男　远松灵 姬生祥　张冬冬　李鹏　杨若欣 郭杰华　张晓曦

续表

序号	项目名称	完成单位	主要完成人
5	重污染天气预报预警及减排调控气象评估技术研究	石家庄市气象局	陈静 智利辉 韩军彩 钤伟妙 王晓敏 高祺 杨鹏 张艳品 张灵芝 张晓
6	工程机械涨紧机构弹簧钢的研究与开发	石家庄钢铁有限责任公司 钢铁研究总院 北京交通大学	齐建军 梁玫 陈红卫 张立良 王信康 戴观文 惠卫军 李绍杰 李汉生 胡云生
7	颗粒状均苯四甲酸二酐生产技术	石家庄昊普化工有限公司 河北科技大学 巴音郭楞职业技术学院 石家庄市重点河流环境保护督查中心	冯树波 张科 朱俊芳 张民强 周素颖 张创书 李杰 赖雅娟 王亚伟 李学苗
8	阿维菌素关键新技术研发及产业化	华北制药集团爱诺有限公司	孙耀华 刘书琴 曲志西 张宾 韩娜 张丽强 冯旭川 王文华 张勍 杨洋
9	硫酸头孢喹肟子宫注入剂	河北远征药业有限公司	魏丽娟 魏占勇 刘欣 刘毅 李金明 孔瑞岗 郭鸿志 李红园 宋婷婷
10	叶黄素系列产品关键技术开发及产业化	华北制药集团新药研究开发有限责任公司 华北制药股份有限公司	张雪霞 任风芝 李宁 陈书红 王海燕 李丽红 任乐民 李晓露 王萍 孟雅娟
11	甲磺酸伊马替尼关键技术开发及产业化	石药集团中奇制药技术（石家庄）有限公司 石药集团欧意药业有限公司	梁敏 吴立红 王悦 张素娟 李春雷 杨汉煜 孙文涛 杨丽霞 魏建层 何丽娟
12	高山杜鹃种质资源创新及产业化栽培技术集成研究	石家庄市农林科学研究院 石家庄市神州花卉研究所有限公司 中国科学院昆明植物研究所 云南远益园林工程有限公司	李志斌 白霄霞 蒋淑磊 李振勤 刘伟 张长芹 马永鹏 李春勇 刘国强 边光亚
13	高产小麦田水分高效循环及利用技术	石家庄市农业技术推广中心	李月华 李娟茹 侯大山 王维莲 崔瑞秀 丁月芬 张辉 崔禹章 杨丽宁 郝秀钗
14	禽蛋中苏丹红残留检测方法的研究	石家庄学院 农业部畜禽产品质量安全监督检验测试中心（石家庄）	韩爱云 李研东 霍惠玲 左晓磊 邱伟 张媛媛 刘怡菲 贾琳 韩雪 鄢海丽
15	高产多抗广适型冬小麦石农086选育及应用	石家庄大地种业有限公司	武金燚 杨英茹 李瑜玲 张冲 高欣娜 李夕军 陈莉 宋春景 张立涛 张秋兰
16	高产优质抗逆大豆新品种石豆8号的选育及应用	石家庄市农林科学研究院	李占军 金素娟 刘志芳 赵璇 牛宁 王玉岭 齐春霞 王亚楠
17	早熟高产抗逆马铃薯新品种石薯1号的选育及应用	石家庄市农林科学研究院 石家庄德丰种业有限公司	张淑青 樊建英 张铁石 封志明 李东玉 麻永红 田东良 相丛超 岳存奇 姜贵平
18	医药包装用铝箔轧制添加剂	石家庄新泰特种油有限公司	靳国富 丁峰 张慧财 丁浩 李学兵 孙彦松 刘想 周增位 甄海超 刘龙

表 57　　2017 年度石家庄市科学技术进步奖二等奖

序号	项目名称	完成单位	主要完成人
1	大健康背景下的中医治未病医疗服务模式创新及关键技术研究	石家庄市中医院 中国疾病预防控制中心慢性非传染性疾病预防控制中心 中国中医科学院中医临床基础医学研究所 石家庄学院	王文举　赵玉斌　肖颖　都文渊 郑倩　苏书贞　刘鸣义
2	预应力压浆台车	河北高达电子科技有限公司	葛同府　薛洪发　张卫民　刘立军 李双龙　赵国富　张海峰
3	全自动成捆纸币塑封机	河北汇金机电股份有限公司	宁立平　门文义　贾金会　张静 尹冬　张冀新　张燕燕
4	高耐磨耐腐高分子材料杂质泵过流部件的研究及应用	石家庄市永利水泵配套有限公司	曾德英　胡月占　仇德铭　胡宝成 胡少衡　鲍艳卫　宋亚恩
5	建筑装饰部品制造执行系统开发与应用	石家庄常宏建筑装饰工程有限公司	王跃　张伟　崔摇　孙德峰 曹兴志　张文　何启龙
6	防弹头盔自动铺片机关键技术的研究与应用	际华三五零二职业装有限公司	刘旭明　李海涛　马永树　吴彦君 路孟奎　郑国　田秉为
7	4G 无线通信教研系统	河北中科恒运软件科技股份有限公司	尚久庆　钟秋发　贾科进　张靖轩 李宁　张曙　李鹏
8	高炉送风系统高性能耐火材料	石家庄巨力科技股份有限公司	黄山　朱惠红　郭朝　胡永芬 岳宏昌　方明宇　赵晓亮
9	能量聚集型大孔径专用无声破碎剂新产品	石家庄市功能建材有限公司	李乃珍　谢敬坦　雷亚光　于秋月 范　双　张立新　刘兰计
10	新型高效保塑剂的研制	石家庄市长安育才建材有限公司	董树强　籍凤秋　王进春　刘昭洋 刘江涛　王龙飞　叶子
11	北方城市人工湿地构建微循环生态系统研究	石家庄市动物园管理处 河北精涂科技有限公司	王海锋　赵杨　王凤平　李红 梁辉　季杨　王海英
12	高性能 3V 级丝锥钢开发	河冶科技股份有限公司	孙宗林　谢志彬　米永旺　张朋 张巍　李栋　王春燕
13	高速列车专用阻尼胶	新盾汽车材料（石家庄）有限公司	李树朝　田广辉　刘方方　位雪良
14	食品包装安全追溯系统	河北永新包装有限公司	姜志绘　张红斌　陈宝生　高振斌 郭群良　陈振广　吉立强
15	塑瓶装盐酸氨溴索葡萄糖注射液产业化技术研究	石家庄鹏海制药股份有限公司	张之奎　赵国庆　关力　李保平 董连华
16	头孢克洛生产新工艺	华北制药河北华民药业有限责任公司	胡利敏　张锁庆　贾全　孙燕 胡国刚　张立斌　赵云龙
17	阿卡波糖原料药杂质 A 控制工艺研究	河北华荣制药有限公司	李英然　杨子娇　何茹 刘明　高伟
18	肿瘤治疗型疫苗及高效杀伤细胞制剂关键技术的创新与转化研究	河北利同康生物科技有限公司	蔡子琪　陈雪英　刘刚　和会娟 李荣华
19	石家庄市医疗机构介入放射工作人员受照剂量调查及应对措施研究	石家庄市职业病防治院	刘永　陈岩　师振祥　张圆圆 江丽红　牛庆国　孟月杰
20	探讨 DNA 倍体分析对宫颈非典型鳞状细胞的筛查作用	石家庄市第四医院	宋文惠　崔文华　冯莉　王莉
21	定量便隐血检测在大肠良恶性疾病筛查中的临床应用	石家庄市第一医院	李立新　宋国威　王春艳　刘润 孙雪　王超

续表

序号	项目名称	完成单位	主要完成人
22	腹腔镜手术中电器械功率选择及组织热损伤的研究	白求恩国际和平医院 石家庄市妇幼保健院	梁军 邢慧敏 杨波
23	DC-CIK 细胞清除微小残留白血病的临床研究	石家庄平安医院	刘清池 张慧敏 高习华 张玉娜 马传宝 邢江涛 马亚辉
24	医护一体化模式结合快速康复在骨科术后患者的临床应用	石家庄市第三医院	石晓云 高金宝 张沉冰 牛亚娟 赵素芳 殷立鹏
25	食源性致病菌的毒力检测及分子溯源研究	石家庄市疾病预防控制中心 石家庄市桥西区妇幼保健站	秦丽云 吕国平 潘琢 张鑫 郭玉梅 王苋
26	孟鲁斯特联合布地奈德治疗伴有小气道病变的慢性咳嗽的临床研究	石家庄市第三医院 石家庄市急救中心	杨秀娜 刘新会 杨梅 杨君莉 郭春阳 蒋艳敏 杨昆
27	菊蓝清毒煎剂治疗甲型 H1N1 流感的临床研究	石家庄市第五医院	郑浩杰 戴二黑 张照琪 贾彦生 范景芳 刘洪德 李军生
28	OEB5 级高密闭隔离系统的联合研发	奥星制药设备（石家庄）有限公司 河北经贸大学	马敏肖 陈跃武 闫永辉 张鹏云 康国利 贾晓艳 曾文献
29	运用情景模拟教学法快速提升 N1 级护士临床技能的研究	石家庄市妇幼保健院	李歆 孙素丽 康会玲 魏学燕 赵月芝 李彦根
30	高产水高效冬小麦新品种石麦 19 号培育与应用	石家庄市农林科学研究院	刘彦军 郭进考 史占良 何明琦 孟小莽 郭家宝 李彩华
31	液体饲料防霉剂的研发及安全性评价	石家庄飞龙饲料有限公司	高文惠 安电进 赵文伟 李挥 谈春季
32	国槐小卷蛾的无公害防控技术研究	石家庄市新华区林青苗木场 石家庄市园林绿化管理处	田菲菲 王彦芝 孙明清 张海岐 王皓 徐朔玢 高思远
33	玉米新品种衡单 6272 示范与推广	河北嘉丰种业有限公司	孙志军 高倩 谷增辉 张广辉 齐力然 杨晓丽 许刚
34	冀中南甘薯一年两熟关键栽培技术研究及应用	石家庄市农林科学研究院	王海山 刘玉芹 张国丛 宋聚红 钱向明 谢华峰 郭玉庆
35	道寒杂交羔羊快速育肥技术研究与应用	石家庄市农林科学研究院	刘洁 任二军 刘进军 韩学良 东贤 李晓华 张丽玲
36	广谱高抗列当向日葵种质资源创新与新品种选育联合研究	河北双星种业股份有限公司	党继革 李会国 李 涛 刘春海 赵新芳 赵翠媛 范冬冬
37	冠心病、脑梗死临床康复治疗研究	石家庄市第一医院等	王慧 朱永栋等
38	AASI、Warm up angina 的临床特征与蛋白尿发生机制的研究	石家庄市第一医院等	郑梅 乔丽静等
39	精神心理疾病临床特征与影响因素及防治策略研究	石家庄市第八医院	李素水 孙志刚等
40	石家庄市孕妇碘营养水平动态监测及妊高症发病机制的研究	石家庄市疾病预防控制中心等	张海红 孟丽婵等

表 58 2017 年度石家庄市科学技术进步奖三等奖

序号	项目名称	完成单位	主要完成人
1	石家庄市水环境生物毒性及预警监测系统研究	石家庄市环境监测中心 中国科学院生态环境研究中心 无锡中科水质环境技术有限公司	洪纲 靳伟 李治国 饶凯锋 罗毅

续表

序号	项目名称	完成单位	主要完成人
2	VOCs 废气处理组合装置	天俱时工程科技集团有限公司	刘松　刘秀忠　刘金涛 武亚锋　陈平
3	变质片岩隧道大变形防治技术研究	中铁十七局集团第三工程有限公司	方凯　邓华军　程喆 秦毅　曹会芹
4	鹰眼 500 侦察巡逻机项目	中航通飞华北飞机工业有限公司	苏醒社　崔章栋
5	MIMO 多制式有源天线系统	人天通信集团有限公司	窦晓飞　苏爱俭　张建国 姚亮　王永勤
6	苯醚甲环唑复配吡唑醚菌酯新型乳油制剂的开发	河北上瑞化工有限公司	房生贵　梁兵果　李建中 卢岩　王丽
7	高性能水性汽车配件防腐涂料	石家庄市油漆厂	凌芹　王岩　王国明 田会社　孙立方
8	国内唯一实验用猫（虎皮猫）繁育和饲养关键技术的创新与应用	华北制药股份有限公司	安国红　孙秋燕　齐飞虎 刘继锋　高任龙
9	石家庄市周边粗隆间骨折危险因素及不同治疗效果研究	石家庄市第一医院	田玉良　于海泉　丁秋蕾 曹斌　张耀杰
10	普济痔疡纳米银喷雾剂的研制	石家庄市中医院	彭安堂　张建强　王广伟 李军　董军伟
11	促进自然分娩改善围生期质量的系列研究	晋州市人民医院等	周贞然　褚丽艳等
12	钛缆髌骨胫骨结节环扎治疗髌下结构损伤	石家庄市第二医院 石家庄市第一医院	赵振英　田会　张立 寇立巧　段和春
13	边缘切开治疗不对称下斜肌功能亢进的 V 型斜视的研究	新乐市医院	牛丽鑫　李敏　郭素娟 贯子欣　孟路
14	肝硬化失代偿期患者合并感染的病原菌分布及护理干预效果	石家庄市第五医院 石家庄市第二医院 河北省人民医院 河北省儿童医院	贾运乔　侯桂英　张志 崔敬艳　冯小涛
15	胃肠安丸对儿童抗生素相关性腹泻的临床效果分析	石家庄市第三医院 石家庄市妇幼保健院	杨丽萍　马静岩　王小红 徐贵芳　周秀荣
16	二噁英暴露对子宫内膜异位症形成影响的实验研究	石家庄市妇幼保健院	崔照领　朱芳　张立星　黄向华
17	桃优质安全无公害生产关键技术	正定县农林畜牧局 河北省林业科学研究院	靳爱荣　郭伟珍　赵京献 陆秀君　王敏
18	中兽药口服液防控肉鸡常见病的技术集成与应用	河北康利动物药业有限公司 河北工程大学	惠孝鑫　褚耀诚　孙海军 赵凤玲　何立宁
19	设施蔬菜灾害性天气综合防御技术推广	石家庄市农业技术推广中心	王艳霞　郭晓慧　左秀丽 夏春婷　赵辉娟
20	高产广适夏玉米新品种的选育	河北极峰农业开发有限公司	贾锋利　范玉红　袁立峰 刘玉从　邸彦珍
21	广适、专用、节水玉米品种石玉 9 号关键技术集成示范与推广	石家庄市农林科学研究院 辽宁东亚种业有限公司	冯健英　李仲秋　郭贵峰 许洛　刘玉强
22	厩肥撒施机	河北省农业机械化研究所有限公司 山西省农业科学院现代农业研究中心	高清海　张秀平　陈林　袁兴茂 杨志杰
23	肉羊高效养殖技术集成及标准化生产示范	石家庄市鹿泉区世杰养羊场 河北农业大学	赵永会　吴丽卿　刘观忠　李建明 阎志刚

续表

序号	项目名称	完成单位	主要完成人
24	河北省科普资源原创与共享大数据公共服务平台建设	石家庄市科信计算机技术服务中心 东北大学秦皇岛分校	张焕景 李军强 李晓锁 任嵘嵘 丁涛
25	石家庄市服务型社区发展模式研究	石家庄市新华区政府 革新街道办事处 石家庄市新华区天骄社区居民委员会 中共石家庄市新华区委组织部	焦建庆 孙向立 李君丽 陈合新 王亚军
26	石家庄市创新型城市建设成效评价与发展战略研究	石家庄市科技信息研究所 石家庄市软科学研究会	薛合庸 谭鑫等

（市科技局）

科技成果转化推广与管理

【概况】 2017年，石家庄市大力实施科技成果转化推广项目，加速科技成果转化和技术转移与应用。至2017年底，全市技术合同成交额133.64亿元，同比增长49.47%；技术输出额26.55亿元，同比增长45.72%，占全省技术输出额28.47%，保持全省第一；技术吸纳成交额107.09亿元，同比增长50.43%，占全省技术吸纳额35.32%，排名全省第一。建设科技成果转化平台，依托石家庄科技大市场首都科技条件平台石家庄工作站、北京技术市场京石服务平台、中国创新驿站河北省基层站点、北方技术市场石家庄联络站等协同创新平台和服务平台，组织举办科技成果项目对接转移和成果发布活动，全年发布优秀项目180项，达成有效合作意向60余个。高新区开展科技金融服务改革创新，印发《石家庄高新区金融服务改革创新试点方案》，建立科技支行3家；设立财政风险补偿资金池3500万元；帮助企业以知识产权质押获得贷款1.13亿元；设立50亿元科技创新基金、10亿元高新区盛世新药基金、2亿元科技成果转化基金、3500万元天使投资基金及上市公司并购基金。6月16日，河北省军民两用技术交易中心、国家军民两用技术交易中心河北分中心、市军民融合创新发展中心、市科技创新服务中心鹿泉分中心在鹿泉区揭牌。2017年石家庄市重点支持与京津合作开展科技成果转化项目19项，经费1560万元。

【技术引进与转移】 2017年全市技术合同成交额133.64亿元，同比增长49.47%；技术输出额26.55亿元，同比增长45.72%，占全省技术输出额28.47%，继续保持全省第一；技术吸纳成交额107.09亿元，同比增长50.43%，占全省技术吸纳额35.32%。引进技术领域主要集中在现代交通、电子信息、生物、医药和医疗器械、新能源与高效节能、环境保护与资源综合利用、农业、城市建设与社会发展、先进制造、新材料及应用等领域。促进产学研协作，加快科技成果应用推广及产业化。依托高校、科研机构，建立专业化、市场化科技成果转移转化机构，新建省技术转移机构6家，累计建成各类技术转移机构38家。2017年石家庄生产力促进中心（第一、二合同登记站）和石家庄高新区科技局（第三合同登记站）获评河北省技术合同认定登记A级机构，10家技术合同认定登记机构获评良好以上评价。重视提升技术经纪服务能力，联合北京技术市场协会、北京经纪人协会在石家庄科技大市场举办“石家庄市2017年度技术经纪人培训班”，邀请中国科学院、北京大学等专业机构5位专家授课，全市150余名学员参加培训并颁发“技术经纪人执业证书”。至2017年底，全市培育技术经纪人达到270名。

【京津石科技成果转化】 推进京石现代农业领域科技合作平台建设，联合北京市科学技术委员会农村发展中心在石家庄科技大市场举办“京石农业领域科技信息服务平台启动暨系列农业科技成果推介活动”。助力县域京石科技合作，赞皇县政府与中科合创（北京）科技推广中心签订合作协议。开展技术需求精准对接，联合首都科技条件平台技术转移领域中心，举办“首都科技条件平台石家庄合作站供需对接会暨百家实验室进千家企业专题活动”，经供需双方对接洽谈，达成合作意向9项，其中，河北汉蓝环境科技有限公司与北京低碳清洁能源研究所签署“气态工业污染物治理”项目合作协议。8月1日，市科技局与中关村天合科技成果转化促进中心签署战略合作协议，共同建设聚集科技创新资源、提供成果转化专业服务、探索产业发展创新机制、开拓供给侧改革新经验平台——中关村天合石家庄科技成果转化服务广场，并举办“石家庄医药产业提升路径方法论坛暨优秀科技成果发布会”。京石联合出资，组建成立“河北中科合创科技服务有限公司”中介服务平台；与北京市科学技术情报研究所签署《京津冀科技资源信息共享与协同发展合作框架协议》。与北京大学科技园等单位合作，建设综合型科技企业孵化器——石家庄北大中电科技园，被河北省认定为省级科技企业孵化器。石家庄高新区与首都高校科技信息网联盟、京津冀技术转移协同创新联盟等单位合作，在石家庄科技大市场举办“第二届京津冀专利技术对接会”。吸纳京津科技转化成果，支持石家庄市相关单位与京津高校、科研院所开展产学研科技合作，联合攻关关键技术，2017年石家庄市重点支持与京津合作开展科技成果转化项目19项，经费1560万元。引进京津科技人才和一流创新团队，全年新设立院士工作站10家，与19名院士建立合作交流关系，其中来自北京院士8名。

（市科技局）

教 育

Education

综 述

2017年，石家庄市共有各级各类学校3447所（不含高等教育学校），同比增加160所。其中，幼儿园1561所，增加142所；小学1346所，增加17所；中学378所（含初级中学187所、高级中学58所、九年一贯制学校74所、完全中学51所、十二年一贯制学校8所），减少1所；特教学校23所，数量与2016年相同；中等职业学校139所，增加2所。不含高等教育学校，在校生175.93万人，同比增加8.26万人。其中，幼儿园29.90万人，增加8917人；小学80.03万人，增加3.40万人；初中31.37万人，增加1.33万人；普通高中17.04万人，增加8060人；特殊教育学校2001人，增加164人；中等职业教育学校19.40万人，增加1.82万人。普通小学招生14.93万人，同比增加4796人；普通初中招生11.43万人，同比增加6442人；普通高中招生5.93万人，同比增加1537人；中等职业教育招生6.62万人，同比增加6140人。普通小学毕业生11.46万人，同比增加7371人；普通初中毕业生9.89万人，同比增加2897人；普通高中毕业生5.07万人，同比减少1526人；中等职业教育毕业生4.45万人，同比增加2247人。不含高等教育学校，教职工12.18万人，同比增加5033人。其中，幼儿园2.31万人，增加2633人；普通小学4.22万人，增加774人；普通中学4.45万人，增加1316人；特殊教育学校481人，增加44人；中等职业教育1.15万人，增加266人。不含高等教育学校，专任教师10.20万人，同比增加3409人。其中，幼儿园1.40万人，增加1167人；普通小学4.34万人，增加894人；初中2.27万人，增加540人；普通高中1.32万人，增加488人；特殊教育学校408人，增加27人；中等职业教育8348人，增加293人。小学、初中、高中平均班额分别为37.18人、49.36人和51.11人。2017年全市共有市属高校5所，其中，本科高校1所（石家庄学院），高职高专院校4所（石家庄职业技术学院、石家庄信息工程职业学院、石家庄科技工程职业学院、石家庄幼儿师范高等专科学校）。石家庄学院在校大学生18127人，教职工1136人，其中，专任教师915人，教授112人、博士144人、副教授338人。石家庄职业技术学院在校大学生12415人，教职工853人，其中专任教师636人。石家庄信息工程职业学院在校大学生13002人，教职工1112人，其中，专任教师582人，教授46人、副教授215人。石家庄科技工程职业学院在校大学生5805人，教职工287人，其中，专任教师251人。石家庄幼儿师范高等专科学校在校大学生5635人，教职工419人，其中，专任教师297人，副高级以上职称106人，硕士171人，博士1人，特级教师2人。

机构调整。根据省市关于机关内设机构改革和精简人员编制要求，2017年6月，市教育局内设机构调整为12个处室，老干部处并入办公室，改为教育局办公室（老干部处）；语言文字工作办公室并入教师工作和教育交流处，改为教师工作和教育交流处（石家庄市语言文字工作委员会办公室）；高等教育处和职业教育与成人教育处合并，改为职业教育和高等教育处；增设学生资助管理办公室，设在发展规划财务处，改为发展规划财务处（学生资助管理办公室）；政策法规处撤销行政审批处职能；思想政治与体育卫生艺术处改为思想政治和体育卫生艺术处。

教育设施。至2017年底，石家庄市“全面改薄”项目校舍建设开工率98.5%，竣工率82.9%，资金支出率 79.5%；设备采购完成率 104.4%；累计投入各级财政资金 21.38 亿元，改建、扩建学校 922 所。1635 所学校（教学点）配备教学仪器设备，购置设备总价值 6.57 亿元。“县城建设三年攻坚行动”教育类项目竣工投用 29 个。市内四区、高新区及市直属 159 所学校安装新风系统设备 2000 台。市第二中学实验楼、艺术楼主体工程，市第二中学西校区综合楼、体育馆、学生食堂主体工程，市第十五中学校舍建设，14 所美丽乡村重点村学校建设完工。职教园区建设提速，5 月 31 日，列入职教园区一期工程的市信息技术学校、市交通运输学校、市文化传媒学校、市财经商贸学校建设项目开工；2017 年 10 月，市特殊教育学校搬迁入驻。石家庄市主城区居民住宅项目配建教育设施建设资金缴纳系统开始运行。石家庄学院、石家庄职业技术学院、市第六十一中学、市第一一九中学 4 所学校建设项目交由市政府投资项目代建中心建设。创建普通高中标准化学校 15 所。4 个国家教育考试标准化考点建设和改造完成，新建标准化考场 147 个，升级改造标准化考场 42 个。推进 2016 年“7·19”特大洪水灾害后学校恢复重建工作，重建、迁建学校 15 所，完工 12 所；受灾最严重，采取异地搬迁和原址重建的井陉县第一小学、良河西学校、北方学校校舍建设工程完工。

教育改革。学区制度管理改革。扩大优质教育资源影响范围，新组建学区 12 个，新增试点学校 31 个，主城区学区总数达到 33 个，参与学校 94 所，占主城区公办义务教育学校 37.8%。考试招生制度改革。简化入学流程和证明材料，扩大“义务教育招生入学服务平台”适用范围，全年 8399 名随迁子女利用平台完成招生报名。推进中考招生制度改革，建立初中学生综合素质评价平台，全市招收特色班普通高中学校调整到 13 所，自主招生普通高中增加到 16 所。小学生免费托管服务。2017 年秋季学期，石家庄主城区 210 所公办小学托管学生 8.5 万名，占主城区公办小学在校生数量 40.6%，同比增长 77%；推进小学生托管志愿服务试点，新增志愿服务试点学校 6 所，试点总数扩大到 23 所。普通高中和职业教育改革。率先在全省启动普通高中多样化发展全面提升行动，创建综合学术型、学科特色型、普职融通型等五类特色高中 24 所。构建普通教育与职业教育多元化人才成长“立交桥”，普职融通案例获得第五届全国教育改革创新特别奖；2017 年全市 175 名学生从普通高中学校转入中等职业学校，64 名学生从中等职业学校转入普通高中学校。出台《关于加快推进县域内城乡义务教育一体化改革发展的实施意见》。严格义务教育阶段大班额管控，2017 年秋季学期开始，全市小学和初中一年级均不再新增 55 人以上大班额班级。取消教育行政审批中介服务事项 2 项，取消中央指定地方实施教育行政许可事项 2 项。市属高校全面推行公开选聘制度，探索实施高校评价制度改革，将科技成果转化、社会服务等作为教师和高校考核评价重要指标，引导高校教师提高个人素质、自觉服务地方经济社会发展的积极性。2017 年石家庄市集团化办学、学区制管理“双轮驱动”消除大班额做法获得全国推广，《普职融通改革搭建学生成才立交桥》案例获得第五届全国教育改革创新特别奖。

思想道德和体育艺术。围绕立德树人，丰富社会主义核心价值观教育形式和内容，开展创建全国文明城市、文明校园活动和“我的中国梦”“核心价值观三进”“中小学生文明礼仪形象大使”“学习身边榜样，争做美德少年”等主题活动，石家庄外国语学校、石家庄市第四十中学、石家庄市东风西路小学、石家庄市维明路小学等 4 所学校命名为第一届全国文明校园，市第二中学命名为第四届全国未成年人思想道德建设工作先进单位。加强爱国主义教育，9 月 25 日，市教育局在全市中小学校、幼儿园举行“国旗在我心，向国旗敬礼”主题实践活动。构建德育培养立体化模式，创建国家级和省级心理特色学校 10 所；推进校外德育基地建设，2016 ～ 2017 年中央彩票公益金支持建设 18 个乡村学校少年宫全部投入使用；命名研学旅行基地 24 个。10 月 26 日，市青少年社会综合实践学校试运行；12 月 6 日，教育部命名市青少年社会综合实践学校为首批“全国中小学生研学实践教育营地”。促进校园足球运动发展，研发全省首套《足球游戏课教材》，制定《石家庄市校园足球分级管理办法（试行）》。承办河北省中学生校园足球联赛，石家庄市代表队获得高中男子组冠亚军、高中女子组亚军、初中男子组冠亚军、初中女子组亚军。53 所学校通过全国 2017 年“第三批全国青少年足球特色学校”审核验收，2017 年末全市“全国校园足球特色学校”达到 158 所。举办“知声腔国粹，爱

家乡文华”石家庄市戏曲进校园活动和石家庄市首届中小学生戏曲大赛、石家庄市第二届中小学生艺术节，市级邀请专业戏曲院团进校园演出82场，举办“师生大舞台”惠民戏曲演出1场，县级、校级演出1156场次。

教师队伍。推进师德师风建设制度化、长效化，印发《关于建立健全中小学师德建设长效机制的通知》。尊师重教，举办石家庄市教师节庆祝大会，表彰市级优秀教育工作者、优秀教师、“最美教师”等1544人，获评省级先进表彰265人。开展在职教师有偿补课专项治理行动，营造风清气正、教书育人的良好氛围。全年公开招聘教育类教师1067名，指导各县（市、区）开展自主招聘教师675名，其他形式补充教师448名。安置教育部部属、省属免费师范生76人，直属学校公开选聘教师172名。元氏县列为市特岗县，招聘特岗教师70人；4个国家特岗县招聘特岗教师530名。投入资金600万元，培训教师5.63万余名、校长3500余名、教育行政干部3000余名。建立教师交流机制，校长教师交流轮岗2841名，选派市区优秀教师开展“三区”支教80名；14名特级教师入选全省百个名师工作室主持人。2017年《石家庄市特岗计划实施工作案例》获得教育部教师队伍建设典型工作案例特岗类第一名。

教育科研与信息化。新增教师课题立项378项。30个教研员工作坊举办活动近1000场，辐射带动教师1万余人；全年教研员在国家级学术期刊（含核心期刊）发表论文11篇，论著35部（含合著），指导获奖省级以上评优课131节，获奖国家级评优课39节。7名教师参加国家级中小学物理、化学、STEAM等学科实验技能大赛，5名获得金奖，2名获得银奖。紧盯高考制度改革，启动高考改革“明白人”工程，选派55名高中教育教学骨干赴上海市学习。新增中小学校省一级图书馆20所、省级示范性图书馆5所，2所学校图书馆被教育部授予“2017全国最美校园书屋”称号。“石家庄市中小学阅读指导活动平台”注册师生765735名。开展教育信息技术应用研究，国家级课题立项3个，省级课题立项4个，市级课题立项15个；组织举办首届全市教育信息化应用展示大会。启动城域网网络主干线路万兆升级，将高校、中等职业学校纳入教育信息化管理范围，全市基本实现教育信息化管理全覆盖。

教育交流与合作。全年接待国外教育代表团来访交流5个。举办第三届全球基础教育研究联盟年会、第四届中外中学校长论坛、京津冀台中学生教育发展联盟启动仪式暨首届海峡两岸中学校长高峰论坛和京津冀学前教育协同发展峰会。石家庄学院与韩国又石大学合作举办制药工程专业本科教育项目获得教育部审批通过。京津冀教育合作项目超过30个，石家庄市与北京市、保定市、邯郸市组建成立京保石邯职业教育联盟。主城区4区分别与北京市、天津市区级教育局签订教育合作协议，全市60余所中小学校与北京市、天津市优质学校建立合作关系；北京外国语大学附属学校、北京市丰台职业教育中心学校石家庄分校等教育项目在石家庄市落地。

特殊教育。2017年全市共有特殊教育学校23所，数量与2016年相同；在校生2001人，同比增加164人；教职工481人，同比增加44人，其中，专任教师408人，同比增加27人。2017年全市共有教育部门办特殊教育学校21所，在校生1865人，教职工428人，专任教师382人。2017年全市共有民办特殊教育学校2所，在校生136人，教职工53人，专任教师26人。23所特殊教育学校中，市级1所，裕华区、正定县各2所，井陉矿区0所，其他县（市、区）各1所。推进实施国家特殊教育改革实验区项目“幼特融合”工程，10所国家特殊教育改革实验区试点学校与11所特殊教育薄弱学校开展点对点帮扶活动。义务教育阶段残疾学生入学实现“零拒绝”。2017年10月，市特殊教育学校搬迁入驻职业教育园区；新校区占地面积66亩，建筑面积4.6万平方米，设置教学班26个，在校学生340人；拥有教职工120人，其中，专任教师112人，硕士研究生学历6人，本科学历100人，副高级职称28人，中级职称56人。市特殊教育学校创建于1957年，主要招收聋、盲、自闭症学生，聋教育涵盖学前康复教育、义务教育、中等职业教育；1982年开办职业初中，2001年开办高中班；2004年成立职业中专部，设有计算机及应用、美术绘画、美容美发、服装设计与工艺、西餐烹饪、中餐烹饪专业及雕刻、美甲、插画、园艺等选修课程。2017年市特殊教育学校教师张晓萌获授“美丽河北·最美教师”称号。

山区教育扶贫工程。2017年全市新增转移安置山区学生9113名，累计转移安置深山区学生6.78万余人。提升山区项目学校办学质量，为82所山区项目学校及山区6县一中确定“一对一”市区优质学校帮扶学校。2017年山区教育扶贫工程项目学校学生考试取得优异成绩，1326名高中毕业生参加高考，本科上线1015人，其余311人全部超过专科录取控制分数线；4303名学生参加中考，普通高中上线2672人，其余1631人全部升入中等职业学校。

规范汉字书法（毛笔）大赛。3月23日至8月31日，由市教育局、市语言文字工作委员会主办，省书法考级中心承办的石家庄市规范汉字书法（毛笔）大赛举行。主题为“书写规范汉字　传承中华文化”。参赛人员范围：全市各级党政机关、企事业单位、驻石部队、社团组织的工作人员及学生、教师和各界人士。比赛按照年龄段分为青少年组（小学生、中学生、中职学生）、成人组（党政机关、企事业单位、驻石部队及在校大学生和社会各界人士）。根据年龄段、书体划分青少年楷书组、青少年隶书组、成人楷书组、成人隶书组、成人行书组5个小组。比赛收到书法作品3216幅，评选获奖作品356幅，其中，一等奖60幅、二等奖108幅、三等奖188幅。15人获评青少年楷书组一等奖，10人获评青少年隶书组一等奖，25人获评成人楷书组一等奖，5人获评成人隶书组一等奖，5人获评成人行书组一等奖；75幅师生优秀书法作品推荐参加河北省第二届师生规范汉字书写大会比赛。

落实教育资助政策，减免义务教育寄宿生生活费、教科书和学费，实施帮困助学等教育助学工程，受助学生135.4万人次，发放资助资金4.16亿元。行唐县、灵寿县、赞皇县、平山县等4个国家级贫困县纳入农村义务教育学生营养改善计划地方试点。加强校园安全管理，编印《2017年学校安全工作指南》。利用“中小学生安全教育日”“防震减灾日”等重要节点，举办学生安全教育活动。全年学校用于购买安全保卫、技防（监控、门禁等）器材资金1.2亿元，完成校园警卫室建设学校1350所，安装“110联网报警系统”学校1200所，聘用专职保安学校2000余所。开展法治文化主题校园创建活动，创建省级依法治校示范校11所、市级依法治校示范校20所。5个单位获评全国生命教育先进单位。推进民办教育健康发展，制定印发《关于进一步加强民办学校管理的意见》；规范设立石家庄西山学校等4所民办学校，年检市属民办中等职业学校47所、市属民办普通高中学校26所。2017年市教育局获得“全国文明单位”“河北省教育工作先进集体”“河北省文明单位”“河北省学校安全稳定工作先进集体”“石家庄市依法行政先进单位”等荣誉，市教育系统1人获评“美丽河北·最美教师”称号，15个单位获评省教育系统先进集体称号、124人获评省教育系统先进个人称号，21个单位获评省教育工作先进集体称号、78人获评省教育工作先进个人称号，25人获评省师德先进个人称号，10人获评“石家庄市最美教师”称号。

学前教育

【概况】 2017年，石家庄市共有幼儿园1561所，同比增加142所；在园幼儿29.90万人，同比增加8917人；教职工2.31万人，同比增加2633人，其中，专任教师1.4万人，同比增加1167人。2017年全市共有教育部门办幼儿园578所，在园幼儿13.71万人，教职工4110人，专任教师2999人。2017年全市共有民办幼儿园808所，在园幼儿13.45万人，教职工1.58万人，专任教师9112人。扩充学前教育资源，新改、扩建幼儿园197所，新改、扩建园舍面积26.6万平方米，新增幼儿园学位33687个，全市学前3年毛入园率达到91%。创新采取“政府买服务、幼儿享补助、园所得扶持”措施，新增普惠性幼儿园46所（主城区26所），增加普惠幼儿学位1.2万余个；累计创建普惠性民办幼儿园80所。至2017年末，全市学前教育公益普惠率达到72%。

【幼儿师资培训】 建立市区幼儿园三级培训网络，全年培训园长、幼儿教师1374人。2017年6月，市教育部门组织举办全市园长任职资格培训班，邀请教育部园长培训中心王小英主任等知名专家授课，参加培训新任职园长300名。2017年7月，举办游戏化教学及区角创设专题培训，邀请国家级专家刘焱等专家授课，参加培训幼儿园园长324名。2107年10～11月，举办普惠优质园师资素质提升专项培训3期，参加培训幼儿园园长及骨干教师750名。

【幼儿园管理】 开展学前教育宣传月活动，防止和纠正幼儿园“小学化”倾向。提升办园质量，开展幼儿园分类评定。重视学前教育长远建设，制定出台《石家庄市第三期学前教育行动计划（2017～2020年）》。规范幼儿园管理，落实《幼儿园常规工作检查标准》，印发《关于对全市幼儿园进行排查整治的通知》《关于开展规范幼儿园办园行为专项督查的紧急通知》，集中抽查晋州市等学前教育薄弱地区。组织推荐“宋庆龄奖学金暨宋庆龄幼儿教育奖”候选人，印发《石家庄市教育局关于推荐“宋庆龄奖学金暨宋庆龄幼儿教育奖”候选人的通知》，按照省教育厅要求完成复核和上报。

（王琳　吴曼）

基础教育

【概况】 2017年，石家庄市共有中小学校1724所，同比增加16所。其中，小学1346所，增加17所；中学378所（含初级中学187所、高级中学58所、九年一贯制学校74所、完全中学51所、十二年一贯制学校8所），减少1所。在校生128.43万人，同比增加5.53万人。其中，小学80.03万人，增加3.40万人；初中31.37万人，增加1.33万人；普通高中17.04万人，增加8060人。普通小学招生14.93万人，同比增加4796人；普通初中招生11.43万人，同比增加6442人；普通高中招生5.93万人，同比增加1537人。普通小学毕业生11.46万人，同比增加7371人；普通初中毕业生9.89万人，同比增加2897人；普通高中毕业生5.07万人，同比减少1526人。普通小学教职工4.22万人，同比增加774人；普通中学教职工4.45万人，同比增加1316人。普通小学专任教师4.34万人，同比增加894人；初中专任教师2.27万人，同比增加540人；普通高中专任教师1.32万人，同比增加488人。以素质教育为核心，以德育教育为灵魂，以教育均衡发展为目的，全力推进基础教育公平发展。实施学区管理制度改革和集团化办学“双轮驱动”政策，制定出台《关于进一步做好2017年学区管理制改革试点有关工作的通知》《关于推进主城区学区管理制改革试点学区校长教师交流的意见》《关于进一步推进基础教育集团化办学的若干意见》；扩大优质教育资源影响范围，新组建学区12个，新增试点学校31个，主城区学区总数达到33个，参与学校94所，占主城区公办义务教育学校37.8%。2017年石家庄市集团化办学、学区制管理“双轮驱动”消除大班额做法获得全国推广。开展小学生免费托管服务，2017年秋季学期，石家庄主城区210所公办小学托管学生8.5万名，占主城区公办小学在校生数量40.6%，同比增长77%；推进小学生托管志愿服务试点，新增志愿服务试点学校6所，试点总数扩大到23所。2017年石家庄市“教师＋志愿者”小学生免费托管服务项目被省委宣传部、省委组织部、省文明办等14个部门联合授予“河北省志愿服务创新项目”称号。探索和巩固中考招生制度改革，建立初中学生综合素质评价平台，全市招收特色班普通高中学校增加到13所，自主招生普通高中增加到16所。建立初中学生综合素质评价平台，试行新的初中学生综合素质评价改革，开展普通高中走班制改革试点工作，规范招生秩序。开展首批普通高中课程基地认定，确定16所普通高中学校18个高中课程基地。探索编写初中、高中《学生职业生涯规划教育教师指导用书》，填补石家庄市中学教育教师指导用书空白。重视学校文化建设，确定长安区、新华区、正定县为学校文化建设市级实验区；征集学校文化建设优秀案例142个；评选第三届文化建设实验学校14所。2017年石家庄市参加河北省第七届基础教育教学成果奖评选活动获得省级一等奖1个、二等奖9个，获奖总数位列全省各地市之首。

【4县列入国家学生营养改善试点】 自2017年起，行唐县、灵寿县、赞皇县、平山县列入国家学生营养改善

地方试点。营养改善主要内容：参照国家试点标准，为农村义务教育阶段学生提供营养膳食补助，每生每天 4 元，每年供餐 200 天，每生每年补助 800 元。地方试点覆盖范围：扶贫开发重点县农村（含民办学校学生，不含县政府驻地镇就读学生）义务教育学校。供餐模式包括：学生食堂供餐、企业供餐、家庭供餐。供餐内容包括：为学生提供完整的午餐，包括主食、副食、汤（粥）等，副食增加肉、蛋、奶、水果供应；为学生提供早餐或课间餐，包括牛奶、鸡蛋、面包、水果等，每个学生每天 1 杯牛奶、1 个鸡蛋。

【中考录取控制分数线】 6 月 21～22 日，2017 年石家庄市中考举行。全市 87694 人参加中考，较 2016 年增加 3040 人。其中，主城区 4 区 25993 人；其他县（市、区）61701 人。各科分值为：语文 120 分，数学 120 分，外语 120 分（听力测试 30 分、笔试部分 90 分），理科综合 120 分（物理 55 分、化学 35 分、综合题 30 分），文科综合 120 分（思想品德 45 分包括民族团结教育 7 分、历史 45 分、综合题 30 分）。7 月 2 日，中考学生成绩公布，确定普通高中最低控制分数线为 446 分。7 月 17 日，省级示范性高中和普通高中招生录取分数线对社会公开。2017 年石家庄市 2 名中考学生成绩并列全省文化成绩第一名，中考 620 分以上高分段学生人数同比增加 42 人。

表 59　　2017 年石家庄市省级示范性高中录取分数线一览表

序号	学校名称	一统线	二统线	序号	学校名称	一统线	二统线
1	一中	610	594	12	十中	530	488
2	二中	620	600	13	十七中	573	558
3	河北正定中学	603	594	14	十八中	549	519
4	石家庄实验中学	586	579	15	二十二中	540	512
5	十五中	564	539	16	二十三中	546	515
6	二十四中	579	570	17	二十七中	576	546
7	河北师大附中	587	548	18	四十一中	545	513
8	四中	549	507	19	四十二中	606	575
9	二中西校区	572	559	20	石家庄外国语学校	603	568
10	六中	527	485	21	一中东校区	590	585
11	九中	558	505	22	石家庄第二实验中学	571	548

表 60　　2017 年石家庄市普通高中录取分数线一览表

学校名称	河北师大实验中学	十二中	十三中	十六中	十九中	二十一中	二十五中	二十八中	三十八中	四十九中
分数线	481	469	479	478	500	469	482	487	478	460

【高考录取控制分数线】 6月22日，高考录取控制分数线公布。高水平运动队考生高考文化成绩要求：文科395分，理科326分；少数体育专项测试成绩特别突出的高水平运动队考生，文化成绩要求：文科257分，理科212分。2017年石家庄市高考报名68833人，同比减少2169人；3名高考学生进入全省文科前5名；高中上大学保送生人数排名全省第一；市第二中学牛璐瑶以681分的成绩夺得河北省高考文科第一名；美术类、书法类和艺术类提前批上线率均超90%；269名学生考取欧美等国外学校。

表61　　2017年石家庄市高考文史、理工类录取控制分数线

科类	本科一批	本科二批	专科批
文史	517	395	200
理工	485	326	200

表62　　2017年石家庄市高考艺术联考类录取控制分数线

科类	本科提前批A、B，本科二批（文化/专业）	专科提前批（文化/专业）	专业联考合格线
声乐联考	249/132	140/115	115
器乐联考	249/115	140/110	110
舞蹈联考	249/126	140/100	100
美术联考	249/180	140/160	本科180 专科160

表63　　2017年石家庄市高考艺术校考类录取控制分数线

科类	本科提前批A（文化/专业）	本科二批（文化/专业）	专科提前批（文化/专业）
声乐校考	249/115	—	—
器乐校考	249/110	—	—
舞蹈校考	249/100	—	—
美术校考	249/180	—	—
联考未涉及的校考	249/-	249/—	140/—

表 64　　2017 年石家庄市高考体育类录取控制分数线

科类	本科提前批 A、B，本科二批（文化 / 专业）	专科提前批（文化 / 专业）
文科	249/275	140/240
理科	210/275	140/240

表 65　　2017 年石家庄市高考对口各类专业院校录取控制分数线

序号	科类	本科	专科	序号	科类	本科	专科
1	旅游	573	180	6	计算机	547	180
2	学前教育	565		7	建筑	543	
3	财经	511		8	农林	555	
4	机械	479		9	畜牧兽医	546	
5	电子电工	509		10	医学	450	

【特色高中学校】 推进普通高中多样化发展，制定印发《普通高中多样化发展全面提升行动计划》《普通高中教育发展质量提升奖励方案》《普通高中高考质量评价方案（试行）》《普通高中特色课程建设实施方案》《普通高中课程基地建设实施方案》《普通高中选课走班试点工作实施方案》。构建普通教育与职业教育多元化人才成长“立交桥”，普职融通案例获得第五届全国教育改革创新特别奖；2017 年全市 175 名学生从普通高中学校转入中等职业学校，64 名学生从中等职业学校转入普通高中学校。命名第二批特色高中学校 9 所。2017 年 5 月，市教育局命名石家庄市第二批特色高中学校 9 所。其中，综合学术型高中 2 所：市第一中学、市第二中学；学科特色型高中 6 所：市第十五中学、市第十七中学、市第二十三中学、市第二十一中学、市第四十一中学、市第二十八中学；国际教育型高中 1 所：石家庄外国语学校。至 2017 年底，全市创建综合学术型、学科特色型、普职融通型、国际教育型和其他类型等五类特色高中 24 所。

【首届全国青少年职业机器人运动基础大赛】 4 月 15 ～ 18 日，由教育部体育卫生与艺术教育司、国家体育总局社会体育指导中心、全国学校体育联盟机器人工作委员会、中国机器人运动工作委员会、河北省教育厅、河北省体育局主办，市教育局、市体育局、正定县政府、全国学校体育联盟机器人工作委员会驻河北联络办公室、中国机器人运动河北工作委员会、神州通信集团有限公司河北分公司承办的首届“神通杯”全国青少年职业机器人运动基础大赛在正定县第一中学举行。主题为“运动炫科技 智慧赢未来”。依据《中华人民共和国体育法》《中国素质体育机器人运动通用竞赛规则》要求，比赛由竞赛、展览、论坛 3 个板块组成，设立机器人足球赛、机器人马球赛、机器人障碍赛、机器人舞蹈赛、空中任务赛、空中队列赛、空中接力赛、空中投弹赛 8 个项目。共有来自北京、山东、江苏等全国各地 100 余支代表队参赛，参赛者分少年组（8～13 岁）、青年组（14 ～ 17 岁）、成年组（18 岁以上）3 个组别，参赛运动员 2000 余人。山东省潍坊学院（成年组）马球队、正定县南岗小学（少年组）障碍队、北京顺义二中（青年组）舞蹈 2 队、河北正定五中机器人足球队、北京科技大学无人机花样队列一队等分获各相关项目赛事冠军。机器人大赛期间，还举办了以职业观念、创新和就业为主题的机器人教育体育高峰论坛、职业观念与兴趣爱好论坛活动。

（薛鹏飞　王素军）

中等职业教育

【概况】 2017年，石家庄市共有中等职业学校139所，同比增加2所；在校生19.40万人，同比增加1.82万人；招生6.62万人，同比增加6140人；毕业生4.45万人，同比增加2247人；教职工1.15万人，同比增加266人，其中，专任教师8348人，增加293人。2017年全市共有教育部门办中等职业学校69所，在校生6.10万人，教职工6793人，专任教师5514人。2017年全市共有民办中等职业学校59所，在校生7万人，教职工3056人，专任教师1836人。加强民办中等职业学校管理，审核年检市教育局审批管理中等职业学校47所，认定优秀学校8所，合格学校29所，整改学校7所，停招整改学校1所，整改待复查学校2所。推进京津冀职业教育协同发展，6月14日，石家庄市与北京市、保定市、邯郸市共同组建京保石邯职业教育联盟在雄安新区成立；开展联合办学，市职业财会学校增挂“北京市丰台区职教中心石家庄分校”校牌，并与北京络捷斯特科技发展有限公司共建物流专业长风创新实验班；3所中等职业学校与京津7所职业院校签署协议，以联合办学、共同培养方式，招收学生185人。组建成立信息技术、现代制造、商贸物流3个职业教育行业指导委员会。11所中等职业教育质量提升工程项目学校绩效评价通过省级验收。2017年全年参加农村实用技术、农村劳动力转移等技能性培训30万人次，平山县被认定为国家级农村职业教育与成人教育示范县。

【职业教育管理】 构建普通教育与职业教育多元化人才成长“立交桥”，全年175名学生从普通高中学校转入中等职业学校，64名学生从中等职业学校转入普通高中学校。职业学校招生注册5.7万人，职业学校与普通学校招生比为53∶47。推进中等职业、高等职业教育衔接，10所中职学校45个专业与9所高职院校实现对接，招收学生2091人，同比增加441人。市职教中心“中本”衔接试点取得实质性进展，首批招收学生经过统一考试升入河北师范大学。举办中等职业学校专业骨干教师、专业教师企业实践、中职学校管理人员培训24次，参训人员800余人。7月3～9日，市教育部门组织中等职业学校专业带头人、骨干教师120余人到天津职业大学培训和交流。市职教中心学前教育专业、市艺术学校舞蹈表演专业获认省级骨干特色专业，市旅游学校高星级酒店运营与管理专业被教育部认定为全国职业院校旅游类示范专业点。60余所中等职业学校、1000余名选手参加全国中等职业学校技能大赛，参赛专业23个；中等职业学校教师获得全国技能大赛一等奖8个、二等奖1个、三等奖2个；学生获得全国技能大赛一等奖5个、三等奖12个。2017年石家庄市职业学校获得省政府第八届教学成果二等奖6项、三等奖13项。

【职业教育园区】 1月23日，市规划委员会审议通过市职业教育园区规划设计方案。3月30日，正定新区经济发展局批复可行性研究报告。5月31日，市职业教育园区开工建设。该园区位于正定新区，总用地面积2377亩，总建筑面积90万平方米，总投资55亿元，重点打造装备制造学校、电子信息学校、财经商贸学校、旅游服务学校、交通运输学校、文化传媒学校、城市建设学校、现代农业学校、学前教育学校、特殊教育学校10所现代中等职业学校及公共实训基地和技能鉴定中心、双创科技园、图书信息中心、体育馆、艺术馆等共享设施，设置骨干专业30余个。规划在校生4万人，教职工3200人。市职业教育园区开工当日，市信息技术学校、市交通运输学校、市文化传媒学校、市财经商贸学校建设项目同时开工。2017年10月，市特殊教育学校搬迁入驻职业教育园区。

【晋州市职教中心】 晋州市职教中心创建于1992年，是河北省首批国家级重点职业高中和河北省示范性职教中心。校址为晋州市向阳路77号。占地面积120亩，建筑面积5.6万平方米；开设有电气技术应用、机械制造技术、现代农艺技术、建筑工程施工等11个专业；拥有省特级教师1人、省优秀教师3人、省学科带头人6人。2015～2017年，晋州市职教中心学生参加省工业和信息化厅、省教育厅、石家庄市劳动就业部门举办各专业中级工技能鉴定认定，学生参与率、过关率均为100%，优秀率达32%。2017年3月，晋州市职教中心被河北省工业和信息化厅、省教育厅评为职业技能鉴定先进单位。

（刘伟 吴俊海）

高等教育

【概况】 2017年，石家庄市共有市属高校5所，其中，本科高校1所（石家庄学院），高职高专院校4所（石家庄职业技术学院、石家庄信息工程职业学院、石家庄科技工程职业学院、石家庄幼儿师范高等专科学校）。石家庄学院在校大学生18127人，教职工1136人，其中，专任教师915人，教授112人、博士144人、副教授338人。石家庄职业技术学院在校大学生12415人，教职工853人，其中专任教师636人。石家庄信息工程职业学院在校大学生13002人，教职工1112人，其中，专任教师582人，教授46人、副教授215人。石家庄科技工程职业学院在校大学生5805人，教职工287人，其中，专任教师251人。石家庄幼儿师范高等专科学校在校大学生5635人，教职工419人，其中，专任教师297人，副高级以上职称106人，硕士171人，博士1人，特级教师2人。培育建成市级骨干专业16个，选拔专业带头人30名，50名骨干教师获授市级“双师型”骨干教师称号。石家庄学院通过省教育厅转型发展试点中期评估，石家庄职业技术学院、石家庄科技工程职业学院入选教育部第二批现代学徒制试点单位。石家庄学院主导“物联网教学内容和课程体系改革”项目入选教育部产学合作协同育人项目。

【石家庄学院】 石家庄学院是经国家教育部批准建立的国有全日制普通本科院校。地处河北省石家庄高新技术产业开发区，由南北2个校区组成，占地81.4万平方米，建筑面积40.5万平方米。建有实验中心13个、实验实训室329个，教学科研仪器设备总值1.78亿元。图书馆藏书114万余册，中外文数据库19个，电子图书38万册，各类期刊428种。石家庄学院前身为石家庄专区师范学院，始建于1958年；1959年更名为石家庄师范专科学校；1996年3月，经省政府批准，石家庄师范专科学校、石家庄地区教育学院、石家庄市教育学院合并，校名为石家庄师范专科学校。2004年5月，经教育部批准，升格为石家庄学院。至2017年末，石家庄学院为社会培养和输送毕业生10万余名。石家庄学院设立学院部17个、本专科专业77个（本科专业60个），涵盖法学、教育学、文学、史学、理学、工学、医学、管理学、艺术学9个学科门类。2017年石家庄学院拥有国家级特色专业建设点2个、省级重点发展学科4个、省级品牌特色专业4个、省级本科教育创新高地2个、省级专业综合改革试点2个、河北省高等学校教学团队1个；市级重点专业5个、市级骨干专业6个；省级精品（资源共享）课程5门、市级精品（资源共享）课程16门。以石家庄市主导产业和经济社会发展需要为导向，探索建成化工制药专业群、教师教育专业群、软件技术专业群、机电工程专业群、文化传媒专业群五大特色专业集群。建立校外实践教学基地274个，其中石家庄学院以岭药业实践教育基地被确定为河北省首批大学生校外实践教育基地。石家庄学院与韩国又石大学合作举办制药工程专业“3+1”本科层次办学项目获得教育部批准，与马来西亚南方大学学院签署校际合作协议，共建硕士研究生联合培养基地。2017年石家庄学院在校大学生18127人，教职工1136人，其中，专任教师915人，教授112人、博士144人、副教授338人，硕士学位以上人员912人，“双师双能型”教师173人。引进博士7人。8人确定为“河北省三三三工程人才”第三层次人选，1人获得河北省师德标兵称号，1人获评河北省教学名师，2人入选2017年度河北省“四个一批”人才工程，11人获选石家庄市高等学校专业带头人。24名教师应聘担任河北工业大学、河北师范大学等高校博士生导师或硕士生导师。2017年石家庄学院普通高考统招计划5030人，其中，本科3700人、专科1330人；实际录取5026人，其中，本科3700人、专科1326人；本专科报到4854人，报到率96.58%。河北省普通本科文史类最低484分，理工类最低449分；河北省专科文史类最低402分，理工类最低363分。2016届毕业生4796

人，初次就业率93.97%。专接本招生计划540人，录取548人（同分顺延4人、退役士兵4人），实际报到539人，报到率98.36%；24个专接本招生专业全部超控制线录取。“3+2”转段考试录取学前教育专业学生138人，实际报到133人，报到率96.38%。71个项目获得立项，其中，国家级项目3项，省部级项目10项，承担横向协作与委托项目22项；获得经费支持300多万元。27项科研成果获奖，其中，石家庄市科技进步奖一等奖1项。获得市社会科学优秀成果奖26项，其中一等奖4项。获得授权专利21项。2017年石家庄学院通过河北省教育厅本科高校转型发展试点中期评估。

（李艺潇　庞俊丽　冯宝强　刘建军）

【石家庄职业技术学院】 石家庄职业技术学院（原石家庄大学）创建于1984年，是经教育部批准、石家庄市政府主办的全日制普通高等院校，也是教育部、工业和信息化部、住房城乡建设部确定的计算机应用与软件技术、工业与民用建筑专业领域技能型紧缺人才培养基地。校址位于石家庄市中山西路长兴街12号，占地面积22.04万平方米。2015年5月，石家庄职业技术学院博士工作站成立，这也是石家庄市首个市属公办高校博士工作站。建有2个多功能教学楼、2个技能实训楼、88个校内实训基地、180个校外实习基地，校企共建研发中心（工作室）10余个。拥有科技活动中心、球类馆、游泳池、高标准体育中心等生活设施。图书馆纸质资源、电子资源100万册。教学仪器设备总价值1亿余元。根据中国科学评价研究中心、武汉大学中国教育质量评价中心、中国科教评价网联合发布的2017年中国高职高专院校竞争力排行榜名次，石家庄职业技术学院位列全国第73位、河北省第3位。学院设有管理系、经济贸易系、信息工程系、建筑工程系、食品与药品工程系、机电工程系、电气与电子工程系、艺术设计系、体育系、公共外语部、公共体育部、动画学院、马克思主义学院、继续教育学院、软件学院“九系二部四学院”。新设专业5个，停止招生专业9个；拥有市级高等学校骨干专业4个。设立国家级精品资源共享课程2门、省级精品资源共享课程1门、省级精品课程11门。立项建设20门院级在线开放课程、55门院级校企合作课程，形成2门国家级、3门省级、4门市级、40门院级、1个省级教学资源库和百门校企合作课程的四级课程建设体系。校企共建混合所有制二级学院6个，开设电子信息类、土木建筑类、装备制造类、财经商贸类、媒体传播类、旅游类等专业50多个，其中河北省高职高专教育示范专业6个。影视动画实训基地、机电一体化实训基地为中央财政支持职业教育实训基地，建筑技术实训基地为河北省职业教育实训基地。成人教育本专科注册学籍人数1万余人。2017年石家庄职业技术学院在校大学生12415人，教职工853人，其中专任教师636人；拥有国家级和省级教学名师各1人、省突出贡献中青年专家2人、省“三三三人才工程”第二层次人选3人、省优秀教师2人、省优秀教育工作者1人、省级教学团队2个，获评全国职业教育先进单位1个、省级教育系统先进集体2个。2017年学院师生参加全国职业院校信息化教学大赛中获得一等奖1项、二等奖1项、三等奖2项，参加河北省职业院校信息化教学大赛中获得一等奖2项、二等奖3项；教师获得河北省第八届教学成果奖二等奖2项、三等奖1项。

（石佳　庞荣申　王升）

【石家庄信息工程职业学院】 石家庄信息工程职业学院是经河北省政府批准，教育部备案、面向全国招生的国办全日制高等职业院校，是河北省高校首家绿色学校、河北省首家创业孵化园、全国女大学生创业实践基地、全国物流教学十大创新品牌院校、河北现代物流专业人才培养基地、省会石家庄职业教育培训基地和企业人才培养基地。建有石家庄国家动漫产业发展基地创业孵化园，是全国唯一一所同时设立雅思、托福、GRE考点院校。校址位于石家庄高新技术产业开发区信工路18号，分南、北2个校区，占地面积83.8万平方米。设有文化艺术、电子信息、农林牧渔、装备制造、财经商贸、公共管理与服务、轻工纺织、旅游、新闻传播、交通运输10个专业大类47个招生专业，建有智能家居、电子商务、移动应用开发、动漫设计与制作4支特色科研团队。配备教学用计算机5606台。拥有校内实训基地67家、校外实践基地116个，毕业生一次性就业率91.43%。2017年学院在校大学生13002人，教职工1112人，其中，专任教师582人，教授46人、副教授215人。录取大专段新生5207人，其中，高职专科4447人、转段新生760人；实际报到4852人；录取初中起点五年制新生874人，实际报到868人。446名毕业生参加“专接本”考试，录取119人，录取率26.7%。毕业学生3850人，就业3599人，就业率为93.48%，对口率为72.85%。其中，学校推荐就业1424人，学生通过其他渠道就业2426人。创业学生60人，创办企业实体8家。全年课题立项73项，课题结项43项；为企业解决技术难题38项，引进经费20.88万元；发表论文1166篇，编写教材论著58项；申报专利2项。2017年石家庄信息工程职业学院获评河北省职业与成人教育先进单位。

（李翠 吕向敏 赵伟）

【石家庄科技工程职业学院】 石家庄科技工程职业学院是经教育部批准，由石家庄市政府主办的一所全日制国办普通高等职业院校，面向全国招生。学院创建于1924年，始称“直隶第八师范学校”；1933年改称“河北正定师范学校”；2007年改建为“石家庄科技工程职业学院”。校址位于正定县华安西路29号，占地面积15.8万平方米，建筑面积12.0万平方米。建有校内实训基地53个、校外实习基地44个，拥有“教、学、做”一体化实训场地2.75万平方米。设有经济贸易系、管理工程系、艺术与建筑工程系、机电工程系、信息工程系和软件技术、应用电子技术、计算机应用技术、护理等23个专业。适应市场需求，新增移动应用开发、物流信息技术、汽车营销与服务3个专业，停招专业2个。与海尔集团、格力电器有限公司、东方领航教育集团、天津滨海迅腾科技集团有限公司、北京京东方显示技术有限公司、长城汽车股份有限公司、上海中锐集团、博深工具有限公司等50多家大中型企业建立实习就业合作关系，与40家企业签订学生顶岗实习协议书；916名学生与用人单位签订实习协议，毕业生就业率达到96%。2017年石家庄科技工程职业学院在校大学生5805人，教职工287人，其中，专任教师251人。三年制专科招生计划2300人，录取2191人，录取率为95.3%；五年制招生计划200人，录取184人，录取率为92%；三年制专科普通文理科与对口学前教育专业最低录取分数创下新高，文科305分，同比提高63分，理科274分，同比提高21分，对口学前教育专业509分，同比提高10分。与邯郸市物资高级技工学校联办“3+2”学前教育专业，招生计划200个，录取183人，录取率91.5%；与宁晋职教中心、鹿泉职教中心签订“3+2”联合办学协议。获得国家级奖项16项、省级奖项37项，工程造价专业连续两年蝉联全国高等院校BIM技能应用大赛团体一等奖。发表论文31篇，其中核心期刊论文10篇。省级课题立项5项。获评市级精品资源共享课5门。2017年石家庄科技工程职业学院获得“中国轮滑示范学校”“河北省国防教育示范学校”等荣誉。

（高艳伟 黄盛兰）

【石家庄幼儿师范高等专科学校】 石家庄幼儿师范高等专科学校是经教育部批准设立的国办普通高等学校，也是河北省第一所幼儿师范高等专科学校。河北省学前儿童心理教育学会、河北省学前教育研究所、河北省幼儿教师培训中心、石家庄市教师进修学校、石家庄市幼儿教师培训基地均设在该校。学校地处石家庄市西部高教区，占地面积33.3万平方米，建筑面积12万平方米，教学仪器设备总价值3000万元；图书馆藏书48万册、报刊1400种。设有学前教育学院、艺术教育学院、语言文学系、应用技术系、基础教学部、体育教学部“2院2系2部”。落实河北省高等职业教育创新发展行动计划，承接“学前教育省级骨干专业建设”“省级精品在线开放课程《儿童歌曲伴奏与弹唱》”“井陉拉花传承大师工作室”项目3个。6门课程获得第二批精品资源共享课程立项。举办省市幼儿教师培训5项，分别为河北省乡村幼儿教师送培项目、河北省乡村幼儿园教师置换脱产研修培训项目、石家庄市中小学幼儿园骨干教师提高培训项目、石家庄市园长任职资格培训项目、石家庄市小学幼儿园预备骨干教师培训项目，参加培训人员2400余人。2017年石家庄幼儿师范高等专科学校在校大学生5635人，教职工419人，其中，专任教师297人，副高级以上职称106人，硕士171人，博士1人，特级教师2人。计划招生1980人，实际录取1919人，录取率96.9%，报到率95.67%；毕业生签约率99.8%。2017年石家庄幼儿师范高等专科学校师生参加全国职业院校“学前教育专业教育技能”大赛，获得团体二等奖，刘晓琦获得个人第一名；承办和参加河北省高职院校学前教育专业学生技能大赛，3名学生获得一等奖，7名学生获得二等奖。

（常凡 郑郁 杨凤勇）

文　化

Culture

文化新闻出版

【概况】 2017 年，石家庄市文化系统以人民为中心，以宣传社会主义核心价值观为引领，以艺术创作、舞台演出为形式，以基础设施建设为抓手，统筹城乡文化事业发展，推进和完善市县乡村四级公共文化服务体系。纪实文学《寻找平山团》获得第四届徐迟报告文学奖。纪实文学《沃野寻芳》《寻找平山团》等 11 部作品获得河北省“五个一工程”奖，7 件作品获得第二届河北省孙犁文学奖（全省共 20 件作品获奖）。评选第十五届石家庄市文艺繁荣奖获奖作品 35 件，其中，特别奖 6 件，繁荣奖 29 件。实施文化惠民工程，市直艺术院团送戏下基层演出 1003 场，第二十四届“彩色周末”文化工程文艺演出 1298 场，全市 200 多支电影放映队放映公益电影 49132 场。至 2017 年末，全市共有艺术表演团体 20 个，艺术表演场馆 14 个，文化馆 24 个，博物馆 9 个，公共图书馆 25 个；公共图书馆图书总藏量 375.02 万册。推进文化事业全面发展，研究制定和编制《石家庄市文化事业发展“十三五”规划》《石家庄市公共文化设施专项规划（2017 ～ 2040 年）》。井陉县获批省级示范区创建资格，成为全省构建现代公共文化服务体系的先行区和公共文化服务体制机制改革的创新实践区。18 个新改扩建小区配建文化设施，1005 个农村农家书屋补充图书 16080 册；平山县、赞皇县、灵寿县、行唐县等革命老区和贫困县新建、完善贫困村综合公共文化服务中心 165 个。市县两级公益场馆免费开放，向市民提供流动博物馆、百姓展厅、石图讲堂、公共教育、辅导培训等文化服务。市图书馆开展数字图书馆建设，创新建立市民大书房、数字体验区、朗读亭，接待读者 160 万人次，借阅总量 529287 册次，被文化部评为“国家一级图书馆”，被中国图书馆学会命名为“全国全民阅读示范基地”，并获授“河北省图书馆服务创新奖”“全省图书馆行业先进单位”称号。市美术馆举办京津冀青年美术作品巡展、贯彻落实中共十九大精神暨庆祝石家庄解放 70 周年河北美术作品展等 30 余场，接待观众近 10 万人次。市博物馆举办主题展览 19 个，接待参观人员 7.9 万余人。市群艺馆举办演出、展览 200 余场（次），组织专业技术人员授课 4500 多个课时，直接培训基层文艺骨干 4.8 万人次。市民间工艺博物馆举办剪纸、扎染等培训 23 期。5 月

举办阳光娱乐走进绿色网吧老年人计算机培训

28日至6月1日，由市文化广电新闻出版局（简称市文广新局）主办，市民间工艺博物馆、习三内画博物馆承办的2017石家庄第七届民间艺术节在市民间工艺博物馆举行，共展示具有地方特色民间工艺品50项。创新形式，宣传中共十九大精神；市演艺集团、市群艺馆成立9支宣传中共十九大精神文艺小分队，分赴社区、农村、工地等演出110余场。举办听说读写大赛，参加中小学校275所、29.5万余人。围绕“两带两区一中心”即“滹沱河历史文化与文体休闲产业带”“西部红色文化与生态旅游产业带”“东部民俗文化产业聚集区”“南部文创智造产业聚集区”“主城区文化创意中心”发展战略，助推文化产业发展。河北赛凡蒂工艺美术品有限公司、河北易水石砚台有限公司入选河北省第五批文化产业示范基地，市区省级文化产业示范基地达到18家。新增影视节目制作单位26家、影院8家、放映厅55个。新增“新三板”上市文化企业1家，文化企业上市达到5家。推进演艺市场发展，省市财政投入1400万元，推广发行文化惠民（演艺）卡3万张，其中，石家庄市发放2万张；每张文化惠民卡面值500元，市民自费充值100元，享受政府补贴400元；特设1000张面值300元“文化惠民公益卡”，免费发放城镇低保家庭；市直各艺术院团演出156场，市民持卡消费542万元。2017年全市文化企业营业收入478.0亿元，同比下降4.8%。保护和传承非物质文化遗产，完成石家庄丝弦22台传统剧目和国家级非物质文化遗产传承人抢救性保护录制。加强文化市场管理，全年出动执法人员1.6万余人次，检查各类文化场所7100余家；查处案件20余件，取缔违法摊档90余家，收缴非法出版物20余万件，删除有害信息1万余条。2017年11月，市文物局机构撤销，承担职能划入市文化广电新闻出版局。12月7日，市文化广电新闻出版局开设的“文化石家庄”微信公众号上线运行。

【文艺创作及演出】 纪实文学《寻找平山团》获得第四届徐迟报告文学奖。纪实文学《沃野寻芳》《寻找平山团》等11部作品获得河北省“五个一工程”奖。7件作品获得第二届河北省孙犁文学奖（全省20件作品获奖），分别为：周喜俊的报告文学《沃野寻芳》、程雪莉的报告文学《寻找平山团》、康志刚的短篇小说《归去来兮》、梅驿的中篇小说《班车》、唐慧琴的中篇小说《树上鸟儿成双对》、孟醒石的诗歌《藏锋》、韩文戈的诗集《晴空下》。评选第十五届石家庄市文艺繁荣奖获奖作品35件，其中，特别奖6件，繁荣奖29件（参见《石家庄年鉴2018》类目“群众团体”下分目“石家庄市文学艺术界联合会”）。以“中国梦”为主题，创作群众文艺作品1200余件，《村官三把手》等16件作品获得第十二届“燕赵群星奖”。新创排评剧《美丽乡村》搬上舞台。丝弦《名相魏征》剧本创作完毕。晋剧《李保国》获得河北省“五个一工程”奖。举办纪念石家庄解放70周年诗歌音乐会，编辑出版《千秋雅颂——古人咏石家庄诗集》；拍摄10集纪录片《石家庄印记》。5月14日，市京剧团创作编排现代京剧《奚啸伯》参加在南京市举办第八届中国京剧艺术节优秀剧目展演活动，这也是石家庄市京剧剧目首次入选国家级京剧赛事；京剧《勘玉钏》《铁弓缘》入选文化部中国京剧像音像集萃工程第一批录制剧目，《勘玉钏》获得同类节目收视率第一。评剧《安娥》入选中国戏剧梅花奖数字电影工程、全国舞台艺术重点创作剧目名录。河北梆子小戏《一串念珠》参加“中华颂”第八届全国小戏小品曲艺大展获得优秀剧目金奖，河北梆子《没有共产党就没有新中国》在北京梅兰芳大剧院演出。美术作品《丝路方舟》入选国家艺术基金青年艺术创作人才资助项目。以文化进万家为抓手，实施文化惠民工程，市直艺术院团送戏下基层演出1003场，第二十四届“彩色周末”文化工程文艺演出1298场，全市200多支电影放映队放映公益电影49132场。组织举办春节系列文化活动、鼓王争霸赛、合唱艺术节、全民阅读等活动，市区文化活动有第十四届“庆新春·欢乐大广场”“盛世欢歌”大型文化游园、“金鸡报晓·民俗贺春”春节民俗文化活动等，各县（市、区）文化活动有赵县鸣鼓节、正定首届鼓文化艺术节、灵寿县“四季欢歌·百姓舞台”、桥西区广场舞等。2月12日，井陉县第24届民间艺术节在井陉大剧院广场举行，来自全县78个表演队演出拉花、社火、秧歌、广场舞、太平车、舞龙、竹马等节目138个。挖掘石家庄特色文化资源，举办石家庄市首届旅游产业发展大会实景演出《正定记忆》和“知声腔国粹，爱家乡文华”戏曲进校园活动。9月2日晚，《正定记忆》大型实景演出在古城正定南城门广场举行。引进“高雅艺术演出”剧目10场。整合演艺资源，推进京津石演艺联盟与合作，邀请于魁智、李胜素、王佩瑜等名角来石演出；全年举办“一月一名剧”演出12场，“石演大舞台”惠民演出132场。打造夜文化品牌，洪顺曲艺社推出曲艺、戏剧、河北特色文艺展演活动。第七届鼓王争霸赛。2月27日（农历二月初二），由市委宣传部、市文化广电新闻出版局联合主办，市群艺馆等承办的2017石家庄第七届鼓王争霸赛在文化广场举行；全市11个县（市、区）50多支鼓队参赛，15支鼓队2000多名演职人员进入复赛，8支鼓队进入总决赛；井陉矿区的《传承》、灵寿县的《慈峪龙鼓》获得“金鼓王”称号；正定县的《常山战鼓》、藁城区的《金钹战鼓》等团队获得“银鼓王”称号。4月21日至10月底，由市委宣传部、市文广新局主办，市群艺馆承办的“劳动者之歌”省会第24届“彩色周末”文化活动举行。丝弦经典剧目展演。6月25日至8月底，由市演艺集团主办，市丝弦剧团承办的“丝弦经典剧目演出季”暨丝弦剧种“东西南北中”五路流派交流展演活动举行；来自石家庄市丝弦剧团（中路）、保定市老调剧团　（北路）、平乡县南路丝弦剧团　（南路）、灵丘县罗罗腔剧团（西路）、任丘市梁召镇东姜村丝弦班社（东路）5个剧团（班社）参加演出；这是石家庄市丝弦剧团成立以来首次举办大型丝弦交流展演活动，演出剧目30余场。京津冀优秀剧目展演。7月18日至9月6日，由河北省文化厅、北京市文化局、天津市文化广播影视局共同主办，精英集团——河北天明传媒有限公司承办的“喜迎十九大　同唱盛世曲”京津冀优秀剧目展演（河北站）在石家庄市举行；展演采取“政府采购、市场运作、低价惠民”方式，邀请京、津、冀、晋四地14部优秀舞台艺术作品登台演出22场，观演观众2.5万余人次；展演剧目包括“文华大奖”获奖剧目《康熙大帝》、国家舞台艺术精品创作工程重点扶持剧目《红高粱》、国家艺术基金资助剧目《詹天佑》《小兵张嘎》等；参演名家有“二度梅”得主曾昭娟、孟广禄等；演出剧种涵盖京剧、河北梆子、评剧、晋剧、口梆子等戏曲剧种和话剧、儿童剧、音乐会等艺术形式。现代戏《没有共产党就没有新中国》演出。12月19日晚，由市委宣传部主办，市文广新局、平山县承办，平山县河北梆子剧团创排的现代戏《没有共产党就没有新中国》在石家庄大剧院演出；全戏分5个场次，主要讲述曹火星遵照上级指示，带领群众剧社小分队到平西新解放区开展抗日宣传、发动群众和对敌斗争；曹火星在生活实践中，切身感受到人民群众对共产党的真诚热爱，深刻认识到只有中国共产党才能救中国，深情写下《没有共产党就没有新中国》之歌。

链接

“孙犁文学奖”为河北省文学创作最高奖，每两年评选一次。主要评选河北户籍或长期在河北工作和生活的作家在评选年度内公开发表和出版的小说、诗歌、散文、报告文学、文学评论等作品。评委会由作家、文学评论家、文学编辑、高校文学专业教授组成，以无记名方式投票选出初选名单及最终获奖作品名单。孙犁原名孙树勋，河北省衡水市人，现当代著名小说家、散文家，“荷花淀派”创始人。

【文化设施建设】 石家庄大剧院、丝弦剧院建成投入使用，成为石家庄市文化新地标。2017年6月，位于市区体育公园东侧，由市政府建设的

2017年8月9日，石家庄大剧院与深圳聚橙剧院管理有限公司签约委托经营协议

规模最大、投资最多的文化设施——石家庄大剧院落成启用，总建筑面积52749平方米，可容纳观众1200人。6月16日，石家庄大剧院举行《歌颂党　歌颂祖国——建设文明石家庄文艺晚会》首场演出；8月9日，石家庄大剧院与深圳聚橙剧院管理有限公司签订剧场经营协议，石家庄大剧院交由深圳聚橙剧院管理有限公司经营管理。至2017年底，石家庄大剧院演出120余场次，到场观众11万余人次。2017年石家庄丝弦剧院演出90余场次，到场观众5万余人次。省级重点文化设施建设项目河北大剧院选址立项，省群艺馆正在装修，省艺术中心修缮工程完工。市博物馆新馆完成项目选址，规划占地60亩，建筑面积6万平方米，总投资6亿元。位于正定新区市图书馆新馆建设主体工程完工。开展社区书屋建设试点，社区书屋建设推广至主城区499个社区。发挥图书馆在全民阅读活动中的主阵地作用，建立县级图书馆18个、文化馆23个，县级55个街道阅读中心形成串联机制；以市图书馆为总馆，以县（市、区）图书馆、社区图书馆（室）为分馆，依托各级公共图书馆设施、互联网及现代通信技术，构建公共图书馆网络化服务体系，至2017年末，全市图书馆分馆数量达到15个。

【全民阅读活动】 4月21日至12月，由市委宣传部、市文广新局、市教育局联合主办的2017年全民阅读活动举行。全民阅读活动以提高市民素质、城市文明程度为核心，以政府推动、社会参与、全民共享为原则，突出建设“书香石家庄”目标。提升全民阅读率和阅读质量，利用“4·23”世界读书日、“9·28”孔子诞辰日分别举行为期一个月的“全民阅读月”“经典诵读月”活动；以“春韵书市”“金秋书市”2个大型书市展销活动为主线，举办图书惠民、图书捐赠、专家讲座、名家交流等阅读活动。5月5日，第六届石家庄市青少年“阅·知·行”读书活动启动。主题为“展卷闻书香　灵启鸿鹄志”。读书活动以中小学生为对象，开展“身边有书相携、手边有书相随、枕边有书相伴”“三有”读书活动，鼓励学生在学习之余多阅读、深阅读，以书籍伴随成长；举办“爱心送书香”活动，号召社会爱心人士、爱心企业向老少边穷地区学校及特殊群体奉献爱心和捐款捐物；开展青少年诵读竞赛活动，举办“书香园丁”评选、“书香校园”风采大赛、国学教育夏令营活动等，培养和形成师生互动、家校联合、学以致用、共同成长的良好阅读氛围。8月18日至10月8日，由市委宣传部、市文广新局等单位共同主办的“爱心传递·共享好书——你捐书，我买单”为留守儿童爱心捐书大型公益活动举行，全市社会各界爱心人士捐赠图书2万余册，惠及留守儿童1000余名。10月26日，市全民阅读促进协会成立暨“书香石家庄”栏目举行上线仪式。10月26～30日，由省委宣传部、省新闻出版广电局、石家庄市委等联合主办的第五届惠民阅读周暨2017惠民书市在市区解放广场主会场举行。设置展馆3个、面积9000平方米。首次邀请京津晋鲁豫出版集团参加，其中，1号厅为“京津晋鲁豫精品图书”展区，中国出版集团、北京出版集团、天津出版传媒集团、山西出版传媒集团等设有独立展区；2号馆为“冀版精品图书”；3号馆为“综合类图书”展厅，展出全国出版社8万种120万册图书。第五届惠民阅读周暨2017惠民书市共有全国400多家出版单位的常销书、畅销书和近两年出版新书15万种200万册及全国知名品牌的电子音像产品、文化产品、数码产品到场销售，累计销售图书136.08万册，金额2105.25万元；整体让利892.5万元；石家庄主会场销售图书80余万册、1000万码洋，客流达到35万人次。2017年全民阅读活动期间，全市还组织举办听说读写大赛、首届寻找省会“阅读达人”、石图读吧“朗读河北”等活动。

（市文广新局）

【第十六届中国吴桥国际杂技艺术节】 9月29日至10月12日，第十六届中国吴桥国际杂技艺术节举行。共有来自中国、法国、意大利、西班牙、俄罗斯、蒙古、朝鲜、巴西、罗马尼亚、埃塞俄比亚等17个国家杂技艺术家参加演出和表演活动。以“技艺高难、崇尚创新、同类领先”为原则，遴选29个节目参演、28个节目参赛。其中，国外节目25个，主要有俄罗斯的《浪桥》《四人技巧》、朝鲜《空中飞人》、蒙古的《大跳板》等；国内节目主要有河北省杂技团的《女子集体车技——搏回蓝天》、河北吴桥杂技艺术学校的《中国功夫——蹬人流星秀》、河南省杂技团的《侠·义——蹦床技巧》等。本届杂技节以吴桥杂技节创办30周年为契机，举办纪念中国吴桥国际杂技艺术节创办30周年座谈会、国际马戏嘉年华、第10届国际马戏论坛、“进校园、进商场、进景点、进农村”等社区公益演出、第7届国际杂技商演项目洽谈会、万方同乐奏千秋——中国吴桥国际杂技艺术节30周年纪念展等活动。9月29日至10月4日，第十六届中国吴桥国际杂技艺术节在石家庄市河北艺术中心开幕并举办比赛等活动；10月5日，公布评奖结果；10月8～11日，参加石家庄演出和比赛的大部分杂技节目在沧州市演出；10月12日，闭幕式及暨颁奖仪式在沧州市体育馆举行。石家庄开幕式演出《杂技天地间》，时长120分钟，分为《杂技之誉》《杂技之秀》《杂技之梦》3个篇章，以时间为线，由远及近，结合多种艺术表现方式，回顾和展示了吴桥杂技节30年历程。参赛节目分为A、B两台，每台节目公演2场、比赛2场，加上开幕式演出共9场。聘请6个国家10位专家评出“金狮奖”4个、“银狮奖”5个、“铜狮奖”7个。其中，4个金狮奖节目为：俄罗斯国家马戏公司的《浪桥》、中国河南省杂技集团有限公司的《侠·义——蹦床技巧》、蒙古国马戏发展中心的《大跳板》、朝鲜平壤国立杂技团的《空中飞人》。河北省杂技团演艺有限公司的《搏回蓝天——女子集体车技》、河北吴桥杂技艺术学校、沧州杂技团的《中国功夫——蹬人流星秀》获授“金狮荣誉奖”。

（刘迪）

【首届“星朵杯”摄影大赛】 2017年1～11月，由《石家庄日报》、市青少年科技文化活动中心、天和视界摄影俱乐部联合举办的首届“星朵杯”摄影大赛举行。以展示石家庄市少年儿童时代风采为内容，吸引摄影爱好者100多人参赛，收集摄影作品近1000幅。评选获奖作品53幅，其中，专业组获奖作品46幅、业余组获奖作品7幅。专业组获奖作品一等奖1幅：高欣玥《飞天》；二等奖3幅：王建省《徒步远足》、龚和平《龙腾虎跃》、刘斧修《放飞春天》；三等奖6幅：范广赤《跟外教学英语》、张克洪《演出盛况》、孙语薇《写生》、曹静彬《植树大军娃娃兵》、胡祥《明星范儿》、赵栋梁《冰雪中的欢笑》；优秀奖36幅：冯建君《快乐童年》、成如欣《故事大王》、郝建东《篝火晚会》、马奇功《传神》、王金良《描绘童年》、薛京利《画个美妆去表演》、邢凤玲《小鼓手》、魏玉志《我要报名》、马莫恒《舞起来》、曹亮《聚焦》、温跃进《高手》、宋明庆《快乐敲起来》、张文静《国际范儿》、郑红卫《展风采》、冯建军《挖树坑》、马淑华《砸金蛋》、国文成《写生的学生们》、陈天翼《写生》、刘佳雪《集体写生》、蔡雨锡《翩若惊鸿》、侯梦恬《写生的小帅哥》、高欣玥《秀一下》、孙语薇《创作》、王烨淳《写生的小男孩》、王小丽《精心指导》、韦傲雪《小小跆拳师》、张雨菲《现场辅导》、高艳宏《我向祖国许个愿》、牛红娟《展演》、姜健《学艺》、张文霞《我们最快了》、曹静海《我最棒》、王月芹《舞动精彩》、杨爱红《倡导文明》、魏嗣怡《我们来了》、杨兰菊《翩翩起舞》。业余组获奖作品一等奖1幅：高藏青《我给妈妈洗洗脚》；二等奖2幅：刘岩琳《学厨艺》、张城瑜《刻苦训练》；三等奖4幅：卢简言《童趣》、苏泽恩《感悟》、孙铄寒《体验》、于朴田《专注》。

（薛鹏飞）

【第十一届全国水彩·粉画作品展】 1月15日～2月28日，由中国美术家协会、省文化厅共同主办，市美术馆执行承办，中国美术家协会水彩画艺术委员会、市文化广电新闻出版局、河北科技大学铁扬艺术研究院协办的第十一届全国水彩·粉画作品展在市美术馆举行。设置展厅7个。征集参赛作品3070余件，范围涵盖全国29个省、自治区、直辖市及中国港澳台地区，复评作品392件，最终确定200件作品参展。石家庄市3幅作品入选，分别为王馨竹的《蓝色港湾》、高钦森的《北方》、李星的《山这边》。中国美术家协会水彩画艺术委员会20幅特邀作品入展。

【澄目怀古——古代、近当代中国画收藏展】 12月1～25日，由省收藏家协会主办，石家庄麓美术馆承办，雪浪石画廊协办的“澄目怀古——古代、近当代中国画收藏展”在石家庄麓美术馆举行。同期还举办中国传统绘画美学价值研究与鉴赏研讨会。著名画家韩羽、李明玖，省博物馆研究员、书画鉴定家陈耀林等20多位专家学者和收藏家参加研讨会。展出作品80余幅。参展作品以清代、近现代、当代早期绘画作品为主，有齐白石、黄胄等大师级作品，也有清末状元刘春霖、名臣张之万等文人作品，还有海派代表人物张熊、任薰的名家精品。

（张晓娟）

【文化产业】 研究制定《石家庄市文化产业“十三五”规划》《石家庄市文化消费试点工作方案》《夜经济工作方案》，组织起草《关于促进文化创意产业发展的意见》。河北赛凡蒂工艺美术品有限公司、河北易水石砚台有限公司入选河北省第五批文化产业示范基地，市区省级文化产业示范基地达到18家。东方文化创意产业基地鸡鸣古城建筑主体建设完工，文化旅游园区对外开放。实施省级文化产业示范园区和示范基地巡检，推荐6家动漫企业申报文化部动漫企业认定，“众创梦工厂”获得河北省文化产业示范园区创建资格。新增影视节目制作单位26家、影院8家、放映厅55个。河北东方影视文化传播股份有限公司在“新三板”上市，全市上市文化企业达到5家，名称分别为精英动漫、白鹿温泉、百年巧匠、众美传媒、东方视野。东方文化创意产业基地鸡鸣古城建筑主体完工，文化旅游园区对外开放。华北地区规模最大的印刷包装项目河北新东印刷有限公司投产运营，10余家印刷企业取得绿色印刷资格；金大陆展览装饰有限公司、河北众美传媒股份有限公司、河北白鹿温泉旅游度假股份有限公司3家企业入选河北省优秀文化企业“三十强”。鹿泉区西部长青旅游度假区项目获评河北省十大文化产业项目。搭建文化交流和贸易平台，组织文化企业参加第12届北京国际文化创意产业博览会、天津滨海国际文化创意展交会、四川文化创意设计周，协助举办河北省第六届特色文化产品博览会。5月11～15日，中国烙画产业基地、红崖谷生态旅游景区等项目参加第十三届中国（深圳）国际文化产业博览会，签约金额5亿元。支持网吧产业发展，举办中国互联网上网服务行业峰会暨中国电子竞技娱乐大赛。推进文化创意产品开发与藏品、展览相结合，开发、设计、生产文化创意产品100余种。至2017年底，全市共有规模以上文化企业298家；在建重点文化产业项目（园区）46个，总投资148.1亿元；文化企业营业收入478.0亿元，同比下降4.8%；拥有文化部认定动漫企业11家，动漫产业年产值10亿余元，实现就业1万余人；拥有重点动漫企业41家，生产动画作品1万分钟。8月4～8日，举办2017中国·石家庄第十二届国际动漫博览交易会，签约交易额1.5亿元，主会场到场观众22万人次。

【文化市场监管】 加强文化市场监管，建立执法检查人员、检查对象“双随机”抽查机制。以创建全国文明城市为契机，开展校园周边文化市场环境综合治理专项整治、“净网”“清源”“护苗”“秋风”“剑网”等专项行动。采用技术手段，严密监控各类网站、网络平台和网络载体，整治微视、微信、微博、微电影等“微领域”，及时删除有害信息，关停非法网站。规范互联网出版及广告经营活动，严把网络新闻准入关口。17个县级电视台全部纳入河北省统一供片渠道。规范广播电视节目传输秩序，关闭擅自开办电视节目5套，停播违规广播节目4套。加大违法广告处罚力度，下发《违规整改通知书》21份，清理虚假违法广告143条次。严格互联网视听节目管理，停止违规互联网视听节目服务2个，关闭节目9套。开展县（市、区）政府、市直各部门使用正版软件分类指导，督促各县（市、区）将软件正版化纳入本级政府考核目标。2017年全市出动执法人员1.6万余人次，检查各类文化场所7100余家；查处案件20余件，取缔违法摊档90余家，收缴非法出版物20余万件，删除有害信息1万余条。4月23日，石家庄市在河北外国语学院举行2017年侵权盗版及非法出版物集中销毁活动，销毁各类非法出版物4万余件。

（市文广新局）

报 纸

【概况】 2017年，石家庄日报社（传媒集团）贯彻落实市委办好党报、加快报社产业发展的要求，深化机制改革，加强人才建设，推进新闻宣传、经营创收、公益服务等事业全面发展。围绕市委、市政府中心工作和重点任务，发挥宣传导向作用，及时传达党和政府的路线、方针、政策，为建设现代省会、经济强市提供舆论支持。推进报社体制机制改革，出台《努力打造全国省会城市名报的20条措施》；以《石家庄日报》为重点，

2017 年 11 月 18 日，举办纪念《石家庄日报》创刊 70 周年大会

提高报纸内容和质量，倾力打造精品名报；修订完善《首席记者管理暂行规定》，明确职责，提升待遇，激发工作热情；发展数字平台，扩大党报影响。深化《燕赵晚报》管理改革，调整经营结构，落实逐月核算考核制度，降低费率，提高定价，控制版面，减少印费，精简人员，实现大幅度减亏。《精品导报》《燕赵老年报》《老字号》及发行公司、印务公司等部门推行市场化运作和独立核算，做到自负盈亏。11 月 18 日，《石家庄日报》创刊 70 周年，《石家庄日报》《燕赵晚报》以“不忘初心，回望 70 年的奋斗历程；牢记使命，谱写新时代红色篇章”为主题，举行纪念大会。2017 年石家庄日报社（传媒集团）实现收入 16674 万元，同比增长 12.67%；《石家庄日报》《燕赵晚报》《精品导报》《燕赵老年报》4 报发行平稳，发行总量近 20 万份，其中《石家庄日报》发行量同比增加 1500 份。2017 年石家庄日报社（传媒集团）31 件新闻作品获得省级以上奖项，《石家庄日报》被中国报业协会评为“精品级报纸”，传媒大厦工程被住房和城乡建设部、中国建筑业协会评选为 2016 ～ 2017 年度中国建设工程鲁班奖（国家优质工程）。

【宣传报道】 中共十九大、市第十次党代会等重大会议宣传报道。全年推出“喜迎十九大”“京津冀协同发展探访”等 35 个专题、“砥砺奋进的五年”“双问计，抓落实”等 30 个专栏，撰写和发表社论及评论员文章 120 篇、重点报道近 500 篇，从全方位、多角度展示了市委、市政府带领全市人民推动各项工作的新思路、新举措、新进展和新成效。中共十九大报道中，发挥石家庄新闻网、官方微博、微信公众号、掌中石家庄、ZAKER 石家庄等新媒体的舆论引导作用，采用 H5、电子报、电子号外、直播等方式，突出报道人民群众普遍关注的消息和内容；聚焦经济、社会、生态、党建等工作，全面报道中共十八大以来石家庄市取得的成就，撰写和发表《强基固本 筑牢基层堡垒》《一步一景 城市更有韵味》《荒山岗上绿成行 累累硕果富家乡》《深情暖燕赵 重托催奋进》等主题报道；以习近平总书记在正定县担任县委书记和工作、生活内容为主题，采访正定县塔元庄村民，策划撰写《塔元庄人的幸福生活》系列报道；开设“喜看身边新变化”栏目，以市民视角，重点报道百姓身边人、身边事，反映百姓生活五年以来的变化和感受。经济、城市、生态、县域建设新成就宣传。策划推出 80 版“纪念石家庄解放 70 周年特刊”，创新“智”造 20 版《地铁来了》特刊，撰写和发表《走出一条转型发展新路》《阔步迈向现代省会新征程》《呵护青山绿水 建设美丽家园》《统筹城乡县域发展迈上新高度》4 篇综述，引起全社会关注。关注社会民生。以百姓喜闻乐见的方式和语言解析党和政府的新政策及人民群众关心的教育、就业、医疗、住房、生态环境、食品安全等问题。以“精准扶贫”为主题，推出《昔日争当贫困户 如今抢着要摘帽》等系列新闻报道。举办“党报热线”“网闻辨真”等民生栏目，坚持为民答疑解惑。供暖季来临前，《燕赵晚报》率先开辟供暖热线，为多个小区居民解决供暖难题。传播社会正能量，弘扬时代主旋律，推选和撰写《他走了！石家庄最贴心的好民警：吕建江》系列报道、“灭火快递员”杨新平助人为乐报道、《一架“人梯”救老人一城文明续新篇》《15 岁儿子天天晚上为母亲洗脚》《邯郸大爱保安辞世 5 人受捐器官获新生》等报道题材，融合人情味、故事性，大力传播正能量。投身公益事业，搭建公益和慈善平台，举办“感动省城”十大人物评选、“亲邻行动”“2+X”送暖快车、小记者培训班、城市集体绿色婚典、石家庄敬老节、“鲜花送雷锋，善美在省城”等活动，引起社会强烈反响。发挥媒体监督作用，提升城市文明水平，撰写和发表《油气站附近，穿公交制服的在吸烟》《谁忍心弄没了文苑街的文化味》等监督类报道。重视对外宣传，全年在《人民日报》等中央媒体发稿552篇，被人民网、新华网、新浪网、光明网等全国10家重点新闻网站转载新闻2万余条。

【媒体融合】 2017年石家庄报业传媒集团拥有4报1刊1网站等6个媒体，新媒体拥有4个官方微博、26个微信公众号、3个手机客户端，各类粉丝量达到750多万人。“两微一端”新媒体关于重大事件、重要民生等事项报道作用突显。ZAKER石家庄文章阅读量、活跃用户日渐增长，手机端装机客户数量达到20余万户（人次）；全年推送视频直播100余场，网友在线浏览突破500万人次，其中，9月2日直播石家庄市旅发大会开幕式大型实景演出《正定记忆》，在线浏览网友270余万人次。6月26日，石家庄地铁1号线、3号线开通首日，石家庄日报社全媒体报道地铁开通实况，其中，《石家庄日报》开辟12个专栏，《燕赵晚报》策划“石家庄地铁最全服务手册（1.0珍藏版）”，ZAKER石家庄开通“石家庄地铁来了”专题和“开启地铁时代”网上直播，各媒体平台以采访多行业多部门和多视角、实时发布方式，展现了石家庄地铁从开工建设到正式试运营的历程，呈现石家庄迈入地铁时代的变化。石家庄日报社签约入驻《人民日报》“全国党媒公共平台”，并与《人民日报》合作筹建以“中央厨房”为主体的融媒体中心，建立完整的全流程媒体融合体系，发展形成新媒体优先发布、报纸深度挖掘、全媒体覆盖工作模式。

【市场经营】 改革广告经营机制，加强传统项目创收。落实经营目标任务层层分包措施，责任到人；党委班子成员牵头负责，分担各项经营任务；提升奖励额度，激发活力。实施“十强百能”合作规划，与天津天宇文化传媒有限公司、华夏城投项目管理有限公司河北分公司签署战略合作框架协议，共同运营项目初步见效。发展文化产业。利用各级对文化产业的扶持政策，建设正定新区文创大厦项目；谋划高新区文产大厦、长安区印刷产业园等文化产业项目，吸引文化创意产业项目入驻，推进文化创意产业项目孵化和运营。开展多元经营。策划夜经济创意活动，举办“共话地铁经济、论道商贸发展”高峰研讨会；以市旅游产业发展大会召开为契机，开展首届“庄里外休闲好去处”评选活动；围绕不同主题，合作举行“金融理财节”“跟着晚报去旅游”“2017年石家庄飞行大会”等活动，均取得较好的经济效益和社会效益。拓展和对接实体产业经济，新组建地产开发、文化传媒、信息研发、旅游开发、房产销售等10余家公司。“油付宝”加油项目签约。5月10日，石家庄日报社（传媒集团）与河北振华石油集团签署战略合作协议，联合推动“油付宝”互联网加油项目。“油付宝”互联网加油项目是河北振华石油集团联合石家庄报业传媒集团、通联支付河北分公司、中国人寿财险河北分公司、国盾安保集团打造的国内首家互联网限时加油优惠平台，主要整合河北省内1000家民营加油站闲时加油资源，为车主提供限时加油优惠、加油贷款和“互联网＋加油站＋金融”服务。

石家庄日报社（传媒集团）

党委书记、社长、总编辑：
王勋涛（2月免）
范文龙（2月任）
党委副书记、副总编辑：
刘云道（2月免）
王海刚（4月任）
副 社 长：张振江
祁辉 （10月免）
副总编辑：金爱民（10月免）
李永林 魏宪亮
纪委书记：王占武（5月免）
石家庄报业传媒集团董事长：
范文龙（兼，2月任）
石家庄报业传媒集团有限公司
总经理：翟洪权（2月免）
石家庄报业传媒集团副总经理：
常剑波 谷志伟

（段慧泉）

广播电影电视

【概况】 2017年，石家庄广播电视台围绕市委、市政府中心工作和重点任务，全面发挥广播电视的宣传作用，及时传达党和政府的路线、方针、政策，全力为建设现代省会、经济强市服务。石家庄广播电视台是市委直属事业单位，由市委宣传部管理；全台采用党委统一领导下分工合作、协调运行工作机制，节目和经营分别由节目编审委员会、集团公司经理办公会负责；所属媒体实行总监负责制，共有新闻综合频道、娱乐频道、生活频道、都市频道4个电视频道和新闻、经济、音乐、农村、交通5个广播频率，广播自办节目53个，电视自办节目28个，均实现24小时不间断播出；主办和发行《声屏之友》广播电视报。2017年石家庄广播电视台共有职工1141人，其中，在编员工350人，岗位聘用员工791人；播音员、主持人115人，记者、编辑803人，其他岗位人员223人。至2017年末，全市共有广播电视台19个；广播节目综合人口覆盖率99.42%，电视节目综合人口覆盖率99.39%；全市200多支电影放映队放映公益电影49132场。2017年石家庄广播电视台获得第五届全国文明单位称号，石家庄广播电视台人民调解委员会获得全国模范人民调解委员会称号，石家庄交通广播获得"融合创新十大品牌影响力城市广播"，总监赵铁军获评"融合创新发展年度创新人物"，《领先早高峰》栏目获得"融合创新十大品牌影响力城市广播电视栏目"。

【宣传报道】 围绕中共十九大、石家庄市第十次党代会和市委、市政府中心工作及重大活动，把握正确舆论导向，创新新闻报道形式和手段，做到发音准确、声音洪亮、感染力强。推进新闻频道（率）与新媒体融合，筹备启动"融媒体新闻高清互动演播室"项目。采取新闻演播室背景大屏与多媒体屏相结合方式，实现《石家庄新闻》栏目"双主播"播报，做到全媒体互动、多景区空间共享、多平台传输分发，有效提升了电视节目质量和传播效果。整合分散资源，形成拳头优势。以石家庄广电融媒体平台为依托，整合市网信办"石家庄发布""石家庄宣传网"和省会文明办"石家庄文明网""文明石家庄"，将人员、资金一并划转至石家庄市广播电视台，形成内容、技术和人才优势。构建集中高效的指挥体系。由市委宣传部、市网信办和市属媒体主管负责人组成指挥班子，打破机构壁垒和条块分割，提高重大活动宣传报道效率。纪念石家庄解放70周年，弘扬城市精神，凝聚城市力量，举办"奋进——纪念石家庄解放70周年大型诗歌音乐会"，推出10集大型纪录片《石家庄印记》和大型全媒体直播《70年·城市骄傲》。注重社会效益和经济效益，促进融媒体可持续发展。组建石家庄国创掌易新媒体有限公司和新媒体产业发展研究院，开展外包服务，建设维护市侨联网站、"石家庄人大""石家庄教育发布"微信公众号等政务新媒体；对接党政、商务新媒体建设及代理运行维护项目37个，初步形成集政务、商务和服务于一体的新媒体运营主体。2017年石家庄广播电视台采用无人机、多信道直播平台、VR等新技术形式，全方位、多角度报道市第十次党代会和石家庄市人民代表大会、政协会议，发挥无线石家庄、燕赵名城网、微博微信、石家庄发布等新媒体作用，第一时间发布权威消息，累计发稿100多篇，阅读量4500万人次。

【经营管理】 发挥城市台优势，举办石家庄音乐节、石家庄广电国际汽车博览会、石家庄金融博览会、石家庄敬老节等媒体活动500余场，创收2500余万元，同比增长4.36%。借鉴和学习浙江、河北等台的成功经验，解决电视广告创收连年下滑局面，实施电视广告创收由统一经营变为频道经营；落实分频管理措施，制定出台《关于完善电视频道制12条意见》，确定电视频道制管理的基本思路、运作模式。开拓创新，探索和发展多产业经营报道方式。以广播电视核心资源为重点，采用《乡村服务社》报道农资产业、《置家帮》报道家装产业、《母婴派》报道母婴产业。扩大产业增收，探索实施"项目制管理、公司化经营、产业化运作"形式，重点打造电视塔景区提升工程、文化旅游产业园区等项目。整合资源，推进传统媒体与新媒体融合，建立全媒体指挥协调、采编审发及汇聚、生产、分发机制，全年用户数量达到600多万，形成“石家庄发布”“无线石家庄”为代表和影响力的新媒体产品。2017年石家庄广播电视台新媒体实现市场创收200多万元。

石家庄广播电视台

台　长：王勋涛

副台长兼总编辑：商业南

副总编辑：张云山　李旭亮

副 台 长：白贵敏　左荣发

（石家庄广播电视台）

档　案

【概况】 2017年，石家庄市档案局（馆）接收市委组织部和原市工业经济联合会（市经济团体联合会）移交的文书档案、会计档案、干部死亡档案662卷、1824件，接收市直各部门报送政府公开信息1145件。征集各类档案资料312件，其中，文书档案资料188件，图书资料22件（册），书法长卷1套（99件），声像档案资料3件（套）。申报河北省开发利用档案优秀服务成果20项，获得二等奖2项，三等奖7项；申报河北省档案科研项目2项，获得优秀科技成果三等奖1项。开展档案法制宣传，结合“6·9”国际档案日、“9·5”《档案法》颁布纪念日、“12·4”国家宪法日等重大节日活动，举行“以案释法”、发放宣传资料、接受群众咨询等法治宣传教育活动。重视档案培训，全年培训基层档案工作人员120余人次。推进市档案馆新馆建设，9月1日，市政府第九次常务会议研究通过市档案馆新馆建设方案，确定市档案馆新馆建设项目与正定县档案馆合并建设，由正定新区代建；正定新区和市档案局共同成立新馆建设项目小组，具体办理土地指标、规划设计等相关手续；2017年市档案馆新馆建设项目完成概念设计、土地预审手续办理及可研报告批复，正在开展地勘、施工图设计招标及施工场地“三通一平”工作。至2017年底，市档案馆馆藏档案达到360个全宗、28.50万卷、21.13万件，资料2.51万册，照片档案5.09万张，光盘719张。2017年市档案局（馆）被省档案局、省人力资源和社会保障厅评为全省档案系统先进集体，曹德绪获授石家庄市捐赠档案特别贡献奖。

2017年12月4日，省、市档案局联合在西清公园举办《档案法》宣传活动

【档案信息化】 2017年石家庄档案信息网设置栏目10个，分别为“网站首页”“局馆概况”“政策法规”“查档指南”“网上办公”“行政执法公示”“政务服务”“政务公开”“县区档案”“调查征集”。全年石家庄档案信息网更新和上传各种栏目信息897条，其中，本地动态259条，兰台动态252条，政府信息公开平台、档案趣闻、公告公示、学术研究、图片新闻等栏目信息386条。修改和完善网站设置，首页尾部增添“政府网站找错”监督举报平台入口，内文栏目增设“国务要闻”“国务院文件”专栏，添加“党政机关”标识等。开展“互联网＋政务”服务，组织开发石家庄市档案局微信公众账号。加快馆藏档案数字化导入，81个全宗、4.03

万条（件）目录及原文完成数字化数据导入，900 万幅（条）涉及百姓生活和群众利用较多的民生档案扫描录入完毕。提升婚姻档案查询效率，与市民政局合作，开展原桥东区婚姻档案数字化扫描。2017 年市档案馆提供档案利用 3.8 万卷（件）次，共计查阅 9600 余人次，开具证明材料 1.46 万份。

【档案开发利用】 挖掘馆藏档案资源，向市委编辑报送《1990 年以来石家庄市经济社会发展奋斗目标摘要》。与市人大常委会、西柏坡纪念馆合作，编辑《石家庄市首届人民代表会议档案文献汇编》一书。为省档案局编辑《河北地区干部南下档案选编》、为市人大常委会举办《全国实行人民民主范例——石家庄市首届人民代表大会历史陈列展》、为石家庄解放纪念碑重新布展提供馆藏珍贵档案资料。开展纪念石家庄解放 70 周年系列宣传活动服务，与国家、省、市 12 家电视、网络、报纸等新闻媒体合作，提供 50 余人次 3000 余张珍贵档案及 10 年前独家制作的石门战役亲历者口述档案 30 余盘，以纪念专栏、节目等形式，宣传石家庄解放的历史和意义。与《石家庄日报》合作，策划纪念石家庄解放 70 周年特别报道——走进档案馆追寻 1947 解放足迹，连续刊登稿件图片 10 期。

石家庄日报 2017·9·5 星期二

责任编辑 杨惠玲
电话 88629165/E-mail:rbyhl@sina.com

纪念石家庄解放 70 周年特别报道

1947 年 11 月 12 日，石门宣告解放。这是解放战争开始后，我军攻克的第一座关内大城市，创造了“夺取大城市的创例”。石门洞开，石家庄从此迎来新生。

今年是石家庄解放 70 周年。石家庄日报与石家庄市档案局合作推出纪念石家庄解放 70 周年特别报道——“走进档案馆 追寻 1947 石家庄解放足迹”，以珍贵的历史档案为线索，重现解放石家庄的难忘岁月。

1947 年 4 月 19 日，晋察冀军区三纵七旅二十二团突击部队强渡绵河，向井陉县城关镇进击。

扫清石门外围 围城诱敌出动

2017 年 9 月起，市档案局与《石家庄日报》联合推出“纪念石家庄解放 70 周年特别报道”

【档案管理】 市直单位档案整理和认定。2017 年市直机关、团体、事业单位形成档案 1496 盒 11.04 万件，档案整理合格率 98.8%。以提升市直机关档案管理水平为内容，组织全市各单位在市人民检察院举办石家庄市档案工作目标管理现场会。开展档案目标管理认定，全年认定档案单位 20 余家。其中，市人民检察院通过 6A 级单位认定，这也是河北省第三家、石家庄市首家 6A 级认定单位；市卫生计生委、市中医院、市第四医院、市第五医院、市第六医院、市第一医院通过 4A 级单位认定。县级档案管理。督导落实档案经费，11 个县（市）区追加档案经费达标，分别为：正定县、元氏县、新乐市、无极县、高邑县、藁城区、赵县、赞皇县、行唐县、鹿泉区、灵寿县；元氏县、深泽县、灵寿县、晋州市、赞皇县、高邑县 6 个县（市）利用国家中西部档案馆建设补助资金完成新馆建设。9 月 14 日，正定县、平山县恢复设立档案局（档案馆），其他 19 个县（市、区）档案局（档案馆）机构 9 月底调整设立完毕。加强农村土地承包经营档案管理，组织各县（市、区）选派人员参加省农业厅、省档案局举办的农村土地承包经营确权登记颁证培训；联合市农业局，核查鹿泉区、灵寿县、赵县、元氏县、高邑县、赞皇县、正定县、栾城区、无极县、新乐市、晋州市、行唐县、深泽县、井陉县 14 个县（市、区）农村土地承包经营确权登记颁证工作；受省档案局委托，代表省档案局验收井陉县、行唐县、深泽县、栾城区、新乐市 5 个县（市、区）土地承包经营确权登记颁证档案管理。

（王世静）

文 物

【概况】 2017年，石家庄市共有国家历史文化名城1处，省级历史文化名城1处，中国历史文化名镇（村）4处，河北省历史文化名镇名村9处，中国传统村落37处；公布不可移动文物4645处。重视考古挖掘，平山县全国重点文物保护单位中山古城遗址王厝墓保护展示工程和中山古城考古遗址公园批准立项，其中，中山古城考古遗址公园规划区域总面积3339公顷，展示区总面积1130公顷；行唐县南桥镇行唐故郡考古遗址入选中国考古六大新发现，墓地考古发掘获得国家重点文物保护专项资金566万元，2016～2017年该项目共计获得国家考古资金支持1147万元。至2017年，全市共有县级以上文物保护单位354处，其中，全国重点文物保护单位39处，省级文物保护单位102处，市县级文物保护单位213处。

【文物保护】 总投资2.18亿元，实施正定城墙保护工程一期、二期、三期工程收尾，该工程主要维修南城门和南部5200米城墙，至2017年末，除城墙博物馆外，城墙保护修缮工程全部完工；正定县全国重点文物保护单位隆兴寺摩尼殿壁画保护工程、隆兴寺文物库房建设工程竣工，隆兴寺石质文物保护工程、隆兴寺摩尼殿保护修缮工程、隆兴寺三通御碑本体保护与碑亭建设工程、隆兴寺院落地面修缮工程完成立项，正在编制工程设计方案。行唐县省级文物保护单位升仙桥保护修缮工程、封崇寺天王殿保护修缮工程及井陉县全国重点文物保护单位福庆寺藏经楼修缮工程立项。长安区省级文物保护单位华北制药厂办公楼北办公楼修缮保护工程、井陉矿区省级文物保护单位中央人民广播电台旧址修缮工程开工。井陉矿区全国重点文物保护单位天护陀罗尼经幢抢救性保护修复工程通过省文物局技术验收，全国重点文物保护单位正丰矿工业建筑群小姐楼修缮工程竣工。加强长城保护，指导长城所在地文物部门申报省级文物保护单位。开展社会流散文物保护整治，市文物局、市工商局共同印发《关于联合开展文物流通市场专项整治活动的方案》，组建成立市文物流通市场专项整治执法队伍，集中整顿文物流通市场，打击非法经营文物活动。实施文物保护修复，正定县12件、平山县31件、西柏坡纪念馆31件、高邑县5件、赵县24件共计103件可移动文物修复保护立项报告送报省文物局。《石家庄市第一次全国可移动文物普查精品汇编——铜器篇》编辑出版。

【三星堆、金沙遗址出土文物展】 9月28日至12月初，由河北博物院和四川省广汉三星堆博物馆、成都金沙遗址博物馆共同举办的《神·奇·古蜀——三星堆、金沙遗址出土文物展》在石家庄河北博物院举行。展览分为“三星伴月”“金沙遗珍”两大部分，展出三星堆、金沙遗址出土的青铜器、玉器、金器、陶器等138件套文物，其中，三星堆文物60件（套），金沙文物78件（套），年代为商朝至周朝初期。此次文物展也是四川省广汉三星堆博物馆、成都金沙遗址博物馆文物首次在石家庄市展出。

【中山古城考古遗址公园获得国家文物局批准立项】 12月2日，国家文物局在浙江省慈溪市召开国家考古遗址公园现场工作会，公布第三批国家考古遗址公园名单和立项名单，其中，中山古城考古遗址公园获批立项，成为全市首个立项的国家考古遗址公园项目。中山古城遗址位于平山县三汲乡一带，中山古城是中国北方民族白狄族鲜虞部建立的中山国古都城灵寿城遗址所在地。中山古城考古遗址公园规划区域总面积3339公顷，展示区总面积1130公顷，规划为“一心、一环、两轴、两翼、多片”结构形态，包括战国中山王墓展示区、中山古城遗址博物馆（含考古工作站）、桓公墓遗址展示区、战国中山古城址展示区、战国中山国东堡城遗址展示区（灵寿境内）等14个子项目。总体建设分三期实施，3～4年完成，规划逐步建成集遗产保护、科学展示、考古研究、生态低碳为一体的国家级考古遗址公园。

（田欣）

西柏坡纪念馆

【概况】 西柏坡位于平山县中部，距离石家庄市主城区80千米，是中国解放战争时期中央工委、中共中央和解放军总部所在地。1947年5月，刘少奇、朱德率中央工委进驻西柏坡。1948年5月，毛泽东、周恩来、任弼时率中央前委和解放军总部到达西柏坡与中央工委汇合。在西柏坡，毛泽东等中国老一辈领导人组织召开了全国土地会议，通过《中国土地法大纲》，以实现耕者有其田；指挥辽沈、淮海、平津三大战役，决定了中国命运；召开中共七届二中全会，描绘出新中国宏伟蓝图。1949年3月23日，中共中央和解放军总部离开西柏坡，前往北京建国。后人称“新中国从这里走来”，即由此而起。

1955年，河北省博物馆联合建屏县政府（1958年建屏县并入平山县）建立西柏坡纪念馆筹备处。1982年3月11日，国务院公布西柏坡中共中央旧址为全国重点文物保护单位。1987年5月1日，建立文物保护区碑1座，划定文物保护区39.18万平方米、自然保护区133.32万平方米。1976年10月，西柏坡陈列展览馆开工。1978年5月26日，在纪念中共中央和解放军总部移驻西柏坡30周年时，西柏坡陈列展览馆与中共中央旧址同时对外开放。主题陈列“新中国从这里走来”于1993年、1996年、1998年、2003年、2009年修改完善，获评“1998年度全国十大精品陈列”“第六届全国十大陈列展览特别奖”（2003～2004年）。1992年起，西柏坡纪念馆先后修建西柏坡石刻园（2011年扩建改名西柏坡丰碑林）、西柏坡雕塑园、五大书记铜铸像、西柏坡纪念碑、周恩来评语碑、西柏坡国家安全教育馆、西柏坡文物保护碑、西柏坡青少年文明园、西柏坡廉政教育馆等革命传统教育系列工程，丰富了西柏坡纪念馆教育内容。

西柏坡纪念馆建馆以来，党和国家领导人江泽民、胡锦涛、习近平等先后到西柏坡参观学习。江泽民题词：“牢记两个务必，建设有中国特色的社会主义。”胡锦涛发表重要讲话：要求全党同志继承和发扬西柏坡时期毛泽东提出的“两个务必”精神。习近平指出：毛泽东同志当年提出的“两个务必”，包含着对我国几千年历史治乱规律的深刻借鉴，包含着对我们党艰苦卓绝奋斗历程的深刻总结，包含着对胜利了的政党永葆先进性和纯洁性、对即将诞生的人民政权实现长治久安的深刻忧思，思想意义和历史意义十分深远。

1995年，西柏坡纪念馆被国家文物局评为“全国优秀社会教育基地”；1996年，被国家教委、民政部、文化部、文物局、共青团中央和解放军总政治部联合公布为“百个全国中小学爱国主义教育基地”；1997年，被中共中央宣传部命名为“全国百个爱国主义教育示范基地”；2002年10月，被全国精神文明建设指导委员会评为“全国精神文明建设工作先进单位”；2002年11月，被国家旅游局评为“AAAA级旅游景区”；2008年5月，被国家文物局命名为首批“国家一级博物馆”；2009年12月，被解放军总部命名为“国防教育示范基地”；2010年5月，被中央纪委监察部命名为首批“全国廉政教育基地”；2011年，被国家旅游局评为“AAAAA级旅游景区”；2012年9月，被中共中央宣传部、国家文化部、国家广电总局、国家新闻出版总署评为“全国文化体制改革先进单位”。

2017年，西柏坡纪念馆围绕“坚持西柏坡爱国主义教育主题不动摇，着力完善提升纪念馆和红色旅游景区两大功能，对内抓提质，对外抓拓延”的工作思路和五年发展规划目标，重点开展陈列展览馆改陈、景区环境整治、宣教服务创新、理论研究系统化、智慧景区建设、旅游产品创新等八项重点工作。突出宣传教育、研究两大品牌，编辑制作党性教育课程；发挥党员干部党性教育基地作用，联系各省、市相关部门，将西柏坡纪念馆党性教育课程确定为党员干部党性教育首选项目。实施景区环境整治，推进停车场功能外移，修建新的游客集散中心，打造旅游景区示范区。9月9日，尼泊尔副总理兼外长克里希纳·巴哈杜尔·马哈拉一行60人到西柏坡参观学习；马哈拉参观了西柏坡陈列展览馆和中共中央旧址，对西柏坡时期实施土地改革政策给予肯定评价。8月12日，中国第一家省级红色旅游协会——河北省红色旅游协会成立暨第一次会员大会在西柏坡举行，西柏坡纪念馆党委书记陈宗良当选第一届河北省红色旅游协会会长。12 月 2 日，西柏坡中共中央旧址等 4 处建筑遗产入选中国文物学会、中国建筑学会在安徽省池州市联合发布“第二批中国 20 世纪建筑遗产名录”。2017 年西柏坡纪念馆选派优秀讲解员参加全国宣教业务比赛，讲解员郭薇获得山海关杯第六届河北省“寻找最美”导游大赛总冠军，讲解员刘晓晓获得全国博物馆讲解大赛河北区一等奖，讲解员李红杰获得“2017 河北·高邑演讲艺术节及敬业·诚信”主题演讲大赛二等奖。

【学习考察活动】 中央及国家部委、部队领导学习考察。7 月 8 日，中央政治局委员、中央党的建设工作领导小组副组长、中央新疆工作协调小组副组长张春贤到西柏坡参观学习。张春贤在西柏坡纪念馆广场瞻仰了五大书记铜像，向老一辈革命家敬献花篮；参观西柏坡陈列展览馆和中共中央旧址，观看历史资料片《新中国从这里走来》。2 月 27 日，国家林业局局长张建龙到西柏坡纪念馆参观学习。参观中共中央旧址和西柏坡纪念馆陈列，并到平山县西柏坡镇太行山绿化工程现场、泓润林果产业扶贫示范基地、李家庄村庄绿化及千亩林果基地、东回舍镇万亩核桃基地、平山县森林消防大队等地调研。3 月 22 日，国家粮食局局长张务锋专程到西柏坡学习考察。参观七届二中全会会址、西柏坡纪念馆、廉政教育馆。11 月 13 日，环境保护部部长李干杰及环境保护部党组成员到西柏坡参观学习，重温入党誓词。12 月 10 日，中国人民武装警察部队副司令员秦天到西柏坡纪念馆参观学习。参观西柏坡纪念馆陈列，观看历史资料片《西柏坡——新中国从这里走来》。省市领导学习考察。11 月 4 日，河北省委书记、省人大常委会主任王东峰及省长许勤、省政协主席付志方等省四大班子领导到西柏坡纪念馆参观学习，并重温和宣读入党誓词。省领导在西柏坡“九月会议”旧址组织召开了省委理论学习中心组学习会议。11 月 9 日，市领导邢国辉、邓沛然、李德进、司存喜、刘明轩等四大班子领导到西柏坡纪念馆参观学习，并在七届二中全会旧址外重温和宣读入党誓词。

【西柏坡精神研究】 开展历史资料抢救，走访曾在西柏坡工作和生活过的老一辈领导和工作人员，征集口述材料，编纂和出版《西柏坡口述史（二）》《西柏坡廉政展览解读》《七届二中全会史录》《西柏坡书信》等历史书籍。联合社会力量，开展西柏坡精神研究。以西柏坡研究基地为依托，申报研究课题；与中央党史研究室等权威部门合作，举办西柏坡精神研讨会，撰写形成一批高质量、权威性的理论研讨成果；与中央文献研究室、河北师范大学合作，举办毛泽东军事思想理论研讨会。深化与高校战略合作，新增合作高校 5 家。谋划开设高校在校生思想政治教育实践课程，将西柏坡打造成为高校思想政治教育实践基地。编排精品主题演出，以建军 90 周年、中央工委进驻西柏坡 70 周年、石家庄解放 70 周年等重要事件为内容，改编《新中国从这里走来》《领袖伟人风范故事会》等剧目，举行进机关、进部队、进学校、进社区巡演活动。推进研究成果转化和推广，挖掘整理毛泽东等老一辈革命家在西柏坡时期的廉洁故事，在省市级报刊、西柏坡纪念馆网站刊发，并制作视频短片，在中央纪委监察部网站、省市级新闻媒体及网络平台播放。2017 年西柏坡纪念馆与河北美术出版社合作，编辑出版《西柏坡电报解读》《西柏坡历史故事》《西柏坡文物故事》《西柏坡人物故事》；与河北省委党史研究室合作，编辑出版《红色西柏坡》；与石家庄市人大常委会、市档案馆合作，编辑《石家庄首届人民代表大会》；还参与撰写周恩来纪念馆《铭记》、刘少奇纪念馆《追寻刘少奇足迹》丛书之《刘少奇与西柏坡》。

【主题教育展览】 4 月 15 日，按照省委全民国家安全教育日活动总体安排，河北省国家安全厅联合西柏坡纪念馆在西柏坡国家安全教育馆广场举行国家安全专题展览。展览由“严格立法、依法行政”“反奸防谍、人人有责”“以案说法、警钟长鸣”3 部分组成，重点围绕《国家安全法》《反间谍法》等国家安全相关法律法规，以案例展示、法律解析、警示教育等方式开展普法宣传教育。4 月 25 日，由天津市司法局、河北省司法厅共同主办，石家庄市普法办公室、西柏坡纪念馆、平津战役纪念馆联合承办的《奠定依法治国的基石——西柏坡时期党的法治建设回顾展》在平津战役纪念馆举行。展期 2 个月。展览分为“中共中央移驻西柏坡”“建立健全党内制度”“颁布实施《中国土地法大纲》”“起草《中国人民民主革命纲领草稿》”“起草新中国第一部《婚姻法》”“建立法治政府的雏形”6个单元，展出珍贵图片资料300余张。

西柏坡纪念馆

党委书记：陈宗良

馆　　长：王红

副 馆 长：段彦峰　张振国

纪委书记：杨宏伟

（刘亚杰）

卫生・体育

Public Health & Sports

卫　生

【概况】 2017年，石家庄市共有各级各类医疗卫生机构7317个，其中，医院235个，乡镇卫生院222个，社区卫生服务中心（站）189个，门诊部78个，诊所（医务室）2486个，村卫生室4003个，专业公共卫生机构87个，其他卫生机构17个。开放床位57589张。在岗职工99363名，其中，卫生技术人员76643名、执业（助理）医师34487人、注册护士30293人。平均每千人口拥有卫生技术人员7.04人、医生3.17人、注册护士数2.78人。市级财政拨付医疗卫生支出73.7亿元；争取国家和河北省医疗卫生项目46个、资金16.78亿元；收集医疗卫生意见建议2522件，全部办结。市属医疗机构设立院士科研工作站（中医工作室）达到4个。2017年石家庄市出生二孩数量占出生人口总数的55.94%，出生人口性别比为105∶87，完成河北省下达责任目标。分级诊疗。试点县赞皇县举行分级诊疗现场推进会，观摩赞皇县县乡一体化、远程会诊、对口支援等分级诊疗效果；推广赞皇县“6321”、井陉县“互联网+”、正定县“日间手术”、鹿泉区“双转程序”、新华区“1313”分级诊疗经验和工作模式。眼科诊疗。12月10日，全市42家医疗机构负责人齐聚市第一医院，签约成立石家庄市眼科专科联盟；同日，天津市眼科医院、市第一医院共同成立“天津市眼科医院石家庄协作中心”。“医养扶”一体化发展。全市所有县（市、区）均建成具有地域特色的医养结合示范机构；117个养老机构实现医疗卫生服务，覆盖率为57.3%；6810个医疗机构开通老年人医疗服务绿色通道，开通率为88.9%；全年为“医养扶”项目发放生活补贴1511.4万元、养老补贴103.26万元。2017年市卫生计生委获评“全国卫生计生系统先进集体”；栾城区柳林屯中心卫生院院长马晓彬、藁城区兴安中心卫生院院长赵治河获评第五次“全国优秀乡镇卫生院院长”。4月6日，市第一医院获批中国胸痛中心认证单位。7月14日，中国女医师协会授予市第一医院主任医师乞国艳“全国巾帼建功标兵”。

【公共卫生服务】 全市人均基本公共卫生服务经费从45元提高到50元，服务项目达到12大类46项。居民健康纸质健康档案建档率达86.31%，电子健康档案建档率达64.7%。重大疾病防控。建立艾滋病检测点303个、筛查实验室100个，2017年全省艾滋病高危行为干预工作现场经验交流会在石家庄市召开。爱国卫生运动。印发《石家庄市创建国家卫生城市实施方案》，成立创建国家卫生城市指挥部，明确创建目标和任务。城区公共厕所建设。制定印发《石家庄市中心城区公共厕所建设规划》，提出“一年一百座”建设目标和二环内步行3分钟找到公厕、二环外步行5分钟找到公厕推进目标。至2017年末，市区完成86座公厕现场选址；旱厕改造、拆除2座，提升改造8座，城区实现消灭旱厕目标；推广无水防疫环保公厕，在城区建成使用9座。7类公共场所纳入卫生监督范围。2017年4月，依据省卫生计生委印发新修订《河北省公共场所卫生监督范围》，全市7类公共场所纳入卫生监督范围。分别为：宾馆、旅店、招待所，公共浴室、理发店、美容店，影剧院、录像厅（室）、游艺厅（室）、舞厅、音乐厅，体育场（馆）、游泳场（馆），展览馆、博物馆、美术馆、图书馆，商场（店）、书店，候诊室、候车（机、船）室。不再包括公园和露天体育场。实施健康促进行动，全省卫生计生宣传和健康促进工作现场观摩会在石家庄市召开，石家庄市健康促进做法获得全国推广。协调城管、环保部门，清运积存医疗废物1500余吨，未发生疾病传播或环境污染事故。人感染H7N9病毒防控和处置获得河北省重大自然灾害卫生应急实战演练第一名，获授河北省卫生应急技能竞赛团体一等奖。

【慢性病防控】 建立和完善慢性病防控体系，成立专业人员、健康指导员、教师3支队伍，完善慢性病监测、健康支持性环境、慢性病健康管理、慢性病知识宣传和健康教育4个平台，将慢性病防控网络延伸到全市城乡。针对不同地区、不同人群实施各具特色的防控活动，开展慢性病综合防控示范区分级管理、小学生健康生活方式行动、组建1000个自我管理小组、健康指导员进农村进社区进家庭等活动。长安区、新华区通过国家慢性病综合防控示范区复核，赵县被确定为省级慢性病综合防治示范区。至2017年底，全市建成长安区、桥西区、新华区、鹿泉区、井陉矿区5个国家级慢性病综合防控示范区；全市国家慢性病综合防控示范区覆盖率达23%，超过全省平均6%的水平。

【家庭医生签约服务】 制定印发《推进家庭医生签约服务的实施方案》（石卫〔2017〕5号），确定6项主要工作、8个方面保障措施。推行家庭医生团队为居民提供约定基础包、个性化服务包两种类型，其中，基础包服务内容8类25项、个性包5个大类。全市常住居民签约家庭医生服务579.86万人，常住人口签约率56.61%；重点人群签约家庭医生服务279.81万人，重点人群签约率78.92%。贫困人口乡村医生签约服务实现全覆盖。

【公立医院改革】 启动城市公立医院综合改革，制定印发《石家庄市城市公立医院综合改革实施方案》，组建成立省直公立医院综合改革领导小组和7个深化公立医院综合改革专题工作组。城市公立医院综合改革主要内容概括为“一取消、两提高、三降低、四同步”，即取消药品加成，提高体现医务人员劳务价值的医疗服务价格，提高政府对公立医院综合改革投入补偿力度，降低大型医用设备检查治疗价格，降低检验项目价格、降低医院运行成本，医疗服务价格调整、医保支付衔接、财政适度补偿、医院运行机制转换同步跟进。8月26日，市区23家公立医院（省级10家、市级8家、部门3家、军队2家）开始执行新收费标准，取消药品加成，实施药品零差率销售。开展县级公立医院综合改革示范县创建活动，栾城区、鹿泉区、新乐市获评省级公立医院综合改革示范县。

【中医药综合改革】 印发《石家庄市基层中医药服务能力提升“十三五”行动计划实施方案》，中医“国医堂”升级改造19个。开展智慧“国医堂”建设试点，推进74个基层医疗卫生机构实施中医馆健康信息平台建设。平山县、井陉矿区、鹿泉区、桥西区、高邑县、赵县、无极县、裕华区、栾城区、元氏区10个县（市、区）创建成为“全国基层中医药工作先进单位”。新乐市、藁城区、长安区、新华区、井陉县5个县（市、区）完成“河北省中医药强县”创建任务。中医医联体建设。以市中医院为龙头的中医医联体成员扩充至70个，10个县级中医院牵头组建成立县域中医医共体。重视培养中医药人才队伍，评选石家庄市名中医10名。2017年石家庄市深化基层医疗卫生机构中医“一堂一馆”标准化建设、互联网＋“国医堂”建设机制、深化中医药改革发展政策在全国推广。

【妇幼保健】 全市具备资质的医疗服务机构全部建立孕产妇和新生儿危急重症救治中心，市妇幼保健院被省政府评为“河北省实施妇女儿童发展规划先进集体”称号。2017年全市免费筛查、检查孕产妇和新生儿44.2万人次，儿童出生缺陷发生率下降至万分之95.34，低于全省平均水平7.15个万分点。农村已婚育龄妇女乳腺和妇科疾病患病率下降至15.17%。7月9日，全国针灸临床研究中心石家庄分中心在市妇幼保健院成立。2017年11月，中国工程院院士石学敏与市妇幼保健院签约，确定联合建立院士工作站，这也是石家庄市市属医疗机构建立的首个院士工作站。

（刘伟）

【社区卫生服务】 推进社区卫生服务改革，印发《关于进一步深化社区卫生服务综合改革的意见》。提升社区卫生人员服务能力，选派60名社区卫生管理人员到北京市朝阳区12所优秀社区卫生服务中心学习组织管理、家庭医生签约服务等内容。创建优质示范社区卫生服务中心，遴选9所社区卫生服务中心报送河北省和国家卫生部门。重视社区卫生服务机构医疗质量，开展首席医师工作室建设，印发《关于进一步加强社区卫生服务机构医疗质量工作的通知》，组织检验、中医、护理等质量控制中心人员到社区卫生服务机构举办培训和现场质量控制教学。至2017年末，全市街道办事处社区卫生服务机构覆盖率达到100%，其中80%社区卫生服务机构达到标准化要求；拥有社区卫生服务人员3255人，其中卫生技术人员2946人，平均每万人拥有全科医生2名，高于全省平均水平。22所社区卫生服务中心获评“全国示范社区卫生服务中心”“全国群众满意的社区卫生服务机构”“全国优质示范社区卫生服务中心”“全国百强社区卫生服务中心”。2017年12月，全省社区卫生建设经验交流观摩会在石家庄市举行。

（刘伟　王丽强）

【京津冀医疗卫生合作】 市第一医院“天津市眼科医院石家庄协作中心”、市第二医院“北京大学人民医院医疗联合体”、市第三医院“北京朝阳医院泌尿外科（首都医科大学泌尿外科研究所）石家庄临床基地”、市中医院“首都医科大学宣武医院专科联盟”、市第四医院“京津冀妇女与儿童保健专科联盟”、市第五医院“北京煤炭总医院技术协作医院”、市第六医院“全国针灸临床研究中心石家庄分中心”等医疗合作项目落户石家庄市。举办第四届石家庄国际糖尿病论坛、全国产科急危重症研讨会、全国精准骨科高峰论坛等高层次学术活动，提高石家庄市与京津医疗卫生协同发展水平。至2017年底，市属医院与京津知名医疗卫生机构建立合作项目数量达到46个。17项医疗检查结果在京津冀医院共享。1月1日起，石家庄市域12所医院医学影像检查资料可在京津冀102家医疗机构共享使用，其中，北京市31家、天津市26家、河北省45家。石家庄市域12所医院分别为：河北医科大学第一、二、三、四医院，省人民医院，省儿童医院，省胸科医院，省中医院，和平医院，市第一、二、四医院。首批试行医学影像检查资料共享项目17项，包括7项常规医用X射线摄影、5项X线计算机断层摄影装置（CT）检查项目和5项核磁共振成像（MRI）检查项目，均为医学影像学科最为常用、易于标准化、且有一定地方共享工作基础的检查项目。

【卫生健康扶贫】 开展建档立卡贫困人口“因病致贫、因病返贫”数据摸底调查，核对人员信息7.2万人次；患病人员疾病种类、医疗费用支出等数据全部录入国家健康扶贫数据信息系统。印发《石家庄市农村贫困患者县域内住院先诊疗后付费实施方案》（石卫〔2017〕7号），农村建档立卡贫困人口、特困供养人员、最低生活保障家庭成员3类人群率先实施“先诊疗后付费”政策。2017年全市农村贫困患者诊疗确定定点医疗机构212所，就诊7554人次，医疗总费用3277.19万元，其中，医保报销2816.81万元、医疗机构减免208.73万元、个人自付248.19万元，自付比例7.57%。投入56万元，帮助贫困县119个生育特殊家庭脱贫致富。市、县出资25.99万元，开展“天使圆梦”爱心助学活动，资助因生育致贫家庭女孩265名。全市为12.23万个人口生育家庭投保意外伤害保险366.9万元。行唐县被确定为国家级流动人口关怀关爱留守儿童项目示范点。

（刘伟）

【医疗联合体】 制定印发《关于推进医疗联合体建设和发展的实施意见》《石家庄市医疗联合体建设工作实施方案》，组建成立市卫生计生委医疗联合体（简称医联体）管理委员会；确定医联体建设的总体布局、组建方式、管理模式、成员单位职责分工，建立和明确医联体内部人员流动、绩效考核、双向转诊绿色通道、检查结果互认、医师团队等工作制度及规定。至2017年底，石家庄市医联体建设形成分区域、分层次多种形式的建设体系，市级8家公立医疗机构（含5家三级公立医疗机构）全部启动医联体建设，占比达到100%。县（市、区）组建医联体34家。其中，城市（城乡）“1+X”5家，专科联盟10家，县域医共体15家，远程医疗协作网4家；市区医联体13个，县（市、区）医联体21个。赞皇县建立医共体管理模式，市第八医院托管栾城区精神病医院，省人民医院托管平山县人民医院，实现服务、管理、利益、责任“四统一”目标。长安区与省第四医院签订“院府合作”模式框架协议。赞皇县被确定为省级县域医共体试点单位。

【卫生信息化建设】 “互联网+分级诊疗”试点。以市第一医院为核心医院建设分级诊疗信息系统平稳运行，转诊、会诊病人6000余例。至2017年末，分级诊疗（远程会诊）信息化管理系统试点达到3家，分别为市第一医院、市中医院、市第四医院；超过50%的县级医疗卫生机构建立并启用远程会诊系统。智慧医疗县（市、区）和示范医院创建活动。制定印发《石家庄市智慧医疗健康示范县（市、区）和示范医院创建活动实施方案》，组织桥西区、鹿泉区、栾城区和市第四医院相关人员赴上海市、南京市、无锡市等地学习考察；指导桥西区、鹿泉区和市妇产医院等信息化建设先进地区（单位）开展智慧医疗健康示范县（市、区）、示范医院创建。召开全市智慧医疗健康示范县（市、区）和单位创建活动现场会，推广市第四医院、桥西区组建全省首个智慧医疗社区医联体和鹿泉区域卫生信息平台经验和做法。举办2017年度石家庄市全民健康信息化建设培训班。完成妇幼健康管理信息系统二期建设项目任务目标。完善和改造人口健康信息平台功能，建成全员人口信息、电子健康档案、电子病历、卫生资源四大数据库；率先在全省实现市级平台与省级平台对接；市级全民健康信息平台、省级医疗机构和其他地市医疗机构之间就诊达到信息共享。居民健康网改版升级，医疗机构和居民就诊查询更加方便。推进“健康河北”信息化建设，分批组织基层医疗机构安装应用，20个县（市、区）安装启用河北省基层医疗卫生机构公共卫生管理系统，全市完成率达91%；河北省基层医疗卫生机构HIS管理系统接口文档交换正在测试。

（刘伟）

体　育

【概况】 2017年，石家庄市运动员参加省级以上比赛获得金牌246枚、银牌251枚、铜牌200枚。其中，石家庄市运动员参加省级比赛获得金牌153枚、银牌141枚、铜牌110枚，奖牌数量位居全省首位。审批二级裁判员122人、二级运动员446人。2017年全市共有社会体育指导员1.1万余人、社会体育指导站1340个、晨晚锻炼点3520个；各类体育场地11996块，其中标准体育场34个；标准体育馆12个，其中甲级体育馆2个（观众席6000座以上）。安装社区健身路径115条，社区体育健身设施达到全覆盖。举办四期社会体育指导员培训，培训人数近500人。河北省第十五届运动会筹备。8月，市委、市政府组建成立河北省第十五届运动会筹备委员会，省委常委、市委书记邢国辉任名誉主任，市长邓沛然任主任，下设综合协调、备战参赛、场馆建设、大型活动、安全保卫、宣传报道等21个部门，涉及42个单位；10月24日，印发《河北省第十五届运动会筹备工作总体方案》。2017年市体育局在职人员266人，设置局长1人、副局长4人，局机关处室有办公室、群众体育处、竞技体育处、体育产业处、计划财务处、机关党委（人事处、机关纪委）；局直属事业单位有市体育运动学校、市中山体育场（市中山少年体育学校）、市长安体育场（市长安业余体育学校）、市游泳体校、市少年儿童业余体校、市水上体育运动中心（市水上体育运动业余体校）、市射击运动业余学校（市射击场）、市体育总会办公室。至2017年底，石家庄市共有体育彩票投注站1646个，体育彩票实现总销售额16.98亿元，其中，电脑彩票销售额15.9亿，即开型彩票销售额1.07亿。

【竞技体育】 田径选手巩立姣获得4项铅球比赛冠军（个人简介参见《石

铅球冠军——巩立姣

家庄年鉴2020》"人物"类目下分目"感动省城人物")。6月9日，2017年国际田联钻石联赛罗马站女子铅球比赛中，巩立姣以19米56的个人赛季最好成绩夺冠；8月10日，2017年伦敦世界田径锦标赛上，巩立姣以19米94夺冠，这也是巩立姣首夺国际大赛金牌；8月25日，巩立姣在瑞士苏黎世举行国际田联钻石联赛总决赛第一站比赛中，以19米60的成绩夺得女子铅球冠军；9月6日，巩立姣在全国运动会田径比赛中，以19米46的成绩夺得女子铅球决赛冠军。乒乓球运动员孙颖莎参加在日本公开赛、中国公开赛、亚洲青年锦标赛三站比赛获得6枚金牌、1枚银牌。孙颖莎，女，中国女子乒乓球运动员。2000年11月4日出生，河北省石家庄市人。2005年开始练习乒乓球，2010年进入河北省运动队，2015年获得全国少年锦标赛女单冠军，2017年获得世界青少年乒乓球锦标赛女子团体、女双、女单冠军。8月27日至9月8日，石家庄市运动员参加在天津市举行第十三届全国运动会，获得6枚金牌、6枚银牌、6枚铜牌。8月13日，石家庄籍拳击选手常园在第十三届全国运动会拳击女子48～51公斤级决赛中获得金牌。常园，女，河北省行唐县南翟营村人，1997年6月24日出生。8月17日，张石金在第十三届全国运动会以16分06秒50的成绩获得铁人三项男子游跑两项全能比赛第一名。承办中国足球协会甲级联赛石家庄永昌足球俱乐部2017赛季主场的30轮15场比赛、2017年全国男子篮球联赛河北翔蓝篮球俱乐部主场13场赛事、第十三届全国运动会男子排球21岁以下组预赛（河北）保障任务。石家庄永昌足球俱乐部代表队以14胜12平4负，积54分的成绩获得17赛季中国足球甲级联赛第三名。市体育局、市教育局联合举办2017年石家庄市青少年田径、足球、篮球、排球、乒乓球、羽毛球、网球、武术、体操、游泳、射击、轮滑等24项次体育竞赛。组队参加2017年全国青少年"未来之星"阳光体育大会河北分会场暨京津冀蒙晋苏青少年"未来之星"阳光体育大会，其中，参加五人制足球、男子三人制篮球比赛分别取得第一名和第四名的好成绩，并获得"体育道德风尚奖"。

【群众体育】 石家庄市第44届元旦长跑、健步走活动。1月14日，由河北省体育总会、市体育局、市体育总会主办，正定新区管委会、省健步走协会、市路跑协会承办的石家庄市第44届元旦长跑、健步走活动在正定新区河北园博园举行。主题为"全城热练，绿色出行"，设置有迎新跑、家庭跑、健步走3个项目，全市3000多名长跑爱好者参加活动。2017石家庄100千米野人挑战赛。4月30日，2017石家庄100千米野人挑战赛举行，来自19个省、市、自治区160名越野跑爱好者参赛，比赛分设100千米组和52千米组，100千米组累计爬升4865米，52千米组累计爬升3355米。2017石家庄100千米野人挑战赛是石家庄市首个获得国际越野协会（ITRA）认证赛事，也是环勃朗峰超级越野赛（UTMB）认证赛事。2017西柏坡圣地100千米超级马拉松赛。6月30日，由市体育局、市体育总会指导，市路跑协会、跑者大本营主办的2017西柏坡圣地100千米超级马拉松赛举行。共有来自北京、河北等5个省、市10余名选手参赛，年龄最大参赛者60岁。起点为正定县塔元庄村，终点为平山县西柏坡纪念馆，途经正定县、灵寿县、平山县3个县69个村。来自北京的余明贵以10小时39分38秒获得第一名，石家庄市选手王军华、赵红蕊以12小时49分40秒并列女子冠军。2017中国·石家庄第十四届国际自行车环城赛。9月24日，由市政府主办，市体育局、市体育总会等承办的2017中国·石家庄第十四届国际自行车环城赛在正定南门举行。比赛分为公路组比赛、大众组骑游2个组别；男子公路组300人、女子公路组200人，全程62.9千米；大众骑游组参赛1000人，全程8.5千米；沿途经过河北大道、新城大道、二环路全线和正定县道。公路组比赛路线：正定南门广场—河北大道向东—河阳路向东—新城大道向南—东二环路（西半幅）向南—南二环路（北半幅）向西—西二环路（东半幅）向北—北二环路（南半幅）向东—新城大道向北—河阳路向西—河北大道向西—正定南门广场。大众组骑游路线：正定南门广场—河北大道向东—城东街向北—兴荣路向西—常兴街向南—常山东路向西—镇州南街向南—中山东路向西—燕赵大街向南—广惠路向西—南关西街向南—南关村停车场。石家庄（正定）国际马拉松赛。10月29日，石家庄（正定）国际马拉松赛在正定县举行。比赛分为全程马拉松赛、半程马拉松赛、迷你马拉松赛3个项目，共有来自9个国家30个地区2万名运动员参赛。石家庄（正定）国际马拉松赛是由中国田径协会认证的A级体育赛事。冰雪季系列运动。12月23日，“全城热练·快乐冰雪·健康河北”2017—2018石家庄市冰雪季系列活动启动仪式在西部长青滑雪场举行。这是石家庄市连续第二年举办冰雪季系列活动。2018年3月，冰雪季系列活动结束。冰雪季活动期间，西部长青滑雪场、西柏坡滑雪场、清凉山滑雪场及市内多家滑冰场联动，共同营造冰雪运动氛围；石家庄市与北京市、天津市、张家口市联合策划大众滑雪交流赛、冬奥冰雪之旅等互动活动；确定10所中小学为冰雪运动进校园试点学校，向学生普及冬奥文化、传播冰雪知识，提供冰雪体验机会，激发青少年冰雪运动兴趣。2017京津冀电子竞技公开赛。12月24日，由河北省体育总会主办，京津冀三地社会体育管理部门支持的2017京津冀电子竞技公开赛（JEO）总决赛暨京津冀电子竞技体验季在河北体育馆举行。2000名电子竞技爱好者参赛，包括国内享有较高人气的电子竞技战队WE战队。总决赛分别举行《英雄联盟》《王者荣耀》2个最热门游戏冠军争夺战，最终石家庄TRG战队获得《英雄联盟》冠军，北京FTG获得《王者荣耀》冠军。2017京津冀电子竞技公开赛历经50多天，在北京市、天津市、河北省设立赛区27个，举办赛事150场，共有820支队伍、4000多名电子竞技选手参加。其他群众体育活动：3月5日，石家庄市在市区世纪公园举行女子迷你马拉松比赛，设置距离3千米，共有1000名女性参加比赛活动。3月11～12日，由石家庄市体育局、张家口市体育局联合举办的2017张石首届大众滑雪交流赛暨冬奥冰雪之旅活动在张家口崇礼区密苑云顶滑雪场举行，两市80名选手参加活动。4～6月，举办炫舞全城——第二届广场舞超级联赛，各县（市、区）举行丙级、乙级、甲级、总决赛赛事70余场，参赛队伍800支，参加比赛人员1.5万人。11月12日，市第十届社区运动会社区体育文化节在裕彤国际体育中心举行，设置有健身球操、太极拳、健身气功等千人展演，自行车平衡挑战、足球王子、平板支撑赛、指压板跳绳等多项趣味比赛及亲情家庭跑、趣味接力跑等比赛活动。

【体育管理与服务】 加强制度建设，制定《石家庄市体育局行政执法公示制度实施方案》《石家庄市体育局执法全过程记录制度》《石家庄市体育局重大执法决定法制审核制度》《石家庄市体育局行政执法投诉举报制度》等行政执法制度及行政执法事项清单、行政服务指南、行政执法文书等制度30余项。编制《石家庄市“十三五”时期体育发展规划》《关于加快发展健身休闲产业的实施意见》《石家庄市引进高水平赛事补贴管理办法》等政策文件。审批二级裁判员122人、二级运动员446人。2017年全市共有社会体育指导员1.10万余人、社会体育指导站1340个、晨晚锻炼点3520个。举办四期社会体育指导员培训，培训人数近500人。2017年市体育总会管理市级体育协会40个、县（市、区）体育协会74个，举办社会体育活动504次，参与人数440万人次。2017年全市各类体育协会举办市级比赛24项181次，协助基层举办赛事263次、培训28次，吸纳社会资金540万元，参与活动人数180万人次。重视体能训练领域培训，分批选派优秀教练员到北京市体育科学研究所观摩和学习。首次采用购买专业体能训练服务供应商服务方式，开展体能康复、体能培训和体能训练。

【体育设施建设】 1月10日，市政府与省体育局签订《建设全民健身公共服务体系示范区合作协议》，开展全民健身公共服务体系示范区建设，构建完善的亲民、便民、惠民公共服务体系。编制公共体育设施专项规划，科学布局滹沱河沿线自行车、马拉松赛道和五棵松体育馆、棋院、足球青少年训练基地赛道、大型体育场馆及市、县、乡、村四级公共体育设施。安装社区健身路径115条，社区体育健身设施达到全覆盖；主城区公园广场安装健身路径19处，具备安装条件的公园广场达到全覆盖，其中十里花廊安装健身设施6处。建设市管区县农民体育健身工程281个，市管区县首轮农民体育健身工程实现全覆盖。7～11月，投资1000万元改造裕彤体育中心田径场。7月30日，河北奥林匹克体育中心揭牌启用。河北奥林匹克体育中心位于石家庄市正定新区起步区东南部，建设位置东至奥体街，西至太行大街，南至河阳路，北至恒阳路，规划占地1118亩，总建筑面积36万平方米，总投资30.53亿元，是河北省投资规模最大、功能最全的体育基础设施项目，能提供容纳6万人甲级大型综合性体育场、8000人体育馆、3000人游泳跳水馆、2000人网球中心，并配备综合训练馆、田径（篮排）馆及室外配套设施等。9月，市射击场启动旧建筑设施拆除工程，11月9日，新建射击馆项目在原射击馆旧址正式奠基。12月底，全民健身中心（2014年施工建设）主体工程完工，馆内大型设备安装完毕。至2017年末，全市共有各类体育场地11996块，包括标准体育场34个，其中甲级体育场2个（观众席2.5万座以上）；标准体育馆12个，其中甲级体育馆2个（观众席6000座以上）。

（市体育局）

社会生活

Social Life

城乡居民收入与消费

【概况】 2017年，全市城乡居民人均可支配收入为24651元。其中，城镇居民人均可支配收入32929元，同比增长8.1%；农村居民人均可支配收入13345元，同比增长8.1%。2017年全市城乡居民人均消费支出15299元。其中，城镇居民人均消费支出20339元，同比增长6.0%；农村居民人均消费支出为8417元，同比增长6.6%。从居民收入构成看，2017年全市居民四大项收入较2016年呈增长态势。其中，城镇工资性收入增长4.2%，经营净收入增长15.6%，财产净收入增长2.7%，转移净收入增长19.1%。居民可支配收入增幅"稳中趋降"，不再像2012年以前的几年以两位数高速增长。从居民收入占比看，工资性收入在居民可支配收入四大项中占比最高，城镇居民、农村居民工资性收入占比均超过60%。从城乡差距看，2017年城乡居民可支配收入倍差为2.47∶1（以农村为1），与2016年持平。2017年城镇居民用于食品烟酒、衣着、居住方面支出占消费性支出比重下降，3个类别消费占比分别为23.7%、7.7%和26.4%，较2014年（因短时间趋势不明显，与2014年对比）分别下降2.18、0.42和1.25个百分点。2017年城乡居民食品烟酒占总消费支出比重均较2016年下降0.9个百分点。居民用于生活用品及服务、交通通信、教育文化娱乐、医疗保健、其他用品和服务占消费性支出比重提高，占比分别为8.3%、13.3%、11.4%、7.3%和2.0%；增幅最大的是教育文化娱乐类，较2014年提高2.4个百分点。

【居民收入】 2017年全市城乡居民人均可支配收入为24651元。其中，城镇居民人均可支配收入32929元，同比增长8.1%；农村居民人均可支配收入13345元，同比增长8.1%。从河北省设区市看，2017年石家庄市城镇居民人均可支配收入排名第三，位列廊坊市、唐山市之后，其中，廊坊市比石家庄市高出4545元，唐山市比石家庄市高出3486元；2017年石家庄市农村居民人均可支配收入也排名第三，位列唐山市、廊坊市之后，其中，唐山市比石家庄市高出2884元，廊坊市比石家庄市高出2142元。2017年石家庄市城镇居民人均可支配收入增速排名河北省设区市第九名，其中，第一名衡水市增速为10.1%；2017年农村居民人均可支配收入增速也排名河北省设区市第九名，其中，第一名张家口市增速为11.4%。从居民收入构成看，2017年全市居民四大项收入较2016年呈增长态势。其中，城镇工资性收入增长4.2%，经营净收入增长15.6%，财产净收入增长2.7%，转移净收入增长19.1%。从近几年增长幅度看，居民可支配收入增幅"稳中趋降"。2015～2017年，城镇增幅分别为8.0%、8.1%和8.1%，农村增幅分别为8.5%、7.9%和8.1%。居民收入不再像2012年以前的几年以两位数高速增长。从居民收入占比看，工资性收入在居民可支配收入四大项中占比最高，2017年石家庄市城镇居民工资性收入占比62.6%，农村居民工资性收入占比73.9%，城乡居民工资性收入占比均超过60%，远远超过其他3项。从城乡差距看，2017年城乡居民可支配收入倍差为2.47∶1（以农村为1），与2016年持平。

表 66　2012 ~ 2017 年石家庄市城镇居民与农村居民人均可支配收入增速对比一览表

年度	城镇居民人均可支配收入增速	农村居民人均可支配收入增速
2012	12.2%	15.0%
2013	9.7%	12.6%
2014	8.3%	10.4%
2015	8.0%	8.5%
2016	8.1%	7.9%
2017	8.1%	8.1%

【居民消费】 2017 年全市城乡居民人均消费支出 15299 元。其中，城镇居民人均消费支出 20339 元，同比增长 6.0%；农村居民人均消费支出为 8417 元，同比增长 6.6%。2017 年城镇居民食品烟酒消费支出 4814 元，同比增加 104 元，占总消费支出比重 23.7%；农村居民食品烟酒消费支出 2261 元，同比增加 70 元，占总消费支出比重 26.9%。2017 年城乡居民食品烟酒占总消费支出比重均较 2016 年下降 0.9 个百分点。消费观念改变，消费结构优化。伴随居民生活水平的提高，居民消费观念发生明显变化，改善型、享受型消费比重提高。从抽查消费支出八大类消费看，2017 年城镇居民用于食品烟酒、衣着、居住方面支出占消费性支出比重下降，3 个类别消费占比分别为 23.7%、7.7% 和 26.4%，　较 2014 年（因短时间趋势不明显，与 2014 年对比）分别下降 2.18、0.42 和 1.25 个百分点。居民用于生活用品及服务、交通通信、教育文化娱乐、医疗保健、其他用品和服务占消费性支出比重提高，占比分别为 8.3%、13.3%、11.4%、7.3% 和 2.0%；增幅最大的是教育文化娱乐类，较 2014 年提高 2.4 个百分点。2017 年农村居民消费支出比重增加明显的类别有居住类、交通和通信类和教育文化娱乐类，分别占总消费支出比重的 10.0%、6.6% 和 3.2%，较 2014 年分别提高 7.4、5.2 和 0.7 个百分点。新型耐用消费品增多，居民家庭拥有量提高；居民家庭耐用消费品实现从单一到全面、从温饱型向享受型消费转变，新型耐用消费品快速走进普通居民家庭。中高档乐器、健身器材、洗碗机居民拥有量增加，2017 年石家庄市城镇居民平均每百户拥有量分别为 3.55 架、8.06 台和 1.43 台，较 2016 年分别增加 0.81 架、0.12 台和 0.68 台。汽车、计算机、微波炉拥有量较前几年增长明显，2017 年石家庄市城镇居民平均每百户家用汽车拥有量 42.56 辆，计算机拥有量 78.73 台（接入互联网计算机拥有量 64.48 台），微波炉拥有量 63.41 台。农村居民健身器材、家用汽车、排油烟机拥有量增加，2017 年石家庄市农村居民每百户拥有量分别为 2.16 台、27.03 辆和 23.99 台，分别较 2016 年增长 0.58 台、3.5 辆和 2.49 台。

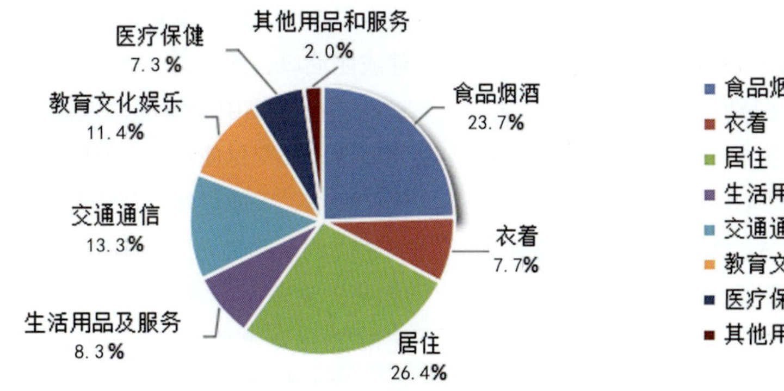

2017 年石家庄城镇消费支出比重图

国家统计局石家庄调查队
队　长：王志强
副队长：聂宝军（主持工作）

刘广和

冯铁炮（兼纪检组长）

鲍俊平（9月任）

（国家统计局石家庄调查队）

扶 贫

【概况】 2017年，石家庄市围绕打赢脱贫攻坚战目标，以平山县、灵寿县、行唐县、赞皇县4个国家级贫困县和43个深度贫困村为主战场，动员社会各方面力量，合力攻坚，出台扶贫优惠政策，加大扶贫投入，稳步推进脱贫攻坚工作。3月2日，全市召开农村工作会议暨扶贫工作开发会议，确定2017年全市精准扶贫、精准脱贫任务为165个贫困村出列、46192名贫困人口脱贫。精准识别建档立卡贫困人口，开展建档立卡“回头看”行动。2017年全市贫困人口较2016年减少8835人，同比下降5.5%；核定建档立卡贫困户中，不符合贫困标准且未享受扶贫政策，需要清退10570人；核定不符合贫困标准且享受扶贫政策，以后不再享受扶贫政策，需要单独标注27438人；核定准备纳入和补录家庭成员22651人。依据2017年建档立卡“回头看”行动识别结果，至2017年末，全市共有脱贫任务县（市、区）16个、贫困村420个、建档立卡贫困人口149035人。2017年石家庄市安排省级以上专项财政扶贫资金2.05亿、市级配套资金0.61亿元，全部分配各县，2017年末报账率达到98.8%。全年4个国家级贫困县整合涉农资金10.21亿元。其中，平山县整合涉农资金2.99亿元、行唐县整合涉农资金2.99亿元；灵寿县整合涉农资金合2.17亿元；赞皇县整合涉农资金1.71亿元。2017年全市规划扶贫项目688个，涉及种养殖、旅游、加工业、光伏、电子商务等；完工项目667个。完善脱贫攻坚责任、考核制度，印发《石家庄市脱贫攻坚责任制实施意见》《石家庄市直单位脱贫攻坚考核办法（试行）》《全面推动深度贫困村脱贫攻坚的实施意见》。实施脱贫“七项行动”“七大工程”，“七项行动”分别为产业脱贫、劳动就业脱贫、教育脱贫、生态脱贫、医疗保险和医疗救助脱贫、社会保险兜底脱贫、易地搬迁脱贫，“七大工程”分别为道路交通工程、水利工程、电力工程、危房改造工程、“互联网+”工程、美丽乡村建设工程、革命老区贫困村建设工程。至2017年底，2016年启动的灵寿县易地扶贫搬迁任务626人，其中，“建档立卡”贫困人口553人，同步搬迁人口73人，建成团泊口、槐树沟、黄土梁3个易地扶贫搬迁集中安置区，建设11栋住宅楼全部交付使用。对照脱贫攻坚考核标准，采取查漏补缺措施，配合国家、河北省完成石家庄市2016年度脱贫攻坚工作考核；2017年石家庄市2016年度脱贫攻坚工作通过国家、河北省考核目标和要求。按照河北省扶贫开发领导小组统一安排，2017年石家庄市验收、核查拟脱贫平山县、4个重点县（平山县、灵寿县、行唐县、赞皇县）拟退出贫困村、6个县（平山县、灵寿县、行唐县、赞皇县、井陉县、正定县）拟退出贫困人口。至2017年底，平山县达到“脱贫摘帽”初审标准，超额完成年初制定165个贫困村出列、4.5万人脱贫目标，实现196个贫困村出列、6.5万人稳定脱贫。2017年全市实施脱贫水利工程、光伏扶贫、易地搬迁、就业扶贫、金融扶贫、美丽乡村建设、旅游扶贫等项目140个，累计投入资金6971.19万元（含财政扶贫资金3791.3万元）；贫困村全部建立农村合作组织。2017年平山县、灵寿县、行唐县、赞皇县4个贫困县建设各类百亩现代农业园区44个，入住创业实体240余个，形成核桃、大枣、食用菌、大棚蔬菜、奶牛、柴鸡等种养殖主导产业；引进省级扶贫龙头企业32家、市级龙头企业4家、县级龙头企业35家。选树脱贫攻坚典型人物，石家庄市推荐行唐县南桥镇东安太庄村党支部书记、村主任刘金国获得“2017年全国脱贫攻坚奖奋进奖”，这也是河北省唯一获得全国脱贫攻坚奖奋进奖的先进典型。

【脱贫“七项行动”】 产业脱贫。制定脱贫产业发展规划，依托扶贫产业园区，因地制宜发展现代种养业、旅游业、家庭手工业。推广“旅游+扶贫”“光伏+扶贫”“电商+扶贫”等模式，拓宽贫困群众增收渠道。平山县光伏扶贫、赞皇县电子商务扶贫走在河北省前列。2017年全市101

个光伏扶贫项目2.94万千瓦并网供电，覆盖贫困户5880户。以贫困户增收为目标，探索建立村“两委”主导下的农民合作组织，采用扶贫资金入股经济组织等形式，保证贫困人口享受到“保底分红+劳务薪金”双收益，解决了村集体和贫困户长期稳定增收难问题。全年584个贫困村实现农民合作社全覆盖。劳动就业脱贫。2017年平山县、灵寿县、行唐县、赞皇县4个贫困县有就业愿望和劳动能力的贫困人数达26724人，实现就业18176人，稳定就业率达68%（河北省考核要求指标为60%）；4个贫困县成立创业孵化园7个，进驻实体323个，带动就业1218人。2017年全市完成职业培训4.82万人，其中，职业技能培训2.82万人，创业培训2万人；平山县、灵寿县、行唐县、赞皇县4个贫困县完成职业培训8539人。教育脱贫。继续落实“三免两补”（即免学杂费、免教科书费、免住宿费、给予生活补助、给予交通补助）优惠政策，全年市财政设立山区教育扶贫专项资金2193万元，补助建档立卡贫困学生18918名。生态脱贫。将造林绿化与发展脱贫产业相结合，在平山县、灵寿县、行唐县、赞皇县4个贫困重点县造林87.71万亩，占全市造林面积的63.42%。优先安排贫困户参加护林员，全年940名贫困户家庭成员加入护林员队伍，每人每年增加工资收入1万元。医疗保险和医疗救助脱贫。2017年全市医疗保险及大病保险提高待遇补偿，累计补偿24373人次，补偿金额944.94万元；实施医疗救助9485人次，救助金额822.74万元。2017年平山县、灵寿县、行唐县、赞皇县4个贫困县医疗保险参保率到达97%以上，9个非重点县参保率达到95%～98%。建立健康档案，为贫困人口提供“七个一”（为每名贫困人口明确一名签约服务责任乡村医生，建立一份动态管理健康档案，提供一个基本公共卫生服务包，建立一张健康信息联系卡，发放一本健康宣教手册，为65岁以上老年贫困人口每年提供一次免费体检，为罹患高血压病、Ⅱ型糖尿病贫困人口每年提供一系列随访指导）保障服务。2017年全市提高医疗保障救助待遇471989人次，补助金额6402.66万元，其中，民政救助18402人次，补助金额1227.33万元。社会保险兜底脱贫。将全市最低生活保障线与扶贫线“两线合一”，标准统一提高到4000元，补差标准每月人均不低于175元。易地搬迁脱贫。2017年全市易地搬迁脱贫涉及平山县、灵寿县、行唐县、赞皇县4个县，确认“建档立卡”人口1880人，随同搬迁人口910人。至2017年底，2016年启动的灵寿县易地扶贫搬迁任务626人，其中，“建档立卡”贫困人口553人，同步搬迁口73人，建成团泊口、槐树沟、黄土梁3个易地扶贫搬迁集中安置区，建设11栋住宅楼全部交付使用。

【脱贫“七大工程”】 道路交通工程。2017年中央和河北省6116万元车辆购置税补助资金、1583万元燃油税资金全部划拨平山县、灵寿县、行唐县、赞皇县4个贫困重点县，太行山高速西阜段、平赞段和高速干线公路正在建设和施工。水利工程。全年投资4334万元，解决165个村、8.25万人饮水问题。电力工程。赞皇县110千伏千根变电站、行唐县110千伏留营变电站扩建工程完工。投资9689万元，建设灵寿县220千伏输变电工程开工，新增容量8万千伏安，建设线路长度1.4千米。投资6909万元，改造升级平山县、灵寿县、行唐县、赞皇县4个贫困县所属贫困村配电网设施，新建改造变压器114台，总容量29400千伏安，新建改造10千伏高压线路38千米，新建改造0.4千伏低压线路575千米；12月中旬，电力改造工程全部完工。危房改造工程。2016年石家庄市安排农村危房改造任务6600户，其中“建档立卡”贫困户1726户，至2017年6月底，全市按照要求时限按期完成。2017年8月，石家庄市下达2017年农村危房改造任务2421户，全部开工，其中平山县提前完成193户危房改造任务，其他危房改造工程任务要求2018年6月底完成。“互联网+”工程。以贫困村通光纤率达到80%、4G基站网络实现全覆盖为目标，继续实施“宽带乡村”工程。推进电子商务网络全覆盖，组织各县（市、区）举办培训600余次，培训人员42287人，安排就业岗位503人。深化“新网工程”，新建乡村供销社超市110家，改造农产品批发市场24家，发展农村电子商务服务站667家，有效解决最后“一公里”问题。美丽乡村建设工程。制订方案，将140个贫困村列入美丽乡村建设计划，占到全市美丽乡村建设任务39.7%。革命老区贫困村建设工程。制定革命老区专项脱贫规划，按照“缺什么补什么，急需什么先建什么”原则，改造和完善革命老区基础设施，2017 年市财政安排专项支持资金 2500 万元。

【县域特色扶贫模式】 平山县扶贫。利用财政扶贫资金为每名贫困群众在合作社或龙头企业入股，每年分红；鼓励和引导农户以耕地和劳动力入股，参与农业园区项目建设，按照统一供种、统一管理、统一销售“三统一”模式，提高农户经营性收入。2017 年国务院副总理汪洋就新华社《国内动态清样（第 1719 期）》编发介绍平山县脱贫攻坚稿件“最好的干部到一线，不脱贫不收兵——河北平山县脱贫攻坚见闻”给河北省批示推广。防范扶贫领域腐败，创新资金监督模式。平山县依据涉农资金整合现状，探索预防职务犯罪和服务精准扶贫方式，创建检察扶贫网络平台，引入第三方检察院，开展扶贫资金管理、使用全过程监督，形成“检察 + 扶贫”模式，举行扶贫领域专项行动 10 个，整改问题 4179 件。灵寿县扶贫。采用基金扶贫试点县方式，发挥中国证监会 IPO 直通车政策优势，探索建立“基金 + 龙头企业 + 贫困县特色资源”扶贫模式，完成股权投资 1.45 亿元，带动投资 4 亿元，引进多家国内知名龙头企业。行唐县扶贫。2017 年行唐县共有贫困村 107 个。产业扶贫。围绕“两红一白、两种一养”支柱产业，重点发展设施蔬菜、食用菌、优质林果、中药材、畜牧养殖等特色产业。至 2017 年底，行唐县累计扶持贫困村发展经济林 5.2 万亩、中药材 850 亩、设施蔬菜 800 亩、养殖肉驴 1 万余头；规划建设现代农业园区 30 个，启动 16 个，其中，获评省级现代农业园区 1 个、市级现代农业园区 4 个。光伏扶贫。与甘肃鲁豫能源、石家庄科林电气合作，推进屋顶光伏扶贫发电综合项目，帮助贫困群众连续 20 年获得稳定收益，107 个贫困村中符合条件贫困户实现光伏扶贫全覆盖。改造公共服务设施。整合涉农资金 1.46 亿元，完成 44 个贫困村联村路、83 个贫困村村内道路硬化、57 个贫困村文化广场建设、277 户危房改造、25 个贫困村安全饮水工程、107 个贫困村农村科技信息服务村村通等基础设施和公共服务设施项目建设。赞皇县扶贫。赞皇县是国家和河北省电子商务进农村示范县，在全县组织和开展“互联网 + 扶贫”试点，建立乡、村级电子商务服务中心、站点 424 个，入驻网络平台 10 多个、快递公司 14 家；采取土特产品挂网销售方式，减少开支，增加农民收入。2017 年赞皇培训上岗贫困群众 280 余名，实现“一人上岗、全家脱贫”目标。至 2017 年末，赞皇县 44 个贫困村、1.1 万贫困人口稳定脱贫，综合贫困发生率由 10% 下降到 3%。

（市扶贫开发办公室）

社会保障

【概况】 2017 年，石家庄市社会保障部门以养老保险、医疗保险、生育保险、工伤保险、城乡居民最低生活保障为重点，贯彻落实社会保障政策，全力推动居民老有所养、医有所医和各项社会保障制度建设。2017 年全市城乡居民养老保险参保 372.3 万人，城镇职工基本养老保险参保 229.8 万人，医疗保险参保 868.6 万人，城镇职工生育保险参保 142.3 万人，城镇职工工伤保险参保 147.2 万人，城镇职工失业保险参保 92.17 万人。2017 年全市享受居民最低生活保障（简称低保）12.96 万人，其中，城镇居民 1.84 万人，农村居民 11.12 万人。4 月 30 日，全市农村建档立卡贫困人口、特困人员、最低生活保障家庭成员实施住院“先诊疗，后付费”政策；7 月 12 日，石家庄市建档立卡贫困人口率先在全省实现基本医保、大病保险、医保救助“一站式”报销服务。2017 年全市发放社会保障卡 900 万张，社会保障卡发卡数和覆盖率位列全省第一。

【医疗保险和医疗救助】 2017 年全市城乡居民基本医疗保险个人缴费标准为：县（市）每人缴费 180 元，市区每人缴费 240 元；2016 年 9 月新入学大中专学生每人按 40 元标准缴费，其中，个人缴费 20 元、市财政补助 20 元。2017 年石家庄市城乡居民医疗保险（也称医保）最高报销 50 万元，其中，基本医保基金支付各项医疗费年度限额为 20 万元，大病保险赔付最高限额为 30 万元。以解决农村贫困患者“没钱看不起病”问题为重点，发挥城乡居民基本医疗保险、大病保险、医疗救助等保障救助政策合力作用，市民政部门联合市卫生计生、扶贫等部门制定印发《石家庄市农村贫困患者县域内住院先诊疗后付费实施方案》，确定从4月30日起，全市农村建档立卡贫困人口、特困人员、最低生活保障家庭成员实施住院“先诊疗，后付费”政策。提高医疗救助时效性，减轻贫困人口医疗负担。7月12日，全市各县（市、区）执行建档立卡贫困人口基本医疗、大病报销和医疗救助“三重保障”“一站式”报销服务。发挥基本医疗保险、大病保险、医疗救助制度衔接保障作用，市民政、市卫生计生、人力资源和社会保障、扶贫等部门联合印发《石家庄市农村贫困人口大病专项救助实施方案》，对7种疾病确定定点医院、成立救助专家组，加强治疗管理和责任落实，实行单病种治疗费用总额控制，分病种、分批次集中救治患有大病的农村贫困人口，降低了贫困患者自负费用，减轻了贫困患者就医负担。至2017年末，全市累计发放提高医疗保障救助待遇资金6402.7万元。

（薛鹏飞　林建春）

【城乡居民最低生活保障】 2017年3月，石家庄市政府印发《关于调整城乡居民最低生活保障标准的通知》，确定2017年1月1日起，落实城市低保标准最低为每人每月550元（6600元/年），补差标准为每月不低于300元；农村低保标准最低为每人每年4000元，补差标准为每月不低于175元。3～5月，全市开展社会救助对象精准核查精准认定工作，低保对象执行有进有出动态管理机制；8～9月，印发《石家庄市农村低保精准核查工作实施方案》(石扶〔2017〕17号)，开展农村低保精准核查工作。5～11月，开展“一问责，八清理”脱贫攻坚专项行动，全方面、多方位、多角度核定农村低保申请、审核、公示、审批等办理程序及举行低保家庭经济状况“回头看”活动，确保了农村低保认定精准度。至2017年底，全市享受居民最低生活保障12.96万人。其中，城镇居民1.84万人，农村居民11.12万人。

（市民政局）

【社会保障制度改革】 2017年石家庄市城乡居民养老保险参保372.3万人，城镇职工基本养老保险参保229.8万人，医疗保险参保868.6万人，城镇职工生育保险参保142.3万人，城镇职工工伤保险参保147.2万人，城镇职工失业保险参保92.17万人，均完成全年目标任务。推进企业职工养老保险省级统筹制度改革，出台实施办法，两次召开全市工作推进会，明确市县两级责任、时限和改革方向。实施机关事业单位养老保险改革，2017年全市符合参保政策机关事业单位6371家29.4万人，全部实现参保登记，提前和超额完成改革任务。社会保障待遇提高。全年企业退休人员人均月增基本养老金148.88元，城乡居民基本养老保险基础养老金标准由每人每月80元提高到90元；工伤职工伤残津贴、生活护理费、工亡职工供养亲属抚恤金每人每月平均提高165元、152元和70元。深化医疗保险制度改革，推进建立以按病种付费为主的医保支付方式，确定106个单病种付费标准并开始试行，2017年石家庄市21家公立医院落实医保配套价格政策。开展全民参保登记入户调查，统计调查人数55.4万人，入户调查率和人户分离率排名全省第一。

（市人力资源和社会保障局）

民族宗教事务

【概况】 2017年，石家庄市共有少数民族成分50个（无门巴族、塔吉克族、保安族、塔塔尔族、德昂族），少数民族人口114467人，占全市总人口1.18%。少数民族人口较2016年增加2237人，同比增长1.99%。少数民族中，回族人口最多，其次是满族，第三是蒙古族。2017年全市少数民族人口超过万人县（市、区）有6个，分别是桥西区、无极县、新华区、裕华区、长安区、藁城区；拥有3个民族乡，即无极县高头回族乡、藁城区九门回族乡、新乐市彭家庄回族乡；17个民族村，分别分布在无极县（6个）、藁城区（3个）、新乐市（3个）、正定县（5个）。2017年石家庄市有佛教、道教、伊斯兰教、天主教、基督教5种宗教。至2017年底，全市有宗教活动场所522处，其中寺观教堂229处，固定处所361处，宗教教职人员744名（含基督教传道员）；信教群众 43.6 万人，占全市常住人口 4.26%。7 个少数民族信仰伊斯兰教，分别为回族、维吾尔族、哈萨克族、东乡族、萨拉族、乌孜别克族、柯尔克孜族，总人口 58566 人，占少数民族人口 51.16%（参见《石家庄年鉴 2018》类目“市情概览”下分目“民族·宗教”）。落实民族事务政策，完善民族事务治理体系，推进民族治理能力建设，提升民族宗教事务管理法制化、规范化水平。11 月 21 日，市政府在新乐市彭家庄回族乡召开少数民族工作现场办公会议，市直 20 个部门帮扶彭家庄回族乡建设 3 个大类 26 个项目，涉及资金 5.3 亿元。重视宗教教职人员教育培训，全年举办各类培训班 31 个班次，培训教职人员 1400 余人次。维护宗教领域和谐稳定，破解宗教活动场所人员缺乏、管理缺失、监督缺位难题，开展“设立创建和谐寺观教堂指导员”“创建星级和谐寺观教堂”活动。2017 年石家庄市选聘寺观教堂指导员 371 名，每名指导员负责宗教场所 1 ～ 2 个，有效发挥了寺观教堂指导员“政治引导员、政策宣传员、维稳信息员、法律法规监督员”作用。

【少数民族地方建设】 开展环京津少数民族特色村镇示范带建设。5 月 5 日，河北省少数民族特色村寨命名颁牌暨推进会在石家庄市藁城区举行。11 月 21 日，市政府在新乐市彭家庄回族乡召开少数民族工作现场办公会议，市交通运输局、市农牧局、市委农工委等 20 个部门帮扶彭家庄回族乡建设 3 个大类 26 个项目，其中，基础设施类项目 9 个，民生类项目 12 个，生产发展类项目 5 个，涉及资金 5.3 亿元。石家庄市利用少数民族工作现场办公会议做法和形式，已成为全市推进民族乡村发展和特色村镇建设的重要抓手和品牌。城市民族工作。开展民族团结社区创建活动，重点打造市区藏龙福地社区、北新街社区、建安路社区；协调资金 30 余万元，支持 3 个社区配备民族宗教助理员、社区联络员；建档立卡，摸清少数民族家庭和人口底数。开设少数民族政策咨询窗口，组建成立民族之家、民族乐园等机构，举办民族团结进步“宣传年”和第八个“民族团结进步宣传月”活动，大力营造“各民族像石榴籽那样紧紧抱在一起”的浓厚氛围。9 月 14 日，国家民族事务委员会主任巴特尔到石家庄市长安区建安路社区调研指导民族团结社区创建活动。2017 年北新街社区书记郝静在京津冀民族协调发展会上代表河北省作经验介绍。

【宗教事务管理】 维护宗教领域和谐稳定，破解宗教活动场所人员缺乏、管理缺失、监督缺位难题，开展“设立创建和谐寺观教堂指导员”“创建星级和谐寺观教堂”活动。印发《关于设立创建和谐寺观教堂指导员的意见》《关于开展创建星级和谐寺观教堂的实施方案》《星级和谐寺观教堂评比办法》，推行和谐寺观教堂创建八项标准，落实一星级至五星级和谐寺观教堂评分办法，建立和完善配套制度；公示和确定和谐寺观教堂星级等次，统一授牌，高标准管理。2017 年石家庄市选聘寺观教堂指导员 371 名，每名指导员负责宗教场所 1 ～ 2 个；发挥寺观教堂指导员“政治引导员、政策宣传员、维稳信息员、法律法规监督员”作用，实现宗教活动场所指导员全覆盖。2017 年 5 月，国家宗教局内部刊物《宗教工作通讯》总第 303 期刊登石家庄市创建和谐寺观教堂活动工作经验；2017 年 8 月，河北省民族宗教厅主要领导批示在全省推广；2017 年 9 月中旬，市委常委、统战部部长王韶华在河北省维护宗教领域稳定工作会议上以《严格选派标准　依法规范管理　充分发挥和谐寺观教堂指导员积极作用》为题作交流发言。重视宗教教职人员教育培训，以提升教职人员能力和素质为内容，市本级邀请中国天主教主教团驻会副秘书长杨宇神父、省社会科学院学者梁勇等授课，举办各类培训班 9 个班次，培训教职人员 800 余人次；各县（市、区）结合地域特点，举办培训 22 个班次，培训教职人员 600 余人次。治理和整改宗教领域突出问题。全年查找宗教领域共性问题 5 类 11 条，查找县（市、区）突出问题 5 类 84 条，均建立问题清单和台账；落实责任分解和整改措施，按期完成任务整改。坚持宗教中国化发展方向，主动引导宗教人士建立与社会主义制度相适应的宗教教规和制度。广泛在全市宗教界开展培育和践行社会主义核心价值观活动，支持宗教界举行慈善公益活动。2017 年全市宗教界发挥自身扶贫济困、乐善好施的传统和优势，向社会救灾助困、捐款捐物价值 80.5 万元。

（王剑华）

民　政

【概况】 2017年，石家庄市民政部门办理国内结婚登记77343对、离婚登记26802对，补发婚姻登记证书2.04万对；办理涉外结婚登记143对、离婚登记13对，补发涉外婚姻登记证书4对。开展社会救助，救助生活无着流浪乞讨人员4372人次，成功帮助356名流浪救助对象返乡。落实残疾人优惠政策，发放市级困难残疾人生活补贴、重度残疾人护理补贴资金1185万元，惠及残疾人102266人，其中，困难残疾人生活补贴48059人，重度残疾人护理补贴54207人。加强殡葬管理，确定井陉县、平山县、灵寿县、行唐县、赞皇县5个县为土葬改革区，高邑县为全国殡葬综合改革试点县。2017年石家庄市共有殡仪馆（火葬场）19个，经营性公墓5个，骨灰堂（纪念堂）245个；火化遗体44123具、火化率58.1%。评选表彰省级爱国拥军先进个人8人、拥政爱民先进个人4人，石家庄市第8次被命名为省级双拥模范城，实现省级双拥模范城“八连冠”。开展社会组织管理改革，5月15日，市级社会组织登记事项划归市行政审批局管理；2017年市级民政部门新登记社会组织17家，其中，社会团体12家、民办非企业单位5家，至2017年底，市级民政部门登记管理社会组织448家，其中，社会团体314家、民办非企业单位134家。推进行业协会商会与行政机关脱钩，印发《2017年度石家庄市全市性行业协会商会第二批脱钩试点工作方案》（石民政函〔2017〕23号）和《关于全市性行业协会商会与行政机关脱钩后党建工作管理体制调整的实施办法》《全市性行业协会商会脱钩改革有关行政办公用房管理办法》等制度和措施，全年59家行业协会商会与行政机关脱钩。做好防灾减灾工作，2017年石家庄市主要遭受风雹、洪涝、干旱等自然灾害，全市共有11个县（市、区）67个乡镇、22.37万人不同程度受灾；因灾死亡1人，因灾受伤6人；因灾造成直接经济损失13250.74万元。与历年受灾数据比较和分析，2017年石家庄市属灾情较轻年份。开展综合减灾示范社区创建活动，2017年全市73个基层社区获授国家级“综合减灾示范社区”，47个基层社区获授省级“综合减灾示范社区”。推进农村社区建设，确定元氏县、井陉县、行唐县、灵寿县、平山县5个县为农村社区建设试点县、所辖28个村为试点村。加强地名管理，全年审批命名居民区111个，审核备案命名大型建筑物25个，命名街路38条、更名32条；设置街路标志263块。

【特困供养】 至2017年末，全市共有特困供养对象18303人。其中，集中供养3434人，分散供养14869人；发放供养金1.09亿元。2月，市民政局、市财政局联合印发《关于调整特困人员救助供养指导标准的意见》（石民政〔2017〕14号），确定从2017年1月1日起，调整石家庄市特困人员救助供养标准。新的特困人员救助供养标准包括基本生活标准和照料护理标准，其中照料护理标准为新增项目。基本生活标准：集中供养标准原则上不低于当地低保标准1.7倍，分散供养标准原则上不低于当地低保标准1.3倍；照料护理标准：部分丧失生活自理能力人员，年护理标准不低于当地年最低工资标准10%，完全丧失生活自理能力人员，年护理标准不低于当地年最低工资标准15%。

【未成年人保护】 2017年市民政、教育、公安及市委政法委综治办等8个部门联合开展农村留守儿童“合力监护、相伴成长”关爱保护专项行动，56名无户籍农村留守儿童落实户口登记责任，795名无人监护或父或母无监护能力农村留守儿童落实监护责任，29名失学辍学农村留守儿童返校复学。结合民政基层能力建设，各县（市、区）全部建立和落实儿童福利督导员或儿童权利监察员制度，各乡镇政府（街道办事处）设立农村留守儿童关爱保护专业干事，各村（居）委会（社区）设立农村留守儿童关爱保护督导员。2017年全市新增未成年人保护服务点13个，未成年人保护中心服务网点达到44个，保护和救助未成年人近2万人次。全国农村留守儿童和困境儿童信息管理系统启用，12月上旬，石家庄市5800余名农村留守儿童、1.2万余名困境儿童信息录入完毕并实行动态管理。12月27日，市政府印发《关于建立困境儿童分类保障制度的通知》(石政办发〔2017〕57号)，确定自2018年1月1日起，提高石家庄市孤儿基本生活保障标准；集中养育的孤儿、弃婴，基本生活费由每人每月1150元提高至1300元；分散供养的孤儿，基本生活费由每人每月700元提高至800元。2017年全市共有机构集中供养孤儿700余名、分散供养孤儿1800余名，共计发放孤儿基本生活费2500万元。实施“残疾孤儿手术康复明天计划”，44名集中供养孤残儿童实行免费手术治疗。打造“儿童之家”，印发《关于推进2017年省级示范型儿童之家建设的通知》，在20个县（市、区）建设“儿童之家”50个。

【社会救助】 启用全国救助管理信息系统，统一登记受助人员，实现全国救助管理工作互联互通。2017年全市通过全国救助管理信息系统办理和救助社会人员10947人，通过全国网上寻亲系统提供寻亲服务1449人次，成功帮助356名流浪救助对象返乡。举行“寒冬送温暖”专项救助活动，加大24小时沿街巡查和主动救助力度，有效确保生活无着流浪乞讨人员度过寒冬。2017年全市救助生活无着流浪乞讨人员4372人次，街面巡查1600余次，出动车辆1700余台次，街面巡查救助850余人次，未发生街头流浪乞讨人员冻死等极端事件。开展救助管理机构和救治医疗机构、托养机构督查活动，督导相关县（市、区）与不符合条件9家托养机构解除合作关系，并妥善安置托养机构中长期滞留人员。

【社区治理】 制定印发《石家庄市社区服务体系建设发展规划（2016～2020年）》《石家庄市人民政府办公厅关于推进三社联动加快社区治理现代化的实施意见》，组织开展和谐社区示范单位创建活动。2017年2月，石家庄市桥西区被省民政厅命名为全省和谐社区建设示范城区，桥西区红旗街道、东华街道被命名为全省和谐社区建设示范街道；裕华区裕东街道金域蓝湾社区、槐底街道万达社区、裕东街道美景东方社区、建华南街道凤凰社区、东苑街道尖岭小区社区、建华南街道润园社区，桥西区红旗街道旭城花园社区、长兴街道景祥社区、东华街道煤市路社区、新石街道中苑社区、振头街道玉成社区11个社区被命名为全省和谐社区建设示范社区。

【社会组织管理】 2017年市级民政部门新登记社会组织17家，其中，社会团体12家、民办非企业单位5家。至2017年底，市级民政部门登记管理社会组织448家，其中，社会团体314家、民办非企业单位134家。落实行政审批制度改革要求，2017年市行政审批局、市民政局印发《关于行政许可事项划转接收工作的通知》(石行审〔2017〕11号)，确定2017年5月15日社会组织登记事项划归市行政审批局管理，市民政局不再承担社会组织登记行政审批职能。严格社会组织监管，做好社会组织年检，2017年市商业联合会等5家社会组织被省民政厅评为“5A级社会组织”。根据中共中央办公厅《关于加强社会组织党的建设工作的意见（试行）》和省、市委组织部要求，市社会组织党委按照“分类指导、讲解政策、应建必建、确保质量”的党建工作思路，组织召开党建工作推进会，采取“挂图作战，销号验收”措施，推进社会组织党建工作，2017年末全市社会组织党建率达67%。

【婚姻登记】 2017年石家庄市共有婚姻登记机关22个，其中，3A级婚姻登记机关3家，分别为栾城区婚姻登记处、新乐市婚姻登记处、赵县婚姻登记处。全年石家庄市办理国内结婚登记77343对、离婚登记26802对，补发婚姻登记证书2.04万对。3月，河北省民政厅将涉外婚姻登记工作下放各地级城市，石家庄市确定桥西区民政局婚姻登记处承担涉外婚姻登记职能。2017年全市办理涉外结婚登记143对、离婚登记13对，补发涉外婚姻登记证书4对。开展婚姻登记档案历史数据补录，1990～2017年全市所有婚姻登记档案历史数据补录完毕，1949年中华人民共和国成立以来全市婚姻登记档案历史数据补录启动。

【殡葬管理】 2017年石家庄市行政区域内井陉县、平山县、灵寿县、行唐县、赞皇县5个县为土葬改革区，涉及乡镇53个、村1258个，面积3357平方千米，覆盖人口近70万人；其余县（市、区）及所辖乡镇（街道办事处）、村（居）委会均为火化区。2017年全市共有殡仪馆（火葬场）19个，经营性公墓5个（正定县常山陵园、鹿泉区燕赵龙凤陵园、平山县古中山陵园、井陉县天安堂纪念园、元氏县神岩山公墓），骨灰堂（纪念堂）245个。2017年全市火化遗体44123具、火化率为58.1%。实施殡葬改革，制定印发《关于进一步深化殡葬改革的实施意见》《石家庄市节地生态安葬奖补办法》，明确推进火化、完善惠民殡葬政策、加快殡葬设施建设、提升殡葬服务水平、推广节地生态安葬等8项殡葬改革主要任务及保障措施，提出在原有惠民殡葬政策基础上，落实石家庄市户籍逝世者，亲属自愿选择节地生态安葬方式，可享受节地生态安葬减免和奖补政策。倡导生态文明祭祀，举办“鲜花换烧纸”“丝带寄哀思”活动，推行网上祭祀、二维码祭祀、追思会祭祀、鲜花祭祀、心语祭祀、集体公祭、踏青祭祀、放飞（生）祭祀、阅档祭祀、时空穿梭祭祀、家庭纪念册祭祀等新方式。推动殡葬改革，弘扬优秀殡葬文化传统，传承和谐善美家风，建成首个生命文化广场。开展县级殡葬改革试点，推荐确定高邑县为全国殡葬综合改革试点县。开展违法公墓摸底、排查和清理，集中清理非法经营性公墓和违法对外销售的农村公益性公墓。全年查处违法公墓10家，其中，井陉矿区2家、井陉县1家、鹿泉区5家、元氏县2家。启用新版殡葬信息管理系统及新版火化证、骨灰安放证，火化证、骨灰安放证全部实行信息化管理。2017年全市投资1413万元修缮殡葬设施，更新修缮火化炉11台，新购殡葬用车7辆、冷藏柜11台；晋州市、元氏县争得中央投资资金510万元用于殡葬设施建设。

【慈善捐赠】 1月1日，石家庄市启动“慈善光明行——石家庄白内障贫困患者救助项目”，期限3年，救助资金1000万元。12月18日，市民政局、市慈善总会联合市爱尔眼科医院，共同举行2017年“慈善光明行”石家庄市白内障贫困患者救助项目总结大会。2017年“慈善光明行”医疗小组筛查主城区及周边17个县（市、区）16万人，实施院内检查1.7万人，实施救助并手术1万余人次。2017年市慈善总会接收社会捐赠款物价值630.95万元，其中，善款506.79万元（包括社会捐款390.74万元）、物资价值124.16万元。至2017年底，全市累计发放救助款物价值665.72万元，其中，救助金541.56万元、物资价值124.16万元，惠及困难群体近9万人次。

【防灾减灾】 2017年石家庄市主要遭受风雹、洪涝、干旱等自然灾害，依据各县（市、区）灾情统计年报，全市共有11个县（市、区）67个乡镇、22.37万人不同程度受灾；因灾死亡1人，因灾受伤6人；农作物受灾面积14997.63公顷，其中，成灾面积11019.83公顷、绝收面积4416公顷；倒塌房屋86间，严重损坏房屋268间；因灾造成直接经济损失13250.74万元。与历年受灾数据比较和分析，2017年石家庄市属灾情较轻年份。灾后重建和救助。至2017年8月底，石家庄市完成2016年“7·19”特大洪水灾害恢复重建倒损房屋9522户，其中，B级2841户、C级3108户、D级倒塌3573户（原址重建3002户、异地重建571户）。2017年石家庄各县（市、区）下拨冬春生活救助资金1463万元，发放生活棉衣11249件、棉被30043床、大米59310千克、面粉696760千克、食用油53202千克，共有11.56万受灾困难群众得到基本生活保障。根据部分灾区受灾群众缺衣少被、煤改气后取暖保障不到位等情况，石家庄市从市救灾物资库储备下拨棉衣、被褥、电暖气等3760余件，物资价值63万元，用于多灾易灾县救灾，帮助受灾群众解决冬春期间取暖御寒问题。防灾减灾演练。5月19日，由河北省减灾委员会、省民政厅、市减灾委员会主办，鹿泉区政府承办的省会5·12防灾减灾宣传活动暨救灾应急预案综合演练在鹿泉区石井乡石井村举行。主题为“减轻社区灾害风险，提升基层减灾能力”。省市相关领导及各县（市、区）民政局局长、主管局长和社会各界3000余人参加演练活动。演练以太行山区突发50年一遇特大洪涝灾害为背景，设置演练灾害预警预报、启动响应、网络报灾、科技查灾、转移安置、协同救援、卫生防疫、志愿者服务、农房理赔等环节，动用救灾无人机、金汇通航PICC救援直升机、救灾指挥车、应急发电设备、公安治安巡逻车、气象应急车、电力抢险车、通讯应急车、医疗救护车及大型工程机械等30余台件，有效检验了省、市、县（市、区）、乡四级自然灾害救助应急预案和社会力量参与救灾的协调机制。开展综合减灾示范社区创建活动，2017年全市73个基层社区获授国家级“综合减灾示范社区”，47个基层社区获授省级“综合减灾示范社区”。

【双拥共建】 2017年石家庄市第8次被命名为省级双拥模范城，石家庄市省级双拥模范城实现“八连冠”。根据中共河北省委组织部、省民政厅、省人力资源和社会保障厅、省军区政治部《关于做好评选表彰河北省双拥工作先进单位和先进个人预备工作的通知》要求，2017年7月，石家庄推荐河北省爱国拥军先进个人8人、河北省拥政爱民先进个人4人。其中，省爱国拥军先进个人为：市交通局局长米志奇、市委组织部干部一处主任科员张维光、市委宣传部国教办副主任黄智家、正定县民政局副局长曹海锋、元氏县民政局副局长魏丽军、深泽县民政局副局长贾英涛、井陉矿区民政局副局长王建荣、裕华区银通小区居民李彦华，省拥政爱民先进个人为：习朝峰、32140部队69分队分队长，周兴佳、白求恩国际和平医院政治部副主任，秦爱民、军械工程学院政治部组织处干事，胡珂、石家庄警备区政治部干事。7月26日，市级双拥工作领导小组调整，确定石家庄市市长担任组长。7月27日，省委常委、市委书记、石家庄警备区党委第一书记邢国辉等市领导到中部战区陆军机关走访慰问；7月28日，市委副书记税勇等市领导到陆军工程大学石家庄校区走访慰问；7月28日，石家庄市举行“助力强军、服务国防、关爱部队基层官兵万里行”活动，走访慰问平山县、井陉县驻军部队2个，发放慰问金20万元。10月24日，市第十四届人大常委会第六次会议审议通过设立“石家庄解放纪念日”议案，将每年11月12日设立为“石家庄解放纪念日”。

【抚恤优抚】 2017年石家庄市共有享受抚恤补助优抚对象78192人，其中，伤残人员6087人，“三属”（烈士遗属、因公牺牲军人遗属、病故军人遗属）1287人，在乡复员军人1621人，带病回乡退伍军人2177人，参战参试退役人员7576人，60周岁以上农村籍退役士兵54967人，部分烈士子女（含中华人民共和国建国前错杀后被平反人员子女）4476人，铀矿开采退役人员1人。2017年全市共有光荣院16所、县级以上烈士纪念设施保护单位15个、优抚医院2所。7月1日、10月1日，根据省民政厅、省财政厅通知，石家庄市两次提高伤残人员（残疾军人、伤残人民警察、伤残国家机关工作人员、伤残民兵民工）残疾抚恤金标准、“三属”（烈士遗属、因公牺牲军人遗属、病故军人遗属）定期抚恤金标准、“三红”（在乡退伍红军老战士、在乡西路军红军老战士、红军失散人员）和在乡复员军人、带病回乡退伍军人、部分参战参试退役人员生活补助标准及符合条件的农村籍退役士兵、老烈士子女（含中华人民共和国成立前错杀后被平反人员子女）老年生活补助。残疾抚恤金每人每年提高7820～1460元不等，“三属”定期抚恤金每人每年提高2820～2420元不等，在乡复员军人生活补助每人每月提高200元，带病回乡退伍军人生活补助每人每月提高140元，部分参战参试退役人员生活补助每人每月提高150元，老烈士子女（含中华人民共和国成立前错杀后被平反人员子女）定期生活补助每人每月提高110元，60周岁以上农村籍退役士兵每服一年义务兵役每人每月提高5元。石家庄市伤残人员残疾抚恤金、“三属”定期抚恤金、“三红”生活补助、在乡老复员军人生活补助、烈士老年子女生活补助经费由中央财政承担；带病回乡退伍军人生活补助、参战参试人员生活补助、农村籍老义务兵每服一年义务兵役每月增加补助经费由中央财政和地方财政按比例承担。调整后，一级因战、因公、因病残疾军人抚恤金标准分别为每人每年72850元、70550元和68240元；烈属、因公牺牲军人遗属、病故军人遗属定期抚恤金标准分别为每人每年23130元、19860元和18680元；在乡退伍红军老战士、在乡西路军红军老战士、红军失散人员生活补助标准分别为每人每年50520元、50520元和22790元。

【军休与退役士兵安置】 2017年石家庄市接收安置军队退休干部（士官）89人，无军籍退休退职职工17人。接收安置期间，召开部队、军休人员、地方三方见面会10余次，取得了部队、军休人员、地方三方满意。落实军休人员物质、精神方面“两个待遇”要求，举办军休人员棋牌球类比赛、迎新年乒乓球团体友谊比赛，召开优秀党支部书记评选活动。2017年全市接收退役士兵4876人，其中，安置自主就业退役士兵4478人，安置符合政府安排工作条件退役士兵398人；审批发放自主就业、自谋职业退役士兵一次性经济补助18721.73万元；培训自主就业退役士兵2444人，支出培训费863.82万元。

【养老服务】 至2017年底，全市共有60岁以上老年人口175.0万人，占全市总人口17.98%；80岁以上高龄老人21.62万人，占老年人口12.35%；建有养老机构212家，机构养老床位总量3.1万张，其中，公建养老机构54家、床位8000张，民办养老机构158家、床位2.3万张。2017年市政府将养老服务作为全市为民办实事之一。全年市区新建街道综合居家养老服务中心74家、社区标准化居家养老服务中心242家；组建家庭医生团队560支，签约家庭20.94万户、53.09万人。以石家庄市获批国家第一批社区和居家养老服务改革试点城市为出发点，制定印发《石家庄市居家和社区养老服务改革试点方案》（石政办传〔2017〕75号），开展为期3年试点改革。结合社区和居家养老服务试点任务，出台《关于加快推进全市居家养老服务中心建设的通知》（石民政〔2017〕75号）、《关于进一步规范居家养老服务中心运营管理的通知》（石民政〔2017〕101号）、《关于印发石家庄市市级养老服务体系建设补助资金管理办法》（石财社〔2017〕44号）等文件。8月，石家庄市通过民政部、财政部专家组关于居家和社区养老服务改革试点工作中期考核评估。

【福利彩票】 2017年石家庄市（含平山县、辛集市）福利彩票销售91591万元，其中，电脑福利彩票销售59575万元，即开型福利彩票销售4691万元，“开乐彩”福利彩票销售4万元，“中福在线”福利彩票销售27321万元。福彩助困。1月，举办“福彩助困过好年”活动，利用福彩公益金80.5万元资助石家庄市区低保家庭、因重大疾病或遭遇车祸、火灾等意外事故造成巨大经济损失困难人群805人。福彩助学。7月，举办第十七届“福彩献真情，爱心助学子”活动，利用福彩公益金270万元，资助学生469人，其中，本科一批低保家庭学生71人、每人1万元，本科一批非低保和本科二批低保家庭学生398人、每人5000元；联合市第四十二中学创办高中“福彩助学班”，发放福彩公益金150万元，资助市第四十二中学“福彩助学班”学生250名，每名学生每年6000元生活费；联合市第三十八中学，发放福彩公益金180万元，资助书法专业贫困学生300名，每名学生每年学费及生活费6000元。

【区划地名】 区划调整。结合新型城镇化建设，调整新华区部分行政区划，即撤销赵陵铺镇，设立赵陵铺路街道办事处、赵佗路街道办事处；撤销西三庄乡，设立西三庄街道办事处；撤销五七街道办事处，将五七街道办事处划归杜北乡管辖；将原西三庄乡东三庄村民委员会村划归天苑街道办事处管辖，将原西三庄乡钟家庄居民委员会划归北苑街道办事处管辖。界线管理。落实《行政区域边界管理条例》和省民政厅行政区域界线联检方案要求，完成12条区县界联合检查。地名管理。依据《国务院地名管理条例》《河北省地名管理规定》，全年审批命名居民区111个，审核备案命名大型建筑物25个，命名街路38条、更名32条；设置街路标志263块。推进石家庄市全国第二次地名普查，地名普查信息全部录入完毕。按照省、市美丽乡村建设要求，指导石家庄市所辖县（市、区）完成353个省级重点村地名标志设置。

表67　2017年石家庄市区街路命名、更名一览表

序号	名称	位置	批准时间
1	祥泰路	该街路位于裕华区中部，塔南路以南，南二环东路以北。东西走向，西起体育南大街，东至建华南大街，长约1100米，宽20米，柏油路面。	2017-3-12
2	站前路更名为和平西路	该街路位于鹿泉区东部，东西走向，东起新华区界，西至向阳南大街。长约1000米，宽8米，水泥路面。此路段与新华区和平西路形成一线。	2017-3-12
3	繁荣大街更名为顺铜大街	该街路位于鹿泉区铜冶镇，南北走向，北起玉泉路，南至铜冶镇石铜路，长约3700米，宽20米，水泥路面。	2017-3-12
4	兴华街更名为新智路	该街路位于鹿泉区上庄镇，东西走向，东起上庄大街，西至横山村迎宾馆路，长约972米，宽6米，水泥路面。	2017-3-12

续表

序号	名称	位置	批准时间
5	新凯路更名为新康路	该街路位于鹿泉区城区，东西走向，东起海山北大街，西至翠屏大街，长约1400米，宽8米，水泥路面。	2017-3-12
6	长青街更名为明月街	该街路位于栾城区东部，南北走向，兴安大街以西，北起惠源路，南至凌空桥路。	2017-3-30
7	朝阳大街更名为柴武大街	该街路位于栾城区东部，南北走向，兴安大街以东，北起中兴大道，南至张举路。	2017-3-30
8	育才街更名为李冶街	该街路位于栾城区东部，南北走向，龙威街以东，北起宏达路，南至张举路。	2017-3-30
9	裕丰街更名为鱼塘街	该街路位于栾城区东南部，南北走向，龙威街以东，北起凌空桥路，南至张举路。	2017-3-30
10	柴武街更名为善众寺街	该街路位于栾城区东部，南北走向，兴安大街以东，北起中兴大道，南至张举路。	2017-3-30
11	裕泰路更名为栾武路	该街路位于栾城区北部，东西走向，中兴大道以南，东起兴安大街，西至石栾大街。	2017-3-30
12	富强路更名为张举路	该街路位于栾城区南部，东西走向，富源路以北，东起柴武大街，西至环城西路。	2017-3-30
13	裕和路更名为星桥路	该街路位于栾城区北部，东西走向，中兴大道以南，东起太行南大街，西至石栾大街。	2017-3-30
14	大桥路更名为凌空桥路	该街路位于栾城区中南部，东西走向，鑫源路以南，东起柴武大街，西至太行南大街。	2017-3-30
15	济河路	该街路位于长安区东南部，石津西路以北，东西走向，西起五龙大街（规划路），东至东五女街（规划路）。长约7000米，目前为规划路。	2017-4-20
16	灵岩路	该街路位于鹿泉区白鹿泉乡，东西走向，东起观景大街，西至白鹿泉大道。长约1900米，宽约26米，沥青路面。	2017-4-20
17	福威街	该街路位于鹿泉区南新城村西，南北走向，南起和平西路，北至望佛路。长约1300米，宽6米，水泥路面。	2017-4-20
18	石栾路部分路段更名为石栾大街	因城市建设，石栾路自南二环东路至裕翔街路段断交，故将裕翔街至裕华区与栾城区交界处路段更名为石栾大街，西北起裕翔街，向东南方向至与栾城区交界处，与栾城区石栾大街相接。长约3700米，宽约30米，柏油路面。	2017-5-6
19	祥华街	该街路位于长安区西北部，红星街以东，南北走向，北起肖家营路，南至东垣西路，目前为规划路，建成后长约800米。	2017-5-26
20	兴华路更名为世纪大道	该街路位于藁城区南部，廉州镇城子村南，石井、系井村北，东西走向，东起廉东街，西至东三环路。	2017-5-26
21	藁梅公路更名为滹阳大街	该街路位于藁城区西部，藁梅公路在藁城区内的城区路段。北起石津东路（国道307），南至顺中村，南北走向，长约7500米。	2017-5-26
22	平安路更名为廉明路	该街路位于藁城区政府后面，东西走向，东起四明南街，西至廉金胡同，长约696米，宽约14米。	2017-5-26
23	廉建里更名为廉泰里	南起廉州东路，北至广泰花园南门，长约145米，宽约5米。	2017-5-26
24	昌盛街更名为廉东街	北起石黄高速，南至世纪大道，长约3329米，宽约36米。	2017-5-26
25	新华街更名为廉西街	位于四明北街与南关街之间，丁字街。北起高台庙，南至廉北路，长约965米，宽约21米。	2017-5-26
26	胜利路更名为廉北路	位于市府路与石津东路（国道307）之间，东起北尚庄，西至水上公园，长约2658米，宽约30米。	2017-5-26
27	东平巷更名为东盛巷	东起廉东街，西至东城北街，长约726米，宽约7米。	2017-5-26

续表

序号	名称	位置	批准时间
28	富强街更名为吉藁街	东邻振兴北街，南起石津东路（国道 307），北至东宁路，丁字街。长约958 米，宽约 16 米。	2017-5-26
29	育才路更名为育英路	廉州镇东刘村、西刘村村北，东起廉东街，西至南马村村西军用路段，长约 4104 米，宽约 36 米。	2017-5-26
30	健康路更名为两铺路	藁城区人民医院后面，东起康东街，向西穿过四明北街与府后巷相连、再穿过廉西街与两铺路相连，西至西城街，长约 2517 米，宽约 12 米。	2017-5-26
31	柏瑞街	该街路位于新华区中部，中华北大街以东，南北走向，南起柏林南路，北至联盟路，长约 800 米，宽 15 米，沥青路面。	2017-6-15
32	柏顺街	该街路位于新华区中部，柏瑞街以东，北新街以西，南北走向，南起柏林南路，北至联盟路，长约 800 米，宽 25 米，沥青路面。	2017-6-15
33	金明街	该街路位于长安区中部，高营大街以东，南北走向，南起北二环东路，北至高安路（规划路），目前为规划路，建成后长约 2800 米。	2017-6-15
34	瑞桥街	该街路位于桥西区西北部，南北走向，南起新华路，北至和平西路，秀桥街西侧。目前建成路段长约 860 米，宽约 15 米。水泥路面。	2017-7-4
35	秀桥街	该街路位于桥西区西北部，南北走向，南起规划路（君福路），北至和平西路，瑞桥街东侧。目前建成路段长约 860 米，宽约 30 米。柏油路面。	2017-7-4
36	鹊桥路	该街路位于桥西区西北部，东西走向，东起秀桥街，西至鹤桥街，新华路北侧。目前建成路段长约 700 米，宽约 10 米。水泥路面。	2017-7-4
37	银桥路	该街路位于桥西区西北部，东西走向，东起规划路（长兴街北延线），西至规划路（凤桥街），鹊桥路北侧。目前建成路段长约 680 米，宽约 12 米。柏油路面。	2017-7-4
38	苑东街部分路段更名为福裕街	该街位于桥西区西部，槐安西路北侧，南北走向。北起建国路西延线（规划路），南至槐安西路，东临福利巷，西临苑东街。此路段全长约540 米，宽约 20 米，柏油路面。因苑东街自建国路西延线开始向正南方向打通，原苑东街沿建国路西延线向东拐正南至槐安西路的路段需更名。	2017-7-22
39	苑东街	该街为苑东街从建国路西延线向正南新打通路段，位于桥西区西部，槐安西路北侧，南北走向。北起建国路西延线（规划路），向南穿过槐安西路至吉恒街（规划路），东临福裕街（规划路），西临瓮村街。目前已建成路段长约 260 米，宽约 40 米，柏油路面。	2017-7-22
40	瓮村街	该街位于桥西区西部，槐安西路北侧，南北走向。北起建国路西延线（规划路），南至槐安西路，东临苑东街，西临吉恒街（规划路）。目前已建成路段长约 540 米，宽约 20 米，柏油路面。	2017-7-22
41	福秀路	该路位于桥西区西部，槐安西路北侧，东西走向。西起瓮村街，东至福裕街，北临建国路西延线（规划路），南临槐安西路。目前已建成路段长约 240 米，宽约 15 米，水泥路面。	2017-7-22
42	东垣西路	该路位于长安区西北部，石津干渠北侧，东西走向。东起铁路京广线，西至古城西路，目前为规划路，建成后长约 2500 米。	2017-7-22
43	柳董庄街	该路位于长安区西北部，祥华街东侧，南北走向。南起东垣西路，北至肖家营路，目前为规划路，建成后长约 700 米。	2017-7-22
44	党家庄街	该街位于新华区中东部，南北走向，南起北二环西路，北至新苑路，东临誉兴街。长约 1000 米，宽约 20 米。沥青路面。	2017-8-1
45	杜北街	该街位于新华区北部，南北走向，穿前杜北、后杜北、陈村的一条街，南起石清路，北至陈村小清河。长约 2000 米，宽约 15 米。沥青路面。	2017-8-1
46	大郭街	该街位于新华区西南部，南北走向，原大郭村内的主要街路，南起和平西路，北至大郭村内小路。长约 800 米，宽约 20 米。沥青路面。	2017-8-1
47	十里铺西街	该街位于长安区中部，南北走向，南起北二环东路，北至绵河路（规划路），高营大街以东。长约 700 米。	2017-8-24

续表

序号	名称	位置	批准时间
48	昌达路	该路位于裕华区南部，东西走向，西起裕翔街，东至颂德街，北临方盛路。长约 4200 米，宽约 20 米。柏油路面。	2017-8-24
49	荣昌路	该路位于裕华区南部，东西走向，西起裕翔街，东至建华南大街，北临昌达路。长约 1500 米，宽约 20 米。柏油路面。	2017-8-24
50	荣利街	该街位于裕华区南部，南北走向，北起福慧路（规划路），南至顺文路（规划路），西临建华南大街。长约 2000 米，宽约 20 米。柏油路面。	2017-8-24
51	变电街	该街位于新华区中部，东临西三庄街，西临西二环北路。南北走向，南起翔翼路，北至飞翼路。长约 400 米，宽 30 米，部分沥青路面。	2017-9-10
52	汇安路	该路位于桥西区东南部，北临仓顺路。东西走向，东起胜利南街，西至西三环路，目前已建成路段西至塔谈大街。长约 700 米，宽约 15 米。水泥路面。	2017-9-10
53	玉村街	该街位于桥西区西部，西临时光街，东临规划路。南北走向，北起槐安西路，南至育新路，目前已建成路段为新石北路至新石中路。已建成路段长约 500 米，宽约 15 米。水泥路面。	2017-9-10
54	华诚街	该街位于桥西区西北部，西邻瑞桥街，东临秀桥街，新华路两侧。南北走向，北起鹊桥路，南至规划路，目前建成路段长约 360 米，宽约 10 米。水泥路面。	2017-9-10
55	赵卜街	该街位于裕华区南部，东临建华南大街，西临规划路（昌博街）。南北走向，已命名路段北起南二环东路，南至石栾大街。现该街由石栾大街向南延伸至规划路（秦家庄路）。长约 5100 米，宽 20 米。柏油路面。	2017-9-22
56	临河街	该街位于新华区西部，东邻新华区卫生队宿舍，西临民心河。西北东南走向，西北起农科路，东南拐止新华路。长约 1200 米，宽 4 米。沥青路面。	2017-9-29
57	廉东街更名为廉东大街	此名称与该城区西部的廉西大街相呼应，体现指位，故更名。此街位于该城区东部，南北走向。北起石黄高速，南至世纪大道。全长 3329 米，宽 36 米。	2017-10-24
58	滹阳大街（藁梅公路北段）更名为廉西大街	此名称与该城区东部的廉东大街相呼应，体现指位，故更名。此街位于该城区西部，南北走向。北起石津东路（国道 307），南至顺中村。全长 7500 米。	2017-10-24
59	育英路更名为育英东路、育英西路	此路名称由藁城区民政局申报。此路位于该城区南部，廉州镇东刘村、西刘村村北，东西走向。东起翼辰南街，西至南马村村西军用路段。全长 4104 米，宽 36 米。为方便沿街门牌编码，以四明南街为界，东侧更名为育英东路，西侧更名为育英西路。	2017-10-24
60	世纪街和工纤胡同统一更名为廉华街	此街名称由藁城区民政局申报。因世纪街与世纪大道重名，并与工纤胡同称一线，现将世纪街和工纤胡同统一更名。此街位于该城区西南部，通安街和廉法街之间，南北走向。自廉州西路向北与化纤胡同相连通至工业西路，向南经过仁爱路延伸至世纪大道。全长 2255 米。	2017-10-24
61	廉西街更名为廉新街	因与拟更名名称廉西大街重名，故调整更名。此街位于该城区东部，四明南街与南关街之间，丁字街。北起高台庙，南至廉北路。全长 965 米，宽约 21 米。	2017-10-24
62	文源路更名为三铺路	此路名称由藁城区民政局申报。此路拟沿用老地名，保留历史痕迹，故更名。此路位于该城区北部，石黄高速与两铺路之间，东西走向。东起藁城区中燃翔科燃气有限公司，西至西城街。全长 2517 米，宽 12.5 米。	2017-10-24
63	志远路	该路位于长安区西北部，石黄高速以南，东西走向，东起育和街，西至肖阳街（规划路）。目前为规划路，建成后长约 1500 米。	2017-11-7
64	肖家营路	该路位于长安区西北部，石黄高速以南，东西走向，东起育和街，西至古城西路。目前为规划路，建成后长约 900 米。	2017-11-7

续表

序号	名称	位置	批准时间
65	金益街	该街位于长安区中部，高营大街以西，南北走向，南起北二环东路，北至东垣东路（规划路）。目前为规划路，建成后长约1200米。	2017-11-7
66	孔阳街	该街位于桥西区西北部，新华路南侧，南北走向，北起新华路，往南穿越孔寨路（规划路）转东南方向至张营村界。长约770米，宽约20米。沥青路面。	2017-12-18
67	孔信路	该路位于桥西区西北部，新华路南侧，东西走向，东起华诚街，西至石太铁路。长约980米，宽约15米。沥青路面。	2017-12-18
68	孔德街	该街位于桥西区西北部，新华路南侧，南北走向，北起孔信路，南至孔寨路。长约422米，宽约15米。柏油路面。	2017-12-18
69	孔寨路	该路位于桥西区西北部，新华路南侧，东西走向，东起中营街，西至西三环辅路。目前建成路段长约900米，宽约40米。沥青路面。	2017-12-18
70	尹泰路	该路位于桥西区东南部，红旗大街东侧，东西走向，西起红旗大街，东至滨河街。目前形成路段红旗大街至河北工程技术学院，长约300米，宽约6米。水泥路面。	2017-12-18

表68　2017年石家庄市区居民小区命名、更名一览表

序号	名称	申报单位	位置	批准时间
1	锐拓长安颐园	石家庄颐凯房地产开发有限公司	育和街2号	2017-1-20
2	常春藤小区（北区）	河北智高房地产开发有限责任公司	太行南大街1158号	2017-1-20
3	信步闲庭（4栋楼）	河北谊朋房地产开发有限公司	南车路163号副1号	2017-1-20
4	润都荣园	河北创隆房地产开发有限公司	学苑路30号	2017-3-12
5	悦城北区（12号地块）	河北祈福乾悦房地产开发有限公司	金石街12号	2017-3-12
6	悦城北区（16号地块）	河北祈福乾悦房地产开发有限公司	金石街16号	2017-3-12
7	新鼎华府	石家庄市新鼎房地产开发有限公司	东区位于富强大街99号、西区位于富强大街100号	2017-3-12
8	东南智汇城（香锦园）	河北中宏置业房地产开发有限公司	仓丰路178号	2017-3-30
9	东南智汇城（香馥园）	河北中宏置业房地产开发有限公司	仓丰路188号	2017-3-30
10	瑞达秀居	中维地产河北有限公司	中山西路915号	2017-3-30
11	绿朗时光小区（2栋楼）	石家庄正基房地产开发有限公司	信工路36号	2017-3-30
12	钰君苑	石家庄钰君房地产开发有限公司	和平西路555-1号	2017-3-30
13	上起澜湾小区（5栋楼）	石家庄上起房地产开发有限公司	鹿泉区铜冶镇北降壁村东，北降壁路188号	2017-3-30
14	西美花盛园	河北西胜房地产开发有限公司	植物园街2号	2017-3-30
15	紫涵樾府（一区）	石家庄紫涵房地产开发有限公司	济河路16号	2017-4-20
16	紫涵樾府（二区）	石家庄紫涵房地产开发有限公司	济河路15号	2017-4-20

续表

序号	名称	申报单位	位置	批准时间
17	桃园丽璟城（世家苑）	石家庄东海融发房地产开发有限公司	桃园路 15 号	2017-4-20
18	桃园丽璟城（世熙苑）	石家庄东海融发房地产开发有限公司	荷园路 8 号	2017-4-20
19	桃园丽璟城（世璟苑）	石家庄市长安区桃园社区居民委员会	桃园路 16 号	2017-4-20
20	格力雅苑	格力电器（石家庄）有限公司	太行南大街 270 号	2017-4-20
21	盛泽园	石家庄市藁城区房地产开发总公司	胜利东路 309 号	2017-4-20
22	橡嵘湾佳苑	石家庄宗源房地产开发有限公司	红星街 68 号	2017-4-20
23	阳光和煦园	河北庆洋房地产开发有限公司	警安路 79 号	2017-5-6
24	碧林华苑	石家庄熹都房地产开发有限公司	珠江大道 88 号副 1 号	2017-5-6
25	荣盛华府（东区）	河北荣商房地产开发有限公司	1-19 号楼常玉路 8 号、20-25 号楼常玉路 9 号	2017-5-6
26	中航花园	中梁江洲房地产开发有限公司	兴安大街 98 号	2017-5-6
27	奥华蓝郡	河北奥华房地产开发有限公司	繁荣大街 9 号	2017-5-6
28	顺通福邸	河北顺通房地产开发有限公司	北城路 10 号	2017-5-26
29	沁香园	石家庄德盛房地产开发有限公司	和平东路 618 号	2017-5-26
30	樱香园（3 栋楼）	河北龙悦房地产开发有限公司	宏远路 1 号	2017-5-26
31	融华府	石家庄弘城房地产开发有限公司	东岗路 51 号	2017-5-26
32	高远森霖城（一区）	河北旭远祥华房地产开发有限公司	祥华街 5 号（规划路）	2017-5-26
33	锦合园	河北锦堂房地产开发有限公司	仓兴街 36 号	2017-5-26
34	国赫天著小区	河北盈通房地产开发有限公司	石纺路 3 号	2017-6-15
35	唐宫原著名邸	石家庄中恒房地产开发有限公司	金明街 2 号	2017-6-15
36	尚宾城（一区）	河北尚元房地产开发有限公司	柏顺街 8 号	2017-6-15
37	南焦茉莉园	石家庄市裕华区建华南街道南焦社区居民委员会	体育南大街 405 号	2017-6-15
38	南焦玉兰园	石家庄市裕华区建华南街道南焦社区居民委员会	仓丰路 180 号	2017-6-15
39	南焦玫瑰园	石家庄市裕华区建华南街道南焦社区居民委员会	裕泰路 71 号	2017-6-15
40	南焦牡丹园	石家庄市裕华区建华南街道南焦社区居民委员会	裕泰路 72 号	2017-6-15
41	幸福城（一区）	河北百顺基业房地产开发有限公司	秀桥街 6 号	2017-7-4
42	盛邦花园（一区）	石家庄市盛邦伟业房地产开发有限公司	建设南大街 227 号	2017-7-4
43	盛邦花园（二区）	石家庄市盛邦伟业房地产开发有限公司	龙腾路 56 号	2017-7-4
44	盛邦花园（八区）	石家庄市盛邦伟业房地产开发有限公司	金利街 28 号	2017-7-4

续表

序号	名称	申报单位	位置	批准时间
45	东锦园	河北旺佳房地产开发有限公司	廉北路666号	2017-7-4
46	慢城（6号楼）	石家庄永生集团股份有限公司	天翼路8号	2017-7-22
47	诚华丰泽家园	石家庄诚华房地产开发有限公司	凌空桥路10号	2017-7-22
48	上城浩林园（5、6、7、8号楼）	石家庄市永生实业总公司	上城路69号	2017-7-22
49	天汇碧桂园	石家庄德诚碧桂园房地产开发有限公司	北区苑东街10号、南区福秀路6号	2017-7-22
50	铂宫时代小区	河北正华房地产开发有限公司	东区东垣西路（规划路）5号、西区柳董庄街（规划路）6号	2017-7-22
51	云熙府	河北中嘉伟业房地产开发有限公司	市府东路281号	2017-7-22
52	翡丽华府	河北润泯房地产开发有限公司	世纪大道东1号	2017-8-1
53	大尚盛世华府	河北大尚房地产开发有限公司	红旗大街818号	2017-8-1
54	恒大林溪郡（4栋楼）	石家庄伟轩房地产开发有限公司	西马庄村广财街8号	2017-8-1
55	茂伦华府（6栋楼）	河北茂伦房地产开发有限公司	获海路9号	2017-8-1
56	五方雅苑	河北中冠房地产开发有限公司	西大街90号	2017-8-17
57	南和苑	石家庄市保障性安居工程投资管理有限公司	天安路5号	2017-8-17
58	赫世名门华府	河北联泰房地产开发有限公司	工业西路113号	2017-8-17
59	河北经贸大学新石中路宿舍（4、5、6、7、8栋楼）	河北经贸大学	新石中路195号	2017-8-17
60	昊庭家园	河北锦昊房地产开发有限公司	辽河道15号	2017-8-17
61	中山华府海棠院	石家庄中迪房地产开发有限公司	正义街28号	2017-8-17
62	雅都园	石家庄市保障性安居工程开发建设有限责任公司	学苑路30号副8号	2017-8-17
63	天力家园（3栋楼）	石家庄富力房地产开发有限公司	昆仑南大街399号	2017-8-17
64	盛和苑	石家庄市保障性安居工程投资管理有限公司	十里铺西街5号	2017-8-24
65	天山九峰小区	河北智恒房地产开发有限公司	塔南路40号	2017-8-24
66	融通嘉苑	石家庄融通房地产开发有限公司	天山北大街76号	2017-8-24
67	熙悦园	石家庄市中瑞海佳房地产开发有限公司	农机街31号	2017-8-24
68	郝家福苑	石家庄高新技术产业开发区太行街道郝家营村民委员会	秦岭大街179号	2017-9-10
69	甲第瀚林苑	石家庄瀚麒房地产开发有限公司	昆仑南大街318号	2017-9-10
70	岸芷汀兰园（4栋楼）	河北润工房地产开发有限公司	变电街39号	2017-9-10
71	万科翡翠园	石家庄万科润德翡翠房地产开发有限公司	汇安路11号	2017-9-10

续表

序号	名称	申报单位	位置	批准时间
72	幸福城（二区）	石家庄市桥西区留营街道办事处石桥村村民委员会	秀桥街 8 号	2017-9-10
73	居美颐园	石家庄市裕华区宋营镇南辛庄村民委员会	珠江大道 5 号	2017-9-22
74	省法院振岗路宿舍	河北省高级人民法院	振岗路 116 号	2017-9-22
75	新留村东区	石家庄高新技术产业开发区长江街道留村村民委员会	淮河道 152 号	2017-9-22
76	新留村西区	石家庄高新技术产业开发区长江街道留村村民委员会	淮河道 108 号	2017-9-22
77	新留村南区	石家庄高新技术产业开发区长江街道留村村民委员会	湘江道 69 号	2017-9-22
78	铂宫厚海小区（17 栋楼）	河北正华房地产开发有限公司	育和街 37 号、36 号	2017-9-22
79	融创臻澜园	石家庄市巨邦房地产开发有限公司	赵卜街 99 号	2017-9-22
80	翰林颐园	石家庄市桥西区南郭社区居民委员会	西王街 38 号	2017-9-29
81	天力家园（4 栋楼）	石家庄富力房地产开发有限公司	昆仑南大街 399 号	2017-9-29
82	仕嘉华府	石家庄铜锣湾房地产开发有限公司	世纪大道 316 号	2017-9-29
83	大有容府家园	石家庄容府房地产开发有限公司	育英路 27 号	2017-9-29
84	郝家福苑更名为郝家营福邸	石家庄高新技术产业开发区太行街道郝家营村民委员会	秦岭大街 179 号	2017-9-29
85	枫璟园	中国电子科技集团公司第五十四所	中山西路 491 号	2017-10-24
86	融创臻瑞园	石家庄市巨邦房地产开发有限公司	荣利街 6 号	2017-10-24
87	融创臻祺园	石家庄市巨邦房地产开发有限公司	昌达路 33 号	2017-10-24
88	融创臻华园	石家庄市巨邦房地产开发有限公司	昌达路 36 号	2017-10-24
89	城南尚府（5 栋楼）	河北博厚房地产开发有限公司	107 国道鹿泉段 169 号	2017-10-24
90	安元嘉里熙园	石家庄市德临房地产开发有限公司	槐安东路 12 号	2017-10-24
91	高宏佳苑	河北高宏房地产开发有限公司	南降壁村兴中路 12 号	2017-11-7
92	桃花源小区（31 栋楼）	河北瑞熙房地产开发有限公司	槐安西路 399 号	2017-11-7
93	柳董庄福邸（北区）	石家庄市长安区柳董庄联合社区居民委员会	志远路 1 号	2017-11-7
94	柳董庄福邸（南区）	石家庄市长安区柳董庄联合社区居民委员会	柳成路 38 号	2017-11-7
95	海山湖景苑（4 栋楼）	河北慧昌房地产开发有限公司	北斗东路 168 号	2017-11-7
96	柳辛庄聚鑫园	石家庄市长安区柳辛庄社区居民委员会	东柳路 25 号	2017-11-26
97	融创臻景园	石家庄市巨邦房地产开发有限公司	昌达路 35 号	2017-11-26
98	优山美地小区	石家庄优山生态房地产开发有限公司	北薛庄村观光路 19 号	2017-11-26

续表

序号	名称	申报单位	位置	批准时间
99	华普园（一区）	河北华为房地产开发有限公司	孔阳街 2 号	2017-12-18
100	华普园（二区）	河北华为房地产开发有限公司	孔阳街 58 号	2017-12-18
101	华普园（三区）	河北华为房地产开发有限公司	华诚街 68 号	2017-12-18
102	华普园（四区）	河北华为房地产开发有限公司	孔阳街 99 号	2017-12-18
103	华普园（五区）	河北华为房地产开发有限公司	华诚街 21 号	2017-12-18
104	淳茂弘景苑（B 地块 1、2、5 号楼）	河北淳茂房地产开发有限公司	张举路 159 号	2017-12-18
105	南华聚福园	河北南华城房地产开发有限公司	汪家庄村经济路 28 号	2017-12-18
106	孔寨新村（一区）	石家庄市桥西区长兴街道办事处孔寨村村民委员会	孔阳街 4 号	2017-12-18
107	孔寨新村（二区）	石家庄市桥西区长兴街道办事处孔寨村村民委员会	孔阳街 26 号	2017-12-18
108	孔寨新村（三区）	石家庄市桥西区长兴街道办事处孔寨村村民委员会	孔阳街 3 号	2017-12-18
109	孔寨新村（四区）	石家庄市桥西区长兴街道办事处孔寨村村民委员会	孔阳街 37 号	2017-12-18
110	浅山逸景园	河北弥敦房地产开发有限公司	和平西路 667 号副 1 号	2017-12-18
111	华基君程美寓（1 号楼）	河北华基房地产开发有限公司	元北路 104 号	2017-12-18

表 69　2017 年石家庄市大型建筑物审核命名备案一览表

序号	名称	申报单位	位置	备案时间
1	博雅盛世商务大厦	河北瀚康俪业房地产开发有限公司	荷园路 59 号	2017-1-4
2	中冶盛世广场	河北中冶名润房地产开发有限公司	祥泰路 66 号	2017-2-22
3	瑞丰广场	石家庄市新鼎房地产开发有限公司	仓丰路 160 号	2017-3-7
4	天山大厦	天山房地产开发集团有限公司	长江大道 310 号	2017-3-21
5	天山创业城（5 栋楼）	天山房地产开发集团有限公司	长江大道 68 号	2017-4-18
6	赞城大厦	安鼎河北房地产开发有限公司	正定新区太行北大街 9 号	2017-5-2
7	元泰广场更名为中房元泰广场	石家庄鑫泰元房地产开发有限公司	体育北大街 66 号	2017-5-3
8	智汇环贸中心	河北中宏置业房地产开发有限公司	仓裕路 95 号	2017-5-23
9	鸿锐大厦	石家庄启锐房地产开发有限公司	裕光街 6 号	2017-6-8
10	新都汇广场	河北昌钰房地产开发有限公司	黄河大道 83 号	2017-6-8
11	天山创业城（1 栋楼）	天山房地产开发集团有限公司	长江大道 68 号	2017-6-12

续表

序号	名称	申报单位	位置	备案时间
12	南焦大厦	石家庄市裕华区建华南街道南焦社区居民委员会	仓裕路 81 号	2017-6-12
13	优悦大厦	石家庄市冀佳房地产开发有限公司	建明南路 80 号	2017-7-27
14	五方大厦	河北中冠房地产开发有限公司	西大街 88 号	2017-7-28
15	荣盛华府东区商务中心	河北荣商房地产开发有限公司	和平东路 209 号	2017-7-28
16	智汇广场	河北中宏置业房地产开发有限公司	裕泰路 77 号	2017-8-11
17	星际中心	河北润江房地产开发有限公司	长江大道 155 号副 1 号	2017-8-15
18	石家庄商会大厦	石家庄永恒房地产开发有限公司、石家庄市工商业联合会	平安南大街 7 号	2017-9-18
19	云科大厦	河北百舸众创空间有限公司	天山大街 38 号副 1 号	2017-9-30
20	中冶德贤一号商务楼	河北中冶名润房地产开发有限公司	塔南路 76 号副 1 号	2017-10-24
21	北环大厦	石家庄永熹房地产开发有限公司	金益街 1 号	2017-10-25
22	众和商务楼	石家庄市鹿泉区泰华房地产开发有限公司	石柏南大街 11 号	2017-10-26
23	安信科技大厦更名为创新大厦	河北昌泰建设发展集团有限公司	长江大道 315 号	2017-10-26
24	民生路融沁园	石家庄中迪房地产开发有限公司	大经街 26 号	2017-10-31
25	恒润时代广场（3 栋楼）	河北恒润房地产开发有限公司	平安南大街 2 号	2017-11-28

（市民政局）

精神文明建设

【概况】 2017 年，河北省省会精神文明建设委员会办公室（简称省会文明办）以争创全国文明城市为统揽，组织开展公民思想道德教育、社会主义核心价值观教育和志愿者服务等活动。11 月 17 日，石家庄市获评第五届全国文明城市，正定县获评全国文明县城，8 个单位获评全国文明单位、4 个学校获评全国文明校园，市第二中学获评全国未成年人思想道德建设工作先进单位。12 月 13 日，石家庄市获评首届河北省文明城市，7 个区获得河北省文明城区称号，6 个县获得文明县城称号。评选 2016 ～ 2017 年度市级文明单位、文明乡镇、文明村、文明社区、文明校园 985 个（参见《石家庄年鉴 2018》类目“附录”）。2017 年石家庄市张德云获授“全国见义勇为模范”称号，王生廷、王双廷 2 人获授“第六届全国道德模范”称号，平茜、牛靖萱、张贵平、谷焕珍、吴俊巧 5 人获评“中国好人”称号；田金兵、宋龙涛 2 人获授“河北省见义勇为英雄”称号，李进城、贾志刚、王进才、王生廷、毕志勇、任晓飞、闫新顺、侯建刚 8 人获授“河北省见义勇为模范”称号，白入社、白拴龙、白双龙、刘军军、霍海龙、杨正文救人群体，潘金砖、潘四宝、齐二保救人群体，柳国强、柳二军、柳艳忠救人群体，宋会成、王志永救人群体 4 个群体获授“河北省见义勇为模范群体”称号；王生廷、王双廷、谷焕珍 3 人获授“河北省第六届道德模范”称号，田金兵、郄志江、李耀青 3 人获得“河北省第六届道德模范”提名奖；36名个人和1个群体获评“河北好人”；评选“感动省城人物”6人6个群体，授予20人“石家庄市第五届道德模范”称号（参见《石家庄年鉴2018》类目“人物”）。建成社会主义核心价值观涵育基地7个。建设各类学雷锋志愿服务站点2400余个，举办文明引导、便民服务、政策宣讲、环境卫生、文明创建等志愿服务活动23.8万余次，参与活动志愿者165.4万人；市公安局北站警务站入选第三批全国学雷锋活动示范点，4个典型入选中央宣传部、中央组织部、中央文明办等部门联合评选的志愿服务“四个100”先进典型，4个单位获评为河北省学雷锋示范点，4名个人获评为河北省岗位学雷锋标兵。推动农村精神文明建设，印发《关于在全市开展“推动移风易俗 树立文明乡风”主题活动的实施意见》《石家庄2017—2020年文明村镇创建行动计划》，10个村镇获评全国文明村镇，54个乡镇和57个村分别获得2016～2017年度市级文明乡镇、市级文明村称号。

创建文明城市

【创建全国文明城市】 市委、市政府确定2017年为石家庄市创建全国文明城市攻坚之年。3月2日，全市召开创建全国文明城市动员会。组建成立以省委常委、市委书记邢国辉为政委，市长邓沛然为总指挥的创建指挥部。市委常委会多次听取创建全国文明城市工作汇报，专题研究精神文明建设事项。成立10个创建工作部，确定1名市领导牵头负责，每周一调度，两周一督导，及时解决创建全国文明城市工作中存在的问题。市创建全国文明城市指挥部办公室组成15个督导组，不间断拉网式督导检查全市所有测评点位，发现问题列出台账清单，及时通报调度，限期整改落实。各县（市、区）按照市委、市政府统一安排部署，以创建全国文明城市为抓手，以问题整改为导向，同步开展文明城市创建工作。落实市领导“紧盯目标、紧盯问题、紧盯责任”要求，以城市顽疾为突破口，坚持创建为民和问题导向，实施市容环境、交通秩序、老旧小区等专项攻坚行动。广泛开展“建设文明石家庄，做文明石家庄人”活动，启动文明交通、文明环境、文明社区、文明校园等十大文明行动，评选确定“石家庄市民文明10条”。发挥主流媒体宣传作用，利用全市各商业网站、政务微博等，在首页显著位置集中展示“讲文明·树新风”公益广告，中国电信、中国移动、中国联通各石家庄分公司以短信、彩信方式，推送创建全国文明城市宣传用语。至2017年末，全市累计在主次干道、背街小巷设置公益广告12万余处30多万张，在工地围挡设置公益广告宣传193处12.6万平方米，沿街5534个LED显示屏播放创建文明城公益广告，公园广场、街道游园安装文明展牌4400余块。结合创建全国文明城市活动，探索在城市公园、广场、景区打造公民道德、核心价值观、文明旅游等主题景观，省会儿童少年活动中心创建设立全国唯一一家“家风家训”主题公园。推进社会主义核心价值观涵育基地建设，建设社会主义核心价值观涵育基地10处。打造整洁有序的城市环境。全年清理生活垃圾、混合垃圾、建筑垃圾7.2万立方米，清理高速路两侧垃圾污物4.5万立方米，清洗沿街建筑外立面70万平方米；清理占道游商和店外经营等1.3万余处、占道广告牌和灯箱2.1万多个；清理主次干道、小街巷各类小广告350多万处。开展绿化美化活动，在城区内重要道路沿线、公园广场重要景观节点，种植各种时令花卉近2000万株，改造提升绿地面积35.8万平方米，设置立体花坛46座，整修公园绿化面积5.06万平方米。实施道路交通秩序大整顿，推行最严交规和重点举措“双20条”。2017年石家庄市查处行人交通违法行为6000余人次、查处非机动车交通违法行为3万余人次，查处机动车乱停乱放20余万辆次；安装道路便道护栏23980米，新增各类公益停车位22996个，全市市民广泛形成安全出行、文明出行的良好风尚。将提高市民素质作为创建全国文明城市的出发点和落脚点，坚持从一点一滴做起，做到在教育中培养、在实践中塑造、在管理中强化。2017年井陉县小作镇王生廷、王双廷兄弟获得全国道德模范称号，受到习近平总书记的亲切接见。11月17日，第五届全国精神文明建设工作表彰大会在北京人民大会堂举行，石家庄市在此次会上获评全国文明城市称号，省委常委、市委书记邢国辉代表全体石家庄市民领取全国文明城市奖牌。2017年正定县获评第五届全国文明县城称号，6县7区获评省级文明县城（城区）称号。

【公民思想道德教育】 选树榜样，以优秀人物推进公民思想道德建设。2017年石家庄市王生廷、王双廷2人获授“第六届全国道德模范”称号，平茜、牛靖萱、张贵平、谷焕珍、吴俊巧5人获评“中国好人”；王生廷、王双廷、谷焕珍3人获授“河北省第六届道德模范”称号，田金兵、郄志江、李耀青3人获得“河北省第六届道德模范”提名奖；36名个人和1个群体获评“河北好人”称号；评选“感动省城人物”6人6个群体，授予20人“石家庄市第五届道德模范”称号（参见《石家庄年鉴2018》类目“人物”）。至2017年底，全市累计获得全国道德模范及提名奖7人、省级道德模范及提名奖24人、市级道德模范101人、中国好人59人。以道德需要引领、风尚重在培养为理念，加大学好人、做好事宣传。精选社会基层、各行各业产生的身边好人先进事迹，编辑印刷《感动——我身边的美德故事》思想道德宣传读本。发挥新闻媒体平台作用，开展美德故事进社区、进校园、进机关、进工厂活动。2017年省会文明办、石家庄广播电台联合推出百集系列美德故事广播，展示和宣传石家庄人勤劳朴实、豁达包容、乐于助人的精神风貌。举办节日主题活动，引导市民培养形成良好的道德风尚。春节、元宵节期间，以辞旧迎新、团圆平安、尊老爱幼、扶贫济困为主题，开展文明礼仪、道德守礼、孝老爱亲、关爱服务等活动，营造安定和谐、欢乐祥和的喜庆氛围。清明节期间，以红色缅怀、绿色清明为主题，举办“我们的节日·清明节”主题活动，印发《关于2017年开展“我们的节日·清明”主题活动的通知》，组织开展祭奠先烈、先贤、先人活动。端午节期间，以经典诵读、体育健身、文化娱乐等活动为主题，开展“我们的节日·端午节”主题活动，挖掘和展示传统节日的丰富内涵，引导市民投身“中国梦”的伟大实践。重阳节期间，省会文明办、石家庄广播电视台、市民政局等7个部门在市人民会堂联合举行以“孝亲敬老、乐享幸福”为主题的“石家庄敬老节”活动。落实道德模范礼遇制度，多次组织走访慰问道德模范、中国好人、文明公民标兵等先进模范典型活动，主动营造“做好人光荣、好人有好报”社会理念和城市氛围。

【社会主义核心价值观教育】 青少年爱国主义教育。以纪念石家庄市解放70周年为契机，组织全市青少年传唱歌颂党、歌颂祖国、歌颂“中国梦”、弘扬正能量的优秀歌曲，引导青少年爱党、爱国、爱家乡。5月3日，省会文明办、市教育局、石家庄广播电视台联合举行第二届“童心向党 青春追梦”电视歌咏大赛活动，参赛对象为6～18岁青少年。推行社会主义核心价值观涵育基地教育形式，发挥社会主义核心价值观涵育基地教育引导、文化熏陶、志愿互动功能，营造全社会崇尚社会主义核心价值观的浓厚氛围。明确社会主义核心价值观涵育基地功能定位，选择人流密集、贴近群众的公园、广场、展馆等地方建设。突出四种文化形式，即中华民族的优秀传统文化、根植乡土影响一方风土人情的乡贤文化、发生在当地的红色文化、社会主义建设实践中创造的革命文化。坚持三个原则，即乡土化原则、直观性原则、生活化原则，以就近就便、公益开放形式，推进群众潜移默化，受到教育和熏陶。2017年全市建成社会主义核心价值观涵育基地7个，分别为赞皇县石臼山文化主题公园、藁城耿村、井陉矿区西岗头村、井陉县富达山庄、新华区宁安街道北新街社区、元氏县王家庄村、长安区文心书院。2015～2017年，石家庄市累计建成社会主义核心价值观涵育基地19个。

【志愿服务】 围绕弘扬“奉献、友爱、互助、进步”志愿服务精神，组织开展形式多样、贴近民生的社区志愿者服务活动。“党员活动日”志愿服务。全市确定每月第一个星期六各单位组织一次“党员活动日”志愿服务活动，全年集中举办“党员活动日”志愿服务活动9次；党员志愿服务活动形式主要有交通执勤、法律宣讲、政策解读、政务咨询、健康义诊、文化活动等。学雷锋志愿服务站点建设。以城乡社区、公共文化设施、景区景点、窗口单位为重点，在人流密集、与市民生活密切的地方，建立标准高、有特色、服务广、实效强的学雷锋志愿服务站点，方便市民参与志愿服务活动。2017年全市建设各类学雷锋志愿服务站点2400余个，其中，公园广场学雷锋志愿服务站56座，商业街区学雷锋志愿服务驿站115个，社区（街道）学雷锋志愿服务站390个，窗口单位学雷锋志愿服务岗816个，主城区外各县（市、区）学雷锋志愿服务站800个，公共文化设施学雷锋志愿服务站24个，文明引导学雷锋志愿服务站100个，地铁学雷锋志愿服务站35个，市民公益基地50个。重视志愿服务站点层次和质量建设，重点打造民族路商业街、东风路商业街、广安大街等8个特色学雷锋志愿服务站。各志愿服务站点结合自身特点，全年举办文明引导、便民服务、政策宣讲、环境卫生、文明创建等志愿服务活动23.8万余次，参与活动志愿者165.4万人。2017年市公安局北站警务站入选第三批全国学雷锋活动示范点；市第一中学、市妇幼保健院患者回访中心、藁城区国税局、石家庄公路主枢纽西王客运站4个单位被省委宣传部命名为河北省学雷锋示范点；金马小学教育集团校长袁冠贤、市第四十中学一级教师张巧欣、石家庄信息工程职业学院孵化园管委会主任助理王鹏、石家庄广播电视台副台长白贵敏4人被省委宣传部命名为河北省岗位学雷锋标兵。2017年末，石家庄市4个典型入选中央宣传部、中央组织部、中央文明办等部门联合评选的志愿服务“四个100”先进典型，其中，苏俐入选“最美志愿者”，河北心灵花园志愿团入选“最美志愿服务组织”，河北省“红十字博爱在省城”志愿服务项目入选“最佳志愿服务项目”，新华区北新街社区入选“最美志愿服务社区”。

【农村精神文明建设】 开展“推动移风易俗　树立文明乡风”主题活动，印发《关于在全市开展“推动移风易俗　树立文明乡风”主题活动的实施意见》，收集各县（市、区）推动“移风易俗”好的经验和做法，将优秀村镇推荐到省文明办；向全市发出“移风易俗”倡议书，营造“推动移风易俗　树立文明乡风”氛围。印发《石家庄2017—2020年文明村镇创建行动计划》，将农村“十个一”标准（一个村民中心，一个文化广场，一条乡风文明示范街，一批善行功德榜，一套村规民约，一个红白事理事会，一个道德讲堂，一支志愿者队伍，一支乡贤骨干队伍，每年评选表彰或复检一次“十星级文明户”“五好文明家庭”）作为评选文明村镇的重要依据。10个乡镇获得全国文明村镇称号，54个乡镇和57个村分别获得2016～2017年度市级文明乡镇、市级文明村（参见《石家庄年鉴2018》附录“光荣榜”）。

河北省省会精神文明建设
委员会办公室
市委宣传部副部长、省会文明办
主　任：李刚
副主任：臧建平（7月任）
（省会文明办）

区县（市）

Districts and Counties (cities)

长 安 区

【概况】 长安区位于石家庄市主城区东北部，总面积138.31平方千米。辖4个镇、12个街道办事处，147个居委会、8个村委会，常住人口81.88万人。2017年长安区完成地区生产总值500.8亿元，同比增长10.7%。其中，第一产业增加值1.1亿元，下降11.1%；第二产业增加值82.3亿元，增长4.8%；第三产业增加值417.5亿元，增长11.9%。三次产业比例为0.2∶16.4∶83.4。固定资产投资479.2亿元，同比增长1.3%。全部财政收入120.8亿元，同比增长12.6%，其中，公共财政预算收入48.6亿元，增长11.3%；财政支出30.6亿元，同比增长16.1%。农林牧渔业总产值2.0亿元，同比下降9.5%。规模以上工业总产值116.9亿元，规模以上工业主营业务收入217.3亿元；规模以上工业增加值29.1亿元，同比增长9.8%；规模以上工业利润6.95亿元，同比下降5.0%。规模以上工业高新技术产业增加值1.1亿元，同比增长22.2%。万元工业增加值能耗同比下降7.6%。社会消费品零售总额336.3亿元，同比增长10.3%。服务业增加值420.8亿元，同比增长11.9%。实际利用外资3.04亿美元。城镇居民人均可支配收入36923元，同比增长8.2%。区房地产交易大厅启用。培育众创空间9家。新认定科技型中小企业193家、科技型小巨人企业9家。举办首届科技创新大赛，吸引全国100余家企业和创业团队参加。2017年长安区位居“全国创新创业（双创）百强区”第59位、“全国综合实力百强区”第76位。

中共长安区委书记：凌青利
区人大常委会主任：刘卓雄
区　　　长：穆德英（1月代，2月任）
区政协主席：袁捷才（2月免）
　　　　　　鲁志强（2月任）

【产业项目】 全年长安区实施建设项目113个，总投资2619.3亿元。举办3次项目集中开工活动，元泰中心、瀚鼎广场等16个新项目开工。御景半岛商业广场、永嘉公园城等13个项目主体完工或竣工，保利商业广场购物中心正式营业。长安万达广场、荣盛广场等7个市级重点项目进展顺利，完成投资91亿元。2月15日，长安区7个市级重点项目开工，总投资156亿元。其中，热电厂化肥厂生活区改造位于规划路以东，体育大街以西，和平路以南，谈北路以北，主要打造生态景观、共享空间、信息传递、商务服务、金融支持等多维一体化办公生活新体系，总投资10.5亿元，总建筑面积30万平方米；另外6个项目为荣盛广场、长安万达广场、保利商业广场、御景半岛商业广场、中商大厦、元泰中心。制定出台《产业项目评审办法》《亿元楼宇培育实施方案》等文件，主动对接战略投资者，实施精准招商。举办项目集中签约仪式，平安银行、燕赵财险、春秋航空河北总部等211个项目签约，总投资1809.96亿元。楼宇经济税收贡献率提升，全区税收收入千万元以上楼宇达11家，勒泰中心成为长安区首个“亿元楼”。稳步推进土地收储，东古城地块作为全市第一宗“整案制”做地项目，拆迁腾地1351亩，工作方法和经验在全市推广。

【城区建设】 柳董庄、柳林铺等12个城中村改造持续推进，谈二社区、丰收路118号院等6个旧城改建项目动工。棚户区改造新开工3655套、竣工4141套，超额完成建设任务。加快房地产开发历史遗留问题处置，有效解决率达79%。完善交通路网，谈固东街、荷园路等10条道路整修完工，高标准养护区管道路84条，创新使用“内圆外方”井盖360套。东北地表水厂、石济客专、轨道交通1号线等重点市政工程征迁任务按期完成。拆除违法违规建筑设施15.6万平方米，整改违法用地1548亩。开展文明城区创建活动，长安区获评首届“河北省文明城区”。集中开展“百日攻坚”专项行动，综合整治主次干道、公园广场、集贸市场、背街小巷、老旧小区、城乡接合部，城区面貌得到改善。打造中山路“社会主义核心价值观”主题示范街，设置绿植雕塑14座。规范停车秩序，施划免费机动车泊位2711个、非机动车停放标线6825处。推行“以克论净”保洁模式，主城区道路机械清扫面积达90%。新建垃圾转运站3座，改造公厕60座，建成全市首座“第三卫生间”。推行智慧城管，率先在全市使用“无人机”、无线监控摄像辅助执法。重拳整治城市“顽疾”，撤除沿街占道棚亭78处，取缔占道市场5个，新建便民市场2家，规范门头牌匾2.1万平方米。探索老旧小区管理新模式，52个试点小区引入保障性物业服务。实施大气污染防治行动，落实“1+19”行动方案，加强污染源专项治理，整改取缔“散乱污”企业100家，治理存在挥发性有机物企业13家。开展燃煤污染治理，二环路外28个村（居）17878户“煤改气”任务实现散煤清零目标。大气环境质量改善，市人民会堂、市第二十二中学南校区2个国控点PM2.5平均浓度同比分别下降10.9%、11.8%。严格水资源管理，率先在全市完成自备井关停任务。落实河长制管理要求，推进滹沱河生态修复工程，沿河义务植树45万株。实施公园、道路绿化提升工程，全区提升和绿化面积11万平方米，绿化覆盖率达到40.3%。

（丁捷）

桥　西　区

【概况】 桥西区位于石家庄市主城区西南部，总面积75.28平方千米。辖17个街道办事处，126个居委会、15个村委会，常住人口83.98万人。2017年桥西区完成地区生产总值545.5亿元，同比增长10.6%。其中，第一产业增加值0.5亿元，下降17.4%；第二产业增加值53.1亿元，增长0.7%；第三产业增加值491.9亿元，增长11.8%。三次产业比例为0.1∶9.7∶90.2。固定资产投资498.6亿元，同比增长1.2%。全部财政收入162.9亿元，同比增长11.3%，其中，公共财政预算收入63.0亿元，增长0.4%；财政支出37.0亿元，同比增长13.6%。农林牧渔业总产值7128万元，同比下降22.2%。规模以上工业总产值17.6亿元，规模以上工业主营业务收入23.6亿元；规模以上工业增加值5.2亿元，同比增长9.7%；规模以上工业利润7889万元，同比增长103.6%。规模以上工业高新技术产业增加值9594万元，同比增长21.2%。社会消费品零售总额516.2亿元，同比增长9.9%。服务业增加值476.0亿元，同比增长11.0%。实际利用外资8987万美元。城镇居民人均可支配收入37656元，同比增长8.1%。2017年桥西区固定资产投资、社会消费品零售总额位列石家庄市第一。

中共桥西区委书记：刘军志

区人大常委会主任：

赵新惠（2月免）

张书凯（2月任）

区　　长：戎华奎

区政协主席：张书凯（2月免）

蒲建伟（2月任）

【产业项目】 2017年桥西区安排建设项目115个，总投资1900亿元。其中，区级重点项目29个，完成投资83.8亿元，占年度计划的116.7%；市级重点项目6个，完成投资44.9亿元，占年度计划的221%。中交财富中心等3个项目竣工，华润中心等3个项目主体封顶。推进招商引资，制定总部经济、金融业发展等5项政策；组建专业招商队伍，赴深圳、上海等金融产业重点区域开展针对性招商；采取专业招商、委托招商相结合方式，聘请赛迪公司、和君咨询等4家服务外包公司及谷川联行、深圳实战招商平台等3家招商咨询策划机构；采用全员招商策略，全区部门和街道办事处全部落实定任务、定标准、定奖惩制度，形成全员抓招商、全员促引资的局面。打造保险、人力资源、基金、交通数据四大产业园区，发挥园区聚集优势，吸引优质企业入驻。2017年桥西区签约投资项目180个，总投资额1492亿元。

【城区建设】 整治市容市貌，开展创建全国文明城市、省级文明城区活动，获评全省文明城区。投入资金2.2亿元，实施市容市貌、老旧小区、集贸市场等六大专项整治行动。实行小巷管家、楼院管家等精细化管理机制，推行“路长制”管理，2017年末全区“路长制”管理实现全覆盖。开展违法违章建筑整治行动，拆除私搭乱建设施4500处、5万余平方米，清理垃圾6万余立方米。投资1200余万元，高标准实施民族路商业步行街及周边区域景观改造提升工程。投资500余万元，4次大规模整治佳农市场“脏乱差”问题；组建成立80人管理和保洁队伍，彻底改变佳农市场环境面貌。推进中华大街南延、汇明路地下综合管廊等重点市政工程征地拆迁工作，工程涉及6栋居民楼、40家产权单位签订拆迁协议。按期完成和平路西延、南栗明渠、四支渠黑臭水体综合整治等项目。实施旧城区改造，中电科第五十四研究所生活区等15个旧城改造项目稳步推进，建成回迁楼71.3万平方米。实施景观提升、道路秩序整治、绿化亮化等11个专项行动，清理各类占道经营活动，4个公园完成夜景亮化工程。实施留村西街等6条道路新建和大修工程。日处理能力1500吨生活垃圾压缩转运站主体完工。落实“1+16”大气污染治理意见和专项方案，开展秋冬季攻坚、扬尘治理、油品质量监管等6个大气污染治理专项行动。14个村（居）3646户“气代煤、电代煤”任务完成。清缴散煤728吨、炉具4177台，全区实现无煤化目标。实施三简路、滨河街等街道绿化提升项目，补植增绿道路100余条；岗西公园建成开园。2017年桥西区新增绿化面积14.5万平方米。

（刘征兵　宋惠君　温汝）

新　华　区

【概况】 新华区位于石家庄市主城区西北部，总面积92.11平方千米。辖15个街道办事处，97个居委会、13个村委会，常住人口69.5万人。境内拥有赵佗先人墓、毗卢寺、解放纪念碑、大石桥、正太饭店、中国银行“小灰楼”等历史文化古迹。2017年新华区完成地区生产总值296.8亿元，同比增长10.8%。其中，第一产业增加值0.4亿元，下降24.6%；第二产业增加值61.7亿元，增长7.6%；第三产业增加值234.7亿元，增长11.9%。三次产业比例为0.1∶20.8∶79.1。固定资产投资351.1亿元，同比增长1.0%。全部财政收入68.7亿元，同比增长13.9%，其中，公共财政预算收入27.2亿元，增长7.6%；财政支出25亿元，同比增长24.2%。农林牧渔业总产值6558万元。规模以上工业总产值8.4亿元，规模以上工业主营业务收入7.9亿元；规模以上工业增加值2.3亿元，同比增长15.3%。规模以上工业高新技术产业增加值7298万元，同比增长8.6%。社会消费品零售总额245.7亿元，同比增长11.3%。服务业增加值235.0亿元，同比增长11.9%。实际利用外资829万美元。城镇居民人均可支配收入37105元，同比增长8.2%。

中共新华区委书记：刘建芳
区人大常委会主任：
　　陈小平（2月免）
　　韩新民（2月任）
区　　长：刘振乾
区政协主席：李明霞（2月免）
　　　　张彩珍（2月任）

【产业项目】 全年实施重点项目64个，总投资683亿元。其中，西美花盛、尚宾城等11个项目开工；天河商业广场、华业商务广场等23个项目主体竣工或投用；小安舍城中村改造等5个项目正在施工。全区新增商务、商业面积19万平方米。发展总部经济，主动融入京津冀协同发展大局，开展大范围、全领域招商。全年招商引资对接304次，签订合作协议220项，拟引进资金929亿元。总投资超150亿元的“金融街中央商务区”项目在2017中国·廊坊国际经济贸易洽谈会作为河北省重点内资项目签约。总投资20亿元的“新华万达广场”项目在2017中国·石家庄国际投资合作洽谈会签约。新华网、中关村海淀创业园、北工大创新中心等新兴行业企业和中石油天然气河北销售公司、中电建河北新能源开发公司、中铁二十二局建筑工程公司、中建一局京通路桥建设公司等企业区域总部落户新华区，新增纳税企业543家。

【城区建设】 提升城区形象，柏林庄、西三庄、小安舍、于底4个千亩片区和市第二中学宿舍棚户区改造拆迁完毕，消除D级危房1.6万平方米，超额完成石家庄市下达任务目标。和平路高架桥西延、地铁3号线土地征收基本完成。投资2000万元，实施明珠街、丰产路等6条道路大修工程和28条道路整修工程、宁安路等3条道路排水设施改造工程完工，消除存在多年大马村黑臭水体，封闭影响中华北大街快速路南高基路口。配套2000万元，改造老旧小区供热管网140万平方米。改善城市容貌，建成全国首个“家风家训”主题公园。打造城市名片，高标准建设清真寺民族风情步行街，升级改造民族路商业步行街。投资5200万元，实施水上公园、赵佗公园、中山公园升级改造工程。总占地6400余亩的毗卢寺公园、小清河生态恢复和景观提升工程前期准备完成。开展违法违章建筑设施整治行动，拆除违法建设、违章建筑37.6万平方米，整改违法占地100.2亩。加强城区精细化管理，实行商户门前三包“红黑榜”机制，运用大数据、物联网等新技术提升城市管理智能水平。集中整治摊点乱摆、广告乱贴、车辆乱停等城市管理顽疾，占道经营市场全部规范为早夜市疏导区。妥善解决事关百姓切身利益的房地产历史遗留问题，涉及居民5.57万户，已解决总数达到90%。

（宋稳波）

裕　华　区

【概况】 裕华区位于石家庄市主城区东南部，总面积60.8平方千米。辖2个镇、11个街道办事处，96个居委会、5个村委会，常住人口55.5万人。2017年裕华区完成地区生产总值251.1亿元，同比增长10.8%。其中，第一产业增加值0.1亿元，下降82.3%；第二产业增加值44.8亿元，增长7.2%；第三产业增加值206.2亿元，增长11.8%。三次产业比例为0.1∶17.8∶82.1。固定资产投资414.2亿元，同比增长1.4%。全部财政收入75.6亿元，同比增长32.5%，其中，公共财政预算收入31亿元，增长9.4%；财政支出16.5亿元，同比下降10.3%。农林牧渔业总产值977万元。规模以上工业总产值32亿元，规模以上工业主营业务收入28.9亿元；规模以上工业增加值8.4亿元，同比增长8.8%；规模以上工业利润总额3.3亿元，同比增长26.0%。规模以上工业高新技术产业增加值1.2亿元，同比增长26.1%。社会消费品零售总额190.3亿元，同比增长10.6%。服务业增加值206.2亿元，同比增长11.8%。实际利用外资3513万美元。城镇居民人均可支配收入37939元，同比增长8.1%。

中共裕华区委书记：王丽君
区人大常委会主任：
　　韩志芳（2月免）
　　刘凤清（2月任）
区　　长：管云天（2月任）
区政协主席：于凤玲（2月免）
　　　　　　纪英超（2月任）

【项目建设】 全年安排千万元以上项目63个，总投资1173亿元，其中中冶城市商业广场等8个市级重点项目完成投资99.5亿元。市第一医院新院区等9个项目开工建设，维多利亚三期等33个续建项目顺利推进，河北国际商务广场等7个项目竣工投用。两个投资超百亿元的南焦、贾村城中村改造项目，当年累计完成投资超60亿元。星光智汇广场等2个项目在全市项目观摩活动中，综合考评市内区排名第一。宋村、方村两个大体量综合区域开发项目取得实质性进展。围绕高端现代服务业，加快经济转型升级。全年新增国家级众创空间1家、市级众创空间5家，市级以上众创空间数量占到石家庄市的26%。楼宇经济快速发展，石韵商务楼等8栋商务楼宇竣工投用，新增楼宇面积32.3万平方米，商务楼宇总面积累计达到281万平方米，吸引入驻企业340家；新增鑫科国际等2栋税收收入亿元楼宇、方北商务楼等6栋税收收入超千万元楼宇，2017年末全区亿元楼宇达到8栋。成功举办“创新裕华·合作共赢”

重点项目集中签约仪式，众美定制广场等50个重点项目现场签约，总投资额超100亿元。

【城区建设】 轨道交通3号线、南二环东延等市政项目土地征迁妥善解决，龙腾路等6条道路通车，方兴路等36条道路实施高标准养护。城中村及棚户区改造稳步推进，南焦村顺利回迁，铁路运输学校等3个棚户区改造项目开工。开展老旧小区综合整治，94个小区供暖改造完工，保障性物业实现全覆盖，5000余户居民用水难问题得到解决。实施违法违章建筑设施整治，提高拆除标准，缩短拆除时限，清理违法占地面积1520亩，拆除违法建筑设施73万平方米，提前3个月完成拆除任务。整治房地产历史遗留问题，为1.1万余户居民办理不动产登记。改善城区容貌，以创建全国文明城市为契机，集中开展市容整治等8个专项行动。加强工地扬尘管控，所有在建工地做到在线监控。改造和升级区属公园5所，东京北游园建成开园。全年种植各类乔灌木31万株，新增绿地面积35.7万平方米。

（赵春常）

井陉矿区

【概况】 井陉矿区位于石家庄市区西部，周边被井陉县环绕，属石家庄市辖区，距离石家庄市主城区50千米。总面积69.98平方千米，辖2个镇、1个乡、2个街道办事处，38个居委会，常住人口10万人。2017年井陉矿区完成地区生产总值45.5亿元，同比下降29.2%。其中，第一产业增加值0.5亿元，下降9.3%；第二产业增加值21.6亿元，下降48.5%；第三产业增加值23.5亿元，增长10.6%。三次产业比例为1.1∶47.4∶51.6。固定资产投资84.9亿元，同比增长2.0%。全部财政收入6.1亿元，同比增长22.6%，其中，公共财政预算收入3.1亿元，增长17.8%；财政支出7.9亿元，同比下降11.5%。农林牧渔业总产值8282万元，同比下降10.5%。规模以上工业总产值103.5亿元，规模以上工业主营业务收入120.1亿元；规模以上工业增加值20.4亿元，同比下降50.6%；规模以上工业利润总额1.4亿元。规模以上工业高新技术产业增加值4.2亿元，同比增长12.3%。社会消费品零售总额16.1亿元，同比增长10.4%。服务业增加值23.5亿元，同比增长10.6%。实际利用外资19万美元。城镇居民人均可支配收入29539元，同比增长8.3%；农村居民人均可支配收入17254元，同比增长8.2%。

中共井陉矿区区委书记：来广普
区人大常委会主任：刘连一
区　　长：李瑞峰
区政协主席：李进朝

【产业项目】 6个总投资148.2亿元的市级重点建设项目顺利推进。3个项目申报2018年度采煤沉陷区综合治理资金获得国家发展改革委批准。石钢公司环保搬迁项目占地工作完成。投资5.77亿元的庆晟特钢精密棒材加工试生产，谋划熔盐蓄热装备制造项目、单螺杆空压机\膨胀机制造项目、新兴结构钢项目由井矿集团承接建设。投资6亿元的领邦新能源汽车电池箱生产项目试生产，投资12亿元的中渥电气项目开工。推进传统产业升级，计划投资6亿元的干熄焦改造余热发电项目完成投资7.86亿元，投资9.3亿元的凯德尼斯蒽油轻质化技术改造一期建设完工，矿峰水泥住宅装配化项目签订合作意向。制定出台招商引资激励政策，建立和完善招商责任制、信息汇总研判机制、定期调度机制。参加招商活动40余次，新入库项目77个，签约项目12个，总投资额80.7亿元，其中落地项目8个。工业园区机构编制、人事薪酬、行政审批、投融资平台建设4项改革完毕。钢铁产业园区规划编制完成，园区总体规划环境评价通过省环保厅审查。与九瀛金控公司签订PPP项目合作框架协议。

【城乡建设】 城乡总体规划获得市政府批复。省级园林城、卫生城复查顺利通过。S334省道贾庄至平山段建成通车，平赞高速井陉矿区段正在施工，南北出入口拓宽竣工通车，贾凤路大修完工。文兴西路绿化提升，获评省级园林式街道；康盛商业步行街升级改造为高品质商业购物一条街；实施杏花沟公园夜景亮化提升工程，利用拆违空地建设4个高标准林荫停车场。实施7个老旧小区改造，更换老旧供暖、供排水设施，新增绿化面积3000余平方米。以“拆”“迁”“改”“提”“美”为内容，提升城乡建设水平。拆除城区中心老旧菜市场、南北出入区口、主次干道、住宅小区、农村社区的危陋建筑、超期临建、私搭乱建109项2.6万平方米，全部实施绿化、硬化、美化、亮化工程。依法取缔主城区2个马路市场和占用康盛家园小区公共场地摆摊设点商贩，配套建设占地20余亩旺兴农贸市场。加快建设海绵城市，新铺装5.8万平方米人行便道、停车位全部采用透水砖、草坪砖，文兴西路、红房街南延2条新修道路实施雨污分流。“智慧城市”管理平台建成投用，主要道路实现全覆盖。制定《美丽乡村建设实施方案》，编制美丽乡村建设片区总体规划设计；2017年井陉矿区列为美丽乡村市级全域片区，4个社区列为市级精品村，贾庄获评省级美丽乡村旅游精品示范村，南凤山村获评省级特色民居美丽休闲乡村，5个社区通过省级美丽乡村初审；横涧、凤山2个乡镇通过市“三清一拆”验收。保护生态环境，14项企业环保治理减排工程全部完成并通过验收；10蒸吨以下燃煤锅炉全部淘汰。31家散乱污企业全部取缔，关停煤炭经营企业、钙镁企业、采石场47家，拆除烧结机1座。推广洁净型煤4100户6959吨。立案查处环境违法企业35家，罚款260万元。

【社会民生】 全年民生投入占到财政支出75%。10件为民办实事项目全部办结。新增就业3097人，城镇登记失业率为3.3%。14所学校灾后重建工程完工%，凤山中心幼儿园获评市级示范园。全民参保登记全部完成，城乡居民基础养老金由每人每月85元提高至100元，80周岁以上老人高龄津贴普惠制度建立。“全国基层中医药工作先进单位”评审验收通过。打造医养结合示范性机构，润康养老服务公司试运行。市场主体登记注册同比增长21.5%。公共资源交易平台通过省级验收。农村产权制度改革全域推进试点全面启动。非公企业、社会组织中中国共产党组织覆盖率分别达到92.04%和100%。

（井陉矿区政府办公室）

藁 城 区

【概况】 藁城区位于石家庄市区东部，属太行山洪积山前倾斜平原，东与无极县、晋州市，西与正定县、长安区、裕华区、栾城区，南与赵县，北与新乐市相邻，距离石家庄市主城区31千米。1989年7月撤县建市，2014年9月撤市设区。总面积836平方千米，辖12个镇、1个乡，1个国家级开发区（石家庄经济技术开发区），6个居委会、239个村委会，常住人口77.4万人，人口自然增长率11.9‰。2017年藁城区完成地区生产总值600.8亿元，同比增长7.3%。其中，第一产业增加值37.6亿元，增长2.6%；第二产业增加值406.1亿元，增长6.3%；第三产业增加值157.0亿元，增长12.3%。三次产业比例为6.2∶67.6∶26.1。固定资产投资330.9亿元，同比增长9.5%。全部财政收入68.5亿元，与2016年

畅通藁城

持平，其中，公共财政预算收入 24.4 亿元，增长 17.8%；财政支出 48.5 亿元，同比增长 36.2%。农林牧渔业总产值 60.2 亿元，同比下降 0.3%。粮食播种面积 7.14 万公顷，总产量 54.44 万吨。规模以上工业总产值 1634.4 亿元，规模以上工业主营业务收入 1641 亿元；规模以上工业增加值 422.7 亿元，同比增长 6.4%；规模以上工业利润 188 亿元，同比增长 17.0%。规模以上工业高新技术产业增加值 77.5 亿元，同比增长 14.3%。社会消费品零售总额 193 亿元，同比增长 11%。实际利用外资 3.0 亿美元。城镇居民人均可支配收入 32871 元，同比增长 8.1%；农村居民人均可支配收入 17626 元，同比增长 8%。2017 年石家庄经济技术开发区完成地区生产总值 287.9 亿元，同比增长 15.8%；财政收入 61.0 亿元，同比增长 7.3%。2017 年 11 月，《2017 年中国中小城市科学发展指数研究成果发布》在《人民日报》刊发，石家庄市藁城区获评 2017 年度全国综合实力百强区。

中共藁城区委书记：高玉柱
区人大常委会主任：
　　高国才（2 月免）
　　李更顺（2 月任）
区　　长：袁丽华
区政协主席：马树彦（2 月免）
　　　　　　张银侠（2 月任）

【产业项目】 全年投资 500 万元以上重点建设项目 138 个，其中，超千万元项目 110 个、超亿元项目 49 个，34 个项目列入省市重点建设项目名录。新开工超千万元项目 72 个，新签约重大项目 38 个。省市重点项目中新建项目全部开工，艾科瑞差别化腈纶纤维及纱线、瑞川物流、柯瑞生物医药等项目竣工或部分竣工。2 月 15 日，藁城区 14 个项目集中开工，总投资 152.84 亿元，涵盖高端装备、生物医药、现代物流、康养服务、“互联网 +”等业态。石药集团新制剂产业化、柯瑞生物、科一重工精密传动产业化等战略性项目进展顺利。推进传统产业转型升级，工业技改投资 220 亿元，五大高耗能行业增加值保持负增长。新增规模以上工业企业 27 家，总量达到 52 家。新增科技型中小企业 329 家，总量 839 家。服务业增加值完成 157.2 亿元，同比增长 12.2%。苏宁云商河北总部及配送中心一期完工，乐华城开工建设，瑞川物流顺丰库投入运行，北国广场、通安金街主体竣工，汇联物流园、卓越奥特莱斯、润沃互联网商务物流等项目正在建设。引进域外资金 165.6 亿元，同比增长 15%。藁城经济开发区“一区多园”发展格局基本形成，主营业务收入突破 1500 亿元。

【农业生产】 全年农林牧渔业总产值 60.2 亿元，同比下降 0.3%。其中，农业产值 29.1 亿元，林业产值 4070 万元，牧业产值 27.5 亿元，农林牧渔服务业产值 3.1 亿元。粮食播种面积 107.1 万亩，总产量 54.44 万吨，平均亩产 508.3 千克。其中，小麦播种面积 49.2 万亩，总产量 24.47 万吨，平均亩产 497.5 千克；玉米播种面积 52.8 万亩，总产量 28.87 万吨，平均亩产 547.0 千克。豆类（主要为大豆）播种面积 41055 亩，总产量 7391 吨。油料播种面积 1316 公顷，总产量 5974 吨。棉花播种面积 24.6 公顷，总产量 34.9 吨。蔬菜及食用菌种植面积 6878.6 公顷，总产量 65.0 万吨。果园面积 3862 公顷，其中，苹果园 318 公顷、梨园 2981 公顷、桃园 16 公顷、葡萄园 65 公顷。水果总产量（不含果用瓜）14.06 万吨，其中，苹果 1.18 万吨（红富士 7091 吨）、梨 12.62 万吨（雪花梨 9481 吨、鸭梨 3804 吨）、桃 677 吨、葡萄 1614 吨、红枣 221 吨。至 2017 年底，牛、马、猪、羊、家禽存栏数分别达到 4.49 万头、304 头、32.0 万头、6.91 万只和 1320.63 万只。肉、奶、蛋产量分别达到 7.66 万吨、4.84 万吨、11.34 万吨，其中，猪肉、牛肉、羊肉、家禽肉产量分别达到 4.84 万吨、6700 吨、2000 吨和 1.92 万吨。

【城乡建设】 以建设“省会城市副中心”“省会最大生态精品新城区”为定位，编制藁城区空间战略规划及防洪、地下管廊、公共设施、绿地系统等专项规划。实施重点城建项目 50 个，总投资 37.9 亿元。长 18.85 千米外环路路基施工、兴华公园主体工程完工，博物馆、新藁城一中、体育公园等项目具备开工条件。东城街南延、育英路东伸、世纪大道菱形互通实现通车。实施城区干道、重点街巷、老旧住宅楼维修整治，改造提升城区干道 10 条、背街小巷 25 条，全国文明城和省级文明城区检查验收通过。按照“全面提升、全域旅游”思路，推进美丽乡村建设，重点片区规划通过省专家评审，226 个村实现生活垃圾处理市场化运营全覆盖，西蒲城等 7 个村庄被住房和城乡建设部认定为绿色村庄。2017年末常住人口城镇化率达到52.5%。

【石家庄经济技术开发区】 1992年7月经河北省批准设立，2012年10月经国务院批准升级为国家级开发区，由藁城区管辖，曾称良村经济技术开发区、藁城经济开发区。石家庄经济技术开发区位于藁城区西部，西邻石家庄高新技术产业开发区，东面、北面与岗上镇接壤，南与丘头镇、石家庄炼油厂区相连，西距石家庄市主城区10千米。下辖良村、北邑、北席、西马村北街、西马村南街、南席、塔元庄、内族8个行政村，规划总面积26.38平方千米，常住人口12万人。2017年石家庄经济技术开发区完成地区生产总值287.9亿元，同比增长15.8%；固定资产投资168.4亿元，同比增长19.7%；财政收入61亿元，同比增长7.3%，其中，公共财政预算收入18.4亿元，增长15.0%；主营业务收入1501.2亿元，同比增长19.7%；实际利用外资1.84亿美元，同比增长13.7%。2017年石家庄经济技术开发区被省委、省政府确定为河北省2017年综合示范试点开发区。石家庄四药科威药业实现当年开工、当年竣工，苏宁、柯瑞等6个续建项目投产运行。石药集团二期、百美达等11个续建项目基本建成。石药集团三期、天山万创等30个新项目开工。引进签约新松机器人、精准医疗、红星美凯龙等14个项目，与益海粮油综合加工及物流项目签约，与河冶科技全国首创3D合金打印材料项目达成合作意向。2017年末，石家庄经济技术开发区发展形成以华北制药、石药集团、石家庄四药等医药企业为代表的生物医药产业集群，以新宏昌天马、中农博远、太行机械为代表的装备制造产业集群，以石家庄卷烟厂、青岛啤酒、可口可乐、益海粮油为代表的轻工食品产业集群，以中国光纤产业园、平安金融产业园为代表的互联网信息产业集群，主导产业占据藁城经济总量的95%左右。

（米志科）

鹿　泉　区

【概况】 鹿泉区位于石家庄市区西部，东与正定县、新华区、桥西区、栾城区，西与平山县、井陉县，南与元氏县，北与灵寿县相邻，距离石家庄市主城区15千米。鹿泉区西倚太行山，东环省会主城区，地域内山区、丘陵、平原各占三分之一。境内拥有背水一战古战场土门关、秦皇古驿道、道教名观十方院、佛教圣地龙泉寺、文化遗迹封龙书院、名山抱犊寨等历史古迹。曾用名获鹿县、鹿泉市，1994年5月撤县建市，2014年9月撤市设区。总面积603平方千米，辖9个镇、3个乡，1个省级经济开发区，22个居委会、208个村委会，常住人口46万人，人口自然增长率4.18‰。2017年鹿泉区完成地区生产总值384.5亿元，同比增长8.3%。其中，第一产业增加值18.6亿元，下降3.1%；第二产业增加值189.8亿元，增长6.6%；第三产业增加值176.1亿元，增长11.5%。三次产业比例为4.8∶49.4∶45.8。固定资产投资401.8亿元，同比增长9.8%。全部财政收入41.4亿元，同比增长16.0%，其中，公共财政预算收入23亿元，增长16.6%；财政支出40.5亿元，同比增长19.3%。农林牧渔业总产值29.1亿元，同比下降3.1%。粮食播种面积2.7万公顷，总产量14.9万吨。规模以上工业总产值684.8亿元，规模以上工业主营业务收入673.8亿元；规模以上工业增加值195.6亿元，同比增长7.6%；规模以上工业利润54.7亿元，同比增长12.0%。规模以上工业高新技术产业增加值60.6亿元，同比增长16.9%。社会消费品零售总额150.7亿元，同比增长12.5%。实际利用外资6167万美元。城镇居民人均可支配收入31674元，同比增长8.2%；农村居民人均可支配收入17636元，同比增长8.1%。

中共鹿泉区委书记：杨国芳
区人大常委会主任：
　　安明法（2月免）
　　张旭午（2月任）
区　　长：李为军
区政协主席：王顺才（2月免）
　　　　　　李书海（2月任）

【产业项目】 全年建设千万元以上项目147个，总投资1324亿元，其中，21个项目列入省市重点项目名录，完成投资103亿元。奥莱水世界、君乐宝液态奶等55个项目开工，稻香村食品、德容包装等50个项目建成投产，形成储备一批、开工一批、竣工一批梯次建设格局。2月15日，鹿泉区23个重大项目集中开工，总投资146.6亿元，涉及休闲旅游、电子信息、装备制造、总部经济等领域，其中，君乐宝优致牧场二期升级工程奶业小镇项目总投资15亿元，占地面积1万亩。招商引进海康威视、中科飞鸿、中国中药、北斗星通等36个优质项目，总投资356亿元。与美国帕西菲克市建立友好合作关系，与美国加州河北商会、瑞典瑞华商会达成战略合作协议，引进中以农科小镇、美国硅谷产业园等国际合作项目。鹿泉经济开发区推进人事薪酬、招商体制等“1+8”改革举措，新增注册企业402家；主营业务收入突破1000亿元，同比增长38.0%。举办首届军民融合中国（鹿泉）高峰论坛，推广和转化科技成果9项，军民融合企业达到32家。

【农业生产】 全年农林牧渔业总产值29.1亿元，同比下降3.1%。其中，农业产值16.86亿元，林业产值8628万元，牧业产值8.28亿元，渔业产值7616万元，农林牧渔服务业产值2.33亿元。粮食播种面积2.7万公顷，总产量14.9万吨，平均亩产368.2千克。其中，小麦播种面积1.07万公顷，总产量6.43万吨，平均亩产401.3千克；玉米播种面积1.5万公顷，总产量8.2万吨，平均亩产363.2千克。豆类播种面积875公顷，总产量1231吨，其中，大豆播种面积831公顷，总产量1143吨。油料播种面积648公顷，总产量2344吨。棉花播种面积16公顷，总产量15吨。蔬菜及食用菌种植面积5472.3公顷，总产量45.2万吨。果园面积1753公顷，其中，苹果园573公顷、梨园111公顷、桃园248公顷、葡萄园175公顷。水果总产量（不含果用瓜）1.54万吨，其中，苹果3937吨（红富士2800吨），梨2196吨（雪花梨1954吨），桃589吨，葡萄3386吨，红枣237吨。核桃总产量1073吨。至2017年底，牛、猪、羊、家禽存栏数分别达到1.05万头、4.6万头、1.47万只、281.94万只。肉、奶、蛋产量分别达到1.87万吨、4.49万吨、2.67万吨，其中，猪肉、牛肉、羊肉、家禽肉产量分别达到1.23万吨、1700吨、400吨、4300吨。水产品养殖面积426公顷，总产量5110吨。

【城乡建设】 全年投入45亿元，实施重点城建工程26项。鹿泉区与石家庄主城区同城化融合发展加快。上庄镇、铜冶镇总体规划编制完成，城镇“多规合一”启动。完善路网体系，新修道路49条、134千米。京赞线（上庄至铜冶段）拓宽改造完工，南二环西延、裕华路西延、和平路高架西延、北外环、环抱路等道路工程建成通车；山前大道提升改造土地征迁完成，工程全线启动，新杏苑路等支线道路动工。加强城区基础设施建设，上庄污水处理厂升级改造、龙凤湖变电站建设完工，4条城区道路实施雨污分流工程；新建和改造配水管网80.4千米、电力线路55.8千米、燃气管线500千米；新增集中供热面积50.4万平方米，集中供热面积累计达到1260万平方米。美化绿化城乡容貌，高标准打造镇宁路、向阳大街等4条示范街，高品质推进南二环西延、京赞线、环抱路等7条道路景观提升，绿化升级乡村道路99条，龙泉湖湿地正式开园。新市镇建设稳步发展，铜冶镇入选第二批国家级特色小镇，这也是石家庄市首家“全国特色小镇”。新增省级美丽乡村22个，成功打造全国首个美丽乡村旅游度假区。开展房地产领域综合整治和“拆违、打非、治乱”专项行动，拆除违章建筑49万平方米，清理违法占地1200亩，为1.6万户居民解决办证难、入住难问题。推行“路长制”、网格化城市管理，全域实现垃圾处理一体化、环卫保洁市场化。

（李晓伟）

栾城区

【概况】 栾城区位于石家庄市区南部，东北与藁城区，东南与赵县，西北与鹿泉区，西南与元氏县，北与裕华区相邻，距离石家庄市主城区12千米。2014年9月撤县设区。总面积345平方千米，辖5个镇、3个乡，1个省级经济开发区，6个居委会、173个村委会，常住人口35.4万人，人口自然增长率

2.9‰。2017年栾城区完成地区生产总值210.5亿元，同比增长7.2%。其中，第一产业增加值13.4亿元，增长1.6%；第二产业增加值116.1亿元，增长5.3%；第三产业增加值81亿元，增长11.8%。三次产业比例为6.4∶55.1∶38.5。固定资产投资267.2亿元，同比增长9.1%。全部财政收入21亿元，同比增长11.6%，其中，公共财政预算收入11.8亿元，增长15.5%；财政支出22.9亿元，同比增长11.1%。农林牧渔业总产值27.0亿元，同比增长0.1%。粮食播种面积3.38万公顷，总产量23.88万吨。规模以上工业总产值445.4亿元，规模以上工业主营业务收入441.4亿元；规模以上工业增加值110.3亿元，同比增长7.0%；规模以上工业利润37.6亿元，同比下降1.3%。规模以上工业高新技术产业增加值33.2亿元，同比增长13.6%。社会消费品零售总额93.1亿元，同比增长10.0%。实际利用外资1.8亿美元。城镇居民人均可支配收入29444元，同比增长8.2%；农村居民人均可支配收入16088元，同比增长8.0%。

中共栾城区委书记：张旭
区人大常委会主任：
李雪辉（2月免）
张军廷（2月任）
区　　长：刘玉渭
区政协主席：张军廷（2月免）
岳云霄（2月任）

【产业项目】 全年实施重点产业项目48个，总投资415.6亿元。奇瑞新能源汽车、康普斯压缩机等14个项目开工建设，润祥医药物流、威正恒轻钢住宅、三一汇邦工程机械等10个项目竣工投产，天山健康创新产业园、潘城未来科技城、德澳新能源汽车核心零部件等7个项目正在建设，宏泰通航产业园一期、神威医养健康城等17个项目有序推进。开展招商引资，新城吾悦广场、吉林航空维修等26个项目签约，总投资523亿元。11月17～19日，2017中国国际通用航空博览会在石家庄栾城机场举行。2017年包括石家庄市在内26个城市获批全国首批通航产业综合示范区，栾城机场获颁A1级通用机场许可证。加强园区建设，装备制造产业园区总体规划及控制性详细规划、通航产业园总体规划和特色通航小镇规划编制完毕；和谐街、奥翔街北延等道路管网和顺翔街、灵达路等照明工程完工；开展园区人事和薪酬制度等改革，组建成立城联建设投资开发有限公司，项目审批形成顺畅的绿色通道。至2017年底，石家庄装备制造产业园（河北栾城高新技术产业开发区）主营业务收入410.5亿元，同比增长39.5%。

【农业生产】 全年农林牧渔业总产值27亿元，同比增长0.1%。其中，农业产值8.23亿元，林业产值1779万元，牧业产值12.85亿元，农林牧渔服务业产值5.72亿元。粮食播种面积3.38万公顷，总产量23.88万吨，平均亩产471.3千克。其中，小麦播种面积1.63万公顷，总产量11.95万吨，平均亩产488.7千克；玉米播种面积1.59万公顷，总产量11.59万吨，亩产485.5千克。豆类播种面积1141公顷，总产量1949吨，其中，大豆播种面积1140公顷，总产量1947吨。油料播种面积141公顷，总产量359吨。棉花播种面积2公顷，总产量1吨。蔬菜及食用菌种植面积800公顷，总产量7.25万吨。瓜果种植面积115公顷，总产量3969吨。果园面积372公顷，其中，苹果园88公顷、桃园37公顷、葡萄园50公顷。水果总产量（不含果用瓜）299吨，其中葡萄295吨。至2016年底，牛、猪、羊、家禽存栏数分别达到4.09万头、2万头、2.23万只、900.28万只。肉、奶、蛋产量分别达到2.18万吨、6.6万吨、7.56万吨，其中，猪肉、牛肉、羊肉、家禽肉产量分别达到3600吨、3700吨、600吨、1.36万吨。

【城乡建设】 高标准编制《栾城区空间战略规划方案》。实施重点城建项目38项，总投资56亿元。华兴街、宏远路西延、育贤街等道路建成通车，朝阳大街具备通车条件，衡井公路拓宽改造、张举路等工程有序推进；308国道城区段雨污水分流及亮化、栾窦线改造、京港澳高速周家庄互通连接线改建等工程完工；供水管网二期改造完毕，建成区实现24小时供水。推进北部新城规划建设，启动北十里铺、北五里铺等棚户区改造项目。规范建筑市场秩序，严厉打击违法违章建设行为，妥善解决房地产历史遗留问题。2017年末建成区绿地面积达到414.2公顷，绿地率达到45.2%，绿化覆盖率达到49.9%。柴武台公园、人民公园获评省级四星级公园，福美小区获评省级园林式居住小区。美丽乡村建设深入推进，29个重点村规划、48个村庄“三清一拆”和绿化完成，6个乡镇通过市级整体验收。2017年栾城区荣获得河北省“四好农村路”示范县称号，柳林屯村获评“全国文明村镇”“全国生态文化村”，天康三苏土布被命名为河北省“巾帼乡村旅游示范点”。

（赵云丽）

井 陉 县

【概况】 井陉县位于石家庄市西部，地处太行山东麓，境内多山岭，东与鹿泉区、元氏县，东南与赞皇县，西及西南与山西省，西北与平山县相邻，距离石家庄市主城区40千米。境内拥有秦皇古驿道、于家石头村、大梁江村、苍岩山、仙台山等历史文化古迹、古村落及旅游景区，是韩信背水之战和百团大战的主战场。石灰石矿藏质好量多，井陉拉花闻名全国。总面积1381平方千米，辖10个镇、7个乡、318个村委会，常住人口31.8万人。2017年井陉县完成地区生产总值157亿元，同比增长1.2%。其中，第一产业增加值11.2亿元，下降0.5%；第二产业增加值59.3亿元，下降10.5%；第三产业增加值86.6亿元，增长10.4%。固定资产投资187亿元，同比增长9.7%。全部财政收入11.9亿元，同比下降8.0%，其中，公共财政预算收入6.3亿元，增长13.8%；财政支出18.2亿元，同比下降5.4%。农林牧渔业总产值17.9亿元，同比增长0.3%。粮食播种面积1.53万公顷，总产量5.3万吨。规模以上工业总产值83.1亿元，规模以上工业主营业务收入84.2亿元；规模以上工业增加值32.3亿元，同比下降27.7%；规模以上工业利润6.3亿元，同比下降51.9%。规模以上工业高新技术产业增加值810万元，同比增长20.7%。社会消费品零售总额54.7亿元，同比增长10.8%。实际利用外资1817万美元。城镇居民人均可支配收入27410元，同比增长8.2%；农村居民人均可支配收入12176元，同比增长8.2%。

中共井陉县委书记：苏志超

县人大常委会主任：

王星海（2月免）

王永华（2月任）

县　　长：李杰

县政协主席：王新民（2月免）

毕元明（2月任）

【产业项目】 全年实施重点项目192个，其中，亿元以上项目51个，列入市级重点项目6个。世茂、亿阳、上安电厂3个光伏项目并网发电，亿暖空气源热泵、东方久乐汽车配件等项目竣工试产，公铁联运、神力焊材、玉水岭等项目开工，超越新能、同济产业园、单螺杆制冷设备等项目签约。组建成立县领导参与的项目投资攻坚小组，专门对接40多家集团化企业，采取“一包到底”方式，推进招商项目落地。培育山区综合开发示范区7个，发展家庭农场18个，创建生态种养农业园22家，“井陉苹果”获批国家地理标志商标。农业产业化经营率达到45%，同比提高12个百分点。煤炭产业入园、钙镁行业三年产能压减任务一年超额完成。工业实施技改项目74项，新增省级高新技术企业2家、科技型中小企业56家。三次产业结构由2016年7.8∶41.1∶51.1调整为7.1∶37.8∶55.1。

【农业生产】 全年农林牧渔业总产值17.9亿元，同比增长0.3%。其中，农业产值7.15亿元，林业产值2.43亿元，牧业产值6.86亿元，农林牧渔服务业产值1.48亿元。粮食播种面积1.53万公顷，总产量5.3万吨，平均亩产230.9千克。其中，小麦播种面积995公顷，总产量4478吨，平均亩产300千克；玉米播种面积1.12万公顷，总产量4.12万吨，平均亩产245千克；谷子播种面积798公顷，总产量1399吨，平均亩产116.9千克。豆类播种面积1268公顷，总产量1476吨，其中，大豆播种面积932公顷，总产量1042吨。油料播种面积1189公顷，总产量2217吨。棉花播种面积84公顷，总产量57吨。蔬菜及食用菌种植面积42公顷，总产量2581吨。果园面积1542公顷，其中，苹果园678公顷、桃园35公顷。水果总产量（不含果用瓜）3.76万吨，其中，苹果（主要为红富士品种）3.32万吨、桃429吨、红枣2206吨。核桃总产量2715吨。至2017年底，牛、猪、羊、家禽、兔存栏数分别达到2.7万头、5.54万头、6.31万只、2315.13万只和7491只。肉、奶、蛋产量分别达到1.72万吨、3600吨和2.38万吨，其中，猪肉、牛肉、羊肉、家禽肉、兔肉产量分别达到6800吨、4800吨、1400吨、4200吨、18吨。

【城乡建设】 修编城乡总体规划，编制28个美丽乡村、31个传统村落保护发展规划。开展县城建设三年攻坚等活动，幸福东街、建设北路大修完工，陉山广场建成开放，际华广场、华夏国际电影城对外营业，新增住宅和商业面积13万平方米，县城公共区域实现免费WiFi全覆盖。拆除违法违章建筑90处，疏导流动摊点400个，施划机动车行车标线2万平方米、停车位1124个。建设4G通信基站197个，宽带用户达到6.7万户。推进美丽乡村建设，318个行政村实现卫生常态化保洁，省、市级美丽乡村达到12个。发展节水灌溉面积1.2万亩，除险、维修水库16座，恢复耕地1.3万亩。落实大气治理“1+15”方案，取缔整治“散乱污”企业480家。开展造林绿化活动，当年人工造林4000公顷，当年零星（四旁）植树75万株，封山育林面积4000公顷，森林覆盖率达到52.3%，绿化工作位列全省十大生态县第一名。2017年井陉县通过河北省卫生县城复审，获评首届省级文明县城。

（朱凯荣）

正　定　县

【概况】 正定县位于石家庄市北侧，与石家庄市主城区相接，距离石家庄市主城区13千米，东与藁城区，北与新乐市、行唐县，西与灵寿县、鹿泉区，南与长安区、新华区相邻。境内多寺庙，拥有隆兴寺、广惠寺、天宁寺、临济寺、开元寺、文庙、正定古城墙、国家乒乓球训练基地等历史古迹及旅游地。正定小商品博览会、板材、书法闻名周边，元曲杂剧作家白朴曾在正定生活和创作。历史上正定与保定、北京并称“北方三雄镇”，素有“三山不见，九桥不流”“九楼四塔八大寺，二十四座金牌坊”“古建筑宝库”的美誉。正定是国家历史文化名城、全国中小城市综合改革试点、国家智慧城市试点和中国最具投资潜力中小城市百强县。总面积468平方千米，辖3个镇、5个乡、2个街道办事处，1个省级高新技术产业开发区，34个居委会、154个村委会，常住人口49.5万人，人口自然增长率10.74‰。2017年正定县完成地区生产总值297亿元，同比增长6.8%。其中，第一产业增加值33.8亿元，增长1.4%；第二产业增加值99.8亿元，增长4%；第三产业增加值163.4亿元，增长9.5%。固定资产投资330亿元，同比增长9%。全部财政收入34.5亿元，同比增长37.4%，其中，公共财政预算收入22.2亿元，增长38.8%；财政支出34.8亿元，与2016年持平。农林牧渔业总产值53.82亿元，同比下降1.3%。粮食播种面积4.18万公顷，总产量29.11万吨。规模以上工业总产值107亿元，规模以上工业主营业务收入101.6亿元；规模以上工业增加值112.1亿元，同比增长3.5%；规模以上工业利润5.5亿元，同比下降22.6%。规模以上工业高新技术产业增加值17亿元，同比下降2.3%。社会消费品零售总额142亿元，同比增长9.8%。实际利用外资1537万美元。城镇居民人均可支配收入29506元，同比增长8.6%；农村居民人均可支配收入17001元，同比增长8.5%。11月14日，正定县获评全国文明县城。

市委常委、正定县委（正定新区党工委）书记，石家庄综合保税区党工委书记、管委会主任，河北正定高新区（现代服务区）党工委书记：
　　张业
县人大常委会主任：
　　王秋生（1月免）
　　崔庆朝（1月任）
县长、正定新区管委会主任、河北正定高新区（现代服务区）管委会主任：
　　孙鹏云
县政协主席：张俊立（1月免）
　　　　　　钟亚辉（女，1月任）

【产业项目】 全年正定县（含正定新区、石家庄综合保税区）实施重点项目46项，完成投资81.6亿元，投资完成率达120%。培育电子信息、生物医药、新能源汽车、高端装备等战略性新兴产业，推进盾石磁能科技、新大地机电、新泰特种油、GRT飞轮4家军民融合企业项目落地，总投资6.11亿元。实施板材家具等传统产业升级改造，规模以上工业企业新增11家，累计达到148家；高新技术企业达到21家，上市挂牌企业达到8家。重视招商引资，签约北摩高科等项目18个，投资总额362亿元。加快现代服务业发展，4月26～28日，2017中国·石家庄（正定）国际小商品博览会在正定县举行；9月2～4日，首届石家庄市旅游产业发展大会在正定县举办，交易金额20亿元，签约项目45个，总投资1468亿元。全年正定县接待游客527万人次，同比增长113.9%；实现旅游业总收入22.3亿元，同比增长95.0%。2017年正定新区谋划和实施项目68个，完成投资138.9亿元，新增绿化面积112万平方米。正定新区6条、5.2千米道路竣工，15条、30.8千米综合管廊进场施工；国际展览中心核心区、青少年宫主体封顶，河北奥林匹克体育中心建成投用；市规划馆、市图书馆及石家庄宝能中心、河北出版传媒创意中心等项目持续推进。2017年河北正定高新技术产业开发区主营业务收入510.2亿元，同比增长39.0%。三次产业结构由2016年11.1∶40.0∶48.9调整为11.4∶33.6∶55.0，第三产业占比首次超过50%。

【农业生产】 全年农林牧渔业总产值53.82亿元，同比下降1.3%。其中，农业产值23.29亿元，林业产值2173万元，牧业产值27.34亿元，农林牧渔服务业产值2.9亿元。粮食播种面积4.18万公顷，总产量29.11万吨，平均亩产464.8千克。其中，小麦播种面积2.08万公顷，总产量14.97万吨，平均亩产480.1千克；玉米播种面积1.93万公顷，总产量13.49万吨，平均亩产465.2千克。豆类（主要是大豆）播种面积1054公顷，总产量2687吨。油料播种面积2962公顷，总产量1.32万吨，其中，花生播种面积2903公顷，总产量1.3万吨。棉花播种面积11公顷，总产量8吨。蔬菜及食用菌种植面积180公顷，总产量1.11万吨。果园面积875公顷，其中，苹果园20公顷、桃园23公顷、葡萄园11公顷。水果总产量（不含果用瓜）3376吨，其中，苹果417吨、桃1477吨、葡萄937吨。至2017年底，牛、猪、羊、家禽存栏数分别达到5.57万头、35万头、2.38万只和898.77万只。肉、奶（主要是牛奶）、蛋产量分别达到7.67万吨、7.07万吨和9.54万吨，其中，猪肉、牛肉、羊肉、家禽肉产量分别达到5.22万吨、9100吨、600吨、1.48万吨。肉类、猪肉产量位列全市第一名，牛奶、禽蛋产量位列全市第二名。培育县级以上农业产业化重点龙头企业32家。推进县域西部生态、康养、休闲、现代都市农业新区，建成现代农业园区14家。农村土地确权登记颁证26.6万亩，完成总任务95.1%。

【城乡建设】 加强正定古城保护，编制《正定县（正定新区）总体规划及古城风貌恢复提升规划与实施》《历史文化名城保护规划评估及深化》《古城建筑风貌控制导则》等规划；实施正定古城保护重点工程25项，阳和楼复建、南城墙修缮、荣国府周边整治等19项工程完工；隆兴寺壁画修复等15个文物保护项目获得国家文物局批准实施，开元寺考古发现晚唐、五代、北宋、元、金、明、清等7个历史时期的连续叠压，出土器物近2000件。拓展城市发展空间，正定县、正定新区管委会机关及655户居民疏解安置至正定新区。城区实施12条主路、609条小街巷、223个老旧小区及常山路以南道路两侧外立面包装改造提升工程，新建云居湖等10个公园游园，新增绿化面积45万平方米。开展环境卫生、占道经营、交通秩序、广告牌匾整治，城区主街主路机械化清扫率达到90%。城市管理实行“建管分离”政策，新增环卫工人508名、城管队员644名、清扫机械35辆。平整和铺设道路路面45万平方米，改造城区人行便道3万平方米。线缆入地435千米，迁移供电线路280千米，维修和更换井盖2270个；粉刷墙体47万平方米，清理和拆除广告牌匾1.8万块，清理小广告25.9万个，铺设便道砖4.2万平方米，新改建菜市场6个。解决停车难问题，新建停车场16个，设置免费车位2.2万个，停车场实行全部免费；拆除县直机关单位围墙，县直机关单位停车位、开水间、卫生间向社会开发；投放免费观光车60辆，安装免费直饮水机16台。农村拆除违法违章建筑设施25万平方米，清理违法用地1842亩；新建农村公路16条、15.3千米，总投资1370万元。重视生态环境治理，以“无煤化”为目标，完成148个村、7.7万户“煤改气、煤改电”

工程；取缔淘汰10蒸吨以下燃煤锅炉472台，其中，工业燃煤锅炉214台，学校、卫生院、养老院等生活供暖燃煤锅炉258台；加强“散乱污”企业治理，取缔搬迁3120家。植树造林7000亩，补植补造1.5万株，森林覆盖率达到28.06%。

（戴世丽）

行　唐　县

【概况】 行唐县位于石家庄市北部，东与新乐市，西与灵寿县，南与正定县相邻，北及东北与阜平县、曲阳县相接，属太行山东麓浅山丘陵区与华北平原交接地带，距离石家庄市主城区50千米。2012年行唐县批准成为国家扶贫开发工作重点县。总面积966平方千米，辖4个镇、11个乡，1个省级经济开发区，8个居委会、322个村委会，常住人口42万人，人口自然增长率-5.4‰。2017年行唐县完成地区生产总值118亿元，同比增长2.8%。其中，第一产业增加值28.9亿元，增长2.2%；第二产业增加值41亿元，下降2.5%；第三产业增加值48亿元，增长9.5%。固定资产投资186.9亿元，同比增长10.6%。全部财政收入7.2亿元，同比增长14.7%，其中，公共财政预算收入4.6亿元，增长15.0%；财政支出25亿元，同比增长12.1%。农林牧渔业总产值47.27亿元，同比增长3.3%。粮食播种面积5.32万公顷，总产量34.1万吨。规模以上工业总产值103.3亿元，规模以上工业主营业务收入104.4亿元；规模以上工业增加值44亿元，同比下降3.5%；规模以上工业利润10.2亿元，同比下降11.0%。规模以上工业高新技术产业增加值5.9亿元，同比增长16.9%。社会消费品零售总额71.2亿元，同比增长9.9%。实际利用外资3301万美元。城镇居民人均可支配收入27532元，同比增长8.2%；农村居民人均可支配收入7626元，同比增长12.0%。

中共行唐县委书记：杨立中
县人大常委会主任：
　　赵士平（2月免）
　　高华树（2月任）
县　　长：王彦芳
县政协主席：盖义江

【产业项目】 全年行唐县部署安排新建续建项目80个、市重点项目12个，总投资188.5亿元。其中，续建项目19个，总投资132.53亿元，年度计划投资41.6亿元；计划新开工项目61个，总投资55.96亿元，年度计划投资26.5亿元。2017年行唐县实际在建重点项目87个，完成投资81.7亿元，超出年度计划20.3个百分点。君乐宝太行乳业二期、丽日办公家具等14个亿元以上项目竣工投产，9个亿元以上项目持续推进，欧美环境环保设备、安清环保包装材料等18个亿元以上项目签约，中铁建装配式建筑产业化、北京同仁堂等24个亿元以上项目达成合作意向。2月15日，行唐县4个重点项目集中开工，总投资31.06亿元，分别为投资15亿元石家庄工程技术学院航空5S产业园项目、投资6亿元强大泵业年产1万台泵类生产线项目、投资5.06亿元盛世锦唐包装有限公司年产3亿条方底阀口袋生产线项目、投资5亿元石家庄君乐宝乳业万头牧场。三次产业结构由2016年21.0∶48.1∶30.9调整为24.5∶34.8∶40.7。

【农业生产】 全年农林牧渔业总产值47.27亿元，同比增长3.3%。其中，农业产值21.14亿元（中药材产值1.05亿元），林业产值2.04亿元，牧业产值20.12亿元，渔业产值1795万元，农林牧渔服务业产值3.79亿元。粮食播种面积5.32万公顷，总产量34.1万吨，平均亩产427.1千克。其中，小麦播种面积2.21万公顷，总产量13.98万吨，平均亩产421.7千克；玉米播种面积2.97万公顷，总产量19.59万吨，平均亩产440.1千克；谷子播种面积519公顷，总产量1264吨，平均亩产162.5千克。薯类播种面积612公顷，总产量1.76万吨。油料播种面积5053公顷，总产量1.92万吨，其中，花生播种面积4567公顷，总产量1.82万吨，花生产量位列全市第二名。棉花播种面积35公顷，总产量19吨。蔬菜及食用菌种植面积1747公顷，总产量9.16万吨。果园面积1.16万公顷，其中，苹果园363公顷、桃园194公顷。水果总产量（不含果用瓜）12.34万吨，其中，苹果（主要品种为红富士）2.34万吨，桃6029吨，红枣9.25万吨、产量位列全市第一名。核桃总产量2520吨。至2017年底，牛、马、驴、骡、猪、羊、家禽、兔存栏数分别达到6.23万头、644头、7267头、615头、11.37万头、3.71万只、382.32万只和116.15万只，其中，马、驴、骡存栏数量均为全市第一。肉、奶（主要是牛奶）、蛋产量分别达到3.6万吨、19.37万吨和3.34万吨，其中，猪肉、牛肉、羊肉、家禽肉、驴肉、兔肉产量分别达到1.88万吨、1.14万吨、700吨、4800吨、181吨和25吨。牛肉、牛奶产量位列全市第一名。水产品养殖面积840公顷，总产量1415吨。认定市级现代农业园区3个，团山红、神树湾获认省级现代农业园区；行唐大枣、中华寿桃、"枣成功"等特色产业在中央电视总台"乡村大世界"栏目播出。

【城乡建设】 县城主城区控制性详细规划等15个专项规划编制完成，"多规合一"通过专家评审。完善城市功能，实施重点城建工程23项，朝阳桥、启明桥拼宽改造完工，新城区开元西大街、复兴西大街、富强路建成通车，幸福路改造提升、市同街综合整治，集中供热、供水及雨污分流工程扩面提标。拆除违法违章"双违"建筑设施29.2万平方米。开展水利工程建设，"引横济口"工程竣工，"一横三纵"生态水网贯通。10条、280千米特色产业路工程施工。"花色黄庵"小镇获批"河北省中心村建设示范点"，万里、神树等13个精品村通过市级美丽乡村验收。开展造林绿化活动，当年人工造林3333公顷，当年零星（四旁）植树100万株，封山育林面积2667公顷。2017年行唐经济开发区工业路、新合街、科技大街全线贯通，110千伏变电站升级扩容；供水厂一期建成投用；青岛保税港区行唐功能区进口保税仓库通过海关验收。

（行唐县地方志办公室）

灵寿县

【概况】 灵寿县位于石家庄市西北部，距离石家庄市主城区30千米，东与行唐县，东南与正定县，西与平山县、五台县，南与鹿泉区，北与阜平县相邻。著名景区有五岳寨等。灵寿县是山区县、老区县、国家扶贫开发工作重点县，也是民政部、联合国地名考察组命名的"千年古县"。县内地形轮廓呈条状，地势自西北向东南倾斜，依次为山区50%、丘陵38%、平原12%，地貌格局大体为"七山二水一分田"。总面积1066平方千米，辖6个镇、9个乡，1个省级经济开发区，3个居委会，279个行政村，常住人口34.3万人。2017年灵寿县完成地区生产总值100亿元，同比增长6.2%。其中，第一产业增加值24.3亿元，增长3.8%；第二产业增加值36.6亿元，下降3.0%；第三产业增加值39.1亿元，增长10.7%。固定资产投资143.1亿元，同比增长10.2%。全部财政收入6亿元，同比增长16.4%，其中，公共财政预算收入4.1亿元，增长15.6%；财政支出20.4亿元，同比增长9.9%。农林牧渔业总产值36.25亿元，同比增长7.3%。粮食播种面积3.04万公顷，总产量13.95万吨。规模以上工业总产值136.6亿元，规模以上工业主营业务收入117.1亿元；规模以上工业增加值31.1亿元，同比增长5.0%；规模以上工业利润8.6亿元，同比下降9.3%。规模以上工业高新技术产业增加值3.6亿元，同比增长15.4%。社会消费品零售总额50.1亿元，同比增长11.6%。城镇居民人均可支配收入27025元，同比增长8.1%；农村居民人均可支配收入6904元，同比增长12.0%。

中共灵寿县委书记：宋存汉
县人大常委会主任：
　　马国云（2月免）
　　刘振波（2月任）
县　　长：周雪军（9月免）
　　　　　冯素伟（10月任）
县政协主席：王雪山（2月免）
　　　　　白东风（2月任）

【产业项目】 全年实施重点建设项目38个，完成投资24.8亿元，占全年投资计划的110%。安能绿建、康泰塑胶等13个项目竣工，科技信息职业学院双创孵化培训基地、漫山养老服务体系等12个项目正在施工建设。制定出台招商引资10条政策。围绕京津冀产业转移和雄安新区建设重大历史机遇，推动成立北京灵寿商会。利用中国证监会IPO直通车政策优势，在北京市举行灵寿县投资合作洽谈会。9月25～27日，参加2017年中国·石家庄国际投资合作洽谈会，引进阿里巴巴商学院培训基地等17个项目，总投资260余亿元。12月7日，灵寿县举行重点项目集中签约仪式。阿里巴巴商学院淘员外灵寿培训基地项目、灵寿县高端装备非标准零部件云定制平台项目、百草桑田小镇项目、中融灵寿基金之创新创业工程项目4个项目签约。其中，阿里巴巴商学院培训基地项目主要为灵寿县培养具有优秀商业素质、人文素养和创新创业能力现代复合型商务人才；高端装备非标准零部件云定制平台项目总投资2000万元；百草桑田小镇项目规划总投资30亿元至50亿元，主要打造全国知名集旅游观光、休闲度假、康健疗养、娱乐购物等功能为一体的国家4A级以上旅游景区；中融灵寿基金之创新创业工程项目规划设立基金规模10亿元，期限5年，择优投资灵寿县内企业项目。2017年河北灵寿经济开发区主营业务收入220亿元，同比增长52.5%；科纺大街南段全线开通，科纺大街北延工程启动；公开招聘专业人才30名。三次产业结构由2016年18.5∶43.3∶38.2调整为24.3∶36.6∶39.1。

【农业生产】 全年农林牧渔业总产值36.25亿元，同比增长7.3%。其中，农业产值19.89亿元，林业产值1.74亿元，牧业产值12.75亿元，渔业产值7986万元，农林牧渔服务业产值1.07亿元。粮食播种面积3.04万公顷，总产量13.95万吨，平均亩产306.5千克。其中，小麦播种面积1.05万公顷，总产量4.95万吨，平均亩产314千克；玉米播种面积1.81万公顷，总产量8.39万吨，平均亩产308.6千克。薯类播种面积1330公顷，总产量2.66万吨。油料播种面积1682公顷，总产量3588吨，其中，花生播种面积1586公顷，总产量3368吨。棉花播种面积31公顷，总产量17吨。蔬菜及食用菌种植面积5550公顷，总产量58.03万吨。西瓜种植面积209公顷，总产量1.34万吨。果园面积137公顷，其中，苹果园38公顷、梨园65公顷、葡萄园21公顷。水果总产量（不含果用瓜）4686吨，其中，苹果3803吨、梨476吨、葡萄260吨。核桃总产量1979吨。至2017年底，牛、猪、羊、家禽存栏数分别达到3.33万头、18.05万头、3.79万只和183.35万只。肉、奶（主要是牛奶）、蛋产量分别达到3.19万吨、3.68万吨和1.61万吨，其中，猪肉、牛肉、羊肉、家禽肉产量分别达到2.51万吨、3100吨、800吨和2900吨。蜂蜜产量119吨。水产品养殖面积284公顷，总产量5298吨。山杏仁产量1500吨。商品材产量2024立方米。

【城乡建设】 完善城乡规划，启动县城“多规合一”平台建设。对标省级文明县城、省级园林县城标准，整治、改造和提升县城主次干道、小街巷，建成占地面积580亩松阳河综合性公园；城区主要道路、公园、重要节点绿化提升工程完成，建成区绿地率达到39.63%，人均公园绿地面积10.69平方米。水利、交通灾后重建工程完成，灵正灌区节水配套改造和地下水超采综合治理项目开工；争取投资9亿元，实施磁右灌区现代化建设项目，改善土地灌溉条件近20万亩。西阜高速及连接线建设工程启动，行陈线、营燕公路等道路改造提升完工。电网改造260千米、更换配变器290台。美化县域环境，开展违法违章整治专项行动，拆除“双违”建筑设施30万余平方米，整治违法占地1770亩。实施6个城中村面貌提升、6条样板街整治、楼宇亮化工程及淤泥河、黑臭水体综合整治、弱电入地工程，拆除城区主要道路沿街单位围墙，建成数字化城市管理系统，县城初现“开放、共享、靓丽、宜居”的现代化形象。推进“电代煤”“气代煤”工程，10蒸吨以下燃煤锅炉全部淘汰，建成区完成“气代煤”住户5800户，空气质量PM2.5平均浓度同比下降7.5%。开展造林绿化活动，当年人工造林4000公顷，当年零星（四旁）植树60万株，封山育林面积3334公顷，森林覆盖率达到60.67%。

（灵寿县地方志办公室）

高 邑 县

【概况】 高邑县位于石家庄市南部，属华北平原西部边缘，太行山脉东麓，距离石家庄市主城区 50 千米，东北与赵县，西与赞皇县，南与邢台市，北与元氏县相邻。境内拥有中山国房子郡遗址、刘秀登基台、南星书院等历史文化遗迹。京广高铁“高邑西站”是石家庄以南、河北省境内唯一县级站点，2012 年 12 月建成投用。总面积 230 平方千米，辖 4 个镇、1 个乡，1 个省级经济开发区，5 个居委会、107 个村委会，常住人口 19.2 万人。2017 年高邑县完成地区生产总值 86.6 亿元，同比增长 6.1%。其中，第一产业增加值 11.2 亿元，增长 3.7%；第二产业增加值 47.1 亿元，增长 4.1%；第三产业增加值 28.3 亿元，增长 10.8%。固定资产投资 102.0 亿元，同比增长 9.2%。全部财政收入 6.2 亿元，同比增长 14.5%，其中，公共财政预算收入 4.8 亿元，同比增长 12.2%；财政支出 13.7 亿元，同比增长 15.7%。农林牧渔业总产值 16.34 亿元，同比增长 1.8%。粮食播种面积 2.5 万公顷，总产量 17.4 万吨。规模以上工业总产值 154.9 亿元，规模以上工业主营业务收入 143.8 亿元；规模以上工业增加值 40.1 亿元，同比增长 5.5%；规模以上工业利润 11.8 亿元，同比增长 4%。规模以上工业高新技术产业增加值 4.7 亿元，同比增长 15.1%。社会消费品零售总额 39.6 亿元，同比增长 10.3%。实际利用外资 801 万美元。城镇居民人均可支配收入 25444 元，同比增长 8.7%；农村居民人均可支配收入 12842 元，同比增长 8.1%。2017 年高邑县获评省级洁净城市、文明城和卫生城。

中共高邑县委书记：彭敬捷（女）
县人大常委会主任：王惠武
县　　　长：陈宏锋
县政协主席：宋英华

【产业项目】 总投资 42.5 亿元的广骏二期、龙之养饮料等 8 个项目竣工投产，其中，盛德利制罐、景航激光等 4 个项目当年开工、当年竣工、当年投产；总投资 75 亿元的恒光新能源、金锐美感光材料等 27 个项目开工。2 月 15 日，高邑县 8 个重点项目集中开工，总投资 34.5 亿元。创新招商引资机制，突出提高专业招商水平，面向省内外知名商会、招商代理机构，公开招聘 3 名招商局长。全年举办大型招商活动 20 余次，签约项目 260 个，总投资 700 亿元，其中，19 个项目正式落户，总投资 76 亿元。高邑经济开发区人事、薪酬制度改革完成，工业南路污水管网铺设完工，电站街竣工通车，“三纵两横”二级路网建设启动，天然气入区有序推进，220 千伏、110 千伏变电站建设前期手续办理完毕。三次产业结构由 2016 年 14.7∶56.7∶28.6 调整为 12.9∶54.4∶32.7。

【农业生产】 全年农林牧渔业总产值 16.34 亿元，同比增长 1.8%。其中，农业产值 12.04 亿元，林业产值 1034 万元，牧业产值 3.28 亿元，农林牧渔服务业产值 9141 万元。粮食播种面积 2.5 万公顷，总产量 17.4 万吨，平均亩产 464.1 千克。其中，小麦播种面积 1.12 万公顷，总产量 7.81 万吨，平均亩产 466 千克；玉米播种面积 1.33 万公顷，总产量 9.42 万吨，平均亩产 471 千克。油料播种面积 880 公顷，总产量 3389 吨。棉花播种面积 55 公顷，总产量 54 吨。蔬菜及食用菌种植面积 3732 公顷，总产量 27.77 万吨。瓜果种植面积 297 公顷，总产量 9212 吨。果园面积 106 公顷。水果总产量（不含果用瓜）2275 吨，其中，梨 906 吨，桃 1261 吨。至 2017 年底，牛、猪、羊、家禽存栏数分别达到 1700 头、3.84 万头、8600 只和 150.02 万只。肉、奶（主要是牛奶）、蛋产量分别达到 1.02 万吨、3200 吨和 1.3 万吨，其中，猪肉、牛肉、羊肉、家禽肉产量分别达到 6700 吨、300 吨、300 吨、2900 吨。

【城乡建设】 县城建城区面积 12 平方千米。投资 50 亿元，实施“1+36”重点工程，城区 32 条小街小巷、32 个小区综合整治完工。瞄准“生态风情小镇、高端商务新城”定位，高标准启动高铁新区规划修编；6 村联建一期工程项目中 8 栋住宅楼主体竣工；站前街北延、西延与红旗大街连通；县城综合服务中心建设启动。提升城市管理水平，开展“一区三边十八路”拆违整治行动，占道经营多年的东关建材市场、西街批发市场、兴华路集贸市场等三大马路市场一并拆除。加强环卫保洁，推行“以克论净”考核方式，城区机械化清扫率达到89.2%，保洁时间延长至18小时。推进美丽乡村建设，“三清一拆”行动腾地29万平方米；“鄗瓷古郡”列入市级美丽乡村建设片区，中大营等16个村通过市级美丽乡村验收。开展造林绿化活动，当年人工造林200公顷，当年零星（四旁）植树40万株；拥有3000平方米以上绿地游园23个，建成区绿地率达到41.65%，绿化覆盖率达到46.65%。

（朱文田）

深　泽　县

【概况】 深泽县位于石家庄市东北部，东与衡水市，南与辛集市、晋州市，西与无极县，北与保定市相邻，距离石家庄市主城区75千米。境内文物古迹有文庙、北极台、永济桥等。总面积296平方千米，辖3个镇、3个乡，1个省级经济开发区，3个居委会、125个村委会，常住人口25.5万人。2017年深泽县完成地区生产总值104.2亿元，同比增长7.2%。其中，第一产业增加值12.5亿元，增长4.3%；第二产业增加值58.7亿元，增长6.4%；第三产业增加值32.9亿元，增长10.1%。固定资产投资106.4亿元，同比增长10.9%。全部财政收入5.8亿元，同比增长2.6%，其中，公共财政预算收入4.2亿元，下降1.6%；财政支出13.4亿元，同比增长10.3%。农林牧渔业总产值21亿元，同比增长3.5%。粮食播种面积2.99万公顷，总产量20.61万吨。规模以上工业总产值133.6亿元，规模以上工业主营业务收入123.4亿元；规模以上工业增加值56亿元，同比增长7.1%；规模以上工业利润3.4亿元，同比增长6.5%。规模以上工业高新技术产业增加值15.3亿元，同比增长7.9%。社会消费品零售总额50.4亿元，同比增长10.7%。实际利用外资21万美元。城镇居民人均可支配收入26271元，同比增长8.3%；农村居民人均可支配收入12351元，同比增长8.4%。

中共深泽县委书记：张少华

县人大常委会主任：杨秋

县　　　长：李向阳

县政协主席：张庆民

【产业项目】 全年谋划建设千万元以上项目211个，总投资692.7亿元。其中，10亿元以上项目24个，5亿元以上项目52个，亿元以上项目115个，连续5年重点项目数量超过200个；省、市级重点建设项目12个，完成投资44.3亿元。举办重点项目集中开工活动3次，开工项目21个；绿丰化工、深泰化工、东翔科技、庄兰日化等项目参加石家庄市项目观摩活动。津联电缆、新玉日化获得省中小企业名牌产品称号，凯恩利公司被省工业和信息化厅评为河北省“专精新特”中小企业，农哈哈公司获得第八届“精耕杯”大奖。引进市外资金25.3亿元，对外贸易出口7867万美元。三次产业结构由2016年14.9∶58.7∶26.4调整为12.0∶56.4∶31.6。

【农业生产】 全年农林牧渔业总产值21.0亿元，同比增长3.5%。其中，农业产值10.86亿元（中药材产值4242万元），林业产值2924万元，牧业产值7.35亿元，农林牧渔服务业产值2.44亿元。粮食播种面积2.99万公顷，总产量20.61万吨，平均亩产460.1千克。其中，小麦播种面积1.25万公顷，总产量8.91万吨，平均亩产473.7千克；玉米播种面积1.64万公顷，总产量11.47万吨，平均亩产465千克。豆类播种面积685公顷，总产量1285吨。油料播种面积1054公顷，总产量4045吨。棉花播种面积22公顷，总产量18吨。蔬菜及食用菌种植面积2022公顷，总产量36.82万吨。果园面积34公顷，其中，苹果园15公顷、梨园19公顷。水果总产量（不含果用瓜）5025吨，其中，苹果1423吨、梨3602吨。至2017年底，牛、猪、羊、家禽、兔存栏数分别达到7200头、6.39万头、4.24万只、149.89万只、6564只。肉、奶（主要是牛奶）、蛋产量分别达到1.98万吨、2.5万吨和1.56万吨，其中，猪肉、牛肉、羊肉、家禽肉、兔肉产量分别达到1.45万吨、1300吨、1400吨、2500吨和12吨。

【城乡建设】实施城建重点工程44项，建成综合性公园3个、街旁游园6个，公园总面积达到1372亩，发展形成“一环十园多点”绿色空间架构。开展造林绿化活动，当年人工造林533公顷，当年零星（四旁）植树56万株，森林覆盖率达到26.4%；建成绿色长廊20.6千米，2017年末县城绿地率达到32.63%，绿化覆盖率达到36.79%，人均公园面积9.79平方米，获批省级园林县城。投资2.15亿元，新建、改造道路11条，形成“一环七横七纵”路网格局；投资4600万元，打造石油大街为标志性街道；建成雨污分流管网15.8千米。投资1000万元，实施“大智移云”工程；投资5200万元，开展小城镇（中心村）电网改造升级和“井井通电”建设项目完工。新建通信4G基站、LTE基站28个。革命老区重点村硬化道路1.3万平方米。6个乡镇全部通过农村建设“三清一拆”工作验收。

（袁剑军 邸曼芹）

赞 皇 县

【概况】赞皇县位于石家庄市西南部，属太行山中段东麓，东与高邑县，南与邢台市，西与昔阳县，北及西北与元氏县、井陉县相邻，距离石家庄市主城区33千米。赞皇县是山区县、老区县、国家扶贫开发工作重点县，也是联合国地名组织命名的“千年古县”。山场面积115万亩，地貌格局为“七山二滩一分田”。境内景区有嶂石岩、棋盘山等。总面积1210平方千米，辖4个镇、7个乡，1个省级经济开发区，8个居委会、212个村委会，常住人口25.3万人。2017年赞皇县完成地区生产总值88.9亿元，同比增长5.2%。其中，第一产业增加值14.8亿元，增长10.3%；第二产业增加值41.8亿元，与2016年持平；第三产业增加值32.2亿元，增长11.4%。固定资产投资183.0亿元，同比增长11.7%。全部财政收入6.5亿元，同比增长29.4%，其中，公共财政预算收入3.5亿元，同比增长11.4%；财政支出16.6亿元，同比增长8.0%。农林牧渔业总产值23.9亿元，同比增长7.0%。粮食播种面积1.77万公顷，总产量6.26万吨。规模以上工业总产值173.9亿元，规模以上工业主营业务收入169.2亿元；规模以上工业增加值44.1亿元，同比增长1.0%；规模以上工业利润15.9亿元，同比下降9.8%。规模以上工业高新技术产业增加值5.4亿元，同比增长15.1%。社会消费品零售总额51.3亿元，同比增长12.0%。城镇居民人均可支配收入25167元，同比增长8.0%；农村居民人均可支配收入6417元，同比增长12.0%。

中共赞皇县委书记：冯立业
县人大常委会主任：
　　陈印增（2月免）
　　刘忠才（2月任）
县　　长：王　涛
县政协主席：张万银（2月免）
　　　　　　冯立业（2月任）

【产业项目】全年工业技改投资42.6亿元，同比增长67%。培育认定科技型中小企业27家，新增市级产业技术创新联盟1个。服务业完成增加值31.9亿元，同比增长11.5%。电子商务交易额5.9亿元，电子商务进农村综合示范项目通过省级验收。赞皇经济开发区主营业务收入164亿元，同比增长37.8%；引进签约项目28个，投资落地13个，总投资66亿元。淘汰燃煤锅炉223台，整治取缔“散乱污”企业87家，治理陶瓷企业7家。三次产业结构由2016年17.0∶54.7∶28.3调整为16.7∶47.0∶36.3。

【农业生产】全年农林牧渔业总产值23.9亿元，同比增长7.0%。其中，农业产值10.52亿元（中药材产值3566万元），林业产值2.42亿元，牧业产值8.48亿元，渔业产值1299万元，农林牧渔服务业产值2.38亿元。粮食播种面积1.77万公顷，总产量6.26万吨，平均亩产236.1千克。其中，小麦播种面积4498公顷，总产量2.01万吨，平均亩产298千克；玉米播种面积1.16万公顷，总产量3.84万吨，平均亩产220.4千克。薯类播种面积740公顷，总产量1.33万吨。油料播种面积4456公顷，总产量7501吨。棉花播种面积15公顷，总产量10吨。蔬菜及食用菌种植面积5016公顷，总产量42.08万吨。瓜果播种面积194公顷，总产量1.3万吨，其中，西瓜播种面积187公顷，总产量1.24万吨。果园面积3.31万公顷，其中，苹果园903公顷、梨园531公顷、桃园393公顷。水果总产量（不含果用瓜）8.68万吨，其中，苹果3300吨、梨1400吨、桃271吨、红枣7.55万吨。核桃总产量1.59万吨。至2017年底，牛、猪、羊、家禽存栏数分别达到4.13万头、5.25万头、4.59万只和168.95万只。肉、蛋、蜂蜜产量分别达到2.18万吨、1.93万吨和1820吨，其中，猪肉、牛肉、羊肉、家禽肉产量分别达到8500吨、8900吨、700吨、3700吨。水产品养殖面积300公顷，总产量1023吨。土地流转面积9.4万亩，规模经营面积4.6万亩，培育国家、省、市示范性经营主体46家。统筹整合涉农资金1.7亿元，支持和发展大枣、核桃、樱桃、蜂蜜等特色种养基地；农民专业合作社达到667个。

【城乡建设】 开展城乡建设“多规合一”试点，《赞皇县绿地系统规划（2017—2030年）》编制完成，《赞皇县城乡总体规划（2017—2030年）》正在修编。坛山公园、水上公园等17处游园绿地建设完工，总投资7.2亿元。万坡顶街、济河路等“断头路”打通。实施夜景亮化和槐河路、龙门大街等6条道路绿化工程，省级园林城、文明城通过验收。加快灾后重建项目进度，全县115条水毁道路、35座桥梁修复通车，水毁农房、农村饮水、农田水利设施全部修复，槐南渠、槐北渠全线通水。开展植树造林，当年人工造林面积3000公顷，当年零星（四旁）植树90万株，封山育林面积3333公顷，生态修复和小流域治理10.6平方千米。

（时素丽）

无 极 县

【概况】 无极县位于石家庄市东北部，地处滹沱河北岸，东及东南与深泽县、晋州市，西及西南与藁城区，北及西北与保定市、新乐市相邻，距离石家庄市主城区52千米。无极县民间艺术门类繁多，地方特色浓郁，“无极剪纸”“七汲全羊宴技艺”“无极饸饹制作技艺”“无极刘琨的传说”列入河北省非物质文化遗产保护名录，“无极吹歌”“无极泥模”列入石家庄市非物质文化遗产保护名录。总面积524平方千米，辖6个镇、5个乡，1个省级经济开发区，4个居委会、213个村委会，常住人口52.1万人。2017年无极县完成地区生产总值203.2亿元，同比增长7.6%。其中，第一产业增加值25.5亿元，增长0.8%；第二产业增加值101.3亿元，增长6.8%；第三产业增加值76.4亿元，增长11.2%。固定资产投资167.5亿元，同比增长10.0%。全部财政收入10亿元，同比增长14.2%，其中，公共财政预算收入6.0亿元，同比增长15.1%；财政支出22.4亿元，同比增长17.9%。农林牧渔业总产值41.6亿元，同比增长0.1%。粮食播种面积5.54万公顷，总产量37.35万吨。规模以上工业增加值88.8亿元，同比增长7.4%；规模以上工业利润30.8亿元，同比增长10.6%。规模以上工业高新技术产业增加值5.9亿元，同比增长14.9%。社会消费品零售总额140亿元，同比增长11.1%。实际利用外资641万美元。城镇居民人均可支配收入26975元，同比增长8.4%；农村居民人均可支配收入13984元，同比增长8.2%。

中共无极县委书记：
韩清榕（8月免）
吕智临（8月任）
县人大常委会主任：
袁建国（2月免）
刘全江（2月任）
县　　长：吕智临（9月免）
王勇军（10月任）
县政协主席：杨成岱（2月免）
马孟军（2月任）

【产业项目】 全年实施重点建设项目204项，总投资474亿元。其中，亿元以上项目51项，总投资437.5亿元。国际生态皮革基地项目列入省重点前期项目库。全省首家——润成进境皮张检验检疫集中查验场运营。世联一期、景森皮革、诚地人防、军城物流等项目竣工投产，云兴化工、海森皮革等13个市级重点项目正在建设，优胜环保、锦江发电、住建集团建筑产业化等11个项目集中开工，世联二期、卡森皮革、隆鼎皮革、嘉泰皮革、格品机电等项目顺利推进，金大陆文化产业园、斯镁铬镁业、鸿旭翔药业、青岛天鹅新材料等项目签约落地。三次产业结构由2016年13.7∶53.9∶32.4调整为12.5∶49.9∶37.6。

【农业生产】 全年农林牧渔业总产值41.60亿元，同比增长0.1%。其中，农业产值20.27亿元，林业产值2163万元，牧业产值18.15亿元，农林牧渔服务业产值2.97亿元。粮食播种面积5.54万公顷，总产量37.35万吨，平均亩产449.8千克。其中，小麦播种面积2.57万公顷，总产量18.16万吨，平均亩产470.6千克；玉米播种面积2.78万公顷，总产量18.76万吨，平均亩产450千克。豆类播种面积1150公顷，总产量2106吨。油料播种面积3128公顷，总产量1.16万吨，其中，花生播种面积3073公顷，总产量1.15万吨。棉花播种面积1公顷，总产量0.7吨。蔬菜及食用菌种植面积2590公顷，总产量22.74万吨。果园面积339公顷，其中，苹果园80公顷、梨园85公顷。水果总产量（不含果用瓜）4613吨，其中，苹果1201吨、梨3126吨。至2017年底，牛、马、猪、羊、家禽存栏数分别达到6.57万头、468头、14.41万头、7.58万只和660.91万只。肉、奶、蛋产量分别达到4.56万吨、3.95万吨和6.44万吨，其中，猪肉、牛肉、羊肉、家禽肉产量分别达到2.36万吨、9200吨、2000吨和1.07万吨。

【城乡建设】 县域城乡总体规划及绿地绿廊、夜景景观等6个专项规划编制完成，县城北部教育园区等重点区域编修专项设计。中昌路西延、规划二街南段等4条道路建设完工，建设东路、智慧街等5条道路改造提升；无极公园、民俗公园、希望公园及8个街旁绿地建设项目完成，城区公园数量达到10个。打造示范样板街、绿道绿廊等特色绿化景观带，新建正港线迎宾景观大道。加强违法违章建筑设施整治，出台《打击违法建设的十五条措施》，彻底拆除一批多年形成的“钉子户”建筑。开展“市容环境整治”“交通秩序治理”等五大县城管理攻坚行动，组建设立城市综合管理局；建立城区精细化长效管理机制，将卫生清扫纳入服务外包范围，主要街道实现18小时保洁，中昌路、贸易街、无极路等干道基本达到无占道经营、无乱摆乱放、无店外店要求。开展植树造林，当年人工造林面积467公顷，当年零星（四旁）植树450万株，森林覆盖率达到18.8%。2017年无极县获评省级园林县城。

（无极县地方志办公室）

平 山 县

【概况】 平山县位于石家庄市西北部，地处太行山中段东麓，地势自东向西北逐渐增高，海拔最低点东水碾村120米，最高点驼梁2281米，素有“八山一水一分田”之称，东北与灵寿县，东南与鹿泉区，南与井陉县，西与山西省相邻，距离石家庄市主城区30千米，是中国革命圣地——西柏坡所在地，也是河北省首批扩权县。总面积2648平方千米，辖12个镇、11个乡，1个省级经济开发区，7个居委会、717个村委会，常住人口44.9万人，人口自然增长率−4.39‰。2017年平山县完成地区生产总值238.6亿元，同比增长3.4%。其中，第一产业增加值13.9亿元，增长2.9%；第二产业增加值144亿元，下降1.1%；第三产业增加值80.7亿元，增长10.9%。固定资产投资267.2亿元，同比增长10.1%。全部财政收入24.5亿元，同比增长12.7%，其中，公共财政预算收入12.3亿元，同比增长14.3%；财政支出32亿元，同比下降0.7%。农林牧渔业总产值23.84亿元，同比增长4.3%。粮食播种面积2.09万公顷，总产量10.49万吨。规模以上工业总产值527.2亿元，规模以上工业主营业务收入549亿元；规模以上工业增加值127.1亿元，同比下降1.8%；规模以上工业利润44亿元，同比增长88.2%。规模以上工业高新技术产业增加值1亿元，同比增长23.1%。社会消费品零售总额67.4亿元，同比增长11.9%。实际利用外资201万美元。城镇居民人均可支配收入28175元，同比增长8.0%；农村居民人均可支配收入8165元，同比增长12.3%。

中共平山县委书记：
李旭阳（兼西柏坡管理局党工委书记）
县人大常委会主任：
李海明（2月免）
焦习军（2月任）
县　　长：
董晓航（兼西柏坡管理局局长）
县政协主席：封明明（2月免）
郭双全（2月任）

【产业项目】 以供给侧结构性改革为主线，围绕调存量、优增量目标，推进敬业集团钢铁精深加工产业园建设，3D打印、法兰制造、汽车改装等转型项目建成投产，销售收入突破10亿元；敬业钢构上市，增材制造入选省军民融合型企业，敬业钢铁列入工业和信息化部2017年第一批绿色工厂名单。光纤光缆、林宏建材等7个新建项目竣工投产，优晖科技、博欧机械人等6个项目集中开工。新培育上市企业2家、高新技术企业3家、科技型中小企业41家，新增市场主体4608家。全年接待游客1300多万人次，同比增长12.6%；旅游业实现总收入94亿元，同比增长15.9%。三次产业结构由2016年8.8∶57.9∶33.3调整为5.8∶60.4∶33.8。

【农业生产】 全年农林牧渔业总产值23.84亿元，同比增长4.3%。其中，农业产值6.22亿元（中药材产值6262万元），林业产值5.82亿元，牧业产值7.57亿元，渔业产值8930万元，农林牧渔服务业产值3.35亿元。粮食播种面积2.09万公顷，总产量10.49万吨，平均亩产334.7千克。其中，小麦播种面积2922公顷，总产量1.83万吨，平均亩产416.5千克；玉米播种面积1.61万公顷，总产量8.24万吨，平均亩产340.9千克；谷子播种面积697公顷，总产量1224吨，平均亩产117.2千克。薯类播种面积738公顷，总产量1.17万吨。油料播种面积2727公顷，总产量6650吨，其中，花生播种面积2170公顷，总产量5162吨。棉花播种面积72公顷，总产量59吨。蔬菜及食用菌种植面积1373公顷，总产量10.3万吨。果园面积3635公顷，其中，苹果园2365公顷、桃园539公顷、葡萄园104公顷。水果总产量（不含果用瓜）6331吨，其中，苹果4798吨、桃787吨、葡萄102吨、红枣306吨。核桃总产量4951吨。花椒总产量3900吨。至2017年底，牛、猪、羊、家禽、兔存栏数分别达到1.84万头、10.02万头、5.68万只、152.82万只和892只。肉、奶、蛋产量分别达到1.91万吨、6900吨、1.33万吨，其中，猪肉、牛肉、羊肉、家禽肉、兔肉产量分别达到1.45万吨、1800吨、1200吨、1600吨和13吨。蜂蜜产量1330吨。水产品养殖面积7820公顷，其中水库养殖7683吨；总产量5430吨。

【城乡建设】 全年城建投资7亿多元。出入县城口改造、冶河西路拓宽、钢城路穿朔黄铁路、正义路大修、富民北街接外环等工程完工。文庙区域改造、滨河公园建设、重要节点绿化美化工程正在施工。铺设供热管网6.3千米，新建换热站17座，新增供热面积70万平方米。供水管网改造7.2万平方米。县城公共区域实现免费WiFi全覆盖。探索实行环卫保洁市场化，城区道路机械化清扫率达到84%。建成省级美丽乡村56个。常住人口城镇化率达到51%。推进压产能、治污染行动，拆除敬业集团450立方米高炉1座，压减炼铁产能52万吨；拆除水泥企业1家、石灰企业15家，整治和取缔“散乱污”企业479家。空气优良天数41天，比2016年增加22天；空气质量PM2.5平均浓度88微克/立方米，较2016年末下降48.1%。开展植树造林，当年人工造林面积4667公顷，当年零星（四旁）植树600万株，封山育林面积3334公顷，森林抚育面积6.8万公顷。林木绿化率达到58.6%，建城区绿地率达到39.4%，顺利通过省级园林县城复查。

（杨林书）

元　氏　县

【概况】 元氏县位于石家庄市南部，西倚太行山，东临华北平原，境内自西向东山区、丘陵、平原梯次分布，东与栾城区、赵县，西与井陉县，南与高邑县、赞皇县，北与鹿泉区相邻，距离石家庄市主城区30千米。县内拥有常山郡遗址、封龙山石窟、开化寺塔、西张村西周遗址等国家重点文物。2010年联合国地名专家组命名元氏县为“千年古县”。京港澳高速、107国道、京赞公路、石邢公路纵贯南北，青银高速、赵赞公路、井元公路横贯东西。总面积676平方千米，辖8个镇、7个乡，1个省级经济开发区，4个居委会、208个村委会，常住人口43.5万人。2017年元氏县完成地区生产总值191.4亿元，同比增长7.6%。其中，第一产业增加值17亿元，增长4.1%；第二产业增加值97.2亿元，增长6.3%；第三产业增加值77.2亿元，增长9.9%。固定资产投资262亿元，同比增长9.1%。全部财政收入14.4亿元，同比增长11.2%，其中，公共财政预算收入7.6亿元，同比增长14.3%；财政支出19.1亿元，同比增长1.1%。农林牧渔业总产值25.65亿元，同比下降1.1%。粮食播种面积5.93万公顷，总产量35.46万吨。规模以上工业总产值245.6亿元，规模以上工业主营业务收入235.5亿元；规模以上工业增加值87.4亿元，同比增长7.5%；规模以上工业利润26.5亿元，同比增长7.7%。规模以上工业高新技术产业增加值17.5亿元，同比增长40.9%。社会消费品零售总额63.4亿元，同比增长11.8%。实际利用外资76万美元。城镇居民人均可支配收入26197元，同比增长8.4%；农村居民人均可支配收入13635元，同比增长8.3%。

中共元氏县委书记：郑巍
县人大常委会主任：
　　柳国芹（1月免）
　　张庆志（1月任）
县　　长：许尽晖（女）
县政协主席：吴晓云（女，1月免）
　　白兰怀（1月任）

【产业项目】 全年实施省、市重点项目14个，完成投资63.2亿元；实施县乡重点项目110个，总投资647亿元。易东泵业等11个项目竣工投产，中新房新型住宅产业化基地等84个项目开工建设。2月15日，元氏县13个项目集中开工，总投资82亿元。东明家具物流基地、昊和文体城展示中心、石家庄新鸥鹏教育城、河北诚实实业汽车物流园、天普汇泽新能源示范基地、智能化中央厨房、五矿综合物流等50个项目签约，北京荣金医疗器械、中铁物流集散基地、立邦涂料等27个项目达成合作意向。三次产业结构由2016年12.8∶53.5∶33.7调整为8.9∶50.8∶40.3。

【农业生产】 全年农林牧渔业总产值25.65亿元，同比下降1.1%。其中，农业产值10.82亿元，林业产值1.08亿元，牧业产值12.82亿元，农林牧渔服务业产值9036万元。粮食播种面积5.93万公顷，总产量35.46万吨，平均亩产398.5千克。其中，小麦播种面积2.56万公顷，总产量16.25万吨，平均亩产422.6千克；玉米播种面积3.08万公顷，总产量18万吨，平均亩产389.5千克；谷子播种面积622公顷，总产量1479吨，平均亩产158.5千克。薯类播种面积1486公顷，总产量4.6万吨。油料播种面积1983公顷，总产量5450吨，其中，花生播种面积1623公顷，总产量4654吨。棉花播种面积152公顷，总产量129吨。蔬菜及食用菌种植面积6545公顷，总产量49.96万吨。瓜果播种面积308公顷，总产量2.24万吨，其中，西瓜播种面积305公顷，总产量2.22万吨。果园面积242公顷，其中，苹果园29公顷、桃园25公顷、葡萄园39公顷。水果总产量（不含果用瓜）8286吨，其中，苹果1497吨、桃661吨、葡萄407吨、红枣721吨。核桃总产量5748吨。至2017年底，牛、驴、猪、羊、家禽存栏数分别达到3.39万头、1487头、12.04万头、8.83万只和492.25万只。肉、奶（主要为牛奶）、蛋产量分别达到3.58万吨、2.77万吨和4.38万吨，其中，猪肉、牛肉、羊肉、家禽肉、驴肉产量分别达到1.91万吨、6800吨、2400吨、7400吨、143吨。

【城乡建设】 主城区大修和整治道路5条，翻修路面25万平方米，更换便道砖18万平方米；人民路西延、兴元街等3条断头路打通，总投资3亿元；龙河南路、嘉惠街北延、昌盛街北延等道路工程完工，建设长度4.5千米。2月15日，位于县城北部龙河新区项目开工，规划总面积800万平方米，总投资5亿元，重点实施潴龙河生态水系恢复、潴龙河滨河路及跨越大桥、嘉惠街北延连线路、昌盛街北延连线路、西环路北延5项工程。2017年末龙河新区项目整治潴泷河4千米，部分河段实现蓄水。龙山新城片区石家庄铁道大学四方学院、恒大智慧小镇、京南硅谷、研学文旅小镇、跨河大桥建设启动。龙湖小镇片区道路规划设计完毕，蟠龙湖生态养老产业项目、滨湖公园开工建设。陈郭庄道路大修、“7·19”水毁路桥修复重建、107国道中间绿化带改造升级等工程项目完工。平赞高速征地搬迁任务完成。无极山滑雪场对外开放。彰显元氏历史文化、具有明清风格的西大门——兴元门建设落成。实施55个中心村电网改造等工程16项，总投资5200万元。投入资金7000万元，综合整治大孔、太平庄等6个村庄容貌。推进特色小镇建设，张掖新市镇片区碧桂园二期接近完工，附属学校开工建设；华夏幸福产业新城项目落户使庄产城融合小镇。新建和改造提升公园绿地14处，新增绿地30万平方米；当年人工造林面积3067公顷，当年零星（四旁）植树60万株，封山育林面积2666公顷。

（范君义　杨夕群）

赵　县

【概况】 赵县位于石家庄市东南部，东与晋州市，西与元氏县、高邑县，南与邢台市，北与藁城区、栾城区相邻，距离石家庄市主城区40千米。赵县古称赵州，2005年被联合国地名专家组中国分部命名为“千年古县”。境内拥有赵州桥、柏林禅寺、陀罗尼经幢等众多历史遗迹。其中，赵州桥有1400多年历史，是世界桥梁的鼻祖，被誉为天下第一桥；柏林禅寺有1700多年历史，始建于东汉末年，是中国禅宗史上重要祖庭，史称“畿内名刹”“古佛道场”，内设河北省佛学院、河北省禅学研究所；陀罗尼经幢坐落县城中央，被誉为“华夏第一塔”。赵县是国家林业局命名中国雪花梨之乡、全国经济林示范县、中国优质梨果生产基地重点县，也是农业部命名优质小麦生产基地县、全国粮食生产先进县。总面积675平方千米，辖7个镇、4个乡，1个省级经济开发区，9个居委会、281个村委会，常住人口59.1万人。2017年赵县完成地区生产总值217.5亿元，同比增长6.9%。其中，第一产业增加值21.7亿元，增长1.6%；第二产业增加值130.5亿元，增长6.2%；第三产业增加值65.3亿元，增长10.7%。固定资产投资203.1亿元，同比增长9.6%。全部财政收入9.5亿元，同比增长17.7%，其中，公共财政预算收入5.9亿元，同比增长14.2%；财政支出22.7亿元，同比增长4.0%。农林牧渔业总产值33.84亿元，同比增长0.6%。粮食播种面积8.27万公顷，总产量62.49万吨。规模以上工业总产值680.3亿元，规模以上工业主营业务收入704.6亿元；规模以上工业增加值141.3亿元，同比增长7.3%；规模以上工业利润43.6亿元，同比增长10.6%。规模以上工业高新技术产业增加值22.7亿元，同比增长16.3%。社会消费品零售总额134.8亿元，同比增长10.5%。实际利用外资56万美元。城镇居民人均可支配收入28122元，同比增长7.8%；农村居民人均可支配收入14169元，同比增长7.8%。12月15日，赵县获评第一届河北省文明县城称号。

中共赵县县委书记：张敏周

县人大常委会主任：黄云锁

县　　　长：高楠

县政协主席：张清华

【产业项目】 全年实施重点建设项目133个，总投资217亿元，其中13个项目列入省、市重点项目。昆泰生物、安健成益等44个项目建成投产，华药生物发酵基地、京桥新材料等项目正在建设，天山、易谷等3个特色产业园初具规模。2月15日，赵县7个重点项目集中开工，总投资28.7亿元，其中，华北制药股份有限公司赵县生物发酵基地项目总投资15.2亿元。赵县经济开发区改革完成，生物产业园产业布局调整通过专家评审。举办招商引资活动50余次，签约项目28个，拟投资金额291亿元，签约项目数量、投资规模创下历年最高。推进科技创新和产业转型，认定高新技术企业21家、科技小巨人企业15家。东明·金桥国际城市商贸综合体、赵州印象大酒店等项目有序推进。萌帮水溶肥公司在新三板挂牌上市。全年接待游客272万人次，旅游业实现总收入8亿元。三次产业结构由2016年15.8∶58.0∶26.2调整为10.0∶60.0∶30.0。

【农业生产】 全年农林牧渔业总产值33.84亿元，同比增长0.6%。其中，农业产值22.29亿元，林业产值3106万元，牧业产值8.29亿元，农林牧渔服务业产值2.95亿元。粮食播种面积8.27万公顷，总产量62.49

万吨，平均亩产503.8千克。其中，小麦播种面积3.84万公顷，总产量28.65万吨，平均亩产498千克；玉米播种面积4.4万公顷，总产量33.73万吨，平均亩产510.8千克。油料播种面积412公顷，总产量1845吨。蔬菜及食用菌种植面积2308公顷，总产量13.46万吨。果园面积1.02万公顷，其中梨园1.02万公顷。水果总产量（不含果用瓜）28.13万吨，其中梨28.11万吨（雪花梨21.87万吨、鸭梨1.27万吨）。至2017年底，牛、马、驴、猪、羊、家禽、兔存栏数分别达到1.14万头、101头、943头、4.20万头、3.51万只、375.52万只和1237只。肉、奶（主要为牛奶）、蛋产量分别达到1.49万吨、2.35万吨、4.45万吨，其中，猪肉、牛肉、羊肉、家禽肉、驴肉、兔肉产量分别达到5900吨、2000吨、1000吨、5800吨、113吨和6吨。蜂蜜产量150吨。

【城乡建设】 编制《赵县县域城乡总体规划（2017—2030年）》《中心城区控制性详细规划》。筹资18.3亿元，开展县城基础设施建设，永通路等11条主干道改造提升，12条次干道实施畅通工程，污水处理厂升级、垃圾填埋场、供水供暖管网等重点工程建成投用。开展交通秩序整治，主要街道停车秩序有效规范，通行效率提高。投资5800万元，建设占地450亩澄波公园对外开放。当年人工造林面积389公顷，当年零星（四旁）植树64万株。新增绿化面积6543亩。永通桥公园获评河北省三星级公园。加强城区户外广告、店外违规经营管理，开展“三清一拆”和城乡主干道环境综合整治，农村环境卫生社会化服务实现全覆盖，谢庄村获评第一批全国“绿色村庄”。

（赵县地方志办公室）

晋州市

【概况】 晋州市位于石家庄市正东部，东及东北与辛集市、深泽县，西及西北与藁城区、无极县，南及西南与宁晋县、赵县相邻，距离石家庄市主城区45千米。晋州市是古代唐朝丞相魏征的故乡，也是中国鸭梨之乡，所辖周家庄乡是中国唯一实行乡级集体核算管理体制乡镇。1991年经国务院批准撤县设市。总面积619平方千米，辖9个镇、1个乡，1个省级经济开发区，10个居委会、224个行政村，常住人口55.5万人。2017年晋州市完成地区生产总值305.1亿元，同比增长8.2%。其中，第一产业增加值30.5亿元，增长2.4%；第二产业增加值161.3亿元，增长7.2%；第三产业增加值113.2亿元，增长11.1%。固定资产投资347亿元，同比增长11.8%。全部财政收入12.9亿元，同比增长12.3%，其中，公共财政预算收入9.1亿元，同比增长13.8%；财政支出25.1亿元，同比增长10.7%。农林牧渔业总产值44.77亿元，同比下降2.3%。粮食播种面积5.31万公顷，总产量34.87万吨。规模以上工业总产值566.2亿元，规模以上工业主营业务收入499.3亿元；规模以上工业增加值159亿元，同比增长8.0%；规模以上工业利润38.2亿元，同比下降15.9%。规模以上工业高新技术产业增加值22.8亿元，同比增长24.0%。社会消费品零售总额138.1亿元，同比增长10.9%。实际利用外资3346万美元。城镇居民人均可支配收入31181元，同比增长8.2%；农村居民人均可支配收入17568元，同比增长8.0%。

中共晋州市委书记：陈慧明
市人大常委会主任：马玉社
市　　　长：袁永福
市政协主席：崔贞军

【产业项目】 全年实施1000万元以上产业类项目54项，总投资322.7亿元。其中，亿元以上项目41项，总投资318.91亿元；在建项目32项，总投资108.11亿元，完成投资57.5亿元，完成年度计划111%；列入石家庄市重点项目13项，总投资76.7亿元。新开工项目4项，六仁烤饮品项目竣工试生产，信和广场项目装修，启迪孵化基地项目主体施工，科大绿源项目正在地基处理。续建项目4项，利盛印染、柯林滤纸、鼎力食品、腾轩电力2个项目竣工生产。前期项目5项，其中博鹰通航项目投入运营。晋州经济开发区“一区三园”优化整合，行政管理、投融资体制等改革及高压线移位、20千米燃气管线铺设完毕，集中供热站和园区中路、经二街、排污管网建设有序推进。围绕打造“投资晋州、事事无忧”品牌，出台招商引资、总部经济等优惠政策，给力保险、中铁电气化总部及科大绿源、若瑜固废处理、鑫阳农贸等项目落户晋州市。三次产业结构由2016年9.7∶57.1∶33.2调整为10.0∶52.9∶37.1。

【农业生产】 全年农林牧渔业总产值44.77亿元，同比下降2.3%。其中，农业产值23.06亿元，林业产值7496万元，牧业产值18.47亿元，农林牧渔服务业产值2.48亿元。粮食播种面积5.31万公顷，总产量34.87万吨，平均亩产437.9千克。其中，小麦播种面积2.39万公顷，总产量16.66万吨，平均亩产464.2千克；玉米播种面积2.6万公顷，总产量17.57万吨，平均亩产450.1千克；谷子播种面积832公顷，总产量1958吨，平均亩产156.8千克。豆类（主要为大豆）播种面积2074公顷，总产量3365吨。油料播种面积1752公顷，总产量5652吨。蔬菜及食用菌种植面积4506公顷，总产量35.06万吨。果园面积1.42万公顷，其中，苹果园443公顷、梨园1.08万公顷、桃园282公顷、葡萄园2073公顷。水果总产量（不含果用瓜）66.44万吨，其中，苹果1.65万吨（红富士9011吨）、梨56.4万吨（雪花梨3.93万吨、鸭梨20.14万吨）、桃1.16万吨、葡萄6.4万吨。核桃总产量1224吨。至2017年底，牛、猪、羊、家禽、兔存栏数分别达到1.0万头、33.60万头、6.14万只、582.96万只和1955只。肉、奶（主要为牛奶）、蛋产量分别达到5.90万吨、1.42万吨和6.07万吨，其中，猪肉、牛肉、羊肉、家禽肉、兔肉产量分别达到4.50万吨、2200吨、1700吨、1.01万吨和7吨。

【城乡建设】 编制晋州市域总体规划、重点乡镇总体规划及海绵城市等专项规划。投资2.13亿元（上级补助6870万元），实施晋州连接线晋州市绕城工程及绿化亮化工程、黄石高速晋州收费站口提升改建工程、晋州连接线和小西线中修等重点工程建设完工。2017年晋州市被交通运输部确定为城乡交通运输一体化示范县第一批创建县（区、市）。投资4100万元，完成弱电入地、雨污分流、管网清淤等57千米，解决了朝阳小区、滨河路世纪商城段、中兴路中国银行段等节点排水不畅问题。创建国家园林城市，新建总投资2325万元、占地13.67公顷的光明公园、文体公园、富强公园，镜湖公园占地27.33公顷征地完毕。栽植景观防护林133.33公顷，总投资800万元；评选园林式单位、小区47个；当年零星（四旁）植树48万株，森林抚育面积1.63万公顷；建成区绿地率达到34.62%，人均公园绿地面积11.8平方米。开展城区占道经营、广告牌匾等专项整治，污泥无害化脱干项目、垃圾填埋场渗滤液处理设施改造完工，获评省级洁净城市。推进智慧城市建设，主城区、晋州经济开发区公共场所实现WiFi免费开放。6个乡镇“三清一拆”任务完成，农村垃圾处理实现全覆盖。

（安锁然　刘景荣）

新　乐　市

【概况】 新乐市位于石家庄市东北部，地处太行山东麓，属太行山山前倾斜平原，东及北与定州市、曲阳县，南及东南与藁城区、无极县，西北及西南与行唐县、正定县相邻，境内有沙河、木刀沟2条季节性河流，京广铁路、107国道、京港澳高速公路纵贯南北，南距石家庄市主城区38千米、石家庄国际机场7千米。1992年10月撤县设市。相传人类始祖伏羲长于新乐，自古有“羲皇圣里”之称，新乐市区北2千米保存有国家级文物——伏羲台。新乐市拥有西瓜、花生、蔬菜、生猪、奶牛“三种两养”五大特色产业，“新乐西瓜”被列为国家地理标志产品。总面积525平方千米，辖8个镇、3个乡、1个街道办事处，1个省级经济开发区，10个居委会、160个行政村，常住人口51.4万人。2017年新乐市完成地区生产总值217.1亿元，同比增长8.0%。其中，第一产业增加值29.8亿元，增长4.6%；第二产业增加值110.9亿元，增长6.8%；第三产业增加值76.4亿元，增长11.1%。固定资产投资298.7亿元，同比增长9.4%。全部财政收入11.9亿元，同比增长21.8%，其中，公共财政预算收入7.9亿元，同比增长15.7%；财政支出22.9亿元，同比增长6.0%。农林牧渔业总产值48.23亿元，同比增长0.1%。粮食播种面积5.2万公顷，总产量35.50万吨。规模以上工业总产值426.7亿元，规模以上工业主营业务收入423.7亿元；规模以上工业增加值106.2亿元，同比增长7.6%；规模以上工业利润30.8亿元，同比增长5%。规模以上工业高新技术产业增加值14亿元，同比增长21.4%。社会消费品零售总额127.8亿元，同比增长12.3%。实际利用外资507万美元。城镇居民人均可支配收入26260元，同比增长8.2%；农村居民人均可支配收入15569元，同比增长8.0%。

中共新乐市委书记：李志勇
市人大常委会主任：
　　郝国杰（2月免）
　　李志勇（2月任）
市　　长：郭建亭（2月任）
市政协主席：丁山林（2月免）
　　　　张智琦（2月任）

【产业项目】 实施精准对接招商，与中国建材、万科集团等世界500强、中国500强等大企业、大集团对接洽谈，对接项目88个，签订项目投资协议11个，总投资97亿元；招商引进中国建材、万科集团、普洛斯3个世界500强企业；签约项目单体投资额、总投资额创下历史新高。项目落地实行“市领导＋部门＋乡镇”全程服务机制，从签约、征地到开工建设、竣工投产一包到底，从项目立项、用地、环境评价到证照办理全程帮办代办。项目建设形成“洽谈一批、签约一批、开工一批、竣工一批”良好态势。中元牧业等19个项目竣工，万恒电机等16个项目正在建设，完成投资77.6亿元，占年度计划投资150%。2月15日，新乐市6个项目集中开工，总投资25.4亿元。分别为：河北百斗嘉肥料有限公司年产50万吨复混肥料项目，河北科诺橡胶制品有限公司太阳能硅胶板项目、橡塑地板生产项目，石家庄盛和建筑装饰有限公司年产40万平方米电磁波屏蔽门窗、塑钢、铝合金门窗项目，中国燃气控股有限公司藁城——保定长输管线（新乐段）及门站建设项目，石家庄中奥燃气有限公司天然气村村通工程，河北英凯再生资源利用有限公司再生资源综合利用项目。新乐经济开发区机构编制、行政审批、人事薪酬制度、投融资平台改革完毕，实行全员聘任、绩效考核制度；新增2条10千伏线路，启动建设金安路等5条道路，7条道路实施绿化亮化工程；办理征地组卷11个批次770亩。2017年末新乐经济开发区入驻企业90家，其中高新技术企业达到13家。三次产业结构由2016年的14.1∶54.7∶31.2调整为13.7∶51.1∶35.2。

【农业生产】 全年农林牧渔业总产值48.23亿元，同比增长0.1%。其中，农业产值22.83亿元，林业产值1605万元，牧业产值20.9亿元，农林牧渔服务业产值4.33亿元。粮食播种面积5.2万公顷，总产量35.5万吨，平均亩产454.9千克。其中，小麦播种面积2.42万公顷，总产量16.74万吨，平均亩产460.5千克；玉米播种面积2.63万公顷，总产量18.16万吨，平均亩产460.5千克。豆类（主要为大豆）播种面积541公顷，总产量693吨。薯类播种面积918公顷，总产量2.58万吨。油料播种面积4690公顷，总产量1.96万吨，其中，花生播种面积4678公顷，总产量1.96万吨。蔬菜及食用菌种植面积4289公顷，总产量41.94万吨。瓜果种植面积2022公顷，总产量11.3万吨，其中，西瓜种植面积1338公顷，总产量8.04万吨。果园面积322公顷，其中，苹果园58公顷、梨园136公顷、桃园48公顷、葡萄园86公顷。水果总产量（不含果用瓜）1.07万吨，其中，苹果934吨（红富士563吨）、梨8023吨（雪花梨6606吨、鸭梨981吨）、桃971吨、葡萄788吨。至2017年底，牛、马、驴、猪、羊、家禽、兔存栏数分别达到2.43万头、235头、2194头、30万头、1.55万只、695.81万只和26.28万只。肉、奶、牛奶、蛋产量分别达到5.92万吨、6.69万吨、6.5吨、6.7万吨，其中，猪肉、牛肉、羊肉、家禽肉、驴肉、兔肉产量分别达到4.53万吨、2900吨、300吨、9900吨、286吨和482吨。

【城乡建设】 围绕“产城一体化、城乡一体化、绿亮美净一体化”发展，实施总投资20亿元城乡道路、容貌提升等53项工程。《新乐市总体城市设计》等12个规划编制完毕。礼堂街北延等11条道路建设工程和改造提升项目、107国道新建幅拓宽改造、长班线二期工程完工。15条街道实施地下雨污管网建设，城区雨水管网实现分流和全覆盖。新建6条主次干道供热管网，集中供热覆盖面积达到470万平方米。京港澳高速连接线绿化工程和第三、第四水厂建设工程完工，南环路等12条道路绿化提升工程开工，新增绿地面积50.2万平方米，伏羲公园获评河北省四星级公园。4G宽带、有线电视入户网络建设稳步推进，城市公共场所实现免费WiFi覆盖。打造城市特色，以伏羲文化片区为重点，完成伏羲台上古文旅小镇项目、伏羲南巷创意文化一条街规划设计，伏羲大街特色风貌街基本建成。加强城市管理，拆除违法违章建筑设施11.3万平方米，整改违法占地980.5亩；施行“深度保洁、以克论净”环卫制度；严厉查处房地产项目违法“预售”行为。推进美丽乡村建设，建成省级美丽乡村精品村4个，南双晶村、沙井村被确定为石家庄市革命老区建设示范村；160个村庄举行环境卫生综合整治观摩评比，农村生活垃圾处理市场化托管实现全覆盖。保护生态环境，启动实施木刀沟生态整治工程；当年人工造林面积333公顷，当年零星（四旁）植树70万株。

（吴静　丁然平）

人 物

Figures

全国见义勇为模范

2017年4月24日，中共中央宣传部、中央社会治安综合治理委员会办公室、公安部、中央军委政法委员会、全国总工会、共青团中央、全国妇联、中华见义勇为基金会联合在北京举行第十三届全国见义勇为英雄模范表彰大会，石家庄市张德云获授“全国见义勇为模范”称号。

张德云 1964年出生，中共党员，正定县诸福屯村人。多年来，张德云不管有多大的困难，条件有多恶劣，都不顾个人安危、不计回报下水救人。曾10次从水中紧急救援15人，成功挽救7条生命，被当地老百姓亲切地称为“太平河边的生命保护神”。张德云与游泳队的朋友们还组建了“子龙义务救援队”，该救援队20多名成员和“110”“119”信息互通，遇有报警他们第一时间赶往事故现场实施救援，多次参与太平河沿线救人行动。张德云也因此获授“石家庄市文明公民标兵”“石家庄市见义勇为模范”“河北省见义勇为英雄”称号。

全国“三八红旗手”

裴艳丽 女，河北百年巧匠文化传播股份有限公司董事长。河北百年巧匠文化传播股份有限公司是一家开发研制木绘艺术、发展文化创意产业和新三板挂牌上市企业，也是石家庄市重点培育文化创业企业。公司拥有有效知识产权83项，获得中国国际专利与名牌博览会“金奖”、河北省名牌产品、石家庄市十大工业名牌称号，被评为省、市巾帼文明岗，省、市巧手脱贫示范基地。裴艳丽所属公司注重回报社会，采取承接省市妇联妇女培训项目、公益培训、网上在线培训等方式，组织妇女学习木绘艺术；开展院企合作，助力妇女创业，与高等职业类大学联合创办百年巧匠双创艺术学院，建立“木绘艺术可视匠人工坊”，帮助贫困妇女开设标准化木绘工作室，实现妇女创业梦想。裴艳丽带领职工打造一流文化创意企业，2018年1月“中国百年巧匠木绘艺术国际DIY”入选“一带一路”文化贸易与投资重点项目；与北京国家图书馆签订合作协议，开发具有国图特色文化创意产品。2018年3月，全国妇联授予裴艳丽2017年度全国“三八红旗手”称号。

第六届全国道德模范

王生廷 王双廷 井陉县南石门村人，中共党员，一对亲兄弟。王生廷，1969年10月出生，国家电网井陉县供电公司小作供电所员工；王双廷，1967年3月出生，井陉县小作镇南石门村党支部书记。2016年7月19日夜，井陉县南石门村遭遇百年不遇的暴雨袭击。21时许，山洪冲倒电线杆，造成南石门村停电。身为供电所员工的王生廷冒险前去查看情况，突然发现滚滚洪水正在向村子袭来。危急时刻，他不顾个人安危跑回地势低洼的村中，与身为村支书的哥哥王双廷一起挨家挨户拍门、呼喊，通知并帮助乡亲向高处转移。“当时他们兄弟俩敲我家门，说上水了，让我们赶紧上房。我和六岁的小孙女还有怀孕6个月的女儿就赶紧爬梯子上了房，刚上去洪水就把家门冲开了。”村民王忠忠回忆起当时的情景，心有余悸地说，幸亏王双廷兄弟二人通知的及时，自己一家几口才幸免于难。王生廷路过妻子高建林所开的小卖部时，只高喊妻子赶紧上房，却没有停留片刻。洪水袭来仅15分钟，大半个村子便被淹没。因为两兄弟及时预警，30多户人家198口人顺利脱险，但是王生廷的妻子高建林却因躲避不及，不幸遇难。安葬妻子第二天，王生廷就和哥哥一起，全力投入到灾后重建工作中。他摸排南石门、北石门村低压电力设施损坏情况，为电力抢修提供准确数据；积极参加高压线路抢修恢复，在作业现场连续工作20多个小时；用自己家的铲车清理南石门村通往高速路的道路，为电力快速抢修开出一条平坦大道；每天都协助村委会运输发放救灾物资。灾后重建的日子里，井陉县小作镇南石门村王生廷、王双廷这对党员兄弟，以身作则，扛起一面旗帜，用行动给乡亲们带来新的希望。2017年5月，王生廷、王双廷获授第五届助人为乐“石家庄市道德模范”称号。2017年11月，王生廷、王双廷获授第六届见义勇为“全国道德模范”称号。

全国农村青年致富带头人

2017年2月，共青团中央、农业部联合表彰和授予石家庄市李正选、牛睿仪为第十届“全国农村青年致富带头人”称号。

李正选　37岁，正定县新城铺镇东白庄村党支部书记。2012年起，李正选开始担任村党支部书记，他一心扎根基层，热心为群众服务。五年来，他带领乡亲硬化街道8万余平方米，实施绿化600余亩，新增路灯200余盏，村容村貌取得了翻天覆地的变化。李正选还立足东白庄村发展和建设，组织引进“庆海废旧汽车回收及零件生产”项目，并联系从东白庄村走出去的致富带头人，共同为群众提供更多更好的就业机会，带领群众走上致富道路。

牛睿仪　女，27岁，石家庄食草堂文化饰品有限公司总经理。2012年，牛睿仪放弃国外优越的工作和生活条件，返回家乡创业。2014年起，她凭借对市场的敏锐和年轻人的冲劲拼劲，引导食草堂品牌实施变革，提出“优化、升级”战略，推进店铺向大型综合购物中心入驻转变。2015～2016年，食草堂全国店铺数量从200余家上升至近500家，全国店铺业绩平均提升率达到20%以上。牛睿仪作为一名优秀青年创业者，主动承担社会责任，发挥食草堂省级工业旅游示范单位优势，向当地人提供了更多的就业机会。

中国好人

平茜　牛靖萱　平茜，女，1995年出生，高碑店市人，河北科技师范学院声乐专业大四学生。牛靖萱，1994年出生，河北省邯郸市涉县人，河北师范大学法学专业大三学生。2016年，平茜从位于秦皇岛市的河北科技师范学院来到河北师范大学新校区参加研究生考试培训。2016年11月16日午饭后，平茜和同学一起到学校门口修鞋。老陈是一名残疾人修鞋师傅，常在河北师范大学新校区东门口附近摆摊。平茜爱聊天，看到旁边修车摊摊主有老伴来送午饭，她就和老陈拉起了家常，得知陈师傅是孤身一人，两条腿不能走路，在修鞋摊一坐就是一天，平常托旁边卖水果的大哥帮忙带点饭。通过聊天交流，平茜了解到乐观开朗的陈师傅其实大半辈子都生活得很艰难。平茜因家庭原因，从小跟着姑姑长大，与父母聚少离多，一直对家有着强烈的渴望。没有妻儿的老陈，一下子触动了平茜善良的心。从此以后，平茜每天中午都会买一份热乎乎的饭菜，端到老陈面前。牛靖萱与平茜在河北师范大学校园结识，两人开始是普通朋友，后来牛靖萱被平茜的善良感动，发展成为恋人，并提出与平茜一起照顾老陈。牛靖萱上初中的时候，曾坚持3年背残疾同桌上厕所。就这样，平茜和牛靖萱成了修鞋摊的常客，每天中午其中一人会给老陈送饭菜。2016年12月15日，平茜因学业暂时返回秦皇岛学校。那段时间，平茜每天中午打电话给男友，“检查”牛靖萱是否准时送午饭。除了送午饭，平茜在石家庄的时候，和牛靖萱一起去过老陈租住的房子3次。两人给老陈做饭和收拾屋子，还专门买了一套小型卫星天线，让老陈的电视有了信号。平茜和牛靖萱给老陈送午饭后，平茜的生活节俭了很多，省下来的钱都花在老陈身上。牛靖萱从上大一开始，经常利用课余闲暇时间到外面打工。一对恋人在帮助老陈的事上从未为钱发愁。2017年1月15日学校放假，平茜和牛靖萱各自回家过年。离校前，两人买了很多好吃的东西，骑着电动车驮到老陈家。老陈说，从摇着手摇车出门挣钱开始，在外面漂泊27年，很多石家庄人给予了他无以回报的帮助，让他感受到这座城市的温暖。平茜和牛靖萱对老陈说：“陈叔，您就是我们的亲人。将来工作了，成家了，也一样照顾您！”2017年3月，平茜、牛靖萱入选助人为乐“中国好人榜”。事迹评语：大学生情侣坚持每天为残疾修鞋师傅送午餐。

张贵平 1973年4月出生，中共党员，内蒙古卓资县人，南开大学经济学博士毕业，石家庄铁道大学教师。2010年以来，张贵平的母亲和妻子身患重病，在家庭陷入困境的情况下，张贵平始终坚持在教书育人第一线，完成全部教学任务。7年来，他保持了教学全勤记录，从来没有因为母亲和妻子的疾病请过一次假；开设主讲专业课程6门，每年完成600多课时的教学工作量，获得“先进教师”称号。张贵平在坚持教学工作的同时，主持省统计局“河北钢铁工业研究”课题获得河北省企业联合会颁发“河北省企业管理与改革论文一等奖”。2016年11月，河北省文明办授予张贵平“河北好人”称号。2017年1月18日，张贵平获评“感动省城十大人物”。2017年8月，张贵平入选孝老爱亲“中国好人榜”。事迹评语：大学老师7年顽强抗争 助患癌妻子战胜病魔（参见《石家庄年鉴2017》类目“人物”中分目“感动省城人物”）。

谷焕珍 1953年10月出生，石家庄市新华区陈村村民。2010年6月21日，谷焕珍的妻子被雷电击中。为给老伴治病，谷焕珍花光家中所有积蓄和借来的几十万元。危难时刻，陈村村民为他捐款9万元。当妻子身体好转后，谷焕珍决定将种地和打工挣的钱一点一点存起来，省吃俭用，攒钱还恩。2016年，他终于存够9万多元，按照当年的捐款册，开始给捐款的668户、千余人逐家逐户还钱，并给每户捐款者写了一封感谢信。2016年7月5日，谷焕珍还完最后一名村民50元钱。2017年9月，谷焕珍入选诚实守信“中国好人榜”。事迹评语：六旬老人省吃俭用7年偿还9万元救助款。

吴俊巧 女，1970年代出生，元氏县人，河北省中医院麻醉科医生。1995年，吴俊巧从河北医科大学护校毕业分配到河北省中医院麻醉科手术室工作，她利用业余时间，刻苦学习中西医结合专业，获得国家特色中医师资格。2015年5月8日中午，吴俊巧在石家庄市区西郊山前大道遇到昏迷在路上的“驴友”邱师傅。路人谁也不敢上前施救。吴俊巧毫不犹豫地将车横在马路中间，预防二次车祸，然后上前利用中医推拿手法，让昏迷不醒的邱师傅转危为安，此举被围观的“网友”拍摄传至网络。《燕赵晚报》记者跟踪采访，第二天作了“最美医生吴俊巧马路救人不怕讹”的新闻报道。2016年1月15日，吴俊巧当选“2015感动河北十大人物”。2016年石家庄市“7·19”洪水灾害发生后，吴俊巧在井陉县南峪镇贵泉村、小作镇南石门村分别创建了公益医疗机构——“蒲公英爱心诊所”。2017年12月，吴俊巧入选助人为乐“中国好人榜”。事迹评语：女医生多次街头施救伤者 建“爱心公社”救助孤寡贫困老人。

河北省见义勇为英雄

田金兵 1946年12月出生，新乐市东张村人。2013年7月16日，大沙河上游普降暴雨水位上涨，两个十七八岁男孩不慎落入7米深的水坑。田金兵听到呼救声后，不顾水深及年迈，跳水救人，但因两个孩子紧抱在一起，施救陷入困境，他迅速上岸用渔网把两个孩子拖上岸，成功营救。数十年间，田金兵6次不畏险情，从河水中抢回5条生命。2015年9月，新乐市政府授予田金兵“见义勇为先进个人”荣誉称号；2015年12月，石家庄市政府授予田金兵“见义勇为模范”荣誉称号；2017年5月，河北省授予田金兵“河北省见义勇为英雄”称号。

宋龙涛 1985年5月出生，深泽县西内堡村人。2016年2月19日17时许，深泽县留村乡西内堡村民刘某在回家途中，被身后一名骑摩托车男子抢走车筐内手包。此时开车回家的宋龙涛正好路过，随即驾车追赶骑摩托车男子，追至西内堡村北田地时，宋龙涛用车将歹徒别倒在地，在下车抓捕过程中，歹徒用刀刺伤宋龙涛肋部，然后将所抢手包扔下，仓皇弃车逃走，宋龙涛紧追不舍，在追出100多米后，终因伤处失血过多晕倒在地，闻讯赶来的村民将宋龙涛送往医院急救，昏迷三天才清醒过来。2016年3月，深泽县政府授予宋龙涛“见义勇为先进个人”荣誉称号；2016年11月，石家庄市政府授予宋龙涛“见义勇为模范”荣誉称号；2017年5月，河北省授予宋龙涛“河北省见义勇为英雄”称号。

河北省第六届道德模范

王生廷 1969年10月出生，国家电网井陉县供电公司小作供电所员工。

王双廷 1967年3月出生，井陉县小作镇南石门村党支部书记。

谷焕珍 1953年10月出生，新华区杜北乡陈村村民。

河北省第六届道德模范提名奖

田金兵 1946年12月出生，新乐市东张村村民。

郄志江 1977年9月出生，平山县西水碾村党支部书记、村主任。

李耀青 1976年出生，山西省忻州市人，元氏县前营村女婿。

感动河北十大人物

2018年1月12日，由省文明办和河北日报报业集团《燕赵都市报》共同主办的2017“感动河北”十大年度人物揭晓。

不下班的好民警——吕建江 井陉县人，中共党员，石家庄市公安局桥西分局安建桥综合警务服务站原主任。1970年4月出生，1989年3月入伍。2004年吕建江从部队转业到公安系统工作，扎根基层13年，千方百计为群众排忧解难，用满腔赤诚践行对党忠诚的坚定信念，用无私付出书写人民公安为人民的壮丽篇章，被群众誉为“为民服务的好民警”。2017年12月1日，吕建江因积劳成疾，不幸病逝，时年47岁。吕建江去世后，中共中央宣传部追授“时代楷模”称号，国家公安部追授“全国公安系统二级英模”称号，河北省委组织部追授“全省优秀共产党员”称号，河北省委宣传部追授“燕赵楷模”称号。

河北好人

路训 1969年7月出生，新乐市上善动物基金创始人。

魏紫薇 女，2003年12月出生，藁城区兴安镇中学初一（二）班学生。

许军辉 1972年4月出生，石家庄市保安服务公司保安，裕华区政府保安班长。

赵新清 1966年6月出生，石家庄市保安服务公司驻裕华区政府驻勤点保安员。

王新法 1953年7月出生，灵寿县人，石家庄市公安局退休职工。

王会聪 1983年出生，石家庄市长安区棉一社区居民。

平茜 女，1995年出生，高碑店市人，河北科技师范学院声乐专业大四学生。

牛靖萱 1994年出生，涉县人，河北师大法学专业大三学生。

刘金剑 1973年出生，石家庄市栾城区楼底镇西羊市村民。

于立超 1985年8月出生，石家庄市栾城区南安庄人。

杨普 女，1983年1月出生，石家庄市常山纺织股份有限公司恒盛分公司技术员。

吕欣 1983年11月出生，柏乡县前三里铺村人，河北医科大学在读博士。

孟建平 1962年12月出生，行唐县贾木村人。

宋京立 1966年出生，行唐县人民医院呼吸科主任兼结核科主任、副主任医师。

王伟 1977年7月出生，新乐市公安局刑警大队承安中队指导员。

刘兴 1987年1月出生，赞皇县公安局刑警三中队中队长。

王月洋 1990年12月出生，吴桥县人，河北月洋文化传媒有限公司总经理。

谷焕珍 1953年出生，石家庄市新华区杜北乡陈村村民。

冀红红 女，1969年8月出生，平山县乐明堂药房经理。

李淑芬 女，1974年6月出生，中国人寿保险高邑支公司职工。

张春峰 1976年1月出生，赵县南门村村民，赵县宋氏眼镜有限公司总经理。

任永珍 女，1946年10月出生，平山县石盆峪村村民。

张子榴 1948年出生，栾城区南陈村村民。

陈春芳 1970年2月出生，灵寿县车谷砣村党支部书记。

宫剑 1977年10月出生，赞皇县现代美专业烫染店理发师。

安春园 女，1987年3月出生，赞皇县现代美专业烫染店理发师。

姬建辉 1977年9月出生，晋州市善德养老院院长。

赵县蚂蚁救援队

高惠英 女，1971年7月出生，安国市人，石家庄市公安局科技信息通信处副处长。

陆荣珍 女，1939年出生，正定县教场庄村村民。

高华 1987年9月出生，涞水县人，市公安交通管理局裕华交警大队二中队辅警。

焦贺 1982年10月出生，石家庄市裕华区留村人，河北润江投资集团有限公司董事长。

刘占力 1969年8月出生，晋州市北寺村人，爱心车友志愿者协会会长。

王风海 1958年1月出生，中国邮政储蓄银行元氏支行职员。

高娜 女，1978年1月出生，石家庄市公安局桥西分局民心综合警务服务站副主任。

蔡猛 1986年10月出生，石家庄市公安消防支队红旗大街中队中队长。

李茂生 1965年2月出生，石家庄市桥西区环境卫生监察大队队长。

河北大工匠

齐名　华北制药金坦生物技术股份有限公司首席技师

杨普　女，石家庄常山纺织有限公司恒盛分公司纺织技师

单东阳　石家庄供电公司变电检修技师

第五届石家庄市道德模范

2017年5月，省会精神文明委员会授予20人“石家庄市第五届道德模范”称号。

助人为乐道德模范（5人）

王生廷　1969年10月出生，井陉县小作供电所职工

王双廷　1967年3月出生，井陉县南石门村支部书记

燕进英　1967年3月出生，新华区机关事务管理局科长

王霞　女，1987年2月出生，平山县人民医院内二科护士长助理

杜喜珍　女，1966年4月出生，井陉矿区合汇老年公寓院长

见义勇为道德模范（2人）

田金兵　1946年12月出生，新乐市东张村村民

宋龙涛　1985年5月出生，深泽县西内堡村村民

诚实守信道德模范（4人）

谷焕珍　1953年1月出生，新华区陈村村民

裴艳丽　女，1970年8月出生，河北百年巧匠文化传播股份有限公司董事长

苏继红　女，1946年2月出生，石家庄市裕华区众美凤凰城社区居民

秦振勇　1965年10月出生，新乐市生态园餐饮负责人

敬业奉献道德模范（3人）

郄志江　1977年9月出生，平山县西水碾村支部书记、村主任

高惠英　女，1971年7月出生，石家庄市公安局科技信息通信处副处长

李茂生　1965年2月出生，石家庄市桥西区环境卫生监察大队队长

孝老爱亲道德模范（6人）

李耀青　1976年出生，山西省忻州市人，元氏县前营村女婿

王俊才　女，1958年1月出生，正定县常胜街社区居民

翟翠英　女，1956年8月出生，新乐市坚固村村民

张付姐　女，1935年出生，石家庄市鹿泉区北故城村村民

任永珍　女，1946年10月出生，平山县石盆峪村村民

权景翠　女，1965年9月出生，新乐市司法局干部

石家庄市“三八红旗手”

陈薇　1979年8月出生，藁城区妇联副主席

李咏梅　1975年11月出生，藁城区廉州镇北街小学校长

骆建侠　1973年10月出生，藁城区梅花镇政府残联理事长

马会娟　1975年8月出生，藁城区兴安镇政府副主任科员

王丽　1971年8月出生，藁城区北街幼儿园园长

高亚利　1979年4月出生，晋州市东里庄镇计生协秘书长

王晓瑜　1983年4月出生，晋州市桃园镇政府经管站站长

戎丽霞　1977年12月出生，晋州市地方税务局人事政工科副科长

张会彩　1972年10月出生，晋州市财政局办公室科员

董春玉　1976年6月出生，新乐市妇联宣传部长

刘静　1979年11月出生，新乐市中心医院感控科主任

李月霞　1977年4月出生，新乐市司法局公证处主任

时俊华　1978年8月出生，新乐市教师进修学校附属中学教师

李永芳　1973年7月出生，赵县卫生和计划生育局医政科科长

王丽存　1977年2月出生，赵县第六中学教师

李勤娟　1969年9月出生，赵县纪委党风政风监督室主任

马书敏　1969年8月出生，河北正兴包装制品有限公司副总经理

李建敏　1978年3月出生，栾城区楼底小学教师

芦秀敏　1983年7月出生，栾城区人民医院护理部副主任

杨花英　1969年11月出生，栾城区祥和路小学教师

杨丽丽　1979年6月出生，栾城区水务局纪检监察室主任

冯兰素　1965年1月出生，栾城区柳林屯中心学区寺北柴村学校教师

魏璐　1987年3月出生，正定县国土资源局科员

张灵梅　1969年9月出生，正定县地方税务局科员

马妍妍　1986年9月出生，正定县南牛乡政府科员

周蕾　1983年8月出生，正定县教师进修学校培训部副主任

郝京芳　1979年7月出生，正定县北早现乡平安村安检员

王倩　1985年4月出生，行唐县安香乡党委宣传委员

严彦平　1968年1月出生，行唐县女英手工制品有限公司董事长

杨军霞　1978年6月出生，行唐县扶贫和农业开发办公室数据中心副主任

李素芬　1970年12月出生，行唐县龙州镇中心西关小学教师

董丽丽　1978年5月出生，灵寿县灵寿镇岗头小学教师

郑惠娟　1986年4月出生，共青团灵寿县委科员

张学敏　1979年11月出生，灵寿县医院医师

谷利伟　1984年5月出生，平山县东方红幼儿园园长

刘红萍　1977年9月出生，平山县国税局办税厅副主任

李淑梅　1990年5月出生，平山县气象局科员

李晓笛　1989年7月出生，平山县财政局科员

魏吉平　1971年5月出生，井陉县实验中学教师

于克峰　1977年9月出生，井陉县财政局国资科科长

王凤霞　1971年6月出生，井陉县医院妇科主任

陈萌　1978年1月出生，无极县医院主治医师

王翠改　1976年10月出生，无极中学南校区教师

王亚楠　1992年6月出生，无极县张段固镇政府科员

李亚玲　1978年7月出生，无极县教育局科员

薛晓敏　1972年2月出生，石家庄市鹿泉区地税局收入规划核算科科长

郝墨玉　1980年4月出生，河北星巢先河房地产开发有限公司营销总监

段少华　1979年9月出生，石家庄市鹿泉区第一幼儿园教师

刘倩　1987年9月出生，石家庄市鹿泉区委区直工委科员

王巧丽　1972年6月出生，深泽县深泽镇中学教师

刘巧玉　1988年1月出生，深泽县白庄乡组织委员

邸聪　1970年5月出生，深泽县幼儿园教师

王宁宁　1987年11月出生，高邑县中韩乡政府科员

王丽平　1978年2月出生，高邑县纪委常委、监察局副局长

谷雪霞　1984年10月出生，高邑县委改革办副主任

刘丽丽　1975年1月出生，元氏县妇联主席

邵彩彬　1977年10月出生，元氏县委党校教师

刘亚卿　1982年4月出生，元氏县农村信用联社股份有限公司营业部主任

李素梅　1970年2月出生，赞皇县妇联副主席

李青　1990年1月出生，赞皇镇中学教师

马玲娜　1980年6月出生，赞皇县医院内二科副主任

袁英　1966年8月出生，赞皇县法院龙门法庭庭长

吕秀敏　1971年8月出生，赞皇县职工子弟小学

张春玲　1983年5月出生，石家庄市井陉矿区贾庄社区党总支委员

史彦辉　1975年6月出生，石家庄市井陉矿区教育局办公室主任

彭辉　1977年11月出生，石家庄市新华区绿化办副主任

岳润霞　1966年7月出生，石家庄市新华区教育局工会委员会委员

张凤英　1971年5月出生，石家庄市新华区妇幼保健站副站长

郭书江 1960年10月出生，河北神兴建筑工程有限公司董事长

张明梅 1970年7月出生，石家庄市桥西区卫生和计划生育局局长

李体花 1976年9月出生，石家庄市桥西区科学技术局局长

翟志华 1980年2月出生，石家庄市桥西区市场监督管理局办公室副主任

杨素梅 1968年4月出生，河北圣佑律师事务所主任

孙秀芬 1970年2月出生，裕华区妇联主席

关宏帅 1987年4月出生，石家庄北大中电科技园管理有限公司助理总经理

李素敏 1968年11月出生，石家庄市裕华区第三幼儿园园长

师冬菊 1971年1月出生，裕华路社区卫生服务中心副主任

胡颉 1988年1月出生，长安区劳动就业服务局失业保险管理所所长

王丽华 1973年11月出生，河北省邮政公司石家庄分公司投递业务局职工

张琨 1980年6月出生，石家庄市行知小学副校长

庞莹娜 1981年8月出生，石家庄市长安区委宣传部文明办科员

周丽 1978年10月出生，石家庄心脑血管病医院副院长

李霄红 1977年7月出生，石家庄市花卉园副主任

刘玉淑 1974年9月出生，石家庄市卫生计生委科教处副处长

李健楠 1988年3月出生，石家庄广播电视台办公室科员

朱旭 1969年1月出生，石家庄市公安局法制支队副队长

张园 1981年12月出生，石家庄市长安公园管理处办公室主任

石玉梅 1963年10月出生，石家庄市二环路管理处主任

宋学 1966年1月出生，石家庄市卫生计生委考试中心副主任

张烨 1975年6月出生，石家庄市政协办公厅财务处处长

张立霞 1984年10月出生，石家庄市气象局气象台副台长

王荣申 1969年9月出生，石家庄市动物疫病预防控制中心副主任

李艳红 1974年4月出生，石家庄市艺术学校办公室主任

史俊燕 1977年12月出生，石家庄市妇女联合会主任科员

刘静 1980年12月出生，石家庄市妇女联合会主任科员

王慧桥 1975年7月出生，河北北国奥特莱斯总经理

龚会娟 1967年11月出生，石家庄市藁城区兴安镇张村北街妇联主席

张清菊 1978年8月出生，晋州市东里庄镇清菊剪纸艺术手工工艺协会会长

侯贤平 1977年4月出生，石家庄市栾城区栾城镇政府民政办公室科员

王艳君 1978年5月出生，石家庄市长安区洪英培训学校校长

备注：最后5人为社会化推荐。

石家庄市市管拔尖人才

2017年12月，石家庄市选拔确定市管拔尖人才120名。

丁峰 石家庄新泰特种油有限公司

丁文元 河北医科大学第三医院

于思贺 格力电器（石家庄）有限公司

于俊杰 赞皇县林业旅游局

马磊 石家庄市道桥管理处

马会敏 高新区第一小学

马国栋 河北三楷深发科技股份有限公司

马建刚 河北马家麦坊食品有限公司

王日新 石家庄市东风西路小学

王发成 石家庄市第二十二中学

王庆华 河北阳天通信科技有限公司

王红霞 赵县农林牧业局

王进春 石家庄市长安育才建材有限公司

王丽红 东旭集团有限公司

王秀琴 藁城区农业技术推广中心

王荣申 石家庄市动物卫生监督所

王彦平 石家庄一建建设集团有限公司

王彦刚 河北省中医院

王智森 石家庄臧诺生物股份有限公司

王瑜玲 石家庄市第五医院

尹更昌 河北美邦工程科技股份

有限公司

左秀丽　石家庄市农业技术推广中心

石素果　石家庄市栾城区第一幼儿园

卢彦鸽　行唐县几丁质红枣专业合作社

史丽娟　石家庄市第三医院

付世亮　河北灵寿中学

白立辉　河北万迪机械制造有限公司

冯贵全　晋州市实验中学

邢洪儒　石家庄市社会科学院

吕洪涛　河北新宇宙电动车有限公司

任立芬　石家庄市第五十四中学

刘晖　河北华荣制药有限公司

刘月欣　石家庄市柏林庄学校

刘文富　华北制药集团有限责任公司

刘刚　河北医科大学第一医院

刘英凯　博深工具股份有限公司

刘俊林　新乐市嘉联瓜菜专业合作社

刘彦荣　赞皇县医院

刘斯婕　石家庄学院

刘惠萍　石家庄市东马路小学

齐承英　河北工大科雅能源科技股份有限公司

闫立军　河北无极中学南校区

关健　石家庄市第三医院

米永旺　河冶科技股份有限公司

安桂江　石家庄市城乡规划设计院

孙磊　石家庄市第三医院

孙文花　石家庄市社会福利院

孙花乔　石家庄市种子管理站

苏辉　益生环保科技股份有限公司

李玉坤　河北医科大学第三医院

李伟存　赵县金利机械有限公司

李旭亮　石家庄广播电视台

李红凝　石家庄市第二十八中学

李国翠　石家庄市气象局

李艳平　井陉县住房和城乡建设局

李素敏　石家庄市裕华区第三幼儿园

李瑜玲　石家庄市农林科学研究院

杨凤勇　石家庄学院

吴又奎　河北中科恒运软件科技股份有限公司

何庆国　河北爱尔海泰制药有限公司

谷成铜　石家庄市鹿泉区谷家香椿专业合作社

宋辉　石家庄市教育科学研究所

宋宏雄　河北正定中学

宋铁鹰　石家庄市第一医院

张川　河北麦森钛白粉有限公司

张永军　石家庄市藁城区教育教学科学研究所

张庆江　石家庄市藁城区农业科学研究所

张秀娟　石家庄市北新街小学

张英珍　赵县石塔中学

张杰英　石家庄市委党校

张新辉　石家庄市评剧院一团

张嘉曦　石家庄日报社

押玉荣　嘉诚环保工程有限公司

苗卉　石家庄市射击场

苗玉涛　河北省畜牧站

范建平　石家庄市国有资本经营集团有限公司

林保华　石家庄市第二十七中学

罗永生　灵寿县林业局

金素娟　石家庄市农林科学研究院

周予新　石家庄市教育科学研究所

周军山　石家庄市第九中学

郑庆红　河北远东通信系统工程有限公司

赵云波　石家庄三建建业集团有限公司

赵玉芝　石家庄市美术馆

赵丽芬　石家庄市农林科学研究院

赵林森　河北一然生物科技有限公司

赵彩彦　河北医科大学第三医院

赵琴琴　石家庄市第六中学

荣力　石家庄日报社

胡志巧　石家庄市第一中学

胡爱民　石家庄市文学艺术界联合会

姜志绘　河北永新包装有限公司

洪纲　石家庄市环境监控中心

袁国强　河北以岭医院

袁冠贤　石家庄市金马小学

倪春波　石家庄市城乡规划设计院

殷俊华　石家庄市少年儿童业余体育学校

高永峰　石家庄市群众艺术馆

高志辉　河北旭辉电气股份有限公司

高秀强　石家庄以岭药业股份有限公司

黄琨　石家庄市职业技术教育中心

曹文山　河北恒山建设集团有限公司

戚亦宁　河北常山生化药业股份

有限公司

常生强　石家庄科林电气股份有限公司

常振亮　石家庄市教育科学研究所

常莉旭　正定县特殊教育学校

崔晨光　行唐县畜牧工作总站

康志刚　石家庄市文学艺术界联合会

商业南　石家庄广播电视台

梁莹　石家庄市第四医院

梁敏　石药集团中奇制药技术（石家庄）有限公司

梁中钦　平山县农业技术推广站

董志良　河北地质大学

韩玉涛　河北平山中学

韩永浩　石家庄市藁城区廉州镇北尚庄小学

程丽华　河北诚信有限责任公司

程彦超　石家庄四药有限公司

樊红霞　石家庄市藁城区文化馆

冀泽海　井陉县神农核桃专业合作社

戴二黑　石家庄市第五医院

石家庄市第二批农村青年拔尖人才

2017 年 2 月，市委组织部授予 27 人为石家庄市第二批农村青年拔尖人才。

王永壮　河北永青饲料科技有限公司

王立波　河北你和我食品有限公司

白立辉　河北万迪机械制造有限公司

吕冠京　河北沃尔旺食品饮料有限公司

刘彦位　河北旺甲果蔬贸易有限公司

许新立　行唐县农联种植专业合作社

苏静妙　河北裕邦食品有限公司

杜吉章　高邑县鄗丰蔬菜专业合作社

李杰　河北鑫利粮油有限公司

李静　河北久艺园林工程有限公司

李正选　正定县新城铺镇东白庄村

李雪海　赵县旭海庄园

张武庭　井陉县秀林镇北横口村

陆俊志　正定县新安镇西慈亭村

武建羽　灵寿县邳彤中药材专业合作社

庞阿建　河北兴华农业机械有限公司

郑柳　河北兆江养殖有限公司

赵文亮　石家庄市诚达耐磨材料有限公司

赵利龙　新乐市三品合作社

赵爱国　石家庄市鹿泉区铜冶镇北铜冶村

袁东军　石家庄欧特威农业机械有限公司

袁旭光　深泽县森荣养牛专业合作社

栾瑞花　井陉县瑞花剪纸艺术有限公司

高永杰　石家庄田康农业开发有限公司

陶玉春　石家庄陶润农业开发有限公司

梁云凯　石家庄毛驴车农业开发有限公司

魏一达　河北喜多多农产品加工有限公司

石家庄市名中医

2017 年 6 月，市卫生和计划生育委员会、市人力资源和社会保障局联合授予 10 人“石家庄市名中医”称号。

吴自勤　女，石家庄市中医院主任中医师

梁贵廷　石家庄市中医院内分泌一科主任、主任中医师、教授、硕士生导师

王志成　石家庄市中医院肺病科主任、主任中医师、硕士生导师

张书臣　石家庄市平安医院副院长、主任中医师、教授、硕士生导师

张素英　女，新乐市中医院院长，主任中医师

高怀林 河北以岭医院副院长兼内分泌科主任、主任中医师、医学博士、教授

王占平 石家庄市平安医院主任中医师、教授

李领娥 女，石家庄市中医院皮肤科主任、主任中医师、教授、硕士生导师

李大钧 石家庄市糖尿病医院副院长、主任中医师

张建强 石家庄市中医院脉管一科主任、主任中医师

美丽石家庄·最美蓝天卫士

2017年7月，市委宣传部、市大气和水污染防治指挥部办公室联合评选20人为“美丽石家庄·最美蓝天卫士”。

邢会娅 石家庄市高新区长江街道办事处环保所长

陈金霞 灵寿县环保局监控科长

聂青哲 石家庄市栾城区发展改革局节能监察中心科长

王浩 石家庄市鹿泉区经济开发区副主任

戴胜杰 石家庄市藁城区九门回族乡环保所长

刘建波 行唐县发展改革局能源科长

陈军平 正定县公路管理站曲阳桥道班班长

李冉冉 正定新区环保局大气污染防治科科长

李达 石家庄市长安区西兆通镇副镇长

王京坤 新乐市城管综合执法局环卫中心主任

王哲 石家庄市桥西区西王居委会副主任

陈志刚 石家庄市裕华区住房和城乡建设局稽查中队中队长

李月西 赵县赵州镇政府

张云朝 石家庄市鹿泉区住房和城乡建设局副局长

梁栋 正定县正定镇政府

纪运强 深泽县白庄乡纪委书记

田胜军 新乐市大气和水污染防治指挥部办公室专职副主任

刘利军 行唐县大气和水污染防治指挥部办公室科长

徐曼 石家庄市环境监测中心大气室科室主任

李玺尧 石家庄市环保局宣教中心新闻科长。

现代省会·最美政法干警

李杰 1981年3月出生，市公安局刑警支队反电信网络诈骗中心副大队长

武臻军 1974年8月出生，井陉县公安局秀林刑警队中队长

高娜 女，1978年1月出生，石家庄市桥西区公安分局民心警务站副主任

席杰 1989年9月出生，市消防支队槐安西路中队中队长

陈莉娜 女，1976年4月出生，新乐市人民检察院未检科长兼侦监科长

赵林 1969年9月出生，石家庄市中级人民法院民六庭审判员

秦景 1978年8月出生，石家庄市第二强制隔离戒毒所第五大队副大队长

马幸 女，1972年4月出生，石家庄市鹿泉区人民检察院侦监科科长、检察员

谢飞 1975年6月出生，石家庄市长安区人民法院立案庭庭长。

李永辉 1979年2月出生，晋州市公安局刑警大队副大队长。

感动省城十大人物

2018年2月6日晚，由市委宣传部、石家庄广播电视台、石家庄日报社联合主办的2017年度“感动省城十大人物”颁奖盛典在石家庄广电中心举行。2017年度“感动省城十大人物”现场揭晓。

民警楷模——吕建江 井陉县人，中共党员，石家庄市公安局桥西分局安建桥综合警务服务站原主任（参见《石家庄年鉴2018》人物“感动河北十大人物”）。

铅球女王——巩立姣 女，石家庄市鹿泉区人，1989年1月24日出生。6月9日，2017年国际田联钻石联赛罗马站女子铅球比赛中，巩立姣以19米56的个人赛季最好成绩夺冠。8月10日，2017年伦敦世界田径锦标赛上，巩立姣以19米94夺冠，这也是巩立姣首夺国际大赛金牌。8月25日，巩立姣在瑞士苏黎世举行国际田联钻石联赛总决赛第一站比赛中，以19米60的成绩夺得女子铅球冠军。9月6日，巩立姣在全国运动会田径比赛中，以19米46的成绩夺得女子铅球决赛冠军。

健康守门人——李贵琴 女，52岁，中共党员，市第一医院谈固社区卫生服务中心主任。2010～2017年，李贵琴一心扑在工作上，把社区居民当亲人，把职工当家人，主动为医患搭起沟通的桥梁。李贵琴在工作中创新思路，组织建立了信息化社区卫生服务中心，开办以居家养老和机构养老、临终关怀和康复病房为特色的照护中心，实现了转诊绿色通道。2010～2017年，谈固社区卫生服务中心获评国家级示范社区卫生服务中心、全国流动人口均等化服务示范站、河北省标准化社区卫生服务中心、计划免疫4A级接种门诊、计划免疫标准信息化接种门诊、全科医生培训基地、乡镇卫生院转型全科医生培训基地、全科医生住院规范化培训基地、河北医科大学社区护理临床实习基地等荣誉，谈固社区卫生服务中心实现了“脱胎换骨”，李贵琴成为人见人爱的百姓“健康守门人”，并获得国家卫生系统先进工作者、石家庄市“三八红旗手”、石家庄市“健康教育优秀讲师”和河北省卫生系统优秀护理管理者称号。

小山村里的“大”教师——太行深山教师（群体） 平山县西部的下口镇卷掌村地处冀晋交界的太行山深处，共有150户407人，却先后培养和走出35位教师。更加难能可贵的是，他们中的绝大多数人放弃了进城任教或当公务员的机会，义无反顾地扎根大山回到下口镇所辖的各个村子教书育人，有的十几年甚至数十年，谱写了一曲曲动人的乐章。卷掌村38岁的优秀教师马彦明，放弃县城任教的机会，无怨无悔在山村教书18年。2017年，马彦明还在平山县下口镇蒿田村小学任教，该学校共设一年级到四年级，每个年级一个班，有4名老师、27名学生，大部分学生属于留守儿童；马彦明在学校里除英语以外，其他课程都教，一天上7节课；他还经常为村里贫困家庭孩子出资购买练习册等学习用品，雨雪天气开车将孩子送回三四千米外的家里；平时学校维修暖气、电灯、电脑、疏通下水道、搬东西的活都被他承包了，大家称他为“全能老师”。64岁的李书亭是马彦明的启蒙老师，默默扎根大山教书育人。李书亭一家培养出17名老师，并且多数在当地任教。李书亭在当老师前，放弃了到下口镇放映队工作和平山县交通局当公务员的机会，选择了下口镇中学做老师，一教就是40年。马彦明同批的老师，大多数受到李书亭老师的影响，甘于在山村任教；李书亭的儿子也在他的影响下，放弃到井陉县做公务员的机会，回到家乡当了一名老师。他们一头扎在家乡，有的一干就是十几年甚至数十年，通过教书育人，让大山里更多的孩子和家庭走出了贫困。

致富带头人——刘金国 行唐县南桥镇东安太庄村党支部书记、村主任。1980年，刘金国贷款买了3辆汽车跑运输生意，成为村里“最先富起来的人”。当时，东安太庄村是南桥镇17个村中最乱的一个，也是县重点扶持的贫困村，全村402户有343户贫困户，村中大部分人还过着苦日子。2006年，乡亲们一致推举刘金国担任村党支部书记。刘金国上任伊始，村委会欠有很多外债，村里的承包地到期收不回来，该交的承包费拖着不交……刘金国顶着各种压力，硬是把村集体600多亩该收回的承包地收回，并重新发包。他还和村干部一起跑资金争项目，为村里修水泥路、打机井、铺防渗管道、建扬水站……极大地改善了农业生产条件，乡亲们看到了致富的希望。2009年，刘金国在走访农业专家、多次到外地考察后，开始引导村民发展苹果特色产业，筛选引进新技术、新品种，组建成立苹果种植专业合作社，并为该村苹果注册了“安太”品牌。2012年，该村苹果基地被列入省级观光采摘果园、国家标准化果品种植示范园。2015年，刘金国又带领村民建立环村经济林带和万亩优质林果种植长廊，发展起旅游业。2017年，全村2800亩苹果树陆续挂果，成为乡亲们的“摇钱树”，村里309户贫困户从贫困户名单陆续退出。2006年以来，刘金国连续10年被行唐县委、县政府评为优秀共产党员、综合治理先进个人、十佳百颗星代表，2015年刘金国被国家旅游局授予中国乡村旅游致富带头人，2016年获得全省脱贫攻坚工作奋进奖。2017年9月13日，经国务院扶贫开发领导小组评选审定，刘金国获得“2017年全国脱贫攻坚奖奋进奖”。

相扶相依一家人——乔氏四姐弟（群体） 石家庄市栾城区窦妪镇王村的单身老汉乔成海收养4名孤儿——大姐患有先天性脊柱裂，3个弟弟都患有先天性唇腭裂，乔成海靠捡破烂的微薄收入，含辛茹苦地养育他们。2010年9月，乔老汉去世了，留下4个孤儿。此时，最大的姐姐乔鸿雁才15岁，民政部门立即为4名孩子办理了五保供养，还出钱招募了一名义工，义工照顾一年后，经过锻炼的四姐弟开始自立生活，学着自己做饭，自己洗衣服打理家务。大姐乔鸿雁开始照顾3个弟弟，最初负责在家里为弟弟们做饭，除简单的炒素菜和馒头，还逐渐学会了烙饼、蒸包子、擀面条，后来在夜市卖东西攒钱；为维持生计，老二乔宇立放弃学业，开始靠捡废品补贴家用，后外出打工挣钱，供老三乔亚立、老四乔飞立读书。每逢过年，他们会为养父准备一副碗筷，每年的春节、养父忌日还有烧寒衣的时候，他们还会去坟上祭拜，表达感恩之情。2017年，乔鸿雁、乔宇立有了各自的工作，乔亚立、乔飞立开始就读高中。四姐弟表示：养父用一辈子的行动给了他们宝贵的精神财富，为了这份养育情，为了这份爱，四姐弟会永远支撑起这个家，永远是一家人。

创城先锋——石家庄市创建文明城市参与者（群体） 2017年11月14日，中央文明委发布《关于表彰第五届全国文明城市（区）、文明村镇、文明单位的决定》，石家庄市获授“全国文明城市”称号。2017年，石家庄市创建文明城市指挥部办公室针对群众反映强烈的突出问题，对照全国文明城市测评标准，协调全市部门和单位开展整治车辆乱停乱放、市容秩序、交通秩序、洁净城市、老旧小区、窗口单位创建、地铁文明建设、公益广告宣传八大提升行动。2017年开春后，全市各机关、事业单位、企业放弃休息时间，加班加点，安排专人上街道、入社区督导城市环境卫生。城管、交通管理等单位加大创建文明城市工作力度，交警人员在早、晚高峰期全员上路执勤，整治行人闯红灯、违规“三车”等乱象，倡导文明出行。市交通管理部门还发出“车让人、人快行”的号召，使“机动车斑马线前礼让行人”成为石家庄市街头一道亮丽的风景。5岁小姑娘宋禹霏在斑马线前向礼让机动车鞠躬的行为被媒体广泛报道，“文明石家庄”“车与人互相尊重”的形象在全国传播，重拳治理拥堵、交通畅通和民心河救人、扶危助困等感人事迹成为创建文明城市的闪光点。2017年石家庄市获得“全国文明城市”称号，凝聚了全市人民的信任、期盼、参与、支持和奉献，是1000万石家庄人共同的骄傲！

扶贫书记——吴俊磊 49岁，市委统战部研究室主任，平山县苏家庄乡树石村驻村工作组组长、第一书记。树石村位于平山县西北部浅山区，经济发展底子弱、基础设施差，贫困问题突出。2016年春，市委统战部驻村干部吴俊磊和两名同事来到树石村，帮助老百姓脱贫。吴俊磊争取脱贫项目资金378万元，建成蔬菜大棚6个，食用菌大棚2个，光伏电站2个，全部项目完成后，村里年收益超过20万元，贫困人口年人均收入增加1300元以上。在驻村工作组帮助下，树石村开展大规模村容村貌整治行动，完成4.5千米通村公路硬化、村文化广场建设、村民活动中心修缮、30杆灯杆安装和5000米通户路工程。2017年，树石村呈现出白墙灰裙红顶、绿树红花篱笆的田园美景，一幅幅美丽画面让人赏心悦目，昔日的小山村正在华丽变身。

暖心“豆浆哥”——王月洋 1990年出生，道德“90后”团队创始人。每周六清晨5时，石家庄市一群“90后”青年穿上红马甲，带上一杯杯热豆浆，穿梭在城市的大街小巷，为忙碌中的环卫工人送去一片爱心。此项活动的发起人之一就是王月洋。2015年11月，王月洋看着每天凌晨工作的环卫工人，心里很感动，总想为环卫工人做些什么。后来，他发起“一杯豆浆”送温暖活动，并和几个热心参与公益活动的朋友一起行动，利用每个周六的早上时间，冲好豆浆，分赴各个街道和垃圾转运站送给工作中的环卫工人。最初只有王月洋等3个发起人，2017年发展到1000余人，主要由大学生组成。他们提出的口号是“传递正能量，一直在路上，让每一名环卫工人喝上热豆浆”。2017年，道德“90后”团队从两年前一个小分队扩展到13个，人员遍布石家庄主城区和正定县，每周有200多人走上街头参与送温暖活动，已累计送出豆浆2万多杯。

寒冬“人梯”——民心河救人市民（群体） 2017年11月18日，冷风呼啸，民心河水尚未结冰，却已是冰冷刺骨。14时许，景源街河济北路交口处的民心河里，传来微弱的呼救声，一位60多岁的老人不小心失足落水，正在水中痛苦挣扎。新华区园林局工作人员张少威、平金侠发现险情，立刻毫不犹豫地冲向河边救人，他们一边施救一边大声呼救；几分钟内，十几位市民从四面八方奔来，有环卫工人、有小摊老板、还有许多不知名的路人……他们人压人、人抱人搭起一架救援“人梯”。由于堤岸过高和落水老人棉衣浸泡在河水中、身体较为沉重原因，施救者费了很大劲才将老人拉上岸。老人获救后，众人随即拨打“110”“120”救助电话。之后，大家没有留名，选择默默离开。

逝世人物

冀剑波（1924—2017年），原石家庄地区行署专员。1924年7月出生，1939年3月参加革命工作，1939年10月加入中国共产党，1985年12月离休。2017年3月27日因病在石家庄市逝世。

张志仁（1930—2017年），原石家庄市郊区副区长。1930年6月出生，1948年10月参加工作，1990年1月离休。2017年7月28日因病在石家庄市逝世。

王同林（1932—2017年），中共石家庄市委原常委、石家庄市政府原常务副市长，邢台市政府原市长，中共邢台市委原书记，河北省第八届人大常委会原常委。1932年5月出生，1950年2月参加工作，1954年12月加入中国共产党，1999年11月退休。2017年7月13日因病在石家庄市逝世。

郄根亮（1933—2017），无极县，原中共石家庄地委党校常务副校长、校委主任。1933年10月出生，1951年8月参加革命工作，1954年8月加入中国共产党，1995年5月退休。2017年4月10日因病在石家庄市逝世。

王新法（1953—2017），省灵寿县人。1953年7月出生，1969年参军，1973年12月加入中国共产党，1981年6月转业到石家庄市公安局工作。2013年7月退休后，王新法来到湖南省常德市石门县薛家村，看到这里环境优美、民风淳朴，但是非常穷，于是他当即决定帮助村民脱贫致富。4年时间里，王新法自出资金为牺牲在薛家村的68位红军烈士建设“山河园”烈士陵园；拿出60多万元积蓄作为扶贫启动资金，开山炸石，拓宽村道路10余千米；翻山越岭找水源，建起2个蓄水池，铺设长输水管道5000多米，较好解决了村民饮水难题；带头开发生态茶园，帮助群众脱贫致富。2017年薛家村67户贫困户中63户摘掉贫困帽，人均年收入从2000多元增加到6000多元。王新法曾当选湖南省常德市第七次党代会代表，获评常德市优秀共产党员、常德市道德模范、2016年度感动常德十大人物、湖南省“百名最美扶贫人物”和“中国好人”。2017年2月，王新法获授助人为乐“河北好人”称号。2017年2月23日15

时许，王新法因心脏病突发，倒在薛家村扶贫项目现场，经抢救无效去世。

梁传刚（1956—2017），廊坊市人，石家庄市国税局原党组书记、局长。1956 年 6 月出生，1978 年 8 月参加工作，1984 年 10 月加入中国共产党，2007 年 9 月任石家庄市国税局局长、党组书记，2012 年 9 月任石家庄市国税局局长，2016 年 6 月退休。2017 年 7 月 7 日因病在廊坊市逝世。

吕建江（1970—2017 年），井陉县人，石家庄市公安局桥西分局安建桥综合警务服务站原主任（参见《石家庄年鉴 2018》“人物”类目下“感动河北十大人物”）。

附　录

Appendix

条例法规

石家庄市轨道交通管理条例

（2016 年 10 月 26 日石家庄市第十三届人民代表大会常务委员会第二十八次会议通过
2017 年 3 月 30 日河北省第十二届人民代表大会常务委员会第二十六次会议批准）

河北省人民代表大会常务委员会
关于批准《石家庄市轨道交通管理条例》的决定

（2017 年 3 月 30 日河北省第十二届人民代表大会常务委员会第二十六次会议通过）

河北省第十二届人民代表大会常务委员会第二十六次会议审查了石家庄市人民代表大会常务委员会报请批准的《石家庄市轨道交通管理条例》，该条例与宪法、法律、行政法规和本省的地方性法规不抵触，决定予以批准，由石家庄市人民代表大会常务委员会公布施行。

石家庄市人民代表大会常务委员会公告

《石家庄市轨道交通管理条例》已经 2016 年 10 月 26 日石家庄市第十三届人民代表大会常务委员会第二十八次会议审议通过，2017 年 3 月 30 日河北省第十二届人民代表大会常务委员会第二十六次会议批准，现予以公布，自 2017 年 6 月 1 日起施行。

石家庄市人大常委会
2017 年 4 月 6 日

第一章　总则

第一条　为促进轨道交通建设，加强轨道交通管理，保障运营安全，推进轨道交通事业健康发展，根据有关法律、法规，结合本市实际，制定本条例。

第二条　本市行政区域内轨道交通规划、建设、用地、投资与土地综合开发、运营、安全及相关管理活动适用本条例。

第三条　本条例所称轨道交通，是指市域快轨、地铁、轻轨、有轨电车等城市轨道公共客运系统。

本条例所称轨道交通设施，包括轨道、路基、桥梁、隧道、车站（含出入口、通风亭和冷却塔）、变电所、集中冷站、控制中心、车辆基地等土建工程，车辆、供电、通风空调、通信、信号、给排水、消防、防灾报警、环境设备监控、自动售检票、电梯、屏蔽门或者站台门、标志标识、乘客信息等系统设备，以及为保障轨道交通运营和为乘客提供便利服务而设置的其他相关设施。

第四条　轨道交通应当遵循政府

主导、统一规划、多元投资、安全运营、规范服务的原则。

第五条 市人民政府应当加强对轨道交通工作的统一领导，建立综合协调机制，统筹解决轨道交通规划、建设、运营、安全等重大事项。

市轨道交通管理机构负责轨道交通规划、建设、运营和安全等管理工作。

发展和改革、城乡规划、住房和城乡建设、交通运输、财政、国土资源、公安、安监、城管、环保、人防、消防、卫生、园林、水务等部门应当按照各自职责，做好轨道交通管理相关工作。

轨道交通沿线的县（市）区人民政府及开发区管理委员会应当配合做好轨道交通规划、建设、运营、安全、应急等相关工作。

第六条 城市轨道交通实行特许经营。轨道交通经营单位由市人民政府依法确定，并依照本条例的授权实施行政处罚。

第七条 市人民政府有关部门、市轨道交通管理机构应当利用广播电视、新闻出版、网络等媒体，做好轨道交通的宣传和教育工作。

公民、法人及其他社会组织应当支持轨道交通建设，推动轨道交通事业健康发展。

第二章 规划与建设

第八条 轨道交通规划应当纳入城乡规划、土地利用总体规划和城市综合交通规划。

轨道交通规划包括线网规划、建设规划和用地控制规划等规划。

第九条 轨道交通线网规划、用地控制规划由市轨道交通管理机构会同市城乡规划行政主管部门组织编制，报市人民政府批准。

轨道交通建设规划由市轨道交通管理机构会同市发展和改革、城乡规划等部门组织编制，按照规定程序报国家有关部门审批。

轨道交通年度建设计划和相关专项规划由市轨道交通管理机构编制。

第十条 编制轨道交通规划，应当合理布局，本着快捷、畅通、便民的原则，统筹安排轨道交通不同线路之间，轨道交通与铁路、航空、公路和城市其他公共交通之间的换乘衔接，预留公共设施和紧急疏散用地，并按照规定征求社会公众、市人民政府相关部门、沿线县（市）区人民政府等方面的意见。

第十一条 轨道交通规划一经批准，不得擅自变更；确需变更的，应当按照原审批程序报批。

第十二条 市城乡规划、国土资源行政主管部门应当严格管理轨道交通设施用地控制规划范围内的土地，控制建设其他项目，确需新建、改建、扩建建（构）筑物以及其他市政公用设施的，应当书面征询市轨道交通管理机构的意见。

第十三条 轨道交通沿线及设施周边用地尚未出让或者划拨的，市城乡规划行政主管部门应当将整体设计要求纳入规划条件；已经出让或者划拨的，建设项目因与轨道交通的出入口、地下空间、通风亭、冷却塔等设施整体设计造成建筑面积增加，可不计入土地出让合同约定或者规划条件规定的容积率计算范围。

第十四条 城市规划确定的轨道交通设施用地，不得随意改变用途；确需改变用途的，应当按照法定程序报批。

第十五条 轨道交通设施用地由市、县级人民政府以划拨方式供应。

轨道交通建设用地使用权实行地表、地上、地下立体分层登记制度，由国土资源行政主管部门办理相关手续。

轨道交通建设使用地下空间的，不受其上方土地使用权的限制，但不得妨害上方土地使用权。

轨道交通建设使用地表、地上、地下空间，相邻的建（构）筑物、市政管线和土地的所有权人、使用权人应当提供便利。

第十六条 轨道交通建设资金实行政府投入和多渠道、多元化筹集相结合。

市人民政府根据轨道交通发展需要设立的轨道交通专项资金，并实行专账核算，不得挪用。专项资金使用接受市财政、审计等部门的监督。

轨道交通建设和运营按照国家、省、市有关规定享受政策支持和资金补贴。

鼓励个人和组织依法投资轨道交通的建设和运营。

第十七条 经市人民政府批准，在城乡规划确定的轨道交通用地范围及空间内，轨道交通经营单位可以进行资源综合开发，其收益应当用于轨道交通建设。

资源综合开发应当统筹安排和同步规划公共交通枢纽、商业服务等公共配套设施建设。

第十八条 轨道交通站点周边建（构）筑物需要与轨道交通连通的，其所有权人应当征得轨道交通经营单位同意，并承担相关费用。

第十九条 轨道交通站点周边特定区域的经营性土地，经市人民政府批准纳入轨道交通用地控制范围，其土地出让净收益用于轨道交通建设、运营和偿还债务。

第二十条 轨道交通经营单位对与轨道交通设施结构上不可分割、工程上必须统一实施的项目，应当统一规划、建设和开发。

第二十一条 规划为经营性用途的土地，涉及轨道交通项目安全的，可以采取招标方式出让，按照综合条件最佳者得的原则确定受让人。

第二十二条 轨道交通建设必须坚持先勘察、后设计、再施工的原则，严格执行国家基本建设程序。

轨道交通工程勘察、设计、施工、监理、检测等活动应当遵守有关法律、法规，执行相关技术规范和标准，符合保护周围建（构）筑物、管线、文物以及其他相关设施的规定。

施工单位应当在施工现场显著位置设置公示牌，标明项目名称、工期、承建单位等项目情况，接受公众监督。

第二十三条 轨道交通参建单位应当采取安全防范措施，减少和防止轨道交通对上方、周围已有建（构）筑物和市政基础设施的影响和危害。

第二十四条 轨道交通参建单位应当按照国家有关规定，采取有效措施严格控制粉尘、废水、废气、噪音、振动对周边环境的污染和危害。

第二十五条 轨道交通建设需要移植树木或者占用绿地的，轨道交通经营单位应当组织市园林等部门共同论证并优化方案，尽可能减少树木移植的数量和绿地占用的面积，并按相关规定办理报批手续，市园林行政主管部门应当及时审批，并负责组织树木移植和绿地恢复工作，所需费用由轨道交通经营单位承担。

第二十六条 轨道交通建设需要迁移市政基础设施的，产权单位应当按照轨道交通经营单位要求完成迁移，除另有约定外，所需费用由轨道交通经营单位承担。因产权单位或者规划要求提高现行标准或者增加相关管线容量、数量的，增加的费用由产权单位承担。

与轨道交通相配套的市政工程，应当列入市城建计划，与轨道交通设施同步设计、同步建设。

第二十七条 轨道交通经营单位应当合理安排施工场地，压缩围挡面积，减少或避免轨道交通工程施工对城市交通造成的影响。确需占用路面的，轨道交通经营单位应当向公安机关交通管理部门报告。公安机关交通管理部门应当组织制定交通疏解方案，并提前在公众媒体上发布。

第二十八条 轨道交通建设工程完工后，轨道交通经营单位应当按照国家规定进行验收、试运行和试运营。试运营验收合格后，方可交付正式运营。

第二十九条 轨道交通经营单位应当收集、整理工程档案，工程验收合格后及时移交市城乡建设档案管理机构。

第三章 保护区与设施保护

第三十条 根据国家有关规定，轨道交通沿线设立控制保护区和重点保护区，并设置边界标志。

因地质条件等特殊情况确需调整控制保护区和重点保护区范围的，由轨道交通经营单位提出方案，经市城乡规划行政主管部门审核，报市人民政府批准后执行。

控制保护区和重点保护区范围包括地表、地上和地下。

第三十一条 轨道交通控制保护区按下列范围设定：

（一）地下车站和隧道结构外边线外侧50米内；

（二）地面车站和高架车站、线路轨道结构以及车辆基地用地范围外边线外侧30米内；

（三）出入口、通风亭、冷却塔、变电所、控制中心等建（构）筑物结构外边线外侧10米内；

（四）过河（湖）隧道两侧各100米范围内。

第三十二条 轨道交通重点保护区按下列范围设定：

（一）地下车站和隧道结构外边线外侧5米内；

（二）高架车站及高架线路工程结构水平投影外侧3米内；

（三）地面车站及地面线路路堤或者路堑外边线外侧3米内；

（四）出入口、通风亭、冷却塔、变电所、控制中心等建（构）筑物外边线和车辆段、停车场用地范围外侧3米内；

（五）过河（湖）隧道、桥梁结构外边线外侧50米内。

第三十三条 在控制保护区内进行下列作业的，作业单位应当制定专项施工方案和安全防护方案，在征得市轨道交通管理机构同意后方可施工：

（一）新建、改建、扩建或者拆除建（构）筑物的；

（二）取土、地面堆卸载、基坑

开挖、爆破、桩基础、顶进、灌浆、锚杆作业；

（三）修建塘堰、开挖河道水渠、疏浚河道、泄洪排水、采石挖沙、打井取水；

（四）敷设市政管线或者设置跨线等；

（五）其他可能影响轨道交通安全的作业。

上述作业，对轨道交通建设、运营有较大影响的，安全防护方案应当通过专家论证，并委托专业机构进行动态监测。出现危及轨道交通安全情形时，作业单位应当立即停止作业，并采取补救措施，同时报告许可作业的行政主管部门、市轨道交通管理机构。

施工过程中对轨道交通设施造成损坏的，轨道交通经营单位负责按原技术标准恢复，所需费用由作业单位承担。

第三十四条　重点保护区内禁止下列行为：

（一）干扰轨道交通的专用通信频率，损坏或者干扰轨道交通机电设备、电缆、通信信号系统；

（二）擅自利用轨道交通桥墩或者桥梁进行施工，在过河（湖）隧道重点保护区范围水域内抛锚、拖锚；

（三）擅自在轨道交通线路上铺设平（立）交道口；

（四）在轨道交通线路轨道两侧，修建影响行车视线的建（构）筑物或者种植影响行车视线及可能危及轨道交通设施与行车安全的植物；

（五）焚烧废弃物，放养牲畜，排放污水，倾倒垃圾、渣土及其他有害物质；

（六）堆放爆炸性、易燃性、毒害性、腐蚀性、放射性及传染病的病原体等危险物品；

（七）其他危害轨道交通设施的行为。

第三十五条　重点保护区内不得进行与轨道交通工程无关的建设活动，经规划批准的市政工程除外。

重点保护区内工程的施工方案由市轨道交通管理机构会同有关行政主管部门组织论证，安全防护方案由作业单位会同轨道交通经营单位制定。

第三十六条　轨道交通地面线路、高架线路桥下空间、车辆段和停车场应当实行全封闭管理，道路、铁路等通行需要除外。

高架线路桥下空间不得非法占用。

第三十七条　轨道交通工程进行改建、扩建、设备设施重大养护维修、更新改造或者系统调试等作业的，应当制定安全防护方案，报市轨道交通管理机构批准；确需改变运营计划的，应提前报市轨道交通管理机构批准，并向公众公告。

第三十八条　轨道交通经营单位应当加强对轨道交通设施的维护，定期检查，及时维修，确保轨道交通设施运行安全。

第三十九条　轨道交通经营单位应当对轨道交通设施关键部位和关键设备进行监测和评估，及时发现并消除安全隐患。沿线相关单位和个人应当予以支持和配合。

第四十条　轨道交通控制保护区和重点保护区内地下管线，其产权（管理）单位应当定期巡查和维护，轨道交通经营单位应当予以配合，共享管线基本信息。

第四章　运营管理

第四十一条　市轨道交通管理机构应当制定轨道交通运营服务规范和乘客守则，建立健全监督管理制度，指导和监督轨道交通运营活动。

第四十二条　市轨道交通管理机构应当对轨道交通经营单位的服务质量进行考核评估，及时公布考核评估结果，接受社会监督。

第四十三条　轨道交通票价实行政府定价，票价应当符合本市经济社会发展水平。

第四十四条　轨道交通经营单位应当向市轨道交通管理机构定期报告运营情况。调整运营计划需报市轨道交通管理机构备案。

第四十五条　轨道交通经营单位应当按照运营服务规范向乘客作出服务承诺。

轨道交通经营单位应当将列车首末班车时间、列车运行状况、换乘提示等信息公布于车站和列车内醒目位置。列车因故延误或推迟的，应当及时向公众公告。

列车运行中，应当在车厢内通过广播、电子显示屏等方式播报站名和文明提示语。

第四十六条　轨道交通经营单位应当建立、落实公共卫生管理制度，运营环境应当符合国家规定标准。

第四十七条　轨道交通经营单位工作人员应当佩戴标志，态度文明，服务规范。

驾驶员、调度员、行车值班员等岗位的工作人员须经考试合格后方可持证上岗。

轨道交通经营单位应当在车站配备急救箱，车站工作人员应当掌握必要的急救知识和技能。

第四十八条 轨道交通经营单位应当建立投诉受理制度，公开投诉电话，接受乘客投诉。

轨道交通经营单位对乘客投诉应当自受理之日起10个工作日内作出答复。投诉人对答复有异议的，可以向市轨道交通管理机构投诉。市轨道交通管理机构应当自受理乘客投诉之日起10个工作日内将调查情况、处理结果书面告知投诉人。

第四十九条 乘客应当遵守轨道交通乘客守则及相关规定，接受、配合轨道交通经营单位工作人员的管理，共同维护乘车秩序和环境卫生。

乘客应当持有效车票（卡）或者有效证件乘车，不得无车票（卡）、持无效车票（卡）、冒用他人乘车证件或者持伪造证件乘车；超程乘车的，应当补交超程部分的票款。

第五十条 禁止携带下列物品进站和乘车：

（一）除导盲犬和军警犬外的活体动物；

（二）爆炸性、易燃性、毒害性、腐蚀性、放射性及传染病的病原体等危险物品；

（三）除执行公务外的枪械弹药、管制刀具及各类攻击性器械；

（四）易污损、有严重异味或者无包装易碎的物品，未能妥善包装的肉制品及其他妨碍公共卫生的物品；

（五）充气气球、自行车（符合行李规范的除外）、尖锐物品等有安全隐患或者影响应急疏散的物品；

（六）重量、体积、长度超过规定的物品；

（七）其他影响运营安全的物品。

禁止进站的物品目录，由公安机关会同市轨道交通管理机构公告。

第五十一条 轨道交通经营单位有权对乘客携带的物品进行安全检查，对携带影响公共安全物品的乘客应当拒绝其进站、乘车；拒不服从管理的，报告公安机关依法处理。

第五十二条 禁止下列影响轨道交通公共秩序、公共场所容貌和环境卫生的行为：

（一）在车站或者车厢内吸烟、随地吐痰、便溺、吐口香糖及乱扔果皮、纸屑、包装物等废弃物；

（二）在车站或者车厢内躺卧、乞讨、卖艺、捡拾废品等；

（三）在车站或者车厢内踩踏座席、追逐打闹、大声喧哗、骑（滑）代步工具；

（四）在车站、车厢内有悖于公序良俗的行为；

（五）在车站、车厢等轨道交通设施内擅自从事销售及盈利性服务活动；

（六）在车站、车厢等轨道交通设施上涂写、刻画，擅自张贴、悬挂物品，派发传单（广告）或礼品等；

（七）在车厢内进食，但婴儿和特殊人群除外；

（八）在车站、车厢等轨道交通设施内擅自停放车辆、堆放物品；

（九）在运行的电扶梯上逆行；

（十）影响轨道交通公共秩序、公共场所容貌和环境卫生的其他行为。

轨道交通经营单位应当加强对乘车秩序的管理。对违反前款规定的乘客，轨道交通经营单位可以拒绝其进站、乘车。

第五十三条 禁止下列危害轨道交通运营安全的行为：

（一）擅自操作有警示标志的按钮、开关装置，非紧急状态下动用应急或者安全装置；

（二）遮盖、污损、擅自移动各种标志、测量设施以及安全防护设备；

（三）在轨道交通设施上放置、丢弃障碍物或投掷物品；

（四）损坏轨道、隧道、车站、车辆、路基、护坡、排水沟等设施；

（五）拦截列车，阻断运输，强行上下车；

（六）损坏或者干扰机电设备、电缆、通信信号系统，自动售检票系统，视频监控设备等；

（七）擅自进入司机室、轨道、隧道、通风亭或者其他有警示标志的区域；

（八）攀爬、翻越、推挤或损坏围墙、栏杆、护网、闸机、列车等；

（九）在车站、车厢、通风亭等轨道交通设施内点燃明火；

（十）阻挡车门、屏蔽门、安全门的正常开启或者关闭；

（十一）危害轨道交通运营安全的其他行为。

第五十四条 精神病人、智障者、学龄前儿童应当由其监护人或者在健康成年人的陪护下进站乘车。

轨道交通经营单位有权劝阻患有危及他人健康的传染病患者和着装不文明者进站乘车。

第五十五条 乘客应当正确使用电扶梯、自动售检票机等设备，造成损坏的应当予以赔偿。

第五十六条 在轨道交通运营区域内设置广告和商业网点，在轨道交通设施范围内拍摄电影、电视剧或者广告等，应当征得轨道交通经营单位同意。

广告和商业网点设置单位应当加强对其设施的安全检查和日常维护。

第五十七条 车站出入口、通风亭、疏散通道结构外边线外侧50米范围内，禁止存放爆炸性、易燃性、毒害性、腐蚀性、放射性及传染病的病原体等危险物品。

车站站前广场、出入口10米范围内，禁止摆摊设点、乱停车辆、揽客拉客、派发物品等行为，保障乘客通行和紧急疏散。

第五章 安全应急

第五十八条 市轨道交通管理机构应当指导和监督轨道交通经营单位的安全生产工作。轨道交通经营单位应当按照有关规定建立健全安全生产管理制度和操作规程，设置安全管理机构、配备专职管理人员。

第五十九条 公民和法人应当自觉维护轨道交通安全秩序，不得侵害国家财产和公民人身、财产安全，不得影响他人出行。

第六十条 市人民政府应当组织有关行政主管部门和市轨道交通管理机构制定市轨道交通突发事件应急预案，建立应急处置联动机制。

市轨道交通管理机构应当根据市轨道交通突发事件应急预案制定轨道交通建设、运营突发事件应急预案，其他有关行政主管部门应当根据各自职责，制定相应的应急预案，报市人民政府批准后实施。

轨道交通经营单位应当制定本单位的轨道交通建设、运营突发事件应急处置方案，报市轨道交通管理机构备案，并定期组织应急演练。

第六十一条 遇有突发事件，轨道交通经营单位应当启动应急预案，及时予以处置，同时向市轨道交通管理机构及有关部门报告；相关行政主管部门应当按照各自职责做好应急处置工作；乘客应当支持配合应急处置工作。

第六十二条 因轨道交通设施发生故障等因素影响运行时，轨道交通经营单位应当及时排除故障，尽快恢复运行。暂时无法恢复运行的，轨道交通经营单位应当组织乘客疏散和换乘，同时报告市轨道交通管理机构，并向公众公告。

第六十三条 因节假日、大型活动等原因造成客流量明显上升的，轨道交通经营单位应当及时增加运力。

发生轨道交通客流量激增等危及运营安全的情况时，轨道交通经营单位可以采取乘客限量进站等临时措施，确保运营安全。

第六十四条 轨道交通经营单位应当建立信息发布制度，及时向社会发布运营突发事件信息、应急处置信息及接驳换乘信息，正确引导公众舆论，相关媒体应当予以支持和配合。

第六十五条 发生轨道交通事故后，市轨道交通管理机构和相关单位应当按照国家相关规定及时予以处置，并向有关部门报告。

第六十六条 轨道交通建设、运营造成他人伤亡的，轨道交通经营单位应当依法承担责任。

第六章 法律责任

第六十七条 市有关行政主管部门、轨道交通管理机构和轨道交通经营单位的工作人员，有下列行为之一的，依法给予警告、记过或者记大过处分；情节较重的，给予降级或者撤职处分；情节严重的，给予开除处分；构成犯罪的，依法追究刑事责任：

（一）违反本条例有关规划、设计、建设等规定的；

（二）违反本条例规定未有效保障试运行、试运营的；

（三）未按照本条例规定履行验收、评估、论证职责的；

（四）未按照本条例规定履行安全管理和应急管理职责的；

（五）未按照规定职责和法定程序实施行政处罚的；

（六）发现存在重大安全隐患，未按照规定采取措施，导致安全事故发生的；

（七）其他滥用职权、玩忽职守、徇私舞弊的。

第六十八条 违反本条例第二十四条规定的，由市环保行政主管部门责令限期改正；逾期不改正的，可处以一千元以上三千元以下的罚款。

第六十九条 违反本条例第二十八条规定的，由市轨道交通管理机构处五万元以上十五万元以下罚款；对主要负责人处上一年年收入百分之三十的罚款。

第七十条 违反本条例第三十三条第二款规定的，由市轨道交通管理机构责令限期改正；逾期不改正的，可对单位处五万元以上十五万元以下的罚款，对个人处三千元以上一万元以下的罚款。单位实施以上违法行为的，可对主要负责人依法处三千元以上一万元以下罚款。

第七十一条 违反本条例第三十四条、第五十七条第一款规定的，由市轨道交通管理机构责令改正；拒不改正的，可对单位处二千元以上五千元以下的罚款，对个人处二千元以下的罚款。

第七十二条 违反本条例第三十六条第二款规定的，由市轨道交通管理机构责令限期改正；逾期不改正的，可对单位处二万元以上五万元以下的罚款，对个人处五百元以上二千元以下的罚款；单位实施以上违法行为的，可对主要负责人依法处二千元以上五千元以下罚款。

第七十三条 违反本条例第四十五条、第四十七条规定的，由市轨道交通管理机构责令改正，予以警告；拒不改正的，可处一万元以下罚款。

第七十四条 违反本条例第四十九条第二款规定的，轨道交通经营单位可视其情节加收最高不超过出闸站线网单程最高票价五倍的票款。

第七十五条 违反本条例第五十条第一款、第五十二条第一款、第五十三条、第五十七条第二款规定的，由轨道交通经营单位责令改正；拒不改正的，可处五十元以上一百五十元以下罚款；情节严重的，由公安机关依法处理。

第七十六条 轨道交通经营单位有下列行为之一的，由市轨道交通管理机构责令限期改正；逾期不改正的，处三万元以上十万元以下罚款；构成犯罪的，依法追究刑事责任：

（一）违反本条例第三十八条规定，未按照规定对轨道交通设施进行维护或定期检查的；

（二）违反本条例第三十九条规定，未对轨道交通设施关键部位和关键设备进行监测和评估的；

（三）违反本条例第四十六条规定，运营环境不符合国家规定标准的；

（四）违反本条例第六十条第三款规定，未制定应急处置方案和未定期组织应急演练的；

（五）违反本条例第六十一条规定，遇有突发事件，未按照应急预案和操作规程进行处置的；

（六）违反本条例第六十三条第二款规定，在轨道交通客流量激增，严重影响运营秩序，可能危及运营安全的情况下，未采取乘客限量进站等临时措施的。

第七十七条 违反本条例规定的行为，其他法律、法规规定行政处罚的，依照其规定进行处罚；造成财产损失或者其他损害的，依法承担民事责任；构成犯罪的，依法追究刑事责任。

第七章 附则

第七十八条 磁悬浮、单轨系统等轨道交通的建设、运营、管理参照本条例执行。

第七十九条 本条例自 2017 年 6 月 1 日起施行。

石家庄市制定地方性法规条例

（2001 年 2 月 17 日石家庄市第十届人民代表大会常务委员会第四次会议通过
2001 年 6 月 1 日河北省第九届人民代表大会常务委员会第二十一次会议批准
2016 年 12 月 29 日石家庄市第十三届人民代表大会常务委员会第二十九次会议修订
2017 年 5 月 26 日河北省第十二届人民代表大会常务委员会第二十九次会议批准）

河北省人民代表大会常务委员会
关于批准《石家庄市制定地方性法规条例（修订）》的决定

（2017 年 5 月 26 日河北省第十二届人民代表大会常务委员会第二十九次会议通过）

河北省第十二届人民代表大会常务委员会第二十九次会议决定，批准《石家庄市制定地方性法规条例（修订）》，由石家庄市人民代表大会常务委员会公布施行。

石家庄市人民代表大会常务委员会公告

《石家庄市制定地方性法规条例（修订）》已经2017年5月26日河北省第十二届人民代表大会常务委员会第二十九次会议批准，现予以公布，自2017年7月1日起施行。

石家庄市人大常委会

2017年6月1日

第一章　总则

第一条　为了规范立法活动，提高立法质量，发挥立法的引领和推动作用，全面推进依法治市进程，根据《中华人民共和国立法法》等法律、法规，结合本市实际，制定本条例。

第二条　本市制定、修改、废止和解释地方性法规等立法活动，市人民政府规章的备案审查，适用本条例。

第三条　制定地方性法规应当遵循《中华人民共和国立法法》的基本原则，坚持科学立法、民主立法，立足本市实际，突出地方特色，增强可操作性，不得与上位法相抵触。

第四条　市人民代表大会及其常务委员会应当依法加强对立法工作的组织协调，在法规立项、重要制度设计和工作进度等方面发挥主导作用。

第五条　立法所需经费列入本级财政预算。

第二章　立法权限

第六条　市人民代表大会及其常务委员会可以就城乡建设与管理、环境保护、历史文化保护等方面的下列事项，制定地方性法规：

（一）为执行法律、行政法规和省人大及其常委会制定的地方性法规，需要根据本市实际作出具体规定的事项；

（二）属于本市地方性事务需要制定地方性法规的事项；

（三）除只能由法律规定的事项外，国家尚未制定法律或者行政法规的，根据本市实际，需要先行制定地方性法规的事项；

（四）需要设定减损公民、法人和其他组织权利或者增加其义务而无上位法依据的事项。

前款所列事项中，涉及本行政区域特别重大的事项、市人民代表大会职权范围内的事项，需要制定地方性法规的，由市人民代表大会制定。

市人民代表大会闭会期间，市人民代表大会常务委员会（简称常务委员会）可以对市人民代表大会制定的地方性法规进行部分补充和修改，但是不得同该法规的基本原则相抵触。

第三章　立法准备

第一节　立法规划与立法计划

第七条　市人民代表大会常务委员会应当编制本届任期内的立法规划和年度立法计划。立法规划应于任期的第一年度内完成，立法计划应于上年年底前完成。

制定立法规划和年度立法计划，应当向社会公开征集立法项目和立法建议。

国家机关、社会团体、企业事业组织以及公民可以向市人民代表大会常务委员会提出制定、修改或者废止地方性法规的建议。

第八条　市人民代表大会常务委员会法制工作机构编制立法规划和年度立法计划草案，应当根据本市经济社会发展和民主法制建设的需要，认真研究市人民代表大会代表议案和各方建议，确定立法项目。

研究制定立法规划和年度立法计划草案，应当邀请有关的专门委员会、市人民政府法制工作机构、有关部门和专家参加，发表意见。

第九条　立法项目可分为审议项目和调研项目。上一年度已经启动、未完成的项目直接转入下一年度。

第十条　提出制定或修改立法项目的，应当随申请立项报告提交法规草案以及说明，说明应当包括调研起草情况，制定或者修改的必要性、可行性，规范的主要内容和需要解决的主要问题，以及起草过程中对重大分歧意见的协调处理情况。

提出废止法规项目的，应当说明废止理由和废止后相关的社会关系调整的替代处理措施。

有下列材料的，应当一并提交：

（一）立法调研报告，包括工作现状和立法的目的、依据、必要性、可行性，拟调整的社会关系以及立法的重点、难点，调研、论证和征求意见的情况；

（二）上位法立法情况、外地立法经验等立法资料。有上位法的，应当有关于如何处理本市立法与上位法关系，是否与上位法相抵触或者重复等问题的专项说明。

未提交法规草案及其说明的，暂不列入年度立法计划的审议项目。

第十一条　提出立法调研项目的，应当在申请立项报告中对立法必要性、规范的主要内容和需要解决的主要问题、法律法规政策依据和立法调研安排等作出说明。

列入立法计划的调研项目，由常务委员会法制工作机构牵头，一般应于当年完成，向主任会议提交符合本条例第十条第三款第一项规定的立法调研报告，提出立法条件是否成熟和是否列入立法计划的意见。

第十二条　立法规划草案经常务委员会会议审议通过后公布执行。

第十三条　常务委员会法制工作机构督促立法规划和年度立法计划的落实。

年度立法计划确需增减立法项目或者调整法规案提请审议时间的，应当报经主任会议讨论决定。

第十四条　常务委员会制定立法规划和年度立法计划应当加强与省人民代表大会常务委员会的沟通。立法规划和立法计划若有调整，应当及时报送省人民代表大会常务委员会。

第二节　法规案的起草

第十五条　主任会议提出的法规案，由专门委员会或常务委员会有关工作机构负责草拟。

市人民政府提出的法规案，由市人民政府有关部门负责草拟。

有关专门委员会提出的法规案，由有关专门委员会自行草拟或者委托市人民政府有关部门草拟。

常务委员会组成人员五人以上联名提出的法规案，由提案人负责草拟，也可以根据提案人的申请由主任会议决定交由有关专门委员会或者常务委员会有关工作机构草拟。

第十六条　涉及人民群众切身利益，且拟增减其义务权利的重要法规案，可由有关专门委员会或者常务委员会法制工作机构组织起草。

专业性较强的法规案，提案人、起草责任单位可委托第三方起草，或者聘请专家参与起草工作。提案人、起草责任单位可同时委托两个以上的主体起草同一法规案，也可将同一法规案的不同部分，分别委托不同主体起草。

第十七条　提案人、起草责任单位应当根据年度立法计划，制定起草工作方案，保障制定法规所需人员、时间和经费。

第十八条　由市人民政府提请审议的法规案，有关专门委员会、常务委员会法制工作机构可以提前介入，参与调研和论证，提出意见和建议，听取有关情况汇报，督促起草工作按期完成。

第三节　法规案的质量要求

第十九条　起草法规案应当广泛听取各方面的意见，对规范的主要问题和有关的专业技术问题应当进行论证；对直接涉及公民、法人或者其他组织切身利益，且有重大意见分歧的，应当召开听证会。

第二十条　法规案涉及就业、教育、医疗、养老服务，生态环境保护、公共交通安全等管理制度，以及涉及改革、发展、稳定大局的重大事项，在提请审议前，应当开展社会稳定风险评估，并将评估报告作为法规草案的附件一并报送。

第二十一条　法规案与本市其他有效法规相关规定不一致的，应当予以说明并提出处理意见，必要时应当同时提出修改或者废止其他法规相关规定的议案。

第二十二条　市人民政府提出的法规案，涉及主管部门权责不明确，或者意见分歧较大的，应当由市人民政府进行协调明确，形成统一意见。

第二十三条　法规案应当包括法规名称、制定目的、立法依据、适用范围、权利义务、法律责任、生效时间等基本内容。

第二十四条　法规案应当包括法规草案文本及其说明，并提交由提案机关主要负责人签名或者提案人全体签名的书面报告，同时提供法律法规依据等必要的参阅资料。修改法规的，还应当提交修改前后的对照文本。

第二十五条　法规案在决定列入常务委员会会议议程一个月前，提案人应当向有关专门委员会提交法规案有关材料。未按规定时间提交的，由提案人向主任会议报告情况，说明原因。

在收到法规案之日起十日内，有关专门委员会应当召开全体会议，对立法的必要性，主要内容是否科学合理，行政许可、行政强制、行政处罚的设定是否适当，重大问题的解决措施是否可行，该法规案是否列入常务委员会会议议程等进行审议，提出审议意见。

有关专门委员会审议法规案，应当邀请法制委员会和其他有关专门委员会参加。

第二十六条　向市人民代表大会及其常务委员会提出的法规案，在列入会议议程前，提案人有权撤回。

第四章　立法程序

第一节　市人民代表大会立法程序

第二十七条　市人民代表大会主席团可以向市人民代表大会提出法规案，由市人民代表大会会议审议。

市人民代表大会常务委员会、各专门委员会，市人民政府，可以向市人民代表大会提出法规案，由主席团决定列入会议议程。

一个代表团或者十名以上的市人民代表大会代表联名，可以向市人民代表大会提出法规案，由主席团决定是否列入会议议程，或者先交有关专门委员会审议，提出是否列入会议议程的意见，再决定是否列入会议议程。不列入会议议程的，应当向提案人作出说明。

专门委员会审议法规案时，可以邀请提案人列席会议，发表意见。

第二十八条　向市人民代表大会提出法规案，在市人民代表大会闭会期间，可以先向常务委员会提出，经常务委员会会议依照有关程序审议后，决定提请市人民代表大会审议，由常务委员会向大会全体会议作说明，或者由提案人向大会全体会议作说明。

第二十九条　常务委员会提请市人民代表大会会议审议的法规案，常务委员会有关工作机构应当在会议举行的一个月前将法规草案印发全体市人大代表。

第三十条　列入市人民代表大会会议议程的法规案，大会全体会议听取常务委员会或者提案人的说明后，由各代表团进行审议。

各代表团审议法规案时，提案人应当派人听取意见，回答询问，并根据代表团的要求，介绍情况。

列入市人民代表大会会议议程的法规案，由有关专门委员会进行审议，向主席团提出审议意见，并印发会议。

第三十一条　市人大法制委员会根据各代表团和有关专门委员会的审议意见，对法规案进行统一审议，向主席团提出审议结果报告和法规草案修改稿，对重要的不同意见应当在审议结果报告中予以说明，经主席团会议审议通过后，印发会议。

第三十二条　列入市人民代表大会会议议程的法规案，必要时，主席团常务主席可以召开各代表团团长会议，也可以召开各代表团推选的有关代表会议，就法规案中的重大问题进行讨论，并将讨论的情况和意见向主席团报告。

第三十三条　列入市人民代表大会会议议程的法规案，在交付表决前提案人要求撤回的，应当说明理由，经主席团同意，并向大会报告，对该件法规案的审议即行终止。

第三十四条　列入市人民代表大会会议议程的法规案，审议中遇有重大问题需要进一步调研论证的，经主席团提出，由大会全体会议决定，可以授权常务委员会根据代表的意见进一步审议，作出决定，并将决定情况向市人民代表大会下次会议报告；也可以授权常务委员会根据代表的意见进一步审议，提出修改方案，提请市人民代表大会下次会议审议决定。

第三十五条　法规草案修改稿经各代表团审议后，由人大法制委员会根据审议的意见进行修改，提出法规草案表决稿，由主席团提请大会全体会议表决，由全体代表的过半数通过。

第二节　市人民代表大会常务委员会立法程序

第三十六条　主任会议可以向常务委员会提出法规案，由常务委员会会议审议。

市人民代表大会各专门委员会、市人民政府，可以向常务委员会提出法规案，由主任会议决定列入常务委员会会议议程，或者先交由有关专门委员会审议、提出报告，再决定列入常务委员会会议议程。如果主任会议认为该法规案有重大问题需要进一步调研论证，可以建议提案人修改完善后再向常务委员会提出。

常务委员会组成人员五人以上联名，可以向常务委员会提出法规案，由主任会议决定是否列入常务委员会会议议程，或者先交由有关专门委员会审议、提出是否列入会议议程的意见，再决定是否列入常务委员会会议议程。未列入常务委员会会议议程的，由主任会议向常务委员会会议报告或者向提案人说明。

有关专门委员会审议法规案时，可以邀请提案人列席会议，发表意见。

第三十七条　提请常务委员会审议的法规案，提案人应当将法规草案、说明和立法依据，在常务委员会会议举行一个月前报送常务委员会办公厅，并同时抄送常务委员会法制工作机构。

列入常务委员会会议议程的法规案，常务委员会办公厅一般应当在会议举行的七日前将法规草案、说明和立法依据印发常务委员会组成人员。

第三十八条　列入常务委员会会议议程的法规案，一般应当经两次常务委员会会议审议后再交付表决。

特殊需要或分歧较大、问题较多的法规案，可以经三次常务委员会会议审议后交付表决。

调整事项较为单一或者部分修改的法规案、废止法规案，各方面意见比较一致的，可以经一次常务委员会会议审议后交付表决。

第三十九条　法规案在常务委员会会议第一次审议前，由有关的专门委员会提出审议意见，印发常务委员会会议并抄送人大法制委员会。

常务委员会会议第一次审议法规案，应在全体会议上听取提案人的说明，由分组会议进行初步审议。

常务委员会会议第二次审议法规案，应在全体会议上听取人大法制委员会关于法规草案审议结果的报告，由分组会议对法规草案修改稿进行审议；也可以召开联组会议或者全体会议，对法规草案中的主要问题进行讨论。

第四十条　常务委员会全体会议或分组审议法规案时，提案人应当派人听取意见，回答询问，并根据常务委员会的要求，介绍情况。

第四十一条　常务委员会会议审议法规案时，应当安排必要的时间，保证常务委员会组成人员充分发表意见。

常务委员会会议审议法规案时，应当邀请有关市人大代表列席会议，发表意见，也可以组织公民旁听。

第四十二条　专门委员会之间对法规草案的重要问题意见不一致时，应当向主任会议报告。

第四十三条　列入常务委员会会议议程的法规案，经常务委员会会议第一次审议后，法制工作机构应根据常务委员会组成人员和有关专门委员会的审议意见，对法规草案进行修改，并将修改后的法规草案公开向社会征求意见，特殊情况除外。

法规草案向社会公开征求意见的时间一般不少于十个工作日。

人大法制委员会和有关专门委员会应当广泛听取市人大代表、法律专家、社会各界等各方面的意见。听取意见可以采取座谈会、论证会、听证会、实地考察等多种形式。

专业性较强、焦点问题较多的法规案，应当召开论证会，或者委托第三方组织论证。

存在重大意见分歧或者涉及利益关系重大调整的法规案，应当召开听证会，听证情况应当向常务委员会报告。

第四十四条　人大法制委员会根据各方面意见，对法规草案进行统一审议，提出审议结果报告和法规草案修改稿。对征求意见情况和重要的不同意见应当在审议结果报告中予以说明。

人大法制委员会统一审议时，可以邀请有关的专门委员会、市政府法制工作机构和有关部门列席会议，发表意见。

第四十五条　人大法制委员会和有关的专门委员会进行立法调研论证，应当通过多种形式，充分发挥人大代表、政协委员和基层单位的作用。

第四十六条　建立和完善地方立法协商体制和机制，对涉及改革发展稳定全局、与人民群众切身利益相关且社会广泛关注的地方性法规，应当开展立法协商。

人大法制委员会和有关专门委员会应当认真研究并吸纳立法协商中所提出的意见和建议，并以适当方式予以反馈。

第四十七条　常务委员会会议一次审议即交付表决的法规案，应在全体会议上听取提案人的说明、分组会议审议后，由人大法制委员会提出审议结果的报告和表决稿。

第四十八条　法规案经常务委员会会议两次审议后，仍有重大问题需要进一步调研论证的，经主任会议决定，可以暂不交付表决，交由人大法制委员会进一步审议。

暂不交付表决的法规案，经人大法制委员会进一步审议后，重大问题得到解决的，由主任会议决定再次提请常务委员会会议审议。

第四十九条　列入常务委员会会议议程的法规案，搁置审议满两年的，由主任会议向常务委员会报告，该法规案终止审议。

第五十条　列入常务委员会会议议程的法规案，交付表决前，提案人要求撤回的，应当说明理由，经主任会议同意，并向常务委员会报告即行终止审议。

第五十一条　常务委员会会议对

地方性法规进行表决时，由全体组成人员的过半数通过。

法规草案表决稿交付常务委员会会议表决前，主任会议根据常务委员会会议审议的情况，可以决定将个别意见分歧较大的重要条款提请常务委员会会议单独表决。主任会议根据单独表决的情况，可以决定将法规草案表决稿交付表决，或者交人大法制委员会和有关专门委员会进一步审议。

第五十二条　对多件地方性法规中个别条款进行修改，一并提出法规案的，经主任会议决定，可以合并表决，也可以分别表决。

第五章　法规报批和公布

第五十三条　列入市人民代表大会及其常务委员会会议议程的法规案，在审议表决三十日前，可以将该法规草案修改稿报送省人民代表大会常务委员会法制工作机构征求意见。

第五十四条　市人民代表大会及其常务委员会制定的地方性法规应当依法报请省人民代表大会常务委员会批准。报请批准法规案的书面报告、法规文本及其说明和有关资料的准备工作，由常务委员会法制工作机构负责办理。

第五十五条　报请批准的地方性法规，省人民代表大会常务委员会会议审议后退回要求修改的，应当由市人大法制委员会，根据省人民代表大会常务委员会提出的修改意见进行审议，由主任会议决定提请常务委员会会议审议或者由常务委员会授权主任会议审议通过后，再报请省人民代表大会常务委员会批准。

第五十六条　报请批准的地方性法规经省人民代表大会常务委员会批准后，由市人民代表大会常务委员会予以公告。

公告应当注明制定机关、通过时间、批准机关、批准时间和施行日期。

第五十七条　常务委员会公告及其颁布的地方性法规，应当自颁布之日起十五日之内，在石家庄市人民代表大会常务委员会公报和石家庄市人大网站以及《石家庄日报》上全文刊载，并视需要召开新闻发布会，介绍地方性法规的出台背景、立法过程和内容特点等情况。

石家庄市人民代表大会常务委员会公报上刊登的地方性法规文本为标准文本。

第五十八条　已经出台的地方性法规，所依据的上位法已经修改或者废止、所规范的事项发生重大变化的，应当及时予以修改或者废止。

修改的地方性法规，应当公布其新的法规文本。

废止的地方性法规，由市人民代表大会常务委员会予以公告。

第五十九条　市人民代表大会常务委员会应当在地方性法规公布之日起十五日内，将公布的地方性法规的公告及地方性法规文本和有关材料报送省人民代表大会常务委员会，由省人民代表大会常务委员会报全国人民代表大会常务委员会和国务院备案。

第六章　法规解释

第六十条　本市地方性法规，有下列情况之一的，由常务委员会负责解释：

（一）需要进一步明确具体界限和含义的；

（二）需要进一步明确适用法规依据的。

法规解释同法规具有同等效力。

第六十一条　市人民代表大会各专门委员会、市人民政府、市中级人民法院、市人民检察院、县级人民代表大会常务委员会，可以书面提出法规解释要求。

前款规定之外的其他法人、组织和个人，认为法规需要解释的，可以向常务委员会法制工作机构提出要求。常务委员会法制工作机构认为需要解释的，应当提请主任会议审议决定；认为不需要解释的，应当向提议人说明理由。

第六十二条　法规解释草案，由常务委员会法制工作机构会同有关部门拟定，由主任会议决定列入常务委员会会议议程。人大法制委员会根据常务委员会组成人员的审议意见进行修改，提出法规解释草案表决稿，由常务委员会会议的过半数通过。

第六十三条　法规解释通过后十五日内，由常务委员会予以公告，报省人民代表大会常务委员会备案。

市人民代表大会制定的地方性法规的解释，应当向下一次市人民代表大会会议备案。

法规解释因相关法规的修改、废止而自动失效。

第六十四条　常务委员会法制工作机构可以对地方性法规中有关具体问题的询问，进行研究予以答复，并报常务委员会备案。

第七章　规章的备案审查

第六十五条　市人大常委会和法

制工作机构应当依法对市人民政府规章进行备案与审查。

市人民政府制定的规章，应当自公布之日起三十日内，报送市人大常务委员会备案。报送备案的文件包括规章文本、说明和备案报告。

第六十六条　对报送备案的规章主要审查是否存在下列情形：

（一）超越法定权限，限制或者剥夺公民、法人和其他组织的合法权利，或者增加公民、法人和其他组织的义务；

（二）同宪法、法律、行政法规、省地方性法规和市地方性法规规定相抵触；

（三）违反法定程序；

（四）市人民政府规章对同一事项规定不一致；

（五）其他不适当的情形。

第六十七条　国家机关、社会团体、企事业组织以及公民，认为市人民政府规章同上位法相抵触的，可以向市人民代表大会常务委员会提出审查建议；审查建议由常务委员会法制工作机构进行研究，必要时，送有关的专门委员会进行审查，提出意见。

有关专门委员会和常务委员会法制工作机构可以对报送备案的规章进行主动审查。

第六十八条　市人民代表大会专门委员会、常务委员会法制工作机构，认为市人民政府规章存在本条例第六十六条规定情形的，可以向制定机关提出审查意见；也可以由人大法制委员会或者常委会法制工作机构会同有关专门委员会联合召开审查会议，要求制定机关到会说明情况，再向其提出书面审查意见。制定机关应当在两个月内向人大法制委员会和有关专门委员会提交是否修改或者废止的书面意见。

第六十九条　市人民政府按照市人民代表大会专门委员会、常务委员会法制工作机构所提审查意见，对规章进行修改或者废止后，审查终止。

第七十条　市人民代表大会专门委员会、常务委员会法制工作机构经审查、研究，认为市人民政府规章存在本条例第六十六条规定情形而市人民政府不予修改或者废止的，应当向主任会议提出书面审查意见和予以撤销的建议，由主任会议提请常务委员会会议审议决定。

常务委员会会议审议政府规章撤销案时，应在全体会议上听取和审议人大法制委员会、有关专门委员会或者常务委员会法制工作机构审查意见的报告，作出决定。

常务委员会对政府规章作出的撤销决定，由常务委员会予以公告。

第七十一条　市人民代表大会专门委员会、常务委员会法制工作机构，应当将审查情况向提出审查要求的单位和个人进行反馈，并可向社会公布。

第八章　其他规定

第七十二条　地方性法规明确由市人民政府制定的配套实施细则，应当在法规生效之日起六个月内制定、公布，并在公布后的三十日内报市人民代表大会常务委员会备案。地方性法规对配套实施细则制定期限另有规定的，从其规定。

因特殊原因不能在规定期限内制定、公布的，应当向主任会议报告并说明情况。

第七十三条　地方性法规实施三年以上的，有关国家机关、组织应当向常务委员会报告地方性法规的实施情况。

第七十四条　市人民代表大会有关专门委员会、常务委员会法制工作机构根据工作计划，可以对地方性法规进行立法后评估。

地方性法规有下列情形之一的，可以进行立法后评估：

（一）实施满三年的；

（二）拟废止或者作重大修改的；

（三）公民、法人和其他组织反映问题较多的；

（四）主任会议认为需要评估的。

立法后评估，应当提出评估报告，并向主任会议报告。

第七十五条　法规生效施行后，相关上位法发生变更的，法规的原起草责任单位应当在新的上位法生效施行前，完成相关法规的清理工作，并向常务委员会法制工作机构提交清理结果的报告。

第七十六条　市人民代表大会专门委员会和常务委员会各工作机构，应当根据各自的职责范围，采取即时清理与全面清理、专项清理相结合的方法，适时对有关地方性法规进行清理，提出意见，由常务委员会法制工作机构进行汇总，向主任会议提出清理情况的报告；对法规的内容与法律、行政法规相抵触，与现实情况不适应，或者与相关法规不协调的，应当提出修改或者废止的建议。

第七十七条　常务委员会法制工作机构负责本市地方性法规的印制、汇编等工作。

第九章 附则

第七十八条 地方性法规的类别名称可以称条例、办法、实施办法、决定、规则和细则等。

地方性法规根据内容需要，可以分章、节、条、款、项、目。

法规标题的题注应当载明制定机关、批准机关、通过日期。经过修改的法规，应当依次载明修改机关、批准机关、修改日期。

第七十九条 法规案包括制定、修正、修订、废止案。

第八十条 本条例自 2017 年 7 月 1 日起施行。2001 年 7 月 1 日起施行的《石家庄市制定地方性法规条例》同时废止。

石家庄市肉品管理条例

（2001 年 6 月 28 日石家庄市第十届人民代表大会常务委员会第二十一次会议通过
2002 年 9 月 28 日河北省第九届人民代表大会常务委员会第二十九次会议批准
2016 年 12 月 29 日石家庄市第十三届人民代表大会常务委员会第二十九次会议修订
2017 年 5 月 26 日河北省第十二届人民代表大会常务委员会第二十九次会议批准）

河北省人民代表大会常务委员会
关于批准《石家庄市肉品管理条例（修订）》的决定

（2017 年 5 月 26 日河北省第十二届人民代表大会常务委员会第二十九次会议通过）

河北省第十二届人民代表大会常务委员会第二十九次会议决定，批准《石家庄市肉品管理条例（修订）》，由石家庄市人民代表大会常务委员会公布施行。

石家庄市人民代表大会常务委员会公告

《石家庄市肉品管理条例（修订）》已经 2017 年 5 月 26 日河北省第十二届人民代表大会常务委员会第二十九次会议批准，现予以公布，自 2017 年 7 月 1 日起施行。

石家庄市人大常委会
2017 年 6 月 8 日

第一章 总则

第一条 为了规范肉品生产经营行为，保证肉品质量，维护消费者的合法权益，保障人民身体健康，根据有关法律、法规，结合本市实际，制定本条例。

第二条 本条例适用于本市行政区域内肉品管理。法律、法规另有规定的从其规定。

第三条 本条例所称肉品是指畜禽屠宰后未经加工熟制的胴体、脂、脏器、血液、骨、头、蹄等。

肉品管理，是指对用于肉品生产经营的畜禽的购销、运输、存留、屠宰及肉品的加工、贮藏、运输、购销等生产经营活动（以下简称生产经营）的管理。

第四条 猪、牛、羊、鸡实行定点屠宰、集中检疫，其肉品实行定点批发、城区内定位销售。

第五条 肉品生产经营者必须遵守动物防疫、屠宰管理、食品安全、产品质量和环境保护等有关法律、法规的规定，接受有关部门的监督检查，并按照规定提供资料和样品。

生产经营肉品，应当尊重少数民族的风俗习惯和宗教礼仪。

第六条 对违反本条例的行为，

任何单位、个人均有权举报。对举报有功的单位、个人，应当给予表彰和奖励。

第七条 市、县两级人民政府应当加强对肉品管理工作的领导，落实属地管理责任，协调解决肉品管理工作中的重大问题，将肉品管理工作所需经费列入同级财政预算。

市、县两级人民政府畜牧、食品药品监督管理、商务、卫生计生、环境保护、公安、工商等有关部门在各自职责范围内负责与肉品生产经营相关的管理工作。

行业协会应当发挥作用，积极维护肉品市场秩序。

第二章 检疫管理

第八条 动物卫生监督机构负责畜禽及其肉品的检疫。

第九条 畜禽在离开饲养地前，货主应当在法定时限内向所在地动物卫生监督机构申报检疫。

货主申报检疫，应按规定提供相关防疫资料。

畜禽贩运企业或个人应当向县级以上动物卫生监督机构备案。

第十条 县级动物卫生监督机构依法向定点屠宰厂（点）派驻（出）官方兽医，按有关法律、法规规定实施检疫。

对屠宰检疫合格的肉品，由官方兽医出具检疫证明，并监督屠宰厂、点在畜禽肉品或者规定的肉品包装物上加施检疫标志；对检疫不合格的肉品，监督屠宰企业按国家有关规定进行无害化处理或销毁。

第十一条 动物卫生监督机构应对依法应当检疫而未经检疫的畜禽、肉品进行补检，但按本条例的规定实施了定点屠宰并集中检疫合格的肉品除外。对染疫或者疑似染疫的畜禽和染疫的肉品，应进行隔离、封存和处理。

畜禽补检应当符合下列条件：

（一）畜禽标识符合农业部规定；

（二）临床检查健康；

（三）农业部规定需要进行实验室疫病检测的，检测结果符合要求。

肉品补检应当符合下列条件：

（一）货主在五日内提供输出地动物卫生监督机构出具的来自非封锁区的证明；

（二）经外观检查无病变、无腐败变质；

（三）农业部规定需要进行实验室疫病检测的，检测结果符合要求。

第三章 屠宰管理

第十二条 县级人民政府应当按照河北省畜禽定点屠宰厂、点设置规划，编制畜禽定点屠宰厂（点）设置方案，报市人民政府批准后实施。小型畜禽定点屠宰点生产的肉品只能在市人民政府规定的销售区域内销售。

第十三条 禽定点屠宰厂应当具备下列条件：

（一）有与屠宰规模相适应、水质符合国家规定标准的水源条件；

（二）有符合国家规定要求的待宰间、屠宰间、急宰间以及屠宰设备和运载工具；

（三）有依法取得健康证明的屠宰技术人员；

（四）有经考核合格的肉品品质检验人员；

（五）有符合国家规定要求的检验设备、消毒设施以及符合环境保护要求的污染防治设施；

（六）有病害畜禽以及畜禽产品无害化处理设施；

（七）依法取得动物防疫条件合格证。

畜禽定点屠宰点应当具备下列条件：

（一）有待宰间、屠宰间、急宰间以及屠宰工具；

（二）有依法取得健康证明的屠宰技术人员；

（三）有经考核合格的肉品品质检验人员；

（四）有符合环境保护要求的污染防治设施；

（五）有病害畜禽以及畜禽产品无害化处理能力；

（六）依法取得动物防疫条件合格证。

设立清真畜禽定点屠宰厂（点），除应符合上述规定条件外，还应当符合国家和省有关清真食品管理的规定。

第十四条 畜禽定点屠宰厂（点）由市人民政府组织畜牧、环保等有关部门依照本条例规定的条件审查，经征求省人民政府畜牧主管部门的意见确定，颁发畜禽定点屠宰证书和畜禽定点屠宰标志牌。

第十五条 畜禽定点屠宰厂（点）应当加强屠宰场所环境保护和卫生管理。废水、废气、废物和噪声的排放，应符合国家环保规定的要求。

第十六条 畜禽定点屠宰厂（点）应依照国家有关规定和标准从事生产，并遵守下列规定：

（一）不得给畜禽注水或者注入其他物质；

（二）严格执行畜禽临宰前静养的规定；

（三）不得收购私宰畜禽肉品；

（四）不得屠宰死因不明、病（毒）死畜禽及已注水或者注入其他物质的畜禽；

（五）不得收购、屠宰未经检疫或检疫不合格、未按规定佩戴畜禽标识以及添加违禁物质的畜禽；

（六）不得为违法从事畜禽屠宰活动的单位或者个人提供屠宰场所、产品储存设施；

（七）不得为对畜禽、畜禽产品注水或者注入其他物质的单位或者个人提供场所；

（八）不得收购、屠宰未经备案的贩运企业或个人的畜禽；

（九）不得在厂区内从事与畜禽定点屠宰无关的其他生产经营活动；

（十）产品未经肉品品质检验或者经肉品品质检验不合格的，不得出厂（点）；

（十一）不得从事其他法律法规禁止的肉品生产经营活动。

第十七条　畜禽定点屠宰厂（点）应当建立严格的肉品检验管理制度，肉品检验应当与畜禽屠宰同步进行，检验项目和方法必须符合国家规定。

畜禽入厂（点）时，应当查验《检疫合格证明》和未添加违禁物质凭证，并回收保存未添加违禁物质凭证，对屠宰的动物按批次和规定比例进行违禁物质自检。

对合格的肉品，由检验员出具检验证明，并在肉品或者包装物上附具检验合格标志；对检验不合格的肉品，应按国家有关规定处理。

未经检验或者检验不合格的肉品，不得出厂（点）。

第十八条　畜禽定点屠宰厂（点）应当完善企业内部管理，建立质量安全信息化追溯系统和制度，如实记录上传其屠宰的畜禽来源、产品流向、肉品检验和无害化处理等内容，记录保存期限不得少于二年。

第十九条　未经定点，任何单位和个人不得从事畜禽屠宰活动。农村地区个人自宰自食畜禽和城镇居民自宰自食家禽的除外。

任何单位和个人不得为未经定点擅自屠宰者提供屠宰场所。

第二十条　县级人民政府组织相关部门制定猪、牛、羊、鸡以外的其他畜禽屠宰点设置规划，屠宰点应符合以下条件：

（一）有固定场所，环境卫生整洁、水源符合国家饮用水标准；

（二）有防疫、消毒制度和消毒设施设备；

（三）有依法取得健康证明的屠宰人员；

（四）在当地县级定点屠宰管理机构备案；

（五）按规定向当地动物卫生监督机构申报检疫。

第四章　经营管理

第二十一条　本市生产、销售肉品实行质量安全追溯管理。食品药品监督管理、商务、畜牧等部门应当加强肉品质量安全追溯体系建设，按照从生产到销售每一个环节可相互追查的原则，建立完善管理制度。

积极推进信息化追溯，加快肉品质量安全信息平台建设，实现职能部门间肉品质量安全信息自动关联与共享，并积极推进肉品交易环节电子化结算。

第二十二条　肉品生产经营者应当依法取得相关有效证照。禁止无证照从事肉品生产经营活动。

第二十三条　从事肉品加工、销售的人员应当注意保持个人卫生，保持设施及用具清洁。加工、销售肉品时应当穿戴符合卫生要求的工作服。

生产经营清真肉品必须符合有关清真食品的规定。

第二十四条　禁止经营下列畜禽、肉品：

（一）病死、毒死或死因不明的；

（二）依法应当检疫检验而未经检疫检验或检疫检验不合格的；

（三）腐败变质或者注水、注入其他物质、掺杂、感官性状异常以及可能对人体健康有害的；

（四）违反法律、法规和其他有关规定的。

第二十五条　运输肉品应当持有检疫证明、肉品检验合格证明。

肉品应当使用符合国家卫生标准的冷藏专用车辆运输。

严禁用长途客车、公共汽车、铁路客车等非专用运输工具运输营销性畜禽、肉品。

第二十六条　外埠（含进口）肉品在本市销售，应当符合国家法律、法规和本条例的有关规定，并纳入本市肉品质量安全追溯系统管理。

外埠肉品进入本市批发销售，经销企业应当按批次及时将有关信息上传至本市肉品质量安全追溯系统管理平台，并向市食品药品监督管理部门提交如下资料，经审查后方可进入本市销售。

（1）定点屠宰许可证原件（或加盖定点屠宰企业公章的复印件）；

（2）营业执照原件及复印件；

（3）动物防疫合格证原件及复印件。

进口肉品应提供出入境检验检疫合格证明、报关单等有关手续。

第二十七条 市、县两级人民政府可以设立猪、牛、羊、鸡肉品批发市场。

肉品批发交易须在肉品批发市场内进行，实行肉品配送供应的除外。

肉品批发市场主办者应当与入场肉品销售者签订肉品质量安全协议，明确双方肉品质量安全权利义务，并纳入质量安全追溯管理；未签订肉品质量安全协议的，不得进入批发市场进行销售。鼓励零售市场开办者与肉品销售者签订肉品质量安全协议。

县级以上食品药品监督管理部门应当将肉品监督抽检纳入年度检验检测工作计划，定期或者不定期对肉品进行抽样检验，及时处置不符合食品安全标准的肉品。

第二十八条 城镇零售商销售肉品应当具有与其销售的肉品品种、数量相适应的销售和贮存场所、固定柜台和防蝇、防尘设施，并明示相关证明。

城区范围内禁止流动商贩销售肉品。

第二十九条 从事肉制品加工的单位和个人不得使用本条例第二十四条所列肉品。

第三十条 肉制品加工企业、餐饮服务单位等，应当建立肉品采购、加工、贮藏登记制度。

第三十一条 肉品经营应当建立索证索票制度。

批发肉品应当如实记载供应方、采购方的名称、地址、联系方式和肉品基本信息。

采购肉品应当保存供货方的基本信息和详细记载肉品名称、进货时间、产地来源、规格、保质期限、数量等内容的票证。

销售肉品应当附有动物检疫、检验标志。禁止转让、伪造、变造肉品的检疫、检验证明和检疫、检验标志。

肉品检疫、检验标志使用管理办法由市畜牧主管部门制定。

第五章 监督管理

第三十二条 市、县两级人民政府组织本级畜牧、食品药品监督管理、商务等部门制定本行政区域的肉品监督管理计划，并依法组织开展监督检查、监督抽检、执法查处、应急处置等工作。

第三十三条 畜牧主管部门应当加强畜禽购销、运输、存留、屠宰及肉品进入批发、零售市场或生产加工企业前的质量安全监管。

食品药品监督管理部门应当加强肉品进入批发、零售市场或生产加工企业后的质量安全监管。

第三十四条 市、县两级畜牧、食品药品监督管理和质量技术监督等部门履行肉品安全监督管理职责，有权采取下列措施：

（一）进入生产经营场所实施现场检查；

（二）对生产经营的肉品进行抽样检验；

（三）查阅、复制有关合同、票据、账簿以及其他有关资料；

（四）查封、扣押有证据证明不符合肉品安全标准的肉品，违法使用的肉品原料、食品添加剂和肉品相关产品，以及用于违法生产经营或者被污染的工具、设备；

（五）查封违法从事肉品生产经营活动的场所。

第三十五条 对肉品生产经营者进行监督检查，应当记录监督检查的情况和处理结果。监督检查记录经监督检查人员和肉品生产经营者签字后归档。

第六章 法律责任

第三十六条 违反本条例规定，法律法规已有处罚规定的，由相关部门依法进行处罚。

第三十七条 违反本条例规定，未经定点从事畜禽屠宰活动的，由县级以上人民政府畜牧主管部门予以取缔，没收畜禽、畜禽产品、屠宰工具和设备以及违法所得，并处货值金额三倍以上五倍以下的罚款；货值金额难以确定的，对单位并处十万元以上二十万元以下的罚款，对个人并处五千元以上一万元以下的罚款。

第三十八条 违反本条例第九条第三款规定，由县级以上动物卫生监督机构责令改正，并处一千元以上三千元以下罚款。

第三十九条 县级以上人民政府畜牧主管部门在监督检查中发现畜禽定点屠宰厂（点）不再具备本条例规定条件的，应当责令其限期整改；逾期仍达不到本条例规定条件的，由市人民政府取消其定点屠宰资格。

第四十条　畜禽定点屠宰厂（点）有下列情形之一的，由县级以上人民政府畜牧主管部门进行处罚，情节和后果严重的，由市人民政府取消其定点屠宰资格：

违反本条例第十六条第（三）项规定，没收收购的私宰肉品，并处一万元以上三万元以下罚款；

违反本条例第十六条第（五）项规定，收购、屠宰未经检疫或检疫不合格、未按规定佩戴畜禽标识的，没收畜禽及肉品，并处货值一倍以上三倍以下罚款；

违反本条例第十六条第（八）项、第（九）项规定，责令改正，处五千元以上一万元以下罚款；

违反本条例第十六条第（十）项规定，责令停业整顿，没收畜禽产品和违法所得，并处货值金额一倍以上三倍以下的罚款。

第四十一条　违反本条例第十七条第二款规定，由县级以上人民政府畜牧主管部门责令改正，并处三千元以上一万元以下罚款。

第四十二条　违反本条例第二十条规定的，由县级以上人民政府畜牧主管部门责令改正，并处二千元以上五千元以下罚款。

第四十三条　违反本条例第二十六条规定，未向监管部门提交相关资料的，由县级以上人民政府食品药品监督管理部门责令改正，并处一千元以上三千元以下的罚款。

第四十四条　违反本条例规定，肉品未附有检疫标志的，由动物卫生监督机构责令改正，处同类检疫合格肉品货值金额百分之十以上百分之五十以下罚款；对货主以外的承运人处运输费用一倍以上三倍以下罚款。

第四十五条　违反本条例第十八条、第二十六条规定，未按要求及时向本市肉品质量安全追溯管理平台上传信息或故意上传虚假信息的，由县级以上人民政府商务主管部门责令改正，并处以一千元以上三千元以下罚款。

第四十六条　执法人员和其他国家机关工作人员有下列情形之一的，依法给予行政处分；构成犯罪的，依法追究刑事责任：

（一）违反本条例规定，批准或者不批准屠宰企业的；

（二）违反本条例规定，出具检疫和检验证明的；

（三）包庇、放纵畜禽屠宰、肉品生产和销售中违反本条例规定行为的；

（四）其他玩忽职守、滥用职权和徇私舞弊的；

（五）阻挠、干预有关部门依法对畜禽屠宰、肉品生产和销售中违反本条例规定的行为进行查处的。

第七章　附则

第四十七条　本条例下列用语的含义是：

（一）畜禽是指猪、牛、羊、鸡等饲养动物；

（二）肉品生产经营者是指屠宰厂（点）、批发企业、批发市场、标准化菜市场、连锁超市、肉制品加工企业、学校食堂及餐饮企业等市场主体。

第四十八条　本条例自 2017 年 7 月 1 日起施行。2002 年 11 月 1 日起施行的《石家庄市肉品管理条例》同时废止。

石家庄市城市供水用水管理条例

河北省人民代表大会常务委员会
关于批准《石家庄市城市供水用水管理条例》的决定

（2017 年 12 月 1 日河北省第十二届人民代表大会常务委员会第三十三次会议通过）

河北省第十二届人民代表大会常务委员会第三十三次会议审查了石家庄市人民代表大会常务委员会报请批准的《石家庄市城市供水用水管理条例》，该条例与宪法、法律、行政法规和本省的地方性法规不抵触，决定予以批准，由石家庄市人民代表大会常务委员会公布施行。

石家庄市人民代表大会常务委员会公告

《石家庄市城市供水用水管理条例》已经 2017 年 12 月 1 日河北省第十二届人民代表大会常务委员会第三十三次会议审议批准，现予以公布，自 2018 年 2 月 1 日起施行。

石家庄市人大常委会

2017 年 12 月 6 日

第一章 总则

第一条 为了加强城市供水用水管理，保障城市供水用水安全和供水单位、用户的合法权益，根据《中华人民共和国水法》《城市供水条例》等法律法规，结合本市实际，制定本条例。

第二条 本条例适用于本市行政区域内的城市供水用水管理活动。

第三条 城市供水是指供水单位使用城市供水管道及其附属设施向城市居民和单位的生活、生产和其他各项建设提供用水。包括城市公共供水（含二次供水）和自建设施供水。

城市用水是指城市生活、生产、消防和市政管理等活动所需用水的统称。按照用水性质分为城市生活用水、生产运营用水和其他用水。

第四条 市人民政府供水主管部门负责本市城市供水的管理工作。

县（市、区）人民政府供水主管部门负责本辖区城市供水用水管理工作。

发展和改革、城乡规划、住房和城乡建设、环境保护、卫生计生、公安、质量监督、工商等部门应当按照各自职责，共同做好城市供水用水管理工作。

第五条 城市供水用水实行开发与保护水源相结合、保障供水与水质安全相结合、计划用水与节约用水相结合的原则，优先保证居民生活用水，统筹安排生产运营用水和其他用水。

鼓励有条件的地区发展城乡一体化供水。

第六条 城市供水应当优化水资源配置，优先使用引江水，合理使用地表水，科学利用雨水和再生水，严格控制使用地下水。

第七条 县级以上人民政府应当将城市公共供水事业纳入国民经济和社会发展计划，加强供水水源保护和供水基础设施的财政投入，适应城市发展需要。

鼓励和引导社会资本进入城市公共供水领域，参与城市供水建设及经营活动。

第八条 城市供水用水应当采用先进技术、工艺、设备及新型环保材料，改善水质，提高水的利用率，降低水的消耗量。

鼓励城市供水和节约用水技术的研发应用与推广。

第九条 任何单位和个人依法享有使用符合国家标准的城市供水的权利，有保护水资源、供水设施和节约用水的义务。

人民政府应当鼓励节约和保护水资源，对节约和保护水资源成绩显著的单位和个人给予奖励。

第二章 规划与建设

第十条 县级以上人民政府城市供水主管部门应当会同城乡规划行政主管部门，按照统筹规划、统一管理、合理布局、协同发展的原则编制城市供水专项规划，经同级人民政府批准后，由城市供水主管部门组织实施。

县级以上人民政府城市供水主管部门应当根据城市供水专项规划，编制水厂、管网等供水设施建设和改造的年度计划，经同级人民政府批准后实施。

城乡规划行政主管部门在编制城市控制性详细规划时，应当根据总体规划及专项规划的要求，对城市供水管网及其附属设施做出统一安排。

第十一条 城市公共供水设施建设、更新改造应当以政府投入为主，城市公共供水设施建设和改造项目应当纳入城市建设投资计划和年度财政预算。

第十二条 城市供水工程的勘察、设计、施工及监理，应当由具有相应资质的单位承担，并遵守国家有关技术标准和规范。

城市供水工程使用的供水设备、管材、配件和用水器具，应当符合国家规定的相关标准。

第十三条 新建、改建、扩建工程项目涉及城市公共供水工程的，应当由城市供水主管部门统一组织建设。具体办法由县级以上人民政府制定。

除地表水直供供水工程外，城市公共供水管网覆盖区域内禁止使用自建供水设施。既有自建供水设施应在本条例生效一年内关停。逾期未关停的，由辖区人民政府限期关停。

人民政府应当加快推进城市供水管网未覆盖区域的供水管网建设。辖区人民政府应当制定实施计划，根据供水管网建设情况，限期关停自建供水设施。

第十四条 新建、改建、扩建工程项目，应当按照海绵城市建设要求，配套建设再生水、雨水利用等节约用水设施。节约用水设施应当与主体工程同时设计、同时施工、同时投入使用。

已建成单位、住宅小区和公园、广场、绿地、城市道路等市政基础设施，具备建设条件的，产权单位、管理单位或者物业管理企业应当逐步补建雨水收集利用设施。

县级以上人民政府应当设立专项资金，用于再生水、雨水利用等配套节约用水设施的建设。

配套和补建的节约用水设施，应当使用节水型工艺、设备和器具，并经验收合格后投入使用。禁止使用国家明令淘汰的工艺、设备和器具。

第十五条 新建居民住宅应当按照一户一表、水表出户、计量到户的要求进行设计和施工。

已建居民住宅应当按照阶梯水价实施要求进行水表出户改造。

新建居民住宅水表和已建居民住宅水表出户改造应当推行智能化计量管理。

第三章 设施管理与维护

第十六条 城市供水设施维护责任以结算水表为界，结算水表用水端以前的，由供水单位负责管理和维护；用水端以后的，由用户或者所有权人负责管理和维护。

非多层居民住宅楼房或者未达到一户一表、水表出户、计量到户要求的多层居民住宅楼房的供水设施管理和维护责任按照合同约定。

住宅小区、单位建筑区划内的园林、环卫、消防等区域共用供水设施，由产权所有人或者建设单位负责管理和维护。

城市供水设施维护费用按照产权归属，由所有权人承担。产权所有人可以委托供水单位承担供水设施管理和维护责任，双方具体权利与义务应当另行签订合同。

第十七条 城市供水管道及其附属设施的安全保护范围，由县级以上人民政府按照有关规定划定。

在安全保护范围内，禁止下列行为：

（一）建造建筑物、构筑物，堆放土方、杂物；

（二）开沟挖渠、挖砂取土、水产养殖；

（三）埋设线杆、种植深根系植物；

（四）堆放易燃、易爆、有毒有害物质；

（五）其他危害行为。

第十八条 城市供水管网覆盖范围内的工程项目开工前，建设单位应当到供水单位查明地下城市供水设施情况。施工可能危害供水设施安全的，建设单位应当按照要求采取安全防护措施。

第十九条 自建供水设施的供水管网系统需要与城市公共供水管网系统连接，建设单位或者设施所有权人应当向供水单位提出申请。

供水单位应当自收到申请之日起五个工作日内作出书面答复，除法律法规另有规定外，不得拒绝连接申请。

供水单位未按时答复或者申请人对答复有异议的，申请人可以向城市供水主管部门投诉，城市供水主管部门应当自收到投诉之日起五个工作日内作出处理。

第二十条 任何单位和个人未经批准，不得改装、迁移或者拆除城市公共供水设施。

因工程建设确需改装、拆除或者迁移城市公共供水设施的，建设单位应当报经县级以上人民政府城乡规划行政主管部门和城市供水主管部门批准，并采取相应补救措施，承担相关费用。

第二十一条 供水单位应当加强对城市供水设施的检查和维护。有关单位和个人应当予以配合。

供水单位应当定期检查维修城市供水管网，制定年度老旧管网更新改造实施方案，降低管网漏失率。

第二十二条 城市供水设施发生故障或者管道爆裂，供水单位应当立即组织抢修，并告知用户。特殊情况下可先行进入施工场地处置，并及时补办相关手续。

第二十三条 供水单位应当按照国家有关技术标准要求设置公共消火栓。

公共消火栓由公安机关消防机构监督和使用，其建设和维护管理由供水单位负责。公共消火栓维护所需资金和消防用水水费纳入县级以上人民政府财政预算。

消防部门应当定期将失火地点、时间、用水量通报供水单位。供水单位也应当定期向消防部门通报公共消火栓的维护情况。

第四章 供水管理

第二十四条 城市供水可以实行特许经营制度。

供水单位应当按照供水行业统计的要求，定期向城市供水主管部门报送运营状况统计资料。

城市供水主管部门应当对供水单位的供水水质、安全供应、供水管网压力和服务情况进行监督，并对其运营状况进行评价。

第二十五条 供水单位应当遵守下列规定：

（一）保障城市供水不间断供应，不得擅自停水；

（二）按照国家规定设置供水管网测压点，做好水压监测，保证供水管网压力符合规定的标准；

（三）设立用户服务中心，全面负责供水经营与服务等各方面的业务受理；用户服务中心应当建立首问负责、限时办结等制度，公开业务受理范围、办事程序、受理时限、服务承诺、投诉电话以及收费标准等服务内容。不予受理的业务应当明确告知不予受理的理由；

（四）设置供水服务热线，二十四小时接受用户咨询、求助及投诉。受理用户咨询与投诉后应当在两小时内作出答复，并在五个工作日内处理完毕；在处理期限内不能解决的，应当向用户说明原因，提出处理方案，并在承诺的时限内处理完毕；

（五）主动接受社会各界监督，制定和完善义务监督员制度。每年通过发放调查问卷，召开座谈会等形式征求用户对行业的意见和建议。

第二十六条 城市供水用水双方应当签订供水用水合同，明确双方的权利和义务。城市供水主管部门应当会同工商行政管理部门制定供水用水合同示范文本，并向社会公布。

用户应当按照合同约定及规定的水价标准和计量数值按时交纳水费；逾期不交纳的，供水单位应当及时催交。经催交仍拒不交纳水费的，供水单位可以按照合同约定处理。

第二十七条 因工程建设需要临时使用城市供水的，建设单位应当与供水单位签订临时供水用水协议，按照约定使用。

第二十八条 城市供水依法实行政府定价，按照用水性质分类定价。城市供水价格应当遵循“补偿成本、合理收益、节约用水、公平负担”的原则制定。居民生活用水保本微利、其他用水合理计价。

县级以上人民政府价格行政主管部门制定或者调整城市公共供水价格时，应当实行供水单位成本公开和定价成本监审公开制度，依法组织听证，向社会公布。

第二十九条 供水单位应当按照县级以上人民政府价格主管部门确定的水价收取水费，并使用统一收费凭证。

不同用水性质的用水应当单独安装结算水表，共用一块结算水表的，按照从高价格收取水费。

第五章 用水管理

第三十条 城市生活、生产和其他活动用水实行计划用水和节约用水。建立健全高耗水项目和单位用水重点监控制度。对新增用水实行总量控制，严格控制高档洗浴场所等高耗水量的建设项目。

第三十一条 城市居民用水实行阶梯水价制度；非居民用水实行计划用水及超计划累进加价制度。

实行居民阶梯水价制度应当以保障居民基本生活用水需求为前提。

人民政府应当适应国家生育政策调整的变化，科学合理地调整确定居民家庭基本用水定额。

供水主管部门应当根据节约用水规划、行业用水定额、单位合理用水需求，编制下达非居民用水户计划指标。供水单位应当按要求向供水主管部门报送非居民用水户月实际用水量。

供水主管部门在核定非居民生活用水户的用水计划时，应当听取非居民用水户的意见。

非居民用水户超计划用水的，应当按下列标准交纳加价水费：

（一）超计划用水百分之十以下（含百分之十）的，超用部分加价百分之一百；

（二）超计划用水百分之十以上、百分之二十以下（含百分之二十）的，超用部分加价百分之二百；

（三）超计划用水百分之二十以上的，超用部分加价百分之三百。

第三十二条　绿化、环卫、景观等市政杂用水应当计量交费。

绿化、环卫、景观等市政杂用水，应当优先使用再生水和雨水。本市长安区、桥西区、新华区、裕华区以及高新技术产业开发区应当使用再生水洗车，其他县（市、区）逐步实行再生水洗车。使用的再生水应当符合国家相关标准。

居民住宅小区、单位的景观环境用水，有条件使用雨水或者再生水的，不得使用城市供水。

居民住宅小区内的制售水机应当依法取得经营资格，单独装表计量，并安装尾水回收设施，对尾水进行回收利用，不得直接排放。

第三十三条　供水单位应当按照合同约定为用户安装结算水表。结算水表安装前应当经法定计量检定机构检定合格。

用户对结算水表计量有异议的，经法定计量检定机构检定，水表误差率超过国家规定标准的，供水单位应当负责更换水表，支付检验费和相关费用，并根据检定结果结算水费；水表误差率未超过国家规定标准的，检验费和相关费用由用户承担。

结算水表长期损坏无法计算用水量的，由供水单位按照该用水户水表损坏前三个月用水量平均值计算用水量收取水费。

第三十四条　供水单位因工程施工和设备维修等原因，确需临时停止供水或者降低供水水压的，应当在临时停止供水或者降低供水水压前二十四小时通知用户，并向城市供水主管部门报告。

第三十五条　任何单位或者个人不得有下列用水行为：

（一）擅自在城市公共供水管网或者庭院供水管网上取水；

（二）擅自转供城市公共供水或者改变用水性质；

（三）擅自安装、毁坏结算水表或者干扰结算水表计量；

（四）绕过结算水表接管取水；

（五）法律、法规禁止的其他行为。

有前款行为之一的，由供水单位按照取水管道口径常用流量和实际用水时间计算日取水量。取水时间按照查证的实际取水天数认定，无法确定取水时间的按照六个月计算。

第六章　二次供水管理

第三十六条　新建、改建、扩建的建筑物对水压要求超过城市供水管网水压标准的，建设单位应当配套建设二次供水设施。

配套建设的二次供水设施应当与建筑物主体工程同时设计、同时施工、同时投入使用。

第三十七条　二次供水设施应当独立设置，其设计和施工应当符合有关建设标准和工程技术规范，并符合卫生和安全防范标准要求。

二次供水设施工程竣工后，建设单位应当邀请供水单位和卫生计生行政主管部门参与验收。未邀请供水单位和卫生计生行政主管部门参与验收或者验收不合格的，不得投入使用，供水单位不得供水。

第三十八条　城市供水主管部门负责二次供水设施建设、管理、维护的监督检查工作。

卫生计生行政主管部门负责二次供水的卫生监督工作。

二次供水设施管理单位负责二次供水设施的管理、维护工作。

第三十九条　逐步推行二次供水设施设计、建设、改造、管理、维护专业化。

对新建的居民住宅二次供水设施，可以由供水单位统一建设、管理、维护；对既有的居民住宅二次供水设施，可以委托供水单位统一改造、管理、维护。

推行二次供水设施设计、建设、改造、管理、维护专业化的具体办法由人民政府制定。

第四十条　二次供水设施管理单位应当对储水设施每半年至少进行一次清洗、消毒。清洗、消毒应当于三日前在供水区域内公布，清洗、消毒后委托具备相应资质的水质检测机构检测，并将检测结果向相关用户公布，检测合格后方可使用。

发现二次供水水质不符合国家规定的生活饮用水卫生标准的，管理单位应当立即停止供水，组织清洗、消毒，及时告知用户，同时向辖区城市供水主管部门和卫生计生主管部门报告。二次供水设施经具备相应资质的水质检测机构检测合格后，方可恢复供水。

第七章　水质监督管理

第四十一条　城市供水水质应当符合国家相应标准。城市供水用于生活饮用水的，其水源水质应当符合生活饮用水水源水质标准。

第四十二条　城市供水水质实行单位自检、政府检查和督查相结合的管理制度。政府监督检查费用列入县级以上人民政府年度财政预算。

城市供水主管部门应当对供水单位执行国家城市供水水质标准情况进行监督检查。

卫生计生主管部门应当对城市供水水质进行监测，监测结果及时在政府网站上公示。

第四十三条　供水单位应当建立水质检测机构，配备必要的水质检测设备和专职检测人员，建立健全水质检测制度，按照国家规定对水质进行检测，保证供水水质符合国家规定标准。

第四十四条　供水单位应当做好水源水质检测工作。发现水源水质不符合国家相关标准的，应当及时采取措施，并报告县级以上人民政府城市供水主管部门。县级以上人民政府主管部门接到报告后，应当立即启动应急预案。

第四十五条　供水单位应当按照国家规定的检测频次和项目对供水水质进行检测，并及时向城市供水主管部门报告水质检测情况，城市供水主管部门应当将水质信息在政府网站上进行公示，接受公众查询。

第四十六条　二次供水设施管理单位应当建立水质管理制度和检测档案。

二次供水设施管理单位应当保证二次供水水质符合国家生活饮用水卫生标准，对二次供水水质每半年至少进行一次检测，并向用户公示检测结果。水质检测应当委托具有水质检测资质的机构进行。

第四十七条　新建、改建、扩建的城市供水管道，在投入使用或者与城市公共供水管网系统连接前，应当进行清洗消毒，并经具有相应资质的水质检测机构检测合格后，方可投入使用。

第四十八条　生产、使用和生产过程中产生有毒、有害物质的单位，禁止将内部生产管道与城市供水管道直接连接。

第四十九条　直接从事生活饮用水供水作业的人员，应当经过健康检查，取得健康证明并经过卫生知识培训后方可上岗。健康检查应当每年至少一次。

第八章　安全与应急管理

第五十条　供水单位应当严格落实安全生产责任制，建立健全安全生产管理机构，配备专职安全生产管理人员，保证安全生产条件所必需的资金投入，保障城市供水安全。

第五十一条　县级以上人民政府应当建立城市供水应急管理制度，制定并适时修订城市供水应急预案，预防和减少突发城市供水事件造成的损害。应急经费应当纳入政府财政预算。

第五十二条　供水单位应当根据政府的相关应急预案，依法制定本单位的各类突发事件和公共安全事故应急预案，建立应急救援组织，配备应急救援器材设备，并定期组织演练。

第五十三条　供水水源发生突发性污染时，环境保护行政主管部门应当立即向城市供水主管部门和供水单位通报水源水质监测数据。供水单位应当立即采取防治污染危害的应急措施，保证供水水质符合标准。

第五十四条　因发生自然灾害、传染性疾病、水源污染、供水设施遭受严重损坏等重大突发事件，造成全市或者跨县（市、区）级范围内无法供水的，经市人民政府批准；造成县（市、区）级范围内无法供水的，经县级人民政府批准，城市供水主管部门可以采取供水应急措施，供水单位和用户应当予以配合。

采取供水应急措施时，应当优先保障居民生活用水。

第九章　法律责任

第五十五条　县级以上人民政府或者城市供水主管部门、其他有关部门及其工作人员在城市供水用水管理工作中有玩忽职守、滥用职权、徇私舞弊等行为的，由其上级机关或者有关机关依法给予处分；构成犯罪的，依法追究刑事责任。

第五十六条　违反本条例第十五条第一款规定，未按照一户一表、水表出户、计量到户要求进行建设的，由县级以上人民政府城市供水行政主管部门责令限期改正；逾期不改正的，可处五万元以上十万元以下的罚款。

第五十七条　违反本条例第三十二条第二、三、四款规定的，由县级以上人民政府城市供水行政主管部门责令改正；拒不改正的，可处五千元以上一万元以下的罚款。

第五十八条　违反本条例第十四条第一款和第三十六条规定，新建、改建、扩建建筑物应当配套建设节约用水设施和二次供水设施而未配套建设的，由县级以上人民政府城市供水行政主管部门责令限期改正，依照有关法律法规的规定予以处理。

违反本条例第三十七条第二款和第四十七条规定，二次供水设施未经验收合格，擅自投入使用；或者擅自将新建、改建、扩建的城市供水管道与城市公共供水管网连接使用的，由县级以上人民政府城市供水行政主管部门责令限期改正，可处三万元以上五万元以下的罚款。

违反本条例第四十条规定，未按期对二次供水设施进行清洗、消毒或者未按要求进行水质检测、二次供水水质不符合国家饮用水水质标准的，由县级以上人民政府卫生计生行政主管部门和城市供水行政主管部门按照各自职责，责令二次供水设施管理单位限期改正，可处五千元以上一万元以下的罚款。

第五十九条　任何单位和个人违反本条例规定，有下列行为之一的，由县级以上人民政府城市供水行政主管部门责令限期改正，可并处罚款；造成损失的，依法赔偿损失；构成犯罪的，依法追究刑事责任：

（一）在城市供水管道及其附属设施的安全保护范围内进行危害供水设施安全行为的，可处三万元以上五万元以下的罚款；

（二）擅自将自建供水设施的供水管网系统与城市公共供水管网系统连接以及将产生或者使用有毒、有害物质的生产用水管网与城市公共供水管网直接连接的，可处三万元以上五万元以下的罚款；

（三）擅自改装、迁移或者拆除城市公共供水设施的，可处三万元以上五万元以下的罚款；

（四）擅自在城市公共供水管网或者受托管理的庭院供水管网系统上取水的，可处五千元以上一万元以下的罚款；

（五）擅自转供城市公共供水或者改变用水性质的，可处五千元以上一万元以下的罚款；

（六）擅自安装、毁坏结算水表或者干扰结算水表正常计量以及绕过结算水表接管取水的，可处一千元以上三千元以下的罚款。

第六十条　供水单位违反本条例规定，有下列行为之一的，由县级以上人民政府城市供水行政主管部门责令限期改正，可处一万元以上三万元以下的罚款：

（一）未按照供水行业统计的要求，定期向城市供水主管部门报送运营状况统计资料；

（二）未按照要求向城市供水主管部门报送计划用水户月用水量；

（三）未按照国家规定保证供水水质和供水管网压力标准要求的；

（四）未按照规定提前通知用户，临时停止供水或者降低供水水压的。

第六十一条　违反本条例规定的行为，法律、法规已规定法律责任的，从其规定。

第十章　附则

第六十二条　本条例下列用语的含义是：

（一）供水单位是指从事城市公共供水和自建设施供水的单位；

（二）城市公共供水是指城市公共供水单位利用城市公共供水设施向城市居民和单位的生活、生产和其他各项建设提供用水；

（三）自建设施供水是指单位利用自建水源、供水管道及其附属设施向本单位、本居民小区的生活、生产和其他各项建设提供用水；

（四）二次供水是指将集中式供水系统的生活饮用水经贮存、加压或者通过水处理设备采用过滤、吸附、软化、消毒等措施再处理后，由管道输送给用户的供水方式；

（五）城市供水设施包括城市供水水库、井室（含井盖）、净配水厂、引水渠道、输配水管道、输配电线路、加压泵站、阀门、计量器具、消火栓及其附属设施等；

（六）二次供水设施是指为二次供水设置的水泵房、供水管道、阀门、水池（水箱、水塔）、压力水容器、水泵、电器设备、电控装置、消毒设备、自动控制与监视系统等相关设备。

（七）再生水是指城市污水和废水处理净化后，水质达到国家城市污水再生利用分类标准，可以在一定范围内使用的非饮用水。

（八）高档洗浴场所是指商务主管部门公布的大众便民浴池以外的洗浴场所。

第六十三条　本条例自2018年2月1日起施行。1999年3月1日起施行的《石家庄市市区供水、节约用水管理条例》同时废止。

石家庄市各级人民代表大会常务委员会规范性文件备案审查条例

河北省人民代表大会常务委员会
关于批准《石家庄市各级人民代表大会常务委员会规范性文件备案审查条例》的决定

（2017 年 12 月 1 日河北省第十二届人民代表大会常务委员会第三十三次会议通过）

石家庄市人民代表大会常务委员会公告

《石家庄市各级人民代表大会常务委员会规范性文件备案审查条例》已经 2017 年 12 月 1 日河北省第十二届人民代表大会常务委员会第三十三次会议批准，现予以公布，自 2018 年 1 月 1 日起施行。

石家庄市人大常委会

2017 年 12 月 8 日

第一条　为了加强规范性文件的备案审查工作，维护国家法制统一，根据《中华人民共和国立法法》《中华人民共和国各级人民代表大会常务委员会监督法》等法律法规的规定，结合本市实际，制定本条例。

第二条　本市各级人民代表大会常务委员会（以下简称人大常委会）对规范性文件的备案审查，适用本条例。

第三条　本条例所称规范性文件，是指依照法定权限和程序制定，涉及公民、法人和其他组织权利、义务，具有普遍约束力，在一定时期内反复适用、公开发布的文件。

第四条　下列规范性文件，应当报送市人大常委会备案：

（一）市人民政府制定的规章；

（二）市人民政府发布的决定、命令、规定、办法、细则等；

（三）县（市、区）人民代表大会及其常务委员会作出的决议、决定。

第五条　下列规范性文件，应当报送县（市、区）人大常委会备案：

（一）县（市、区）人民政府发布的决定、命令、规定、办法、细则等；

（二）乡（镇）人民代表大会作出的决议、决定。

第六条　县级以上人民政府、县（市、区）人大常委会制定的内部工作制度、人事任免决定以及对具体事项作出的处理决定或者向上级机关的请示和报告等不属于规范性文件备案审查范围。

第七条　规范性文件制定机关（以下简称制定机关）应当确定规范性文件的报送机构，负责规范性文件的报送备案。

规范性文件应当自公布之日起三十日内报送备案。规范性文件报送备案，应当提交备案报告、规范性文件正式文本和说明，按照统一格式装订成册，一式五份并附电子文本。

规范性文件说明应当包括下列内容：（一）制定的必要性及法律法规依据；（二）制定程序；（三）主要内容；（四）其他需要说明的问题。

每年 1 月 31 日前，报送机构应当将其上一年度制定和废止的规范性文件目录报送人大常委会确定的负责规范性文件备案审查工作的机构（以下简称备案审查工作机构）备查。

第八条　县级以上人大常委会和人民政府应当逐步建立规范、统一的规范性文件电子报备系统，提高报备效率。

第九条　县级以上人大常委会办公厅（室）负责接收报送备案的规范性文件，由本级人大常委会秘书长（办公室主任）根据文件内容、职责分工批转人大常委会相关工作机构和备案审查工作机构。

第十条　县级以上人大常委会相关工作机构和备案审查工作机构，分别对收到的规范性文件进行审查，提出审查意见。人民代表大会相关专门委员会也可以对规范性文件进行审查。

在对规范性文件审查过程中，人民代表大会专门委员会或者常务委员会工作机构可以要求规范性文件制定机关补充相关材料，说明有关情况。对涉及人民群众切身利益、社会普遍关注重大问题等方面的规范性文件，可以通过听取专项报告、组织视察调研、听证会、论证会等方式，进行重点审查。

相关工作机构应当自收到规范性文件之日起三十日内将规范性文件及书面审查意见反馈备案审查工作机构。

第十一条　对报送备案的规范性文件，主要审查是否存在下列情形：

（一）超越法定权限，限制或者剥夺公民、法人和其他组织的合法权利，或者增加公民、法人和其他组织的义务；

（二）同法律、行政法规、本省和本市制定的地方性法规相抵触；

（三）同上级或者本级人民代表大会及其常务委员会的决议、决定等规范性文件相抵触；

（四）同级规范性文件之间对同一事项的规定不一致；

（五）违反法定程序制定；

（六）其他应当予以修改或者撤销的不适当情形。

第十二条　县级以上人民代表大会专门委员会或者常务委员会工作机构对规范性文件进行审查，认为存在本条例第十一条所列情形之一的，应当会同备案审查工作机构提出修改或者撤销的书面意见，与制定机关进行沟通。制定机关按照所提书面意见对该规范性文件进行修改或者撤销的，该次审查终止；制定机关未予修改或者撤销的，报经主任会议研究同意后，由常务委员会办公厅（室）向制定机关提出书面审查意见，建议制定机关自行修改或者撤销。

第十三条　制定机关收到书面审查意见后，应当在六十日内依照法定程序自行修改或者撤销规范性文件，并重新公布、备案。

制定机关认为规范性文件无须修改或者撤销的，应当自收到书面审查意见之日起三十日内书面说明理由。

第十四条　制定机关收到书面审查意见后，未在规定期限内修改或者撤销，也未书面提出无须修改或者撤销理由，或者提出的理由不成立，备案审查工作机构或者有关机构应当向主任会议提出撤销该规范性文件或者其部分内容的处理建议，由主任会议研究决定是否提请人大常委会会议审议。

人大常委会会议审议撤销规范性文件或者其部分内容的议案时，制定机关应当派人到会听取意见，回答询问，并可以书面提出陈述意见。

人大常委会会议经过审议，认为规范性文件或者其部分内容应予撤销的，应当作出撤销决定并向社会公布。

第十五条　县级以上人民政府、人民法院、人民检察院认为本级人大常委会负责备案审查的规范性文件存在本条例第十一条所列情形之一的，可以向其提出审查要求。

县（市、区）人大常委会认为上一级人大常委会负责备案审查的规范性文件存在本条例第十一条所列情形之一的，可以向其提出审查要求。

其他国家机关、社会团体、企业事业组织以及公民认为规范性文件存在本条例第十一条所列情形之一的，可以向负责备案审查的人大常委会提出审查建议。

第十六条　审查要求和审查建议，应当以书面形式提出，写明要求或者建议审查的规范性文件名称、事项和理由。

第十七条　审查要求和审查建议由同级人大常委会办公厅（室）负责接收，并送备案审查工作机构。

备案审查工作机构对审查要求进行登记后，根据文件内容，按照职责分工将审查要求送人民代表大会相关专门委员会或者常务委员会相关工作机构进行审查。人民代表大会相关专门委员会或者常务委员会相关工作机构应当自收到审查要求之日起六十日内提出审查意见。

备案审查工作机构对审查建议进行登记并研究，必要时，根据文件内容，按照职责分工将审查建议送人民代表大会相关专门委员会或者常务委员会相关工作机构进行审查。人民代表大会相关专门委员会或者常务委员会相关工作机构应当自收到审查建议之日起六十日内提出审查意见。

第十八条　依照本条例第十五条、第十七条规定，要求或者建议人大常委会对报送备案的规范性文件进行审查的，其程序按照本条例有关规定办理。

第十九条　根据审查要求或者审查建议进行的规范性文件审查工作结束之后，备案审查工作机构应当将审查结果书面告知提出审查要求或者审查建议的国家机关、社会团体、企业事业组织或者公民。

第二十条　备案审查工作机构应当及时将规范性文件审查结束后的相关材料分类、登记、存档备查。

第二十一条　制定机关未按照规定时限和要求报送规范性文件的和对

审查意见进行反馈的，由负责备案的人大常委会责令限期改正；逾期未改正的，给予通报批评。

第二十二条　县级以上人大常委会应当加强备案审查制度和能力建设，建立健全备案审查工作机构，加强业务培训，提高备案审查工作水平。

第二十三条　县级以上人民政府应当将本级人大常委会规范性文件备案审查工作的日常办公经费以及业务培训、档案保管、调研、咨询、论证等经费列入财政预算。

第二十四条　本条例自2018年1月1日施行。1998年8月20日石家庄市第十届人大常委会第三次会议通过的《石家庄市人大常委会关于规范性文件备案的规定》同时废止。

石家庄市人民政府关于废止22件政府规章的决定

石家庄市人民政府令第193号

《石家庄市人民政府关于废止22件政府规章的决定》已经2017年12月28日市政府第16次常务会讨论通过，现予以公布，自公布之日起施行。

市长　邓沛然

2018年1月4日

为维护法制统一，推进法治政府建设，市政府对2016年12月31日前公布施行且没有明确宣布废止的政府规章进行了清理，决定对22件市政府规章予以废止。

石家庄市人民政府决定废止政府规章22件

一、主要内容与上位法相抵触或与经济社会发展要求不相适应的11件：

1.《石家庄市向职工出售公产住房试行办法实施细则》（1989年5月26日市政府令第4号公布）

2.《石家庄市公产住房售后维修管理暂行办法》（1989年5月26日市政府令第5号公布）

3.《石家庄市鼓励外商投资的实施规定》（1990年3月6日市政府令第17号公布）

4.《石家庄市民兵预备役工作规定》（1990年10月22日市政府令第25号公布）

5.《石家庄市军人抚恤优待实施细则》（1994年6月14日市政府令第49号公布）

6.《石家庄市城市房屋权属登记管理办法》（1994年12月31日市政府令第56号公布）

7.《石家庄市引进人才暂行办法》（1995年4月24日市政府令第63号公布）

8.《石家庄市利用世界银行贷款管理办法》（1995年7月10日市政府令第66号公布）

9.《石家庄市国有资产处置管理办法》（1998年5月15日市政府令第96号公布）

10.《石家庄市旅游业管理办法》（1999年5月1日市政府令第101号公布）

11.《石家庄市国家公务员录用办法》（1999年7月18日市政府令第104号公布）

二、主要内容已被地方性法规涵盖或替代的9件：

1.《石家庄市技术市场管理暂行办法》（1989年6月2日市政府令第6号公布）

2.《石家庄市建立石家庄高新技术产业开发区的规定》（1990年7月23日市政府令第22号公布）

3.《石家庄市邮政通信管理实施办法》（1994年9月1日市政府令第52号公布）

4.《石家庄市生猪定点屠宰管理实施细则》（1996年1月1日市政府令第71号公布，2005年2月1日市政府令第142号修订）

5.《石家庄市出租汽车客运管理办法》（1993年5月17日市政府令第44号公布，1997年5月27日市政府令第87号第一次修订，2003年5月23日市政府令第130号第二次修订）

6.《石家庄市民心河管理暂行

办法》(1999年9月2日市政府令第108号公布)

7.《石家庄市河道管理办法》(1999年9月7日市政府令第109号公布)

8.《石家庄市生活饮用水二次供水卫生监督管理办法》(2011年2月22日市政府令第175号公布)

9.《石家庄市大气污染防治管理办法》(2013年10月27日市政府令第184号公布)

三、所依据的上位法已废止的2件:

1.《石家庄市城市规划管理条例实施细则》(1996年11月1日市政府令第81号公布)

2.《石家庄市贯彻〈河北省计划生育条例〉实施办法》(1997年12月12日市政府令第92号公布)

光 荣 榜

全国精神文明建设获奖单位

2017年11月17日，石家庄市在全国精神文明建设表彰大会上获得6项单位奖项。

全国文明城市（1个）

石家庄市

全国文明县城（1个）

正定县

全国文明单位（8个）

石家庄市直机关工委
石家庄市教育局
石家庄市城管委
石家庄市国税局
石家庄广播电视台
石家庄桥西区地税局
石家庄新华区宁安街道北新街社区
中国邮政储蓄银行石家庄分行

全国文明校园（4个）

石家庄外国语学校
石家庄第四十中学
石家庄东风西路小学
石家庄维明路小学

全国未成年人思想道德建设工作先进单位（1个）

石家庄市第二中学

全国文明村镇（10个）

石家庄新华区赵陵铺镇
赞皇县土门乡秦家庄村
灵寿县三圣院乡同下村
平山县平山镇西水碾村
元氏县东张乡北岩村
鹿泉经济开发区符家庄村
石家庄栾城区柳林屯乡柳林屯村
正定县曲阳桥乡西河村
晋州市营里镇鲁家庄村
新乐市长寿街道东安家庄村

第一届河北省文明城市、文明城区、文明县城

2017年12月13日，第一届河北省文明城市、文明城区、文明县城名单公布，石家庄市获得河北省文明城市称号，7个区获得河北省文明城区称号，6个县获得文明县城称号。

第一届河北省文明城市

石家庄市

第一届河北省文明城区

石家庄鹿泉区、新华区、桥西区、裕华区、藁城区、栾城区、长安区

第一届河北省文明县城

正定县、高邑县、元氏县、赞皇县、赵县、井陉县

石家庄市文明单位、文明乡镇、文明村、文明社区、文明校园

2018年7月24日，省会文明办公布2016～2017年度市级文明单位、文明乡镇、文明村、文明社区、文明校园985个。

市级文明单位（689个）

市直机关系统（161）：市委办公厅、市人大办公厅、市政府办公厅、市政协办公厅、市纪检委、市委组织部、市委宣传部、市委统战部、市委政法委、市直工委、市委党校、市委老干部局、市公安局、市检察院、市法院、市机关事务管理局、市城管委、市卫计委、市人社局、市财政局、市民政局、市审计局、市统计局、市工商局、市环保局、市园林局、市国土局、市国税局、市地税局、市总工会、市政府研究室、市外办、市科学技术和知识产权局、市体育局、市食药监局、市档案局、市安监局、市质监局、市人防办、市旅发委、市法制办、市台办、市文联、市社科院、市工信局、市妇联、市残联、市委党史研究室、市邮政管理局、石家庄广播电视台、团市委、市红十字会、市编办、市科协、市供销社、市烟草专卖局、石家庄出入境检验检疫局、石家庄住房公积金管理中心、市交管局、市投资促进局、市政府投资项目代建中心、市轨道交通建设办公室、市新华书店有限责任公司、国家新闻出版广电总局七二三台、国家新闻出版广电总局九五一台、中华地质矿山总局河北地质勘查院、市地产集团有限公司、市动物园、市城市水系管理处、市植物园、

市裕西公园、市广场管理处、市长安公园、市园林绿化管理处、市军粮供应有限责任公司、石家庄粮食产业集团有限公司、市第一粮库、市散装水泥办公室、市就业服务中心、市社会保险中心、市医疗保险管理中心、市机关事业保险中心、市劳动监察局、市高级技工学校、市殡葬管理处、市社会福利有奖募捐委员会办公室、市社会福利院、市荣复军人疗养院、市胶印厂、市军休一所、市军休三所、市军休四所、市军休五所、市军休八所、市疾病预防控制中心、市中医院、市第四医院、市第五医院、市妇幼保健院、市急救中心、市卫生计生宣传教育中心、市计划生育药具管理站、市社区卫生服务管理中心、市环境保护宣传教育中心、市岗黄水库监督监测站、市环境信息中心、市环境监控中心、市危险废物和辐射环境监督管理中心、市文化市场行政执法大队、市博物馆、市群众艺术馆、市美术馆、市图书馆、市演艺集团、市水上体育运动中心、市少年儿童业余体育学校、石家庄天元发展有限责任公司、河北天元名品物业管理有限责任公司、石家庄丽华商场有限公司、石家庄双鸽食品有限责任公司、市食品药品综合执法支队、市食品药品检验中心、市职工服务中心、石家庄人民会堂、市再生资源回收管理办公室、市第一棉麻总公司、石家庄东区供销有限公司、市供销社贸易中心、市物资回收有限责任公司、市公路桥梁投资开发管理中心、市京昆高速公路京石管理处、市三环路管理处、市公路管理处、市运输管理处、石家庄公路主枢纽组织管理中心、市城市客运管理处、市公路工程质量安全监督处、市地方道路管理处、石家庄运输集团有限公司、市公路管理处养护管理中心、市公路管理处直属站、石家庄公路主枢纽客运北站、市公路工程管理处、市交建高速公路建设管理有限公司、石家庄内陆港有限公司、市金龙出租汽车服务有限公司、市友谊出租汽车服务中心、市保障性住房管理中心、市勘察测绘设计研究院、市排水管理处、市容管理考评中心、市环境卫生管理处、市城市照明管理处、市二环路管理处、市道桥管理处、市供热管理中心、市建设工程劳务管理中心、市住房开发建设集团有限责任公司、市房产交易中心、市建设工程招投标管理中心、市城市建设档案馆。

市委农工委系统（22个）：市委农工委、市农林科学研究院、市气象局、市林业局、市水电及农村电气化发展处、市农业行政综合执法支队、市南水北调工程建设委员会办公室、市动物卫生监督所、市畜产品质量监测中心、市农产品质量检测中心、河北省农业广播电视学校石家庄市分校、市冶河灌区服务中心（市冶河灌区管理局）、市冶河灌区引岗管理处、市水利物资服务站、市水政监察支队、市水利技术推广中心、市农业畜牧局、市黄壁庄水库渔政监督管理站、市森林消防扑火大队、市水利水电勘测设计研究院、市农业技术推广中心、市水务局。

市国资委系统（21个）：中车石家庄车辆有限公司、中国邮政集团公司石家庄市分公司、中国联合网络通信集团有限公司石家庄分公司、国网河北省电力有限公司石家庄供电分公司、中国移动通信集团河北有限公司石家庄分公司、中建一局集团第六建筑有限公司、中国电信股份有限公司石家庄分公司、市国资委、际华三五一四制革制鞋有限公司、中石化工建设有限公司、中国电子系统工程第四建设有限公司、石家庄煤矿机械有限责任公司、晋煤金石化工投资集团有限公司、石家庄北国人百集团有限责任公司、石家庄宝德投资集团有限公司、石家庄保安服务集团有限公司、石家庄市建设投资集团有限责任公司、石家庄市国有资本经营集团有限公司、石家庄能源投资集团有限公司、石家庄物产集团有限公司、石家庄市油漆厂。

市教育系统（3个）：市教育局（考试院）、市教育科学研究所、市青少年社会综合实践学校（石家庄市教育人才研究服务中心）。

金融系统（31个）：市金融工作办公室、中国长城资产管理股份有限公司河北省分公司、石家庄市长安区汉邦小额贷款有限公司、中国人寿保险股份有限公司石家庄分公司、中国人民财产保险股份有限公司石家庄市分公司、财达证券股份有限公司、长江证券股份有限公司河北分公司、邯郸银行股份有限公司石家庄分行、天津银行股份有限公司石家庄分行、北京银行股份有限公司石家庄分行、平安银行股份有限公司石家庄分行、交通银行股份有限公司石家庄鹿泉支行、中国邮政储蓄银行石家庄市广安大街支行、中国农业发展银行河北省分行营业部、国家开发银行河北省分行、河北银行股份有限公司石家庄营业管理部、中国邮政储蓄银行股份有限公司石家庄市分行、中国建设银行股份有限公司石家庄广安街支行、中国工商银行股份有限公司石家庄光明支行、中国农业银行股份有限公司石家庄石门支行、中国银行股份有限公司石家庄市黄河大道支行、上海浦东发展银行股份有限公司石家庄分行、渤海银行股份有限公司石家庄分行、中国银行股份有限公司石家庄市机场路支行、中国银行股份有限公司河北省分行石家庄管理部、中国农业银行股份有限公司晋州市支行、中国工商银行股份有限公司石家庄胜利支行、中国工商银行股份有限公司石家庄长安支行、中国建设银行股份有限公司河北省分行营业部、中国建设银行股份有限公司石家庄西大街支行、河北银行股份有限公司长江支行。

晋州市（18个）：交通运输局、市场监督管理局、财政局、城市管理综合执法局、行政审批局、教育局、公安局、检察院、法院、地税局、广播电视台、公安消防大队、国网河北省电力有限公司晋州市供电分公司、中国邮政储蓄银行股份有限公司晋州市支行、中国邮政集团公司河北省晋州市分公司、河北晋州农村商业银行股份有限公司、人民医院、晋州市爱心车友协会。

新乐市（21个）：检察院、地税局、国税局、城市管理综合执法局、司法局、长寿街道办事处、气象局、广播电视台、园林局、河北三元食品有限公司、河北新化股份有限公司、国网河北省电力有限公司新乐市供电分公司、中国邮政储蓄银行股份有限公司新乐市支行、农村信用联社股份有限公司、中国移动通信集团河北有限公司新乐分公司、公安局交通管理大队、交通运输综合行政执法大队、市医院、中医院、环境卫生管理中心、新能源管理站。

正定县（36个）：住房和城乡建设局、公安局、县城市管理综合执法局、教育局、交通运输局、水务局、市场监督管理局、文物管理局、商务局、正定县（正定新区）行政审批局、安全生产监督管理局、财政局、国土资源局、审计局、地税局、检察院、法院、国网河北省电力有限公司正定县供电分公司、发展改革局、投资招商局、中国移动通信集团河北有限公司正定分公司、公安消防大队、环境卫生管理大队、市政园林管理站、河北潜能燃气股份有限公司、文物保管所、公安交通警察大队、城关供销合作社、县委党校、正定新区国家税务局、石家庄正定新区慧新供热有限公司、石家庄正定新区水务有限公司、石家庄运达市政管网有限公司、城区街道办事处、石家庄市正定新区三里屯街道办事处、教师进修学校。

井陉县（19个）：地税局、财政局、交通运输局、教育局、民政局、人力资源和社会保障局、国税局、住房和城乡建设局、统计局、国网河北省电力有限公司井陉县供电分公司、气象局、河北井陉农村商业银行股份有限公司、地方道路管理站、中医院、中国移动通信集团河北有限公司井陉分公司、中国建设银行股份有限公司井陉支行、中国邮政储蓄银行股份有限公司井陉县支行、河北国昇文化传播有限公司、河北强龙文化产业投资有限公司。

无极县（26个）：财政局、公安局、检察院、地税局、教育局、环保局、质量技术监督局、国税局、民政局、市场监督管理局、审计局、交通运输局、公安交通警察大队、司法局、住房和城乡建设局、卫生和计划生育局、广播电视台、县医院、公路站、国网河北省电力有限公司无极县供电分公司、中国工商银行股份有限公司无极支行、供销合作社联合社、中国移动通信集团河北有限公司无极分公司、妇幼保健院、中医院、中国邮政储蓄银行股份有限公司无极县支行。

深泽县（15个）：财政局、教育局、行政审批局、检察院、城管局、国税局、地税局、国网河北省电力有限公司深泽县供电分公司、中国邮政集团公司河北省深泽县分公司、中国移动通信集团河北有限公司深泽分公司、中国人民财产保险股份有限公司深泽支公司、中国邮政储蓄银行股份有限公司深泽县支行、公安交通警察大队、县医院、运输管理站。

行唐县（20个）：公安交通警察大队、中国邮政集团公司河北省行唐县分公司、国税局、民政局、运输管理站、中医院、交通运输局、城市管理综合执法局、行政审批局、中国邮政储蓄银行股份有限公司行唐县支行、县委办公室、中国移动通信集团河北有限公司行唐分公司、农村信用联社股份有限公司、市场监督管理局、检察院、扶贫和农业开发办公室、国网河北省电力有限公司行唐县供电分公司、县委宣传部、财政局、河北万果红酒业有限公司。

灵寿县（13个）：地税局、国网河北省电力有限公司灵寿县供电分公司、县委宣传部、安能绿色建筑科技有限公司、国税局、石家庄市京昆高速公路京石管理处灵寿收费站、气象局、公路管理站、广播电视台、中国邮政集团公司河北省灵寿县分公司、中国邮政储蓄银行股份有限公司灵寿县支行、中国移动通信集团河北有限公司灵寿分公司、自来水公司。

平山县（20个）：县委宣传部、国税局、地税局、审计局、国土资源局、财政局、检察院、气象局、中国移动通信集团平山分公司、平山西柏坡冀银村镇银行有限责任公司、运输管理站、中国邮政集团公司平山县分公司、河北广电网络集团平山有限公司、公安消防大队、地方税务局征收分局、交通运输局公路管理站、平山县国家税务局南甸税务分局、国网河北省电力公司平山县供电公司岗南供电所、公路路政管理站、中国邮政储蓄银行股份有限公司平山县支行。

赵县（23个）：国网河北省电力有限公司赵县供电分公司、国税局、地税局、审计局、公安交通警察大队、气象局、中国邮政储蓄银行股份有限公司赵县支行、中国人民银行赵县支行、财政局、市场监督管理局、卫生和计划生育局、石家庄市普力制药有限公司、河北金怡化纤有限公司、石家庄市油漆厂金鱼漆业分厂、赵县信誉楼百货有限公司、赵州桥景区管理处、中医院、农村信用联社股份有限公司、中国农业发展银行赵县支行、交通运输局、人力资源和社会保障局、发展改革局、行政审批局。

元氏县（14个）：财政局、国网河北省电力有限公司元氏县供电分公司、法院、地税局、民政局、气象局、中国工商银行股份有限公司元氏支行、公路管理站、县医院、卫生和计划生育局、司法局、国税局、中国邮政储蓄银行股份有限公司元氏县支行、机关事务管理局。

高邑县（16个）：国网河北省电力有限公司高邑县供电分公司、民政局、城市管理综合执法局、公证处、气象局、地方税务局、文化教育局、国税局、中国农业银行股份有限公司高邑支行、卫生和计划生育局、公安交通警察大队、检察院、县医院、交通运输局、公路管理站、运输管理站。

赞皇县（20个）：国网河北省电力公司赞皇县供电分公司、国税局、地税局、民政局、气象局、交通运输局、交通运输局运输管理站、地方道路管理站、交通运输局公路管理站、中医院、审计局、财政局、农村信用联社股份有限公司、人力资源和社会保障局、文化教育局、公安局、检察院、中国邮政储蓄银行股份有限公司赞皇县支行、住房和城乡建设局、行政审批局。

井陉矿区（12个）：法院、卫生和计划生育局、国税局、井陉矿区矿市街道办事处、石家庄市公安局井陉矿区分局、地税局、惠中医院、统计局、教育局、农村信用联社股份有限公司、河北银行股份有限公司井陉矿区支行、张家口银行股份有限公司石家庄井陉矿区支行。

长安区（14个）：教育局、财政局、国税局、地税局、检察院、法院、城管局、总工会、质监局、跃进街道办事处、中山东路街道办事处、河东街道办事处、建安街道办事处、青园街道办事处。

桥西区（28个）：地税局、检察院、市公安局桥西分局、市场监督管理局、法院、教育局、国税局、市公安局交通管理局桥西交警大队、财政局、卫生和计划生育局、环境卫生监察大队、妇幼保健站、河北百年巧匠手工艺品股份有限公司、桥西蔬菜中心批发市场有限公司、河北三和时代律师事务所、北国商城、维明街道办事处、苑东街道办事处、南长街道办事处、红旗街道办事处、汇通街道办事处、东华街道办事处、休门街道办事处、西里街道办事处、振头街道办事处、彭后街道办事处、中山街道办事处、新石街道办事处。

新华区（22个）：财政局、国税局、教育局、地税局、城管局、法院、检察院、人社局、行政审批局、卫生队、河北英华股份有限公司、太和电子城股份有限责任公司、新华集贸市场管委会、文体中心、宁安街道办事处、东焦街道办事处、新华路街道办事处、北苑街道办事处、联盟街道办事处、西苑街道办事处、革新街道办事处、石岗街道办事处。

裕华区（21个）：城管局、市场监督管理局、行政审批局、发展改革局、国税局、地税局、人力资源和社会保障局、妇幼保健计划生育服务中心、科学技术局、社区卫生服务管理中心、市公安局裕华分局、检察院、法院、住房和城区建设局、裕华路街道办事处、裕东街道办事处、东苑街道办事处、建华南街道办事处、石家庄贵美人医疗美容医院有限公司、河北方北集团股份有限公司、河北东明国际家具博览有限公司。

藁城区（17个）：交通运输局、社会保障局、安全生产监督管理局、国税局、地税局、广播电视台、政务服务中心、国网河北省电力有限公司石家庄市藁城区供电分公司、中国移动通信集团河北有限公司藁城分公司、中国人民银行藁城支行、中国建设银行股份有限公司藁城支行、卫生和计划生育局、教育局、藁城人民医院、藁城中西医结合医院、慈善总会、石家庄奥邦玻璃制品有限公司。

鹿泉区（31个）：国税局、人力资源和社会保障局、国土资源局、财政局、水务局、地税局、检察院、交通运输局、住房和城乡建设局、行政审批局、林业局、市场监督管理局、广播电视台、妇幼保健院、公路路政管理站、公安交通警察大队、城市管理综合执法大队、医疗保险管理中心、集中供热管理二处、海山公园管理处、地方公路管理站、环境卫生管理处、市容监察中队、青少年校外活动中心、公用事业管理中心、河北鹿泉经济开发区管理委员会、农村信用合作联社、国网河北省电力有限公司石家庄市鹿泉区供电分公司、河北土门旅游开发有限公司、西部长青旅游景区管理集团有限公司、石家庄君乐宝乳业有限公司。

栾城区（16个）：地税局、人力资源和社会保障局、城管局、气象局、栾城人民医院、栾城区委党校、国家统计局栾城调查队、国税局、农村信用合作联社、市场监督管理局、中国联合网络通信有限公司石家庄栾城区分公司、安监局、新闻中心、河北富凯房地产开发有限公司、石家庄市栾城大酒店、神威药业集团有限公司。

高新区（8个）：国税局、地税局、石家庄市工商行政管理局高新技术产业开发区分局、高新区太行街道办事处、格力电器（石家庄）有限公司、供水排水公司、石家庄高新建设投资有限公司、石家庄藏诺生物股份有限公司。

河北石家庄循环化工园区（2个）：化工园区管理委员会、国税局。

市直属单位（3个）：西柏坡管理局、石家庄综合保税区管理委员会、西柏坡纪念馆。

驻石家庄单位（16个）：河北省动物卫生监督所、河北大四通文化传播有限公司、青海省石家庄第一干休所、勒泰物业服务有限公司、石家庄思凯电力建设有限公司、国药乐仁堂医药有限公司、乐仁堂投资集团股份有限公司、北京铁路公安局石家庄公安处、石家庄印钞有限公司、北京铁路公安局神华公安处、润石投资集团有限公司、中华人民共和国石家庄海关、石家庄海华物业服务有限公司、国家统计局河北调查总队、国家统计局石家庄调查队、石家庄良村热电有限公司。

市级文明乡镇（54个）

晋州市周家庄乡、晋州市营里镇、晋州市马于镇、晋州市总十庄镇、新乐市化皮镇、新乐市木村乡、新乐市协神乡、正定县正定镇、正定县新城铺镇、正定县新安镇、井陉县微水镇、井陉县天长镇、井陉县秀林镇、井陉县上安镇、井陉县威州镇、无极县张段固镇、无极县郝庄乡、无极县无极镇、深泽县桥头乡、行唐县上闫庄乡、行唐县安香乡、行唐县只里乡、平山县南甸镇、平山县蛟潭庄镇、平山县东王坡乡、赵县赵州镇、赵县南柏舍镇、赵县新寨店镇、元氏县苏阳乡、元氏县北褚镇、元氏县赵同乡、元氏县槐阳镇、高邑县中韩乡、高邑县高邑镇、高邑县大营镇、高邑县万城镇、赞皇县赞皇镇、赞皇县许亭乡、赞皇县嶂石岩镇、长安区高营镇、新华区大郭镇、新华区赵陵铺镇、新华区西三庄乡、藁城区廉州镇、藁城区南营镇、藁城区岗上镇、藁城区南孟镇、藁城区张家庄镇、石家庄经济技术开发区管委会、鹿泉区寺家庄镇、鹿泉区白鹿泉乡、栾城区楼底镇、裕华区宋营镇、藁城区丘头镇。

市级文明村（57个）

晋州市周家庄乡第九生产队、晋州市营里镇营里村、晋州市东卓宿镇西卓宿村、晋州市小樵镇长召村、晋州市马于镇西队村、晋州市晋州镇秘家庄村、晋州市晋州镇李家庄村、新乐市长寿街道东安家庄村、新乐市大岳镇青村、新乐市马头铺镇南双晶村、新乐市协神乡陆桥村、新乐市邯邰镇小流村、正定县曲阳桥乡西河村、正定县正定镇塔元庄村、井陉县微水镇微水村、井陉县威州镇寨湾村、井陉县南王庄乡塔寺坡村、井陉县天长镇庄旺村、井陉县南障城镇吕家村、井陉县南峪镇地都村、井陉县辛庄乡焦家瑙村、深泽县桥头乡西焦庄村、深泽县深泽镇北中山村、深泽县铁杆镇中央村、灵寿县狗台乡北城东村、灵寿县寨头乡苏家庄村、灵寿县塔上镇东金山村、灵寿县三圣院乡同下村、灵寿县灵寿镇新村、赵县赵州镇南正村、赵县北王里镇西正村、元氏县槐阳镇铁屯村、元氏县姬村镇王家庄村、元氏县东张乡北岩村、元氏县赵同乡毛遗村、元氏县苏阳乡南白娄村、高邑县富村镇仓房村、高邑县高邑镇西南关村、高邑县万城镇榆林村、高邑县高邑镇花园村、赞皇县土门乡秦家庄村、赞皇县赞皇镇东高村、赞皇县西阳泽乡梁家湾村、赞皇县土门乡寺峪村、赞皇县西龙门乡尹家庄村、裕华区方村镇东京北村、藁城区廉州镇中照村、藁城区岗上镇岗上村、石家庄经济技术开发区塔元庄村、鹿泉开发区符家庄村、鹿泉区山尹村镇底下园村、鹿泉区获鹿镇贺庄村、栾城区柳林屯乡柳林屯村、栾城区窦妪镇南赵村、栾城区南高乡龙化村、高新区太行街道大西帐村、高新区郄马镇任家庄村。

市级文明社区（52 个）

正定县城区街道滨河悦秀社区、正定县城区街道常山社区、无极县花园路社区、无极县建设路社区、高邑县公园社区、井陉矿区贾庄镇南寨社区、井陉矿区凤山镇杨家沟社区、井陉矿区矿市街道康盛街社区、井陉矿区贾庄镇东王舍社区、井陉矿区矿市街道办事处中纬路社区、井陉矿区矿市街道矿市街社区、井陉矿区横涧乡赵村店社区、井陉矿区凤山镇张家井社区居委会、井陉矿区横涧乡刘赵村社区、长安区桃园镇柳辛庄社区、长安区西兆通镇东杜庄社区、长安区长丰街道北翟营社区、长安区广安街道名门华都社区、长安区建安街道荣景园社区、长安区胜北街道义堂小区社区、长安区跃进街道盛世长安社区、长安区谈固街道瑞城二社区、长安区育才街道华药一社区、桥西区振头街道振四街社区、桥西区苑东街道华柴社区、桥西区彭后街道平北社区、桥西区东华街道东华路社区、桥西区留营街道留营社区、桥西区东风街道槐中路社区、桥西区友谊街道谊北社区、桥西区长兴街道西王社区、桥西区东里街道警苑社区、新华区宁安街道北新街社区、新华区东郊街道红军大街社区、新华区新华路街道宁安小区社区、新华区西苑街道广源路社区、新华区合作路街道朝阳社区、裕华区建华南街道凤凰社区、裕华区裕东街道金马小区第二社区、裕华区裕华路街道建设南大街社区、裕华区槐底街道槐底社区、裕华区建华南街道润园社区、裕华区东苑街道尖岭小区社区、裕华区裕东街道金域蓝湾社区、裕华区裕华路街道青园小区社区、裕华区裕强街道神兴社区、藁城区廉州镇广泰社区、藁城区廉州镇文源社区、藁城区廉州镇通安社区、石家庄市社区居民服务中心隆安社区、栾城区向阳社区、高新区长江街道水榭花都社区。

市级文明校园（133 个）

石家庄职业技术学院、石家庄科技工程职业学院、石家庄幼儿师范高等专科学校、市第二中学、市第一中学、河北正定中学、石家庄市学前教育中等专业学校、市第二十四中学、市艺术学校、市职业财会学校、市第二职业中专学校、市特殊教育学校、市第三职业中专学校、市第十五中学、石家庄经济学校、市第一职业中专学校、石家庄实验中学、石家庄农业学校、市职业技术教育中心、石家庄第二实验中学、市铁路职业中等专业学校、市第五中学、市机械技工学校、市轻工技工学校、市城乡建设学校、晋州市第二中学、晋州市第三中学、晋州市实验中学、晋州市魏徵中学、晋州市和平小学、晋州市雷锋小学、河北美术学院、河北省新乐市实验小学、新乐市协神学校、新乐市马头铺学区东阳学校、正定县第一中学、正定县第六中学、正定子龙小学、井陉县第一小学、井陉县微水村北方学校、井陉县实验中学、无极县实验学校、无极县文苑中学、河北省深泽县中学、深泽县深泽镇中学、行唐县实验中学、行唐县实验学校、行唐县第一中学、灵寿县初级中学、灵寿县第二初级中学、灵寿县陈庄镇北庄完小、平山县西柏坡中学、平山县温塘学校、平山县河渠希望小学、河北赵县中学、赵县石塔学校实验校区、赵县教师进修学校、元氏县第一中学、元氏县职业技术教育中心、高邑县特殊教育学校、高邑县第三中学、赞皇县第二中学、井陉矿区凤山中心小学、矿区中学、井陉矿区第一小学、井陉矿区实验中学、市第 81 中学、市第 21 中学、市第 22 中学、市第 45 中学、市第 23 中学、北师大石家庄附属学校、市建明小学、市长安东路小学、市谈固小学、市跃进路小学、市盛世长安小学、市范西路小学、市庄园小学、长安区第一幼儿园、长安区第六幼儿园、长安区第四幼儿园、长安区回民幼儿园、市第 17 中学、市第 4 中学、市第 6 中学、市维明路小学、市草场街小学、市中山路小学、市红星小学、市友谊大街小学、市振头小学、市东风西路小学、市 41 中学、市桥西实验小学、市第 42 中学、市第 35 中学、市第 9 中学、市合作路小学、市党家庄小学、市水源街小学、市北新街小学、市宁安路小学、市东风小学、市市庄小学、市第 40 中学、石家庄外国语学校、市第 44 中学、市第 27 中学、市裕华区方村小学、市阳光小学、市裕华路小学、市槐北路小学、市国际城小学、市建华东路小学、市裕东小学、市青园街小学、市金马小学教育集团、市神兴小学、市裕华区第四幼儿园、通安小学、工业路小学、廉州镇第一中学、岗上镇中心小学、鹿泉区第一中学、鹿泉区实验小学、鹿泉区第二实验小学、鹿泉区实验初级中学、栾城区艺术职业学校、栾城区第五中学、栾城区兴安大街小学、高新区第二小学、高新区外国语学校。

首届石家庄市文明家庭

2017 年 6 月 5 日，省会文明办公布第一届石家庄市文明家庭名单 64 个（包括 11 个省级文明家庭）。

晋州市

魏冰家庭　晋州市向阳街地税局家属楼（省级文明家庭）

庞伟全家庭　晋州市和平街运一胡同

田运从家庭　晋州市向阳街

新乐市

权景翠家庭　新乐市建安小区（省级文明家庭）

陈彩霞家庭　新乐市长寿街道办事处堽头村

展红欣家庭　新乐市杜固镇南贾庄

正定县

尹沫家庭　正定县恒山小区（省级文明家庭）

王俊才家庭　正定县城区街道办事处常胜街社区

吴海岩家庭　正定县恒州南街正安花园

井陉县

栾瑞花家庭　井陉县南王庄乡东尖山村

樊江华家庭　井陉县秀林镇袁峪村

无极县

谷翠红家庭　无极县花园路紫祥院高层区

戈伟力家庭　无极县无极镇营里村

深泽县

马琳叶家庭　深泽县铁杆镇大兴村

张立州家庭　深泽县白庄乡小堡村

行唐县

崔建强家庭　行唐县龙州镇庄头村

冯秀文家庭　行唐县龙州镇正义街 50 号

赵秋菊家庭　行唐县龙州镇东塔子庄村

灵寿县

张艳丽家庭　灵寿县人民西路 21 号（省级文明家庭）

唐书粉家庭　灵寿县车站家属楼

张改林家庭　灵寿县南营乡南营村

平山县

任永珍家庭　平山县岗南镇石盆峪村

白志国家庭　平山县县城龙城花园

赵县

尚翠芳家庭　赵县城关镇东门村

孟凡果家庭　赵县南柏舍镇南李家疃二村

元氏县

董永根家庭　元氏县赵同乡东于科村

李连续家庭　元氏县宋曹镇建安村

高邑县

石现科家庭　高邑县万城乡石良庄村

张凤桥家庭　高邑县宏发小区凤中路街道办事处

赞皇县

李爱花家庭　赞皇县赞皇镇曲江村（省级文明家庭）

陈喜瑞家庭　赞皇县开发区体委一巷

李秀贞家庭　赞皇县赞皇镇大斜街 50 号

井陉矿区

杜喜珍家庭　井陉矿区康盛家园

卢会英家庭　井陉矿区凤山镇荆蒲兰居委会

长安区

赵红家庭　长安区育才街道华药一区（省级文明家庭）

张继胜家庭　长安区跃进路街道书香尊园社区

李子木家庭　长安区跃进街道和平时光小区

桥西区

师彦文家庭　桥西区东风街道三三零二社区

袁世英家庭　桥西区苑东街道瓮村

新华区

李明家庭　新华区西苑街道广源路社区

马玉岗家庭　新华区赵陵铺镇世纪康城社区

裕华区

李忠辉家庭　裕华区方兴路方兴小区（省级文明家庭）

王凤琴家庭　裕华区槐底街道电业一社区

张莉家庭　裕华区建通街道绿家小区

藁城区

韩兰英家庭　藁城区东城街东胜酒业 51 号（省级文明家庭）

杨红梅家庭　藁城区岗上镇岗上村（省级文明家庭）

武春雪家庭　藁城区昌盛街校北社区

韩霜家庭　藁城区校北居委会

鹿泉区

高凤瑞家庭　鹿泉区四街新村（省级文明家庭）

陈月霞家庭　鹿泉区黄壁庄镇下黄壁村

康俊芳家庭　鹿泉区黄壁庄镇北白砂村

栾城区

杨普家庭　栾城区天山·新伯爵小区（省级文明家庭）

聂永安家庭　栾城区栾城镇聂家庄村

赵素格家庭　国家电网石家庄市栾城区供电公司

市直机关工委

康立志家庭　长安区长丰街道奥北公元社区

刘学臣家庭　桥西区清水街清水居小区

范苇家庭　长安区建安街道华新路社区

段继军家庭　新华区西苑街道广源路社区

李领娥家庭　长安区中山东路长征街西区

申建军家庭　桥西区裕华西路 153 号园林局宿舍

贾四群家庭　桥西区中山西路 450 号

白双霞家庭　长安区四水厂路水泵厂宿舍

尹保中家庭　桥西区槐安西路 277 号君晓家园

贾继荣家庭　新华区朝阳路泰华园东区

统计资料

表 70

行政组织机构及总面积

县（市、区）	镇政府（个）	乡政府（个）	街道办事处（个）	居民委员会（个）	村民委员会（个）	总面积（平方千米）
石家庄市	119	82	60	650	4009	13504
市区合计	35	8	57	545	689	2220
长安区	4	—	12	147	8	138.31
桥西区	—	—	17	126	15	75.28
新华区	—	—	15	97	13	92.11
裕华区	2	—	11	96	5	60.8
井陉矿区	2	1	2	38	—	69.98
藁城区	12	1	—	6	239	836
鹿泉区	9	3	—	22	208	603
栾城区	5	3	—	6	173	345
井陉县	10	7	—	—	318	1381
正定县	3	5	2	34	154	468
行唐县	4	11	—	8	322	966
灵寿县	6	9	—	3	279	1066
高邑县	4	1	—	5	107	230
深泽县	3	3	—	3	125	296
赞皇县	4	7	—	8	212	1210
无极县	6	5	—	4	213	524
平山县	12	11	—	7	717	2648
元氏县	8	7	—	4	208	676
赵　县	7	4	—	9	281	675
晋州市	9	1	—	10	224	619
新乐市	8	3	1	10	160	525

表 71

户籍人口

行政单位	年末总户数		年末总人口	
	数量（户）	同比增长（%）	数量（人）	同比增长（%）
全市总计	2817172	0.50	9732902	-0.11
市区合计	1191455	1.41	4168674	0.34
长安区	195422	1.73	642571	-0.04
桥西区	190952	1.15	676849	-1.06
新华区	151303	1.25	500197	-0.23
裕华区	178407	3.69	622480	2.39
井陉矿区	26966	-2.70	89590	-2.86
藁城区	233379	0.66	852885	0.68
鹿泉区	120821	0.58	432359	1.16
栾城区	94205	1.49	351743	0.10
高新区	—	—	—	—
井陉县	107493	-1.98	329715	-1.10
正定县	126991	-0.51	508474	0.48
行唐县	154386	1.81	459923	-0.67
灵寿县	106092	0.95	348201	-0.37
高邑县	56640	0.64	202567	0.07
深泽县	91983	-0.89	257287	-1.89
赞皇县	97352	0.10	277535	-0.48
无极县	147897	0.87	535313	-0.41
平山县	166012	-1.49	500621	-0.85
元氏县	103015	1.17	443067	-0.02
赵　县	174816	-0.37	615287	-0.62
晋州市	156521	-0.62	570815	-0.15
新乐市	136519	-1.0	515423	-0.38

备注：户籍人口为市公安局户政部门数据

表 72

地区生产总值

行政单位	地区生产		第一产业		第二产业		第三产业	
	总值（亿元）	同比增长（%）	增加值（亿元）	同比增长（%）	增加值（亿元）	同比增长（%）	增加值（亿元）	同比增长（%）
全市总计	5486.0	7.2	349.1	2.3	2215.2	3.6	2921.7	11.3
市区合计	3396.3	7.9	73.8	—	1320.4	2.5	2002.0	11.8
长安区	500.8	10.7	1.1	-11.1	82.3	4.8	417.5	11.9
桥西区	545.5	10.6	0.5	-17.4	53.1	0.7	491.9	11.8
新华区	296.8	10.8	0.4	-24.6	61.7	7.6	234.7	11.9
裕华区	251.1	10.8	0.1	-82.3	44.8	7.2	206.2	11.8
井陉矿区	45.5	-29.2	0.5	-9.3	21.6	-48.5	23.5	10.6
藁城区	600.8	7.3	37.6	2.6	406.1	6.3	157.0	12.3
鹿泉区	384.5	8.3	18.6	-3.1	189.8	6.6	176.1	11.5
栾城区	210.5	7.2	13.4	1.6	116.1	5.3	81.0	11.8
高新区	239.5	12.5	0.5	-18.1	155.6	13.4	83.4	11.5
井陉县	157.0	1.2	11.2	-0.5	59.3	-10.3	86.6	10.4
正定县	297.0	6.8	33.8	1.4	99.8	4.0	163.4	9.5
行唐县	118.0	2.8	28.9	2.2	41.0	-2.5	48.0	9.5
灵寿县	100.0	6.2	24.3	3.8	36.6	3.0	39.1	10.7
高邑县	86.6	6.1	11.2	3.7	47.1	4.1	28.3	10.8
深泽县	104.2	7.2	12.5	4.3	58.7	6.4	32.9	10.1
赞皇县	88.9	5.2	14.8	10.3	41.8	0.0	32.2	11.4
无极县	203.2	7.6	25.5	0.8	101.3	6.8	76.4	11.2
平山县	238.6	3.4	13.9	2.9	144.0	-1.1	80.7	10.9
元氏县	191.4	7.6	17.0	4.1	97.2	6.3	77.2	9.9
赵　县	217.5	6.9	21.7	1.6	130.5	6.2	65.3	10.7
晋州市	305.1	8.2	30.5	2.4	161.3	7.2	113.2	11.1
新乐市	217.1	8.0	29.8	4.6	110.9	6.8	76.4	11.1

表 73

全社会固定资产投资

行政单位	全社会固定资产投资		固定资产投资	
	金额（万元）	同比增长（%）	金额（万元）	同比增长（%）
全市总计	60959712	6.6	60559712	6.7
市区合计	32879690	4.2	32720553	3.9
长安区	4792092	1.5	4792092	1.3
桥西区	4985983	1.2	4985983	1.2
新华区	3510586	1.0	3510586	1.0
裕华区	4142104	1.4	4142104	1.4
井陉矿区	848868	2.0	848868	2.0
藁城区	3325000	8.7	3309000	9.5
鹿泉区	4034153	9.7	4018153	9.8
栾城区	2678939	8.8	2671939	9.1
高新区	3033050	8.7	2912907	2.7
井陉县	1909783	11.5	1869783	9.7
正定县	3335117	8.5	3300117	9.0
行唐县	1884210	9.2	1869210	10.6
灵寿县	1435889	9.3	1430889	10.2
高邑县	1030480	9.6	1020480	9.2
深泽县	1072423	10.5	1064423	10.9
赞皇县	1874898	13.9	1829898	11.7
无极县	1706658	8.8	1674658	10.0
平山县	2720976	10.7	2671976	10.1
元氏县	2637079	7.6	2620079	9.1
赵　县	2061509	10.2	2030509	9.6
晋州市	3496087	11.5	3470087	11.8
新乐市	3033050	10.0	2987050	9.4

表 74

财政收入

行政单位	全部财政收入		公共财政预算收入	
	金额（亿元）	同比增长（%）	金额（亿元）	同比增长（%）
全市总计	920.5	11.8	446.3	12.2
市区合计	47.5	-0.4	73.5	13.2
长安区	120.8	12.6	48.6	11.3
桥西区	162.9	11.3	63.0	0.4
新华区	68.7	13.9	27.2	7.6
裕华区	75.6	32.5	31.0	9.4
井陉矿区	6.1	22.6	3.1	17.8
藁城区	68.5	0.0	24.4	17.8
鹿泉区	41.4	16.0	23.0	16.6
栾城区	21.0	11.6	11.8	15.5
高新区	63.8	15.6	29.8	15.7
井陉县	11.9	-8.0	6.3	13.8
正定县	34.5	37.4	22.2	38.8
行唐县	7.2	14.7	4.6	15.0
灵寿县	6.0	16.4	4.1	15.6
高邑县	6.2	14.5	4.8	12.2
深泽县	5.8	2.6	4.2	-1.6
赞皇县	6.5	29.4	3.5	11.4
无极县	10.0	14.2	6.0	15.1
平山县	24.5	12.7	12.3	14.3
元氏县	14.4	11.2	7.6	14.3
赵　县	9.5	17.7	5.9	14.2
晋州市	12.9	12.3	9.1	13.8
新乐市	11.9	21.8	7.9	15.7

表 75

财政支出

行政单位	财政支出	
	金额（亿元）	同比增长（%）
全市总计	806.7	8.1
市区合计	211.3	-1.4
长安区	30.6	16.1
桥西区	37.0	13.6
新华区	25.0	24.2
裕华区	16.5	-10.3
井陉矿区	7.9	-11.5
藁城区	48.5	36.2
鹿泉区	40.5	19.3
栾城区	22.9	11.1
高新区	25.7	14.8
井陉县	18.2	-5.4
正定县	34.8	0.0
行唐县	25.0	12.1
灵寿县	20.4	9.9
高邑县	13.7	15.7
深泽县	13.4	10.3
赞皇县	16.6	8.0
无极县	22.4	17.9
平山县	32.0	-0.7
元氏县	19.1	1.1
赵　县	22.7	4.0
晋州市	25.1	10.7
新乐市	22.9	6.0

表 76

农产品总产量

行政单位	粮食		小麦		玉米		油料		棉花		蔬菜及食用菌		园林水果		肉类		禽蛋		水产品	
	总产量（吨）	同比增长（%）	总产量（吨）	同比增长（%）	总产量（吨）	同比增长（%）	总产量（吨）	同比增长（%）	总产量（吨）	同比增长（%）	总产量（吨）	同比增长（%）	总产量（吨）	同比增长（%）	总产量（吨）	同比增长（%）	总产量（吨）	同比增长（%）	总产量（吨）	同比增长（%）
全市总计	5112159	1.13	1985133	-12.19	2382604	18.12	112915.1	-45.76	424.24	-92.34	4919291	-59.61	1475920	-35.46	569620	-14.73	733000	-21.76	19540	-37.31
长安区	28037.12	-31.36	14682.23	-31.61	13210.89	-31.83	3.25	—	1.67	-93.04	10449	-84.89	3597	-39.04	1700	-30.51	300	-25.93	—	—
桥西区	676.8	-35.85	54.61	-90.85	622.19	37.65	—	—	—	—	7752	-85.64	—	—	100	-92.24	—	—	—	—
新华区	3976.17	-75.12	1496.22	-83.21	2039.32	-68.47	262.78	436.29	—	—	19223	-81.46	504	-84.94	—	—	—	—	—	—
裕华区	1510.96	-44.14	326.2	-77.93	1161.96	-5.30	—	—	—	—	752	-82.39	—	—	100	-72.60	100	-59.84	—	—
井陉矿区	1226.75	-63.91	23.66	-98.98	1203.09	10.38	—	—	—	—	3530	-60.50	4012	-5.42	2000	-13.31	1000	-23.08	12	20.00
藁城区	544425.9	6.52	244669.7	-1.89	288670.2	15.86	5974.23	-32.56	34.87	-90.85	649529	-79.10	140567	-42.19	76590	-9.21	113400	-23.50	40	300.00
鹿泉区	148969.2	-25.57	64320.19	-35.30	81953.3	-14.39	2343.78	-51.94	14.69	-89.87	452453	-51.20	15353	-63.54	18704	-28.80	26700	-21.71	5110	-19.40
栾城区	238808.2	-2.04	119481.6	-2.52	115899	-1.77	359.32	56.23	1.06	-84.86	72506	-92.04	299	-69.78	21807	-54.10	75600	-23.18	—	—
高新区	17776.39	-31.58	8461.63	-36.45	9314.76	-26.46	—	—	—	—	140217	162.68	1748	58.87	207	-80.11	1000	-33.42	—	—
井陉县	53046.41	-37.28	4477.67	-87.36	41245.04	1.38	2217.17	-54.91	57.4	-52.17	2581	-98.59	37642	-22.94	17218	-15.64	23800	-13.80	290	3.57
正定县	291147.9	1.59	149714.8	-3.81	134903.8	7.23	13166.6	-33.93	7.74	-95.93	11077	-98.73	3376	-80.23	76700	-0.78	95400	-23.83	600	-53.85

续表

行政单位	粮食		小麦		玉米		油料		棉花		蔬菜及食用菌		园林水果		肉类		禽蛋		水产品	
	总产量（吨）	同比增长（%）	总产量（吨）	同比增长（%）	总产量（吨）	同比增长（%）	总产量（吨）	同比增长（%）	总产量（吨）	同比增长（%）	总产量（吨）	同比增长（%）	总产量（吨）	同比增长（%）	总产量（吨）	同比增长（%）	总产量（吨）	同比增长（%）	总产量（吨）	同比增长（%）
行唐县	340985.2	40.54	139777.1	-0.06	195892.2	143.55	19203.61	-22.94	19.06	-90.88	91601	-75.67	123450	-14.57	35975	-11.71	33400	-8.74	1415	-7.52
灵寿县	139535.5	-0.01	49482.83	-18.09	83855.87	20.77	3587.93	-31.41	16.53	-88.02	580264	144.14	4686	-81.74	31923	0.63	16100	-22.12	5298	-31.46
高邑县	173962.9	5.50	78101.99	-1.44	94231.06	13.23	3388.5	-30.15	54.1	-49.44	277673	-55.09	2275	-51.29	10216	-27.79	13000	-22.24	—	—
深泽县	206113.1	1.64	89058.07	-2.88	114729.1	8.63	4044.83	-39.45	17.95	-66.76	368212	-22.19	5025	-95.65	19769	-19.91	15600	-21.95	124	7.83
赞皇县	62553.37	-34.66	20104.38	-64.05	38432.46	7.02	7500.74	-21.16	10.02	-84.34	420774	165.85	86790	-34.21	21807	-16.94	19300	-20.09	1023	2.30
无极县	373502.5	9.35	181574	-1.76	187616	25.43	11648.8	-32.37	0.7	-99.71	227434	-74.38	4613	-74.73	45568	-21.31	64400	-22.21	5	0.00
平山县	104891.9	-47.72	18259.28	-81.94	82350.29	-10.70	6650.1	-32.77	58.86	-90.48	102983	-67.41	6331	-89.52	19115	-16.40	13300	-15.81	5430	-56.90
元氏县	354560.5	7.51	162516.9	-4.91	180038.3	23.91	5450.14	-28.94	129.14	-75.21	499574	-1.22	8286	-48.81	35843	-21.87	43800	-23.51	193	-9.39
赵　县	624908.8	10.94	286456.1	-1.09	337277.2	23.75	1845.03	-53.99	—	—	134612	-84.31	281350	-54.62	14900	-66.36	44500	-20.82	—	—
晋州市	348688.6	-1.15	166592	-7.99	175674.4	10.50	5652.29	-38.43	—	—	350602	-37.08	664399	-11.70	59008	9.34	60700	-22.39	—	—
新乐市	355014.5	13.19	167432.5	-3.87	181618.3	35.01	19616.04	-47.33	0.44	-99.70	419383	-48.47	10719	-64.89	59201	-2.77	67000	-22.17	—	—

表 77

农林牧渔业总产值

行政单位	农林牧渔业总产值（万元）	同比增长（%）
石家庄市	5576136	0.6
长安区	20170	-9.5
桥西区	7128	-22.2
新华区	6558	-21.9
裕华区	977	-84.3
井陉矿区	8282	-10.5
藁城区	602014	-0.3
鹿泉区	291034	-3.1
栾城区	269730	0.1
高新区	6557	-22.8
井陉县	179474	0.3
正定县	538201	-1.3
行唐县	472734	3.3
灵寿县	362523	7.3
高邑县	163434	1.8
深泽县	210004	3.5
赞皇县	239228	7.0
无极县	416044	0.1
平山县	238440	4.3
元氏县	256496	-1.1
赵　县	338368	0.6
晋州市	447658	-2.3
新乐市	482285	0.1

表 78

规模以上工业企业情况

行政单位	工业总产值（万元）	主营业务收入（万元）	利润总额（万元）
全市总计	78617278.7	80037242.3	8187629.4
市区合计	41512966.2	43863182.8	5430260.8
长安区	1169320.4	2173060.5	69547.5
桥西区	176003.3	235574.5	7724.7
新华区	84416.6	79437.8	-1183.7
裕华区	320297.2	288666.4	32535.8
井陉矿区	1035016.6	1200540.8	13846.2
藁城区	16343585.1	16410420.6	1879608.0
鹿泉区	6848222.6	6737834.1	546961.6
栾城区	4454190.8	4413563.2	376454.3
高新区	5211116.7	6015604.0	656997.6
井陉县	831468.9	848201.3	62668.2
正定县	1070130.2	1016462.2	55406.8
行唐县	1032551.2	1044185.5	102343.4
灵寿县	1366367.3	1171249.6	85793.3
高邑县	1549352.4	1437794.8	118231.0
深泽县	1335974.5	1233623.7	34375.9
赞皇县	1738742.9	1692135.3	159358.0
无极县	3719274.7	3609218.3	308072.1
平山县	5271943.0	5489707.4	439865.4
元氏县	2455693.3	2355335.2	264834.0
赵　县	6803415.6	7046388.0	435875.4
晋州市	5662314.9	4992667.6	382446.3
新乐市	4267083.6	4237090.6	308098.8

表 79

社会消费品零售额

行政单位	社会消费品零售额（万元）	同比增长（%）
全市总计	29833374	10.8
市区合计	18525264	10.7
长安区	3363403	10.3
桥西区	5161555	9.9
新华区	2457310	11.3
裕华区	1902813	10.6
井陉矿区	161242	10.4
藁城区	1930391	11.0
鹿泉区	1506676	12.5
栾城区	931276	10.0
高新区	944079	11.5
井陉县	547386	10.8
正定县	1420306	9.8
行唐县	711642	9.9
灵寿县	500768	11.6
高邑县	396304	10.3
深泽县	503643	10.7
赞皇县	513100	12.0
无极县	1399905	11.1
平山县	673849	11.9
元氏县	633891	11.8
赵　县	1348143	10.5
晋州市	1380837	10.9
新乐市	1278338	12.3

索 引

Index

说 明

一、本索引采用主题分析法，按主题词首字汉语拼音字母顺序排列，第一个字相同，按照第二字汉语拼音字母顺序排列，依此类推。数字开头主题词按照数字汉语读音排列。

二、类目采用黑体字，其他内容采用宋体字。主题词后的数字表示内容所在页码，数字后的英文字母 a、b、c 分别表示从左到右第一、二、三栏。同一主题词内容在文中多处出现，以不同页码标注。

三、本索引包含类目、分目、主要条目和部分内文，《特载》《大事记》内容未作索引。

A

B

C

D

E

F

G

H

J

K

L

M

N

P

Q

R

T

W

X

Y

Z

编　后　记

2020年6月，《石家庄年鉴2018》由河北人民出版社出版，在此谨向为本书提供支持和帮助的石家庄市党政军群、企事业单位及社会各界人士表示最衷心的感谢！

《石家庄年鉴》始终以为党立言、为国存史、为民编鉴为使命，坚持党委领导、市档案馆组织实施、社会各界广泛参与的工作体制，力争用通俗易懂的语言，真实记录石家庄地域的社会变迁和人文成就，努力为中外读者奉献出石家庄市最权威、最准确、最翔实的历史文献。“铁肩担道义，秉笔写春秋”，我们一直在奋斗、在追求，也期盼您提出宝贵的意见和建议。

信函地址：河北省石家庄市兴凯路219号4号楼530室

收 件 人：石家庄市档案馆年鉴编纂处

电子邮箱：sjznj@163.com

电　　话：0311-87851928